云南小康年鉴

YUNNAN WELL-OFF SOCIETY
YEARBOOK
2010

云南省地方志编纂委员会　编纂

云南出版集团有限责任公司
云南人民出版社有限责任公司

图书在版编目（CIP）数据

云南小康年鉴. 2010 / 云南省地方志编纂委员会编纂. — 昆明 ：云南人民出版社，2010.10
ISBN 978-7-222-06842-1

Ⅰ. ①云… Ⅱ. ①云… Ⅲ. ①小康-建设-云南省-2010-年鉴 Ⅳ. ①F127.74-54

中国版本图书馆CIP数据核字（2010）第189727号

责任编辑：陈粤梅 郑灵琳
装帧设计：昆明雅昌图文信息技术有限公司
责任校对：李红菊 刘建军 代燕春 宣 勤

云南小康年鉴（2010）

云南省地方志编纂委员会 **编纂**

丁绍祥 **总 编**

出 版	云南出版集团有限责任公司 云南人民出版社有限责任公司
发 行	云南人民出版社有限责任公司
社 址	昆明市环城西路609号
邮 编	650034
网 址	www.ynpph.com.cn
E-mail	rmszbs@public.km.yn.cn
开 本	889×1194 1/16
印 张	36
字 数	1000千字
版 次	2010年10月第1版第1次印刷
印 数	1～3000册
印 刷	昆明富新春彩色印务有限公司
书 号	ISBN 978-7-222-06842-1
定 价	380.00元

云南小康年鉴编辑部地址：昆明市近华浦路春苑小区春明里28号
E-mail：ynxknj@vip.163.com

YEARBOOK

云南省地方志编纂委员会

主　任

秦光荣　　云南省人民政府省长

副主任

梁公卿　　云南省人大常委会原副主任
高　峰　　云南省人民政府副省长
孟继尧　　云南省政协原常务副主席
吴光范　　云南省人大常委会原副主任
刘廷贵　　云南省军区副司令员
丁绍祥　　云南省人民政府秘书长
纳　麒　　云南省社科院院长
杨福泉　　云南省社科院副院长

专职副主任

李一是　　云南省地方志办公室主任

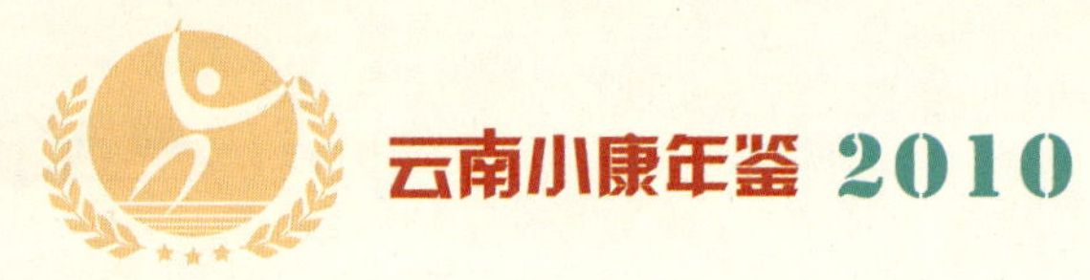

《云南小康年鉴》编辑人员

撰稿人名单
YEARBOOK
YUNNAN WELL-OF SOCILTY

总撰稿人名单（按A~Z排列）：

陈德寿 范孝懿 冯 云 付旭东 郭孟贤 何植敏 何志伟
蒋国安 李 赫 李亚平 马颖生 庞 云 冉向阳 司忠诚
宋 予 谭粤红 杨光彦 杨树高 赵晓澜 赵秀元 周国星
资 铁

撰稿人名单（按A~Z排列）：

安孟勤 毕晓冬 蔡 昆 蔡 玲 蔡 明 蔡寿福 曹大成
曹永萍 茶文葵 常娅玲 陈文举 陈兴年 程红春 崔江红
戴美政 刀培凤 丁 涛 窦正旺 杜韵红 杜韵红 段 波
段怡敏 樊联奎 方绍荣 方玉红 冯 颖 付忠学 付状明
高 宾 高 梅 高保元 耿文江 管晓方 郭 武 海成强
何承荣 何春城 何良兵 何文忠 和云凤 贺 礼 贺孝波
衡 汝 洪应松 侯佳艳 侯建华 胡四开 胡雪蕾 胡毅坚
黄恒蛟 黄清祥 黄志高 加三益 蒋仕丽 金桂桂 金文明
金跃前 靳锡祥 赖俊芬 李 筠 李 祥 李 莹 李朝阳
李海荣 李恒杰 李红春 李慧勤 李加强 李俊成 李林骏
李巧梅 李绍贤 李士昌 李世奎 李松发 李同艾 李万辉
李向林 李晓媛 李玉生 李云峰 李云翔 李正洪 李志宝
李志诚 李忠文 廖 立 廖 严 林荣汉 刘 常 刘 云
刘昌芬 刘朝兰 刘凤琼 刘光权 刘满佳 刘世生 刘仕荣
刘卫东 刘余武 刘占赢 卢跃德 吕汇慧 罗 贤 罗焕仙
罗美英 罗文福 罗兴武 马才国 马勋补 马义芳 马义民
马仲全 毛锐锋 闵 磊 纳 梅 聂奎林 农开文 潘建祥
庞亚萍 彭昭强 秦 穆 邱 玮 邱开乾 冉玉兰 佘文琴
施晓琴 苏文芳 苏正平 孙向阳 谭纪芳 谭粤红 汤长平
唐 芳 唐 陶 唐建梅 唐明磊 唐荣华 唐永润 陶明贵
田 芳 田德粉 王 丹 王 涓 王 俊 王 文 王 熹
王 颖 王 宇 王 媛 王长海 王基宇 王丽达 王邱华
王士录 王树恩 王思泽 王文松 王雪升 王娅敏 吴 珊
吴立群 吴美菊 吴秋银 吴焰红 吴应忠 夏光柱 线智林
向丽波 向仕学 徐 睿 许振娣 薛 海 晏 江 晏 权
杨 军 杨 坤 杨 明 杨 艳 杨定孝 杨光启 杨国培
杨加祥 杨立鑫 杨连国 杨茂川 杨声武 杨世禄 杨树星
杨素娟 杨映兰 杨永耀 叶泽峰 依旺进 矣德忠 余立言
鱼 波 俞文岚 岳丽萍 曾尔庆 曾海平 张 纯 张 凤
张 伟 张 鑫 张 一 张 毅 张存浥 张红梅 张洪芬
张怀寿 张焕明 张礼彬 张明金 张晓俊 张孝和 张雪英
张亚伟 张燕芳 张永香 张玉宇 张云江 张正新 赵晓澜
赵雄峰 赵秀元 郑宝华 郑灵琳 郑素梅 钟履山 周国星
周海波 周训安 周智敏 朱瑞东 朱晓华 朱应旭 朱于波
资 铁 资云华 字 凌 字建波 宗云波 邹 瑾

《云南小康年鉴》协办单位

云南省民政厅
云南省旅游局
云南省统计局
云南省人民政府金融办公室
云南冶金集团股份有限公司
云南省投资控股集团有限公司
中国建设银行云南省分行
滇虹药业股份有限公司
昆明市人民政府
楚雄州人民政府
普洱市人民政府
德宏州人民政府
大理州人民政府
沧源县人民政府
巍山县人民政府

特邀编委

云南省民政厅厅长	王树芬
云南省旅游局局长	喻顶成
云南省统计局局长	李灿光
云南省人民政府金融办公室主任	刘建华
云南冶金集团股份有限公司董事长、党委书记	董　英
云南省投资控股集团有限公司董事长	保明虎
中国建设银行云南省分行行长	潘念宁
滇虹药业股份有限公司董事长、总经理	郭振宇
昆明市人民政府市长	张祖林
楚雄州人民政府州长	杨红卫
普洱市人民政府市长	沈培平
德宏州人民政府州长	孟必光
大理州人民政府州长	何金平
沧源县人民政府县长	徐向东
巍山县人民政府县长	常耀辉

省委书记、省人大常委会主任白恩培出席会议

省长秦光荣参加分组讨论

2月7～11日，云南省第十一届人民代表大会第二次会议召开

中共云南省委书记白恩培等省、市党政军领导参加植树节活动

秦光荣省长到红河州调研兴边富民工程

中国赴黎巴嫩第五批维和工兵营成立大会

昆明空气质量在中西部城市排名第一

滇池治理工程之西亮塘湿地

10万亩南国草原——砚山县黑巴草场

普洱绿野

东川红土地

曲靖市麒麟区东山牙易里鸟类之乡的苍鹭

国家一级保护动物——香格里拉滇金丝猴

共同的家园——人鹤和谐

人勤春来早

玉溪市掀起中低产田改造热潮

万寿菊喜获丰收

德宏州瑞丽市扶贫重点项目——柠檬产业富农家

灾后重建的新校园

开远市小龙潭新龙社区，家家户户安装了太阳能热水器

昆明—大理成品油输油管，全长323千米

中国最大的天文观测基地——姚安天文观测站

昆明机床股份有限公司自主创新生产的首台新型重型数控铣镗床下线

9月25日，小湾水电站首台机组投产发电

云南至广东的世界首个特高压直流输电工程调试启动

昆明市石虎关立交桥

大丽铁路开通运营

腾冲机场

城乡公交一体化道路建设

昆明东部正在形成的面向东盟自由贸易区的大型物流及客运产业化基地

老挝万象—中国昆明国际客运班车驶过中国磨憨口岸

参加世界人类学民族学大会的各国学者在石林大糯黑考察点

弥渡县密祉古驿道

2009年东川国际泥石流汽车越野赛

国际重要湿地——玉龙县拉市海民俗旅游

国家级首批非物质文化遗产——瑞丽傣族孔雀舞

傈僳族民族服装表演

基诺族向游客展演织土布技术

2010 年度人物

陈 景

生于1935年3月，中国工程院院士，贵金属冶金专家。现任云南大学教授、博士生导师。1961年起一直从事贵金属化学冶金及应用基础理论研究。改进钯、铑提纯方法，在国内首先制备出钯、铑光谱基体。1978～1983年发明活性铜粉两级置换法分离金铂钯铑铱的新工艺，获国家科技进步一等奖；21世纪初发明处理云南低品位铂钯矿的氧压酸浸及加压氰化全湿法新工艺，获中国及南非发明专利。在2010年6月29日召开的云南省2009年度科技奖励大会上获杰出贡献奖。

龚曲此里

藏族，生于1954年，中共党员，云南省迪庆军分区原副司令员。在迪庆藏区工作24年时间，协助偏远山区新修公路30多千米，捐钱捐物资助各族群众200余人，先后参加抢险救灾、维稳处突等重大任务120余次，被各族群众亲切称为“穿军装的‘活佛’”。由于长期在高海拔地区工作过度劳累，2009年2月5日不幸病逝。当选“2009年感动云南十大人物”，中共云南省委追授他为“维护民族团结的好干部”荣誉称号，中华人民共和国中央军委主席胡锦涛签署命令追授为“促进民族团结进步的优秀干部”荣誉称号。

编 辑 说 明

一、《云南小康年鉴》（2010）是云南省地方志编纂委员会主办的大型省级年度性地方资料文献。2005年创刊，一年一卷，赓续出版，形成系列。

二、《云南小康年鉴》（2010）主要记述反映2009年1月1日至12月31日云南省全面建设小康社会的社会、经济、文化、生活的最新发展变化情况。

三、《云南小康年鉴》（2010）坚持“贴近实际、贴近生活、贴近群众”的办刊宗旨，力求“资料性、实用性、可读性”的统一，是主要面向各级党政领导和广大人民群众的大众年鉴。

四、《云南小康年鉴》（2010）框架结构，基本按照“省、州、县”三个层面来进行设置，分别由“年度人物、小康论坛（专文）、年度要闻、省情概览、统计资料、政治文明建设、新农村建设、新型工业化、支柱产业、云南实施西部大开发10周年、中国面向西南开放的桥头堡建设、城市化建设、绿色经济强省建设、民族文化强省建设、民族、社会生活、州市县小康建设进程、附录、索引”等栏目组成。

为纪念党中央提出“西部大开发”的重大发展战略10周年，《云南小康年鉴》（2010）专门设置“云南实施西部大开发10周年”专栏，集中反映云南10年来贯彻实施“西部大开发”的措施与成效。

五、为满足不同层次的需求，《云南小康年鉴》（2010）按照“固定栏目”与“非固定栏目”两种形式进行设置。固定栏目常年基本保持不变，立足于反映宏（中）观、综合情况；非固定栏目则内容相对灵活，目的是为了更好地反映出各地建设小康进程中的年度特色和地方特点。

六、《云南小康年鉴》（2010）体裁，主要是专文、条目、表格和图片。其中，条目是基本记述单元。条目标题，用【 】加以区别。

七、《云南小康年鉴》（2010）资料，主要来自省内各级地方志机构。统计数据，主要来自于省级统计部门。由于行业与地区统计口径方面的原因，可能仍会出现个别数据不一致的现象，请读者在检索使用时加以注意。

八、《云南小康年鉴》（2010）中使用的度、量、衡，一律使用国家法定计量单位。

九、为方便国内外读者查阅检索使用，《云南小康年鉴》（2010）除专门设置中英文对照目录外，还在卷末设置了主题索引。索引以主题词首字的汉语拼音声母，按照A~Z音序的顺序排列。主题词所在页码，用数字表示，如“175、219、422”等。版面分栏排版，左、中、右栏，分别以a、b、c栏加以区别，便于对主题词所在位置进行具体标注，如“175a、219c、422b”等。

编辑说明

目 录
CONTENTS

科学技术
Science and Technology

地方志·年鉴
Local Chronicle and Almanac

文化艺术
Art and Culture

广播电视
Radio and Television

新闻出版
Press and Publication

医疗卫生
Medical and Health Services

食品药品监管
Food and Drug Supervision

附 录
Appendix

索 引
Index

小康论坛

云南“全球化”的南亚机遇

中共云南省委副书记、省长　秦光荣

加快南亚国际大通道建设，是推进云南乃至大西南地区对外开放、融入“全球化”的重要战略举措。云南地处祖国西南边陲，与越南、老挝、缅甸接壤，具有沟通太平洋和印度洋，连接中国、东南亚、南亚三大市场的独特区位优势和良好的自然、经济和社会环境，是中国陆上能够与东南亚、南亚直接相通的地区。

由于特殊的地理区位，云南的交通建设不仅对全省经济社会发展具有重要意义，而且在构建全国交通网乃至亚洲和世界交通网上也具有重要的地位。建设国际大通道，将给云南带来前所未有的大开放和前所未有的大发展，也将使云南彻底摆脱边远、封闭、滞后的角色定位。

云南的机会

云南是中国与东南亚、南亚次大陆相通的接点，是中国从陆路融入全球化的重要通道。独特的区位优势，决定了云南必须高度重视从陆路融入全球化和区域经济一体化。这不仅是深化云南与东南亚、南亚国家互利合作的现实需要，而且是加强云南与世界其他地区联系的客观需要。

有几组数据可以提供有力支持，云南省会昆明至中国东南沿海最近的港口广西防城港铁路运距长1 011千米，距广东湛江港1 266千米，而通过滇越铁路由昆明至越南海防港，运距为855千米。早在1910年中国第一条国际铁路——滇越铁路通车后，法国人在一本《云南铁路》的总结报告中写道："云南真正的海上出口并不在东方，即广东和香港方向，而是在东南方直接由红河州谷通向海防和东京湾(即今北部湾)方向。"

其实，法国人只看到云南通过越南进入太平洋的优势，而没有看到云南经过缅甸进入印度洋的优势。通过滇缅公路，由昆明至缅甸腊戌，连接缅甸铁路网到达印度洋沿岸，运距仅2000千米左右，至少比通过东南沿海绕道马六甲海峡进入印度洋缩短运距3 000千米以上。从云南西部边境口岸经缅甸到印度边境还不到400千米。

19世纪中期，英国为了与法国争夺势力范围，先后提出了从腾冲、孟定、思茅等地修筑通往昆明的4条"中缅印铁路方案"，并进行了实地勘察，试图从云南打开中国的后门。这些殖民者认识到，云南是连接中国与东南亚、南亚的重要桥梁，希望通过修建云南通道，将其殖民地印度、缅甸与中国的长江流域连成一片，形成一个庞大的亚洲殖民地体系。中国人民感到这是殖民者侵略中国的图谋，针锋相对地提出了反侵略、反扩张，自修中缅铁路的议案。但由于清政府腐败无能，集资困难，修筑中缅铁路的计划终付之东流。

新中国成立后，云南结束了被动开放的历史。今天，云南主动从陆路融入经济全球化，深化与东南亚、南亚国家的互利合作，正面临着前所未有的大好机遇。中国与周边国家的政治互信不断增强，区域经济合作不断加速，特别是中国—东盟自由贸易区建设进展顺利，大湄公河次区域合作向纵深推进，孟中印缅地区经济合作日益升温，这些都为云南积极从陆路融入经济全球化营造了良好的环境。

四大战略意义

建设中国连接东南亚、南亚的国际大通道，对中国实施互利共赢开放战略具有重大而深远的意义：

其一，有利于发挥云南从陆路上连接中国、东南亚、南亚三大市场的优势。云南毗邻东南亚、南亚两个巨大的国际市场，一个是拥有10个国家，约5亿人口的东南亚市场，另一个是拥有7个国家，约13亿人口的南亚市场，具有独特的区位优势。

其二，有利于促进睦邻友好，巩固边防。边疆具有国防、经济、文化交流的功能，云南位于东南亚、南亚次大陆的结合部，边境线长，与东南亚山水相连、唇齿相依。国际大通道将修建连接东南亚的铁路、公路，新建、扩建一批边境口岸，增加通往东南亚、南亚的航空线路，大大改善这一区域的交通运输布局状况，从而扩大和深化与东南亚国家在政治、经济、文化等方面的交往和合作。在经济全球化时代，经济贸易的合作将有利于各国之间的信任和了解，两国间的经贸交流规模越大，彼此间相互依赖程度就越深，边境安全就越有保障。

其三，有利于促进西部地区特别是西南地区的资源优势转化为经济优势。西南地区自然资源富集，尤其是矿产资源、生物资源和旅游资源极其丰富。长期以来，由于交通基础设施建设滞后，对外开放不够等原因，资源优势远未能转化为经济优势。加快开发西南地区，关键是要突破交通基础设施的瓶颈制约，以大交通促进大开发。

云南建设中国连接东南亚、南亚的国际大通道，为西南地区对外开放打开一个便捷的通道，将提高西南省市对外开放水平，促进西部地区的资源优势转化为经济优势，使西南在新一轮西部大开发中获得更快更好的发展。

其四，有利于促进云南加快发展。大通道建成后，将在中国与东南亚、南亚国家之间形成大规模的

人流、物流、资金流和信息流。云南可以在为中国和东南亚、南亚的交流与合作提供优质、双向和全方位的服务中，推动自身经济结构的调整升级、优势资源的开发和生态环境的改善，进而实现全省经济社会的持续快速健康发展。

梦想与现实

云南开放发展的优势在于区位独特，云南开放发展的关键在于通道建设。西部大开发10年来，举全省之力，云南交通基础设施建设取得历史性突破。截至2009年底，全省公路通车里程超过20.0万千米，比2000年底的10.9万千米增加9.1万千米；高等级公路8 004千米，其中高速公路2 512千米，比2000年分别增加5 688千米和1 603千米。全省铁路营运总里程为2 491.3千米，其中准轨1 830.5千米，电气化铁路1 369.5千米，复线铁路142千米。昆明新机场开工建设，云南目前拥有民用机场12个，开通国内外航线200多条。基本形成了公路“七入滇四出境”，铁路“四入滇一出境”，航空以昆明为中心、覆盖省内、辐射国内主要城市，面向东亚、东南亚和南亚的综合交通运输体系。

尤其是“十一五”以来，云南积极谋划国际大通道建设总体构想的建设总体目标是：连接“三亚”（东亚、东南亚和南亚），沟通“两洋”（太平洋和印度洋），形成北京、成都至昆明（联系环渤海），二连浩特、重庆至昆明，上海、贵阳至昆明（联系长三角），广州、南宁至昆明（联系泛珠三角），以及昆明至越南、昆明至老挝至泰国、昆明至缅甸至印度洋、昆明经缅甸至南亚方向的方便快捷的交通运输体系。

然而，目前仍然相对落后的交通状况，成为云南从陆路融入全球化的一大“瓶颈”。由于云南交通发展起点低，总体水平落后的局面仍未得到彻底改变，区域发展不平衡状况依然存在。就公路和水路而言，存在路网结构不尽合理的状况。目前，全省二级及二级以上高等级公路所占比重不高，广大农村公路仍是技术标准低、通行条件差、配套设施缺乏。具备发展水运条件的地方远未开发利用。

就铁路而言，对外通道能力严重不足。通边、出境的铁路仍然只有100年前建的昆河米轨铁路。连省的铁路虽有贵昆、内昆、成昆和南昆铁路，但均为单线铁路，供需矛盾十分尖锐。

如果不能从国家战略层面解决和规划南亚国际大通道的建设课题，不仅云南和大西南、大西北地区无法通过最便捷的出海口进入广阔的海洋经济中，国家层面也将失去一个潜力巨大的对外开放新通道。

大通道建设策略

为此，建议从以下4方面加快南亚大通道建设：

其一，加强通道建设规划，做好前期准备工作。首先，加快国际大通道建设进行总体规划和布局，坚持高标准、高起点规划设计，着眼长远，从大交通、大流量、长距离运输的战略高度来制订技术标准，尽量做到一步到位，保证线路的技术标准和质量；其次，加强向国家有关部委的汇报衔接，并在其指导和帮助下尽快制订内外衔接、科学合理的总体规划和实施方案；其三，协调周边国家交通基础设施建设规划。促成周边各国的公、铁、水、航空交通也从建设国际大通道的高度予以规划，保证技术等级和技术水平，形成相互衔接、内外一致的交通蓝图。

其二，多方筹措建设资金，保证通道建设投入。一是积极向国家争取更多的建设资金；二是采取共建、共管的方式，加强与国内有关省市的合作，广泛吸引国内资金；三是放开基础设施经营权，对部分已建通道采取经营权的租赁、收费特许权转让等方式，盘活存量资产，收回投资，用于国际大通道建设的再投入；四是进一步加快投融资体制改革，建立健全信用担保体系，不断优化投资软硬环境，拓宽利用外资渠道，吸引金融机构增加货款投入；五是支持资本市场建设，扩大证券市场融资规模，积极争取发行地方政府和交通建设债券；六是以中国—东盟自由贸易区建设及大湄公河次区域合作为契机，把国际大通道建设及融资推向“国际化”。

其三，依托国际大通道，大力发展通道经济。一是合理部署交通结点，加快沿通道布局生产力，努力形成新的经济增长点；二是千方百计促进对外贸易发展，确保国际大通道运量不断增长；三是积极争取国家支持，加快在云南建设面向东南亚、南亚的加工制造基地和现代物流中心，力争使云南省成为面向东南亚、南亚的物流枢纽；四是牢牢抓住中国—东盟自由贸易区建设的机遇，强化服务意识，努力构筑信息平台、市场平台、金融平台、人力资源开发平台和公共事务机构平台；五是加强与周边国家协商，加快建设昆明—河内—海防经济走廊、昆明—万象—曼谷经济走廊、昆明—曼德勒—仰光经济走廊、昆明—南亚经济走廊。

其四，正确处理大通道建设和资源、环境之间的关系，确保实现可持续发展。一是在大通道建设和运营中重视环境保护，减少环境损失，采取避让自然保护区，不片面追求减少初期建设成本，采用避免大填大挖的建设方案，尽量防止水土流失和生态破坏等手段，减少运输能源、土地资源的浪费和环境的破坏；二是要采取切实措施，高效、合理地集约利用土地资源，超前规划，预留好发展条件，杜绝重复建设；三是推行节约资源的运输方式，鼓励清洁节能运输方式的发展，减少和控制交通运输带来的环境污染等，实现循环经济模式。

深入实施西部大开发战略
促进云南经济社会又好又快发展

中共云南省委常委、常务副省长 罗正富

2010年是中央实施西部大开发战略10周年。10年来，在党中央、国务院的亲切关怀和国家有关部委的支持帮助下，省委、省政府团结带领各族干部群众在战胜各种困难的道路上奋勇前进，全省综合实力显著增强，基础设施建设取得历史性突破，生态环境保护和建设取得重大进展，人民群众生活水平持续提高。全省生产总值从2000年的1 955亿元增长到2009年的6 168亿元，增长2.15倍；固定资产投资从697亿元增长到4 527亿元，增长5.5倍；财政总收入从433亿元增长到1 490.8亿元，增长近2.5倍；城镇居民人均可支配收入从6 325元增长到14 424元，增长1.3倍；农民人均纯收入从1 478元增长到3 369元，增长1.3倍。实施西部大开发战略的10年，是全省经济增长速度最快、发展质量最好、城乡面貌变化最大、人民群众受惠最多的10年。

深入实施西部大开发战略，既是扩大国内有效需求、保持全国经济社会平稳较快发展的客观需要，也是维护民族团结、边疆稳固、国家安全的必然要求。2010年3月21～23日，胡锦涛总书记在宁夏考察时指出：中央将把深入实施西部大开发战略作为具有全局意义的重大方针、作为“十二五”时期经济社会发展的重大任务，进一步完善扶持政策，进一步加大投入，进一步体现项目倾斜，以更大的决心、更强的力度、更有效的举措，推动西部地区经济社会又好又快发展，为我国开拓新的广阔空间。2010年3月26日和4月7日，温家宝总理分别主持召开西部地区开发领导小组第二次会议和国务院常务会议，在半个月内两次专门研究深入实施西部大开发战略的重点任务和政策措施。中央将出台深入实施西部大开发战略的意见，国务院将召开西部大开发工作会议。当前，西部大开发正处在承前启后、深入推进的关键时期，一定要牢牢把握中央深入实施西部大开发战略的历史性机遇，紧紧围绕建设绿色经济强省、民族文化强省和中国向西南开放桥头堡的战略目标，主动思考、超前谋划，在争取国家支持和帮助的基础上，着力推动经济发展方式转变，积极调整经济结构，解决好基础设施建设瓶颈制约，不断创新体制机制，不断提高全省各族人民的物质文化生活水平，努力开创经济社会发展的新局面。

一、坚决贯彻落实好胡锦涛总书记的指示精神，把云南建设成为中国向西南开放的桥头堡

云南处在拥有33.6亿人口的中国、东南亚、南亚三大市场结合部，向东可与珠三角、长三角相连，向北可通向四川和中国中西部腹地，向南可通过建设中的泛亚铁路东、中、西三线直达河内、曼谷、新加坡和仰光，向西可经缅甸皎漂、孟加拉吉大港沟通印度洋，是中国面向东南亚、南亚开放的中心枢纽。2009年，胡锦涛总书记在云南省考察时提出：要充分发挥云南作为我国通往东南亚、南亚重要陆上

通道的优势，深化同东南亚、南亚和大湄公河次区域的交流合作，不断提升沿边开放质量和水平，使云南成为中国向西南开放的桥头堡。这一论述既充分肯定了云南在全国沿边开放总体格局中具有的特殊而重要的位置，也为云南编制和实施好“十二五”规划以及今后一个时期的发展指明了目标和方向。把云南建设成为中国向西南开放的桥头堡将直接推动边境地区经济社会快速发展，有力地促进和带动西南、西北包括西藏等省市区的对外开放；能够有效地把中国和印度、东盟这3个总人口达30亿以上的巨大市场从陆地上密切地连接起来，建立连接中国与东盟、印度两大市场之间的物流枢纽；将进一步巩固中国与东南亚、南亚以及中东各国的传统友谊和友好交往，提升国际影响。2009年下半年以来，省委、省政府坚持把胡锦涛总书记的重要指示精神作为做好当前工作和谋划未来的重要指导方针，与中财办、国家发展改革委等部门的密切配合、认真研究，已形成初步的工作思路。当前和今后应重点抓好4个方面的工作：一是着力构筑面向西南开放的国际大通道。加快建设中国内地经云南直达印度洋连接东南亚、南亚国家的现代化交通运输网络；加快推进中缅油气管道及炼化基地建设；加快建设与周边地区及国家互联互通的通讯、电力网络。二是着力构筑面向西南开放的产业基地。积极推进外向型、区域性的产业合作平台，多领域、高效率的国际经贸合作平台，务实、有效的区域金融合作平台建设，建立以两种资源为依托、两个市场为导向、具有明显区域特色和明显竞争优势的产业基地。三是着力构筑面向西南开放的区域性国际经济走廊。把昆明—河内经济走廊打造为中国西南连接越南的特色经济走廊，把昆明—曼谷经济走廊建设成中国西南连接中南半岛的贸易经济走廊，把昆明—仰光经济走廊建设为中国西南连接印度洋的资源和能源经济走廊，把昆明—南亚经济走廊建设为中国通往南亚的陆路商贸物流走廊。四是着力构筑面向西南开放的友谊桥梁。加快发展教育、卫生、文化等社会事业，使云南成为对外交往的窗口、文化交流的窗口、教育合作的窗口、科技合作的窗口，以更好的展示中华文化、促进国际友谊。

二、坚决打好转变经济发展方式这场硬仗，推动产业结构优化升级

2010年2月3～7日，胡锦涛总书记在省部级主要领导干部专题研讨班上就认真总结应对国际金融危机的经验，完善推动科学发展、加快经济发展方式转变发表了重要讲话。温家宝总理在《政府工作报告》中对加快转变经济发展方式作出了具体的安排部署。转变经济发展方式既是当前全国经济工作的重点，又是全国今后相当长一个时期经济社会发展的基本方向。我们必须坚持不懈地推动经济发展方式的转变，在发展理念上坚持“好”字当先，能快则快；在发展目标上坚持以人为本，统筹兼顾，突出重点，在继续巩固提升烟草、矿产等传统优势产业的基础上，着力发展低碳经济，强化第一产业，做强旅游文化产业、现代物流业和水电、石油、天然气产业，推动经济社会全面协调可持续发展。

积极发展低碳经济，争当全国生态文明建设排头兵。云南是享誉世界的“植物王国”“动物王国”，有着全国最大的原始热带雨林和名列前茅的森林植被资源。近年来，省委、省政府坚持“生态立省”，提出了建设“森林云南”的目标，坚持生态保护与建设并重、预防和治理并举，走生态建设产业化、产业发展生态化的路子，为发展低碳经济打下了良好基础。从长远的发展来看，发展低碳经济是云南抢占未来发展制高点的现实优势和客观需要，必须进一步减少碳排放量，优先发展第三产业，优化工业结构，突出抓好钢铁、化工、水泥、煤炭、有色、电力等重点行业的节能减排工作，以最小的环境代价实现最大的经济社会效益。必须进一步提高碳汇能力，巩固退耕还林成果，继续实施天保工程、石漠化治理、防护林建设等生态环境建设重点工程，加大中低产林地的改造，提高森林覆盖率和森林质量。必须深入研究碳汇能力转化为经济发展优势的途径，尽快提出促进全省碳汇林业发展、开展碳汇交易试点的方案，争取在碳汇交易上迈出实质性步伐。必须坚持不懈地加强生态环境的保护，继续抓好滇池等九大高原湖泊和江河流域水污染综合治理，加大三江流域生态保护力度，深入推进“七彩云南保护行动”。必须充分发挥第一产业在发展低碳经济中的作用，要坚持“质量、产量、结构、效益、安全”相

统一的原则，加快农业先进实用技术的推广，用先进科学技术支撑农业发展的各个环节，稳步提高粮油综合生产能力，大力发展核桃、蚕桑、天然药材、蔬菜、花卉等优势产业，加快发展以生猪、牛、羊为重点的养殖业，着力提高农业产业化经营水平，推动传统农业向现代农业转变，不断挖掘第一产业在增加碳汇能力和节能减排方面的潜力。

扎实推进旅游文化产业的发展，推动旅游文化大省向旅游文化强省转变。云南有着独特的自然风光、良好的气候环境、悠久的历史文化和多姿多彩的少数民族风情，是世人向往的重要旅游目的地之一。进一步做大做强旅游文化产业既是转变经济发展方式的迫切需要，也是提高经济发展质量的重要途径。必须抓住国家深入实施西部大开发战略的有利条件，全面推进旅游“二次创业”，在着力提升昆明、大理、丽江、香格里拉、西双版纳等著名旅游城市的旅游服务水平的基础上，突出抓好腾冲、抚仙湖等旅游改革试点工作，加快推进滇西南澜沧江—湄公河国际旅游区、滇东南喀斯特山水文化旅游区和滇东北红土高原旅游区建设，引进一批世界知名旅游企业和酒店入驻云南，大力发展养生养老、体育休闲度假等高端旅游产品，提高旅游质量和效益。坚持以旅游业为带动和基础，积极发展文化创意产业，挖掘保护好少数民族文化资源，做强少数民族文化创作出版业，着力提升民族歌舞创作演出的质量和水平，打造一批优秀剧目；积极发展影视和电子动漫产业，着力打造一批知名影视拍摄基地；做优做强以珠宝玉石、普洱茶为代表的旅游产品和少数民族工艺品产业，努力把云南建设成为全国一流、世界知名的旅游目的地和国家旅游文化产业改革发展试验基地、示范窗口。

加快现代物流业发展，切实把云南建设成为面向东南亚、南亚地区开放的物流通道和枢纽。云南自古以来就是我国通往东南亚、南亚的主要陆上通道。在党中央、国务院的高度重视和支持下，全省的综合交通运输体系建设取得了巨大的成绩，预计“十二五”之后，云南将基本形成“八入滇、四出境”铁路通道、“七入滇、四出境”公路干线通道、“两入滇、三出境”水运通道和以昆明新机场为核心的航空网络体系。同时，随着中缅油气管道的建成和东南亚、南亚各国经济的发展，以昆明为起点，贯穿东南亚、南亚和中东地区直达欧洲的“第三亚欧大陆桥”最终将会形成。因此，必须抓住当前的有利时机，以扩大规模、提高效率、降低成本为核心，以发展临空经济、大通道商贸、口岸边贸为重点，加快推进昆明、曲靖、玉溪、大理、昭通、文山等城市及河口、瑞丽、勐腊、富宁等口岸、港口的物流基础设施、物流中心项目建设，不断创新物流技术，促进物流企业兼并重组，合理布局产业，力争建成结构合理、设施配套、技术先进、运转高效的现代物流体系，使云南成为面向东南亚、南亚开放的区域性物流通道和枢纽。

坚定不移地推进以水电为主的清洁能源建设，把云南建设成为国家重要的清洁能源基地和区域性电力调配枢纽。能源是经济社会发展的基础，也是现代经济社会繁荣的动力。目前，全国在能源开发、利用、供应、消费等方面面临严峻的挑战。建设综合性、多元性、战略性和现代化的国家级战略能源基地已迫在眉睫。云南水能、风能、太阳能等清洁能源资源丰富，开发条件优越。尤其是水能资源的经济可开发量居全国第2位，占全国可开发量的1/4。但是，截至去年底，云南的水电开发利用率仅为21.6%。继续实施“西电东送”项目，开发利用好云南以水电为主的能源资源，既是中国应对全球气候变暖和发展低碳经济的重要措施之一，又是国家实施能源安全战略的重要内容。必须充分发挥资源优势，克服困难，坚定不移地加快推进以水电为主的能源产业开发，力争到2015年，全省电力总装机超过7 000万千瓦；同时，要充分发挥云南毗邻缅甸、越南等东南亚国家的优势，加强与周边国家的合作，推动周边国家电力、电网建设，切实把云南建设成为国家西电东送的清洁能源基地和国家西南地区、境内外电力调配的枢纽。

深入研究、积极准备，着力打造石油天然气产业。我国除西南地区以外，均有大型石油及石化基地分布。省委、省政府高度重视我省打造石油天然气产业工作，正在全力研究和规划我省石油天然气产业的发展，积极争取国家在我省布局建设以百万吨乙烯为龙头的炼化一体化基地，大力发展面向我国西南地区及东南亚市场的相关石化深加工产业。要充分利用天然气资源，抓紧谋划和建设相关配套基础设施，带动汽车、工厂及家庭生活能源结构的改变，促进化肥工业的发展，使石油天然气产业迅速成长为我省又一重要产业。

三、突出解决好基础建设中的瓶颈制约，加快实施以“滇中引水”为重点的水利工程

云南水资源总量仅次于西藏和四川，居全国第三位，但水资源分布极不平衡。新中国成立以来，全省水利建设取得了巨大发展，但相对于经济社会发展的速度，水利基础设施还十分薄弱，工程性缺水问题还非常突出。全省水资源开发利用率仅为6.9%，水库蓄水总库容仅占多年平均径流量的2%，全省年缺水达41亿立方米，水资源严重缺乏已经成为制约云南经济社会又好又快发展的一个瓶颈。

近年来，全省旱情频繁发生，尤其是从去年秋季以来发生了百年一遇的特大干旱，给全省工农业生产和人民群众的生活带来了严重的危害，而滇中地区的灾情最为严重。滇中地区历来是全省政治经济文化的中心，这一区域的昆明、曲靖、玉溪和楚雄4州市的人口约占全省总人口数的40%，经济总量约占全省国民经济的60%，在全省经济社会发展中起着至关重要的作用。早在上世纪50年代，在党中央、国务院的关心重视下，中央有关部门和云南就提出了“滇中引水”的构想，并开始了前期工作，经过多年反复研究论证，得到一致结论：只有实施“滇中引水”工程，才能从根本上解决滇中地区缺水问题。2007年，省委、省政府召开了全省水利工程建设动员大会，决定在保证原有投入保持增长的基础上，每年再筹集10亿元资金用于以“润滇工程”为主的水源工程建设。2010年4月1日，省委、省政府又在宣威召开了全省水利工作大会，并决定从2010年起至2012年，省级筹集不低于100亿元支持水源工程建设，争取国家支持，带动地方、企业和民间资金投入400亿元，重点开工建设100件骨干水源工程和100万件“五小”水利工程，完成541件病险水库除险加固。当前，全省水利建设呈现出前所未有的新面貌，54座大中型水库全面开工建设，农村饮水安全、病险水库除险加固、灌区建设、干支渠防渗等重点水利工程建设全面推进，建成了一大批水利基础设施，在当前抗击百年一遇的特大干旱中发挥了重要作用。但是，现有的水源已基本利用完，如再不实施“滇中引水”工程，滇中地区将无法实现持续发展。因此，既要立足当前，组织和动员一切资源，做好抗旱救灾工作，尽最大可能降低灾害对工农业生产的损失，确保每一个群众有水喝；更要立足长远，按照全省水利工作大会的要求，加快推进以“润滇工程”为代表的水利建设，争取国家把“滇中引水”工程列入“十二五”规划和西部大开发战略规划并早日开工，着力在优化配置水资源、有效保护水资源、高效利用水资源、合理开发水资源、科学管理水资源五个方面狠下工夫，逐步建立起水资源供给与高效利用体系、较为完善的防洪减灾体系、水生态系统安全保障体系、现代水资源管理体系，推进传统水利向现代化水利的转变，以水资源的可持续利用支撑“桥头堡”建设和经济社会的发展。

四、深入实施“兴边富民工程”，加快边境少数民族地区发展

边境安则边疆治、边民富则边防固、边境兴则全省强。实施“兴边富民”工程不仅是一个区域问题、经济问题，也是一个重大的政治问题，它涉及经济、社会、军事、外交、民族、宗教等诸多领域，关系到民族团结、边防巩固。党中央、国务院高度重视边境地区的发展，胡锦涛总书记、温家宝总理等党和国家领导人对“兴边富民工程”高度重视，多次作出重要批示。中央有关部门针对西部地区国境线一带少数民族人口较多、贫困程度较深的实际情况，实施了以加强基础设施建设和提高边境地区人民群众生产生活水平为重点的“兴边富民工程”。2008年初，国家发展改革委等20多个部门组成调研组深入到云南边境地区进行了专题调研，并制订了相关的扶持政策支持云南实施新三年“兴边富民工程”。云

南省以25个边境县市区为重点，以3年为一个规划期，已经实施了第一轮“兴边富民工程”，目前正在实施第二轮“兴边富民工程”。先后筹集了中央和省级财政资金150多亿元，实施了一批公路、水利、教育、卫生以及新农村建设等方面的项目，为保持边境地区稳定，加快边境地区经济社会发展发挥了重要作用。必须针对边境地区的特殊地位和特殊发展阶段，始终把边境地区的发展放在维护祖国统一、边境安宁、民族团结的大局中考虑，始终把加快边境地区的发展放在全省经济社会发展全局中谋划，进一步加大帮扶力度。突出资金支持，结合“桥头堡”建设，紧紧围绕6大工程30件实事，既要密切跟踪中央投资方向、投资重点，编制好边境地区“十二五”发展规划，尽可能多地争取国家的支持；又要逐步加大对边境县的财政转移支付力度，创新金融支持模式，最大限度满足边境地区资金需求。突出产业支持，按照“以资源为基础、市场为导向、规划为依据、产业为支撑、企业为龙头、项目为载体”的要求，积极支持边境地区发展培育壮大优势产业，不断提高边境地区自身发展能力。突出对口支持，加强对“3+1”帮扶工作的指导和检查督促，充分发挥各方优势，找准帮扶单位和帮扶地区的结合点，鼓励双方采用“合作开发、互动共赢”的方式实施对口帮扶，改变“输血”帮扶的做法，打造“造血”帮扶功能，切实提高对口帮扶工作水平，提升帮扶效果。突出舆论支持，继续大张旗鼓地宣传“兴边富民工程”的目的和意义，及时挖掘、深度报道“兴边富民工程”实施过程中涌现出来的典型事迹，努力形成社会各界共同关心、支持边境地区经济发展的合力，不断改善边境群众的生产生活条件，确保边境和谐安宁。

中央深入实施西部大开发战略，为云南奋勇追赶全国发展步伐提供了难得的历史机遇。只要全省切实把思想和行动统一到党中央、国务院和省委、省政府的各项决策部署上来，以更大的决心、更有力的措施、更扎实的工作，抓好每一个细节、把好每一个环节，就一定能够在深入实施西部大开发战略中阔步前进。

解放思想　立足实际
努力促进丽江经济社会和谐发展

中共丽江市委书记　王君正

丽江市地处云南省西北部，滇川藏3省区交界处，是古代“南方丝绸之路”和“茶马古道”的重要通道，也是汉、藏、白、纳西等多元文化的交汇区。2002年12月26日经国务院批准撤地设市，国土面积2.06万平方千米，下辖1区4县（古城区、玉龙纳西族自治县、永胜县、华坪县、宁蒗彝族自治县），共有23个民族，总人口120万，少数民族人口占总人口的59.3%。境内水能、旅游、生物资源富集，多元文化独具特色，自然景观绚丽多彩，民族风情淳朴浓郁。

改革开放30年来，特别是进入“十一五”后，丽江沿着十一届三中全会开辟的中国特色社会主义道路，坚定不移地推进改革开放，以旅游业为主导，发展优势特色经济，带动了全市经济社会持续快速发展，经济社会发展取得了令人瞩目的巨大成就，从一个名不见经传的西南边陲小镇，发展成为富裕繁荣文明和谐的世界文化旅游名城。2008年被中央评为全国改革开放18个典型地区之一。2009年全市完成生产总值117亿元，增长13%（连续7年保持两位数增长）；全市财政总收入，在2007、2008年实现翻一番后，继续保持了22%的增长速度，地方财政一般预算收入增长22.4%；城镇居民人均可支配收入实际增长8.1%，农民人均纯收入实际增长16.8%。

30多年的辉煌成就，是丽江对中国特色社会主义理论的生动诠释。在30年波澜壮阔的改革开放实践中，勤劳智慧的丽江人民创造了宝贵的经验：只有坚定不移地贯彻执行中央和省委、省政府的重大战略部署，才能坚定信心、鼓舞士气，始终保持正确的政治方向和不竭的精神动力；只有坚定不移地贯彻落实科学发展观，才能把握方向、明确目标，在复杂的环境中推动丽江经济社会协调发展；只有坚定不移地解放思想、更新观念，才能与时俱进、永不骄傲，在实践中探索丽江经济社会发展的新路子；只有坚定不移地深化改革、扩大开放，才能开拓进取、敢于作为，在激烈的竞争中不断发挥优势、促进发展；只有坚定不移地依靠群众、共建和谐，才能凝聚人心、汇聚力量，形成万众一心谋发展的强大合力；只有坚定不移地求真务实、真抓实干，才能攻坚克难、创造佳绩，把丽江发展的宏伟蓝图变为现实。

30多年的发展，丽江站在了一个新的历史起点上，所取得的成就和经验，为丽江“十二五”的顺利开启奠定了坚实的物质基础，积累了宝贵的精神财富。

改革开放以来，丽江发生了很大变化，但在发展过程中也积累了许多问题，主要表现在：发展不足，综合经济发展实力不强；经济增长方式还比较粗放，结构调整的任务非常重；区域经济发展不平衡、城乡二元结构问题还比较明显；在经济尚未充分得到发展的同时，社会发展滞后的矛盾开始显现；

随着可持续发展的要求，土地资源、环境保护的压力也越来越大；社会事业发展相对滞后，教育、医疗、就业、住房等民生问题备受关注，统筹兼顾各方利益难度加大；社会管理基层基础薄弱，维护社会稳定的任务十分繁重，和谐社会建设面临新课题等。

丽江存在的问题属于发展中的问题，只能用发展的办法来解决。纵观国际国内形势，把丽江放在全国、全省的发展大格局中来思考和审视，未来丽江发展的机遇与挑战并存，但机遇大于挑战，主要表现为“四个更加广阔”：经济全球化和区域一体化潮流不可阻挡，随着中国—东盟自由贸易区全面建成，云南作为我国面向西南开放的桥头堡，丽江对外开放的空间更加广阔；国际金融危机带来了思想观念的大冲击、发展模式的大调整、体制机制的大变革，作为全省改革发展的重点城市，丽江改革创新的空间更加广阔；随着全球经济复苏，受金融危机抑制的国际市场需求将迎来恢复性增长，作为“生态产业基地、清洁能源基地和国际精品旅游胜地”的丽江，市场拓展的空间更加广阔；国家把西部大开发战略放在更加重要的位置，丽江作为西部发展中的一个地区，调整产业结构，转变经济发展方式面临难得的机遇，优化生产力布局的空间更加广阔。

正是基于以上的分析和判断，“十二五”期间，丽江将坚持以邓小平理论和“三个代表”重要思想为指导，全面落实科学发展观，立足丽江实际，以发展为主题，以转变发展方式、调整经济结构为主线，以基础设施建设为重点，以经济社会协调发展为重要指导方针，以生态文明建设为重要内容，以深化改革、扩大开放为强大动力，以加强党的建设为根本保证，努力把丽江建设成为“生态产业基地、清洁能源基地、国际精品旅游胜地”，加快推进全面建设小康社会的新进程。

同时在推进丽江经济可持续发展中，将着力处理好五个关系：第一，发展快与好的关系。如果丽江经济发展的速度不能高于全省的平均速度，丽江就会变得越来越落后，丽江一定要不断地加快经济发展的速度，在快的过程中，实现好的发展，达到中央提出的又好又快的目标。第二，主导产业发展和其他产业发展的关系。任何一个地区经济的发展如果没有主导产业就缺乏排头兵和带动作用，但是如果一个主导产业发展之后不能带动其他产业的发展，整体经济的发展就不可能实现持久、长远和可持续。第三，重点地区和区域统筹发展的关系。没有农民的小康就没有全市的小康。没有落后地区的小康，就没有全市的小康。因此，一方面要鼓励发展快的地区更快发展，同时要制定政策、强化措施，扶持落后地区加快发展、尽快发展，解决区域发展不平衡问题。第四，发展与保护的关系。没有发展，就不可能实现有效的保护，但如果没有有效的保护，急功近利，竭泽而渔，就会破坏长远的发展。丽江一方面要加快发展，另一方面要高度重视环境、文化保护问题，为将来的发展提供一个长期的可持续发展。第五，当前与长远的关系。既要立足当前，又要放眼长远，也就是既要有远大的目标，同时更要有务实的精神，扎扎实实一步一步地做好当前的工作，为未来的发展奠定良好的基础。

形势喜人，形势逼人。只有扬长避短，趋利避害，发挥优势，才能在未来的发展中牢牢把握主动权，推动丽江经济社会又好又快发展。

一、立足丽江实际，努力促进丽江经济又好又快发展

好是对未来的战略交代，快是解决现实问题的客观要求。要真正实现“十二五”的又好又快发展，就必须坚持以科学发展观统领经济社会发展全局，立足丽江实际，正视差距和困难，勇于突破思想障碍，紧紧围绕经济发展的“三大目标”，努力推动丽江经济社会和谐发展。

围绕生态文明建设，努力把丽江建设成生态产业基地。生态文明作为21世纪人类文明的必然产物，已经成为推动经济社会前进的精神动力和智力支柱；成为反映先进生产力和先进文化前进方向的代表之一；成为我国建设物质文明、精神文明、政治文明、生态文明四大文明的重要组成部分；成为推动我国经济社会可持续发展的重要举措和根本保证。要围绕生态文明建设，按照扬长避短、择优发展、效益优

先的原则，正确处理经济效益、社会效益和生态效益的关系，走生态建设产业化、产业发展生态化的路子，逐步形成优势产业和重点特色产品的区域化布局、专业化生产和规模化经营，依靠特色经济增加农民收入，依靠特色经济促进工业化和城镇化，努力把丽江建成生态产业基地。

一是积极发展现代农业。现代农业是建设生态产业基地的基础产业，要充分发挥丽江立体气候明显、生物资源丰富的优势，进一步调整农业产业结构，大力发展人无我有、人有我优、人优我精的高产、优质、高效、安全的特色产品，提高农业综合效益。切实抓好丽江雪桃、芒果、青梅、青刺果、薯蓣、朝鲜蓟、魔芋、红花等重点生物资源开发项目，加大规模化发展力度。通过加强市场研究、科技推广培育和扶持壮大农业龙头企业，发展农特产品深加工，培育一批知名度高、带动力强、辐射面广的安全优质农产品品牌，把千家万户的小生产同千变万化的大市场联系起来，带动千家万户增收致富。

二是积极推进现代林业建设。现代林业建设，是建设生态产业基地的重要内容。要坚持从丽江的实际情况出发，实施以生态建设为主的林业发展战略，为广大人民群众提供更多更好的生态产品；牢固树立人与自然和谐的重要价值观，积极推进生态文明建设；把改革作为推进林业又好又快发展的根本动力，积极稳妥地推进集体林权制度改革，调动广大林农爱林护林的积极性，努力发展和形成符合现代社会发展要求的林业生产力和生产关系，促进林产业可持续发展。在此基础上，积极发展核桃、膏桐、苹果、雪桃、芒果等经济林木，使其在增加农民收入和生态文明建设中发挥更加重要的作用。

三是扎实推进新农村建设。按照省委的要求，不断加大社会主义新农村建设的力度，深入实施“五个带动”，加大项目、资金、技术等方面的支持力度，鼓励社会资金参与，按照“政府引导、自助自愿、互惠互利、注重结合”的原则，全面启动“千企结千村建设新农村”活动，切实推进特色鲜明、产业突出的社会主义新农村建设。

加快推进新型工业化进程，努力把丽江建设成清洁能源基地。新型工业化是丽江经济发展面向未来的必然选择，丽江走新型工业化之路，就要立足丽江实际，进一步转变经济发展方式，不断提高劳动者的科学文化素质，加快技术进步，提高劳动生产率，努力实现经济增长由主要依靠增加资源消耗向提高资源利用效率转变，由主要依靠扩大规模向规模与效益并重转变，由主要依靠外延式扩张向内涵式发展转变，最终把丽江建设成为清洁能源基地。

一是着力培育以水电为主的清洁能源产业。加快形成以清洁能源产业为重点，以生物资源加工、矿产资源、建材、旅游商品开发为主体，其他工业产业为补充的特色产业体系。金沙江水电的开发，为丽江清洁能源基地的建设提供了有力的支撑。要切实做好移民安置工作，带动农民脱贫致富，全面支持、协调、配合做好金安桥电站、观音岩电站、阿海电站、鲁地拉电站、龙开口电站等金沙江中游丽江境内的水电开发建设。同时，科学规划、合理开发小水电，积极开发风能、太阳能等清洁能源，确保在以水电为重点的能源产业开发上取得新的突破。

二是努力延伸水电产业链。在搞好清洁能源生产的同时，以水电铝新技术示范项目的实施为突破口，积极探索矿电结合的新途径，努力延长水电产业链。依托资源特色和优势，继续集中力量发展水电、矿业、建筑建材、化工、现代生物制药、农特产品加工、旅游工艺品加工等重点产业。加快玉龙南口工业园区、永胜特色农产品加工工业园区和华坪工业园区建设，加快打造新型工业化核心园区，促进传统工业优化升级。着力推进园区招商引资工作，吸引更多资金雄厚、技术先进、市场开拓能力强的大企业向园区聚集，促进工业的合理布局和集群式发展，努力培育工业经济新的增长点。

三是不断优化工业发展环境。认真落实促进非公有制经济发展的政策，积极发展非公有制经济，建立重点中小企业、非公有制企业监测体系，加快覆盖中小企业、非公有制企业和乡镇企业的服务体系建设，引导企业提高自身素质，建立现代企业制度，促进企业全面发展。深入实施乡镇企业技术进步、吸

纳农村劳动力和农产品加工三大工程，突出农产品加工、劳动密集型产业、大中型企业配套产业和农村服务业4个重点领域，加快乡镇企业发展。

通过推进新型工业化进程，加快清洁能源基地建设，使丽江综合实力和核心竞争力有一个质的提升，实现“品牌丽江”向“实力丽江”转变。

彰显民族文化特色，努力把丽江建设成国际精品旅游胜地。经过多年的努力，旅游业已成为丽江的一项优势产业，以旅游业为龙头的第三产业占全市国民生产总值的比重超过50%。但要在激烈的行业竞争中赢得主动，实现可持续发展，就必须适应云南旅游二次创业的大背景，坚持以自然为本、以特色为根、以文化为魂、以市场为导向的原则，遵循现代旅游业跨区域联动发展的市场规律和国际通行的旅游服务标准，坚持把旅游产品打造成“真品”“精品”和“绝品”，把丽江建设成为国际精品旅游胜地，进一步巩固丽江在云南旅游业发展“排头兵”的地位，努力争当全国旅游发展的“排头兵”。

一是加强旅游基础设施建设。要扎实做好丽江口岸机场申报建设工作，按“一体两翼”布局构想，加强玉龙雪山景区环境整治、基础设施建设，提升丽江古城景区保护管理水平，加快推进老君山国家公园、泸沽湖女儿国镇等旅游项目建设。大力推进大丽高速公路、丽香铁路建设，积极争取丽攀高速公路、丽攀铁路等交通项目，以建设旅游小环线为重点，不断提升市内交通档次，使旅游通达条件实现质的提升和飞跃。要坚定不移地走特色城市建设之路，扎实做好“国家级园林城市”创建工作，加快实现丽江城市由“宜居”到“利居”再到“乐居”的跨越式提升。花大力气提升餐饮、商贸等传统服务水平，加快发展保险、金融、房地产、物流等现代服务业。

二是加快旅游转型升级。进一步解放思想，创新管理模式，自觉把政府管理这支“有形的手”和市经济规律这支“无形的手”有机结合起来，努力推动丽江旅游实现“六个转变”：即在发展模式上由政府主导向政府引导调控、市场主导转变；在发展方向上由一般性的观光型向休闲度假康体会议等综合型转变；在发展质量上由数量型向质量型转变；在发展深度上由粗放型向集约型转变；在发展功能上由旅游目的地向既是旅游目的地又是旅游集散地转变；在管理方式上由主要依靠行政管理向依法治旅转变。

三是加强旅游软环境建设。不断建立和完善政府主导、企业为主体、各方联动的宣传促销机制，开拓国内高端客源市场和海外客源市场。努力提高综合运用经济、法律、行政手段管理旅游产业的能力和水平。积极推进旅游监管体系和旅游诚信体系建设，整治和规范旅游市场秩序，切实维护游客合法权益。建立完善旅游人才工作机制，使管理人才总量与旅游发展相适应，人才结构与旅游产业结构相协调，人才素质的提高与旅游业快速发展的要求相符合，加快形成人文智力支持。彰显丽江文化特色，推进文化与旅游互动，不断提高旅游文化内涵。

丽江经济建设的“三大目标”，是顺应时代的要求和人民的期盼确定的，它的实现将极大增强丽江的综合实力，形成三大产业协调带动、投资消费协调拉动的和谐发展新格局。

二、关注民生，促进和谐，统筹发展各项社会事业

社会事业发展与和谐社会建设相互联系、相互促进。一方面，社会事业的发展规模和水平是社会和谐程度的重要标志。只有在经济发展的同时加快社会事业发展，不断扩大社会公共服务的供给，人民群众才能够享有经济发展的成果。另一方面，社会事业的发展是推进和谐社会建设的重要动力。只有社会事业得到较好发展，才能较快地积聚和提升人力资本，从而提高社会生产力水平，促进经济社会协调发展，为和谐社会建设奠定基础。处理好经济建设与社会建设的关系，是协调发展的重要方面。要克服只重视经济增长，而忽视社会发展的现象，坚持以人为本，加快文化、教育、科技、医疗卫生、就业、社会保障等社会事业发展。

牢固树立“以人为本”的理念，更加注重经济社会协调发展，切实把改革发展成果更好地体现到提

高人民生活水平和质量上，让人民群众共享改革发展成果。深化文化体制改革，努力繁荣文化事业，大力发展文化产业，积极推进丽江文化工作再上新台阶。坚持教育优先发展，全面贯彻党的教育方针，推进素质教育，提高教育教学质量，保障各民族子女公平接受教育的权利，绝不让一个孩子因为贫困而失学；积极推进公共卫生、农村卫生、城市社区卫生等服务体系建设，提高全民健康水平；以服务经济社会发展为重点，推进科技创新，提高科技工作水平，加速科技成果向现实生产力的转化。

开放的经济最具活力，开放的社会蕴含着巨大的吸引力和创造力。促进丽江经济社会和谐发展，必须牢固树立全面开放的观念，把改革、开放、创新贯穿到经济社会发展的各个环节，积极务实地推进经济社会重要领域和关键环节改革。而要确保丽江改革开放的顺利进行，就必须高度重视干部和人才队伍建设，因为人是生产力中最活跃的因素。因此，要牢固树立科学的人才观，着眼于促进经济社会发展和人的全面发展，建立健全人才工作机制，营造良好的干事创业环境，为加快经济社会发展提供强有力的人才保障和智力支持。调整人才开发措施，完善用人机制，努力创造优秀人才脱颖而出的环境；健全人才培养、引进和使用机制，努力形成人才辈出、人尽其才的局面。加强市管专家的管理，充分发挥专家、技术人才在科技进步和经济社会建设中的作用。围绕“建设生态产业发展基地”的目标，加强农村实用人才队伍建设和农村人力资源开发，培养有文化、懂技术、会经营的新型农民，充分发挥他们在社会主义新农村建设中的主体作用，促进农村经济社会的快速发展；围绕“建设清洁能源基地”的目标，培养一批能适应现代化和多元化发展要求的清洁能源开发、保护、管理的专业技术人才；围绕“建设国际旅游胜地”的目标，培养一批高层次经营管理人才、职能管理人才、专业技术人才和一线服务人才，保障旅游业的可持续发展。要努力形成广纳群贤、人尽其才、能上能下、充满活力的用人机制，着力建设一支适应丽江经济社会发展、结构合理的高素质人才队伍，为丽江的发展提供强有力的人才支撑和智力支持。

忆往昔，峥嵘岁月；展未来，华彩乐章。面向“十二五”，丽江虽然还面临着诸多困难和问题，只要认真贯彻落实科学发展观，加快经济结构调整和发展方式转变，紧紧扭住“三大”建设目标不放松，一心一意谋求发展，脚踏实地开拓进取，同心同德、群策群力、求真务实、扎实工作，就能谱写无愧于历史、无愧于时代的崭新篇章，就能开创丽江更加美好的明天。

建设国家门户枢纽　打造空中经济走廊
将昆明新机场建设成为中国面向西南开放的空中桥头堡

云南机场集团有限责任公司董事长、昆明新机场建设指挥部指挥长　吴凡

2009年7月，胡锦涛总书记在云南视察时提出“使云南成为我国面向西南开放的重要桥头堡”，标志着国家对外开放战略在开放方向和开放重点上的重大推进。12月，为深入贯彻执行胡总书记重要指示精神，中共云南省委八届八次全会提出，“建设中国面向西南开放的桥头堡”的战略发展目标。在“桥头堡”战略目标的实施中，“桥”的建设，特别是具有快速、高效、便捷优势的空中走廊建设，尤为重要。经过近一个世纪的发展，云南已经成为名副其实的航空大省，并稳步向航空强省迈进，为“桥头堡”战略的实施，搭建起对内对外开放的重要基础、平台和窗口。通过全面加快推进云南航空的发展，建立通达四方的国际国内航线网络，构建连接世界各地的空中经济走廊，真正发挥云南的区位优势，将发挥出“空中桥头堡”的战略作用。从这个意义上说，建设国家门户枢纽，打造空中经济走廊，将昆明新机场建设成为中国面向西南开放的空中桥头堡，具有十分重要的现实意义和深远的历史意义。

一、云南机场业发展现状

机场集群效益显现。目前，云南已建成通航的机场共有12个，已初步形成以区域性枢纽昆明巫家坝机场为中心，丽江、西双版纳、德宏芒市、大理、迪庆香格里拉、普洱、保山、临沧、昭通、文山普者黑、腾冲等11个支线机场为辅助的干支线机场网络布局，机场密度平均每10万平方千米3个，形成了以昆明机场为枢纽中心、覆盖全省近70%的行政州市的机场网络群。云南已成为全国拥有支线机场最多、机场等级较高、航空资源富集、机场管理一体化、航线网络布局较完备的省区之一。2009年，云南机场集团以2 478.7万人次的年旅客吞吐量排名全国机场集团第四位，昆明机场以1 894.6万人次的年吞吐量排名全国机场第七位，世界机场排名第六十六位。丽江机场年旅客吞吐量突破200万人次，西双版纳机场年旅客吞吐量突破190万人次，跨入中型机场的行列。

航空市场开发良好。目前，进入云南航空市场营运的国内外航空公司共有33家，其中包括港龙、香港航、复兴、长荣、立荣等5家地区航空公司，以及泰航、大韩、老挝航、越南航、新加坡胜安、马来西亚航、泰国亚洲等7家国外航空公司。10个东盟国家中已有8个国家与云南通航，8个南亚国家中已有3个国家与云南通航，昆明还开通了日本、韩国、香港、台湾、阿联酋迪拜等地的航线。截至2009年底，云南机场所飞航线为236条，其中国内航线209条，国际航线24条，地区航线3条。通航城市达到百个，其中，国际城市及地区26个；国内航线上，有37个城市每周单程航班数量超过7班，与所有省会城市和经济发达城市、重要旅游城市实现充分互联。云南已初步形成了以昆明为中心，连接省内与周边省际的支线网络，辐射国内大中城市的干线网络，面向东南亚、南亚的国际及地区航线网络的三个轮辐式为主及城市对式结构互补的航线网络，省内支线、省内环飞、国内干线和国际航线互相连接、互相支持。

二、云南机场发展规划

民航机场业是国民经济的基础性行业，是交通基础公共设施，为社会提供公共产品、公共服务，社会关注度和影响力越来越高。特别是在云南，94%以上的面积是山区，相比其他交通运输方式，建设机场发展民航运输业具有建设周期更短、建设成本更节约、社会效益见效更快、拉动经济社会发展作用更显著的特点。同时，云南地处中国西南边陲，近年来，云南在我国沿边开放战略中的地位和优势日益凸显，正逐步成为中国连接东南亚、南亚的重要国际通道，是中国重要的西南门户。机场作为交通基础设施，以其方便、快捷、辐射力强等优势，在政治、经济、文化、军事等方面都发挥着不可替代的重要作用，在整个经济社会发展中具有重要的战略性、基础性、先导性作用。以昆明机场为核心的云南机场集群的发展壮大，事关国家西向战略的推进实施，事关国家“民航强国”战略构想的实施，事关云南省经济社会发展全局，是提高发展质量、加快发展步伐、实现云南“建设绿色经济强省、民族文化强省和中国面向西南开放桥头堡”三大战略目标的坚实基础。

确立昆明新机场作为中国面向东南亚、南亚、连接欧亚的国家门户枢纽机场，以昆明为中心，带动全省干、支线机场和小型机场全面均衡发展，在全省构建梯次结构合理、规模适度的轮辐式机场网络布局体系。即：以昆明新机场为西向门户枢纽中心，以丽江、西双版纳、大理、德宏芒市、迪庆香格里拉等为5个干线机场，以保山、普洱思茅、昭通、临沧、文山、红河、腾冲等为7个支线机场，以昆明、丽江、大理、德宏芒市、西双版纳5个机场为航空公司基地，兼建部分旅游精品小型机场的云南民航运输航空枢纽，与临港经济圈和多种产业结合，完善和倍增城市辐射功能，促进区域经济综合竞争力发展。

进一步优化航线网络结构，构建我国面向东南亚、南亚，辐射印度洋区域，连通中东、非洲，连接欧亚的空中经济走廊，构建直飞东南亚、南亚主要城市及直飞欧洲、澳洲、经迪拜连通中东、非洲，经第三地连通北美的空中航线，形成省内支线、省内环飞、国内干线和国际航线互相连接、互相支持的航线网络结构和客货运输兼备的航空运输格局，做大做强云南机场产业成为新的经济增长极，实现云南由航空大省向航空强省发展目标，促进国家民航产业和云南社会经济协调发展。

“十二五”期间，全省民用机场总数将达到25个，昆明新机场建成并投入使用；建成红河、泸沽湖、怒江机场；完成腾冲机场改扩建；启动迁建普洱思茅、昭通机场前期工作；启动并完成沧源、德钦、澜沧、镇雄、会泽、罗平等机场前期工作，并力争开工建设。

三、将昆明新机场建设成为中国面向西南开放的空中桥头堡

（一）昆明新机场战略定位及规模

昆明新机场建设项目是国家和云南省“十一五”期间重点建设工程，云南省确立了“建世纪工程、立千秋伟业、创中国一流”的项目目标，中国民航局确定了以昆明新机场工程为试点示范，建设“节约型、环保型、科技型和人性化的现代化绿色机场”，昆明新机场建设全面打造西向门户枢纽机场，构建我国面向东南亚、南亚，辐射印度洋区域，连通中东、非洲，连接欧亚的空中经济走廊，构建直飞东南亚、南亚主要城市及直飞欧洲、澳洲、经迪拜连通中东、非洲，经第三地连通北美的空中经济走廊，承担着实践国家“民航强国”战略和云南省“面向西南开放桥头堡”战略的重大任务，在国家民航布局和全省改革发展稳定大局中发挥着举足轻重的作用。

根据项目相关批复，昆明新机场项目总投资230余亿元，其中机场工程总概算为188.35亿元。昆明新机场项目本次规划目标为近期满足年旅客吞吐量3 800万人次、货邮吞吐量95万吨、飞机起降30.3万

架次，远期满足2040年旅客吞吐量6 500万人次、货邮吞吐量230万吨、飞机起降45.6万架次。工程建设规模为飞行区按照4F标准规划、本期按照4E标准设计，远期规划为4条跑道，终端设计容量为6 000万至8 000万人次。本期工程新建两条长度为分别为东跑道长4 500米、西跑道长4 000米、垂直间距1 950米的远距平行跑道，配置双向I类精密进近仪表着陆系统及相应的助航灯光系统。新建航站楼建筑面积54.83万平方米。站坪停机位84个，其中近机位68个，远机位16个。航站楼前高架桥建筑面积为7.3万平方米，停车楼14.6万平方米，地面停车场6.2万平方米。新建3.5万平方米的货运站，1.4万平方米的航空配餐设施；配套建设供电、供水、供热、供冷、燃气、污水污物处理设施等。

（二）昆明新机场在桥头堡建设中的重大作用

一是昆明新机场地处中国西南地区空中开放的最前沿。桥头堡的建立，需要综合国家的政治、经济、区域、文化、贸易、口岸等战略，集区域性中心城市、经济区域中心、国际运输中心、金融中心、信息中心、物流集散中心等为一体，桥头堡应是国家对外开放的前沿。昆明新机场定位为中国面向东南亚、南亚，连接欧亚的国家门户枢纽。建成后，其对周边地区将产生直接或间接的经济影响，机场周边凝聚了包括物流、会展、商务、休闲旅游、酒店等生产、技术、资本、贸易、人口等资源，并依托昆明新机场逐步建成方圆约160平方千米的临空经济区，可以辐射中国西南周边地区14个城市，人口资源近7 000万；可以面向东南亚、南亚18个国家和地区，是中国西南地区空中开放的最前沿。

二是昆明新机场是国家综合交通体系的重要组成部分。从国家战略角度看，随着陆桥经济的不断发展，桥头堡建设不再仅仅是指一条公路、铁路，而是演变成集航空、公路、海运和铁路为一体的综合性立体交通运输网络，空陆联运已成为现代发达国家综合运输的重要特点。昆明新机场作为延伸空中运输以及陆路运输的重要节点，其建设体现了国家综合交通体系的大战略。作为未来中国第四大航空枢纽的昆明新机场，将是国家大交通战略的枢纽和云南大交通战略的桥头堡。

三是昆明新机场承担推进航空强国战略的重任。从建设民航强国战略看，全面推进航空强国战略，就是以航空运输为先导，促进陆桥经济的发展，促进桥头堡建设。航空运输作为现代最先进、便捷的交通运输方式，民用机场作为一个国家、地区、城市的重要节点，能有力地支持中心城市和中国东、西部区域经济的互动，密切世界各国、地区之间的联系，增强彼此的往来。同时，机场先进的设施设备，发达的航空运输网络、能够高效、快速、安全的促进人流、物流、信息流等流动，促进区域内旅游等其他相关产业的发展，特别是在国家应急救援、边境安全上，将起到重要的作用。

四是昆明新机场是云南与世界连接的国际大通道。从云南建设航空强省战略看，云南94%的山地，使省内与省外、省内与世界各国来往不便。为此，云南省确定了建设航空强省的战略目标。随着云南各机场的新建、改扩建，机场对省内经济、社会发展的促进作用凸显，机场建设与地方经济形成了良性互动。一个机场的建成，往往带动了其所在区域多方面的发展，不仅改善了人们出行的条件，也改变了人们的观念，改变了云南各州市对外开放、交流的环境和条件，为吸引外资、资源合理开发利用、形成旅游新增长极、产业升级等带来不可估量的经济和社会价值。

（三）昆明新机场在桥头堡建设中发展的市场

云南建设中国面向西南开放的桥头堡，扩大向西南开放，其区域指向主要是以东南亚、南亚国家为重点，面向印度洋、大西洋，延伸欧亚等区域市场，这与昆明新机场未来的市场战略基本一致。昆明新机场在未来10～20年中发展的市场主要包括：

全面辐射东南亚、南亚市场。目前昆明至东南亚、南亚的航线有25条、航班97个/周；在昆明新机场建成使用后，昆明至东南亚、南亚的航线预计增至53条，航班增加至210个/周。争取基地航空公司新开昆明至东盟各国未通航城市的航线，并逐步增加其航班量。在覆盖东南亚各国家及港台地区的基础上，增加对其航班的密度，开辟至印度孟买或德里的航线，拓展日本、俄罗斯及中亚地区航线。

延伸进军欧美、非洲、澳洲市场。昆明新机场建成后，昆明空域“瓶颈”问题将得到彻底解决，增加并逐步开拓对欧美、非洲、澳洲等国家主要城市国际航线航班，并在此前拓展的基础上，稳固迪拜航线，利用迪拜航线延伸开辟至欧洲、非洲的国际航线，成为昆明国际航线网络布局的重要任务。

全面开通并直航国内干线、省会城市市场。对未开通航线航班的国内干线城市，昆明新机场将联合各航空公司，进行市场拓展；在国内对航空旅游、商务、会展消费需求日益增长的情况下，积极争取基地航空公司大幅增加昆明通达国内大型枢纽机场、地区枢纽机场、省会城市以及重要旅游城市的航班密度，进一步完善东、西干线，增加并开辟至沿海开放城市、经济发达地区的航线航班密度。昆明新机场未来在云南桥头堡建设中，将以全面覆盖国内及东南亚、南亚航空枢纽网络，带动云南大交通的发展，带动西南地区的发展，在航空运输上最先成为西南开放的桥头堡。

布局完善省内各支线市场。在“十一五”规划期，云南将完成7个机场的新建与改扩建，在“十二五”期间，完成云南省内干、支线机场的合理布局，形成以昆明新机场为桥头堡、以省内其他干、支线为支撑、比较科学合理的航空枢纽网络。目前，昆明机场的航线网络已经覆盖国内全部省会城市及重点二级城市，下一步的重点是要开通全部省会城市的直航航班；增加至北京、上海、广州、深圳、成都等地的航班密度；打造省内支线与国内干线和国际航线互相连接、支持的航线网络。

（四）昆明新机场在桥头堡建设中实施的战略

将成为中国第四大国家门户枢纽。昆明新机场是西南地区内外交流的重要汇聚点和连接通道，占据连接中国东部城市与南亚、西亚、欧洲，中国西部城市至东盟各国以及东盟各国至日本、韩国最短航路点的优势。

将完成从中转到直飞国际航线航班的市场战略转移。由于目前云南外向型经济发展水平较低，单靠省内客源市场很难支撑国际航线的发展。因此，现阶段国际航线开发的重点，将主要考虑国际航线与国内重点枢纽间的航线连接，形成在昆明中转的国际航线，如国航的北京—昆明—仰光、东航的西安—昆明—新加坡等航线。随着云南桥头堡建设，对外开放的腹地和空间得到释放，在充分利用国家给予的更多优惠政策下，省内的出口贸易、保税、仓储运输、物流、跨境旅游、商务会展、投融资等将取得新的突破。昆明新机场可在“十二五”规划期间，借建成之机，充分利用东航、国航、南航及祥鹏航空的国内航线网络优势，将昆明从作为国内其他枢纽中转东南亚、南亚客货集散地，进而实现开辟直飞的国际航线航班的市场战略转移。

昆明新机场与省内支线机场共同搭建空中桥头堡。云南桥头堡建设，离不开各州市，特别是经济、旅游、贸易等已经发展比较好的州市，将直接为桥头堡建设提供最大的市场和直接的支持。这些发展比较好的州市基本已经建好和正在新建扩建机场，他们是帮助云南省快速实现桥头堡建设目标的区域，具有云南省整体加快桥头堡建设的先决条件和有利条件。昆明新机场建成使用后，丽江、西双版纳、腾冲、德宏芒市、大理、迪庆香格里拉等机场，将最先有条件利用昆明新机场枢纽，开通更多面向东南亚、南亚国家和地区国际航线航班的机场。科学合理并积极地布局以上机场未来发展的战略规划，不但可以提升昆明新机场年旅客吞吐量，更为云南建设经济、旅游、商务、贸易、物流等桥头堡战略，增加了实际的内涵。在云南通往东南亚、南亚各国陆路通道不便和时间依然比较长的情况下，没有比使用航空运输更为快捷、便利、安全的方式。

合作共赢，共建东南亚、南亚民用机场。云南地处我国与中南半岛和南亚次大陆结合部，与越南、老挝、缅甸接壤，具有面临市场最广、与东盟及南亚和中东国家互补性最强、对外连通条件最好等优势。目前，云南省与东南亚、南亚等国家开展有包括中缅油气管道和腾冲至缅甸板瓦、密支那二级公路

建设等多项合作，年内还将力争启动大瑞铁路建设，并在许多领域取得了富有成效的合作成果。但与云南相邻的国家中，多数机场建设设施却十分落后，在未来与昆明新机场的对接中，设施设备等级的差别，将直接影响昆明新机场机型的使用和市场容量的扩展。因此，云南机场集团将在综合统筹桥头堡建设，在合作共赢、共同发展的基础上，不排除因枢纽需要、航空强省需要而在东南亚、南亚国家一些机场进行适度的投资建设，或实行共同投资、共同建设、共同管理、共同发展的模式。

昆明新机场的建设任务即将完成，但昆明新机场在桥头堡建设中依然任重道远。昆明新机场建设者在全力推进建设的同时，也在倾心研究未来发展的市场，制定符合国家、云南省发展需要的规划和战略，为云南桥头堡建设、全面推进民航强国战略和实现民航强省战略而做出积极的贡献。

年度要闻

1月

6日

云南煤化集团解化公司年产15万吨二甲醚项目竣工投产，在全球开创了低热值褐煤生产高附加值清洁燃料先河。

12日

在北京召开的“2009第六届中国文化产业新年国际论坛”上，云南“香格里拉”被评为“改革开放30年旅游城市品牌”。全国获此殊荣的仅有3家，其他两家分别是海南“天涯海角”和山东“泰山”。

16日

《云南日报》报道，一年来，文山州500万亩木本油料基地建设开局良好，规划成为云南省最大的油茶基地。

本月

云南日报报业集团推出新版云南日报网和多媒体数字报。

2月

3日

《云南日报》报道，中国确定对广东和长江三角洲地区与港澳地区、广西和云南与东盟的货物贸易，进行人民币结算试点。至此，在云南省首先开展的边贸人民币结算和退税试点范围，进一步扩大到云南对东盟十国的货物贸易。

昆明市官渡区启动一批城乡交通道路路网建设工程。年内，官渡区将建设52条道路，里程80.45千米，预计总投资39.54亿元。

4日

包括云南铝业股份有限公司在内的76家企业在昆获颁高新技术企业证书，这是云南省首批按新办法重新评审认定的高新技术企业，将在税收减免、科技计划、金融保险、出口信贷等方面获得一系列鼓励和支持。

5日

中国人民政治协商会议云南省第十届委员会第二次会议开幕，9日闭幕。

7日

云南省第十一届人民代表大会第二次会议开幕，11日闭幕。

13日

省长秦光荣主持召开省政府第十八次常务会议。会上研究了清理行政事业性收费项目，在全省行政机关推行“阳光政府”建设四项制度等工作。

15日

由深圳航空有限公司投资控股的昆明航空有限公司在昆明巫家坝国际机场举行揭牌及首航仪式。1架标有“孔雀呈祥云”航徽的波音737-700飞机从昆明起飞，经停长沙后飞往哈尔滨。这标志着云南人自己的航空公司——昆明航空正式开航。

16日

腾冲机场正式通航。腾冲机场是云南境内第十二个民用机场，是全国距离国境线最近的民用机场之一，也是云南首个股份制建设的机场，保山市因此成为中国第一个市级行政区域内有两个民用机场的地方。腾冲机场的建成，将成为腾冲、保山、云南乃至中国面向东南亚、南亚开放战略的一个新支点。

19日

秦光荣省长在云南省加快铁路建设专题工作会暨省铁路建设领导小组第六次会议上强调，切实把握当前铁路建设的黄金机遇期，全力加快云南省铁路建设步伐。云南省纳入国家规划的铁路项目已达21项，未来5年，云南将新增铁路运营里程1 780千米。

22日

《云南日报》报道，昆明市委、市政府提出，努力构筑城镇、产业、市场、园区、交通、生态、人才和民生保障八大支撑体系，加快推进现代新昆明建设。

24日

《云南日报》报道，经省学位委员会第十一次全委会审议通过，西南林业大学、云南财经大学和云南

民族大学3所高校将成为云南省未来7年新增立项建设的博士学位授权单位。

丽江老君山国家公园项目建设开工典礼在丽江裸支举行。

25日

《云南日报》报道，云南省将立足公路养护提升路况质量，加快固定资产投资建设，2009年国省干线路网改造将完成投资近40亿元。

《云南日报》报道，云南省将以巩固提升全省科技创新能力和产业竞争优势为重点，组织实施30项战略性重大项目，突破50项关键核心技术，研究开发50个具有自主知识产权的重大新型产品，以科技促进全省经济结构的调整和发展方式的转变。

3月

1日

全省县级以上行政机关全面实施重大决策听证、重要事项公示、重点工作通报、政务信息查询“阳光政府”四项制度。

11日

省政府与中国电力投资集团公司在北京签署战略合作框架协议，双方借助大湄公河次区域经济合作机制，发挥区位、资源、资金、技术、产业优势，全面开展合作，实现共赢。

17日

秦光荣省长主持召开省政府第二十次常务会议，研究加快云南省非公有制经济发展有关问题，讨论通过《云南省人民政府关于加快民办教育发展的决定》和《云南省人民政府关于促进农村劳动力转移就业和返乡农民工创业的意见》等，强调在应对当前国际金融危机中，全省上下要把加快非公经济发展作为确保全省经济平稳较快增长的一项重大举措，千方百计加快非公经济的发展。

19日

云南省引资办教论坛暨项目推介会举行，省教育厅及省内学校与来自省内外企业界、金融界代表签订24份合同或意向书，项目涉及金额19.7亿元。

20日

《云南日报》报道，省政府决定，将建立2 000万元民办教育专项基金，支持民办教育发展和示范性民办学校建设。

22日

中科院昆明动物研究所赖仞研究员领导的研究团队以长日照、强紫外线环境下生活的高原蛙类——滇蛙为研究对象，从中发现了一种新型抗氧化剂。专家称，该新型抗氧化剂是皮肤保护、皮肤抗氧化领域的重大发现。

24日

《云南日报》报道，省委、省政府决定每年投资30亿元，进行200万亩中低产田改造，到2020年争取改造完成2 000万亩。

25日

昆明市召开环湖道路、环湖截污暨“四退三还一护”工程建设推进动员会，明确提出将确保实现环湖东路、环湖南路主线闭合通车，基本完成东岸、南岸截污干渠的基础工作，基本完成“退人”“退房”工作。

30日

全省广播电视村村通直播卫星覆盖工程建设现场会在景洪市嘎洒镇沙药哈尼族山寨举行。省委、省政府要求实现全省农村广播电视“全覆盖”目标，2009年全省要完成36 580个20户以上已通电自然村的“村村通”建设任务。

本月

家电下乡在全省各地陆续启动。从2009年3月至2013年1月，凡在省内指定销售网点购买6类中标家电产品的农民，均能享受销售价格13%的补贴。

云南新洁达医药科技发展有限公司经过5年前期工作，一批云南药品和保健品获准在越南注册。至此，已有近百个云药品种获准进入东南亚市场。

投资1 200万元的德钦县至福贡县公路四级一期工程查里同大桥破土开工建设。

4月

8日

省政府召开电视电话会议，正式启动并全面安排部署云南省鼓励创业“贷免扶补”工作。从2009年起，云南省将为首次创业人员在省内自主创业提供贷款支持、税费减免、创业服务、资金补助等扶持措施，力争2009年扶持2万人以上创业，带动6～10万人就业。

10日

《云南日报》报道，迪庆州建设1.2万户游牧民定居点，首批1 000户牧民6月底可入住新居。

《云南日报》报道，楚雄州决定，2009、2010年两年时间内举全州之力打一场中小学校舍安全工程建设攻坚战，2009年内力争完成20万平方米危房改造任务。

18日

《云南日报》报道，全省各地深入推广“丘北经验”，强化农村道路交通安全管理，大力发展农村客运，全省1 356个乡镇有1 343个开通班车，乡镇通车率达到99.04%。

28日

秦光荣省长在省政府保障性安居工程建设专题会议上强调，全面推进云南省保障性安居工程建设，3年内新建保障性安居房184.17万套，努力实现低收入群众“居者有其屋”，到2020年消除农村危房的目标。

30日

云南省红十字会新闻宣传志愿者服务队在昆明成立，这是全国首支由新闻工作者组成的省级红十字新闻宣传志愿者服务队。

5月

1日

云南世博旅游控股集团有限公司在昆明举行成立揭牌仪式。

2日

《云南日报》报道，2009年中国昆明国际文化旅游节招商引资推介洽谈会引进20个合作项目，协议引进内资56亿元人民币、外资460

万美元，港资 2 000 万元。

4 日

《云南日报》报道，国家旅游局局长邵琪伟率专家组赴云南专题调研，提出把云南建设成中国一流、世界知名旅游目的地的目标。

《云南日报》报道，世界首个特高压直流输电工程在云南调试启动。线路途经云南、广西至广东，是世界上第一个特高压直流输电工程，也是中国特高压直流输电示范工程。

6 日

《云南日报》报道，云南省在全国率先开展保障性安居工程建设，已帮助 2.8 万户城镇低收入者搬入廉租房，4 万多户企业困难职工住进经济适用房，135 万农户告别危旧房。2009 年，省政府提出通过 3 年时间，每年建 60 万套，新建保障性安居工程 184 万套。

云南省扶持莽人、克木人发展现场会在西双版纳州举行。会议按照省政府提出的要求，在 2009 年基本解决莽人、克木人的温饱问题。

7 日

由著名舞蹈家杨丽萍担任总导演的大型衍生态打击乐舞《云南的响声》在云南艺术学院首演，尔后率队全国巡演。

8 日

全国首家专门培养农村基层干部的省级学院——云南农村干部学院揭牌仪式在云南农业大学举行。

11 日

《云南日报》报道，云南省为严防甲型 H1N1 流感蔓延，率先在全国启动“六个一”工程，使全省防控工作出现部署早、行动快、工作实、防控严，效果好的格局，有效防止境外疫情传入。

《云南日报》报道，云南省 2009 年将安排中央和省级财政 10.4 亿元资金，层层签订责任状，扫除贫困死角。实施 6 400 个自然村整村推进，加上上海对口帮扶 200 个，州市自筹资金实施 2 400 个，全省目标是确保完成 9 000 个、争取完成 10 000 个村的整村推进。

13 日

全省扶持人口较少民族发展工作会议在德宏州召开。《扶持人口较少民族发展规划》实施 4 年来，全省人口较少民族农民人均纯收入每年增长 24.5%，规划内的 1 407 个自然村全部得到扶持。列入规划的 175 个聚居行政村有 109 个达标验收，其余在 2009 年内要求全部通过考核验收。

14 日

“云南智库”揭牌仪式在昆明举行，秦光荣省长出席仪式并为“云南智库”揭牌。

16 日

大理至丽江铁路线上长达 5 848 米的高原山区隧道禾洛山隧道打通。

17 日

由中国企业联合会、中国企业家协会、云南省政府主办以“信心、使命、责任”为主题的 2009 年全国企业家活动日在昆明举行。

省政府与中国长江三峡工程开发总公司、中国第一汽车集团公司、中国移动通信集团公司、中国电信集团公司和中国联合网络通信有限公司等 5 大央企分别签署 5 项战略合作框架协议，央企在未来 5 年投入数百亿元在云南建设清洁能源、轻型货车、3G 移动、社会信息化等项目。

18 日

18 ~ 19 日，云南省花灯剧团与云南省民族艺术研究所联合创作的现代花灯剧《梭椤寨》在杭州演出，获第三届全国地方戏优秀剧目一等奖。

20 日

云南网开通一周年。在国务院新闻办的网站排名从第六十名上升到第十名，成为中国地方门户网站十大品牌之一。

22 日

《云南日报》报道，施甸县荣获“全国平安建设先进县”称号，曲靖市麒麟区被评为 2005 ~ 2008 年度“全国平安建设先进区”称号。

23 日

全国优秀流行歌曲创作大赛在北京举行，云南选送的《醉了，丽江》《白云》获一等奖，《月亮花》获三等奖，云南省文联获得优秀组织奖，在 12 个省市区中排名第一。

《云南日报》报道，全国第一所农民文化素质信息网络培训学校落户昭通市水富县两碗乡。全省力争 3 年内每个乡镇建一所培训学校，5 年内 20% 的行政村建有分校，10 年内实现“乡乡有”“村村通”。

25 日

25 ~ 27 日，云南省十一届人大常委会第十一次会议举行第一次会议，首次审议《云南省废旧金属收购治安管理条例（草案）》，表决通过《云南省道路运输条例》、关于设立省人大常委会法制工作委员会和预算工作委员会的决定以及任免名单。

云南中广传播有限公司成立及授牌、揭牌仪式在昆明举行，标志着广播电视移动多媒体（CMMB）业务在全省正式运营。

26 日

《云南日报》报道，云南煤化集团与中国三峡总公司、中国科学院在昆明签订战略合作协议，组建褐煤洁净利用工程研究中心。云南煤化集团持股 60%，中国三峡总公司投入 10 亿元人民币持股 40%。

27 日

云南民族大学中国——东盟语言文化人才培养基地通过省教育厅组织的专家组验收。

29 日

《云南日报》报道，由云南银通竹炭有限公司、云南省太阳能研究所光明工程公司投资 5 000 万美元建设的全国最大环保型 10 兆瓦太阳能光伏 / 光热复合发电项目落户牟定县。

云南广播电视大学举行建校 30 周年庆典。

30 日

《云南日报》报道，占地 450 亩的全省最大油茶良种繁育中心在富宁县建成，中心以培育油茶容器苗、嫁接苗为主，可供造林 27.3 万亩。

31 日

《云南日报》报道，省农信社在全国首创“贷免扶补”新模式，向全省 2 万名创业人员提供 10 亿元创业小额贷款，带动 6 ~ 10 万人就业，为大学生、农民工、复转军人等人员提供创业资金支持。

云南省政府和中国东方航空集团公司签署《战略合作协议》。东航集团所属东方航空股份有限公司与云南省国资委成立双方共同投资的有限责任公司。

6月

1日

云南省国资委与大新华航空有限公司签订云南祥鹏航空有限责任公司增资扩股协议。

云南环保世纪活动2009年组委会成立暨2008年总结表彰大会在昆明召开，此次环保世纪行活动的主题确定为“你我携手，保护生物多样性”。

3日

《云南日报》报道，据不完全统计，云南省花卉在研主要科技项目约20项，总投资近2亿元，其中各类科技经费资助总额3 948.5万元。全省累计研发花卉新品种100余个，其中获得自主知识产权花卉新品种36个。全省鲜切花自主知识产权新品种占全国总数的80%，位居全国之首。

由民革云南省委、云南省台办联合组建的云南省台商法律咨询服务中心在昆明成立。

中共云南省委党校、云南省人口计生委人口理论教育基地在昆明挂牌成立。

4日

云南省生物产业发展大会在昆明召开。会议提出，云南力争到2012年12类重点生物产业总产值突破4 000亿元。

6日

第十七届中国昆明进出口商品交易会、第二届南亚国家商品展、第七届东盟华商投资西南项目推介会暨亚太华商论坛在昆明开幕，10日闭幕。共有1 600家企业参展，国内展位1 722个，国外展位612个，累计成交20.71亿美元，进出口成交10.8亿美元。签约项目139个，金额逾600亿元。

7日

云南（曲靖）国际农业食品科技园开工仪式在曲靖举行。规划面积5.3平方千米，投资25亿元，计划2011年建成。

9日

第五届泛珠三角区域合作与发展论坛暨经贸洽谈会在南宁开幕，秦光荣省长率省政府代表团出席。云南经贸代表团签约项目76个，总投资235.2亿元，协议引进外资211.3亿元。

10日

中国第二条进藏铁路前期工程——丽江至香格里拉铁路开工建设，总投资92亿元，全长139千米，于2015年建成通车。

12日

云南省东南亚南亚经贸合作发展联合会第一次会员大会暨成立大会在昆明举行，会议审议并通过《云南省东南亚南亚经贸合作发展联合会章程》。

16日

《云南日报》报道，中美合资云南新美铝箔有限公司近3年科技攻关，形成具有自主知识产权的世界首创超薄规格铝箔生产成套工艺技术体系。经鉴定，各项指标达到国际同类产品技术标准，填补了国内外空白，达到国际领先水平。

2008年度云南省科学技术奖颁奖大会在昆明召开，表彰奖励为云南省科技、经济和社会发展作出突出贡献的科技人员。212个科技项目分获自然科学类、技术发明类和科技进步类一、二、三等奖，一批工作在科研、生产一线的科技人员获得总额894万元的奖金。中科院院士、中科院昆明植物研究所科学家孙汉董获得突出贡献奖300万元。

17日

由红河州政府安排资金20余万元建设的金平县莽人综合扶贫安居工程竣工，681名莽人告别低矮、破旧、四处通风的杈杈房，全部搬进新家。

23日

招商银行举行帮扶云南10周年座谈会。1988年招商银行定点挂钩帮扶云南武定、永仁两县以来，累计捐助资金超过3 200万元，捐建希望小学26所。同日，又向武定、永仁两县捐赠总额为507万元的第十一批扶贫款。

25日

省政府召开第二十五次常务会议，研究部署全省中小学校舍安全工程、审议重点产业发展规划纲要，讨论《云南省地下水管理办法（草案）》《云南省取水许可和水资源费征收管理办法（草案修改稿）》。

云南省提前5天完成“村村通”首批直通卫星接收设备的安装调试任务，有效解决农村边远群众68.43万户、239多万人听广播难和看电视难问题。

26日

中共云南省委召开省委常委会，决定对全省125名优秀县乡党组书记进行表彰。

总投资3.2亿元，建筑面积4.52万平方米，停车位850个的全省停车规模最大的智能化立体机械停车库，在云南省第一人民医院开工建设。

云南首个由民办高职院校牵头组建的职教集团——云南经济管理职业教育集团组建揭牌。

27日

省委常委、昆明市委书记仇和荣获全国第六届“十大中华经济英才”奖。

29日

《云南日报》报道，经国务院、国家发改委批准，昆明市年内启动城市轨道交通建设，首条地铁预计2012年贯通运行。

30日

《云南日报》报道，2009年全省农作物总播种面积比上年增长1.8%。其中，粮食种植面积增长2.4%，农作物种植面积稳中有增。

7月

1日

云南省5件商标获国家工商行政管理总局“中国驰名商标”。即：昆明电缆股份有限公司的“昆电工及图”商标、云南锡业股份有限公司的“云锡 YT”商标、贵研铂业股份有限公司的“贵研 SPM 及图”商标、云南云维股份有限公司的“云维及图”商标、宣威火腿行业协会办公室“宣威火腿 XuanweiHam 及图”商标。

2 日

大型衍生态打击乐舞《云南的响声》在京首演，观众 1 200 余人观看演出，中央电视台等国内 47 家主流媒体及国外 20 余个重要新闻机构采访报道。

6 日

《云南日报》报道，由中美合作投资 1 亿美元、好莱坞和国内明星联袂出演的云南题材电影《飞虎群英》年内开机拍摄。影片以抗日战争时期中国军民和美国飞虎队联合抗日为主要内容。

云南省兴边富民工程工作会议在昆明召开，会议提出，要推进六大工程、30 件实事的落实，确保“兴边富民工程”各项目标任务全面完成。

8 日

注册资本 4 亿元的昆明中油昆仑燃气有限公司在昆明挂牌成立，标志着云南最大的燃气专业公司落户昆明。

10 日

2009 年中国（昆明）东盟赏石石材博览会暨珠宝文化节开幕。

13 日

中共云南省委授予云南省公安边防总队普洱边防支队勐马边防派出所政治教导员朱绍平“爱民固边模范”荣誉称号。

17 日

《云南日报》报道，云南省 7 个人口较少民族中，基诺族率先实现整体脱贫。

国家节能与新能源汽车示范推广工程启动仪式在昆明世博园举行，昆明市将在 4 年内推广 1 000 辆新能源汽车。

省政府与中国船舶重工集团公司在昆明签署《战略合作协议》，争取将昆明建设成为国内最强最大、世界一流的现代民用机场装备制造基地。

《云南日报》报道，云南省与老挝乌都姆赛省共建农业科技示范园建设项目正式投入使用。示范园总面积 30 亩，项目总投资 290 万元。

27 日

国际人类学会与民族学联合会第十六届大会召开，31 日闭幕。主题为“人类、发展与文化多样性”，近 100 个国家和地区 4 000 多名专家学者参会，共收到 5 000 多篇学术论文，大会通过了《昆明宣言》。

29 日

《云南日报》报道，中国东盟国际农产品贸易中心投资协议签署，省蔬菜流通行业协会会同有关单位提议，在玉溪市红塔区北城镇建设一个占地 3 000 亩、投资 62.5 亿元的中国东盟国际农产品贸易中心。中心建成后将成为云南省面向东盟重要的农产品物流集散地之一，并成为云南乃至东盟的重要物流通道和大型农产品贸易区。

 8月

1 日

第八届中国摄影艺术节暨 2009 年首届大理国际影会在大理三塔文化广场开幕。国内外 200 多个摄影展参展，展出照片 7 000 余幅。节会期间，举办了《绕三灵 · 本主祭》等大型非物质文化遗产及民间民俗活动展，

4 日

《云南日报》报道，中国茶文化研究中心在丽江市成立。

5 日

省政府召开全省社会主义新农村省级重点建设村推进会议。2009 年安排资金 2.25 亿元，扶持 1 500 个重点村建设。

6 日

蒙自至新街高速公路试通。公路全长 85.047 千米，投资 57.897 亿元，标志着昆明市至河口县连接东盟国际大通道实现全程高等级化。

8 日

《云南日报》报道，国家开发银行云南省分行向香格里拉县城集中供热一期工程项目建设发放 2 000 万元短期贷款。

8 ~ 9 日，2008 ~ 2009 年中国报刊广告投放价值百强排行榜发布会在青岛举行，《春城晚报》位居全国晚报 20 强第十一位。

14 日

《云南日报》报道，全国第三条焙烧磁选生产线、年处理 60 万吨贫褐（菱）铁矿焙烧磁选项目在峨山县竣工投产，填补了云南省贫铁矿选矿技术领域的空白。

15 日

《云南日报》报道，截至 6 月 30 日，云南集体林确权面积 2.56 万亩，占全省集体林面积 93%，确权到户 629.87 万户；发证面积 2.22 万亩，占全省集体林面积 80.7%，464 万多户领到“林权证”，全省集体林权制度主体改革基本完成。

秦光荣省长在云南省保障性住房工作会议上提出，今年投入 60 亿元，建设 50 万户城乡保障性住房。

16 日

《云南日报》报道，在西安举办的 2009 世界文化旅游论坛上，丽江市获得“世界著名文化旅游城市”荣誉称号，丽江市长王君正评为“推动文化旅游建设杰出贡献人物”。

18 日

商务部和云南省政府在京签署共同提升云南沿边开放水平合作备忘录。

纪念中共滇桂黔边区委员会暨中国人民解放军滇桂黔边纵队成立 60 立周年大会在昆明召开。

20 日

长江商学院与云南省政府共同主办、昆明市政府承办的首届 2009 长江夏季论坛在昆明举行。

21 日

中共云南省委与越共老街省委代表团在昆明举行工作座谈会，双方就开展党际交流，加强经贸、教育、旅游、学术等领域的交流与合作达成共识。

24 日

杂交稻之父、中国工程院院士袁隆平提出，把个旧市打造成中国超级杂交稻面向东盟推广辐射基地。

袁隆平团队建在个旧市大屯镇的4块超级杂交稻“百亩连片”高产示范基地，超级新品种亩产达916.44千克，创全国第一。

省总工会2009年金秋助学资助仪式提出，全省工会系统筹资2 000万元帮扶6 000名困难职工子女。

29日

2009年全省旅游产业发展大会在腾冲召开。

31日

省人大常委会开展食品安全法执法检查。云南省力争用两年时间，在全省建立起覆盖食品生产经营、流通和餐饮消费等环节的食品污染物、食源性疾病监测体系。

建于元代的姚安龙华寺古建筑群（国家级文物保护单位）抢救维修工程开工。

9月

1日

《云南日报》报道，巍山县发现一处明清时期的古民居群。

国家质检总局与省政府签署《关于提升云南沿边开放水平战略合作备忘录》，就便利通关、口岸疫情疫病防控、产品质量监管、质检能力建设等有关工作达成一致意见。

中越红河公路大桥竣工试通车。桥长295米、宽21.5米，双向4车道，2条人行道，采用V型桥墩连续钢构建，总投资6 440万元。

经省十一届人大常委会第十二次会议审议通过《云南省花卉产业发展条例》，这是国内首个花卉产业发展地方法规。

3日

《云南日报》报道，全国首台高科技拖挂式供水处理车在昆明研发成功。新产品投产可解决每天2 500人饮水问题，获得国家授予的实用新型专利证书。

中国矿业联合会和省政府共同主办的“首届中国昆明国际矿业合作论坛”开幕。

玉溪沃森生物技术有限公司生产的冻干AC群脑膜炎球菌多糖结合疫苗首批产品，获得国家食品药品监督管理局批签合格证。沃森生物成为国内唯一具有两个细菌结合疫苗上市的疫苗企业。

5日

《云南日报》报道，昆明机床股份有限公司研发制造出中国首条应用于机床企业的高精度、大规格（FMSI600型）柔性自动生产线，具有国际先进水平。

老挝驻昆明总领事馆舍开馆仪式在昆明外国领馆区举行。

玉溪环抚仙湖国际自行车节成功举办，10余个国家和地区的350余名运动员进行175.5千米和78.8千米的比赛，1 500余名自行车爱好者参与。

6日

腾陇公路开通。全长154.1千米，投资11.9亿元，途经德宏、保山2个州市、4个县。

8日

《云南日报》报道，红云红河烟草（集团）有限责任公司曲靖卷烟厂投资25亿元的技改项目奠基。

《云南日报》报道，已有70年历史的昆明电缆集团股份有限公司“昆电工牌”商标，被国家工商行政管理总局认定为“中国驰名商标”。

省政府召开省级医疗机构建设及全省医改工作汇报会。

西南成品油管道二期工程、云南输油管线重点骨干项目——昆明至大理成品油管道建成并一次投产成功。

9日

《云南日报》报道，中国科学院昆明植物研究所等科研单位人工繁育成功的华盖木、西畴青冈、杏黄兜兰等苗木，移种到高黎贡山自然保护区、文山小桥沟自然保护区，标志着全国华盖木等极小种群野生植物回归自然试验项目正式启动。

《云南日报》报道，云南省境外投资最大项目——柬埔寨斯登沃代水电项目在柬埔寨菩萨省开工以来，实现投资3 837.31万美元，占总投资的14%。

省委、省政府在昆明召开2009年教师节庆祝活动暨优秀教师和教育工作者表彰大会，对获得全国先进的云县马街完小等14个集体、苏莺华等79名个人，以及获得省级先进的谭毅等658名优秀教师和教育工作者进行表彰。

10日

沙特政府和欧佩克基金会贷款云南高等职业教育3 200万美元。

《云南日报》报道，云南省蔗糖产业08/09榨季全省平均产糖率达到12.83%，名列全国第一。食糖总产量223万吨，创历史新高。

16日

《云南日报》报道，省委、省政府确定以昆明为中心，引导和多渠道吸纳100亿元资金，启动建设27个设备一流的高水平卫生建设项目，提升和全面带动全省医疗卫生服务水平。

《云南日报》报道，昆钢启动涉及12个片区、1万多套、100多万平方米的廉租住房建设，建成后采取“只租不售”、“先租后售”等模式，确保低收入住房困难职工家庭住得上、住得起。

17日

云南省医疗保险异地就医服务管理试点工作在昆明启动。

25日

云南省目前投产单机容量和总装机容量最大的水电站——小湾水电站首台机组正式投产发电。

28日

大理至丽江铁路开通运营暨列车首发仪式在丽江举行。线路全长164千米，投资概算49.8亿元，沿线设13个车站。

全长27.08千米，车道为双向6车道的昆明市主城区最大规模、最大投资基础设施工程——二环快速系统主线改扩建工程实现试通车。

29日

昆明市五华区中央商务区建设重点项目——顺城王府井购物中心开业。

10月

1日

《云南日报》报道，人民大会堂管理局决定国庆60周年招待宴会选用丽江雪桃。

2日

千年盐都大姚县石羊镇举行2009中国大姚石羊祭孔大典。

4日

《云南日报》报道，全省累计完成水利水电投资138.6亿元，占全年计划完成投资180亿元的77%，创历史新高。

5日

总承包合同额为23亿美元的厄瓜多尔科卡科多—辛克雷水电站建设承包合同举行签字仪式。这是中国对外投资承建的最大水电站工程项目。由中国水利水电第十四工程局有限公司承建，总装机容量为150万千瓦，年发电量88亿千瓦时。

《云南日报》报道，云南省启动建设水稻、玉米、马铃薯、生猪、奶牛、甘蔗、油菜、蚕桑等8个省级现代农业产业技术体系。

《云南日报》报道，昭通市通过国家和省补助、自筹、贷款、社会筹集等方式筹措140亿元资金，启动昭通市交通建设项目。3年内要修建8条二级公路，使昭阳中心城市到达10个县公路全部实现高等级化，实现乡乡通油路、村村通公路。

8日

《云南日报》报道，楚雄州天然药业品牌培育成效明显，集生产、种植、科研、销售为一体的医药产业体系基本形成，产值以每年25%以上的速度增长。州内医药工业企业发展到14户，有药品生产线57条，年生产药品能力8 000吨，中药材处理和提取能力6 900吨。

9日

《云南日报》报道，云南农业大学稻作研究所承担高产创建技术指导的腾冲县和大理市，选用滇型杂交粳稻系列为主栽品种，亩均增产幅度最高达23%。

12日

《云南日报》报道，昭通市与云南电网公司紧密协作，全面提速昭通电网建设，5年内将投资110多亿元建设昭通大电网。

云南省与陕西省旅游合作协议签字仪式在昆明举行，两省旅游业已发展成为中国乃至世界著名的旅游目的地之一。

13日

《云南日报》报道，国家计划2009年西部大开发新开工18项重点工程，昆明至南宁铁路、广通至大理铁路、丽江至香格里拉铁路、云南澜沧江功果桥水电站位列其中。

14日

省政府奖学金颁奖会在云南师范大学举行。1 000多名云南大学、昆明冶金高等专科学校等高校品学兼优的学子，每人获得6 000元的2008～2009年度省政府奖学金，奖励金额共计600万元。

15日

《云南日报》报道，自2005年以来，玉溪市组织实施的农机购置补贴项目资金4 415万元，受益购机农户1.8万余户，拉动农户、农机服务组织投入社会资金1亿多元，新增各种新型农机具1.9万台。

西南经济区市长联席会第十八届会议在景洪市召开，区内30个成员市市长、副市长与缅甸、泰、老3国5个城市的代表交流，共商共建“澜沧江—湄公河次区域旅游经济圈”。

16日

中行云南省分行与昆明市政府签署《战略合作协议》，昆明轨道交通项目获得中国银行云南省分行295亿元贷款支持。

19日

《云南日报》报道，云南沃森生物有限公司全资子公司江苏沃森与世界500强企业、全球最大疫苗企业葛兰素史克公司签订合作协议，从事疫苗研发和生产，合资公司首期投入4.51亿元研发生产疫苗。

省政府与国家开发银行签订《产业发展专项贷款协议》。2012年前，国开行将向云南提供不低于200亿元的产业发展中长期专项贷款，力争10年后专项贷款余额达600亿元。

中国昆明大院名校科技成果交易会闭幕。交易会省外参展展位共208个，全省与国内外科研院所（校）签订合作项目共198个，成交金额91.62亿元。

20日

云南省政府主办、上海市政府合作交流办等共同承办的云南（上海）生物产业合作项目推介洽谈会在上海举行。双方共签订15个合作项目，协议资金总额11.9亿元。

22日

省政府与国家开发银行股份有限公司《海外业务战略合作框架协议》签字仪式暨云南省海外投资有限公司揭牌仪式在昆明举行。

27日

昆明市举行云南陆军讲武堂“百年军校将帅摇篮”主题展览开展仪式。

11月

2日

《云南日报》报道，陆良和平科技有限公司建成全国产量第一、世界排位第二的维生素K3生产基地。

4日

《云南日报》报道，总面积53万亩的全省最大的地方自然保护区——西双版纳州布龙自然保护区挂牌建立。

5日

国土资源部宣告，在澜沧铅矿矿山深部发现钼矿资源，储量有望达超大型以上规模，这在云南省钼矿资源的开发利用史上尚属首次。

7日

广州东送集团投资控股的弥勒吉成能源有限责任公司总投资4.3亿元、80万吨煤焦化多联产项目在弥勒开工建设，2011年10月投产。

9日

省交通厅与建行云南省分行签订云南省在建二级公路贷款合作总协议。建行云南省分行提供124.5亿元贷款，用于支持全省52条在建二级公路建设。

12日

《云南日报》报道，云天化股份有限公司在云南水富和重庆市两地建成国内最大的新材料产业——聚甲醛科研生产基地，年产聚甲醛新材料5吨以上（产能达到9万吨），

产品畅销全国并实现批量出口。

15日

《云南日报》报道，在“2009全球旅游度假论坛”上，昆明滇池国家旅游度假区荣获“国际最佳旅游度假胜地”称号。

云南省图书馆建馆100周年庆典在图书馆广场举行。

17日

省委、省政府召开第二届“兴滇人才奖”表彰大会，对在全省经济社会发展中有重大创新或作出重大贡献的李文昌等10名专业人才、企业经营管理人才、民族民间文化人才、技能人才及农村实用人才进行表彰奖励。

19日

2009中国国际旅游交易会在昆明隆重开幕。

《云南日报》报道，昆明市官渡区被科技部确定为第三批国家科技进步示范县（市）区，系云南省唯一一家。

22日

《云南日报》报道，云南省中职招生录取中专、职高、5年制大专生共23.3万人，超额完成教育部下达的中职招生计划数，较上年增长15.02%。

24日

《云南日报》报道，总投资94.5亿元，连接迪庆州香格里拉、维西、德钦3县，总长428.3千米的2条二级公路即国道214线香格里拉至德钦、维西塔城镇至德钦项目，相继开工建设，预计2011年6月底完工。

经过5年建设，投资1.48亿元的国家重大科学工程，省地共建中国西南野生生物种质资源库在昆明竣工验收。建成后的资源库，成为世界上除了挪威诺亚方舟种子库和英国皇家植物园之外的第3个保存世界重要物种种质资源的机构，保藏野生种质资源能力达到国际领先水平。

28日

中共云南省委决定，追授迪庆军分区副司令员龚曲此里（藏族）“维护民族团结的好干部”称号。

12月

1日

《云南日报》报道，滇池流域实施污水全面截流收集处理，逐步实现城镇污水进污水处理厂、村庄污水进湿地的目标。

2日

第九届中缅边境经济贸易交易会在德宏州瑞丽市开幕，200多户企业、400个展位参展，首日成交1 268万余元。

4日

教育部决定，云南大学被列为全国10所与中科院开展联合培养博士生的高校。

《云南日报》报道，怒江州自2002年退耕还林工程全面启动以来，全州累计完成投资3.18亿元，实际完成退耕还林54万亩，工程惠及3.21万农户。

6日

在北京举行的“2009中国经济发展论坛”上，昆明再次获“2009中国经济科学发展十佳城市”和“2009中国最具创新力城市”称号。

8日

世界上首个±800千伏特高压直流输电工程和中国特高压直流示范工程——云南至广东特高压直流输电工程升压成功，实现稳定运行。28日实现单极投产，云电东送实现特高压长距离大容量送电。

9日

《云南日报》报道，全省248个治污建设项目全启动，云南率先在全国完成覆盖全省的“两污”项目规划。

13日

《云南日报》报道，在中国果蔬产业品牌论坛暨名优果蔬宣传推介表彰大会上，富民县被授予“中国杨梅之乡”称号。

16日

中国西南地区乃至泛东南亚地区最大的国际性商贸物流中心——中国·昆明螺蛳湾国际商贸城开业。

18日

云南报业传媒（集团）有限责任公司成立。

19日

19～20日，中共云南省委八届八次全体会议在昆明召开。全委会强调要深入贯彻落实科学发展观，认真贯彻落实胡锦涛总书记考察云南时的重要讲话精神，紧紧围绕建设绿色经济强省、民族文化强省和中国面向西南开放的桥头堡，努力推动全省经济平稳较快发展和促进社会和谐稳定。

20日

在上海闭幕的“2009世界休闲旅游发展高层论坛”上，大理省级旅游度假区获得“中国最佳休闲旅游目的地”荣誉称号。

22日

云南省建设里程最长、投资最大的高速公路建设项目——大理至丽江高速公路在大理开工建设。公路全长259.18千米，总概算188亿元，建设工期4年。

23日

《云南日报》报道，中共云南省委、云南省人民政府出台《关于深化医药卫生体制改革的意见》。

中国联合国教科文组织全国委员会在北京举行世界遗产证书颁发仪式，石林县获世界遗产证书。

云南出版集团有限责任公司在昆明举行揭牌仪式。

27日

最高人民检察院、全国妇联、云南省委召开表彰大会，授予昆明市西山区人民检察院侦查监督科科长杨竹芳“全国模范检察官”“全国三八红旗手”“云南省优秀共产党员”荣誉称号。

云南首条高标准快速铁路——云桂铁路云南段建设动员大会在昆明举行。

30日

云南文化产业投资控股集团有限责任公司在昆明挂牌成立。

省情概览

主　　编　郑灵琳
责任编辑　李海荣

综　述

云南简称“云”或“滇”，素有“彩云之南”之美誉，是人类起源地之一。云南地处中国西南边陲，位于北纬 21° 8′ 32″ ～ 29° 15′ 8″ 和东经 97° 31′ 39″ ～ 106° 11′ 47″ 之间，北回归线横贯南部。全境东西最大横距 864.9 千米，南北最大纵距 990 千米，总面积 39.4 万平方千米，占全国陆地总面积的 4.1%，居全国第八位。全省山区、半山区面积占 94%，耕地面积 420 万公顷，平均海拔 2000 米左右，最高海拔 6740 米，最低海拔 76.4 米。

云南东部与贵州省、广西壮族自治区为邻，北部同四川省相连，西北隅紧倚西藏自治区，西部与缅甸接壤，南部同老挝、越南毗邻，全省有 8 个州市共 25 个县（市）与缅甸、老挝、越南 3 个国家的 6 个省（邦）、32 个县（市、镇）接壤，国境线长 4 060 千米。其中，中缅边界 1 997 千米，中老边界 710 千米，中越边界 1 353 千米。云南自古就是中国连接东南亚及南亚各国的陆路通道，有出境公路 20 余条，与泰国、柬埔寨、孟加拉、印度等国相距不远。

2009 年，云南省设有 16 个州市。其中，8 个民族自治州，8 个省辖市，129 个县、市、区。县级行政区划设：12 个市辖区，9 个县级市，79 个县，29 个民族自治县。省会昆明市，省政府驻昆明市五华山。

云南是一个高原山区省，属青藏高原南延部分，地势西北高、东南低，自北向南呈阶梯逐级下降。全省海拔高低相差很大，全省最高点为滇藏交界的德钦县怒山山脉梅里雪山主峰卡瓦格博峰海拔 6740 米，最低点在与越南交界的河口县境内南溪河与元江汇合处海拔仅为 76.4 米，高低相差 6 663.6 米。地形以元江谷地和云岭山脉南段的宽谷为界，分为东西两部。东部为滇东、滇中高原，是云贵高原的组成部分，平均海拔在 2000 米左右。西部为横断山脉纵谷区，高山深谷相间，相对高差较大，地势险峻。主要山峰 30 余座，东部的乌蒙山、五莲峰、梁王山、轿子雪山等，西部的高黎贡山、怒山、云岭等，南部的哀牢山、无量山、大雪山、邦马山等。在山地高原间，分布着面积为 2.4 万平方千米地势平坦连片的盆地。

云南河流湖泊众多，水系发达，境内大小河流 600 多条，重要的 180 多条，分别属于伊洛瓦底江、怒江、澜沧江、金沙江、红河、珠江六大水系。云南河流大都是六大水系的水源头和上游，除金沙江、珠江外，均为跨国界河流。这些河流分别注入南中国海和印度洋，多数具有落差大，水流急、水量变化大的特点。全省高原湖泊 40 多个，湖泊水面面积 1 100 平方千米。滇池为全省最大湖泊，面积 300 平方千米；洱海次之，面积约 250 平方千米。抚仙湖深度全省第一，最深处 150 多米；泸沽湖次之，最深处 90 多米。

云南气候属于亚热带高原季风型，地处低纬度高原高海拔地区，地理位置特殊。由于地形复杂和垂直高差大等原因，立体气候特点显著，类型多样，突出的是年温差小、日温差大，干湿季节分明，气温随地势高低呈垂直变化异常明显。滇西北属寒带气候，长冬无夏，春秋短；滇东、滇中属温带气候，四季如春，遇雨成冬；滇南、滇西南属亚热带气候、热带气候，长夏无冬，遇雨成秋。全省年平均气温 7.1℃ ～ 24.6℃，平均气温 17.3℃。降水充足，5 ～ 10 月为雨季，尤其集中在 6、7、8 三个月，11 月至次年 4 月为旱季。云南因气候、生物、地质、地形的相互作用，形成省内分

布最广、最重要的红土壤资源，故云南有“红土高原”“红土地”之称。云南是全国植物种类最集中的省份，类型多样，品种繁多，资源丰富，药用植物、香料植物、观赏植物全省都有分布，故有“植物王国”、“药物宝库”“香料之乡”“天然花园”之称。烟草、鲜花、茶叶、咖啡、核桃面积，均居全国第一位。动物种类居全国之冠，又有“动物王国”之称。云南矿产资源丰富，储量大、矿种全、分布广，素有“有色金属王国”之誉。2009年，全省各类矿产地1 253个，各类矿产142种。能源资源得天独厚，尤以水能和煤炭资源量较大，水能资源理论储量超过1.04亿千瓦，技术可开发的水能资源装机容量1.02亿千瓦，居全国第三位；经济可开发的水能资源装机容量9 795万千瓦，居全国第二位，占全国可开发量的25%。全省煤炭总储量679亿吨，居全国第八位、南方省区第二位。

2009年，全省总人口4 571万人，比上年增加28万人，出生率12.53‰，死亡率6.45‰，人口自然增长率6.08‰。其中，少数民族1 618万人，占总人口的35%。云南是一个多民族省份，也是一个少数民族大省，少数民族人口仅次于广西壮族自治区，居全国第二位，也是全国少数民族人口超过千万人口的3省区（广西、云南、贵州）之一。除汉族外，人口在5 000人以上并有一定聚居区域的民族，有彝族、白族、哈尼族、壮族、傣族、苗族、傈僳族、回族、拉祜族、佤族、纳西族、瑶族、藏族、景颇族、布朗族、普米族、怒族、阿昌族、基诺族、德昂族、蒙古族、独龙族，满族、水族、布依族共25个，世居少数民族种类居全国第一位。在世居少数民族中，白族、哈尼族、傣族、傈僳族、拉祜族、佤族、纳西族、景颇族、布朗族、阿昌族、普米族、怒族、基诺族、德昂族、独龙族共15个民族为云南特有少数民族。另外，还有16个少数民族跨境而居，是全国跨境民族最多的省区。民族自治地方土地面积27.66万平方千米，占全省总面积70.20%。云南少数民族分布多样，既有一定的聚居区，又杂居于其他民族中，具有“大分散、小聚居”的特点，多居住在边疆和山区。云南各族人民世代和睦相处，安居乐业，在漫长的历史进程中，云南各民族创造了丰富多彩、独具特色的民族文化，如古滇文化、南诏大理文化、纳西族东巴文化、傣族贝叶文化、彝族太阳历文化、哈尼族梯田文化等，均在国内外有较大影响。民族众多、文化多元、习俗各异、生活多彩，构成绚丽多姿的民族多元风情，为云南增添神秘色彩。

民族团结边疆稳定　（省委党史研究室　提供）

2009年，受国际金融危机的影响，是云南困难较多的一年。面对严峻形势，省委省政府把“保增长、保民生、保稳定”作为首要任务，决策部署，准确判断，沉着应对，迎难而上，化危为机，攻坚克难，顺势而谋，努力化挑战为机遇，变压力为动力，出台一些新的经济政策的措施，保证全年发展目标的顺利实现，推动全省经济平稳较快发展和促进社会和谐稳定。全省实现生产总值6 168.23亿元，比上年增长12.1%。农业经济稳步发展，农业总产值突破1 700亿元。工业经济增长明显回升，全年规模以上工业企业实现增加值1 904.38亿元。全社会固定资产投资总量达到4 527.02亿元；投资结构进一步优化，一、二、三产业分别完成投资197.06亿元、1 524.87亿元和2 805.09亿元；城镇固定资产投资增长32.6%，增速居全国第十七位，西部第六位；全年房地产投资737.46亿元，全年商品房销售面积2 229.95万平方米，商品房销售额653.53亿元。消费品市场持续活跃，实现社会消费品零售总额2 051.16亿元，同比增长19.3%。财政收支持续增长，全年财政总收入1 490.82亿元，增长9.6%；地方财政一般预算收入698.26亿元，增和13.7%。全省金融机构人民币各项存款余额11 119.64亿元，各项贷款余额8 779.63亿元。全年外贸进出口总额完成80.19亿美元，下降16.5%。全年实现旅游业总收入810.73亿元，增长2.2%。全省烟草、电力、矿业、生物，旅游五大支柱产业增加值占GDP比重超过五成。蔬菜、咖啡、水果、花卉、茶叶等产品出口增势强劲，在全省外贸出口总额中的比重达24.1%，成为2009年外贸出口的最大亮点。全省非公经济户数112.5万户，同比增长15.3%；非公经济完成增加值2 411.8亿元，同比增长12.9%；上缴税金290亿元，社会贡献继续加大。非公经济完成进出口总额41.5亿美元，占全省进出口总额51.8%，成为全省出口贸易的主力军；个私企业从业人数400.2万人，比上年增长12.3%；全省民营企业实现进出口外贸总值37.2亿美元，占全省外贸总值的46.36%，同比提升14个百分点。批准台资企业529户，合同投资额7.79亿美元。全省滇台贸易额11 097万美元。年底，全省共与173个国家及地区发生贸易往来，较上年增加28个。全省节能减排成效显著，高耗能产品单位能耗持续下降，单位GDP能耗下降4.6%，全年共实现节能量386万吨标准煤，节能减排进入全国前列。在扭转经济增速下滑趋势、增强经济发展后劲中，科技发挥了重要支撑作用。全省实施重大项目49项、重大装备及关键部件研发项目20项，突破关键核心技术71项，推广应用突破产业技术瓶颈关键性技术34项，开发拥有自主知识产权重大新产品60个。据《中国区域创新能力报告》显示，2009年，云南区域创新能力排名由2008年的二十三位上升至二十二位，西部省区市第四位。

2009年，全省在岗职工年平均工资26 992元，月平均工资2 250元；全省企业退休人员年平均基本养老金13 812元，月平均基本养老金1 151元；城镇居民人均收入可支配收入14 424元，比上年增加1 174元，增长8.9%，扣除价格因素的影响，实际增长8.3%。居民生活水平进一步提高，全年人均消费支出10 202元，比上年增长12.4%。城镇居民人均工资性收入9 642元，增长12.2%；居民财产性收入1 044元，增长22.9%；转移性收入3 902元，增长11.3%。城镇居民家庭恩格尔系数由上年的47.1%下降到43.7%，降低3.4个百分点；每百户拥有接入互联网的计算机32.5台，比上年增长13.1%；家用汽车每百户拥有量14.9辆，比上年增长33.9%；钢琴每百户拥有量2.3架，增长20.4%；健身器材每百户拥有量3.8套，增长20.1%。

全省交通以昆明为中心，综合交通运输体系初步形成。昆明铁路局现有准轨、米轨铁路17条，其中3条准轨电气化铁路干线（沪昆、成昆、南昆），6条准轨铁路支线（羊场、东川、盘西、昆阳、安宁、东王），1条地方铁路（昆玉），2条合资铁路（广丽、水红），米轨铁路干线2条（昆河、蒙宝）、支线3条（昆西、昆小、草官），管内线路铁路总长3 674.37千米，营运里程2 448.4千米，设置235个车站。全年旅客发送2 435.9万人，比上年增加4.3万人；货物运输完成5 945.1万吨，超年度计划445.1万吨；固定资产原值309.44亿元，中国企业500强中排第380名。

2009年，云南已形成以昆明巫家坝国际机场为枢纽中心和西双版纳、丽江、大理、德宏芒市、迪庆香格里拉、保山、普洱思茅、昭通、临沧、文山、腾冲11个支线机场网络群，覆盖全省70%的行政州市，成为全国拥有支线机场最多、航空资源富集、机场管理一体化、航线网络布局较完备的航空大省之一，全年旅客吞吐量2 479万人次。云南民航已开辟航线236条，通航城市98个，是连接省内与周边省际支线网络、辐射国内大中城市的干线网络和面向东南亚、南亚、连接欧亚的国家级和地区的国际航线网络。

2009年底，全省公路通车里程近20.6万千米，居全国第三位。其中，高等级公路8 100千米，高速公路2 512千米，高速公路总里程跃居全国第七位，高等级公路里程居西部12省区第一位。实现以省会昆明为中心的400千米范围内干线公路高等级化目标。4条通向东南亚、南亚国家的大通道国内段全部实现高等级化，7条能通向邻省的干线有6条基本实现高等级化，出省通道基本形成。道路运输客运量3.28亿人，比上年增长5.13%；旅客周转量302.22亿人千米，比上年增长10.71%；货运量4.08亿吨，比上年增长4.21；货运周转量496.14亿吨千米，比上年增长5.87%。全省水运继续稳步发展，水路完成客运量658万人次、旅客周转量1.55亿人千米、货运量345万吨、货物周转量5.42亿吨千米，同比分别增长2.97%、0.65%、1.77%、5%。

云南与越南、老挝、缅甸接壤，是通往东南亚、南亚的窗口和门户，与泰国和柬埔寨通过澜沧江—湄公

通　途　　（省委党史研究室　提供）

河相连，并与马来西亚、新加坡、印度、孟加拉等国邻近，是毗邻周边国家最多、边境线最长的省份之一。云南与周边各国山水相连、民族同宗、文化同源，互利合作的历史悠久。云南本着“与邻为善、以邻为伴”的方针，随着经济合作不断深化，合作层次不断提升，已成为与周边国家发展互利合作关系的重要省份之一。云南是唯一能从陆路沟通东南亚、南亚的省份，具有通往东南亚、南亚最便捷的陆路通道，有“贯通两个大洋、连接三大市场”不可替代的综合区位优势。云南是全国的“口岸大省”，与东盟众多国家山水相连或相近，交往密切，在漫长的边境线上分布着20个国家级和省级一类、二类口岸，陆路口岸通道数量居全国第一。口岸通道的基础设施条件近年都有较大改善，在内引外联中发挥着重要作用，“走出去”与“请进来”作用日益明显。2009年7月，胡锦涛总书记在云南考察工作时指出，要把云南建设成为中国面向西南开放的重要桥头堡。2009年12月20日，省委八届八次全委会确定把云南建设成为中国面向西南开放的重要桥头堡，加大对内对外开放力度。全省上下紧紧抓住桥头堡建设的难得机遇，借势发力，开创对外开放新格局，国际区域合作进一步深化，对外贸易和经济技术合作再创新高，初步形成政治、经济、文化、社会等各个领域对外交往同步发展、整体推进的良好态势。干线公路建设正向高速化发展，铁路通道向境外延伸，通往国内外的航空网络基本形成，水运正在走向区域联合开发的新阶段，集公路、铁路、航空、水运于一体的国际大通道雏形基本形成，积极推进与毗邻国家“通路、通商、通电、通关”，对东南亚、南亚开放的优势更加突出。2009年，虽然受国际金融危机的影响，云南对东盟的贸易却逆势上扬，达到31.51亿美元，同比增长13.8%，占云南外贸四成，东盟成为云南外贸唯一实现同比正增长的市场。

2009年，全省实际利用外资9.1亿美元，同比增长17.1%，创历史新高。全省口岸进出口货运量634万吨，增长28.6%；口岸进出口货值40.6亿美元，增长8.7%；出入境人员1 782.1万人次，增长10.1%；累计外派劳务4.28万人次；出入境交通工具260.1万辆（艘、架、列）次，增长33.6%。

中共云南省委书记　白恩培
省人大常委会主任　白恩培
省人民政府省长　秦光荣
省政协主席　王学仁

（李海荣）

重大决策

【概述】 2009年，面对国际金融危机的挑战，在极为复杂和严峻的形势下，中共云南省委认真落实党中央应对国际金融危机采取的一系列措施，坚定信心保增长、坚持不懈保民生、坚定不移保稳定，使云南全省经济形势总体回升向好，改革开放继续深化，保障和改善民生力度加大，生态建设和环境保护迈出新步伐，安定和谐的政治局面得以巩固，党的建设不断加强，保持了云南经济社会稳定发展的良好局面。

2009年，由于国际金融危机迅速扩散蔓延，云南省经济受到严重冲击，一些长期存在的矛盾更加突出，对外贸易急剧下滑，有效需求不足，矿产品价格大幅回落，工业经济增速减缓、效益下滑，部分企业生产经营困难，保持农业稳定发展和农民持续增收的难度加大，外出务工农民大量返乡，就业形势严峻，全省经济社会发展面临严峻挑战。根据2008年11月28日中共中央政治局会议专题研究2009年经济工作会议精神和十一届人大二次会议中提出，2009年国民经济和社会发展的主要目标是：国内生产总值增长8%左右，要把握扩内需、保增长，调结构、上水平，抓改革、增活力，重民生、促和谐的原则，省委积极应对国际金融危机造成的不利局面，部署全省经济社会发展。

7月25～28日，中共中央总书记、国家主席、中央军委主席胡锦涛来到云南考察。对云南的经济建设、抗震救灾、民族工作，作出重要指示。他强调，云南要有效应对国际金融危机冲击、保持经济平稳较快发展，必须保持宏观经济政策的连续性和稳定性，继续扩大内需尤其是消费需求，注意把握投资方向、优化投资结构、防止重复建设，更好地发挥投资对经济增长的拉动作用，巩固和发展经济企稳向好势头，努力实现2009年经济社会发展预期目标。地震无情人有情，有党和政府的坚强领导，有社会各界的大力支持，有乡亲们的共同努力，一定能够渡过眼前难关，重建美好家园。一定要高举各民族大团结旗帜，把促进民族团结作为神圣职责，同各族干部群众一道，为加快民族地区经济社会发展，为巩固和发展平等团结互助和谐的社会主义民族关系作出新的更大的贡献。他指出：云南遇到的困难和挑战是前进中的问题，全省经济发展的基本态势没有改变，重要战略机遇期没有逆转，机遇大于挑战，前景仍然向好。只要坚定信心，善谋善断，大胆出手，抢抓机遇，毫不松劲，就一定能够化“危”为“机”，取得出其不意的成效。云南正面临着千载难逢的历史机遇，抓住了就能开创一个新局面，就会有一个崭新的大变化。一定要争取主动，积极作为，变压力为动力，化不利为有利，努力开创加快云南科学发展的新局面。胡总书记还明确提出，要把云南建设成为中国面向西南开放的“桥头堡”。

【科学决策】 2008 年 12 月 25 日，中共云南省委召开省委八届六次全委会，提出做好 2009 年的工作，全面贯彻党的十七大和十七届三中全会精神，深入贯彻落实科学发展观，紧紧抓住国家扩大内需的重大机遇，更加自觉坚定地扭住经济建设这个中心不动摇，更加自觉坚定地推动科学发展不放松，坚持保增长、扩内需、调结构，进一步深化改革开放，着力保障和改善民生，坚定信心，迎难而上，真抓实干，攻坚克难，千方百计保持全省经济平稳较快增长和社会和谐稳定，为实现更长时间、更高水平、更好质量的发展打下坚实基础。全委会制订了 2009 年云南经济社会发展主要预期目标：生产总值增长 9%以上，力争两位数增长，地方财政一般预算收入增长 8%，全社会固定资产投资增长 20%以上，城镇居民人均可支配收入实际增长 6%，农民人均纯收入实际增长 7%，居民消费价格总水平涨幅控制在 5%以内，城镇登记失业率控制在 4.6%以内，人口自然增长率控制在 7‰以内，单位生产总值能耗降低 4.3%以上。全委会同时强调，要认真解决当前发展中遇到的突出矛盾和问题，坚决打赢保增长这场硬仗。2009 年初，中共云南省委制定了《中共云南省委常委会 2009 年工作要点》。

10 月 20 日，中共云南省委召开省委八届七次全委会，深入学习贯彻党的十七届四中全会和胡锦涛总书记考察云南时的重要讲话精神，研究部署加强和改进云南省党的建设，审议通过《中共云南省委关于贯彻〈中共中央关于加强和改进新形势下党的建设若干重大问题的决定〉的实施意见》，提出紧紧围绕促进科学发展、维护边疆安宁、增进民族团结、构建和谐云南，坚持以科学理论指导党的建设、以科学制度保障党的建设、以科学方法推进党的建设，着力提高党的建设科学化水平，着力增强各级党组织的创造力、凝聚力、战斗力，着力把各级党组织建设成为立党为公、执政为民，求真务实、改革创新，艰苦奋斗、清正廉洁，富有活力、团结和谐的战斗集体，为更好地团结带领全省各族群众夺取全面建设小康社会新胜利、开创建设富裕民主文明开放和谐云南新局面提供更加坚强的保证。

2009 年 12 月 19 ~ 20 日，中共云南省委八届八次全体会议在昆明召开。全委会强调要深入贯彻落实科学发展观，认真贯彻落实胡锦涛总书记考察云南时的重要讲话精神，紧紧围绕建设绿色经济强省、民族文化强省和中国面向西南开放的桥头堡，增投资、扩消费，转方式、调结构，重民生、建和谐，快发展、上水平，进一步坚定信心，振奋精神，进一步解放思想、开拓创新，进一步求真务实、真抓实干，全面完成“十一五”规划的各项目标任务，努力推动全省经济平稳较快发展和促进社会和谐稳定。会议审议通过了《中国共产党云南省第八届委员会第八次全体会议公报》。

一年来，面对严峻复杂的经济形势，中共云南省委在党中央、国务院的正确领导下，紧密结合云南实际，总揽全局，科学决策，在推动云南经济社会实现又好又快发展中，发挥了坚强的领导核心作用。

独龙江第一桥 （省委党史研究室 提供）

【重要措施】 2009 年，中共云南省委结合云南实际，沉着应对复杂局势，采取一系列有力的工作措施：

落实中央应对国际金融危机的一揽子计划。为坚决贯彻落实中央

金平县茅山寨里国家投资建设的水窖 （省委党史研究室 提供）

应对国际金融危机的一揽子计划，云南启动实施了一批事关全局和长远发展的交通、能源、水利以及民生、环保、城镇基础设施建设等重大项目，全省建设用地由上年的30万亩增加到59万亩，固定资产投资约4 700亿元、增长35%左右，创历年新高。公路建设融资取得突破性进展，基础设施建设掀起新高潮。制定并实施重点行业和产业发展五年行动计划，加快实施200项重点工业建设项目，全力推进100项企业技术改造和100项结构调整升级项目，采取电价优惠、重要商品收储、省产工业品促销、中小企业扶持等一系列重大政策措施，工业经济增长逐季加快，烟草、电力和矿业等产业企稳向好，生物产业快速发展，结构调整取得新成效。认真落实各项刺激消费政策，城乡消费持续旺盛，社会消费品零售总额大幅增长，商贸、运输、物流、住房等服务业加快发展。新增贷款突破2 000亿元，金融业有力支撑了经济增长。积极推进旅游与文化融合，旅游“二次创业”扎实推进，旅游业逆势上升，旅游总收入达730亿元。经过艰苦努力，有效遏止了经济增长明显下滑态势，全省经济形势总体回升向好。

认真做好农村工作夯实农业基础地位。坚持把推进农业稳步发展、农民持续增收作为保持经济平稳较快发展的重大举措，全省财政投入支农资金200多亿元、增长36%左右。启动百亿斤粮食增产计划、山区综合开发、木本油料产业发展等重大工程。完成中低产田地改造230万亩，粮食生产再创新高。新增木本油料基地林236万亩。扶贫整村推进试点成效明显，巩固提高了60万贫困人口的温饱。对农民直接补贴资金120多亿元。统筹城乡经济社会发展力度加大，社会主义新农村建设扎实推进，农业农村经济的稳步发展。

不断深化改革开放创新体制机制。2009年全省坚持把深化改革作为应对危机的根本出路，深入推进重点领域和关键环节的改革，国企改革继续深化，成功引进了一批国内外战略投资者。进一步完善中小企业发展的体制机制，非公有制经济发展加快。深化农村综合改革，集体林权制度配套改革、华侨农（林）场改革，以及供销社、农村金融等各项改革稳步推进。医疗卫生体制改革步伐加快。启动扩权强县、统筹城乡综合改革和旅游业综合改革等试点。政府机构改革稳步推进，清理了一批行政审批事项。行政问责制等四项制度扎实推进，“阳光政府”四项制度全面实施。

积极维护安定和谐的边疆政治局面。省委坚持人民代表大会制度和多党合作政治协商的制度。加强同民主党派、工商联、无党派人士的团结合作。对台、侨务以及工会、共青团、妇联等人民团体的工作进一步加强。加强了少数民族干部队伍建设，新三年“兴边富民工程”和边疆解“五难”等惠民工程继续推进，扶持人口较少民族和少数民族困难群体的政策得到落实。对革命老区、民族地区和边境地区的扶持力度加大，民族地区经济发展步伐加快。深入开展平安创建活动，强化基层基础工作，社会治安防控体系不断完善。落实安全生产责任制，严格食品药品监管，切实保障人民群众切身利益。新一轮禁毒防艾人民战争深入推进。制定实施了《藏传佛教寺院管理条例》，藏区继续保持和谐稳定。

把握好思想舆论正确的引导方向。2009年，省委坚持用中国特色社会主义理论体系武装党员干部、教育各族群众，推动当代马克思主义下基层、进边寨。精心组织庆祝新中国成立60周年纪念活动，全面展示新中国成立以来云南省经济发展、社会进步、文化繁荣、民族团结、边疆稳定、生态改善等方面的巨大变化，唱响了共产党好、社会主义好、改革开放好、人民军队好、人民群众好、伟大祖国好的时代旋律。深入开展群众性精神文明创建活动。继续繁荣发展哲学社会科学，传播科学理论、普及科学知识、弘扬先进文化。把经济宣传作为重中之重，集中力量打好应对危机、攻坚克难的宣传战役。实施文化惠民工程，文化事业生机勃勃，基层文化基础设施两馆一站、千里边疆文化长廊、广播电视村村通等农村公共文化服务体系建设步伐加快。深化文化体制改革，促进了文化产业快速发展。

做好保障和改善民生的社会工作。针对国际金融危机对民生影响较大的问题，全省实施了更加积极的就业政策，实行“贷免扶补”创业模式，开发公益性就业岗位3万个，5万多就业困难人员实现再就业，高校毕业生就业在困难中推进。各级各类教育进一步发展。实施重大科技专项，科技对经济社会发展的支撑作用逐步增强。医药卫生体制改革全面推进，甲型H1N1流感防控有序进行。城镇居民基本医疗保险和新型农村社会养老保险试点工作全面启动，新型农村合作医疗参合率达93%，人均筹资标准提高到100元。投入43亿多元，把全省427万贫困人口纳入最低生活保障范围。企业退休人员基本养老金、失业保险、工伤保险、生育保险金标准提高，困难群众最低生活得到有效保障。实施保障性安居工程，有214个廉租房建设项目年内全部开工，中小学校舍安全工程、农村民居地震安全工程和垦区危旧房改造工程力度加大。姚安等地震灾区民房恢复重建全面完成。

增强云南可持续发展的生态文明建设。2009年，全省继续深入推进“七彩云南保护行动”，强化九大高原湖泊水污染综合防治，生物多样性保护、城镇生活垃圾处理、水土流失整治及生态修复等重点工作进一步加强，生态文明创建活动成效明显。在重点耗能行业深入推进六大节能工程，着力发展低碳经济、循环经济，落后产能加快淘汰，节能减排目标任务顺利完成。

加强党建提升领导科学发展的能力。认真开展深入学习实践科学发展观活动，把第一批、第二批学习实践活动所形成的科学发展共识、富民惠民政策、体制机制成果，通过第三批学习实践活动进一步贯彻落实到基层。坚持以改革创新精神全面加强党的思想、组织、作风、制度和反腐倡廉建设。继续推进干部人事制度改革，进一步加大公开选拔、竞争上岗等竞争性选拔干部力度。制定出台了《关于加强县（市、区）委书记队伍建设的意见》，建立和完善县（市、区）委书记选拔任用、教育管理、考核监督和激励机制。制定实施《关于加强培养选拔年轻干部工作的实施意见》，匡正用人风气，进一步加大公开选拔、竞争上岗等竞争性选拔干部力度。加强后备干部队伍和少数民族干部队伍建设，制定出台了《2009～2020全省党政领导班子后备干部队伍建设规划》。启动了“个人形象一面旗、工作热情一团火、谋事布局一盘棋”主题实践活动，“云岭先锋”工程、“边疆党建长廊”建设扎实推进。深入推进反腐倡廉建设，切实抓好中央《建立健全惩治和预防腐败体系2008～2012年工作规划》的落实，在全省厅级干部和县级党政主要领导中开展“坚持廉政勤政，促进科学发展”主题教育活动。

【实践经验】 2009年，在中共云南省委、云南省人民政府的领导下，全省广大干部和各族群众面对国际金融危机，保持了克难奋进的信心和勇气，始终保持了开拓进取、顽强拼搏的斗志和锐气，在异常困难的条件下，全省经济社会发展取得了显著成绩。全省生产总值完成6 168亿元，增长12.1%；财政总收入1 490.8亿元，增加130.6亿元，增长9.6%；地方财政一般预算收入698.3亿元，增加84.2亿元，增长13.7%；地方财政一般预算支出1 949.8亿元，增加479.6亿元，增长32.6%；全社会固定资产投资完成4 527亿元，增加1 000亿元，增长31.7%；实现社会消费品零售总额2 051亿元，增长19.3%；外贸进出口总额80.2亿美元，负增长16.5%；城镇居民人均可支配收入14 424元，实际增长8.3%；农民人均纯收入3 369元，实际增长9.8%；城镇登记失业率控制在4.3%以内；人口自然增长率6.37‰；居民消费价格总水平上涨0.4%；单位生产总值能耗下降4.5%以上。除外贸进出口总额外，省十一届人大二次会议确定的主要宏观调控预期目标均超额完成。

2009年，省委执政实践的主要经验有：

坚定不移地贯彻执行中央的重大决策部署，与党中央保持高度一致。从2008年底到2009年初，面对经济迅速下滑的严峻形势，压力大、困难多。但是全省上下结合云南实际，创造性地贯彻落实中央的一揽子计划，沉着应对、科学决策，出色地完成了年初预定的目标任务。实践证明，坚定不移地贯彻党的路线方针政策是云南做好一切工作的根本保证。

坚持走中国特色社会主义道路，积极探索云南落实科学发展观路径。中共云南省委坚持把深入学习实践科学发展观活动，作为应对危机的重大举措，把学习实践活动中激发出来的热情和活力，作为战胜困难的强大动力，紧扭第一要务不动摇、加快发展不停步；以人为本重民生、加大投入惠百姓；统筹兼顾促协调、全面发展上水平。事实践证明，坚持科学理论武装是云南做好一切工作的思想保证。

坚持解放思想，与时俱进，创造性地开展工作为战胜困难提供保证。有效保持了经济平稳较快发展和社会和谐稳定的良好局面。正是坚持把普遍性和特殊性紧密结合、原则性和灵活性有机统一，不照搬、不照抄，敢冒风险、勇担责任，不断创新思路、采取果断措施，才取变被动为主动、化挑战为机遇，提升应对危机的能力。实践证明，坚持解放思想、创新思路是云南做好工作的重要法宝。

坚持上下同心、达成共识，全党同力，为共度难关提供保障性服务。各地各部门把战胜危机作为共同目标，把各项工作融入全省的大局之中，形成了团结拼搏、共克时艰的强大力量。实践证明，维护团结、形成合力是云南建设发展的基本保障。

坚持察实情、说实话、办实事、求实效，保持深入扎实的工作作风。在极其复杂和严峻的形势面前，全省各级机关与领导干部深入实际，加强调研，认真谋划，见事早、行动快，措施实、效果好。只要广大干部作风过硬、措施得当，再复杂的矛盾和问题就能迎刃而解。实践证明，求真务实作风是云南为民服务的根本要求。

（赵晓澜）

全面建设小康社会进程概览

【概述】 2009 年，是云南省全面建设小康社会进程中非同寻常的一年。在党中央、国务院和云南省省委、省政府的正确领导下，全省各族人民沉着应对历史上罕见的全球金融危机的严重影响，克服重重困难经受住严峻考验，取得显著成就。省委、省政府预见早、判断准、行动快、措施硬，果断采取一揽子有效政策措施，带领全省人民攻坚克难，努力化挑战为机遇，变压力为动力，保增长、调结构、促改革、惠民生取得明显成效。全省国民经济运行总体上呈现稳步复苏、回升向好的态势，社会事业全面协调发展，民生不断改善，和谐安定的社会局面进一步巩固，云南省全面建设小康社会进程继续稳步向前推进。

2009 年，全省实现生产总值（GDP）完成 6 168.23 亿元，比上年增长 12.1%，高于全国平均水平 3.4 个百分点，增长速度在全国排名第十五位。第一产业增加值 1 063.96 亿元，增长 5.2%；第二产业增加值 2 580.34 亿元，增长 13.6%；第三产业增加值 2 523.93 亿元，增长 13.4%。三次产业结构由上年的 17.9 ∶ 43.1 ∶ 39.0 调整为 17.3 ∶ 41.8 ∶ 40.9。全省人均 GDP 达到 13 539 元（按年末汇率折合 1 983 美元），比上年增长 11.4%。非公有制经济创造增加值 2 412 亿元，占全省生产总值比重达 39.1%，比上年提高 0.6 个百分点。

全省财政总收入完成 1 490.82 亿元，比上年增长 9.6%。地方财政一般预算收入完成 698.26 亿元，比上年增长 13.7%。其中，增值税完成 97.53 亿元，下降 1.9%；营业税 175.79 亿元，增长 28.7%；企业所得税 65.29 亿元，下降 1.1%。全省地方财政一般预算支出完成 1 952.34 亿元，比上年增长 32.8%。其中，用于农林水事务、环境保护、教育、医疗卫生、社会保障与就业的支出分别增长 50.3%、40.5%、27.4%、40.5% 和 30.8%。

居民消费价格上涨 0.4%。其中食品价格上涨 1.6%，工业品出厂价格下降 8.5%，原材料、燃料、动力购进价格下降 5.0%，固定资产投资价格下降 1.9%，农业生产资料价格下降 0.7%。

【农业生产】 2009 年，全省农业总产值完成 1 700.69 亿元，比上年增长 5.5%。其中，种植业产值 849.3 亿元，增长 4.5%；林业产值 196.1 亿元，增长 6.6%；畜牧业产值 553.6 亿元，增长 6.7%；渔业产值 41.8 亿元，增长 10.1%；农林牧渔服务业产值 59.7 亿元，增长 1.2%。

全年粮食总产量达 1 576.9 万吨，比上年增长 3.8%。油料产量 49.92 万吨，增长 23.6%；烤烟产量 87.77 万吨，增长 4.6%；蔬菜产量 1 215.5 万吨，增长 4.2%；园林水果产量 260.18 万吨，下降 2.3%；茶叶产量 18.03 万吨，增长 5.1%；鲜切花产量 56.02 亿枝，增长 5.9%。

全年肉类总产量达 304.6 万吨，比上年增长 5.7%；牛奶产量 48.4 万吨，增长 8.3%；禽蛋产量 20.8 万吨，增长 6.9%；水产品产量 45.5 万吨，增长 15.6%。

全年新增有效灌溉面积 54.8 万亩，新增节水灌溉面积 58.9 万亩。

图1　2005～2009年生产总值及其增长速度

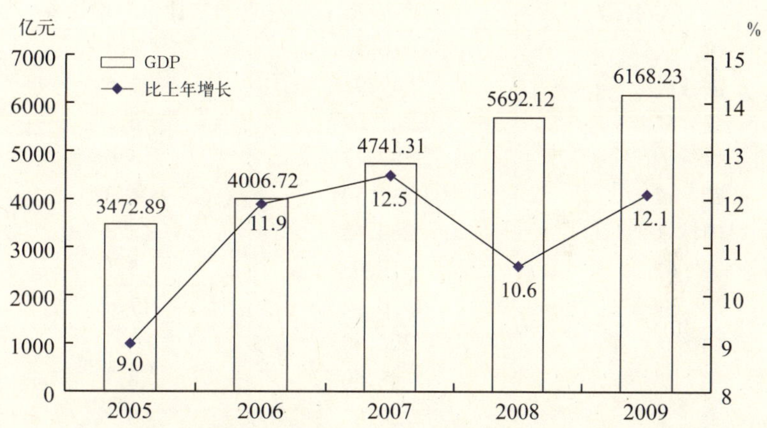

图2　2005～2009年地方财政一般预算收入及其增长速度

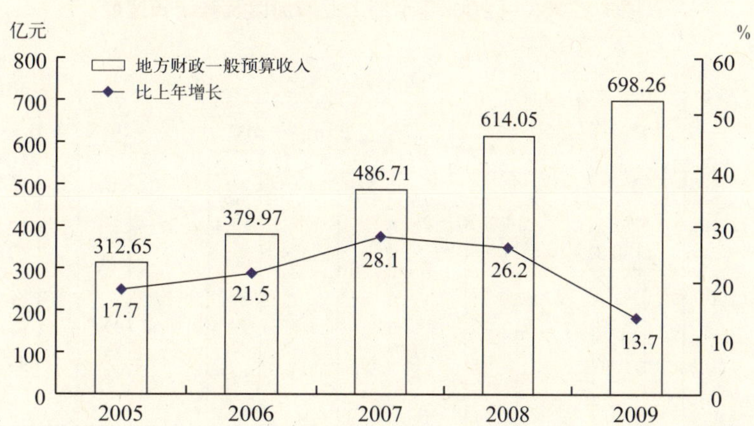

表1 2009年居民消费价格比上年涨跌幅度

单位：%

指 标	全 省	城 市	农 村
居民消费价格	0.4	0.5	0.2
食 品	1.6	1.2	2.1
其中：粮食	4.1	4.4	3.9
油脂	−19.5	−24.6	−15.3
肉禽及其制品	−9.6	−9.8	−9.4
鲜菜	22.4	21.2	23.9
鲜蛋	0.4	0.4	0.4
烟酒及用品	0.1	0.3	0.0
衣 着	−1.9	−1.5	−2.5
家庭设备用品及服务	0.3	0.1	0.6
医疗保健及个人用品	1.5	1.5	1.3
交通和通信	−2.6	−2.4	−2.9
娱乐教育文化用品及服务	−1.2	−2.1	0.2
居 住	1.9	4.7	−1.6

表2 2009年主要农产品产量及其增长速度

单位：万吨

产品名称	产 量	比上年增长%
粮 食	1 576.90	3.8
油 料	49.92	23.6
甘 蔗	1 783.29	−6.1
烤 烟	87.77	4.6
蔬 菜	1 215.50	4.2
园林水果	260.18	−2.3
茶 叶	18.03	5.1
橡 胶	30.19	17.4
肉类总产量	304.60	5.7
牛 奶	48.40	8.3
禽 蛋	20.80	6.9
水产品产量	45.50	15.6

注：粮食产量、肉类总产量、牛奶和禽蛋产量数据由国家统计局核定。

图3 2005～2009年全部工业增加值及其增长速度

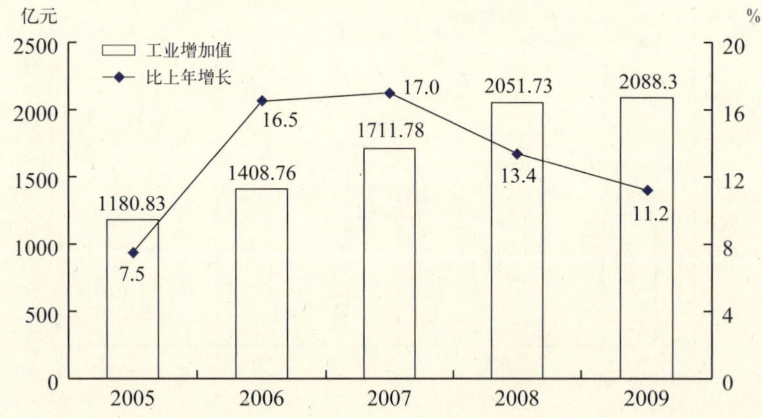

【工业生产】 2009年，全省全部工业完成增加值2 088.3亿元，比上年增长11.2%；规模以上工业完成增加值1 904.38亿元，增长11.2%。在规模以上工业中，轻工业完成增加值884.66亿元，比上年增长13.0%；重工业完成增加值1 019.72亿元，增长9.8%。

全年规模以上工业中，烟草制品业完成增加值689.82亿元，同比增长11.4%；电力生产和供应业完成增加值242.36亿元，同比增长16.6%；矿产业完成增加值670.57亿元，同比增长6.3%。六大高载能行业共完成增加值710.82亿元，比上年增长9.2%。其中，化学原料及化学制品制造业增长5.4%，非金属矿物制品业增长20.7%，电力热力的生产和供应业增长16.6%，黑色金属冶炼及压延加工业增长9.1%，有色金属冶炼及压延加工业增长3.6%，石油加工炼焦及核燃料加工业增长0.9%。

全年原煤产量8 921.02万吨，比上年增长3.0%；发电量1 173.82亿千瓦小时，增长12.9%；粗钢产量1 049.05万吨，增长16.4%；钢材产量973.3万吨，增长16.3%；十种有色金属产量215.8万吨，下降0.4%；水泥产量5 046.45万吨，增长25.8%；卷烟产量691.58万箱，增长1.8%；成品糖产量223.91万吨，增长6.1%。

2009年1～11月，全省规模以上工业企业累计实现利税941.63亿元，比上年同期增长2.5%。其中，实现利润265.37亿元，下降4.7%。

【建筑业】 2009年，全省建筑业增加值492.04亿元，增长25.7%。具有资质等级的总承包和专业承包建筑业企业总产值1 179.16亿元，增长30.0%；实现利润35亿元，增长25.3%；上缴税金45亿元，增长25.7%。

【固定资产投资】 2009年，全省全社会固定资产投资规模达到4 527.02亿元，比上年增长

表3 2009年主要工业产品产量及其增长速度

产品名称	单　位	产　量	比上年增长%
原煤	万吨	8 921.02	3.0
发电量	亿千瓦小时	1 173.82	12.9
其中：水电	亿千瓦小时	625.75	0.6
火电	亿千瓦小时	548.07	31.2
铁矿石原矿量	万吨	2 257.02	7.3
粗钢	万吨	1 049.05	16.4
钢材	万吨	973.30	16.3
十种有色金属	万吨	215.80	−0.4
其中：铜	万吨	29.86	−4.8
原铝	万吨	60.75	14.4
铅	万吨	36.08	−10.0
锌	万吨	79.06	−2.1
锡	万吨	7.47	1.1
硫酸（折100%）	万吨	939.20	15.6
烧碱（折100%）	万吨	20.56	30.1
化肥（折100%）	万吨	356.73	5.5
卷烟	万箱	691.58	1.8
成品糖	万吨	223.91	6.1
精制茶叶	万吨	9.83	0.5
化学医药	吨	2 242.66	−39.3
中成药	吨	17 825.66	−4.3
自来水生产量	万立方米	64 624.63	5.2
机制纸及纸板	万吨	46.02	7.6
水泥	万吨	5 046.45	25.8
平板玻璃	万重量箱	501.49	49.5
人造板	万立方米	121.51	27.4
发电设备	万千瓦	86.16	−1.6
变压器	万千伏安	1 996.07	34.1
汽车	辆	72 692	68.6

图4 2005～2009年建筑业增加值及其增长速度

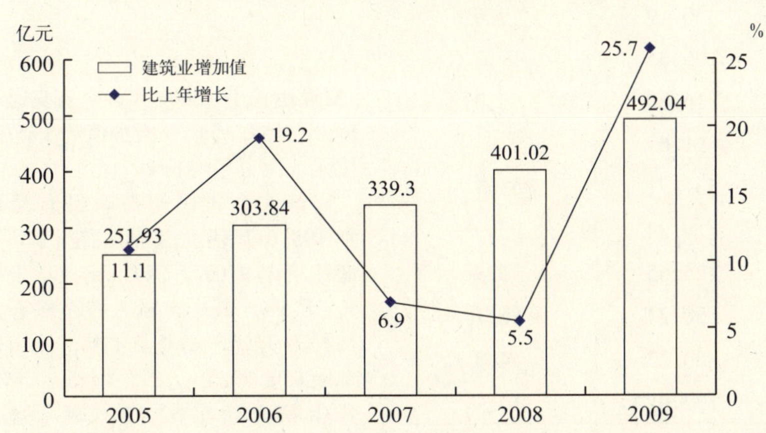

31.7%。分三次产业看，第一产业投资197.06亿元，增长13.2%；第二产业投资1 524.87亿元，增长21.1%，其中，工业投资1 521.55亿元，增长23.5%；第三产业投资2 805.09亿元，增长34.0%。

【房地产开发】 2009年，全省房地产开发投资737.46亿元，增长32.3%。其中，商品住宅投资552.96亿元，增长30.5%；办公楼投资18.91亿元，增长55.9%；商业营业用房投资80.52亿元，增长40.4%。商品房施工面积6 837.88万平方米，增长27.2%；竣工面积1 680.56万平方米，增长59.9%；商品房销售面积2 229.95万平方米，增长35.7%；商品房销售额653.53亿元，增长48.4%。

【基本建设】 2009年，全省改建和新建农村公路2.5万千米，大理至丽江、昆明绕城西北段等高速公路开工，启动52条二级干线公路建设，大丽铁路建成通车，新开工云桂、丽香等5个铁路建设项目，在建铁路项目达11个；腾冲机场正式通航，大理、香格里拉机场完成改扩建并投入使用，昆明新机场建设进度加快；景洪水电站全部机组投产，小湾水电站实现3台机组发电，溪洛渡、向家坝电站建设进展顺利；陇川麻栗坝、楚雄青山嘴两座大型水库和18件中型水库下闸蓄水，“润滇工程”项目全部开工，建成“五小水利”工程25万件。

【社会消费品市场】 2009年，全省实现社会消费品零售总额2 051.06亿元，比上年增长19.3%。分地域看，城市实现消费品零售额1 154.57亿元，增长20.3%；县及县以下实现消费品零售额896.49亿元，增长18.1%。分行业看，批发和零售业零售额1 555.85亿元，增长18.4%；住宿和餐饮业零售额381.43亿元，增长27.9%；其他行业零售额113.78亿元，增长7.1%。

在限额以上批发和零售业零售额中，粮油类零售额比上年增长

图5 2005～2009年全社会固定资产投资及其增长速度

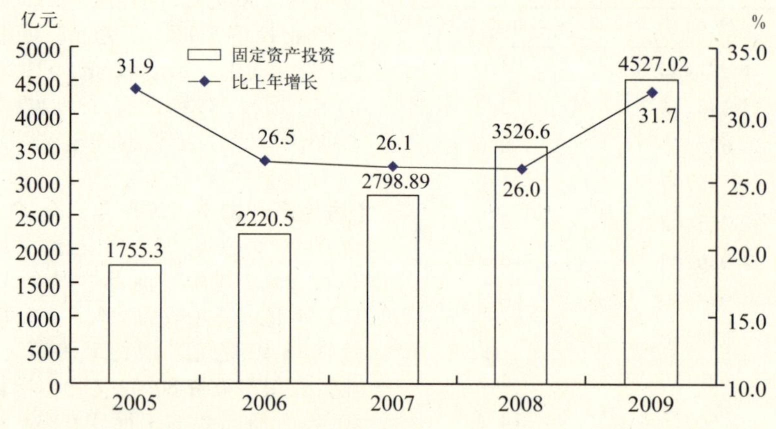

表4 2009年分行业全社会固定资产投资及其增长速度

单位：亿元

行　业	投资额	比上年增长%
总计	4 527.02	31.7
农、林、牧、渔业	197.06	13.2
采矿业	195.52	14.8
制造业	595.75	37.0
其中：烟草制品业	35.37	80.6
化学原料及化学制品制造业	128.26	47.9
医药制造业	18.94	66.7
非金属矿物制品业	88.83	28.2
黑色金属冶炼及压延加工业	32.79	−6.0
有色金属冶炼及压延加工业	91.58	72.2
电力工业	702.47	15.5
建筑业	3.32	−87.9
交通运输、仓储和邮政业	563.04	52.4
信息传输、计算机服务和软件业	63.37	3.2
批发和零售业	110.05	48.6
住宿和餐饮业	39.75	23.2
金融业	6.19	9.6
房地产业	1 105.35	19.7
租赁和商务服务业	16.80	78.3
科学研究、技术服务和地质勘察业	11.67	23.9
水利、环境和公共设施管理业	531.71	63.7
居民服务和其他服务业	8.84	93.9
教育	125.65	75.9
卫生、社会保障和社会福利业	50.24	86.1
文化、体育和娱乐业	50.37	44.3
公共管理和社会组织	122.07	−16.4

22.5%，汽车类比上年增长85.2%，石油及制品类增长23.2%，通讯器材类增长27.4%，中西药品类增长41.6%，日用品类增长32.5%，文化办公用品类增长30.8%，化妆品类增长26.4%，金银珠宝类增长69.9%，家具类增长28.0%，建筑及装潢材料类增长8.8%。

【对外贸易和引进外资】 2009年，全省外贸进出口总额完成80.19亿美元，比上年下降16.5%。其中，出口完成45.14亿美元，下降9.7%；进口完成35.05亿美元，下降23.8%。全年对欧盟进出口11.26亿美元，下降1.5%；对东盟进出口31.51亿美元，增长13.8%；对南亚进出口5.41亿美元，下降40.1%。

农产品成为全省出口创汇的新龙头。全省农产品出口9.72亿美元，增长21.6%；电力出口2.07亿美元，增长38.3%；纺织品及服装出口3.06亿美元，增长64.6%；磷化工产品出口7.71亿美元，比上年下降51.1%；机电产品出口9.03亿美元，下降7.8%；有色金属产品出口3.28亿美元，下降24.0%。在进口商品中，机电产品进口7.76亿美元，增长14.6%；农产品进口4.18亿美元，增长47.9%；金属原材料进口15.33亿美元，下降24.7%；非金属原材料进口1.52亿美元，下降85.6%。

全年共批准利用外资项目190个，比上年下降16.7%；合同外资16.82亿美元，下降0.2%；实际使用外商直接投资9.1亿美元，增长17.2%。

【交通运输】 2009年，全省交通运输、仓储和邮政业增加值为175.04亿元，比上年增长2.7%。

年末全省民用汽车保有量达到198.6万辆（包括三轮汽车和低速货车9.02万辆），比上年末增长21.5%。其中，私人汽车保有量153.29万辆，增长27.1%。民用轿车保有量73.49万辆，增长29.8%，其中私人轿车62.12万辆，增长

表5　2009年房地产开发和销售主要指标完成情况

指　标	单　位	绝对数	比上年增长%
投资完成额	亿元	737.46	32.3
其中：住宅	亿元	552.96	30.5
其中：90平方米以下住宅	亿元	97.43	35.5
其中：经济适用房	亿元	19.63	−6.7
房屋施工面积	万平方米	6 837.88	27.2
其中：住宅	万平方米	5 535.52	23.6
房屋新开工面积	万平方米	2 820.84	30.3
其中：住宅	万平方米	2 231.07	24.3
房屋竣工面积	万平方米	1 680.56	59.9
其中：住宅	万平方米	1 408.03	59.4
商品房销售面积	万平方米	2 229.95	35.7
其中：住宅	万平方米	2 040.33	38.1
本年资金来源	亿元	1 198.90	38.2
其中：国内贷款	亿元	139.52	44.3
其中：个人按揭贷款	亿元	205.61	100.4
本年购置土地面积	万平方米	1 269.82	−17.9
完成开发土地面积	万平方米	826	−8.2
土地购置费	亿元	132.49	30.2

图6　2005～2009年社会消费品零售总额及其增长速度

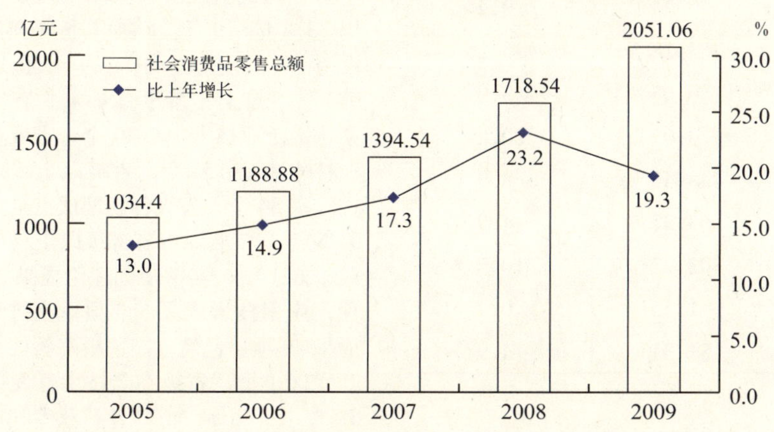

图7　2005～2009年进出口总额及其增长速度

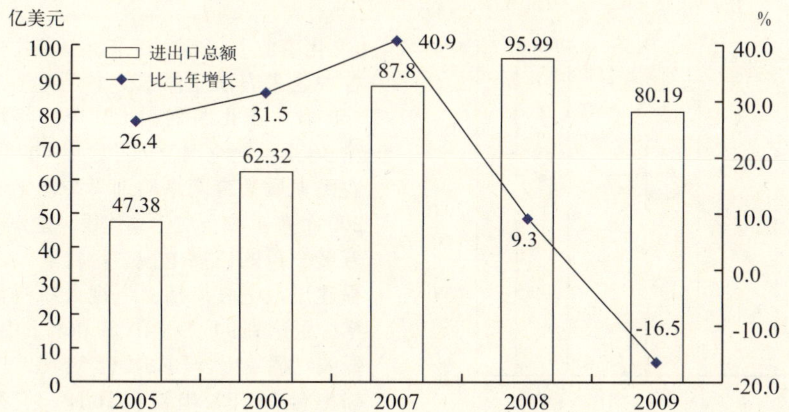

34.6%。

【旅游业】 2009年，全省共接待海外入境旅客（包括口岸入境一日游）577.8万人次，比上年增长13.1%；实现旅游外汇收入11.72亿美元，增长16.9%。全年接待国内游客1.2亿人次，增长17.3%；实现国内旅游收入730.66亿元，增长22.9%；全省实现旅游业总收入810.73亿元，增长22.2%。

【金融保险业】 2009年末，全省金融机构人民币存款余额11 119.64亿元，比上年末增长32.1%。其中，城乡居民储蓄存款余额4 668.61亿元，增长23.4%。年末全省金融机构人民币各项贷款余额达8 779.63亿元，增长33.1%。其中，短期贷款余额2 924.4亿元，增长16.7%；中长期贷款余额5 585.26亿元，增长46.3%，其中个人中长期消费贷款余额929.77亿元，增长46.5%。

全省保险公司原保险保费收入180.08亿元，比上年增长8.9%。其中，财产险业务原保险保费收入68.17亿元，增长23.5%；寿险业务原保险保费收入92.4亿元，增长0.8%；健康险和意外伤害险业务原保险保费收入19.51亿元，增长5.5%。全年支付各类赔款及给付65.12亿元，比上年增长2.7%。其中，财产险业务赔款34.14亿元，增长7.6%；寿险业务给付21.99亿元，下降7.3%；健康险和意外伤害险赔款及给付8.99亿元，增长13.1%。

【资本市场】 2009年，云南企业通过证券市场累计筹资120.55亿元，比上年增加59亿元。A股再筹资（包括配股、公开增发、非公开增发、认股权证筹资）102.55亿元，增加41亿元；上市公司通过发行可转债、可分离债、公司债筹资18亿元，增加18亿元。年末全省共有上市公司26家，总股本127.2亿股；总市值2 606.85亿元，比上年增加1 490.24亿元。

表6 2009年各种运输方式完成货物运输量及其增长速度

指　标	单　位	绝对数	比上年增长%
货物运输总量	亿吨	4.74	3.3
铁路	亿吨	0.59	-2.6
公路	亿吨	4.08	4.2
水运	亿吨	0.03	1.8
民航	万吨	7.74	2.4
管道	亿吨	0.04	10.7
货物运输周转量	亿吨千米	904.27	3.9
铁路	亿吨千米	340.95	1.4
公路	亿吨千米	496.14	5.9
水运	亿吨千米	5.42	5.0
民航	亿吨千米	1.16	持平
管道	亿吨千米	60.6	1.9

表7 2009年各种运输方式完成旅客运输量及其增长速度

指　标	单　位	绝对数	比上年增长%
旅客运输总量	亿人	3.66	5.1
铁路	亿人	0.24	0.2
公路	亿人	3.28	5.2
水运	亿人	0.07	3.0
民航	亿人	0.07	20.4
旅客运输周转量	亿人千米	448.45	8.9
铁路	亿人千米	63.37	-4.9
公路	亿人千米	302.22	10.7
水运	亿人千米	1.55	0.7
民航	亿人千米	81.31	14.9

图8 2005～2009年城乡居民人民币储蓄存款余额及其增长速度

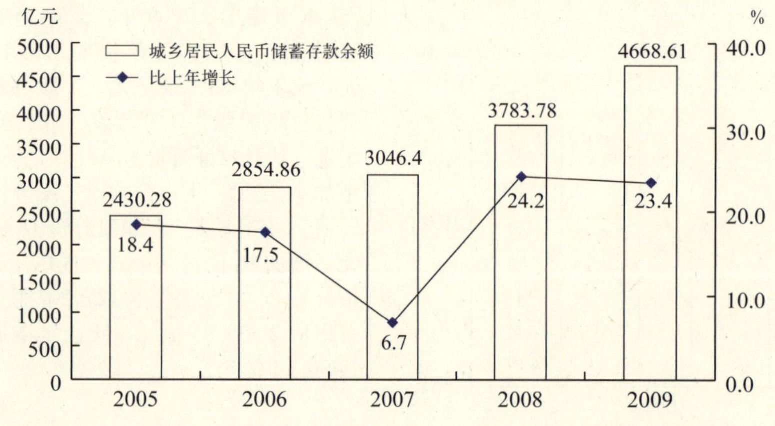

【教育事业】 2009年，全省普通高等学校共招生13.24万人，比上年增长13.1%；在校学生39.36万人，比上年增长13.2%；毕业生8.59万人，比上年增长8.3%。各类中等职业教育招生20.34万人，在校生47.19万人，毕业生11.72万人。普通高中招生22.03万人，在校生61.15万人，毕业生18.38万人。初中招生69.7万人，在校生203.82万人，毕业生62.08万人。普通小学招生69.5万人，在校生444.14万人，毕业生73.31万人。幼儿园在园幼儿92.17万人。小学学龄儿童入学率达98.29%，小学毕业生升学率达95.44%。高等教育毛入学率达17.57%，高中阶段教育毛入学率达58.6%。免除640多万名城市和农村学生的学杂费并免费提供教科书，向208万名家庭贫困寄宿学生发放生活补助。

【科技发展】 2009年，全省全年科学研究与试验发展（R&D）经费支出33.8亿元，比上年增长7.0%，占生产总值（GDP）的比重达0.55%，与上年持平。年末共有国家认定企业技术中心11个，省级企业技术中心132个，省级以上重点实验室34个，省级创新型试点企业91家。全年共取得省部级以上科技成果671项，其中基础理论成果39项，应用技术成果583项，软科学成果49项。已建立国家级高新技术开发区1个，省级高新技术开发区3个。专利申请4 633件，获专利授权2 923件；签订技术合同1 030项，成交金额达7.19亿元。

【文化事业】 2009年末，全省共有各种艺术表演团体127个，文化馆148个，公共图书馆150个，博物馆36个。在全国首创并建成407所农民素质教育网络培训学校，完成200个乡镇综合文化站建设。启动4万多个村的广播电视“村村通”工程建设，全省广播、电视人口覆盖率分别达到94.29%和95.06%。中、短波广播发射台和转播台54座，广播电台16座，电视台16座，有线

电视用户486万户。

【卫生及体育事业】 2009年末，全省共有卫生机构9 319个，医院721个；卫生机构拥有床位数14.4万张，卫生技术人员13.3万人，其中医生5.9万人。疾病预防控制机构152个，卫生技术人员6 209人；专科防治机构31个，卫生技术人员591人；妇幼保健院（所、站）147个，卫生技术人员5 024人。乡镇卫生院1 383个，床位3.16万张，卫生技术人员2.47万人。全年甲、乙类法定报告传染病发病人数86 393例，报告死亡1 233人；报告传染病发病率190.18/10万，死亡率2.71/10万。

全省云南运动员在国际比赛中获金、银、铜牌15枚；在全国比赛中获金、银、铜牌55枚。

【环境保护】 2009年末，全省共有各级环境监测站99个，环境监测人员1 244人。全年完成限期治理项目381个，项目总投资9.96亿元。城市污水处理率为69.79%。工业废水排放达标率为91.49%；工业固体废物综合利用率42.88%。全年化学需氧量和二氧化硫排放量分别比上年削减2.61%和0.48%。

【生态建设】 2009年，全省共完成营造林1 031万亩，启动实施4 730万亩省级公益林生态效益补偿，治理水土流失面积3 200平方千米。年末全省共有自然保护区152个，其中国家级自然保护区16个，省级自然保护区45个。自然保护区面积284.1万公顷，其中国家级自然保护区面积142.7万公顷，省级自然保护区面积84.2万公顷。

【水资源】 2009年，全省水资源总量为1 445亿立方米，比上年减少38.0%；人均水资源3 161立方米，减少38.0%。全年平均降水量983毫米，减少26.0%。年末全省水利工程蓄水总量54.8亿立方米，比上年末减少22.2%。全年总用水量153.98亿立方米，比上年增长0.6%。万元生产总值用水量250立方米，比上年下降7.1%。万元工业增加值用水量116立方米，增长7.4%。全省人均用水量为337立方米，与上年持平。

【能源消费与节能】 2009年，全省能源消费总量为8 106.68万吨标准煤（等价热值），比上年增长6.98%。全省全社会用电量为891.19亿千瓦时，比上年增长7.44%。在规模以上工业主要能源消费量中，原煤消费量6 939.84万吨，增长13.2%；焦炭消费量1 174.14万吨，下降6.09%；天然气消费量4.19亿立方米，下降15.86%；电力消费量599.92亿千瓦时，增长8.8%。全省能源消费量结构为：第一产业占2.8%，第二产业占74.9%，第三产业占11.9%。居民生活消费占10.4%。

全省单位GDP能耗比上年下降4.6%，单位工业增加值能耗比上年下降3.78%，单位GDP电耗比上年下降4.19%。全年共实现节能量386万吨标准煤。

【安全生产】 2009年，全省生产安全事故死亡人数为2 444人，比上年下降10.2%。亿元GDP生产安全事故死亡人数为0.4人，下降17.0%；工矿商贸企业（不含煤矿）生产安全事故死亡人数为364人，下降4.2%；煤矿百万吨死亡人数为1.323人，下降33.0%。全年共发生道路交通事故5075起，造成1 888人死亡、6 549人受伤，直接财产损失2 371.71万元；道路交通事故万车死亡率为3.02，下降23.15%。

【人口与就业】 2009年末，全省常住人口为4 571万人，比上年末增加28万人。出生人口56.92万人，出生率为12.53‰；死亡人口29.3万人，死亡率为6.45‰；自然增长率为6.08‰，比上年下降0.24个千分点。全省城镇化水平达34.0%，比上年提高1个百分点。城镇人口1 554万人，乡村人口3 017万人。

全年城镇新增就业人数23.5万人。省财政补贴困难企业2亿元，稳定25.7万个就业岗位；安排2亿元开发公益性岗位，帮助9.3万名失业人员就业；安排1亿元专项资金鼓励创业，帮助2万人实现创业并带动12万人就业。因国际金融危机返乡的150万农民工有148万实现再就业。培训农村富余劳动力123万人次，新增转移就业55万人。全省城镇实有登记失业人数15.4万人，城镇登记失业率4.26%。

【城乡居民生活】 2009年，全省城镇居民人均可支配收入14 424元，扣除价格上涨因素，比上年实际增长8.3%；城镇居民人均消费性支出10 202元，比上年增长12.4%。

表8 2009年人口数及其构成

单位：万人

指　标	年末数	比重%
全省总人口	4 571.00	100.0
其中：城镇	1 554.00	34.0
乡村	3 017.00	66.0
其中：男性	2 382.86	52.1
女性	2 188.14	47.9
其中：0–14岁	999.22	21.9
15–64岁	3 210.21	70.2
65岁及以上	361.57	7.9

全省职工年平均工资26 992元，比上年增长12.3%。农民人均纯收入3 369元，扣除价格上涨因素，比上年实际增长9.8%；农民人均生活消费支出2 925元，比上年下降2.2%。城镇居民家庭恩格尔系数为43.7%，农村居民家庭恩格尔系数为48.2%。按2009年农村贫困标准1 196元测算，年末农村贫困人口为540万人，净脱贫15万人。

图9 2005～2009年城镇居民人均可支配收入及其增长速度

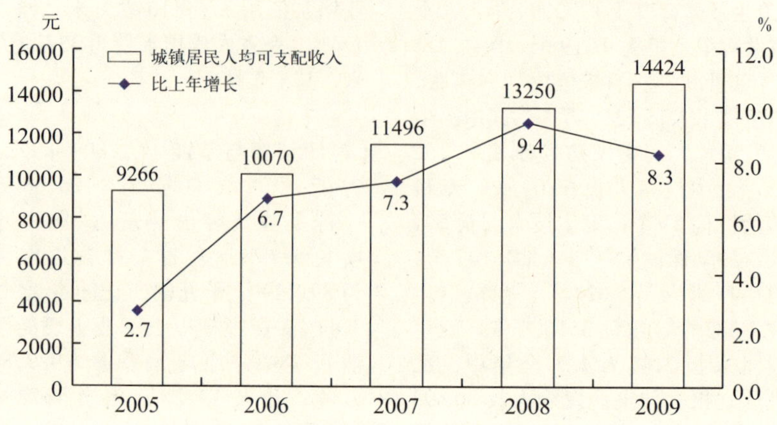

图10 2005～2009年农村居民人均纯收入及其增长速度

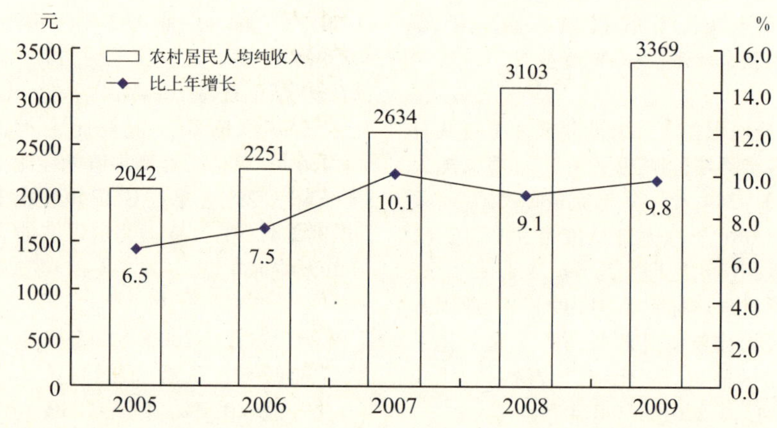

【社会保障】 2009年末，全省参加城镇基本养老保险人数为306.54万人，比上年末增加12.82万人。其中，参保职工216.32万人，参保离退休人员90.22万人。参加城镇基本医疗保险人数为762.45万人，增加144.25万人。其中，参加城镇职工基本医疗保险人数397.42万人，参加城镇居民基本医疗保险人数365.03万人。参加城镇医疗保险的农民工为21万人。全省参加失业保险人数为198.6万人，比上年末增加3万人。参加农村养老保险的人数为156万人，比上年末增加1.22万人；参加新型农村合作医疗的农民为3 293.5万人，增加71.5万人，参合率达93.0%，比上年提高3.23个百分点。新型农村合作医疗基金累计支出总额为34.39亿元，累计受益7 582.56万人次。全省享受城市最低生活保障的居民为90.6万人，比上年增加4.7万人；享受农村最低生活保障的农民为338.6万人，比上年增加30.7万人。

【社会福利事业】 2009年末，全省有各类收养性社会福利单位床位3.79万张，全年收养各类人员2.72万人。新建4个州级儿童福利院和7个流浪未成年人保护中心。新建和改扩建农村敬老院93所，已建成67所，新增床位1万多张，集中供养率超过10%。全年销售社会福利彩票28.66亿元，筹集社会福利资金10.03亿元，接受社会捐赠2.1亿元。

（李朝阳）

财政保障

【概述】 2009年是进入新世纪以来全省财政经济发展最为困难的一年。全省财政部门认真落实中央和省委、省政府应对国际金融危机采取的各项政策措施，全力以赴保增长、千方百计保民生、坚定不移保稳定，为促进全省经济平稳较快发展和社会和谐稳定做出积极贡献。全年全省财政总收入完成1 490.8亿元，比上年增加130.6亿元，增长9.6%。其中，上划中央收入完成792.6亿元，增加46.7亿元，增长6.3%；地方财政一般预算收入完成698.2亿元，增加84.2亿元，增长13.7%。全省地方财政一般预算支出完成1 949.8亿元，增支

479.6亿元，增长32.6%。财政收支超额完成“保八争十”目标。全省税收收入完成548.1亿元，增长13.6%；非税收入完成150.1亿元，增长14%。全年共争取到中央财政补助资金1 134.5亿元，增加285.8亿元，增长33.7%。成功争取到84亿元地方债券发行额度，占全国地方政府发债规模的4.2%。完成经济建设支出540亿元，增长1.1倍，确保了中央扩大内需和一批事关全省发展大局的重大基础设施项目顺利实施，为促进全省固定资产投资增长31.7%作出了重要贡献。

【保增长】 2009年，全省全力以赴保增长主要措施：

积极围绕扩大内需项目促投资。省财政年初安排扩大内需项目前期经费2亿元，继续支持各部门做好项目前期工作，最大限度地争取中央支持。在全年共争取到中央扩大内需资金158.1亿元基础上，各级财政多渠道筹集配套资金82.84亿元（其中，省级38.1亿元，已确保100%到位；州市县落实44.74亿元，到位率达80.5%），为扩大内需项目顺利实施提供了资金保证。积极开展“银政合作”，注入政府投融资平台资本金和专项补助资金61亿元，多渠道、多方式引导社会资金投入。以大项目带动投资增长取得了明显成效。

认真贯彻落实结构性减税政策。认真落实增值税转型改革、降低小规模纳税人增值税税率、实行再生资源增值税先征后退、降低小排量乘用车车购税率等结构性减税政策，促进企业扩大投资、加快技术改造，同时有效拉动消费需求。全年减税额达58.06亿元。

扎实推进“家电、汽车摩托车下乡”工作。省财政筹集安排补贴资金1.54亿元，通过建立协调机制、制定配套政策、加强宣传等措施，全省累计销售家电下乡产品63.3万台，销售金额10.5亿元；销售汽车摩托车下乡产品50.7万辆，销售金额60.2亿元。县乡财政部门累计兑付给农民“两下乡”补贴资金7.7亿元，补贴金额在第三批实施省份中位居西部省份第一。

积极帮助企业应对危机渡难关。建立重要商品储备制度，安排拨付有色金属、化肥和医药储备财政补助资金6 990万元，对企业在收储期间发生的银行贷款利息、仓储费等给予补助，鼓励和支持企业在价格较低时，储备一批铜、铝、铅、锌和化肥等重点商品，切实帮助企业降低生产成本、提升利润空间。

不断加大科技创新支持力度。切实支持实施创新型云南行动计划，加快对制约产业发展关键共性技术攻关研发，扶持提升了一批创新型企业和高新技术企业。安排专项资金4.5亿元，积极支持开展高新技术研发和技术改造，实施了一批科技成果转化及产业化项目，促进企业增效，产业升级，财政增收。

大力推进节能减排工作。筹集节能减排资金57亿元，用于城镇污水垃圾处理设施建设、牛栏江引水及滇池污染治理、企业节能减排、农村环保补助等方面，坚持“先建后补，以奖代补”原则，支持完成“十一五”单位能耗下降17%目标进度的80%，全社会实现节能量1 160万吨标准煤，折合减排二氧化硫18.6万吨，减排二氧化碳3 000万吨。

继续深化与国际金融组织和外国政府合作。争取国际金融组织和外国政府贷（赠）款折合人民币32亿元，比上年增加10.3亿元，增长48%，为交通、环保等建设提供融资支持。

【促“三农”】 2009年，全省统筹兼顾，继续支持“三农”工作：

及时足额落实惠农补贴政策。继续筹集资金，及时落实粮食直补、农资综合直补和生态效益补偿等18项惠农补贴政策，全省农民人均获得财政补贴348元，充分调动农民发展生产积极性。开展全省县域金融机构涉农贷款增量奖励试点工作，对全省116个县（市）中187个县域金融机构兑付奖励资金2.58亿元，推动县域金融机构加大“三农”信贷投入。筹集农业保险保费补贴资金2.49亿元，扩大政策性农业保险试点范围，改进能繁母猪和奶牛保费补贴资金的管理方式，增强参保户抵御自然灾害能力。

着力整合资金加强农业农村基础设施建设。积极推进百亿斤粮食增产计划，完成230万亩中低产田改造，支持开展500个村村容村貌整治和1 500个新农村示范村建设，新建农村户用沼气池35万口，完成节柴改灶18万户。下达农村公路建设资金73.98亿元，用于农村公路建设、渡桥改建、农村客运站点等建设项目，确保完成2.5万千米农村公路建设任务，切实解决农民出

8月13日，省财政厅厅长陈秋生在云南人民广播电台“金色热线”就财政民生政策回答群众提问

（省财政厅 提供）

行难的实际问题。农业农村生产生活条件持续改善。

*大力支持农业产业化发展。*省财政筹集安排资金14亿元，支持畜牧业、花卉、木材加工、林化工、野生食用菌、森林生态旅游等产业加快发展，完成以核桃为主的木本油料基地造林450万亩。积极发展农民专业合作组织，加大农业科技创新力度。

*不断提升农业综合开发质量和效益。*坚持资金安排向高标准农田建设聚集、项目布局向粮食核心产区集中原则，发挥规模优势，有力支撑了全省粮食安全和产业发展，为高稳产农田建设提供了示范。

*持续加大扶贫开发力度。*筹集安排扶贫资金23.6亿元，比上年增长22%。实施了19个贫困乡整乡推进试点和9 000个贫困自然村整村推进，完成6.32万贫困人口易地扶贫搬迁，解决和巩固了60万贫困人口温饱。

*加快推进农村综合改革。*及时下达农村税费改革转移支付资金27亿元，全省乡镇机构改革、农村义务教育和乡镇财政管理体制改革进一步深化。筹集安排3.09亿元资金，继续推进农村义务教育，开展清理锁定其他公益性乡村债务工作试点。不断完善减轻农民负担的长效机制、村级组织运转经费保障机制、农村社会保障体系。省财政安排资金3.97亿元，实施村级公益事业建设“一事一议”财政奖补试点，建成1.98万个村内户外公益事业项目。全省共投入经费10.97亿元，积极支持集体林权制度改革稳步推进。筹集资金1.17亿元支持贫困地区农村信用社网点建设，提高地方金融企业服务基层的能力和水平。

省财政厅厅长陈秋生在独龙江乡九年一贯制学校调研 （省财政厅 提供）

【惠民生】 2009年，全省用于民生方面的支出1 286亿元，比上年增加336亿元，增长35%，占全省地方一般预算支出比重达66%。

*优先保障教育经费投入。*安排农村义务教育经费保障机制经费53亿元，继续实施和完善农村义务教育经费保障机制改革。免除全省义务教育阶段公办学校学生学杂费并免费提供国家课程教科书，惠及637.7万名学生。245.8万名农村义务教育阶段贫困家庭寄宿学生得到生活费补助。农村中小学公用经费保障力度不断加大，学校运转保障水平明显得以提高。投入资金45.47亿元实施中小学校舍安全工程，累计已开工建设面积420.5万平方米，累计已竣工并交付使用146.66万平方米。继续安排专项资金2亿元，推进高等教育改革；安排专项资金1.5亿元，推进职业教育发展。筹集安排专项资金2.2亿元，在全省25个边境县实施国门学校建设项目，多数项目学校2010年春季学期正式投入使用。及时下达大中专院校各类奖（助）学金8.3亿元，进一步完善大中专院校家庭经济困难学生资助体系。

*大力支持医疗卫生事业加快发展。*积极推进医药卫生体制改革，筹集2.66亿元资金，支持城镇居民基本医疗保险全面试点；筹集安排资金24.4亿元，将新型农村合作医疗人均筹资和政府补助标准分别提高到每年100元和80元，参合率达93%；安排专项资金3 342.6万元，支持构建以县医院为中心，乡（镇）卫生院为重点，村卫生室为基础的农村卫生服务网络；安排下拨资金6.3亿元，推进国家基本公共卫生服务项目免费向城乡居民开放；筹集安排近2亿元资金，实施6项重大公共卫生服务项目。安排专项资金7 728万元，大力支持开展新一轮防治艾滋病人民战争。全力支持做好甲型H1N1流感疫情和重大传染性疾病防控工作。安排资金3.1亿元，认真落实计划生育家庭奖励扶助等政策。

*不断健全城乡社会保障体系和社会救助制度。*筹集安排资金36.84亿元，确保调整提高后的企业退休人员基本养老金按时足额发放；筹集安排资金10亿元，妥善解决全省关闭破产国有企业退休人员医疗保障问题；筹集安排资金1.56亿元，确保全省16个州（市）同步启动农村社会养老保险试点工作。筹集安排资金40.8亿元，不断完善城乡居民最低生活保障制度，确保城乡困难群体纳入保障范围，农村低保对象达到338万人；筹集安排资金2.36亿元，促进城乡临时救助制度建立和完善；筹集安排资金5.5亿元，完善城乡医疗救助制度，加大对困难群众看病就医救助比例；筹集安排资金13.1亿元，支持灾区恢复重建；省本级财政安排专项资金2.4亿元，积极支持防灾减灾10大能力建设。

*着力支持创业带动就业各项工作开展。*省财政及时安排专项补助

资金1亿元，筹集安排中央就业补助资金4.83亿元，并从省级就业资金专户中划拨各地补助资金8 000万元，支持全省创业促就业政策落实。全省“贷免扶补”创业促就业和小额担保贷款共发放18.92亿元，扶持4万人实现自主创业，带动12万人就业。全年云南省实现新增就业25.69万人，城镇登记失业率控制在4.6%的年度目标内。从失业保险基金中筹集2亿多元，通过实行岗位最低工资差额补贴和社会保险补贴，扶持困难企业1 911户，稳定就业岗位25.7万个。

积极支持保障性安居工程建设。筹集专项资金44.9亿元，实施8.14万套廉租房、4.1万套林区和垦区棚户区改造、1.5万套华侨农场危房改造等城镇保障性住房建设，为省政府3年实施150万套保障性安居工程目标打下坚实基础；实施30万户农村危房改造和地震安居工程，全面提高农村民居抗御自然灾害的能力。

不断推进公共文化服务体系建设。继续支持博物馆和纪念馆免费开放、广播电视“村村通”、农村广播电视节目无线覆盖、文化资源共享、农村免费电影放映、农家书屋等重大公共文化服务体系建设，不断改善公共文化设施条件，丰富群众文化生活。云南省财政按照农民人均0.5元的标准安排文化惠农活动专项资金1 882万元，用于农村文化活动补助。落实专项资金1 800万元，支持文化体制改革。设立文化产业发展专项资金2 000万元，引导文化产业发展。安排专项资金支持参加全运会，实施全民体育健身工程。筹集安排彩票公益金4.8亿元，支持社会福利和公益事业、公共体育事业发展和全省33个青少年校外活动中心建设。

【保稳定】 2009年，全省贯彻中央、国务院关于加大投入保稳定精神，采取了一系列措施：

不断加大民族地区转移支付力度。安排民族地区转移支付资金15亿元，有力地支持了民族地区发展与稳定。

顺利完成政法经费保障体制改革。筹集安排政法转移支付资金21.81亿元，比改革前增加2.94倍。筹集安排资金2.8亿元，支持全省监狱布局调整。

继续做好宗教和民族团结工作。重点支持人口较少民族聚居村整村推进等工作，继续对莽人、克木人、山瑶等采取特殊扶持政策。全力支持藏区维稳工作，严厉打击各种分裂势力和破坏团结的不法活动。四是全面推进“兴边富民”新三年行动计划。筹集安排资金44亿元，有力支持8个边境州市、25个边境县“兴边富民”基础设施建设，促进了边境地区经济发展，壮大了特色产业，沿边优势进一步凸显，社会事业不断进步，发展后劲逐步增强，群众生产生活条件明显改善。筹集安排资金4 130万元，启动新一轮村级组织活动场所建设，重点补助边境25个县（市）719个新建、重建项目，支持了边疆地区党建工作。

【推改革】 2009年，全省财政部门积极支持各项事业改革。

积极创新投融资模式。为帮助州市筹集建设资金，加快铁路征地拆迁、全省二级公路和城镇污水生活垃圾处理设施建设，省财政创新融资方式，利用省政府融资信誉，采取省级“统贷统还，转贷州市”方式，及时出具还款及资金补助承诺函，帮助州市筹集铁路征地拆迁项目贷款资金19.48亿元，二级公

西盟佤族自治县广播电视中心　　（省委党史研究室　提供）

路建设资金371亿元、资本金52亿元，城镇污水生活垃圾处理设施建设资金30亿元。同时，拓宽融资渠道，与多家商业银行和股份制银行开展政府信用合作，及时出具还款补贴承诺，通过安排部分贴息资金，支持省级融资平台启动铁路、公路、机场、城镇污水生活垃圾处理设施、牛栏江—滇池补水等重大基础设施建设项目银行信贷资金540亿元，截至2009年末，已发放贷款234.5亿元，为今明两年全省重大基础设施建设项目顺利实施，提供了资金储备。

努力提高基层财政保障能力。为切实帮助基层政府落实扩大内需配套资金、缓解减收增支双重压力，省财政积极调整支出结构，安排省对下转移支付补助资金342.2亿元，确保各地机构运转和工资按时足额发放，提高了财政困难地区基本公共服务保障能力。

扎实推进预算管理改革。在2007年建立预算编审机制基础上，2009年省财政正式启动预算编审委员会集体审核决策的预算编审制度，并积极引入人大、纪检监察、审计等法律、行政监督力量，共同参与编制2010年省本级部门预算，进一步规范民主审议部门预算程序，预算编制科学化、民主化改革迈出实质性步伐。选择12个省级一级预算单位开展部门预算内部公示制试点；探索建立省财政与省人大预算工作委员会沟通协调机制，不断增加向省人大报送审查的部门预算数量，逐步细化向省人大报送财政预决算草案收支科目级次。进一步加大财政信息公开力度，扩大财政信息公开范围，不断提高财政管理和预算分配的透明度。

深入推进国库集中支付制度改革。省级121个部门及其所属787个基层预算单位全部纳入改革范围，16个州市本级和113个县区同时推行国库集中支付制度，初步形成省市县三级联动、整体推进的良好态势。不断扩大财政工资统发范围。积极推行公务卡制度。

稳步推进省级行政事业单位经营性国有资产管理改革。组织开展了112家省级部门经营性国有资产自清自查工作，并对其中66家进行重点核查，基本摸清省级行政事业单位经营性国有资产底数，为下一步制定相关制度，全面实施改革奠定了基础。

不断深化会计及行业协会管理。全面推行村级会计委托代理服务，在全省大中型企业实施新企业会计准则体系。创新会计人员管理机制，积极推广会计考试网络化管理。加大高级会计人才培养，为经济社会发展输送高、精、尖复合型会计管理人才。

进一步完善政府采购制度。加强政府采购专家库和政府采购信息库建设，大力支持自主创新产品采购，强化政府采购预算约束，政府采购规模不断扩大、效益不断提高。

探索建立支持生态文明建设财政机制。根据财政部《国家重点生态功能区转移支付（试点）办法》，结合全省实际，研究制定《云南省生态功能区财政转移支付办法（试行）》，并从2009年起，专门安排5.16亿元资金用于建立生态功能区财政转移支付，逐步实现对生态外部性进行补偿的目标。继续实施天然林保护、退耕还林、退牧还草等工程，支持开展滇西北生物多样性保护。积极向中央争取资源枯竭城市转移支付资金2.23亿元，帮助资源枯竭城市改善环境、恢复生态。

着力加强财政资金绩效管理。对全省14个县2008年度一般性转移支付资金使用情况开展综合绩效考评，强化了基层财政转移支付资金使用责任。

组织开发实施一体化财政管理信息系统。开发并实施全省一体化财政管理信息系统，各州、市、县财政部门逐步与省厅管理系统进行对接，为全面推进财政科学化精细化管理提供有力技术支撑。

（朱瑞东）

气候评价

【气候特征】 2009年，全省大部分地区的气候出现明显异常，平均年降水量和年平均气温分别创下近50年来的最少和最高纪录，日照大部分地区偏多。全省大部地区雨季于5月上、中旬开始，为正常至偏早，结束期为9月下旬至10月，大部地区为正常至偏早。2009年全省异常气候事件及气象灾害频繁，其中高温、干旱、低温冷害较为突出，给全省工农业生产和人民生活带来较大影响。总体而言，2009年为气象灾害一般年份，但单就农业生产气候条件而言属中等偏上年景。

全省各站点年平均气温7.1℃～24.6℃，与常年相比，全省大部地区偏高1℃～2℃。全年气温除11月正常至偏低外，其余时段多为正常至偏高。全省站点平均气温17.3℃，较常年偏高0.9℃，比2008年偏高0.8℃，为1961年来最高年份。

2009年全省平均年降水量843mm，较常年偏少22.7%，为1961年来降水最少的一年。年降水量分布总的分布特点为由南向北递减。最大降水区位于滇南边缘一带，降水量为1 500mm以上，其中金平2 072mm为全省最大值。降水量最少的地区位于昆明市北部的东川和大理州东部的宾川一带，降水量少于500mm，其中东川429mm为全省最小值。其余地区多为600～1 000mm。从降水的时空分布上看，

降水量除4月和6月正常至偏多外，其余时段皆为偏少。与常年相比，全省大部地区降水偏少一至四成。

全省站点平均年日照时数2 103小时，较常年偏多2.6%，比上年偏多225小时。年日照时数最多和次多区域位于滇西的保山和滇北部的元谋一带，最少和次少区域位于滇东北的盐津和滇西北的贡山一带。具体分布为：除滇东南、滇东北及滇西北北部外大都多于2 000小时，其中保山2 950小时为全省最大值；滇东北的部分地区少于1 000小时，其中盐津718小时为全省最小值。与常年相比，除德宏州、昭通市大部、文山州北部、红河州西南部和东南部及滇中的部分地区偏少外，其余地区大都偏多100～500小时。从日照的时空变化上看，日照除1月和3～8月正常至偏少外，其余时段偏多。

【气象灾害】 2009年，全省主要气候事件有气温和降水极端异常、强暖冬、低温霜冻、冬春异常干旱、雨季开始期差异明显、汛期单点性强降水过程较常年偏少、秋冬连旱。主要气象灾害有干旱、低温雨雪冰冻、大风冰雹、雷击、洪涝及强降水引发滑坡、泥石流灾害等。其中干旱和低温雨雪冰冻灾害造成的直接经济损失分别占总损失量的32%和28%。全省2 401.6万人受灾，因灾死亡151人，失踪23人。因灾造成直接经济损失79.3亿元，其中农业经济损失64.4亿元。总的来说，2009年云南省气象灾害经济损失与2000～2008年平均值基本持平，灾害造成的死亡和失踪人数为近30年来最少的一年，气象灾害属一般年份。

【气温降水】 209年，全省站点平均气温17.3℃，较常年偏高0.9℃，为1961年来最高年份。1月、2月、3月、7月、12月累计共有60站次月平均气温创历史同期最高纪录，其中2月、7月分别有38站和15站月平均气温突破历史同期最高纪录。会泽、石林、峨山、文山、大理、香格里拉、施甸等36站年平均气温突破历史最高纪录。

全省平均年降水量843mm，较常年偏少22.7%，为1961年来降水最少的一年。7月、8月、9月、10月累计共有47站次月降水量创历史同期最少纪录，其中9月、10月分别有18站和20站月降水量突破历史同期最少纪录，而昆明等7个站为9、10月连续两个月月降水量突破历史同期最少纪录。昆明、文山、保山等27个站年降水突破历史最少纪录。

【强暖冬】 2008年冬季（2008年12月至2009年2月）全省平均气温11.2℃，较常年同期偏高1.2℃，为1961年来仅次于1998/1999年冬季（11.3℃）的强暖冬年。

【低温霜冻】 3月12～14日，滇东北、滇西北南部、滇中中北部出现大幅降温，40个站出现“倒春寒”天气，部分地区倒春寒天气强度达到中等偏强。天气转晴后，滇东北、滇中及滇西北部分地区出现强霜冻，局部地区出现雪上加霜天气。

【冬春异常干旱】 2008年11月中旬至2009年3月中旬，全省大部地区气温偏高到特高，降水偏少，全

世界气象日全省气象部门开展气象科普宣传活动 （省气象局 提供）

省共有97站降水偏少五成以上（其中有30个站连续100～136天无有效降水），大部地区干旱严重，其中2月旱情最为突出，南部旱情尤为严重。

【雨季开始期差】 2009年，云南雨季开始期差异较大。雨季开始最早的是永善、昭通等8站，于4月下旬开始。5月上旬开始的有19站，5月中旬开始的有27个站，5月下旬开始的有39站，6月上旬开始的有13站，6月中旬及以后开始的有18站。与常年同期相比，除滇中、滇东北、滇西部分站点为偏晚至特晚外，其余大部地区为正常至偏早。

【汛期单点性强降水】 2009年汛期（5～10月），全省性的大雨暴雨过程偏少，全省共出现大雨802站次，暴雨197站次，大暴雨9站次。与常年同期相比，分别减少164站次、19站次、6站次。

【秋冬连旱】 2009年9～12月，全省大部地区降水偏少至特少，全省平均降水量（137mm）突破历史同期最少记录；大部地区气温偏高至特高，全省平均气温（15.8℃）突破历史同期最高纪录。持续的高温少降水致使全省大部地区出现明显的秋冬连旱。

【旱灾】 2009年，全省出现冬春旱和局部夏旱、秋冬旱，受灾面积高于1991～2008年的平均值，影响范围和造成的损失较上年明显偏重，属干旱灾害偏重年份。灾害造成1 187.8万人受灾，农作物受灾面积1 050.4千公顷，成灾面积538.0千公顷，绝收面积105.7公顷，直接经济损失25.1亿元，其中农业经济损失23.6亿元。

【低温冷害冻害】 2009年，全省低温冷害、霜冻、雪灾、冰冻灾害中，霜冻灾害占主导。灾害造成的农业经济损失较常年大，但远低于上年。灾害造成606.2万人受灾，3.7万人饮水困难，房屋受损3 305间，倒塌299间，农作物受灾面积423.8千公顷，绝收面积119.7千公顷，直接经济损失22.2亿元，其中农业经济损失20.6亿元。

【风冰雹灾害】 2009年2～9月，全省大部地区大风、冰雹灾害频繁，特别是6月强对流天气突出，引发的灾害较2008年同期偏重。灾害造成285.5万人受灾，12人死亡，房屋受损123 472间，倒塌2 699间，农作物受灾面积170.0千公顷，绝收面积26.7千公顷，直接经济损失14.2亿元，其中农业经济损失10.9亿元。

1～9月均有雷电灾害发生，灾害造成的人员死亡数较2008年偏少。雷电灾害造成45人死亡，其中灾情较重6月、8月分别有11人和19人死亡。

【洪涝】 2009年，云南省汛期强降水过程偏少，由其引发的洪涝灾害造成的损失和死亡失踪人数均低于1991年以来的平均水平，属洪涝灾害偏轻年份。洪涝灾害造成321.4万人受灾，53人死亡，8人失踪，直接经济损失13.9亿万元，其中农业经济损失8.1亿元。

【滑坡泥石流】 2009年，全省因强降水引发的滑坡、泥石流共造成19.7万人受灾，40人死亡，15人失踪，直接经济损失2.7亿元。昭通市、临沧市受灾较重，其中"4·26"威信县山体滑坡灾害造成20人死亡，"7·20"凤庆县小湾电站库区山体滑坡造成1人死亡13人失踪。

（冯颖）

统计资料

主　　编　杨　静
责任编辑　李海荣

云南省国民经济和社会发展主要指标

指　标	单位	2005年	2006年	2007年	2008年	2009年	2009年比2008年增长（%）	2006～2009年4年平均增长（%）
一、人口	万人	4 450.40	4 483.00	4 514.00	4 543.00	4 571.00	0.62	0.65
出生率	‰	14.72	13.20	13.08	12.63	12.53	−0.1个千分点	
死亡率	‰	6.75	6.30	6.22	6.31	6.45	0.14个千分点	
自然增长率	‰	7.97	6.90	6.86	6.32	6.08	−0.24个千分点	
城镇化率	%	29.50	30.50	31.60	33.00	34.00	1个百分点	
二、年末社会劳动者人数	万人	2 461.30	2 503.00	2 573.81	2 638.37	2 684.77	1.80	2.20
职工人数	万人	235.70	247.98	280.72	286.73	293.60	2.40	5.60
国有单位职工人数	万人	168.40	170.98	175.17	177.78	178.01	0.10	1.40
三、云南省生产总值	亿元	3 461.73	3 988.14	4 772.52	5 692.12	6 169.75	12.10	11.60
第一产业	亿元	661.69	724.40	837.35	1 020.56	1 067.60	5.20	5.30
第二产业	亿元	1 426.42	1 705.83	2 038.39	2 452.75	2 582.53	13.60	14.40
第三产业	亿元	1 374.62	1 557.91	1 896.78	2 218.81	2 519.62	13.10	11.30
人均GDP	元/人	7 809.00	8 929.00	10 609.00	12 570.00	13 539.00	11.40	10.80
非公经济占GDP的比重	%	35.00	36.50	37.40	38.50	39.10	0.6个百分点	
四、农业								
1. 农、林、牧、渔业总产值	亿元	1 068.58	1 209.76	1 414.80	1 641.46	1 706.19	5.80	7.40
2. 主要农业产品产量								
油料	万吨	36.22	39.01	36.65	40.38	50.16	24.20	8.50

续表

指　标	单位	2005年	2006年	2007年	2008年	2009年	2009年比2008年增长（%）	2006～2009年4年平均增长（%）
甘蔗	万吨	1 415.50	1 678.73	1 938.67	1 898.75	1 761.31	−7.20	5.60
烤烟	万吨	77.22	75.78	76.68	83.97	88.03	4.80	3.30
蔬菜	万吨	970.89	1 033.78	1 113.33	1 166.64	1 238.24	6.10	6.30
花卉	亿枝	36.92	39.86	49.86	52.90	56.02	5.90	11.00
水果	万吨	136.63	162.56	202.37	266.18	303.86	14.20	22.10
茶叶	万吨	11.59	13.82	16.99	17.15	18.29	6.60	12.10
橡胶	万吨	24.03	26.42	28.22	25.72	29.84	16.00	5.60
水产品	万吨	23.85	29.24	33.39	39.37	45.50	15.60	17.50
五、工业								
1．工业增加值	亿元	1 168.68	1 401.57	1 696.29	2 051.73	2 088.17	11.20	14.50
2．工业主要产品产量								
糖	万吨	153.57	140.31	188.04	211.02	223.91	6.10	16.90
卷烟	万箱	631.47	648.10	670.26	679.55	691.58	1.80	2.20
粗钢	万吨	513.41	635.38	883.85	901.31	1 049.05	16.40	18.20
成品钢材	万吨	486.93	588.06	789.99	836.62	973.30	16.30	18.30
十种有色金属	万吨	147.44	206.85	233.77	216.75	215.80	−0.40	1.40
原煤	万吨	6 462.14	7 339.08	7 755.19	8 657.43	8 921.02	3.00	6.70
发电量	亿千瓦小时	624.20	753.64	904.51	1 039.56	1 173.82	12.90	15.90
水泥	万吨	2 832.62	3 305.97	3 568.53	4 011.98	5 046.45	25.80	15.10
化肥(折纯量)	万吨	265.84	305.04	316.26	338.27	356.73	5.50	5.40
六、能源								
1．能源生产总量(等价热值)	万吨标准煤	5 353.36	6 075.09	6 546.65	7 595.31	7 851.21	3.370	10.05
2．能源消费总量(等价热值)	万吨标准煤	6 023.97	6 620.57	7 132.63	7 510.82	8 032.06	6.940	7.46
3．规模以上工业主要能源实物量消费								
电力	亿千瓦小时	400.05	461.18	531.55	551.40	599.92	8.80	10.66
原煤	万吨	4 611.95	5 182.09	5 978.89	6 130.34	6 939.84	13.20	10.76
焦炭	万吨	1 038.29	1 168.12	1 291.30	1 250.22	1 174.14	−6.09	3.12
天然气	亿立方米	5.91	5.21	5.29	4.98	4.19	−15.86	−8.24
4．单位GDP能耗(按2005年可比价计算)	吨标准煤/万元	1.73	1.71	1.64	1.56	1.49	−4.60	−3.65
单位工业增加值能耗(按2005年可比价计算)	吨标准煤/万元	3.55	3.40	3.16	2.85	2.74	−3.78	−6.27
单位GDP电耗(按2005年可比价计算)	千瓦时/万元	1 604.60	1 660.80	1 704.70	1 654.90	1 591.10	−4.16	−0.21

续表

指　标	单位	2005年	2006年	2007年	2008年	2009年	2009年比2008年增长（%）	2006～2009年4年平均增长（%）
七、交通运输邮电								
1．货运周转量	亿吨千米	656.49	692.21	770.96	811.15	904.27	11.50	—
铁路	亿吨千米	270.37	277.21	314.23	336.20	340.95	1.40	—
公路	亿吨千米	381.96	409.46	450.83	468.63	496.14	5.90	—
水运	亿吨千米	2.93	4.22	4.59	5.16	5.42	5.00	—
空运	亿吨千米	1.23	1.32	1.31	1.16	1.16	持平	—
2．旅客周转量	亿人千米	331.60	362.40	393.40	411.89	448.45	8.90	—
铁路	亿人千米	41.04	47.22	52.63	66.61	63.37	−4.90	—
公路	亿人千米	233.12	247.71	265.80	272.98	302.22	10.70	—
水运	亿人千米	1.05	1.17	1.21	1.54	1.55	0.60	—
空运	亿人千米	56.39	66.30	73.76	70.76	81.31	14.90	—
3．邮电业务总量	亿元	262.23	337.62	469.40	606.99	669.99	10.40	26.40
八、固定资产投资								
全社会固定资产投资总额	亿元	1 755.30	2 220.45	2 798.89	3 526.60	4 527.02	31.70	26.50
按经济类型分								
1．国有经济投资	亿元	815.27	1 067.50	1 211.78	1 426.95	2 144.32	50.30	24.80
2．民间投资	亿元	899.01	1 127.05	1 570.18	2 026.43	2 259.84	11.50	28.40
3．外商、港澳台投资	亿元	41.02	25.90	16.93	73.22	122.86	67.80	15.60
按产业分								
第一产业	亿元	52.94	66.43	72.19	174.02	197.06	13.20	38.40
第二产业	亿元	653.31	800.57	997.47	1 259.04	1 524.87	21.10	23.80
第三产业	亿元	1 049.05	1 353.45	1 729.23	2 093.54	2 805.09	34.00	27.50
九、国内商业								
社会消费品零售总额	亿元	1 034.40	1 188.88	1 394.54	1 718.54	2 051.06	19.30	18.70
国有及国有控股	亿元	116.80	131.74	162.62	193.18	223.62	15.80	17.60
集体及股份合作	亿元	70.88	73.24	81.45	104.74	111.62	6.60	12.00
个体私营经济	亿元	660.22	762.75	967.48	1 175.63	1 440.72	22.50	21.50
十、对外经济与旅游								
1．进出口总额	亿美元	47.38	62.30	87.80	95.99	80.19	−16.50	14.10
其中：出口总额	亿美元	26.42	33.91	47.36	49.87	45.14	−9.70	14.30
进口总额	亿美元	20.97	28.40	40.44	46.12	35.05	−23.80	13.70

续表

指　标	单位	2005年	2006年	2007年	2008年	2009年	2009年比2008年增长（%）	2006～2009年4年平均增长（%）
其中：边境小额贸易	亿美元	6.55	7.76	10.11	12.01	12.61	5.30	17.80
2．实际利用外商直接投资	亿美元	1.74	3.02	3.95	7.77	9.10	17.10	51.20
3．接待海外旅游者人数	万人次	150.28	181.00	221.90	250.22	284.49	13.70	17.30
4．旅游外汇收入	亿美元	5.28	6.58	8.60	10.08	11.72	16.90	22.10
5．接待国内游客人次	万人次	6 860.74	7 721.30	8 986.15	10 250.08	12 022.85	17.30	15.10
6．旅游业总收入	亿元	430.14	499.78	559.21	663.28	810.73	22.20	17.20
十一、财政								
财政总收入	亿元	766.40	887.00	1 111.30	1 360.00	1 490.82	9.60	18.10
地方一般预算收入	亿元	312.65	379.97	486.71	614.05	698.25	13.70	22.20
各项税收	亿元	246.15	299.39	378.64	482.39	548.11	13.60	22.20
地方一般预算支出	亿元	766.31	893.58	1 135.22	1 470.24	1 952.34	32.80	26.30
一般公共服务	亿元			187.01	217.12	237.22	9.30	
十二、金融								
金融机构人民币存款余额	亿元	5 140.50	6 131.25	7 170.87	8 418.94	11 119.64	32.10	21.30
居民储蓄存款	亿元	2 430.28	2 854.86	3 046.40	3 783.78	4 668.61	23.40	17.70
金融机构人民币贷款余额	亿元	3 987.58	4 803.51	5 671.66	6 594.33	8 779.63	33.10	21.80
短期贷款	亿元	1 607.49	1 881.70	2 125.16	2 505.45	2 924.40	16.70	16.10
十三、物价指数(上年=100)								
商品零售价格总指数	%	100.10	100.80	104.40	106.10	100.10	0.10	2.80
居民消费价格指数	%	101.40	101.90	105.90	105.70	100.40	0.40	3.40
城镇	%	101.70	101.90	105.90	105.40	100.50	0.50	3.40
农村	%	101.00	101.80	105.90	106.00	100.20	0.20	3.40
工业品出厂价格指数	%	104.50	104.60	105.70	105.80	91.50	−8.50	1.70
原材料、燃料及动力购进价格指数	%	106.50	107.60	108.20	111.60	95.00	−5.00	5.40
固定资产投资价格指数	%	104.60	101.80	104.20	107.40	98.10	−1.90	2.80
十四、职工工资								
职工工资总额	亿元	377.16	458.62	566.49	683.69	788.38	15.30	20.20
国有单位	亿元	283.30	339.88	398.49	473.30	546.72	15.50	17.90
职工年平均货币工资	元	16 140.00	18 711.00	20 481.00	24 030.00	26 992.00	12.30	13.70
国有单位	元	16 900.00	20 017.00	22 884.00	26 765.00	30 329.00	13.30	15.70
十五、城镇居民家庭生活								

续表

指　标	单位	2005年	2006年	2007年	2008年	2009年	2009年比2008年增长（%）	2006～2009年4年平均增长（%）
人均年可支配收入	元	9 266.00	10 070.00	11 496.00	13 250.00	14 424.00	8.30	8.00
人均年消费性支出	元	6 997.00	7 380.00	7 922.00	9 077.00	10 202.00	12.40	9.90
十六、农村居民家庭生活								
人均纯收入	元	2 042.00	2 250.00	2 634.00	3 103.00	3 369.00	9.80	9.10
十七、教育文化体育								
普通高等学校数	所	44.00	50.00	51.00	59.00	61.00	3.40	3.60
普通高等学校在校学生数	万人	23.21	26.81	30.21	34.35	38.95	13.40	13.80
普通中等专业学校在校学生数	万人	15.56	17.35	18.63	20.53	23.37	13.80	4.50
普通中学在校学生数	万人	238.88	244.70	251.77	259.48	264.97	2.10	1.10
普通小学在校学生数	万人	441.23	452.26	453.31	451.04	444.14	−1.50	0.10
小学学龄儿童入学率	%	96.30	96.57	97.59	98.29	98.29	持平	0.20
文化馆	个	149.00	148.00	148.00	148.00	148.00	持平	−0.10
公共图书馆	个	149.00	149.00	149.00	150.00	150.00	持平	0.10
广播人口覆盖率	%	91.00	92.00	92.65	93.12	94.29	1.30	0.40
电视人口覆盖率	%	92.50	93.70	94.02	94.34	95.06	0.80	0.30
运动员国际比赛获奖牌数（金、银、铜牌）	块	2.00	11.00	3.00	12.00	15.00	25.00	24.50
运动员全国比赛获奖牌数（金、银、铜牌）	块	95.00	40.00	43.00	31.00	55.00	77.40	−5.80
十八、科技								
R&D活动经费	亿元	20.49	21.09	26.12	31.59	33.80	7.00	5.60
R&D经费支出占GDP的比重	%	0.41	0.53	0.47	0.55	0.55	持平	
科技活动人员	万人	5.59	6.25	6.72	7.42	7.79	5.00	3.70
科技经费的支出	亿元	46.61	56.59	66.97	88.12	101.34	15.00	8.80
十九、卫生								
卫生机构床位数	万张	10.70	11.04	11.90	12.78	14.01	9.60	7.00
卫生技术人员	万人	11.84	12.14	12.37	12.62	13.38	6.00	3.10
医生	万人	5.58	5.65	5.66	5.73	5.94	3.70	1.60
二十、环境保护								
工业废水排放达标率	%	80.96	89.16	90.51	92.66	92.64	−0.02个百分点	
工业固体废物综合利用率	%	35.01	40.96	42.67	47.81	48.85	1.02个百分点	
森林覆盖率	%	49.50	49.90	49.91	49.91	47.50	（按新方法计算）	

（云南省统计局综合处）

2009年全国及各省、市、自治区主要经济指标（一）

地区	生产总值（亿元）	第一产业	第二产业			第三产业		
			第二产业	工业	建筑业	第三产业	交通运输、仓储和邮政业	批发和零售业
全国	337 313.40	335 352.90	35 477.00	156 957.90	22 333.40	142 918.00	17 057.70	29 052.50
北京	11 865.90	118.30	2 743.20	2 191.00	552.10	9 004.50	468.50	1 570.90
天津	7 500.80	131.00	4 110.50	3 749.80	360.70	3 259.30	464.40	840.20
河北	17 026.60	2 218.90	8 874.90	7 902.10	972.80	5 932.80	1 513.90	1 124.40
山西	7 365.70	477.60	4 021.20	3 551.90	469.30	2 867.00	513.40	557.90
内蒙古	9 725.80	929.00	5 101.40	4 503.30	598.10	3 695.40	773.30	915.80
辽宁	15 065.60	1 414.90	7 821.70	6 841.00	980.70	5 829.00	789.90	1 433.20
吉林	7 203.20	980.50	3 492.00	3 004.60	487.30	2 730.70	318.30	673.80
黑龙江	8 288.00	1 154.30	3 920.40	3 412.90	507.50	3 213.30	430.10	713.10
上海	14 900.90	113.80	5 940.00	5 349.80	590.10	8 847.20	642.10	2 183.90
江苏	34 061.20	2 201.60	18 416.10	16 464.70	1 951.40	13 443.40	1 396.80	3 530.80
浙江	22 832.40	1 161.70	11 843.30	10 457.10	1 386.20	9 827.50	856.60	2 162.50
安徽	10 052.90	1 495.60	4 902.80	4 064.20	838.50	3 654.50	466.20	710.80
福建	11 949.50	1 182.90	5 812.40	4 918.10	894.30	4 954.20	758.40	1 020.90
江西	7 589.20	1 098.30	3 890.30	3 170.10	720.20	2 600.60	389.40	541.00
山东	33 805.30	3 226.60	19 035.00	17 032.70	2 002.30	11 543.70	1 801.40	2 951.20
河南	19 367.30	2 769.00	10 968.60	9 858.40	1 110.20	5 629.70	859.60	1 046.50
湖北	12 831.50	1 795.90	5 909.40	5 059.10	850.30	5 126.20	642.20	911.60
湖南	12 930.70	1 969.70	5 682.20	4 814.40	867.80	5 278.80	682.20	1 107.50
广东	39 081.60	2 006.00	19 270.50	17 946.30	1 324.10	17 805.10	1 722.20	3 903.20
广西	7 700.40	1 458.70	3 377.70	2 863.80	513.90	2 863.90	356.90	546.00
海南	1 646.60	461.90	443.40	300.60	142.80	741.20	88.00	169.70
重庆	6 528.70	606.80	3 447.50	2 917.40	530.10	2 474.40	348.00	524.40
四川	14 151.30	2 240.60	6 711.90	5 678.20	1 033.60	5 198.80	520.70	869.00
贵州	3 893.50	554.00	1 474.30	1 252.70	221.70	1 865.20	396.70	292.50
云南	6 168.20	1 064.00	2 580.30	2 088.30	492.00	2 523.90	175.00	546.10
西藏	441.40	64.00	136.20	32.70	103.50	241.20	20.70	27.10
陕西	8 186.70	789.60	4 312.10	3 579.00	733.10	3 084.90	415.20	669.20
甘肃	3 382.40	497.50	1 511.00	1 191.30	319.70	1 373.90	213.60	231.20
青海	1 081.30	107.40	576.30	471.30	105.00	397.50	49.30	66.10
宁夏	1 334.60	127.10	680.20	538.30	141.90	527.20	98.10	79.50
新疆	4 273.60	759.70	1 951.90	1 579.90	372.00	1 562.00	188.90	252.20

注：本表绝对数按当年价格计算，增长速度按不变价格计算。

2009年全国及各省、市、自治区主要经济指标（二）

地　区	地区生产总值比2007年增长（%）	人均地区生产总值（元）	人均地区生产总值比2007年增长（%）	全社会固定资产投资（亿元）	全社会固定资产投资比2007年增长（%）	农林牧渔业总产值（亿元）	农林牧渔业总产值比2007年增长（%）
全　国	8.60	25 188.00	8.20	224 845.60	30.10	6 0361.00	4.60
北　京	10.10	68 788.00	6.20	4 616.90	21.00	315.00	5.50
天　津	16.50	62 403.00	11.10	4 738.50	39.80	281.70	3.70
河　北	10.00	24 284.00	9.30	12 267.00	38.40	3 640.90	3.20
山　西	5.50	21 544.00	5.00	4 943.20	40.00	908.70	4.40
内蒙古	16.90	40 225.00	16.50	7 318.90	33.70	1 570.60	2.40
辽　宁	13.10	34 898.00	12.90	12 292.60	22.70	2 704.60	3.30
吉　林	13.30	26 319.00	13.10	6 411.30	27.20	1 734.30	5.30
黑龙江	11.10	21 665.00	11.00	5 029.20	37.60	2 251.10	5.40
							0.00
上　海	8.20	78 225.00	6.40	5 143.70	6.60	283.20	−0.50
江　苏	12.40	44 232.00	11.70	18 950.00	23.90	3 816.00	4.60
浙　江	8.90	44 335.00	7.70	10 741.60	15.20	1 873.40	2.40
安　徽	12.90	16 391.00	12.80	8 985.80	33.20	2 569.50	5.50
福　建	12.00	33 051.00	11.30	6 231.20	19.70	2 001.20	5.00
江　西	13.10	17 185.00	12.30	6 642.40	40.00	1 733.80	4.60
山　东	11.90	35 796.00	11.30	19 034.50	23.30	6 003.10	4.30
							0.00
河　南	10.70	20 477.00	10.00	13 704.60	30.60	4 871.50	4.50
湖　北	13.20	22 450.00	13.00	7 866.90	39.30	2 985.20	5.40
湖　南	13.60	20 226.00	13.10	7 703.50	39.20	3 207.90	5.20
广　东	9.50	40 748.00	8.40	12 941.50	19.10	3 337.60	5.00
广　西	13.90	15 923.00	12.90	5 237.20	39.40	2 377.20	5.40
海　南	11.70	19 166.00	10.50	988.20	40.10	705.00	7.20
							0.00
重　庆	14.90	22 916.00	14.10	5 214.30	31.00	913.10	6.40
四　川	14.50	17 339.00	14.00	11 387.30	59.80	3 689.80	4.20
贵　州	11.20	10 258.00	10.70	2 401.70	28.80	875.20	4.60
云　南	12.1	13 536.00	11.40	4 526.40	31.70	1 706.20	5.80
西　藏	12.4	15 295.00	11.20	379.40	22.40	93.40	3.60
							0.00
陕　西	13.6	21 732.00	13.30	6 249.00	35.40	1 337.20	5.00
甘　肃	10.0	12 852.00	9.40	2 363.00	38.00	876.30	5.80
青　海	10.1	19 454.00	9.60	798.30	36.90	157.30	5.80
宁　夏	11.6	21 475.00	10.30	1 075.90	29.80	243.50	8.20
新　疆	8.1	19 926.00	6.50	2 710.90	20.00	1 297.60	5.10

2009年全国及各省、市、自治区主要工农业产品产量（一）

地 区	原 煤（万吨）	发电量（亿千瓦小时）	生 铁（万吨）	粗 钢（万吨）	钢 材（万吨）	水 泥（万吨）	农用化肥（万吨）
全国总计	297 300.00	37 146.50	54 374.80	56 803.30	69 626.30	165 000.00	6 599.70
北 京	641.30	242.70	442.70	464.90	769.60	1 077.40	0.20
天 津	0.00	415.80	1 763.40	2 124.20	4 079.50	690.20	14.70
河 北	8 494.60	1 742.50	13 084.90	13 536.30	15 134.50	10 611.50	214.40
山 西	59 354.00	1 873.80	3 127.50	2 648.50	2 288.40	2 482.50	375.20
内蒙古	60 058.50	2 242.40	1 381.30	1 261.90	1 294.90	4 275.50	261.50
辽 宁	6 624.20	1 162.50	5 061.30	4 783.00	4 937.30	4 693.40	82.10
吉 林	4 401.50	541.80	648.30	792.60	856.00	3 673.10	20.30
黑龙江	8 748.70	723.00	494.60	566.00	505.00	2 598.00	59.60
上 海	0.00	778.20	1 787.50	2 032.20	2 181.40	754.20	2.70
江 苏	2 397.40	2 928.40	4 590.20	5 489.90	7 859.70	14 434.10	317.20
浙 江	13.20	2 246.30	536.00	1 045.60	2 359.40	10 796.50	46.20
安 徽	12 848.60	1 320.20	1 661.60	1 759.70	2 112.00	7 056.10	284.90
福 建	2 466.10	1 170.70	552.90	765.00	1 341.90	5 446.50	59.70
江 西	2 982.50	532.90	1 447.00	1 620.90	1 647.40	6 153.20	48.70
山 东	14 377.70	2 859.90	5 273.20	4 857.30	5 854.30	14 036.70	864.90
河 南	23 018.10	2 055.50	1 944.60	2 329.00	2 882.50	11 710.70	531.20
湖 北	1 058.50	1 818.10	1 956.70	1 985.30	2 172.30	6 983.80	798.50
湖 南	6 572.90	1 028.00	1 380.50	1 436.60	1 503.60	7 539.00	365.80
广 东	0.00	2 757.60	755.90	1 126.60	2 285.50	10 028.90	61.70
广 西	519.70	944.50	967.70	1 000.00	1 174.90	6 411.20	92.40
海 南	0.00	127.60	2.10	23.20	10.70	925.70	60.60
重 庆	4 290.80	474.30	324.90	333.80	477.40	3 611.00	150.40
四 川	8 997.30	1 578.80	1 532.60	1 509.10	1 830.60	8 887.00	463.00
贵 州	13 690.70	1 380.00	374.80	343.10	337.60	2 664.80	347.30
云 南	5 571.30	1 170.90	1 280.90	1 049.10	971.80	4 868.40	355.20
西 藏	0.00	18.00	0.00	0.00	0.00	187.70	0.00
陕 西	29 611.10	908.90	512.50	522.50	887.30	4 464.70	86.80
甘 肃	3 875.60	696.70	612.10	626.40	644.50	1 816.10	81.00
青 海	1 283.60	377.90	109.50	126.70	125.10	610.00	277.90
宁 夏	5 509.50	479.90	36.20	0.00	38.00	1 064.50	91.80
新 疆	7 646.00	549.10	731.60	625.00	687.30	2 029.30	183.80

2009年全国及各省、市、自治区主要工农业产品产量（二）

单位：万吨

地区	粮食	油料	糖料	蔬菜	水果	肉类	奶类
全国总计	53 082.10	3 154.30	12 276.60	61 823.80	20 395.50	7 649.90	3 734.60
北京	124.80	1.80	0.00	317.10	120.10	47.20	67.40
天津	156.30	0.50	0.00	373.90	67.00	39.50	68.70
河北	2 910.20	143.30	30.70	6 742.10	1 578.60	426.60	461.00
山西	942.00	17.00	15.40	893.10	449.20	69.80	74.10
内蒙古	1 981.70	119.60	109.60	1 380.60	208.70	234.00	934.00
辽宁	1 591.00	55.30	6.20	2 604.40	655.60	389.20	115.60
吉林	2 460.00	50.40	6.60	968.40	253.50	226.20	44.50
黑龙江	4 353.00	28.20	110.00	701.20	267.70	187.60	534.70
上海	121.70	3.40	1.60	394.10	104.70	26.40	23.30
江苏	3 230.10	162.20	11.60	3 837.80	715.70	344.40	55.40
浙江	789.20	43.20	81.40	1 764.80	712.40	170.40	19.90
安徽	3 069.90	240.30	21.80	2 028.10	745.80	362.50	20.10
福建	666.90	26.30	65.90	1 521.50	645.00	175.10	15.60
江西	2 002.60	102.00	62.20	1 088.60	497.50	276.00	11.20
山东	4 316.30	334.50	0.06	8 937.20	2 728.30	684.10	258.10
河南	5 389.00	533.00	28.30	6 370.40	2 228.10	615.00	301.30
湖北	2 309.10	314.10	34.40	2 979.60	725.80	367.00	28.30
湖南	2 902.70	179.20	78.20	2 844.20	715.70	476.30	7.70
广东	1 314.50	84.60	1 253.50	2 567.20	1 160.80	427.00	14.40
广西	1 463.20	42.10	7 509.40	2 063.10	1 010.70	371.30	8.10
海南	187.60	9.10	479.20	410.00	350.40	66.00	0.40
重庆	1 137.20	40.50	11.60	1 177.40	212.90	187.70	7.90
四川	3 194.60	261.80	94.10	3 227.30	689.50	632.80	68.70
贵州	1 168.30	78.70	64.30	1 079.50	119.70	169.60	4.50
云南	1 576.90	50.20	1 761.40	1 238.20	342.70	304.60	105.90
西藏	90.50	5.80	0.00	55.10	1.20	24.00	28.70
陕西	1 131.40	54.40	0.20	1 257.60	1 366.10	98.70	185.80
甘肃	906.20	58.50	20.40	1 145.40	459.90	82.90	37.70
青海	102.70	36.60	0.10	118.90	3.30	26.90	25.30
宁夏	340.70	13.60	0.01	354.00	202.40	25.60	81.10
新疆	1 152.00	63.90	418.40	1 383.20	1 056.30	115.40	125.20

2009年全国及各省、市、自治区城乡居民生活情况

地 区	城镇居民家庭人均可支配收入（元）	城镇居民家庭人均总支出（元）	城镇居民恩格尔系数（%）	农村居民家庭人均纯收入（元）	农村居民家庭人均总支出（元）	农村居民恩格尔系数（%）	居民消费价格指数（上年=100）
全 国	17 174.70	18 858.10	36.50	5 153.20	6 333.90	41.00	99.30
北 京	26 738.50	30 673.70	33.20	11 668.60	11 607.40	31.60	98.50
天 津	21 402.00	23 565.70	36.50	8 687.60	7 462.20	43.20	99.00
河 北	14 718.30	15 675.80	33.60	5 149.70	5 618.90	35.70	99.30
山 西	13 996.60	14 983.20	32.80	4 244.10	4 875.80	37.10	99.60
内蒙古	15 849.20	16 951.40	30.50	4 937.80	8 146.50	39.80	99.70
辽 宁	15 761.40	17 757.70	38.00	5 958.00	9 146.20	36.70	100.00
吉 林	14 006.30	15 155.20	33.30	5 265.90	8 689.50	35.10	100.10
黑龙江	12 566.00	13 689.90	35.30	5 206.80	9 729.20	31.40	100.20
							0.00
上 海	28 837.80	32 403.00	35.00	12 482.90	11 435.80	37.10	99.60
江 苏	20 551.70	22 494.90	36.30	8 003.50	8 027.60	39.20	99.60
浙 江	24 610.80	27 119.30	33.60	10 007.30	11 730.10	36.40	98.50
安 徽	14 085.70	15 691.90	39.60	4 504.30	5 378.00	40.90	99.10
福 建	19 576.80	21 692.40	39.70	6 680.20	6 850.50	45.90	98.20
江 西	14 021.50	15 047.20	39.90	5 075.00	5 306.20	45.60	99.30
山 东	17 811.00	19 336.90	32.90	6 118.80	7 258.20	36.60	100.00
							0.00
河 南	14 371.60	15 408.00	34.20	4 807.00	5 220.10	36.00	99.40
湖 北	14 367.50	15 698.10	40.40	5 035.30	5 537.60	44.80	99.60
湖 南	15 084.30	16 078.10	38.60	4 909.00	6 024.20	48.90	99.60
广 东	21 574.70	24 116.50	36.90	6 906.90	6 556.20	48.30	97.70
广 西	15 451.50	17 032.90	39.90	3 980.40	4 957.70	48.70	97.90
海 南	13 750.90	14 909.30	44.70	4 744.40	4 569.00	53.10	99.30
							0.00
重 庆	15 748.70	16 990.30	37.70	4 478.40	4 753.30	49.10	98.40
四 川	13 839.40	15 323.80	40.40	4 462.10	6 330.50	42.00	100.80
贵 州	12 862.50	13 793.40	41.50	3 005.40	3 862.80	45.20	98.70
云 南	14 423.90	15 680.30	43.70	3 369.30	4 855.50	48.20	100.40
西 藏	13 544.40	14 979.00	50.70	3 531.70	3 304.90	49.60	101.40
							0.00
陕 西	14 128.80	15 311.30	37.30	3 437.60	5 245.80	35.10	100.50
甘 肃	11 929.80	12 918.00	37.80	2 980.10	4 255.00	41.30	101.30
青 海	12 691.90	14 150.30	40.40	3 346.20	4 626.50	36.30	102.60
宁 夏	14 024.70	15 550.80	33.40	4 048.30	6 411.00	41.70	100.70
新 疆	12 257.50	13 602.20	36.30	3 883.10	6 847.50	41.50	100.70

（云南省统计局综合处）

政治文明建设

主　　编　刘建军
责任编辑　代燕春

组织·干部建设

【概述】 2009年，全省各级组织部门紧紧围绕保增长、保民生、保稳定选干部、配班子，建队伍、聚人才，抓基层、打基础，较好地完成了各项工作任务。在中央组织部统一组织开展的2009年全国组织工作满意度民意调查中，全省组织工作总体评价满意度及各项指标得分，与2008年相比，均有了明显提升。

年内，全省组织部门紧紧围绕“党员干部受教育、科学发展上水平、人民群众得实惠”的总体要求，牢牢把握省委提出的“促进科学发展、维护边疆安宁、增进民族团结、构建和谐云南”的具体目标，创新学习方法，突出实践特色，加强分类指导，精心组织开展、扎实推进全省深入学习实践科学发展观活动。举办全省正厅级领导干部、州（市）委副书记和县（市、区）党政主要负责人、省委联系的专家、组织系统领导干部、老干部党组织负责人学习贯彻党的十七届四中全会精神专题培训班。实施“十大培训工程”，共完成各级各类干部培训115万余人次。各级组织部门累计与所联系的4.13万名干部进行了谈心谈话。抓住国际金融危机中高层次人才流转的有利时机，组织开展“百名留学博士云南行”活动，确定了一批合作项目，引进6名留学博士；配合有关部门做好引进高层次人才工作，引进13名高端科技人才、39名海外高层次人才，有2名被中央组织部列入国家“千人计划”。注重在完成重大任务、应对突发事件中发挥党的政治和组织优势，动员全省各级党组织和广大党员干部在国庆60周年、维护藏区稳定、应对边境突发事件以及楚雄、大理地震灾害等工作中充分发挥战斗堡垒作用和先锋模范作用，维护了全省和谐稳定的大好局面。

【制度创新】 2009年，全省在2个州（市）、5个县（市、区）开展深化干部人事制度改革综合试点，建立干部任前实绩公示制度，研究制定促进科学发展的领导班子和领导干部综合考核评价办法，制定并实施党政领导干部考察人选报告个人有关情况制度，全省共有6 034人申报个人有关事项。探索建立晋升副县处级领导职务资格基本知识考试制度，推进干部在线学习和自主选学。加大培养选拔年轻干部工作力度，制定《关于加强培养选拔年轻干部工作的实施意见》，实施培养选拔年轻干部行动计划，面向全省公开选拔34名40岁以下副厅级优秀年轻干部，在全省16个州（市）统一组织公开选拔83名处级领导干部。开展后备干部集中调整工作，建立了一支数量充足、结构合理的后备干部队伍。印发《关于进一步加强少数民族干部队伍建设的意见》，统筹推进女干部、党外干部的培养选拔工作。认真抓好中央组织部《关于深入整治用人上不正之风，进一步提高选人用人公信度的意见》和省委《实施意见》的落实，深入整治用人上不正之风。在后备干部集中调整工作中，集中整治“拉票”行为，取得明显成效。加强对干部选拔任用工作的监督检查，完成对16个州（市）、73个省直单位干部选拔任用工作的重点检查和5所高校、5家省属企业的专项抽查。对县（市、区）委书记普遍进行遵守干部人事工作纪律的专题谈话。会同纪检机关严肃查处干部工作中的违规违纪行为。组织开展县乡村领导班子和领导干部群众公信度调查，探索建立对失掉群众公信力的县乡村干部的及时发现和调整机制。

【基层组织建设】 2009年，省委召开全省加强边境地区党的建设工作

7月1日，省委表彰全省125名优秀县乡村党支部书记 （张竞超 摄）

会议，并出台《关于深化边疆党建长廊建设进一步加强边境地区党的建设的意见》及相关配套措施。省委、省政府加大投入力度，发改、财政、民政、农业、扶贫、移民、农信社等有关部门积极支持、密切配合，边境地区基层党组织的吸引力、凝聚力和战斗力进一步增强。认真落实李源潮部长对云南省结合民族文化创新基层党建工作的批示精神，会同省委宣传部、省文化厅、省民委制定印发《关于结合民族文化创新基层党建工作的意见》。大力推进村级组织活动场所建设和农村党员干部现代远程教育网络一体化建设，已建成和正在开工建设的村级组织活动场所占计划数的64.4%，农村党员干部现代远程教育终端接收站点覆盖面已达94%。推动创办云南农村干部学院，加强对县乡涉农干部、村“两委”负责人、大学生“村官”骨干、边境地区村党支部书记的培训，共培训7期1 045人。从优秀村（社区）干部中定向考录乡镇公务员249名。选聘1万名高校毕业生到村任职，基本实现“一村一名大学生”计划。建立县委书记抓党建工作责任制。统筹推进各领域基层党建工作，积极推动调整和优化农村基层党组织设置，在村民小组新建党支部1.11万个，在村组干部中发展党员9 035名，消除党员“空白村民小组”3 183个；全面落实“一定三有”政策，不断完善村干部激励保障机制；推动农民服务站建设，在方便群众办事、促进干部转变作风、密切干群关系方面取得较好效果；以“三有一化”为重点加强城市社区党组织建设，着手研究制定加强城市社区党的建设的意见。在非公有制经济组织中新建党组织1 863个，在新社会组织中新建党组织184个，非公有制经济组织和新社会组织等基层党建工作得到新加强。开通“12371”党员咨询服务电话。藏区党组织建设得到明显加强，国有企业、机关和学校、科研院所等事业单位党的基层组织建设工作，在创新中取得新进步。

【表彰先进】 2009年，全省各级组织部门坚持先进引路，在全省党员干部中着力营造干事创业的良好氛围，典型示范的作用进一步发挥。“七一”期间，省委表彰了125名优秀县乡村党组织书记，并组成报告团在全省巡回宣讲，引起热烈反响。牵头组织开展全省第二届“兴滇人才奖”评选活动，省委、省政府对近年来取得突出成绩、为全省经济社会发展作出积极贡献的10名获奖者进行隆重表彰奖励，极大地激发全省各类人才干事创业的热情。紧紧围绕组织工作的重大部署、重要政策、重点工作，以及基层党组织和党员干部中涌现出来的先进事迹，加大宣传力度。会同省委宣传部、云南日报报业集团等单位组织开展“边疆党建长廊行”专题采访活动，集中报道全省边境地区基层党建工作的成效和经验，在省内外引起很好反响。建立组织工作网络舆情收集、研判机制，围绕网上反映的组织工作热点问题积极开展网络评论和专题引导工作，取得了很好效果。

（茶文葵）

廉政建设

【概述】 2009年，全省各级纪检监察机关认真贯彻落实中央《工作规划》和云南省实施办法，反腐倡廉建设深入开展，为保持全省经济平稳较快发展和社会和谐稳定提供了有力保证。

2009年，省纪委会同有关部门抓机遇、化危机，抓支出、促增收，抓投资、促消费（带就业），抓监督、促落实，重点对107个扩大内需项目开展监督检查，严肃查处挪用、拖延拨付项目资金等行为，着力解决项目资金滞留、开工率偏低、实施进度慢等问题，促进了中央“三个百分之百”要求的落实。对加强和改善宏观调控、价格监管、节能减排、土地管理、生态环境保护、矿产资源开发、房地产调控等政策落实情况，以及住房公积金和社保、

扶贫、抗灾救灾等专项资金管理使用情况开展监督检查，参与安全责任事故调查处理，及时办理影响投资环境的投诉，纠正和处理了一些违规违纪问题。加强对党的政治纪律和民族政策执行情况的监督检查，维护了民族团结和社会稳定。

【党风廉政建设责任制】 2009 年初，省委、省政府连续第 3 年统一组织省级党员领导干部带队，对 16 个州市、80 个省直部门、28 所高校、17 家省属企业和 17 家中央驻滇单位进行 2008 年度党风廉政建设责任制考核，按照优秀、合格、基本合格和不合格 4 个等次兑现奖惩，督促基本合格和不合格单位进行认真整改，进一步增强各级党政领导班子和领导干部“一岗双责”的意识。

2009 年，省纪委大力加强县乡基层党风廉政建设，不断创新领导体制和工作机制，着力提高基层反腐倡廉建设整体水平，查处了一批侵害农民土地承包权益、违法违规征占农村土地等方面的案件，维护了农村改革发展稳定。切实抓好工程建设领域突出问题专项治理工作，以政府重大投资项目为重点，围绕项目决策、招标投标、物资采购等重点部位和关键环节进行全面排查，着力解决存在的突出问题。分别召开了全省纠风工作和政法系统、国有重要骨干企业、高等学校纪委书记 4 个专题座谈会，深入分析面临的形势和任务，正确把握特点和规律，统筹推进反腐倡廉工作。

2009 年，省纪委认真落实中央和省委关于厉行节约的各项规定，压缩年度各项经费支出，严格控制因公出国（境）组团和人次，降低公务接待、公务车购置和运行费用，及时查处了一些违规违纪问题。认真开展了群众评议省直机关作风活动。清理党委、人大等系统评比达标表彰项目 2 043 项，撤销 1 986 项。配合有关部门严格控制和规范各类检查考核活动，对省直部门和州市实行集中检查考核。

【案件查办】 2009 年，全省纪检监察机关共收到群众信访举报 21 969 件，立案 1951 件，处分 2 063 人。其中，厅级干部 17 人，县处级干部 109 人。移送司法机关处理 138 人。严肃查处了云南铜业集团腐败案、孟连“7·19”群体性事件背后的腐败案、省人事厅原巡视员吕亦才“期权腐败”案、麻栗坡县原县委书记赵仕永贪污受贿案、龙陵县原县委书记王多邦捏造事实诽谤他人案等重大典型案件。认真开展治理商业贿赂工作，查处商业贿赂案件 627 件。把严惩腐败与保护干部统一起来，为 1 610 名受到失实举报的党员干部澄清了事实。坚持依纪依法、安全文明办案。开通纪检监察举报网站，进一步拓宽了信访举报渠道。

【纠正损害群众利益的问题】 2009 年，省纪委进一步加大纠风工作力度，清理农村劳动力转移培训资金 2.3 亿元，查处违规资金 485 万元。清理涉农补贴资金 28.6 亿元，清理新型农村合作医疗资金 35.4 亿元，查处违规违纪案件 346 件。清退学校乱收费 341 万元，给予党政纪处分 87 人。开展中小学校舍安全工程监督检查。查处涉及救灾、扶贫、社保、住房公积金等方面的违规违纪问题 1 084 件，给予党政纪处分 47 人。督促各地认真执行药品集中采购制度，查处食品药品安全问题 5 897 件，给予党政纪处分 124 人。做好“政风行风热线”工作，办理群众投诉咨询 5 678 件。

【廉政宣传教育】 2009 年，省纪委调整更新了警示教育基地的内容，共有 1 128 家单位、5.15 万名党员干部到基地接受了教育。以重大典型案件为反面教材，在全省开展警示教育。对 195 名新提拔省管干部进行了反腐倡廉和履职能力专题培训。认真落实领导干部配偶子女从业、投资入股等规定和有关事项报告制度，及时纠正和制止了少数地方、单位超标准配备使用小汽车、违规发放津补贴、违规收受礼金等问题。

【监督制约权力运行】 2009 年，省纪委加强对党内监督条例贯彻执行情况的监督检查。进一步加强巡视工作，对 5 个州市、4 个省直部门、8 个县（市、区）进行了巡视，切实加强对领导班子特别是党政主要领导的监督。继续加大党政领导干部问责力度，全省共问责 1 525 人。其中，厅级干部 3 人，县处级干部 118 人。全面落实上级纪委负责人同下级党政主要负责人谈话、任前廉政谈话、诫勉谈话、述职述廉等制度，认真开展党政领导干部和国有企业领导人员经济责任审计，深入推进政务公开、厂务公开、村务

云南省反腐倡廉警示教育基地　（省纪委　提供）

公开。完成了全省电子监察系统一期建设，对电子政务行政审批事项和重大决策事项等进行监督检查，推动了阳光政府四项制度的落实。执法监察、廉政监察、效能监察和政府系统廉政勤政建设进一步加强。

2009年，省纪委进一步巩固“小金库”清理工作成果，以省级行政事业单位经营性国有资产管理改革为重点，积极推进政府非税收入管理改革，完成了112个省级预算单位经营性国有资产产权、债权债务、人员情况的核查认定。不断深化干部人事制度改革，深入整治用人上的不正之风，会同组织部门严肃查处顶风违反干部人事纪律的案件，并在全省进行通报。行政审批制度、司法体制和工作机制、投资体制等改革进一步深化。经营性土地使用权招拍挂、产权交易进入市场和政府采购等制度得到认真执行。

【纪检监察机关自身建设】 2009年，省纪委深入开展“做党的忠诚卫士、当群众的贴心人”主题实践活动，开展了向王瑛、李龙伟、杨雪斌等先进典型学习活动。加大竞争上岗、轮岗交流力度，一批优秀年轻干部走上领导岗位。选派233名年轻干部到高校脱产培训，组织114名县纪委书记参加中央纪委集中培训。加强对派驻机构的统一管理，进一步强化了监督职能。认真落实县级纪检监察机关班子建设、人员编制、经费保障标准等政策规定，加强基层信息化建设，改善办公办案条件，为深入推进反腐倡廉建设提供了有力保障。

（贺孝波）

法制建设

【概述】 2009年，省人大常委会听取和审议“一府两院”专项工作报告15项，作出决议和决定5项，开展执法检查5项，任免国家工作人员104人次，组织视察5次，组织专题调研9次，受理群众来信来访6 049件（次）。制定地方性法规10件，修订1件，废止3件；制定民族自治地方条例5件，修订5件。

【宏观经济运行监督】 2009年，省人大常委会对全省宏观经济运行情况进行监督。强化对年度计划执行情况的监督。听取省人民政府有关部门的报告和汇报，向省委提出建议措施。听取和审议省政府关于2009年1～7月国民经济和社会发展计划执行情况的报告，督促继续抓好扩大内需项目的开工和建设、抓好经济结构调整和产业培育、加大对外开放力度、继续实施投资拉动战略。强化对年度财政预算执行情况的监督。要求严格按法定时限批复省本级部门预算和单位预算，并跟踪检查落实情况。进一步规范预算调整，细化预算编制，硬化预算约束，审查批准省政府关于2009年1～7月地方财政预算执行情况和年度财政预算调整方案的报告。强化对财政资金使用效益的监督。对省本级部门决算情况和审计部门开展部门决算审签、绩效评价、编制国有资本经营预算情况进行调研，审查批准省政府2008年省本级财政决算报告。听取和审议2008年度省本级预算执行和其他财政收支的审计工作报告，跟踪检查落实审议意见，督促财政资金规范、安全运行，提高资金使用效益。

【重大举措落实监督】 年内，省人大常委会开展保增长重大举措落实进行监督。保证及时发行地方政府债券。专门增开常委会第十次会议，审查批准2009年省本级财政专项预算调整方案，保证全省84亿元地方债券及时发行。关注工业经济和固定资产投资。组织对全省重点支柱产业和公路等重大项目建设情况的视察，采取有力措施确保22项重大建设项目的顺利实施。促进落实强农惠农政策。组织视察全省集体林权制度改革工作，组织检查农产品质量安全法实施情况，跟踪督促落实2008年省人大常委会关于全省主要农产品供给情况、关于边疆民族地区扶贫开发工作的视察报告及其审议意见。促进交通运输和中小企业发展。及时制定新的道路运输条例，有针对性地促进解决云南道路运输出现的新情况和新问题。促进昆明中心城市发展。及时审查批准昆明市城市供水用水管理条例、地下水保护条例、预防职务犯罪工作条例等法规，多次组织对昆明市相关工作的执法检查、视察和调研，积极支持中心城市发展。促进民族地区经济社会发展。加强民族立法，审议批准制定和修订《文山州三七发展条例》、《大理州苍山保护管理条例》、《西双版纳州旅游条例》、《红河州气象条例》等单行条例，推动民族地区经济社会发展。

【就业和社会保障监督】 年内，听取了和审议省人民政府关于就业情况的专项工作报告，参与就业政策落实专项督查调研，并组织调研农村劳动力就业转移培训情况，督促落实促进就业的政策措施。全面调研全省城乡社会保障体系建设情况，就加大宣传力度、建立省级基础数据平台、探索统一的基层服务平台等提出意见和建议，督促和支持政府抓住中央加强城乡社会保障体系建设的机遇，采取有力措施落实惠民政策。

【社会事业发展监督】 2009年，省人大常委会对全省保障性住房建设进行专题调研，提出努力争取提高

社会保障体系建设汇报会 （省人大研究室 提供）

补助标准、加强队伍建设和资金监管等建议，支持省人民政府推进保障性住房建设工作，促进落实惠民举措。听取和审议省人民政府关于全省实施中小学校舍安全工程情况的报告，督促认真落实中小学校舍安全工程要求，保障师生的生命安全。制定《云南省职业病防治条例》，强化政府职责，保护劳动者合法权益。视察防震减灾工作，跟踪落实审议意见，制定《云南省建设工程勘察设计管理条例》，保护人民群众生命财产安全。组织执法检查，跟踪督促食品安全工作，强化地方政府负总责的意识，引导企业和社会树立正确的食品安全意识。视察全省职业教育工作，促进教育与经济社会协调发展。听取和审议省人民政府关于云南省非物质文化遗产保护和利用工作情况的报告，听取省人民政府有关部门关于医药卫生体制改革工作的专题汇报。

【生态文明建设监督】 2009年，省人大常委会对城镇污水处理和生活垃圾处理设施建设情况进行专题调研，促进政府加快融资平台搭建和价格体系建立、优化项目建设方式、强化质量监管，改善城乡居民生活环境。开展以“你我携手，保护生物多样性”为主题的云南环保世纪行活动，促进加大生物多样性保护力度。积极配合中华环保世纪行采访团赴滇采访，宣传云南省改革开放30年来水土保持的工作成就。对抚仙湖保护条例、星云湖保护条例实施情况进行执法检查，加强高原湖泊保护工作，推进生态文明建设。

【民族宗教侨务工作监督】 年内，省人大常委会在全国率先出台迪庆州藏传佛教寺院管理条例。组织民族乡工作条例执法检查，督促政府以落实民族乡政权建设和扶持政策为重点，研究制定具体贯彻措施和办法。对民族立法、云南宗教界代表人士培养等问题调研。配合全国人大民族委员会在云南边境民族地区开展专题调研。跟踪检查2008年视察侨场报告及审议意见的办理情况，配合全国人大常委会跟踪落实归侨侨眷权益保护法的执法检查意见，促进全省侨场的改革发展稳定。听取和审议省人民政府关于全省边境外事工作情况报告，跟踪督办审议意见，巩固边疆和谐安宁。

【人民调解和社会治安监督】 2009年，省人大常委会对玉溪、红河、楚雄、曲靖4州市及8个县（市、区）进行实地调研，听取和审议省人民政府关于开展公安“三基”（抓基层、打基础、苦练基本功）工程建设情况的报告，深入部分州县公安机关进行专题调研。针对废旧金属收购引发治安问题日趋突出的情况，制定《云南省废旧金属收购治安管理条例》。

【地方立法情况】 2009年，省人大常委会立法工作要点：坚持以人为本，促进科学发展，注重社会和谐，加强调研论证，不断提高立法质量，强化法制保障作用，科学制定2009年度立法计划；加强经济领域立法，制定招标投标条例、道路交通运输管理条例、建设工程勘察设计条例、水文条例。抓紧制定发展新型墙体材料条例、电网建设条例、林地管理条例，抓紧修改节约能源条例、城市规划管理条例、建设工程招标投标管理条例；加强社会领域立法，制定职业病防治条例、法律援助条例、废旧金属收购业治安管理条例，修订实施《义务教育法》办法、农村医疗卫生条例。抓紧制定就业促进条例、预防未成年人犯罪条例、气象灾害防御条例、和顺古镇保护条例、企业工会工作条例，抓紧修改科学技术进步条例、人口与计划生育条例、消防条例、防震减灾条例；开展生态文明建设立法。制定滇池保护条例、云龙水库保护条例，抓紧修改阳宗海保护条例；完善常委会工作职权，制定省人大常委会监督条例、省人大常委会任免国家机关工作人员办法；继续抓好民族立法工作。加强对民族自治地方立法工作的指导，认真实施民族立法五年规划，适时批准制定和修改促进民族自治地方经济社会发展的单行条例；认真清理地方性法规，及时开展修改或废止工作，使已制定的法规符合科学发展要求、适应云南需要、突出地方特色；努力提高立法质量，积极探索推进科学立法、民主立法的新途径，使法规更充分地体现人民意志，更科学地反映客观规律，更合理地规范社会关系，更具可操作性和实效性；加强法制宣传教育。加大对新颁布法律法规特别是与人民群众利益密切相关的法律法规宣传力度。

2009年，云南省共制定地方性法规10件、修订1件、废止3件；制定民族自治地方单行条例5件、修订5件。

（聂奎林）

平安云南建设

【概述】 2009 年，全省公安机关在省委、省政府和公安部的坚强领导下，坚决落实硬任务，主动服务第一要务，沉着应对国际金融危机、政治敏感时点、重大突发事件对云南省社会稳定的冲击和影响，紧紧抓住国庆 60 周年安保工作这条主线不放松，确保了公安部“四个坚决防止”和省委“三个确保”目标的圆满实现；紧紧抓住毗邻云南省临沧边境缅甸果敢地区“8·08”突发事件的处置工作不放松，确保了国家安全和边境稳定；紧紧抓住禁毒工作这个重点不放松，确保了新一轮禁毒人民战争的深入推进；紧紧抓住服务经济发展这个要务不放松，确保为推动落实“保民生、保发展、保稳定”工作创造一个良好的社会环境；紧紧抓住公安基层基础建设这个根本大计不放松，确保了公安工作发展根基进一步得到夯实；紧紧抓住队伍建设这个公安工作的根本保障不放松，确保了队伍形象进一步改善、战斗力进一步提升。经全省公安民警积极有效地工作，维护了全省社会和谐稳定，有力促进了全省经济平稳较快发展。

【社会治安管理】 2009 年，全省开展矛盾纠纷调处，积极预防妥善处置群体性事件。全年共排查调处矛盾纠纷 3.36 万起，参与处置群体性事件 1 254 起，同比增加 25.5%。办结涉法涉诉进京上访案件 135 起，息诉 102 起，办结进京非正常上访案件 9 起；排查整治了一批治安混乱地区和乱点，校园及周边治安秩序整治共清理检查校园周边出租房屋 5 687 户，旅店、网吧等 1 000 余家，整改隐患 1 159 起；治爆缉枪专项行动共开展涉枪涉爆单位排查 2.25 万次，落实整改隐患 5 808 起，排查登记重点人员 4 341 人；查处涉枪涉爆案件 703 起 743 人，收缴枪支 5 169 支（军用枪 189 支）、仿真枪 9 510 支、子弹 33.87 万发、炸药 57 987 千克、雷管 38.62 万枚及手榴弹、管制刀具、剧毒物品等一大批危险物品；禁赌控边专项行动共抓获涉赌人员 255 人，关闭境外赌厅 17 个，没收冻结赌资 200 余万元，解救 110 人；打击卖淫嫖娼违法犯罪专项行动共检查娱乐服务场所 1.5 万家（次），查处 188 家，查获强迫妇女卖淫案件 37 件，抓获犯罪嫌疑人 60 人；“三电”专项行动共立刑事案件 1 270 起，破案 807 起，抓获犯罪嫌疑人 521 人，打掉犯罪团伙 22 个，缴获赃物总价值 161.71 万元。2009 年全省各级公安部门发现受理治安案件 16.7 万起，查处 16.3 万起，治安处罚 11.8 万人，其中治安拘留 2.97 万人。确保了全省治安秩序稳定。

《道路交通安全法》知识竞赛 （省公安厅 提供）

【警务建设】 2009 年，全省共建立社区和农村警务室 5 319 个，配置民警 6 855 名。其中，社区警务室 1 064 个，配社区民警 2 658 名，配置协警人员 3 429 名；农村警务室 4 255 个，配驻村民警 4 197 名，配置协警人员 3 073 名。全省各级公安机关和派出所以加强群众工作为重点，以“构建和谐警民关系建设”为核心，大力开展公安机关“大走访”爱民实践活动，进一步密切了警民关系，有效地维护了辖区治安秩序，治安情况明显好转。

全年全省有治保会 16.98 万个 20.94 万人，治保小组 5.70 万个，治安联防队 1.71 万个 6.62 万人。各类群防群治组织开展四防检查 4.79 万次，排除整改隐患 1.74 万起，帮教违法青年 2.30 万人，制止违反治安管理行为 4 970 起，提供线索破获刑事案件 1 487 起，抓获违法犯罪嫌疑人 3 023 人。全省共创建安全社区 2.18 万个、安全村寨 4.14 万个、安全单位 1.39 万个、安全院坝 15.34 万个，安全文明社区（村寨）覆盖率达 52.31%。保安服务业发展稳步推进。全省共有保安服务公司 124 家，保安从业人员 10 万余人。共协助公安机关抓获违法犯罪嫌疑人 6 160 人，挽回经济损失 1.12 亿元，分别比上年同期增加 91.5% 和 156.5%。社区和农村警务战略为维护社会治安稳定发挥了重要作用。

【刑事犯罪查办】 年内，全省共立刑事案件 11.86 万起，同比多立 8 289 起，上升 7.5%；破 6.96 万起，同比上升 4.2%。严厉打击防范涉电犯罪。年内破案 979 起，为国家挽

回经济损失2 678.09万元，属云南电网公司产权的涉电案件同比下降79.5%，涉案损失下降75.1%。严厉打击整治偷逃高速公路车辆通行费违法犯罪。年内成功破获偷逃公路车辆通行费案件43起；查破假冒军车偷逃公路通行费团伙3个，查获假冒军车17辆，为国家挽回经济损失465.52万元。全省收费运营秩序总体趋于稳定。破获各类走私犯罪案件9 514起，抓获各类走私犯罪嫌疑人1.15万人，为国家和企业挽回经济损失1.5亿元。

年内，全省共打掉黑恶势力团伙143个（其中，侦办黑社会性质组织犯罪案件18起，一审判决5起，开庭审理1起，在侦案件12起），侦办恶势力团伙125起，破获各类刑事案件1 609起，抓获作案成员1 590人，扣押非法资产256万元，收缴车辆30余辆，缴获枪支81支。全省共立八类命案1 202起，同比下降5.87%；破1 151起，现行命案破案率95.76%；破积案84起，综合破案率102.75%；87个县（市、区）公安局命案全破，1个县未发命案。发生一案致3名以上（含）受害人死亡的命案14起，破14起。侦破命案工作继续保持和巩固了较好的工作成果。

年内，全省共立“两抢一盗”案件9.46万起，破5.21万起，同比上升3.2%。抢夺案件下降7.6%，盗窃破坏电力设施案件立案下降56.15%。盗窃机动车案件破案上升44.5%，抢劫汽车案件破案上升54.2%。有效地遏制了两抢一盗案件高发势头，人民群众安全感增强。

年内，全省各级公安机关共抓获上网在逃人员1.22万人，抓获公安部通缉督捕对象12名。其中，公安部A级通缉对象5人、B级通缉对象1人、公安部督捕对象6人。抓获外省上网在逃人员2 149人，同比增加18.9%；抓获命案在逃人员1 008人。抓获跨省非网上在逃人员工作成绩位列全国第4位。

年内，全省共立拐卖儿童妇女案件868起，破640起，摧毁团伙22个，解救儿童妇女357名，抓获犯罪嫌疑人435名。

【经济犯罪查办】 2008年12月至2009年11月，全省共受理各类经济犯罪案件3 402件，立办各类经济犯罪案件3 274起，破获2 919起，抓获犯罪嫌疑人2 447人，涉案金额20.92亿元，挽回经济损失3亿余元。与上年同期相比，立案数上升15.78%；破案数提高16.85%；抓获犯罪嫌疑人上升5.13%。成功破获了一批大案、要案。厅经侦总队直接立案侦办了“1·21”“6·16”“11·28”、刘刚涉嫌偷税案、吴兴菊涉嫌合同诈骗案、“11·02”等一批影响大、手段新、危害严重的案件。全省2009年抓获涉嫌经济犯罪在逃人员441名，抓获率53%，抓获境外在逃人员8名，占境外在逃人数的40%。

全年全省共立发票犯罪和利用发票逃避缴纳税款案件96起，涉案金额1.17亿余元；抓获涉案人员114名，捣毁制贩发票窝点19个，打掉犯罪团伙12个，查获发票110.19万份。全省共破获假币案件190起，抓获犯罪嫌疑人295名，刑拘276名，上网逃犯抓获率100%，缴获假人民币2 005.92万元，假美元13.92万元。

2009年，全省共立涉烟犯罪案件378件，涉案总价值7 880.75万元，破313件，抓获违法犯罪嫌疑人778名，打掉大小制假网络18个，查获假冒卷烟1 218.17件，制假烟机13台，走私烟692.43件，非法烟叶、烟丝2 642.8吨。立传销犯罪案件41起、破获30起，涉案金额2 083.33万元，追缴赃款35万余元，抓获主要犯罪嫌疑人41名。

【禁毒戒吸】 全省各级公安机关、各有关部门强化禁毒工作措施，调整建立查缉站点204个，初步形成了覆盖主要“陆、水、空、邮、物（流）”的立体查缉体系。5～10月，统一组织调度全省11个州市的公安禁毒、边防、海关缉私、民用机场公安等警种，开展了“09-1南线公开查缉毒品专项行动”，共查破毒品案件1 058起，缴毒1.09吨，抓获犯罪嫌疑人1 236名。

2009年，全省共查破毒品刑事案件8 476起，缴获毒品7 828.5千克（其中，海洛因3 280.5千克、冰毒3 187.9千克、鸦片1 114.6千克），抓获犯罪嫌疑人10 409名，同比分别上升3.8%、19.9%、8.5%。1～11月，缴获海洛因、鸦片、冰毒分别占全国缴获总数的60.7%、83.3%、49.7%。成功侦破了一批贩毒大案，重创了境内外贩毒势力。1～12月，“拔钉子”行动抓获列捕的重大毒枭、毒贩35名；专案侦查破案1 715起，其中，万克以上毒品大案137起，同比分别上升103.4%、59.3%。“2008·2·20”特大跨国贩毒案被评为“全国缉毒十大优秀案件”，“2008·2·02”非法买卖化学品案被公安部评为“全国缉毒十大精品案件”。

2009年，全省70个戒毒所整合为30个。1～11月，全省共收戒吸毒人员4.39万人，其中，强制隔离戒毒2.51万人、社区戒毒4 771人、社区康复1.42万人，完成全年收戒任务数3.2万人的137.38%。

【公安出入境管理】 1～11月，全省共受理、审批签发公民因私出国（境）证照30.30万本。其中，护照8.54万本，往来港澳通行证6.47万本，往来台湾通行证1.06万本，前往港澳通行证137本，中华人民共和国出入境通行证20.41万本（边境旅游6.13万本，边境贸易13.31万本，替代种植9 718本）。全省边境州（市）公安机关办理境外边民在全省边境地区停留、旅行、居留证件7.17万本（境外边民临时停留许可证3.83万本、境外边民临时居留证1.90万本、境外边民临时进入内地1.44万本）。全省共签发办理外国人签证6 367人次，口岸签证7 436人次（个签1 317人次、团体签证362个6 119人次），居留许可5 985人。管理常住台湾居民814人，签发一次有效来往大陆签注558人次，多次有效来往大陆签

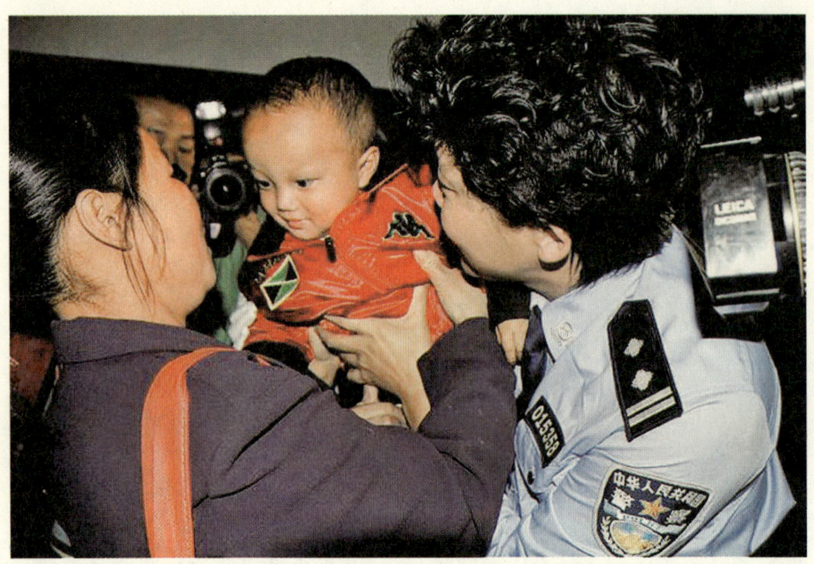
被拐卖儿童与亲人相见　（省公安厅　提供）

注1 068人次，居留签注252人次，签发一次台胞证59人。

1～11月，全省查处“三非”人员3 803人，（其中，遣送出境3 548人，纳入管理255人次），协助外省遣送邻国“三非”人员35起105人，主刑期满执行附加刑驱逐出境38人，查处违反边境出入境管理的涉边事案件3起27人，查处内地居民弄虚作假骗取出入境证件违法案件5起12人，协助禁毒、刑侦、治安等警种查处涉外行政案件45起，刑事案件85起。照会外国驻中国使、领事馆187份，回复中国驻外使馆核查身份252份578人。

【公安消防】 2009年，全省共发生火灾2 068起，死亡48人，受伤22人（不含放火致死伤人数），直接财产损失5 540.9万元，同比火灾起数上升5.7%，死亡人数下降11.1%，受伤人数上升29.4%，直接财产损失上升48.9%，全年没有发生重大以上火灾和群死群伤恶性火灾事故，确保了火灾形势的基本平稳。全年全省消防部队共出动2 066次，投入消防车4 169辆次，出动人员2.34万人次，抢救受灾人员405人，疏散人员1.53万人，抢救和保护公私财产价值1.28亿元。

【道路交通管理】 年内，全省公安交管部门共受理一般程序处理的道路交通事故5 075起，造成1 888人死亡、6 549人受伤，直接财产损失2 371.7万元。与上年同期相比，事故起数增加37起，上升0.73%；死亡人数减少194人，下降9.32%；受伤人数增加631人，上升10.66%；直接财产损失减少182.8万元，下降7.16%。其中发生一次死亡3人以上特大道路交通事故66起，造成284人死亡，160人受伤；发生一次死亡5人以上特大道路交通事故16起，造成118人死亡，68人受伤；发生一次死亡10人以上重特大道路交通事故3起，造成43人死亡，20人受伤。截至2009年底，全省机动车保有量达625.1万辆，机动车驾驶人612.1万人，公路通车里程20.03万千米，万车死亡率3.02，下降至历史最低点。

【道路交通安全专项整治】 年内，全省组织开展严厉整治酒后驾驶交通违法行为行动。全省共开展统一行动6次，各地开展集中行动91次，共出动警力17.4万人次，设置检查点791处，检查驾驶人27万余人次，查获酒后驾驶4 301起，其中饮酒驾驶2 304起，醉酒驾驶1 997起，吊销驾驶证9个，行政拘留896人次。开展机动车涉牌涉证违法行为集中整治，共查获涉牌涉证违法行为9 619起，无牌无证机动车1 185辆，无证驾驶机动车人员1 727人；检查涉嫌非法客运车辆11.07万辆，查处“黑车”2 498辆。开展集中侦破交通肇事逃逸案件专项行动，全省共发生交通肇事逃逸案件138起，侦破125起，侦破率达90.58%，与上年同期相比侦破率提高6.74%。持续开展高速公路交通安全集中整治，严厉查处高速公路客车超速、货车占道行驶等交通违法行为。全省共设置检查点220个，投入测速装备1 534台次，设置固定测速点709个，查验车辆80.04万辆次，检查营运客车9.87万辆，查处各类交通违法行为2.59万起，暂扣驾驶证98本，拘留26人。

（张明金）

政务公开

【概述】 2009年，云南省政务公开工作在省委、省政府的正确领导下，紧密结合云南实际，坚持围绕中心、服务大局，突出重点、统筹推进，推动全省政务公开工作不断向纵深发展，政务公开力度不断加大，配套设施建设不断完善，基层政务公开不断深入，政府信息条例得以全面落实。截至年底，全省各州（市）、县（区）共设有102个政

务服务中心，建立乡镇（街道）便民服务中心487个，有效促进了行政权力运行公开透明，为建设富裕民主文明开放和谐云南作出了积极贡献。

【机制建设】 2009年，云南省政务公开工作机制进一步完善。调整充实政务公开领导机构，进一步理顺全省政务公开领导体制和工作机构。健全完善监督评议制度。各级各部门通过开设举报箱、举报电话、设立投诉中心、公开热线电话等方式，加大对政务公开工作的监督力度。同时，把政务公开列为行政问责的重要内容，不断加大问责工作力度。创新工作考评机制。省委、省政府坚持将政务公开工作列入党风廉政建设责任制的重要内容，实行量化考核，督促各级党政领导班子切实担负起政务公开的领导责任。2009年，由省级领导带队组成29个考核组，对全省16个州市和142个省直部门进行了严格的考核。四是党委统一领导，政府主抓，政府办公厅室组织协调，纪检监察机关监督检查的领导体制和工作机制进一步建立健全，全省政务公开工作不断深入推进。

【政务公开推进】 2009年，全省不断加大对政府中心工作的公开力度。一是加大中央扩大内需政策措施落实情况的公开力度。对工程项目立项规划、行政审批、招标投标等关键环节进行公开，保障了投资项目资金管理使用的公开透明、安全高效。二是加大维护稳定政策措施落实情况的公开力度。楚雄7·09地震发生后，及时公开地震救灾行动，强化对抗震救灾资金物资发放、受灾群众安置、灾后恢复重建等方面工作的公开力度，保证救灾资金物资安全高效使用；新疆7·5事件发生后，积极引导省内舆论走向，发布权威信息，维护了边疆稳定；妥善处置重大安全事故，有效化解了社会矛盾，保证经济社会健康发展。三是加大涉及群众切身利益热点难点问题的公开力度。把教育、医疗、供水、供电等涉及群众切身利益的突出问题作为公开重点，及时向社会公布信息。全省公用企事业单位推行办事公开面达96%以上。

【载体建设】 2009年，云南省政务公开工作初步建成以政府门户网站、政府公报、新闻发布会、政府公告栏、服务热线、电子显示屏和触摸屏、便民卡等为载体的政府信息公开网络体系。建成云南省政府信息公开平台，实现全省政务信息资源的全面集成与共享，基于平台建设的各级政府信息公开网站累计总数1万多个，信息量累计82余万条，网络查询系统累计浏览量约667万次，受理政府信息公开申请约2万余件。通过政府公报和召开新闻发布会，公开政府各项重大政策措施，以及群众关心的热点问题，全年，省政府办公厅编辑出版并免费赠阅《云南政报》60余万份，省级各部门组织召开新闻发布会75次。

【阳光政府四项制度建设】 年内，为促进政府决策的科学化、民主化，增强政府行政行为的透明度，省政府制定出台了《云南省人民政府关于在全省县级以上行政机关推行重大决策听证、重要事项公示、重点工作通报、政务信息查询四项制度的决定》，组织召开全省县级以上行政机关实施阳光政府四项制度动员部署电视电话会议。要求全省各级各部门以重大投资项目审批、重大资源开发利用、重大国有资产处置、重大财政项目审批为重点，认真开展重大决策听证、重要事项公示、重点工作通报、政务信息查询工作。2009年，全省开展重大决策听证1 366项、重要事项公示1.09万项、重点工作通报2.59万件，政务信息查询9.61万专线接通电话15.76万次，转接成功率达93.31%，群众满意率达98.38%。

【基层政务公开】 2009年，全省基层政务公开工作不断深入推进，全省所有村委会都实行了村务公开，群众对村务公开和民主管理工作的满意率达85%以上。制度建设规范有序，全省1.29万个村民委员会中，96.25%的村委会制定了村民自治章程和村规民约95.33%的村委会建立了村民会议和村民代表会议制度，95.87%的村委会建立了村集体财务审计监督制度，84.94%的村委会建立了村两委报告工作和民主评议村干部制度。载体建设丰富多样，省级财政安排了433万元建设资金对村民小组村务公开栏建设进行补助。96.5%的村委会设立了固定的村务公开栏，农村低保、灾后救助、粮食直补等强农惠农政策普遍实行了张榜公布，接受群众监督。部分村委会还运用广播、壁画等多种方式宣传党和政府各项方针政策，有条件的还设立了村民电教中心，拍摄宣传短片等，有力推动了基层村务公开工作。

【政府信息公开条例】 2009年，全省政府信息公开条例得以全面贯彻落实，省本级和16个州（市）、129个县（区）的电台、电视台都开办了政务公开专栏，对政府信息公开条例的公开范围、发布途径、实施情况等进行大力宣传。组织培训5次，培训工作人员10 000余人次；督促基层政府及其部门配备开展政务公开专兼职工作人员9 920人，做好政府信息公开目录和公开指南的规范和更新工作，夯实了政府信息公开条例的实施基础。建立健全配套的规章制度，在制定政府信息公开实施办法的基础上，进一步健全完善了政府信息主动公开制度、保密审查制度、信息公开发布制度、年度报告制度、公开时限制度、考核评议制度、依申请公开制度等系列规章制度。从各地各部门施行政府信息公开条例的总体情况看，主动公开基本达到了预期目标，依申请公开平稳有序进行，政府信息公开制度体系初步形成。

（施晓琴）

新农村建设

主　　编　代燕春
责任编辑　刘建军

综　述

【概述】　2009年，全省财政农林水事务支出达265亿元，比上年增长48.9%，对农民直接补贴126亿元，人均348元。新增涉农贷款突破800亿元，累计发放“惠农卡”159万张。完成中低产田地改造230万亩。现代烟草农业建设、新烟区建设和特色优质烟叶开发不断推进。2009年，云南突出抓好生物产业发展，优势生物种植面积达8500万亩，引进加拿大天辰集团、北京中信集团、天津天士力集团等一批战略合作伙伴，到位资金20多亿元。全省山区综合开发步伐加快，特色经济作物、经济林种植面积大幅增加，完成以核桃为主的木本油料基地建设450万亩。完成1 500个新农村示范村建设和500个自然村村容村貌整治，解决了210万农村人口饮水安全问题。全年全省新建农村户用沼气池35万口，节柴改灶18万户，进一步推进农村电网改造，使49万户农村居民受益。启动了4万多个村广播电视“村村通”工程建设，全省广播和电视人口覆盖率分别提高到93.4%和94.7%。继续落实和推行“一事一议”财政奖补政策，建成一大批公益事业项目。贫困人口易地扶贫搬迁等工作顺利开展，解决和巩固了60万贫困人口温饱。2009年，全省第一产业增加值实现1 064亿元，增长5.2%，粮食总产量达到1 634万吨，实现连续7年增产，农民人均纯收入达到3 369元，实际增长9.8%。

【建设成效】　2009年，全省建立水稻、玉米、马铃薯、油菜等不同作物测土配方施肥示范展示区2 112个，示范面积294.89万亩。完成测土配方施肥项目推广3 645.52万亩。其中，小麦318.88万亩、水稻736.62万亩、玉米1 096.23万亩、马铃薯337.35万亩、油菜61.50万亩、茶叶79.32万亩、甘蔗173.98万亩、其他作物合计841.54万亩。推广使用配方肥69.56万吨，使用面积1 418.8万亩。全省水稻、玉米、小麦、油菜、马铃薯、豆类、茶叶、甘蔗、蔬菜、水果等粮经作物累计总增产184.52万吨，总减不合理施肥6.3万吨，总增加施肥量6.6万吨，总增产节支21.6亿元。据国家统计局云南调查总队对3 910户农户2009年播种面积调查结果显示：全省农作物种植结构更加优化，市场导向日趋明显。全年农作物总播种面积比上年增长1.8%。其中，粮食种植面积增长2.4%，农户种植粮食作物面积比上年增长2.4%。在粮食作物面积中，稻谷增长2.5%，玉米增长1.5%，豆类增长3.5%，薯类增长4.6%。经济作物种植面积“三增一减”。油料、蔬菜、烟叶和糖料等经济作物种植面积呈现出油料、蔬菜、烟叶种植面积增加，糖料种植减少的“三增一减”趋势。油料作物面积增长7.2%，蔬菜作物种植面积增长3%，烟叶作物种植面积增长3.8%，糖料作物种植面积减5%，农业产业结构进一步优化。在全省支农、惠农强农政策作用下，云南农村各项事业也取得新突破。

【最低生活保障制度】　2009年，全省继续对民族贫困地区和少数民族分布广的边境地区给予政策和资金倾斜，对25个少数民族分布广的边境县、两个人口较少民族县、3个藏区县进一步扩大农村“低保”覆盖面，将部分低收入贫困人口纳入农村“低保”范围，并对其中国家和省级扶贫开发工作重点县所需农村“低保”资金给予100%省财政补助，非国家和省级扶贫工作重点县补助85%。2009年上半年，全省享受农村低保人数为303万人，占

全省农业人口 8.5%，累计支出低保金 9.3 亿元，月人均补助 51 元。其中，25 个边境县市享受低保人数 86 万人，占当地农业人口的 16.7%，将 22 万无劳动能力、无生活来源且无法定赡养、扶养和抚养义务人的老年人、残疾人和 16 岁以下孤儿，全部纳入农村“五保”供养范围，省政府每人每年补助不低于 960 元，部分地区农村“五保”供养水平达到每人每年 4 000 元以上。2009 年下半年，农村低保享受对象再增加 30 万人，到年底，农村低保对象达到 337.8 万人。

【新型农村养老保险试点】 2009 年 12 月 1 日，《云南省新型农村社会养老保险试点实施办法（试行）》出台，标志着全省新农保试点工作正式启动，试点工作在全省 16 个县（市）开展，其中有 13 个国家级试点和 3 个省级试点，3 个省级试点县与 13 个国家级试点县一视同仁，实行相同政策，享受同等待遇，同步推进。试点范围覆盖 16 个州市，每个州市都有一个试点县（选点统筹考虑经济条件好中差、县域人口大中小、民族自治、山区坝区、国家扶贫工作重点县等因素），涉及农业人口 462 万人，60 周岁以上 54.8 万人农业人口受益。新型农村养老保险的实施，使广大农民在“种地不交税、上学不付费、看病不太贵”基础上，又实现“养老不犯愁”。

【集体林权制度改革】 截至 2009 年 9 月 30 日，全省集体林权制度主体改革完成确权面积 25 643.2 万亩，占全省集体林面积的 93.2%；发放林权证 471.07 万本，发证 1 055.53 万宗林地；发证面积 24 840.19 万亩，占全省集体林面积的 90.3%，占已确权面积的 96.9%。在集体林权制度改革的同时，全省深入推进“七彩云南保护行动”，加强农村环境综合整治，启动实施了全省生态文明建设规划、滇西北生物多样性保护规划，完成营造林 1 031 万亩，启动实施 4 730 万亩省级公益林生态效益补偿，治理水土流失面积 3 200 平方千米，实施保护面积 5 000 平方千米。

【农村社会事业】 2009 年，全省继续坚持教育优先发展战略。全力抓好鲁甸、镇雄、澜沧 3 个县“两基”攻坚工作，按规划如期实现“普九”目标。同时，切实落实“两免一补”政策，提高农村学校公用经费补助标准，免除了 640 多万名城市和农村学生学杂费并免费提供教科书，向 208 万名家庭贫困寄宿学生发放生活补助。投入 45 亿元推进校舍安全工程，超额完成原定 150 万平方米危房改造任务。大力发展中等职业教育，新组建 7 个省级职教集团，中等职业学校与普通高中在校生比例提高到 0.92 ∶ 1。

2009 年，云南在全国首创并建成 407 所农民素质教育网络培训学校，完成 200 个乡镇综合文化站建设。继续坚持“大办卫生、多办医院”，重点推进全省农村卫生服务体系基础设施及设备能力建设的卫生事业发展思路。全省继续推进新型农村合作医疗，参合率提高到 93%，参合人数达 3 293. 5 万人，新增 71. 5 万人，年人均筹资标准提高到 100 元，参合农民住院报销比例平均提高 10%。省财政投入 5.5 亿元，资助 516.3 万名特殊困难群众参加新型农村合作医疗和城镇居民基本医疗保险，并对近 46.5 万人次城乡困难群众实施住院和门诊救助。

【新三年“兴边富民”工程】 2009 年，以构建民族团结大家庭为目标，云南持续推进边疆民族地区优先扶持和发展战略。实施新三年“兴边富民工程”，落实专项资金 8 亿元，整合资金 40.3 亿元，启动一批基础设施建设和民生事业项目。

（郑宝华　崔江红）

开远农村新貌　　（省社科院农研所　提供）

农业和农村经济

【概述】 2009年，在省委、省政府的正确领导下，全省农业部门认真贯彻落实省委、省政府关于“保增长、保民生、保稳定”的总体要求和有关“三农”工作的决策部署，以科学发展观为统领，突出农民增收和粮食安全两大主题，紧紧围绕农民收入翻番、百亿斤粮食增产、2 000万亩中低产田地改造等三大计划，具体组织采取了一系列超常规措施，使全省农业和农村经济在多种严重自然灾害交织发生、农民工大量返乡、农产品价格下滑、农资价格大幅攀升以及国际金融危机不利影响的困难局面下，在许多重要方面实现新的突破和进展，取得来之不易、极为难得的巨大成绩，农业农村经济继续保持平稳较快发展的良好势头。

2009年，全省乡镇1 188个，村委会13 034个。农村户数927万户，比上年增长1.3%；乡村人口数3 670.84万人、增长0.9%；乡村劳动力2 267.04万人，增长1.4%；乡村从业人员2 137.27万人，增长1.2%。农村贫困人口540.00万人，减少2.7%。耕地总资源607.80万公顷，常用耕地420.29万公顷，增长0.4%；水田136.87万公顷，增长0.6%。有效灌溉面积156.00万公顷，增长1.6%，旱涝保收面积924千公顷，机电排灌面积193千公顷。化肥施用量（折纯）171.39万吨，增长2.2%。农村用电量54.41亿千瓦时，增长7.9%。农药使用量4.26万吨，农用塑料薄膜使用量8.14万吨。

2009年，全省农林牧渔业固定资产投资完成197.06亿元，比上年增长13.2%。全年农林牧渔业总产值完成1 706.19亿元，增长5.8%。其中，种植业产值850.65亿元，增长4.2%；畜牧业产值557.76亿元，增长7.9%；渔业产值41.96亿元，增长10.6%；服务业59.69亿元，增长1.2%。农业增加值完成1 063.96亿元，增长5.2%，占全国比重的3.0%，在全国居16位，增速比全国平均水平高1个百分点。

2009年，全省农民人均总收入5 105.30元，比上年增长4.4%，人均家庭经营收入3 975.15元、增长1.7%；人均工资性收入685元、增长10.9%。人均现金总收入3 876.10元，增长5.0%。农民人均纯收入突破3 300元达到3 369元，扣除价格上涨因素，比上年实际增长9.8%，增幅高于全国1.3个百分点，实际增速为近13年来的最高。农民人均总支出4 855.51元，减少1.4%。农民人均生活消费支出2 924.90元，减少2.2%；农村居民家庭恩格尔系数为48.21%，减少1.38个百分点。按2009年农村贫困标准1 196元测算，年末农村贫困人口为540万人，净脱贫15万人。

【农业产业结构调整】 2009年，全省各地坚持“围绕增收调结构，突出特色闯市场，依靠科技增效益”的方针，在稳步提高粮食综合生产能力的前提下，大力发展优势特色产业，不断提高农产品品质，积极推进结构调整。烟、糖、茶、胶等传统优势产业稳步发展，全省烤烟面积和产量分别增长0.1%和4.9%；橡胶面积和产量分别增长5.9%和16.0%，茶叶面积和产量分别增长5.6%和6.7%；蔗糖产量增长6.1%。蔬菜面积和产量分别增长6.8%和增长6.1%；马铃薯产量增长4.5%，咖啡面积和产量分别增长24.1%和21.0%；花卉面积和鲜切花产量增长10.84%和14.2%。水果面积和产量分别增长7.0%和9.3%。全省优质稻面积780万亩，优质专用玉米760万亩；优质专用小麦面积达到310万亩、增加30万亩；专用型马铃薯面积预计达403万亩，增加23万亩；双低油菜面积达到343.4万亩，增加78.4万亩；无公害蔬菜和水果产量分别占全省蔬菜和水果产量的40%和60%以上。热带亚热带水果产量133.93万吨，增长22.6%。全省冬季农业开发共完成1 975.3万亩，增长5.8%；冬农开发完成1 975万亩、同比增长5.8%。肉制品和乳制品的原料奶加工量分别增长10.5%和9.8%。草食畜禽肉产量在肉类总产中的比重已上升到15.3%。畜禽品种结构不断优化，优质猪肉比重明显提高。规模饲养比例进一步增加，全省已建立各类养殖小区近5 538个。

优质小粒咖啡　（刘余武　摄）

奶水牛和奶山羊等特色产业快速发展，全省能繁母水牛达73万头，奶山羊存栏35万头。全省水产品养殖产量与捕捞产量比例由上年的调整为91.4%∶8.6%，养殖产量不断增加，新主导产品鲫鱼、罗非鱼、虹鳟鱼、罗氏沼虾、鳜鱼等名特优品种的产量比重达30%以上，以水产品流通和休闲、观光渔业为代表的第三产业值达2.16亿元。

【农产品出口】 2009年，云南省农产品进出口贸易完成14.3亿美元，增长26.4%，占全省外贸总值80.2亿美元的17.9%，较上年所占比重增长6.1个百分点。农产品出口68.6万吨、98 984万美元，同比增长15%和21.9%，占全省出口商品总额的21.9%，年出口额和增幅均创历史新高，成为全省最大的出口商品。烟草、蔬菜（食用菌、松茸除外）、咖啡、松茸、食用菌、香料油、茶等传统大类出口农产品完成81 066万美元，同比增长16.8%，约占当期全省农产品出口总额的81.9%，比重同比上升约6.1个百分点。其中，蔬菜、咖啡、松茸、香料油、茶出口额和出口数量同比均保持增长，增长率分别为：蔬菜19.5%和12%，咖啡38.9%和60.2%，松茸25.1%和52.6%，香料油（植物精油）12%和8.3%，茶14.2%和22.8%；烟草出口额增长17.1%，出口数量下降4.5%；食用菌出口额下降25%，出口数量下降15.4%。水果、坚果及其产品、花卉、动物及制品、马铃薯等其他农产品出口16 207万美元，增长28.5%。其中，水果、坚果及其产品出口8 287万美元、142 848吨，同比分别增36.3%、77.8%；花卉出口3 894万美元、8 212吨，同比分别增72.3%、20.7%；马铃薯出口1 255万美元、61 842吨，出口额同比增94.9%，出口数量下降5.8%；动物及制品出口2 771万美元、7 651吨，同比分别下降23.6%、14.9%。本省农产品出口企业达404户，比上年增加36户；户均出口240万美元，户均出口规模扩大约23万美元；出口额超过1 000万美元的企业达19户，比上年增加10户。出口市场中，对东盟、欧盟、日本、香港、北美等重点市场出口合计8.54亿美元，同比增长22.9%，占全省全年农产品出口总额的86.3%。其中，对东盟出口4.04亿美元，增长32.9%；对欧盟出口2.21亿美元，增长10.3%；对日本出口9 713万美元，增长20.1%；对香港出口7 873万美元，增长增23%；对北美出口5 277万美元，增长17.7%。出口市场已遍及东盟、欧盟、日本和香港等85个国家和地区。在全省外贸出口总体下降的情况下，农产品仍保持快速增长势头，呈现量价齐增的优质增长态势。

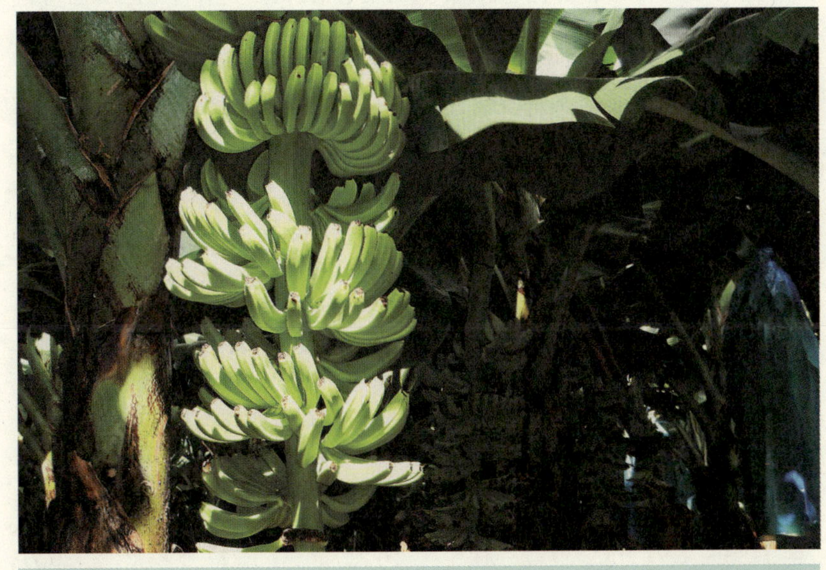
优质香蕉 （刘余武 摄）

【支农惠农政策】 2009年，中央和省委、省政府继续加大对农业生产的投入，全省共落实惠农补助资金32.7亿元。其中获得中央支农惠农政策补助资金32.2亿元，省级配套0.5亿元。具体惠农政策是种粮农民综合直补22.78亿元，水稻良种补贴2.22亿元，玉米良种补贴1.92亿元，小麦良种补贴6 402万元，油菜良种补贴1 223万元，能繁母猪保险保费补贴1.23亿元，奶牛保险保费补贴1 393.41万元，农机购置补贴2.2亿元。全省水稻、玉米和小麦实现良种补贴全覆盖，覆盖面积增加2 000余万亩，能繁母猪保险保费补贴投保410万头能繁母猪，奶牛保险保费补贴投保12.78万头奶牛，农机购置补贴覆盖全省129个县，受益农户达5万多户。另外中央还安排2 000万元开展马铃薯种薯补贴试点工作，测土配方施肥项目资金5 950万元，首次安排全省粮棉油高产创建资金1 269万元，现代农业发展蔬菜产业资金8 900万元，同比增3 500万元。同时，全省水稻最低收购价在中央确定的最低收购价的基础上，每千克再提高0.1元。省级安排扶持粮食生产资金1.45亿元、比上年增4 500万元。加强高产创建、间套种技术、地膜玉米推广、晚秋生产和良种繁育等科技措施推广。各项惠农政策继续实施，充分调动广大农民务农的积极性。

【农村劳务经济】 2009年，省政府继续将“培训农村劳动力100万名，新增转移50万人”列为全省督察的20项重要工作之一。全年全省开展农村劳动力转移培训118万人次，完成全年目标任务100万人的118%。其中，引导性培训88万人次，技能培训30万人次。全省阳光工程完成培训农村劳动力8.08万人。全省农村劳动力新增转移就业56万人，完成全年目标任务的112%。全省向省外转移农村劳动力10.1万人。其中，珠三角、长三角地区输出6.5万人，京津塘地区输出1.6万人。省外劳务输出的组织化程度达40%以上，有组织转移程度比上年提高20个百分点。全年返乡农民工已实现再就业135万人，占返乡农民工总数137万人的98.7%。农民人均工资性收入685元、增长10.9%，占农民纯收入的20.3%，创历史最高水平。劳务经济在农民增收和推进城乡统筹发展中的作用日益明显，工资性收入成为增加农民现金收入的一大亮点。

【农业产业化经营】 2009年，全省16个州市都建立相应的组织机构和协调机制，加大农业产业化发展的扶持和协调服务。各级财政投入扶持农业产业化资金达4.6亿元，各类银行发放贷款155.4亿元。积极开展龙头企业的认定和运行监测，开展各种类型的培训，不断提高农业产业化经营管理水平。引进和加大对龙头企业的扶持，促进龙头企业不断发展壮大。2009年底，全省农业产业化经营组织总数达4 557个。其中，龙头企业2 012个，中介组织651个，专业市场139个，其他1 775个。在龙头企业中，销售收入500万元以上的有925个，1亿元以上的有88个。各类产业化组织固定资产总额438.3亿元，其中龙头企业固定资产总额363.6亿元。龙头企业、中介组织销售收入分别为563.1亿元和21.4亿元，专业市场完成交易额233.1亿元。产业化组织净利润39亿元，上缴税金22.3亿元。其中，龙头企业净利润35.3亿元，上缴税金21.6亿元。各类产业化组织带动农作物种植面积3 804万亩，牲畜养殖量1 126万头，禽类养殖量6 717万只，水产养殖面积35万亩；产业化组织带动农户1 115万户次，农户从事产业化经营增加收入156亿元。全省农产品加工业稳步发展，除烟草外，农产品加工业实现总产值712亿元，实现增加值179亿元，上交税金28亿元。

【中低产田地改造】 2009年，按照省委、省政府的统一部署和要求，中低产田地改造被列入全省重点督查的20个重大建设项目之一，年初省政府确定全省200万亩中低产田地改造目标，提出以保土保肥保水、能排能灌、旱涝保收为要求，以山区、半山区为重点，以坡改梯、田间配水和除涝排渍为主要内容，治水改土并重，工程措施与农艺措施并举，严格按照标准，加快中低产田（地）改造步伐。省农业厅提出2 000万亩中低产田地改造规划内容，包括改造的总体思路、基本原则、目标任务和布局、质量标准、主要内容和保障措施；提出不同类型中低产田地改造技术措施和内容；开展全省中低产田地改造总体规划的编制。农业部门负责组织实施“29.5万亩、1.7亿多元退耕还林基本口粮田建设”和“1.2亿元、12万亩地方债券中低产田地改造项目”。2009年，全省农业系统累计完成中低产田地改造24.8万亩。其中，基本口粮田建设完成19.6万亩、完成计划的66.4%；地方债券改造项目完成5.2万亩、完成计划43.3%，超额完成所承担的20万亩改造任务。省级各部门计划投资31.40亿元，计划完成改造任务284.72万亩，实际到位资金28.44亿元，全省完成改造任务159.43万亩，实际完成投资14.18亿元。

【农业生态环境建设】 2009年，省政府继续将新建20万口农村户用沼气和10万口农村改灶的任务，列为20项重点工作之一。中央新增国债沼气项目中央投资就达2.55亿元、省级农村沼气建设投资3 589万元，配套经费投入达1 084万元。全省共完成农村户用沼气池建设3.52万口，占任务数的177.59%。其中，中央国债项目完成27.45万户，省级项目完成2.97万户，退耕还林项目完成3万户，其他2.09万户。共完成省柴节煤灶改造18.17万户，占当年计划数的181.73%。全省农村户用沼气累计保有量252.5万户，提前一年完成云南省“十一五”农村户用沼气保有量达250万户的建设目标。2006～2009年全省共完成农村改灶59.62万户，提前一年完成“十一五”期间50万户的规划目标。2009年全省共获国家批准建设大中型沼气工程13项，农村沼气服务网点2 701个，农村联户沼气工程111项。共建成大中型沼气工程11项，服务网点2 422个，联户沼气工程111个。举办了11期沼气技工培训班，培训1 550人，经过国家251农业特种行业职业技能鉴定站组织考试考核，共有1 537人获得由农业部颁发的沼气生产初级技工职业资格证书。

【农村改革】 截至2009年末，全省共发放土地承包经营权证近800万份，占全省应发放总数的90%左右，进一步明确农民土地承包权益。积极探索适合云南实际的农村土地承包经营权流转形式，组织开展全省农村土地承包经营权流转情况调研，全省农村承包土地流转总面积达370万亩，占承包耕地总面积的9.2%。全年全省共发生农村土地承包纠纷2.09万件，调处1.88万件，占90.2%。其中，14个部、省级仲裁试点县共发生农村土地承包纠纷1 146件，调解解决992件，仲裁立案14件，庭前和解或调解7件，仲裁裁决4件，仲裁审理中3件，进一步稳定和完善农村土地承包关系，保障了农民土地承包的合法权益。全省逐步建立涉及农民负担收费文件“审核制”、涉农价格和收费“公示制”、农村公费订阅报刊“限额制”、农民负担“监督卡制”、涉及农民负担案（事）件“责任追究制”等五项制度，健全和完善减轻农民负担的各项制度，查处各类损害农民利益案（事）件1 161件，通过查处涉农的乱收费、乱罚款和集资摊派等，进一步减轻农民负担625万元。全省1 279个乡镇、1.26万个村委会实行村级会计委托代理制，

分别占总数的 93.8% 和 93.7%，代管村组集体资金总额达 108.5 亿元，占村组资金总额的 95%；1.33 万个村委会实行财务公开，占村委会总数的 99%；以村干部任期和离任经济责任为重点的专项审计进一步强化，农村集体财务管理和监督进一步加强。全省农村审计单位 3.48 万个，审计资金总额 84.9 亿元。其中，审计出违纪单位 72 个，违纪金额 576 万元，已退赔金额 470 万元。查出贪污案件 12 件，受刑事处理 11 人。省级财政继续安排 2 000 万元专项资金重点扶持 200 个农村集体经济“薄弱村”“空壳村”，促进农村集体经济的发展和集体经济组织服务功能的发挥。村民一事一议筹资筹劳议事范围、程序和标准等得到进一步规范，全省开展一事一议筹资筹劳村 8 367 个，约占村总数的 62%，筹资 3.1 亿元（其中以资代劳 7 051 万元），筹劳 3 506 万个。基层农技推广体系改革稳步推进，全省 16 个州市都出台改革实施方案，绝大部分县（区、市）改革主体工作基本完成。

【村容村貌建设】 2009 年，全省实施村容村貌整治工程的 500 个自然村共投入建设资金 1.27 亿元。其中，省级补助 5 000 万元，州级补助 564.2 万元，县（市）补助 1 004.37 万元，乡（镇）补助、集体资金、社会捐助、群众自筹等渠道投入的其他资金 6 170.38 万元。投物投劳折资 3 145.2 万元。其中，以物折资 1 240.5 万元，投劳折资 1 904.7 万元，累计投劳 57.21 万个。共完成村庄道路新建或修缮硬化 482.97 千米，支砌排灌沟渠 172.13 千米，新建人畜引水管道 130.21 千米，修建垃圾收集点 309 个，修建公厕 191 所，修建沼气池 2 469 口，1.82 万立方米，村庄绿化植树 8.07 万棵，种植花草 3.18 万平方米，安装村庄公共照明灯 1 343 盏，新建或修缮文化活动室 228 间，面积 1.84 万平方米，新建或修缮运动场 54 个，面积 2.96 万平方米。500 个项目村已全面完成工程建设计划任务。通过村容村貌整治工程的实施加强了农村基础设施和环境建设，农民生产生活条件得改善，带动了村庄建设规划，调动了广大农民建设家园的积极性，促进了农村社会事业的发展和乡风文明水平的提高，促进了全省社会主义新农村建设。

（刘余武）

水　利

【概述】 2009 年，全省水利系统上下齐心，迎难而上，扎实苦干，千方百计增投入，多措并举惠民生，创新机制促改革，狠抓目标明责任，在非常时期做出不同寻常的努力，使全省水利事业取得投资再创新高、建设规模空前、民生极大改善、自身建设加强显著成效。全省水利投资实现“四个历史新高”：即省级财政投入水利资金 27 亿元，省以上水利投资达到 52 亿元，全省完成水利投资达到 105.5 亿元，全年完成水利水电投资达 206.8 亿元。完成中低产田地改造 12.7 万亩、干支渠防渗 1 500 千米和 25 万件“五小水利”工程，新增有效灌溉面积 40 万亩、节水灌溉面积 50 万亩。解决了 210 万农村人口饮水安全问题，超额完成省政府确定的 150 万人年度目标任务。全省完成水土流失综合治理面积 3 254 平方千米，农村水电新增装机容量 220 万千瓦。

【水利建设】 2009 年，按照中央“扩内需、保增长、调结构、促民生”总体要求，结合云南实际，深入分析研究国家固定资产有关政策，适时调整投资结构和投资重点，把解决涉及民生和保障粮食安全的农村饮水安全、病险水库除险加固、大型灌区续建配套与节水改造和大

11月9～10日，第五届“泛珠三角”区域水利发展协作会议在云南召开。水利部、国际泥沙中心、珠江委、云南、贵州、广西、广东、湖南、江西、福建、海南、四川等省、自治区水利厅、水务厅和澳门特别行政区港务局的相关负责人参加会议

（省水利厅　提供）

中型水源工程等水利问题放在更加突出的位置，加强对中央投资重点安排领域的项目和资金申报。全年共争取中央投资24.9亿元。其中，中央预算内资金12.97亿元，中央财政资金11.93亿元。全省第一批扩大内需项目已圆满顺利完成，前3批扩大内需中央投资水利项目3个“百分之百”已全部落实，第4批42个项目已全部开工，为保增长作出积极贡献。

“润滇工程”、牛栏江—滇池补水工程及病险水库除险加固工程等方面，取得突破性进展。

牛栏江—滇池补水工程项目建议书通过国家发改委、水利部审查，可行性研究报告通过水利部水规总院评审，与昆明市人民政府签订供水承购协议，落实项目融资28亿元，控制性工程实验场地建设稳步进行。

国家下达投资计划的90个大中型病险水库除险加固项目，2007年前开工的70个项目已全部完工，有63个项目完成竣工验收。20件大中型、378件重点小㈠型病险水库除险加固工程快速推进，争取省委、省政府从国债省级转贷资金中安排3.65亿元，专项用于小㈠型病险水库主体工程除险加固，彻底解决了全省小㈠型病险水库除险加固主体工程建设地方配套资金不足问题。已有10件中型、102件重点小㈠型病险水库完成除险加固任务，在水利部组织开展的2008年全国病险水库除险加固工作考核中，云南省考核结果名列全国第4位。全省小㈡型病险水库共有2 868件，病险率达67%。云南省小型病险水库除险加固专项规划3月已报水利部，争取中央病险水库除险加固资金补助。有条件的地方还自筹资金及早实施除险加固工程，各地自筹资金完成44座除险加固，另有45座正在进行除险加固建设。

着力推进“润滇工程”建设，缓解工程性缺水严重局面。全省始终将水源工程建设作为水利建设重点，2009年又安排新开工11座中型和中型降等为小㈠型水库。到年底累计完成投资58亿元，楚雄青山嘴等22件先期开工的大中型水库全部下闸蓄水，开始发挥供水和防洪效益，新增蓄水库容6.2亿立方米，新增和改善灌溉面积206.8万亩。2007年开工的隆阳红岩等11件工程全部完成度汛任务，正抓紧大坝填筑；2008年开工的开远大庄等10件工程全部截流，进入主体工程施工。

【农村水利】 2009年，实施小型农田水利重点县建设，集中资金，整体推进，快速提升县域农业生产水利基础。云南省开展相关工作，有14个国家重点县和11个专项工程国家立项建设，争取中央资金1.44亿元。省财政还安排1.12亿元，满足了重点县中央投资1∶1配套要求。省水利厅在全省实施省级重点县建设，使每年重点县数量增加到40～50个县。5个大型灌区、1个中型灌区和4个节水项目已开工建设。曲靖、祥云、平远灌区利用烟区水利资金，宾川、元谋利用农业综合开发资金集中成规模配套田间渠系。省水利厅把每年10万亩中低产田改造任列为水利工作重点之一，利用行业优势，主动积极为政府及其他部门出谋划策，在工程规划、实施等方面提供水利技术指导。部省共建山区水利发展与改革示范区工作取得积极进展，从省至曲靖、楚雄两州市落实工作责任机制，编制《云南省山区水利发展与改革示范区规划（2009—2013）》，并由水利部组织审查通过，正抓紧批复。示范区建设投资规模预计达90亿元，建设和改革各项工作开始启动，为云南山区水利建设翻开新篇章。

【农村饮水安全】 2009年，全省共投资12.65亿元用于解决农村人口饮水不安全问题，投资和解决人数分别比上年增长116%和148%，投资力度和解决人数都创历史新高，解决了210万农村人口饮水安全问题，超额完成省政府确定的150万人年度目标任务。2006～2009年4年共解决685万人农村人口饮水安全问题，提前一年完成农村人口饮水安全“十一五”规划660万人的目标任务。

【水土保持】 2009年，“长治”、“珠治”、世行贷款项目和西南诸河流域水土保持重点工程进展顺利，全省共完成水土流失综合治理面积3 254平方千米，占计划3 200平方千米的101.7%，超额完成水土流失综合治理面积54平方千米。实施生态修复面积8 000平方千米，占计划8 000平方千米的100%。积极推进生态清洁型小流域建设，深入开展水土保持监测评价工作。

【防汛抗旱】 2009年，全省发生50年一遇的气象干旱和严重秋冬连旱，汛期局部暴雨给部分地区带来大量洪涝、滑坡和泥石流灾害，楚雄姚安发生6.0级地震，干旱、洪涝和地震等自然灾害并发，历史罕见。全省共投入抗旱资金1.43亿元，投入抗旱人数680万人，临时解决250万人、140万头大牲畜饮水困难，有效缓解旱情，避免了城市可能出现的供水危机，确保了县级以上城市居民生活用水，最大限度地保证了农村人畜饮水安全。在汛期，各地先后启动防洪应急预案84次，下派抗洪救灾工作组550多个，积极组织抗洪抢险，2009年全省防汛抗旱减灾效益41.6亿元，最大限度地保障了汛期全省各族群众生命财产安全。

【农村水电】 2009年，全省农村水电新增装机容量220万千瓦、完成农村水电投资100亿元以上（其中，财政资金投资量创历史新高，共争取中央电气化和小水电代燃料资金4 220万元；解决了小水电代燃料省级配套资金1 400万元），完成农村水电发电量370亿千瓦时（初步估算将减少二氧化碳排放790万吨），超额完成新增农村水电装机154万千瓦，农村水电投资90亿元，农村水电发电量290亿千瓦时的目标任务。截至2009年底，全省中小水电装机容量首次突破1 000万千瓦

大关，达到 1 190 万千瓦。“十一五”电气化县建设进展顺利，主要指标已达到验收要求，率先在全国开展的“十一五”水电农村电气化建设惠农试点工程初见成效，给受益区带来良好生态效益和经济效益。

【水资源节约与保护】 2009 年，全省水利部门加大水源总保护力度。加强取水许可管理、入河排污口监督管理和水源地保护。玉溪市节水型社会建设规划已经省人民政府批复实施，曲靖市 2009 年度节水型社会建设试点工作经珠江水利委员会通过中期评估。指导完成“玉溪市节水型社会建设规划”编制工作。规划通过水利部组织专家评审，由玉溪市人民政府上报省人民政府，经省人民政府同意，已由省水利厅批复玉溪市实施。指导曲靖市水务局完成 2009 年度节水型社会建设试点工作和 2008 年节水型社会建设专题上报、验收。按照水利部制定的中期评估执行情况的节水型社会体制与机制建设、制度建设与实施、试点工作和试点成效四个方面内容，共 35 项中期评估指标评分，珠江委对曲靖市节水型社会建设试点工作中期评估终评分为 87 分。开展入河排污口监督管理检查和集中式供水水源地保护检查工作。按照水利部部署，全省经过近两个月检查，基本摸清当前全省在入河排污口监督管理中的经验、存在问题和困难，并接受水利部和长江流域水资源保护局的抽查。完成《七彩云南生态文明建设规划纲要》中《水资源保护与利用及水土流失治理规划》专题报告编写和上报工作，完成《七彩云南生态文明建设规划纲要》有关章节修改。

（闵磊）

11月25日，在第十一届省人大常委会第十四次会议上，省水利厅厅长周运龙受省政府委托，对《云南省水文条例（草案）》进行说明　（省水利厅　提供）

兴边富民工程

【概述】 2005～2007 年，在党中央、国务院和中央各部门的关怀支持下，云南省实施第一轮“兴边富民工程”，取得显著成效。为解决全省边境地区经济社会发展中存在的特殊问题，省委、省政府在认真总结上一轮“兴边富民工程”取得经验和成绩的基础上，决定继续实施新三年“兴边富民工程”。为做好新三年“兴边富民工程”各项工作，2008 年 5 月底，省委、省政府组织召开全省新三年“兴边富民工程”动员大会，启动实施新三年“兴边富民工程”。2009 年 7 月初，召开兴边富民工作会，会议认真总结 2008 年“兴边富民工程”工作情况，对 2009 年“兴边富民”工作作了重要部署。一年来，各级各部门在省委、省政府的坚强领导下，边境县（市）广大群众的共同努力下，新三年“兴边富民工程”六大工程、30 件实事稳步推进，各项工作扎实有效，圆满完成 2009 年度新三年“兴边富民工程”行动计划确定的 39.04 亿元的既定目标和任务。

2009 年，为确保新三年“兴边富民工程”各项工作顺利完成，省委、省政府出台《中共云南省委 云南省人民政府关于全省实施新三年兴边富民工程的决定》，省政府印发《云南省新三年“兴边富民工程”行动计划（2008–2010 年）的通知》。为加强新三年“兴边富民工程”的管理，省政府办公厅印发《云南省“兴边富民工程”管理办法的通知》和《新三年“兴边富民工程”“3+1”对口帮扶工作的通知》；国家发展改革委和财政部印发《关于支持云南省兴边富民工程的意见》和《关于云南省兴边富民工程有关事项的通知》。这些政策措施的保障，为保障新三年“兴边富民工程”的全面推进奠定了坚实的基础。

【领导机构】 2009 年，全省兴边富民取得较好成绩。根据兴边富民动员大会的精神，各级各部门建立健全组织机构，切实加强领导，理顺工作关系。省政府成立“兴边富民工程”领导小组及其办公室，省“兴边富民工程”领导小组成员单位相应成立领导机构，明确分管领导、责任处室和联络人，具体负责本单位兴边富民工作；“3+1”对口帮扶单位，大部分明确了新三年“兴边富民工程”对口帮扶的分管领导、工作班子；边境地区各级党委、政府也高度重视，8个州（市）、25个边境县（市）都成立“兴边富民工程”领导小组及其办公室，召开新三年“兴边富民工程”动员大会，充实兴边富民办工作班子，安排兴边富民专项工作经费。各级各部门切实加强对“兴边富民工程”的领导，各兴边富民工作机构认真履行综合、协调组织、业务指导、监督、服务的职能，做了大量卓有成效的工作，有力推动兴边富民顺利开展。

【制度建设】 2009年，为使新三年“兴边富民工程”目标清晰、任务明确、措施可行、运行规范，省委、省政府相继出台《云南省委省政府关于实施新三年“兴边富民工程”的决定》《云南省新三年“兴边富民工程”行动计划》《云南省“兴边富民工程”管理办法》和《云南省人民政府办公厅关于做好新三年兴边富民工程3+1对口帮扶工作的通知》，把新三年“兴边富民工程”列入《政府工作报告》和重点督办事项，主动接受省委、人大的监督检查。省财政厅转发财政部《边境地区专项转移支付资金管理办法》，省发改委拟定《新三年“兴边富民工程”考核工作方案》、《检查量化标准》；8个州（市）、22个县（市）结合当地实际编制行动计划，部分州市出台兴边富民工程管理办法。这些文件，有机结合各级各部门的目标、责任和任务，形成较为完善的新三年“兴边富民工程”政策制度体系。使新三年“兴边富民工程”工作逐步走上管理规范、运行有序的轨道。

【对口帮扶】 2009年，全省调动社会力量，推进“3+1”对口帮扶，省政府组织召开全省“兴边富民工程”“3+1”对口帮扶动员大会，进一步完善对口帮扶机制，明确对口帮扶双方的责任和义务，出台考核、奖励措施。省兴边富民办将“3+1”对口帮扶作为工作的重要内容，增进与帮扶单位沟通和联系，加强对边境县（市）开展此项工作的指导和帮助。边境州市县主动采取走上来、请下去的方式，进一步增强帮扶单位对县情、帮扶需求的了解，共商帮扶对策。帮扶单位按照有关要求，积极强化帮扶措施，发挥自身优势特点确定帮扶内容、落实帮扶项目，在产业帮扶、设施帮扶、爱心帮扶、教育帮扶、智力帮扶和科技帮扶方面闯出新路子。通过完善帮扶机制，帮扶双方加强协调沟通、增进互动协作。

【创新工作思路】 2009年，全省各级各部门在认真抓好各项实事任务落实的同时，结合“解放思想大讨论活动”和“学习贯彻科学发展观活动”，将新三年“兴边富民工程”纳入全省国民经济和社会发展的大局考虑，把兴边富民与全省的经济社会发展和重点工程有机结合起来，相互促进，形成合力；提出创建“兴边富民综合开发示范区”的思路，实施区域发展、整合资金，片区推进，综合开发、示范带动，强化中央专项资金的引导作用，积极培育发展特色产业，增强边境地区“造血”功能，得到国家发展改革委的认可和边境州市县的响应；各级各部门将“兴边富民工程”作为固定资产投资推进的重要工作，通过“重点工程推进协调会”、“现场办公会”和“发改服务进千家”等活动，及时协调解决“兴边富民工程”项目存在的审批、资金、土地、环评等方面问题，把边境地区作为重点，加大对边境州市县的指导和服务力度，提高了新三年“兴边富民工程”的实施效果和前期工作质量。

【筹措资金】 2009年，全省各级政府积极筹措资金，加大投入力度，有力地促进了“兴边富民工程”：在省委、省政府的精心部署和省级各部门的合作与努力下，新三年“兴边富民工程”得到国家发改委和财政部的专项支持；在应对危机扩大内需过程中，省政府反应迅速，抢抓机遇，积极争取国家对云南的资金支持，加大了对边境地区的投入；充分利用新三年“兴边富民工程”的良好平台，借助全国“两会”召开等各种有利时机，呼吁国家进一步加大对云南省“兴边富民工程”的支持力度，为争取中央各部门对云南的项目资金支持奠定了基础。

【项目管理】 2009年，全省新三年“兴边富民工程”涉及面广、内容丰富，为确保六大工程30件实事得到全面落实，各级各部门从基础做起，加强领导，强化管理，各项目标任务得到很好的落实。各成员单位按照“兴边富民工程”行动计划明确的任务，在安排投资计划中对目标进行分解、细化，按项目管理的要求，在前期工作充分满足安排投资条件的前提下，安排年度投资计划，使资金投入落实到项目上；抓好统计，及时反馈情况。各成员单位定期或不定期向兴边富民办报送各项实事的投资与建设进展，省兴边富民办定期向省领导报送《重大建设项目进展情况专报》，加强兴边富民工作的沟通、交流，为领导了解情况，科学决策提供依据。加强检查督促，实施认真考核。按照《云南省兴边富民工程管理办法》的规定，2009年5月，省兴边富民办牵头组成由省发改委、省民委、省财政厅、省监察厅、省审计厅、省政府扶贫办、西开办等7个部门和单位，对17个省级责任部门、74家对口帮扶单位、边境8州（市）25县（市）2008年新三年“兴边富民工程”工作进行考核检查，全面了解和掌握各级各部门工作落实和项目实施情况，为表彰先进、兑现奖惩、鞭策后进，进一步推进新三年“兴边富民工程”的实施打下良好的基础。

（省发改委地区处）

新型工业化

主　　编　李红菊
责任编辑　方爱琴

综　述

【工业经济运行】　2009年，省委、省政府贯彻落实中央一揽子重大决策部署，按照“稳运行、抓项目、调结构、扶中小、促合作、降能耗、保就业、强管理”的工作思路，充分利用一切积极条件，努力化解各种制约因素，平稳渡过了危机冲击期，全省工业经济得以平稳较快发展，最终实现年度发展目标。

工业经济实现较快发展。2009年，全省工业完成增加值2 088.3亿元，增长11.2%；规模以上完成工业增加值1 904.38亿元，增长11.2%，高于全国0.2个百分点。其中，轻工业完成增加值884.66亿元，增长13%；重工业完成增加值突破千亿元大关，达1 019.72亿元，增长9.8%。完成主营业务收入4 952.51亿元，增长1.1%；实现利税1 034.11亿元，增长11.9%；实现利润307.66亿元，增长29.6%；产销率96.1%，同比提高1.2个百分点。

企业生产经营明显好转。2009年末，全省停产半停产企业数量由上年末的822户减至244户，减幅达70.3%；停产半停产企业总数占全省规模以上工业企业户数的比重7.3%，比上年最高时期下降21.5个百分点；企业亏损面由年初近50%下降到32.7%。“去库存化”任务基本完成，企业原材料和产品库存趋于正常。云天化集团、昆钢集团等重点企业到年末基本消化完高价库存。工业品价格振荡回升，PPI价格指数在11月、12月连续两个月正增长，纳入统计的100种主要产品产量有57种保持增长。企业家信心指数与企业景气指数有较大回升，分别比上年同期上升32.1个点和28.5个点。

节能降耗超额完成年度目标。2009年，全省工业万元增加值能耗下降3.78%，累计完成“十一五”目标的90%。建筑、交通、商业、农村、政府机构等领域节能降耗取得新进展。全省推广高效照明产品800万只；全省单位GDP能耗下降4.5%以上，超额完成年初确定目标。炼钢、铁合金、黄磷、电石等一批落后产能退出市场，淘汰水泥熟料、焦炭、炼铁落后产能352.5万吨、483.76万吨和96.6万吨。

信息化工作深入推进。完成全省政务信息查询网络系统和96128电话专线统一规划建设。全省96128专线累计接转电话10万余次。省电子政务网站集成589项电子化公共服务项目。市政规划、基站选址、管道建设、电力引入、政府和行业信息化建设等领域TD网络建设和3G业务推广工作取得较大进展，3G实现全省开通，促进全省通信消费升级换代步伐。

【政策措施】　2009年，是全省出台政策措施最频繁的一年，也是取得成效最为突出的一年。

实施重要工业产品储备制度。针对有色金属和化肥市场急剧收缩、价格严重下滑的实际，云南省在全国率先实施工业品储备制度，由云南省工业和信息化委员会牵头，在省财政厅等有关省级部门配合下，制定出台《云南省有色金属储备实施办法》和《云南省化肥储备实施办法》，全年完成动态收储有色金属95万吨，化肥50万吨。收储工作取得显著成效。至11月份，全省有色压延加工业和化工行业彻底扭转下降局面，同比分别增长23.2%、83.6%。此外，重要产品收储政策，还调动银行贷款积极性，使相关企业短期流动资金贷款得到缓解，达到银企双赢目的。实施重点产业阶段性特殊电价扶持政策。对符合国家产业政策和环保要求的统调电网直供的铝、铜、钢铁等10个行业企业果断实行平水期电价，并对其阶段性用电实施特殊电价扶持办法。此项政策累计优惠电量超过67亿千瓦时，实际让利金额超过8亿元，受惠企业超过160户。大力促进工业产品销售。制定出台《云南省人民政府关于促进工业产品销售保持工业平稳较快发展的意见》，实施汽车、农机、钢材、中低产田地改造及饮水工程用材、太阳能热水器等省产工业品奖励，对1 141种省产工业品实行促销财政奖励和补贴，累计奖补资金2亿元。

【煤电运生产】 2009年，全省煤电运主管部门、行业企业努力化解各种制约因素，千方百计抓好煤电运等生产要素优化配置，为有效遏制经济急剧下滑，促进经济发展趋稳回升、保持社会和谐稳定作出突出贡献。省政府专门召开全省电力供应暨铁路运输表彰大会，对云南电网公司等8家电力供应企业和昆明铁路局进行表彰。

【工业园区建设】 年内，全省工业园区建设进一步推进。制定出台《云南省人民政府关于加快工业园区建设的意见》，进一步明确了全省40个省级工业园区发展目标任务、融资渠道、“园中园”建设、项目审批管理权限、财税扶持政策、标准工业厂房建设、淘汰退出机制等具体措施。全省40个省级重点工业园区完成新增基础设施投资50.5亿元，增长79.6%；新入园企业311户，完成投资172亿元，是2008年新入园企业投资的2倍。省级40个重点和特色工业园区总产值2 096.5亿元，增长4.8%；吸纳就业37.86万人，增长3.64%。曲靖多晶硅、文山氧化铝、杨林新材料、昆明经开区信息产业、光电子产业、瑞丽和腾冲高档家具等基地建设取得新进展。安宁磷化工基地作为国家新型工业化产业示范基地已经工信部批准。

【非公经济与中小企业】 年内，《中共云南省委云南省人民政府关于加快非公有制经济发展的决定》出台。明确提出“三创两到位”，即“服务创优、全民创业、企业创新，金融支持到位、政策落实到位”工作思路，从财政、税收、土地、融资等方面制定优惠政策，促进非公有制经济回升，为全省工业经济平稳健康发展做出重要贡献。2009年，全省非公经济完成增值2 411.8亿元，增长10%，占全省生产总值的39.1%，比2008年提高0.6个百分点。截至年底，全省非公经济户数达到112.5万户，增长15.3%；从业人员400.2万人，增长12.3；完成上缴税金290亿元，增长17%；完成社会消费品零售总额1 715.8亿元，增长20.8%；完成民间投资2 259.8亿元，增长11.5%。

【技术创新】 2009年，全省完成工业投资1 521.55亿元，增长23.5%。其中，非电力工业投资819.09亿元，增长30.8%。全年全省重点督查的22个重大工业建设项目完成投资共计101.63亿元。其中，11个在建项目投资81.95亿元，新开工6个项目投资16.24亿元，5个前期项目投资3.44亿元。2009年，技改专项贴息资金共涉及168个项目，总投资289亿元，推动20项重大装备及关键零部件生产项目、20项重大关键共性技术推广。其中，昆明机床股份公司开发的TK6926数控落地铣镗床、FMS柔性制造系统完成样机制造，产品关键技术指标达到国内领先水平，填补了全国大、重型柔性制造生产线空白。新认定国家级企业技术中心1家、省级企业技术中心25家。

【存在问题】 2009年，全省工业经济平稳渡过危机冲击期，各项经济运行指标达到预定目标。同时，全省工业经济发展中仍存在不少困难和问题。主要是：工业结构不合理的矛盾还十分突出，集约集群发展程度低，一些项目审批难、落地难，非公有制经济发展的速度减缓；受国际市场价格和需求不足的影响，主要工业品价格短期内还难以明显回升，部分行业生产经营仍较困难；煤电运等重要生产要素又趋紧张，严重时段全省缺电超过30%，不少工业企业又会处于停产半停产状态。

（马勋补）

省工信委在云天化国际富瑞分公司开展节能监察 （省工信委 提供）

信息化建设

基诺山乡中学多媒体教学室
（省委党史研究室　提供）

【概述】　2009年是云南工业经济最为困难的一年，也是成绩较为显著的一年。面对严峻复杂的国际国内经济形势，在省委、省政府的正确领导下，全省工业和信息化系统认真贯彻落实中央应对国际金融危机的一揽子计划和政策措施，紧紧围绕"稳运行、抓项目、调结构、扶中小、促合作、降能耗、保就业、强管理"等一系列政策措施，全省工业经济运行成功实现遏制下滑，逐月回升，国民经济和社会信息化建设稳步推进，为全省国民经济平稳较快发展作出突出贡献。完成全省政务信息查询网络系统和96128电话专线统一规划建设。截至12月31日，全省累计接通电话20.62万次，各级行政机关通过在线解答系统累计受理群众网上提问7 608件，办理回复6 830件；各行政机关录入常见问题7.76万件，收录行政审批及服务事项3 540项。省电子政务网站群集成589项电子化公共服务项目。市政规划、基站选址、管道建设、电力引入、政府和行业信息化建设等领域TD网络建设和3G业务推广工作取得较大进展，3G实现全省开通，促进全省通信消费升级换代的步伐。进一步完善政府信息公开组织领导，加强网络平台及图书馆、档案馆等公开设施建设，强化业务培训和工作评估，健全保密审查、年度报告等制度，政府信息公开工作基础进一步巩固。截至12月31日，全省各级政府部门建立公开网站1.07万个，累计公开政府信息约91万余条，受理政府信息公开申请约2万余件。

【省政府应急指挥平台建设】　2009年，省政府应急指挥平台建立进一步推进。完善协同网络的接入；支持省应急综合应用系统及数据共享与交换系统建设；完善地理信息系统等应急基础数据库建设；配合、协助各专业子系统建设。

【电子政务工作】　2009年，全省电子政务工作取得了积极的成果。实施《云南省电子政务2008—2010年发展规划》年度项目审批，共审批电子政务项目36项，安排资金1.42亿元；研究制定了全省政务信息资源共享技术的标准及业务规范；在企业共享平台的基础上，提出建设全省政务信息资源共享管理平台的方案；建立全省信息化项目综合管理平台；建立全省电子政务项目目录库。

【信息化服务】　2009年，省工信委积极参与GMS贸易投资便利化信息服务平台的建设，提供技术支持与服务；进行农村、生态文化旅游、社区信息化的调查研究，完成规划；在企业基础信息库的基础上完善并建立全省企业法人数据库。

【网络信息安全】　2009年，省工信委制定全省政府网络与信息安全应急预案，提出工作机制和制度，牵头组织协调完善配套政策、措施。按照工业和信息化部的统一部署和工作要求，会同省公安厅、省国家安全厅、省国家保密局、省国家密码管理局等部门，开展并完成2009年度全省政府信息系统安全检查。同时建设全省党政机关网络与信息安全日常动态监控系统。为加强党政信息系统的安全管理，防止不同安全保护等级的桌面终端系统非法外连、移动存储介质交叉使用等行为造成的无意识泄密现象的发生，由省级财政投资，省工业和信息化委负责承建，完成全省党政信息系统安全监测平台一期项目建设。

【信息化管理体系】　年内，以省工信委统筹管理信息化工作的体系为原则，规范完善全省信息化组织体系建设，以政策法规、规划为指导，以全省性重大建设项目为龙头，形成全省上下推进信息化工作的合力；开展对相关规章、法规、规划宣贯工作；细化电子政务管理审批实施细则，提出全省电子政务网络运行维护管理办法；制定全省电子政务评估办法，组织对2008年电子政务建设项目开展评估；组织开展对全省州（市）、县信息化主管部门的业务培训。

【软件服务业】　年内，省工信委积极做好计算机信息系统资质认证和"双软"认定工作。截至2009年底，全省共有计算机系统集成获证单位74家。其中，一级资质2家，二级资质10家，三级资质21家，四级资质41家；通过软件企业认定124家，软件产品登记401项，全省共有113人获得高级项目经理资质证书，598人获得项目经理资质证书。

【国防动员】　2009年，全省继续完善信息动员机制。成立信息动员办事机构，明确信息动员工作机构职能；完成云南省国防动员信息网、国防动员气象传输专网、14集团军应急指挥专线工程建设；开展国防动员信息网二期工程建设；完成国防信息动员潜力数据统计调查工作；接受国动委对云南省信息动员工作的检查。

（郑素梅）

省级工业园区

【概述】 2009年，省级40个重点和特色工业园区完成工业总产值2 096.52亿元，比2008年增长4.8%；完成工业增加值495.62亿元，增长3.9%，扭转前三季度工业总产值负增长5.41%、工业增加值负增长0.32%的局面；实现销售收入2 309.73亿元，增长8.58%；完成税收106.81亿元，增长6.8%；实现利润89.93亿元，增长0.54%；安排就业37.86万人，增长3.64%。40个园区中，工业增加值增幅超过15%的有21个园区。其中，超过25%有昭阳、曲靖煤化工、弥勒、潞西、瑞丽、永胜、临沧、通海等13个工业园区；超过50%的有海口、红河、景洪、研和、磨憨5个园区。

2009年，省级工业园区完成工业增加值5～10亿元的园区在上年呈贡、楚雄、普洱、祥云财富、瑞丽、研和、水富、寻甸8个园区的基础上，增加杨林、香格里拉、东川3个园区。工业增加值超过10亿元的园区11个，其中超过20亿元的园区是昆明高新区、昆明经开区、安宁、红塔、宣威5个工业园区。

【基础设施建设】 2009年，全省各园区积极贯彻落实中央和省政府“增投资、扩内需”的政策引导，进一步拓宽融资渠道，吸引多元资金加快基础设施建设。40个园区全年新完成基础设施投资50.51亿元，比上年增长79.56%。其中，新完成基础设施投资在1亿元以上的有昭阳、曲靖煤化工、红河、普洱、腾冲、研和、景洪、临沧等18个工业园区，昆明市省级重点工业园区新完成基础设施投资均在1亿元以上。

【企业入园投资】 2009年，全省40个工业园区累计入园工业企业2 596户，其中规模以上工业企业856户。全年新入园工业企业311户，其中规模以上企业130户。新入园企业完成投资172亿元，是上年新入园企业投资的2倍。新入园企业在5户以上的有19个工业园区，其中昆明经开区、昆明高新区、呈贡、杨林、海口、红河、普洱、临沧、研和、通海10个工业园区新入园企业均在10户以上，昆明高新区、红河、大理创新、祥云财富、瑞丽、研和6个园区新入园企业全部为规模以上企业，占新入园规模以上工业企业的64.6%。一批项目建设进展顺利：马塘工业园区80万吨氧化铝2009年完成投资14亿元；南海子工业园3 000吨多晶硅项目完成投资29.46亿元；曲靖西城工业园驰宏公司技术研发基地和年产30吨锗系列产品项目，计划投资3亿，已完成2.32亿元；云南（曲靖）国际农业食品科技园建设项目完成投资3.64亿元；大理创新工业园力帆骏马车辆有限公司年产各型载货汽车驾驶室焊装冲压生产线项目完成投资5.8亿元；玉溪研和数控装备基地年产2万台数控机床项目完成投资2.7亿元，太标太阳能年产100万套太阳能热水器项目完成投资1.2亿元，云南瑞通钢业公司年产30万吨冷轧薄板项目完成投资1.3亿元；寻甸工业园的南磷三期年产13万吨PVC、10万吨烧碱项目已进入设备安装阶段，先锋褐煤洁净化利用试验示范项目完成投资6.7亿元；景洪工业园投资1.5亿元的版纳佛兴进出口贸易公司完成投资0.89亿元，投资1.45亿元的金星啤酒已投入生产。

【园区发展特点】 园区经济负增长面明显缩小。2009年一季度，40个重点工业园区中销售收入同比负增长园区有24个，分布在11个州市。至年末，销售收入负增长园区减为8个，分布在昆明、昭通、曲靖、楚雄、怒江、普洱6个州市。

化工、有色金属、钢铁等行业的困境对园区经济增长影响依然存在。40个园区中销售收入为负增长的8个园区中有曲靖煤化工、水富、曲靖南海子（包含越州片）、安宁4个园区受制于化工行业和结构调整影响，曲靖西城、兰坪受有色金属行业影响较大。

园区与园区间发展差距较大。2009年，在40个省级工业园区中，昆明经开区、昆明高新区、杨林、海口、呈贡、红河、普洱、景洪、大理创新、研和等工业园区，各项指标增长较快；而少部分工业园区基础设施投资和新入园企业固定资产投资仍较少，增加值、销售收入、税收、利润等增长较慢。

（张凤）

天达光伏　（省工信委　提供）

非公有制经济

【概述】 2009年，全省非公经济和中小企业工作坚持以科学发展观为指导，深入落实国家和省应对金融危机的一系列决策部署，克难奋进、开拓创新，全力推进中小企业和非公经济发展，全省非公经济总体上继续保持增长势头。全省非公经济主要指标均保持增长。其中，非公经济户数、注册资金、上缴税金和社会消费品零售额保持较快增长。除从业人员外，增加值及税收仍未完成省政府下达的年度发展目标。

2009年，全省非公经济运行主要呈现以下特点：非公经济总量继续扩大。2009年，全省非公经济户数达112.5万户，比上年增长15.3%；注册资金4 016.7亿元，增长24.3%；全年非公经济预计完成增加值2 411.7亿元，增长10%，占全省GDP的39.1%，所占比重比上年提高0.6个百分点。其中，第一产业完成增加值293.39亿元，占全省第一产业增加值的27.6%；第二产业完成增加值1 084.56亿元，占全省第二产业增加值的42%；第三产业完成增加值1 033.83亿元，占全省第三产业增加值的41%。消费需求保持平稳增长。2009年，全省非公经济消费品零售额1 715.8亿元，增长20.8%，比全省社会消费品零售额增速高1.5个百分点，占全省社会消费品零售额的83.7%。民间投资有较大回落。2009年，全省完成民间投资2 259.8亿元，增长11.5%，增幅比上年下降20百分点，占全省固定资产投资的49.9%，下降1.5个百分点。信贷资金有较大增长。2009年，全省对中小企业贷款余额为3 033.58亿元，比年初增加799.85亿元，占全省新增贷款的36.6%。非公企业成为全省出口贸易主力军。全省非公企业共完成进出口总额41.5亿美元，增长

表1 2009年全省非公经济主要指标完成情况表

指标名称	2009年	2008年	增长%
非公经济户数（万户）	112.5	97.6	15.3
其中：私营企业（万户）	13.7	11.6	18.1
注册资金（亿元）	4 016.7	3111	24.3
非公经济增加值（亿元）	2 411.8	2 191.7	现价 10 可比价 12.9
其中：第一产业	293.4	236.9	23.8
第二产业	1 084.6	1 015.4	6.8
非公工业增加值	812.9	806.1	0.8
第三产业	1 033.8	939.5	10.5
上缴税金（亿元）	290.0	247.8	17.0
民间投资（亿元）	2 259.8	2 026.4	11.5
社会消费品零售额（亿元）	1 715.8	1 420.6	20.8
外贸进出口总额（亿美元）	41.5	37.4	11.1
个私从业人员（万人）	400.2	356.5	12.3

表2 2009年非公经济3项考核指标完成情况表

指　　标	完成数	目标数	完成进度%
非公经济增加值（亿元）	2 411.8	2 530.0	95.3
上缴税金（亿元）	292.0	304.8	95.8
从业人员（万人）	400.2	358.2	111.7

11%，占全省进出口总额的 51.8%，增加 13 个百分点。其中，非公经济进口额完成 13.7 亿元，增长 3%，占全省进口总额的 39.1%；非公经济出口额完成 27.8 亿元，增长 15.9%，占全省出口总额的 61.5%。非公企业经济效益好于国有企业。1～12 月，纳入财政快报统计的非公企业实现营业收入 878 亿元，盈亏相抵后实现利润 52 亿元，同比增长 13%；而国有企业盈亏相抵后实现利润 12.5 亿元，同比下降 72%；非公企业实现利润增速高于国有企业 85 个百分点，总体效益远远好于国有企业。社会贡献继续加大。2009 年，全省非公经济上缴税金 290 亿元，同比增长 17%，占财政收入的 41.6%；个私经济从业人员达到 400.2 万人，增长 12.3%。

曲靖煤化工400万吨选煤项目　　（省工信委　提供）

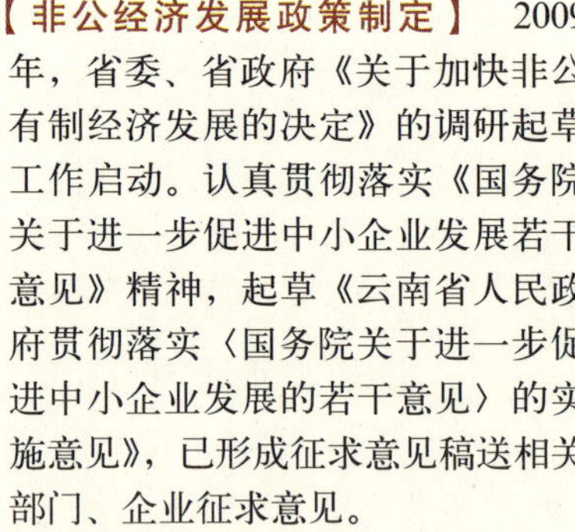

【非公经济发展政策制定】　2009 年，省委、省政府《关于加快非公有制经济发展的决定》的调研起草工作启动。认真贯彻落实《国务院关于进一步促进中小企业发展若干意见》精神，起草《云南省人民政府贯彻落实〈国务院关于进一步促进中小企业发展的若干意见〉的实施意见》，已形成征求意见稿送相关部门、企业征求意见。

【金融危机对策】　2009 年，省工信委组成 6 个帮扶指导组分赴 16 个州市对停产、半停产企业开展帮扶工作。截至 6 月末，全省规模以上停产半停产企业共 354 户，比上年减少 278 户，同比下降 44%。推动政、银、企、保四方合作。牵头组织召开有政府相关部门、金融机构、担保公司和企业共计 200 多人参加的云南省中小企业融资银企合作座谈会，使部分中小企业与金融、担保机构现场签订贷款、担保协议，意向性协议金额 27.52 亿元，有效帮助中小企业缓解贷款难题。

【非公经济扶持】　2009 年，全省加大对非公经济扶持力度：做好国家中小企业专项资金和省非公经济专项资金扶持重点项目组织、推荐、审核申报工作。经组织推荐和筛选审定，上半年省非公经济专项资金扶持的 156 个重点项目通过省政府审批，安排扶持金额 6 800 万元；向国中小企业专项资金申请扶持的第一批 20 个项目通过审批，争取到扶持资金 2 500 万元，并开始组织中小企业资金第二批扶持项目申报、推荐，有 15 个州市 355 家企业申报项目。支持重点非公中小企业加快技术创新、推进结构调整和保持正常生产经营。按照省政府新三年“兴边富民”行动计划中确定的产业培育工程要求，认真组织做好扶持特色产业加工项目工作，积极协调委内各块资金向兴边富民地区产业培育项目倾斜。认真贯彻落实《中共中央办公厅、国务院办公厅〈关于开展工程建设突出问题专项治理工作的意见〉的通知》精神，认真梳理了 2008 年以来中小企业扶持资金建设项目，并开展项目资金跟踪、资金到位核查等专项治理工作。

2009年非公经济进出口贸易增速示意图

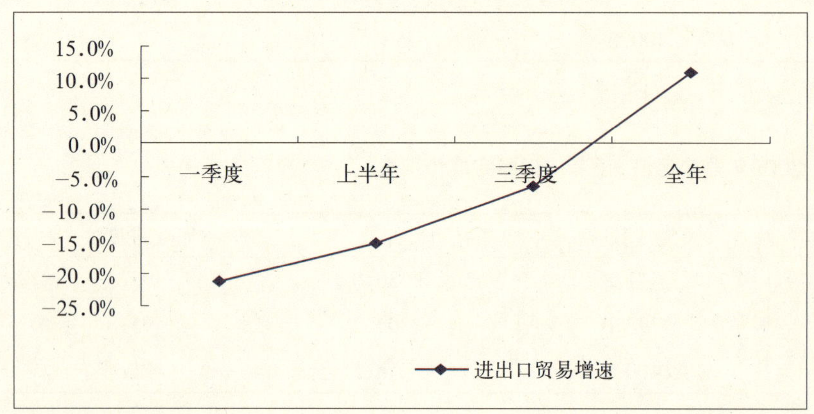

【对外交流合作】　2009 年，根据中国国际中小企业博览会组委会和省政府的要求，认真做好组织动员全省重点中小企业赴中博会的参会参

展工作，制定组展工作方案，重点推荐云南具有特色的农特产品加工、食品、生物制药等行业中具有代表性的非公中小企业参会参展，有效推动全省中小企业加强对外合作与交流，积极开拓国内外市场。根据中国中小企业协会《关于组织参加“2009中国企业创新成果征集活动”的通知》精神，在自愿原则基础上组织省内中小企业进行申报，共有玉溪卷烟厂滤嘴棒分厂、云南红塔铝型材厂和玉溪环球彩印纸盒有限公司等12家企业申报。

【执法检查】 2009年，省工信委积极配合人大财经委做好《云南省中小企业促进条例》颁布一年以来执法情况检查。根据省人大当年执法检查工作计划，组织各州市经委（中小企业局）认真做好贯彻落实《中小企业促进条例》自查工作和总结，在此基础上形成汇报材料上报省政府和省人大，并随同省人大财经委组成的检查团赴州市对执法情况进行检查。

（张云江）

国有资产监督管理

【概述】 2009年，省国资委以全面加强各项基础监管工作入手，坚持政企分开、政资分开，努力完善国资监管体制和机制，实现国有资产保值增值，全面推进全省国资监管体系建设。省政府与省国资委、16个州市政府签订国资监管年度目标责任书，明确了国资监管工作重点和目标任务。不断完善组织机构，加快州市国资监管机构建设，大理州、曲靖市单独组建国资委，文山州、临沧市已决定单独组建国资委。要求年内全省2/3的州市国资监管机构要完成单独设立，并成立国资委党委。按照国资监管全覆盖要求，昆明、大理、文山、曲靖等州市开展国资监管的全覆盖试点工作。昆明市出台《关于推进国有资产监督管理全覆盖试点的实施方案》，将市属国有企业资产，市级党政机关行政事业单位经营性和非经营性资产，自然资源性国有资产，文化、旅游、体育和传媒等可市场化运作、企业化经营的国有资产全部纳入国资监管全覆盖范围，由昆明市国资委代表市政府履行国有资产出资人职责，基本实现了国有资产监管全覆盖。

【省属企业改革重组】 2009年，煤化工集团与三峡总公司积极合作，三峡总公司出资10亿共同组建了新能源公司。分别与大新华航空公司、东方航空公司签署增资扩股协议，参股设立新的地方航空公司，完成参股祥鹏航空公司各项工作。积极推进十四冶、工投引进战略合作者工作；整合重组培育行业龙头企业，完成旅游企业“二变一”整合重组，组建云南省最大的旅游龙头企业——世博旅游控股集团。组建白药控股集团，搭建新的做强做大上市公司平台；推进集团公司制改革，完成西交股份制改革和建工集团的公司制改革。至此，省属企业已全部完成了集团层面的公司制改造；二级企业股份制改革工作取得积极进展，机场引入香港怡中航空服务公司合资成立云南地服公司。云南新源再生产业有限公司引进战略合作伙伴增资扩股9 650万元；加快解决历史遗留问题，轮胎厂、昆明煤机、云南煤建等政策性关闭破产项目有序推进，沾益柴油机厂依法破产进入法律程序，水利水电公司和铁路总公司等企业改革脱困取得实质性进展，长期困扰省属企业的一些老大难问题逐步得到解决。

【企业科技创新】 2009年，省属企业又一批项目获得国家和省级科技进步奖，云南白药被列为“全国知识产权示范单位”，云锡“YT牌”“贵研”牌被确认为“中国驰名商标”；南天信息银行柜员机连续8年维持同行业销量第一。管理创新工作不断推进，云铜、云锡、煤化工等企业开展“管理创新年”活动，冶金集团本部启用“集团协同办公管理平台”；云南城投成立2009管理改进行动执行小组；物流集团2009年新增4A级物流企业2个；思茅机场和保山机场“三标一体”管理体系顺利认证；昆钢集团、建工集团、世博集团、西交集团等企业启动集团公司机关机构改革，推行扁平化管理，进一步加强集团管理能力。节能减排工作取得新进步，省属企业都超额完成省政府下达的节能减排指标。

【金融危机对策】 2008年10月，面对金融危机巨大冲击，省国资委及时组织召开第一次“过冬”会，出台11条应对措施。2009年2月，召开省属企业负责人会议，进一步提出“信心为魂，现金为王，资源为重，以成本控制为核心，以创新为驱动，以市场为导向”的工作方针，加快消化危机带来的不利影响。7月，针对企业运营态势出现趋稳、回暖形势，及时召开第二次“过冬”会议，调整策略，化危为机。各企业认真落实应对危机各种措施，重点从加强风险管控、努力降本增效、开拓市场强化营销三个方面加大工作力度。截至2009年底，17户省属企业资产总额3 726亿元，同比增长27%；净资产总额为1 292亿元，增长13.4%。全年累计实现营业收入1 606亿元，已恢复到2008年水平；完成利税总额105.5亿元，利润总额15.7亿元，增长32.5%。12月当月，实现销售收入231亿元，环比增长 18.9%；实现利润总额 19.2 亿元，环比增长 117.7%。

各企业围绕“主业优强、相关多元、多业支撑”进行了探索和实践。昆钢非钢产业板块全年实现营业收入 166 亿元，利润 8.95 亿元；云锡加快推进八大战略，打造六大产业板块；冶金集团进入机械装备行业，并购美铝相关业务；云南白药继续推进“稳中央、突两翼”发展战略，形成了“多点支撑”经营格局；省投集团完成对大理旅游集团和西双版纳金孔雀旅游集团的控股，认购丽江旅游定向发行股票 1 700 万股，成为第三大股东；工投集团资源、工业园区、金融、高新产业四大板块已初具规模；建工集团大力实施“打造房地产第二主业，大力发展五大板块”产业结构调整战略；十四冶已形成工业与矿山、民用建筑、市政和公路工程“三业鼎立”局面；西交集团积极向房地产、矿山开采扩展；云南城投形成以城市开发和城市水务为主业，以及教育、医疗等板块战略格局基本形成；机场集团新增 12 个通航城市，各航空公司新开、复开航线 59 条；物流集团省内外经营网点已增加到 111 个，专业物流平台 16 个；世博集团掌控元阳梯田、老君山、腾冲等省内优质旅游资源。全年，省属企业完成固定资产投资 288 亿元，同比增长 30%。

【企业资本运营】 2009 年，省国资委出台《加强省属企业资本运营工作的指导意见》，鼓励各企业创新融资方式，开辟多种融资渠道，利用多种金融资源，提高企业资本运作能力。各企业通过定向增发、公开增发、发行债券、权证行权等方式，多渠道开展融资工作。昆钢、冶金、云天化、工投等企业发行了短期融资券，开展中期票据和企业债券发行工作；云南城投、云天化集团发行了信托产品。云天化集团积极筹备整体上市工作，昆钢控股拟定了对 ST 马龙重组方案。物流集团完成 4 770 万元企业所得税款转增集团国家资本金工作。各企业进一步加强与银行合作，部分企业开展了银团贷款，金融机构对省属企业授信超过 2 000 亿元。加快推进产业资本和金融资本相结合步伐，昆明钢铁有限公司控股玉溪商业银行，云南城投、云南省投资控股集团、建工集团组建了水务投资公司、林业投资公司、建工海外投资公司等一批投资公司。全年，省属企业完成直接融资 185 亿元，同比增长了 68%，资产证券化率达到 27%。

（杨声武　刘云）

省属大中型企业

【云南白药集团股份有限公司】 云南白药集团股份有限公司是云南省 10 户重点大型企业、云南省百强企业，也是首批国家创新型企业。云南白药商标被评为中国驰名商标，是公众喜爱的中华老字号品牌。2006 年起，公司主要经济指标跃居行业首位。公司被评为“2009 年全国国有企业典型”，是历次评选中唯一入选的云南企业和医药行业企业。

云南白药胶囊生产线　（省国资委　提供）

云南白药经过百年积累和持续创新，近 10 年来，集团主营业务收入复合增长率高达 43%，净利润复合增长率 34%，利税复合增长率 33%。公司业绩突出、盈利能力极强，被媒体和基金经理评为最具发展潜力的公司之一。2009 年 12 月 31 日公司市值高达 323 亿元，是 1993 年上市之初的 120 倍，稳居医药类上市公司之首。

云南白药集团产品以云南白药系列和天然药物系列为主，共有 19 个剂型、300 余个品种。是拥有两个国家一级中药保护品种（云南白药散剂、云南白药胶囊）、自有产品和技术专利 83 项的大型现代化制药集团。

【云南冶金集团股份有限公司】 云南冶金集团股份有限公司是以铝、铅锌、锰、钛、硅五大产业为主，

昆钢职工住宅——凌波小区 （杨金海 摄）

集采选冶、加工、勘探、科研、设计、工程施工、装备制造、内外贸、物流以及冶金高等教育为一体的大型企业集团。集团拥有成员单位50家，其中控股2家A股上市公司。至2009年已形成采矿200万吨、选矿260万吨，有色金属冶炼80万吨、深加工30万吨，铁合金及工业硅25万吨年生产能力。集团连续8年入围中国企业500强。

云南冶金集团主体企业生产工艺、技术装备和环保、节能减排指标处于国内领先、国际先进水平。其中云铝公司和驰宏公司已分别成为电解铝和铅锌生产标杆企业；集团拥有1个国家级技术中心、1个博士后科研工作站、1个国家甲级大型综合设计院、1个国家级国际科技合作基地、1个国家示范性建设高职院校，拥有“高铁硫化锌精矿加压酸浸技术”、“云铝CHYG-30型预焙铝电解槽系列技术”等一批处于行业领先、具有自主知识产权的专有核心技术。2000年以来，集团获省部级以上科技成果奖68项，其中获国家科技进步二等奖3项；获授权专利171项。集团先后荣获全国五一劳动奖状、全国模范劳动关系和谐企业、中华慈善奖、中国诚信典型示范企业、全国有色金属行业科技工作先进单位和云南省省属企业管理创新和科技创新优秀企业等荣誉称号。

【昆明钢铁控股有限公司】 昆明钢铁控股有限公司是国家特大型工业企业和云南省政府重点大型企业集团。是一个集钢铁冶金、煤焦化工、矿业开发、重型装备制造、水泥建材、房地产开发、钒钛产业、现代服务、工程设计、海外业务等产业为一体的跨地区、跨行业、跨所有制、跨国经营的大型企业集团。2009年，昆钢实现销售收入410亿元、利税28亿元、利润10.52亿元。

2009年，昆钢积极培育和发展铁矿业、煤焦化工、水泥建材、房地产、装备制造、铁合金、管道输送、现代服务等产业，全年相关多元产业实现销售收入165亿元、利润8.87亿元，跻身中国企业500强。

昆钢认真把握国家产业政策，以科学发展观统领全局，谋划发展，确定新的发展目标：围绕转型升级、提质增效两大关键任务，从政策引导、资金支持、力量加强、方法创新等方面入手，加快发展方式转变，调结构、促转型，加速延伸产业链、构建产业集群、打造核心竞争力，推进昆钢快速协调可持续发展，“十二五”力争实现产钢1 000万吨、销售收入1 000亿元，其中相关多元产业实现销售收入500亿元、铁矿石自给率80%、水泥产能2 000万吨的奋斗目标。职工收入持续提高，实现企业、人、自然发展相协调，开拓和谐发展、全面发展新境界。

【云天化集团有限责任公司】 云天化集团是以云天化集团有限责任公司为母公司，控股一批生产经营型子公司的产业集团。云天化集团有限责任公司的前身云南天然气化工

云天化集团有限责任公司办公园区 （省国资委 提供）

厂，是中国20世纪70年代引进国外成套设备建成的13家大化肥企业之一，始建于1974年，1977年建成投产，1991年被评为首家云南省国家一级企业。1997年，云南天然气化工厂整体改制为云南省人民政府授权经营的国有独资有限责任公司。2000年，云天化集团总部由云南省水富县搬迁至昆明市。

进入新世纪以来，云天化集团紧紧抓住一系列重大历史性机遇，开始在搞好生产经营前提下，通过技术改造、资本运作、新项目建设、产业整合等重要手段，走低成本扩张道路发展壮大企业的探索，打造磷复肥、玻纤新材料、磷矿采选等一批在国内外具有比较优势的产业平台，形成“以肥为主，相关多元”的产业结构和产品结构，企业生产经营和改革发展上了一个新台阶。2005年，云天化集团营业收入超过100亿元，排名中国石化行业销售收入和综合效益前十强，跻身中国化工前三强。2007年云天化集团营业收入超过200亿元。2008年云天化集团营业收入超过300亿元，排名中国企业500强第219位。2009年云天化集团排名中国企业500强第194位，同时排名中国制造业500强第97位、中国化工企业500强首位、中国化肥企业100强首位。

2009年末，云天化集团拥有总资产576亿元，净资产136亿元。有员工35 500余人。控股“云天化”“马龙产业”“云南盐化”3家上市公司。

（杨声武　刘云）

节能降耗

【概述】 2009年，全省把节能减排作为转变经济发展方式、调整产业结构和淘汰落后产能的重要抓手，采取了一系列强有力的节能降耗措施，持续加大工作力度，全省节能降耗工作取得了积极进展。

2009年，全省确定的节能目标是单位GDP能耗下降4.3%，实际完成指标为单位GDP能耗下降4.60%，下降到1.49万吨标准煤，累计完成“十一五”目标进度的82%。单位GDP电耗下降1.49%，单位工业增加值能耗下降3.78%。

【目标责任管理】 2009年，省委、省政府高度重视节能减排工作，切实加强组织领导，全省形成了由省政府、行业主管部门，州市、县政府和重点企业组成的节能减排工作组织领导和工作体系，建立了齐抓共管、上下联动的工作协调机制，形成了全面推动节能减排工作格局。根据国家下达云南省“十一五”节能目标任务，省政府与各州、市政府和重点企业签订了节能目标任务书，明确任务，落实责任。同时，依据有关规定，把节能目标责任制落实情况作为各级政府和国有企业落实“四项制度”的重要内容。

【资金投入】 2009年，省级财政部门下达节能专项资金8 000万元，用于重点节能项目和技术推广应用。国家发展改革委下达节能资金2亿元，支持全省企业节能项目33项，建成投产后，年可实现节能量折合约80万吨标准煤。同时全省认真落实国家有关节能技术产品推广应用的各项政策，引导企业采用先进实用的新工艺、新技术和新设备。在钢铁、煤炭、建材、化工、有色等重点耗能行业实施“六大”节能工程，共实施100多个节能示范项目，年节能量超过200万吨标准煤。

【落后产能淘汰】 “十一五”以来，全省淘汰落后产能工作进展顺利，8台10万千瓦小火电机组提前两年关停，炼钢、电石、黄磷等超额完成淘汰计划。截至2009年上半年，全省累计淘汰火电92.8万千瓦，完成“十一五”计划88.2%；淘汰炼铁240.8万吨，完成计划31.4%；淘汰炼钢50万吨，超额完成19万吨；淘汰铁合金34.58万吨，完成计划80.4%；淘汰水泥熟料964.8万吨，折合水泥1 286.4万吨，完成计划64.3%；淘汰电石15.66万吨，超额完成5.66万吨；淘汰黄磷19.62万吨，超额完成6.22万吨；淘汰炼焦280.37万吨、造纸4.78万吨、酒精0.5万吨。

【行业节能】 2009年，全省建筑行业从规划、设计、建设、运行等方面全面加强节能工作，大力推广应用建筑节能、新能源技术和产品，全省新增太阳能热利用与建筑一体化使用面积22.3万平方米。新增太阳能利用面积7.5万平方米，上半年完成约4万平方米。全省交通运输单耗持续下降，营业性公路运输汽柴油综合燃料单耗8.34升/每百吨千米。商务系统以昆明为示范点，评选创建23家“绿色饭店”、12家“绿色商场”，建成43个再生资源社区回收站和11个废旧物资交易市场。全省农村新建户用沼气池86.74万口，完成计划86.74%；全省户用沼气保有量达到235.7万口，居全国前列，800多万农民在沼气建设中得到实惠。

（省发改委资源环境处）

乡镇企业

【概述】 2009年，全省乡镇企业达到92.4万户，从业人员416.8万人，同比增长1.5%；完成增加值1 233.9亿元，增长15.8%；营业收入5 370.6亿元，增长9.1%；总产值4 723.1亿元，增长9.1%；实缴税金153.3亿元，增长7.6%；实现利润360.9亿元，增长10.5%；完成出口交货值41.3亿元，下降27.1%；完成固定资产投资373.3亿元，增长23%；乡镇企业支付劳动者报酬379.5亿元，增长8.2%。

2009年，全省乡镇企业增加值占全省生产总值的20.0%。其中，乡镇工业实现增加值667.6亿元，占全省工业增加值的32.0%；实缴税金153.3亿元，相当于全省地方财政收入的22.2%。全省乡镇企业新增从业人员6.1万人，全年发放劳动者报酬379.5亿元；全省乡镇企业直接支农建农及补助性支出资金总额达3.9亿元，对现代农业和农村社会事业的发展作出积极贡献。

【乡镇工业】 2009年，全省乡镇工业实现增加值667.6亿元，同比增长17.2%；完成工业总产值2 720.9亿元，增长9.9%。全省规模以上乡镇工业企业达2 794户，比上年增加270户；实现增加值360.8亿元，增长23.5%，占全部乡镇工业的54.0%；实现利润88.2亿元，增长16.1%；实缴税金69.6亿元，增长11.7%；发放劳动者报酬74.0亿元，增长16.2%。

【农产品加工业】 全省从事农产品加工业的单位（组织）共有5.65万户，从业人员41.1万人。实现增加值178.8亿元，增26.2%；实现总产值711.7亿元，增18.5%；完成营业收入696.9亿元，增19.0%；实现利润48.6亿元，增14.4%；上交税金28.0亿元，增15.0%。全省农产品加工企业支付农产品原料采购资金达262.0亿元，增长19.5%；支付劳动者报酬44.02亿元，增长10.6%。全年完成固定资产投资37.1亿元，增长7.5%。

2009年，全省规模以上农产品加工企业达834户，比上年净增195户，从业人员12.8万人，实现增加值107.4亿元，占全省农产品加工业增加值的60.1%；实现总产值414.2亿元。营业收入达5 000万元以上的企业195户，比上年增加21户。其中，1亿元以上的企业99户，比上年增加1户；5～10亿元的企业3户，与上年持平；10亿元以上的企业3户，与上年持平户。

2009年，全省新增绿色食品115个，新增有机食品39个，现有中国名牌产品2个，中国驰名商标3个，中国名牌农产品4个，云南名牌农产品102个。

云南玉溪卷烟厂滤嘴棒分厂生产车间　（省乡镇企业局　提供）

【外经外贸】 2009年，全省乡镇企业出口企业167户，比上年减少10户；实现出口产品交货值41.3亿元，下降27.1%，其中规模企业出口缴货值35.9亿元，同比增长5.0%。

【固定资产投资】 2009年，乡镇企业固定资产投资继续保持增长，完成固定资产投资373.3亿元，同比增长22.9%。其中，企业自筹资金224.4亿元，占投资总额的60.1%，企业自主投资比重较上年提高19.8个百分点。全年各类金融机构为乡镇企业固定资产投资提供贷款61.2亿元，比上年增长29.4%。全年乡镇企业固定资产投资共引进资金50.8亿元，比上年增长26.4%。

2009年，乡镇企业固定资产投资中，工业固定资产投资294.4亿元，同比增长18.0%，占投资总额的78.9%。固定资产投资中新建项目投资额达227.7亿元，增长19.8占投资总额比重达61.0%。

【集聚发展】 2009年，全省有乡镇企业园区52个，比上年减6个；区内企业2.13万户，比上年增1.52万户；从业人员23.3万人，增长25.0%；创造增加值135.8亿元，增长32.6%，占全省乡镇企业工业增加值的11.0%；上交税金20.1亿元，增长6.2%；累计利用外资完成投资1.32亿美元，增长77.3%。

【专业技术队伍建设】 2009年，全省乡镇企业专业技术队伍不断扩大，为乡镇企业整体素质提升发挥积极作用。从业人员中有20.8万人取得初级以上技术职称，新增3.1万人，比上年增长17.5%。其中，具有高级职称人数1.9万人，与上年持平；具有中级职称人数5.5万人，增长21.0%。

（蔡昆）

安全生产

【概述】 2009年，全省各级安全监管部门认真贯彻落实省委、省政府关于加强安全生产工作的各项决策部署，推动了以“治大隐患、防大事故”为目标，安全生产“三项行动”“三项建设”为主线的“安全生产年”各项工作落实，全省安全生产状况总体稳定向好，为应对国际金融危机、促进全省经济平稳较快发展提供了安全保障。

全年全省事故起数下降。发生各类伤亡事故7 566起、死亡2 444人，同比减415起、276人，分别下降5.2%、10.15%；较大事故发生82起、死亡312人，同比减31起、107人，分别下降27.43%、25.54%。死亡人数低于国务院安委会下达云南省控制考核指标306人。与上年相比，亿元GDP事故死亡率由0.48降到0.39，降幅18.75%；工矿商贸10万从业人员事故死亡率由5.74降到5.02，降幅12.54%；道路交通万车死亡率由3.93降到3.02，降幅23.16%；煤矿百万吨死亡率由1.98降到1.33，降幅32.8%。重点行业安全生产状况改善。工矿商贸（不含煤矿）伤亡事故308起、死亡364人，同比减少141起16人，分别下降31.4%、4.21%；煤矿伤亡事故74起、死亡118人，同比减少29起53人，分别下降28.16%、30.99%；道路交通事故死亡1 888人，死亡人数下降9.32%；火灾事故死亡48人，减少7人，死亡人数下降12.73%；铁路交通事故22起、死亡22人，减少62起9人，分别下降73.8%、29.03%；水上交通、渔业船舶无伤亡事故；民航保持安全纪录。

【安全生产执法】 2009年，全省各级安全生产监督部门在煤矿、非煤矿山、危险化学品、烟花爆竹、道路交通、消防、旅游景区、人员密集场所和建筑施工等重点行业（领域）开展安全执法行动6 097起，查处私采滥挖、越层越界开采、尾矿库违规排放行为216起，查处违反建设项目安全设施“三同时”规定166起，查处不按规定进行安全培训或无证上岗537起，处理拒不执行安全监管指令124起，查处其他违法违规行为17.97万起。查处3起重大道路交通事故和2起煤矿重大事故，对18名责任人分别给予行政处分、追究刑事责任，对9个责任单位予以行政处罚。

【宣传培训】 2009年，省安全监管局与省委组织部共同举办了两期领导干部培训班，对分管安全生产工

安全生产月宣传咨询日活动　　（省安监局　提供）

作的州（市）、县领导进行培训；分3期对全省州（市）、县安全监管局长进行业务培训。开展以“安全生产企业行”为重点的6月“安全生产月”活动，组织“云天化杯”、“安康杯”全省职工安全生产知识竞赛、安全生产警示教育，举办由生产经营单位主要负责人、安全管理人员、特种作业人员参加的各类培训班665期，8.6万人取得了安全资格证。全省安全生产宣传教育活动累计7.27万次，参与人数582万人；安全生产新闻报道7 992篇；创建安全文化示范企业387家、安全诚信企业1 087家、安全社区226个。

【隐患治理】 2009年，全省尾矿库专项整治被列为重点督查的20项重要工作之一，由省安全监管局、发改委、工信委、国土厅、环保厅5部门联合组织了为期1年的专项整治，召开4次现场推进会，采取挂牌督办、分片包干等措施，摸清了全省693座库容在1万方以上尾矿库基本情况，做到库容、安全状况、管理运行情况、下游冲击危害范围“四清楚”。煤矿、非煤矿山、危险化学品、烟花爆竹隐患排查治理深入开展，共排查生产经营单位2.49万户，查出一般隐患5.56万项，已整改5.30万项，整改率95.25%；查出重大隐患366项，已整改303项，整改率82.79%，投入治理资金1.99亿元。由省安全监管局联合多部门开展易制毒化学品集中整治行动。危险化学品生产单位登记全面完成，相关信息已纳入国务院应急平台数据库，督促企业投入6 000多万元对41条烟花爆竹生产线进行了改造和整体搬迁。建筑、交通、铁路、渔业船舶、学校、消防、农业机械等行业（领域）分别开展了隐患排查治理。集中开展以“迎国庆、保平安”为主题和“四个百分之百”为主要内容的安全生产大检查，即对所有矿山、尾矿库安全生产进行一次100%检查；对所有危险化学品企业、烟花爆竹生产经营单位安全生产进行一次100%检查；对所有车站、码头、人员密集场所、旅游景区景点防火防爆工作进行一次100%检查；对各级人民政府应急预案制定、准备和落实情况进行一次100%检查。为国庆60周年创造了稳定的安全生产环境。

【重大生产安全事故】 3月18日，昭通市永善县境内一辆轻型普通货车坠入金沙江中，造成12人死亡。4月25日，云南省旅游公司驾驶员范坤驾驶云AL1117号大客车由楚雄开往昆明，行驶至K126+357M处时，被后方湘N07347号大货车追尾相撞，两车先后撞击右侧护栏，翻下高速公路边坡山地内，造成21人死亡、20受伤。5月11日，泸水县洛本卓乡子竹村驾驶员阿贵驾驶牌号为云M09827号东风大货车，从洛本卓乡驶往缅甸茶河拉木材，当车驶至俄嘎林区便道K3＋750米处时，与对向驶来的由泸水县洛本卓乡子竹村光罗一组村民夸碧子驾驶的牌号为云Q10182号正三轮载货摩托车发生刮擦，正三轮摩托车翻下路面320米的悬崖，坠入河谷乱石滩中，造成10人死亡。5月15日凌晨4时左右，云南省昭通市镇雄县茶山煤矿有限责任公司茶山煤矿发生一起重大瓦斯爆炸事故，造成10人死亡、6人受伤，直接经济损失555万元。12月28日1时44分左右，楚雄州双柏县麻栗树煤矿岩子头矿井K9开拓延深水平（又称K9平硐）主运输大巷掘进工作面发生一起重大煤与瓦斯突出事故，造成11人死亡，直接经济损失831.67万元。

【制度建设】 2009年，全省以《云南省安全生产条例》、安全生产“一岗双责”、“两个主体责任”等为基础的安全生产法规制度框架初步形成。出台《云南省生产安全事故报告和调查处理规定》《云南省重特大安全事故应急处置办法》，建立事故预警、救援、处置联动机制。以扎实推进“责任政府”四项制度、全面落实“阳光政府”四项制度为契机，进一步完善了安全生产工作责任追究制度、听证制度、公示制度等制度。总结推广了重大隐患挂牌督办、投诉举报、企业承诺、用事故教训推动工作、安全生产“黑名单”、强制培训、重大危险源监控、严格执法等8项制度。

（唐陶　杨永耀）

循环经济

【概述】 2009年，省委、省政府高度重视循环经济发展工作，以落实科学发展观为指导，坚持生态立省和可持续发展战略，深入开展“七彩云南保护行动”，“全民节能　云南在行动”活动，有效推进九湖治理重点工程建设，滇西北生物多样性保护工作；各地、各部门结合实际积极研究并探索发展循环经济新路子，以《循环经济促进法》的实施为契机，大力推进以“减量化、资源化、再利用”为核心内容，以低消耗、低排放、高效率为基本特征的经济发展模式，在节能、节水、节材、资源综合利用、清洁生产等方面取得了新成效。

【产业结构调整优化】 云南省“十一五”产业结构调整总体思路是突出特色，发挥优势，着力构建竞争力强的工业产业群；构筑以烟草、现代能源、基础原材料、生物加工和装备制造五大产业为主体的现代产业体系，进一步做大烟草、电力和冶金三个主导产业，做强新能源、光电子、新材料和生物产业四个新兴产业，做优煤炭、化工、建材和轻工等传统产业，做精机械装备制造业。

2009年，全省以循环经济发展为着力点，进一步加大了产业结构调整力度，通过打破所有制限制，加大技改贴息力度，进一步简化和规范产权交易过程等措施，推行了投资主体多元化进程，大力推进优势资源向优势产业集聚，优势生产要素向优势企业集聚，优势产品向优势品牌集聚，优势企业向重点园区集聚等“四聚集”，促进了劳动力、资本、资源和技术有效结合，逐步形成集约化、集群化产业发展优势，集中力量培育了一批具有一定国际竞争力的大公司、大集团。通过加快烟草辅料进口替代产品的开发，积极进行产品结构调整，巩固和加强了烟草支柱产业地位。有色冶金行业向重点发展铅锌，积极发展铝，择优发展铜，深度开发锡，加快发展稀贵金属，优化钢材结构的基本构想发展。新型、轻型和柔性多功能建筑材料稳步发展；分步实施了糖和茶叶深加工技术改造，精密数控机床、特种电缆、硅太阳能电池和多晶硅材料等机电产品产量逐年增加。循环经济在行业、重点领域、产业园区得到迅速发展。

【资源综合利用率提高】 2009年，全省通过开展提高矿产资源开采回采率和共伴生矿产资源综合利用率，加强对废渣、废水、废气、余热、余压产生的综合利用监督管理，鼓励产业间、企业间积极开展利用工业排放废物为原料的生产活动，支持不同行业企业通过资源链、加工链和产品链的延伸耦合，实现资源→废弃物→资源的循环利用，以及社会化废旧物资回收、再利用等一系列活动，云南省资源节约和综合利用效率逐年提高。

2009年，万元工业增加值能耗从2005年3.55吨标准煤下降为2.69吨标准煤，比2005年下降了24.28%；万元工业增加值用水量从131立方米下降到105立方米，下降了19.85%；工业固体废弃物综合利用率54%，比2005年35%提高了19个百分点；城市污水集中处理率60%，比2005年39.5%提高了20个百分点；城市生活垃圾无害化处理率65%，比2005年41.9%提高了23个百分点。

【清洁生产有效推进】 至2009年底，全省16个州市成立了推行清洁生产的领导和工作机构，启动和开展了清洁生产。几年来，全省以工业企业为主体，各级政府、有关部门和清洁生产中介机构组织的各种清洁生产培训在1 000次以上，参加学习培训人员在70 000人次以上，省级已培训清洁生产审核师、审核员2 000多人，清洁生产中介机构培训了企业内部审核员12 000人。启动和实施清洁生产的企业超过3 000家，涉及化工、建材、钢铁、冶金、造纸、轻工等20多个行业，分布在全省15个州市。全省已有近400家企业通过了清洁生产审核验收，30多家企业通过了强制性清洁生产验收，3家企业通过了清洁生产合格单位验收。

【循环经济试点】 至2009年末，全省积极推动首批20家企业（单位）开展循环经济试点工作，为探索建立不同行业、不同领域、不同区域循环经济发展的有效模式发挥了试点示范作用。昆明钢铁控股有限公司截至2008年底投资2亿多元，完成节能减排项目29项。为强化管理，努力做好节能减排和循环经济工作，实施管理机构整合，优化组织结构，挂牌成立了昆钢节能减排中心。先后举办各级管理人员和工程技术人员循环经济培训班25期，参培人数上千人。增强了广大员工的循环经济理念、环境忧患意识、节能减排责任感。云天化集团有限责任公司建立完善了原材料及能源消耗能源收支平衡月报表报送、企业能源利用季度报告、定期上报环境资源利用、集团各生产企业能源审计等一系列工作机制，有力地推进了循环经济发展。临沧南华晶莹糖业有限公司制定出台了《云南临沧市晶莹糖业有限责任公司清洁生产审核工作实施方案》。8个糖业公司和1个纸业公司共实施完成清洁生产方案932个（其中无／低费方案890个，中／高费方案42个），并全部分别通过清洁生产强制和自愿审核验收。使各子公司生产管理中节能、降耗、减污、增效水平明显提高。以蔗渣、废弃物和废糖蜜综合利用为特征的“三条循环经济链”建设，为全省蔗糖业发展循环经济做了积极探索。开远市工业示范区积极开展循环经济，园区自然环境、社会环境大为改观。2009年与2003年相比，大气污染物二氧化硫排放量减少14.6%，烟尘排放量减少47.2%，工业粉尘排放量减少39.2%。祥云飞龙实业有限责任公司对铅锌冶炼固体废渣中银、铅、锌、铟、镉等10多种有价金属元素进行综合回收，生产废水全部循环利用。实施“氧化锌矿出渣和高杂质氧化锌矿提锌技术”攻关项目，经专家组评审鉴定，成果为国内领先，国际先进。云铝公司推进技术创新，使原铝交电单耗达到13 300kWh/t·Al以下，创造了全国最好指标和世界一流水平，被命名为“国家环境友好企业”。

年内，在积极推进循环经济试点示范工作，建立能耗指标公报制度、完善能源统计体系，淘汰落后生产能力、促进节能降耗，扩大差别电价实施范围、加大差别电价实施力度，开展节约生产、清洁生产的基础上，全省倡导绿色消费、着力构建节约型消费模式。2008年以来，先后组织完成“云南省发展循环经济，实现节能减排战略研究”“云南省季度地区能源消费总量核算方案课题研究”“云南省工业清洁生产发展战略研究”“云南省发展低碳经济规划研究”等课题，向省政府上报了《关于加快推进全省磷石膏粉煤灰资源化利用有关情况的报告》，不断探索云南特色发展循环经济新路子。

（省发改委资源环境处）

支柱产业

主　　编　方爱琴
责任编辑　李红菊

综　述

2009年，全省五大支柱产业呈平稳较快发展态势。其中烟草制品业实现增加值689.82亿元，比上年增长11.4%；电力实现增加值242.36亿元，增长16.6%；矿业实现增加值670.57亿元，增长6.34%；生物产业（含烟草制品业，下同）实现增加值2 070亿元，增长5.0%；旅游业实现增加值380亿元。五大支柱产业增加值占GDP比重分别为11.2%、3.9%、10.9%、33.6%和6.2%，五大支柱产业增加值合计占GDP比重超过五成。

2009年，按照国家“卷烟上水平”要求，着力抓产业链竞争力提升。以优质原料保障优质品牌，以科技创新和基础管理支撑品牌，以市场营销拓展品牌，全面提升品牌市场竞争力，确保结构稳定提升和销量扩大。年卷烟产量691.58万箱，实现增加值689.82亿元，比上年增长11.4%，占GDP比重为11.2%，占规模以上工业的比重为63.7%；烤烟产量87.8万吨，增长4.6%，仍是拉动全省工业发展的主力军之一。积极开拓国际市场，“向国际市场跨越”取得新成绩。2009年，境外工厂6家，产量近10万箱，比上年增长1倍；省内生产出口烟9.08万箱，增长20.26%。强化基础管理，各项管理上水平。在行业40项“对标”指标中，效率、能耗、费用指标优于全国平均水平，下半年成本指标中优于全国平均水平的指标比上半年增加2项。现代烟草农业建设、新烟区建设和特色优质烟叶开发不断推进。2009年烟草行业经济运行情况良好。产、销量同比增长，一、三类烟比重提升。全省产量完成691.58万箱（其中内销烟682.5万箱，同比增长1.56%；出口烟9.08万箱，同比增长20.26%），比上年增长1.77%；调拨销量完成688.26万箱，比上年增长2.06%。销量中，一类烟91.74万箱，增长19.30%，比重13.33%，同比上升1.93个百分点；三类烟306.6万箱，增长10.07%，比重44.55%，同比上升3.24个百分点。重点品牌市场价格走势平稳，销量扩大。“玉溪”“云烟”“红塔山”“红河”4个重点品牌省内产量完成499.44万箱，同比增长12.49%。全国商业销量完成604.95万箱，比上年增长20.74%。其中，“玉溪”品牌产销量突破50万箱，迈上一类烟超50万箱新台阶，在全国一类卷烟中位居第三；“云烟”品牌结构明显提升，单品牌实现税利突破200亿元；“红塔山”“红河”品牌规模超过200万箱，在全国三、四类卷烟中均位居第一名。实现税利同比增长。全省实现税利621.47亿元，增长7.70%。其中，税金518.74亿元，增长11.52%；利润102.73亿元，减少8.18%。基础管理水平不断提升，成本费用有所控制。卷烟企业成本率为26.51%，同比下降0.24个百分点；三项费用率为9.01%，同比下降0.13个百分点。2009年全省能源生产总量预计达7 660万吨标煤，消费总量达7 740万吨标煤。全省完成电力投资约700亿元，煤炭建设投资60亿元，电力装机规模3 195万千瓦，新增装机610万千瓦，年发电量1 186亿千瓦时，云电送广东256亿千瓦时，电力产业增加值236亿元左右，分别比上年增长15.6%、17.4%、23.9%、54.8%、14.1%、44.6%、16.1%。煤炭产量8 921万吨，比上年增长3.04%。能源支柱地位凸显，能源工业增加值预计380亿元，占全省GDP的6%；能源建设持续快速发展，在建电力装机容量2 440万千瓦、在建大型煤矿生产能力1 120万吨/年、新增成品油管输能力290万吨/年、成品油储备能力增长23.2%；具有年调节能力的水电装机容量比重由6%提高到37%；大火电结构全国最优，30万千瓦以上机组占燃煤公用电厂机组总容量达到93%，20万千瓦以上脱硫机组比例达100%，分别远远高于全国62.7%、70%的平均水平；世界首座±800千伏特高压直流输电工程投运，西电东送实现特高压、大容量和交直流混联送电；国债资金争取创新高，共争取扩大内需中央预算内投资计划资金44.4997亿元，争取国债资本金8.78亿元；民生工程全面推进，全省农村户表改造率达75%，累计解决无电人口73万户；政策研究进一步深化，编制完成《云南省能源产业发展规划》等4个规划和10多个专项研究；电力体制改革积极推进，基本实现"一张网全覆盖"目标；能源国际合作全方位推进，中缅两国合作在缅甸建设水电站顺利推进，中老115千伏、中缅两国220千伏电力通道相继建成，对越南、老挝签订售电合同，中缅油气管道缅甸境内段开工，能源产业成为把云南建设成中国向西南开放桥头堡的先遣力量。云南第一台60万千瓦脱硫机组投产；在建火电机组参数实现亚临界向超临界跨越；云南第一个沼气发电并网；全国规模最大的昆明石林大型太阳能并网光伏实验示范电站年底投产3 000千瓦；缅甸瑞丽江一级水电站投产发电，首次实现境外电力回送国内；云电外送新开向老挝115千伏送电；国家储备局成品油布点云南；国家能源局已将澜沧江上游移民群众脱贫致富和生态环境保护纳入水电项目开发目标；大型电力装备工业引进取得突破，全国电力装备生产两大巨头之一哈电集团进入云南。电力生产和供应业实现增加值242.36亿元，增长16.6%。

2009年，全省矿产业完成增加值670.57亿元，增长6.34%；矿业增加值占GDP比重为10.9%，占规模以上工业比重为17.9%。其中，有色产业实现增加值152.74亿元，增长3.6%；黑色产业实现增加值97.76亿元，增长9.1%。十种有色金属产量为215.80万吨，下降0.4%；粗钢1 049.059万吨，增长16.4%；钢材973.30万吨，增长16.3%；原煤8 921.02万吨，增长3.0%；焦炭1 456.52万吨，增长4.7%；化肥356.73万吨，增长5.5%。为促进矿产业持续健康发展，整顿和规范矿产资源开发秩序力度加大。"六乱"（乱占、乱采、乱卖、乱批、乱收、乱管）蔓延势头得到有效遏制。引导矿产业结构优化升级。组织实施好中铝云南铜业集团10万吨铜深加工项目、美铝铝深加工项目前期工作及文山氧化铝、云铝铝深加工、云南磷化集团450万吨/年中低品位采选等重点在建项目建设。

2009年，全省生物产业以引进战略投资者、促进基地规模化、推进产品深加工、增强科技支撑力、扩大市场占有率、提高品牌竞争力为重点任务，重点培育烟草、畜产品、蔬菜、茶叶、薯类、生物药、蔗糖、花卉、木本油料、橡胶、水果、木竹加工及浆纸12类优势生物产业，带动农业结构优化升级。生物产业（含烟草制品业）实现增加值2 070亿元，增长5.0%。优势特色农业发展势头强劲。预计油料、蔬菜、马铃薯、甘蔗、茶叶、橡胶、水果、蚕桑等作物面积达到4 600万亩、增加280万亩。冬季农业开发完成1 975.3万亩，比上年增加108.3万亩，增长5.8%；总产值149.1亿元，比上年增加16.9亿元。全年蔬菜产量1 215.5万吨，增长4.2%；茶叶产量18万吨，增长5.1%；橡胶产量30.2万吨，增长17.4%；鲜切花产量56亿枝，增长5.9%。畜牧业生产稳定发展。面对甲型H1N1流感、主要畜产品价格持续下跌等不利因素，全省认真贯彻有关扶持政策，积极引导畜牧业发展，防止生产出现大起大落，畜牧业生产仍然保持平稳发展势头。预计全年肉类产量421万吨、奶类产量57万吨、禽蛋产量33万吨，同比分别增长6.5%、8.3%、9.1%；水产品产量可达45.5万吨，增长15.6%。农业产业化经营稳定发展。除烟草外的农产品加工产值700亿元，增长17%，加工转化率38%，比上年提高1个百分点。产业化龙头企业1 960家、增加13家，农民专业合作组织4 500家、增加460家，产业化经营组织实现销售收入510亿元、增长10%。农产品质量安全水平稳步提升。农业标准化建设继续推进，农产品质量安全监督管不断加强，无公害农产品产地累计认定2 612万亩，新增1 150万亩；无公害农产品、绿色食品和有机食品"三品"认证1 550个，新增260个；农产品质量安全抽检合格率稳定在95%以上，全年未发生重大农产品质量安全事故。优势特色农产品出口逆势高速增长。蔬菜、咖啡、水果、花卉、茶叶等产品出口增势强劲，全年农产品出口9.72亿美元、增长21.6%，在全省外贸出口总额中比重达21.5%，成为2009年云南外贸出口的最大亮点。

2009年，全省旅游"二次创业"和改革发展取得重要进展，国家发展改革委批复《云南省旅游产业发展和改革规划纲要》，国家旅游局把云南确定为全国旅游产业改革发展试点省，启动实施腾冲、抚仙湖、洱海等旅游综合改革发展先行试验。引进一批国际知名酒店管理公司，推进160个旅游重大项目建设，完成一批旅游小镇和50个旅游特色村改造，启动西双版纳热带雨林、丽江老君山国家公园和元阳哈尼梯田景区建设。全年全省接待海外入境游客577.8万人次，实现旅游外汇收入11.72亿美元，分别比上年增长13.1%和16.9%；接待国内旅游者1.2亿人次，增长17.3%；国内旅游收入730.66亿元，增长22.9%。全省实现旅游业总收入810.73亿元，增长22.2%，旅游业实现增加值380亿元。

（省发改委综合处）

烟　草

【概述】　2009年，全省烟草公司系统紧紧围绕“烟叶防过热、卷烟上水平、税利保增长”的目标任务，坚定信心，扎实工作，全年实现税利160.1亿元，同比增加25.3亿元，增长18.8%。其中，实现利润89.4亿元，增加9.5亿元，增长11.9%；实现税金70.7亿元，增加15.8亿元，增长28.8%。继续保持健康稳定发展良好态势。

【烟叶生产与收购】　2009年，全省收购烤烟1 768.42万担。其中，计划内烟叶1 643万担，丰产烟叶125.42万担，收购晾晒烟48.3万担；烟叶收购总值137.68亿元，同比增加12.73亿元，增长10.2%；实现烟叶税30.29亿元，增加2.8亿元，增长10.2%。全省种植面积561.7万亩，同比减少2.1万亩。

【烤烟生产管理】　2009年，全省烟叶种植轮作面积和集中度进一步提高。全省轮作面积512.3万亩，占种烟面积的90.7%，同比提高5个百分点；户均种烟面积11.6亩，同比提高6亩。加大先进实用技术推广应用力度，重点抓好“深耕深翻高起垄、高茎壮苗深栽、适时揭膜促管理、适时封顶留足叶片”4项关键实用技术落实，生产水平明显提高，全省实现100%漂浮育苗；机械深耕面积352.9万亩，比上年提高11.7个百分点；测土配方施肥覆盖面积444.1万亩；加大农家肥施用，亩施农家肥500千克以上的种烟面积达到463万亩，占种烟面积的82.4%；揭膜培土面积310.4万亩，占地膜覆盖面积的69.5%，比上年提高2.6个百分点。

【生产组织】　2009年，全省发展种烟专业户26万户，家庭农场713个，专业合作社441个，种植合作社552个，各种新型生产组织形式种植面积423.6万亩，占全省种植面积的75.4%。完善专业化服务体系，建成育苗工场9 299个，实现100%商品化供苗；建成烘烤工场2 990个，密集烤房3.56万座，可承担72万亩烟叶烘烤；建立机耕专业队1 067个，起垄专业队506个，施肥专业队3 469个，植保专业队2 067个，烘烤专业队3 027个，有效降低了劳动强度，提高了生产技术到位率。

2009中国云南国际优质烟叶开发高级专家咨询评审会专家在临沧考察

（省烟草公司　提供）

【特色烟叶】　2009年，全省共落实国家烟草专卖局特色优质烟叶开发项目点31个，种植面积47.1万亩。落实特色品种种植面积300多万亩，其中红花大金元80万亩，美引品种和津巴布韦引进品种48万亩，K326品种172万亩。大力发展区域特色，建设北回归线区域生态特色优质烟叶战略基地。努力开拓国际市场，全年共出口烟叶7.31万吨，创汇2.3亿美元。全等级出口优质烟叶研究与开发项目的烟叶质量得到国外用户认可，开始进入国际主流卷烟主配方。

2009年7月25～26日，由云南省烟草公司、津巴布韦烟草研究院和天泽烟草有限责任公司主办“2009中国云南国际优质烟叶开发高级专家咨询评审会”。来自联合国、津巴布韦烟草协会、津巴布韦烟草研究院、联一国际公司、环球烟叶公司、英美烟草公司和全国烟草行业的24名专家对云南烟叶给予高度评价。2009年12月，云南省烟草公司同津巴布韦烟草研究院签订战略合作协议。

【现代烟草农业】　2009年，全省进一步加大现代烟草农业投入力度，扩大试点范围，由以村为试点扩大到以乡镇和县为试点。全省10个试点规划基本烟田75.3万亩，种植烤烟28.1万亩。按照现代烟草农业“一基四化”总体要求，加大烟水、烟路、密集烤房、农机具、烟站、育苗设施、防雹点、信息化综合配套，提高了建设水平，发挥了综合效果。全省试点区域亩均产值2 602元，比大面生产增加208元；每亩用工17.8个，比传统烟叶生产减少17个左右，减工增效600～800元。

年内，全省充分发挥烟草行业的带头、骨干和示范作用，把现代烟草农业试点建设与中低产烟（粮）田地改造相结合，高标准推进基本烟田建设，完成中低产田地改造面积73.29万亩，超额完成年度改造任务，涌现出马龙己沃、江川雄关、文山回龙、景谷永平、临沧博尚、腾冲明光等一批中低产田地改造典型。全省新建烟水工程7 970件，受益面积125万亩；新修机耕路928千米，受益面积39万亩；新建密集烤房3.56万座。马龙己沃和江川雄关整合力量、整合资源、整合资金，成为全省中低产田地改造样板。

烤烟种植　（柴峻峰　摄）

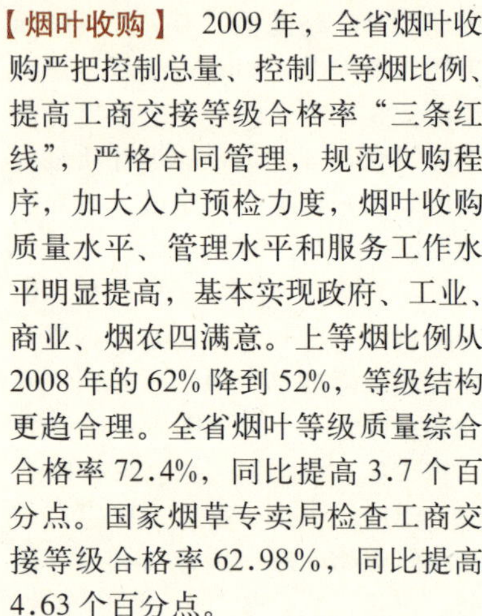

【烟叶收购】 2009年，全省烟叶收购严把控制总量、控制上等烟比例、提高工商交接等级合格率“三条红线”，严格合同管理，规范收购程序，加大入户预检力度，烟叶收购质量水平、管理水平和服务工作水平明显提高，基本实现政府、工业、商业、烟农四满意。上等烟比例从2008年的62%降到52%，等级结构更趋合理。全省烟叶等级质量综合合格率72.4%，同比提高3.7个百分点。国家烟草专卖局检查工商交接等级合格率62.98%，同比提高4.63个百分点。

【复烤企业重组整合】 2009年，省烟草公司将全省8家复烤企业整合成立云南烟叶复烤有限责任公司，并顺利完成复烤公司组建工作，烟叶复烤体制改革取得突破。

【新烟区开发】 2009年，全省新烟区基地单元坚持现代烟草农业建设理念，多渠道整合资金、大规模整合土地资源、高规格进行烟田建设、全方位转变生产形式、高标准组织烤烟生产，投入烟草行业补贴资金3.31亿元，新建基本烟田23万亩，正在发展成为全国重要的烟叶战略基地。新烟区种烟面积24.7万亩，户均种植规模17.03亩。通过择优布局、省内调剂，全省将新烟区新增计划调整为63万担，按5万担一个基地单元规划布局的文山、普洱、保山、临沧4州市12个县，与11个工业企业共建12个品牌导向型基地，实现将新烟区布局安排在自然条件好、烟叶有特色、发展有潜力、工业需求大的目标。新烟区与对口卷烟工业企业签订协议、成立基地建设办公室和烟叶原料联合研究室，开展技术联合攻关；加深工商对接，构建“基地共建、生产共抓、资源共享、品牌共创、发展共赢”的工商合作新格局，率先建成一批骨干品牌导向型原料基地。各基地单元全面实现“100%连片种植、100%轮作”。在省内烟叶收购等级质量抽检中，新烟区4州市平均综合合格率74.4%，高于全省平均水平。

【卷烟营销】 2009年，云南省烟草部门坚持“抓市场、提结构、促服务、强网建”，突出抓好“保牌、稳价、规范、增效”工作，全年销售卷烟157.04万箱，同比增加6.1万箱，增长4.1%。全省卷烟单箱含税销售收入1.58万元，增加1 292元，增长8.9%；实现税利47.7亿元，增加7.41亿元，增长18.4%。全国“20+10”重点骨干品牌销售112.68万箱，占总量71.75%，增长15.52%，重点骨干品牌集中度进一步提高。零售客户满意度达到90.5%。以订单满足市场真实需求，推进订单供货工作，提高订单满足率、预测准确率和工业企业满意度。加强规范经营，全面推广货源自动分配系统，促进货源公平、公正、公开透明投放，保证了零售户合理利益，非市场因素影响得到有效克服。全省农网零售客户达到8.9万户，农网覆盖率由上年的68%提高到80%，农网零售户订货量由上年的52.4%提高到55.6%。全省实现网上订货客户6.68万户，占比42.3%。工商协同营销取得突破性进展。与全国14家工业企业第一时间实现信息互通互动，达到工商双方共同快速响应市场。全省有5家州（市）公司与省内两大工业集团积极开展工商物流一体化建设试点。

【专卖管理】 年内，全省烟草部门配合有关执法单位严厉打击非法经营烟叶违法犯罪活动。加强对烟叶生产内部监管工作，对烟叶生产合同签订、计划落实、籽种发放、烟苗供应、大田移栽、烟叶收购等各个环节都逐一进行监督检查，从烟叶生产源头上加强控制；开展打击非法经营烟叶活动专项行动，严厉打击非法收购、倒卖烟叶，非法加工、倒卖烟丝；加强了路堵、路查工作，对通过铁路、民航非法运输烟叶、烟丝活动予以及时打击；从源头上防止丰产烟叶流入地下制假窝点。加大对非法收购、储存、加工、运输、倒卖烟叶、烟丝活动打击力度。探索借助缉毒缉枪警务站工作职能，建立由烟草专卖部门与缉毒缉枪警务站“两烟”打假打私联合工作机制，确保烟草专卖部门与缉毒缉枪警务站联合打假打私工作有效开展。始终保持“两烟”打

假打私高压态势，2009 年共出动打假打私人员 14.2 万人次，破获 18 起网络案件，查处各类涉烟案件 1.3 万起。其中假冒卷烟案件 2 546 起，假冒卷烟 6 982 万支，走私烟 298 万支；查获烟叶、烟丝 3 923 吨，查获烟草机械 19 台，刑拘 950 人，追究刑事责任 532 人。同时，各级烟草专卖局建立以落实专卖执法责任制评议考核制度、专卖执法错案追究制度、专卖执法监督检查制度、案卷审查制度、专卖执法案件移送制度和规范性文件备案审查制度等为核心的专卖执法责任制度体系，严格开展执法责任制运行情况检查考核，完善了专卖执法责任制。

【科技创新】 2009 年，全省加强科技创新体系建设。初步建立省烟草专卖局（公司）科技管理部门—云南烟草农业科学研究院—州（市）公司生产技术中心—基层技术推广站为主体的四级科技创新体系。全省 12 家烟叶产区州（市）公司和 2 家香料烟、白肋烟公司相继成立烟叶生产技术中心，科技创新各有特色。完善基层站点科技服务体系，提升烟叶生产科技水平和服务水平，激活科技创新激励机制。从完善考核机制和激励机制入手，建立了一整套以“科学技术突出贡献奖”为引领，“科技进步奖”为基础，“创新工作先进个人”奖励为补充的梯级科技创新激励体系，充分调动广大科技人员自主创新积极性。在云南烟草科学技术大会上，授予李永平、单沛强“首届科学技术突出贡献奖”，授予 28 位“首届创新工作先进个人”荣誉称号。加强科技队伍建设。加大优秀人才选拔任用力度，完善青年科技人才选拔和培养制度，积极打造科研团队，培养了一批具有较强创新能力的学科带头人和科技骨干。同时，建立“科学技术专家库”和“科技人才信息库”及相应管理办法，切实加强科技人才管理。着力实施重大科技专项。2009 年，已筛选出适合云南新烟区种植的 KRK26 品种，该品种受到多家重点工业企业高度关注。加大科技成果应用推广力度，云烟新品种中云烟 97 在全国推广面积达 122 万亩；云烟 85 和云烟 87 种植面积分别达 198.1 万亩和 324.3 万亩，占全国烟叶种植面积的 19.1% 和 32.2%。加强烟蚜茧蜂防治烟蚜和砂培育苗技术推广，砂培育苗技术在全省安排 67 万亩示范，取得较好效果。全省集成推广的关键实用技术到位率明显提高，烟叶品质和可用性不断提升。全省烟叶标准化生产面积已达 90%。加强烟草农业机械研发和信息化建设，有力支撑了现代烟草农业。

（曾尔庆）

烟叶喜获丰收　（李华海　摄）

【中烟公司】 2009 年，云南中烟工业公司面对国际金融危机严重冲击、卷烟“价税财联动”政策重大调整和卷烟市场更加激烈的竞争带来的困难和不利影响，以深入开展学习实践科学发展观为动力，按照“打牢基础、优化结构、整合资源、科技引领、永攀高峰”的工作思路，坚决贯彻落实国家局党组提出“烟叶防过热、卷烟上水平、税利保增长”的主要任务，紧密结合实际，全面抓好“保牌、稳价、规范、增效”各项措施具体落实。以“卷烟上水平”为主要工作目标，狠抓产业链整体竞争实力提升，以优质原料保障品牌，以科技创新和强化管理支撑品牌，以市场营销扩展品牌，确保卷烟品牌竞争力稳步提升。经过系统全体员工艰苦努力，各项工作取得明显成效。全系统实现税利 642.9 亿元，同比增加 48.38 亿元，增长 8.1%；省内全年实现税利 621 亿元，同比增加 44 亿元，增长 7.6%，比年初确定增长 40 亿元的目标增加 4 亿元。

2009 年，红云红河集团获“全国五一劳动奖状”，新疆卷烟厂获“全国文明单位”，烟机公司获“云南省五一劳动奖状”；5 人获“全国烟草行业劳动模范”称号，2 人获“云南省五一劳动奖章”。

经济运行　2009 年，云南中烟公司按照“做强一类烟，发展二类烟，做大三类烟，过渡四、五类烟”品牌发展思路，努力转变经济发展方式，不断提高卷烟结构。全系统完成卷烟生产 733.5 万箱，调拨销售 730 万箱，实现云南卷烟国内销售规模达 911.64 万箱，增长 2.83%。其中省内完成内销卷烟生产 682.5 万箱，增长 1.77%，省外完成 42 万箱，增长 16.57%。外销卷烟生产 17.24 万箱（其中一般贸易出口生产 9 万箱，境外加工 8.24

万箱），增长37%。新疆和乌兰浩特卷烟厂合计实现税利21.5亿元，同比增长22.7%。物资集团、兴云公司、烟机公司分别实现税利2.87、2.7和0.19亿元，同比增长4.56%、83%和107%。

卷烟品牌　2009年，全省实现“玉溪”品牌销量52.43万箱、增长29.19%；“云烟”销量140.04万箱、增长13.49%；“红塔山”销量213.56万箱、增长29.29%；“红河”销量198.92万箱、增长15.76%。四大重点骨干品牌省内累计完成产量499万箱，增长12.5%，占总产量比重为72%，同比提高6.89个百分点，实现历史性突破。实现全员人均销售收入243.62万元，同比提高4.85%。建立营销激励机制，重奖一线销售人员816人，鼓舞了士气。省内企业成本占销售收入比率和三项费用率分别为26.51%和9.01%，下降0.24和0.21个百分点；省内卷烟企业万元产值和万支卷烟综合能耗分别为14.97和3（千克标准煤），同比下降19.34%和9.07%。

重点工作　2009年，中烟公司各项重点工作稳步推进。全年累计实现卷烟（烟丝）销售收入15.2亿元，同比增长17%，进出口总值1.45亿美元，同比增长12%。开展深入学习实践科学发展观活动取得实效，共开展专题调研21项，收集意见和建议4 880条，制定整改方案36个，新制定和修改完善基础制度和规定26项。不断加强惩防体系建设，全年组织观看警示教育片100余次，修改和完善党风廉政建设等40多项规章制度。队伍建设取得新成果，169名中高层管理干部脱产12天分3期参加素质提高培训班，完成“三年三百”教育规划共培养青年骨干338人，举办各种内部培训班1 011个班次、63 586人次。实施1 932人的特有工种鉴定，新增高级工468人、技师44人、高级技师4人。企业员工1人获“全国技术能手”称号，6人获“烟草行业技术能手”称号，18人获“云南中烟技术能手”称号。走访慰问老干部等118人，慰问离退休人员近1 900人，共建设老年活动中心（站、室）30个，日均活动人数3 000多人，参加老年大学488人。

7月8日，云南省副省长曹建方与云南中烟公司总经理张水长调研考察烤烟引进新品种
（中烟公司　提供）

科技创新　2009年，云南中烟工业公司继续采用集中项目、集中资金、集中人才的“三集中”思路开展科技创新。新启动公司级科技攻关项目24个，延续以前项目32个，安排年度科技经费9 000多万元。形成创新突破合力，卷烟集团技术中心和研究院进一步整合科研资源，有效激发科研人员积极性，完成国家局安排的78个牌号197个规格的国产卷烟样品，及省内外卷烟企业委托近100个品牌（规格）样本“7种成分”的分析检测，完成省内29个品牌（规格）产品的主要在用辅料中的成分普查，培训省内外卷烟企业检测人员38人。形成一批具有自主知识产权的专有技术和专利产品，确定对卷烟添加剂及辅料安全性评估程序中的技术关键点和标准操作方法，推出多款低焦低害的“红塔山”“云烟”新规格产品。在瑞丽试种了5种、共6.8亩热带香原料植物，对其中3种进行部分采收，提取试验、成分分析和香型辨识，下步将进行小样加香试验。云南烟草科学研究院在公开刊物发表科研论文11篇，报送CORESTA、TSRC论文5篇。云南中烟中心数据库经过专家组及应用部门测试验收已上线运行，完成公司本部及集团层面统一会计核算标准的基础系统建设并全面上线运行，行业内部ERP系统建设已全面展开，将逐步形成统一高效的管控平台。烟叶原料工作取得较大进步，省内烟叶资源配置方式改革全面启动，省级层面的品牌导向型原料基地建设开局良好，通过各卷烟集团“主动参与、深度介入”省内9个基地县25个单元，主导了基地烟叶品种布局、主要栽培技术和烟叶内在质量控制。全年完成美国引进品种推广种植38万余亩，调拨121万担。

全年公司级科技项目有22项通过鉴定，6项通过验收，所承担云南省和国家局下达的科技计划项目中有6项通过鉴定或验收，申报行业标准项目39项。获得中国烟草总公司科技进步奖二等奖1项，获得云南省科技进步奖7项，其中一等奖1项、二等奖2项、三等奖4项。年度申请专利49项，获得授权32项，其中申请发明专利27项，获得授权16项。

（晏江）

【红塔集团】 红塔烟草（集团）有限责任公司前身是玉溪卷烟厂，1995年改制为玉溪红塔烟草（集团）有限责任公司，2005年12月2日，正式更名为红塔烟草（集团）有限责任公司（以下简称“红塔集团”）。截至2009年底，红塔集团以母分公司形式拥有云南省内玉溪卷烟厂、楚雄卷烟厂、大理卷烟厂、昭通卷烟厂4家不具有法人资格的生产厂；控股海南红塔卷烟有限责任公司、红塔辽宁烟草有限责任公司、香港红塔国际烟草有限公司、老挝寮中红塔好运烟草有限公司；参股吉林烟草工业有限责任公司。拥有云南红塔集团有限公司和云南红塔烟叶物资有限责任公司2个全资子公司。红塔集团拥有总资产684.98亿元，其中，固定资产净值65.67亿元、流动资产378.87亿元，资产负债率为17.53%。红塔集团（含玉溪、楚雄、大理、昭通卷烟厂）共有在岗员工9 929人。其中博士研究生学历8人、硕士研究生学历257人、本科学历1 788人，专业技术聘任人员3 698人，高级技师13人、技师684人。

2009年，红塔集团被国务院国资委授予“2008年度信息报送先进单位”、“2009年重点企业信息报送先进单位”荣誉称号；被国家统计局云南调查总队授予“2008年度云南省企业（集团）统计工作先进单位”、“2009年企业集团监测调查统计一等奖”、“采购经理统计调查二等奖”；被国家统计局授予“2007年全国投入产出先进单位”；被云南省人民政府授予“云南省标准化工作贡献奖”；被云南省质量协会、云南省总工会、中国共产主义青年团云南省委员会、云南省科学技术协会、云南省妇女联合会联合授予“2009年云南省质量管理小组活动优秀企业”；被中国文化管理学会授予“中国文化管理十佳单位”荣誉称号。“红塔山”卷烟品牌在《新世纪周刊》主办的第四届“和谐·责任”爱心品牌评选中，被评为第四届“和谐·责任”爱心品牌。同年，红塔集团技术中心被中华全国总工会授予“全国女职工建功立业标兵岗”荣誉称号。

卷烟生产经营 2009年，红塔集团（省内玉溪、楚雄、大理、昭通卷烟厂）生产卷烟1 697.45亿支（339.49万箱），比上年增长2.12%。内销卷烟生产1664.5亿支（332.9万箱），比上年增长1.87%。销售卷烟1 678.65亿支（335.73万箱），比上年增长2.9%。内销卷烟1 646.7亿支（329.34万箱），比上年增长2.72%。增长275.34%；五类烟8亿支（1.6万箱），下降45.95%。

全年红塔集团本部及省内四厂实现销售收入402.39亿元，同比增长10.42%。实现税利300.2亿元，同比增长10.08%，其中，税金260.75亿元，同比增长15.64%；利润39.44亿元，同比下降16.46%。三项费用率为9.95%。控股企业红塔辽宁烟草有限责任公司生产卷烟260.5亿支（52.10万箱），比上年下降0.31%；实现税利27.36亿元，增长9.31%。海南红塔卷烟有限责任公司生产卷烟82.5亿支（16.5万箱），比上年增长6.93%，实现税利7.12亿元，比上年增长15.21%。

参股多吉林烟草工业有限责任公司生产红塔集团品牌卷烟69.7亿支（13.94万箱），比上年下降25.05%。

科技创新 红塔集团技术中心成立于1997年，1998年被国家经贸委、国家海关总署、国家税务总局认定为“国家级企业技术中心”。2001年5月，经国家人事部、全国博士后管理委员会批准设立企业博士后科研工作站。2003年3月，技

红塔集团 （田平 摄）

术中心质量监督检测站通过中国实验室国家认可委员会，成为国家认可实验室，并于2008年再次通过中国合格评定国家认可委员会(CNAS)现场复评审。技术中心下设综合管理科、产品研究开发一室、产品研究开发二室、香精香料研究室、原料研究室、工艺技术科、工艺管理科、产品策划室、烟草化学研究室、质量监督检测站10个职能科室（站）。

2009年，技术中心不断增强创新能力，突出产品特色，提高产品质量，提升产品市场核心竞争力，在减害降焦、产品研发、原料研究、特色工艺推广、卷烟品牌许可生产均质化加工等方面取得显著成效。申请专利7项（发明专利1项，实用新型专利6项），获实用新型受理专利3项，获实用新型授权专利4项；发明专利初审合格5项，发明专利进入实质审查5项。发表科技论文78篇（国内核心期刊76篇，国际重要期刊SCI源刊2篇），参与制定标准52项（国际标准1项，行业标准4项，企业标准47项）。年内，申请国家局、云南中烟工业公司鉴定项目14项，获奖14项，其中：国家烟草专卖局科技进步奖二等奖1项，云南省科技厅科技进步奖三等奖3项，云南中烟工业公司科技进步奖10项。

红塔集团技术中心在国家发展和改革委员会公布国家认定企业技术中心年度评价结果名列全国烟草行业第一位，首次排名云南省企业技术中心第一位。

多元化经营　云南红塔集团有限公司原名为云南红塔（集团）总公司，1993年11月10日成立，注册资本56亿元。1996年1月29日，云南红塔（集团）总公司申请注销的同时改制为云南红塔实业有限责任公司；2001年7月24日，公司更名为云南红塔投资有限责任公司；2003年12月25日，公司又更名为云南红塔集团有限公司，为红塔烟草（集团）有限责任公司全资子公司，负责红塔集团多元化经营管理。目前，云南红塔集团有限公司已发展成为跨行业、跨地区、跨所有制经营的集团化企业，投资项目涉及能源、交通、金融、化工、酒店、医药、建材机电、汽车等多个领域。云南红塔集团有限公司内设能源交通、机电建材、物业管理、计划财务、轻化工管理、综合管理6个科。至2009年，云南红塔集团有限公司全资、控股和参股的投资项目69个，公司本部累计实现利润46.49亿元，其中09年公司本部实现利润3.3亿元。

2009年，云南红塔集团有限公司在继续加快处置不良资产，努力盘活存量资产的同时，不断加强对多元化存续企业的监管与考核，努力做实做强被列入“强身圈”的企业，做到瘦身与强身“两手抓、两不误”，大部份投资企业经受住了全球金融危机的严峻考验，实现了经济效益和社会效益双丰收。

企业文化　2009年，红塔集团紧密围绕“促进文化落地”的企业文化建设核心工作，大力推进母子文化建设，以行业行为规范建设试点工作为契机，推动集团行为文化建设“上水平”。制定下发《红塔集团深入推进母子文化建设指导意见》，加强对各生产厂子文化建设的管理和指导，深化母子文化建设；以玉溪卷烟厂、红塔辽宁公司为试点，积极推进子文化系统建设，开展红塔母子文化建设交流活动，加快省内四厂、四大中心的子文化系统建设进度；深入开展红塔文化架构体系宣贯活动，围绕行业文化架构体系和红塔文化理念体系，持续有效地进行红塔文化宣讲和培训；启动行业行为规范文化建设试点工作，形成红塔集团行为规范试点建设实施方案，初步提炼企业窗口岗位和技术研发人员、市场营销人员、原料供应人员的职业行为规范。

公益事业　2009年，红塔集团热心社会公益事业，全年累计为公益事业捐款近7 000万元。其中，向楚雄州“7·9”地震灾区捐款200万；向乌鲁木齐“7·5”事件受灾地区捐款100万；向大理宾川“11·2”地震灾区捐款100万元；向昭通市捐赠救灾款255万元。资助昭通市扶贫工作438万元；向南华县羊草河捐赠扶贫款30万元；资助云南大学贡山县科技扶贫项目款20万元；资助西盟县扶贫款50万元；资助新平县平掌乡扶贫款50万元；资助红塔区小石桥彝族乡扶贫款20万元；资助元江县那诺乡扶贫款15万元；向大理州捐赠扶贫款4万元；资助大理州经济困难大学生100万元；全年累计向贡山县捐赠扶贫款127万余元。

全年累计资助教育事业3 800多万元。其中，向贡山县一中捐赠

红塔集团生产线　（红塔区志办　提供）

红塔集团与北京市烟草公司签订工商协同营销战略合作协议 （红塔集团 提供）

91.18万元，捐建辽宁省宽甸县青椅山镇希望小学70万元，捐赠大理州农村义务教育事业400万元，资助楚雄州教育事业207万元，捐赠易门县小学基础设施建设款100万元，捐赠玉溪市中小学危房改造款1 000万元。向红塔区生态文明村建设基金捐款300万元，用于改善生态环境；向大理州鹤庆县朵美乡后山村街面硬化工程和松桂镇红塔山文化广场建设分别捐款20万元、35万元；向大理州南涧县捐赠修路款80万元。向云南省敬老爱民促进会捐款100万元，向云南省老龄事业发展基金会助老工程捐赠20万元，为玉溪市革命烈士纪念碑修缮捐款20万元，全年累计向社会公共和福利事业捐款500多万元。

（马红影 雷帆）

【红云红河集团】 红云红河烟草（集团）有限责任公司于2008年11月8日正式成立。红云红河集团由原红云集团和原红河集团合并组建，是以烟草为主业，跨行业、跨地区经营的大型国有企业。2009年集团辖昆明卷烟厂、红河卷烟厂、曲靖卷烟厂、会泽卷烟厂、新疆卷烟厂和乌兰浩特卷烟厂，控股山西昆明烟草有限责任公司，参股内蒙古昆明卷烟有限责任公司。集团拥有云烟、红河、小熊猫、红山茶、石林等多个中国卷烟“百牌号”品牌，其中核心品牌云烟、红河为“中国驰名商标”、“中国名牌产品”、“20+10”全国卷烟重点骨干品牌。

2009年，集团围绕“一类烟40万箱、二类烟100万箱、云烟单品牌年创税利200亿元、红河单品牌年产销规模200万箱”的“4122”发展目标，以科学发展观统领全局，经过集团全体员工拼搏奋斗，全面完成和超额完成云南中烟工业公司下达的工作目标和任务，为集团可持续发展奠定了坚实基础。

经济效益 2009年，集团生产卷烟422.99万箱，销售卷烟423.66万箱，实现销售收入456.36亿元，工业总产值465.49亿元，实现税利354.12亿元，同比增长7.03%。其中，集团省内生产卷烟352.09万箱，销售卷烟352.4万箱，实现销售收入400.31亿元，工业总产值410.02亿元，实现税利318.1亿元，同比增长5.76%。集团品牌市场规模470.38万箱。集团整体运行呈现出产销协调均衡、品牌结构上移、企业形象提升、实力持续增强的良好发展态势。列中国企业500强第118位、制造业500强第53位、企业效益200佳第39位、烟草加工业第1位。分别荣获“全国五一劳动奖状”“全国烟草行业先进集体”“全国卷烟销售工作先进单位”“全国质量管理小组活动优秀企业”等荣誉称号。

体制机制 2009年，集团相继完成管理及业务整合，按现代企业和产权制度设立董事会、监事会、经理层和党委会，制定公司章程、总裁班子和党委班子议事规则，组建集团总部4中心14部室的组织架构和相应党工团组织，成立40多个跨部门管理委员会或领导小组，逐步理顺与各生产厂工作流程和工作关系，出台涵盖集团各领域的20项基本管理制度及72个支撑细则和规定，初步完成营销、原料、生产等信息业务系统整合，集团信息化整体规划项目通过验收，ERP已报国家局审批，MES获批复同意实施，搭建起资产、计划、品牌、研发、营销、原料、采购和宣传“八统一”运作平台。集团运行顺畅，管理有序，执行有力。

品牌整合 2009年，集团把全面提升品牌市场竞争力作为经济运行首要任务，着力提升“云烟”结构，扩大“红河”规模，突出“小熊猫”特色。5月15日成功举办层次高、规模大、影响广、意义深的“云烟品牌发展论坛”，明确“做精做强云烟，做实做大红河，做稳做特小熊猫”的“2＋1”品牌发展战略和打造“清甜香”品类特色品牌发展目标。11月11日召开“云烟品牌工商协同培育总结会”，进一步完善品牌发展规划，丰富品牌发展举措。根据规划，集团加快品牌整合，强化新品上市推广，云烟（红印象）、云烟（软紫）、红河（奔腾）等新品销势平稳。全年云烟销售138.72万箱、单品牌年创税利201亿元，红河销售201.96万箱，小熊猫销售26.83万箱，3个品牌集中度为78.13%。集团品牌定位更为清晰，品牌布局更趋合理，品牌价值不断提升，结构和效益同步提高。

市场拓展 2009年，集团深入推进工商协同一体化营销，与12家省级、25家市级烟草公司签订战略协议；深化全员营销，增强全员服从服务市场能力，集团领导划片定点走访联系市场，密切工商关系，巩固战略联盟；加强营销队伍建设，引入竞争机制，加大考评力度，增强队伍活力；启动工商协同信息交互系统，实施“一省一策”“一公司一策”“一品一策”差异化营销，不断提高品牌主动适应市场、快速响应市场能力；开展高层营销、会议营销、走访营销、宣讲营销、渠道营销，统一终端形象建设，健全消费者满意度跟踪服务体系，不断提高零售终端服务能力；加大海外市场拓展力度。全年集团销售一类烟37.81万箱，二类烟100.09万箱，三类烟200.71万箱，主干品牌规模进一步扩大，产品结构稳步提升，既定的“4122”目标基本实现。

红云红河集团技术中心研发团队 （红云红河集团宣传策划部 提供）

原料基础建设 年内，集团围绕行业烟叶资源配置方式改革要求，加强品牌导向型原料基地建设，选择5省10市38县为原料基地，基地烟叶采购量387.8万担、占总采购量的90%；深入推进原料差异化战略，积极承担开展“特色优质烟叶开发”等科研项目，以“红大”和美引品种等作为基地主栽品种，省内基地一乡一品种植，分品种分烟叶单收单调，建立新品小区试验，努力推进优质烟叶向特色烟叶转变；优化烟叶采购模式，加强仓储管理，提高烟叶使用效率。集团原料储备更加充足，烟叶等级结构更趋合理，收购纯度和工商交接合格率不断提高，目前集团原料储备量居全国烟草工业企业前列，有效保证了品牌特有风格持续竞争优势。

技术创新 2009年，集团以“清甜香”品类构建为切入点，加快技术中心建设步伐，深化产校院合作，建立博士后科研站，以项目带动加快中式卷烟关键领域的突破性研究，增强技术集成创新能力；加强品牌维护、新品开发和产品升级，完成云烟（红印象）、云烟（WIN）、云烟（软紫）、红河（奔腾）等新品研制，提高科学技术对集团品牌发展的驱动力和贡献率；强化“减害降焦”研究，抓紧研发储备低焦油、低危害、高香气、高品质系列新品，重视产品质量安全，立足长远努力解决好“吸烟与健康”这一重大课题；构建“清甜香”技术支撑体系，形成一批具有自主知识产权的专有技术和专利产品，并成功转化应用到产品的改造开发中；全年共完成国家局及云南中烟科技项目9项，获云南省科技进步奖3项，云南中烟科技进步奖8项，获发明专利授权2项、外观专利授权4项，集团累计获授权专利87项，为品牌发展提供有力的技术支撑；同时加快集团技改进度，昆烟易地技改全面进入主设备安装、各种配套设备设施同步施工阶段，曲烟就地技改项目总体规划进入施工图设计，集团发展后劲正不断增强。

基础管理 2009年，集团统一财务信息平台、会计政策、财务制度和会计科目，推行全面预算管理，不断增强集团内部管控能力；加强经济责任审计和技改工程、专卖设备购置等项目的招标审计监督；深挖增收节支潜力，严格控制成本费用，持续规范采购流程，实施卷烟物资采购最高限价；严格规范卷烟生产经营秩序，抓好内部专卖管理，加强专项治理，集团成本控制力和成本竞争力不断增强。同时，全面推行清洁生产，分解落实节能减排目标，努力建设环境友好型企业。

生产运行 2009年，集团全面开展“贯标”和“对标”活动、“优秀卷烟工厂”创建和“企业标准化良好行为”建设，持续完善质量分析追踪判异标准和质量预警系统，努力打造生产厂为质量和成本控制中心；统筹集团产能布局，顺利完成设备搬迁整合，实施技术改造，进一步形成品牌互动加工、重点规格相对集中的生产格局；积极开展QC活动，集团获“云南质量管理小组活动优秀企业”称号，全年产品出口商检、行检、抽检合格率均为100%；系统推进“三标一体”建设，顺利通过认证审核；切实加强安全管理，完善应急预案，规范安全行为，实现集团安全工作“六无”目标。

和谐建设 2009年，集团深入开展学习实践科学发展观活动，以“和谐建设”为主旋律，加强企业文化建设，积极构建以“和谐、创新、超越”企业精神为核心的文化理念体系，集团获“中国企业文化十佳单位”称号；加强“四好领导班子”建设，加强干部队伍建设，全面推进用工分配制度改革，广泛开展多层次多类别职业技能竞赛和员工培训，努力建设一支素质高、结构优、活力足的员工队伍；加强多元化投资企业管理，挖掘内部潜力，提升经营素质；积极做好甲型H1N1流感防控，加强信访稳定工作，设立

集团及各厂爱心帮扶金，落实好离退休员工福利待遇；统一集团内外宣传，促进内聚人心、外树形象；积极承担社会责任，开展好“兴边富民”和“挂钩扶贫”工作，集团被评为“云南省社会扶贫先进单位”，营造了“上上下下红云红河人，里里外外大和谐”的浓厚氛围。

（周智敏）

电　力

【概述】 2009年是云南电网公司近几年来挑战最大、困难最多的一年，也是发展速度最快、成绩最显著的一年。在云南省委、省政府和南方电网公司的坚强领导下，公司面对用电市场低迷、投资建设任务繁重、电网运行安全风险加剧、经营管理压力加大等诸多困难，抓住开展学习实践科学发展观活动的良好契机，迎难而上，砥砺奋进，以南网方略统揽全局，把提高供电可靠率作为总抓手，围绕建设“中国领先的省级电网运营企业”战略目标，坚持“3213”工作思路，推进“1149”战略实施工程，贯彻落实中央“保增长、保民生、保稳定”决策部署，突出加强增供扩销，突出加强电网发展，突出加强挖潜增效，为促进全省经济平稳较快增长作出贡献。

2009年末，云南电网省调直调系统新投产装机容量3 169.45万千瓦，同比增长22.61%。全省发电量1 173.8亿千瓦时，较上年增长12.9%；省调直调系统发电量932亿千瓦时，较上年增长25.44%；省内售电量588.38亿千瓦时，增长14.46%；西电东送电量255.18亿千瓦时，增长43.38%；对越送电电量41亿千瓦时，增长29.66%。

全年新投产500千伏变电站3座，220千伏变电站14座。至2009年底，云南电网公司共拥有500千伏变电站15座，变电容量18 750兆伏安，线路7 417千米；220千伏变电站82座，变电容量22 800兆伏安，线路10 742千米。

2009年，云南电网公司统筹兼顾，系统推进各项工作，各方面成绩卓著，在南方电网公司对12家分子公司开展的五项责任制考核中名列第2名。

【经济指标】 2009年，云南电网公司完成售电量985.07亿千瓦时，同比增长18.08%（母公司口径售电量884.56亿千瓦时，同比增长19.97%）。其中，省内售电量688.9亿千瓦时，增长10.25%（母公司口径售电量588.38亿千瓦时，增长11.46%）；西电东送电量255.18亿千瓦时，同比增长43.38%；对越送电电量41亿千瓦时，增长29.66%。

全年全公司完成固定资产投资151.04亿元。其中，电网建设投资140.08亿元，小型基建投资2.89亿元，技改投资8.07亿元。实现营业收入393.01亿元，同比增长16.73%；实现利税35.24亿元。截至2009年底，公司资产总额634.5亿元，增长19.89%；资产负债率78.14%。

【电力供应】 2009年，云南电网公司成立增供、扩销、保增长领导小组，制定有力措施增加电力供应。建立领导对口挂钩联系机制，跟踪分析市场需求变化，适时调整增供扩销策略。加大市场开拓力度，优化业务流程，充分挖掘用电市场潜力。深化节能调度，加强中小水电管理，大幅增加送广东电量。全年增供电量23.27亿千瓦时，省内日供电量29次创新高，最高达2.07亿千瓦时，超额完成“争5”目标。昆明、曲靖供电局年售电量分别突破200亿千瓦时和100亿千瓦时。

【优质服务】 年内，公司以客户为中心，推进营销服务文化建设，深入开展“万家灯火、南网情深”优质服务活动。扩大营销“一体化”管理覆盖面，客户服务支持系统在81个县级供电企业上线运行。开展纠风与供电服务检查，强化投诉管理，投诉办结率和处理满意率均为100%。开展电费专项稽查活动，拓展电费缴纳渠道，电费回收率达100%。持续推进“绿色行动”，帮

双江供电公司为沙河乡南布村委会南角组后山山体滑坡临时安置点提供供电服务

（李林林　摄）

助客户节能降耗，试点项目平均节电率达到30%以上。供电服务在云南省社情民意调查中总体满意度名列第一。

全年完成17项重点“卡脖子”工程和提高供电可靠率工程。拓宽带电作业范围，首次开展500千伏紧凑型线路带电作业，全面推广10千伏带电更换柱上断路器作业。全年开展带电作业2078次，减少客户停电时间1882小时。开发应用综合停电管理信息系统，加强客户侧停、复电管理，计划停电、按时停送电率分别达到89.69%和88.31%。全年城市供电可靠率(RS1) 99.887%，同比提高0.014个百分点。客户全年平均停电时间14.57小时，同比缩短5.18小时。

【扩大内需】 2009年，公司认真落实中央扩大内需的决策，电网建设投资规模翻番，其中完成中央扩大内需投资52.42亿元。解决8.7万户无电人口通电问题，昆明、玉溪、楚雄、西双版纳实现户户通电。

【电网建设】 2009年，公司投产110千伏及以上项目71项。顺利投产小湾电站送出及南通道串补等重点工程，西电东送输电能力达到580万千瓦。115千伏与老挝北部联网工程建成投产，为开拓国外电力市场打开新通道。500千伏和平输变电工程被评为南方电网建设优质工程，500千伏砚山变电站被评为中国电力行业优质工程，并获得国家优质工程银奖。

【安全生产】 2009年，云南电网公司坚持“体系化、规范化、指标化”总体思路，统筹推进安全风险管理体系和生产规范化建设。全面分析安全生产薄弱环节，提出云南电网八项运行、十项人身、五项恶性误操作风险，以及重要设备运行维护和作业十项工作要求。制定风险评估与作业管控文件，形成统一规范的安全生产管理手册。编制装设接地线、线路工作防触电、变电检查高处防坠落等指导意见，降低作业风险。建立输变电设备状态评价标准体系，完成113座变电站和270条线路状态评价。推广应用安全生产管理信息系统，初步建成安全生产一体化管理平台。开展“安全生产年”活动，推进“三项行动”和人员责任事故治理行动，对“两票”执行和城、农网建设现场进行安全检查。强化农电安全过程管理，完成34家县级供电企业安全性评价复评工作。建设一体化调度技术支持系统，逐步分离地调、配调。健全电网安全稳定分级分析机制，分析层级从主网延伸到110千伏电网，全年未发生低频振荡。加强应急常态机制建设，成功应对楚雄“7·9”地震等自然灾害。加大警企协作打击涉电违法犯罪力度，全年立案165起，同比下降82%。全年未发生人身死亡事故、恶性误操作事故和重大电网设备事故，发生一般事故17起，公司安全生产保持平稳态势，为近7年来最好水平。

蒙自县芷村镇石马脚村10千伏及以下输电线路改造工程收尾。村民享受国家“两网一同价”电价实惠 （沈宏 摄）

【企业荣誉】 2009年，云南电网公司500千伏和平输变电工程被评为南方电网建设优质工程，500千伏砚山变电站被评为中国电力行业优质工程和国家优质工程银奖。供电服务在云南省社情民意调查中总体满意度名列第一。公司先后荣获“中央企业先进集体”“全国精神文明建设先进单位”“全国民族团结进步模范集体”“中央企业思想政治工作先进单位”等荣誉称号。公司系统7个团组织被命名为中央及云南省“青年文明号”或“五四红旗团委”。

【管理创新】 年内，云南电网公司开展16州（市）2009～2013年电网专题规划，完成云南电网“十二五”及中长期发展规划，初步形成“四个区域”“四大直流外送通道”和“两纵两横一中心”远景蓝图。加大项目前期工作力度，实现所有项目在核准后开工。制定可研、初设、施工图审查指导意见，统一35千伏及以下配网工程设计标准。成立电网建设督导组对工程建设进行“挂牌督办”，推行“零缺陷”投产，规范工程建设全过程管理。把落实公司战略目标与中期发展规划紧密结合，启动公司“十二五”发展规划编制工作。整合五项责任制和综合计划管理，按照“三位一体”模式开展组织绩效考核。以资产全寿命周期和客户全生命周期管理为主线，开展供电核心业务流程优化工作。完善供电局“创先”方案，推进昆明、曲靖、红河、玉溪、楚雄供电局“创先”工作。开展内控

风险研究，编制劳动用工、营销业务法律风险控制手册。

【信息化工作】 2009年，云南电网公司落实信息化“登高计划”，开展266个科技和信息化项目研究，15项成果获得南方电网公司和云南省科学技术奖。健全社会责任报告指标体系，发布年度社会责任报告。加强督查、督办和巡视工作，全年督办任务全部按期完成。

【农电体制改革】 年内，云电深化农电管理体制改革，农电管理基础更加坚实。签订41个地方供电企业国有产权划转协议，云南电网公司供电营业区覆盖全省16个州（市），基本实现网架、管理、资产“一张网”。深入推进农电“一体化”管理，组建农电管理督导大队，强化对县级供电企业指导和服务。50家县级供电企业基础管理达南方电网公司标准，提前一年完成“十一五”达标任务。深入扎实开展农电线损“四分”管理，所有县级供电企业线损率下降到15%以内。

（朱晓华）

矿　业

【概述】 云南省成形地质条件优越，矿产资源丰富。矿产资源不仅储量大，矿种全，而且经济价值高。是全国矿产种类齐全的省份之一。全省共发现矿产142种，占全国发现矿种168种的84.5%，矿产地1 274处，有54种矿产保有储量排在全国前3位。煤炭、黑色金属、有色金属、磷化工及建材非金属等矿产已成为云南省国民经济和社会发展的支柱产业。据统计，全省煤炭资源总量691亿吨，探明资源储量293亿吨，保有资源储量282亿吨，居长江以南第二位，是国家13大煤炭基地之一。浅地表煤层气资源总量为4 241亿立方米，居全国第九位。铁矿保有资源35.69亿吨，居全国第五位，锰矿保有资源9 215.71万吨，居全国第三位，铜矿1 043.13万吨，居全国第三位，铅矿708.53万吨，居全国第一位，锌矿1 969.84万吨，居全国第一位，锡矿104.86万吨，居全国第一位，铝土矿9 735.10万吨，居全国第五位，金矿363.40吨，居全国第四位，银矿1.41万吨，居全国第三位，磷矿储量40.28亿吨，居全国第一位，盐矿143.33亿吨，居全国第三位。

【矿产资源】 2009年，中央及省财政、地勘单位、矿业企业等相关行业共计投入勘查资金12.9亿元，完成主要实物工作量钻探88.3万米，“三江”南段和滇东南地质找矿取得重要进展，探明大型矿床1处，中型矿床3处。新增探明资源储量煤2.85亿吨、磷3 201万吨，铁1 937万吨。澜沧铅矿等老矿山深部、外围找矿成效明显。省政府及时召开全省地质找矿工作会议，全面部署整装勘查与地质找矿重大突破工作。

【找矿计划启动】 省国土资源厅组织有关单位编制并启动的找矿行动计划正式启动。省政府决定实施“云南省2009～2012年找矿行动计划”，集中资金和技术力量对重要成矿区带开展专项战略性地质找矿工作。该计划纲要具体目标任务是：2009～2012年通过勘查，预期新增铜300万吨、铅锌600万吨、铁矿石2亿吨、金50吨、银2 000吨、钨20万吨、锡5万吨、铝土矿1亿吨、煤炭10亿吨；提交新发现矿产地15处，可供详查或开发的大中型矿产基地8处；在4年内，地质找矿总投资约18亿元，中央约4亿元，地方约6亿元，带动社会资本投入约8亿元。通过4年时间探明一批矿产资源储量。

【矿业回升】 2009年，受国际金融危机和矿价大幅回落影响，全省约有大小不等的2 000多个矿山企业停产或半停产，矿业开发形势异常严峻。省国土资源厅及时向省政府汇报，采取整合、暂缓及减缴资源有偿使用费等措施，快审快批，全年办理采矿权、探矿权新立、延续登记等5 200余项，出让、转让矿业权420多个，转让交易促进投入10.35亿元；省级各相关部门和各州（市）政府也采取许多倾斜、扶持措施，促进这些矿山企业逐步恢复生产，度过难关，迅速扭转矿业下滑的势头。2009年全省8 800多个大小矿山共开采矿石量1.9亿吨，其中采煤6 800万吨，采磷1 200万吨，铁矿石产量1400万吨，10种有色金属产量75万吨。全省矿业完成工业总产值2 400亿元，约占全省工业总产值的42%，矿业从业人数130万人，为扩大内需，稳定就业，进一步做大做强矿业支柱产业，起到显著作用。

【大型钼矿】 云南“找矿行动”取得重大突破，澜沧县发现超大型钼矿资源。钼矿是重要金属，在冶金、军工、航天工业等方面具有重要用途，市场价为每金属吨30万元人民币。澜沧铅矿接替资源勘查项目是云南正在实施的12个找矿项目之一。云南澜沧铅矿有限公司通过3年多的工作，在澜沧铅矿矿山深部新发现厚大钼矿矿体，见矿平均厚度为600米左右。根据所掌握的各种信息，澜沧老厂矿区的矽卡岩型斑型钼矿资源储量有望达到超大型以上规模，这在云南钼矿资源的开发利用史上尚属首次，澜沧铅矿找矿项目是全省实施的找矿行动取得成果最大的一个项目。此次发现和项目的实施，为云南打造钼金属资源基地和产业基地奠定良好基础，同时也为全省经济又好又快发展作出新的贡献。

【重要成果】 云南省地质找矿工作通过强化重要全省矿产资源勘查，全省地质找矿工作取得一批重要成果。先后发现香格里拉普朗铜矿、德钦羊拉铜矿、兰坪白秧坪银矿、金平长安金矿、普洱大平掌铜多金属矿、马关都龙锌锡矿等10余个大型、超大型矿产地。全省探明的矿产资源储量潜在经济价值达9.4亿元。此外，实施危机矿山找矿项目12项，已有10个项目完成野外工作，完成钻探13.5万米，坑深3.7万米，一批资源面临枯竭的老矿山重现生机。

【地质找矿】 云南省有色地质局把保增长与谋长远发展结合起来，努力实现“六个突破”，地质找矿工作取得新进展，为保增长提供有力保障。经过不懈努力，探明世界级矿床1处，大型矿床2处。累计探获镍资源453万吨、铜资源量41万吨、铅锌资源量98万吨、铁矿石约1.94亿吨。在文山都龙锡矿外围新探明大型锌矿一处，探获锌资源量76.3万吨、锡资源量2.2万吨、铜资源量2.98万吨；在东川老矿山外围已控制铜资源量大于20万吨的大型远景，铁资源量3 000余万吨；在滇西、东南新探获铝土矿资源量9 500万吨，并发现一批前景好的有色金属矿产地。

（冉玉兰）

生物资源开发

（参见“绿色经济强省建设”栏目）

旅　游

【概述】 2009年，全省旅游行业以科学发展观为统领，以“保增长、扩内需、调结构”为主题，以旅游“二次创业”为主线，以改革发展为抓手，全面贯彻落实党中央、国务院，省委、省政府应对国际金融危机政策措施，迎难而上、顺势而谋、积极作为，全力推进综合改革、项目建设、市场促销、区域合作、乡村旅游、行业管理等各项工作，“二次创业”改革发展取得明显进展。全年全省旅游产业着重推进88个重大项目建设，当年完成投资额100亿元，实现旅游重大项目“三个百分之百”的目标任务。成功举办2009中国（昆明）国际旅游交易会、中国—东盟旅游合作论坛等重大活动，全面加快区域旅游合作步伐，进一步提升“七彩云南，旅游天堂”的吸引力和知名度，云南面向南亚、东南亚的旅游区位优势更加凸显。引进国际知名品牌、建设高端休闲度假酒店，促进云南旅游产业转型升级初见成效。与此同时，旅游产业与文化产业结合进一步密切，互动发展进一步加强，云南旅游软实力和竞争力得到有效提升。

【旅游经济运行】 2009年，全省旅游业总收入810.73亿元，同比增长22.2%；共接待海外入境游客577.8万人次，增长13.1%；实现旅游外汇收入合计11.72亿美元，增长16.9%。其中，接待海外旅游者（过夜）284.5万人次，增长13.7%；实现旅游外汇收入10亿美元，增长16.6%；接待口岸入境一日游游客293.3万人次，增长12.6%；实现口岸入境一日游外汇收入1.72亿美元，增长19%。共接待国内旅游者1.2亿人次，增长17.3%；实现国内旅游收入730.66亿元，增长22.9%，其中，接待国内过夜游客6 728.4万人次，增长7.4%；实现国内过夜游客收入574亿元，同比增长18.6%；接待国内一日游游客5 294.5万人次，增长32.8%；实现国内一日游收入156.67亿元，增长41.2%。全省星级宾馆饭店业床位出租率为50.7%，平均房价为162元／间，增长15.6%。重点监测的22家旅行社累计接待海内外游客377.3万人，增长13%；实现主营业务收入21亿元；重点监测的19个景区共接待游客2 642.9万人次，增长21%；实现营业收入21.5亿元，增长21.6%；实现门票收入10.8亿元，增长18.7%。

【旅游综合效益】 2009年，全省旅游业拉动全社会总收入1 026.71亿元，实现旅游总产出828.63亿元，旅游增加值379.96亿元，占全省GDP比重为6.16%（全省GDP完成6 168亿元）；全省旅游重大项目完成投资112亿元，比上年增

长33.9%；旅游业增加值占全省第三产业增加值的16.7%，进一步带动以旅游业为龙头的第三产业增加值占全省GDP比重上升到41.0%，全省一、二、三产业比例由上年的17.9∶43.4∶38.7变为2009年的17.2∶41.8∶41.0，第三产业比重比上年提高1.4个百分点。旅游业提供新增旅游直接就业岗位13.7万人，间接带动就业岗位超过50万人。

【假日旅游】 2009年，春节“黄金周”，全省共接待游客447.18万人次，比上年春节“黄金周”增长22.42%。国庆中秋黄金周全省共接待游客515.11万人次，比上年“十一”黄金周增长0.8%。

【旅游产业发展大会】 2009年8月29日，全省旅游产业发展大会在保山市腾冲县召开。会议全面总结云南省旅游“二次创业”工作成效，深入分析云南旅游产业发展面临的形势和任务，研究部署云南旅游产业发展各项工作。省委书记、省人大常委会主任白恩培，省委副书记、省长秦光荣作重要批示。省旅游局局长喻顶成主持会议，副省长刘平就全面推进旅游产业改革发展作重点部署。国家旅游局副局长祝善忠、国家发改委体改司副司长连启华出席会议并讲话。会上省政府王俊强副秘书长宣读2008年旅游产业发展目标责任书先进州市的表彰决定，省政府与各州市政府签订2009年旅游产业发展目标责任书。省委、省政府有关部门负责人，云南省旅游产业领导小组成员单位负责人，各州市党委或政府主要领导、分管领导和旅游局局长，70个旅游重点县市区党委或政府主要负责人、旅游局局长，省旅游局、省旅游学校、重点旅游企业和国家级、省级旅游度假区负责人，保山市有关负责人，中央、海外驻滇及省内主要新闻媒体记者等600余人参加会议。

【旅游产业改革】 2009年4月27日，国家发展改革委批准《云南省旅游产业发展和改革规划纲要》，并决定把云南省作为推进改革试验工作联系点，加强对云南旅游业综合改革试验工作的指导和协调，加快推进旅游业体制改革和科学发展。5月27日，云南省人民政府在北京召开新闻发布会，国家旅游局与省政府签订推动云南旅游产业改革发展试点省建设的合作协议，以进一步建立更加紧密的省部合作机制，加快推进试点工作。8月29日，省政府召开全省旅游产业发展大会，出台《规划纲要》实施意见，对规划纲要的贯彻落实做了全面部署。玉溪制定出台加快旅游文化产业发展决定，成立抚仙湖—星云湖生态建设与旅游改革发展综合试验区管理委员会，湖畔圣水、九龙晟景等一批项目建设稳步推进；腾冲世纪金源体育运动休闲中心年内完成投资近7亿元，成为全省旅游项目建设大体量、高档次、快速度典范；大理苍洱片区试点规划编制工作全面启动，苍山大索道、西洱河长廊等项目建设步伐加快；昆明世博新区完成改革试点工作方案，并启动试点规划编制工作。

【大项目建设】 2009年，全省纳入统计范围的旅游重大项目共有193个，年内完成投资112亿元。其中当年重点推进，并纳入省政府考核的旅游项目有88个，完成目标任务的项目有84个，26个前期类项目开工建设，59个在建项目完成投资近78亿元，大项目带动大发展势头明显；从项目类别看，休闲度假类项目有53个，酒店住宿类10个，休闲度假产品占总量的1/3。“五个一批”建设取得新进展，有4～5个国家公园完成规划编制，丽江老君山国家公园已开工建设；腾冲、抚仙湖、昆明环滇池、阳宗海等旅游度假基地的一批休闲度假项目已开始建设；筹措并完成40多亿元用于60个旅游小镇建设，尤其是腾越镇、勐仑镇和大渡岗镇等一批旅游小镇建设取得明显成效；整合国家及有关部门资金，拉动社会投资近亿元投入100个旅游特色村建设。

【旅游市场开拓】 2009年，成功举办中国昆明国际旅游交易会，签订旅游交易合同金额6亿多元人民币；出台支持旅游企业开展促销的政策措施，加大腾冲—瑞丽—芒市、楚雄州内旅游线路统筹开发和整体营销力度；积极组织策划和实施全国百城旅游宣传周、网络营销年及旅游信息化年等系列活动，并结合自驾游、自助游等旅游新业态，加大对节庆会展指导力度，全省共举办节庆活动20余项，取得良好宣传效果，努力使全省宣传方式由形象宣传向旅游产品线路营销转变，由单点促销向多线路统筹营销转变。

（李向林）

11月19～20日，中国—东盟旅游合作论坛在昆明市举办　（省旅游局　提供）

云南实施西部大开发10周年

主　　编　郑灵琳
责任编辑　宣　勤

西部大开发10年大事记

1999年

5月1日

举世瞩目的第22次世界园艺博览会——'99昆明世界园艺博览会在昆明举行。

12月

省委六届九次全会在昆明召开。会议提出云南参与西部大开发的战略目标是，将云南建成"绿色经济强省""民族文化大省"和"中国连接东南亚、南亚的国际大通道"。

2000年

1月2日

省委、省政府公布《云南民族文化大省建设纲要》。早在1996年云南便确定了建设民族文化大省的目标，并于2000年制定颁布了《云南民族文化大省建设纲要》。同时，制定实施了《云南省农村扶贫开发纲要（2001～2010年）》，将扶贫开发的重点从贫困县转向贫困村。

3月

省民委、省财政厅、省教育厅联合下发《云南省边境沿线行政村以下小学学生免费教育试行办法》，决定自2000年起，省民委和省财政厅每年拨出1 800万元的资金，对全省25个边境县、123个边境乡镇、1 549所校点的13.93万名在校小学生实行"三免费"（免教科书费、杂费、文具费）教育。免费教育经费按每生每学年150元划拨到县。

4月

首届中国昆明国际旅游节在昆明举行。

5月

云南提出《中国西部大开发云南行动计划总体构想》，要求全省各地始终坚持解放思想、实事求是的思想路线，努力把云南建成绿色经济强省、民族文化大省和中国连接南亚和东南亚国际大通道，并初步建成中国最大的生物资源开发创新

世博园鲜花大道　　（昆明市政府办　提供）

崛起的支柱产业　（省委党史研究室　提供）

基地，安全型烟草科研开发生产和磷化工基地、中国重要的以水电为主的西电东送、云电外送能源基地和有色金属工业基地、亚洲最大的花卉生产出口基地等六大基地。

9月

中泰签署《中泰投资者合作投资开发云南景洪水电站投资协议书》，明确电站建成后，电量输出原则上全部销售给泰国国家发电局。

10月

省委、省政府作出《关于加快发展生物资源开发创新产业的决定》。

 2001年

1月

省委召开全省农村"三个代表"重要思想学习教育工作会议，按照中央部署，决定在全省农村开展"三个代表"学习教育活动。

1月2日

省委、省政府公布《云南民族文化大省建设纲要》。

6月

由中国、老挝、缅甸、泰国政府联合举办的澜沧江—湄公河商船通航典礼在中国云南西双版纳傣族自治州首府的景洪港隆重举行，至此，中国西部有了一条进入东南亚最近的出海通道。

《大湄公河次区域经济合作未来10年战略框架》正式形成，提出了建设重要交通走廊、电信骨干网、电力联网与投资、贸易、旅游等11个标志性项目。

云南"润滇工程"正式实施，在国家有关部门的大力支持下，一批主要建在边疆少数民族地区的中型水利工程开始动工修建，水利建设驶入了快车道。

12月

中共云南省第七次代表大会召开。为抓住西部大开发的重大机遇，会议再度明确建设绿色经济强省、民族文化大省和连接东南亚、南亚国际大通道的三大战略目标。世纪之交，在即将开始实施全国现代化建设第三步战略部署的时候，党中央高瞻远瞩，不失时机地提出实施西部大开发战略，加快中西部地区发展。

2002年

1月20日

作为国家实施西部大开发和西电东送战略的重点工程，建设规模仅次于三峡的云南小湾电站工程开工建设。小湾水电站位于南涧县和凤庆县交界处的澜沧江中游河段，是澜沧江中下游梯级电站的"龙头水库"，也是澜沧江水电开发的关键工程。

云南省制定了扶持7个人口较少民族发展的特殊政策措施。全省共投入各类专项扶持资金6.63亿余元，通过这几年的集中扶持，人口较少民族聚居地区基础设施和群众生产生活有了明显改善。

4月

云南省取消粮食定购任务，实行放开粮食收购、粮食市场和粮食价格。

6月

省委在全省县处级以上班子开展"团结干事"思想教育活动。

9月

省委、省政府决定，以扶贫工

怒族"阿楼西杯舞"　（省委党史研究室　提供）

程为载体，采取特殊措施，集中一定财力物力，加快7个特有民族脱贫步伐。这7个人口在10万人以下的民族是独龙族、德昂族、基诺族、怒族、阿昌族、普米族、布朗族，总人口22.6万人，居住在高寒山区和半山区，除普米族和基诺族外，均属跨境民族。7个民族中尚有50%左右人口处于贫困状态。

9月20日

省委、省政府正式下发《云南省基础教育振兴行动计划》，提出要认真贯彻第五次全国民族教育工作会议精神，加快民族教育的发展；努力争取国家更多的特殊政策支持，加大省级财政的支持力度，动员全社会以各种方式支援边境、少数民族地区的教育事业，逐步扩大“三免费”教育（免除学费、杂费、课本费）范围，加快义务教育的普及。2007年，基本实现义务教育阶段贫困学生都能享受“三免费”或“两免一补”。

10月12日

云南省计委、云南省西部开发办、国务院西部开发办综合规划组、昆明市人民政府在云南省昆明市共同举办南贵昆经济区工作会议，研讨南贵昆经济区发展的思路。

独龙族民居　（省委党史研究室　提供）

 2003年

1月

省委、省政府作出《关于加快发展云药产业的决定》。

在昆明召开中国昆明—东亚城市市长论坛、大湄公河经济合作第十二次部长级会议、东盟—湄公河流域开发合作第五次部长级会议。在中国—东盟自由贸易区建设和大湄公河次区域合作框架下，云南先后与周边国家合作构建了云南—老北、云南—泰北合作工作组和中国云南—越南北部五省市经济协商会议等合作机制，积极倡议并致力推进孟中印缅地区经济合作，初步形成了以周边为基础、大湄公河次区域为核心、涵盖东盟和南亚，多层次、宽领域区域性国际合作新格局。

5月

省委、省政府召开昆明城市规划与建设现场办公会议。讨论通过了新昆明建设“一湖四环”“一湖四片”初步规划。（“一湖四环”指围绕滇池治理，开展环湖截污工程、环湖生态工程、环湖交通工程、环湖新城区工程。“一湖四片”指在治理完善昆明老城区的同时，加快开发呈贡、晋城、昆明—海口三片新城区，形成“一湖四片”。）

6月4日

云南省人民政府办公厅出台关于贯彻《国务院办公厅关于做好2003年西部开发工作的通知》的政策措施。要求进一步加强生态环境保护和建设，继续加快基础设施建设，大力发展科技教育和社会事业，

科技兴滇结硕果　（省委党史研究室　提供）

积极发展有特色的优势产业，加快改革开放步伐，加强法制教育、人才开发和政策支持。

7月

省政府正式出台《云南省农业人口独生子女奖励暂行规定》，对领取"独生子女父母光荣证"的农业人口夫妇及其独生子女给予"奖优免补"的奖励和优待。同时，省委在昆明召开云南省发展文化产业、繁荣民族文化、建设文化大省大会。云南省正式启动了发展文化产业工作，把发展文化产业纳入党委、政府的工作重点之中。经过数年的发展，云南省文化产业呈现出快速崛起的强劲发展势头，在全国引起强烈反响，一度被媒体和专家誉为文化产业发展的"云南现象"。

12月29日

中共云南省委七届五次全委会通过《关于实施"云岭先锋"工程，大力推进党的基层组织建设的决定》，用5年时间在全省基层党组织中全面实施"云岭先锋"工程，努力把基层党组织建设成为贯彻"三个代表"重要思想的组织者、推动者和实践者。

2004年

4月14日

西电东送重点工程曲靖电厂二期工程正式投产。曲靖电厂二期扩建工程是国家西电东送第二批开工的重点项目和云南省云电送粤首批重点火电建设项目之一，装机容量30万千瓦，总投资额19.22亿元。投产后曲靖电厂的供电能力提高到120万千瓦。

8月4日

云南大理至丽江铁路项目被列入2004年西部开发新开工的10项重点工程项目。

9月25日

云电送越第一条通道开通。

2005年

1月1日

全省88个国家级、省级扶贫开发重点县全面免征农业税，后此工作在全省铺开。

3月21日

省委、省政府作出决定，在云南8个州（市）的25个边境县（市）实施"兴边富民工程"，拟从2005年至2007年，用3年左右时间，筹集资金200亿元，加大对边境地区的投入扶持，改善边境地区的基础设施条件，加快经济社会发展步伐，为全面建设小康社会奠定良好基础。

8月23日

云南省委、省政府决定，将用5年的时间在全省全力推进循环经济建设。在企业方面，推行循环经济；在区域方面，开展生态园区建设；在社会方面，推进循环经济城市建设。

2006年

云南省委、省政府发布《关于贯彻执行〈中共中央、国务院关于推进社会主义新农村建设的若干意见〉的实施意见》，全面推进云南新农村建设。

3月28日

云南省与国家开发银行开发性金融合作座谈会暨《开发性金融合作协议》签字仪式在昆明举行。双方商定，国家开发银行向云南省政府承诺提供1092亿元政策性贷款。

4月

云南开始在9个县（市）试点集体林权制度改革，2007年起，改革在全省范围内全面铺开并取得显著成效。

11月

中共云南省第八次党代会召开。会议提出要立足以人为本，坚持科学发展，为建设富裕文明开放和谐云南而奋斗。

2007年

2月

省委、省政府启动以"七彩云南，我的家园"为主题的"七彩云南保护行动"，实施环境法治、环境治理、环境阳光、生态保护、绿色创建、绿色传播、节能降耗等"七大行动"，把生态立省、环境优先的思想贯穿于经济社会发展的全过程。

2月13日

云南省楚雄彝族自治州水利建设史上最大的水利建设项目——青山嘴水库工程开工。该工程是2006年国家确定的西部大开发12个重点工程项目中唯一一个水利工程项目。

全省文化及相关产业增加值从2001年的69.43亿元增加到2007年的262.9亿元，占全省GDP的比重从3.35%发展到5.55%。贫困人口从1978年的2 000多万人，下降到2007年底的 196.5万人，绝对贫困发生率由50%左右下降到17%，累计减少绝对贫困人口1 800多万人。

铁道部与云南省政府签署铁路建设合作协议　　（姜定忠　提供）

昆曼公路上的思小高速公路　　（省委党史研究室　提供）

2008年

3月21日

昆曼公路中国路段全线贯通。作为连接东南亚、南亚国家的4条陆路通道之一，昆曼公路对于完善区域路网结构，优化地区投资环境，促进区域经济交流，推动各国经济社会全面发展具有重要意义。

6月6日

大湄公河次区域（GMS）经济走廊论坛在昆明召开，自此，中、越、老、柬、缅、泰6国交通走廊将逐步成为全面成熟的经济走廊。

9月8日

环境保护部正式批准实施《滇池流域水污染防治规划（2006～2010年）》。规划项目65个，总投资额约92.27亿元

9月

中共云南省委决定，在上半年开始的新一轮解放思想大讨论活动基础上，以县以上领导班子和党员干部为重点，在全省党员中分三批开展深入学习实践科学发展观活动。

呈贡新机场建设　　（云南机场集团　提供）

2009年

6月11日

丽江至香格里拉铁路开工建设。预计2012年底铁路将联通有着“人间仙境”美誉的云南香格里拉县。

7月25～28日

中共中央总书记胡锦涛到云南考察工作，明确提出，要把云南建设成为中国面向西南开放的“桥头堡”。

7月29日

国际人类学与民族学联合会第十六届大会在昆明召开。

12月19日

12月19～20日，中共云南省委八届八次全体会议在昆明召开。会议强调，要认真贯彻落实胡锦涛总书记考察云南时的重要讲话精神，紧紧围绕建设绿色经济强省、民族文化强省和中国面向西南开放的桥头堡战略目标，努力推动全省经济平稳较快发展和促进社会和谐稳定。

（赵晓澜）

西部大开发10年回眸

【概述】 西部大开发战略实施10年来，在党中央、国务院的亲切关怀下，云南省抓住西部大开发这一重要战略机遇，深入贯彻落实科学发展观，紧紧围绕建设绿色经济强省、民族文化强省和中国面向西南开放的桥头堡的目标，增投资、扩消费，转方式、调结构，重民生、建和谐，快发展、上水平，扎实推进各项工作，经济社会发展取得了令人瞩目的成就。西部大开发的10年，是云南经济增长速度最快、发展质量最好、城乡面貌变化最大、人民群众受惠最多的10年。

2000～2009年实施西部大开发10年间，全省生产总值从1 955亿元增长到6 168.23亿元，增幅达215.4%，年均增长9.7%；固定资产投资从697亿元增长到4 527.02亿元，增幅达549.4%，年均增长21.4%；财政收入从433亿元增长到1 490.7亿元，增幅达244%，年均增长14.7%，其中地方财政收入从180.8亿元增长到698亿元，增幅达286%，年均增长16.1%；城镇居民人均可支配收入从6 325元增长到1.44万元，增幅达128%，年均增长9.5%；农民人均纯收入从1 478元增长到3 369元，增幅达127.9%，年均增长9.6%。

【基础设施建设】 2000～2009年，实施西部大开发10年来，全省举全省之力建成了一大批以交通、能源、水利为重点的重大项目，基础设施建设取得历史性突破。截至2009年底，全省公路通车里程20.6万千米，比2000年底10.9万千米增加9.7万千米；高等级公路8 100千米，其中高速公路2 512千米，比2000年分别增加5 784千米和1 603千米。全省铁路营运总里程为2 473.5千米，电气化率达到54.9%。昆明新机场开工建设，云南拥有民用机场12个，开通国内外航线200多条。基本形成了公路“七入省四出境”，铁路“四入省一出境”，航空以昆明为中心、覆盖省内、辐射国内主要城市，面向东亚、东南亚和南亚的综合交通运输体系。全省电力装机从2000年的768.8万千瓦增加到2009年的3 195万千瓦（其中水电2 113万千瓦，火电1 070万千瓦、新能源12万千瓦），发电量从2000年的317.5亿千瓦小时增加到2009年的1 186亿千瓦小时；原煤产量从2000年的2 215.6万吨增加到2009年的8 921万吨。2009年电力产业增加值达236亿元，占全省GDP的3.8%；西电东送送电等级实现800千伏；云电送广东256亿千瓦时；云电外送越南40亿千瓦时。突出抓好以“润滇工程”为主的大中型水源工程建设，到2009年建成大中小型水库194座，完成中型病险水库除险加固85座。新增有效灌溉面积213.5万亩、节水灌溉面积215万亩，558万农村饮水困难群众喝上了干净水。

【生态环境保护和建设】 2000～2009年，全省退耕还林、退牧还草、天然林保护等生态建设重大工程稳步推进，森林覆盖率提高到50%以上。以滇池为重点的九大高原湖泊水污染综合治理工作不断加强，多年累计投入资金113亿元，其中滇池治理投入77.3亿元，流域内建成污水处理厂22座，污水处理能力达到72.9万吨／日。在人口不断增加，经济快速发展的情况下，各流域水环境恶化趋势总体上得到了有效遏制。

【产业结构】 2009年，全省烟草行业完成工业增加值689.82亿元，税利突破621.47亿元，继续稳居全国同行业榜首。矿产业支柱地位得到提高，十种有色金属、磷肥产量从2000年的74.9万吨、100万吨增加到2009年的215.8万吨、209.18万吨。花卉、天然药物、生物化工、绿色保健食品等生物资源产业成为新的经济增长点，鲜切花产量从2000年的13亿枝增加到2009年的56.02亿枝。以旅游业为主的第三产业速增长，接待国内游客从2000年的3.8亿人次增加到2009年的12亿人次；旅游总收入从2000年的211.4亿元增加到2009年的810.7亿元。三大产业比由2000年的22.3 ∶ 43.1 ∶ 34.6调整为2009年的16.51 ∶ 43.34 ∶ 40.16。

【社会事业】 西部大开发实施10年间，云南省按照“五个统筹”的要求，促进经济与社会和人口、资源、环境的协调发展。“两基”攻坚稳步推进，全省129个县（市、区）全部实现“普九”。实施了边境农村中

滇池新岸 （省委党史研究室提供，杨橙云摄）

小学生“三免费”教育工程；农村中小学危房改造进度加快。大力实施人才工程，公务员、专业技术人员、企业经营管理人员在职培训人数近百万人次。加大科技事业投入，建成一批科技创新基础设施。疾防疾控体系得到加强，医疗卫生发展滞后的状况有了初步改善。到2009年新农合筹资水平有了较大幅度的提高，住院报销比例达46%，新农合参合率达到92.92%，比2008年增加71.4万人；涌现出以《云南映象》为代表的一批文艺精品，文化产业发展势头方兴未艾，成为经济社会发展的新亮点。广播、电视人口综合覆盖率分别达到94.29%、95.06%。全面推行农业人口独生子女“奖、优、免、补”政策，2009年末全省总人口4 571万人，人口自然增长率6.08‰。

【对内对外开放】 2000～2009年，全省共完成外贸进出口总额498.09亿美元，特别是2004年以来改变了过去多年年均外贸进出口总额在20亿美元以下徘徊的局面，增长水平大幅度提高。积极推进泛珠三角、滇沪、滇浙等区域合作。10年来，中央企业、东部地区省市企业及其他地区企业到云南省投资项目7854个，到位资金1 845亿元，对内对外开放水平有了新的提高。

【西部大开发经验】 1999～2009年西部大开发战略的实施，有力地促进了云南经济社会的发展，保持和发展了经济繁荣、社会进步、民族团结、边疆稳定、人民生活水平日益提高的良好局面。实施西部大开发战略是保持社会稳定、民族团结和边疆安定的迫切需要。云南地处祖国西南边陲，与周边3个国家接壤，边境线长，世居少数民族集中，加快边疆民族地区经济社会发展，不断提高各族人民生活水平，才能为民族团结和边境巩固奠定坚实的物质基础，为全国的经济建设提供稳定的政治和社会环境。西部大开发战略的实施，给云南发展提供了动力和条件，促进了经济社会的发展，巩固了边防，加强了民族团结。抢抓机遇，不断夯实发展的基础。基础设施落后，生态环境脆弱，是制约云南经济社会发展的两个重要因素。抓住西部大开发的机遇，积极争取中央支持，据不完全统计，2001～2008年中央安排云南省国债资金和中央预算内基本建设投资共计496.8亿元，办成了一批多年想办而没有办成的大事。交通、水利和城市基础设施建设取得历史性突破，实施了天保工程、退耕还林等一批生态建设重点工程，生态环境明显改善，有力地促进了云南经济社会发展。发挥比较优势，不断增强自我发展能力。云南是中国西部地区的资源富省，自然条件优越，比较优势明显，具有发展特色优势产业得天独厚的条件。省委、省政府坚持科学发展观，举全省之力，着力培植和壮大烟草、生物资源开发、能源、矿产和旅游等特色

面向世界的昆交会　　（省委党史研究室　提供）

优势产业，全省经济逐步从资源开发导向型战略转变到依托优势、面向市场、依靠科技、提高效益的轨道上来，为长远发展打下良好基础。以开放促发展，努力发挥“桥头堡”作用。依托独特的地缘、区位和资源优势，云南确立了以南亚、东南亚为重点的对外开放战略，以发展开放型经济为主导，以“走出去”和“引进来”有机结合，云南开放和国家整体外交大局有机结合，以开放促思想解放，以开放促改革，以开放促创新，以开放促发展，积极参与中国—东盟自由贸易区建设和大湄公河次区域国家合作，加强国际大通道建设，不断开拓国际市场，不断提升沿边开放的质量和水平，努力发挥云南作为全国面向南亚、东南亚开放的重要桥头堡作用。实施“科教兴滇”战略，加快社会事业发展。实施西部大开发以来，紧紧围绕教育、卫生等社会发展的薄弱环节，加大投入，实施了一批促进社会事业发展的重大项目，完善了相关政策，各项社会事业取得较快发展。实践证明，只有坚持不懈地抓好科技教育，努力提高各族人民的科学文化素质，才能为西部大开发提供强有力的科技支撑和智力保障。以改善民生作为一切工作的出发点和落脚点，努力维护社会和谐稳定。云南在抓好基础设施、生态环境等大项目建设的同时，十分注意抓好涉及广大农民切身利益，惠及广大弱势群体的中小型基础设施项目和公共服务项目建设，相继启动实施了农村人畜饮水、农网改造、农村公路、兴边富民、保障性安居工程等项目建设，切实解决好人民群众在就学、就医、就业、养老等方面的突出问题，使广大人民群众从西部大开发中得到了实惠。以发展促稳定、以稳定保发展，各民族共同团结奋斗、共同繁荣进步，实现了民族地区的和谐发展。以规划为指导，把握发展方向。结合实际编制了《西部大开发云南行动计划》，提出云南西部大开发建设绿色经济强省、民族文化大省和中国连接东南亚、南亚国际大通道的三大战略目标，对于引导全省西部大开发的方向、重点和主要任务发挥了重要作用。在实施过程中，针对经济社会发展中出现的新情况、新问题，及时调整完善有关政策措施，促进全省经济社会可持续发展。

（省发改委西开处）

西部大开发成果

【概述】 2009 年，云南省实施西部大开发工作全面贯彻科学发展观，按照《西部大开发“十一五”规划》具体部署，继续推进基础设施建设、生态环境保护、新农村建设、科教发展和人才开发，努力促进全省经济又好又快发展，切实推进全省经济社会发展转入科学发展、和谐发展的轨道。全年全省生产总值完成 6 168.23 亿元，同比增长 12.1%；财政总收入 1 490.70 亿元，增长 9.6%，其中，地方财政一般预算收入 698.22 亿元，增长 13.7%，地方财政一般预算支出 1 949.79 亿元，增长 32. 6%；全社会固定资产投资 4 527.02 亿元，增长 31.7%；社会消费品零售总额 2 051.06 亿元，增长 19.3%；城镇居民人均可支配收入 1.44 万元，增长 8.3%；农民人均纯收入 3 369 元，增长 9.8%。

【基础设施建设】 9 月 28 日，大丽铁路建成通车；玉蒙铁路、六沾二线、昆广复线、大瑞铁路大保段及仁和至丽江铁路、蒙河铁路在建工程总体推进顺利，丽香铁路、昆明枢纽扩能改造、昆明枢纽东南环线、昆玉铁路扩能改造、云桂铁路开工建设。全力推进国家高速公路网云南段项目建设，新开工省级干线公路建设、加快全省“通乡油路”等农村公路建设。昆明绕城高速西南段、石林至蒙自、昆明至武定等国家高速公路网和西部开发通道高速公路加快建设，德钦至隔界河、元谋至双柏、普者黑至炭房、凤庆至习谦、镇雄至威信等国省道公路进展顺利，加快推进 52 条二级公路建设，实现 2009 年内全部开工。着力抓好昆明新机场建设。腾冲机场于 2009 年 2 月建成并正式通航。昆明巫家坝、大理机场改扩建、迪庆香格里拉、芒市机场改扩建工程完工投入使用；丽江、西双版纳机场改扩建工程进展顺利。继续围绕构建“三出境，两出省”水运通道目标，积极推进以整治澜沧江和金沙江出境、出省航道及主要码头为重点的水运建设项目。积极争取国家资金支持，加快全省国防交通基础设施建设。2009 年争取到国家支持国边防公路资金 3.11 亿元，建设规模 1 196 千米，共计 22 条公路。加快推进项目的实施，极大地改善了全省国边防公路通行条件，提高了部队快速机动能力，促进了当地经济发展。

2009 年，全省电力新增装机 610 万千瓦，其中水电新增装机 540 万千瓦（大水电 350 万千瓦，中小水电 190 万千瓦）。全省累计水电装机容量达到 2 113 万千瓦。全省核准新开工水电装机 246 万千瓦。在建装机容量达 2 255 万千瓦（其中大水电 1 300 万千瓦，中小水电 955 万千瓦），经国家批复同意开展前期工作装机容量 1 373 万千瓦。澜沧江水电开发健康有序推进。中下游小湾水电站 2009 年 9 月首台机组投产发电，2009 年实现 3 台机组 210 万千瓦投产；景洪水电站全部机组已投产发电，功果桥水电站于 2009 年 5 月获得国家发展改革委核准，正式开工建设。

2009 年，火电（含综合利用电厂）新增装机 66 万千瓦，火电项目预计完成投资 50 亿元，同比增长 4%。全省火电围绕加快推进滇东电厂二期（雨汪电厂）1、2 号机组项目和镇雄电厂 1、2 号机组项目建设，加快威信电厂 1、2 号机组项目前期工作，积极完成煤矸石综合利用电厂前期准备及重大火电项目配套煤矿核准工作。

云南电网建设继续高速发展，全省输配电建设预计完成投资 170 亿元以上。云广 ±800 千伏直流特高压输电工程进展迅速。截至年末，连接滇东北、滇南 500 千伏“田”字形网架基本形成，220 千伏配网结构进一步优化。全省电网已基本形成以 500 千伏为主干，220 千伏覆盖全省的强网，电力保障能力进一步提高。

2009 年，全省新能源及其他项目预计完成投资 10 亿元，项目建设进展顺利。风电项目。全省已建装机容量 7.88 万千瓦，在建风电装机 14.77 万千瓦，全省风电装机累计达到 12.78 万千瓦。太阳能发电项目实现零的突破，云南首个太阳能发电示范项目——石林实验示范电站 2009 年底开始投产发电；太阳能光电建筑一体化、太阳能光伏并网发电示范建设积极推进。生物质能项目。垃圾发电项目快速发展。云南第一个沼气发电项目楚雄市沼气发电站并网。

全省水利建设累计完成投资 78.7 亿元，与上年同期相比，增加 31.2 亿元，增幅达到 65.7%。继续抓好 2007 年以来开工的 35 件“润滇工程”大中型水库建设和 2007 年以前开工建设的 22 件大中型水库收尾，牛栏江—滇池补水工程进展顺利，完成 2008 年开工的 11 件中型和 2007、2008 年开工的 250 件重点小㈠型病险水库除险加固工程主体工程建设，2009 年新开工 9 件大中型、147 件重点小㈠型病险水库除险加固工程，解决 210 万农村人口饮水安全问题，完成 1 000 千米干支渠防渗工程建设，建成 25 万件以上“五小水利”工程，实现新增有效灌溉面积 40 万亩，新增节水灌溉面积 50 万亩，新增水土流失治理面积 3 200 平方千米。

德昂族学生在宽敞的教室上课　　（省委党史研究室　提供）

【农业结构调整】 2009 年，全省启动实施百亿斤粮食增产规划，认真落实中央支农惠农政策，争取中央安排种粮农民补贴资金达 30.5 亿元、比上年增加 2.9 亿元，省财政整合 33.2 亿元资金支持粮食生产，良种补贴在水稻、玉米、油菜全覆盖的基础上，扩大到马铃薯原种生成，农民的种粮积极性得到有效保护。全省水稻和玉米良种、脱毒马铃薯、双低油菜、优质专用小麦等的面积均有不同提高，实现面积、单产、总产“三增长”，全年粮食总播种面积 6 515 万亩，同比增加 12 万亩、增长 0.18%，总产 1 635 万吨，增加 49 万吨，增长 2.6%，粮食总产超额完成年初提出的 1 620 万吨目标。

年内，全省以引进战略投资者、促进基地规模化、推进产品深加工、增强科技支撑力、扩大市场占有率、提高品牌竞争力为重点任务，重点培育烟草、畜产品、蔬菜、茶叶、薯类、生物药、蔗糖、花卉、木本油料、橡胶、水果、木竹加工及浆纸 12 类优势生物产业，带动了农业结构优化升级。优势特色农业发展势头强劲。预计油料、蔬菜、马铃薯、甘蔗、茶叶、橡胶、水果、蚕桑等作物面积达到 4 600 万亩左右、增加 280 万亩。畜牧业生产稳定发展。面对甲型 H1N1 流感、主要畜产品价格持续下跌等不利因素，全省认真贯彻有关扶持政策，积极引导畜牧业发展，防止了生产出现大起大落，畜牧业生产仍然保持了平稳发展的势头。农业产业化经营发展良好。除烟草外的农产品加工产值 700 亿元，增长 17%。产业化龙头企业达到 1 960 家、增加 13 家，农民专业合作组织达到 4 500 家，增加 460 家，产业化经营组织实现销售收入 510 亿元、增长 10%。优势特色农产品出口逆势高速增长。蔬菜、咖啡、水果、花卉、茶叶等产品出口增势强劲，全年农产品出口达 9.5 亿美元、增长 20% 左右，在全省外贸出口总额中的比重达 24.1%，成为 2009 年云南外贸出口的最大亮点。

【社会事业】 2009 年，全省在实施西部大开发中，多项社会事业迅猛发展：

教育事业取得新进展。城乡免费义务教育和农村义务教育经费保障机制改革继续推进，取消农村学

校寄宿生住宿费、义务教育借读费，实施义务教育教师绩效工资，提高农村义务教育阶段生均公用经费基准定额；全省年内完成全部普及九年义务教育的目标。

卫生工作进一步加强。新农合体系进一步完善，新农合参合率达到92.92%，比2008年增加71.4万人；住院报销比例比2008年提高了6个百分点；继续实施重点中医院建设，启动了基层卫生服务体系二期建设，已安排中央资金11.6亿元，省级资金3.6亿元；省级医疗机构建设项目全面推进，取得了初步成效，第一批立项建设的12个项目，已有4个项目竣工交付使用，其余项目进展顺利。人口和计划生育工作稳步推进。继续实施"奖优免补"政策；从优生优育的角度出发，提高出生人口素质。

文化体育事业和产业发展势头良好。文化艺术不断繁荣。开展了"文化大篷车　千乡万里送戏行"惠民演出活动和"大家乐"群众文化广场推广活动。实施广播电视村村通工程、西新工程、农村电影放映工程，加强宣传思想阵地建设。广播电视覆盖率预计将达到93.35%和94.66%。社会福利和救助能力进一步加强。低保制度进一步完善，全省城市低保人数90万人，较2008年增长3.45%，已实现应保尽保，农村低保人数338万人，较2008年增长12.67%。

旅游业持续增长。中央实施扩大内需政策以来，共安排云南省旅游基础设施项目5个，中央资金6 900万元，省级配套资金1 380万元；安排红色旅游建设项目3个，中央投资1 640万元，省级配套490万元。旅游项目的实施，进一步改善了全省旅游基础设施条件，促进了旅游业的发展。2009年，实现旅游总收入810.7亿元。

【循环经济】 全省积极推动首批20个循环经济试点工作的同时，启动了第二批循环经济试点前期准备工作。拟在有色、化工、电力、建材、轻工等行业以及重点领域（城市、农业产业等）、重点产业园区再选择确定20个试点，作为对全省第一批试点的补充和深化。各州市发展改革委和各大型企业集团高度重视，先后推荐了40余家企业（单位）作为全省第二批循环经济试点备选企业（单位），并编制了实施方案。以《循环经济促进法》的颁布为契机，在全省大力推进以"减量化、资源化、再利用"为核心内容，以低消耗、低排放、高效率为基本特征的经济发展模式并取得了积极的成效。积极开展《云南省循环经济促条例》出台的前期调研工作。

GMS成果展　（省财政厅　提供）

【工业经济】 2009年，全省完成工业增加值2 088.3亿元，增长11.2%；规模以上工业完成增加值1 904.38亿元，增长11.2%。其中，重工业增长9.8%，轻工业增长13%。随着国家扩大内需政策效果的逐步显现，重化工产品市场形势有所好转，全省实施有色金属、化肥等重要工业产品的收储，对符合国家产业政策和环保要求的统调电网直供的钢铁、黄磷、电石、烧碱、水泥等10个行业的企业实行平水期电价及对其阶段性用电实施特殊电价扶持以及刺激消费等政策改善了生产条件，主要重工行业年内增长实现扭负为正，并呈稳步回升态势。全省轻工业保持平稳增长。主要工业产品产量持续增长，基本完成年度计划目标。全省工业产品产量形势趋好，汽车、发电量、钢材、十种有色、化肥、水泥的产品产量将保持增长态势，基本完成年度计划目标。其中，汽车、水泥、钢材分别可实现74.4%、24.7%、15%的增长。

【体制改革】 2009年，全省各项改革稳步推进：

医疗卫生体制改革全面启动。研究制定医改实施意见和方案。稳步启动基本医疗保障、实施国家基本药物制度、基层医疗卫生服务体系建设、公共卫生服务逐步均等化、公立医院改革试点等5项重点改革，及时出台了一批医改配套文件。

旅游产业改革试点取得重大突破。国家已批准将云南省列为旅游产业发展改革试点。为确保有效推进全国旅游产业发展改革试点工作，全省选取的保山市腾冲县、玉溪市抚仙湖—星云湖、大理苍洱地区、世博新区先期开展旅游产业发展改革试点进展顺利。

综合改革试点进展顺利。昆明市行政审批制度改革成效显著，干部人事制度改革、国企改革、投融资体制改革、社会领域改革等方面取得较大成效。红河州综合改革试点工作已在部分领域取得了成效和进展。在统筹城乡改革方面，加大

了解决征地农民、失地农民劳动就业和社会保障的探索力度，在统筹推进城乡医疗保障一体化方面进行了大胆尝试。

国企改革继续深化。进一步推进省属企业整合重组工作。云南世博集团、云旅产业集团正式整合重组为云南世博旅游控股集团有限公司，成为全省旅游产业链最为完整、具有较强投融资能力和可持续发展能力的综合性旅游产业集团。

农村改革向纵深发展。进一步深化乡镇机构改革。继续完善农村义务教育经费保障机制，以促进教育公平为着力点，巩固和发展农村税费改革以来农村义务教育改革成果，进一步健全和完善农村义务教育经费保障机制，加快农村义务教育综合改革。进一步深化征地制度改革。

集体林权制度改革取得新突破。昭通、曲靖、文山、大理、保山、德宏、丽江、西双版纳、怒江、临沧等10个州市确权工作基本结束，昆明、红河、普洱、楚雄、玉溪5个州市的主体改革省级验收已经结束。林权流转服务中心建设不断推进，至年末，全省已建成林权流转服务中心31个。

【对外贸易】 2009年，配合相关部门认真贯彻落实国家出台的提高部分高技术含量和劳动密集型产品出口退税率、取消或降低粮食和化肥等产品出口关税、调减加工贸易禁止类目录等一系列稳定外需、支持外贸发展的政策措施，推动全省外贸进出口走出困境。特别是2009年8月份以来，全省外贸进出口当月连续出现正增长。11月份出现最大增幅，同比增长68.2%，其中进口增长115.1%，出口增长41.5%。

【中共云南省委员会第八届八次全会】 2009年19～20日，中共云南省委八届八次全体会议在昆明召开。全委会强调要深入贯彻落实科学发展观，认真贯彻落实胡锦涛总书记考察云南时的重要讲话精神，紧紧围绕建设绿色经济强省、民族文化强省和中国面向西南开放的桥头堡，增投资、扩消费，转方式、调结构，重民生、建和谐，快发展、上水平，进一步坚定信心，振奋精神，进一步解放思想、开拓创新，进一步求真务实、真抓实干，全面完成“十一五”规划的各项目标任务，努力推动全省经济平稳较快发展和促进社会和谐稳定。

全委会由省委常委会主持。省委书记白恩培向全委会作工作报告。省委副书记、省长秦光荣结合学习贯彻十七届四中全会和中央经济工作会议精神，对全省经济社会发展的具体工作提出要求。省委副书记李纪恒主持大会开幕式。

会议审议通过了《中国共产党云南省第八届委员会第八次全体会议公报》。

（省发改委西开处）

12月19～20日，中共云南省委八届八次全体会议在昆明召开　（云南日报社提供，刘建华摄）

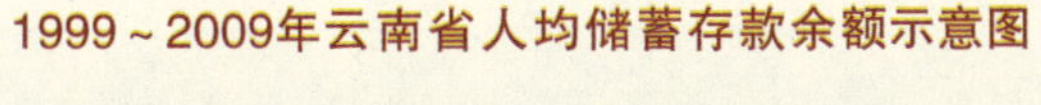

1999～2009年云南省人均储蓄存款余额示意图

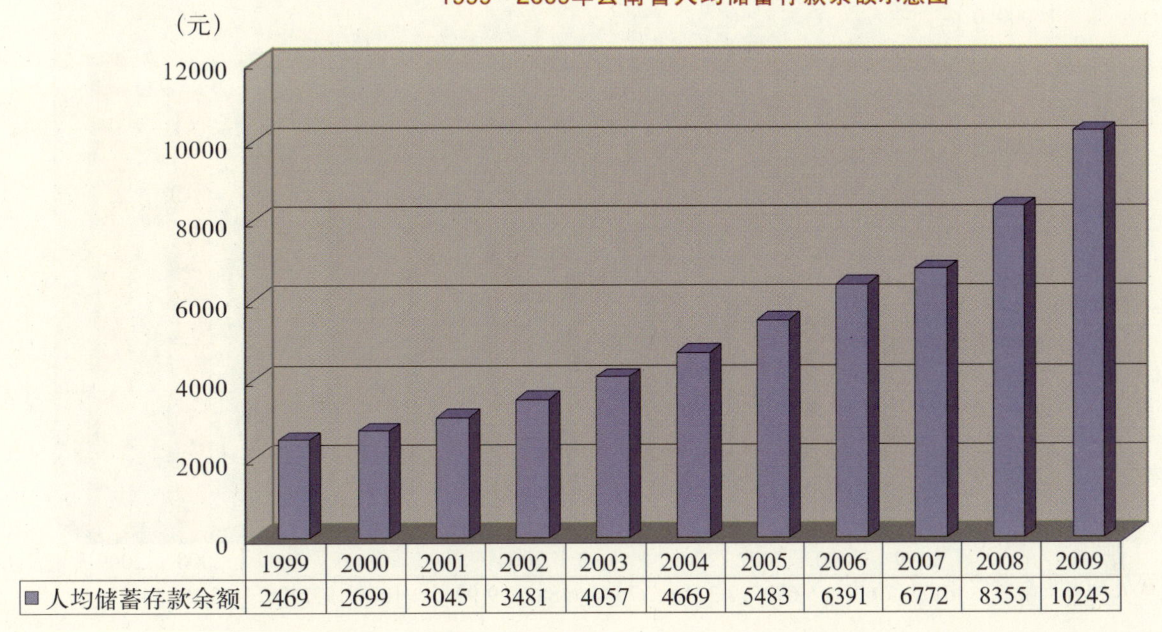

	1999	2000	2001	2002	2003	2004	2005	2006	2007	2008	2009
■人均储蓄存款余额	2469	2699	3045	3481	4057	4669	5483	6391	6772	8355	10245

1999～2009年云南省农民人均纯收入示意图

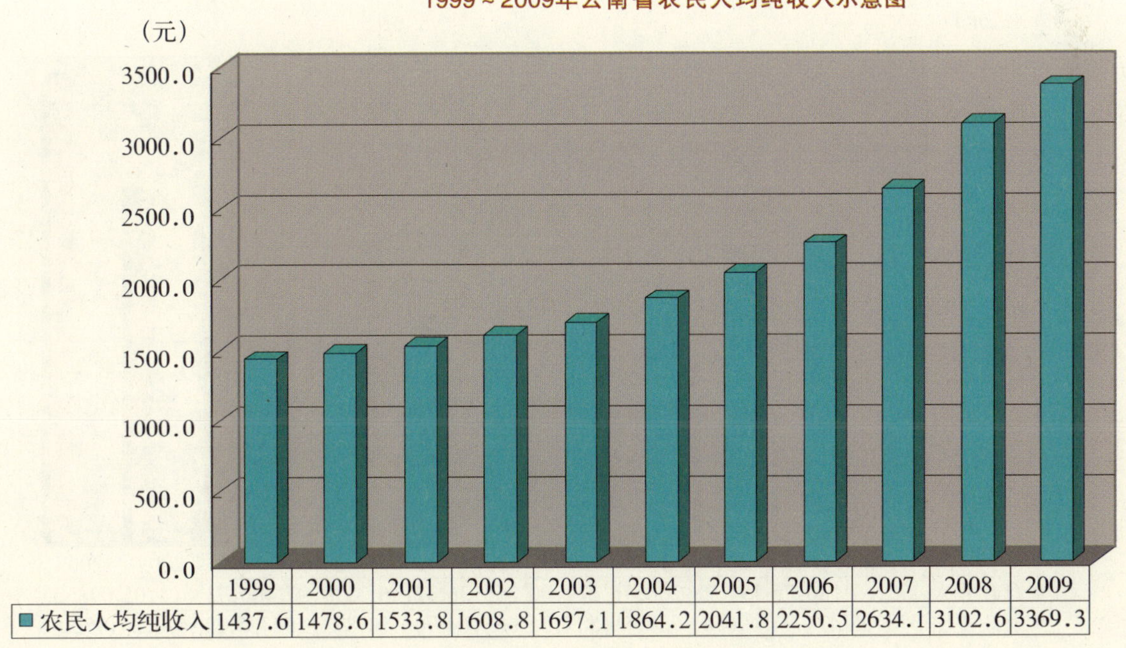

	1999	2000	2001	2002	2003	2004	2005	2006	2007	2008	2009
■农民人均纯收入	1437.6	1478.6	1533.8	1608.8	1697.1	1864.2	2041.8	2250.5	2634.1	3102.6	3369.3

1999～2009年云南省城镇居民人均可支配收入示意图

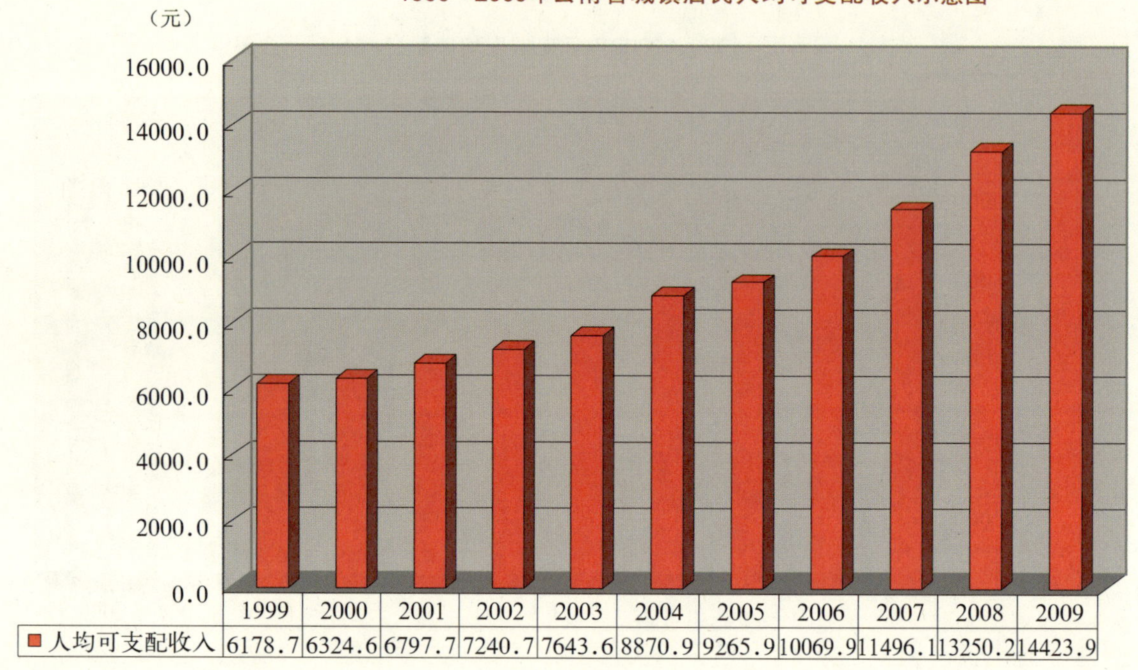

	1999	2000	2001	2002	2003	2004	2005	2006	2007	2008	2009
人均可支配收入	6178.7	6324.6	6797.7	7240.7	7643.6	8870.9	9265.9	10069.9	11496.1	13250.2	14423.9

1999～2009年云南省财政一般预算收支示意图

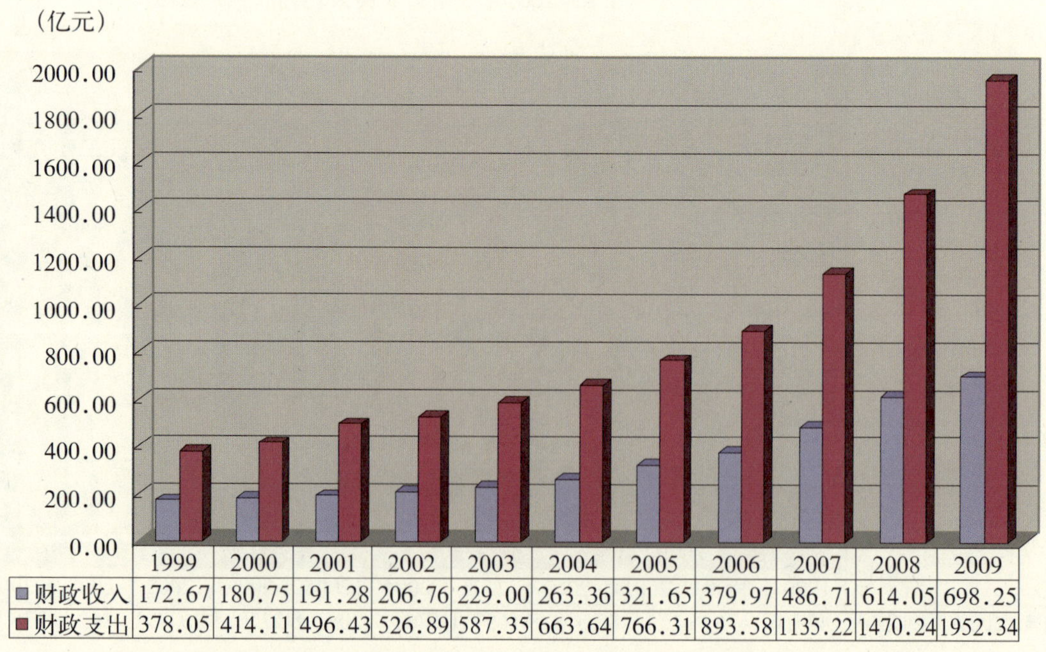

	1999	2000	2001	2002	2003	2004	2005	2006	2007	2008	2009
财政收入	172.67	180.75	191.28	206.76	229.00	263.36	321.65	379.97	486.71	614.05	698.25
财政支出	378.05	414.11	496.43	526.89	587.35	663.64	766.31	893.58	1135.22	1470.24	1952.34

■财政收入 ■财政支出

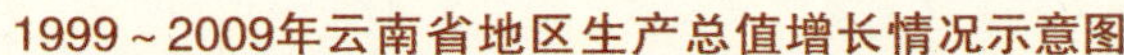

1999～2009年云南省地区生产总值增长情况示意图

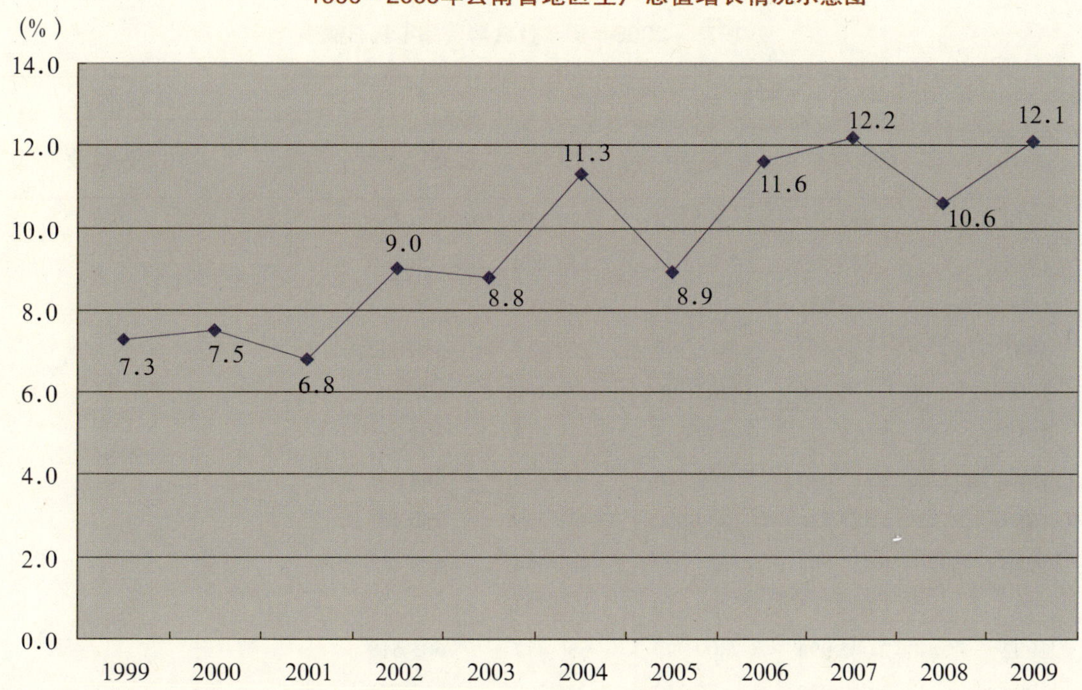

1999～2009年云南省社会消费品零售总额示意图

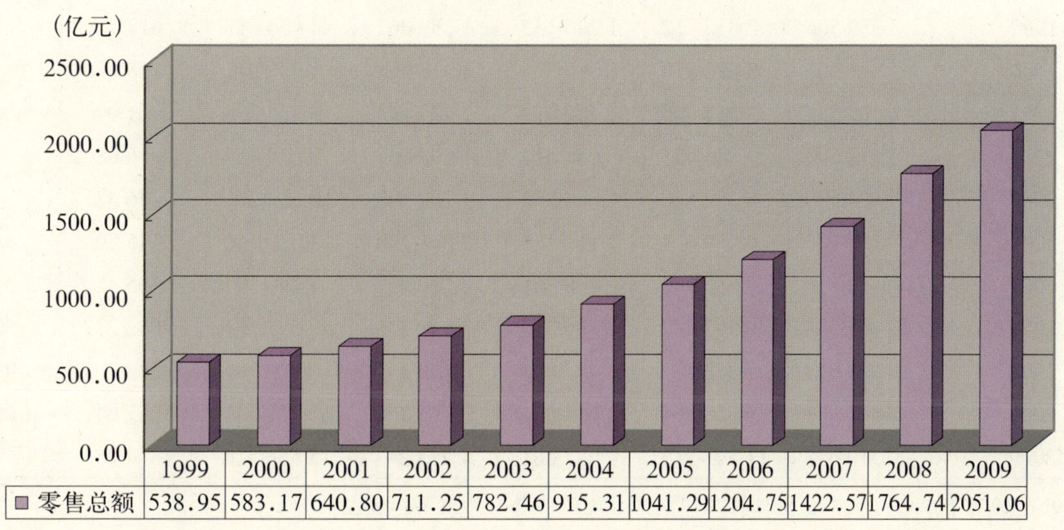

	1999	2000	2001	2002	2003	2004	2005	2006	2007	2008	2009
零售总额	538.95	583.17	640.80	711.25	782.46	915.31	1041.29	1204.75	1422.57	1764.74	2051.06

1978～2008年历年社会消费品零售总额表

单位：万元

年 份	社会消费品零售总额	市	县	县以下	按行业分		
					批发零售贸易业	住宿餐饮业	其它行业
1978	283 811	69 328	118 118	96 365			
1979	326 009	84 874	118 769	122 366			
1980	379 641	107 937	135 611	136 093			
1985	844 463	315 367	228 414	300 682			
1986	919 066	303 496	277 269	338 301			
1987	1 025 522	339 423	318 213	367 886			
1988	1 355 679	462 446	428 875	464 358			
1989	1 421 534	499 802	441 239	480 493			
1990	1 455 944	524 397	451 364	480 183			
1991	1 637 515	598 973	518 323	520 219			
1992	2 045 994	809 999	630 477	605 518			
1993	2 619 032	1 176 212	775 789	667 031			
1994	3 049 700	1 420 495	867 316	761 889			
1995	3 695 537	1 722 962	1 051 772	920 803			
1996	4 141 796	1 920 664	1 169 422	1 051 710			
1997	4 670 654	2 275 987	1 256 470	1 138 197			
1998	5 000 868	2 562 627	1 262 706	1 175 535			
1999	5 389 506	2 833 712	1 296 732	1 259 062	4 630 655	617 778	141 073
2000	5 831 702	3 092 810	1 390 824	1 348 068	4 935 311	748 688	147 704
2001	6 407 957	3 434 096	1 502 413	1 471 448	5 338 230	901 006	168 721
2002	7 112 500	3 846 051	1 657 612	1 608 837	5 855 717	1 066 086	190 697
2003	7 824 580	4 252 620	1 804 852	1 767 108	6 354 201	1 246 322	224 057
2004	9 153 100	4 989 624	2 112 366	2 051 110	7 320 700	1 345 500	486 900
2005	10 412 856	5 682 997	2 408 861	2 320 997	8 296 197	1 565 350	551 309
2006	12 047 538	6 597 452	2 790 770	2 659 316	9 631 611	1 812 279	603 648
2007	14 225 692	7 868 177	3 247 084	3 110 431	10 939 781	2 368 703	917 207
2008	17 647 385	9 855 304	4 014 821	3 777 260	13 517 741	3 067 647	1 061 997
2009	20 510 638	11 545 713	4 681 681	4 283 244	15 558 516	3 814 283	1 137 839

注：2005～2008年零售额相关数据根据2008年第二次经济普查结果有所调整

1999～2009年云南省经济总量指标表

年份	地区生产总值（亿元）	第一产业	第二产业			第三产业	人均生产总值（元）
				工业	建筑业		
1999	1 899.82	406.87	811.90	686.09	125.81	681.05	4 558.00
2000	2 011.19	431.80	833.25	704.00	129.25	746.14	4 770.00
2001	2 138.31	444.42	868.06	730.81	137.25	825.83	5 015.00
2002	2 312.82	463.44	934.88	788.44	146.44	914.50	5 366.00
2003	2 556.02	494.60	1 047.66	882.08	165.58	1 013.76	5 870.00
2004	3 081.91	593.59	1 281.63	1 066.41	215.22	1 206.69	7 012.00
2005	3 461.73	661.69	1 426.42	1 168.68	257.74	1 374.62	7 809.00
2006	3 988.14	724.40	1 705.83	1 401.57	304.26	1 557.91	8 929.00
2007	4 772.52	837.35	2 038.39	1 696.29	342.10	1 896.78	10 609.00
2008	5 692.12	1 020.56	2 452.75	2 051.73	401.02	2 218.81	12 570.00
2009	6 169.75	1 067.60	2 582.53	2 088.17	494.36	2 519.62	13 539.00

西部大开发之前云南省产业结构（1999年）示意图

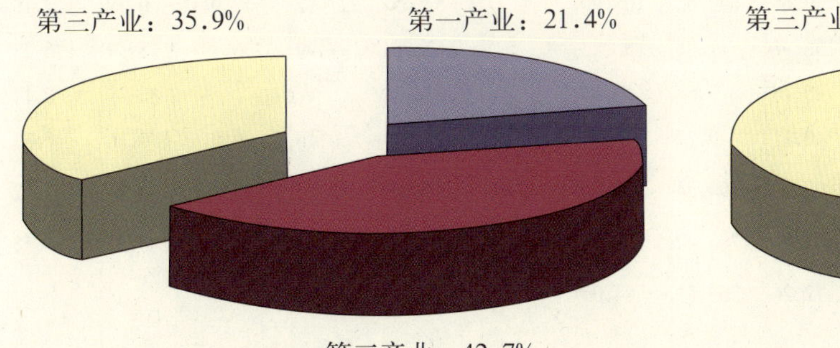

西部大开发10周年云南省产业结构（2009年）示意图

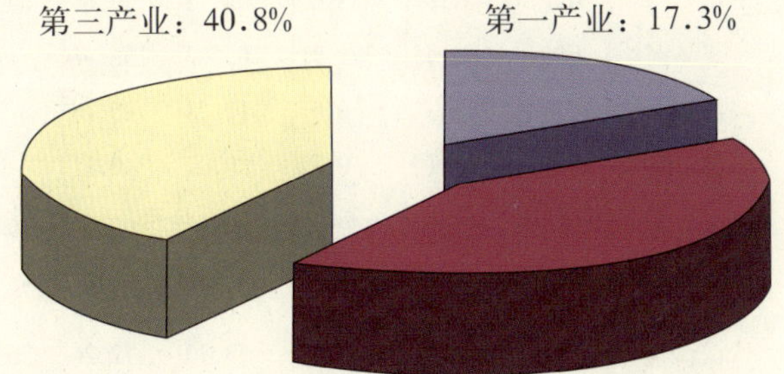

1999～2009年云南省全社会固定资产投资完成额示意图

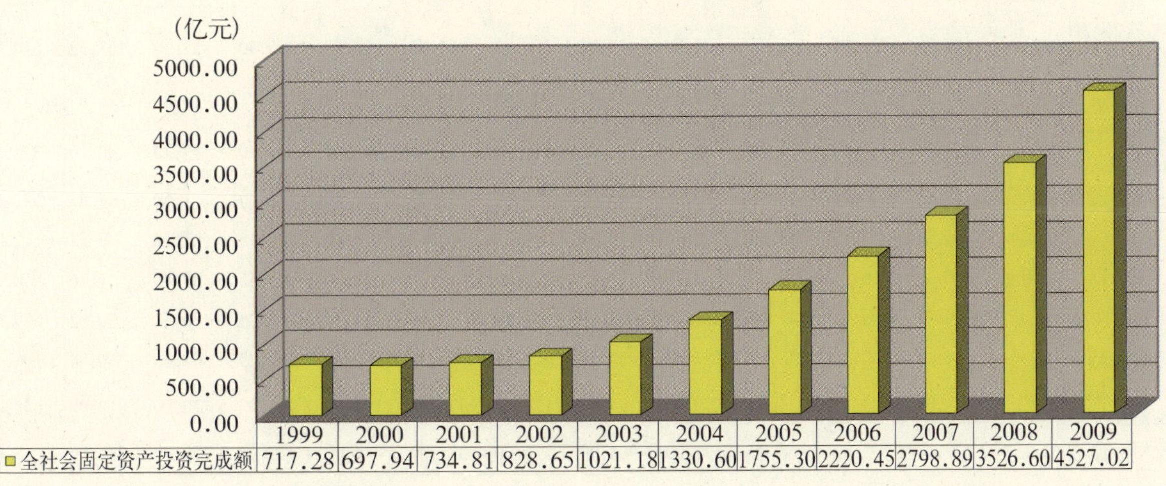

	1999	2000	2001	2002	2003	2004	2005	2006	2007	2008	2009
全社会固定资产投资完成额	717.28	697.94	734.81	828.65	1021.18	1330.60	1755.30	2220.45	2798.89	3526.60	4527.02

2000年西部12个省、市、区主要经济指标表

项　目	单位	云　南	内蒙古	广　西	重　庆	四　川	贵　州	西　藏	陕　西	甘　肃	青　海	宁　夏	新　疆
年末人口	万人	4 288.00	2 376.00	4 489.00	3 090.00	8 329.00	3 525.00	262.00	3 605.00	2 562.00	518.00	562.00	1 925.00
生产总值（当年价）	亿元	1 955.09	1 401.01	2 050.14	1 589.34	4 010.25	993.53	117.46	1 660.92	983.36	263.59	265.57	1 364.36
第一产业	亿元	436.26	350.80	538.69	1 589.34	4 010.25	993.53	36.32	1 660.92	983.36	263.59	265.57	1 364.36
第二产业	亿元	843.24	556.28	748.00	657.51	1 700.49	387.85	27.21	731.90	439.88	114.00	120.04	586.84
工　业	亿元	697.69	455.21	619.84	527.48	1 393.84	314.73	10.13	549.58	328.41	80.55	93.00	422.08
第三产业	亿元	675.59	493.93	763.45	648.83	1 364.18	334.69	53.93	649.90	350.12	111.06	99.58	489.34
农林牧渔业总产值	亿元	680.90	543.20	829.00	412.60	1 413.30	413.0	51.20	464.90	323.00	57.00	77.80	487.20
主要农业产品产量													
粮　食	万吨	1 467.80	1 241.90	1 528.50	1 106.90	3 372.00	1 161.30	96.22	1 089.10	713.48	82.70	252.70	783.70
油　料	万吨	26.98	116.37	58.61	31.06	192.99	74.34	3.96	38.76	41.68	19.40	6.99	60.14
蔬　菜	万吨												
水　果	万吨	769 537.00	214 463.00	3 601 420.00	816 841.00	2 525 654.00	310 986.00	7 418.00	4 937 906.00	1 215 921.00	22 415.00	193 155.00	1 518 732.00
奶　类	万吨	14.69	82.99	1.69	5.60	28.92	1.69	20.40	63.88	13.74	21.29	23.64	78.23
肉　类	万吨	204.87	143.40	276.24	153.61	555.55	123.82	14.90	83.22	58.86	20.83	18.52	83.63
猪牛羊肉	万吨	191.21	130.28	219.10	138.44	459.17	116.01	14.93	74.20	54.31	20.31	15.45	70.55
主要工业产品产量													
钢	万吨	1 87.09	423.60	104.73	179.69	602.35	166.90		53.65	227.22	42.91	0.79	112.19
成品钢材	万吨	1 76.45	378.91	102.63	156.98	541.34	150.93		57.70	197.99	36.39	5.59	126.23
汽车产量	万辆	2.32	0.07	12.78	25.28	3.64	0.14		1.93				0.14
原　煤	万吨	0.10	0.72	0.07	0.11	0.21	0.37		0.20	0.16	0.01	0.16	0.27
发电量	亿千瓦小时	297.84	439.22	289.09	167.90	500.24	404.70	6.61	272.28	253.52	133.79	136.61	182.12
水　泥	万吨	1 512.00	630.02	2 198.35	1 402.78	2 766.42	783.88	49.32	989.44	723.50	123.71	280.25	894.55
农用化学肥料	万吨	174.44	35.54	53.30	72.26	263.51	84.05						
运输邮电													
货运周转量	亿吨千米	481.90	943.20	707.00	289.00	622.90	404.10	13.50	573.00	639.50	86.60	205.20	457.30
旅客周转量	亿人千米	205.51	200.11	451.47	242.68	496.80	238.36	4.11	331.09	226.00	29.71	52.07	186.78
邮电业务总量	亿元												
全社会固定资产投资	亿元	683.96	423.64	583.34	572.59	1 418.04	396.98	64.05	653.67	395.40	151.14	157.52	610.39
房地产开发投资	亿元	83.23	45.22	38.67	139.63	195.97	46.58	0.98	78.89	27.71	13.50	15.57	57.43
社会消费品零售总额	亿元	583.20	484.00	859.20	643.40	1 523.70	343.70	42.90	607.60	362.70	82.10	90.20	374.50
进出口贸易总额	亿美元	18.13	26.22	20.34	17.86	25.45	6.60	1.30	21.40	5.70	1.60	4.43	22.64
出　口	亿美元	11.75	9.70	14.89	9.96	13.94	4.21	1.13	13.10	4.15	1.12	3.27	12.04
进　口	亿美元	6.38	16.52	5.45	7.90	11.51	2.39	0.17	8.30	1.55	0.48	1.16	10.60
地方财政收入	亿元	180.75	95.03	147.05	87.24	233.86	85.23	5.38	114.97	61.28	16.58	20.82	79.07
地方财政支出	亿元	414.11	247.27	258.49	187.64	452.00	201.57	59.97	271.76	188.23	68.26	60.84	190.95
城镇居民人均可支配收入	元	6 325.00	5 129.00	5 834.00	6 276.00	5 894.00	5 122.00	7 426.00	5 124.00	4 916.00	5 170.00	4 912.00	5 645.00
农民人均纯收入	元	1 479.00	2 038.00	1 865.00	1 892.00	1 904.00	1 374.00	1 331.00	1 444.00	1 429.00	1 490.00	1 724.00	1 618.00

2009年西部12个省、市、区主要经济指标表

项　目	单位	云　南	内蒙古	广　西	重　庆	四　川	贵　州	西　藏	陕　西	甘　肃	青　海	宁　夏	新　疆
年末人口	万人	4 571.00	2 422.07	4 856.00	2 859.00	8 185.00	3 798.00	290.03	3 772.00	2 635.46	557.30	625.20	2 158.63
生产总值（当年价）	亿元	6 169.75	9 725.78	7 700.36	6 528.72	14 151.28	3 893.51	441.36	8 186.65	3 382.35	1 081.27	1 334.56	4 273.58
第一产业	亿元	1067.6	929.02	1 458.71	606.80	2 240.61	554.02	63.99	789.63	497.50	107.40	127.13	759.73
第二产业	亿元	2 582.53	5 101.39	3 377.72	3 447.48	6 711.87	1 474.33	136.19	4 312.11	1 510.98	576.34	680.20	1 951.87
工　业	亿元	2 088.17	4 503.31	2 863.84	2 917.40	5 678.24	1 252.67	32.67	3 578.98	1 191.25	471.34	538.27	1 579.88
第三产业	亿元	2 519.62	3 695.37	2 863.93	2 474.44	5 198.80	1 865.16	241.18	3 084.91	1 373.87	397.53	527.23	1 561.97
农林牧渔业总产值	亿元	1 706.19	1 570.58	2 377.20	913.11	3 689.81	875.20	93.38	1 337.22	876.28	157.30	243.50	1 297.61
主要农业产品产量													
粮　食	万吨	1 576.92	1 981.70	1 463.20	1 137.20	3 194.60	1 168.27	90.53	1 131.40	906.20	102.69	340.70	1 152.00
油　料	万吨	50.16	119.62	42.08	40.54	261.76	78.68	5.79	54.38	58.54	36.60	13.65	63.91
蔬　菜	万吨	1 238.24	1 380.61	2 063.07	1 177.45	3 227.35	1 079.45	55.11	1 257.59	1 145.35	118.86	353.98	1 383.21
水　果	万吨	303.85	208.67	1 010.74	212.87	689.51	119.74	1.23	1 366.06	459.87	3.34	202.43	1 056.35
奶　类	万吨	57.56	934.05	8.07	7.94	68.66	4.49	28.72	185.83	37.66	25.35	81.14	125.15
肉　类	万吨	304.59	233.99	371.25	187.70	632.81	169.63	24.03	98.68	82.88	26.91	25.55	115.35
猪牛羊肉	万吨	270.88	204.20	248.85	154.49	527.41	154.73	23.82	90.10	76.55	26.14	23.24	99.71
主要工业产品产量													
钢	万吨	1 049.05	1 261.94	1 000.01	333.79	1 509.14	343.10		522.50	626.36	126.72	0.00	625.01
成品钢材	万吨	973.30	1 294.87	1 174.86	477.44	1 830.62	337.62		887.34	644.54	125.06	38.01	687.34
汽车产量	万辆	7.27	2.74	118.45	118.65	7.69			50.68	1.87			0.07
原　煤	万吨	8 921.02	60 058.45	519.72	4 290.79	8 997.34	13 690.74		2 9611.13	3 875.59	1 283.61	5 509.53	7 646.00
发电量	亿千瓦小时	1 173.82	2 242.37	944.45	474.32	1 578.78	1 380.02	18.00	908.94	696.65	377.94	479.85	549.07
水　泥	万吨	5 046.45	4 275.52	6 411.17	3 610.99	8 886.98	2 664.78	187.65	4 464.66	1 816.11	609.99	1 064.50	2 029.33
农用化学肥料	万吨	356.73	261.53	92.43	150.36	463.01	347.28		86.82	81.00	277.92	91.77	183.76
运输邮电													
货运周转量	亿吨千米	904.27	4 116.91	2 337.20	1 650.49	1 590.52	926.05	35.34	2 218.55	1 619.49	364.16	750.36	1 255.91
旅客周转量	亿人千米	448.45	359.96	787.30	410.08	1 004.67	406.61	29.98	680.59	495.90	85.49	91.75	386.68
邮电业务总量	亿元	669.99											
全社会固定资产投资	亿元	4 527.02	7 318.86	5 237.24	5 214.28	11 387.26	2 401.74	379.41	6 249.01	2 363.02	798.27	1 075.91	2 710.89
房地产开发投资	亿元	737.46	815.46	813.68	1 238.91	15 86.76	369.69	15.72	943.73	204.14	72.85	162.74	230.84
社会消费品零售总额	亿元	2 051.06	2 855.30	2 790.70	2 479.00	5 758.70	1 247.30	156.60	2 699.70	1 183.00	300.50	339.30	1 177.50
进出口贸易总额	亿美元	80.19	67.72	142.34	77.09	242.27	23.04	4.02	84.01	38.25	5.86	12.02	138.28
出　口	亿美元	45.14	23.16	83.76	42.80	141.52	13.57	3.75	39.85	7.35	2.51	7.43	108.23
进　口	亿美元	35.05	44.56	58.58	34.29	100.76	9.48	0.27	44.16	30.89	3.35	4.60	30.04
地方财政收入	亿元	1 490.82	1 378.12	620.83	1 165.72	1 174.59	416.46	30.37	733.90	286.69	87.74	111.54	493.07
地方财政支出	亿元	1 952.34	1 925.13	1 606.25	1 806.04	3 590.72	1 358.76	470.56	1 839.90	1 245.57	486.68	427.80	1 474.11
城镇居民人均可支配收入	元	14 424.00	15 849.00	15 451.00	15 749.00	13 839.00	12 863.00	13 544.00	14 129.00	11 930.00	12 692.00	14 025.00	12 258.00
农民人均纯收入	元	3 369.00	4 938.00	3 980.00	4 478.00	4 462.00	3 005.00	3 532.00	3 438.00	2 980.00	3 346.00	4 048.00	3 883.00

云南省救灾物资储备库（总投资约8500万元）

云南省民政厅

2009年，云南省民政厅紧紧围绕中心工作，着力提高困难群众的生活保障水平，切实维护特殊群体、优抚群体的基本权益，为云南经济社会发展作出了积极贡献。

省民政厅长王树芬到宜良县慰问81岁的优抚对象赵永清

抓好减灾救灾工作，全面提高抗灾救灾工作水平，切实保障受灾群众的基本生活。2009年，共投入救灾资金13.5亿元，救助受灾群众552万人，近13万户的民房恢复重建和修复加固任务按期完成。投资9 500万元新建了25个州县级救灾物资储备库。

做好社会救助和社会福利工作，有效保障困难群体和特殊群体的基本生活权益，切实发挥民政保障民生的“兜底”作用。支出资金40.8亿元，90万名城市低保对象和338万名农村低保对象的基本生活得到切实保障。22.1万农村五保供养对象实现应保尽保。投入资金5.5亿元，资助536.68万农村低保、农村五保和边民等特殊困难群众参加新型农村合作医疗，并对46.5万人次的城乡困难群众实施住院和门诊救助。加快推进社会福利基础设施建设和养老服务事业发

旱灾期间贫困灾民领到救济粮

展，对高龄老人和长寿老人发放生活补贴。

深入开展双拥优抚安置工作，切实维护优抚安置对象的合法权益，有力支持和巩固国防建设。投入优抚安置资金14.8亿元，切实保障优抚对象和军休干部待遇落实。继续深化退役士兵安置改革，在促进自谋职业、推进城乡一体化安置等方面取得新进展。组织开展节日走访慰问部队、军警民争创共建活动、省级双拥模范城（县）评比活动，认真解决部分军队复员干部养老、医疗、再就业、住房等困难。积极协调部队参与抗灾救灾、兴边富民建设工程和爱民助学活动。

统筹推进各项社会事务工作，积极提升民政公共服务水平，不断满足公众多元化的服务需求。建立了省社区建设工作挂钩联系制度，开展社区志愿者注册试点和农村社区建设试点工作。大力培育发展新型社会组织，各类社会组织已发展到11 880个。积极推进全省地名公共服务工程建设和平安边界创建活动，稳妥开展行政区划调整工作，促进区域协调发展。继续深化殡葬改革，实施对特困人员死亡火化补助政策，火化率提高到17.51%。婚姻登记工作逐步规范，难民的教育管理和服务工作不断加强。

安宁市王家滩寄养点的儿童和他们的寄养父母幸福地生活在一起

2009年5月27日，云南省政府在北京举行云南旅游产业改革发展试点省建设合作协议签字仪式暨云南省全面启动旅游产业改革发展试点新闻发布会

2009年8月4日，云南省省长秦光荣、副省长刘平一行到云南省旅游局调研

云南省旅游产业发展大会

2009年8月·腾冲

2009年8月29日，云南省旅游产业发展大会在保山市腾冲县召开

西部大开发中崛起的云南旅游业

西部大开发以来，云南旅游业立足改革开放以来培育的产业基础，围绕旅游业实现“优化结构、提质增效、转型升级”的核心目标，以邓小平理论和科学发展观为指导，实施大项目带动大发展战略，着力推动“二次创业”和改革发展，加快了建设旅游经济强省的步伐。在省委、省政府的正确领导和直接推动下，不断充实和完善旅游产业领导小组，积极争取各级优惠政策和扶持资金，逐年增加旅游发展专项资金，加大旅游基础设施的建设和投入力度，按照《云南省旅游发展总体规划 2001—2020 年》的总体发展思路和方向，每年召开云南省旅游产业发展大会，下发《关于进一步加快旅游产业发展的若干意见》和《云南旅游发展倍增计划 2004—2010》，修订《云南省旅游条例》，出台《云南省加快乡村旅游发展指导意见》和《云南省关于旅游市场综合治理指导意见》，编制实施了《云南省旅游产业发展和改革规划纲要》。

通过一系列政策措施的实施，云南旅游业呈现出持续健康的发展态势，基本形成包括食、住、行、游、购、娱等在内，覆盖滇中大昆明国际旅游区、滇西北香格里拉旅游区、滇西南澜沧江—湄公河国际旅游、滇西火山热海边境旅游区、滇东北红土高原旅游区等 6 大旅游片区的旅游产业体系。截止 2009 年，全省投入使用的民用机场达到 12 个，始发航线 208 条，其中国际

航线23条、地区航线3条，航线里程达到11.2万千米；全省铁路营业里程1 923千米，公路通车里程20.4万千米，其中高等级公路里程达7 763千米，高速公路里程数已经突破2 500千米；全省拥有世界文化遗产1处，世界自然遗产2处，世界记忆遗产1个，国家级风景名胜区10处，国家级森林公园19个，中国历史文化名城5座，国家级旅游度假区1个，中国优秀旅游城市6个，全国旅游经济强县1个，全国农业旅游示范点6处，全国旅游景观名镇村10处，云南旅游小镇60个，旅游特色村100个，各类博物馆、纪念馆40个；全省共有近2万户旅游基本单位，形成固定资产600多亿元，其中旅游行政管理机构88家，旅游培训机构30家，旅行社438家，导游23 730人（其中外语导游2 237人），旅游住宿设施达14 234家（其中星级旅游饭店747家），旅游景区景点425个（其中国家A级以上景区景点148家），旅游车船公司及其他旅游企业63家，旅游购物企业300多家及上千家各种类型的旅游餐饮企业，旅游直接从业人员30万人，间接从业人员150万人。从2000年到2009年，全省年接待海外旅游者从100.1万人次增加到577.8万人次，年均增长21.5%，实现旅游外汇收入从3.39亿美元增加到11.72亿美元，年均增长14.8%；接待国内旅游者从0.38亿人次增加到1.2亿人次，年均增长13.5%，实现国内旅游收入从183.2亿元增加到730.66亿元，年均增长16.6%；全省旅游综合收入从211.4亿元增加到810.73亿元，年均递增16.1%，各项旅游经济指标均呈现出两位数增长的良好态势。

2009年，国家发展改革委批准了《云南省旅游产业发展和改革规划纲要》，并决定把云南省作为推进改革试验工作联系点，同时，国家旅游局决定把云南省作为全国旅游产业改革发展的试点省份，与云南省人民政府签订了《关于推进云南旅游产业改革发展试点省建设的合作协议》，建立更加紧密的促进云南旅游业发展的省部合作机制。

2010年是实施西部大开发十周年，党中央、国务院高度重视旅游业发展，先后下发了《国务院关于加快发展旅游业的意见》和《国务院关于推进海南国际旅游岛建设发展的若干意见》，给全国旅游业发展带来了前所未有的机遇。全国各省区市掀起旅游发展新高潮，海南省推动实施建设国际旅游岛的战略，河南省提出了旅游立省的目标，广东省提出了国民休闲旅游计划。许多经济发达国家，尤其是日本、韩国、新加坡等都把旅游业作为拉动国民消费、刺激经济增长的切入点来加以重点扶持，加快了全球旅游业的企稳回升。

从国际国内发展环境看，推动未来云南旅游业发展有诸多有利条件，但不利于旅游业发展的困难和制约仍然不少，云南将进一步坚定信心，把握机遇，充分挖掘云南旅游独特而丰富的资源优势，突出民族文化、气候、生态、区位等特色，加强统筹规划，从改革、开放、服务、管理入手，加快基础设施建设，创新旅游市场促销方式，不断拓展客源市场，抓好市场监管，全面提升旅游服务质量，更加注重旅游与文化结合，继续加大旅游重大项目的推进力度，尤其是加快休闲度假基地和酒店的建设，坚定不移地全力推进旅游产业的转型升级，力争实现旅游行业总收入突破900亿元，努力使云南旅游“二次创业”和改革发展再上新台阶。

2009年11月19～20日，中国—东盟旅游合作论坛在昆明市举办

2009年11月19～22日，2009中国国际旅游交易会在昆明国际会展中心举行

迎难而上　共克时艰

为全省应对金融危机提供统计科学服务

2009年，为应对国际金融危机的严重冲击，无论是云南省的管理层还是经济生活中的各类经济主体，对统计的依赖都进一步加深，对统计服务的需求更加迫切，对统计的关注空前加大，对统计的舆论监督与日俱增。搞准统计数据比以往任何时候都显得更为关键，及时提供统计信息比以往任何时候都来得更加紧迫，维护统计的权威性和公信力比以往任何时候都显得更为艰巨，增强统计透明度和公开性比以往任何时候都显得更加重要，全省统计工作面临的挑战、承担的任务和承受的压力前所未有。

站在全社会“聚焦灯”下，全省统计系统在国家统计局、云南省委、省政府的坚强领导下，奋力将学习实践科学发展观活动成果，转化为促进统计服务科学发展和自身科学发展的体制机制保障，为省委、省政府正确判断经济走势、科学制定宏观调控政策提供了重要信息，为全省成功应对国际金融危机挑战、践行科学发展观提供了有力的统计保障，对坚定云南各界的信心发挥了重要作用，全省的统计改革取得新进展，统计建设取得新突破，统计事业呈现新气象。

云南省常务副省长罗正富与省统计局局长李烂光畅谈统计工作

积极为保增长、保民生、保稳定提供优质统计服务

建立了数据评估体系，坚持开展数据质量定期抽查工作和数据分析评估制度，制定专业统计数据质量控制办法，及时分析掌握专业统计数据的变动及与行业经济发展的匹配情况，有效提高了统计数据质量；制定云南省国民经济核算部门月度指标监测表及月度增加值测算方案，加强了对工业、投资、贸易等重要领域、重点行业和企业的跟

李灿光局长在春节之际向全省统计工作者问好，并祝全省统计工作更上一层楼

深入贫困监测点调研

省统计局与省工信委建立长效合作机制。图为双方签订合作备忘录

踪监测；针对金融危机背景下云南经济社会发展的不同时期和阶段出现的热点、难点、焦点问题，变季度经济形势分析为月度分析，并与省级各相关部门定期召开经济运行分析会议，适时向省委、省政府提出政策建议，有力地发挥了云南宏观经济运行“晴雨表”的作用。全省第二次全国经济普查获得了大量翔实的统计数据，基本查清查实了全省二、三产业特别是服务业的发展状况；全省第六次全国人口普查前期准备工作全面推进，普查区域划分及人户分离、流动人口管理及普查、外出人口、在普查中如何搞准出生死亡人口、边境地区人口普查对象的把握和特殊地区人口普查提前登记问题的专项试点胜利完成，为人普工作的全面展开积累了经验，提出了许多解决问题的方法和思路；开展了第二次R&D资源清查、“三项调查”和常住人口、大城市劳动力月度、规模以上工业企业科技活动、全国非公有制企业（单位）人力资源状况、污染源等专项调查、抽样调查和普查；开展了全省乡村领导班子、领导干部群众公信度调查试点、边境县调查和县委书记评价考核；有效监测了云南省2008年全面建设小康社会进程并形成了统计监测报告；完成了金融危机背景下的云南民生问题等多项社情民意调查，充分发挥了党和政府与人民群众沟通的桥梁作用。

大力推进统计改革，奋力提高数据质量

制定2009年云南省统计制度方法改革要点，提出多项改革重点；修订地区生产总值统一核算统计报表制度、核算方法及工作考评办法；建立服务业单位名录库和数据库，落实批发零售住宿餐饮业销售额行业统计调查制度；规范企业节能量的计算方法；完善了固定资产投资、房地产业和建筑业建设项目跟踪技术；建立云南省农村劳动力转移、花卉和生物产业统计报表制度；改革成品油统计上报方式；初步完成云南省旅游卫星帐户编制工作，全省统计数据的时效性、准确性获得新的提高。加大对基层统计的工作调研、政策支持、经费投入

加强统计青年职业道德教育

拜访离退休老干部

云南省实施新《统计法》启动仪式

奖励统计人员

和业务指导力度，乡（镇）统计管理体制改革和县级地方调查队呈现出勃勃生机。设立基层能源统计专项经费，有14个州（市）成立了能源科，全省能源统计能力大幅提高。开展国家统计信息基础网络改扩建项目，完成省到国家主干网提速改造及网络安全系统升级改造，建成新的电子邮件系统和即时消息传输系统。积极推进统计信息网络向乡（镇）延伸。依靠省电子政务建设项目资金支持，全省统计宏观经济数据库项目建设正式启动并进入统计指标整理和元数据库描述阶段，省到州（市）网络扩容改造及安全体系建设已完成政府招投标工作，进入项目实施阶段。加强网络信息系统安全保密管理工作，确保了全省统计网络系统高效、安全运行。为全省州（市）、县（市、区）、乡（镇、办事处）增配了大量信息化设备，基层计算机硬件水平得到明显提升，统计信息化应用能力得到加强。加大了部门统计调查项目科学性、可行性和调查报表、方案规范性的审核力度，有效控制了部门调查频率，减轻了基层负担。加强了与财政、税务、文化、教育、科技等综合部门和电力、邮政、银行、保险、证券等行业的联系与合作；建立了全省投资、房地产业和建筑业形势、消费品市场运行情况分析联席会议机制和云南省工业统计及经济动态监测长期合作机制，与省节能办等部门联合开展全省能耗统计专项检查工作，政府综合统计与部门统计的信息交换机制进一步健全。

贯彻落实“一法一规”，坚决依法治统，依法统计

建立监察、统计、调查三部门协调会议制度，进一步强化了统计调查项目的行政审批备案管理工作，努力消除调查项目交叉、统计指标重复、统计报表多乱、基层调查任务过重等现象。围绕经济普查等重点工作，加大查处统计违法违纪行为的力度。2008年10月至2009年9月，全省各级统计执法检查机关

共对 3 395 家单位进行了执法检查，以经济普查为重点，立案并结案 19 件。其中虚报、瞒报统计资料 1 件，拒报、屡次迟报统计资料 16 件，擅自制发统计调查表 1 件，泄露国家秘密、统计调查对象商业秘密或私人、家庭单项调查资料 1 件。

建设高素质人才队伍，着力提高统计能力

顺利完成省局新“三定”方案，增设监察室，增加公务员职数，公开吸纳了一批经管、数学、计算机、法律、文秘等专业的新生力量，在省局事业单位聘用 6 名高级统计师，为省局机关的统计工作注入新鲜的血液；适时配备省局总统计师、总经济师、总工程师，增强统计业务领导能力。各地以成立乡（镇、街道）统计站、组建县级地方调查队、改革基层统计管理模式为契机，招贤纳士，广掘人才，基层统计队伍得到加强。与云南财经大学联合开办统计学硕士研究生进修班，与省教委联合举办调查分析师证书考试，借助弗莱堡项目学术研讨等国际研讨班在昆明举办之机加强学习交流，组织县局主要负责人到国家局接受业务能力培训等，开阔统计视野，激荡统计思维，拓展统计分析的深度和广度。全省有 47 人取得高级统计师资格，799 人参加统计中级职称考试，比 2008 年增长 62%，6 323 人通过统计从业资格认定。廉政建设从抓领导班子、领导干部的思想、组织和生活作风建设入手，对统计队伍着力实施正反两方面教育，对组织机构层层落实党风廉政建设责任制；做好离退休老干部优抚工作，改善职工工作、生活条件，长期困扰干部职工的住房问题取得决定性突破。

优美的办公环境

丰富多彩的文化活动

统计文化建设和统计新闻宣传工作呈现新面貌

认真组织“加强统计青年职业道德教育，提高职业素养，敬忠统计事业”等视数据质量为生命的教育、宣誓活动，全省统计工作者热爱统计、忠诚统计、真实统计、恪遵职业操守的意识进一步增强。开展异彩纷呈的群众性文艺体育活动，特别是在庆祝新中国成立 60 周年活动期间，全省统计系统汇聚一堂，演出一幕幕精彩光耀的文艺节目，充分展现了统计文化建设的丰硕成果，体现了广大统计工作者乐观向上的风采。坚持定期邀请省级各主流媒体和中央驻滇媒体参加政府统计新闻发布会，围绕统计新闻公报，耐心解读和诠释新闻媒体所关心的各类民生统计等问题，积极引导社会各界及公众正确认识和使用统计数据。全面推行政府信息公开工作，实现门户网站与政府信息公开网站的资源共享和互联互通，增强统计的透明度，畅通社会公众了解统计信息的渠道。充分利用中国信息报、云南统计信息网、云南统计杂志等媒体，广泛宣传报道全省统计工作，探讨统计改革创新思路，宏扬统计工作者努力增强服务科学发展能力的优秀事迹。

2010 年，云南统计所面临的统计生态环境将会更趋复杂和严峻。在新的形势、新的背景、新的挑战面前，云南统计将进一步加快自身科学发展的步伐，以建立为党政决策、经济发展、公众需求科学服务的“三位一体服务”平台为目标，继续理顺统计体制、完善统计机制、健全统计制度方法，增强统计科学服务能力，营造出全省统计科学发展的新局面。

云南省人民政府金融办公室

云南省省长秦光荣在全省金融工作会议上作重要讲话

中共云南省委副书记李纪恒在金融服务“三农”座谈会上作重要讲话

云南省副省长曹建方出席2010年全省金融工作会议

云南省政府副秘书长蒋兆岗出席2010年全省金融工作会

2009年是云南省经济社会发展面临严峻挑战的一年，国际金融危机持续蔓延，给云南省经济社会发展带来严重困难。面对不利形势，省委、省政府全面贯彻落实党中央、国务院的一系列决策部署和政策措施，突出“保增长、保民生、保稳定”这个主题，充分把握国家实施积极财政政策和适度宽松的货币政策的机遇，坚持增加投资和促进消费相结合，坚持解近忧与谋长远相结合，坚持拉动经济增长和改善民生相结合，以积极的态度直面危机，以坚定的信心应对挑战，大胆创新，真抓实干，推动全省经济呈现回升向好的积极态势，取得了又好又快发展的显著成绩。预计2009年全省生产总值可以突破6 000亿元大关，同比增长12%左右；固定资产投资4 700亿元，同比增长35%左右；财政总收入1 490亿元，增长9.6%，一般预算收入完成689亿元，同比增长13.7%，财政总支出1 950亿元，增长30%以上；城镇居民人均可支配收入超过14000元，农民人均纯收入达3 500元左右，都增长了8%以上。

2009年也是云南省金融发展极其重要的一年，金融工作力度、成效是其他年份无法比拟的。全省金融系统深入学习实践科学发展观，坚决贯彻落实省委、省政府的一系列重要部署，抓住国家实施适度宽松货币政策的有利机遇，千方百计加大信贷投放，扩大直接融资规模，提升保险保障水平，推进金融创新，深化地方金融机构改革发展，改善金融服务，优化金融环境，全省金融改革与发展取得了显著成绩，为应对国际金融危机冲击，保持全省经济平稳较快发展，维护社会和谐稳定作出了重要贡献。金融工作取得的突出成绩，可以归纳为“十个重大突破”：

金融机构存贷款规模取得重大

突破。截至2009年末，全省人民币存款余额突破万亿元大关，达到11 120亿元；人民币贷款余额突破8 000亿元大关，达到8 780亿元，存贷款规模均创历史最高。

新增贷款规模取得重大突破。全省全年新增信贷投放2 185亿元，大幅超过年初预定的1 600亿元目标，比2008年翻了一番。其中，中长期贷款新增1 766亿元，增长46%以上。

直接融资取得重大突破。全省实现直接融资220亿元，首次跨上200亿元台阶。多形式直接融资体系初步形成，特别是云南锡业集团公司成功注册15亿元中期票据，实现了我省在中期票据市场融资零的突破。

银政合作取得重大突破。2009年云南省与国家开发银行、交通银行、民生银行、中国邮政储蓄银行、中国平安保险股份有限公司等金融机构分别签署了战略合作协议，协议总规模达到1 695亿元，相当于

省金融办主任刘建华

省金融办副主任李滨

省金融办副主任赵云龙

省金融办副主任王雪松

省金融办全体干部职工热烈庆祝中华人民共和国成立60周年

金融服务“三农”座谈会在省金融办召开

省委省政府领导到金融机构调研

为帮助云南路桥公司上市到红河实地调研

刘建华主任在富宁县归朝镇看望困难群众

省金融办主任刘建华在北京主持云南省人民政府和中国平安保险保险（集团）股份有限公司战略合作框架协议签约仪式

2003～2008年银政合作协议规模的总和；其中，2009年省级银政合作完成投放286亿元，是2008年的5.4倍。

保险业发展取得重大突破。2009年，全省保险收入首次突破180亿元，保险赔付达到65亿元；引入省外保险资金达到17.8亿元，为全省农业、重点建设、企业财产和个人提供了超过20万亿元的风险保障，保险资金运用、服务范围实现新突破。

金融支持“三农”取得重大突破。全省新增涉农贷款突破800亿元，村镇银行和小额贷款公司试点加快推进，村镇银行达到5家，小额贷款公司127家，发放“惠农卡”超过150万张。

金融促进中小企业发展取得重

大突破。全省新增中小企业贷款预计突破700亿元，信贷投放力度空前；金融机构中有3家银行设立了中小企业专营机构。

*金融开放取得重大突破。*云南省已开展中缅货物贸易人民币结算工作，中国进出口银行在滇设立分支机构已获财政部批准，富滇银行在老挝设立代表处的工作取得突破，成为全国率先获得银监会批准实施“走出去”战略的地方商业银行。

*投融资平台建设取得重大突破。*新组建了林业、文化产业、水务等3家投资公司，全省政府投融资平台公司达到247家，资产总额达到4 373亿元，获得银行授信总额超过4 100亿元，累计贷款余额达到2 400亿元。融资平台建设取得重大发展也是这几年来固定资产投资取得重大突破的主要原因。

*促进金融发展政策取得重大突破。*2009年，省委、省政府先后出台《关于金融促进经济发展的意见》20条、《关于加快推进直接融资工作的意见》22条，为全省金融机构抓住适度宽松货币政策的机遇，充分调动金融资源，促进全省经济社会协调发展，维护地方金融稳定奠定了坚实的基础。

捐赠现场

理论学习

签字仪式

云南冶金集团股份有限公司董事长、党委书记董英

云南冶金集团股份有限公司总经理、党委副书记田永

云南冶金集团股份有限公司

云南冶金集团股份有限公司是以铝、铅锌、锰、钛、硅五大产业为主，集采选冶、加工、勘探、科研、设计、工程施工、装备制造、内外贸、物流以及冶金高等教育为一体的大型企业集团。集团拥有成员单位50家，其中控股2家A股上市公司；已形成采矿200万吨、选矿260万吨，有色金属冶炼80万吨、深加工34万吨，铁合金及工业硅25万吨的年生产能力。集团连续8年入围中国企业500强，综合实力位居全国有色金属行业和云南省属企业前列。

多年来，集团一直秉持“履践先行、勇者无疆”的创业精神，以“改革、创新、责任、诚信、和谐”的发展理念，以“行业领先、世界一流”的目标定位，依靠科技进步，走出了一条“资源节约、环境友好、循环可持续”的新型工业化发展道路。集团主体企业生产工艺、技术装备和环保、节能减排指标处于国内领先、国际先进水平，其中云铝公司和驰宏公司已分别成为电解铝和铅锌生产的标杆企业；云铝公司是全国有色行业、中西部地区工业

2009年12月29日，云南冶金集团财务公司揭牌成立

企业中唯一被评定的"国家环境友好企业"，荣获"中华环境优秀奖"；驰宏公司是国家第一批循环经济试点企业，荣获全国矿产资源合理开发利用先进矿山企业称号。集团拥有1个国家级技术中心、1个博士后科研工作站、1个国家甲级大型综合设计院、1个国家级国际科技合作基地、1个国家示范性建设高职院校，拥有"高铁硫化锌精矿加压酸浸技术"、"IY铅熔炼技术"、"深度净化长周期锌电积"、"云铝CHYG—30型预焙铝电解槽系列技术"等一批处于行业领先、具有自主知识产权的专有核心技术。2000年以来，集团获省部级以上科技成果奖68项，其中获国家科技进步二等奖3项；获授权专利171项。集团先后荣获全国五一劳动奖状、全国模范劳动关系和谐企业、中华慈善奖、中国诚信典型示范企业、全国有色金属行业科技工作先进单位和云南省省属企业管理创新和科技创新优秀企业等荣誉称号。

今后，集团将坚持以科学发展观为指导，以打造代表行业发展方向领军企业为目标，着力建设铝、铅锌、锰、钛、硅五大产业，努力把集团发展成为具有较高社会美誉度、较强市场竞争力和较大行业影响力的国际知名矿业公司。

集团控股企业云南新立有色金属有限公司8万吨高钛渣项目2009年10月份建成投产

集团控股企业云南铝业股份有限公司

集团控股企业云南驰宏锌锗股份有限公司

云南冶金集团股份有限公司办公大楼

发展中的云投集团

云南省省长秦光荣等领导为云投集团更名成立揭牌

云南省副省长曹建方等领导为云投集团林业投资公司成立揭牌

云南省投资控股集团有限公司（简称“云投集团”）前身为云南省开发投资有限公司，成立于1997年9月5日。2007年9月5日，根据公司业务发展和集团化管控需要，正式成立云投集团，注册资本81亿元，是直属省政府、由省国资委履行出资人职责的大型国有企业。

云投集团作为云南省最大的综合性投资集团、中国投资协会国投委副会长单位、云南省投资协会会长单位，其定位为省政府推进经济社会发展的战略工具。长期以来，集团按照“使命，忠诚，一流”的核心价值观，切实履行省政府投资主体、融资平台和经营实体作用，积极服务于省委、省政府发展战略，努力促进全省经济社会发展。到2009年底，云投集团从成立之初的29名员工、30亿元的注册资本起步，历经10余年的创业发展，目前已拥有员工5 300余人，9个控股公司（分别为云南省电力投资有限公司、云南省铁路投资有限公司、云南省旅游投资有限公司、云南省林业投资有限公司、云南云景林纸股份有限公司、云南勐象竹业有限公司、曲靖市燃气有限公司、云南云投建

云投集团电力投资公司阿鸠田水电站“十·一”并网发电、朝阳水电站开工庆祝典礼

云南昆华医院投资管理公司第一次股东会的召开，标志着股份制医院合作建设迈出了关键一步

云投集团董事长保明虎一行到西双版纳项目建设现场调研

云投集团董事长保明虎、总裁刘一农一行到威信电厂项目建设工地调研

设有限公司、云南镇雄矿业能源有限公司)，持有富滇银行33.33%的股份，为第一大股东。同时集团拥有参股项目55个，受托股权项目10项，总资产达478亿元，投资领域涉足能源、交通、旅游、林竹浆纸、金融、医院、化工、地产等领域，特别是近三年来，集团加快二次创业和跨越式发展进程，三年累计完成投资242.57亿元，占公司累计投资总额的58.3%；三年累计实现融资367.77亿元，占公司累计融资总额的62.54%，为拉动云南投资总量增长，特别是产业引导和培育，做出了自身的贡献。

2010年，集团提出融资100亿元、投资100亿元的“双百亿”目标。当前，集团正采取措施，全力确保年度任务目标实现，促进云投集团二次创业和向一流投资控股集团的转型和跨越。

云投集团旅游投资公司控股云南金孔雀集团签字仪式

云投集团旅游投资公司控股大理旅游集团签字仪式

集团作为曲靖燃气项目出资人与曲靖市政府举行签字仪式

云投集团在定点扶贫乡启动1+1手拉手助学活动

 中国建设银行云南省分行

党中央提出“西部大开发”战略宏图以来，建行云南省分行抓住机遇，锐意改革，开拓创新，在实现自身跨越式发展的同时，为支持地方经济建设做出了积极贡献，也赢得社会各界的广泛好评和赞誉。1999～2009年的十年间，建行云南省分行存、贷款总量翻了两番，中间业务快速发展，经营效益稳步增长，并实现连续五年位居全国建行系统前十名的良好业绩。

强化经营职能，实现国有商业银行向现代股份制商业银行转变

1999～2003年，建行云南省分行认真履行国家商业银行职能。根据“自主经营、自负盈亏、自担风险、自我约束”的经营原则，积极探索商业银行发展规律，形成了“以市场为导向、以客户为中心、以效益为目标”，“筹资兴行、存款立行、贷款增效”的共识。同时积极推进经营管理体制综合改革，从根本上拓宽筹资方式和途径；推行审贷分立制度和风险预警制度，实行资产负债比例管理；大力推进计划、财务，会计和审计管理体制改革。不断建立、完善经营机制，创新产品和服务，全方位发展银行业务，综合竞争能力有所提高。

省分行办公大楼

2004年以来，建设银行按照党中央、国务院关于加快金融体制改革的要求和关于实施股份制改革的部署，在实施股份制改造的基础上成功上市，实现国有商业银行向股份制商业银行转变。为此，建行云南省分行按照上市公司的要求，顺应市场需求，积极转变经营模式，在垂直管理和专业化改革方面进行有益探索。实施资产保全业务单元制改革，建立专业化经营处置不良资产的经营团队和流程体系；启动会计和营运管理体制改革，推进前后台分离，实施后台业务的集约化处理和安全运行；启动风险管理体制改革，建立集中垂直的报告路线、风险经理与客户经理平行作业机制；探索对公经营职能整合和个人业务专业化管理模式，推进集团客户、小企业客户、投行业务、财富管理、个人贷款等专业化经营。至2009年底，建行云南省分行已建立起内部控制严密、基本满足客户和市场需要的经营管理体系，经营产品种类达到200多种，各项业务呈现持续、快速发展态势。

突出重点和特色，支持服务地方经济发展需要

强化对基本建设领域的服务与支持。在以交通、电力、邮电、烟草、民航等为重点行业，铁道部南昆指挥部、昆玉公路、玉元公路、昆钢集团等为重点项目，推行大行业、大项目主办行制度，在集中资金优先保证漫湾水电站、昆明水泥厂、玉溪卷烟厂等重点项目建设需要的基础上，进一步发挥传统优势，先后支持建成楚大、昆玉、大保、玉元、思小、保龙、蒙新、石锁等国道，内昆、南昆、玉蒙、沾六铁路等重要经济干线，景洪、功果桥、李仙江、镇雄等大中型电站；围绕现代新昆明建设，支持昆明国际机场、南过境干道高架桥、北厢工程、二环快速等项目；支持云冶、云铜、昆钢、云天化等重点企业。同时，通过工程监理、资金监管、财务顾问等配套服务，加强与优质行业、客户的合作。

着力打造个人住房业务品牌。配合国家住房制度改革和云南省安居工程建设，在积极承办政策性住房金融业务的同时，把个人住房贷款列为战略重点加快发展。2001年，开办公积金个人住房贷款、个人住房组合贷款。2002年，建行推出国内第一个住房贷款服务品牌—“乐得家”，不断深化“要住房，找建行”的服务理念。大力发展和培育住房二级市场金融产品，推出房屋交易资金托管业务——房易安；优化二手房贷款办理流程，推广二手房公积金组合及置换组合贷款。建设个贷中心“分散经营、集中管理”新模式，强化“三级客户经理”服务体系，个人住房贷款余额始终名列同业第一。

积极支持和介入民生领域建设。打破传统管理模式，将政府机构、金融机构以及事业法人客户从公司业务部分离出来，单设机构业务部直接经营和管理。在社保、军警、医院、代理保险和金融机构业务五个领域开展专项营销和服务活动。成功取得云南省农民工工资保证金代理权；分别与云南大学、云南师范大学、昆明理工大学、昆明医学院等高校客户签订业务合作协议。试点并推广“民本通达”产品，提升对教育、医疗、社保、环保领域

行长潘念宁

全省第一所“建行希望小学”落成揭牌

金融服务的水平，拓宽机构客户群体，积极支持云南省民生领域建设。

大力发展小企业信贷业务。将小企业业务提到战略发展的高度来认识，成立专业机构推进小企业业务发展，试点“信贷工厂”模式。从2006年开始，推出服务小企业的两个主要品牌——“成长之路”和“速贷通”。针对小企业客户需求特点推出小企业法人账户透支、联贷联保、动产融资、保理、保兑仓融资、无抵押小额贷款等新产品，取得良好反响。3年来，累计发放小企业贷款超过90亿元，支持近900户小企业客户经营发展。

持续创新不断提高综合服务能力。大胆探索、积极实践，多项产品创新取得省内和系统内第一。成功牵头云南省内第一笔银团贷款；为云南省公路开发投资有限公司发售建行系统西南片区第一支利得盈受益凭证类信托产品；与华能澜沧江公司签订融资租赁业务合作协议，成为建行系统第一单最大的融资租赁业务；为云南磷化集团办理全国建行首单企业年金账户管理业务；与蒙自矿冶公司签订第一笔IPO上市财务顾问协议；向云南省旅游投资有限公司发放全省第一笔并购贷款；开创红酒、普洱茶信托另类理财产品省内先河等等。

以人为本，企业文化助成长

1999年以来，建行云南省分行坚持以人为本，通过实施人事与激励约束机制改革，开展专业技术岗位职务管理制度改革，加强核心人才队伍建设，提升全行员工队伍素质。通过开展“岗位比奉献、青春献改革”，“忠诚、敬业、爱行、爱岗”主题宣讲，“创优争佳”劳动竞赛等活动，提高企业凝聚力；持续推进“5S”管理，开展评选“文明单位、服务明星、明星窗口”等活动，将企业文化建设与建行发展战略、业务拓展、服务营销等各项工作深度融合，提升企业文化价值创造力。认真履行企业社会责任，组织开展对口扶贫、捐资助学与军民共建等各项活动，不断树立建行的良好企业形象。

原云南省副省长程映萱莅临省分行一线网点慰问员工

大堂客户经理开展手机银行功能演示

省分行持续支持小湾水电站建设

与省交通运输厅签订云南省在建二级公路贷款合作总协议，支持全省52条在建二级公路建设

与昆明市20多家二手房优质中介签订战略合作协议

省内率先推出个人出入境金融服务中心

西部大开发中的昆明市

昆明以温暖如春的气候及优越的区位优势具备了“宜居城市”的先天条件。2008年以来，昆明进行了河道综合整治、重大基础设施建设、拆临拆违、建绿透绿等一系列举措，全方位打造宜居昆明。采取见缝插绿、拆墙透绿、立体植绿等方式，大搞绿化造景；实行“河长制”“一湖两江四全”综合治理滇池流域，36条入滇池河道，74%的河道水质有改善，河道边的生态公园和生态湿地建设让昆明城乡改变了生态环境。

2009年12月20～22日，昆明在“亚洲博鳌·中国品牌年度盛典”大型系列活动中获两项奖——中国最佳休闲宜居绿色生态城市奖、联合国宜居生态城市奖；省委常委、市委书记仇和获“中国城市发展改革创新模范人物”奖。

2009年，昆明主城和呈贡新区再新增绿地面积1 595.35公顷，种植乔木175.9万株，种植攀缘植物267.6万株。

全国绿化委专家组的考评数据显示：昆明市绿地覆盖率达35.69%，绿化覆盖率达41.34%，人均公共绿化地面积10.16平方米，城市中心区人均公共绿化地面积6.2平方米，相关指数达到或超过了全国绿化模范城市的指标。

2010年5月底，全国绿化委、建设部相继授予昆明市“全国绿化模范城市”和“国家园林城市”荣誉称号，官渡区、呈贡县分别获得“全国绿化模范城市县（区）”称号。

海埂公园全貌

滇池国际湿地公园

海埂大坝湿地

昆明市级行政中心

（本版摄影：张卫民）

省委常委、昆明市委书记仇和陪同盐城市政府代表团参观现代新昆明规划设计

昆明市市长张祖林检查松华坝上游河道水质

海埂红塔西路绿化

盘龙江绿化

（本版摄影：张卫民）

五甲塘湿地公园

莲花池公园

行政中心一角

兴建中的昆明地铁

昆明地铁是昆明市轨道交通的重要组成部分，由昆明轨道交通有限公司管理运营。昆明地铁系统将于2020年前形成6条线路，全长162.6千米；远期将形成近10条线路，全长300余千米。2008年12月19日，昆明地铁1号线试验段4站3区间率先开工。2009年6月8日，国务院批准昆明轨道交通建设规划。于2009年8月全面开建的地铁一期工程涉及地铁1、2号线共计31车站，全长42.1千米。2010年上半年启动地铁3号线试验段，轻轨6号线（机场线）。2010年5月1日零时开始，昆明地铁1、2号线首期工程北京路和春城路沿线站点及明挖段施工区开始围挡施工，标志着昆明地铁建设全面开工。工程将穿越主城规划区，预计2012年底或2013年初，昆明将构建起地上地下立体交通体系，让每一位市民都能乘坐期待多年的地铁。

2010年春节期间，市委、市政府主要领导慰问看望昆明市在建重点工程施工人员

施工中的昆明地铁（北京路段）

（本版摄影：昆明日报社）

楚雄彝族自治州实施西部大开发10周年回眸

西部大开发 彝州大发展

2010年1月9日，中共云南省委书记白恩培在大姚县新街乡芦川村委会大河屯村民小组与恢复重建户亲切座谈

云南省省长秦光荣、常务副省长罗正富视察青山嘴水库建设情况

2009年9月3～4日，中共云南省委副书记李纪恒等省州领导在姚安县官屯乡检查学校灾后校舍恢复建设和学生复课工作

1月10日，中共楚雄州委书记邓先培、州长杨红卫等领导检查春节物资供应情况

2000年党中央、国务院决定实施西部大开发战略以来，西部大开发已走过10周年。10年来，国家在规划指导、政策扶持、资金投入、项目安排、人才交流等方面不断加大对西部地区的支持力度，有力地促进了西部地区经济社会又好又快发展。面对千载难逢的历史机遇，作为西部边疆地区民族自治州之一的楚雄州，也与其他兄弟州市一样，在省委、省人民政府和州委、州人民政府的正确领导下，抢抓机遇，解放思想，开拓创新，紧紧围绕“强农、兴工、扩城、活商、固基、和谐”工作重点，多措并举，真抓实干。通过10年的努力，全州基础设施和生态环境建设取得突破性进展，产业结构调整迈出新步伐，科技教育和人才培养等社会事业全面发展，改革开放不断深化，社会和谐稳定，全面建设小康社会在新的起点上实现了新的跨越。

5月30日，楚雄州人民政府州长杨红卫到武定县云南白药集团中药材优质种源繁育基地调研

夯实发展根基，基础设施建设日趋完善

10年来，楚雄州抢抓机遇，乘势而上，坚持加大投入与争取国家资金并举，多方筹集资金投入改善基础设施，发展基础日益夯实。2009年，全州累计完成全社会固定资产投资444.1亿元。水利方面，“十一五”规划确定的“一二四七”骨干水利工程整体推进；青山嘴大（二）型水库基本建成并下闸蓄水；元谋和蜻蛉河两个大型灌区续建配套与节水改造工程加快推进实施；4个新建中型水库竣工投入使用；全州库塘总库容达11.99亿立方米；

为农村38.3万群众解决了饮水困难问题。交通方面，实施“三纵三横”公路网建设规划，建成了安楚、永武高速公路和南永公路。全州城镇建设稳步推进，启动了楚雄市4个片区建设、各县县城道路建设及改造配套建设、17个重点和中心小城镇建设等项目，全州城镇化水平达到30%。教育、科技、文化、卫生、广播电视、邮政通信等基础设施得到极大改善。元双二级公路、昆武高速公路、昆广铁路复线修建、州职业教育中心、世界恐龙谷建设以及楚雄卷烟厂搬迁技改等重点项目扎实推进，滇中特色大城市构建迈出新步伐。

中共楚雄州委书记邓先培

楚雄州人民政府州长杨红卫

9月22日，楚雄州举行庆祝中华人民共和国成立60周年文艺晚会

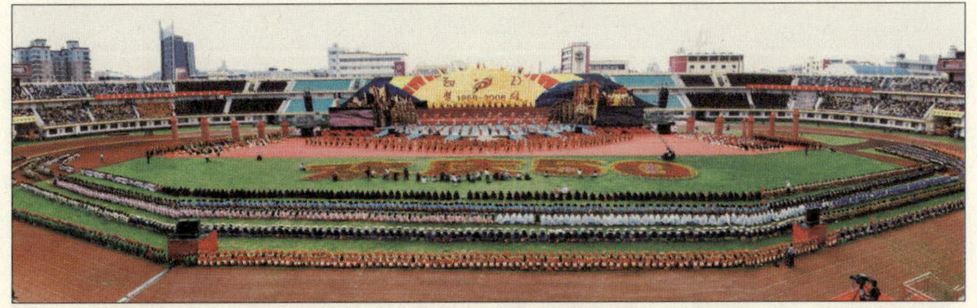

楚雄彝族自治州建州50周年庆祝大会“威楚雄风”文艺表演

转变发展方式，生态文明建设初显成效

10年来，楚雄州在加快发展的同时，更加注重质量的提升，着力转变发展方式，努力在发展的协调性、可持续性和社会和谐度上有新提高，实现速度、效益和效率的统一。深入实施“保护七彩云南、构建和谐彝州”行动，强化污染综合治理，生物多样性保护、城镇污水生活垃圾处理、水土流失治理、农村环境综合整治及生态修复等重点工作进一步加强，生态文明建设取得新成效。着力推进创新型楚雄建设，认真实施绿色照明、节能降耗、资源综合利用等项目，大力发展循环经济，节能减排指标继续保持下降势头。2009年，全州完成人工造林63.3万亩。发展循环经济，安排1 780万元专项资金实施节能减排项目，实现了单位GDP能耗下降目标。以工程项目减排为重点，扎实推进“两污”项目建设，环境管理服务水平进一步提高。生态文明建设稳步推进，出台了《关于加强生态文明建设的实施意见》、《关于加强农村环境保护工作的意见》和《楚雄州农村环境综合整治实施方案》等，全州共创建州级绿色学校210所、省级绿色学校35所、国家级绿色学校2所、省级绿色社区4个；全州环保系统能力建设得到提升和增强；从2010年起，州级财政每年安排300万元农村环境综合整治专项资金，加强资源开发的生态环境监管，避免和减少资源开发对生态环境的破坏。全州呈现出生态环境持续好转、人与自然和谐发展的良好态势。

调整产业结构，特色优势产业不断发展壮大

10年来，楚雄州坚持工农并重、量质并举的方针，优化产业结构，提高产业发展水平，增强产业竞争力，努力提升全州经济实力。加强农业基础设施建设，调整和优化农业结构，增加农民收入；合理开发和保护资源，促进资源优势转化为经济优势；加快工业调整、改组和改造步伐；大力发展旅游等第三产业。加快经济结构调整，全州经济发展质量和效益得到了明显提高，2009年，三次产业比重调整为23.6∶41.6∶34.8；全州烟草产业、天然药业、冶金化工业、绿色食品业、文化旅游业五大重点产业实现增加值166.2亿元，增长8.9%，占GDP比重达48.5%；非公经济增加值占GDP比重达44.7%，提高0.3个百分点。2008

年底以来，楚雄州克服金融危机和结构性减税等因素的影响，加强税收和非税收入管理，财政收入持续增长，发展质量进一步提高。指导县市科学发展，县域经济活力明显增强，地方财政总收入超亿元的县市达8个。

大力改善民生，人民生活质量稳步提高

10年来，楚雄州委、州人民政府牢固树立科学发展观，坚持把以人为本的理念贯穿于发展的全过程，坚持发展为了人民，发展依靠人民，发展成果惠及人民，民生重点工作扎实推进。认真落实省人民政府促进就业的20条措施和“贷免扶补”政策，2009年城镇新增就业2.12万人，农业劳动力转移就业13.1万人，大学毕业生初次就业率达80%以上。社会保障覆盖范围逐步扩大，把关闭破产国有（集体）企业退休人员1.2万人纳入城镇低保，企业退休人员养老、失业、工伤、生育四险待遇标准提高了10%；18万城乡贫困人口纳入低保，筹集发放保障金2.5亿元；启动了新型农村社会养老保险试点工作。全州累计投入各类扶贫资金87 431.16万元，扶贫项目资金投入创历史新高，解决和巩固了15.7万贫困人口的温饱。加快城乡保障性住房建设，20个廉租住房建设项目全部开工，完成投资2亿元，困难企业职工住房保障得到加强；加大农民建房支持力度，提高了农村危旧房改造和地震安居工程中拆除重建户资金补助标准；落实“四包”责任制，“8·30”、“7·09”地震和“11·02”特大自然灾害灾区恢复重建工作进展顺利。认真做好移民安置工作，大中型水库移民后期扶持工作得到加强。各项社会事业全面发展。发展科技和教育，加快人才培养，继续落实“两免一补”和学校公用经费补助政策；开展中小学区域布局调整，有效整合教育资源；职教园区建设进展顺利，部分学校已迁入办学。加快科技进步，认真贯彻落实建设创新型云南行动计划，企业自主创新能力建设得到加强，有3户企业被评定为省级高新技术企业；全州申请专利名列全省第四；科技对经济增长的贡献率达47%。卫生服务体系建设力度加大，县、乡、村卫生基础设施建设全面加强，新农合参合率达92.5%。食品药品安全监管工作得到加强。文化惠民工程稳步推进，艺术精品创作和文化市场不断繁荣，文化基础设施明显改善，文化遗产保护得到加强。计划生育工作取得新成效。

加强社会管理，和谐社会建设成效显著

10年来，楚雄州坚持把和谐理念贯穿于各项工作中，重视经济社会同步发展，重视利益关系调整，重视“三个文明”建设的协调推进，努力构建和谐社会。加强社会治安综合治理，连续3届荣获“全国社会治安综合治理优秀地市”称号，被授予全国综治工作最高荣誉奖“长安杯”。切实加强应急管理体系建设，处置突发事件的能力得到加强。落实少数民族发展资金、民族机动金和散杂居民族发展专项资金，“三个离不开”的思想进一步深

2009年5月25日，楚雄州召开荣获全国社会治安综合治理工作最高荣誉奖“长安杯”新闻发布会

2008年11月17～18日，“2008中国民族自治州州长论坛”在楚雄举行

第五届世界菌根食用菌大会在楚雄召开

2008年9月26～28日，首届中国核桃大会在楚雄举行

2008年10月23日，云南省人民政府赠港恐龙化石开展仪式暨“七彩云南·魅力楚雄香港行”系列活动在香港科学馆隆重开幕

2008年11月22日，《彝族毕摩经典译注》正式发行

楚雄城区一瞥

发达的彝州交通

烤烟育苗

水稻机械收割作业

2008年11月6日，成都军区派直升机飞抵楚雄，向“11·02”特大自然灾害重灾区运送救灾物资

建设中的元（谋）双（柏）公路——马道地隧道工程

云南德胜钢铁有限公司生产车间

2009年9月7日，楚雄州职业教育园区首期新生入驻

民族和睦

药品生产

入人心，民族团结进步工作得到中央和省的表彰及胡锦涛总书记的充分肯定。全面贯彻落实党的宗教政策，以宗教和谐促进社会和谐。精神文明和民主法制建设得到进一步加强。

实施西部大开发是一项长期艰巨的历史任务，也是一项规模宏大的系统工程。回首西部大开发10年，倍感欣慰，展望未来，满怀信心。全州人民将更加紧密地团结在以胡锦涛为总书记的党中央周围，深入学习贯彻邓小平理论、“三个代表”重要思想和科学发展观，力争经过努力，到21世纪中叶中国基本实现现代化时，从根本上改变楚雄州相对落后的面貌，加快建设经济发展、文化繁荣、生态良好、活力涌现、和谐平安的楚雄，努力推动全州经济平稳较快发展，促进社会和谐稳定。

西部大开发中的普洱市

普洱市地处祖国西南边陲，与越南、老挝、缅甸三国接壤，国境线长486公里。全市国土面积4.5万平方公里，是云南省面积最大的州市，是一个资源富集、区位优势突出的地区，是一块极具开发潜力的绿色宝地。全市辖9个少数民族自治县和1个区，居住着26种民族，其中世居民族14种，截止2009年12月，全市总人口258.7万人，少数民族人口占60%。普洱市山川秀丽，气候宜人，风物神奇，这里拥有丰厚富集的土地、森林、矿产、水能、旅游、文化等资源。全市有林地面积313万公顷，森林活立木蓄积量2.25亿立方米；水资源总量828.62亿立方米，水电蕴藏量达1 500余万千瓦；目前已发现的矿产资源有40多种600多处。

近年来，普洱市委、市政府坚持以邓小平理论和“三个代表”重要思想为指导，以科学发展观统领经济社会发展全局，认真贯彻落实党的十七大和十七届三中、四中全会精神，团结带领全市各族人民奋力拼搏、攻坚克难，着力调整优化经济结构，注重对战略性新兴产业的培育，切实转变经济发展方式，使全市的综合经济实力、人民生活水平和生态环境保护跨上了新台阶。

经济普洱，转变方式求发展

依靠科技进步，在经济社会发展中调结构、转方式，是促进普洱经济平稳较快发展的有效推手。2009年，全市生产总值达211.7亿元，与上年相比，增长13.7%（以下增幅均是与上年数相比）；人均生产总值达7 821元，增加1 024元，增长13.4%；财政总收入26.8亿元，增长12.4%；财政一般预算收入16.6亿元，增长21.2%；财政一般预算支出85.5亿元，增长44.1%；全年全社会固定资产投资172.3亿元，增长30.5%，实施新增中央投资项目395个，竣工164个。基础设施不断改善，公路通车里程达1.9万公里，水电装机规模达到368万千瓦，有效灌溉面积达171.6万亩，高稳产农田达203.9万亩，中心城区建成区面积扩展至20平方公里，全市城镇化率达30%。改革开放力度不断加大，通过深入推进重点领域和关键环节的改革创新，实施各类经济合作项目111项，外贸进出口总额实现1.1亿美元，增长48.3%。产业结构进一步优化，形

和谐发展，迈向小康的新普洱

墨江北回归线标志园

中华普洱茶博览苑

思小高速公路

普洱市万人体育场

漫湾水电站

龙马水电站

经济发展大动脉——公路电力在普洱茶都四通八达

西盟摩梭龙潭

成了以茶、林、电、矿为支柱，烟草、生物资源开发、畜牧水产、旅游文化、流通服务为骨干的现代产业发展格局，三次产业结构由上年的31.9 ∶ 32.0 ∶ 36.13调整为30.4 ∶ 32.5 ∶ 37.1。

民生普洱，为民服务谋福祉

在发展过程中，普洱市委、市政府坚持以民为本，以群众为本，切实解决涉及群众利益的问题，努力在发展经济的同时，不断改善民生、促进社会和谐。2009年，全年农民人均纯收入2 954元，增长16.5%；城镇居民年人均可支配收入12 240元，增长10%；消费结构深刻变化，全市社会消费品零售总额达到61.2亿元，增长17.7%；城镇居民和农村居民家庭恩格尔系数分别降至49.5%和58.8%；建成经济适用房10万平方米、廉租房5万平方米，实施390户企业棚户区改造、1.8万户农村民居地震安全工程和7 260户农村危房改造项目；全年城镇新增就业人数9 539人、再就业3 803人、45万城乡人口享受最低生活保障。目前，全市已顺利实现“两基”目标，享受“两免一补”政策学生达68.7万人次。城乡医疗救助制度进一步完善，城镇居民基本医疗保险参保11.5万人，新型农村合作医疗参保176.6万人，参合率达92%。广播、电视综合人口覆盖率达94.4%和95.7%。“兴边富民工程”快速推进，实施665个贫困村整村推进，转移贫困地区农村劳动力2.4万人，易地转移安置贫困人口5 700人，解决了8万农村绝对贫困人口的温饱问题。

现代大型造纸企业——云景林纸

普洱已建成云南省最大的松香生产基地

中密度板

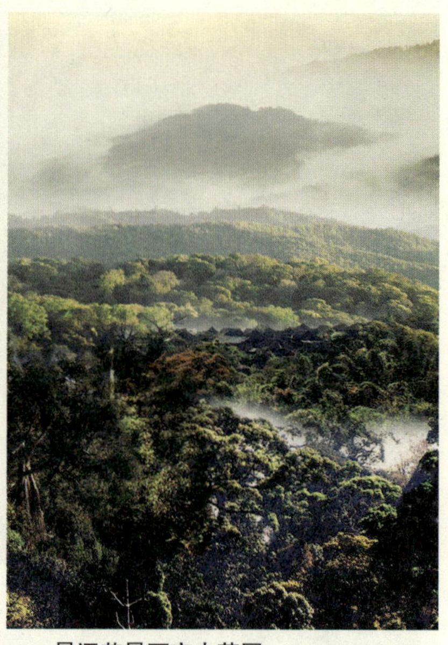

景迈芒景万亩古茶园

生态普洱，打造绿色好生态

普洱市委、市政府把发展侧重点放在了发展绿色产业和保护良好生态上，通过实践，找到了一条适合普洱实际的发展之路。2009 年，全市深入实施“七彩云南　生态普洱”保护行动，使环境保护和生态建设得到加强。全市生态保护完好，有 2 个国家级、5 个省级自然保护区，浩瀚的林海、丰富的物种，使普洱成为“绿海明珠”、“天然氧吧”；是云南“动植物王国”的缩影。普洱全市冬无严寒，夏无酷暑，是最适宜人类居住的地方之一。目前，全市绿化覆盖面积达 1 373.1 万平方

烤烟、科学种田、果园、咖啡、大棚蔬菜、蚕桑、橡胶、畜牧业、水产业

彝族长街宴

快乐拉祜唱响小康和谐幸福歌

宁洱县同心乡同心村恢复重建

米，园林绿地面积为1 137.7万平方米，城市人均公共绿地面积8.2平方米。2009年完成中低产林改造面积10 223公顷，实施天然林保护工程3 212公顷，年末实有封山育林面积达30538公顷，普洱森林覆盖率增加到67%，节能降耗减排措施不断落实，淘汰落后产能工作顺利推进，工业废水排放达标率为99.1%，工业固体废物综合利用率为82.4%，单位生产总值能耗下降2.5%。各县（区）城区空气质量均达Ⅱ级标准，城市饮用水源地水质全年100%达标。花木扶疏的街道、碧波荡漾的湖水、葱翠繁华的商务区，普洱处处都是人与自然和谐相处的绿色画卷。

魅力普洱，彰显普洱诸文化

普洱民族众多，风情浓郁，文化厚重。《阿佤人民唱新歌》、《甩发舞》等多姿多彩的民族歌舞；木鼓节、葫芦节、太阳节等神奇欢快的民族节庆；孟连娜允古镇的傣族土司府，景谷塔包树、树包塔，墨江北回归线标志园等处处都展示着绚丽的自然风光和丰富多彩的民族文化。普洱是世界茶树的原产地中心地带，是“普洱茶”的故乡，景谷县已发现距今3 540万年前的茶树始祖—中华宽叶木兰化石，镇沅千家寨有2 700余年的野生古茶王树，澜沧邦崴有千余年的过渡型古茶树，景迈有万亩千年栽培型古茶山。普洱茶以独特的品味、深厚的文化、健康保健（具有降血糖、降血脂、降血压）功能和收藏价值，深受国外客商和广大消费者的青睐，被称为可以喝的“古董”。

普洱是一座充满生机活力、潜力巨大的边陲城市，我们将牢牢抓住西部大开发和桥头堡建设机遇，把普洱建设成为新兴生物产业、国际性休闲度假、清洁能源、现代林产业“四大基地”；做强茶业、林业、电力、矿产和文化旅游“五大支柱”；做大烟草、咖啡、橡胶、蚕桑、生物制药、渔牧业“六大产业”。发展与开放的普洱商机无限，投资与建设的普洱前景广阔。我们将始终秉承亲商、安商、富商的理念，努力搭建诚意合作、发展双赢的平台，把普洱建设成为人民更加富裕、边境和谐安宁、生态更加良好、产业日益发达、特色更加鲜明的“中国著名、世界闻名、世人瞩目”的可持续发展的现代精品城市。

开放的普洱欢迎您，勤劳勇敢的普洱人民欢迎您！

孟连口岸国门

新农村建设有力推进，城市农村统筹发展

德宏傣族景颇族自治州经济实现跨越式发展

实施西部大开发战略是党中央高瞻远瞩、总揽全局，面向新世纪作出的重大决策。德宏州是云南省8个少数民族自治州之一，地处云南省西部，属滇西峡谷区，国境线长达503.8千米，总面积1.15万平方千米，陆地距省会昆明785千米，空距427千米。德宏有瑞丽、畹町2个国家一类口岸，章凤、盈江2个国家二类口岸，是中国陆地连接东南亚、南亚，走向印度洋的最佳结合部和最便捷通道，处于云南对外开放的前沿。德宏州在实施西部大开发战略10年来，始终把西部大开发摆在重要位置，总体谋划、全面部署、加快推进，使全州步入发展的快车道，全州的经济建设、社会建设、文化建设和生态建设取得重大成就，经济实力大幅跃升，城乡面貌有了很大改善。

德宏州委书记赵金在潞西市视察抗旱救灾工作

德宏州人民政府州长孟必光慰问地震灾区受伤群众

经济实现平稳较快增长

2000年至2009年，德宏州生产总值从39.15亿元增加到115.71亿元，按可比价计算，2009比2000年增长1.29倍。2009年生产总值在全省16个州市中，绝对量排第14位，增速排第2位。人均生产总值从3 670元增加到9 728元，增长1.08倍。农村居民人均纯收入从1 142元增加到2 831元，增长1.48倍。财政总收入从3.45亿元增加到17.23亿元，年均增长19.6%，2009年在全省16个州市中，绝对量排第13位，增速排第4位，其中地方一般预算收入从2.21亿元增加到9.83亿元，增长3.45倍。外贸进出口总额从21.4亿元人民币增加到7.6亿美元，2009年同比增速比全国高14.1个百分点，比全省高16.7个百分点。接待国内外游客从39 833人次增加到413.3万人次，旅游业总收入从91 327.29万元增加到38.53亿元。

农业基础进一步加强，农村经济全面发展

10年间，德宏州积极贯彻落实中央农村工作的“稳粮、增收、强基础、重民生”的总体要求，进一步强化惠农政策，增强科技支撑，加大投入力度，优化产业结构，推进改革创新，并制定了一系列符合德宏农业发展的农村政策，加强和改善农业的基础设施建设，全州农业经济增长显著，取得明显成效。

瑞丽口岸姐告国门

出口缅甸待通关货物

完成改扩建的芒市机场

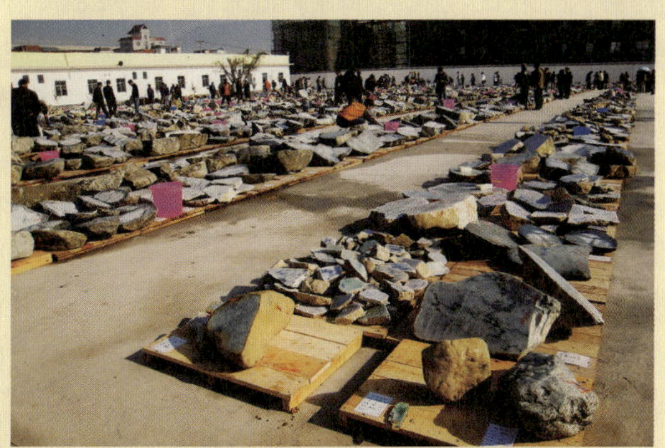

盈江玉石毛料公盘

2000年至2009年，农林牧渔业总产值从18.7亿元增加到51.53亿元，按可比价格计算，增85.8%。其中农业产值从13亿元增加到 30.13亿元 ，增长61.9%；林业产值从1.66亿元增加到6.18亿元，增长1.63倍；牧业产值从3.31亿元增加到 11.9亿元，增长1.13倍；渔业产值从0.78亿元增加到1.74亿元，增长98.6%。2009年粮食总产量54.83万吨，与上年同比增速比全国高18.8个百分点，在全省16个州市中，绝对量排第11位，增速排第1位。2008年，德宏州以退耕还林工程为重点，完成资源培育17.98万亩，发展特色林产业13.5万亩；新建农村沼气池5 287户、节柴改灶1 544户。进一步加快生态建设和特色产业发展的步伐，2009年全州以竹子、柠檬、咖啡、坚果、核桃、油茶、番麻为主的优势创新产业新种原料基地25.6万亩，总面积达70.6万亩，全年实现农业总产量50.8万吨，实现工农业总产值3.79亿元。

工业总产值增速明显加快

随着国家西部大开发和扩大内需政策的逐步落实，德宏州立足本地资源、抢抓机遇，大力新建水电站及发展相关产业，电站装机容量由2000年的16.58万千瓦时增加到2009年的244.29万千瓦时，增加14.7倍，使电力产业成为德宏继甘蔗之后的又一新兴支柱产业。2000年至2009年，德宏州完成工业总产值从20.5亿元增加到73.12亿元，增长1.79倍。2009年工业增加值在全省16个州市中，绝对量排13位，增速排第1位。

固定资产投资快速增长

10年来，德宏州不断加大对交通、水利、通信、市政等基础设施建设的力度，全州基础设施建设薄弱局面不断得到改善，基础设施建设取得突破性进展。2000年至2009年，德宏州完成固定资产投资从11.87亿元增加到100.92亿元，增长7.5倍。2009年增速比全国高1.4个百分点，比全省低0.2个百分点，在全省16个州市中，绝对量排第13位，增速排第7位；累计新开工重点交通工程3项，总里程长216.46千米，投资总规模达17.77亿元，完成大瑞铁路德宏段、龙瑞高速公路的前期工作，潞盈公路、盈章公路、瑞章公路等主干线一批重点交通工程相继建成，启动潞梁、腾陇二级公路改造，芒市机场大道、西部农网完善、农村公路工程项目建设顺利推进。截至2009年末，全州公路通车里程达6 976千米，交通基础设施建设取得了突破性进展。航空事业快速发展，2009年完成芒市机场改扩建和跑道盖被工程，机

芒市体育运动中心

新农村建设

勐焕大金塔夜景

凯邦亚湖风光

陇川县麻栗坝水库

场由原来的3C级机场升格为4C级机场，新航站楼总面积达13 000平方米，约为老候机楼的8倍。市政建设得到加强。新建的德宏芒市体育运动中心，是云南省州市级体育场馆最集中、功能最齐全、特色最鲜明的体育公园，为德宏州打造“康体天堂”奠定坚实的基础。

实施西部大开发战略10年来，德宏不断凸显作为全国、全省沿边开放前沿阵地的重要地位，并努力把德宏建成中国面向西南开放重要桥头堡的黄金口岸。德宏将抓住新一轮西部大开发和桥头堡建设的重要机遇，提升德宏改革开放的质量和水平，提升德宏产业发展水平。全面实施开放强州的战略，构建全方位、多层次，宽领域的对外开放新格局，把德宏建设成为固边安民、服务全国、联通内外，立足中国——东盟自贸区，以云南为主体，以缅甸为突破口，连接印度洋，辐射南亚次大陆的中国面向西南开放桥头堡黄金口岸。

驻军官兵第一时间投入抗震救灾工作中

景颇目瑙纵歌

傣族泼水狂欢

万人唱国歌庆祝新中国成立60周年

大理白族自治州努力在开放开发中建设更加和谐美好家园

大理是全国唯一的白族自治州，境内生活着白族、汉族、彝族、回族等13个世居民族，少数民族占总人口的50.7%，其中白族占总人口的三分之一，2009年末，全州总人口达350.8万。大理历史悠久，文化灿烂，风光秀美，气候宜人，资源丰富，潜力巨大，被西方学者誉为“亚洲文化十字路口的古都”、“多元文化与自然和谐共荣的典范”，是国内外知名的旅游观光、休闲度假的目的地，是中国面向西南开放桥头堡上滇西重要交通、物流枢纽和矿冶、机械制造、建材、纺织、生物资源加工基地。

实施西部大开发10年来，大理州委、州人民政府抢抓机遇，乘势而上，全州经济社会实现又好又快发展，呈现出经济发展、文化繁荣、民族团结、社会和谐、生态良好、人民安居乐业的良好局面。

省政府大理专题工作会议

优化产业结构，经济活力彰显。2009年，全州完成生产总值406.8亿元，增长12.3%，是1999年的3.23倍。第一、二、三产业增加值为104亿元、145.5亿元、157.3亿元，分别是1999年的2.2倍、4.2倍、3.6倍，三次产业结构的比重从1999年的37.5∶27.9∶34.6调整到2009年的25.6∶35.8∶38.7。财政总收入完成67.6亿元，增长12.6%，是1999年的3.6倍，其中地方财政一般预算收入完成31.6亿元，增长14.4%；一般预算支出首次突破百亿元，达到102.1亿元，增长36.1%。完成固定资产投资217.3亿元，增长33%，是1999年的7.1倍。完成工业总产值374.3亿元，增长13.2%，是1999年的4.6倍。

注重环境保护，生态效益凸显。10年来，大理州坚持走经济发展、生活富裕、生态文明的人与自然和谐发展之路。全面实施了洱源生态

中共大理州委书记刘明（左三）在洱源县检查指导烤烟移栽工作

大理州人民政府州长何金平（中）深入大理市调研重点项目建设

文明试点县建设，洱海保护治理取得了明显成效，洱海水质连续六年总体保持Ⅲ类，是全国城市近郊保护得最好的湖泊之一。“七彩云南保护”大理行动、滇西北生物多样性保护取得较大进展。建成州级以上自然保护区29个、国家森林公园5个，洱源西湖被命名为国家湿地公园。全州森林覆盖率达58%，活立木蓄积量达8 600万立方米，连续15年实现双增长。建成太阳能中温沼气站10座、农村户用沼气池21万口，广大农村普遍推广了节柴改灶技术。淘汰落后产能和节能减排力度加大。在“2010低碳中国论坛”首届年会上，大理被评为全国十大最具竞争力的低碳产业基地城市之一。

夯实基础设施，发展后劲增强。10年来，大理州委、州人民政府不断打牢发展基础，加大基础设施建设，全州通车公路总里程达16 582千米，是1999年的1.8倍。广通至大理铁路全线开通客货运输，以高速铁路标准扩容改造即将启动，大丽铁路已开通运营，大瑞铁路正加紧建设。楚大、大保高速公路纵贯

楚大高速公路

大丽铁路全线贯通

小湾水电站大坝

全境，大丽高速公路已开工建设。大理机场已开通昆明、重庆、广州、西双版纳等地航线。2009年，小湾电站3台机组已发电，功果桥、苗尾等水电站建设有序推进，风电等新能源开发取得明显成效，全州建成和在建的水电装机达800万KW、风电装机达50万KW。昆明至大理成品油管道投入使用。大理作为滇西中心枢纽的地位更加凸显。

城镇建设加快，城乡面貌巨变。10年来，以“两保护两开发”为核心的滇西中心城市建设稳步推进，城乡基础设施不断改善，特别是在以滇西中心城市建设为重点的城镇化进程中，县城改造提升步伐加快，海西白族民居建筑风格整治和田园风光保护、特色小镇建设取得明显成效，海东新城区、凤仪工业园区、物流园区建设稳步推进。全州城市建成区面积达83.94平方千米，是1999年的1.5倍，城镇化率达31%，城市绿化覆盖率为23%，大理市被命名为省级园林城市。

繁荣公共事业，民生逐步改善。10年来，大理州教育、科学、文化、卫生事业蓬勃发展，公众服务体系逐渐完善。全州小学适龄儿童毛入学率达104.7%，初中适龄少年毛入学率达105.9%。高中阶段教育跨越式发展，全州高考上线率连续多年居全省前列。组建了滇西第一所融文、理、医、工、农、教、经、管、法等9个学科门类的省属综合性本科院校——大理学院，大理农林职业技术学院、大理技师学院正在紧张筹建之中。先后投入近11.3亿元，实施中小学排危工程、普通高中改扩建工程、现代远程教育工程。到2009年，全州中小学校舍建筑面积达363.06万平方米，生均校舍建筑面积小学为7.5平方米。科技自主创新扶持政策逐步完善，一批科技成果得到转化。公共文化服务体系建设不断加强，非物质文化

大理学院古城校区

力帆骏马公司生产的成品车辆

清洁新能源风力发电

洱海天然生态湿地

大理白族民居

大理市下关西洱河夜景

大理市全民健身中心

大理古城红龙井街夜景

洱海风光

遗产保护、民族民间文化研究等工作得到加强，广播和电视覆盖率分别达95%和98%。卫生服务体系建设不断完善，医疗保障覆盖面不断扩大，新型农村合作医疗参合率达93.25%，社会保障体系建设加快发展。城镇居民人均可支配收入14 180元，比1999年增长121%；农村居民人均纯收入3482元，比1999年增长98.85%；城乡居民储蓄存款余额达到2 624 791万元，比1999年增长了4.4倍。

今天的大理，正围绕省委建设绿色经济强省、民族文化强省和面向西南开放桥头堡的目标，按照“争当民族团结进步模范州、生态文明建设排头兵、旅游二次创业生力军、滇西城镇化进程领跑者”的要求，坚持“生态优先、农业稳州、工业强州、文化立州、旅游兴州、和谐安州”的发展思路，以转变经济发展方式为主线，以深化改革、扩大开放为动力，加大基础项目实施力度，加快农业农村经济发展，推进新型工业化进程，狠抓旅游和商贸物流业发展，掀起以“两保护两开发”为核心的滇西中心城市建设新高潮，认真落实改善民生、保持社会和谐稳定的各项工作，在西部大开发的进程中打牢更加坚实的发展基础，阔步走向更加美好的明天！

2009年6月27日至28日，中共云南省委书记白恩培一行在昭通市委书记夜礼斌、市长王敏正陪同下，视察鲁甸县长山寨玉米规范化间套种省级示范样板

2009年4月25日，国家民政部部长李学举、省长秦光荣到昭通调研民生工作，在昭通市委书记夜礼斌、市长王敏正陪同下看望社会福利院老人

昭通市西部大开发10年来经济社会发展简况

十年西部大开发　十年乌蒙谱华章

昭通地处滇、川、黔三省结合部，2001年8月撤地设市，辖10县1区，总面积2.3万平方千米，有汉、彝、苗、回等24个民族，2009年末总人口561.04万人。国家实施西部大开发战略10年来，在中央、省的正确领导下，昭通市委、市政府团结带领全市各族人民，抢抓机遇、克难攻坚、拼搏奋进，经济社会发展取得了巨大成就。

经济综合实力显著增强的十年

1999年，昭通生产总值仅为98.02亿元，人均生产总值2 311元。西部大开发10年来，全市各级坚持以经济建设为中心，不断解放和发展社会生产力，经济总量不断跃上新台阶。2009年，全市生产总值达302.43亿元，按可比价计算，比1999年增长1.36倍，年均增长9%；人均生产总值达5 686元，比1999年增长1.35倍。与1999年相比，地方财政一般预算收入达20.79亿元，增长2.85倍；全社会固定资产投资达251.88亿元，增长5.29倍；金融机构存款余额达386.18亿元，贷款余额达213.34亿元，分别增长4.43倍和2.23倍。农村经济全面发展，农业总产值达109.08亿元，比1999年增长60%，年均递增4.8%；粮食总产量达164.3万吨，比1999年增长30.9%。工业经济发展迅速，工业总产值达198.68亿元，比1999年增长2.23倍，年均增长12.4%，其中规模以上工业实现利润16.63亿元，是1999年的6.03倍。经济结构不断优化，三次产业比重调整为23.9 ∶ 42.9 ∶ 33.2，与1999年相比，第一产业比重下降9.9个百分点，第二产业比重上升6.4个百分点，第三产业比重上升3.5个百分点。

基础设施条件明显改善的十年

1999年国家实施西部大开发战略以来，全市各级大力加强基础设施建设，一批重大基础项目相继开工和建成投入使用。交通条件不断改善，2002年内昆铁路开通运营，2007年昭待、水麻高速公路通车，2009年末公路通车里程达15 431千米，比1999年增加3 283千米。水利建设成效显著，建成渔洞、蒿枝坝、跳墩河等一批大中型水利工程和沟渠工程，2009年末共有水库171座，比1999年增加31座；总库容5.85亿立方米，比1999年增长3.98倍。城镇化进程加快，基本建立起以昭通中心城市为弧心、10个县城为重点、乡镇重点集镇为依托、交通干线村镇为基础的四级城镇体系，城镇化水平提高到19.5%，比1999年提高4.8个百分点，城镇建成区面积、城市道路面积等大幅增加。小水电建设强力推进，到2009年底，建成中小水电站227座，装机100万千瓦。电网改造力度加大，高压电网实现联网，覆盖面不断扩大，通电质量明显提高。同时，随着手机、宽带网、程控电话、家用轿车等普及到寻常百姓家中，信息闭塞、交通落后的状况明显改观。

扶贫开发取得重大成效的十年

贫困面大、贫困程度深、贫困人口多，一直是昭通最基本的市情。进入新世纪以来，昭通市把扶贫工作作为中心任务，实施项目大整合、产业大开发、人口大转移、社会大扶贫，重点推进扶贫安居、整村推进、异地开发、劳务输出等项目，努力增加贫困群众的收入，扶贫开发工作取得了阶段性成效。自2001年以来，共投入扶贫资金28.69亿元，完成了147个重点扶持村规划和178个安居温饱村、3 100个省市自然村整村推进项目，消除了14.53万户岩洞、窝棚、杈杈房、茅草房，解决了96.15万贫困人口的温饱问题，农村贫困发生率从36.2%下降到14.78%。贫困农村呈现出经济持续较快发展、群众生活逐步改善、社会事业不断进步的良好局面。

改革开放战略深入实施的十年

10年来，昭通各级党委、政府坚持“对内搞活经济、对外实行开放”的方针，不断深化改革，努力扩大开放。政府机构改革、国有企业改革、农村综合改革等不断深化，教育、科技、就业、社会保障、粮食流通、财政体制、林权制度等各项改革全面稳步推进。2008年以来，着力打造以“四零四最”（服务受理零推托、服务事项零积压、服务质量零非议、服务对象零投诉和办事效率最高、服务质

量最好、行政成本最低、社会环境最优）为目标的“今日昭通效率”，昭通成为全国行政审批事项最少的地级市，投资环境得到极大改善。同时，充分发挥地缘、区位、资源优势，加大招商引资力度，积极寻找战略伙伴，着力开发矿产、水能、生物资源、建筑建材、城市建设等领域，对外交流与合作规模不断扩大，一批大型企业集团的投资项目相继落户昭通，基本形成了全方位、宽领域、多层次的开放招商格局。2002年以来，累计签订招商项目547个，协议总投资963.2亿元，实际到位150.4亿元，昭通正在成为国内外商家纷纷看好的一片投资热土。尤其是2008年，签订招商项目82个，是上年的2.65倍；协议投资449亿元，是上年的13.4倍；实际到位43.9亿元，比上年增长30.6%。2009年，到位市外资金85.5亿元，比2008年增长94.8%。

社会各项事业全面进步的十年

国家实施西部大开发战略以来，昭通始终把以民生为重点的社会事业发展摆在突出位置，让人民群众共享改革发展成果。基础教育、高中教育、高等教育齐头并进，2009年有中小学在校生110.64万人，比1999年增长22.2%；小学适龄儿童入学率达99.12%，比1999年提高1.22个百分点；11个县区全部实现“普九”目标。获国务院、省部级科技成果奖二等奖以上项目62项、获地市级科技成果奖二等奖以上项目76项、专利88件，科技对经济增长的贡献率明显提高。新型农村合作医疗实现全覆盖，逐步建立了疾病预防控制体系、医疗救治体系、公共卫生信息体系，有床位9 028张，比1999年增长94%。文化事业繁荣发展，《好大一对羊》等本土影视作品及民族歌舞获得全国大奖，“昭通作家群”和“昭通文学现象”备受省内外关注。广播、电视人口覆盖率分别达87.66%和89.36%，分别比1999年上升24.16和18.06个百分点。人口增长得到有效控制，人口自然增长率降至8.45‰，比1999年下降5.39个千分点。生态环境明显改善，昭通作为长江中上游生态屏障的作用逐步凸显。就业总量稳步增长，有从业人员288.02万人，比1999年增加47.62万人。社会保障体系不断健全，城镇和农村低保制度深入落实。防灾、救灾、减灾工作不断加强，人民群众安居乐业。

城乡生活水平大幅提高的十年

10年来，随着经济的发展，昭通市委、市政府坚持实施一系列惠民政策，城乡居民收入增速较快，增幅远远高于1999年以前的10年。城镇居民人均可支配收入由1999年的5577元增加到2009年的11 158元，年均增长7.2%。农民人均纯收入由1999年的872元增加到2009年的2 445元，年均增长10.86%。坚持提高城乡消费水平，消费结构不断转型升级。2009年，社会消费品零售总额达87.85亿元，比1999年增长3倍。城乡居民人均住房面积分别达31.77平方米和23.17平方米，分别比1999年增加16.97平方米和7.33平方米；城镇居民每百户拥有彩电118台，电脑33台，移动电话201部；农村居民每百户拥有摩托车14.2辆，彩电80.1台，移动电话99.6部。

开拓奋进再谱昭通发展新篇章

10年西部大开发，10年艰苦创业，10年沧桑巨变，10年辉煌业绩。回顾过去，我们无比自豪，激情荡漾；展望未来，我们豪情壮志，信心满怀。站在新的历史起点上，昭通进入了一个大有可为的重要战略机遇期，呈现出更加灿烂的前景。在党中央、国务院和省委、省政府的坚强领导下，勤劳智慧的560万昭通人民，将以只争朝夕、团结拼搏、务实创新的精神风貌，坚持科学和谐发展这一主题，抓住转变发展方式、转换体制机制两个关键，打牢交通通讯、水利设施、城镇建设三个基础，实施工业强市、科教兴市、依法治市、可持续发展四大战略，发展烟草、能源、煤化工、矿冶建材、生物资源开发、文化旅游六大产业，力争通过第十二个五年计划的不懈努力，使昭通主要经济指标在全省的排名明显前移，全面提升昭通的影响力和综合实力，谱写科学和谐发展新篇章，再创昭通改革开放新辉煌，实现昭通富民强市新跨越。

昭通是“西电东送”和“云电外送”的能源基地，与四川交界的金沙江白鹤滩、溪洛渡、向家坝水电站总装机超过3300万千瓦，图为2008年12月28日向家坝水电站实现大江截流

2008年12月18日，昭通市委、市政府举办昭通市对外开放暨招商引资签约仪式，协议引资164亿元

昭通是中国南方优质苹果基地，图为昭通苹果园

昭通魔芋驰名省内外，图为优质魔芋生产基地

纵贯昭通全境的昆水（GZ40）公路

佤山沧源实施西部大开发成就喜人

沐浴春风甘露 阿佤竞展新颜

中共云南省委副书记李纪恒到沧源县调研工作时同当地群众促膝交谈

河南中烟领导到佤山调研烤烟产业

正在建设的万亩核桃基地

沧源佤族自治县地处祖国西南边陲，中缅边界中段，国土面积2 445平方千米，其中山区占99%，辖6乡4镇，93个村（社区），一个国营勐省农场，总人口17万多人，其中佤族占85.1%，占全国佤族总人口的40%，是全国仅有的两个佤族自治县之一，也是全国最大的佤族聚居县，解放前还处在原始社会末期，是一跃千年的民族直过区，临沧市唯一的革命老区县，集老、少、边、山、穷为一体的国家级重点扶持县。2000年1月，党中央、国务院面向新世纪，高瞻远瞩，总揽全局，做出实施西部大开发的重大战略决策。10年来，阿佤山沐浴着西部大开发战略的春风甘露，发生了翻天覆地的巨大变化，阿佤人从昔日积贫积弱的困境中逐渐迈上富裕民主和谐的小康生活。

经济持续快速增长

2000年以来，中央、省、市各级累计投入沧源各类扶持资金105 357万元，全县GDP年均增长10.7%，2009年达到110 437万元，人均GDP达到6 293元，是1999年的2.7倍；全社会固定资产投资年均增长25.1%左右，达到79 401万元，是1999年的9.4倍；财政收入年均增长8.9%，达到7 668万元，是1999年的2.3倍。

农业产业结构调整取得重大突破

核桃、竹子、茶叶、甘蔗、橡胶面积分别达到50万亩、26万亩、12万亩、11.9万亩、12万亩，木薯、膏桐、紫胶、杉木、西南桦等其他经济林和用材林近50万亩，烤烟种植面积从不足2 000亩一跃增加到1.5万亩，产值2 889.7万元，基本实现了农民人均拥有10亩经济作物和经济林木的目标。

社会事业协调发展，人民生活水平稳步提高

新型农村合作医疗、农村城镇低保、城镇企业职工养老保险、城镇失业人员失业保险等惠民政策全面落实，城镇登记失业率得到有效控制，城镇居民基本医疗保险工作稳步推进。以“一池三改”为重点的村容村貌整治、社会主义新农村建设工作取得新成效。大力发展农村义务教育，“两基”工程顺利通过了省级初验；一批文化设施相继建成，广播电视村村通，公共卫生设施、计划生育工作不断加强；城镇基础设施全面改善，城镇面貌日新月异；境内第一条高等级公路——耿沧二级路将于2011年6月前竣工通车，境内公路网络长达1 189.62千米，县城距临沧机场200千米，正在筹建沧源机场并得到省市高度关注与支持，已同意列入“十二五”规划建设；2009年城镇居民人均可支配收入达10 971元，比1999年增加4 362元，增长66%；农民人均纯收入达2 328元，比1999年增加1 407元，增长152.8%。

文化旅游产业发展迅速

大力发展以原生态为主轴的文化旅游产业，并取得丰硕成果。2009年，全县旅游人数达到42.96万人次，旅游收入2.01亿元，“十一五”以来，该两项指标增幅均在20%以上。沧源经国家发改委同意被列为云南省40个重点旅游县市之一，勐来乡被列为重点建设的60个旅游小镇之一，翁丁村被列为重点建设的200个旅游特色村且是首批推进建设的50个村之一；中国佤族司岗里摸你黑狂欢节被评为“中国十大魅力节庆活动”，并荣获中国会展界最高奖“金海豚奖”和“最佳狂欢气氛奖”，沧源被《人民网》评为“中国最具民俗文化特色旅游目的地”，节庆品牌、旅游氛围初步形成。“世外沧源 · 世界佤乡”旅游项目列入省级三个一百重点建设项目；县城两个老城改造、司岗里大剧院、司岗里影视城、高星级大酒店等旅游基础项目相继实施，阿佤山正面临着前所未有的发展机遇。

独具民族特色的社会主义新农村

激情四溢的中国佤族司岗里摸你黑狂欢节

发展中的民族教育

沧源崖画

巍山县城全景

西部大开发促巍山大发展

巍山彝族回族自治县位于云南省西部，大理白族自治州南部，全县国土面积2200平方千米，其中山区面积2052平方千米。辖南诏、庙街、大仓等10个乡镇，83个村（居）民委员会，1344个村民小组。境内生活着23个民族，2009年末，全县总人口30.97万人，其中农业人口28.66万人、少数民族人口13.7万人。

巍山是云南省设置郡县最早的地区之一。春秋战国时期，属滇国地。西汉元封二年（公元前109年）设邪龙县。唐代，巍山是南诏国的发祥地和故都，南诏国前四代王均在巍山建都。宋代设开南县，元、明、清时期，先后设置蒙舍千户所、蒙化府、蒙化路、蒙化州、蒙化直隶厅。民国元年设蒙化府，民国3年改设蒙化县。1956年11月成立巍山彝族回族自治县。

中共巍山县委书记张继霖在参加两会的中共党员会议上讲话

中共巍山县委副书记、县长常耀辉作《政府工作报告》

抗旱救灾

巍山历史悠久，文化底蕴深厚，民风淳朴，民族风情浓郁，文物众多。清乾隆年间被御封为“文献名邦”。有国家、省、州、县级重点文物保护单位58项。境内有国家级森林公园、著名的道教名山巍宝山，鸟类迁徙要道——鸟道雄关，是国际河流——红河的发源地，为中国古代南方陆上丝绸路的必经地和茶马古道重镇。巍山还是全国彝族同胞寻根祭祖的圣地。1994年被国务院公布为国家级历史文化名城；2003年被文化部命名为“中国民间扎染艺术之乡”；2008年，被国务院公布为“彝族打歌之乡”。永建镇东莲花村以独特的伊斯兰风情和马帮文化遗存被命名为国家级历史文化名村。巍山是云南省最具竞争力的滇西北香格里拉生态文化精品旅游线路上的精品景区。

国家实施西部大开发战略以来，巍山历届县委、政府团结和带领全县各族人民，认真贯彻落实科学发展观，按照“农业稳县、工业强县、文化立县、旅游兴县、和谐安县”的发展思路，抓项目、抓基础、抓扶持、抓品牌、抓规划、抓改革、抓民生、抓统筹、抓和谐，

巍山县城古民居

国家级文物保护单位巍宝山长春洞

巍宝山水库开工

关巍公路通车

南诏文化节开幕式演出

南诏文化节彝族祭祖大典

圆满完成了“十五”规划的经济社会发展目标，“十一五”规划的发展任务也胜利在望，全县呈现经济发展、社会进步、民族团结、社会和谐的良好局面。2009 年，完成生产总值 193 795 万元；工农业总产值由 2000 年的 50 424 万元增加到 252 151 万元；三次产业结构比调整为 39 ∶ 24 ∶ 37。2000 ~ 2009 年，累计完成固定资产投资 34.88 亿元，2009 年达到 7.12 亿元。有效灌溉面积由 2000 年的 19.79 万亩增加到 2009 年的 20.42 万亩，水利化程度达 55.3%。通车里程由 2000 年的 850 千米增加到 2009 年的 2 322 千米。2009 年财政总收入 15 456 万元；粮食总产 13.24 万吨；烤烟产量 1.12 万吨；肉类总产 12.29 万吨。消费品零售额 61 725 万元。职工工资由 2000 年的 9 550 元／人年提高到 20 496 元／人年；农民人均纯收入由 2000 年的 1 263 元提高到 2 166 元。居民储蓄存款由 2000 年的 4.34 亿元增加到 12.63 亿元。2009 年，小学适龄儿童入学率 99.64%，普通中学在校生 16 621 人，少数民族学生占全县在校生总数的 44.37%。完成巍山一中整体搬迁；通过国家“普六”、“普九”验收，实现了基础教育、职业教育、高中教育和民族教育的同步发展。卫生事业日益发展，完成县人民医院、大仓中心卫生院整体搬迁，2009 年有卫生机构 58 个、病床 727 张、卫生技术人员 536 人。科技进步对经济增长的贡献率达 44.2%。广播、电视人口覆盖率分别达 91.5% 和 98.5%。社会保障事业长足发展，全县有 4 855 名城镇人口和 18 300 名农村人口享受最低生活保障；有 27.3 万人参加新型农村合作医疗，占农业人口的 95%。2009 年，共接待海内外游客 50 万人，实现旅游社会总收入 3.3 亿元，旅游业呈现较快发展的良好势头。

中国船舶工业物资云贵有限公司

总经理刘贵清

中国船舶工业物资云贵有限公司始建于1970年12月，是中国船舶重工集团所属的国有物资流通企业。原名第六机械工业部昆明物资供应站，1990年改名为中国船舶工业物资总公司云贵地区公司，1993年改名为中国船舶工业物资云贵公司，2006年3月进行了股份制改革，成立了中国船舶工业物资云贵有限公司，由中船重工物资贸易有限公司控股，昆船一机、昆船二机及公司自然人共同出资组建的有限责任公司。

公司现有员工48人，资产总额25 502万元，主要经营黑色金属、有色金属、非金属，化工产品，机电产品等众多产品及代储代运业务。

三十年风雨路程、三十年开拓创新，今天云贵公司已发展成为具有相当规模的大中型物资专业流通企业。在云南省物资行业中排名前几位。2009年公司的销售收入和利润更创历史新高，实现销售收入8亿多元。

2010年即将进入新的五年规划时期，云贵公司将围绕对标一流、强化创新、转型超越、持续发展的新"十六"字指导方针。不断进行结构调整，拓宽经营思路，调整经营格局，向规模经营方向发展，不断适应现代物流发展方向，促进物资配送等现代化营销方式的建立和完善，推进物资流通企业向现代物流企业转变。

近几年公司坚持秉承"用户至上、尽善服务"的经营宗旨，依托集团公司、自身发展优势，与船舶、电力、公路、钢铁、有色等行业中的龙头企业保持着良好的合作供应关系，在多年不断发展过程中，先后与多家钢铁企业建立了良好的分销商制，使云贵公司在云南钢材市场上独树一帜，具有强劲的资源以及价格优势。

在机电产品经销过程中，良好的公司服务、企业形象为公司先后赢得了德国图尔克电器、德国菲尼克斯、德国SICK电器、德国INA轴承、瑞典SKF轴承、日立电机等的经销商资格，实现市场规模的扩大和经济效益的双重提高。

公司在大石坝设有仓库，总面积达10万平方米，年吞吐量10万吨，起重、装卸、运输设施齐全，为各大型建设项目物资按计划储备，提供了有力保障。

"十二五"期间，云贵公司以争创物贸集团先进企业、云南地区一流现代物流企业为目标，加快转变经济发展方式，大力推进公司"新三步走、翻四番"目标，加速实现主营业务规模化。"十二五"期间，计划实现累计销售收入80亿元，实现利润总额8 000万元。公司将业务重点继续放在金属材料、有色金属、机电产品及储运业务上，积极开拓进出口贸易。通过建立科学的信息管理系统，逐步向物资网络信息化方向发展，实现办公自动化、管理信息化、销售网络化。

在今后的发展中，公司将秉承认真负责、规范高效、用户满意、不断提高的原则，从构建和谐新云贵入手，达到经济效益的和谐创造，做一个对顾客负责任，对社会有担当，对发展有憧憬的现代一流物资企业。

中央候补委员、中国船舶重工集团公司总经理李长印莅临云贵公司指导检查工作

中国人民财产保险股份有限公司
云南省分公司

中国人民财产保险股份有限公司云南省分公司是中国人民财产保险股份有限公司在云南省设立的一级分公司，具有60年辉煌历史，网点遍布全省，具有独一无二的网络优势。

中国人民财产保险股份有限公司云南省分公司是云南省业务规模最大的财产保险公司，主要经营财产保险、责任保险、意外伤害保险和健康保险业务。全省有198个分支机构，在各县、市（区）都设有机构。2009年以来，公司延伸农村网点、城市网点（简称“两网”），新建了699个城乡营销服务部和1 494个保险服务咨询点。经过20多年的改革与发展，公司保险覆盖面和业务规模不断扩大。

公司的经济实力雄厚。保费规模2009年已发展到36.34亿，位居全国人保系统第15位，占全省财产保险市场50.06%以上的份额。公司的保险服务范围不断扩大，偿付能力不断增强，1980年至2009年的29年间，共支付各类赔款180.22亿多元。巨额的经济补偿，对促进云南经济发展和社会稳定发挥了极其重要的作用。

“以市场为导向，以客户为中心”是公司坚定不移的经营理念；“求实、诚信、拼搏、创新”是公司着力培育和弘扬的企业精神，面向未来，公司将致力在体制、机制、业务、市场、资本运作等方面改革创新，锐意进取，不断提高服务水平和核心竞争力，把中国人民财产保险股份有限公司建设成为综合性、多元化的国际保险（金融）集团公司。

中国面向西南开放的桥头堡建设

主　　编　许旭光
责任编辑　侯焕媛

对外开放

【概述】 2009年，全省外事、涉外部门坚持邓小平理论和“三个代表”重要思想为指导，深入贯彻落实科学发展观，在省委、省政府的领导下，认真贯彻执行中央外交方针政策和省委、省政府对外开放部署，围绕2008年全省外事工作会议提出的“九个新突破”工作目标及把云南建设成为中国面向西南开放重要桥头堡的总体规划，围绕中心，服务大局，在配合国家总体外交、推进全省对外开放、应对国际金融危机、促进经济社会发展、保持边疆和平稳定等方面取得优异成绩。

2009年，全省共接待重要外宾代表团47批495人次，其中国宾级代表团15批。接待外国政党代表团33批493人次，包括中非共和国总统博齐泽，老挝国家主席朱马里、总理波松，缅甸总理登盛、常务副总理宋沙瓦，萨摩亚副总理米萨，越共中央书记处书记何氏洁，斯里兰卡自由党总书记迈特里帕拉，德国前总理施罗德等重要外宾。年内完成省级领导出访任务29起，出访团组数居全国第6位，出访目的地达40多个国家。通过上述高层访问，达到与世界各国增进了解、发展友谊、推动合作的效果。

2009年，全省外事涉外部门围绕经济建设和社会发展需要，积极开展实质性合作与交流，拓展外事资源，扩大交流平台，夯实交往基础。组织政府团组、商会、民营企业家、教育文化团体等以多种交流形式出访。全年共派出因公出国（境）团组1 726批6 451人次；办理因私出国（境）证件30多万本，办理境外边民在云南省边境地区停留、旅行、居留证件7万本，全省全年出入境人数达到1 700余万人次。成功申办2个国家级劳务行业基地，累计外派劳务4.28万人次。

2009年，云南省与韩国全罗北道缔结友好交流合作关系，丽江市与澳大利亚谢普敦市、玉溪市与老挝占巴塞省正式建立友城关系，保山市与缅甸密支那市、昆明市石林县与马耳他圣朱利安市、文山州富宁县与印尼卡罗县获批建立友城关系，全省友城总量已达41对。通过友协渠道，接待了15个国家29批256人次民间友好团体和人士访滇。年内，全省成功举办了中国云南—日本友好交流联谊会，组团参加了2009年中越边民友好大联欢系列活动。与英国、美国、印度、韩国、日本、瑞典等国家17家教育机构签订合作协议，留学生交流规模逐步扩大，在滇外国留学生人数超过1万人。积极赴海外举办云南商品推介会、云南旅游推介会、云南风光摄影展、文艺演出等，向世界宣传云南，展示云南巨大的发展成就及独特魅力。

2009年，云南省与周边国家的区域经济合作稳步推进。积极参与中国—东盟自由贸易区建设和大湄公河次区域（GMS）经济合作，推动国际区域经济合作向前发展。召开云南—老北工作组第四次会议、云南—越北工作组第二次会议，成功举办GMS经济走廊活动周、中国南亚商务论坛、大湄公河次区域生物多样性保护和扶贫国际研讨会等一系列重要会议，争取到中国—南亚商务论坛和中国—南亚商务理事会两个常设秘书处落户昆明。在提升合作层次、加快经济走廊建设、加强各领域合作等方面发挥了重要的推动作用。参加了在越南和缅甸举行的中越5省市经济走廊合作第五次会议及孟中印缅地区经济合作论坛（BCIM）第八次会议，扩大了与越南、印度、孟加拉国、缅甸等国的合作关系。积极宣传介绍中老、中缅、中越跨境经济合作区建设，推动周边邻国共同参与。与老

挝南塔、丰沙里、乌多姆赛、波乔和琅勃拉邦5省及越南河江、老街、莱州、奠边4省建立外事工作协作机制，与缅甸外交部政治司建立互访机制，使云南省与周边邻国沟通渠道更加通畅，联系更加紧密，协调更加有效。

2009年，全省继续推进国际大通道建设，在通路、通商、通电、通关方面取得进展。年内，省政府出台《关于进一步加快推进通关便利化的若干意见》，边防、海关、检验检疫等口岸联检部门强化服务意识，改进工作方式，为通关便利化作出积极努力，全省与周边国家通关便利化水平得到进一步提高。“大湄公河次区域便利跨境客货运输协定”进一步落实，继中越签署河口—老街试点谅解备忘录后，中老签署了在磨憨—磨丁开展试点谅解备忘录，开启了昆曼大通道跨境客货运输。澜沧江—湄公河国际航运加强了航道安全、通航能力建设等方面的国际合作。中缅油气管道前期工程开工，中缅水电开发的标志性工程密松水电站动工兴建，中缅电力贸易网络建设启动，滇老第一个高电压等级合作项目—老挝那磨至中老边境输变电工程开工建设。昆明新机场建设进度加快，新增国际和地区航线4条，全省国际航线达到36条。中国援助老挝公路修复项目启动，中越红河公路大桥建成通车。泛亚铁路东、西线正抓紧建设，中线工程已开展前期工作。

2009年，云南省举办一系列具有国际影响力的高水平国际会展。各有关部门通力协作、紧密配合，成功举办国际人类学与民族学联合会第十六次大会、中国国际旅游交易会、第十七届昆交会暨第二届南亚国家商品展、第四届中国—南亚商务论坛、第七届东盟华商投资西南项目推介会暨亚太华商论坛、中国昆明国际文化旅游节、中国云南—法国可持续发展研讨会、首届中国昆明国际矿业合作论坛等重要国际展会活动。中老、中越、中缅边交会规模和成果不断扩大，在周边国家的影响不断上升。通过这些

云南省委书记白恩培与缅甸总理登盛亲切交谈（张永生 摄）

国际会议和展览活动，有力提升了云南省国际化水平和国际影响力，为全省开展国际交流活动打开了一扇扇重要的合作之门。

面对国际金融危机对全省外贸造成冲击的严峻挑战，全省各级部门齐心协力，沉着应对。相继出台《云南省人民政府办公厅关于保持对外贸易稳定增长的实施意见》《促进外经贸发展暂行办法》《口岸通关便利化运行考核暂行办法》等一系列外贸促进政策措施，着力解难题、找亮点，扩大政策效应，加大对企业的扶持力度，使2009年外贸工作在金融危机蔓延、国家宏观政策调控和国际贸易摩擦加剧的多重影响下，沿着“止跌、保平、回升”预期目标发展。

年内，滇港、滇澳交流与合作进一步加强，秦光荣省长4月率团参加在澳门举办的国际环保论坛及展览，“港洽会重点项目推进小组”赴港落实2008年“七彩云南香港行”相关项目。孔垂柱副省长8月率团参加在香港举办的香港美食博览会暨茶展，达成各类合作、销售意向性协议金额6亿多元。12月，顾朝曦副省长率团参加澳门回归祖国10周年庆祝活动。2009年，香港在滇实际到位投资近5亿美元，同比增长30%以上，占全省外来投资的50%以上。

【白恩培会见缅甸总理登盛】 4月16日，省委书记、省人大常委会主任白恩培在昆会见赴海南参加博鳌亚洲论坛的缅甸总理登盛，双方就金融危机影响下的滇缅经贸情况和通道建设等问题广泛交流意见。

【中国—南亚商务论坛举行】 6月5～8日，第四届中国—南亚商务论坛在昆明市举行。本届论坛主题是“金融危机下的中国—南亚经贸合作”。议题涉及建立商务合作长效机制、新兴市场拓展、扩大服务贸易合作等。

本次论坛得到南盟商界积极响应，南盟八国均派代表团参加。南盟主流媒体还组成联合新闻团来昆进行报道。来自南亚8国工商界的代表、云南企业家代表、新闻媒体人士等共计300余人出席。

【中国—南亚商务论坛秘书处落户昆明】 6月5日，“中国—南亚商务论坛”秘书处及“中国—南亚商务理事会”中方秘书处揭牌仪式在昆明举行。中国—南亚商务论坛秘书处是中国—南亚商务论坛的常设工作机构，负责论坛闭会期间日常工作和论坛筹备工作。中国—南亚商务

理事会中方秘书处是非盈利性商务合作机制“中国—南亚商务理事会”的工作机构，负责帮助中国及南亚企业走进双方市场。这两个常设机构落户云南，进一步明确云南在中国与南亚开展合作中的作用和地位，也在促进中国与南亚开展经贸合作方面设立了工作机构和服务平台。

省长秦光荣接受南盟国家记者采访 （张永生　摄）

【昆交会举行】 6月6～10日，第十七届昆交会暨第二届南亚国家商品展在昆明举行。本届昆交会设6个商品专业馆和5个专题馆，参展企业多达1 600多家，来自海外22个国家和地区的参展企业有500多家，团组数及参展企业数均创历史之最。安排展位2 334个（包括南亚展300个），国内企业展位1 722个，境外企业展位612个，创历史新高。

本届昆交会继续得到了来自境内外政府机构和工商界人士广泛关注，客商报名参会踊跃。除东盟和南亚国家外，还有韩国、美国、俄罗斯、意大利等国家和中国香港地区企业报名参展。展会期间，外经贸业务成交总额20.71亿美元，其中进出口成交10.8亿美元，利用外资签约项目25个，协议利用外资金额9.2亿美元，对外经济技术合作合同金额0.71亿美元。

【秦光荣接受南盟国家记者团采访】 6月6日，秦光荣省长在昆接受前来采访第四届南亚商务论坛、第十七届昆交会暨第二届南亚国家商品展的南亚区域合作联盟7国记者专访，就云南省与南亚国家之间合作交流、第三亚欧大陆桥构想等问题回答记者提问。

【云南—老挝北部合作特别会议举行】 6月22～24日，中国云南—老挝北部合作特别会议暨工作组第四次会议在西双版纳州景洪市举行。双方回顾了2007年中国云南—老北合作工作组第三次会议以来合作进展情况，对存在问题进行梳理和探讨，明确了今后几年的合作重点。

交通通信、能源矿产、贸易投资、旅游、农林业、教育科技文化卫生、边境口岸管理7个会谈小组就各个领域合作中需要解决的问题、合作项目等事宜进行深入磋商，达成诸多共识。双方一致同意，2011年第四季度在老挝举办中国云南—老挝北部合作工作组第五次会议。

【孟中印缅地区经济合作论坛会议】 7月23～24日，孟中印缅地区经济合作论坛第八次会议在缅甸首都内比都召开。会议主题是“加强合作，向前发展”。围绕这一主题，各国参会代表就进一步推进BCIM合作机制、加强文化与教育合作、推进次区域旅游合作、鼓励企业参与地区合作、加强BCIM地区交通连接、地区贸易便利化等议题展开讨论，会议最后通过《内比都声明》。顾朝曦副省长率云南省代表团一行25人出席会议。该会议对推进云南省与印、孟、缅3国多双边合作起到积极作用。

【越南老街省委代表团访滇】 8月19～25日，越共中央委员、越南老街省委书记裴光荣率团访问云南，省委书记、省人大常委会主任白恩培，省委常委、省委秘书长杨应楠，副省长顾朝曦等与之会谈，并签署会议纪要。越南贵宾还访问了丽江、红河等州市。

【云南—越南北部工作组会议】 8月31日，中国云南与越南老街、河江、莱州、奠边等北部4省联合工作组第二次会议在红河州蒙自县举行。与会代表普遍认为，应充分发挥中越5省联合工作组各职能部门作用，共同维护好边境地区和平稳定，完善合作机制，进一步推动相互间各领域合作与交流，致力于发展地方经济、维护边境稳定安宁。

【中越红河公路大桥竣工通车】 9月1日，由中越双方联合设计建造的中越红河公路大桥竣工并试通车。红河公路大桥距河内370千米，汽车行程约8小时，越方在老街省建成9千米的快速通道，并将建设老街省到河内的快速通道。该桥建成将为进一步加强中越经贸合作、促进区域全方位合作发挥重要作用。红河公路大桥是中越双方联合建设的第一座新型跨国大桥。该桥北接河口县北山开发区东端，南连越南老街省老街市金城商贸区，总投资6 440万人民币，全桥总长达295米，宽为双向4车道。中越两国专家将主桥墩设计为双V形，象征中越两国和平、友好、共谋发展。

【老挝领导人朱马里访滇】 9月6～8日，老挝人民革命党中央总书记、国家主席朱马里·赛雅颂和夫人一

行访问云南。随访的有政治局委员、常务副总理宋沙瓦 · 凌沙瓦，政治局委员、副总理兼外长、中联部长通伦 · 西苏里等。期间，省委书记、省人大常委会主任白恩培，省长秦光荣会见并宴请朱马里一行，省委副书记李纪恒全程陪同活动。老挝贵宾还参观了云南冶金集团铝业有限公司，并赴腾冲参观。9月13日，朱马里总书记一行在结束访华回国途中再次经停昆明。

【中非共和国总统博齐泽访滇】 9月12～13日，中非共和国总统弗朗索瓦 · 博齐泽 · 杨古翁达一行来滇访问。省委书记、省人大常委会主任白恩培会见博齐泽总统，省委常委、省委秘书长杨应楠出席。中非贵宾在昆明参观石林、考察新飞林人造板有限公司、滇能集团柴石滩发电有限公司等企业，副省长顾朝曦全程陪同。

【云南 · 日本友好交流联谊会】 9月14日，由省外办、省人民对外友好协会举办的中国云南 · 日本友好交流联谊会在昆明举行。省政府相关部门负责人、专家学者与日本各界人士就进一步加强云南与日本交流与合作进行座谈。在座谈中，云南省与日方就顺应时代潮流，加强合作进行交流。双方希望进一步开辟文化、体育、卫生、旅游等领域合作新渠道，并积极促进青少年之间相互交流与学习。联谊会上，中国人民对外友好协会负责人向近年来在云南与日本的合作交流中作出突出贡献的日本航空名誉顾问船曳宽真、日本富山县中国云南省友好协会名誉会长中村久一、日本高山市市长土野守颁发人民友谊贡献奖。

【玉溪市与老挝占巴塞省建立友好关系】 10月10日，玉溪市政府代表团与老挝占巴塞省政府签署建立友好市省关系协议书和开展相关合作意向书，在经贸、文化、体育、科技、教育、农业、旅游等方面达成合作意向。双方商定，充分发展和有效利用友好市省关系平台，在互利共赢氛围下，实现双方经济社会共同发展和繁荣。

【丽江与谢普敦结为友好城市】 10月10～23日，应澳大利亚谢普敦市市长珍尼的邀请，由丽江代市长王君正率领的丽江市政府代表团一行9人前往澳大利亚考察访问。10月15日，丽江市与澳大利亚谢普敦市签署两市缔结友好城市关系合作备忘录，标志着丽江市与谢普敦市友好合作关系进入实质发展阶段。

【中法可持续发展研讨会】 10月20日，由省政府和法国驻华大使馆共同主办的“扩大合作，绿色发展”：中国云南—法国可持续发展研讨会在昆明举行。来自云南和法国两地的专家和企业界人士相聚昆明，就规划决策、交通设施、环境保护、能源开发、水资源利用和农村建设领域问题及项目进行了探讨。研讨会由云南省省长秦光荣与法国驻华大使苏和共同倡导举办。

副省长高峰、法国驻华大使馆文化参赞齐安杰出席开幕式并致词。会后，法方代表参观考察了滇池治理和石林太阳能光伏发电等项目。

【德国前总理施罗德访滇】 10月26日，德国前总理格哈特 · 施罗德访问云南，秦光荣省长在安宁温泉会见施罗德一行，就加强滇德经贸合作和文化交流交换意见。施罗德还参观了云南民族村等景点。德国海瑞克公司总裁海瑞克陪同施罗德访滇，与云南方面就寻求合作伙伴、培训专业技术人员进行交流。

【中国国际旅游交易会】 11月19～22日，“2009中国国际旅游交易会”在昆明举行。交易会吸引94个国家和地区参展，共1 192家海外参展单位参加，展馆面积达到5万平方米，展团达180个，展位达2 148个。本届交易会共接待6.7万人次，其中专业人士3.5万人次，公众3.2万人次，签订合同6 456份，达成意向性协议1.04万个，意向组团人数149万人次。各展团累计发放宣传品1 285万份。一些国际组织、旅游部门、旅游企业举办了20多场产品说明会。

【中越5省市经济走廊合作会议召开】 11月20日，中国云南与越南河内、老街、海防、广宁5省市经济走廊合作第五次会议在越南河内召开。越南政府副总理兼外交部部长范家谦、云南省副省长顾朝曦、中国驻越南大使孙国祥出席并致词。中越5省市在会议结束时签署《会议纪要》。

（张毅）

中国昆明进出口商品交易会展馆一角　（昆明市政府办　提供）

国际大通道建设

通道建设

【概述】 为转变云南省在国家经济活动中边远、封闭、滞后的角色定位，省委、省政府紧紧抓住国家实施西部大开发战略、东盟自由贸易区建设和中国西南向开放重要桥头堡建设等机遇，利用与越南、老挝、缅甸接壤，与太平洋和印度洋相邻的区位优势，通过国际大通道建设，使中国能够从陆上与东南亚、南亚直接相通，把中国、东南亚、南亚三大市场有机连接起来，使云南成为中国与东南亚、南亚之间重要的陆上通道和沟通太平洋和印度洋之间的重要桥梁。2009年，在党中央、国务院的亲切关怀下，在国家有关部委的支持帮助下，国际大通道建设步伐进一步加快，国际大通道的基本框架已初步形成，云南正在从中国的交通末梢，逐步转变为对外开放的前沿。

【入滇通道】 至2009年末，从四川方向进入云南。公路两条：一是攀枝花方向进入昆明。元谋至武定的高速公路已经建成，武定—昆明的高速公路正在抓紧建设。二是从宜宾方向进入昆明。已全线建成高等级公路。水富—麻柳湾段为高速，麻柳湾—昭通—会泽段为二级公路，会泽—待补段为高速，待补—功山为二级公路，功山—嵩明—昆明为高速公路。铁路1条：即成昆铁路正在进行扩能（增建二线，提高运行速度，增加运输能力）改造。

从贵州方向进入云南。公路1条：胜境关—曲靖—昆明全线高速公路。铁路两条：既有贵昆铁路进行扩能（增建二线：六盘水—曲靖正在建设，曲靖—昆明已建成）改造；新建长沙至昆明铁路客运专线，计划2010年开工建设。

从广西方向进入云南。公路两条：从罗村口至昆明规划全线高速。罗村口—富宁—砚山—平远街—锁龙寺高速公路已建成，锁龙寺—石林高速公路在建，石林—昆明高速公路已建成。从广西经贵州兴义进入：江底—罗平—师宗—石林段为一级公路，石林—昆明段为高速公路。铁路两条：既有南昆铁路在“十二五”期间进行扩能（增建二线改造）；新建云桂铁路，计划2010年开工建设。

从重庆方向进入云南。公路一条：从重庆方向经贵州水城进入，水城—宣威段高速公路，计划2010年开工建设，宣威—天生桥一级公路已建成，天生桥—曲靖—昆明高速公路已建成。铁路一条：渝昆铁路客运专线，已列入国家铁路中长期建设规划。

从西藏方向进入云南。公路一条：隔界河—德钦—香格里拉二级公路在建，香格里拉—松园桥二级公路已建成，松园桥—剑川—大理规划高速公路。大理—楚雄—昆明高速公路已建成。铁路规划一条：西藏—香格里拉铁路已列入国家中长期铁路网规划，香格里拉—丽江计划2010年开工建设，丽江—大理—广通—昆明已建成，其中，大理—广通—昆明计划在“十二五”期间完成扩能改造。

【出境通道】 至2009年末，全省出境通道有：中老（泰）通道。公路一条：昆明—玉溪—元江—磨黑高速公路已建成，磨黑—思茅高速公路在建，思茅—小勐养—勐腊—磨憨高速公路已建成（经老挝境内的二级公路达泰国高速已全线贯通）。铁路一条：昆明—玉溪，正在进行扩能改造，玉溪—元江—磨黑—思茅—磨憨，已列入国家中长期铁路网建设规划，争取“十二五”期间开工建设。

中越通道。公路一条：昆明—石林高速公路，已建成。石林—蒙自—河口高速公路在建。铁路一条：玉溪—蒙自—河口在建。

中缅通道。公路一条：昆明—楚雄—大理—保山—龙陵，高速公路已建成。龙陵—瑞丽高速公路在建。铁路一条：昆明—广通—大理，进行扩能改造。大理—保山—瑞丽在建。

中印通道。公路一条：保山—腾冲，高速公路在建，腾冲—猴桥—密支那，二级公路已建成。铁路一条：保山—腾冲—猴桥已列入国家中长期铁路网规划。

【水上通道】 昭通方向，从金沙江进入长江的通道：水富港在建。水富港建成后，从水富进入长江最终可到达安徽蚌埠，整条航道达到三级航道标准。

文山方向，从百色水利枢纽进入广西通向太平洋方向的通道：富宁港在建。百色水利枢纽建成后，从富宁—桂林—广州进入太平洋。

西双版纳方向，沿澜沧江从景洪至关累进入湄公河通道：中、老、缅、泰相连的澜沧江湄公河航道已按五级航道标准建成通航。

【空中通道】 至2009年末，全省建成的空港有民航机场12个。其中，口岸机场3个——昆明巫家坝机场、西双版纳机场、丽江机场。昆明巫家坝机场将于2012年搬迁至昆明新国际机场，新建中的昆明新国际机场，定位为中国面向东南亚、南亚，连接欧亚的国家级大型门户枢纽机场，本期按年旅客吞吐量3800万人次进行建设。西双版纳机场和丽江机场都在按中型机场的规模（年旅客吞吐量450万人次）进行扩建。到2009年底，共开通航线236条，通航城市98个。其中，国内城市72个，港、澳、台地区城市3个，国外城市23个。

公　路

【概述】 2009年，全省完成交通投资373亿元，比上年同期增长28.3%。其中，公路建设完成投资364.9亿元，水运建设完成投资1.48亿元，汽车站场完成投资7.55

基诺山乡的新公路　（省委党史研究室　提供）

亿元。2006～2009年，累计完成交通投资1 340.2亿元，超额完成了“十一五”期间1 200亿元的既定目标。

二级公路建设实现新突破。合力推进52条在建二级公路建设，总里程达4 872千米、52个项目全部于2009年底前开工。

高速公路建设实现新突破。切实加强重点工程管理，有力推进石林—锁龙寺、锁龙寺—蒙自、武定—昆明、保山—腾冲、昆明绕城高速西南段等在建高速公路项目建设；启动实施一批重大项目，大理—丽江高速公路、昆明绕城高速公路西北段开工建设，龙陵—瑞丽、宣威—普立高速公路前期工作进展较快，全省在建及拟建高速公路达1 488千米，继玉溪—元江、昆明—石林、安宁—楚雄、砚山—平远街高速公路之后，思茅—小勐养高速公路又获国家优质工程奖，全省高速公路获奖总数继续保持全国前列。

水运建设实现新突破。澜沧江五级航道一期工程、澜沧江关累码头建设工程基本完工；澜沧江景洪港勐罕作业区、大理港扩建工程、金沙江水富港扩建工程、珠江上游的富宁港一期工程、澜沧江船舶监管系统一期工程等一大批建设项目顺利推进；澜沧江海事工作船码头等建设项目开始启动。

运输服务能力不断增强。组建云南交通运输有限公司，引导重点企业向规模化、集约化发展；着力调整运输市场结构，及时调研全省城市客运基本信息和市场现状，完善多层次的运输网络，大力培养新的市场，曲靖市把经营线路拓展到沿海地区；着力优化运力结构，严格市场准入，加强车辆技术管理，深化产权制度改革，加速淘汰老旧车辆，保山市开展吸纳社会车辆融资经营的尝试；着力加强运输市场监管，整顿和规范市场秩序，出动执法人员31.6万人次，查获非法营运车辆1.8万余辆，有效地打击了“黑车”等非法经营活动。

运输保障能力不断提高。切实做好国庆60周年、节假日等重点时段的运输和安全保障工作，圆满完成楚雄、大理抗震救灾应急物资运输任务，鲜活农产品运输“绿色通道”网络畅通，全年减免通行费超过3.4亿元。全年公路运输完成客运量3.28亿人、货运量4.08亿吨，完成旅客周转量302.22亿人千米，货运周转量496.14亿吨千米，同比分别增长5.13%、4.21%、10.71%和5.87%；水运完成客运量658万人、货运量345万吨，完成旅客周转量1.6亿人千米、货物周转量5.4亿吨千米，同比分别增长2.97%、1.77%、0.65%和5.01%。

【农村公路改建】　2009年，全省新改建农村公路2.5万千米，农村交通建设投资连续两年突破百亿，超额完成“十一五”农村公路改建任务，乡镇通油路率达到80.3%，建制村通达率达到85.5%。昆明、玉溪、西双版纳等州市提前实现乡乡通油路。怒江、迪庆两州除个别乡外，大多数乡已经通油路。西双版纳州提前实现“村村通达”。

【农村客运】　全年全省新建农村客运站171个，累计建成农村客运站652个；开通农村客运班线2 829条，日发班次4.32万班，运营车辆2 411辆；农村班线的覆盖率不断提高，乡镇通班车率达99.23%，行政村通班车率达67%。

【公路管养】　2009年，全省交通部门把基础设施养护管理作为巩固建设成果、保障安全畅通、促进可持续发展的重要工作来抓，仅高速公路养护资金投入就达6.4亿元，创历史新高。省公路局开展干线公路预防性养护劳动竞赛，省公路投资公司对2003年前通车的7条高速公路实施全面修复，路况质量大幅提升，率先在全国建立养护管理社会公示牌制度，提高了管养工作的透明度。抓住热点问题，优化窗口服务，集中投资2 671万元，改造提升了恐龙山等12个高速公路服务区，管理力度进一步加大，硬件设施和环境卫生有了明显改善。调整云南省治理超限超载运输工作领导小组，加大治超工作力度，超限率控制在8%以下。深化农村公路管理养护改革，规范乡镇交通运输管理所设置，曲靖市、临沧市自筹资金加大养护投入，德宏州、文山州探索“以奖代补”机制，大理州推行路况质量动态公示制度，昆明市推广路长负责制。全省农村公路养护基本形成“公路人人走、管养齐动手”的良好局面。

【交通科技】 2009年，省公路科研所参与完成的“膨胀土地区公路成套技术”，获国家科技进步一等奖；全省157项科学技术进步奖中，云南省交通运输厅获15项。在昆明市西山区等地打造16个农村公路科技示范工程。完成17个高速公路服务区污水处理系统减排改造，开展7条高速公路的34个隧道节能改造。

【对外交流】 2009年，中越红河公路大桥建成通车，磨憨—磨丁口岸签署《便运协定》的《谅解备忘录》，增开昆明至海防、昆明至莱州、昆明至宣光和文山至宣光等4条国际客货运输线路。水路跨境运输顺利推进，中老缅泰4国签署《港口收费及检查收费规则》，澜沧江—湄公河的国际航运收费得到规范，编制完成安全应急预案，提交老缅泰审议。

【行业精神文明建设】 全年全省投入5 000多万元，完成滇西公路文化走廊和滇南绿色生态走廊的主体工程。赵家富、杨晓川当选全国“感动交通60位英模”，西双版纳海事局关累海事处获“全国青年文明号”称号，云南省交通运输厅挂钩的泸水县子克村获“全国文明村”称号。提前一年完成莽人、克木人集中居住地交通基础设施建设。

【机解火山石路面铺设】 年内，全省农村公路“科技示范路”腾冲清水—黄瓜箐路段用机解火山石整齐块石弹石铺设路面竣工。机解火山石路面清洁少尘，使用寿命长，取材方便，施工中可以减少对沿线环境的污染和破坏。

【临沧农村示范路】 2009年，临沧市被交通运输部列为全国第三批农村公路建设的示范单位。市政府决定每年专项安排400万元资金用于农村公路建设，每年安排100万元用于奖励农村公路管理养护。在兑现省补养护资金的基础上，按县道每年每千米1 000元、乡道500元、村道300元的标准，加大对农村公路管养的投入。在全市每个县打造2～3条农村公路示范工程，在全市建设27条、段，900千米的示范工程，已完成11条、段，276千米；开工建设工程项目212条、段，1 680千米。

【保山农村客运】 年内，保山市加大农村客运站建设力度，大力支持集物流、销售、娱乐为一体的多功能客运站、招呼站。至年末，全市已建成投入使用的客运站17个、农村客运招呼站50多个，有农村客运公司、车队26户，客运运营班车2 340辆，开行农村客运线路403条，全市70个镇、2个街道办事处均已开通客运班车。建制村通班车率80.21%。

【洱海巡逻搜救船即将建成】 2009年，西南最大的内河海事巡逻搜救船——洱海巡逻搜救船紧张建造。总投资1 374万元，船长39.8米，宽2.9米，型深2.7米。最大载客300人，最大航速30千米／小时，主机功率1 064千瓦，续航能力400千米，最大排水量170吨。

【中越红河大桥建成通车】 2009年9月1日上午10时，中越红河公路大桥举行通车典礼。该桥由中越两国共同建设，起自河口县北山开发区东端，南连越南老街金城商贸区，全长295米，桥面宽21.5米，双向4车道。该桥总投资6 440万元，其中中方投资4 327万元。该桥与中越铁路大桥、南溪河公路大桥咫尺相距，构成为中越国际大通道的重要关津，成为独特景观。

（黄恒蛟　曹大成）

铁　路

【概述】 昆明铁路局属国家铁路运输企业，管辖线路跨越云南、四川、贵州3省，主要负责管辖区域内的旅客乘降和货物运输组织工作。开行昆明直通北京、上海、广州、郑州、武昌、西安、成都、重庆、厦门、南宁、南京西、贵阳、六盘水、攀枝花、大理、楚雄等旅客列车47对（其中，米轨昆明北至王家营、石咀3对），负责货运五定班列、行包快运专列、集装箱专列、鲜活冷藏班列、大宗货物直达列车等货物运输组织工作。

昆明铁路局管内铁路有3种轨距，即：准轨（轨距1 435mm）、米轨（1 000mm）、寸轨（600mm，1990年停止运营），是全路18个铁路局中唯一准米轨并存的铁路局。管辖沪昆、成昆、南昆3条准轨电气化铁路干线，昆河、蒙宝2条米轨铁路干线，昆玉1条地方铁路，广丽、水红2条合资铁路，羊场、东川、盘西Ⅰ线、昆阳、安宁、东王6条准轨支线，昆西、昆小、草官3条米轨支线。

管内线路总延长3 674.37千米，线路营业里程2 448.4千米，其中电气化铁路1 460多千米。有桥梁1 224座，隧道602座，道口384个（有人看守84个）。有车站235个，包括特等站1个，一等站1个，二等站10个，三等站15个，四等站104个，五等站104个，其中编组站2个，区段站11个。各型机车391台，其中内燃机车174台，电力机车217台。配属客车1 003辆。固定资产原值309.44亿元、净值218.66亿元，在2009年中国企业500强中排名第380名，中国服务企业500强中排名第115名。

全年，全局旅客发送量完成2 435.9万人，同比增加4.3万人；货物发送量完成5 945.1万吨，超年度计划445.1万吨；换算周转量完成408.5亿吨千米，超年度计划27.5亿吨千米；运输收入完成78.4亿元，超年度计划2.8亿元。

【重点物资运输】 2009年，昆明铁路局加强与地方政府及大型、重点企业的沟通联系，走访企业、货主，及时掌握市场运输需求及企业、厂矿的销售、运量、库存等情况，科学调配运能，稳定有效货源，均衡重点物资运输，满足云南社会经济发展的运输需求。全年，昆明铁路局运输煤炭1 935.98万吨，焦碳

176.56万吨，钢铁630.35万吨，粮食26.08万吨，化肥596.86万吨，农副40.35万吨，石油120.08万吨，磷矿石358.42万吨。

【旅客列车开行】 2009年4月1日零时起，全国铁路新运行图实施，昆明铁路局新增旅客列车5对。其中，昆明—广州K484/1/4、K483/2/3次，经由南昆、黎湛、广茂线运行；昆明—上海南1240/39次，经由沪昆线运行；成都—昆明2003/4次列车等级变更为快速列车，车次变更为K853/4次，由昆明铁路局负责值乘。襄樊至昆明1257/8次，经由焦柳、沪昆线运行，由武汉铁路局值乘；南昌—昆明1237/6次，经由沪昆线运行，由南昌铁路局值乘。新图同时对12对管内旅客列车车次进行调整并微调运行时刻，威舍—六盘水6001/4、6003/2次，经由威红、水红线运行。

【铁路建设】 2009年，昆明铁路局深入贯彻落实“中长期铁路网规划”和云南省、铁道部会谈纪要精神，切实履行建设管理主体责任，加强路地协调，按照“质量、安全、工期、投资、环保、创新”六位一体的要求，实施铁路建设标准化管理，确保铁路建设项目顺利推进。年内，六沾复线、昆广复线、大瑞铁路大保段、仁丽铁路、玉蒙铁路、蒙河铁路6个在建项目进展顺利，丽香铁路、昆明枢纽扩能、昆明枢纽东南环线、昆玉铁路扩能、云桂铁路5个项目相继开工建设。沪昆客专、广大铁路扩能待国家发改委可研批复。全年，11个在建项目完成投资81.4亿元，超计划完成省政府提出的80亿元铁路建设投资任务目标。

【大丽铁路开通运营】 9月28日，大理至丽江铁路全线建成通车，开通运营暨列车首发仪式在丽江举行。9月29日，大理至丽江东首列临客在大丽线投入运营。大丽铁路于2004年12月20日开工，由铁道部和云南省共同出资建设，全长165千米，投资预算45.1亿元，设计时速120千米。该铁路大部分线路建在横断山脉的峰谷山坳之间，施工难度极大，其中有47座隧道、77座桥梁，桥隧总长达98.29千米，接近铁路总长的2/3。全线原计划于2008年6月建成，因施工地质条件与原设计出入较大，受控制性工程影响以及将原设计内燃机牵引变更为电气化铁路等原因，致工期向后推迟。

【丽香铁路建设动员大会】 6月10日10时，丽江至香格里拉铁路建设动员大会在香格里拉县建塘镇货运站站址举行。丽香铁路是国家“中长期铁路网规划”西部铁路网及滇藏铁路的重要组成部分。丽香铁路的建设，对于缓解滇西北地区交通运输状况，优化区域间资源配置，推动旅游、水电、矿产等资源的深度开发，维护藏区稳定，促进滇西北地区经济社会又好又快发展，具有十分重要的意义。

丽香铁路项目可研报告于4月29日经国家发改委批复。该项目自大理至丽江铁路丽江站引出，经拉市海、达落、新尚、虎跳峡、海巴洛、阿里洛、万拉木、吉沙、小中甸、鲁吉、不列过至香格里拉，正线全长139千米，是进入云南藏区的首条铁路，建设工期为6年。项目总投资92亿元，线路等级为国家Ⅰ级，单线，规划输送能力为每天客车11对、每年货运量253万吨。

【昆明枢纽改扩建工程建设】 11月25日，昆明铁路枢纽改扩建工程正式开工建设。昆明枢纽改扩建工程是承接成昆、沪昆、南昆、昆河、渝昆及沪昆客专等7条干线的大型枢纽铁路工程，建成后将与昆明枢纽东南环线工程连接，形成滇池环线通道，实现昆明“一湖四片”城市布局，极大地缓解铁路“瓶颈”制约。

昆明枢纽改扩建工程西起温泉站，连接既有线成昆线；东至昆明东站，连接既有线沪昆、南昆线，并经羊堡、王家营西站至规划的昆明南客站，与规划建设的云桂铁路、沪昆客运专线相连；南端通过昆阳至玉溪，与在建的玉蒙铁路、蒙河铁路和规划建设的玉磨铁路相连，形成“八入滇四出境”云南铁路网的重要枢纽。枢纽全长89.918千米，为Ⅰ级电气化铁路，设计时速温泉至昆明120千米、昆明至昆明东80千米、读书铺至昆阳100千米，投资估算总额达87.95亿元，

大理—丽江铁路胜利通车　（陆华　摄）

计划工期3年。工程完成后，枢纽通道客货分线，可利用沪昆客运专线、沪昆、成昆、昆玉铁路开行服务滇中城市群的城际列车，实现滇中城市群“一小时生活经济圈”；形成连接环滇池城镇北城（主城）、东城（呈贡新城）、南城（晋城—新街新城）、西城（昆阳—海口新城）和安宁市的快速轨道交通线，逐步改善城市交通状况和出行方式，促进昆明新城快速发展。

【云桂铁路建设工程启动】 12月27日，云桂铁路云南段建设动员大会在昆明新客站站址举行。新建云桂铁路东起南宁地区枢纽的南宁站，进入云南省境内后经文山州富宁县、广南县、丘北县，红河州弥勒县，昆明石林县、宜良县，于昆明市呈贡新区东侧设昆明南站（二客站）之后进入昆明地区枢纽，正线全长715千米，云南境内长441千米，为国家Ⅰ级双线电气化铁路。旅客列车设计时速200千米，预留250千米／小时条件，建设工期6年，概算总投资580多亿元。建成后，昆明至百色段货运量将达6 000万吨／年，旅客列车3小时内可达南宁、6小时内可达广州。其建成对提高西南至华南地区通道能力，优化完善区域铁路网布局尤其是云南铁路网结构，构建“泛亚”南部国际通道，促进西南特别是云南与“泛珠三角区”、“环北部湾经济区”交流与发展具有重要意义。

（吴立群　宇建波）

云桂铁路云南段建设动员大会　（陆华　摄）

 民　航

【概述】 云南机场集团有限责任公司是经云南省人民政府批准，经营特种行业的具有公益性的产业实体，是国有资产的投资运营主体，具有独立的企业法人地位，为云南省人民政府直属的国有大型企业。集团公司对云南省内民用机场实施统一的经营、管理和监督，承担相应国有资产保值增值责任，是一个以航空运输保障专业化管理为核心业务，集省内机场规划、机场建设、旅游、物流、商贸、建筑等为一体的企业集团。依法从事经批准的国内外投资、融资及其他业务。

2009年，随着改革开放的推进，云南已形成以昆明国际机场为中心、覆盖全省近七成行政州市的机场网络群，成为中国拥有支线机场最多、航空资源富集、机场管理一体化、航线网络布局较完备的航空大省之一。云南机场集团有限责任公司下属1个区域性枢纽机场即昆明巫家坝国际机场（以下简称“昆明机场”）和保山、普洱思茅、昭通、西双版纳、德宏芒市、丽江、大理、香格里拉、临沧、文山和腾冲11个干（支）线机场，机场数量、等级及航空资源在西部地区乃至全国名列前茅。作为以机场航空业为核心，以产权关系为纽带的拥有多个非法人和法人联合体的企业集团，集团公司还下辖30个参控股企业，业务涉及地面服务、地产建筑、旅游酒店、信息网络与传媒、物流等多个领域。

【主要航线】 2009年，云南机场集团公司所属各机场通航城市98个。其中，国内城市72个、国际城市23个、地区城市3个。各机场运营航线236条。其中，昆明机场186条（国内航线159条、国际航线24条、地区航线3条），其他州市机场50条。初步形成以昆明为中心，连接省内与周边省际支线网络、辐射国内大中城市的干线网络、面向东南亚、南亚国家和地区的国际及地区航线网络的3个轮辐式为主及城市对式结构互补的航线网络，并形成以昆明区域性枢纽机场为主的机场群。

2009年，云南航空市场新增东海航空、长荣航空、立荣航空、昆明航空、复兴航空和亚洲航空6家承运航空公司，在云南设立基地的有东航云南分公司、祥鹏航空公司、昆明航空公司和四川航空公司。

【基础设施建设】 2009年，云南机场集团公司机场改扩建工程总计完成投资7.05亿元（含昆明机场0.4亿元）。机场改扩建方面，大理机场、德宏芒市机场改扩建工程已经通过工程竣工验收和行业验收，并正式投入运营；迪庆香格里拉机场改扩建工程基本完工，通过行业验收（地方承建的场外供水系统、老航站楼改造、取土场环保尚未完工）；丽江机场改扩建工程进度过半；西双版纳机场跑道盖被工程完工并通过行业验收，其他工程全面展开。机场建设方面，腾冲机场新建工程于2009年1月通过民航行业

验收，1月23日投入试运营，2月16日正式通航；泸沽湖机场“立项建设报告”于2009年4月行文上报国务院、中央军委，组建并成立“机场建设领导小组”和“机场建设指挥部”，机场专用公路进入全面施工阶段；怒江机场、红河蒙自机场、临沧沧源机场选址工作进展顺利。

【航空运输】 2009年，云南机场集团公司累计完成航班运输起降23.12万架次，旅客吞吐量2 479万人次，货邮吞吐量27.2万吨，分别增长15.8%、20%、10.3%；实现航班放行正常率96.08%，完成集团公司2009年年度计划，增长速度达到集团公司“十一五”规划要求。

全年昆明机场完成旅客吞吐量1 894.47万人次，同比增长19.3%；完成货邮吞吐量25.88万吨，增长9.5%；完成运输起降17.26万架次，增长14.8%。根据中国民用航空局《2009年全国机场生产统计公报》，在全国166个通航机场（不含香港、澳门和台湾）中，昆明机场旅客吞吐量、货邮吞吐量居全国第7位，起降架次居全国第8位。集团公司所属其他机场旅客吞吐量排序依次为：丽江机场居全国第38位，西双版纳机场居全国第41位，德宏芒市机场居全国69位，腾冲机场居全国第79位，香格里拉机场居全国第83位，大理机场居全国第86位，普洱思茅机场居全国第90位，保山机场居全国第102位，临沧机场居全国第110位，文山机场居全国第132位，昭通机场居全国第140位。

【昆明新国际机场建设】 年内，昆明新国际机场建设顺利。昆明新机场位于官渡区大板桥镇附近，是国家“十一五”重点建设项目、云南“5＋1”机场建设工程之一。根据中国2006～2010年机场建设规划，昆明新机场将是今后5年中国兴建的唯一面向东南亚、南亚，联结欧亚的国家门户枢纽机场。

新机场近期目标：2020年旅客、货邮吞吐量达到3 800万人次、95万吨；中期目标：2030年旅客、货邮吞吐量达到5 800万人次、170万吨；远期目标：2040年旅客、货邮吞吐量达到6 500万人次、230万吨规划建设。工程建设规模为飞行区按照4F标准规划，本期按照4E标准设计。机场远期规划为4条跑道，终端设计容量为年旅客吞吐量6 000～8 000万人次。机场项目建设总投资超过230亿元人民币，其中机场工程投资184.8亿元。按照规划，新建航站楼建筑面积54.83万平方米，站坪停机位84个，航站楼前高架桥建筑面积为7.3万平方米，停车楼9.8万平方米，地面停车场6.2万平方米。

截至2009年底，昆明新机场主体工程建设累计完成工程建设投资91.63亿元。2009年度完成60.02亿元。其中，工程建设直接费用52.31亿元，其他费用（包括征地拆迁、设计勘察、临时工程、招标代理、质量监督、贷款利息等）7.71亿元。昆明新机场航站楼混凝土结构主体工程已全面封顶断水，中心区隔震垫全部安装完成，航站楼主体钢结构工程于2009年11月10日全面吊装完成，航站楼屋面工程各个指廊11万平方米的网架也基本吊装完成，金属屋面和玻璃幕墙工程正抓紧加工制作，东指廊、东Y指廊正在安装檩条。航站楼机电设备安装、行李分检、弱电及信息集成系统的招标工作已完成，目前进入制造安装和进场深化设计阶段；航站楼前高桥架、停车楼和轻轨预留空间桩基工程提前完成，停车楼主体工程提前封顶。至12月1日，昆明新机场航站楼组合体混凝土结构工程全部完成，比计划提前50天。

至2009年底，昆明新机场飞行区土石方填筑工程已基本完成，累计完成土石方填筑1.11亿立方米（土石方填筑工程日进度最高达到71万立方米，创国内纪录）；二期跑道土地预处理工程项目立项报批工作积极推进；货运通道、综合管廊A、B线全部完成，汽车通道除为航站楼施工预留通道外，已全部

建设中的昆明新机场航站楼 （云南机场集团 提供）

完成；机场生产辅助及生活配套设施单体建筑（7个区共计14个单体建筑）中，机场当局办公楼、信息中心、急救中心、武警、海关检疫、公安、综合业务楼等7个单体建筑完成全部土建结构施工。

【安全管理】 2009年，云南机场集团公司以风险管理为核心，不断完善“SMS安全管理体系”，加强对各个运行保障环节的动态管控，形成具有机场集团特色的安全管理及隐患排查治理长效机制；通过制定“一岗双责”考核办法，有效落实基层班组安全生产责任，将空防安全工作领导责任制、岗位责任制和工作区域责任制“三个责任”结合起来，逐步建立健全层级清晰、职责明确、权责对等、奖惩分明的责任体系；进一步整合机场安保工作责任、制度、措施和程序，将企业内部治安保卫与机场安保工作、反恐防恐工作紧密结合，提高机场反恐防恐能力；结合国庆60周年保卫，在全国各机场中率先实行严格的“七个百分百”要求，确保国庆期间的飞行安全和稳定运行；积极调整和完善现有的应急救援预案，成功举行2009年昆明机场应急救援综合演练，积极做好甲型流感防控工作；推进安全信息管理，建立安全信息管理系统，试点安全保障经费制度，加大安全设施设备投入力度，全年共安排安全类项目39个，总投资0.34亿元。香格里拉、普洱思茅和文山3个机场分别以98.54%、96.96%和96.77%的符合率通过安全审计。

全年集团公司未发生航空安全地面事故和飞行事故，其他不安全事件明显减少，安全管理水平显著提高，确保了国庆期间的飞行安全和稳定运行，顺利实现“安全生产年”目标。

（刘占赢　宗云波）

水　运

【关累码头建设】 2009年12月18日，澜沧江关累码头新建工程的关键设施——多用途单根60米长的钢箱梁吊装成功，标志着澜沧江上第一个能装卸集装箱的码头泊位水上主体工程接近尾声。

关累码头位于澜沧江下游，北距国家级口岸景洪港83千米，距中缅244号界桩244千米，是入境第一个码头，是中、缅、泰进出口贸易物资集散地。历史上人烟稀少的贫瘠偏壤成为中国进出东南亚半岛的经贸与文化交往水上门户。

【水上交通安全】 2009年，云南连续19年保持全省水上交通安全形势的稳定。结合农村小康建设落实乡镇船舶安全管理责任制，确保县、乡、村、渡四级水上安全责任承包面达到100%，同时推行乡镇船舶出航签单制度。确定全省水上交通安全监管四个重点：把“春运”、“五一”节、“六月安全月”、汛期、“十一”黄金周作为重点时段；把两江（金沙江、澜沧江）、四湖（滇池、洱海、抚仙湖、泸沽湖）、五库区（鲁布革库区、漫湾库区、大朝山库区、天生桥库区、凤龙湾库区）作为重点水域；把客船、客渡船、国际航行船、危险品船作为重点船舶；把企业领导、船舶所有人、船员作为重点人员，并在一些重点水域设置监控点，安装视频监控系统。

【水运安全专项整治活动】 2009年，省交通运输厅与16个州市签订“云南省渡口渡船专项整治责任书”，改造渡口108道（其中36道为渡改桥），并对昆明、普洱市的27道试点渡口进行整改验收。完成毛家村库区船舶改造35艘，新建天生桥库区船舶12艘。开展以金沙江、澜沧江施工水域、碍航水域、复杂水域为重点的通航安全集中整治行动。

【水路客货运】 2009年，全省共完成客运量658万人次，客运周转量1.55亿人千米；完成货运量345万吨，货运周转量5.42亿吨千米。与上年同比，客运量增长2.97%，客运周转量增加0.65%；货运量增加1.77%，货运周转量增加5%，实现全省水运稳步发展的目标。

（黄恒蛟　曹大成）

中国（云南）—东盟自由贸易区

【概述】 2009年，东南亚各国在面临世界经济衰退加剧，全球经济增长的不确定因素增加的大环境下，经济继续增长乏力，增速普遍减缓。印尼经济增长率为4.5%～5%，马来西亚为3.5%，菲律宾为4.1%～5.1%，新加坡为-2%～1%，泰国为2%，越南为6%～6.5%。新加坡、印尼和泰国等国经济比较依赖出口，在此次金融危机中影响较深，但下半年以来受益于中国刺激经济的政策，形势逐步开始好转。

【东盟各国经济简况】 截至2009年底，东盟各国的基本情况如下：

新加坡：国土面积704平方千米，总人口480万。国内生产总值约1 606亿美元。对外贸易总额4 373亿美元。其中，出口2 341亿美元，进口2 032亿美元；外汇储备1 777亿美元，外债192亿美元。

马来西亚：国土面积33.03万平方千米，总人口2 830万。国内生产总值约2 040亿美元。对外贸易总额2 739亿美元。其中，出口1 561亿美元，进口1 178亿美元；外汇储备972亿美元，外债462亿美元。

泰国：国土面积51.32万平方千米，总人口6 700万。国内生产总值2 515亿美元。对外贸易总额2 430亿美元。其中，出口1 366亿美元，进口1 064亿美元；外汇储备1 287亿美元，外债606亿美元。

菲律宾：国土面积30万平方千米，总人口9 270万。国内生产总值15 981亿美元。对外贸易总额822亿美元。其中，出口361亿美元，进口461亿美元；外汇储备430亿美元，外债627亿美元。

印度尼西亚：国土面积189.07万平方千米，总人口2.4亿。国内生产总值5 039亿美元。对外贸易总额1 884亿美元。其中，出口1 072亿美元，进口812亿美元；外汇储备581亿美元，外债1 388亿美元。

老挝会晒与泰国清孔之间的湄公河渡口 （王士录　摄）

文莱：国土面积5 765平方千米，总人口39万。国内生产总值201亿文莱元。对外贸易总额148亿文莱元。其中，出口116亿文莱元，进口32亿文莱元。外汇储备6.25亿美元。

越南：国土面积32.93万平方千米，总人口8 700万。国内生产总值947亿美元。对外贸易总额1 216亿美元。其中，出口559亿美元，进口657亿美元；外汇储备225亿美元，外债225亿美元。

缅甸：国土面积67.66万平方千米，总人口5 857万。国内生产总值264亿美元。对外贸易总额105.5亿美元。其中，出口70.2亿美元，进口35.3亿美元；外汇储备35亿美元，外债76亿美元。

柬埔寨：国土面积18.1万平方千米，总人口1 480万。国内生产总值103亿美元。对外贸易总额90亿美元。其中，出口36亿美元，进口54亿美元；外汇储备29亿美元，外债41亿美元。

老挝：国土面积23.68万平方千米，总人口620万。国内生产总值53亿美元。对外贸易总额24亿美元。其中，出口11亿美元，进口13亿美元；外汇储备6亿美元。

截至2009年底，东盟10国的总面积为446.44万平方千米，总人口约为5.87亿人。2009年，东盟10国国内生产总值约达1.28万亿美元，上年约为1.43万亿美元，同比减少1 594亿美元。进出口总值约达1.38万亿美元，上年约为1.84万亿美元，同比减少4 612亿美元。其中，出口7 293亿美元，同比减少2 775亿美元。

越南商贩蜂拥进入河口口岸 （王士录　摄）

【云南与东盟贸易总值】 2009年，云南对外贸易出现大幅度下降，全省实现对外贸易总额80.19亿美元，同比下降16.5%。其中，出口45.14亿美元，下降9.7%；进口35.05亿美元，下降23.8%。云南省对东盟的贸易达31.51亿美元，同比增长13.8%。其中，出口20.99亿美元，增长7.1%；进口10.52亿美元，增长30%。

【中国—东盟自由贸易区建设】 中国—东盟自由贸易区是中国与东盟10国在国家层面共建的一个自由贸易区，云南省占有独特的优势。根

2009年云南省与东盟各国贸易总值表

金额单位：万美元

国家（地区）	进出口	比重%	出口	进口	贸易差额	比上年增长（%）		
						进出口	出口	进口
全省总计	801 912	100.0	451 402	350 510	100 891	-16.5	-9.7	-23.8
东盟合计	315 129	39.3	209 917	105 212	104 705	13.8	7.1	30.0
缅　甸	122 733	15.3	77 506	45 227	32 279	3.0	6.4	-2.4
越　南	79 001	9.9	66 132	12 868	53 264	22.4	33.8	-14.8
印度尼西亚	34 467	4.3	14 451	20 016	-5 566	53.9	-8.8	205.6
泰　国	23 586	2.9	20 265	3 320	16 945	-6.2	-12.0	57.2
马来西亚	22 057	2.8	11 501	10 556	946	92.2	40.4	221.3
老　挝	15 501	1.9	7 434	8 067	-633	40.5	30.4	51.3
新加坡	11 507	1.4	7 948	3 559	4 389	-31.4	-47.0	99.4
菲律宾	5 885	0.7	4 361	1 524	2 837	27.0	3.8	251.2
柬埔寨	367		293	74	219	-78.2	-82.6	
文　莱	25		25		25	97.6	97.6	

2009年中国与东盟贸易情况表

金额单位：亿美元

	进出口		出　口		进　口		贸易逆差	
	金额	同比	金额	同比	金额	同比	当年	上年同期
东　盟	2 130.11	-7.8%	1 062.97	-6.9%	1 067.14	-8.8%	-4.17	-28.32
文　莱	4.23	93.5%	1.40	8.4%	2.82	217.5%	-1.42	0.41
缅　甸	29.07	10.7%	22.61	14.3%	6.46	-0.2%	16.15	13.31
柬埔寨	9.44	-16.7%	9.07	-17.1%	0.37	-5.2%	8.70	10.56
印度尼西亚	283.84	-10.0%	147.21	-14.4%	136.64	-4.6%	10.57	28.62
老　挝	7.44	79.0%	3.77	40.5%	3.67	149.2%	0.09	1.21
马来西亚	519.63	-2.8%	196.32	-8.2%	323.31	0.7%	-126.99	-107.19
菲律宾	205.31	-28.2%	85.85	-5.4%	119.47	-38.7%	-33.62	-104.24
新加坡	478.63	-8.7%	300.66	-6.9%	177.97	-11.6%	122.70	121.65
泰　国	382.04	-7.4%	133.07	-14.7%	248.97	-2.9%	-115.90	-100.42
越　南	210.48	8.1%	163.01	7.8%	47.47	9.3%	115.54	107.79
东帝汶	0.2328	151.7%	0.2326	154.4%	0.0002	-78.3%	0.2324	0.0904

据中国与东盟签署的《货物贸易协议》，云南省与6个老东盟成员国的商品贸易90%左右已经实现零关税。2009年，云南与东盟之间双边贸易额达31.51亿美元，同比增长13.8%。根据中国与东盟签署的《服务贸易协议》，双方将在WTO承诺的基础上，在建筑、环保、运输、体育和商务服务等部门履行新的市场开放承诺。2009年全年累计接待东盟国家入滇过夜游客54万人次，同比增长21%。根据中国与东盟签署的《投资协议》，2009年云南境外投资依然逆势而上，继续保持全国第10位，西部、沿边省份第1位的业绩。截至2009年，云南经商务部门批准的境外投资企业已达248家，对外实际投资额达6.8亿美元。在对外经济技术合作方面，云南的主要合作对象也集中在周边的东南亚国家。2009年，云南全省新签对外承包工程合同63份，新增合同额9.24亿美元，增长16.25%；完成营业额7.37亿美元，增长18.89%。完成营业额占较大的行业分别为电力、房建和交通建设，分别占全省营业额31.43%、25%、22.77%。对外工程承包和劳务输出合作排名在全国的前10名。具体业务主要有公路、桥梁、工业建筑、机场、市政建设等，为带动云南的设备材料、劳务、技术出口，培养外经人才、外经体系、外经市场做出积极的贡献。

【大湄公河次区域经济合作】 云南省是中国参与GMS经济合作的主要代表，长期以来积极推动GMS经济合作，取得积极成果。2009年，云南省已正式向国务院请示，请求批准设立中越、中缅、中老3个跨境经济合作区，并在政策、资金等方面给予相应支持。在6月上旬举办的昆交会上，中越红河—老街、中老磨憨—磨丁、中缅瑞丽—木姐3大跨境经济合作区项目正式亮相。“中国红河—越南老街跨境经济合作区”分3个阶段推进。第一阶段拟建立中国河口北山—越南老街金城贸易综合体，拟由中越双方共建，区内以贸易物流业、金融、信息等服务业和旅游购物为主体，将实行“两国一区、封闭运行、境内关外、自由贸易”的管理模式；第二阶段拟建中国红河—越南老街经济合作区，由中方的河口国际口岸北山片区和红河工业园区与越南老街金城商贸区和腾龙工业区、贵沙矿区等工业区共建经济合作区；第三阶段则是延伸发展领域、拓展发展空间。“中缅瑞丽—木姐跨境经济合作区”，以昆明—仰光经济走廊和传统的边境贸易供货地及目标市场为经济腹地，建立中缅跨境合作中心、中缅跨境工业园。“中老磨憨—磨丁跨境经济合作区”，建设思路则是，中方已批准的磨憨边境经济贸易区为核心、周边支撑区则为西双版纳地域范围，老方以磨丁黄金城经济特区为核心，周边支撑区为南塔省。上述跨境经济合作区的建成，对于落实中央关于“桥头堡”建设的战略，深化GMS经济合作，实现云南省面向东南亚南亚开放的新突破，发挥着重要作用。

【贸易通道的建设】 2009年，云南面向东南亚、南亚开放的贸易通道的建设继续顺利推进，取得引人瞩目的成绩。云电外送的电力贸易通道已初具规模。2004年9月至2009年底，云南电网公司已经建成对越送电4个通道6条线路，向越南北部6省供电，累计售电已突破100亿千瓦时。2009年，云南电网对越送电量就已突破40亿千瓦时，电费收入突破2亿美元，电力贸易已跃居云南省对越商品出口额的第二位。中缅油气管道建设实现新突破。2009年3月，中缅双方签署《关于建设中缅原油和天然气管道的政府协议》等有关合作协议。根据协议，缅甸西海的天然气可望在2012年引入昆明。

【云南与东盟人才交流合作】 2009年，云南启动实施科技市场开拓计划，组织企业积极参与39个国际市场开拓项目，对外工程完成营业额5.73亿美元。为促进云南与东南亚的教育合作，云南每年投入1亿元实施汉语国际推广基地建设项目，已建成云南大学4所孔子学院、1所孔子学堂，13个汉语培训中心。来云南的留学生已由2001年的760人增加到2009年的1万人。其中，来自GMS国家（泰国、越南、老挝、缅甸、柬埔寨）的约占70%。云南已成为中国面向东南亚、南亚的重要人才培养和培训基地。

（王士录）

老挝磨丁口岸的黄金城　（王士录　摄）

澜沧江—湄公河次区域经济合作

【概述】 2009年以来，面对国际金融危机的冲击，云南与次区域国家的合作面临较大困难。云南省继续贯彻和落实国家“与邻为善、以邻为伴”的周边外交方针及“睦邻、安邻、富邻”政策，围绕构建“桥头堡”的战略目标，积极推进落实温家宝总理在大湄公河次区域经济合作（GMS）第三次领导人会议上的相关倡议，不断解放思想、开拓进取，积极参与和务实推进GMS合作，与次区域国家之间的合作取得新的较大进展。

2009年，在大湄公河次区域合作框架下的云南—老北合作工作组、云南—泰北合作工作组、滇越5省市经济合作协商会、滇缅经贸论坛等合作机制运行良好。2009年6月，云南—老挝北部合作特别会议暨工作组第四次会议在云南西双版纳举办。2009年11月，云南省为老挝中央及北部9省培训规划编制和实施方面的厅级官员20名，取得良好效果。2009年9月，云南省与越南北部老街、河江、莱州和奠边4省举行联合工作组会议，一致同意将继续加强口岸及通关能力建设，提升通道开放水平，扶持各省企业以矿产、水电、能源为重点领域的开发与合作，支持开展旅游基础设施、构建跨境旅游线路的合作，对开展教育、培训、文体、医疗等领域合作给予鼓励。

继云南省2008年6月在昆明成功承办首届GMS经济走廊论坛之后，2009年6月在昆明举办“GMS经济走廊活动周”活动。论坛期间，GMS各国官员及企业负责人齐聚昆明，就提升GMS经济合作层次、加强经济走廊沿线省区地方政府和企业间的相互协作、促进经济走廊建设等问题交流讨论，并达成诸多共识。

【大通道建设】 公路通道建设。昆明通达缅甸、老挝和越南公路云南省境内段已全部建成高等级公路。2009年8月6日，蒙自至新街高速公路建成通车；9月1日，中越红河大桥建成试通车。至此，在河口—老街边境经济合作区内，中越双边已有3座大桥相连。

铁路通道建设。泛亚铁路东线昆玉铁路扩能改造、玉溪至蒙自段、蒙自至河口铁路正积极推进；中线玉溪至磨憨段约600千米正在做前期工作；西线昆明至广通复线、大理至瑞丽铁路340千米正积极推进建设。

湄公河航运。2009年9月，云南省代表团赴泰国参加中老缅泰澜沧江—湄公河商船通航协调联合委员会第八次会议。会议对澜沧江—湄公河港口收费和检查收费草案、成品油试运输、航道改善及航道航标维护和管理、建立上湄公河航行安全应急机制、加强国际航运管理、老挝电站建设对航运影响的协调问题等事宜进行深入细致的讨论及审议，主要议题达成共识。

便利运输合作。云南省政府出台“关于加快通关便利化的指导意见”，理顺口岸管理机制，口岸通关便利化得到显著改善。2009年3月，云南省相关部门组团开展昆曼公路贸易便利化考察活动。在有关部门的努力下，中、老、泰三方就如何推进便利化运输达成一系列共识。

【电信合作】 年内，大湄公河次区域信息高速公路项目中国电信云南跨境段第一阶段工程已完成，目前中国电信云南公司已与缅甸、老挝开通国际跨境电路，中国电信昆明区域国际局正式开通。2009年上半年，中老系统成功完成升级，双方合作顺利。

【金融合作】 2008年12月，国家正式同意云南与东盟国家的货物贸易进行人民币结算试点以来，云南省成立人民币跨境贸易结算工作领导小组，全面领导、组织、协调、推进人民币贸易结算试点工作。人行昆明中心支行就云南省与东盟国家货物人民币结算事宜代拟相关实施方案。

【贸易与投资合作】 全年云南与GMS国家贸易额为24.12亿美元，比上年增长8.9%。贸易额占云南省对外贸易总额的30.08%。其中，出口17.16亿美元，进口6.96亿美元。

老挝、缅甸、越南周边3国仍是云南省对外投资主要市场。在周边3国新设立企业50家，占新批企业总数的77%，协议投资4.19亿美元，占投资总额的84%，实际投资2.03亿美元，占投资总额的75%。其中，投资老挝市场份额最大，在老挝新设立企业34家，占总数的52.3%；协议投资2.36亿美元，占投资总额的47.3%；实际投资0.97亿美元，占投资总额的36%。缅甸位于第2位，在缅新设立企业10家，占总数的15.4%；协议投资1.8亿美元，占投资总额的36%；实际投资0.86亿美元，占投资总额的0.32%。

2009年1～7月，经核准的云南省对次区域国家投资设立的企业达31家，中方协议投资额2.38亿美元，投资领域为橡胶种植、矿产资源勘探开发、水电开发等。次区域国家对云南省合同投资2.51亿美元，投资领域主要为制造业、农业、电力、房地产、餐饮等。

【电力合作】 2009年，对越合作，通过两个电压等级、4个通道共6回线路累计对越送电电量为40.99亿千万时，累计电费收入2.09亿美元。对老合作，云南电网公司负责实施115千伏向老挝联网供电项目后，与老挝国家电力公司就联网项目建设模式、路径选择、电价水平等问题进行多轮协商，2009年9月16日与老挝国家电力公司在昆明签署该项目的购售电协议；115千伏中国勐腊—老挝那磨输变电项目于2009年12月6日成功投运，以向老挝北部的南塔及乌多姆赛两省供

电，截至2009年12月25日，对老挝累计送电量117万千万时，累计电费收入7万美元。对缅合作，自瑞丽江一级水电站2008年12月第一台机组向国内送电至2009年12月25日止，云南电网自缅甸瑞丽江电站累计购电15.75亿千万时，累计购电电费3.25亿港元。对泰合作，云南省正与泰国有关方面共同努力加快建设500KV输电线路，力争在“十一五”期末向泰国送电。

【农业开发合作】 2009年7月，中缅农业综合示范园合作项目正式启动实施。云南省农业厅与柬埔寨暹粒省农业厅共建农业科技示范园项目已基本完成。云南省农业厅与老挝乌都姆赛省农林厅共同建设农业科技示范园项目已于2009年6月通过省级验收。

缅甸密支那、腊戍跨境动物疫病防控监测站相继完成项目仪器设备及试剂的交接，完成仪器设备安装调试和人员的国内培训以及国外的技术指导工作；老挝丰沙里、波乔动物疫病防控监测站的土建部分由老方负责，在完成基础建设部分以后，将开展人员培训和实验室设备安装调试，中方已按期完成跨境动物疫病防控培训班和境外技术指导项目。

【旅游合作】 2009年，全省旅游部门派人参加“第二次GMS旅游部长会议”“2009世界生态旅游大会”等会议。借助“2009中国昆明国际文化旅游节”“云南—老挝北部合作工作组特别会议和第四次会议”“中越昆河经济走廊五省市旅游合作发展座谈会”等平台，积极深化与GMS国家旅游领域的交流、对话，凝聚共识，为进一步扩大和深化合作奠定坚实的基础。继续做好《金四角旅游区跨国旅游线路规划》和《香格里拉—腾冲—密支那旅游区跨国旅游线路规划》英文翻译稿的校对、修改，及时提交给湄公河旅游协调办（MTCO）和相关GMS国家征求修改意见等工作。完成《云南省参与GMS旅游合作资料汇编》初稿。

【矿业开发合作】 年内，成功举办中国昆明国际矿业合作论坛。由云南省地质矿产勘探开发局实施的“老挝万象省沙拉康地区铁矿风险勘查”和“老挝乌多姆赛拿沙旺—挡峨铜多金属矿风险地质勘查”项目工作进展顺利；老挝北部9省地质矿产图编制项目，中老双方达成一致意见，同意尽快推进该项目的立项、实施。老挝万象年产5万吨氯化钾项目自2008年12月正式开工以来，项目进展顺利，项目地“三通一平”工作已经完成。

【环境保护合作】 2009年，在国家环保部的指导下，实施亚行援助“大湄公河次区域生物多样性保护走廊建设云南（西双版纳和德钦）示范项目”“大湄公河次区域环境绩效评估项目”和“大湄公河次区域南北经济廊道战略环评项目”。其中，由亚行援助的“大湄公河次区域生物多样性保护走廊建设云南（西双版纳和德钦）示范项目”一期工作已经接近尾声。“大湄公河次区域南北经济廊道战略环评项目”“大湄公河次区域环境绩效评估研究项目”进展顺利，完成项目工作任务。

【科技合作】 2009年，为推动“大湄公河次区域农业科技交流合作组”机制下云南省与GMS各国的农业科技合作与交流，省科技厅立项支持“大湄公河次区域——热带水果良种引进及示范推广”和“云南两系杂交稻、麦新品种及技术在东南亚及南亚国家的推广应用”项目。2009年7月在昆成功举办建筑太阳能系统技术与产品应用国际培训班，东盟9国（除文莱外）政府、大学、科研院所、企业各界共计26名学员参加培训。

【卫生合作】 构建云南省与GMS国家传染性疾病防控疫情防治监测网络服务体系进展顺利。中澳艾滋病亚洲区域项目于2008年11月正式启动，进展顺利；云南省选派4名优秀医生长驻老挝友谊医院，为其提供无偿技术援助。

【人力资源开发合作】 年内，与GMS国家在商务、公安、科技、农业等领域的人力资源开发合作形式多样，注重实用性人才开发的长效机制。引导各高校与周边国家建立广泛的联系和交往，不断扩大招收留学生规模，2009年，云南省的GMS国家留学生已达3 700人。云南省在周边国家建立汉语中心的数量达到30个。

【罂粟替代种植合作】 至2009年末，全省有近200家企业在缅北、老北地区开展替代种植工作，累计投资13.34亿元人民币，开展替代项目231个，累计新增替代种植面积达219.2万亩。其中缅北118.02万亩，老北101.18万亩。主要种植品种有橡胶、甘蔗、水稻、玉米、木薯和热带水果等41个品种。

【水文报汛合作】 按照相关协议，云南省于2009年6月15日开始每日向湄公河委员会报送水情，至10月15日结束，圆满完成2009年对湄委会的报汛任务，为下游国家的防洪减灾作出贡献。2009年5月，湄委会第七届洪水论坛在曼谷举办，云南省水利部门派代表参加中国水利部组织的代表团出席论坛，就湄公河洪水监测、预警预报、跨界（境）洪水的管理等许多方面与其他国家代表进行了学术讨论和交流。

【重要活动】 2009年1月，由云南省发展和改革委员会承办的中国援助“老挝人民民主共和国北部产业经济发展及合作规划”在老挝万象正式移交老方。3月，云南省相关部门组团开展昆曼公路贸易便利化考察活动。6月，云南—老挝北部合作特别会议暨工作组第四次会议在云南西双版纳举办。同月，在昆明举办“GMS经济走廊活动周”活动和云南省东南亚南亚经贸合作发展联合会成立大会。8月，省发展和改革委员会组团前往泰国工业园区，并签订双方机构合作战略协议。9月，云南省与越南北部老街、河江、莱州和奠边4省在越南河内举行联合工作组会议。同月，云南省代表团赴泰国参加中老缅泰澜沧江—湄公河商船通航协调联合委员会第八次会议。

（省发改委澜湄办）

中国（云南）—南亚区域合作

【概述】 2009年，随着国家南向战略的实施，云南省与南亚国家合作交流进一步发展。云南省高层领导多次出访，为云南与南亚区域的经贸、旅游、文化教育等部门创造了良好的合作环境，对大步推进云南与南亚的合作发挥重要促进作用。继2008年11月，秦光荣省长率云南省政府代表团出访印度后，2009年7月23～24日，顾朝曦副省长率中国代表团参加在缅甸首都内比都召开的孟中印缅（BCIM）地区经济合作论坛第八次会议。8月4～6日，高峰副省长率云南省政府教育旅游代表团出访印度，与印度有关方面进行了实质性对接。民间机构、社会团体及企业互访交流也在增多。4月，云南省组织一批省内企业参加在印度新德里举办的“第四届（2009年）印中合作论坛暨企业投资贸易洽谈会”；在11月19日举办的中国国际旅游交易会上，云南省中印合作促进会与来访的30多位印度、尼泊尔旅游业人士就如何开展适宜南亚人旅游的云南旅游产品进行深入的洽谈与交流；11月20日，印度国家旅游局驻北京办事处在昆明邦克饭店举办的印度之夜，把云南与印度的交流活动推向高潮。12月，由云南学术界组成的南亚考察调研组到尼泊尔进行为期一周的考察。云南连接南亚通道建设取得进展。2009年又开通昆明—加德满都的空中直航。云南与南亚各国交流的增多，促进了贸易发展。2009年1～11月，云南与南亚国家的贸易实现5.2亿美元。云南与印度的进出口贸易额虽然比上年同期减少20.5%，但在2009年的1～9月的云南十大贸易伙伴排位中，与印度的进出口总额仍然实现3.2亿元，位列第三位。云南省东南亚南亚经贸合作发展联合会的成立，提升了双方经贸合作水平和层次。

【南亚区域国家简介】 *印度*：2009年，在全球金融危机的背景下，为应对印度经济增速出现的持续下滑，继2008年12月7日印度政府推出第一套刺激经济的方案后，1月2日至2月24日，印度又分别出台二、三套经济方案。这一系列经济刺激方案的推出，终于使印度的经济总体形势在2009年开始出现恢复性的增长，成为世界经济实体中增长最快的国家之一。2009年1～8月累计，印度国内生产总值初步数据为25.28亿卢比，增长5.9%。在经济持续发展的同时，印度新政府也更注重农村地区的发展，将新财政预算拨款大幅偏向农村。2009/2010年度，印度新的财政预算将大幅提升用于发展农村地区的资金拨付比例，比上一年度预算增加144%的支出，一共拨付3 910亿卢比用于实施2005年印度议会制定的“国

2009年1～10月云南省与南亚分国别贸易总值表

金额单位：万美元

国家（地区）	进出口	比重%	出口	进口	贸易差额	比上年增长（%）		
						进出口	出口	进口
全省总计	588 192	100.0	328 738	259 454	69 284	−30.9	−23.5	−38.4
南亚合计	45 635	7.8	32 212	13 423	18 789	−41.9	−43.8	−36.8
印　度	34 599	5.9	21 277	13 322	7 955	−26.0	−17.2	−36.8
孟加拉国	9 816	1.7	9 720	96	9 624	−54.7	−54.9	−26.2
巴基斯坦	426	0.1	423	3	420	−93.9	−93.9	
斯里兰卡	732	0.12	730	2	728	−76.6	−76.7	
尼泊尔								
不　丹								
马尔代夫								

家农村就业保障计划（NREGA）"，主要支持115个试点地区及其相关的附属计划。其中最重要的计划是被称为印度"村村通"工程的"巴拉特·尼尔曼计划"，包括农村路网建设、饮用水开发和农村卫生条件改善等内容。

巴基斯坦：2009年，受政局动荡不安、安全形势恶化、电力供应严重不足、通货膨胀居高不下、政府执政能力不强及国际金融危机不断向实体经济蔓延等因素的影响，巴基斯坦经济遭受重创。进入2008/2009年度，巴基斯坦的经济发展形势更为严峻。2008/2009年度，巴GDP增长率仅为2.0%，未能达到4.5%的预期目标，也低于上一年度的4.1%，创1996/1997年度以来的最低纪录。农业情况相对较好，增长率达4.7%（预定目标为3.5%）。

为解决稳定宏观经济、缓解贫困、削减财政赤字和振兴对外部门这4个重点问题，巴政府在IMF的帮助下制定了一系列的政策和措施。巴政府还出台"2009年新石油政策"，通过简化审批程序、改善投资环境，吸引更多的国内外投资者参与境内油气资源的开发。

孟加拉国：2009年，孟加拉国新政府上台执政后，为加快经济发展，开始实行积极的货币政策，确保更多的货币流向潜在生产部门，促进包括农业和中小企业在内的本地投资，并维持侨汇收入的持续增加，以使国家尽快摆脱国际金融危机的阴影。2008/2009年度，孟加拉国的GDP增长虽然比上一年度的6.2%略有下降，但还是达到5.9%，出口也保持两位数的增长速度。2008/2009年度出口额达155.65亿美元，比上一年增长10.31%。虽然这个增长率比2007/2008年度的17.32%和2006/2007年度的15.76%有所降低，但还是保持两位数的较高增长。只是同期的进口增长速度出现明显下降，从2007/2008年度的26.7%跌到2008/2009年度的4.06%，进口总额达到225.07亿美元。2008/2009年度孟加拉国财政收入6 876亿塔卡，同比增长15.25%；财政支出9 072亿塔卡，同比增长10.76%。2 196亿塔卡的财政赤字也比上一年度略有减少。

斯里兰卡：2009年，斯里兰卡内战结束，为斯里兰卡的经济发展带来和平的环境。3月18日，斯里兰卡统计局正式公布2008年的实际经济增长率为6%，GDP总额为4.41万亿卢比，人均GDP达到2 014美元，高于2007年水平。2009年1～6月，经济增长下降到1.8%，三次产业仅分别增长3.7%、2.4%和1.1%。经济衰退引起的国内外需求总量不足还导致公共和私人投资的减少。2009年斯里兰卡投资占GDP的比重预计会从2008年的27.5%下降到的25.6%。虽然斯里兰卡经济增长的下降幅度较大，但与世界上很多国家出现的负增长相比，饱受战火纷扰的斯里兰卡经济能有这样的表现还是值得关注的。随着全球经济的复苏、国内经济的振兴、北部的收复和东部的发展，斯里兰卡经济势必还会有一个较大幅度的增长机遇。预计全年增长水平会达到3.5%左右。

尼泊尔：2008/2009年度尼泊尔保持4.7%的GDP增长率，仅低于上年度0.6个百分点（2007/2008年度为5.3%）。由于受到气候异常影响而减产，农业在2008/2009年度仅增长2.1%，比上年减少2.6个百分点；而工业、交通运输业、贸易等产业的生产又经常遭受罢工影响，电力、煤气和供水公共业仅增长1.1%。只有旅游业的发展较为正常，在2008/2009年度的前8个月（2008年7月中旬至2009年3月中旬），实现旅游外汇收入约168亿尼卢比，预计全年旅游业收入会超过上一年度，达到186亿尼卢比。2009年7月13日，尼泊尔财政部长潘迪公布2009/2010年度的财政预算案。预算案明确把增加农业投入特别是对增加灌溉设施的投入放在重要地位，同时还提出要大大增加修建公路投资，提高公路等级，改善住房条件，发展水电和增加乡村供电量，从而使众多涉及改善民生的项目成为2009/2010年度预算案的特点。

不丹：2009年9月，不丹经济事务部正式向国民幸福总值委员会提交经济发展政策文件（EDP），拟推行一系列旨在促进经济改革和发展的政策。

不丹的经济发展呈现出下滑势头，GDP增长率从2007/2008年度的21.4%下降到2008/2009年度的8.1%。2009年上半年，不丹的塔拉、克瑞楚、楚卡和Basochu 4个水电站的产能下降57.6%。水电出口产值比上年同期下降62.3%。同时作为不丹经济发展中第二大支柱的旅游业，也受到世界金融危机的严重影响，不仅游客人数大为减少，产值也不断下降。

马尔代夫：2009年，马尔代夫的实际GDP约为104.77亿拉菲亚，较上年的109.03亿拉菲亚下降1.3%。其中，第一产业产值7.805亿拉菲亚，增长0.7个百分点；第二产业产值17.47亿拉菲亚，下降1.2个百分点；第三产业产值83.45亿拉菲亚，增长0.4个百分点。在经济增长有所下滑的同时，马尔代夫2009年的总收入却上涨33%，使赤字总数有所降低，从2008年的20.31亿拉菲亚降至2009年的12.6亿拉菲亚，在GDP中的比重从12.6%降为7.4%。

阿富汗：2008/2009财年GDP增长率急剧下滑，只达3.4%。而连年干旱对种植业的冲击也造成阿富汗经济增速的下降。阿富汗政府由此力图通过培育和建设一个强势的、以私营企业为导向的市场经济体系，来实现减贫和经济的可持续发展。2008年底，阿富汗政府还决定在亚洲发展银行给予3 000万美元赠款援助的基础上，再追加100万美元，用于养殖业和农业领域的发展，以扩大替代种植的成果。此外，阿富汗还准备兴建5个屠宰场和众多的干果加工、储藏、冷冻等小型设施。

【印度之夜】 11月20日，印度国家旅游局驻北京办事处在昆明邦克饭店举行“印度之夜”的新闻发布会和旅游推介会，把云南与印度的交流活动推向高潮。印度政府旅游局北京办事处部长施瓦布·萨马德代表印度国家旅游局，盛情邀请中国嘉宾前往印度旅游观光。

【第四届中国—南亚商务论坛】 6月5日，以“金融危机下的中国—南亚经贸合作”为主题的第四届中国—南亚商务论坛在昆明开幕，中国—南亚商务论坛秘书处和中国—南亚商务理事会中方秘书处同时举行揭牌仪式，确定昆明作为固定的办公地点。省委副书记、省长秦光荣出席开幕式并致辞。为期3天的论坛对“建立中国—南亚长效合作机制”，“新兴市场的拓展”，“促进中国—南亚服务贸易发展”等议题展开广泛的讨论，还以商会对话、商务洽谈和参观昆明进出口商品交易会的形式，进一步促进合作与交流。论坛得到南盟商界的积极响应和参与，印度、巴基斯坦、马尔代夫、不丹等南盟8国均有代表团参加。此外还有来自南亚8国的工商界代表、省外贸促进机构、企业家代表、省内代表等300余人出席。

【南亚7国经贸推介会】 2009年6月7日，由云南省商务厅主办的南亚7国经贸推介会在昆明举行。参加推介会的有来自阿富汗、印度、马尔代夫、尼泊尔、巴基斯坦、斯里兰卡和孟加拉国等南亚7个国家的工商界代表、政府官员以及驻华使节。中国方面与会者包括云南省各行业企业家、政府相关部门、学术界和新闻媒体。经贸推介会的目的在于使云南的企业家了解南亚国家的商贸投资政策、投资环境，解答投资疑问，增进云南工商界与南亚国家工商企业界的交流合作，促进云南与南亚国家的经贸发展。此次推介会给云南工商企业界提供了大量及时的南亚国家商务信息。推介会分为两个专场举行，即南亚5国（印度、巴基斯坦、孟加拉国、阿富汗、马尔代夫）经贸推介会和孟加拉国、斯里兰卡经贸推介会。

2009年南亚商品展 （省社科院南亚所 提供）

【顾朝曦副省长率团到缅参会】 7月23～24日，顾朝曦副省长率中国代表团一行25人参加在缅甸首都内比都召开的孟中印缅（BCIM）地区经济合作论坛第八次会议。主题是：“加强合作，向前发展”。围绕这一主题，各国参会代表就“进一步推进BCIM合作机制”“加强文化与教育合作”“推进次区域旅游合作”“鼓励企业参与地区合作”“加强BCIM地区的交通连接”“地区贸易便利化”等议题进行讨论。最后会议通过《内比都声明》，各国代表团团长共同签署这一文件。

【高峰副省长率团访问斯里兰卡】 7月30日至8月4日，云南省副省长高峰率团访问斯里兰卡。期间，高峰副省长分别会见斯里兰卡总理维克拉马纳亚克、外长波格拉加马、总统高级顾问巴希尔、农业部长西里塞纳、出口发展和国际贸易部长佩雷斯等政要以及佛教高僧，并赴康提、波隆纳鲁瓦考察，参观凯拉尼亚大学孔子学院。由云南电力、电信、烟草、商贸等多家国有企业和优秀民企负责人组成的经贸团成员还与斯企业界举行经贸洽谈会。在会见斯方政要和各界人士时，高峰副省长高度评价中斯传统友好关系以及云南省与斯里兰卡在各领域的务实交流与合作，表示云南省作为与斯里兰卡距离最近的中国省份之一，愿在平等互惠的基础上进一步加强与斯里兰卡在经贸、旅游、航空、教育、佛教等各领域的友好合作，密切人员往来，为推动两国关系发展作出贡献。斯方感谢中国政府长期以来向斯提供的大量无私援助，欢迎云南省企业来斯投资创业，积极参与斯战后重建。

【高峰副省长率团出访印度】 8月4～6日，高峰副省长率云南省政府教育旅游代表团出访印度，与印度有关方面进行实质性对接。5日，省教育厅在加尔各答举办云南省教育展暨论坛开幕式，高峰和西孟邦高教部长雷乔杜里出席，省教育厅长罗崇敏和西孟邦高教部长先后致辞。教育展在加尔各答为期两天，云南大学、昆明理工大学、云南师范大学、昆明医学院等18所云南高校及语言学校参展。各校分设展台，向印度学生介绍本校面向外国留学生的学科和课程设置、奖学金和当地生活等情况，受到热烈欢迎。开幕式上举行签字仪式，云南大学等高校与西孟邦泰戈尔大学等签署6份教育合作备忘录。开幕式前，高峰与西孟邦高教部长进行会晤，双方就中印两国高等教育体制和发展，以及云南和西孟邦高校间开展交流与合作交换了意见。

【昆明—加德满都的空中直航】 9月20日，东航正式开通昆明直飞尼泊尔首都加德满都的国际航线。

此条航线是东航继达卡、加尔各答之后开辟的云南通往南亚区域的第三条空中航路。该航线初期计划每周二、五、日各1班，航班号为MU757/8，昆明22：20分起飞，空中飞行时间2小时35分左右，空中飞行距离1 037千米，采用波音737飞机执飞。加德满都当地时间23：45起飞返回昆明。航线的开通将进一步完善东航云南分公司在东南亚、南亚的航线网络，将进一步增进中尼两国、云南省与加德满都两地人民的传统友谊，促进云南与南亚各国的进一步合作。

【中国—南亚商务信息网在云南正式开通】 12月21日，中国—南亚商务信息网在云南省安宁市正式开通运行。该网站由中国—南亚商务理事会主办建设，是面对整个中国—南亚商务行业的公共电子商务信息平台。网站的建立将对中国—南亚建立长效工作机制具有重要意义，是发展区域经济合作的积极探索，将在双方今后的贸易合作中发挥积极的作用。

【印度大学代表团访问云南】 12月17日，由副校长卡鲁纳辛杜·达斯（Karunasindhu Das）教授带队的印度罗宾德拉·婆罗多大学（Rabindra Bharati University）代表团一行5人到访云南大学并与云南相关学者进行座谈。

（俞文岚）

国内贸易

【概述】 2009年，全省社会消费品零售总额完成2 051.1亿元，同比增长19.3%，首次突破2 000亿元大关，成为全省经济工作和商务工作的亮点，为“保增长、保民生、保稳定”做出突出的贡献。内贸流通工作以农村市场流通体系建设、餐饮业发展和市场监测为重点，全面推进市场流通工作，深入落实省政府农村市场体系建设现场会会议精神，以惠农工程为抓手，努力健全农村流通网络，促进城乡居民消费、市场体系建设。

【餐饮业】 在《云南省人民政府关于促进餐饮业发展的意见》的指导下，积极筹措和安排2 000万元专项资金加大扶持力度，打造滇菜品牌，开展滇菜进京等工作，推进餐饮业的品牌化、特色化、规范化、规模化。全年餐饮业营业总额达283.3亿元，增长28.4%，占社会消费品零售总额的13.8%。

【市场监测调控】 市场监测样本企业增加到527家，企业的地域、行业、商品等结构明显改善，监测质量明显提高。

【乡镇农贸市场】 积极推进“双百市场工程”。全年建设改造乡镇农（集）贸市场100个，启动“双百市场工程”项目6个，带动投资总额13.3亿元，这些农（集）贸市场年交易额达30亿元以上，解决了农村3.5万人就业。

【家电下乡活动】 全年销售家电下乡产品63.4万台，总销售金额达10.6亿元，兑现给农民补贴1.2亿元。销售量在全国同批次的省份中名列第8位，在同批次的西部省份中名列第1位。

【万村千乡市场工程】 2009年，新建及改造农家店3 500个，配送中心50个。乡、村覆盖率分别为90%和60%，分别超过全国平均水平15和10个百分点。农家店带动投资4.6亿元，实现销售额64亿元，带动社会就业人数5万多人，受惠农民达到2 000多万人。

对外贸易

【概述】 2009年云南省对外贸易进出口总额80.2亿美元，同比下降16.5%。其中，出口45.1亿美元，下降9.7%；进口35.1亿美元，下降23.8%。出口降幅比全国少6.3个百分点。对东盟出口比上年增长7.1%，边境贸易出口增长23.6%，在周边市场份额提高，外贸降幅由年初的57.4%逐月收窄到12月份的16.5%，12月进出口额12.7亿美元，创造了单月历史新纪录。

【牛肝菌尼古丁含量谈判】 11月3～14日，由云南省商务厅牵头，云南出入境检验检疫局、云南省财政厅及云南牛肝菌出口协会组成的工作组前往德国、意大利进行牛肝菌中尼古丁含量的限量谈判。

2009年云南进出口贸易方式表

金额单位：万美元

项　目	2009年	2008年	同比增长（%）	比重（%）
进出口：一般贸易	648 360	787 882	−17.7	80.9
加工贸易	27 424	52 186	−47.4	3.4
边境小额贸易	126 128	119 819	5.3	15.7
出　口：一般贸易	366 204	405 815	−9.8	81.1
加工贸易	14 456	37 101	−61.0	3.2
边境小额贸易	70 742	57 223	23.6	15.7
进　口：一般贸易	282 156	382 068	−26.2	80.5
加工贸易	12 968	15 085	−14.0	3.7
边境小额贸易	55 386	62 596	−11.5	15.8

2009年云南省出口商品结构表

金额单位：万美元

名　称	金　额	上年同期	增减绝对值	增减%	比重%
农产品	97 192	79 912	17 280	21.6	21.5
磷化工	77 064	157 532	−80 468	−51.1	17.1
机电产品	90 269	97 956	−7 687	−7.8	20.0
有色金属	32 790	43 130	−10 340	−24.0	7.3
纺织品及服装	30 623	18 604	12 019	64.6	6.8
电　力	20 681	14 958	5 723	38.3	4.6
其　他	102 783	88 047	14 736	16.7	22.8
全省总值累计	451 402	500 139	−48 737	−9.7	100.0

2009年云南省进口商品结构表

金额单位：万美元

名　称	金　额	上年同期	增减绝对值	增减%	比重%
金属原材料	153 349	203 760	−50 411	−24.7	43.8
机电产品	77 649	67 763	9 886	14.6	22.2
农产品	41 754	28 238	13 516	47.9	11.9
非金属原材料	15 212	105 500	−90 288	−85.6	4.3
木　材	16 416	16 195	221	1.4	4.7
其　他	46 130	38 293	7 837	20.5	13.2

2009年云南与170多个国家或地区开展贸易统计表

单位：美元

全省合计项目	出口			进口		
	本年累计	上年同期	较同期增减%	本年累计	上年同期	较同期增减%
	4 514 018 127	5 001 385 848	-9.7	3 505 103 235	4 597 487 780	-23.8
合计中：东　盟	2 099 171 312	1 959 254 679	7.1	1 052 116 667	809 109 544	30.0
（比重%）	47	39		30	18	
欧　盟	502 928 210	611 209 380	-17.7	622 637 567	531 814 357	17.1
（比重%）	11	12		18	12	
合计中：亚　洲	3 408 313 925	3 639 484 559	-6.4	1 466 145 469	1 974 627 853	-25.8
（比重%）	76	73		42	43	
非　洲	121 324 425	91 786 247	32.2	166 669 572	221 925 674	-24.9
（比重%）	3	2		5	5	
欧　洲	528 803 568	640 251 371	-17.4	679 197 821	554 195 464	22.6
（比重%）	12	13		19	12	
拉丁美洲	128 627 118	284 563 356	-54.8	473 040 191	895 101 077	-47.2
（比重%）	3	6		13	19	
北美洲	259 407 961	252 813 099	2.6	248 974 312	570 418 617	-56.4
（比重%）	6	5		7	12	
大洋洲	67 541 130	92 487 216	-27.0	471 075 870	381 219 095	23.6
（比重%）	1	2		13	8	
合计中：南　亚	394 927 897	667 430 912	-40.8	145 779 373	235 374 573	-38.1
阿富汗				18 465		
巴　林	3 892 330	525 573	640.6	694 503		
孟加拉国	143 723 616	217 305 439	-33.9	1 179 617	1 442 278	-18.2
不　丹	455					
文　莱	254 461	128 770	97.6			
缅　甸	775 059 250	728 270 570	6.4	452 269 118	463 175 686	-2.4
柬埔寨	2 932 824	16 844 428	-82.6	740 815		
塞浦路斯	232 185	67 896	242.0			
朝　鲜	1 103 087	3 427 480	-67.8			
香　港	318 336 979	282 423 838	12.7	3 539 182	9 945 631	-64.4
印　度	234 709 127	348 285 919	-32.6	144 546 563	233 497 900	-38.1
印度尼西亚	144 507 271	158 416 401	-8.8	200 163 705	65 496 652	205.6
伊　朗	51 765 496	82 072 404	-36.9	54 211 993	179 156 351	-69.7
伊拉克	496 515	277 665	78.8		7 866 821	-100.0
以色列	7 375 911	3 703 039	99.2	9 416 710	8 891 916	5.9
日　本	199 019 776	366 882 370	-45.8	70 590 703	96 758 007	-27.0
约　旦	1 440 053	1 471 930	-2.2		115	-100.0
科威特	996 635	736 066	35.4	3 839 312	37 744 193	-89.8
老　挝	74 340 849	57 012 287	30.4	80 667 692	53 321 334	51.3

续表

全省合计项目	出口			进口		
	本年累计	上年同期	较同期增减%	本年累计	上年同期	较同期增减%
黎巴嫩	2 174 202	3 059 055	-28.9	516		
澳　门	8 147 721	5 015 989	62.4			
马来西亚	115 011 403	81 922 805	40.4	105 556 081	32 850 648	221.3
马尔代夫	663 670	870	76 183.9			
蒙　古	9 797 400	456 897	20 44.3			
尼泊尔	44 860	3 261	1 275.7	3 499	434 395	-99.2
阿　曼	2 992 325	254 254	1 076.9		14 787 516	-100.0
巴基斯坦	7 673 642	70 222 082	-89.1	29 027		
巴勒斯坦	57 200					
菲律宾	43 611 073	42 006 810	3.8	15 243 408	4 340 149	251.2
卡塔尔	665 516	235 790	182.2	11 116 128	68 948 972	-83.9
沙特阿拉伯	13 969 218	13 825 950	1.0	40 831 161	221 542 578	-81.6
新加坡	79 476 613	149 946 484	-47.0	35 590 076	17 849 726	99.4
韩　国	88 839 222	111 766 473	-20.5	14 151 933	14 330 361	-1.2
斯里兰卡	8 112 527	31 613 341	-74.3	20 667		
叙利亚	2 291 492	2 643 612	-13.3			
泰　国	202 654 033	230 371 195	-12.0	33 203 871	21 127 310	57.2
土耳其	7 555 809	17 161 227	-56.0	5 549 009	48 312 063	-88.5
阿拉伯联合酋长国	43 255 765	20 543 154	110.6	10 334 038	161 962 918	-93.6
也门共和国	857 063	940 367	-8.9			
越　南	661 323 535	494 334 929	33.8	128 681 901	150 948 039	-14.8
台　湾	92 289 850	84 884 204	8.7	19 438 167	38 865 868	-50.0
哈萨克斯坦	17 406 833	9 851 399	76.7	21 458 658	17 888 472	20.0
吉尔吉斯	29 630 869	492 861	5912.0			
塔吉克斯坦	9 136 596	50 325	18 055.2			
土库曼斯坦	269 164					
乌兹别克斯坦	219 504	29 150	653.0			
阿尔及利亚	3 106 422	1 885 566	64.7			
安哥拉	1 527 949	86 989	1 656.5			
贝　宁	8 168 515	4 487 864	82			
博茨瓦那	84 401	20 000	322			
喀麦隆	304 663	1 040 181	-70.7			
中　非	148 378	92 460	60.5			
乍　得	278 277	91 884	202.9			
刚　果	583 291	197 937	194.7	9 962 646	92 188 255	-89.2
吉布提	1 958 781	312 990	525.8			
埃　及	26 004 890	20 798 894	25	40		
赤道几内亚	3 560 978	44 650	7 875.3			
埃塞俄比亚	55 689	773 606	-92.8	527		

续表

全省合计项目	出口			进口		
	本年累计	上年同期	较同期增减%	本年累计	上年同期	较同期增减%
加　蓬	193 074	29 028	565.1	1 062 929		
冈比亚	3 739 301	8 715044	−57.1			
加　纳	9 837 390	1 270 345	674.4			
几内亚	2 144 192	2 206 732	−2.8		19 859	−100
几内亚（比绍）	114 550					
科特迪瓦(象牙海岸)	1 554 000	1 017 543	52.7			
肯尼亚	1 561 728	9 791 209	−84	150 854	494 368	−69.5
利比里亚	510 151	43 485	1 073.2			
利比亚	1 682 471	224 107	650.7			
马达加斯加	321 941	60 020	436.4			
马拉维	380 354	144 325	163.5			
马　里	41 272					
毛里塔尼亚	134 919			29 757 314	16 501 206	80.3
毛里求斯	5 016 678	4 476 936	12.1			
摩洛哥	6 783 095	2 861 572	137	1 446 949	540 908	167.5
莫桑比克	294 631	11 000	2 578.5			
纳米比亚	3 166 511	842 490	275.9		2 429	−100
尼日尔	16 800					
尼日利亚	8 451 230	2 985 024	183.1		180 094	−100
留尼汪	23 575	11 852	98.9			
卢旺达	4 935					
塞内加尔	1 022 923					
塞舌尔	110 032					
塞拉利昂	57 852	104 673	−44.7			
索马里	61 101					
南非（阿扎尼亚）	14 307 953	10 745 653	33.2	71 328 476	23 278 352	206.4
苏　丹	3 531 757	3 722 596	−5.1		360 234	−100
坦桑尼亚	1 395 989	1 512 743	−7.7	14 776 769	70 190 752	−78.9
多　哥	7 198 607	9 561 751	−24.7			
突尼斯	203 974	581 914	−64.9	91 349	10 033	810.5
乌干达	643 490	693 027	−7.1	1 192	561 595	−99.8
布基纳法索	328					
扎伊尔	469 066			37 999 288	5 309 277	615.7
赞比亚	469 622	340 157	38.1	29 724	12 158 522	−99.8
津巴布韦	85 177			61 515	129 790	−52.6
梅利利亚	9 360					
非洲其他国家(地区)	2 162					
比利时	98 193 187	82 404 373	19.2	7 420 229	4 532 749	63.7
丹　麦	3 357 955	3 331 294	0.8	827 460	3 595 166	−77

续表

全省合计项目	出口			进口		
	本年累计	上年同期	较同期增减%	本年累计	上年同期	较同期增减%
英　国	37 898 164	27 568 036	37.5	10 496 421	27 806 200	−62.3
德　国	109 236 533	144 856 917	−24.6	225 052 148	196 799 060	14.4
法　国	42 159 333	30 919 382	36.4	29 128 338	10 942 313	166.2
爱尔兰	1 066 276	2 509 466	−57.5	3 263 817	890 480	266.5
意大利	69 612 292	115 471 715	−39.7	83 771 224	65 922 759	27.1
卢森堡	11 978					
荷　兰	60 015 163	128 588 351	−53.3	36 249 853	26 827 746	35.1
希　腊	3 485 778	4 335 009	−19.6		14 467	−100
葡萄牙	6 423 923	5 916 442	8.6	64 916	10 434	522.2
西班牙	54 445 267	39 600 377	37.5	47 855 825	11 273 271	324.5
阿尔巴尼亚				7 363 441		
奥地利	226 828	86 182	163.2	155 448 510	139 355 518	11.5
保加利亚	858 144	1 111 696	−22.8	2 748 878	420 370	553.9
芬　兰	1 036 159	1 934 063	−46.4	759 317	3 255 563	−76.7
匈牙利	333 407	574 134	−41.9	87 086	45 322	92.1
冰　岛	5 981	10 288	−41.9	114 394		
列支敦士登				60 513	91 098	−33.6
马耳他	4 443 483	103 980	4173.4			
摩纳哥	5 314					
挪　威	611 627	443 475	37.9	2 769 604	1 132 025	144.7
波　兰	7 099 568	10 222 936	−30.6	3 262 309	16 601 949	−80.3
罗马尼亚	1 750 543	2 389 373	−26.7	1 182 504	355 683	232.5
瑞　典	2 077 414	1 694 501	22.6	12 493 432	14 965 319	−16.5
瑞　士	1 801 511	984 455	83	21 198 633	7 470 699	183.8
爱沙尼亚	170 786	207 419	−17.7			
拉脱维亚	106 464	386 381	−72.4	15 732	67 705	−76.8
立陶宛	291 376	762 497	−61.8			
格鲁吉亚	119 407					
亚美尼亚		3 606	−100.0	10 746 597	411	2 614 643.8
阿塞拜疆	24 855	3 290	655.5			
白俄罗斯	5 386					
摩尔多瓦	872 591					
俄罗斯联邦	12 664 078	18 647 116	−32.1	9 945 690	12 393 990	−19.8
乌克兰	6 603 686	4 692 841	40.7	430 000	1 395	30 724.4
斯洛文尼亚共和国	517 052	710 578	−27.2	25 446	8 133	212.9
克罗地亚共和国	528 439	526 647	0.3		3 943	−100.0
捷　克	486 114	8 917 763	−94.5	6 415 488	6 307 694	1.7
斯洛伐克	1 525	39 688	−96.2	16	2 592 509	−100.0
阿根廷	9 040 443	16 720 510	−45.9	626 544	1 873 364	−66.6

续表

全省合计项目	出 口			进 口		
	本年累计	上年同期	较同期增减%	本年累计	上年同期	较同期增减%
巴哈马	370 141					
伯利兹	132 920					
玻利维亚	17 500			25 407 297	10 708 516	137.3
巴　西	49 207 696	203 367 784	−75.8	73 764 815	193 930 396	−62.0
智　利	4 405 436	12 712 278	−65.3	81 577 406	321 017 729	−74.6
哥伦比亚	3 466 955	7 858 452	−55.9	24 616	55 047	−55.3
哥斯达黎加	183 777	607 358	−69.7	2 997	1 777	68.7
古　巴	183 962	467 359	−60.6			
库腊索岛		73 905	−100.0			
多米尼加共和国	294 298	93 294	215.5			
厄瓜多尔	667 604	526 766	26.7	3 229	377	756.5
危地马拉	772 054	589 317	31.0	69 126	2 520 382	−97.3
圭亚那	15 975					
海　地	37 980	28 529	33.1			
洪都拉斯	17 493	13 588	28.7			
牙买加	88 337	64 936	36.0	6 861 708		
墨西哥	33 541 728	30 944 955	8.4	67 381 718	88 268 094	−23.7
尼加拉瓜	22 572	551 223	−95.9			
巴拿马	13 772 546	2 614 824	426.7			
巴拉圭	87 239	82 870	5.3			
秘　鲁	2 712 538	3 680 837	−26.3	216 871 724	275 882 552	−21.4
波多黎各	345 626	84 864	307.3		12 653	−100.0
圣卢西亚	14 290					
圣文森特和格林纳丁	5 002 700					
萨尔瓦多	334 323	40 620	723.1			
苏里南	124 457	59 695	108.5			
特立尼达和多巴哥	160 596	85 747	87.3			
乌拉圭	1 199 093	404 079	196.7	449 011	830 190	−45.9
委内瑞拉	2 331 312	2 889 566	−19.3			
加拿大	23 399 998	23 406 775		54 131 157	367 269 213	−85.3
美　国	234 021 963	228 334 739	2.5	194 843 155	203 149 404	−4.1
百慕大	1986000	1 071 585	85.3			
澳大利亚	61 979 921	86 851 753	−28.6	470 049 576	355 015 325	32.4
斐　济	157 927					
新喀里多尼亚	29 510	124 420	−76.3			
新西兰	3 562 543	3 581 316	−0.5	1 026 294	1 167 355	−12.1
巴布亚新几内亚	1 747 251	1 753 927	−0.4		25 036 415	−100
所罗门群岛	45 900					
萨摩亚		175 800	−100.0			

对外经济技术合作

【概述】 2009年，全省对外承包工程、劳务合作、设计咨询完成营业额7.4亿美元，同比增长18.9%，居全国第16位。云南省成立财政、施工企业和银行共同投资的第一家专业海外投资公司—云南海外投资公司。当年，外经工作充分发挥沿边优势，改变了过去完全依靠本省外经企业的思路，积极发挥通道优势，吸引了中电投、中有色、大唐、华能等一批中央企业和省外大企业落户云南，成为云南省外经新的增长点，全省对外投资有近30%的业绩来源于中央企业和省外大企业。形成本省外经企业、中央企业和省外企业优势互补、共同推动全省外经工作发展的良好局面。即使在新的历史条件下，老外经企业仍是全省外经队伍的主力军，水电十四局、云南建工集团、云南阳光道桥、云南联合外经4家企业完成营业额5.31亿美元，占全省的72%。

【外经市场】 2009年，亚洲仍是云南省外经的主要市场，亚洲地区新增合同额86 892万美元，占全省合同额94%。1～12月亚洲地区完成营业额4.26亿美元，占全省完成营业额57%，完成营业额前3位的国家分别为是缅甸、老挝、越南，3国完成营业额占全省完成营业额52%。房建、电力和基础设施建设仍是全省对外承包工程的主要领域。全年全省在电力行业新增合同额3.16亿美元，同比增6.58%，占全省合同总额的34.21%，完成营业额2.32亿美元，同比增9.02%，占全省营业额31%。房屋

2009年工程承包统计表

单位：万美元、

合　计	新签项目数	新签合同额	上年同期数	同比增长%	完成营业额	上年同期数	同比增长%
	63	92 403	79 481	16.25%	73 755	62 033	18.89%
一、分国别							
（一）亚洲		86 892	78 581	10.58%	42 597	47 745	−10.78%
1．缅甸	14	34 095	32 928		16 716	22 248	
2．老挝	6	15 539	14 097		15 775	9 329	
3．越南	8	4 809	10 946		5 987	4 702	
4．柬埔寨			11 885		102	5 476	
5．泰国	1	27 452	255			1 321	
6．其他	15	4 997	8 470		4 317	4 669	
边境经合业务							
（二）非洲	18	5 420	849	538.40%	30 858	13 783	123.88%
（三）其他	1	91	51			505	
二、分行业							
1．交通建设	26	9 962	9 501	4.85%	16 792	12 500	
2．房屋建筑	5	12 142	6 177	96.57%	18 476	5 606	229.58%
3．电力	13	31 611	29 658	6.58%	23 179	21 261	9.02%
4．石油化工	1	344	270	27.41%	342		
5．环保产业					1300		
6．矿山建设					950		
7．排水供水					424		
8．其他	18	38 344	33 822		12 292	20 403	

建筑行业新增合同额1.21亿美元，同比增96.57%，占全省合同总额的13.14%，完成营业额1.85亿美元，同比增229.58%，占全省营业额25%。交通建设领域新增合同额9 962万美元，同比增4.85%，占全省合同总额的10.78%，完成营业额1.68亿美元，同比增34.34%，占全省营业额23%。2009年以前全省企业主要是以“借船出海”的方式与央企合作共同开发非洲市场。2009年全省企业独自与非洲企业签订合同18个，合同额5 420万美元，同比增5.4倍。主要项目是云南建工集团控股与赤道几内亚国家天然气公司以EPC方式，签订承建赤道几内亚天然气公司办公楼项目，项目合同额5 098万美元，市场开拓取得实质性突破。完成营业额3.09亿美元，同比增1.2倍。

【昆交会】 2009年昆交会及南亚展期间，外经贸业务成交总额20.71亿美元。其中，进出口成交10.8亿美元，利用外资签约9.2亿美元，对外经济技术合作合同金额0.71亿美元。业务中：出口成交6.43亿美元，主要国别（地区）有：港澳台地区，日本、印度、缅甸、越南等国家。主要商品是：化肥、白银、野生菌、果仁、机械设备等。进口成交4.37亿美元。主要国别（地区）有：港澳台地区，新加坡、印度等。主要商品有：化工产品、机电产品、资源性产品等。其中，南亚国家累计成交2.63亿美元，出口南亚的主要商品是化肥，进口主要商品是铁矿石。利用外资签约项目共25个，项目涉及小水电风电能源开发、鹤庆三德水泥厂二期、临沧速生丰产林、云南亨德森外国语职业学院等。其中，利用外资最大的项目是昆明高新区管委会小水电风电能源开发项目，金额4.28亿美元。对外经济技术合作项目累计5

2009年云南利用外资国家（地区）情况表

金额单位：万美元

国家（地区）	合计		
	项目个数	合同外资	实际投资
总　计	190	168 249	91 010
亚　洲	117	125 504	54 453
港　澳	66	109 733	46 253
香　港	65	107 923	45 441
澳　门	1	1 810	812
台　湾	11	207	2 281
东南亚国家联盟	26	14 820	5 379
文　莱	1	1	1
缅　甸			43
老　挝			26
马来西亚	4	2 591	141
菲律宾	1	1706	956
新加坡	9	980	3 901
泰　国	9	278	310
越　南	2	9 264	1
日　本	1	247	267
韩　国	12	496	273
叙利亚	1	1	
非　洲	1	1 381	4 851
埃　及			10

续表

国家（地区）	合计		
	项目个数	合同外资	实际投资
毛里求斯		1 379	4 629
塞舌尔			212
赞比亚	1	2	
欧　洲		−390	
欧　洲	16	9 094	2 586
欧盟十五国		−390	
塞浦路斯		−390	
欧盟十五国	13	5 307	2 496
比利时		−237	
丹　麦	1	−18	177
英　国	4	1 052	1 227
德意志联邦共和国	3	37	1
法　国	1	331	130
意大利			49
荷　兰	2	4 132	739
西班牙			57
奥地利	1	10	116
捷克共和国	1		
挪　威	1	8	
瑞　士	2	3 779	90
拉美洲	14	12 409	16 327
巴巴多斯		2 930	4 054
开曼群岛	1	300	2 100
英属维尔京群岛	13	9 179	10 173
北美洲	36	7 164	3 068
加拿大	7	1 901	285
美　国	29	5 263	2 783
大洋洲	8	649	709
澳大利亚	5	156	167
新西兰	3	164	
萨摩亚		329	413
马绍尔群岛共和国			129
投资性公司投资	5	12 438	9 016

个。其中，工程承包项目1个，协议金额0.5亿美元；对外投资项目4个，协议投资额0.21亿美元。

联办省区市进出口累计成交1 629.1万美元，其中，重庆55万美元，四川795万美元，广西320万美元，贵州213万美元，成都7.8万美元。此外，非联省市也有成交，具体为：深圳198.3万美元，广东10万美元，浙江30万美元。

本届昆交会设6个商品专业馆和5个专题馆。商品专业馆分别是：信息产业馆，展位79个；机电馆，展位377个；医药及保健品馆，展位73个；农特馆，展位379个；化工矿业馆，展位48个；轻工馆，展位445个。专题馆分别是：南亚馆，展位300个；境外来展馆（包括东盟国家来展、其他国家来展），展位312个；投资促进馆，展位258个；外经馆，展位32个；绿色产业贸易交流馆，展位10个。另设跨国采购商展区，展位21个。从近年参展的情况看，产业特色鲜明、与东南亚南亚市场结合较好的几个展馆发展趋势良好，展位需求快速攀升，专业馆展位供不应求。

【利用外资】 2009年全省实际利用外资9.1亿美元，同比增长17.1%，占全国的1%，按商务部统计云南省实际利用外资在全国排名第21位，西部省市第5位。当年是自2006年以来云南省实际利用外资连续上台阶的再一次跨越，4年迈过3亿、5亿、7亿、9亿美元4个台阶，再创历史新高。

抓住昆明这个特大中心城市的外资工作重点，以点带面全面突破；加强调研，全面梳理在手项目和储备项目，积极做好项目包装和推介工作；加强项目跟踪，建立和完善重点项目联系推进制度，切实抓好重大引进项目的推进工作；积极参与大型活动，通过第17届昆交会、生物产业发展大会和第五届泛珠洽谈会，推出一批成熟度较高的项目，提升了合作层次，为寻求新的合作空间创造了有利条件；分类指导，全力帮助企业解决生产经营中遇到的困难，有效增强了落地企业和即将入滇企业的投资信心，全省外资企业没有发生非正常撤离、撤资情况，没有发生大规模裁员、减薪情况。

2009年，全省外资结构进一步优化，外资投向更趋合理，其中制造业实际利用外资2.49亿美元，比上年增长37.9%；电力燃气及水的供应业实际利用外资1.32亿美元，增长27%；信息产业利用外资4 288万美元，是上年的8.7倍。尤其是昆明举全市之力招商，2009年昆明市利用外资额达7.3亿美元，占全省利用外资比重高达80%。

（杨明）

口岸管理

【概述】 2009年，据云南省口岸业务统计：全省进出口额32.5亿美元，同比增长4.6%。其中出口24.2亿美元，增长9.5%；进口8.3亿美元，下降7.5%。进出口货运量563.5万吨，增长21.1%。其中出口222万吨，增长12.4%；进口341.5万吨，增长27.5%。出入境人员1 782.1万人次，增长10.1%。其中出境886.5万人次，增长8.8%；入境895.6万人次，增长11.5%。出入境交通工具260.1万辆（艘、架、列）次，增长33.6%。其中出境132.4万辆（艘、架、列）次，增长32.7%；入境127.7万辆（艘、架、列）次，增长34.7%。其中一类口岸出入境人员1 459万人次，出境728万人次、入境731万人次；出入境交通工具207.7万辆（艘、架、列）次，出境106.1万辆（艘、架、列）次、入境101.5万辆（艘、架、列）次；进出口货物446.8万吨，出口187.2万吨、进口259.6万吨；货值28.6亿美元，出口21.6亿美元、进口7亿美元。二类口岸出入境人员323万人次。其中出境158万人次，入境165万人次；出入境交通运输工具52.4辆次，其中出境26.3万辆次，入境26.1万辆次；进出口货物116.7万吨，其中出口34.7万吨、进口82万吨；货值3.95亿美元，其中出口2.62亿美元、进口1.33亿美元。一类口岸出入境人员、出入境交通运输工具、进出境货运量、进出口货值分别排名前5位的口岸是：瑞丽、河口、昆明机场、磨憨、打洛；瑞丽、磨憨、河口、磨憨、打洛；河口、瑞丽、腾冲猴桥、磨憨、景洪港；瑞丽、河口、昆明机场、磨憨、景洪港。二类口岸出入境人员、出入境交通运输工具、进出境货运量、进出口货值排名前3位的口岸分别是：盈江、南伞、章凤；盈江、南伞、片马；南伞、盈江、孟连；章凤、盈江、孟连。瑞丽、河口、昆明机场、磨憨、南伞口岸因进出口流量突出，受到省政府表彰。

【口岸开放工作】 截至2009年底，云南省共有20个口岸。其中，经国务院批准的一类口岸13个（公路口岸8个、铁路口岸1个、航空口岸2个、水运口岸2个），经云南省政府批准的二类口岸有7个（均为公路口岸）。根据云南口岸发展实际，云南省列入《国家“十一五”口岸发展规划》中的4个新开、7个二类转新开和2个一类扩大对第三国人员开放口岸中，条件成熟、已正式向国家行文申报开放的有7个口岸。2009年“丽江机场口岸经济区发展规划”已通过省级评审，“一关两检”的查验设施和办公设施基本建成，并已列入2009～2010年度口岸开放计划。同时列入的还有中老边境拟新开口岸勐康。国家口岸管理办公室批复同意，河口公路口岸红河公路大桥作为云南河口口岸公路货运通道临时开放至2010年5月1日。2009年全省确定二类口岸南伞、盈江、孟连和拟新开口岸勐康为重点达标口岸，实现升级开放。

【口岸查验基础设施建设】 2009年，瑞丽、畹町、盈江、章凤、打洛、金水河、天保、沧源、都龙、田蓬等10个口岸经济区总体规划通过评审实施。磨憨、打洛、河口等新建联检楼竣工并通过使用功能验收投入运行；瑞丽、河口、磨憨、打洛等8个口岸查验货场和勐康、沧源等4个口岸联检楼有序推进建设，完善查验配套设施。河口公路口岸货运通道联检楼主体工程竣工，9月1日通过口岸功能省级验收，各种查验设备基本安装调试就位。瑞丽口岸高标准查验货场单边建成试运行。磨憨口岸联检查验中心5月竣工投入使用。腾冲猴桥口岸新建查验设施按程序前期准备中。孟连口岸、南伞口岸新建联检查验设施分别于3月和4月通过省级相关部门联合功能验收。拟新开口岸勐康联检楼基本完工。章凤口岸拉勐通道联检现场办公设施项目3月通过省州验收。进行建设项目前期准备工作的有：天保、章凤、盈江、都龙口岸联检楼和查验货场；南伞、勐康口岸查验货场，腾冲、片马口岸总体规划及查验设施等。

【电子口岸建设】 2009年3月起，云南地方电子口岸建设由昆明海关移交省商务厅（省口岸办）具体负责承建。各口岸相关单位积极配合，云南电子口岸（http://www.yneport.gov.cn）于6月下旬上线试运行。网站完成海关11个通关应用项目在云南电子口岸网站上的运行和口岸相关单位机动车辆进出境IC卡管理系统、云南检验检疫边境贸易电子申报系统和业务在线查询系统，云南省出入境旅游团网上报检系统等4个新的应用项目开发准备，并建立了口岸网上信息正常维护制度。7月21日，云南省政府与海关总署正式签署云南电子口岸备忘录。目的是加快进行口岸通关项目整合和开发，推动和整合口岸各方信息资源，实现跨地区、跨部门、跨行业信息共享和联网核查，提高通关流程自动化和通关效率。

【口岸综合管理】 2009年4月，省政府出台《云南省人民政府关于加快推进通关便利化的若干意见》，对云南口岸发展建设作出战略规划，推出了重大举措：理顺口岸管理体制，成立云南省口岸建设管理领导小组。在省政府新一轮机构改革中，强化口岸管理职能，云南省商务厅加挂云南省人民政府口岸办公室牌子，口岸管理由1个处扩编为3个处（口岸规划发展处、陆路口岸处、空水港口岸处），增加人员编制。加大资金投入。省政府决定从2009～2012年，每年安排云南口岸建设专项资金不低于2.2亿元，同时制定《云南省口岸专项资金管理办法（试行）》，加强和规范资金管理。

【口岸大通关】 2009年，云南省认真落实省委、省政府“大通关”战略和通关便利化要求，制定出台了一系列推动通关便利化文件。云南省公安边防总队推出新12条通关便利化措施，并下发贯彻省政府加快推进通关便利化若干意见的实施办法，基本取消全部收费，仅保留对境外无身份边民证收取5元工本费；昆明海关提出促进云南经济快速发展的9条措施和促进通关便利化18条措施；云南出入境检验检疫局下达15条促进通关便利化工作措施等，取消所有的非法定收费，并取消收取法定收费内的矿石检验检疫费。省发改委、财政厅、交通厅、外办等相关部门也积极采取措施，推进全省通关便利化进程。

2009年，河口口岸实施“出入境旅客自助通关系统”，成为目前全省首家也是唯一一个启动自助通关系统的口岸，推进了通关便利；云南省口岸办与泛珠三角区域9省区口岸办签署《泛珠三角区域9省区口岸合作框架协议》，推进区域口岸互联互动、协调发展，加快区域口岸的通关便利化和一体化的通关环境的建设；省商务厅与省交通运输厅共同组织昆曼公路物流运输便利化国际研讨会，共同推进中泰车辆直达运输、中泰互通100辆车和老挝公路物流运输等工作。

【业务培训】 为提高全省口岸管理人员业务素质，建立一支业务精、能力强、会管理、富有创新精神的口岸管理队伍，促进云南商务事业和口岸经济发展。2009年12月23～25日，云南口岸业务干部培训班在红河州河口县举办。2009年9月23～24日，云南电子口岸业务培训班在昆明举办，培训班针对云南口岸管理和电子口岸工作等实际问题，在探讨口岸管理和通关便利化思路，提高口岸管理政策业务水平，提升口岸管理工作能力等方面取得预期效果。

【云南口岸】 云南具有独特区位，全省有8个边境州（市）的25个边境县与缅甸、老挝、越南接壤，边境线全4 060千米。至2009年6月，云南共开放口岸20个。其中，经国家批准开放一类口岸13个（空港2个、水港2个、铁路口岸1个、公路口岸8个）；经省批准开放二类口岸7个（均为公路口岸）。

昆明航空口岸：位于昆明东南3.9千米的巫家坝，属国家一级机场，是中国五大航空港之一。1955年经国务院批准开放，次年后设立昆明边防检查站。从昆明机场飞往国内北京、上海、广州等大中城市航线40余条，并已开通昆明至日本大阪、韩国首尔、缅甸仰光、泰国曼谷、老挝万象、越南河内、柬埔寨金边、新加坡、吉隆坡等国际航线23条。

西双版纳航空口岸：位于西双版纳傣族自治州首府景洪市西南5千米，1990年建成通航属一类口岸，1995年12月经国务院批准设立西

双版纳航空口岸，1997年正式开放。已开通景洪至昆明、广州、成都、重庆等国内航线5线，开通景洪至泰国清迈、曼谷和老挝万象等国际航线3条。

思茅港水运口岸：位于普洱市西南88千米的澜沧江东岸，距昆明510千米。属国家一类口岸，1993年7月24日国务院批准设立思茅港水运口岸，2001年4月26日批准对外籍船舶开放。思茅港1996开工建设，2002年竣工，建成客运、货运码头2个泊位。年设计客运吞吐量10万人次，货运吞吐量30万吨。

景洪水运口岸：位于西双版纳傣族自治州府景洪市澜沧江东岸。1993年7月24日国务院批准设立景洪港为国家一类口岸。2001年6月26日正式对外籍船舶开放。景洪港占地10万平方米，1994年开工建设，2001年竣工，客运吞吐能力40万人次。景洪港是中国连接澜沧江—湄公河上6个国家的主要港口，是澜沧江—湄公河国际航运大通道重要水陆中转枢纽，也是云南省乃至西南地区面向东南亚的开放前沿。

河口铁路（公路）口岸：口岸位于红河州河口县城南端，与越南老街口岸对接。1956年国务院批准为国家级口岸，1978年12月关闭。1992年10月19日恢复为国家一类口岸。1993年5月18日正式恢复开放。滇越铁路从昆明北站经河口口岸、越南老街口岸、越南首都河内直达海防港，全长864千米。2000年8月15日中越公路大桥通车，是云南集铁路、公路口岸为一体的口岸。

天保公路口岸：位于文山壮族苗族自治州麻栗坡县城南38千米的天保镇。1993年2月6日经国务院批准开放为一级口岸，当年6月20日正式开放。该口岸与越南清水河口岸对接，距越南河江省省会河江25千米、越南首都河内220千米、海防港440千米。天保口岸是云南进入越南北部及港口的重要通道。

金水河公路口岸：位于红河州金平苗族瑶族傣族自治县城西南38千米金水河镇。1954年12月17日正式开放为边民互市口岸，1978年12月关闭。1993年2月25日国务院批准设立国家一类口岸，当年11月10日正式对外开放。该口岸与越南马鹿塘对接。金水河口岸距越南莱州省会封土25千米、河内590千米、老挝边境230千米。

磨憨公路口岸：位于西双版纳傣族自治州勐腊县城南58千米的磨憨经济开发区。1992年3月3日国务院批准为一类口岸，次年12月22日正式开放。磨憨口岸与老挝磨丁口岸对接，是中老两国唯一的国家一类口岸。口岸距老挝南塔省会60千米、北本码头240千米、首都万象700千米。是云南建立国际大通道昆明—曼谷通道上的重要口岸。从磨憨口岸出境经老挝可直达泰国、越南、柬埔寨等国，是中国通往东南亚多国最大的陆路通道。

打洛公路口岸：位于西双版纳傣族自治州勐海县城西南70千米的打洛镇。1991年8月10日云南省人民政府批准开放打洛为二级口岸。2007年11月13日国务院批准为一类口岸。口岸距缅甸景栋80千米，距泰国北部重镇清迈550千米，是云南建立国际大通道中路出口的重要口岸之一。

孟定清水河公路口岸：位于临沧市耿马县孟定镇西南33千米的清水河。1991年8月10日云南省人民政府批准为二类口岸。2004年10月14日国务院批准为国家一类口岸，2007年11月8日正式对外开放，它与缅甸清水河口岸对接。

畹町公路口岸：位于德宏傣族景颇族自治州瑞丽市畹町经济开发区。1952年国务院批准开放为国家一类口岸，是中国成立后云南省最早开放的陆路口岸。

瑞丽公路口岸：位于德宏州瑞丽市姐告经济开发区。1978年12月12日国务院批准开放。口岸与缅甸木姐口岸对接。距云南省会昆明750千米，距缅甸木姐市4千米、腊戌160千米、缅甸首都仰光900千米。它是中缅铁路通道（昆明—大理—瑞丽—腊戌—曼德勒—印度洋）、中缅公路通道（昆明—瑞丽—仰光）和中缅陆水联运大通道（昆明—瑞丽—八莫港）上的重要口岸。

腾冲猴桥口岸：位于保山市腾冲县猴桥镇西北12千米的槟榔江畔。1991年8月10日云南省人民政府批准开放为二类口岸。2000年4月7日国务院批准为国家一类口岸，2003年1月15日正式对外开放。该口岸与缅甸甘拜地口岸对接，距缅甸甘拜地4千米、距缅北重镇密支那120千米、距印度雷多520千米。是云南建立国际大通道通往南亚（昆明—腾冲—密支那—印度雷多）通道上的重要口岸。

（李恒杰）

瑞丽口岸　　（省委党史研究室　提供）

云南口岸2009年流量统计表（一类口岸）

序号	口岸名称	人员（人次）			交通工具（艘、架、列、辆）			货物（吨）		
		合计	出境	入境	合计	出境	入境	合计	出口	进口
1	昆明机场	854 466	429 116	425 350	8 573	4 307	4 266	10 321	6 566	3 755
2	瑞　丽	8 088 812	4 030 686	4 058 126	1 529 228	784 122	745 106	894 481	366 739	527 742
3	畹　町	358 932	178 020	180 912	46 598	23 226	23 372	105 202	23 575	81 627
4	河　口	3 425 832	1 710 362	1 715 470	140 937	70 459	70 478	2 101 100	1 010 516	1 090 584
5	磨　憨	612 220	310 563	301 657	113 298	57 544	55 754	381 258	116 791	264 467
6	金水河	70 589	35 294	35 395	1 631	827	804	59 070	2 427	56 643
7	天　保	200 640	100 004	100 636	14 632	7 484	7 148	118 461	75 289	43 172
8	思茅港	0	0	0	0	0	0	0	0	0
9	景洪港	43 018	22 267	20 751	7 496	3 812	3 684	207 256	130 647	76 609
10	版纳机场	0	0	0	0	0	0	0	0	0
11	腾冲猴桥	220 785	111 790	108 995	81 328	41 816	39 512	469 632	41 351	428 281
12	孟定清水河	250 914	124 175	126 739	49 137	25 520	23 617	64 662	62 942	1 720
13	打　洛	464 188	231 443	232 745	83 755	42 031	41 724	56 821	35 200	21 621
一类合计		14 590 396	7 283 720	7 306 776	2 076 613	1 061 148	1 015 465	4 468 264	1 872 043	2 596 221

云南口岸2009年流量统计表（二类口岸）

序号	口岸名称	人员（人次）			交通工具（艘、架、列、辆）			货物（吨）		
		合计	出境	入境	合计	出境	入境	合计	出口	进口
1	片　马	183 557	91 426	92 131	90 346	43 812	46 534	113 266	314	112 952
2	盈　江	1 046 146	522 904	523 242	160 612	80 306	80 306	260 072	168 219	91 853
3	章　凤	492 316	225 731	266 585	28 481	13 998	14 483	109 318	31 296	78 022
4	南　伞	684 845	330 008	354 837	116 863	57 573	59 290	361 289	35 448	325 841
5	孟　连	473 245	237 032	236 213	73 829	38 732	35 097	194 654	64 413	130 241
6	沧　源	270 343	129 068	141 275	52 182	27 403	24 779	77 691	17 692	59 999
7	田　蓬	80 038	44 798	35 240	1 640	1 048	592	50 958	30 208	20 750
二类合计		3 230 490	1 580 967	1 649 523	523 953	262 872	261 081	1 167 248	347 590	819 658
共　计		17 820 886	8 864 687	8 956 299	2 600 566	1 324 020	1 276 546	5 635 512	2 219 633	3 415 879
较同期±%		10.1	8.8	11.5	33.6	32.7	34.7	21.1	12.4	27.5

出入境检验检疫

【概述】 2009年，云南出入境检验检疫局共检验检疫进出境货物12.77万批次，货值29.45亿美元。(其中边民互市产品5.36万批次，货值8.44亿美元)。与上同期相比，批次减少11.5%，货值减少2.93%。签发各类原产地证明书1.97万份，签证金额8.52亿美元，与上年同期相比分别增加7.1%和减少7.1%。出入境人员检疫查验1 087.42万人次，健康检查3.33万人次，圆满完成1 411人次朝觐人员的体检和预防接种及250人次回国劳务人员传染病监测任务；检疫和消毒处理交通工具63.47万辆（架、艘）次；从进出境货物中检验检疫出不合格货物4 975批次，货值1.32亿美元，其中，检验出不合格商品91批，货值501.77万美元。有4 871批次（货值1.25亿美元）经检疫处理后合格放行；从进境植物及植物产品截获有害生物7 170次，截获检疫性有害生物439次；从入境旅客携带物中截获进境动物及动物产品2 443批次，32吨；口岸截获非法入境动物及动物产品709批次，241吨。从出入境人员中检出传染病2 047例（其中，检出HIV阳性143例，甲流H1N19例）。

【“质量安全年”活动】 2009年，按照总局的统一部署，省局采取9项措施：认真组织开展产品质量和食品安全专项整治行动，切实做好“四查、四建、四落实”工作，强化和规范产品质量安全监管；认真开展打击非法添加非食用物质和滥用食品添加剂专项整治工作；制定云南省进出境植物源性食品有毒有害物质残留和食品添加物质监控方案和抽样计划，将重点进出口食品、农产品及食品添加剂纳入监控；对昆明航空口岸12家食品企业开展食品安全大检查，与14家机场口岸配餐企业建立信息沟通机制，初步建立航空食品全过程监管长效机制；认真学习宣传贯彻《食品安全法》，强化政府在质量和安全工作中的主导作用，强化企业是产品质量第一责任人的意识；加大对非法检商品监督抽查工作力度；积极组织开展进出口工业产品企业分类管理，推进诚信体系建设。2009年6月1日起，对进出口企业实施诚信管理制度；积极鼓励出口农产品、食品安全推进质量认证，提升企业管理水平和质量安全自控能力；做好宣传工作，努力使“质量安全年”成为质量宣传年、质量提升年、质量服务年、质量整治年和质量建设年。通过狠抓“质量安全年”活动，提升云南进出口产品整体质量安全水平初见成效。

【口岸疫情疫病防控机制】 2009年，云南出入境检验检疫局构建了云南边境地区疫情疫病联防联控“3+1”防线。第一道防线是依法在云南设有检验检疫机构的13个国家一类口岸、7个国家二类口岸实施的卫生检疫及动植物检疫措施；第二道防线是边防、海关及地方卫生农业等部门在履职过程中与检验检疫部门的相互信息通报沟通的联动措施；第三道防线是在4 061千米边境线上8个边境州市、25个边境县（市）政府领导下的群防群控措施；“3+1”防线，即境外防线，是指有效利用双边协议与毗邻3个国家边境地区政府及卫生、农业等机构的信息通报，联系及防控合作，构筑起边境地区疫情疫病防控的境外防线。一年来，部分边境地区点、线、面防控，覆盖境内外多部门多渠道联动防控的良好格局初步形成，在甲型H1N1流感防控和动植物疫情疫病防控中取得良好的成效。

【甲型H1N1流感防控】 2009年，对入境人员实施分类管理和流程控制查验新模式。采取制作中老、中越、中缅等6种语种的“健康申明卡”填写指南和“健康提示卡”等措施，得到国务院、总局和省政府检查工作人员的一致好评，也方便了入境人员。云南局从来自确诊病例国家（地区）入境人员中发现发热或症状病人462例，经排查后，移交境外相应机构66人，移交地方卫生部门和指定医院396例，其中确诊9例甲型H1N1流感病例。同时，还切实做好云南边境登革热、疟疾、艾滋病、禽流感、口蹄疫等传统疫情疫病防控工作。保证了防控甲型H1N1流感特殊时间“昆交会”“南亚商品展”和中国国际旅游交易会的如期顺利举办。及时妥善应对处置“8·08”缅甸军事冲突边民大量涌入突发事件，防止疫情的传入。

【服务云南外贸经济】 2009年，云南省局积极推动和落实《国家质检总局云南省人民政府关于提升云南沿边开放水平战略紧密合作备忘录》，使云南外贸经济发展获得总局高层次的政策支持。同时，为认真抓好国家质检总局与省政府签署的合作备忘录的有关工作落实，云南检验检疫局于2009年12月28日与西双版纳傣族自治州人民政府签署《关于提升西双版纳沿边开放水平战略合作备忘录》，这是云南出入境检验检疫局与云南省边境州市政府签署的第一份合作备忘录。主动制定和实施了15条促进云南口岸通关便利化措施，努力创造更加便捷、高效的通关环境。严格执行出口农产品、纺织品检验检疫费减免政策和《法检目录》调整政策，并对边境贸易非法检商品和边民互市低风险商品实施抽查检验，免收取检验检疫费，免收进境矿石消毒费，切实减轻企业负担（共计减免收费约1 472万元）。采取个性化帮扶的办法，安排每个业务处室对口帮扶1～2个重点企业。贯彻国家“东桑西移”政策，与浙江局签订《丝类商品检验检疫合作备忘录》，争取浙江局支持延伸对企业服务，推动云南生丝产业持续发展。发挥“关检”“检贸”合作机制作用，在国家一类口岸旅检现场实施“一机两屏”查验，加快通关速度。加强与省商务厅协作，及时协商帮助外贸企业解决困难和问题。对云南与泰国开展的“蔬菜换油品”工作给予检验检疫支持。对云南省从老挝进口玉米，从泰国经老越进口水果等事宜进行多方协调。支持境外替代种植。简化审批手续，采取“境外预检，一次检疫，分批放行”的管理模式；积极指导和帮助企业享受普惠制和自贸区优惠贸易等政策，促进云南外贸经济发展。

【云南农产品扩大出口扶持】 2009年，云南出入境检验检疫局抓住云南特色、优势产业，采取多项有针对性的扶持措施：积极推动以地方政府为主导的出口农产品基地区域化备案工作。完成农产品备案面积120.23万亩，水产品养殖基地备案6家，出口动物备案养殖场37家，为扩大出口奠定了良好基础，实现养殖水产品出口零的突破。积极支持引进国外烟草、葡萄、百合等优良品种，促进云南特色产业的提质增效。加强泛珠三角区域检验检疫合作，从产地检疫、口岸快速查验放行和搭建供需见面会平台等方面，促进云南供港、澳蔬菜、水果等农产品便利通关和扩大出口。组织制定《2009年云南出口松茸检验检疫监管工作方案》，加大“检、政、企”配合协作和宣传力度，采取了有效措施保证出口松茸质量安全。2009年松茸出口4 370万美元，比同期增长37%。深入开展出口猪肉“瘦肉精”专项整治，指导企业严格遵守标准，提高猪肉安全品质，确保产品符合进口国标准，顺利出口。打破国外技术壁垒。在应对云南牛肝菌出口受阻，面临在欧盟市场全面退市的危机中，积极组织科技攻关，有力配合总局和外方交涉，使欧盟对牛肝菌干片中尼古丁的限量标准进行了紧急重大修订，放宽了近20倍，确保了全省牛肝菌的顺利出口。2009年，全省农产品出口实现逆势增长21.6%，达9.7亿美元，成为全省第一大类出口产品。

【通关便利化】 2009年，按照“提速、减负、增效、严密监管”的总体思路，实施通关便利化：积极探索行之有效适应全省外贸实际的企业和产品的分类管理办法，对进出口企业进行分类评定，实施对企业动态分类管理，强化企业的责任意识和自律意识，开展企业信用等级评价工作。让出口数量较大、质量长期稳定、检验检疫合格率高、信誉良好的出口企业享受“绿色通道、直通放行”等便利通关制度，缩短货物口岸通关时间。依靠科技创新，打造电子检验检疫信息平台，积极推进检验检疫“大通关”建设，提高口岸通关效率。充分利用泛珠三角区域检验检疫合作机制，加强产地与口岸检验检疫部门间的合作，构建供港澳蔬菜、鲜切花出口检验检疫模式，帮助企业解决困难和问题，确保货物快进快出。进一步发挥“关检”合作机制的作用，实现对查验货物数据的互联互通，共同实施通关单联网核查工作，实现货物通关业务数据的共享加快货物通关速度。做好检验检疫分类管理企业与海关分类企业的对接工作，实施对企业的高效监管和服务。加快检测速度，提高检测技术能力和检测水平，为实现产品快速通关提供技术保障。

【检测能力建设】 2009年，云南检验检疫局使用总局和省政府专项资金共3 600万元，购置口岸卫生监测、实验室检测和信息化建设等设备共计520台套，极大地增强实验室检测能力建设。通过科技人员攻坚克难，掌握检测设备使用并用于检验工作中。顺利通过CNAS监督评审及实验室扩项考核，新申报的37个类别、219个检测项目全部通过考核，使技术中心实验室检测能力大大提升。实验室考核认可项目经专家评审后，产品类别合并为87年种，项目参数由原来的385个增加到604个，认可项目参数增加56.9%。积极参加国家认监委2009年能力验证，动物实验室首次承担组织认监委的能力验证活动（2009年能力验证B类1号项目“蓝舌病竞争ELISA实验”），活动圆满结束，已通过专家组验收。疫情疫病、有毒有害及不合格商品检出率大幅提高，动物检阳性项目检出率比2008年增长53.3%，植物检有害生物检出率为40%，食品不合格检出率为1.14%，烟草不合格项检出率为10.9%。为部分分支局配备动物防疫消毒车，应急监测车和移动式X机等设备，进一步提升口岸核心能力。

【牛肝菌出口】 牛肝菌是云南重点出口农产品之一，也是农民增收致富的重要来源。昆明恒沅食品工业有限公司等54家牛肝菌出口企业2009年发生输欧盟牛肝菌“尼古丁事件”。云南牛肝菌出口面临极其严峻的形势。云南检验检疫局主动组织开展技术攻关，在制定食用菌中尼古丁的检测方法标准，开展中欧实验室间的技术交流，参加欧盟CRL基准实验室尼古丁能力比对实验，协调统一中欧检测机构对牛肝菌中尼古丁检测的合格评定结果和对牛肝菌尼古丁的成因等工作方面取得显著的成效，为各方协同解决云南输欧牛肝菌贸易受阻问题打下基础。通过一系列卓有成效的工作，2009年5月11日，欧盟食品委员会对牛肝菌干片中尼古丁的限量进行紧急修订，由0.12mg/kg调整为2.3mg/kg，放宽近20倍，促使云南牛肝菌出口受阻问题得以解决，使云南输欧牛肝菌贸易得以恢复。同时，经报国家认监委批准，由欧盟第三方检测机构协同云南检验检疫局共同制订“进出口食品中尼古丁检测方法”的行业标准也于2009年5月15日通过专家审定。云南局技术中心制定的SN/T2397-2009“进出口食品尼古丁检测方法”被欧方检测专家确认为尼古丁检测的确证方法。

（洪应松）

城市化建设

主　　编　方爱琴
责任编辑　侯焕媛

城乡规划

【概述】 2009年，省住房和城乡建设厅以坚持科学发展观、构建和谐社会为目标，全面贯彻落实《城乡规划法》，着力强化城市规划宏观指导和调控作用，扎实开展城乡规划效能监察工作，积极安排部署和开展全省房地产开发领域违规变更规划、调整容积率问题专项治理工作。帮助指导基层规划部门开展工作，不断提高城乡规划工作质量。

【国家历史文化名镇村申报】 2009年，省住房和城乡建设厅完成保山、通海、保山金鸡、大理萂村、蒙自新安所等历史文化名城、名镇、名村保护规划的审查；开展《云南省历史文化名城名镇名村名街保护体系规划》的前期编制工作；开展保山市水寨村等8个镇村申报省级历史文化名镇名村的审查工作；完成蒙自县新安所等6个镇村申报国家历史文化名镇、村审查申报工作。

【自然村建设与整治规划】 2009年，省住房和城乡建设厅组织全省各地制定村庄规划编制10年工作方案，并进行方案比选。组织开展规划设计评优活动，印发《关于开展2009年度省级优秀村镇规划设计评选活动的通知》。获奖方案推荐申报“全国优秀城乡规划设计奖”。2009年，全省加大村镇规划编制推进力度，已有2个县有县域村镇体系规划、3个县有县域村庄整治布点规划；846个乡、镇有总体规划及乡镇区建设规划；342个镇、乡有近期建设规划；6 881个自然村编制完成建设与整治规划。加强村镇规划实施管理，严格规范乡村规划许可制度，在全省集体土地上发放乡村建设规划许可证。

【城乡规划管理法制化】 2009年，《云南省域城镇体系规划》《云南省历史文化名城名镇名村名街保护体系规划》的编制及《滇西城镇群规划》前期工作正式启动，完成《云南省域综合交通走廊及跨境区域规划》，基本完成《滇中城市群规划》成果。办理和完成文山、丘北、富民、河口、弥勒、墨江、宁蒗等县城总体规划纲要及发展规模的审查

昆明市二环快速系统官南立交桥　（官渡区志办提供，王正鹏摄）

工作。会同省财政厅下发《关于进一步推进城乡规划编制工作的意见》和《云南省城市规划编制项目及省级补助专项资金管理暂行办法》，推动全省城乡规划管理工作日趋规范化、制度化和法制化。

【城乡规划行政责任追究制】 2009年，省城乡规划督察办公室紧紧围绕建立和完善城乡规划监督和城乡规划评估两个制度，积极开展工作。结合城市规划审查、受理群众举报等方式，对有关城市的规划执行情况进行监督检查，特别是加强历史文化名城保护的监督检查和指导。下发《关于进一步规范我省城市总体规划编制、修改和审批的通知》和《关于开展城乡规划评估工作的通知》两个文件，进一步规范编制、修改和审批城市总体规划的行为。制定《云南省违反城乡规划行政责任追究制度》，明确行政责任追究范围、行政责任划分和追究程序。规范“三湖”滨湖地带规划行政许可行为。对昭通市、景洪市、陆良县、文山县、禄丰县、澄江县等13个城市的规划开展评估工作。对个别城市未经规划评估即开展城市总体规划修改的行为进行及时纠正。

城乡建设

【概述】 2009年，全省住房城乡建设工作在省委、省政府的正确领导和住房城乡建设部的大力指导下，坚决贯彻落实中央应对国际金融危机的一系列政策措施，根据“做强大城市、做优中小城市、做特乡镇、做美农村”和“坚持规划、突出特色、保证质量”的要求，紧紧围绕省委、省政府的中心工作，化危为机、勇抓机遇，坚定信心保增长、坚持不懈保民生、坚定不移保稳定，突出推进保障性住房建设，积极推动城乡统筹发展，努力加大生态文明建设力度，全省城镇化水平达到34%。全省住房城乡建设事业取得显著的成绩，为促进全省经济平稳较快发展和社会和谐稳定做出突出贡献。

【住房和城乡建设工作会议】 2009年2月13日，省政府在昆明召开全省住房和城乡建设工作会议。主要任务是贯彻全国住房和城乡建设工作会议精神，总结2008年全省住房城乡建设情况，安排部署2009年工作。省人大常委会副主任程映萱、省政府副省长刘平等省领导出席会议。16个州市政府分管领导、建设（规划）局长等400余名代表参加会议。刘平副省长作题为《认清形势，攻坚克难　推动全省住房和城乡建设工作迈上新台阶》的讲话，充分肯定住房城乡建设工作成绩，要求全省住房城乡建设系统践行“三个代表”重要思想和科学发展观，为建设富裕民主文明开放和谐云南作出新贡献。

【风景名胜区规划管理】 2009年，省住房和城乡建设厅相继完成滇池、建水、阿庐、普者黑国家级风景区总体规划和西双版纳总体规划修编上报工作。组织开展石林国家级风景名胜区总体规划修改备案工作。上报大理鸡足山、腾冲热海、腾冲云峰山等4个国家级风景名胜区详细规划到住房和城乡建设部审批。积极做好昆玉铁路、成贵铁路、龙瑞高速公路、石林太阳能发电站试验示范项目、梨园电站、龙盘电站等涉及风景名胜区规划管理的省内重大建设项目的协调工作。制定完成《云南省省级风景名胜区总体规划报批管理规定》和《云南省省级风景名胜区总体规划编制办法》。开展对《云南省风景名胜区管理条例》的修订工作。

【城镇治污设施建设现场会】 2009年12月2～3日，省政府在昆明市

国家级风景区——丘北普者黑　（蒲建生　摄）

宜良县、石林县和红河州弥勒县召开全省城镇污水生活垃圾处理设施建设现场会议。会议认真总结、分析全省城镇治污项目建设取得的成绩、经验及存在问题，安排部署全省治污设施建设的工作任务。省城镇治污领导小组成员单位领导、各州市人民政府分管领导及治污办负责人等80余名代表参加会议。省政府副省长刘平出席会议并讲话。会议由省政府副秘书长王俊强主持。会议期间，与会领导和代表对昆明市宜良县、石林县和红河州弥勒县的城镇治污项目建设情况进行参观考察。

【城镇污水和生活垃圾处理】 2009年，云南省城镇污水生活垃圾处理设施建设领导小组办公室出台《云南省城镇污水生活垃圾处理设施工程进场原材料、半成品质量管理规定的通知》《云南省城镇污水生活垃圾处理设施工程质量监督管理实施细则》和《云南省城镇污水生活垃圾处理设施工程竣工验收和竣工验收备案管理实施细则》等管理办法，加快城镇污水垃圾处理设施建设步伐。至年底，列入省级规划的248个项目中，已有170个项目开工建设，其中57个项目已进入试通水或试运营阶段，全省城镇污水处理率达到60%，生活垃圾无害化处理率达到61.9%。全省城市综合供水能力达到445.6万吨／日，供水普及率达到91.17%，燃气用气人口达到700万人，建成区绿化覆盖面积达到2.95万公顷。

【城建管理】 2009年，省住房和城乡建设厅对全省340余家城市园林施工企业和200余家城市园林设计企业的申报资质等级进行审查核定，换发新证并统一编号，进一步规范城市园林绿化企业资质管理工作。协助组织编制《云南省创建园林城市近期（2009年－2015年）规划》。全省共有489家单位申报云南省园林单位，180家小区申报云南省园林小区。组织相关部门和专家组成考评组，对景洪市、玉溪市、石林县、弥勒县、安宁市青龙镇申报2009年国家园林城市、国家园林县城和国家园林城镇进行省内考评，并推荐景洪市、玉溪市、石林县、弥勒县、青龙镇申报2009年国家园林城市（县城、城镇）。加快推进数字城市管理和“12319”建设事业服务热线工作，开展全省城建监察执法人员统一着装和执法车辆外观统一工作，全省城建监察执法队伍达到172支。

【建筑节能】 2009年，省住房和城乡建设厅联合省财政厅积极组织有关单位申报可再生能源建筑应用示范和实施工作，并对上报的材料进行认真的筛选、评审及排序，推荐出3个示范城市（昆明、丽江、曲靖）和5个示范县城（宣威、石林、景洪、大姚、陆良）上报财政部、住房和城乡建设部。根据住房和城乡建设部要求，对云南省墙体材料革新工作管理机构设置、法规法制建设、标准规范建设、新型墙体材料的发展规划、工作目标和任务，重点发展的新型墙体材料产品和技术、新型墙体材料专项基金的征收、返退和使用等方面取得的经验和存在的问题等进行调研，并提出进一步推进墙体材料革新工作的意见和建议。根据《财政部关于下达2009年太阳能光电建筑应用示范补助资金预算的通知》，全省4个项目得到审批，补贴光电装机容量为4 018.6KWp，补助总额5 770万元，至年底已下达预算4 039万元。

【参与上海世博会工作】 2009年，省厅完成上海世博会云南馆展示方案设计并通过组委会评审，确定云南馆施工总承包单位及网上世博会开发建设单位，开展文化演艺活动策划筹备工作，全面推进云南馆施工及会期运营筹备工作。

【抗震应急队伍组建】 2009年，组建了建设系统3支应急队伍，并纳入省政府应急序列。200人的地震应急鉴定评估专家队；以昆明、曲靖、玉溪、楚雄等中心城市专业队伍组成的市政基础设施地震应急抢险维修队；以建工集团等大型机械化施工队伍为主的地震应急机械化救援队，制定和完善了各种预案及保障措施，确保全省抗震救灾工作实现指挥畅通、行动迅速、救援及时、保障有力的目标。

【抗震设防管理】 2009年，省住房和城乡建设厅在全省建设系统（行政、勘察设计、施工、管理）开展“建筑工程抗震设防分类标准”“建筑工程抗震设计规范”“建筑工程抗震鉴定标准”“建筑工程抗震加固规范”培训活动，举办培训班15期计1.5万人次。受理建筑工程抗震设防专项审查263项，其中办理初审事项101项，办理审批事项162项，审批限时办结率100%，首问首办率100%，无受理投诉情况。

【中小学校舍安全排查鉴定】 2009年，省住房和城乡建设厅先后派出26个技术指导组、300多人次，赴16个州市现场指导，并组织协调省属院校及相关部门广泛参与，对口帮扶，现场培训指导，共完成排查鉴定中小学校舍2万所、13.36万幢、5 359.22万平方米。通过排查鉴定，摸清了全省现有中小学校舍安全基本状况，其中，A级即达到安全标准校舍2.31万幢、1 917.32万平方米，占校舍总面积的35.77%；B级和C级即需要加固改造，累计2.84万幢、1 613.24万平方米，占校舍总面积的30.1%；D级即需要拆除重建校舍82 125幢、1 829.36万平方米，占总面积的34.1%。

【云南旅游小镇建设】 2009年，有48个旅游小镇完成规划编制，50多个旅游小镇完成《小镇精典——云南》的摄制工作，50余家企业进入全省60个旅游小镇中45个旅游小镇开发建设。

【村镇建设管理】 2009年，村镇人居环境有了新的改善。至年底，全省小城镇（不含城关镇以及和城区连接的安宁市温泉镇、麒麟区三宝镇、双江县沙河乡等15镇3乡）共1 155个，比上年减少20个；村庄13.27万个，比上年减少1 437个，其中村民委员会1.32万个，比上年增加338个；村镇总人口3 704.39万人，比上年减少62.26万人；小城镇建成区面积8.45万公顷。

保障性住房建设

【概述】 2009年，省住房和城乡建设厅认真贯彻中央和省委、省政府的重大决策和部署，牵头会同有关部门加强指导，完善政策，注重落实，全力推进全省城镇保障性住房建设和农村保障性安居工程建设。全省保障性住房建设总体布局已全面展开，整体推进工作体系已逐步建立，政策措施日益完善，从根本上有效解决城乡困难群众住房问题的基础更加坚实。

【全省保障性安居工程建设专题会议】 4月28日，省政府在省住房和城乡建设厅召开全省保障性安居工程建设专题会议，主要任务是传达和贯彻全国保障性住房工作会议精神，讨论《云南省人民政府关于进一步加快保障性安居工程建设的实施意见》，研究部署全省推进保障性安居工程建设的有关工作。省住房和城乡建设厅汇报了全省保障性住房建设的有关工作情况，省委副书记、省长秦光荣作了题为《加快统筹，加大力度，加快进度，全面推进我省保障性安居工程建设》的讲话。副省长孔垂柱、刘平，省直有关部门领导出席会议。

【全省农村民居地震安全工程建设现场会】 3月29～30日，省政府在保山市腾冲县召开全省农村民居地震安全工程建设暨农村危旧房改造现场会。主要任务是贯彻落实科学发展观，突出以人为本思想，抓住中央扩大内需、加强保障性住房建设的有利时机，以农村民居地震安全工程为重点，全面推进全省农村危旧房改造建设，切实保障农村群众住房安全，提高广大人民群众的居住质量。省委副书记、省长秦光荣出席会议并讲话，副省长孔垂柱主持会议，省政府秘书长丁绍祥出席会议。会议表彰了2008年全省农村民居地震安全工程建设先进单位。会议期间，与会代表实地考察了腾冲县农村民居加固改造和拆除重建现场，并作交流发言。

【保障性住房建设听证会】 6月26日，省政府在昆明召开保障性住房建设工作听证会，就准备出台的《云南省人民政府关于进一步加快保障性安居工程建设的实施意见》中，有关廉租住房建设的相关问题公开听取群众意见和建议。会议由刘平副省长主持，包括相关部门人员、人大代表、政协委员、有关专家和廉租住房保障对象代表。就“廉租住房建设方案”“廉租住房申报程序和分配办法”“廉租住房租金确定原则”“住房租赁补贴核定和申请、审核、发放办法”等重大问题提出修改完善的具体建议和意见。

【省保障性住房建设工作领导小组成立】 年内，为加快推进全省保障性住房建设工作，并明确领导机构和责任，成立由省委副书记、省长秦光荣任组长的省保障性住房建设工作领导小组，孔垂柱、刘平副省长任副组长，分别负责农村、城镇保障性住房建设工作。住房城乡建设、发展改革、财政、民政、民族工作、国土资源等各有关职能部门为成员。办公室设在省住房和城乡建设厅。各地也参照省政府领导小组成立相应组织机构。

【全省保障性住房工作会议】 8月15日，省政府在昆明召开全省保障性住房工作会议。主要任务是深入贯彻落实全国保障性安居工程工作会议，推进城市和国有工矿棚户区改造工作座谈会议精神，加快全省保障性住房建设工作。省委副书记、省长秦光荣出席会议并作了题为《统筹兼顾，合力推进，确保全面完成全省保障性住房建设工作任务》的重要讲话。省人大常委会副主任杨保建、省政协副主席王学智、省政府秘书长丁绍祥等省领导出席会议。全省16个州市政府及建设部门领导，以及省直有关部门领导和全省主要企业负责人等200余名代表参加会议。会前，与会同志对昆明市子君村保障性住房建设项目、西山区翠峰花园小区、安宁市棚户区改造等保障性住房建设项目进行了实地考察，学习和借鉴昆明市推进保障性住房建设的成功经验。会议由副省长刘平主持。

【城镇保障性住房建设】 2009年，省住房和城乡建设厅多方筹集配套资金并及时下达中央和省级补助资金26.1亿元，住房城乡建设部等3部委下达给全省的8.3万套廉租住房建设投资项目累计完成投资49.1亿元，占投资总额的90%；收购、回购6 714套，提前开工5 000余套，通过城市和工矿企业棚户区改造、市场开发等多种渠道筹集1.87万套，超额完成省政府确定的年内完成投资额60%以上和筹集11万套廉租住房的目标任务。加大经济适用住房建设管理力度，在建经济适用住房3万余套、280万平方米，已竣工1.8万套，完成投资25亿元。指导各地推进城市、工矿企业棚户区改造工作，2009年实施的320多万平方米棚户区改造工程进展顺利。

省住房和城乡建设厅认真指导各地做好农民工创业新居建设试点工作，积极配合有关部门做好垦区、林区、煤矿采空区和华侨农林场危旧房改造工作，尽可能扩大保障性住房制度覆盖面。

【农村民居地震安全工程】 2009年，全省计划完成20万户农村危房加固改造和拆除重建任务，各地实际完成20.23万户，(其中加固改造14.05万户、拆除重建6.18万户)，计划落实1 118个乡镇1.35万个自然村；省级下达补助资金8.8亿元。各州市自行配套4 085.4万元、县级投入4 896.74万元，农民自筹35.96亿元，银行贷款3.57亿元，社会投入1 181.7万元，整合资金3.64亿万元；农民投工投劳2 907万个，培训技术人员和农民工匠1.35万人次。

【农村危房改造工程】 年内，按照国家扩大农村危房改造试点工作的安排，在对全省农村住房情况进行调查统计的基础上，省厅拟定全省农村危房改造及地震安居工程规划，全年计划完成30万户并分两批下达建设任务和补助资金，其中地震安居工程20万户、农村危房改造10万户。按照“提标扩面”要求，省政府加大资金支持力度，拆除重建补助标准由每户5 000元提高到10 000元，增强了各级政府工作的积极性。至年底，全省农村危房改造工程竣工1.83万户，完成投资8.03亿元。

建筑业

【概述】 至2009年12月底，全省共有建筑施工企业3 045家。其中，特级资质2家，一级以上资质企业118家（总承包56家，专业承包62家），二级企业878家（总承包463家，专业承包405家），三级企业1 862家（总承包972家，专业承包890)，劳务企业159家，无等级26家。监理企业152家。其中，甲级17家，乙、丙级135家。2009年，云南省建筑业迎来历史性发展机遇，建筑业产值达到1 179.16亿元，同比增长30%，占GDP比重8.0%；建筑业增加值492.04亿元，同比增加25.7%。

【建造师执业资格管理】 2009年，认真做好全省建筑施工企业、监理企业和从业人员资格审查、培训考核及注册工作。全年共完成450名一级建造师初始注册初审，变更注册350余人，7 532名二级建造师初始注册，500余名注册监理工程师初始注册。至年底，全省共有注册建造师3.09万人（其中一级3 023人，二级2.79万人)、建造员7 500人，全国注册监理工程师1 309人。

昆明市城市建设　（云南日报社提供，李秋明摄）

【安全生产年活动】 2009年，全省各级住房和城乡建设行政主管部门紧紧围绕“安全生产年”各项工作和建筑施工安全生产控制目标，切实加强领导，狠抓工作落实，进一步加大监督执法力度。在建筑业产值较上年增加近300亿元情况下，建筑施工事故得到有效控制，事故和死亡人数总量分别比上年下降18.8%和27.8%，较好地实现全省年度建筑安全生产控制目标。安全生产执法行动中，省住房和城乡建设厅依法暂扣了对事故发生负有主要责任的24家施工企业安全生产许可证，吊销1家安全生产问题严重的施工企业的安全生产许可证，吊销3名执业人员的安全生产考核证书。收回安全质量标准化达标检查不合格的41家施工企业的安全生产许可证，并最终吊销经整改仍不达标的8家企业的安全生产许可证。全年培训考核“三类人员”1.14万名；培训安全监理人员1 103名，其中专职安全监理工程师268名；培训各类技术工种3万余人。先后派出9个督查组、先后4次对各地开展“安全生产年”工作情况进行督查、检查，累计抽查在建项目88个、建筑面积552万，全省共检查在建工程项目4 200余个，排查安全隐患2.16万条，整改2.08万条，整改率达96.4%。全省建工险承保公司共理赔建筑施工意外伤害案1 301起、金额1 967.75万元。配合昆明市建筑安全监管机构，完成对195个施工企业工地4.33万名农民工安全教育培训和1 558名企业法人及主管安全生产负责人安全培训。向施工作业人员免费发放30余万册《建筑安全知识读本》，为2 000家施工企业免费订阅《建筑安全》杂志。

【勘察设计管理】 2009年3月，省人大审议通过《云南省建设工程勘察设计管理条例》，并于2009年5月1日施行。全年全省勘察设计行业共完成营业收入79.4亿元，人均营业收入30万元，较2008年增长35%。全年全省共完成550家设计单位资质换证，审核批准新办资质23家、增项12家、升级8家。组织相关部门及专家完成初步设计审查71项，审查面积126万平方米，项目投资额76亿元；完成施工图审查1.28万项，建筑面积4 630万平方米，项目投资额734亿元；完成945人勘察设计注册师的注册管理工作，组织全省3 290名注册建筑师及各类勘察设计工程师执业资格考试考务工作。

【工程质量监督管理】 2009年5月，全省进一步加强工程质量监督执法检查力度，结合全国建设工程质量监督综合执法检查要求，组织开展全省建设工程质量安全执法检查，各地按要求认真对辖区内建设工程进行执法检查。7月，按住房和城乡建设部工程质量安全电视电话会议要求，全省组织两个检查组对昆明、曲靖、玉溪3个州、市20项在建重点工程、住宅工程、保障性住房工程进行抽查。9月，接受住房和城乡建设部对云南省工程质量监督执法检查。全省共监督10 042项，面积8 245万平方米，较上年增加39.6%。其中，受理新报监7 385项，面积4 749万平方米；竣工验收3 922项，面积2 414万平方米。全年办理工程竣工验收备案工程3 150项，建筑面积2 200万平方米。研究制定《云南省住房和城乡建设厅关于加强建筑幕墙、外窗工程质量监督管理的通知》，修订《云南省建筑工程质量优良等级评定管理办法》，起草《云南省工程质量监督管理规定》，《云南省建设工程质量检测管理办法》。

【招投标市场管理】 2009年，全省建设工程评标专家库入库专家有2 466名，按《云南省建筑市场管理条例》要求，共办理云南省管工程项目报建115件，投资总额199.28亿元，共办理施工许可证123件，合同价款258.98亿元，建筑面积195.54万平方米。办理招标人自行招标备案审查1项。招标备案登记918项，其中公开招标844项，邀请招标74项，应公开招标率达到100%。全年累计中标额186.83亿元。全省共有144家招标代理机构，其中甲级27家，乙级86家，暂定级31家。依法受理并查处或回复招投标有效举报投诉7件。

房地产

【概述】 2009年，省住房和城乡建设厅认真落实国务院和省政府促进房地产市场健康发展一系列政策措施，积极发展和促进住房消费，加大对房地产开发投资督导力度，完善房地产重大项目跟踪服务机制，加强房地产市场营销指导，进一步规范房地产管理，全省房地产开发投资和商品房销售实现较快增长，房地产市场总体运行稳定，全年房地产开发投资完成737.46亿元，超额完成省政府确定的目标任务。2009年，全省房地产开发投资对拉动城镇固定资产投资增长作出较大贡献，占城镇固定资产投资比例17.9%，对城镇固定资产投资增长贡献率达14.0%，拉动全省固定资产投资增长4.6个百分点。全年全省共完成房地产税收129.53亿元，同比增长26.4%，占全省地税部门组织地方税收收入的26.2%，已成为地税收入主要支柱之一。

【房地产开发投资】 2009年，全省完成房地产开发投资737.46亿元，投资规模较上年增长179.87亿元；投资增速同比增长32.3%。住宅开发投资在房地产开发投资中继续保持主导地位，住宅开发投资552.96亿元，同比增长30.5%，占房地产开发投资比重为75.0%。其中90平方米以下住宅开发投资97.43亿元，同比增长35.5%。办公楼和商业营业用房高于房地产开发总投资增速，实现较快增长，办公楼开发投资18.91亿元，同比增长55.8%。商业营业用房开发投资80.52亿元，同比增长40.4%。其他开发投资85.07亿元，同比增长32.2%。全省房地产开发投资规模占全国总投资比重为2.0%，在全国31个省、区、市中排第二十位，较上年上升1位。房地产开发投资增速高于全国平均增速16.7个百分点，在全国排第七位，较上年上升2位。

【全省房地产工作会议】 2009年10月27日，全省房地产工作会议在昆明召开。全省16个州（市）建设部

门领导、部分房地产开发企业负责人以及省直有关部门参加会议。省住房和城乡建设厅党组书记叶建成、厅长罗应光、副厅长陈锡诚出席会议并讲话。

【商品房供应】 2009年，全省商品房施工面积为6 837.88万平方米，同比增长27.2%；新开工面积2 820.84万平方米，同比增长30.3%；竣工面积1 680.56万平方米，同比增长59.9%，保持持续快速增长。商品房销售逐步实现由负增长到持续较快增长的转变。随着政策效应逐步显现，在二手房市场和全国商品房市场传导等综合因素作用下，6月末，全省商品房销售建筑面积扭转了自2008年5月份以来持续负增长的局面，首次实现正增长。7、8、9月份商品房销售建筑面积增速逐月加快，到9月末达到31.7%，并在随后3个月巩固和保持30%以上较快增速。截至12月末，全省商品房销售建筑面积达到2 229.95万平方米，同比增长35.7%；商品房销售额达到653.53亿元，增长48.4%。商品房空置面积199.48万平方米，增长43.9%。商品住宅空置面积126.05万平方米，增长66.1%。

【二手房交易】 2009年，昆明市二手房持续较快增长，12月达到成交峰值。在国务院和省政府鼓励和支持住房消费政策作用下，自2008年11月份以来，二手房市场交易持续活跃，成交量不断放大。根据昆明市房屋产权交易中心备案数据显示，截至12月末，昆明全市二手房交易面积达到594.25万平方米，同比增长173.6%。特别是12月份，在国务院明确从2010年1月1日起调整个人住房营业税优惠政策征免时限2年改5年政策刺激下，昆明市二手房单月成交量达到66.05万平方米，创下年初以来单月交易量新高。

【房屋销售价格】 年内，根据对国家发展改革委和统计局发布的2009年全国70个大中城市房屋销售价格指数显示，昆明市与大理市房价同比涨幅接近全国平均涨幅，截至12月份，全国70个大中城市房价同比涨幅和环比涨幅分别为7.8%和1.5%；昆明市分别为8.2%和0.4%；大理市分别为6.2%和0.5%。昆明市与大理市房价变化情况基本与全国70个大中城市的变化趋势相一致，呈现逐步回升态势。

环境优美的省级和谐社区——昆明市世纪城 （官渡区志办提供，王正鹏摄）

【商业房贷】 2009年，全省商业性房地产贷款余额达1 253亿元，同比增长49.8%，贷款余额占全省各项贷款余额的14.3%，比上年末提高1.5个百分点。全省房地产开发贷款余额达346.8亿元，增长59.9%。全省个人购房贷款余额达904.1亿元，增长45.6%。全省商业性房地产贷款不良额和不良率分别为17.9亿元、1.4%，较上年末分别减少13.9%、下降1.1个百分点，贷款质量进一步提高。

【住房公积金监督管理】 2009年，根据住房和城乡建设部等7部委《关于2009年继续开展加强住房公积金管理专项治理工作的实施意见》、省政府纠风办《关于印发2009年纠风工作实施意见的通知》精神，由省住房和城乡建设厅牵头在全省范围内继续深入开展加强住房公积金管理专项治理工作，各州市管理中心按省里统一部署对住房公积金管理、使用效益、风险防范等各项工作进行全面深入监督、检查、整治。截至2009年底，全省住房公积金归集总额628.19亿元，较上年同期增长27.18%；归集余额380.75亿元，增长21.24%；个人贷款余额221.03亿元，增长33.77%；累计为51.34万户家庭发放住房公积金贷款，住房公积金运用率达到58%，为促进住房消费发挥积极作用。

【公积金异地贷款业务】 2009年，省住房和城乡建设厅下发《关于开展云南省住房公积金异地贷款指导意见》，在全省范围内积极推进住房公积金异地贷款业务，以进一步加强全省各州市住房公积金贷款合作，充分发挥住房公积金在住房保障上的制度优势。

（张燕芳）

绿色经济强省建设

主　　编　许旭光
责任编辑　宣　勤

生态建设

【概述】 2009年，全省林业系统认真贯彻落实“扩内需、保增长”重大战略部署，坚持以科学发展观为统领，解放思想，抓住机遇，深化改革，千方百计加快林业发展，较好地实现全年目标任务。全年完成营造林1 031万亩，超计划381万亩；新建农村沼气35.5万户、农村节能改灶18.2万户，超计划5.5万户和8.2万户；集体林地确权率、宗地发证率、均山到户率分别达到98.8%、95%和81.9%；林业产业总产值达到457.6亿元，比上年增57亿元。

林业地位明显提升。省委常委会、省政府常务会多次听取林业工作汇报，研究解决林业改革发展面临的重大问题，先后出台《加快木本油料产业发展的意见》、《推进国家公园建设试点工作的意见》、《加快林业发展建设森林云南的决定》等文件。特别是中央林业工作会议后，认真组织调查研究，充分准备，召开了规格最高、规模最大的省委林业工作会议。白恩培书记等省领导和贾治邦局长等国家林业局领导出席会议并作重要讲话，极大地提升了林业在全省工作大局和全国林业发展中的地位，为全省林业工作创造了良好的发展环境。

资金投入力度加大。2009年中央和省级财政投入林业建设的资金达38.4亿元，比上年增加10多亿元。其中，林业产业发展资金由上年的1.9亿元增加到3.1亿元；新增退耕还林巩固成果专项资金5.5亿元、国家和省级公益林生态效益补偿资金3.22亿元、国有棚户区改造补贴资金6 667万元。2009年，国家林业局安排全省林业贴息贷款规模13.4亿元，是上年的5.4倍。年内，与世界银行、法国开发署等组织的合作不断深化，共申请贷款3 500万欧元，实施生物固碳造林5.9万公顷项目通过立项，争取世界银行债务减免5 954万元人民币；开展对德援项目的财务审计，督促各地及时兑现配套资金；与老挝农林部门进行协商会谈，加强森林资源保护和森林火灾联防的交流合作。

各项改革不断深化。制定出台《集体林地林木流转管理办法（试行）》，建成林权流转服务中心73个，促进林权的规范有序流转；出台《关于改善金融服务支持林业发展和集体林权制度改革的实施意见》，林权抵押贷款规模不断扩大，贷款余额达23.03亿元；积极探索建立新的森林采伐管理制度，在19个县开展森林采伐管理改革试点；大胆实施中低产林改造，并在全国林业厅局长会议上进行经验交流；制定出台《地方公益林管理办法》，启动实施4 730.81万亩省级公益林生态效益补偿工作；在全国率先启动极小种群物种保护行动，制定并实施的《自然保护区生物多样性影响评价技术规范》正申报国家标准；顺利完成云南省国家公园发展战略研究和相关技术标准制定，5个国家公园总体规划通过评审，经省政府批准后启动试点建设；创新野生动物肇事补偿机制，率先启动亚洲象公众责任保险，实施森林火灾保险意见进入审批阶段；林业有害生物防治社会化试点深入推进，小蠹虫、松毛虫等主要生物灾害得到有效控制。各项改革的顺利推进为解放和发展林业生产力提供了强大动力。

重点工作得到强化。针对重点工作推进中遇到的困难和问题，省厅领导分别带队，先后两次深入基层，实地对木本油料基地建设和集体林权制度主体改革进行全面检查，并针对发现的问题指导各地认真进行整改。同时，又组织对集体林权制度主体改革整改落实、木本油料

产业发展、中低产林改造、林产业发展、森林防火等进行综合调研督查，查找问题，制定措施，帮助整改，推动落实，确保了重点工作顺利推进。

依法治林意识增强。《林地管理条例》、《林木种苗管理规定》已报送省政府；《湿地条例》、《野生植物保护条例》、《林业有害生物防治检疫条例》、《国家公园管理办法》的立法调研工作正在进行；各地采取举办专题培训班、发放宣传资料、组织普法考试、在各种媒体上设立专题栏目等方式加大林业普法宣传教育，有效提升了各级领导干部和广大群众的法治意识；认真开展行政执法人员清理统计工作，全面推行行政执法责任制，加大对违法犯罪的打击力度。全省共查处涉林案件2.5万多起，为国家挽回经济损失1亿多元。

认真组织实施天然林保护、退耕还林等重点生态工程建设；积极推进林浆纸、林化工、森林生态旅游等重点产业发展，有效提升林业综合产值；高度重视森林防火；依法加强林地管理，严格执行森林采伐限额；全面完成森林资源二类调查；启动“十二五”森林采伐限额编制工作。顺利组建云南省林业投资公司，建立完善林业投融资平台；扶持建立林业合作组织、林业中介组织，为农民提供便捷服务；认真开展第五批省级林业龙头企业申报认定工作，加大项目、资金扶持力度，提升了龙头企业的辐射带动能力；国有林区棚户区改造试点稳步推进；加强干部培训力度，稳步推进林业队伍能力建设。

【“森林云南”建设】 2009年，省委、省政府作出《关于加快林业发展建设森林云南的决定》。提出到2010年，全省森林覆盖率达到53%以上，活立木蓄积量达到18亿立方米，林业总产值超过600亿元，农民从林业获得的人均收入达到1 000元，城市建成区绿化率超过35%；到2020年，全省森林覆盖率达到并保持在56%左右，活立木蓄积量达到20亿立方米以上，林业总产值超过2 000亿元，农民从林业获得的人均收入达到4 000元，城市建成区绿化用地超过35%，绿化率超过40%。

建设完备的森林生态体系。要坚持抓好实施天然林保护、推进退耕还林、防护林建设和石漠化治理、湿地保护等林业重点工程建设，全面启动城乡绿化建设工程，深入实施生物多样性保护工程，加强和完善林业“三防体系”（即：林业有害生物防治体系，林业有害生物联防联治、群防群控体系，森林防火体系），大力推进农村能源建设工程。

建设发达的森林产业体系。要大力发展木本油料产业，努力提升林浆纸产业，科学发展林化工产业，加快发展竹藤产业，适度发展野生动物驯养繁殖产业，积极发展森林生态旅游产业，高效发展木材加工及人造板产业，统筹发展非木材产业（即：森林药材、蔬菜，野生食用菌，松花粉，有机野茶、古茶，森林种质资源等），加快培育观赏苗木产业。

建设繁荣的森林文化体系。要建立生态文明道德规范，加强森林文化宣传，加快森林文化载体建设，打造森林文化品牌的各项具体要求，加快林业生态建设、产业建设、文化建设和基础设施建设，着力改善生态环境，提升林业发展水平，不断优化人居环境，把云南建成生态系统稳定、林业产业发达、生态文化繁荣、人与自然更加和谐的“森林云南”。

【中低产林改造】 省委、省政府提出积极推进中低产林改造重大举措：

高位推动。自2006年启动林改以后，省政府出台《加快推进中低产林改造的意见》，进一步明确了政策措施，计划用10年时间完成6 000万亩中低产林改造任务。

先行试点。2009年，全省通过采取林权抵押、租赁、入股、流转等方式，完成改造试点20多万亩。

科学规划。围绕木本油料、珍贵树种、名特优经济林、速生丰产林、种苗和花卉、森林食品和药材等基地建设，不断完善和彰显森林的生态功能和经济功能。

规范操作。省政府提出了总体标准、生态标准和经济标准为控制标准，凡符合改造条件的有林地、疏林地、灌木林地都纳入改造范围；特种用材林和受保护的林木、生态环境脆弱地区的公益林地、权属不清或有争议的林地，不纳入改造范围。

严格程序。凡纳入中低产林改造规划的林地，属经过林权制度改革分包到户和流转到户的，由林权所有者自主决定是否改造和改造方式，林权所有者提出的改造申请，

省政协副主席、省林业厅党组书记白成亮在广南县调研林地林木产权到户情况
（杨云锦 摄）

由乡（镇）林业站审核上报县级林业行政主管部门审批。属集体经营的，须按村民委员会组织法的有关规定，经民主决策同意，并报县级林业行政主管部门审批；属企业和国有的林地由其经营管理单位提出申请，报县级林业行政主管部门审批。中低产林改造采伐的木材及其剩余物，凭乡（镇）林业站证明，由县级林业行政主管部门办理运输手续。

保障投入。建立“政府引导、农民主体、社会参与、金融支持、市场运作”的投入机制，省级财政从2010年起预算安排不少于6 000万元专项资金，采取以奖代补、贷款贴息、种苗补助等方式支持中低产林改造。

严格管理。林业部门按照“阳光政府”要求，健全林业管理和服务体系，简化审批程序，提高管理效率和服务质量。制定中低产林改造项目管理试行办法，规范项目申报、审批、建设、验收等工作。坚持限额采伐制度，建立改造公示制度，接受社会监督。

省林业厅厅长陈玉侯在武定县林权交易服务中心调研　　（杨云锦　摄）

【木本油料基地建设】　至2009年，全省木本油料林达2 500多万亩，核桃、膏桐、澳洲坚果、油桐的面积、产量和产值均位居全国前列，其中核桃种植面积超过1 700万亩，年产量达30余万吨，综合产值突破60亿元。2009年，省政府出台《关于加快木本油料产业发展的意见》。对全省木本油料基地建设提出明确要求：到2012年，全省重点建设70个核桃基地县、10个油茶基地县、10个油橄榄基地县、20个膏桐基地县、10个油桐基地县为区划布局；全省木本油料林发展到5 000万亩，其中核桃3 700万亩，油茶600万亩，油橄榄、澳洲坚果、膏桐、油桐等700万亩，全省农民人均拥有1亩以上木本油料林，干果产量达到160万吨，产食用油18万吨、工业用油17万吨，产业综合产值超过400亿元，农民人均收入600元以上。到2015年，全省木本油料林发展到5 700万亩，产业综合产值超过600亿元，农民人均收入800元以上。到2020年，全省木本油料林发展到6 600万亩；干果产量达到680万吨，产食用油100万吨、工业用油60万吨；产业综合产值超过1 500亿元；农民人均收入达到1 800元以上为总体目标，将云南建成全国重要的木本油料产业基地。

（刘昌芬）

生态保护

【概述】　2009年，全省环境保护工作坚决贯彻落实中央和省委、省政府的重大决策部署，积极应对国际金融危机对云南省经济社会发展的影响和冲击，以实施“七彩云南保护行动”为载体，积极推进七彩云南生态文明建设。污染减排成效明显，化学需氧量较2008年削减2.61%、完成“十一五”削减任务的84.42%，二氧化硫较2008年削减0.48%，提前一年完成“十一五”二氧化硫削减任务；全省环境质量持续改善，16个重点城市中11个城市空气质量明显好转，在全国113个重点城市中，昆明、曲靖、玉溪3市进入全国10个空气环境质量最好城市行列；全省43个国控断面化学需氧量均值较上年下降2.6%。九湖“十一五”规划目标责任书项目建设进度加快，水污染防治工作取得积极进展；深入开展环保专项行动和重点流域重金属污染整治，全力为保增长调结构服务，环境管理水平不断提高；认真落实滇西北生物多样性保护联席会议精神，大力开展生态创建和农村环境综合治理试点示范，生态环境保护与建设工作积极推进；环境法制、政策、科技、宣教和对外合作等有力推进；环境管理基础性工作取得进展，全省环保能力建设增强。全年各项工作任务完成较好，为保增长、保民生、保稳定作出积极贡献。

【生态文明建设】　2月，《中共云南省委、云南省人民政府关于加强生态文明建设的决定》出台，明确提

出努力争当生态文明建设排头兵的目标，着力构建生态文明产业支撑、生态文明环境安全、生态文明道德文化、生态文明保障四大体系，标志着云南生态文明建设进入新的阶段。12 月省政府印发《七彩云南生态文明建设规划纲要（2009 ~ 2020 年）》，《规划纲要》以“七彩云南保护行动”为载体，以生态省建设为支撑，提出“一个目标、三大领域、五项任务、十大工程”的总体部署，提出云南省生态文明建设较为系统和完整的体系，是推进全省生态文明建设的重要指南。

全省环保宣教工作会议（省环保局 提供）

【自然保护区建设】 2009 年，全省共建有自然保护区 159 个。其中，国家级 16 个，省级 44 个，州（市）级 57 个，县级 42 个，总面积 297.95 万公顷，占全省国土面积的 7.55%，基本形成各种级别、多种类型的自然保护区网络，全省绝大部分的自然生态系统及珍稀濒危野生动植物在自然保护区中得到有效保护。

【生物多样性保护】 2009 年，《云南省生物物种资源保护与利用规划》编制完成。全国生物多样性评价指标试点省项目《云南省生物多样性评价指标体系试点及物种资源调查项目》通过环境保护部验收。

滇西北 5 州（市）和省直有关部门按照滇西北生物多样保护联席会议第一次会议的部署，紧紧围绕“五大体系、十大工程、二十四行动”积极实施《滇西北生物多样性保护行动计划》和《滇西北生物多样性保护规划纲要》，各项工作进展顺利。

【水土保持】 2009 年，全年共完成水土流失防治面积 3 254 平方千米，占年度计划 3 200 平方千米的 101.7%，其中完成坡改梯 2.74 万公顷，种植水土保持林 6.25 万公顷，经济果木林 7.10 万公顷，种草 0.32 万公顷，封禁治理 13.49 万公顷，保土耕作等 2.65 万公顷。兴建小型水利水保工程 8 794 座（口），完成土石方量 3 413.8 万立方米。新实施生态修复面积 8 000 平方千米。全年水土保持工作共完成投资 12.53 亿元。

【生态环境状况评价】 根据《生态环境状况评价技术规范（试行）》（HJ/T192 - 2006）及新修订的生态环境质量评价归一化系数和评价公式，对全省及 16 个州（市）2009 年度生态环境状况进行评价（见表）。

昆明市官渡区西亮塘湿地（官渡区志办提供，王正鹏摄）

【生态创建工作】 年内，楚雄市、江川县、易门县、思茅区、麒麟区、华宁县 6 个国家级生态示范区建设试点通过省级考核验收。玉溪市、保山市、西双版纳州、大理州、丽江市、怒江州、迪庆州生态州（市）建设规划及弥勒县、剑川县、洱源县、大理市生态县（市）建设规划通过专家论证。勐腊县磨憨经济开发区开展国家级生态口岸创建工作。《云南省生态功能区划》印发实施，《云南省重要生态功能区保护与建设规划》和《滇西北国家级重点生态

2009年度生态环境状况评价表

排名	州（市）	生态环境状况指数	等级	排名	州（市）	生态环境状况指数	等级
1	怒江州	93.39	优	9	玉溪市	81.70	优
2	德宏州	91.92	优	10	临沧市	81.36	优
3	普洱市	87.56	优	11	文山州	79.41	优
4	西双版纳州	86.91	优	12	曲靖市	76.38	优
5	保山市	86.80	优	13	楚雄州	76.21	优
6	迪庆州	84.61	优	14	昆明市	75.64	优
7	红河州	83.87	优	15	大理州	75.52	优
8	丽江市	82.89	优	16	昭通市	67.23	良
云南省				82.00		优	

2009年全省主要湖泊、水库类别统计表

名称	个数	Ⅰ类	Ⅱ类	Ⅲ类	Ⅳ类	Ⅴ类	劣Ⅴ类	水环境功能达标
湖泊	23	2	2	7	3	1	8	7
水库	40	2	14	13	9	2	0	17
合计	63	5	15	23	6	6	8	25

2009年九大高原湖泊水质状况表

湖泊	水域功能	水质综合评价	透明度（米）	营养状态指数	主要污染指标	污染程度
滇池草海	Ⅴ	＞Ⅴ	0.52	80.98	高锰酸盐指数、BOD5、氨氮、总磷、总氮	重度污染
滇池外海	Ⅴ	＞Ⅴ	0.42	67.28	总磷、总氮	重度污染
阳宗海	Ⅱ	＞Ⅴ	3.20	43.79	砷	重度污染
洱　海	Ⅱ	Ⅲ	1.88	40.53	总磷、总氮	良
抚仙湖	Ⅰ	Ⅰ	5.43	18.50	–	优
星云湖	Ⅲ	＞Ⅴ	0.74	63.44	BOD5、总氮、总磷	重度污染
杞麓湖	Ⅲ	＞Ⅴ	0.72	60.68	高锰酸盐指数、BOD5、总氮	重度污染
程　海	Ⅲ	Ⅲ	2.54	33.48	—	良
泸沽湖	Ⅰ	Ⅰ	10.57	13.97	—	优
异龙湖	Ⅲ	＞Ⅴ	0.32	72.86	高锰酸盐指数、BOD5、溶解氧、总磷、总氮	重度污染

注：1. 评价执行《地表水环境质量标准》（GB3838–2002）
　　2. 按省环境监测中心站提供数据为准

功能保护区规划》进入编制阶段。

【农村环境综合整治】 年内，全省完成上年度20个中央农村环保专项资金项目，开展以农村饮用水水源地保护、生活垃圾污水处理、畜禽养殖污染防治、农业面源污染防治等为重点内容的农村环境整治。争取2009年度中央农村环保专项资金5 608万元，实施54个农村环境综合整治项目和5个生态示范建设项目。根据云南省水污染防治的需要，省级财政安排专项资金用于九湖流域56个村庄环境综合整治。同时编制《云南省九大高原湖泊沿湖村落环境综合整治总体方案》。全年全省实施测土配方施肥项目县累计达129个，项目资金累计达1.4亿元。完成测土配方施肥推广面积3 645.52万亩，全省减少不合理施肥6.3万吨。全省农村户用沼气累计保有量253.3万户，农村改灶累计保有量594.25万户。全省新增农村户用沼气35.5万户，新增农村改灶18.17万户。

【水环境质量】 2009年，全省开展水质监测的63个湖泊、水库中，Ⅰ、Ⅱ类水质的占31.7%；Ⅲ类水质的占31.7%；Ⅳ类水质的占19.1%；Ⅴ类水质的占4.8%；劣Ⅴ类水质的占12.7%。水质优良率达63.4%。21个湖泊、水库开展富营养化状况监测，其中处于贫营养状态的有2个、处于中营养状态的有10个、处于轻度富营养状态的有2个、处于中度富营养状态的有4个、处于重度富营养状态的有3个。

六大水系主要河流受污染程度由大到小排序依次为：珠江水系、金沙江水系、红河水系、澜沧江水系、怒江水系和伊洛瓦底江水系。

在77条主要河流的151个监测断面中，水质优达到Ⅰ、Ⅱ类标准的断面占31.1%，水质良好达到Ⅲ类标准的断面占29.1%，水质已受轻度污染达到Ⅳ类标准的断面占16.6%，水质已受中度污染达到Ⅴ类标准的断面占4.0%，水质已重度污染劣于Ⅴ类标准的断面占19.2%。断面水质优良率为60.2%。

全省15个主要城市的30条城市河流（水域）44个监测断面中，达到Ⅰ、Ⅱ类标准水质优断面占27.3%；达到Ⅲ类标准水质良好断面占22.7%；达到Ⅳ类标准水质轻度污染断面占15.9%；达到Ⅴ类标准水质中度污染断面占2.3%；劣Ⅴ类标准水质重度污染断面占31.8%。能达到水功能要求的断面占54.5%。断面水质优良率为50.0%。主要污染指标为高锰酸盐指数、生化需氧量、氨氮和总磷，有机污染严重。城市河流（水域）总体水质为重度污染。

21个主要城市（所有州市府所在地和5个县级市）的40个集中式饮用水水源地开展水质监测，其中能满足集中式饮用水源地水质要求的有35个，占87.5%；不能满足要求的5个（自卫村水库、西河水库、独木水库、蒙自东山龙潭、开远南洞），占12.5%。与上年相比，主要城市集中式饮用水水源地水质好转的有8个（松华坝水库、大河水库、宝象河水库、洗马河水库、信房水库、纳贺水库、中山水库、暮底河水库）；水质下降的有6个（西河水库、独木水库、龙泉门、龙王潭、开远南洞、洱海），其余水源地水质保持稳定。

【大气环境质量】 2009年，全省环境空气质量与上年相比，呈现好转趋势。主要污染指标仍为可吸入颗粒物。二氧化硫、二氧化氮、可吸入颗粒物三项污染指标年平均浓度值均呈现下降趋势。开展空气自动监测的17个城市中，昆明市、丽江市、普洱市、楚雄市、临沧市、大理市、文山县城、景洪市、六库镇、香格里拉县城全年达到或优于空气质量二级标准天数占全年的比例为100%，蒙自县城99.7%，曲靖市、保山市、玉溪市99.5%，潞西市98.1%，个旧市96.7%，昭通市94.5%。与上年相比，全年达到或优于空气质量二级标准天数占全年比例为100%的城市增加了临沧市、文山县城、六库镇、香格里拉县。曲靖市、保山市降为99.5%。开展降水酸度监测的19个主要城市中，

2009年度云南省主要河流水质类别表

水系名称	Ⅰ类	Ⅱ类	Ⅲ类	Ⅳ类	Ⅴ类	劣Ⅴ类	合计
金沙江	1	14	10	4	0	10	39
珠 江	3	2	5	7	2	10	29
红 河	–	6	6	5	3	6	26
澜沧江	–	14	12	7	–	3	36
怒 江	–	2	6	2	1	–	11
伊洛瓦底江		5	5	–	–	–	10
小 计	4	43	44	25	6	29	151

注：按断面数统计

玉溪、昭通、普洱、临沧、蒙自、个旧、楚雄、安宁、宣威9个城市出现酸雨。昆明、曲靖、保山、丽江、文山、开远、景洪、大理、潞西、六库10个城市未监测到酸雨。

在出现酸雨的城市中，酸雨pH平均值在4.27～5.39之间，最低值4.27，出现在个旧。全省酸雨影响范围较上年有所减小，各主要城市降水酸度、酸雨频率基本稳定。

【城市声环境】 2009年，全省18个城市道路交通声环境平均等效声级值在59.3～71.9分贝。文山县城高达71.9分贝，超过国家标准1.9分贝。城市道路交通声环境质量好的有曲靖市、玉溪市、保山市、昭通市、丽江市、普洱市、楚雄市、景洪市、潞西市、香格里拉县城；较好的有昆明市、临沧市、蒙自县城、个旧市、开远市；轻度污染的有大理市、文山县城、六库镇。

17个城市区域声环境平均等效声级值范围在46.3～58.8分贝之间。城市区域声环境质量好的有曲靖市、玉溪市、昭通市；较好的有昆明市、保山市、丽江市、临沧市、楚雄市、景洪市、大理市、潞西市、香格里拉县城；轻度污染的有普洱市、个旧市、开远市、文山县城、六库镇。

在进行功能区声环境监测的15个城市中，曲靖市、保山市、昭通市、丽江市、普洱市、楚雄市、开远市、六库镇8个城市的各种功能区全部达标，其余城市的各功能区平均等效声级值均有不同程度的超标。与上年相比，在进行功能区声环境监测的城市中，0、3类区的昼间、夜间功能区声环境质量无明显变化；1、4类区的城市昼间功能区声环境质量有所下降；2类区的昼、夜间功能区声环境质量有所好转。

【辐射环境质量】 2009年，全省共有核技术利用单位2 003家，其中放射源使用单位411家，在用放射源1 758枚；射线装置使用单位1 592家，射线装置2 771台（套）。核技术应用中的放射性同位素、射线装置总体处于安全状态。2009年香格里拉县、丽江市、泸水县、大理市、昆明市、玉溪市、临沧市、景洪市8个国控点的辐射环境质量处于正常环境辐射水平波动范围，重要污染源及其周围环境辐射水平没有出现异常情况，全省辐射环境质量状况基本保持稳定。

【放射源安全管理】 2009年，全省共出动执法人员1 142人次，检查放射源使用单位301家，放射源1 100枚。收贮71家企业206枚放射性废源。获取辐射环境质量监测数据77 968个。全年办理辐射安全许可证审批42件、放射性同位素转让审批71件、转移备案4项，完成全省16个州市1 832家放射源和射线装置工作单位辐射安全许可证的核发工作。安全处置了省第一人民医院废弃放射源。

【污染减排】 全年全省新增污水处理能力80.5万吨／日。推进火电、钢铁等行业二氧化硫减排工作，全省10万千瓦以上火电机组全部完成脱硫设施建设，4台烧结机脱硫项目均建成投入试运行。推进制糖行业污染减排工作，全省所有规模以上糖厂全部完成化学需氧量减排工程。全年共完成化学需氧量减排项目63项，二氧化硫减排项目142项。经国家核定，2009年全省化学需氧量净削减0.74万吨，较上年下降2.61%；二氧化硫净削减0.24万吨，较上年下降0.48%，提前一年完成“十一五”削减任务。

【九大高原湖泊水污染防治】 2009年，九湖治理投资96.03亿元，其中滇池治理投资91.72亿元（其中滇池治理“十一五”规划外投资30.94亿元），其他八湖治理投资4.31亿元。截至2009年底，九湖治理累计投资209.05亿元，其中滇池治理投资169.04亿元。

九大高原湖泊水污染防治“十一五”规划项目共212项，截至2009年底，已完成79项，调试10项，在建108项，开展前期工作13项，未动工2项，开工率为92.92%。滇池“十一五”规划项目65项，已完成29项，调试8项，在建27项，开展前期工作1项，项目开工率为98.46%。

【阳宗海砷污染治理】 2009年，阳宗海砷污染治理取得积极进展：完成2009年阳宗海水资源调度工作，阳宗海水位从泄流前的1 769.76米下降至1 767.61米，累计下泻水量5 400万立方米，在调水期间，开展18期水质监测；云南大学开展阳宗海湖泊水体沉淀降砷试验、天津大学开展采用离子筛吸附阳宗海含砷水试验工作；玉溪市完成《阳宗海砷污染源综合治理工程可行性研究报告》编制，并上报省政府审批；完成3号泉眼点附近高浓度含砷泉水混凝土围隔施工，对围隔内含砷污水进行治理。2009年，阳宗海湖体砷浓度稳定在0.10mg/l～0.12mg/l之间。

【工业“三废”排放治理】 2009年，全省工业废水排放总量3.24亿吨，比上年下降1.8%。其中，化学需氧量排放量8.53万吨，下降7.2%；氨氮排放量1.90万吨，氨氮排放量0.32万吨，下降8.6%；其他污染物排放量132.33吨，下降5.1%。全省工业废水治理投资1.48亿元，完成治理项目122个，新增废水处理能力4.85万吨／日。

全年工业废气排放总量9 483.80亿标立方米，比上年增长14.0%。二氧化硫排放量49.93万吨，比上年下降0.48%。其中，工业二氧化硫排放量41.78万吨，下降0.5%；烟尘排放量17.83万吨，下降13.1%。其中工业烟尘排放量12.35万吨，下降18.7%；工业粉尘排放量10.18万吨，下降16.2%。全省工业废气治理投资6.38亿元，完成治理项目203个。

工业固体废物产生量8 672.83万吨，比上年增长8.6%。其中，危险废物产生量50.44万吨，下降4.9%；工业固体废物排放量60.65万吨，增长53.9%。

工业固体废物综合利用量4 264.80万吨，综合利用率48.9%，比上年增长1.1%。工业固体废物贮存量2 001.57万吨，处置量2 615.39万吨。全省工业固体废物治理投资1.34亿元，完成治理项目22个。

【重金属污染防治】 2009年，全省各级环保部门进一步加大重金属污染防治工作力度。开展全省重金属污染企业专项检查，编制《云南省关于贯彻加强重金属污染防治工作指导意见的实施方案》。对南盘江、沘江等重点流域重金属污染企业加大整治力度，根据监测数据表明，南盘江、沘江等重点流域重金属污染指标均出现下降。

【城市环境保护】 2009年，全省城市生活污水排放总量55 200万立方米，比上年增长8.4%；污水中化学需氧量排放量18.78万吨，下降0.4%；氨氮排放量1.58万吨，下降5.8%。

全省供水总量9.18亿立方米；全省建成污水处理厂42座，建有排水管道8 483千米（其中污水管道2 749千米），形成城市污水处理能力134.2万立方米／日，全省建成无害化垃圾处理厂（场）38座，形成无害化处理能力7 210吨／日；全省城市燃气普及率61.68%，绿地率24.68%。全省污水处理总量4.62亿立方米。其中，经城市污水处理厂处理3.97亿立方米，其他污水处理设施处理6 510万立方米。污水处理率为67.15%。全年开工建设污水处理项目69个。全省城市街道清扫保洁面积1.28亿平方米，清运垃圾563.82万吨，无害化处理305.33万吨。城市生活垃圾无害化处理率54.15%。2009年开工建设生活垃圾处理项目42个。

年内制定《云南省机动车环保检验合格标志管理实施方案》。全年全省机动车保有量达587.79万辆，新增注册99万辆。全省18条机动车排气污染物检测线对134.75万辆机动车开展排气污染物定期检测。

省领导调研滇池治理工程（省环保局　提供）

全省17个设市城市环境综合整治定量考核得分排序由高到低为：

地级市排名：昆明市、普洱市、丽江市、昭通市、玉溪市、保山市、曲靖市、临沧市。

县级市排名：安宁市、个旧市、景洪市、潞西市、楚雄市、宣威市、大理市、瑞丽市、开远市。

昆明、玉溪、安宁、个旧、景洪等城市继续推进“国家环保模范城市”的创建工作。

【危险废物和医疗废物处置】 2009年，大理、保山、普洱、文山、德宏医疗废物处置中心完成建设，投入试运行；临沧、昭通、楚雄、西双版纳、怒江医疗废物处置项目已开工建设；丽江、玉溪、迪庆医疗废物处置项目已完成前期工作，等待国家下达投资计划；昆明市危险废物处置中心已开工建设；红河、曲靖危险废物处置中心已完成前期工作。

【环境法治与监察】 2009年，省环保厅向社会通报6项违法违规事项和阳宗海砷污染治理工作情况。全年全省各级环境保护行政主管部门共实施现场监督检查9 024起，对9 012起案件进行调查处理，处理率为99.9%；结案8 875起，结案率为98.3%。作出行政处罚的520起，全年处罚金额768.26万元。其中省级处罚18个违法项目，处罚金额245万元；办理行政复议案件4起；行政诉讼案件1起。

2009年，全省继续组织开展“整治违法排污企业，保障群众健康”环保专项行动。全省共出动环境执法人员4.4万人次，检查企业1.47万家，立案123家，结案118家，结案率为96%。完成全年省级挂牌督办25家企业的整治工作。

对九湖流域内的42家国控、省控企业（含22家污水处理厂）稳定达标排放情况、11个责任书项目工程进度情况，按照县级每月1次、州（市）级每季度一次、省级每年1次（其中滇池、抚仙湖、洱海每半年1次）的频次进行检查，及时通过新闻网络向社会公布4个“季度报告”。组织滇川两省联合环境监察工作，开展对向家坝水电站“三同时”联合现场监察及对泸沽湖流域的联合现场监察，有效打击滇川两省边界地段的突出环境违法行为。

【建设项目环境管理】 2009年，省环保厅开辟重大建设项目环评审批的“绿色通道”，建立环评报告技术

环保责任险签约仪式　　（省环保局　提供）

评估与环评行政审批联动机制，建立省级机关部门间行政审批联动机制，实行重大建设项目环评进展情况专人跟踪服务制度。2009年，省级审批重点建设项目377项，比上年增加51项（增长15.6%）；涉及固定资产投资1 749.25亿元，比上年增加546.97亿元（增长45.50%）。其中，及时审批54条二级公路建设项目、68个“两污”项目。积极争取国家审批了丽江至香格里拉铁路等18个重点建设项目，涉及固定资产投资2 000余亿元。组织审查了腾冲工业园区等16项工业园区规划环评、南昏河流域规划环评等3项流域规划环评和泸沽湖风景区综合规划环评。省级40个重点工业园区的规划环评已审查32项。全年暂缓审批16个项目环评文件，对8个项目不予受理；严肃查处了18家未批先建、边批边建和未通过环保竣工验收的环境违法违规项目（企业），处罚款245万元。

【突发环境事件】　全年全省共发生3起等级突发环境事件（其中，Ⅲ级一起，Ⅳ级两起）、3起非等级突发环境事件。

【排污费征收】　全年全省共征收排污费2.51亿元，完成全年计划的148%。其中，上缴中央国库0.25亿元，上缴省级国库0.8亿元，州（市）级以下国库1.46亿元。

【环境信访】　全年省级受理来信（含传真、邮件、网上信访）284件，较上年（303件）下降7%，来信办复率100%；接待群众来访28批72人次，较上年（84批177人次）大幅下降，来访办结率达100%，信访事项基本做到件件有查处、事事有回音、群众较满意。收到省级人大代表建议27件、政协提案25件，已全部按要求办理完毕。

【强制性清洁生产审核】　年内，全省公布24家（第四批）强制性清洁生产审核企业名单，并组织开展强制性清洁生产审核。完成33家企业强制性清洁生产审核评估验收。减少废水排放量162.9万立方米、化学需氧量204.9吨、二氧化硫4 450吨、固体废物2.4万吨，节能降耗、减污增效效果显著。实施糖厂废弃物资源化利用项目、冶炼烟气及废渣资源化利用项目等一批循环经济项目。

【土壤污染状况调查】　2009年，全省完成2 647个土壤样品、294个农产品样品的采集、制备、分析测试和云南省土壤样品库建设工作，获得22.31万个分析数据。开发“云南省土壤污染状况调查信息综合处理平台”，建立云南省土壤污染状况调查数据库。基本完成《云南省土壤污染状况调查报告》。

【签署“环境污染责任保险”第一单】　10月21日，昆明中药厂有限公司与中国平安保险云南分公司官渡支公司正式签署《环境污染责任保险合同》，保险单赔偿限额为20万元。这是自10月1日《昆明市人民政府关于推行环境污染责任保险的实施意见》正式施行以来，当前被作为重点对象纳入投保范围的25个主要污染行业共396家企业中投保的第一单。此举在云南全省尚属首例。

【流域限批制度实施】　2009年，云南环保厅首度对沘江流域建设项目环境影响评价文件实施“流域限批”制度。实施的沘江流域区域限批范围包括沘江及其支流在内的流域范围，具体涉及怒江州兰坪县金顶镇和啦井镇，大理州云龙县白石镇、长新乡、检漕乡、诺邓镇和宝丰乡。凡是直接或者间接向沘江及其支流排放含铅、锌等重金属以及其他有毒、有害污染物的建设项目，不论投资主体、资金来源和投资规模，在沘江流域新建、扩建上述限批建设项目，云南各级环保部门将一律停止审批其环境影响评价文件。该“流域限批”制度将持续到沘江流域水污染防治规划目标基本实现，并经云南省环保厅组织验收合格后给予解除。

【队伍建设】　2009年，根据《云南省人民政府机构改革实施意见》设立云南省环境保护厅，为云南省人民政府组成部门。内设机构由原来的10个增加为13个，增加行政编制18人。截至2009年12月31日，全省环保队伍人数总计4 488人，共有127个县（市、区）成立独立建制的环境保护局。

（王丽达）

生物资源开发

【概述】 云南拥有从热带、亚热带、温带到高原气候等多种气候类型和北半球除沙漠、海洋外的各类生态系统，素有“植物王国”“动物王国”“微生物王国”以及“天然花园”“药物宝库”“香料之乡”美誉，是全球生物多样性最丰富、最集中、最复杂的地区和世界级基因库，是发展生物产业的理想“天堂”。2009年，云南生物产业在省委、省政府的正确领导和强力推动下，继续把培育壮大生物产业摆在实现科学发展的重大战略地位，并把加快生物产业发展作为积极应对国际金融危机影响的重大措施，紧紧围绕“保增长、保民生、保稳定”目标，加强领导，增加投入，深入组织实施优势生物产业推进计划，通过抓原料基地建设，抓产品精深加工，抓产品市场开拓，抓科技研发创新，建设一批原料基地，培育一批龙头企业，新上一批加工项目，转化一批科研成果，有力促进生物产业持续快速健康发展。全年全省优势生物产业种植面积8 521万亩，完成计划的104.8%，比上年增16.2%；产量3 955万吨，完成计划的100.5%，增9.1%；农业总产值1 705亿元，完成计划的103.1%，增10%；加工产值1 588亿元，完成计划的102.4%，增13.1%；直接出口额10.27亿美元，完成计划的101.6%，增19.7%。在12类优势生物产业中，烟草产业完成农业产值245.7亿元、加工产值886.1亿元，分别占计划的109.7%、104.9%；畜产品产业完成农业产值600亿元、加工产值160亿元，分别占计划的87.9%、74.2%；蔬菜产业完成农业产值178.4亿元，占计划的106.8%；茶叶产业完成产量18万吨、农业产值32.2亿元、加工产值52.8亿元，分别占计划的100%、92%、81.2%；薯类（马铃薯）产业完成农业产值75亿元，占计划的107.1%；生物药产业完成产量19.5万吨、农业产值44亿元、加工产值115亿元，分别占计划的134.5%、114%、97.9%；蔗糖产业完成产量223.5万吨、农业产值40亿元、加工产值71亿元，分别占计划的118%、103%、81.6%；花卉产业完成种植面积58.1万亩、农业产值201亿元、工业产值2亿元，分别占计划的100%、100.5%、100%；木本油料产业完成产量31万吨、农业产值63亿元、加工产值12亿元，分别占计划的103.3%、106.8%、109.1%；橡胶产业完成产量30.2万吨、农业产值45.2亿元、加工产值3.1亿元，分别占计划的104.1%、106.9%、106.2%；水果产业完成产量308万吨、农业产值64亿元，分别占计划的723.2%、160%；木竹加工及浆纸产业完成加工产值52亿元，占计划的100%。其他产业：咖啡产业实现种植面积40万亩、产量3.8万吨、农业产值6.4亿元、加工产值4亿元，分别占计划的105.3%、118.8%、128%、100%；蚕桑产业实现种植面积126万亩、产量3.8万吨、农业产值8亿元、加工产值10.6亿元，分别占计划的93%、81.5%、106.7%、101%；油菜产业实现种植面积441万亩、产量47万吨，分别占计划的95%、85.5%；松脂产业完成产量12万吨、加工产值6亿元，分别占计划的100%、100%。

【省政府出台产业发展计划】 2009年，为深入贯彻落实党的十七大和十七届三中全会精神，进一步发展生物龙头产业，壮大生物龙头企业，促进优势生物产业加快发展，按照省政府领导指示和要求，省政府发展生物产业办会同省政府研究室起草《云南省加快推进优势生物产业发展计划》(以下简称《推进计划》)，2009年1月“推进计划”（代拟稿）经省政府常务会审定通过。该计划提出加快推进优势生物产业发展总体要求，重点培育烟草、畜牧、蔬菜、茶叶、薯类、生物药、蔗糖、花卉、木本油料、橡胶、水果、木竹加工及浆纸等12类优势生物产业目标任务和政策措施。“推进计划”作为“十一五”及今后一个时期推进全省生物产业发展的重要指导性文件的出台，有力地促进云南生物产业全面、协调、可持续发展。

蔬菜产业 （省委党史研究室 提供）

【云南生物产业发展大会召开】 6月4～6日，由云南省人民政府主办的云南省生物产业发展大会在昆明召开。大会主旨是贯彻落实党的十七大、十七届三中全会和全国“两会”精神，总结全省生物产业发展取得的成绩和经验，分析面临的形势和任务，进一步统一认识，理清思路，明确任务，强化措施，全面推进生物产业发展。同时，围绕全省生物资源综合开发利用，邀请国内外生物产业领域知名企业参加，通过开展对口考察、洽谈，宣传云南生物资源开发潜力、优势和合作前景，推介重大招商引资项目，争取引进国内外资金、技术、人才参与优势生物产业开发，加快全省生物产业发展步伐。秦光荣省长出席会议并作重要讲话；孔垂柱副省长主持大会，并对做好当前生物产业发展工作作了具体安排。会议还邀请研究生物科技和生物产业发展的4位省外专家、18位省内专家到会指导，成功地举办云南生物产业发展论坛；邀请省外、国外生物产业领域知名企业153户参加大会，并在会上向他们推介重大招商项目。全省与省外、国外共签订合作项目176项，协议总投资256.6亿元，协议引进省外、国外资金215.7亿元。其中，与国外企业签订合作项目53项，协议总投资11.8亿美元，协议利用外资9.9亿美元。

【培育壮大龙头企业】 2009年，在实施优势生物产业推进计划中，全省各地把培育壮大龙头企业作为加快发展的突破口，从资金、政策等方面加大对生物产业龙头企业的扶持和引导力度，生物产业龙头企业数量、规模和效益都有较大发展。2009年，生物产业规模以上企业发展到1 213户，比上年增加194户，增19%；规模以上企业从业人数27.7万人，同比增1.5万人，增5.72%；规模以上企业加工产值达到560亿元，增54亿元，增10.67%；规模以上企业利税总额337.3亿元，增26.7亿元，增8.6%；规模以上企业固定资产投资180.2亿元，增49.6亿元，增37.9%。

【生物产业开放合作】 2009年，省政府把积极开展招商引资引智、加强对外交流与合作作为加快推进优势生物产业发展的一个重要着力点。在省政府领导的高度重视和组织协调下，经省级各相关部门深入指导、密切协作和各州市大量艰苦细致的工作，成功召开云南省生物产业发展大会，并且还在上海举办云南（上海）生物产业推介洽谈会。通过“请进来”和“走出去”，组织全省龙头企业、有关部门和单位与省外、国外签订191个生物产业合作项目，协议总投资268.5亿元，协议引进省外、国外资金225亿元。招商引资工作的开展，引进加拿大天辰集团、北京中信集团、天津天士力集团、武汉凯迪控股投资有限公司等一批战略合作伙伴，促成生物医药、生物农业、生物林业、生物能源等领域一批重大项目的合作，推动昆明国家生物产业基地、石林台湾农民创业园、曲靖农业科技示范园、玉溪农产品加工出口基地、云南文山三七药物产业园等一批生物产业基地和园区建设。同时，按照省委、省政府安排，由省委组织部、省人力资源社会保障厅牵头，省级有关部门配合，邀请百余名在生物产业方面有造诣的留学博士，于4月中下旬到云南开展“推动云南生物产业发展——百名留学博士云南行活动”。活动期间，组织参加活动的105名博士赴昆明、曲靖、普洱、保山、文山、楚雄、德宏、西双版纳等8个州市进行实地考察调研，举办生物产业与生物经济发展国际论坛。通过活动的开展，汇聚推动云南生物产业发展的良策，搭建云南与国内外交流合作的平台，创新人才引进模式，展示云南良好形象，产生了良好社会效果。

省长秦光荣在云南省生物产业发展大会上讲话 （省政府发展生物产业办 提供）

【生物产业发展目标责任考核】 年内，为进一步落实加快生物产业发展各项政策措施，充分调动各级、各有关部门发展生物龙头产业、壮大生物龙头企业积极性，推动生物产业成为增长速度快、质量效益好、带动效应强的重要支柱产业，省政府发展生物产业办在认真研究起草、广泛征求意见并报省人民政府审定出台《云南省生物产业发展目标责任管理考核办法》的基础上，按照《中共云南省委办公厅云南省人民政府办公厅关于开展全省2009年度集中检查考核工作的通知》，采取由州

市政府自检自查、省级各行业主管部门分产业汇总、省政府发展生物产业办公室综合考核、省生物产业发展目标责任管理考核小组评价报省政府奖惩方法，经过深入协调、精心指导和跟踪督促，认真组织对2009年度全省生物产业发展目标任务完成情况进行检查考核，有效促进各级、各部门生物产业发展工作开展。

省领导出席云南生物产业发展合作项目签约仪式

（省政府发展生物产业办　提供）

【生物产业专项资金管理】　2009年，根据《云南省人民政府关于实施加快推进优势生物产业发展计划的通知》精神，省政府发展生物产业办会同省财政厅，对原《云南省省级财政扶持生物资源开发创新专项资金管理暂行办法》进行了认真研究和反复修改，形成《云南省省级财政发展生物产业专项资金管理办法》，报经省政府审定出台贯彻执行。同时，认真组织开展好2008年度省级财政扶持生物资源开发创新专项资金绩效评价工作，严格2009年省级发展生物产业扶持项目资金审批程序，进一步加强对省级财政发展生物产业专项资金的使用管理。

【生物产业基础工作】　2009年，省政府发展生物产业办针对全省生物产业发展实际情况，开展一系列发展生物产业的基础性工作。

研究建立云南省生物产业统计报表制度。建立和实施生物产业统计制度是推动生物产业发展的一项重要基础工作和长效促进机制。下半年，省政府发展生物产业办争取省统计局支持，共同组织编制《云南省生物产业统计报表制度》，并于12月上旬组织各州（市）和省级行业主管部门有关人员进行统计报表制度培训和统计工作部署。生物产业统计报表制度的实施，为全面、系统、完整地收集、分析和反映全省生物产业发展基本情况，为省委、省政府制定生物产业政策和推动生物产业发展提供科学的决策依据。

组织编制优势生物产业专项规划。根据国务院《促进生物产业加快发展若干政策》和省人民政府《关于加快推进生物产业发展的意见》、《关于实施加快推进优势生物产业发展计划》，积极研究拟定了《分类编制优势生物产业“十二五”发展规划工作方案》，积极协调相关产业主管部门开展优势生物产业“十二五”专项规划的编制工作，争取2010年内完成生物农业、生物林业、生物医药、生物能源等专项规划编制工作。

进一步推进生物产业信息服务平台建设。省政府发展生物产业办对原有云南生物资源开发创新网站进行了恢复、改版和升级，建设云南生物产业信息网，争取2010年中信息网站实现正常运转，为政府、公众、企业在生物产业信息资讯等方面提供服务。

【云南（上海）生物产业推介洽谈会】　10月20～21日，由云南省人民政府主办，上海市政府合作交流办公室、云南省招商合作局和云南省人民政府发展生物产业办公室等共同承办的云南（上海）生物产业推介洽谈会在上海举行。云南7个省直部门，11个州市及20多户相关企业参会，上海市相关委办局和200多户企业共300多人参加推介活动。在推介洽谈会上签约了15个合作项目，协议资金总额达11.9亿元（其中引进上海方资金9.3亿元）。推介洽谈会期间，还专门举办了生物产业专题讲座和云南优质特色生物产品展；昆明国家生物产业基地、石林台湾农民创业园、曲靖农业科技示范园、玉溪农产品出口加工基地、文山医药创业园做了专题推介，取得了较好效果。

【第三届中国生物产业大会】　6月，根据省政府办公厅要求，省政府发展生物产业办会同省发改委组织昆明市政府和省工业和信息化委、科技厅、财政厅、农业厅、林业厅、商务厅、中科院昆明分院、省农科院、昆明高新技术开发区等部门、单位及2户生物企业代表共计30人参加了6月在吉林长春举办的第三届中国生物产业大会。通过认真筹备和组织，会议期间，云南省代表团参加了生物产业发展战略高层论坛和专业论坛，展示了全省生物产业发展最新成果，达到了宣传推介云南生物产业和促进交流合作的目的，圆满完成了参展参会任务。

（黄清祥）

民族文化强省建设

主　　编　陈天武
责任编辑　代燕春

综　述

2009年，全省文化产业相关部门坚持把文化体制改革摆在突出位置，按照中央和省委、省政府确定的“路线图”“时间表”和“任务书”，大力推动文化体制改革取得实质性进展，推动文化产业较快发展，文化产业增加值达360亿元，占全省GDP总量的5.96%，受到中央高度评价和省外广泛关注。7月、4月，中共中央总书记胡锦涛和中宣部部长刘云山分别视察云南并对云南文化工作发表重要讲话。5月，中央督查组对云南文化体制改革工作进行专项督促检查和指导。各级文产办及时贯彻落实中央领导讲话精神和中央督查组的要求，深入推进文化体制改革工作。6月，省政府常务会议和省委常委会先后集中研究省委、省政府《关于进一步深化文化体制改革推进经营性文化事业单位转企改制的若干意见》。8月3日，省文化体制改革指导委员会召开全会，审议云南日报报业集团、云南出版集团公司和云南大学出版社改革实施方案。8月24日，省文化体制改革和文化产业发展领导小组召开专题会议，传达全国文化体制改革经验交流会精神，对全省文化体制改革工作进行新部署安排。10月，省委常委会专题听取全国文化体制改革经验交流会精神。11月4日，省文化体制改革指导委员会召开第二次全会，讨论云南日报报业集团、云南出版集团公司、云南大学出版社整体改革方案及省文产领导小组批复意见，并对省文化厅、省广电局整体改革方案进行研究。11月24日，省文化体制改革和文化产业发展领导小组召开推动全省文化体制改革工作会，传达贯彻落实全国文化市场综合执法改革经验交流会精神，督促检查各地各部门推动文化体制改革，进一步统一思想、明确要求、落实责任。

年内，按照中央和省委要求，省文产办组织起草《云南省省级宣传文化部门（单位）体制改革总体方案》，督促相关部门和单位完成《云南省电影行政管理职能调整划转工作方案》《云南省文化厅直属文化事业单位改革总体方案》等10个改革方案，并协调政府相关部门进行认真审议，最后由省文化体制改革和文化产业发展领导小组下发批复意见和组织实施。截至12月底，省级宣传文化单位体制改革取得实质性进展。云南出版集团及所属7家经营性文化事业单位全部注销事业法人资格，公司更名为“云南出版集团有限责任公司”。云南日报报业集团推进宣传业务和经营业务的分离，成立云南报业传媒（集团）有限责任公司。云南广播电视信息传输网络股份有限公司进行资产重组，并按“全省一张网”的目标整合组建云南广电网络集团。云南文化产业投资控股集团有限责任公司也在大胆整合资源和得到省财政资金专项扶持后挂牌运营。云南民族电影制片厂、云南民族文化音像出版社、云南音像出版社、云南大学出版社、云南省歌舞剧院、云南省杂技团等文化事业单位相继实现转企改制。省级电影行政职能划转工作圆满完成，省文化厅电影管理职能全部划转省广电局。省级文化、出版、广电部门整合文化市场执法力量，成立省文化市场综合执法总队。云南电视台、云南人民广播电台制播分离改革工作取得明显进展。

【文化产业发展平台】　7月18日，省文产办牵头举办’09中国（昆明）东盟赏石石材博览会暨珠宝文化节。8月13日，省文产办和昆明市联合举办第二届云南·昆明动漫节。6月10日，云南民族民间工艺品交易市场开业运营，总使用面积1万余

平方米，分为银器、锡器、茶叶、精油和其他工艺品五大场馆，汇集全省16个州市各民族民间工艺品达2000余种。10月15日，省文产办等联合举办'2009昆明（中国）国际民族民间工艺品暨旅游文化商品博览会。11月18日，第九届中国普洱茶节暨第二届云南民族服装服饰文化节在普洱市举行。云南省文化产业界联合会先后组织香格里拉原声原唱《从心开始》演唱会、“梦幻之夜”——美国国际魔术大师比尔·科奈里2009中国巡演昆明演出等活动。

【实施项目带动战略】 年内，省级有关部门和昆明市方面积极推进昆明国际印刷包装城、昆明国际珠宝文化城、中国昆明历史文化城、东方影城、大型原生态歌舞剧《阿诗玛》等重大文化产业项目建设。楚雄州中国彝族文化大观园建设成效明显，世界和平文化园旅游区项目前期工作有序推进。丽江市政府与云南文投集团签订国家级民族文化产业示范园区丽江基地开发建设合作协议。北京宝利演出公司投资近1 000万元在泸沽湖畔打造展示摩梭风情的大型歌舞《花楼恋歌——走进摩梭母性家庭》。云南谷昌工贸公司投资9.1亿元的丽江大港国际会展中心开工建设。保山市腾越翡翠城和荷花玉雕加工基地开工建设并将投入使用，龙陵县黄龙玉商贸园区建设进展顺利，腾越文化园、龙陵邦腊掌两个旅游文化项目已纳入省发改委扩大内需项目。玉溪市形成以抚仙湖仟龙湾文化旅游小镇和华夏和谐文化园两个重点项目为支撑的文化产业集群。德宏州着力实施“珠宝文化产业百亿元工程”，打造中国最大的翡翠毛料交易集散中心、海内外最知名的玉石雕刻加工中心、中国最繁荣的珠宝玉石成品交易中心。西双版纳民族博物馆、帕萨罕亮水域华府文化旅游城建设进展良好，告庄西双景民族商业步行街、景洪江心大沙坝湿地康体中心等大型文化旅游产业项目已经启动。2009年7月，大理州由著名导演陈凯歌执导的大型奇幻实景演出《希夷之大理》举行奠基仪式。曲靖市投资20亿元的太阳山谷项目开工建设。昭通大山包生态旅游景区、龙氏家祠民国文化风情旅游度假区等一批重点工程建设进展顺利，彝族六祖分支祭祖圣地文化旅游景区也顺利开工。

【文化旅游产业】 2009年，为把文化与旅游互动作为发展文化产业最重要的抓手，省文产办与省旅游局精心策划打造10个文化旅游村镇特色品牌，研究修改了《云南省文化产业和旅游产业发展实施意见》。全省各地旅游景区景地民族歌舞演艺产业持续火爆。大型原生态民族歌舞集《云南映象》继续上演，大型衍生态民族乐舞《云南的响声》首轮50场巡演收入达600余万元。在丽江，《印象·丽江》“雪山篇”全年演出923场，接待游客138万人，上座率超过95%，同比增长132%；收入1.3亿元，同比增长116%；《丽水金沙》全年演出492场，收入2 831万元，增长30%。在西双版纳，大型民族歌舞晚会《勐巴拉娜西》全年接待游客25万多人次，增长53%，票房收入约1 700万元，增长72%；大型篝火晚会《澜沧江·湄公河》接待游客40多万人次，同比增长超过25.7%，票房收入约6 500余万元，增长30%。柏联和顺公司腾冲相继开发的马帮博物馆、滇商文化博物馆、和顺小巷与原有的和顺图书馆、艾思奇纪念馆、甲马博物馆、滇缅抗战博物馆、宗祠纪念馆、民居博物馆交相辉映，2009年接待游客60万人次，实现经营收入2 000万元。

【文化产业“走出去”】 2009年，云南文化产业省外市场成效渐长。云南无线数字电视文化传媒有限公司、昆明憨夯民间手工艺品有限公司、云南新华书店集团有限公司被认定为2009～2010年度国家文化出口重点企业。丽江纳西古乐演出（丽江宣科纳西古乐文化有限公司）、老挝数字电视项目（云南无线数字电视文化传媒有限公司）被认定为2009～2010年度国家文化出口重点项目。丽江市丽水金沙演艺公司在昆明投资建设一个集演艺、休闲、高尔夫球为一体的大型文化产业项目，在苏州市投资打造大型民族舞蹈剧《中华风情》将正式上演。迪庆州《走进香格里拉》剧组赴宁夏、甘肃、青海等地演出。云南吉鑫集团有限公司在海南投资打造的优秀旅游演艺产品《浪漫天涯》。沧源县阿佤山歌舞团赴北京、杭州、上海等商演740场次，观众近34万人次，实现利润8.2万元。

【推广先进典型】 2009年，认真总结推荐先进典型，加大对外宣传报道力度，为云南文化产业发展营造良好氛围。丽江市开展群众性广场文化活动的典型材料被中宣部收编到《文化体制改革典型案例》。在“中国文化产业新锐奖”评选活动中，昆明市获“中国文化产业创意城市示范奖”，腾冲县文化产业办公室获“中国文化产业创新机构推动奖”，云南中天文化产业发展有限公司获“优秀企业活力奖”。在2009年第四届中国文化创意产业年度高峰会上，云南大学文化产业研究院获“2009中国创意产业推动奖”，昆明韶山藏书楼（昆明新知图书城有限责任公司）获“中国创意产业最具投资价值项目奖”。2009年，省文产办加强与中央和云南主要新闻媒体的联系，大力宣传全省文化体制改革和文化产业发展工作。人民日报在头版刊发《听，云南的响声——云南省推动文化产业大发展大繁荣》的长篇报道，并在“走进民营文化企业家”专栏刊发《杨丽萍的人生“跳跃”》人物特写。新华社刊发《金融寒流下“云南文化”的强势突进》、《中国最大民族民间手工艺品展示“舞台”开门迎客》等稿件。光明日报刊发《花儿为什么这样红——解读云南文化产业成功经验》《云南大力推动文化体制改革》等报道。经济日报刊发《文化产业与公共服务齐头并进——云南省文化改革与发展纪实》的稿件。

中央人民广播电台“新闻和报纸摘要”播发《云南省推进边境少数民族文化惠民工程》的消息。中央电视台在有关采访报道中也反映了云南文化改革发展情况。人民日报、新华社等媒体还在一些综述性文稿中，多次提及云南文化体制改革和文化产业发展情况。中国国际广播电台、中国文化报、《文化创意产业参考》等媒体也对多次对采访报道了云南文化产业发展的相关情况。

（朱于波）

教　育

【概述】　2009年，云南省完成镇雄、鲁甸、澜沧3县“普九”攻坚任务，实现全省129个县（市、区）按规划如期实现“两基”目标。全省小学、初中学龄儿童入学率分别达到98.3%和87.6%。普通高中学校在校生61.15万人，中等职业教育在校生56.19万人，高中阶段教育毛入学率58.6%，比上年增长6.6%。学前教育、特殊教育和民族教育取得新成绩。新增高校2所，在校生58.95万人，比上年增加5.95万人。普通高中毕业生升学率68.13%，高等教育毛入学率17.57%。高等教育布局、层次、结构和专业设置进一步优化。启动云南大学“211”工程三期建设。高校质量工程深入推进，涌现了一大批国家和省级“名师”、高水平“教学团队”和“科技创新团队”。中央和省级政府共投入教育专项经费76.53亿元，比上年增长46%。体制机制创新取得突破性进展，教育发展活力进一步增强。以“三生教育”为载体的素质教育取得显著成效，“三生教育”教材进入13个省市，其中被10个省列入地方教材目录。“三生教育”的实施为全国实施素质教育，建设社会主义核心价值体系探索了新思路，提供了可供借鉴的经验。

【云南教育“减负”会议】　1月19日，云南省切实减轻中小学生负担、全面提高教育质量工作会议及新闻发布会在昆明召开。省委高校工委、省教育厅领导，省级有关部门负责人，16个州市分管教育的副州（市）长、教育局长，昆明市4城区教育局局长，云南省切实减轻中小学生负担全面提高教育质量特派监察员，以及部分中小学校长代表参加会议。

会议主要内容是：以科学发展观为指导，深入贯彻中共中央、国务院、教育部和省委、省政府关于切实减轻中小学生负担，全面实施素质教育，全面提高教育质量，办人民满意教育的精神，对全省切实减轻中小学生负担全面提高教育质量进行部署。按照区域统一、内外结合、整体推进的方法。

从2009年3月1日起，开始按照下发文件要求实行全省统一“减负”。这次减轻中小学生负担，主要就是减轻学生学习负担、心理负担和经济负担。把时间还给学生，坚决杜绝周末、法定节假日、寒暑假补课。考虑到初三和高三学生面临升学压力，允许星期六安排一定的教学活动，同时禁止对中小学生布置惩罚性的作业；把健康还给学生，在开齐、开足课程的情况下，对体育课、健康教育做了具体规定；把快乐的学习还给学生，改变学生反应比较强烈的考试多、作业多、竞赛多、补课多的现状；把轻松的书包还给学生，学生经济负担问题主要来源于教辅材料，对于违规征订教辅行为要坚决查处。

【高考政策加分调整】　5月26日，云南省招生考试院院长朱华山在楚雄州高考工作座谈会上宣布，全省高考将取消和调整部分政策性和照顾性加分，并取消领导巡考。取消的3项政策性加分为：省级优秀学生加分、省级三好生加分以及高寒山区教师子女加分。在上年高考中，省级优秀学生和省级三好生在报考省内高校时可有10分加分，高寒山区教师子女在报考省内高校时有20分加分。调整的两项照顾性加分为：国家二级运动员以及华侨、台属加分，标准均由原来的20分降为10分。

【全省统一初中升学考试取消】　9月17日，省教育厅厅长罗崇敏在全省加强学校现代管理工作视频会议上宣布：从2010年起，取消全省统一初中升学考试，全面推行学业水平考试和综合素质评价制度。

【初中教育评价制度改革】　年内，省教育厅制定并出台《云南省教育厅关于初中教育评价制度改革的意见》。决定从2010年起实施的初中学生学业水平考试制度、完善初中学生综合素质评价制度、深化高中学校招生制度为主要内容的初中教育评价制度改革。同时，决定在全省范围内禁止包括“奥赛”在内的所有中小学学科竞赛活动，并规范中小学校招生加分政策。初中学生学业水平考试将从2009年秋季入学的七年级学生开始实施，由省教育厅制定统一考试标准、统一考试科目、统一考试时间、统一发布全省义务教育阶段教育教学质量蓝皮书，并根据质量评价与监测需要建立抽考制度。初中学生只有学业水平考试成绩合格、综合素质评价合格，才能被授予九年义务教育证书。综合素质评价指标由两部分组成：一是基本素质评价指标，包括思想道德、学习态度与能力、交流与合作、运动与健康、审美与表现等五个方面。二是个性发展评价指标，包括

个性特长、个人成果及其他自主选择内容等三个方面。为确保评价公平、公正，学校要将学生综合素质评价结果在校园内公示一周。此外，从2010年开始，将实行优质高中阶段学校招生指标按一定比例分配到各初中学校招生制度改革，2010年、2011年过渡期间中考由各州、市自行命题制卷，按全省统一考试时间、考试科目及分值、考试方式组织考试。从2012年高中阶段学校招生开始，逐步建立择优统招、定向招生、推荐保送、特长生录取以及由招生学校进行必要的面试考查等多种招生录取方式及多元化录取机制，逐步扩大高中阶段学校招生自主权。

罗崇敏（左）与“2008中国教育年度新闻人物”陈再春亲切交谈 （省教育厅 提供）

【中国教育新闻人物陈再春】 1月21日，当选“2008中国教育年度新闻人物”的怒江州福贡县石月亮乡学校校长陈再春载誉回到昆明。作为偏远、民族、贫困山区学校的当家人，从教近30年的陈再春在艰苦的条件下矢志办学，不等不靠，带领全校师生勤工俭学，以盆栽蔬菜、养猪、养鱼、酿酒等方式改善办学条件，通过艰苦努力，硬是在“石头堆”中开出一片新天地，办学质量也稳居全县前列。

【企业家牛家德捐资助学】 年内，富源县企业家牛家德（后所镇大炭沟煤矿矿长、富源县后所镇庆云彝族村委会党总支书记），个人出资3 700余万元兴建庆云民族中学，占地面积70亩，解决庆云片区近3 000名学生就近读初、高中问题。

【素质教育】 2008年秋季，以“生命教育、生存教育、生活教育”为内容的“三生教育”在全省高校开展。省教育厅确定全省61所高校，7所省属中专学校，6个试点州市、78个试点县（市、区）中小学、幼儿园全面开展试点。3月10日上午，中共云南省委高校工委、省教育厅召开全省实施“三生教育”工作会，把“三生教育”作为社会主义核心价值体系建设基本要求，作为素质教育基础工程，作为德育基本内容全面推进。

【校舍安全工程实施】 2月27日，云南省召开中小学校舍安全工程建设工作会议。会议要求，从2009年起，全省通过3～5年攻坚，到2012年基本完成全省小学现有500万平方米D级危房改造任务。7月17日，云南省再次在昆召开中小学校舍安全工程工作会议，要求全面加快工程推进步伐。此次工程建设将覆盖城市和农村、公立和民办、教育系统和非教育系统的所有中小学校。9月下旬，云南省中小学校舍安全工程领导小组在推进校舍安全工程进展较快的曲靖召开现场会，根据中央确定的时间表和路线图，2009年10月前，全省完成现有校舍排查鉴定，并逐栋建立校舍安全档案。

【戴永年院士80华诞庆祝会】 3月9日，中国工程院院士戴永年80华诞庆祝会暨2009冶金高层论坛在昆明理工大学举行。省委、省人大、省政府领导出席并祝贺。戴永年院士1929年出生于云南昆明，1951年从云南大学矿冶系毕业。从1958年开始他全心研究真空冶金技术，成为中国真空业研究的开拓者。戴院士是全国著名有色金属真空冶金专家，是全国“有色金属冶金”国家级重点学科和云南省“真空冶金”重点学科带头人。几十年来，先后获得国家和省部级奖励20多项，并荣获全国五一劳动奖章等称号，为中国有色金属冶金技术发展做出卓越贡献。

【农村中小学教学骨干培训】 3月30日，全省第二期农村中小学校教学骨干管理人员培训班开班仪式在昆举行。省教育厅从2008年开始把教师培训重点放在农村中小学教师身上，在上次培训1 500名农村中小学教学骨干的基础上，2009年又启动1 500名教学骨干的培训。通过培训，提高骨干教师研究意识，提升研究能力，提高教学案例等研究性论文写作能力，提高参训学员教学实践与教学研究能力。

【杨继斌获大学生人物特别奖】 4月29日，“2008中国大学生年度人物”评选活动在北京人民大会堂举行揭晓和颁奖典礼。云南农业大学杨继斌同学因事迹突出感人，荣获“2008中国大学生年度人物”特别奖。2008年1月，在放假回家途中勇斗歹徒，壮烈牺牲，年仅24岁。为表彰杨继斌同学英雄事迹，教育部追授杨继斌同学“全国优秀大学生”荣誉称号。

【云南农村干部学院成立】 5月8日，云南农村干部学院揭牌仪式在云南农业大学举行，该学院成为全国首家省级农村干部学院。省委书记、省人大常委会主任、云南农村干部学院名誉院长白恩培与农业部副部长陈晓华共同为学院成立揭牌。省委副书记、云南农村干部学院院长李纪恒主持揭牌仪式。省委常委、省委秘书长杨应楠，省委常委、省委组织部部长辛桂梓，副省长孔垂柱、高峰出席揭牌仪式。

【桑培事迹报告会在昆举行】 6月12日，云南省教育厅在昆举行桑培老师事迹报告会。4月27日，德钦县羊拉乡茂顶完小格亚丁一师一校教学点，54岁的桑培老师走完生命历程，倒在他坚守34年的乡村教师岗位上。桑培不曾留下一分钱的存款，他留给人们的，是一名普通乡村教师34年敬岗爱校、教书育人的动人故事。

【生源地信用助学贷款工作启动】 6月23日，云南省委高校工委、省教育厅、省财政厅、中国银行业监督管理委员会云南监管局在昆召开云南省生源地信用助学贷款工作启动仪式暨新闻通报会，对《云南省生源地信用助学贷款实施暂行办法》相关内容进行通报，至此，生源地信用助学贷款工作在云南省正式启动。生源地信用助学贷款是指国家开发银行等金融机构向符合条件的家庭经济困难的普通高校新生和在校生发放的、在学生入学前户籍所在县（市、区）办理的助学贷款。

【上海百名教师赴云南支教】 8月28日，第九批上海100名支教教师，分赴临沧、西双版纳、迪庆、文山、丽江、普洱以及红河等7个州市19个县支教。

【宁平教授教学团队载誉归来】 9月14日，“第六届高等教育国家级教学成果奖”一等奖获得者、昆明理工大学宁平教授及其项目组成员载誉回昆。省委常委、省委组织部部长辛桂梓到机场迎接，省委高校工委书记、省教育厅厅长罗崇敏主持欢迎仪式，省教育厅副厅长和副生出席欢迎仪式。

高等教育教学成果奖是国务院确定的，与国家自然科学奖、国家技术发明奖、国家科技进步奖“科技三大奖”并列的国家级奖项，每4年评一次。本次“第六届高等教育国家级教学成果奖”从各地院校推荐的1 831项成果中评审产生651项获奖项目，其中特等奖2项，一等奖64项，二等奖585项。昆明理工大学环境工程学院院长宁平教授领衔的“创建及规范再生资源科学与技术专业的探索与实践”项目以其突出创新性、实效性位居榜上。这是该奖项设立以来，云南省首次获此殊荣。全省另有8个项目获二等奖。

【高校毕业生就业洽谈会】 1月5日，省教育厅在西南林学院举办农林类毕业生“双向选择”洽谈会，共设展位287个，实际参会用人单位268家，拟招聘人数达4 020人。3月26日在昆明医学院举行医药类毕业生“双向选择”洽谈会，292家用人单位向此次洽谈会提供了4 812个多个需求岗位，以省内医药院校为主的6 000多名毕业生参加洽谈会。3月24日，在云南师范大学商学院举行独立学院毕业生“双向选择”洽谈会，省内500余家大中小型企业，提供了近1.3万个岗位，近5 000名毕业生参加洽谈会。3月31日，在云南民族大学举办了综合类院校毕业生“双向选择”洽谈会，450多家用人单位提供了9 000多个岗位，参加洽谈的毕业生超过15 000人次，2 000多人达成意向协议，约400人签订就业协议。5月9日在昆明冶金高等专科学校举办了高职高专类毕业生就业“双向选择”洽谈会，本次洽谈会是云南省高职高专类院校首次大型毕业生就业“双向选择”洽谈会，10所在昆高职高专院校联办，253家单位参会，提供2 500多个岗位，到场求职毕业生1万多人。5月25日，在云南财经大学举行财经类毕业生和毕业研究生“双向选择”洽谈会，近300家单位参会，提供就业岗位5 000余个，应聘学生达万余人。

【省政府奖学金颁奖大会召开】 10月14日，云南省2009年省政府奖学金颁奖大会在昆召开，全省1 000名品学兼优的大学生获得该项奖学金。这是云南省对高校优秀学生颁发的荣誉最高、奖励额度最高的政府奖学金。

【中等职业学校一线名师校长受表彰】 11月6日，云南省教育厅召开表彰大会，隆重表彰奋战在中等

2009年全省高校毕业生“双向选择”洽谈会 （省教育厅 提供）

职业教育一线的60位教学名师和30位杰出校长。中等职业学校教学名师和杰出校长评选，在全省尚属首次。

【全国“两基”攻坚扫尾工作会议召开】 10月15日，云南省人民政府副省长高峰在全国“两基”攻坚扫尾工作会议上向教育部领导做出承诺：年内完成鲁甸、镇雄、澜沧最后3个县“普九”验收工作，在云南全境实现“两基”。教育部此次在昆召开的全国“两基”攻坚扫尾工作会议，对四川、云南、西藏、甘肃、青海等省区的全国最后26个未完成“普九”县的工作进行督促指导，要求5省区排除一切困难，按照国家规划，在今明两年内完成最后26个县“普九”工作，最终在全国实现“两基”。

（李慧勤　李云峰　蔡寿福　纳梅）

科学技术

【概述】 2009年，全省科技工作围绕关键技术攻关、重点新产品开发及产业化示范，组织实施重大项目49项、重大装备及关键部件研发项目20项，突破关键核心技术71项、推广应用突破产业技术瓶颈的关键共性技术34项，开发拥有自主知识产权的重大新产品60个，认定省自主创新产品44个；7个项目获国家科学技术奖，201个项目获得云南省科学技术奖；认定高新技术企业135家、高新技术特色产业基地5个、省级重点实验室34个、云药之乡20个，遴选创新型试点企业27户；引进国内外高端人才13名、培育省级创新团队21个、选拔培养省中青年学术和技术带头人及省技术创新人才97名；完成50万亩粮食高产创建示范；实施云南边疆解“五难”（学科技难）惠民工程，全面完成“六个一”工作目标。全省区域创新能力排名由2008年的23位上升至22位。

【科技与经费】 2009年省财政安排科技经费5亿多元，其中直接用于组织实施“八大工程”的科技经费预算近4亿元，占全厅可安排科技项目资金的80%。在预算执行过程中，省科技计划项目分14批顺利会签报批下达，安排项目1 413项，下达年度科技经费5.57亿元，并调整经费结构，安排产业结构调整项目经费2亿元、安排阳宗海砷污染治理项目2 000万元。

【科技管理干部培训】 2009年，全省共立科技管理干部培训项目14项，安排经费110万元。共培训全省科技行政管理系统、相关地区党政机关、企业、高校、科研院所、中介机构等部门管理干部2 700余人次。

【应用基础研究】 年内，NSFC—云南联合基金共批准立项项目16项，资助总经费2 710万元。其中，云南省科技人员牵头承担项目13项，获资助经费2 220万元。2009年全省科技人员争取国家基金项目275项，获得经费9 953万元，获国家973计划前期专项4项，获经费230万元。围绕云南经济社会和科技发展重大需求，省应用基础研究专项支持重点项目27项，资助经费905万元。其中，社会发展科技计划应用基础研究专项支持重点项目19项，资助经费620万元，对7个2008年进入国家基金重点项目专家评审组答辩项目和1个国家基金重点项目配套，资助经费285万元。2009年，省应用基础研究面上项目备案核准立项资助160项，每个项目资助额为5万元，资助经费总额为800万元；核准202项推荐自筹经费备案项目立项。加强“云南省科技厅—昆明医学院应用基础研究联合专项资金”管理，成立省科技厅、省卫生厅、昆明医学院及昆明医学院附属医院等出资单位有关负责人共16人组成的“云南省科技厅—昆明医学院应用基础研究联合专项资金理事会”，对2007年制定的《云南省科技厅—昆明医学院应用基础研究联合专项资金项目管理办法》进行修改完善并发布。2009年，云南省科技厅—昆明医学院应用基础研究专项共核准60个项目立项，资助总经费935万元。其中，省科技厅拨款187万元。

【企业技术创新】 按照省政府实施“双万亿工程”的总体要求，以有色金属、磷化工煤化工、装备制造等重点产业为核心，通过省科技创新强省、重点新产品开发等科技计划，突出企业主体，深化产学研结合，2009年围绕省政府确定的22个重大工业建设项目实施的技术需求，组织实施重大科技项目20项，安排省科技经费5 270万元，带动企业投入21.6亿元，拉动银行贷款30.2亿元。该批项目的实施预计将突破32项关键核心技术，形成26个具有自主知识产权的重大新产品。围绕省政府重点推进20项重大装备及关键部件研发、重点组织推广应用20项突破产业技术瓶颈的关键共性技术的目标要求，会同省工信委、省财厅、省国税、省地税等部门向社会发布“云南省2009年20项重大装备及关键零部件项目”和“云南省2009年重点研发与推广”的20项共性关键技术。为加快“两个20项”的落实，利用省科技创新强省、重点新产品开发等计划，积极推进重大装备及关键部件的研发以及关键共性技术的研发推广。省科技计划安排23项重大装备研发项目，省科技经费计划安排4 940万元，带动企业投入115 919万元，拉动银行贷款33 300万元，该批项目的实施已取得重大进展。围绕新材料生产、中低品位矿综合利用和多金属矿先进选冶、煤焦化先进技术及副产物高效利用等关键共性技术的研发及推广，省科技计划安排19项共性关键技术研发推广项目，安排省科技经费4 184万元（2009年已落实1 432万元），带动企业投入117 248万元，拉动银行贷款104 348万元。该批项目已取得阶段性突破。

【转制科研机构】 2009年，全省转制科研机构产业规模不断扩大。至10月底，转制科研机构资产总额合计23.48亿元，比上年增长21%。其中，昆明贵金属研究所、云南省交通科学研究所分别增长26.4%和30.8%。净资产26.28亿元，上缴税金4 867.18万元，转化科技成果共计55（项）。

【区域特色优势产业培育】 2009年，全省围绕县域经济发展，加快建设和发展一批高新技术特色产业基地，研究制定《云南省高新技术特色产业基地认定管理暂行办法》，年内组织认定了沾益煤化工、红塔卷烟、易门陶瓷、个旧稀贵金属、砚山锰系铁合金等5个省级高新技术特色产业基地。近年来，5个基地内企业先后承担了国家和省科技计划项目70项。

【农业科技创新工程】 2009年，省科技计划项目资助的农业企业共实现销售收入95.45亿元、净利润8.87亿元、税收2.76亿元，应用推广实用技术200余项，带动农户757.9万户、增加农户收入22.49亿万元、培训农民57.9万人次。开展农业龙头企业培育和农业类创新人才、创新团队选拔培养，全年共认定国家级农业高新技术企业16户、云南省农业类创新型试点企业30户；选拔培养农业类省中青年学术和技术带头人后备人才152人、技术创新人才119人，引进农业类高端科技人才12人，遴选培育农业类科技创新团队16个。其中，已认定的30户农业类创新型试点企业，2009年共实现销售收入79.08亿元、净利润7.51亿元、税收5.93亿元。2009年，省科技计划资助的农业企业销售收入达95.5亿元，利税11.6亿元，应用推广实用技术200余项，培训农民57.9万人次，带动农户757.9万户，增加收入22.5亿元。2009年，省级科技计划支持选育的主要农作物新品种通过省级以上审定26个，示范面积1 735万亩，增加产量10.4亿千克，增加产值17.6亿元。

【粮食高产创建活动】 2009年，由省科技厅承担的全省14个州（市）25个县50万亩粮食作物高产创建活动，已通过测产验收，各地核心区、展示区、高产区单产均超过产量指标。水稻平均单产690千克／亩、核心区达826千克／亩；玉米平均单产654千克／亩、核心区达781千克／亩；马铃薯平均单产2 735千克／亩、核心区达3 693千克／亩。共计增产1.2亿千克，增加产值1.7亿元。

【边疆解五难惠民工程】 年内，全省下达省级科技经费2034万元。9个州市共选派科技特派员81名，配套经费落实206万元，派遣专家服务团213人次，组织编写科技培训材料1 554册（碟），开展科技培训135期8 740人次。28个边疆（藏区）县市共选派科技特派员178名，培养科技辅导员855名，配套完善科技活动室709个，培育农村经济合作组织113个，培训农民84万人次。2007～2009年，28个县共组织实施特色产业培育项目375项，实现产值24.2亿元。

【能源产业化创新基地建设】 年内，全省推进以木本油料、坚果为重点的林产业科技工作，全年下达项目12项，总经费1.63亿元，计划安排省科技经费1 475万元，其中年度经费395万元。2009年，预计审（认）定新品种7个，其中普通核桃2个、薄壳山核桃5个，共计应用示范面积4.65万亩，新增产值6 865.6万元。国家科技支撑计划重大项目“小桐籽生物柴油产业化关键技术研究与示范”已收集国内外种质资源800余份，建成资源圃和母本园2 891亩、良种繁殖园3 247亩，选育出优良种源15个，鉴评新品种1个，获得优良突变体（单株）10株，筛选出小桐籽优良品系10份，核心示范种植面积12多万亩，建立原料林130余万亩，年产100吨小桐籽生物柴油连续生产中试装置初试运行正常，申请专利48件。

【花卉产业创新基地建设】 2009年，全省启动实施省级花卉科技计划项目5项，总经费4 797万元，计划安排省科技经费585万元，其中年度经费175万元。全省花卉种植面积58万亩，同比增长10.8%；鲜切花产量56亿支，同比增长5.9%；总产值201亿元，同比增长14.2%；花卉出口总额1.2亿美元，同比增长19%。3个花卉新品种获得植物新品种保护授权，48个花卉新品种通过国家实质性审查或初审，建成科技示范核心区2.1万亩。全省花卉新品种研发工作已处于全国领先地位，拥有知识产权的大宗鲜切花新品种占全国总数的90%以上。

【生物医药产业发展】 年内，云南医药产业工业总产值年均增长20%以上。地方药材质量标准研究达全国领先水平，解决了31家企业126个中成药品种、49种院内制剂药材质量标准受国家有关管理办法制约的难题，涉及相关制剂产品年产值近10亿元。认定云药之乡20家，中药材种植面积达69.7万亩，年产值达18亿元。三七、灯盏花通过国家GAP再认证，全省中药材规范化示范及推广种植面积近20万亩。“中草药芯片库及高通量药物筛选平台”等10个国家级、省级企业技术创新平台和公共科研服务平台建设进展顺利。“十一五”以来，通过科技项目支持，已有26个新药获准

上市销售，18个新药获临床试验研究批件，预计实现年销售收入10亿元、利税3亿多元。云南生物谷灯盏花药业公司、昆明龙津药业公司实现单品种年销售收入3亿元以上。积极培育生物疫苗产业，中国医学科学院昆明医学生物学研究所在病毒疫苗研发关键技术领域达到国内领先水平，已经开发成功疫苗产品6个，2009年销售收入达2.8亿元。云南沃森生物技术股份有限公司在细菌结合疫苗关键技术领域达到国内领先水平，已经开发成功疫苗产品2个，2009年销售收入达2亿元。

【环境保护科技】 2009年，全省通过一批生态恢复重建、高效环保装备研制、废弃物资源化利用等领域科技项目的实施，突破12项关键核心技术，7项专利获得受理或授权，恢复生态脆弱区林地、湿地近3 000亩，高效环保装备及废弃物资源化利用产品实现新增产值约6 000万元。积极推进以滇池、洱海、阳宗海为重点的云南九大高原湖泊流域综合治理重大关键技术、共性技术集成应用示范，安排项目经费2 100万元，通过一系列治理措施，阳宗海湖泊水体砷浓度已下降15%。

【节能减排科技创新工程】 全年全省一批节能减排创新成果已成功推广应用。云南铝业股份有限公司申报的国家节能减排专项项目“低温低电压铝电解新技术”获国家立项，获国家经费支持1 140万元。铝电解综合节能技术的突破与成功应用，使铝电解原铝交流电单耗由13 500kwh/t.Al降至13 000kwh/t.Al，铝电解槽平均槽寿命达到2 500天以上，在电解铝生产电耗与槽寿命方面处于世界领先水平。7个项目被财政部、科技部、国家能源局确定为国家金太阳示范工程项目，至此，云南省纳入国家金太阳示范工程项目共9个，其中4个项目已获国家财政补助共4 039万元。

【科学技术普及】 2009年，全省举办“科技下乡”、科技活动周、“三下乡”、日全食天象等科普宣传活动。年度省级科普专项经费2 250万元，达到人均0.5元。科普惠农兴村计划全年投入400万元，在80个行政村开展项目建设，在全省范围内形成良好农村科普氛围。认定15家省级科普教育基地，全省科普教育基地达86家。

【国际科技合作】 2009年，全省国际合作专项计划立项支持19个项目，支持经费2 686万元，带动社会投入26 579万元。一批国际科技合作项目和重要对外交流活动得到科技部支持，获得资助经费近900万。昆明云内动力股份有限公司等3家企业被认定为科技部国际科技合作基地。昆明国家光电子材料及产品科技兴贸创新基地通过商务部和科技部联合审定，成为全省第一个国家级科技兴贸创新基地。

【畜牧科技产业】 全年全省承担省级科技计划项目的畜牧企业销售收入达26.7亿元，净利润2.5亿元，税收7 728.9万元，解决关键技术72项，推广实用技术70余项，培训农民22.8万人次，带动农户212.4万户，增加农民收入7.9亿元。历经15年10个世代培育的滇陆猪新品种通过国家审定，成为通过国家级审定的云南地方猪的第三个新品种。

【国内科技合作】 2009年，全省获国家项目400余项、科技经费4.2亿元，创历史新高。与16个州市人民政府就科技工作分别举行了会商，通过会商共安排项目59项，安排经费1.3亿元，支持地方科技部门能力建设项目29项、经费455万元。州市全年共安排地方能力建设项目35项，经费615万元，其中补助楚雄等受灾地区建设经费65万元。省院省校合作立项支持项目13个，项目总投资70 451万元。其中，自筹66 271万元，省级财政支持4 180万元。这些项目立项实施，对全省省院省校科技合作工作起到指导和支持作用。沪滇科技对口帮扶与合作除继续指导红河、普洱、文山和迪庆四州市与上海市开展好已实施的沪滇科技对口帮扶工作外，上海市科委对口帮扶红河州、普洱市、文山州、迪庆州7个项目，支持经费225万元。上海市高等学校、科研院所与云南省有关单位联合申报全省科技创新强省计划省院省校科技合作专项共有6项。同时，组织4州（市）申报2010年上海市科委对口帮扶项目。

【应用技术成果】 2009年度，全省共登记应用技术成果583项，占成

勐海县布朗山乡养猪科技示范户　　（省委党史研究室　提供）

果总数的 83.5%。在 583 项应用技术成果中，原始性创新成果 265 项，占 46%；国外引进消化吸收创新 54 项，占 9%；国内技术二次开发 262 项，占 44%。

据对 117 项投入实际应用的技术开发类成果统计，成果应用新增净利润 21.15 亿元，实交税金 13.67 亿元，节约资金 7.82 亿元。

【科技成果登记】 2009 年度，全省共登记科技成果 716 项（其中 43 项由于操作原因，没有进入网络系统，故以下分析数据为 671 项），登记科技成果经费总投入 64.3 亿元。在 671 项成果中，各州、市科技局登记 336 项；省直委办厅局、大型企业、中央驻滇单位登记 335 项。在 671 项登记成果中，国家计划项目 27 项，其中国家基础研究计划 18 项，高技术研究发展计划 3 项，科技基础条件平台计划 1 项，政策引导类计划及专项 1 项，其他 4 项；部门计划 62 项，地方计划 144 项；部门基金 7 项、地方基金项目 37 项；国际科学技术合作项目 2 项。

（丁涛）

【科技奖励】 2009 年，省科技厅完成云南省科学技术奖评审、审定工作，对申报 2009 年度科技奖的 350 个项目进行评审，评出 199 项（人）拟奖项目，其中突出贡献奖一人、一等奖 18 项、二等奖 40 项、三等奖 140 项。7 个项目获得国家科学技术奖，其中云南省为第一完成单位的 3 项，比 2008 年增加 2 项，从获奖等级看，一等奖二项，二等奖 5 项，奖励等级比上年度大幅度提高。2009 年，按照科技厅行政许可事项规范要求，新批准一家，新登记一家社会力量设奖，使全省社会力量设立科学技术奖达到 4 家。

（秦穆）

【技术市场】 2009 年度，云南省共登记技术合同 1 030 份（其中全省各类国家机关、企事业单位作为技术供给方的合同 1 028 项，境外企业在云南省登记 2 项），技术合同成交额 9.8 亿元，其中技术交易额 7.2 亿元，分别较 2008 年度技术合同登记数增加 15.6%，合同成交额增长 90%，技术交易额增长 68%。从技术合同构成情况看，政府科技计划外技术合同占全年登记数的 80%，以企业法人作为买方技术合同占登记总数的 72%，数据表明云南省技术市场已经形成以企业为主体，以政府科技计划外项目为交易主流的基本格局。此外，云南省科技交流中心和昆明理工大学技术转移中心获得国家级技术转移示范机构认定。

（秦穆　王雪升）

【云南科学大讲坛】 2009 年，全省举办“云南科学大讲坛”10 场，王希季、王小云、饶子和、吴澄、秦大河、卓以和、白春礼、万钢、徐匡迪等 10 位名家大师分别走上大讲坛讲台。2008 年全部 12 讲电视专题片已制作成 DVD 公开发行，《科学大讲坛演讲汇编》公开出版。

【云南省科学技术奖颁奖大会】 6 月 16 日上午，云南省委省政府隆重举行 2008 年度云南省科学技术奖颁奖大会。会议由省委常委、常务副省长罗正富主持，省委书记、省人大常委会主任白恩培为 2008 年度云南省科学技术奖突出贡献奖获得者孙汉董院士颁发证书和 300 万元奖金，省委副书记、省长秦光荣作了《发挥科学技术引领支撑作用，为推动全省经济社会又好又快发展作出更大贡献》的讲话。省委、省政府、省人大、省政协领导、省军区领导出席大会。212 个项目／人、420 个单位（组织）1 936 名科技人员荣获 2008 年度云南省科学技术奖。其中，中国科学院昆明植物研究所孙汉董院士获得突出贡献奖；自然科学、技术发明、科技进步三类一等奖 22 项、二等奖 42 项、三等奖 147 项，奖金共计 894 万元。

【大院名校科技成果展】 10 月 16 日，云南省人民政府主办、科技部作为支持单位、省科技厅承办的中国昆明大院名校科技成果展示交易会顺利举办，来自省内外 353 家参展单位 1 659 个项目参展，共成交科技合作项目 198 项，成交金额 91.6 亿元，并成功举办“科技创新与应对金融危机”高层论坛。圆满完成“云南省生物产业发展论坛”承办任务。

【云南十大科技进步奖揭晓】 年内，由云南省科技厅科技宣传教育中心、新华网云南频道共同举办的“2009 年云南十大科技进展”评选活动，通过公众网络投票、短信投票、专家评选和有关部门审定。“2009 年云南十大科技进展”于 2010 年 2 月 4 日正式揭晓：1. 抗灰斑病优质蛋白玉米“云瑞 1 号”选育成功并大面积推广；2. 研究揭示旧石器时代晚期人类已成功定居青藏高原；3. 全省炼铅新工艺及产业化系列技术达到国际领先水平；4. 含铟粗锌高效提炼金属铟关键技术获重大突破并实现产业化；5. 高山植物多样性起源和进化机制研究获重要原创性突破；6. 国内设备最齐全、规模最大的大型机场自动行李处理系统研制成功填补国内空白；7. 云南省建立厅州（市）科技工作会商制度；8. 国内最大的光伏发电系统在云南成功并网运行；9. 云南省引进高端科技人才取得新突破；10. 昆明新机场航站楼成为应用减隔震技术的世界最大单体建筑。

【文化科技卫生“三下乡”】 11 月 16～17 日，2009～2010 年度文化科技卫生“三下乡”集中示范活动在迪庆州香格里拉县举行。云南省科技厅组织云南农业大学、云南省农科院、云南省林科院、云南省草地动物科学研究院、昆明食用菌研究所、云南省科技厅宣教中心、云南省农村科技服务中心共 7 家单位领导和专家 36 名，在迪庆州科技局和香格里拉县科技局配合下，于 16 日参加集中示范活动。省科技厅向香格里拉县捐赠 10.66 万元物资。活动中共发放技术资料 6 000 余份，科技书籍 15 000 余本，接受现场技术咨询 3 000 余人次，展出展板 40

余块，受益群众2万余人次。此次活动中，省科技厅有针对性地组织3支科技巡回服务小分队，将科技下乡深入到农村第一线，分别到尼西乡新阳村和金江乡吾竹村开展对县、乡科技特派员及农村科技辅导员科技服务能力提高的专题讲座。

（张伟）

地方志·年鉴

【概述】 2009年，云南省地方志和年鉴编纂工作坚持以邓小平理论和“三个代表”重要思想为指导，深入学习实践科学发展观，认真执行国务院《地方志工作条例》和云南省二轮志书续修规划，贯彻落实秦光荣省长和丁绍祥秘书长在云南省地方志编纂委员会第一次全体会议上的讲话精神，完成参公管理后续工作，并取得一系列工作成果。云南省志工作强化责任意识，加强业务指导，走访指导编志单位百余次，举办培训、指导百余次。各州市县修志工作顺利开展。云南省地方志系统积极推广“快乐修志”理念，年内举办全省第二届地方志系统职工运动会。为支援贫困地区和地震灾区修志工作，云南省志办在资金紧张的情况下，购买复印机、传真机、电脑、数码相机等办公设备捐赠给怒江州、德宏州、贡山县等修志单位，改善工作条件。

【地方志办公室主任会议】 4月27～28日，云南省州市地方志办公室主任会议在昆明召开。云南省人民政府副省长、省地方志编纂委员会副主任高峰，省人大常委会原副主任、省地方志编纂委员会副主任吴光范出席会议。高峰副省长对做好全省地方志工作做了重要指示。会议同时举办了纪念《地方志工作条例》颁布实施3周年座谈会、吴光范老领导专著首发式、《依法修志科学发展》新书赠发等系列活动。

【全省地方志系统职工运动会】 3月10～11日，由云南省地方志办公室主办、红河州地方志办公室承办、昆明雅昌图文信息技术有限公司协办的“雅昌杯”云南省地方志系统第二届职工运动会在红河州奥林匹克运动中心举办。全省200余名地方志工作者代表参会。云南省人民政府办公厅纪检组长李长奎代表省政府丁绍祥秘书长和办公厅崔质涛主任向运动会表示热烈祝贺并致开幕词。云南省地方志办公室在做好修志工作同时，提出“快乐修志”口号，举办全省地方志系统职工运动会，在全国方志界属首创之举。

云南省地方志系统在蒙自举办第二届职工运动会 （省地方志办公室 提供）

【省志二轮编修】 2009年，由省直各单位、中央驻滇单位承编的云南省志42卷66个分志中，《劳动和社会保障志》等9部志稿完成送审，《出入境检验检疫志》等10余部志稿完成初稿，《人大志》等20多部志书完成大部分初稿，《人民生活志》等16部志稿编纂准备工作启动。

【州市县志编纂】 2009年，全省完成并通过审查验收的二轮县区志有20部，其中已经出版发行16部。通过审查验收市志两部，其中《曲靖市志（1978～2005）》出版，《昭通市志》（1978～2005）完成审查验收。

【《云南小康年鉴》赓续出版】 年内，《云南小康年鉴》（2009）出版发行，省人大常委会原副主任、省地方志编纂委员会副主任吴光范出席发行会议，省直各单位撰稿人员50余人参会。《云南小康年鉴》由云南省地方志办公室主办，云南人民出版社出版，国内外公开发行。该年鉴以党的十六大、十七大提出的“高举中国特色社会主义伟大旗帜，全面建设小康社会”为办刊宗旨，坚持“贴近实际、贴近生活、贴近群众”和关注民生的原则，开创了国内以全面建设小康社会为主题的主题年鉴和年鉴分类学中的新类型之先河，有其重要的社会价值和学术价值。12月22～24日，在云南省第八届年鉴颁奖学术经验交流大会上，《云南小康年鉴》2007、

2008 版分别获综合特等奖和一等奖。

【抗震救灾志撰写】 年内，省地方志办公室主动承担《汶川特大地震抗震救灾志·英模卷（云南部分）》、《汶川特大地震抗震救灾志·灾区生活志（云南部分）》、《汶川特大地震抗震救灾志·社会赈灾志（云南部分）》、《汶川特大地震抗震救灾志·抢险救灾志（云南部分）》撰写任务。

【业务培训】 11 月 17 ~ 19 日，云南省地方志办公室在云南省党政干部培训中心举办业务培训会议，有 350 人参会。省人大常委会原副主任、省地方志编纂委员会副主任吴光范作了重要讲话。为使修志人员更好地适应方志系统参公管理，此次培训班专门邀请省政府办公厅人事处处长高翔、省人事厅公务员管理处处长周成岗就"公务员工作规范和要求"、"公务员制度与公务员知识"进行全面讲解。会议期间套开了省地方志学会深入学习实践科学发展观民主生活会，并举行了云南省地方志系统首届歌咏比赛。

【全省二轮修志经验交流会】 8 月 27 ~ 28 日，全省第二轮地方志编修经验交流暨《兰坪县志》(1978 ~ 2005) 评审会议在兰坪县召开。云南省人大常委会原副主任、省地方志编纂委员会副主任吴光范，省地方志办公室主任李一是，怒江州人民政府副州长李文辉，省志办和全省 16 个州市、16 个试点县志办主任、专家以及兰坪县四套班子领导、县直和乡镇负责人，各界知名人士共 250 余人出席会议。会议总结交流了二轮修志以来的成功经验，督促和检查工作中所存在的不足，从中找出规律性的、可供借鉴参考的好做法、好思路，为全省二轮修志深入开展打下更坚实的基础。会议期间，对《兰坪白族普米族自治县志（1978 ~ 2005)》进行评审。

【《志者之歌》出版发行】 9 月，由云南省地方志办公室主编的《志者之歌》出版发行，作为迎接中华人民共和国成立 60 周年献礼。全书 30 余万字，彩色印刷，云南民族出版社出版。它汇集全省方志同仁 210 余件反映新中国建立 60 年来各族人民生活巨变的散文、诗词歌赋、绘画、书法、摄影等作品，展示了云南地方志工作者一专多能、多才多艺的风采。

【《云南 60 年》付梓】 2009 年 10 月，为热烈庆祝中华人民共和国成立 60 周年，由省长秦光荣担任总顾问、云南省地方志编纂委员会办公室主编的大型画册《云南 60 年》由云南民族出版社出版。该书为 1/8 开本，600 余个页码，由千余幅精美照片组成。主要内容分为七彩云南（自然风光、人文景光）、热土云南（工业崛起、农业发展、服务业）、和谐云南（基础设施建设、城乡建设、社会生活）3 个板块，展示了云南 60 年翻天覆地的变化，尤其是改革开放所取得的辉煌成就。

【宾川重修《鸡足山志》】 1 月 13 日，宾川县政府召开重修《鸡足山志》工作动员会。会议决定成立以县委书记陈继谷任顾问，县人民政府县长朱建斌任组长，相关部门领导为成员的重修《鸡足山志》工作领导组。全体参编人员及相关部门领导参加会议。鸡足山是全国 44 个重点风景名胜区之一，中国生态十大名山之一，是云南省自然保护区和重点文物保护区。

李文彦同志　　（省地方志办公室　提供）

【志鉴专家李文彦】 12 月 29 日，云南资深方志专家李文彦先生在玉溪逝世，终年 72 岁。他先后担任云南省地方志学会副会长，云南省年鉴研究会一、二届常务理事、学术委员会主任。在首轮修志中，积极参与方志编修，开创性地主编《玉溪市志》及大量地方乡土文化教材，率先编辑出版地方综合年鉴，为玉溪乃至全省地方志、年鉴进行了大量开创性工作，赢得人们广泛赞誉。他主纂方志期间，倡导方志要为现实服务，把志办办成名符其实的"政府二办"，为地方党政领导提供了大量可供借鉴的资料，引起社会关注。退休后，仍关心着志鉴事业发展，倡导编纂《云南小康年鉴》，积极参与全省志鉴业务指导。身体力行，为地方经济社会发展出谋献策，被聘为玉溪市委政府专家组组长。晚年还创作大量诗歌、散文、楹联，撰写了一批有见地的史志鉴论文。被人们称为"老百姓的秀才"，在地方上享有盛誉。

（郑灵琳）

文化艺术

【概述】 2009年，全省文化系统紧紧围绕建设民族文化强省的战略目标，以实施文化建设三年促进计划为抓手，按照“立足全局抓政策，整合资源抓合力，突出农村抓特点，创新工作抓亮点，围绕项目抓落实”思路，全面推进文化建设，取得明显成效，继续保持加快发展的良好势头。

大力推进公共文化建设，建成县（市、区）支中心50个、基层站点407个，累计建成县（市、区）支中心91个、基层站点682个；建成乡镇综合文化站200个，在建361个；安排维修改造图书馆9个、文化馆4个、文工团（队）9个；在全国首创“文化信息资源共享工程农民素质教育网络培训学校”，已挂牌407所，培训农村致富带头人近3 000人。共争取国家补助资金1.53亿元，省级投入5 343万元，用于基层文化基础设施建设和设备购置。

组织实施“云南省文化大篷车千乡万里送戏行”活动，赴23个县158个乡镇演出169场；举办云南省第六届民族民间歌舞乐展演，推出一批优秀节目和人才；举办首届云南少数民族酒歌大赛，参加少数民族酒歌展示；举办“辉煌60年云南省红色文化系列活动”；启动首批“文化惠民示范村”创建活动；举办省图书馆百年馆庆、省考古所成立50周年庆祝活动。

花灯剧《梭椤寨》、杂技《流星》、群舞《阿细跳月》、花灯小戏《冤家亲家》等一批优秀节目获国家级奖项；话剧《我的西南联大》、京剧《白洁圣妃》等一批优秀剧节目获云南省级奖项；赵力中美术作品入选国家重大历史题材美术创作工程，中国画《红土地 · 云之南》等一批美术作品获第十一届全国美术作品展览获奖提名奖和入选奖。

在物质文化遗产保护方面：全省参加文物普查人员有2 700多人，投入经费4 256万元，调查登记不可移动文物15 047处，其中新发现11 184处，极大地丰富了云南文化遗产的数量和类型；启动5个州市和10余个县级博物馆建设，全省博物馆、纪念馆由2008年64个增加到129个，博物馆网络体系初步建成，共有38家公共博物馆、纪念馆实现对社会免费开放。在非物质文化遗产保护方面。省政府公布第二批省级非物质文化遗产保护名录133项，省级名录已增加到301项；制定国家级和省级非物质文化遗产保护项目年度保护计划和实施方案35个；在云南民族村、西双版纳傣族园、西双版纳民族职业中专等地建立了省级非物质文化遗产传承基地，新建非物质文化遗产保护传承示范点和传习所20个，累计建成75个；有19人列入第三批国家级非物质文化遗产传承人，全省共有国家级传承人51人。

文化大篷车千乡万里送戏行　　（省文化厅　提供）

【文化产业】 2009年，云南省组织上百家（次）文化企业和近200人（次）的企业家，先后参加义乌文博会、东北文博会、宁夏文博会、上海国际艺术节演出交易会、北京文博会等大型文化会展。同时，成功举办了“2009年第二届昆明国际工艺品暨旅游文化纪念品博览会”；《云南映象》姊妹篇《云南的响声》采取商业运作模式，取得首轮巡演50场的好成绩；《丽水金沙》在苏州推出续作，成功进军省外演艺市场。云南中天文化产业股份有限公司、云南柏联和顺旅游文化发展有限公司等一批文化企业迅速成长；云南文化艺术职业教育集团挂牌成立，成为云南省目前规模最大的职教集团。

【文化体制改革】 年内，按照“三种性质、五个类别”全面启动厅直属单位深化文化体制改革工作。云南民族文化音像出版社已转企改制为云南民族文化音像出版社有限责任公司；省文化市场综合行政执法总队已挂牌成立；云南艺术剧院、省歌舞剧院、省杂技团、省文物总店转企改制工作进展顺利；公益性文化事业单位及目前暂时保留事业体制的文艺演出院团内部三项制度改革加快推进；云南文化艺术中心、昆明聂耳交响乐团组建工作进入具体操作阶段。

【文化市场管理】 2009年，全省共出动文化市场行政执法人员57 928人（次）、检查文化经营单位53 644

民族民间歌舞乐展演颁奖晚会 （省文化厅 提供）

家（次）、停业整顿198家，配合工商部门取缔无证经营103家。完成全省网络文化市场计算机监管平台建设，实现对全省3 620家网吧、26万余台计算机终端的实时监控；继续推进“绿色上网专区”试点工作，全省新建“绿色上网专区”10个，累计建成14个；加强“五老”网吧义务监督员队伍建设，全省建有“五老”网吧义务监督员队伍50多支2400多人，已成为对网吧实施社会监督的一支重要力量。

【文化设施项目建设】 2009年，云南省博物馆（新馆）实际完成投资2.51亿元，基础工程已开工建设；云南文化艺术中心（云南大剧院）实际完成投资2 000万元，完成设计方案开标和评审工作；云南艺术家园区项目实际完成投资3 000万元，完成修建性详细规划方案编制。同时，作为省属文化系统重点文化建设项目的云南文化艺术职业学院危房改扩建取得突破性进展，已完成危房拆迁工作；省话剧团搬迁新建工作已完成用地申报手续；云南民族文化传习学校建设已完成可行性研究报告。

【人才培养】 2009年，与省教育厅、省民委、省人保厅在全省范围内共同组织实施“云南省文化艺术人才培养工程”，力争用5年时间使全省具有影响的各类文化艺术人才占到总数的10%，并培养一批能代表云南25个民族、特别是16个特有民族和7个人口较少民族的文化艺术人才。

（谭粤红）

【对外文化交流】 2009年，云南共派出对外文化艺术团组和个人24起357人（次），分别出访14个国家；接待外国文化艺术团组及个人10起100人（次），分别来自8个国家。其中，云南艺术代表团参加中国在芬兰举办的民乐节“中国年”活动，玉溪市花灯剧团赴日本参加中日韩文化交流演出，昆明市红叶少年合唱团赴法国参加第20届欧洲管弦乐艺术节，省对外文化交流协会艺术团赴奥地利维也纳金色大厅举办“东方百灵 · 多彩云南”音乐会，省杂技团赴西班牙参加第二届西班牙国际马戏节等，较好地向世界展示了云南民族文化。派出对港澳台文化交流团组和个人9起370人（次）；接待港澳台文化交流团组和个人4起18人（次）。其中，玉溪滇剧团、省杂技团、曲靖市麒麟区歌舞团首次组团赴台湾演出，是大陆赴台湾规模最大、时间最长的一次艺术展示，受到国台办和文化部高度评价，并在台湾宝岛产生“云南文化”影响；省花灯团、文山州民族歌舞团赴香港参加国庆60周年庆祝演出；西双版纳州南传佛乐团赴港澳参加国庆60周年庆祝活动。

【《醉了丽江》获全国创作大奖】 2009年，由中国音协、中央人民广播电台、中央电视台主办的全国优秀流行歌曲创作大赛是新中国成立以来最大规模的流行歌曲赛事，在历时11个月，通过网络和手机短信近1亿多人次参与投票之后，最终由专家和观众共同评选出一、二、三等奖和优秀奖作品共30首。由云南省民族艺术研究院音乐研究室杨育坚（土土）创作的西南赛区作品《醉了丽江》最终以总决赛最高分获一等奖。

（王丹）

【云南文化艺术职业教育集团成立】 2月3日，由云南省文化厅牵头、以云南文化艺术职业学院为主体的云南文化艺术职业教育集团成立暨揭牌庆典，在云南艺术剧院隆重举行。集团拥有职业院校、艺术院团、文化企事业单位、研究机构、行业协会在内的76个理事成员单位，是一个跨地区、综合性、多功能、多层次产教研联合体，是目前全省规模最大的职业教育集团，也是云南省唯一由政府职能部门牵头组建的职业教育集团。

（王涓）

【对港澳台文化交流】 2009年，对港澳台派出各类文化交流团组和个人9起、370人次；接待4起，18人次。云南省海峡两岸交流促进会应台北市文化局邀请，赴台参加“海峡两岸宗教文化艺术观光”活动演出；玉溪市政府应台湾宜兰县文化局邀请，组成演艺团队一行82人在春节期间赴台参加宜兰灯会演出活动，并对台湾当地民众做春节慰问演出；云南省花灯团赴香港参加国庆60周年演出；文山州民族歌舞团赴香港参加欢度国庆60周年及中秋佳节文化活动；西双版纳州南传佛乐团赴港澳参加庆祝中华人民共和国成立60周年活动。

（省文化厅）

国家级非物质文化遗产项目云南省传承人名单

国家级项目代表性传承人名单（51人）							
序号	项　目	姓　名	性别	出生	民族	保护单位	所　在　地
1	遮帕麻与遮米麻	曹明宽	男	1943	阿昌	梁河县文化馆	梁河县九保乡
2	牡帕密帕	李扎戈	男	1939	拉祜	澜沧县文化馆	澜沧县酒井乡
3	牡帕密帕	李扎倮	男	1939	拉祜	澜沧县文化馆	澜沧县酒井乡
4	哈尼四季生产调	朱小和	男	1939	哈尼	元阳县文化馆	元阳县攀枝花乡
5	阿诗玛	毕华玉	男	1953	彝	石林县文化馆	石林县西街口镇
6	阿诗玛	王玉芳	女	1953	彝	石林县文化馆	石林县长湖镇
7	纳西族东巴画	和　训	男	1926	纳西	丽江市文化馆	玉龙县塔城乡
8	傣族剪纸	思华章	男	1926	傣	潞西市文化馆	潞西市芒市镇
9	白族扎染	张仕绅	男	1941	白	大理市文化馆	大理市喜洲镇
10	苗族芦笙制作技艺	王杰锋	男	1960	苗	大关县文化馆	大关县天心镇
11	阿昌族户撒刀	项老赛	男	1961	阿昌	陇川县文化馆	陇川县户撒乡
12	纳西族手工造纸技艺	和志本	男	1928	纳西	迪庆州文化馆	香格里拉县三坝乡
13	傈僳族民歌	王　利	男	1929	傈僳	怒江州泸水县	泸水县古登乡
14	哈尼族多声部民歌	车　格	女	1965	哈尼	红河州红河县	红河县阿扎河乡
15	哈尼族多声部民歌	陈习娘	男	1965	哈尼	红河州红河县	红河县阿扎河乡
16	彝族海菜腔	后云宝	男	1942	彝	红河州石屏县	石屏县龙朋镇
17	彝族海菜腔	阿家文	男	1940	彝	红河州石屏县	石屏县哨冲镇
18	迪庆锅庄	达珍区批	男	1933	藏	迪庆州香格里拉县	香格里拉县东旺乡
19	迪庆锅庄	徐桂莲	女	1943	藏	迪庆州德钦县	德钦县奔子栏镇
20	铜鼓舞（壮、彝族）	陆孝宗	男	1949	彝	文山州西畴县	麻栗坡县新寨乡
21	铜鼓舞（壮、彝族）	黄正武	男	1946	彝	文山州富宁县	富宁县板仑乡
22	孔雀舞	约　相	男	1948	傣	德宏州瑞丽市	瑞丽市勐卯镇
23	孔雀舞	旺　腊	男	1948	傣	德宏州瑞丽市	瑞丽市文化馆
24	傈僳族阿迟木刮	熊自义	男	1941	傈僳	迪庆州维西县	维西县叶枝乡
25	彝族葫芦笙舞	钟天珍	女	1946	彝	文山州麻栗坡县	麻栗坡县鸡街乡
26	彝族葫芦笙舞	杨应金	男	1953	彝	文山州麻栗坡县	麻栗坡县鸡街乡
27	彝族烟盒舞	施万恒	男	1947	彝	红河州石屏县	石屏县龙朋镇
28	花灯戏（玉溪）	李鸿源	男	1937	汉	玉溪市红塔区	玉溪市花灯剧团
29	花灯戏（玉溪）	陈克勤	男	1935	汉	玉溪市红塔区	红塔区玉兴路59号
30	傣戏	刀保顺	男	1937	傣	德宏州盈江县	盈江县旧城镇
31	傈僳族刀杆节	李学强	男	1955	傈僳	怒江州泸水县	泸水县鲁掌镇
32	白族绕三灵	赵丕鼎	男	1943	白	大理州大理市	大理市喜洲镇
33	梅葛	郭有珍	女	1943	彝	楚雄州姚安县	姚安县官屯乡马游村

续表

国家级项目代表性传承人名单（51人）							
序号	项　　目	姓　名	性别	出生	民族	保护单位	所　在　地
34	达古达楞格莱标	李腊翁	男	1928	德昂	德宏州潞西市	潞西市三台山乡
35	傈僳族民歌	李学华	男	1952	傈僳	怒江州泸水县	泸水县
36	布朗族民歌（布朗族弹唱）	岩瓦洛	男	1959	布朗	西双版纳州勐海县	打洛镇曼山村
37	彝族打歌	茶春梅	女	1962	彝	大理州巍山县	巍山县马鞍山乡
38	彝族跳菜	鲁朝金	男	1966	彝	大理州南涧县	南涧县宝华镇
39	布朗族蜂桶鼓舞	俸继明	男	1955	布朗	临沧市双江县	双江县邦丙乡
40	拉祜族芦笙舞	李增保	男	1932	拉祜	普洱市澜沧县	竹塘子村下寨
41	傣剧	金星明	男	1944	傣	德宏州潞西市	潞西市
42	佤族清戏	李家显	男	1934	佤	保山市	保山市
43	彝剧	李茂荣	男	1944	彝	楚雄州大姚县	昙华乡赤石岩村
44	傣族章哈	玉　光	女	1956	傣	西双版纳州景洪市	景洪市
45	傣族章哈	康朗屯	男	1938	傣	西双版纳州勐腊县	勐腊县
46	建筑彩绘（白族民居彩绘）	李云义	男	1942	白	大理市	双廊镇长育村
47	傣族、纳西族手工造纸技艺	玉勐嘎	女	1945	傣	临沧市耿马县	耿马县孟定镇
48	陶器烧制技艺（藏族黑陶烧制技艺）	孙诺七林	男	1948	藏	迪庆州香格里拉县	香格里拉县尼西乡
49	傣族织锦技艺	叶　娟	女	1959	傣	西双版纳州景洪市	勐养镇曼龙岗村
50	斑铜制作技艺	张克康	男	1955	汉	曲靖市会泽县	会泽县屏中镇铜匠街
51	景颇族目瑙纵歌	岳麻通	男	1942	景颇	德宏州陇川县	陇川县弄把镇

（省文化厅）

广播电视

【概述】 2009年，全省有经国家广电总局批准的省地县级广播电视播出机构154个。其中，省地级广播电台17座（包括未单独设置的）计44套节目，电视台17座计48套节目；县级广播电视台122座（包括已批准建立正待完善或组建的县级广播电视台）。按新统计口径，全省有省以上广播电视部门批准的有固定编制、频率、播出时间的中短波转播发射台54座，调频转播发射台380座，电视转播发射台174座，卫星收转站309万多座，形成城市和农村联通，卫星、无线、有线结合的多形式多层次广播电视传输网络。全省广播人口覆盖率94.29%，电视人口覆盖率95.06%，比上年分别增加1.17%和0.72%。省电台和省电视台节目通过卫星传送，可覆盖全省和全国部分省区和东南亚地区。全省有线广播电视传输网络干线总长6.14万千米，有线电视用户486万户，数字电视用户219.8万户，付费数字电视用户176.2万户。省电台现有新闻广播、民族广播、经济广播、音乐之声、教育广播、交通之声、香格里拉之声、少儿广播共8套节目，全年播音49 521小时，日均播音135.7小时，比上年日均减少3.7小时。昆明市电台阳光频率、都市频率、汽车频率3套节目，全年播音21 900小时，日均播音60小时。除汉语节目外，全省各级电台开办藏语、西双版纳傣语、德宏傣语、拉祜语、景颇语、景颇载瓦语、傈僳语、苗语、壮语、瑶语、哈尼语、彝语、佤语等13种少数民族语言节目及越南语节目。全省地县级以上电台（含未独立设置的广播频率和独立设置的

2009年云南电视台都市频道10位明星记者及工作人员 （省广电局 提供）

听广播难、看电视难的问题。云南边疆解“五难”和藏区县广播电视节目无线覆盖工程任务，涉及全省25个边境县和3个藏区县县城及部分边境口岸、乡镇广播电视发射台及附属设备更新，该工程已按期完成，相关发射台已开通试播。文山、红河、怒江、德宏、西双版纳5个州8种少数民族语广播电视节目译制项目工程顺利完成。中央农村广播电视节目无线覆盖工程进展顺利，主要设备的安装调试已完成。云南农村省级广播电视节目无线覆盖工程多已完成，96%的设备调试开通进入试播。

（杨素娟　戴美政）

县级电台）全年播音25.91万小时，日均播音709.90小时，比上年日均增加93.04小时。云南电视台现有卫视、都市、娱乐、生活资讯、电影、公共、少儿共7套节目（不包括公交频道），全年播出5.25万小时，日均播出143.8小时，比上年日均增加1.2小时。其中，云南卫视每日24小时播出。昆明市电视台有综合、生活、文艺、体育、影视、新闻计6套节目，全年播出4.76万小时，日均播出130小时。全省地县级以上电视台全年播出72.09万小时，日均播出1 975.11小时。2009年底，全省广电系统共有从业人员1.55万人，其中专业技术人员8 449人，比上年增加277人。2009年度，省广电系统全年行政事业收入16.6亿元。其中，财政补助6亿多元。另有企业收入11.3亿元，比上年明显增加。

【宣传报道】 2009年，云南省广播电视系统以党的十七届四中全会和省委八届七次全会精神为指导，贯彻落实科学发展观，全面落实中央和省委、省政府保增长、保稳定、保民生的工作方针，做好宣传报道工作，为推动全省经济发展营造了良好的舆论氛围。各级广电媒体注重激发活力、整合资源，做好全国全省“两会”、科学发展观学习实践活动和“三个一”主题实践宣传活动等重大宣传报道工作。以中国聂耳国际音乐（合唱）周、“云岭巡礼，祝福祖国”系列活动及“精彩云南·辉煌60年——大型电视直播行动”等大型活动为重点，全面宣传报道新中国成立60周年伟大成就，圆满完成国庆60周年宣传报道任务。省级两台密切关注社会热点问题设置议题，开设专栏，及时引导社会舆论。在热点和焦点问题报道及乌鲁木齐“7·5”事件和楚雄、姚安地震等突发时间和灾难事件报道中，把好选题方向，不炒作，不渲染，有力发挥了舆论主阵地作用，省级两台注重创新报道内容和手段，提高对突发事件快速报道能力。两台积极深化节目栏目改革，《云南新闻联播》、《全省新闻联播》先后实现改版，对会议新闻、领导人活动等报道不断改进，突出了新闻重点，增加了这类新闻的影响。省电台各频率不断完善时钟式节目编排，尽力增大新闻信息含量和时效性。《金色热线》、《经典人文地理》、《新视野》等广播电视名牌专栏不断改进成熟，影响日增。

【事业建设】 2009年全省广播电视“村村通”工程建设，圆满完成国家第一批集中招标采购的68.42万套直播卫星接收设备的安装调试任务，顺利通过省级验收，解决了本省边远农村68.42万户239万多人

【《旅游新时空》栏目】 云南电视台2009年1月1日开播，12：30播出，每次40分钟。该栏目将web2.0、旅游、电视结合在一起，与观众海阔天空聊旅游，让观众倾诉旅途心情，提倡自助游路线，适时播出新鲜出游资讯。观众欢迎的旅游百事通热线、打折线路推介、幸运抽奖等，每期还送出3张全国各城市至云南的机票。

【《经典人文地理》栏目】 云南电视台制作播出的人文地理电视栏目，2004年10月开播，每天23：28播出，每次40分钟。栏目主要播出人文地理类纪录片，在全国电视观众中口碑良好，收视率长期居于全国省级卫视同时段前10位，单期最高收视排位达到第1位（央视索福瑞35城市数据），2009年平均收视率位居全国卫视同时段前列。2009年播出的纪录片《松山松山》被评为2008～2009年度中国电视纪录片长片十佳作品，《洱海探秘》被评为2008～2009年度中国电视纪录片长片好作品。

【罗正富现场调研】 2月2日，省委常委、常务副省长罗正富率省级重大文化项目建设调研组对云南亚广影视信息传媒中心建设情况进行调研。亚广项目被列入2009年云南省政府重大建设项目。当时已完成投

资 1.4 亿元，项目核心区建筑土建工程进入公开招标程序。

【昆明电台幸福老年广播开播】 3 月 26 日，云南省第一家老年广播频率——昆明人民广播电台（FM105）幸福老年广播开播，该频率面向 45 岁以上听众群，节目设计强化“幸福”概念。

（蔡明）

【庆祝新中国成立 60 周年宣传报道】 8 月起，云南省广电媒体庆祝新中国成立 60 周年宣传报道进入高潮。电视方面包括《精彩云南 · 辉煌 60 年》直播报道，《家在云南》、《丰碑》专栏节目和《聂耳》、《让祖国检阅》等纪录片，航拍节目《有一个美丽的地方》、访谈节目《民族大家庭》等，以及省级文艺汇演报道等。广播方面包括“云岭献礼”年度系列报道、《眺望云岭》特别节目、“我和祖国六十年”人物故事展播、民族语广播“新中国成立 60 周年”等。还有其他多部国庆献礼题材电视剧和红色经典歌曲在国庆前后播出。

（王宇）

【“牵手灾区、情系彝山”慰问演出直播】 8 月 9 日 14：00～16：30，中央人民广播电台、云南新闻界联合全国媒体举行“牵手灾区、情系彝山”慰问演出，云南人民广播电台对演出进行直播，慰问 7 月 9 日云南姚安强烈地震受灾群众。

【云南电视台建台 40 周年】 10 月 18 日，云南省广电局举行云南电视事业发展暨云南电视台建台 40 周年大会。省委书记、省人大常委会主任白恩培，省长秦光荣和省政协主席王学仁发来贺信，省有关领导出席会议。至年末，云南省已开办各类电视频道 49 个，每年制作电视节目 5 万多小时，电视人口覆盖率达 94%。云南卫视节目已覆盖 40 多个国家。近 10 年来，该台广告收入年平均增长 14%，2008 年经营性总收入超过 6 亿元。

（胡雪蕾）

新闻出版

【概述】 2009 年，全省有图书出版单位 8 家，出版图书 4 600 种；音像出版单位 7 家、电子出版单位 5 家、网络出版单位 3 家，出版音像制品 1 128 种、电子出版物 68 种。

2009 年，全省各出版单位认真实施精品战略，围绕深入学习实践科学发展观活动、马克思主义中国化创新理论学术研究和普及、庆祝建国 60 周年、农家书屋工程建设、青少年思想道德建设、少数民族文字出版等主题，组织出版了一大批优秀精品出版物。其中，《真爱长歌》入选“五个一”工程图书奖，音乐专辑《我们在一起》获第二届中华优秀出版物抗震救灾特别奖，电视纪录片《高原之光》《打好禁毒防艾人民战争，构建德宏和谐社会》和民族音乐专辑《彝音天籁》获第二届中华优秀出版物提名奖。《马克思主义民族理论在云南的实践——云南民族区域自治 60 周年》《远去的背影——云南民族记忆》《云南民族团结进步事业光辉历程》3 种图书进入全国促进民族团结重点出版物目录。《最新十万个为什么》丛书、《校园快乐幽默短篇小说——麻辣小女生》丛书入选新闻出版总署年度向全国青少年推荐百种优秀图书目录。《云南六十年》《云南 60 年红色记忆》等反映建国 60 年来云南各项发展取得新成就的出版物得到群众高度评价。《奥秘》被中国期刊协会评为建国 60 周年有影响力期刊。《蜜蜂报》《漫画派对》被中国期刊协会推荐为全国优秀少儿读物。

2009 年，全省有报刊 190 种。其中，报纸 64 种，期刊 126 种。在 64 种报纸中，综合类报纸 30 种（含少数民族文字版 7 种），行业专业类报纸 27 种（含 21 种高校报），生活服务类报纸 3 种，读者对象类报纸 2 种，文摘类报纸 1 种。126 种期刊中，党刊 1 种，社科、政治、经济、教育、学术理论类 18 种，综合文化生活类期刊 20 种，文学类期刊 8 种，外文 4 种，少数民族文字 3 种，自然科学期刊 40 种，高校学报 32 种。2009 年，经新闻出版总署批准，新创办《迪庆日报 · 藏文版》和《曲靖师院报》2 种。《大众消费报》变更刊名为《精品消费报》，《昆明大学学报》变更刊名为《旅游研究》。注销《昆明高等师范专科学校报》。

【农家书屋工程建设】 2009 年，全省建设农家书屋 1 566 个，累计建成农家书屋 2 032 个。每个书屋按照图书 1 200 种 1 500 册以上，报刊不少于 20 种，电子音像制品不少于 100 种的标准配备，有效解决了农村地区和边远少数民族地区群众“买书难、借书难、看书难”问题。12 月，新闻出版总署在云南召开全国中西部地区农家书屋工程建设经验交流会，推广了云南经验。

【少数民族文字出版】 年内，省新闻出版局加大对少数民族新闻出版事业发展扶持力度，争取到 230 万元中央财政拨付的少数民族文字出版专项资金，用于支持少数民族文字出版项目和民族文字出版单位的设备改造。共出版 18 种少数民族文字图书 150 种，比上年增长 27%。

【报刊业产值】 至 2008 年底，全省报纸平均期印数 227 万份，年总印数 6.29 亿份，平均期发量 224 万

份，年总发行量6.25亿份。期刊平均期印数2 211千册，年总印数3.27千万册，平均期发量2 151千册，年总发行量3.21万千册。报刊发行收入2.56亿元，广告收入7.28亿元，年总收入13.24亿元。从业人数达5 283人，人均产值为25万元。与“十一五”规划末年的2005年相比，总发行量增长51.3%，期发行量增加37.6%。

【第三届期刊奖评选活动】 2009年5～9月，举办第三届云南省优秀期刊评选活动。《大家》等25种期刊获优秀期刊奖。《云南医药》等36种期刊获改革创新奖。52位编校获突出贡献奖，61位主编（社长）获优秀主编（社长）奖，109位编校获优秀编辑奖。《学园》“学理考辩”等92个栏目获优秀栏目奖。《东方风情》等25种期刊获优秀装帧奖。

【报刊广告治理】 2009年，云南省新闻出版局加强广告监测，对发行量、广告量比较大的报刊进行定期抽查，年内检查医药、保健品等广告3万多条，涉及医药广告1万1千多条／次；新闻类医药广告2 700多条／次。对报刊广告存在的以专版、专题、健康资讯等新闻形式，变相发布医药广告问题、低俗广告和虚假广告问题进行通报和查处。在治理违规商业广告的同时，省新闻出版局根据报刊出版具体情况，组织报刊社开展“禁毒和防治艾滋病”公益宣传广告工作；开展“我们的节日——春节”公益广告宣传活动，“扬正气，促和谐——全国优秀廉政建设公益广告展刊”活动，“迎国庆、讲文明、树新风”公益广告宣传活动和“使用新版记者证”公益广告宣传活动。

【版权保护社会宣传】 2009年，全省开展“4·26世界知识产权日”系列活动，做好版权保护工作社会宣传。省版权局印制著作权知识问答2 000份，发到全省音像批发市场和计算机软件、硬件销售市场，开展著作权法律知识宣传。全年针对网吧、印刷包装、汽车销售等行业765家单位、2 000余人次进行著作权法律法规宣传培训。与共青团云南省委和共青团昆明市委联系，在全省部分中小学开展由国家版权局和新闻出版报主办的青少年版权保护读书活动暨版权保护知识竞赛活动，共向相关学校学生赠送《版权保护小卫士》图书6 000余册，并收取知识竞赛答题卡6 000余份，有效提升了青少年版权保护意识。云南省版权局、昆明市官渡区一中、云南师范大学附属世纪金源学校、昆明市外国语学校4家单位获全国青少年版权保护知识竞赛活动优秀组织奖，3名同学获得一等奖，19名同学获得三等奖。全年共接待各类咨询700余件。

【春城晚报入全国“百强”】 1月5日，中国广告协会报刊委员会公布“2007～2008中国报刊广告投放百强”名单。名单包括：都市报30强、晚报20强、日报10强、综合专业报10强和期刊30强。《春城晚报》位居晚报第11位，是云南省唯一进入“百强”的报纸。

【印刷业产值】 2009年，全省印刷企业共5 785家，印刷业资产总额为82.85亿元，较上年增长8.3%；年总产值为71.62亿元，增长10.02%；印刷从业人员4.4万人，增长7.32%。

【印刷质量检测】 2009年，云南省质量检测活动中检测各类出版物337个品种，6 067册，合格率为99.8%。还组织专家对全省教材教辅进行质量抽查，抽查检测全部合格。云南省印刷产品质量检测站被新闻出版总署评为2009年质检活动先进单位，1人被评为先进个人。

【昆明国际印刷包装城建设】 2009年4月，昆明国际印刷包装城完成一期工程建设。昆明国际印刷包装城建在昆明市大板桥镇，一期工程建设占地面积2 042亩，累计投资7.43亿元，基础配套设施建设已全部完成，入驻企业48家。现二期工程建设占地总面积5 534亩，预计总投资76.6亿元。

【图书市场】 2009年，全省图书发行单位3 738家。其中，总发行单位2家、全国连锁经营总部1家、批发单位104家、零售单位3 627家（含中外合资出版物零售单位4家）、网上书店3家、读者俱乐部1

“4·26世界知识产权日”到昆明市音像批发市场进行版权知识宣传

（省新闻出版局　提供）

家；国有发行单位338家，民营发行单位3 396家，中外合资、独资出版物零售单位4家。销售总额43亿元。从业人员5.13万人，利润2.56亿元。

【音像市场】 2009年，全省共有音像制品批发单位31家，连锁经营单位5家，连锁门店、柜台207家，音像制品零售、出租单位6 210家。

【教材印刷】 5月11日至8月20日，云南书刊印刷企业奋战100天加紧印制2009年秋季中小学教材，特别是加班加点做好西双版纳傣文、彝文、德宏傣文、景颇文、载佤文、佤文、拉祜文、纳西文、傈僳文、哈尼文、独龙文、滇东北苗文、川黔滇苗文、白文、壮文、藏文、门方言瑶文、勉方言瑶文等18种少数民族文字教材印刷任务，确保了全省各族中小学生"课前到书，人手一册"任务完成。

【全国图书交易博览会参展】 4月25～29日，新闻出版总署在山东济南举办第十九届全国图书交易博览会，全省共组织9家出版单位参加。设有14个图书、音像展位和1个期刊展位，参展图书达到1 891种（新书458种、民族语言文字书籍72种）、期刊96种、音像制品90种，实现订货码洋500多万元，取得社会效益和经济效益双丰收。

【打击侵权盗版查处】 2009年，全省共出动执法人员3 000人次，检查经营单位7.38万个，查处版权侵权案件717件，移送司法机关4件，查获地下窝点46个，行政罚款计人民币35万多元，有效保护了著作权人的权益。

【作品登记】 2009年，全省加大作品登记工作宣传力度，开设作品登记绿色通道，提高登记工作效率，尽量缩短登记审核时间，在全国较早实行作品全免费登记制度，为权利人提供优质、快捷服务。2009年共受理作品登记咨询700余人次，登记作品240件，比去年有较大幅度增加。同时，依托云南省著作权保护协会，开展软件著作权登记代办服务工作，共代办软件登记30件，受到广大软件开发者好评。

【扫黄打非】 2009年，全省全年共出动执法人员11.7万人次，检查出版物店铺摊点10.6万个（次），共收缴非法出版物150余万册（盘），取缔关闭店档摊点3 059个，查处非法网站40个，删除各类有害信息8 000多条。查办各类案件569件，行政处罚554件，刑事处罚15件。销毁各类非法出版物113.6万册（盘、盒）。

【社会文化环境净化】 年内，按照中央和省委、省政府关于净化社会文化环境的部署，省新闻出版局加强昆明新闻路图书批发市场管理，防止不良出版物流入市场，把好入口关。各地对图书市场、校园周边进行排查、清理，并结合"4·23世界读书日"，在青少年中开展"与祖国同行，读一本好书"为主题的阅读活动，向出版物发行企业发出"决不让有问题的出版物在我这里流出"倡议，并签订责任书，有力净化了社会文化环境。

【网络出版监管系统项目】 2009年，总投资157万元的云南省网络出版监管系统（一期建设）项目建成，并投入使用。运用该系统，省新闻出版局依法依规对省内60余家涉及网络出版的网站进行备案管理和实时监管，查处互联网违规出版案件8起，查处非法网络出版物336部（款），并对2家网站下达整改通知，责令整改。

（汤长平）

医疗卫生

【概述】 2009年，国家及云南省"医改意见"与"实施方案"相继出台，医改任务极其艰巨繁重。全省卫生系统坚持科学规划、统筹兼顾、创新方法、科学管理原则，切实推进医药卫生体制改革，全省卫生事业发展取得明显成效。卫生机构总数达9 319个，新型农村合作医疗参合率达92.92%，国家基本药物制度稳步推进，共争取到国家4批645个建设项目，846个设备装备项目。省级医疗卫生机构基本建设项目完成投资11.31亿元，9项国家基本公共卫生服务项目启动实施，六大公共卫生专项进展顺利；药房托管、预约诊疗、医师多点执业等公立医院改革试点工作不断深入；全省传染病发病率稳中有降，甲型H1N1流感防控工作取得阶段性成效；食品安全整顿力度进一步加大，中医药事业得到了有力扶持和协调发展。

【卫生资源】 2009年末，全省卫生机构总数9 319个。其中，医院721个、乡镇卫生院1 387个、社区卫生服务中心（站）801个、妇幼保健机构147个、疾病预防控制机构152个、卫生监督机构146个。全省卫生机构床位数14.4万张，每千人口医院和卫生院床位2.97张。全省卫生机构职工总数15.98万人。其中，卫生技术人员13.28万人，其他技术人员0.66万人，管理人员0.68万人，工勤人员1.36万人。全省医院床位与卫生技术人员比例为1 ∶ 0.75，医院床位与医生比例为1 ∶ 0.29，医院床位与护士比例

4月25日，省市区各级卫生行政人员同大学生志愿者一起宣传预防接种相关知识

（省卫生厅　提供）

为1 ∶ 0.31。

【医疗卫生体制改革】 2009年，省委、省政府出台《云南省深化医药卫生体制改革的意见》和《云南省医药卫生体制改革3年实施方案（2009～2011年）》，为全省医改工作指明了方向。

基本医疗保障制度建设不断完善。拟定《云南省关于巩固和发展新型农村合作医疗制度的实施意见》，进一步巩固和完善新型农村合作医疗制度。2009年全省新型农村合作医疗参合率92.92%，参合人数3 293.49万人。

国家基本药物制度稳步推进。制定云南省实施国家基本药物制度“三年方案”，开展基本药物增补药品遴选工作，初步遴选出50个中药品种和20个西药品种，作为基层医疗机构基本药物补充药品。组织实施基本药物网上集中采购，统一配送。确定昆明、曲靖、玉溪市所辖基层医疗机构全部配备使用基本药物，并实行零差率销售。

基层医疗卫生服务体系进一步健全。共争取到国家4批645个建设项目，846个设备装备项目，国家和省共安排建设资金18.84亿元，省级医疗卫生机构基本建设项目完成投资11.31亿元，设备购置项目完成4.03亿元。

基本公共卫生服务逐步均等化。

公立医院改革不断深化。积极向国家医改办申报昆明市、曲靖市作为公立医院改革试点城市，确定省第三人民医院作为全省公立医院改革综合试点单位。

【社区卫生】 2009年，中央投入3 800万元，安排云南省19个社区卫生服务中心建设项目，省级足额配套了3 080万元，项目建设进展顺利。全年共安排云南省社区卫生服务机构基本设备经费1 365万元，共覆盖社区卫生服务中心52个、社区卫生服务站89个，基本公共卫生和医疗条件得到进一步改善。

【疾病预防控制】 2009年，全省传染病发病率为205.7/10万，较上年同期下降3.07%。防控甲型H1N1流感取得阶段性成果，完成省、州（市）级17个疾病预防控制中心监测网络实验室和20个流感样病例监测哨点医院建设工作。结核病防治工作成果巩固，全省共发现和治疗涂阳肺结核病人1.35万例，报告突发公共卫生事件346起，共派出省级医疗、疾控专家449人次，对114起影响较大事件现场处置工作进行具体指导。

【卫生监督】 年内，全省认真贯彻落实《食品安全法》，以保证人民群众饮食安全为目标，组织开展打击违法添加非食用物质和滥用食品添加剂专项整治行动以及餐饮服务环节食品安全整顿工作。共出动卫生执法监督人员26.62万人次，监督检查餐饮单位7.96万个。组织开展餐饮服务食品安全整顿工作，全省共出动卫生监督员6.96万人次，检查各类餐饮服务单位11.89万户。进一步加大监督执法力度，维护正常医疗服务和公共卫生秩序。

【著名医师】 蓝瑚，1915年11月生，中共党员、民盟成员，昆明医学院第二附属医院教授，普通外科学专家。1942年毕业于法国里昂大学医学院，获医学博士学位。历任天津市立第三医院外科主任、云南大学医学院副教授、昆明医学院教授、副院长，云南省科协副主席，中华医学会云南分会副会长，卫生部医学科学委员会委员。同时担任《云南医药》、《昆明医学院学报》主编，主要著作有《局部解剖学》（卫生部统编教材）、《普通外科诊疗常规》、《手术失误及处理：普外分册》等。第五、六届全国政协委员。在长达60年从医、从教生涯中，以精益求精的医疗技术挽救了许多人的生命。创建昆医附二院外科并使之发展成为省内一流、国内知名的重点学科。培养硕士生39名，为全省培养了外科骨干数千名。他是云南省迄今唯一获“中华医学会资深会员”殊荣的专家，云南第一批招收硕士研究生导师。1991年获国务院特殊津贴。2006年7月荣获云南省首届“兴滇人才奖”专业技术奖。

魏述徵，中西医结合眼科主任医师、教授。1907年生，云南省华宁县人，中共党员。1935年毕业于上海同济医科大学。从事中西医结合眼科工作近60年，积累了丰富的临床经验，是云南省著名中西医结合眼科专家。曾撰写《眼科临床知识》《耳鼻咽喉科临床指南》等著作。并担任《中国医学百科全书》中医耳鼻咽喉口腔科学分册编委。1950年任云南省人民政府卫生处总门诊部医务主任，后继任总门诊部副主任，云南省中医医院副院长，云南中医学院附属医院副院长。历任中华全国中医学会首届理事会理事，云南中医学会第一、二、三届常务理事兼副会长，1988年被省政府授予云南省“老有所为”精英奖，1996年被云南省人民政府授予云南省荣誉名中医。

张沛霖，主任医师，1927年7月生，1947年开始从事中医药工作（随父行医）。1996年云南省人民政府授予云南省荣誉名中医，1993年起获国务院政府特殊津贴，全国第一、三、四批指导老师。1994、2007年获人事部、卫生部、国家中医药管理局颁发的“全国继承老中医药专家学术经验指导老师荣誉证书”，2007年被国家中医药管理局授予全国老中医药专家学术经验继承工作优秀指导老师。其完成的“经穴温差诊断仪”项目获省卫生厅科技进步三等奖。撰写出版了《针灸治疗急性阑尾炎》一书，发表《论跤脉与跤脉辨证》、《试论针刺辨证与针刺补泻》等论文。历任中国针灸学会第二届理事会理事，云南省中医学会第四届理事，云南省针灸学会第二届理事、常务理事。

吴生元，教授、主任医师，1937年出生于中医世家，自幼随父亲——云南著名中医学家吴佩衡先生学习中医。担任全国名老中医药专家学术经验继承工作指导老师，为国家级中医专家，云南省名中医。曾任云南省中医医院院长。2006年获中华中医药学会颁发的首届全国“中医药传承特别贡献奖”。获国务院授予有突出贡献专业技术人员奖，享受政府特殊津贴专家。擅长诊治各种外感疾病、风湿痹症、脾胃病及高血压等病证，对内科疑难杂症诊治有其独特之处。先后发表过多篇学术论文、出版多部医学论著，其研制的“风寒感冒冲剂”“风热感冒冲剂”、“痛风消颗粒”、“痛风清洗液”等独特制剂，在临床均有良好疗效，曾获科研成果奖多项。

4月24日，云南省卫生系统中医药传统技能大赛决赛在昆明举行（省卫生厅　提供）

【中医药事业】 2009年，全省深入贯彻落实《国务院关于扶持和促进中医药事业发展的若干意见》。省级中医临床研究基地、中医药（民族医药）博物馆等一批扶持中医药发展建设项目纳入3年医改重点工作；中医药服务体系建设逐步推进。成立省级中西医结合医院，各级财政投入4.23亿元用于11所州市级中医院、7所县级中医院基础设施建设，投入7 715万元强化中医药服务能力、人才培养和文化建设。

（蒋仕丽）

食品药品监管

【概述】 2009年，云南省食品药品监督管理系统深入开展食品安全整顿和药品专项整治，紧紧围绕“保增长、保民生、保稳定”大局，圆满完成年初确定的各项目标任务。以深入开展打击违法添加非食用物质和滥用食品添加剂专项整治、杜绝重大食品安全事故为主线，继续推行目标责任制管理，加强食品安全法培训，深入推进食品安全示范县建设。加强药品生产安全监管。省食品药品监督管理局先后对全省23家注射剂类高风险企业进行全覆盖飞行检查，对其他类别药品生产企业进行了不低于20%的飞行检查，并认真开展GMP再认证。药品安全专项整治。从严打击生产销售假药行为、加大违法药械广告整治力度等11个重点方面，周密部署并持续推进药品安全专项整治工作。加强药械违法查处。通过接听各地群众咨询、举报、投诉电话1 300余起，并配合“96128”政务信息网查询举报电话接听上报，共查处药械案件5 000多件，取缔无证经营343户，销毁假劣、过期失效药械1 770万元，全省全年没有发生重大药害事件，药械市场生产经营使用秩序进一步好转，有力地维护了公众饮食用药安全。

【特殊药品监管】 2009年，省食品药品监督管理局下发《关于进一步加强特殊药品监管及开展特殊药品专项检查的通知》，对全省涉及麻精药品定点生产经营企业、蛋白同化制剂、肽类激素及含麻黄碱复方制剂定点批发企业，使用麻精药品作为原料药的生产企业和教学科研单位、美沙酮维持治疗点和药品零

售门店、各级医疗单位进行现场检查；下发“责令整改通知书”56份，立案查处4家药品经营企业，监督销毁多批过期、损坏特殊药品，进一步加强易制毒化学品管理。

【药品质量受权人制度】 年内，省局订制《云南省药品质量受权人制度（试行）》，11月22日起在全省正式推行。药品质量受权人对药品质量管理活动进行全程监督和管理，对药品生产行为规范性和药品生产质量安全性进行内部审核，并由其承担药品放行责任。

【防控H1N1流感】 年内，为有效应对H1N1流感，省食品药品监督管理局成立防控工作领导小组，建立应急值守和信息报送工作制度，组织对全省药监部门和生产经营企业进行调研，及时了解掌握全省防控用药械生产供应情况，并组成3个督查组对全省防控药械监管工作进行督查。

【非药品冒充药品专项整治】 2009年，省食品药品监督管理局重点针对食品、消毒产品、保健食品、保健用品、化妆品、无文号产品等6大类产品冒充药品，开展专项整治行动。共出动执法人员2 150人（次），车辆610次，对全省1万多家（批发、零售）药品经营企业进行检查，登记涉嫌非药品冒充药品3 434种，其中无文号产品49种，国产食品984种，进口食品23种，消毒产品712种，保健食品1 594种，化妆品72种。查处案件8件。

【违法药品广告整治】 2009年，云南省各州市级食品药品监督管理局均配备了药品广告自动监测设备，对当地电视、广播媒体发布的药品、医疗器械、保健食品开展执法取证工作。共监测违法广告1 558余条，提请工商部门对参杞康口服液等15个违法保健食品、药品广告进行查处。还积极配合工商部门联合发布消费警示；对活睾强根丸、水宜生、北京知蜂堂等一批违法保健用品采取强制措施。

【医疗器械监管】 2009年，云南省共有医疗器械生产企业96家，医疗器械专营批发企业1 553家，药店兼营器械零售企业7 178家；持有有效医疗器械注册证的企业253个。有236家经营企业新办“医疗器械经营企业许可证”，变更157家，换发46家；“医疗器械生产企业许可证”开办3家，换证4件，变更9件，依法注销7家；办理二类医疗器械产品注册14件，变更2件；共检查医疗器械生产企业145家次，经营企业20 000家次，使用单位25 000家次，立案查处医疗器械案件490件，处理完毕467件，罚没金额200余万元，受理投诉举报22件，处理完毕13件。

食品安全标准宣传 （省食品药品监督管理局 提供）

【药品注册工作】 2009年，云南省局共受理药品注册申请177件，其中审批药品补充申请84件，审核上报药品补充申请70件，新药16件，已有国家药品标准7件；中药品种保护10件；审批医院制剂6件，再注册9家医院、132个品种，批准调剂使用4件；审核上报药包材申请3件，再注册9件，补充申请1件；批准药包材申请3件，完成中保品种60个临床机构临床试验的核查任务。通过药品研制专项整治，药品注册管理更加规范，药品注册申请数量步入常态，中药8、9类和化药5、6类申报比例明显降低，创新药比例明显提高。

【食品药品检验】 2009年，省食品药品检验所共完成药品检验4 007批，食品检验281批。对承担的灯盏花素注射剂、血塞通注射液、氯雷他定3个国家评价抽验品种，一方面严格按照要求进行评价性检验，一方面针对与药品有效性和安全性密切关联的、现行标准缺陷的57个项目、指标，深入拓展探索研究，建立创新性检验方法，《血塞通注射液评价抽验质量分析报告》经国家局组织专家评议，获优秀项目奖。

【医疗器械不良事件监测】 年内，全省建立1个省级中心、16州市中心、126个县级中心，形成覆盖全省的医疗器械不良事件监测三级网络。截至2009年12月19日，全省共上报可疑不良事件报告1 196例，较上年同期增长119.45%，个人投诉4例。报告涉及植入器材、敷料、护创材料、输血、输液器具及管路等26类产品，除25份来自医疗器械经营企业，其余均来自医院。

【药品不良反应监测】 2009年，省局坚持以“提升报表数量和质量”为抓手，不断提高科学监测水平，基本形成以省中心为龙头，各州（市）ADR中心、省级医疗单位及药品生产经营企业、区（县）级监测点为主体的ADR监测报告网络，实现监测网络全面覆盖。截至2009年12月19日，全省共上报药品不良反应监测报表8 281份，较去年同期减少352份，新的、严重的576份，占报表总数6.96%。

【药物滥用监测】 截至2009年12月19日，通过“国家药物滥用监测网络信息管理系统”，全省共上报有效调查表1.16万份。由于26个县（区）级劳教所及戒毒所出现合并、撤销或改为中转站的情况，导致报表收集难，云南省药物滥用监测报表与上年同期相比减少4 507份。

【保健食品初审】 2009年，全省共受理保健食品注册初审14件，退审4件；受理保健食品广告审查35件，处理保健食品违法广告10期共84个，移送国家局违法保健食品广告56个，移送工商管理部门违法保健食品广告84个。处理异地保健食品广告告知51件。

【云药产业发展】 2009年，云南省医药工业仍然保持较快发展，实现医药工业产值121.5084亿元（其中，化学原料药2.94亿元，化学制剂26.76亿元，中成药82.42亿元，生物制剂4.989亿元，中药饮片1.97亿元），同比增长26.2%。高于全省GDP增长14.16个百分点，高于全国医药工业平均增长率的6个百分点，在全国排行第23位，比上年前进1位。实现工业增加值47.17亿元，同比增长21.54%；新产品产值达14.72亿元，同比增长25.07%；出口交货值达3.03亿元，增长11.52%；实现销售收入109.18亿元，增长31.72%；实现利润总额13.95亿元，增长37.79%；增产总额达159.79亿元，增长15.91%；负债总额为71.48亿元，增加0.2%。

2009年，全省规模以上工业制药企业达104户，实现工业总产值121.34亿元，占全省医药工业产值的99.6%。其中，工业产值、销售收入超过5 000万元以上制药企业达41户，较上年增加11户；医药工业产值、销售收入超过1亿元制药企业达24户，较上年增加7户；实现利润1 000万元以上制药企业达23户，较上年增加5户。2009年，全省医药商业企业共实现主营收入172.09亿元，较上年增加6.89%；实现利润2.50亿元，增长23.38%。其中，主营业务收入上亿元省级医药批发企业达25家。

（张一 刘卫东）

体 育

【概述】 2009年，云南体育系统大力推进群众体育、竞技体育、体育产业三项任务协调发展，为云南经济发展、社会稳定、民族团结作出贡献。全省群众体育工作以“三注重”、“三推进”、“五抓”为载体，完善全民健身组织体系，建设群众体育基础设施，开展主题鲜明、形式多样的全民健身活动，引导、团结、组织全社会各阶层、各类人群积极投身全民健身，形成政府主导、社会化运作、全民参与的群众体育工作格局。备战、参赛全运会是全省体育工作“重中之重”。在第十一届全运会决赛中，云南体育代表团获得奖牌11.5枚。其中，金牌3枚，银牌4.5枚，铜牌4枚。金牌、奖牌总数、总分分列全国第24位、24位、23位，并获得组委会颁发的“体育道德风尚奖”，取得精神文明和竞技运动良好成绩；全省组团参加第一届全国智力运动会获得男子围棋团体、女子象棋个人2枚银牌和女子象棋团体1枚铜牌的好成绩，总分位居全国第16位，完成既定目标任务。加强产业基础性工作，促进体育产业规范化发展，扩大体育产业产出效益，为“促发展、保稳定”全局做出应有贡献。在做好规划、争取立项、多渠道投资建设体育基础设施等方面不断努力，用好体育彩票公益金，加快全省公共体育设施建设步伐。

【三级业余训练网络建设】 2009年，全省竞技体育“三星”工程计划纲要第二期第二周期78个业余训练网点考核验收显示，各州（市）在县（区、市）级共布近200个训练点，全省三级业余训练在训人数达10 860人。全年，省体职院和各州市向省级运动队输送运动员39名，各级各类基层体育训练部门向省体职院竞技体校输送体育苗子410人，省、州市、县共同培养优秀体育后备人才机制进一步完善，以省体育运动职业技术学院为龙头、州（市）、县（区、市）相结合的三级业余训练体制和培养输送体育后备人才机制基本建立。

【群众体育活动服务】 2009年，全省体育部门抓好“三注重”，注重培养群众体育干部，注重培养各级社会体育指导员，注重建设各类群众体育组织。年内，全省新增社会体育指导员1 230名，总数已近2万名。体育社团组织在省级登记注册的18个，在州市级登记注册的193个，在县级登记注册的561个，行业体育社团256个，为群众性体育活动的开展打下了坚实基础。

【群众体育基础设施建设】 2009年，全省利用国家全民健身工程资金和地方投入资金共5 425.8万元，为全省1 778个行政村建设了“农

民体育健身工程”，逐步改善全省农村体育设施严重滞后的局面。全年，省级体育部门还投入 1 050 万元新建“全民健身路径”350 套。大理州、楚雄州、玉溪市已在本地 80% 的行政村建有篮球场，配备乒乓球桌。曲靖市将体育场地设施建设纳入新农村建设规划。文山州、红河州、普洱市、丽江市等州市农村体育场地设施建设力度不断加强，体育发展成果惠及到更多群众。

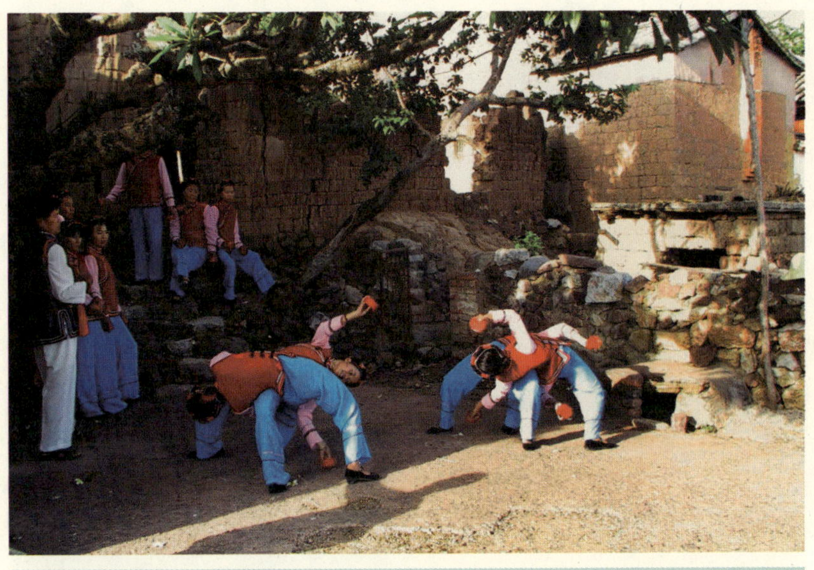

少数民族健身操——烟盒舞 （省体育局 提供）

【全民健身活动】 2009 年，全省各级体育部门以迎接首个全国“全民健身日”为契机，以民族民间体育活动为亮点，抓好民族、农民、青少年、社区体育和大型群体赛事，努力推动全省群众体育全面展开。打造以少数民族健身操为特色的云南民族健身品牌，全国首个“全民健身日”，全省有 200 余万人联动展演了民族健身操。抓好农村体育，利用农闲和节假日开展富有各地特色的体育活动和比赛。抓好青少年体育，举办运动会和足球、航模运动等单项比赛，开展“亿万青少年阳光体育运动”等活动 200 余次，投入 120 万元继续资助 20 所学校的开放工作，探索学校体育场馆向社会开放的长效机制。抓好社区体育，积极鼓励社区体育俱乐部、健身气功“和谐站点”等建设，开辟晨晚练点，举办体育舞蹈公开赛、“邻里体育运动会”，促进和谐社区建设。抓好大型群体赛事，带动全民健身活动广泛开展。配合省老龄办和省残联，成功举办全国首届老年人体育健身大会柔力球交流活动和云南省第九届残疾人运动会暨特殊奥林匹克运动会，组团参加全国第十届中学生运动会和第四届全国亿万妇女健身活动展示大赛，取得好成绩。

【民族体育】 2006 年始，省体育局开始策划，逐步推进云南省少数民族健身操征集、展演、创编和推广活动，整理、规范出一系列兼备民族性、健身性、大众性和观赏性的民族健身标准操。在 2009 年全国首个“全民健身日”全省联动展演推出，200 余万人参加活动，同时举办 100 多个培训班推广普及，成为云南体育工作独具特色的一个亮点。昭通市、文山州、普洱市、怒江州、丽江市、德宏州等州市结合本地区民族特点，开展异彩纷呈的民族体育活动，推动了民族体育发展。

【群众健身气功】 2009 年，省体育局以建设健身气功“和谐站点”为依托，抓好健身气功社会体育指导员、裁判员和管理人员三支队伍建设，积极开展健身气功交流、展示活动和比赛，切实加强健身气功管理工作。至年末，全省健身气功“和谐站点”总数已达 300 个，成为近万习练人群固定健身场所；全省现有国家级健身气功社会体育员 9 人，一级社会体育指导员 69 人，裁判员 25 人，管理人员百余人，搭建起覆盖面广泛的规范化管理网络，成为推广功法的中坚力量；年内省体育局与省 610 办公室联合主办全省首届四种健身气功交流比赛大会，并配合全国首个“全民健身日”举办了一系列大型健身气功交流展示活动，在社会上产生了良好影响，健身气功逐渐成为云南省各族群众特别是弱势群体主要健身手段之一，有力地支持了反邪教工作，为维护边疆稳定和民族团结做出积极贡献。

【体育旅游业】 年内，全省加快开发具有云南特色的体育资源是全省体育产业发展的重点，在推进体育旅游发展达成共识的基础上，体育部门联合旅游部门，关注、支持各州市开展兼具体育和旅游元素的环洱海百千米徒步活动、昆明无车日城市穿越活动、老君山国家公园山地穿越赛和第十届云南国际定向旅游节，保山市腾冲县充分利用旅游资源吸引外地体育组织，从新的视角扩大了云南旅游的影响，取得社会效益和经济效益双丰收。

【体育彩票】 2009 年，全省积极探索符合省情的体育彩票运行机制，尝试进行全省体彩机构财务分级管理；省体育彩票管理中心优化机构设置，积极进行制度建设，并根据玩法特性实施具有针对性的营销宣传策略，促进销量增长，全年体育彩票共销售 31.06 亿元，位列全国第 6 名，与上年同期相比增幅达 33.43%。其中即开型体育彩票销售 14.89 亿元，同比增幅 50.28%，为国家筹集公益金 8.49 亿元，造血功能进一步增强，有力地推动全省体育彩票销售工作健康、稳定和可持续发展，为全省体育事业发展提供有力支撑。

（吕汇慧）

民族

主　　编　温益群
责任编辑　张　春

民族事务

【概述】 2009年，在省委、省政府和国家民委的领导下，云南省民委坚持正确的民族工作思路，加强调研，强化措施，圆满完成各项工作任务，有力推动了云南民族团结进步事业的创新发展。

把握重点，维护团结稳定大局。着力抓好矛盾纠纷的排查调处工作；深入开展民族团结宣传教育活动；不断健全和完善民族团结稳定长效机制；切实加强民族政策和法律法规的监督检查工作；进一步加强交流合作。

为做好新时期民族工作当好参谋。把认真学习贯彻落实中央领导关于云南民族工作一系列重要指示精神和省委、省政府关于民族工作的重要决策部署，制定出台加快少数民族和民族地区科学发展的政策措施，作为民族工作部门当好参谋助手、为各族群众办实事办好事的重要方面。深入开展了边境地区、特困民族地区、散居民族地区、人口较少民族地区和民族特色村寨保护与发展等一系列的调研。通过加强调研、搞好协调，达成共识，经省委民族工作领导小组会议、省政府专题会议、省委常委会议研究讨论，在全省民族工作会议前制定下发《中共云南省委、云南省人民政府关于进一步加强民族工作，促进民族团结，加快少数民族和民族地区科学发展的决定》和《关于进一步加强少数民族干部队伍建设的意见》。这两个重要文件，把国家宏观政策与云南实际相结合，在加大对少数民族和民族地区扶持力度、实施“六大工程”促进协调发展、增进民族团结、坚持“六个优先”培养选拔少数民族干部人才、加强对民族工作的领导等方面，采取一系列特殊政策措施。从2010年起，省级少数民族发展资金、民族机动金、散居民族工作经费，每年按10%比例增加并安排2 000万元省级民族文化抢救保护专项经费。

成功召开两个重要会议。按照省委、省政府部署要求，把筹备召开全省民族工作会议暨第六次民族团结进步表彰大会（以下简称民族工作“两会”）、国际人类学与民族学大会作为迎接、宣传、学习、贯彻党的十七届四中全会和新中国成立60周年的重大任务，加强协调，全委动员，全力以赴，成功筹备召开全省民族工作“两会”和国际人类学与民族学大会。民族工作“两会”全面总结和宣传新中国成立以来云南民族团结进步事业的成就经验，表彰113个民族团结进步模范集体和87名模范个人，部署新时期云南民族工作的主要任务，达到提高认识、统一思想、明确任务的目的，营造了全社会共同关心支持民族团结进步事业和自觉维护民族团结的良好氛围。国庆期间，还组织了国务院表彰的民族团结进步模范代表评选和出席国务院第五次民族团结进步表彰大会及新中国成立60周年系列活动。同时，组织在昆各族代表学习胡锦涛总书记在云南考察工作时的重要讲话精神座谈会等一系列重要会议和活动，不断把云南民族团结进步事业推向前进。

分类指导促进共同发展。按照“分类指导、梯次推进”的思路，加大对边境、人口较少民族、特困民族等地区的投入扶持，促进少数民族和民族地区共同繁荣发展。突出抓好扶持人口较少民族发展工作。召开全省会议专门研究部署扶持人口较少民族发展工作，全年共投入资金1.91亿元，确保人口较少民族66个行政村建设项目验收和巩固提高109个已验收行政村建设。上海对口帮扶力度进一步加大，扶持独龙族发展纳入了上海对口帮扶范围。同时，进一步加大对布朗族（克木

人、莽人)、彝族(僰人)、瑶族山瑶支系等特殊困难群体的扶持力度。全面推进兴边富民重点县和“民族团结示范村”建设。投入7 600万元,实施了119个兴边富民示范村建设;投入3 154万元实施93个民族团结示范村建设,每个州市确保一个重点示范村,每村安排60万元,不断扩大示范带动作用。扩大扶持特困民族和散居民族发展试点工作。投入3 050万元,实施了9个特困民族试点村建设和52个特困民族自然村整村推进,开展散居民族扶持试点工作。同时,启动了首批云南民族特色村寨试点建设工作。按照“边试点、边规划”的思路,调研编制6个规划。在不断总结试点工作经验的基础上,对全省少数民族人口比例达30%以上的村委会情况摸底调研,涉及40个指标,260多万个数据。坚持统筹兼顾、分类指导、确保重点、突出效益和体现民族工作部门职能的原则,全年安排中央和省民族专项资金2.85亿元,认真解决少数民族和民族地区的特殊困难和问题,充分发挥了民族专项资金在增进团结、改善民生等方面特殊的政治、经济和社会效益,认真抓好电脑农业推广工作。

抓住关键,少数民族干部人才培养取得新成果。按照“立足当前改变一代人,着眼长远培养一代人”的思路,认真贯彻落实民族教育的各项特殊政策措施。会同有关部门进一步加强民族类院校建设和发展,争取省民族中等专业学校改扩建工程纳入省重点项目,成功组织民族中专成立30周年庆典活动;继续采取开办民族大中专班、高中班和少数民族预科班等特殊措施培养人才;继续组织实施《云南省民族团结教育教材》(小学版)的教学活动,并组织编写《云南省民族团结教育教材》(中学版);配合组织部、政法委等部门,用2年时间定向招录1 000名通晓少数民族语言的高中毕业生到省内有关高校培养,毕业后充实到基层政法部门工作。与省委组织部共同举办在昆少数民族干部迎春茶话会,会同有关部门组织69名少数民族干部到中央民族干部学院学习培训;采取上挂下派形式,选派73名少数民族干部和民族地区干部到沿海发达地区、省级单位和基层县级领导班子中挂职锻炼,提高少数民族干部队伍的整体素质,拓宽少数民族干部成长渠道。

协调发展,民族文化等社会事业取得新成效。把贯彻落实《国务院关于进一步繁荣发展少数民族文化事业的若干意见》与云南实际相结合,争取省财政每年设立2 000万元的省级民族文化抢救保护专项经费,进一步加大民族传统文化的抢救保护力度,为建设民族文化强省奠定基础。民族文物、民族语言文字、民族出版等各项工作取得新进展,推出了一系列民族文化精品,民族博物馆提升改造及民族文化宫建设纳入省重点工程项目;继续开展民族类报刊赠阅活动,在全国率先创办《今日民族·中小学版》,对广大中小学生进行民族知识普及教育;开展少数民族村落语言使用情况调查、推进少数民族语言文字资源库项目建设和民族语言文字规范标准化工作取得阶段性成效;编纂少数民族典籍28卷和抢救保护少数民族古籍60部,举办民族古籍抢救保护成就展取得了较好的反响;协同有关部门成功举办“第六届民族民间歌舞乐展演”和“云南省消防宣传形象大使”的推荐选拔;云南省第九届少数民族传统体育运动会的组织筹备工作进展有序。

【全省民族工作“两会”召开】 2009年9月11日,省委、省政府在昆明召开云南省民族工作会议暨第六次民族团结进步表彰大会。

省委书记、省人大常委会主任白恩培作重要讲话,省委副书记、省长秦光荣主持会议。国家民委副主任杨健强到会讲话,省委常委、省委统战部部长黄毅作总结。副省长刘平宣读《云南省人民政府关于表彰全省民族团结进步模范集体和模范个人的决定》。会议表彰昆明市民委政策法规处等113个“全省民族团结进步模范集体”、杜敏等87位“全省民族团结进步模范个人”。

(资铁)

【民族法制建设】 2009年,省民委进一步加强民族法制建设,全面贯彻落实党的民族政策和民族法律法规,不断完善全省民族法制宣传教育机制,深入广泛开展民族团结和党的民族政策、民族法律法规宣传教育活动。继续深入指导各州市开展党的民族政策和法律法规的宣传教育。各州市民委充分利用民族团结月、民族团结周、民族团结日开展民族理论、民族政策、民族法律

云南省民族工作会议暨第六次民族团结进步表彰大会 (省民委 提供)

法规、民族基本知识的宣传教育，加大对党和国家的民族政策的宣传。积极配合有关部门，对《中华人民共和国民族区域自治法》《国务院实施〈中华人民共和国民族区域自治法〉若干规定》《云南省实施〈中华人民共和国民族区域自治法〉办法》《民族乡行政工作条例》《城市民族工作条例》《云南省民族乡工作条例》《云南省城市民族工作条例》等民族法律法规的贯彻落实情况进行执法检查。调研起草了《云南省公民个人民族成分更改办法》等规范性文件，开展了民族语言文字、清真食品管理等方面的民族法律法规立法调研。

【城市民族工作】 2009年，省民委创新思路，积极探索，进一步加强城市民族工作，建立健全领导机制，完善协调工作机制，积极开展民族团结进步活动，在全社会营造自觉维护民族团结、构建和谐社会的良好氛围，促进了城市民族关系的和谐发展。认真开展城市民族工作调研，对城市民族工作的基本情况、贯彻《城市民族工作条例》和《云南省城市民族工作条例》的基本情况、存在的问题及意见建议有了全面掌握和了解，形成了关于做好城市民族工作的一系列调研报告等，为修订《云南省城市民族工作条例》积累了经验；加强调研和宣传，进一步健全和完善对清真食品的管理工作；努力做好民族成分更改管理工作，对于有关民族成分更改工作，严格按国家的有关政策和规定，认真办理，对不符合更改规定的认真做好解释工作；切实开展城市民族团结社区创建活动，不断巩固和发展平等团结互助和谐的社会主义民族关系。

【民族团结进步表彰】 2009年，国务院召开全国第五次民族团结进步表彰大会，全省召开全省民族工作会议暨第六次民族团结进步表彰大会，省民委及时成立了“两会”表彰办，及时在全省范围开展民族团结模范集体和个人评选推荐工作，通过积极开展评选推荐，全省79个模范集体和模范个人受到了国务院的表彰，其中29个受表彰的模范代表到北京出席国务院表彰大会，受到党和国家领导人的接见并参加国庆60周年系列活动。

（鱼波）

【民族团结目标管理责任制】 2009年，全省民委系统以科学发展观统领，狠抓民族团结目标管理责任制落实，有力维护了全省民族团结、边疆稳定、社会和谐的良好局面。全省民委系统建立健全民族团结工作领导机构、矛盾纠纷调处和隐患排查、群体性事件应急预案等长效机制，有力保障了全省民族团结、社会稳定。全省共有1 331个乡（镇）配备了民族工作专兼职助理员，配备协调民族关系信息员7 317人，民族团结工作任务较重的乡镇还设立了民族宗教办公室。全省各级民族工作部门按要求把责任书签订到1 335个乡镇、9 929个村（居）民委员会和社区、205个企业、33个农场、1 890个宗教活动场所、920个其他活动场所，共签订责任书1.43万份。通过不断总结和完善民族团结目标管理责任制，建立了健全一级抓一级、层层抓落实、各部门齐抓共管的维护团结稳定工作的长效机制。

（李正洪）

【胡锦涛考察云南民族工作】 7月25～28日，中共中央总书记、国家主席、中央军委主席胡锦涛到昆明市和楚雄彝族自治州，就经济社会发展、民族工作、党的建设进行调研，先后深入五华区顺城社区、楚雄市苍岭镇马石铺村等回族、彝族村社考察，会见少数民族代表、民族工作者和民族团结进步模范代表，了解社区民情，鼓励多民族互相关心，共同进步，和谐发展，共同实现致富奔小康的宏伟目标。

【省联合调研组专题调研】 4月15～18日，省民委主任王承才、省扶贫办副主任欧志明、省民委副主任李国林率领省联合调研组到富宁县安者村、龙井村、龙桑村、龙绍村、龙门村、干呼村、飞乐村7个瑶族山瑶支系聚居村，对当地少数民族群众生产生活中的特殊困难和问题进行调研。调研组与州县相关部门共同对扶持瑶族山瑶支系脱贫发展工作进行探讨，形成了扶持瑶族山瑶支系脱贫发展的基本思路、目标任务和政策保障措施，决定2009～2011年用3年时间，围绕解决瑶族山瑶支系贫困群众吃饭、住房、饮水、出行、教育等突出问题，重点实施温饱、安居、通达、饮水、通电、素质提高、社会保障7项工程。

【民族工作专题调研】 5月18～21日，省民委主任王承才、纪检组长张卫东，带领省民委办公室、经济发展处、民族工作队等处室有关人员，对曲靖市散杂居少数民族地区进行专题调研。6月15～21日，省民委主任王承才、副主任木桢，带领有关对临沧、保山两市边境民族工作情况进行了专题调研。9月15～17日，省民委主任王承才率队对丘北县彝族支系 人扶持发展工作情况进行了专题调研。11月7～9日，省民委主任王承才，副主任木桢、李国林对普洱市民族工作、省九届少数民族运动会筹备工作进行了综合调研。

（农开文）

【上海对口帮扶德昂族】 截至2009年12月底，上海市共投入帮扶资金2 864.76万元，云南省配套887万元，实施63个自然村整村推进，安排357个项目。在各级政府和德昂族群众的共同努力下，帮扶工作取得显著成效。德昂族群众生产生活水平明显提高。截至2008年底，受帮扶村的农民人均收入达1 836元，比帮扶前的835元增加1 001元；人均有粮434千克，比帮扶前的332千克增加102千克。基础设施不断改善。在帮扶村寨建设村内道路85.2千米，建安居房659户，建蓄水池24个，铺设水管94.42千米，修水利沟渠14.7千米，新建、

改造1 222口沼气池及其配套圈厕，建农村文化活动室及场所27个，改造、重建和维修小学2所，架输电线路5千米。素质教育不断提升。在三台山德昂族乡成立“上海市对口帮扶德昂族农村人才培训学校”，购置多媒体教学设备开展远程教育，培训教师301人次；在潞西市职业学校成立“上海市对口帮扶德昂族青年就业培训基地”，完成了第一期30名德昂族青年的就业技能培训并全部实现就业，第二期招收了57名德昂族青年参加三年制中专班培训。社会帮扶力量不断壮大。上海市民宗委广泛动员上海市各区县民宗办、企事业单位和社会团体开展帮扶活动，不断丰富帮扶内容，联系解放军411医院派出专家到德宏州深入村寨开展义诊活动，就诊1 000余人次，投入30万元用于三台山乡卫生院购买医疗设备；动员上海老凤祥公司捐赠30万元培养15名德昂族工艺人才等。

（徐睿）

【人口较少民族扶持工作】 2009年，全省扶持人口较少民族发展工作取得显著成效，为完成“十一五”规划扶持任务奠定了坚实的基础。全年新通电8个村，通电话4个村，通广播电视8个村，解决了3个村的人畜饮水问题，建盖卫生室3个，文化室18个。人口较少民族聚居的175个村委会的农民人均纯收入达1 956元，比2005年增加1 110.3元，人均有粮426千克，增加89千克。截至年底，在175个人口较少民族聚居的村委会中，174个村实现了“四通五有三达到”的扶持目标，通过了州市、县的考核验收。

【第六届民族民间歌舞乐展演】 9月9～13日，由云南省文化厅、云南省民族事务委员会、玉溪市人民政府共同举办云南省第六届民族民间歌舞乐展演于在玉溪市聂耳大剧院举行。参演的有16个州（市）23个民族768名演员的66个节目，其中少数民族演员441名，占参演人数的45.7%，成为参演节目最多、参加州（市）最齐、演员特别是少数民族演员最多的一次盛会。充分彰显出云南民族文化独特魅力和云南民族文化发展优势。

【消防宣传形象大使命名活动】 年内，为云南省公安消防总队和云南省民族事务委员会联合发起云南少数民族消防宣传形象大使推荐活动。经各、州市消防支队、民委（民宗局）层层推荐，云南省公安消防总队和云南省民族事务委员会严格审核，在全省5 000人以上的26个世居民族中，产生了26名优秀的各民族代表被命名为“云南省消防宣传形象大使”。活动当日盛况，中央电视台《新闻联播》和云南电视台《云南新闻联播》分别进行了报道。

（刘满佳）

【民族干部培养】 截至2009年底，云南省少数民族人才总数达32.3万人，占全省人才总数的30%。其中，少数民族党政干部9.4万人，占全省总数的32%；少数民族专业技术人员20.6万人，占全省总数的27%%；少数民族经营管理人员2.3万人，占全省总数的20%。

【选派干部挂职】 2009年，省民委配合省委组织部、省委统战部，努力做好全省少数民族和民族地区的领导干部到中央、国家机关和经济相对发达地区挂职锻炼，以及在省级机关、省属国有企业和省内经济相对发达地区挂职锻炼。共选派9名厅处级领导干部到中央国家机关、8名到山东省青岛、东营两个沿海经济发达城市挂职锻炼。50名县处级、乡科级领导干部在省级机关、省属国有企业和昆明市、玉溪市、红河州等地区挂职锻炼。

（赵雄峰）

民族文化发展与研究

【中国语言有声资源数据库试点项目】 2009年，省民语委办公室承担教育部“中国语言有声资源数据库”项目在云南试点工作。7月24～25日，项目组聘请上海师范大学潘悟云教授、广西农业大学李龙博士、中国社会科学院人类学与民族学研究所黄行副所长，对专业人员进行语音采集培训。组织相关人员在潘悟云教授和黄行副所长的带领下，分赴云南省陇川县对傣语、景颇语和载瓦语进行为期7天的试验性录音，对每个语种采集了1 300多个常用词汇，并进行分析，为下一步全面开展云南少数民族语言文字资源采集积累了宝贵经验。

【民族文字信息技术工作组会议】 5月14日，省民语委办公室受全国信息技术标准化管理委员会委托，组织在昆明召开云南民族文字信息技术国家标准工作组工作会议，会议对云南民族文字信息技术国家标准工作组前一段工作进行了认真总结，并按国家相关工作规划，提出了云南少数民族文字信息技术国家标准工作下一阶段的任务。云南民族文字信息技术国家标准工作组全体成员参加会议。

【双语教学教材审定】 2009年，云南省民语委办公室积极发挥优势，与云南省教育厅共同组织了彝文、白、哈、壮、傣（西傣、德傣）、苗（川黔滇、滇东北）、纳西、傈僳、佤、景颇（景颇、载瓦）、瑶（门方言、勉方言）18个文种的专家，对小学一年级民文教材进行了修订。同时，应云南省教育厅要求，安排彝、西傣、德傣、哈尼、景颇、藏等6个民族民语专业人员，对云南省幼儿版、小学三年级版“三生教育”民族文字教材进行了翻译和审定，促进了云南双语教学的开展。

（胡毅坚）

【定向招录少数民族考生】 2009年，省委组织部、省人力资源和社会保障厅、省高级人民法院、省民委等6部门联合下发《云南省法院系统定向招录培养少数民族工作人员方案》，计划用2年时间，招录1 000名通晓少数民族语言的高中毕业生，委托高等院校培养后，充实到基层政法部门工作。为做好少数民族考生的录取，省民委积极协调本系统专家教授，投入到民族口语面试中，保障招生工作顺利进行。

（赵雄峰）

【拉祜族同胞欢度葫芦节】 4月8日，云南省独有、跨境民族拉祜族同胞欢聚在云南民族博物馆，载歌载舞，庆祝本民族传统节日“阿朋阿龙尼”（葫芦节）。省委常委、统战部长黄毅宣布活动开始。从临沧、双江、孟连等地赶来的拉祜兄弟姐妹演示了《婚誓》《打猎歌》等10余场著名的优秀歌舞节目。原云南省级老领导刘树生相关厅局和各民族学会的负责人以及各民族同胞数千人参加了活动。

【省民博组团赴越南参会】 6月10～15日，云南民族博物馆普卫华书记一行3人赴越南民族学博物馆，参加在此举行的“东南亚展咨询研讨会”。来自泰国国家博物馆、柬埔寨国家博物馆的同行，以及泰国大学教授和缅甸驻越南大使馆文化参赞等10位专家学者与会，就越南民族学博物馆的“东南亚民族文化展计划”的展示内容（纺织、生计、社会生活、表演艺术、宗教与信仰）和展示手段、展厅规划、民族学影视等进行讨论。与会专家学者到越南老街省沙巴县实地考察了蒙人（苗族）、瑶族等原住民村落和文化。

【云南民族工作60年成就展】 7月24日，由云南省民族事务委员会主办、云南民族博物馆承办的“云岭颂歌—云南民族工作60年成就展”和“民族文字古籍陈列”在云南民族博物馆开幕。省政协副主席顾伯平及省民委等单位领导，各届各族群众上千人参加了开幕式并参观了展览。本次展出的“云岭颂歌—云南民族工作60年成就展”展览到10月底，“云南民族文字古籍展”将作为云南民族博物馆的常设陈列常年展出。

【省民博出席国际博协年会】 10月19～24日，国际博协民族学博物馆专业委员会2009年年会在韩国首尔召开。大会由韩国国立民俗博物馆、国际博协民族学博物馆专委会共同主办。会议主题是：“致力于调解与和平的博物馆；世界范围内民族学博物馆的角色与作用”。法国、英国、加拿大、以色列、俄罗斯、秘鲁、美国、墨西哥等43个国家和地区学者参会。云南民族博物馆馆长谢沫华应邀出席会议，并作了论文交流。大会共组织了2场大会主旨发言和6场专题发言。专家出席会议的各国代表还参观了国立中央博物馆、文昌宫、昌德宫、李利子捐赠韩服特别展及韩国传统非遗表演，并赴安东、庆州等地进行田野考察，会议还发表《首尔宣言》。

（杜韵红）

【民族出版】 2009年，云南民族出版社紧紧围绕“共同团结奋斗，共同繁荣发展”的民族工作主题，结合云南的民族工作和民族文化建设，充分挖掘民族文化资源，不断加大民族图书出版。全年出版图书325种，其中少数民族文字图书170种，占出书总数的52.31%。

全年全社有11种图书获第十七届中国西部地区优秀科技图书奖。其中，《农村实用知识读本　第二辑（12个文种）》《傣医常用名词术语解释》《云南民族药志（一）》获得一等奖；《文山三七　跨越生命百年的金钥匙》《云南与东南亚南亚六国国际科技合作战略研究》获得二等奖；《保山核桃栽培》《设计家（4）》《云南主要热带作物病虫害诊断与综合防治原色图谱》《中国林业转型期的社会林业》《云岭之光丛书　国兰荟萃》《白州植物文化奇葩》获得三等奖。

（段波）

【《今日民族》杂志获省奖】 9月，由云南省新闻出版局、云南省期刊协会举办的第三届云南省优秀期刊评选活动揭晓。在100多种参评期刊中，《今日民族》杂志获改革创新期刊奖、优秀装帧奖。同时还荣获优秀主编（社长）奖、突出贡献奖、优秀编辑奖、优秀栏目等单项奖。

【云南十大节庆评选揭晓】 1月16日，由《今日民族》杂志社组织开展的2008年度云南十大“民族团结盛会”和十大“民族狂欢节”评审会在云南省民委举行。入选2008年度云南十大“民族团结盛会”的是：文山壮族苗族自治州成立50周年庆典、楚雄彝族自治州成立50周年庆典、大理白族自治州三月街民族节、奥运圣火云南传递活动、西双版纳傣族自治州第四次民族团结进步表彰大会、迪庆藏族自治州第七届运动会、马关县首届民间艺术节、绿春县建县50周年庆典暨哈尼十月年长街古宴和第六届国际哈尼/阿卡文化学术研讨会、云南省少数民族传统体育陀螺、射弩和民族健身操锦标赛（举办地：普洱市）、首届云南民族服装服饰文化节（举办地：怒江州）。入选2008年度云南十大“民族狂欢节”的是：新平县花腰傣“花街”文化旅游节、陇川县目瑙纵歌节、西双版纳泼水节暨傣历1370年新年节、中国昆明国际文化旅游节昆明狂欢节、中国沧源佤族司岗里“摸你黑”狂欢节、禄劝县喜迎奥运盛会庆祝改革开放30周年暨2008年火把节、剑川石宝山歌会节、第三届中国丽江雪

山音乐节、第八届中缅胞波狂欢节（举办地：瑞丽市）、云南曲靖—珠江源古镇少数民族酒歌展演。

（方绍荣）

【非物质文化保护】 至2009年末，全省拥有国家级非物质文化遗产名录34项，居全国第2位。目前正组织第二批申报，拥有省级非物质遗产保护名录147项。2005年，云南省全面展开少数民族民间文化资源大普查，主要着眼于摸清非物质文化遗产的起源、延续、发展、分布和保存现状等情况，确定保护项目，并着手抢救一批具有重要历史、文化、科学价值的濒危项目。2006年，云南省首届非物质文化遗产保护学术研讨会在昆明召开，120名来自省属非物质文化遗产保护工程专家委员会、非物质文化遗产保护中心、省文化馆等部门的专家学者与从事保护实践的一线工作者参加会议。云南省是全国两个民族民间文化保护综合试点省份之一。州、市、县、乡的四级保护名录于2005年正式建立，这一名录的建立，要求州和所有文化馆成立专门的保护机构，县一级的文化馆设置不低于两个人的工作岗位，乡镇文化站要把非物质文化保护工作列入工作内容和考核内容，这在全国属于首创。针对民族民间艺术队伍后继乏人的现状，云南对具有重要价值的民族民间艺术传承人，在政策上给予重点扶持；鼓励民族民间艺人带徒授艺，加强中青年艺术骨干的培养，使少数民族民间艺术绝技后继有人、代代相传。为了扩大社会各界对云南少数民族非物质文化的保护和宣传力度，省文化厅主办了“非物质文化遗产传承人进校园”系列活动，一批民族工艺传承人和老艺人走进大学校园，为学生讲授展示民族传统技艺，如剑川白族木雕艺人、刺绣民间传承人走进云南民族大学和云南艺术学院校园，为学生开设授课，展示绝活。

【银都新华村】 鹤庆新华村是大理—丽江旅游的重要景点。新华村有着悠久的民族手工艺品加工的历史，早在唐南诏时期就开始制造民间手工艺品，并世代相传一直沿袭到今天。至2009年，新华村已形成“家家有手艺，户户是工厂，一户一品，一户一业”的生产格局。近年来，新华村被文化部命名为“中国民间艺术之乡”和“中国民俗文化村”，新华村几位有名的工匠也被授予“民间工艺大师”的称号。在这些民间艺术家的带动下，新华村手工艺的品牌越来越响。2005年，全国首个银器博物馆在新华村落成，该博物馆占地1万余平方米，收藏了唐宋至今散落在民间的2 000多件银器手工艺品。这些展品从类别上讲，包括了碗、杯、盘、壶等日常生活用具，佛像、转经筒、法螺、供器等宗教用品和头饰、耳饰、帽饰、腰饰等配饰品；从工艺上讲，有鎏金、烧蓝、掐丝以及镶嵌琉璃、象牙、珍珠及各种宝石等；在技法上讲，有浇浮雕、高浮雕、圆雕、镂空雕及薄意阴刻等；在内容题材方面，有各种花卉、动物、人物、山水楼台，还有各种组合性的吉祥图案，如双狮戏球、龙凤呈祥、花开富贵、年年有余等。整个陈列涵盖了银制品使用功能的方方面面，其中不乏古代银器中的珍品和稀世之宝。

【茶城普洱】 至2009年，普洱市已成功举办9届中国普洱茶节。为推动普洱茶文化发展，普洱举办3届中国普洱茶叶节和中国普洱茶国际学术研讨会、古茶树遗产保护研讨会。普洱茶艺团出访泰国演出，不断将普洱茶文化推向国际社会。此外，近年来普洱新打造和传统的节庆活动主要有中国普洱茶节、中国墨江北回归线国际双胞胎节、中国西盟国际木鼓节、中国孟连娜允神鱼节，以及泼水节、火把节、新米节、新水节、苦扎扎节、十月年节、祭　节、扩塔节、畲笆节、盘王节、葫芦节等众多少数民族节日和节庆。

（李红春）

民族习俗与节庆

【元江傣族习俗与节庆】 婚俗：元江傣族的婚姻习俗较为独特，青年男女的恋爱方式完全自由，无包办婚姻，即使有媒人提亲也必须是本人同意方能结婚。传统的家庭婚姻，从妻居和从夫居两种并存。随着社会的发展，人们观念的转变，现在已基本没有从妻居这一形式。实行的是一夫一妻制，婚后家庭经济共同管理，有的是妇女掌管。元江傣族的傣郎支系婚前恋爱自由，青年男女经过“串寨”择偶、照电筒约会、情歌对唱定情、托媒提亲、双方父母“联万劳”交换酒杯喝酒议婚等程序，方能结婚。婚宴通常分作两天进行。第一天，婚宴设在女方家。当天，男方家的人挑着剖洗干净的猪、鸡、鸭各1对，蔬菜、米酒各两挑，连同新娘使用的衣服和银饰，偕伴郎、伴娘若干人，由男、女媒人引路，前往女方家送礼，并参加婚宴。至女家，男家的人须协助女家做饭菜。婚宴开始，男女双方亲属相互认亲。此时，新娘和伴娘不露面，躲藏起来，故意让媒人和接亲的伴娘寻找，借以此拖延时间，以示对村寨及父母的眷念之情。与此同时，伴郎们为新娘家挑水，水缸不满，新娘不能接走。伴郎挑水并非易事，沿途常遇村中小伙子们逗趣，他们往水桶内丢土块

布朗族弹唱　（省社科院民族所　提供）

或树叶，故意弄脏清水。因此任凭伴郎们反复挑水，终难使清水挑进新娘家门。最后，伴郎们只好脱下洁净的衣服蒙住水桶，经过百般努力，才把新娘家的水缸挑满。此时，新娘家方肯搬出嫁妆，为新娘送行。新娘行至新郎家门，长者要用刺把在新娘身边挥舞几下，以示跟随身后的鬼魂已被赶走。接着，用红、绿线制成线圈让新郎、新娘套3次，以示夫妻婚后的生活恩爱美满。后面举行的“浇水”和“吃连心饭”等仪式，新娘进入洞房，由伴娘相伴过夜。第二天，婚宴设在男家，新郎偕伴郎迎接岳父母及双方的亲戚来男家认亲。新娘在夫家只住三五日即回娘家长住，仅在年节和生产季节由夫家接回，直至第一个孩子出生后才改住夫家。

花街节：花街节统称赶花街，一年过两次，一次是正月初七，一次是五月初七。正月初七的花街节有着“东方情人节”的美誉，其主要目的是除旧迎新。节日当天男女老少身着盛装汇集街头，欢歌笑语庆贺新年。花街是借助傣文化形式而进行的青年人社交活动，活动有“哈桑梭”（情歌对唱、三弦、巴乌吹弹），有傣族卜少（姑娘）在街场展示各自的织绣工艺杰作，当天姑娘们带来了“秧萝饭”约意中人“金秧卡”（野餐饭菜）。花街一般有“小花街”和“大花街”之分。“小花街”时间一般在腊月或正月上旬的初六、初三、初七，主要特点是展示工艺绣品；“大花街”定在每年农历五月初六开街，主要特色是小花街上相识相恋青年男女进一步发展感情，通过“吃秧萝情饭和对歌”的形式进行。对歌最大的特点是对歌的男女双方都用花帕蒙面，亦称“蒙面的情歌”。

【奔子栏藏族的习俗与节庆】　锅庄舞：又称为“果卓”“歌庄”“卓”等，藏语意为圆圈歌舞，是藏族三大民间舞蹈之一。云南迪庆藏族自治州德钦县奔子栏的锅庄舞又有自己的特点。奔子栏锅庄舞曲调分“吆”（长调）、“卓金”（唱调缓慢、舞蹈动作轻逸缓慢）、“霞卓”（无唱腔的踢踏舞蹈）和“卓草”（节奏稍快、唱词丰富）4个部分。在待客时有“祝福锅庄”“逐客锅庄”“赞颂锅庄”“相会锅庄”“辞别锅庄”“挽留锅庄”“送别锅庄”和“祈福锅庄”，这种以锅庄歌舞形式表现的系列待客礼仪程序，在全国其他藏区也很罕见。凡遇喜庆佳节、新居落成、婚嫁喜事，奔子栏藏族不分男女老幼都要聚集在一起跳个通宵，表示欢庆和祈福。

民族节庆：奔子栏藏族每年最重要的民间宗教活动要数正月的爬神山烧天香活动。奔子栏镇的所有村庄都奉“日尼巴乌多杰”神山为大神山。按照传统，各村的男性村民要在正月初一至初十五中的某一天凌晨3点，集体出发前往“日尼巴乌多杰”，爬上山顶后各家的代表烧天香、念经、磕头。男子上山顶的同时，女子则在半山腰转经，转完一整圈时，大约男人们也下山了。然后大家又结群步行下山回村。留守在家的女子手捧装有酒、“噶勒”（油炸粉皮）等食物的盘子，站在村道上唱歌迎接自己家去烧香的人。这种习俗的形式大多至今未变，但日子已不固定。村中各家自己选择方便的日子分散前去。此外，每年大约藏历26～29日之间东竹林寺举办的“格冬节”跳神活动，对老百姓来说也是非常重要的宗教活动。大家要穿着传统藏装，前去东竹林寺烧香、磕头和观看跳神。每家每年还要作1次“点千盏灯”的法事活动，届时要请活佛或高僧到家念经，共举办3天。正月里每家都必请僧人来家里念经1次。拜佛、烧香、念经以求佛保佑全家来年丰收、幸福、平安和吉祥。农历每月初一和十五都要烧香，尤其称为“那松东”的月香重要，次日要早起，穿藏装，烧香，磕头。每年正月初一凌晨就要开始举行的“打净水”活动，实际上也是宗教信仰内涵很浓的活动。按照传统，人们在初一凌晨鸡叫头遍以前就一定要在本村水源处等候，每家派1人。快到鸡叫时间时，大家都把心弦绷紧，目的是要以最快的速度抢在别人前头接到第一瓢水。一年中最先接到水的人就把最大的福气请回家了。这打回的净水，将用于经堂里的净水供给佛、神和祖先；剩下的将拿来烧水打酥油茶和煮汤做饭。

（李红春）

社会生活

主　　编　代燕春
责任编辑　杨　静

社会救助

【概述】 2009年，云南省各级民政部门紧紧围绕中心工作，着眼于促进社会公平、社会稳定和社会进步，着力提高困难群众生活保障水平，各项民政工作取得长足进步。抗灾救灾工作扎实有效。全省共投入救灾资金13.5亿元，救助受灾群众552万人（次），近13万户灾民民房恢复重建和修复加固任务按期完成；投资9 500万元新建25个州县级救灾物资储备库；省级救灾物资储备库已基本竣工，防灾备灾基础进一步夯实。社会救助体系日趋健全。全省共下达城乡低保资金40.8亿元，城市低保对象90万人，保障标准为月人均196元；农村低保对象增加到338万人，月人均补助60元；投入城乡医疗救助金近5.5亿元，资助536万名城乡低保对象、农村五保和边民等特殊困难群众参加城镇居民医疗保险或新型农村合作医疗，并对46.5万人次城乡困难群众实施住院和门诊救助；安排临时救助资金2.36亿元，建立覆盖城乡的临时救助制度，50万人次得到临时救助；全省所有县（市、区）均出台五保供养标准，并随着农民生活水平的提高逐步调整；新建和改扩建农村敬老院93所，已建成67所，新增床位1万多张，集中供养率超过10%；新增5个跨省救助站，全年救助各类人员64 574人次；城乡孤儿全部纳入城乡救助体系。社会福利事业健康发展。全省新建4个州级儿童福利院和7个流浪未成年人保护中心；老年人供养、就医、居住、服务和维权等工作取得新突破，60岁以上老年人免费进公园、免费乘坐城市公交车和高龄老人享受生活补贴等优待政策在全省得到贯彻落实；全省销售福利彩票28.66亿元，筹集公益金9.37亿元，福利彩票发行销售各项经济指标均为历史最好水平。基层民主政治建设扎实推进。各级民政部门积极推进农村社区建设试点工作，基本实现每个县至少有1个试点社区的目标；制定出台了一系列加强社区建设、构建和谐社区的重要措施，全省全年共投入7 049万元经费用

省民政厅厅长王树芬一行到宜良县中心敬老院慰问老人　　（省民政厅　提供）

于351个城乡社区服务设施项目建设，社区建设的政策框架逐步完善，服务功能逐步增强，居民社区意识逐步提高。双拥优抚安置政策全面落实。全省各级民政部门认真抓好双拥模范城县创建工作。全年发放补助经费7.4亿元，近29万名重点优抚对象享受到抚恤补助，帮助364户重点优抚对象解决了住房问题。进一步深化退役士兵安置改革，确保了年度退役士兵安置任务圆满完成。专项社会行政事务管理逐步规范。云南省分别与四川省、贵州省、广西壮族自治区、西藏藏族自治区签订平安边界创建协议，云南省内5个州（市）30余个县分别与接壤的四省（区）州（市）开展了平安边界创建工作，省内16个州（市）129个县（市、区）开展了平安边界创建活动；开展行政区划调整工作，优化行政区划设置，促进区域协调发展；全省社会组织数量发展到1.2万个，比上年增加10%；全省有殡仪馆85个，经营性公墓66个，公益性公墓3 427个，全年火化率达到17.51%；全省有40个县级婚姻登记机关达到规范化建设标准，有32家县级婚姻登记机关获得“全国婚姻登记规范化单位”称号。

【抗灾救灾】 2009年，云南省自然灾害以地震、旱灾、洪涝、风雹、滑坡泥石流灾害为主，部分地区遭受低温冰冻、病虫害等灾害，自然灾害损失总体上略低于近年平均水平。据统计，截至2009年12月31日，全省因低温冰冻、旱灾、地震、滑坡、风雹、洪涝、病虫害等自然灾害造成受灾人口2 646.09万人（次），因灾死亡162人，失踪24人，伤病1.81万人，紧急转移安置人口34.19万人；民房倒塌4.55万户17.94万间，损坏79.89万间；农作物受灾2 248.27千公顷，绝收357.59千公顷，死亡大牲畜2.94万头（匹）；灾害造成直接经济损失133.01亿元。针对自然灾害频繁严重的情况，省政府确立“以防为主、防抗救相结合”的救灾工作思路，推动形成“政府主导、分级负责、民政牵头、部门协同、社会参与”的救灾工作体系，应急响应、灾民救助、物资投入、恢复重建、保险合作等机制更加完善，为救灾工作提供了强有力的人财物支持。全年共投入各项救灾资金134 492万元，其中，中央安排90 600万元，省级安排43 892万元；收到社会各界捐款412.78万余元，接收并发放捐赠衣物96.5万余件。向灾区调运救灾帐篷17 399顶，棉被65 360床，衣服40 345套，大衣15 504件，彩条布3 000件，共救助灾民552.43万人（次），有效保障了受灾群众基本生活。

2009年重大自然灾害主要有：昭通威信县“4·26”山体滑坡，临沧市凤庆县“7·20”山体滑坡，楚雄姚安县“7·9”地震，大理宾川“11·2”地震。党中央、国务院十分关注云南灾情，温家宝、李克强、回良玉等中央领导先后作出重要批示和指示。民政部、财政部等相关部局及时启动预案，派出联合工作组赶赴云南灾区指导救灾工作。省领导立即作出重要批示和指示，多次到灾区核查灾情，全面部署和指导灾区救灾工作，及时向灾区安排调拨省级应急资金和救灾物资，确保了灾区群众基本生活。

【灾区恢复重建】 2009年上半年，全省组织实施灾区民房恢复重建17 579户，其中盈江“8·20”、“8·21”地震恢复重建8 777户，四川仁和会理“8·30”地震恢复重建5 605户，楚雄“11·02”滑坡泥石流灾害恢复重建的2 094户，“12·26”瑞丽地震民房恢复重建632户、昆明宜良271户，昭通市“特殊党费”民房恢复重建的200户已全部完成。根据省政府召开的“7·9”姚安地震灾区恢复重建工作会议精神，“7·9”姚安地震恢复重建总资金为62 500万元，其中，农房恢复重建资金42 350万元；计划实施民房恢复重建128 296户，其中重建7 763户、修复加固120 533户，重建工作已全面实施。

【社会救助】 2009年筹集城市医疗救助资金23 002.2万元，全省16个州（市）全面启动城镇居民基本医疗保险工作，资助城镇困难居民936 862人参加城镇居民基本医疗保险，累计直接救助105 824人次，共支出救助资金8 863.3万元；筹集农村医疗救助资金63 248.89万元，全年累计救助566.7万人次，累计支出救助资金30 334.37万元。省级通过追加预算安排城乡临时救助资金4 000万元，通过从省级农村低保资金中切块安排农村临时救助资金19 600万元，全年省级共投入临时救助资金2.36亿元，支持各地建立实施临时救助制度。目前，全省已有14个州市和124个县市区出台文件，对临时救助制度进一步做了细化和规范，部分州（市）、县两级安排配套资金，全省50万人次得到临时救助。

全省有农村五保供养对象22.1万人，从2009年1月起，省级将农村五保对象生活补助从每人每月60元提高到80元，全省集中供养平均标准为275.62元／月，分散供养平均标准为104.29元／月，累计支出资金29 971万元。全省129个县（市、区）已按国务院《农村五保供养条例》制定并公布当地五保对象集中供养和分散供养标准。

2009年，在全省范围内开展城乡社会救助工作大检查，将不符合条件的人员清退出保障范围。截至12月，全省有城市居民最低生活保障对象528 045户、905 840人，占非农业人口的9.79%；保障标准最高255元，最低170元，全省平均196元，比2008年提高标准前增加27元；月人均补助144元。全省共支出城市居民最低生活保障资金145 243万元，其中，中央补助108 660万元，省级安排26 622万元，其余资金由州（市）、县（市、区）承担。按照云南省新三年“兴边富民”规划要求，2009年农村最低生活保障以边境地区为主扩大保障范围，保障对象新增30万人，其中边境县（市）增加28.57万人。截至12月，全省农村最低生活保

障对象达到3 386 538万人，占农业人口的9.43%，其中，25个边境县（市）有农村最低生活保障对象1 148 768人，占全省保障对象总数的33.9%；月人均补助达到60元，比上年提高10元。全年支出农村最低生活保障资金233 146万元，其中，中央补助195 400万元，省级安排23 900万元，其余资金由州（市）、县（市、区）承担。全省开展农村低保基层管理专项大检查，对不规范做法或违纪违法行为及时进行纠正和整改，保障农村低保工作健康运行。

社会福利事业健康发展，全省新建4个州级儿童福利院和7个流浪未成年人保护中心；老年人供养、就医、居住、服务和维权等工作取得新突破，60岁以上老年人免费进公园、免费乘坐城市公交车和高龄老人享受生活补贴等优待政策得到贯彻落实；全省销售福利彩票28.66亿元，较上年增长35.21%，筹集公益金9.37亿元，较上年增长35.21%，福利彩票发行销售各项经济指标均为历史最好水平。

丽江市社会福利院 （省民政厅 提供）

【特殊救助对象救助】 2009年，云南省新增5个跨省救助管理站。全年救助各类人员64 574人次，其中未成年人6 587人次、青壮年48 861人次、老年（60岁以上）9 126人次；救治危重病人2 331人，提供车票39 502人次，安置到福利机构166人。

【儿童福利】 2009年，民政部在云南省召开全国受艾滋病影响儿童福利保障工作会议，推广云南“社区参与、家庭寄养”“学校半集中供养”“家庭寄养、中心集中培训、多部门协作”和“模拟家庭集中救助安置”4种艾滋病致孤儿童救助安置模式。云南省争取国家“儿童福利机构建设蓝天计划”，在16个州（市）级和8个县级新建儿童福利机构项目，实现全省16个州（市）至少有1所具有养护、医疗康复等功能齐全的儿童福利院的目标；继续实施“残疾孤儿手术康复明天计划”和“重生行动—全国贫困家庭唇腭裂儿童手术康复计划”；城乡孤儿全部纳入城乡救助体系，保障了城乡孤儿基本生活。

【双拥优抚】 2009年元旦、春节期间，云南省领导率队走访慰问云南省军区、77200部队、96201部队、武警云南省总队机关、省荣军康复医院和昆明陆军学院附属藏族中学。省双拥办走访慰问边防一线部队基层单位，筹资100万元为边防基层部队解决实际困难。第八届云南省双拥模范（先进）城（县）申报推荐、检查考核、媒体公示工作全部完成。云南省双拥办、省军区政治部共同下发《关于驻滇部队大力弘扬拥政爱民优良传统参与兴边富民工程实施意见的通知》，对驻滇部队参与“兴边富民工程”的指导思想、基本原则、主要目标和重点进行明确规定。省军区政治部、省民族事务委员会、省民政厅、省教育厅共同筹资640万元，在8个民族自治州各援建1所“爱民小学”，在大理州永平县老街第二完小举行启动仪式。2008年7月30日，由省委办公厅、省政府办公厅牵头，省双拥办、云南省军区承办的庆祝中国人民解放军建军82周年暨军事日活动在昆明举行，省委白恩培书记作了重要讲话，与会党政军领导观看省军区建设成果展览，观摩了军事科目表演。云南省参加“鱼水情”全国第二届双拥书画艺术展，荣获3个三等奖、1个优秀奖，省双拥办荣获优秀组织奖。

2009年，云南省2008年冬季退役士兵回农村安置近8 000人，城镇安置退役士兵4 575人，其中就业安置1 867人，自谋职业2 708人，自谋职业率达59.19%，全省共支付自谋职业补助金近1.2亿元（其中省级补助4 236万元）、支付待安置期间生活补助费600多万元、支付教育培训费600多万元；省级收取转移安置金3 000多万元，较好完成年度安置任务。2009年，云南省共安置军休干部和退休士官306人。省级下达军休经费62 772万元，比2008年增加17 021万元，增幅为37.2%。全省有16名军队离退休干部、3个军休服务管理单位和6名军休工作者受到民政部、总政治部表彰。

【老年人权益保障】 2009年1月，云南省人民政府在昆明召开全省老龄工作暨第二轮创建活动表彰会议，表彰奖励了全省开展第二轮创建活动中涌现出的40个老龄工作模范（先进）县（市、区）、150个敬老先进村（社区）、30个老龄工作先进单位、50个先进个人。全省各地结合新农村建设和和谐社区建设，深入开展老龄创建活动和“百村建设”活动，强化基层老年活动设施建设，有效地促进基层老龄事业发展，营造了“关爱老人、共建和谐、共享和谐”的良好社会氛围。2009年底，全省各级老年协会17 493个，会员达260余万人。

省老龄办牵头协调省老龄委成员单位组成8个检查组深入16个州市，对新修订《条例》的贯彻落实情况进行行政执法检查。全省已开通城市市内公交车的66个县（市、区）中有51个县落实了60周岁以上老年人持老年优待证免费乘坐公交车；全省171个公园中有107个免费向老年人开放；有122个县（市、区）落实了老年人就医减免普通挂号费等优待政策；全省16个州（市）全面落实了高龄老人保健补助和长寿补助，共有55.73万名80周岁以上老年人领取保健补助，800多名百岁老人领取长寿补助，累计发放高龄补助13 085.71万元（其中省级财政补助3 000万元，州、县两级配套资金10 085.71万元）。“百村建设”计划共筹集100万元资金帮助100个基层老年协会解决活动设施、器材和图书等。开展居家养老服务示范建设，省级投入350万元帮助建设20个省级示范点，安排150万元启动2个省级爱心护理试点项目建设。

2009年，云南省老龄事业发展基金会募集资金515万元，投入100万元帮助曲靖、红河、文山、临沧、昭通5州（市）19个县（市、区）53名特困老年人家庭解决住房难等问题，投入60万元对2 000名农村困难老年人实施医疗救助；投入62万元对长青公寓进行环境改造。省敬老爱民促进会全年募集资金1 055万元，投入511万元帮助贫困地区修建8所敬老院和4所小学，积极开展在校贫困生助学行动。

（邱玮）

扶贫攻坚

【概述】 2009年是云南省扶贫开发极其重要、极具挑战的一年。一年来，面对国际金融危机的严峻考验，全省各级各部门认真贯彻落实中央和省委省政府关于扶贫开发的决策部署，团结一心、克难奋进，圆满完成各项任务，全省贫困人口净减少15万人、贫困发生率下降0.5个百分点，扶贫开发取得新成效，突出表现为“两个明显提高”、“两个步伐加快”和“四个力度加大”。“两个明显提高”是，73个国家扶贫开发重点县农民人均纯收入增加227元，达到2 569元，73个国家扶贫开发重点县农业总产值、人均地方财政收入分别提高83.98亿元、55元。“两个步伐加快”是，产业扶贫步伐加快，到户贴息贷款首次突破30亿元，受益农户33.5万多户、户均增收1 061元；20个乡镇整乡推进试点和10个县的“县为单位、整合资金、整村推进、连片开发”试点工作步伐加快。“四个力度加大”是，财政扶贫投入力度加大，全省共投入省级以上财政扶贫资金25.37亿元、增加5亿元，州（市）、县（市、区）配套资金7.08亿元、增长25.08%；解决贫困地区民生问题力度加大，贫困地区饮水安全、乡村公路、通电、通广播电视得到较大提高，农村低保、新农合覆盖面继续扩大；社会扶贫力度加大，定点挂钩扶贫、沪滇对口帮扶、外资扶贫等直接投入资金11.78亿元，帮助引进资金14.03亿元；特殊困难群体和特殊困难区域扶贫工作力度加大，莽人、克木人、彝族支系㑩人、瑶族支系山瑶、独龙江乡整乡推进独龙族整族帮扶、“兴边富民新三年行动计划”积极推进。

【整村推进】 2009年，完成贫困自然村整村推进9 446个，占计划的105%。其中，省扶贫办完成5175个村、省发改委1 100个村、省民委452个村、上海对口帮扶269个村、各州市自筹资金2 450个村。

【产业扶贫】 年内全省到户贴息贷款投入突破30.1亿元，受益贫困农户33.5万户，初步测算户均增收达1 061元；安排项目贴息贷款6.6亿元，扶持111个种养业和产业化项目。投入财政产业扶贫资金8 540万元，推进特色产业发展。安排村级互助资金3 000万元在29个县300个村开展试点工作。全年在贫困地区完成经济作物种植120万亩、经济林果180万亩，发展大牲畜养殖70万头。

【劳动力转移培训】 2009年，全省投入资金1亿元，采取定单、定向、校企联合等培训方式，全年完成贫困地区劳动力转移培训30万人，其中利用示范基地加强技能培训6万人。初步测算，培训后农民工人均月收入达到900元以上。

【易地扶贫】 年内，全省投入扶贫专项资金3.16亿元，计划搬迁6.23万人，比年度计划翻1番，主要工程安居房、人畜饮水、基本农田等建设完成75%，年内预计完成贫困人口搬迁3万人以上。同时，省发展改革委投入以工代赈资金1.27亿元，搬迁贫困人口2.54万人。

【整乡推进】 年内，在总结会泽县五星乡整乡推进成功经验基础上，2009年在全省实施20个乡的整乡推进试点工作，每乡投入扶贫资金

600万元，建设期两年，努力实现整体脱贫发展目标。

【连片开发】 2009年，实施10个县的“县为单位、整合资金、整村推进、连片开发”试点工作，每县投入专项资金1 000万元，建设期两年；第一批4个县的建设项目已基本完成，新增6个县的建设项目已完成年度实施任务。

【革命老区开发建设】 年内，全省安排扶贫资金7.4亿元，在老区实施扶贫开发项目；投入专项资金1 500万元，整合资金7 500万元，加强了基础设施、安居房、农田水利、产业开发、科技培训、革命遗址修缮保护等项目建设。

【沪滇对口帮扶】 2009年，全省投入资金1.6亿元，在红河、文山、普洱、迪庆4州市26个贫困县，实施帮扶项目327个。开展科技、教育、文化、卫生、经贸等方面合作。召开沪滇对口帮扶合作领导小组第十一次联席会议，双方领导签署会议纪要，明确2010年帮扶合作重点，15个省直部门与上海方签署工作备忘录。在做好德昂族扶持工作的同时，把独龙族纳入帮扶范围，基本形成“4+2”工作格局，并率先捐赠2 000万元帮扶资金。组织对口帮扶4州市及78家企业赴沪，参加2010年上海对口支援地区迎春博览会，商品销售达到108万元，同时，全省相关部门及4州市还推出近千个重点合作项目推荐参加洽谈，沪滇双方企业签署产品经销、代销项协议15项，签约金额6.14亿元，涉及生物制药、食品、养殖、商贸等行业，拓宽了云南省特色商品进入上海市场的渠道。

【定点挂钩扶贫】 2009年，完成全省社会扶贫年度考核工作，加强与中央挂钩扶贫单位进行沟通协调，中央国家机关单位27家、省级机关企事业单位232家、大专院校、科研院所和军队、民营企业积极参与扶贫开发，直接投入资金物资和引进资金达到15.29亿元。

【外资扶贫】 年内，继续抓好世行项目实施，加强与互满爱人与人组织、绫致基金会、香港乐施会、福特基金会等合作，实施帮扶项目6个，新增资金7 341万元。

【贫困农户危房改造】 全年全省投入专项资金6 000万元，其中财政扶贫资金5 000万元，地方债券资金1 000万元，实施茅草房、危坏房改造10 000户。

【边境地区扶贫】 2009年，在25个边境县投入3.29亿元，实施贫困自然村整村推进657个，每村投入达50万元，与省委组织部共同开展创建“带领致富党支部”和培养“脱贫致富带头人”活动。

【迪庆藏区扶贫】 年内，全省投入各类扶贫项目资金1.32亿元，比上年增加2 642万元，为藏区稳定做出了积极贡献。

【独龙江乡整乡推进整族帮扶】 全年完成独龙江乡整乡推进整族帮扶综合发展规划编制，估算投入资金8亿多元，重点实施通路、安居等6大工程，多年悬而未决的独龙江贫困问题有望得到解决。

【莽人克木人扶贫】 2009年，全省完成投资1.41亿元，占年度进度1.34亿元的107%，占总规划1.66亿元的85%，规划建设的安居温饱、通路、通水等12项工程完成85%以上，完成3个莽人村建设，168户833人莽人已喜迁新居。3月中旬中办督查室进行专项督查，得到胡锦涛总书记的高度关注，并作出重要批示，对此给予充分肯定。

【僰人帮扶】 全年完成投资5 356万元，省扶贫办投入1 228万元，上海投入90万元，着力改善生产生活条件，重点扶持特色产业发展。

【瑶族支系山瑶扶贫】 年内，完成联合调研和扶持规划编制，计划实施安居温饱等6项工程，2009年省级已投入启动资金4 475万元，实施整村推进27个、易地搬迁2 000人、扶贫安居100户。

（王思泽）

人力资源与社会保障

【概述】 2009年，云南省人力资源和社会保障厅坚持以保障和改善民生为重点，扎实开展人力资源与社会保障工作，为促进云南经济社会平稳较快发展作出重要贡献。

积极应对国际金融危机，扎实推进就业工作。受国际金融危机的严重冲击，2009年伊始，云南就面临150万农民工返乡、1 911户困难企业停产半停产或关闭破产、24万劳动者失业或待岗、13万应届高校毕业生需要就业等重大困难。面对空前困难的就业形势，积极贯彻中央和省委省政府的一系列部署要求，创造性地建立就业政策、就业服务和就业领导三套就业工作机制，确定高校毕业生、农民工、就业困难人员三类就业重点人员，实施投资拉动就业、政策稳定就业、创业带动就业、培训提升就业、服务方便就业、分类扶持就业六大就业推进措施，及时稳定了全省就业局势。到2009年底，全省城镇新增就业23.5万人，持“再就业优惠证”的下岗失业人员再就业9.26万人，新解决 3 016 户“零就业家庭”就业，城镇登记失业率为 4.26%，控制在 4.6% 的年度目标内；实现新增农村劳动力转移就业 55 万人次，春节前返乡的 150 万农民工中有 148 万人实现重新就业。

以保障和改善民生为重点，积极做好各项社会保障工作。在社保征缴难度大、扩面任务重的情况下，研究确定完善社会保障体系、扩大社会保障覆盖面、稳步提高保障水平、大力解决历史遗留问题四个工作重点，切实在提高支付标准、提高统筹层次、减轻企业负担、方便人民群众四个方面狠下工夫，全省各类社会保险参保人数超过年初计划 112.97 万人。到 2009 年底，全省城镇基本养老保险参保人数达到 306.4 万人，城镇基本医疗保险参保人数达到 761.71 万人，失业保险参保人数达到 198.6 万人，工伤保险参保人数达到 215.13 万人，生育保险参保人数达到 181.13 万人，基金征缴收入 200 亿元，全省 16 个县正式启动新型农村养老保险试点工作，异地持卡就医试点在曲靖、普洱、怒江 3 个州（市）启动，城镇居民医疗保障制度实现全省覆盖，城镇居民基本医疗保险实行门诊统筹并扩大报销比例，城镇职工基本医疗保险个人账户支付范围进一步扩大，企业退休人员基本养老金、失业保险、工伤保险、生育保险待遇实现省政府提出的提高 10% 以上的目标。

加大劳动保障监察执法力度，切实维护劳动者合法权益。以劳动合同签订为核心，继续推进《劳动合同法》贯彻实施，不断提高劳动合同签订率，全省城镇职工劳动合同签订率达到 98%，比 2008 年提高 1.2%。2009 年，全省年审用人单位 12 万户，立案处理劳动保障监察案件 7 288 件，结案 7 258 件；补签劳动合同 30 多万人次，为 12 万余名劳动者追补工资等待遇 2.77 亿元，督促用人单位为近 50 万名劳动者缴纳社会保险费 8 343 万元，清退童工 64 人；办理行政复议案件 119 件，及时处理行政应诉案件 35 件，结案率为 100%；全省各级劳动人事仲裁机构当期审结案件 5 591 件，结案率为 98%；进一步完善建设领域农民工工资保证金制度，全省 16 个州（市）非建设领域农民工工资保证金制度初步建立。

2009 年，云南省人力资源和社会保障厅还以建立健全工作机制为重点，进一步完善公务员管理制度；以加强岗位设置管理、改革公开招聘工作人员方式为重点，进一步推动事业单位人事制度改革；以加强机关事业单位津贴补贴管理为重点，进一步完善工资收入分配制度；以加强专业技术人员管理、培训技能型人才、引进高层次人才为重点，进一步加强人才资源开发工作；以改革军转干部安置方式为重点，进一步加强军转干部安置、自主择业军转干部管理和部分企业军转干部稳定工作。

11月4日，2009年度“彩云奖”颁奖大会上，10名在滇做出突出贡献的外国专家受到省政府表彰奖励 （周海波　摄）

【公务员管理】 2009 年，贯彻实施公务员录用、奖励、申诉、调任等 6 个规定，全省公务员管理工作进一步制度化、规范化。基本完成全省事业单位参照公务员管理集中审批工作。完成全省 6 543 名普通公务员考录、1 332 名政法院校定向考录及 247 名村社干部录为公务员等工作。州（市）以上新录用公务员中，70% 具有 2 年以上基层工作经验。开展从基层考录公务员工作，有 30 多名基层公务员被录用到州（市）以上机关工作。继续开展高校毕业生到村任职工作，全省新选聘 1 万名高校毕业生到村任职。实施选调工作阳光化，组织 7 家省级机关拿出 71 个岗位进行公开选调。实现大学生村官、“三支一扶”等大学生服务基层项目的待遇一致。加强培训教育工作，公务员整体素质进一步提升。

【人才资源开发】 年内，完成《云南省中长期人才发展规划（2009 ~ 2020 年）》起草工作。新评审 1 万名高级专业技术人才，新增 5 个博士后科研流动站。引进和聘请 33 名海外高层次人才、140 名外国专家到云南工作。实施国家级、省级外国专家引智项目 62 项。完成第三批 100 名拔尖农村乡土人才选拔与表彰。配合组织部开展第二届“兴滇人才奖”评审表彰工作。开展 2009 年度国家友谊奖推荐和省彩云奖评选工作，完成“国贴”、“省贴”评选和高层次人才享受政府住房补助、

工作经费评审认定工作。

【军转安置】 2009年，完成851名军转干部安置任务（其中，计划安置628名，自主择业223名）。对符合在昆明四城区安置的410名军转干部，首次进行考试考核、阳光安置，并注重加强专业培训、个性化培训，进一步创新军转安置工作方式。召开全省军转表彰大会，85名模范军转干部、84个军转安置先进单位和43名先进军转工作者受到表彰。部分企业军转干部解困补助标准得到调整提高。

【事业单位人事制度改革】 年内，全省事业单位岗位设置管理工作正式启动，全省已核准5 765个事业单位的岗位设置方案，占全省事业单位总数的20%；已核定岗位23.75万个，占全省事业编制总数的25.6%。事业单位合同聘用率保持在95%。推进事业单位公开招聘人员工作方式改革，确立笔试、面试成绩各占50%的权重，事业单位招聘人员管理工作进一步科学化、规范化。

【机关事业单位工资收入分配】 年内完成义务教育学校实施绩效工资工作，全省于9月份全部兑现义务教育教师绩效工资。在国家出台全部事业单位实施绩效工资政策之前，从10月份起，对全省义务教育学校以外的其他事业单位在职职工和退休人员，按每人每月300元标准增发临时补贴。发布2009年企业工资指导线和劳动力市场工资指导价位，全省有15个州（市）发布本地区企业工资指导线，有8个州（市）发布当地劳动力市场工资指导价位。

【促进就业工作】 2009年，以省政府《关于鼓励创业促进就业的若干意见》为龙头，共制定出台12个扩大就业稳定就业系列配套政策文件。实施“五缓四减三补贴”的援企稳岗政策，全省困难企业缓缴社会保险费2亿元，少缴社会保险费6.5亿元。在全国具有创新意义的鼓励创业“贷免扶补”政策取得成功，含小额担保贷款在内，全年完成16亿元贷款任务，共扶持4万人实现自主创业，带动12万人就业。开展职业技能培训70万人次，开展农村劳动力转移就业培训123万人次，使用失业保险基金1 309万元帮助120户困难企业进行转岗培训3.57万人。开展就业援助、春风行动、高校毕业生就业服务月、高校毕业生网络招聘周、民营企业招聘周等系列就业服务活动，组织各类招聘会4 000多场次。各级政府开发公益性岗位3.2万个，安置3.2万名就业困难人员就业，完成全年目标任务的107%。在全省642家企事业单位建立高校毕业生就业见习基地，开发就业见习岗位2万个，有1万多名高校毕业生到岗见习，完成人力资源和社会保障部下达目标任务的214%，完成省政府下达目标任务的107%。

【劳动关系】 年内，在全省范围内开展以促进企业和职工增进理解、相互支持、共克时艰为主题的“共同约定行动”，指导生产经营困难企业通过申请执行特殊工时制、开展工资集体协商缩减工时或适当减薪、组织检修维护设备、开展培训、集中安排年休假或补休等方式，依法妥善处理劳动关系，尽量不裁员。同时动员广大职工理解并支持企业采取弹性工时、在岗培训、协商薪酬等措施，与企业同舟共济，共谋发展。全省共有2 133户企业参与“共同约定行动”，涉及职工64.64万人；400余户企业经批准实行特殊工时制，覆盖职工8万余人。这些举措，有效维护了全省劳动关系和谐稳定，为促进社会和谐稳定起到积极作用。

【劳动争议调解仲裁】 全年全省立案受理劳动争议案件5 749件。其中，涉及劳动报酬834件，社会保险待遇及福利1 631件，经济补偿金、违约金、赔偿金1 093件，确认劳动（人事）关系253件，签订劳动（聘用）合同589件，履行劳动（聘用）合同603件，变更劳动（聘用）合同172件，解除劳动（聘用）合同173件，终止劳动（聘用）合同174件，辞职（离职）23件，辞退（除名）5件，其他199件。当期审结案件5 591件，按处理方式分，仲裁调解2 539件，仲裁裁决2 481件，仲裁撤诉201件，其他370件；按处理结果分，用人单位胜诉311件，劳动者胜诉4 854件，双方部分胜诉426件。

【劳动合同】 全年全省共签订劳动合同人数298.10万人，劳动合同签订率达93.7%。其中，国有及国有控股企业劳动合同签订率98.7%，港澳台投资企业劳动合同签订率99.1%，国外投资企业劳动合同签订率99.5%，内资企业劳动合同签订率96.1%，其他单位劳动合同签订率75.8%。

【农民工权益保护】 2009年，全省全面贯彻落实《云南省人民政府关于解决农民工问题的若干意见》和《云南省农民工权益保障办法》，扎实做好农民工权益保护工作。全省县级以上人力资源和社会保障部门均建立健全劳动保障监察机构和劳动争议调解仲裁机构，维护农民工合法权益工作已成为一项重要日常工作。全省城市街道、社区和乡镇均建立劳动保障所（站），直接为农民工开展就业和权益保护法律咨询等服务。省法律援助工作管理局在全省基层均建立农民工法律援助工作站，为广大农民工提供法律援助和法律服务。省妇联依托各级妇联组织，建立农民工妇女维权服务工作站、流动妇女平安之家和农村留守儿童之家，为广大农民工特别是女性农民工提供维权服务。各级人民法院、工会、共青团等单位或组织也在基层建立专门机构，为农民工维权开辟“绿色通道”。至2009年末，全省已初步形成一个横向联络通畅、上下协调配合的农民工维权工作服务网络。全年各级共受理农民工举报投诉6 241件，为农民工追发工资等待遇2.57亿元；开展

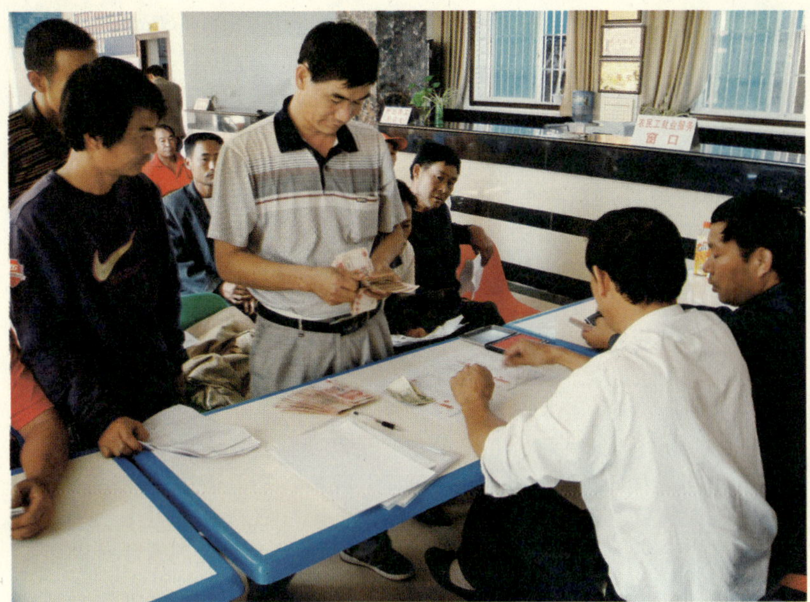

年末，永仁县集中兑付被企业拖欠的385名农民工工资

（黄金春　摄）

农民工工资支付专项行动，为1.5万名农民工追回工资6 000万元；开展整治非法用工、打击违法犯罪专项行动，清退童工30人，解救农民工5人，救助残障农民工20人；开展清理整顿人力资源市场秩序专项行动，为2 787名农民工清退被骗求职费41.35万元。

【职工工资】　全年全省城镇在岗职工平均工资2.7万元，比上年增长12.33%，扣除价格因素，实际增长11.88%。其中，企业在岗职工平均工资2.55万元，比上年增长8.9%，扣除物价因素，实际增长8.47%；事业单位在岗职工平均工资2.75万元，比上年增长20.46%，扣除物价因素，实际增长19.98%；机关单位在岗职工平均工资3.19万元，比上年增长9.95%，扣除物价因素，实际增长9.55%。

【社保基金监督管理】　年内，根据国家10部委及省9部门统一安排部署，全省省、州（市）、县（市、区）三级社保基金专项治理领导小组办公室在组织实施专项治理工作中，共投入检查人员2 061人，涉及自查自纠单位2 823个，抽查单位120个，检查银行账户1 885个，涉及各项社会保险基金1 032亿元，圆满完成社保基金专项治理任务。积极探索劳动保障部门内部各机构联合开展基金监管工作新模式，省、州（市）、县（市、区）基金监督机构与劳动保障监察机构合作，开展对参保单位劳动用工和社保缴费情况检查，对少报、瞒报社保缴费基数问题进行揭示和处罚。积极开展企业年金基金运营监管工作，受理企业年金基金运营管理合同备案77份，新增企业年金基金12.5亿元。不断健全社保基金监督管理制度规定，制定出台《云南省农村社会养老保险基金行政监督办法》。

【企业最低工资标准】　2009年，受国际金融危机影响，部分企业特别是劳动密集型中小企业生产经营困难，就业形势非常严峻。为帮助企业减轻负担、渡过难关，稳定就业局势，云南对2009年企业最低工资标准未作调整，仍按2008年标准继续执行。月最低工资标准为：一类地区680元／月，二类地区610元／月，三类地区520元／月；小时最低工资标准为：一类地区7元／小时，二类地区6元／小时，三类地区5元／小时。

【企业退休人员管理】　全年全省实行各种形式社会化管理服务的企业退休人员为85.54万人。其中，纳入社区管理人数为55.17万人，社区管理率为64.5%。按照省政府要求，全省积极推进省属企业退休人员移交属地社会化管理服务工作，全年省属企业退休人员累计移交属地12.8万人，占省属企业退休人数的53.33%。

【城镇基本医疗保险】　2009年，全省参加城镇职工基本医疗保险人数397.42万人，比上年末增加40.6万人，增长11.38%。其中，在职职工279.12万人，退休人员118.3万人，分别比上年末增加25.95万人和14.65万人。利用中央补助资金，各级政府及困难企业投入配套资金，将16.75万名关闭破产企业与困难企业退休人员纳入城镇职工基本医疗保险。全年城镇职工基本医疗保险基金收入86.56亿元，增长24.15%。全年城镇职工基本医疗保险基金支出67.44亿元，增长28.95%。全省参加城镇居民基本医疗保险365.03万人，比上年末增加103.76万人，增长39.65%。全年城镇居民基本医疗保险基金收入5.75亿元，增长5.5%，其中各级财政补助4.67亿元，占81.22%。全年城镇居民基本医疗保险基金支出3.6亿元，增长51.9%。全省8个州（市）开展城镇居民基本医疗保险门诊统筹试点。为解决参保人员跨统筹地区就医购药问题，启动省直、曲靖市、普洱市和怒江州城镇职工基本医疗保险异地持卡就医购药联网结算试点，受益人群达80余万人。

【失业保险】　2008年12月，省劳动和社会保障厅与省财政厅印发《关于调整我省失业保险金标准的通知》，决定从2009年1月起提高全省失业保险金标准。即：一类区一挡500元／月，二挡550元／月，三挡600元／月；二类区一挡430

元／月，二挡480元／月，三挡530元／月；三类区一挡360元／月，二挡410元／月，三挡460元／月。2009年，全省参加失业保险人数198.6万人，征收失业保险基金7.6亿元，向8.5万人支付失业保险基金2.52亿元。落实国家和省政府使用失业保险基金稳定企业就业岗位政策效果明显，全省共使用失业保险基金2.68亿元，向1 911户企业支付社会保险、岗位补贴、在岗转岗培训，稳定企业就业岗位24.15万个，降低失业保险费率减征失业保险基金4.75亿元，还免缴各州（市）上缴的2009年度省级调剂金1.14亿元。

【工伤保险】 2009年，全省工伤保险参保215.13万人，比上年末净增11万人，完成计划的101%。全省工伤保险基金征缴收入2.5亿元，征缴率为95%。昆明医学院第二附属医院、云南博爱医院两家工伤康复试点机构于9月份通过评估验收，为全省工伤康复奠定基础。全年受理工伤认定申请1.81万件，认定工伤1.77万件；申请劳动能力鉴定8 223人，初次鉴定6 947人，评定伤残等级人数5 549人。继续提高企业工伤保险待遇，伤残津贴标准：1级每人每月增加190元，2级每人每月增加160元，3级每人每月增加130元，4级每人每月增加100元，5～6级以原领取的伤残津贴为基数，完全护理依赖每人每月增加110元，大部分护理依赖每人每月增加80元，部分护理依赖每人每月增加60元；工亡职工供养亲属抚恤金标准为：原领取金额低于600元的每人每月增加100元，原领取金额高于600元的每人每月增加80元。

【城镇职工基本养老保险】 2009年，全省参加城镇职工基本养老保险人数达到306.54万人，比上年增加12.82万人。全省当期养老保险费收入117.61亿元，同时还争取到中央财政养老保险补助资金36.8亿元。全省参保90.23万名离退休人员，均按时足额领到基本养老金。2009年再次提高企业退休人员基本养老金水平，全省企业退休人员月均增加养老金115元，月均达到1 151元。

【农村社会养老保险】 2009年，全省参加农村社会养老保险156.33万人，农村养老保险基金收入2 625万元，养老保险基金支出1 918万元。被征地农民参加基本养老保险18.11万人，养老保险基金收入9.98亿元，养老保险基金支出1.29亿元。

【社保遗留问题解决】 年内在全国率先启动企业“老工伤”人员纳入工伤保险统筹管理工作，全省共有8 245人纳入工伤保险统筹，占人员总数的66%。争取到中央资金12.5亿元，有效解决22.4万名破产企业和困难企业退休人员参加职工基本医疗保险的历史遗留问题。

（彭昭强　周海波）

人口与计划生育工作

【概述】 2009年是进入新世纪以来全国、全省经济发展最为困难的一年。在党中央、国务院和省委、省政府坚强领导下，全省各族人民团结一心，共克时艰，采取切实措施应对金融危机，实施保增长、保民生、保稳定的积极政策，即使在最困难时期，省委、省政府始终高度重视人口和计划生育工作，把人口计生工作纳入党委、政府中心工作统筹谋划。在财政十分困难的情况下，仍确保各项人口计生工作经费及配套资金及时足额到位，推动了全省人口计生各项工作稳步发展。

【人口增长】 2009年，云南省人口计生委认真贯彻落实《中共中央国务院关于全面加强人口和计划生育工作统筹解决人口问题的决定》（以下简称中央《决定》）和《中共云南省委云南省人民政府关于进一步加强人口和计划生育工作统筹解决人口问题的决定》精神，坚定自觉地深入贯彻落实科学发展观，切实转变工作思路，创新发展举措，狠抓各项工作任务落实。经过艰苦努力，人口自然增长率继续稳中有降，保持年净增人口30万人以下，实现全省人口自然增长率控制在6.08‰以内、总人口控制在4 571万人以内的工作目标。

【宣传教育】 2009年，人口计生宣传教育工作坚持突出云南民族特色，采取各种宣传措施和手段，以广播、电视、报刊、人口学校、计生服务站（所）、计生协会、宣传中心户为宣传阵地，以“婚育新风进万家”、“生育关怀”、“关爱女孩行动”等活动为载体，开展多种形式的宣传教育活动，广泛宣传男女平等、少生优生等文明婚育观念，消除性别歧视，综合治理出生人口性别比升高的问题。在全省129个县、市、区建立人口文化大院，开办人口计生宣传教育网站。启动人口理论教育基地建设、人口早期教育试点，组织参加“中国人口60年成就展暨第五届生殖健康技术产品博览会”，主办“2009中国昆明性健康与性文化博览会”。认真做好“新农村新家庭——大香格里拉地区人口健康促进”项目第一周期评估及二期规划调研工作，积极倡导新风尚，争创新家庭，建设新农村，引导广大群众自觉实行计划生育。

【利益导向机制】 年内，全省积极稳妥地组织实施“少生快富”工程和计划生育家庭特别扶助制度，赢得社会普遍赞誉。提高了农村部分计划生育家庭奖励扶助（养老生活补助）标准：独生子父母由每人每年600元提高为720元，独生女父母由700元提高为840元；对依法生育子女死亡现无子女的群众全面兑现特别扶助金；建立免除农村独生子女及父母、双女户父母参加“新农合”个人应缴费用制度，已登记符合条件对象189万人。自实施《云南省农业人口独生子女家庭奖励规定》以来，全省共有67.1万户农业人口领取“独生子女父母光荣证”。

【优质服务】 2009年，在认真总结试点工作经验基础上，全面开展出生缺陷一级预防工作，利用计生系统广覆盖技术服务网络，共开展各类计划生育手术65.22万例，为农村育龄群众及孕妇免费进行优生咨询指导、健康检查18.58万人次，免费提供“叶酸”40.42万瓶；在全国启动实施的6项重大公共卫生服务项目促进基本公共服务均等化工作中，云南人口计生系统承担“为农村育龄妇女免费增补叶酸预防神经管缺陷”项目，工作进展顺利；建立健全出生缺陷一级预防统计报告、动态监测指导机制。进一步贯彻落实《云南省计划生育优质服务实施意见》，大力开展优质服务创建活动，截至2009年末，云南省获国家表彰的计划生育优质服务先进单位达28个；省级先进单位68个，达标单位75个。在推广使用安全套预防艾滋病工作中狠抓督促检查，5月15～25日由省人口计生委牵头组织8个调研督导组，对各地工作进行了一次全面督查，并针对督查成果下发《云南省新一轮禁毒和防治艾滋病人民战争推广使用安全套工作实施方案》，调研督导工作得到省政府领导充分肯定。

【人口与计划生育条例修订】 按照省人大常委会立法计划，省人口计生委组织相关部门人员对《云南省人口与计划生育条例》施行7年来的情况，在全省范围进行综合调研，形成修订方案报省政府法制办。根据修订程序的要求，在全省人口计生系统反复讨论修改的基础上，着手就《条例》修订草案征求各州、市人民政府和省级各相关部门的意见。修订工作进展顺利，草案上报稿日渐成熟，即将正式上报。

省人口计生委主任郝青山（左一）向育龄妇女了解“兴边富民”工程实施情况
（省计生委　提供）

【流动人口计划生育】 2009年结合云南实际，积极探索建立统筹管理、服务均等、信息共享、区域协作、双向考核的流动人口计划生育工作机制。在工作思路方面，努力推动实现流动人口计划生育工作从“要我抓”到“我要抓”、从“没法抓”到“可以抓”、从“独立抓”到“共同抓”的转变。在措施上，制定《全省流动人口计划生育工作“一盘棋”工作方案》，下发《检查评估方案》、《检查评估标准》、《10项绩效指标说明》等一系列指导性文件，为实现全省流动人口计划生育“一盘棋”工作格局奠定政策制度基础。组织《流动人口计划生育条例》实施宣传月活动；启动全员流动人口计划生育统计信息工作；建立流动人口计划生育信息化工作平台，举办信息工作培训班，推动实现与国家人口计生委及相关部门信息的互联互通，探索建立健全信息共享、信息会商工作机制。通过努力，各级党政领导统筹协调、各部门密切配合、流入地和流出地互动互补的省内“一盘棋”格局初步形成。

【基础设施建设】 年内，全省成立新增计划生育服务体系建设投资项目资金使用管理监督检查领导小组。下发《关于加强对新增计划生育服务体系建设资金使用管理监督检查的通知》和《紧急通知》，要求各州、市采取有效措施，切实抓好对新增计划生育服务体系建设资金使用管理监督检查工作，严格控制建设规模，在保证质量和安全的前提下，加快施工进度。在元谋县召开全省计划生育服务体系新增投资建设项目工作现场会议，省人口计生委与16个州、市人口计生委主任签订项目建设责任书。组织开展对曲靖等10个州、市新增建设项目专项督查，建立新增投资项目建设情况通报制度。截至2009年12月24日，

全省人口计生系统第一批新增投资项目总投资 9 698 万元，已全部落实 3 个“百分之百”考核目标：245 个项目均已全部开工，地方配套资金到位率为 146%；已有 239 个项目完工，完工率达 98%。2009 年 8 月第四批中央投资项目安排云南省人口计生系统总投资 9 664 万元，截至 12 月 24 日，地方配套资金到位率为 87.86%，197 个项目中已开工的有 196 个。

【政风行风建设】 2009 年，云南省人口计生委下发《关于开展“阳光计生行动”的通知》，以政务公开带动“阳光管理”，深入推进人口和计划生育行政权力公开透明运行，以计划生育政策执行情况为重点，全面推进政务公开，提高依法管理水平，实现“阳光管理”。省人口计生委领导参加云南人民广播电台承办的省级政风行风《金色热线》栏目直播活动，就群众关心的人口和计划生育工作有关办事程序、计划生育政策法规和群众对政风行风建设提出合理化建议等问题，现场解答听众投诉和咨询。开通“96128”政务信息查询专线，全年政务信息查询收到网络提问 76 件，回复 76 件，回复率 100%；接听专线电话 50 件，回复 48 件，专办 2 件，办理率 100%。以民主评议推动“阳光服务”，继续开展“请农民兄弟姐妹评计生”和“请流动人口评计生”双评活动，发放调查问卷 5.5 万份，满意率分别为 98% 和 95%，着力解决服务意识不强、质量不高、作风不实等问题，全面提高人口计生服务水平。以社会监督保障“阳光维权”，在全省 16 个州市、129 个县（市、区）计生委（局）开通“12356”阳光计生热线，方便群众咨询、投诉和反映意见建议，推行限时办结制和行政问责制，提高信访工作质量和效率，增强监督维权实效。2009 年接到电话访 1.37 万件、电子访 539 件，及时解答率达到 98% 以上。人民群众对人口计生工作满意和基本满意度均比往年有所提高。

【计生目标实施】 2009 年，全省出生人口 56.9 万人，比上年减少 0.1 万人；人口出生率为 12.53‰，比上年下降 0.1 个千分点；净增人口 28 万人，自然增长率 6.08‰，比上年下降 0.24 个千分点；死亡人口 29.3 万人，死亡率 6.45‰，年末全省常住人口为 4 571 万人，完成国家下达的 2009 年人口计划和省委、省政府确定的年度责任目标任务。

“十一五”规划实施后，全省人口和计划生育一直保持良好发展，人口出生率、自然增长率连年下降，人口自然增长率始终保持在 10‰以下低水平；计划生育率、综合避孕率逐年提高，违法生育，特别是违法多生育连续下降，为云南省全面实施“十一五”规划提供了良好的人口环境，为全面完成“十一五”人口规划奠定了坚实基础。

【目标管理考核】 2009 年，云南省人民政府对各州、市 2009 年度人口与计划生育工作责任目标完成情况考核。考核结果是：昆明市、玉溪市、楚雄州、大理州、德宏州 99 分，曲靖市、普洱市 98 分，保山市、西双版纳州、丽江市、怒江州、临沧市 97 分，迪庆州 96 分，红河州、文山州 95 分，昭通市 91 分。

【农村妇女增补叶酸项目】 2009 年 11 月，云南省人口计生委在全省农村妇女中开展增补叶酸项目，以预防神经管缺陷发生。本次增补叶酸项目将覆盖全省 16 个州、市 129 个县。2009 ~ 2010 年，将对全省准备怀孕的农村妇女免费增补叶酸，目标人群增补叶酸知识知晓不低于 80%，叶酸服用率不低于 70%，叶酸服用依从率不低于 40%，育龄妇女健康教育覆盖率不低于 90%。通过项目实施，到 2011 年，全省准备怀孕的农村妇女增补叶酸知识知晓率将达到 95%，叶酸服用率将达到 90%，叶酸服用依从率将达到 50%。

（蔡玲）

妇女儿童权益保障

【概述】 2009 年，全省各级妇联紧紧围绕中央和省委“保增长、保民生、保稳定”的决策部署，坚持一手抓发展，一手抓维权，服务大局、服务妇女、服务基层，在谋创新、求实效上狠下工夫，各项工作取得新成效。强化服务帮扶，引领妇女在“保增长”中奋发有为；突出维权职能，促进妇女在“保民生”中共建共享；加强宣传引导，推动妇女在“保稳定”中积极作为；坚持强基固本，妇联组织自身建设不断加强，团结带领全省广大妇女为促进云南经济平稳较快发展和社会和谐稳定作出积极贡献。2009 年 10 月，时任全国妇联党组书记、副主席、书记处第一书记的黄晴宜到云南省调研后，对云南妇联工作给予“思路清晰、举措务实、成效明显、特色鲜明”的充分肯定和“走在了前列”的高度评价。

【妇女创业就业】 全省各级妇联将 2009 年作为“创业年”，把促进城乡妇女创业就业作为全年工作重中之重，以“技能培训提高妇女素质”“挖掘岗位扩大妇女就业”“小额贷款促进妇女创业”“普及法律维护妇女权益”“政策扶持打造妇字实体”为五大目标任务，大力实施“妇女创业就业援助行动”并取得了显著成效。各级妇联共分级分类培训城乡妇女150多万人次，仅省妇联就举办5期全省女能手、女经纪人培训班，组织3批女致富带头人、女经纪人到北京、陕西开展示范性实地培训。为帮助妇女解决创业就业资金的“瓶颈”，共争取实施小额信贷5个亿，扶持2万多户妇女创业致富，带动6万人就业，贷款回收率100%。其中实施“贷免扶补”信贷资金1.5亿，组建共1 136人的“创业导师队伍”，创建全国女大学生创业实习基地2个，通过开展咨询培训、创业项目评审、创业导师帮扶、跟踪服务帮扶，重点扶持3 083名妇女返乡创业、就地就近转移就业、居家就业，带动和创造了1万多个就业岗位，超额完成省政府下达的鼓励创业“贷免扶补”工作任务。在此基础上，选择创业就业优秀妇女典型组成巡回演讲报告团赴16个州市宣讲，并与云南省委高校工委、省教育厅联合组织“云南省优秀大学生创业事迹报告团”深入高校宣讲。

【妇女儿童合法权益维护】 年内，积极推进《云南省实施〈妇女权益保障法〉办法》普法宣传贯彻实施，省妇联牵头成立普法讲师团，送法律进机关、进农村、进社区。联合有关部门开展“儿童安全成长行动”，在铁路、交通沿线和社区进行反对拐卖妇女儿童系列宣传活动。健全各级妇联信访网络，开通“妇女维权公益热线12338”，畅通妇女诉求表达渠道。投资50余万元建成云南省妇联维权服务中心，为妇女儿童提供接访、咨询、援助为一体的一站式维权服务。建立“进城务工妇女之家”“妇女维权岗”“妇女法律援助中心”“妇女儿童心理法律咨询服务中心”“家庭暴力投诉站”“反家庭暴力妇女庇护所”等维权服务平台。积极参与禁毒防艾人民战争，深入开展“拒绝毒品、抗击艾滋、建设家园、共创平安”活动，大力实施“妇女面对面”防治艾滋病、“艾滋病致孤儿童社区关爱”等禁毒防艾项目，建立“妇女攻心队”“房东联谊会”等妇女自治组织开展帮教的鲜活经验被全国妇联确定为典型范例加以推广。

【农村妇女妇科病普查】 年内，联合省卫生厅在全省14个试点县启动实施农村妇女“两癌”检查项目，为8.8万名妇女进行“两癌”普查，并力争用3年时间完成41.6万名妇女的普查任务。部分州市、县（市、区）积极争取社会支持，通过项目技术援助和设备赠送，面向城乡贫困妇女儿童开展妇科病普查及爱眼护眼等健康知识传播服务。

【农村妇女参政】 2009年，在妇联组织的积极倡议和推动下，省委办公厅、省政府办公厅在关于全省第四届村级换届选举工作文件中明确规定：“村‘两委’委员中，至少要有1名女委员，根据实际情况兼任妇代会主任”、“力争三分之一的村有女性村党组织书记或村民委员会主任或副主任（兼文书）”，为推动妇女进村“两委”提供了政策保障。加强法规政策宣传和对村妇代会主任、妇女骨干参选参政能力专项培训，与组织、民政部门协作配合，做好督促推动工作。

【困难妇女儿童帮扶】 年内，协调争取并投入项目资金近900万元，实施“母亲水窖”、“母亲沼气”、“春蕾计划”、“母亲健康快车”等项目，新建集中供水工程1个，沼气1 500口，春蕾学校4所、春蕾图书室10个、资助春蕾学生337名，为30个县发送“母亲健康快车”30辆，进一步改善了农村贫困妇女儿童生存发展条件。圆满完成“把爱留给孩子——七彩云南爱心大行动”，将四川安县转移到昆明生活学习8个多月的500名小学生安全送返家乡。省妇联下拨资金10万元，支持“7·9”姚安、大姚地震灾区灾后重建工作。

【家庭教育】 2009年，省妇联组织开展“十一五”家庭教育规划中期评估督查工作，推动规划目标任务的落实。开展家庭教育课题调查与研究，58个课题经过专家评审立项，为推动家庭教育工作科学发展提供了理论依据。大力开展“家庭道德建设宣传实践月活动”和“家庭教育知识进社区、下乡活动”，组织家庭教育专家进学校、进机关、进社区、到农村、到未成年犯管教所进行宣讲，依托云南人民广播电台开通“空中家长学校”，宣传普及科学的家庭教育知识。认真总结推广家庭教育及留守流动儿童工作成功经验，全省14个集体被全国妇联列为示范典型。

【妇女创业就业工作会议】 2009年6月29～30日，云南省“双学双比”暨妇女创业就业工作会在迪庆州召开。省政府副省长孔垂柱出席会议并讲话。省“双学双比”领导小组常务副组长、省妇联主席胡有兰作工作报告。省及迪庆州“双学双比”领导小组成员单位领导，省妇联常委，各州市和迪庆州各县妇联主席共计100余人参加会议。会议认真回顾总结20年来全省城乡妇女开展学文化、学技术，比成绩、比贡献的“双学双比”活动取得的成绩和经验，对做好当前和今后一个时期城乡妇女发展工作作了安排部署，并表彰2009年全国“新农村建设巾帼示范村”和全省“双学双比”先进集体。

【妇女维权推进会】 2009年12月9～10日，省妇联和省综治办联合在保山市召开维权暨综治工作推进会。省委常委、省委政法委书记、省公安厅厅长孟苏铁出席会议并讲话。省妇联主席胡有兰就妇联开展维权和综治工作作工作报告。省委政法委副书记、省综治办主任马继延作总结讲话。省及保山市维护妇女儿童合法权益联席会议成员单位领导、各州市及保山市各县区妇联主席、综治办主任共180多人参加会议。会议总结了近年来全省妇联维权和综治工作取得的成绩和经验，分析了当前维权和综治工作面临的形势，结合云南实际，就贯彻落实

全国妇联维权工作会议和省委有关综治维稳工作会议提出的目标任务，对做好当前和今后一个时期维权和综治工作作了安排部署。会议强调，各级妇联和综治办要树立“大维权”理念，优势互补，形成合力，构架党委政府领导、妇联协调推动、各方齐抓共管的社会化维权工作格局，促进维权与综治维稳工作更加紧密地结合，服务全省改革发展稳定大局。会议形成并出台《云南省2010年打击防范拐卖妇女儿童犯罪工作意见》和《云南省预防和制止家庭暴力的工作意见》，有效整合多部门力量共同开展反对拐卖和制止家庭暴力工作。会议期间组织参观考察了“全国美德在农家示范点”“全国民族团结进步模范集体”“全国民主法制示范村”——保山市昌宁县田园镇勐廷村。

（高梅）

物　价

【概述】 2009年以来，全省价格总水平持续在低位运行，但在经济回升和各项调控措施支持下，6月份开始单月同比早于全国5个月转负为正，且涨幅均高于全国平均水平。10月以来，居民消费价格总水平单月同比涨幅进一步扩大，10、11、12月居民消费价格同比分别上涨0.8%、1.3%、2.2%，涨幅分别比上月扩大0.3、0.5、0.9个百分点。三季度起，累计涨幅逐月回升，全年累计上涨0.4%，涨幅比1～11月扩大0.2个百分点，高于全国平均水平1.1个百分点（全国为下降0.7%），累计涨幅在全国及西部地区均排第8位，圆满完成年初确定的价格总水平预期调控目标任务。

在构成全省居民消费价格八大类中，有5类上涨3类下降。其中，食品类价格累计上涨1.6%，是拉动价格总水平止跌回升的主要力量；烟酒及用品、家庭设备及维修服务、医疗保健和个人用品、居住类价格累计分别上涨0.1%、0.3%、1.5%、1.9%，衣着、交通和通信、娱乐教育文化用品及服务类价格累计分别下降1.9%、2.6%、1.2%。

【城市主要生活用品价格】 2009年，全省粮食价格一直呈小幅上涨趋势。据监测，12月份全省小麦、粳稻、玉米平均收购价分别为每千克（下同）1.88元、2.17元、1.71元，同比分别上涨3.87%、6.37%、10.32%；地产粳米、东北粳米、地产籼米零售价格分别为3.83元、4.72元、3.37元，环比分别上涨2.68%、3.06%、1.81%，同比分别上涨6.09%、16.26%、5.64%。

2009年以来，全省油料、食用植物油价格持续低位运行。油菜籽收购价格为每千克3.2～5元，与2008年平均每千克5元相比降幅较大。12月份，全省一级散装菜籽油价格为每千克11.83元，同比下降12.76%。

自2008年下半年以来，全省生猪、猪肉价格持续下降，2009年上半年全省生猪平均收购价为每千克11.3元，同比下降24%；猪肉平均批发价为每千克15元，同比下降27.6%。国家及云南省及时实施防止生猪价格过度下跌的措施，7月份开始价格有所回升。12月份全省鲜后腿猪肉、仔猪价格分别为每千克20.1元、14.7元，较年内最低点7月份分别回升20.1%、10.8%，但同比仍分别下降9%、29.7%。鲜牛肉、鲜羊肉、鸡肉、鸡蛋价格分别为35.07元、36.75元、17.31元、9.32元，同比分别上涨3.88%、7.42%、1.47%、6.39%。

2009年12月，全省食糖出厂价格为每吨4437.5元，环比、同比分别上涨10.39%、49.66%；白糖市场零售价格为每千克5.43元，环比、同比分别上涨13.6%、21.48%。

2009年1～12月云南/全国CPI运行情况

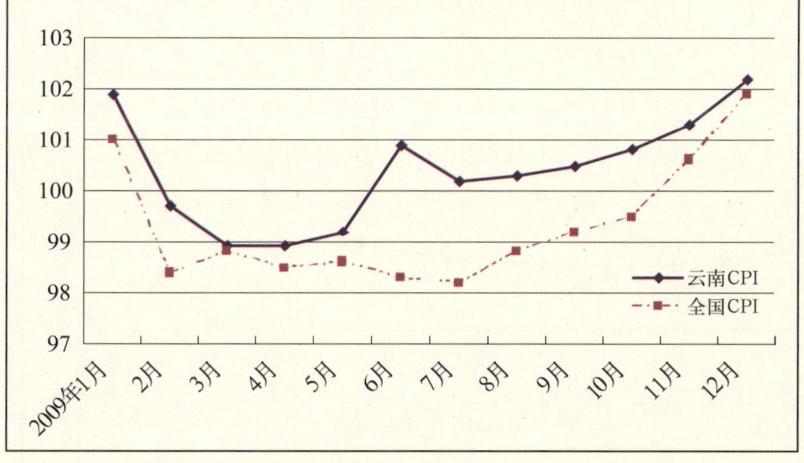

【工业品出厂价格】 2009年以来，全省工业品出厂价格同比持续下降，8月份开始呈现逐月回升态势，降幅不断趋缓，11月份单月同比上涨

1.7%，扭转了上年底以来同比持续下降的态势，首次转负为正；1～11月累计下降9.8%，降幅比1～10月缩小1.2个百分点，为当年以来降幅首次收至10%以下。12月份，工业品出厂价格同比继续上涨，涨幅达6.8%，比11月份大幅扩大5.1个百分点，全年工业品出厂价格累计下降8.5%，降幅比1～11月缩小1.3个百分点，比全国平均水平多降3.1个百分点（全国累计下降5.4%）。其中，生产资料出厂价格累计下降11.1%，比全国平均水平多降4.4个百分点（全国累计下降6.7%）；生活资料出厂价格累计下降0.5%，比全国平均水平少降0.7个百分点（全国累计下降1.2%）。

2009年，全省原材料、燃料及动力购进价格变动趋势与工业出厂价格基本一致，上半年持续低位运行，下半年开始月同比降幅逐月缩小，降势有所趋缓。12月份，全省原材料、燃料及动力购进价格同比上涨2.0%，为当年以来首次转负为正，全年累计下降5.0%，降幅比1～11月缩小0.6个百分点，比全国平均水平少降2.9个百分点（全国累计下降7.9%）。2009年以来，全省上游产品价格一直延续“高进低出”格局，全年工业品出厂价格降幅高于原材料、燃料、动力购进价格3.5个百分点，但差距较前三季度缩小1.9个百分点，较上半年缩小2.4个百分点，状况逐渐改善。

2009年据监测，全省工业生产资料价格也呈先抑后扬态势，下半年重要生产资料价格逐月回升，但同比仍然呈下降态势。据监测，12月份，全省6.5高线线材、6.5普通线材、螺纹钢价格分别为每吨（下同）4 115.63元、4 027.33元、4 250元，环比分别上涨2.17%、2.14%、2.18%，同比分别下降1.85%、0.65%、1.12%。全省32.5强度、42.5强度普通硅酸盐水泥价格分别为321.44元、386.75元，环比分别上涨0.22%、0.58%，同比分别下降6.80%、3.58%。有色金属价格大幅回升，12月份铜、锡、铅、锌、铝价格分别为5.67万元、11.59亿元、1.57万元、1.84万元、1.62万元，同比分别上涨126.6%、16.83%、60.51%、96.59%、47.27%。

【农资价格】 在2008年价格涨幅较大、2009年仔猪等重要农资价格明显下降的双重影响下，全省农资价格高位回落，全年累计下降0.7%，8年来首次出现负增长，但目前全省农资价格仍处于一个较高位置。其中，化肥价格基本稳定，累计上涨0.2%；畜产品价格大幅下降，全年累计下降21.1%；饲料价格在2008年上涨14%的基础上继续上涨，全年累计上涨6.3%。

据监测，农业生产资料价格小幅波动。12月份，全省碳酸氢铵、尿素、高压聚乙烯棚膜、高压聚乙烯地膜价格分别为每千克0.73元、2.05元、15.46元、14.01元，环比分别上涨2.82%、5.67%、0.45%、0.94%，同比分别下降12.05%、5.09%、2.15%、6.54%。

【房屋销售价格】 2009年，据国家发改委、国家统计局对全国70个大中城市房屋销售价格指数统计数据，全国房屋销售价格先抑后扬，三季度开始累计转负为正，全年累计上涨1.5%。其中新建住房价格累计上涨1.2%，二手住房上涨2.4%。昆明市房屋销售价格走势与全国基本一致，全年累计上涨1.0%，涨幅低于全国平均水平0.5个百分点，其中新建住房、二手住房价格累计分别上涨1.1%、0.4%，涨幅分别低于全国平均水平0.1、2.0个百分点。从环比来看，昆明市房屋销售价格呈逐月回升态势，除1月份环比下降1.4%外，2月份以后各月环比均出现上涨，价格逐月回升。大理市房屋销售价格全年累计上涨0.6%，其中新建住房价格上涨1.0%，二手住房价格小幅下降0.3%。

（省发改委价格调控处）

2009年1～12月云南/全国CPI运行情况

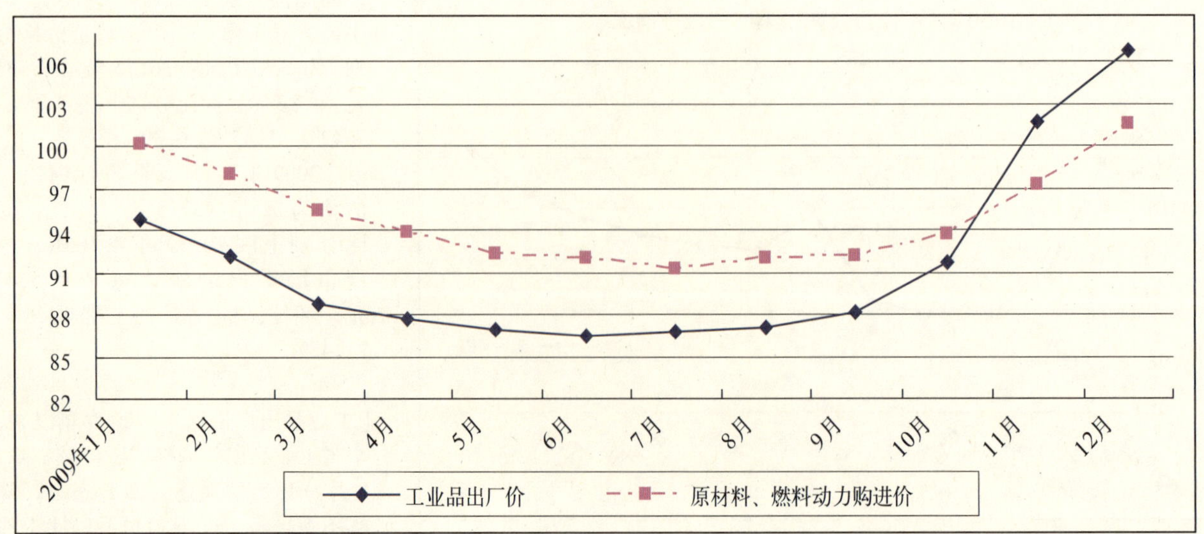

州市县小康建设进程

主　　编　郭　刚
责任编辑　宣　勤

和谐　小康　文明村镇

【芒抗新农村建设】　芒抗，傣语意为“有橄榄树林的村庄”，地处耿马县城西南部，距县城7千米。全村辖11个村民小组，有676户农户、3 056人，以傣族、佤族、景颇族为主体的少数民族占95%。耕地1.54万亩，人均占有耕地5.13亩，是耿马县重要的甘蔗生产专业村之一。被确定为临沧市首批社会主义新农村建设重点村以来，芒抗村按照“四有”规划要求，着力在人均富裕度的提高、人的居住质量改善、人的创业环境优化“三个核心指标”上下工夫，大胆实践以融资机制创新为核心的“芒抗模式”，全力实施“甘蔗产业强村、融资机制扶村、特色经济富村、傣家民居靓村、基层组织带村、和谐文明促村”的发展思路，全村经济社会实现了持续快速健康发展。2008年，实现经济总收入1 559万元，农民人均纯收入3 553元，增长15%。

芒抗村根据县农业产业化总体规划和发展方向，抓示范基地强产业。以示范推广良种良法为突破口，以改善蔗田蔗地灌溉条件为基础，提高农民种蔗比较效益。确立了用3年时间新增3 000亩高优蔗园、建成1 000亩吨糖田示范基地和5 000亩甘蔗水浇地的目标。2008～2009年榨季，全村甘蔗总产量达6.8万吨，甘蔗总收入1 632万元，人均甘蔗收入3 770元。

芒抗村充分利用交通便利的优势，依靠甘蔗产业的带动，使运输业成为村民增收的主要途径之一。2009年，全村共有大型农用运输车13辆，中型客车3辆，农用大拖拉机16辆，小拖拉机153辆。全村运输业总收入146.6万元。如村民俸正明家里有1辆大型货车、1辆大拖拉机和1辆小拖拉机，一年仅运输业收入就达3.5万余元。芒抗村还鼓励农户通过办“农家乐”和绿色农产品销售等方式，参与休闲旅游业的发展，扩大农民收入来源。目前，芒抗村已有6户农户开办了“农家乐”餐饮服务，农户刀红星家每年仅“农家乐”餐饮服务纯收入就达4万元以上。

芒抗村民居　（耿马县志办　提供）

芒抗村是一个以傣族为主体民族的建制村，傣族人口占全村总人口的53%。根据这一特点，芒抗村积极推行具有傣民族风格的特色民居建设，提出了“道路硬化、卫生洁化、村庄绿化、庭院美化、环境优化”的村容村貌整治目标，着力打造临沧市首批具有傣族特色民居风格的旅游示范村寨。民居建设采用落地式的砖混结构傣族建筑风格，建设分为153平方米、127平方米两种户型，造价分别为9.8万元、7.8万元，新建由政府统一补助8 000元。建设中采取“统一规划、统一建材、统一施工、统一质量、统一资金管理”的办法来实施，

在建新房的同时还共新建入村硬板路2条，全长2.5千米；修建灌溉沟渠3.5千米；完成沼气池建设483口；新建村委会办公楼1幢；建设垃圾池2个，公共厕所2个。一个村庄竹林环绕、庭园果树成荫、人与自然和谐发展的傣族特色新农村已展现出来。

在加快生产发展和经济结构调整的基础上，全力推进和谐文明村建设。创建“十星级文明户”515户，组织实施农民科技培训、科技入户、阳光工程等科教工程，培养了一大批农村科技能人和致富能人。投资106万元建设云天化集团希望小学，全面落实义务教育小学阶段“两免一补”政策，适龄儿童九年义务教育的入学率和巩固率达100%。建设文化活动室5个、党员电教室5个、泼水广场1个、景颇目瑙纵歌广场1个、篮球场1个，累计投入资金70余万元；成立傣族、佤族、景颇族3个文艺表演宣传队，共组织开展文艺表演20余场次，组织村组干部及群众代表到外地参观学习，大大丰富了农民群众的业余文化生活。投资4万元建成农村卫生室1个，组织1 100人参加了初级卫生保健活动，同时积极组织农民参加新型农村合作医疗，参合率达100%。帮助贫困户尽快走上致富道路。加大农村社会治安防控体系建设，杜绝打架斗殴、聚众赌博等歪风。通过推进和谐文明村建设，芒抗村村容村貌有了明显变化，村风、民风更加文明，一个和谐文明的小康村已逐步形成。

（金跃前）

【景美民富的勐堆自然村】 镇康县勐堆自然村位于勐堆乡政府驻地，距乡政府1千米，是一个以傣族、佤族为主的少数民族聚居村。有土地1.12万亩、耕地1 013亩，自然村下辖2个村民小组，农户126户567人。2009年全村经济总收入380.97万元，人均纯收入3 767元，农民人均占有粮食599千克。

近年来，通过实施新农村建设项目、带动整合项目资金、群众投工投劳，各项基础设施建设日趋完善。硬化进村水泥路、实施人畜饮水工程，实现了家家通水泥路、户户用自来水；整合新农村建设资金补助民居房建设，统一按红顶白墙色调，完成建设37户；突出傣族、佤族特色建设寨门和文艺演出台；建设了村民娱乐场所和党员活动室。累计完成总投资324.7万元，在文明村创建过程中，落实乡村党员干部农村实用技术过关制，累计开展稻田养鱼、高优生态茶园建设、膏桐种植、养殖等培训9次，参加培训党员110人次，群众219人次。建立以“党员＋农户、1户带5户”为主要内容的党群致富联合体。全村优选出有“双带”能力的党员15名，挂钩帮扶农户75户。扶持党员示范户15户。党支部和理事会提出制定符合本村实际的《村规民约》、对基础设施、产业基地和执行政策等方面进行管理，增强了村民遵守社会公德、家庭美德的自觉性。创建“十星级文明户”107户、“平安家庭”124户，评选出“好婆媳”10对、“和睦夫妻”13对、“巧女子”1户，通过正确的引导和榜样的力量，提高了村民的思想素质，社会风气越来越好。多年无一例早婚早孕现象发生，人口自然增长率得到有效控制；新型农村合作医疗、社会优抚等各项工作有效开展。支持“警官任村官”试点工作，成立了一支由8人组成的护村队，负责协调群众内部各种纠纷，把各类矛盾消灭在萌芽状态。严禁赌博、防范邪教，加强封建迷信活动的管理。成立农民文艺演出队，编排群众喜闻乐见的文艺节目，丰富群众精神文化生活，提高了生活情趣。2009年被表彰为省级文明村。

（宇凌）

勐堆自然村养殖场 （镇康县志办 提供）

【拉老村——全国文明村】 潞西市拉老村民小组是一个傣族村，位于芒市东面。全村共有97户482人，有耕地590.1亩，主要以种植业和养殖业为主。2007年村经济总收入169.01万元，人均收入3 506.2元。全村有手扶拖拉机90辆、收割机1台、汽车5辆，电话51部、手机260部，家家户户都有电视机。2008年3月，中共中央政治局常委、国务院总理温家宝亲临拉老村考察，勉励拉老村群众再接再厉，把村庄建设得更加美好。

拉老村民小组紧扣“生产发展、生活宽裕、乡风文明、村容整洁、管理民主”的20字方针，坚持“以地生财、以财建村、以村招商、以商富民、引商进村”的思路，努力建设“富裕、文明、和谐”的社会主义新农村建设示范村。该村已初具规模，农业科技储量明显提升，全村已全面实现测土配方施肥，种、养良种覆盖率达到95%，科技入户率达到90%以上，农田基本实现节水灌溉，农民人均收入年递增9%。户均有一个科技明白人，有一个从事非农产业的劳动力。全村实现富余劳动力转移输出50%以上。民主选举、民主决策、民主监督的机制进一步完善，村民对村级管理的满意度达到95%以上。

近10年来，拉老村民小组从未发生过治安和刑事案件，邻里和睦相处，社会和谐安宁。1999年被省委、省政府授予社会主义精神文明建设工作先进村镇荣誉；2002年村妇女之家（学校）被评为省优秀妇女之家（学校）；1999年、2003年、2006年连续被省委、省政府命名为省级文明村；2004年12月被省妇联授予巾帼科技致富示范村；2005年10月被中央精神文明建设指导委员会授予全国文明村镇创建工作先进村镇称号。2010年，在北京召开的全国精神文明建设工作表彰大会上，拉老村民小组荣获全国文明村称号并受到表彰。拉老村民小组成为德宏州第一个国家级文明村。

（王娅敏）

甘屯红军村 （富宁县志办 提供）

【甘屯红军村】 富宁县甘屯红军村位于谷拉乡南部，距乡政府驻地7.8千米，有11户45人，全系壮族，地处岩溶石山区，属典型的喀斯特地形地貌。2009年末，人均有粮242千克，人均纯收入877元。2008年初，县委、县政府将甘屯村列为革命老区试点村建设。至年底，共投资200.9万元，完成11户安居房建设、改造厩舍11间、完成400米进村及村内道路硬化、建成11口沼气池和11口小水窖。同时，建成甘屯红军洞爱国主义教育基地，建寨门1道、进洞压模道路545平方米、雕塑1座、陈列室1栋，挡墙及路沿石建设60立方米、地基平整1 250平方米、活动场硬化897平方米、建公厕1座、洞口循环压模小路256平方米、洞内防线维修2道、洞内革命历史浮雕建设78平方米、红军洞标志牌建设1块。建成后的甘屯村不仅改善了住房、饮水、出行等困难和生产生活条件，村容村貌焕然一新，而且成为开展爱国主义教育的良好基地。

（黄志高）

【姐海傣寨奔小康】 陇川县章凤镇迭撒村委会姐海村民小组，位于国家省级拉影口岸，与缅甸雷基市洋人街相连，是边境线上一个纯傣族村寨。全村有农户62户，人口283人，有耕地793.9亩，农业生产主要以种植优质水稻、甘蔗、红土晒烟为主，2009年全村种植优质水稻368亩，产粮128吨；种植甘蔗710亩，产量3 294吨；种植红土晒烟100亩，收入4 600千克，当年人均纯收入3 200元。

近几年来，姐海村小组先后成立了党小组、老年理事会、妇女之家、治保会、应急民兵班、护村互助队，建立健全了《村规民约》等创建精神文明的各项规章制度和措施，全村男女老少遵纪守法，积极建设社会主义新农村。各项措施得力有效，成果显著，虽然近邻缅甸，可没一人吸食毒品。各种基层组织利用村里的文化活动室，开展科学技术培训、法律法规学习、禁毒防艾知识讲座、文艺宣传活动等。开展“三讲一树”“改陋习、树新风”活动，成立“红白理事会”，主张新事新办，改变陈规陋习。邻里之间和睦相处。3年来无一超生、抢生现象发生。建立健全了治保会、民兵、护村互助队、与驻军、武警、派出所形成社会治安防范网络体系，积极开展禁毒防艾工作，严厉打击“黄、赌、毒”活动，使之在姐海没有存身之地，没有出现黑恶势力、非法宗教、邪教活动，黄、赌、毒和拐卖妇女的现象也没有产生，近3年来，没有重大生产责任事故、经济案件、刑事案件、治安案件发生，呈现出社会安定和谐的局面。

光明村万亩核桃生态园一角　（漾濞县志办　提供）

在社会主义新农村建设中，制定了新农村建设发展规划，加大产业结构调整力度，制定解决“三农”问题的办法和措施，各项惠农政策落实到位，切实保护农民的合法权益，减轻农民负担。家家户户住瓦木房，更有人家住进了二层楼的洋砖房。建沼气35户，村民购买了手扶拖拉机、摩托车、大拖拉机、彩电、手机，姐海村成了边境线上的文明村、富裕村。

近3年来，姐海村分别被州、县、镇党委政府授予“先进集体”、“党员模范村”“安全文明村寨”荣誉称号；2008年荣获“州级文明村”，成为边境民族村寨的典范。2009年荣获“省级文明村”。

（张洪芬）

【和谐回族村——箐口村】　大关县箐口民族团结进步示范新村，位于县城唯一民族乡上高桥回族彝族苗族乡集镇西北方向约1千米处，是一个回族聚居村，包括箐口、塘边2个村民小组65户286人。该村海拔1850米，耕地371亩，高寒边远，土地贫瘠，自然条件恶劣，群众的生活历来都很贫困。“箐口是个大坪子，专出洋芋和荞子，要想吃顿苞谷饭，除非媳妇坐月子。”这是上世纪70年代以前的箐口村群众生活的真实写照。但今日的箐口已旧貌换新颜，成为上高桥乡的民族团结进步示范新村。

近年来，随着农业科技措施的逐步推广和畜牧业的发展，箐口的经济状况有了很大改善。大关县新农村办与上高桥乡党委政府一道，整合资金22.95万元，对该村进行实地规划，实施基础设施建设、产业培育、村容村貌整治、社会事业发展4个大项10个子项目。通过实施安居工程、整村推进和新农村示范建设项目，拆除了破旧茅草房，修建户间作业路1 200米，实施引水工程和电网改造项目，房屋亮化9 500平方米，瓦屋顶改造1 200米。加强农业科技推广，玉米种植实现良种、地膜、规范化套种100%。同时，实施种草养畜项目，抓好圈舍建设和改造，实施黄牛冻精改良，扩大饲草种植面积，年种植优质特高黑麦草450亩，年出栏黄牛50余头，产值15万元。2008年农民人均纯收入1 902元，人均有粮350千克。与此同时，该村全面实施“一池三改”措施，清杂草、清垃圾，搞好村庄绿化美化，村容村貌发生了较大的改变。村里多次召开村民座谈会，宣传社会主义新农村建设的目的和意义，引导群众破除陈规陋习，发扬互帮互助，团结友爱的邻里关系，较好地融洽了邻里关系和民族关系。

如今的箐口，不仅产业发展有保障，村容村貌有改变，同时思想观念也发生了根本转变，群众生活质量不断提高的同时，民族团结稳定的局面也进一步巩固。

（马仲全）

【省级文明村——光明村】　漾濞县苍山西镇光明村是一个典型的山区多民族聚居村，总面积16平方千米，设7个村民小组，有280多户农户1 200多人，彝、白、傣、傈僳4个少数民族人口占总人口65.23%，人居海拔在1600～2200米之间，以耕种山地为主。2007年，光明村实施新农村建设，铺筑了进村柏油路、村组弹石路，家家户户建起了青瓦白墙安居房、卫生间、卫生厩、卫生厕、小水窖（池）、沼气池、节柴灶等，新建了村委会办公楼、村完小教学楼、村卫生室、村科普文化室、漾濞核桃展览室、村党建示范点及村畜牧兽医室，成立了村核桃种植协会、村生态旅游开发协会、村文艺演出队。当年，全省扶贫现场会把光明村作为参观点。同年9月，光明村被中央有关部委联合授予全国“绿色小康村”称号。2009年，光明村基本完成小康示范村的阶段性建设任务，通过州级验收。当年，全村农户仅销售核桃干果一项，收入就突破900万元，人均收入接近7 000元。富起来的光明村部分农户的家庭人均收入超过了城里拿工资的公务员，一些昔日耪田耕地的农民的观念也发生了变化，借助“村在林中”的核桃生态园景观，陆续开办了20多家以生态旅游为主的农家乐休闲度假服务食宿店。2009年，光明村接待县外游客和考察团队4万多人次，旅游业收入80多万元，成为全省乃至全国发展核桃产业致富奔小康先进典型。2009年9月，光明村被省委、省政府命名为“省级文明村”。

（朱应旭）

【田坝小康文明村】 巧家县金塘乡田坝小康文明新村属典型的金沙江干热河谷地带，是光热资源充足的“天然温室”。位于县城城东南18千米、金塘乡政府西北0.9千米处，系金沙江岸一长条型坪子，水田百余亩，故得名“田坝”。海拔720米左右，年降水量500毫米，年蒸发量1 500毫米，人口94户、374人。全村人均耕地仅0.6亩，作物以甘蔗、蚕桑、水稻、豆类、薯类、反季蔬菜为主。全村实现通电率100%、电视覆盖率达95%、通电话率100%、通自来水率100%；小学入学率、初中入学率、卫生保健率、科技知识普及率均达100%的目标。2002年人均纯收入1 200元。2004年，堰渠改造竣工，反季蔬菜和优质水稻形成规模。2005年3月，农户自发组建蔬菜协会。每户农民均掌握1～2项特色产业技术。2007年反季蔬菜种植达200亩，产值百万元，人均有粮312千克；2008年人均纯收入3 500元；2009年经济增长速度达到15%。

2009年启动小康文明示范点建设项目，通过“五村三化”与“七改三建”等项目建设，实现了文明规范上墙，生活习惯五设五无，生活生产用房卫生，庭院花园化。

（张孝和）

【通泉镇发展特色产业】 曲靖市马龙县通泉镇大力发展食用菌、万寿菊、畜牧养殖、经济林果等富民强村产业，增加农民收入，壮大农村经济。全年实现食用菌产值1 679.88万元，畜牧业总产值7 580万元、总收入4 650万元。引导5户农户发展獭兔养殖，养殖规模由2008年的600只发展到5 600余只，年销售獭兔1.28万只，实现产值67.2万元。发展核桃、苹果、油桃等经济林果，涌现出高山堡等林果专业村和一批林果种植大户。依托经济林果的发展，积极发展林下养鸡业，形成产业链，多渠道增加农民收入。结合地处城区的实际，大力发展餐饮、住宿、建材、商贸等产业，拓宽农民增收渠道。年内，全镇农民人均纯收入3 218元，比上年增加257元。

（苏正平）

【牙易里村鸟类之乡旅游】 曲靖市麒麟区东山镇法色牙易里村山清水秀、环境优美。每年12月到次年的8月，2 000余只苍鹭在此栖息繁衍。苍鹭属国家濒危野生动物。多年来，村民与鸟和谐相处。近年来，针对从昆明、曲靖到牙易里拍摄苍鹭的游客络绎不绝的情况，市、区及乡镇党委、政府多次协调争取有关部门的支持和帮助，修通村内至鸟林区的道路，并修建一个水池供苍鹭用水。为打造全国“鸟类之乡”和旅游特色村，2009年，市、区旅游局结合新农村建设和“866”工程，新建观鸟摄影台，动员发展农家乐乡村旅游，将之打造成为省内外摄影爱好者的聚集地。同时聘请曲靖电视台制作苍鹭的栖息环境专题片，并参加全国第二届“鸟类之乡”的评选，争创全国“鸟类之乡”。

（李筠）

【方山诸葛营民族文化生态旅游村】 永仁县诸葛营村是“8·30”地震的重灾区之一。2009年，县委、县人民政府坚持科学谋划，将恢复重建与打造民族文化旅游生态村结合起来，紧紧围绕“一年打基础、两年见成效、三年树品牌”的目标和“民族、文化、生态、旅游”的要求开展工作，努力打造方山诸葛营村民族文化生态旅游名村。经过1年的建设，诸葛营村的面貌发生巨大变化。在建设中突出民族特色，对新建民房进行统一规划改造，打造彝族“土掌房”民居建筑风格，所有农户建设为开放式庭院围栏，庭院内种植果树、花草、蔬菜等。主干道铺筑青石板，次干道铺筑红砂石，户内道铺筑青砖。在村间主次干道两侧种植绿化苗木。在村边建盖畜牧集中养殖小区，各户均不在自家院内养殖家畜，实现“人畜”分离。民族文化广场投入使用，在农户院内安装太阳能灯，家家户户使用节能灶和太阳能热水器，生态旅游逐步形成。18户农户大力发展农家乐、乡村民族生态旅游为重点的服务业，以“节日”和“假日”旅游为主的饮食服务，土特产交易日渐红火，处处体现出方山旅游特色。

（杨世禄）

【省级新农村重点建设村——河口村】 江川县九溪镇河口村被确定为省级社会主义新农村重点建设村，一年来新农村建设成效明显。该村

诸葛营村土掌房　（永仁县志办　提供）

强化产业结构调整。全年花卉新增种植面积27亩，油菜种植扩大至350亩，最大限度地增加农民的收入。以基础设施建设为突破口，改善群众生产生活条件。通过群众自筹、上级补助等投入方式，实施沟渠80米、挡墙110米、涵洞40米的村内生活排水和泄洪工程建设；对村内道路实施硬化和20盏路灯安装亮化。积极争取项目资金，加强对15户贫困户危旧房改造、移民后期扶持文体活动中心、省级生态移民工程等建设。按照"生态示范村"建设的思路，抓好沼气池能源建设、村内生活污水排放治理、人居生态绿化等为主要内容的美化、净化工程建设，逐步实现村庄"新"、"亮"的目标。

（余立言）

【养菌致富村——普子哨村】 易门县集体林权制度改革实行"均山到户"后，普子哨村根据农户少、劳力少、林地集中的特点，实行统一管护本村的全部林地。每年进入野生菌生长期，村里每户抽出一名男劳力参加看山守林，确保野生菌拥有足够的生长期。待到菌菇进入采拾期，每户又抽出一名妇女到山里拾菌。每天将拾到的菌菇集中出售，当天销售菌菇所得收入当场平均分配到各家各户。这样，村民拾菌的行为变得十分理性，每天都是有选择地采拾菌菇，做到采大留小，保证每朵野生菌都有充足的生长期，杜绝采小抢嫩的行为，确保菌菇个体品质，卖得好价钱。2009年，村民捡拾干巴菌130多千克，均价80元，收入1.04万元；采拾牛肝菌、见手青、青头菌等杂菌2 000多千克，收入3万余元；两项合计收入4.04万元。仅有6户人家的29组，户均收入达到6 733元，人均收入达到1 496元。

（矣德忠）

【大水平村种植苦瓜致富】 元江县澧江镇大水平村委会在种植反季节苦瓜取得良好经济效益的基础上，进一步扩大种植面积，加快发展苦瓜经济。全村苦瓜种植面积由原来的100多亩发展到400多亩。同时，引进新品种碧秀苦瓜，每亩可增收2 000余元。大水平村委会还积极发展订单农业，新种植的230亩碧秀苦瓜与四川客商签订了收购合同，每千克最低收购价格不低于1元，全村委会的苦瓜收入达200多万元。

（张正新）

【民族团结示范村——包家、罗家村民小组】 南华县沙桥镇三河底村委会包家、罗家村民小组位于沙桥镇西南部，距县城37千米，海拔2100米，是集高寒、冷凉、贫困为一体的少数民族聚居村寨。两个村民小组共有90户419人，其中彝族人口占92%。总面积3.6平方千米，有耕地236亩。2007年全村经济总收入76.15万元，农民人均纯收入1 987元，人均有粮194千克。包家罗家村是著名古驿道"九关十八铺"中苴力铺的所在地。示范村项目涉及村民小组2个，上级项目总投资60万元。主要实施交通建设、水利工程、环境卫生及村容村貌整治、特色民居改造、民族文化建设、农业发展等项目。通过整合其他项目和群众集体资金投入，全部建设项目总投资完成173.12万元。通过项目实施，使村容村貌大改变。

（窦正旺）

【生态乐园雷丁村】 元谋县黄瓜园镇龙山村委会雷丁村民小组共有46户227人，耕地面积141亩。2005年被州委、州政府评为州级文明村，2006年被省委、省政府评为省级文明村。近年来，雷丁村实施"康庄工程"，投资5万元，发动群众投工投劳对全村沟渠进行三面光改造；全体村民集资1.5万元投工投劳建成长3 000米的人畜饮水工程，投资1.2万元建成灯光篮球场1块，投资7 600元建起公厕2个。雷丁村民小组实行山林责任制，把全村的山林统一规划，责任到人，有偿承包，纳入村规民约管理，从源头上制止了人为破坏山林。通过几年的不懈努力，村庄周围一片绿色。雷丁村共有山林1 600余亩，现已建成经济林150亩，水保林950亩，实现人均3棵"摇钱树"的目标，森林覆盖率达80%以上，初步实现了"村在林中、院在树中，人在绿中"的文明生态新景象。结合新农

雷丁村百年酸角树 （元谋县志办 提供）

村乡风示范带建设，全集村民集资1.6万元，投工300个对全村8 000平方米的墙体进行美化。“生态化”建设改善了雷丁群众人居环境，提高了农民的生活质量。

（张红梅）

【民族文化生态村——马街村】 红河县马街村隶属浪堤乡俄期村委会，全村有农户111户466人，耕地面积276亩，林地面积164亩。以传统的农耕经济为主，主要种植水稻、玉米、芭蕉芋。农民人均有粮245千克，人均纯收入1 350元。马街村民风纯朴，有丰富的民族文化资源。以沿袭上百年从未间断过的彝族“乐作舞”闻名县内外，彝族山歌、情歌、酒歌等唱词内容丰富多彩、旋律古朴优美，具有浓郁的民族特色。马街村发展生态农业，开发民族特色文化，积极开展党群帮扶活动和“十星级文明户”创建活动，实现通水、通电、通路、通电视、通电话和完成“一池三改”（沼气池，改厨、改厕、改厩），积极倡导健康、文明、科学的生活方式，反对迷信愚昧，村民们做到尊老爱幼，诚实守信，无虐待、不赡养老人等现象的发生。马街村已成为和谐、文明的民族文化生态村。

（郭武）

【文明新村老迈村民小组】 澜沧县糯福乡阿里村老迈村民小组距乡政府驻地17.5千米，通往缅甸勐片的边境通道从村头经过。全组有71户，287人，其中拉祜族274人，是典型的边境拉祜族村寨。近年来，老迈村民小组坚持以建设富裕、文明的社会主义新农村为目标，不断推进小康社会建设步伐。该组加强思想教育，重视公民道德建设，树立文明村风，完善《村规民约》和《评选文明农户、“五好家庭”标准》，引导广大村民争做“四有”新人。精心举办开展“十星级文明户”、“五好家庭”等村民喜闻乐见、各具特色的活动，调动广大村民参与文明村建设的积极性。深入开展普法教育活动，落实“依法建制、以制治村、民主管理”等制度，提高广大村民的参政议政能力。整治村容村貌，全组共建有沼气池53口，80%以上农民户使用上了沼气，改变了以往环境脏乱差的落后面貌。加强基础设施建设，采取群众自筹和社会帮助相结合的方式，多渠道筹集资金，2009年铺设水泥路1 500米，解决71户281人及91头大牲畜的饮水问题和71户的生活用电问题，完成草房改造任务。建盖小组文化活动室，组建一支青年文艺队，开展丰富多彩的文体活动，在节庆日组织群众进行以拉祜摆舞、芦笙舞等拉祜族传统舞蹈为主的文艺表演，丰富了群众的文化生活。小组干部及党员以自己的模范行为去影响、带动村民，当好村民的“领头雁”。同时，开展各种农业科技培训，基本实现全组劳动力人均掌握1至2项农业科学技术的目标，建立科技示范户12户。2009年末，全组粮食总产量达13.19万千克，人均占有口粮334千克；实现农村经济总收入93.40万元，人均纯收入达1 642元，村民的生活水平逐步提高。2003年被评为县级文明村寨；2005年评为市级文明村寨；2007～2009年连续被评为省级文明村。

（田芳）

【扶贫春风吹暖布朗山寨】 勐海县打洛镇曼山村委会曼芽村民小组属山区布朗族村寨。2006年，曼芽村民小组被列为勐海县国家扶持人口较少民族试点村之一，以实施人口较少民族整村推进为契机，在县、镇各级党委、政府的领导下，认真研究确定扶持人口较少民族工作的总目标，组织动员群众通过“一事一议”来筹资、筹劳，修建完成524平方米的标准篮球场、400米入村道路扩建工程和周边花台建设、能源及生态建设项目、农户卫生间建设项目，实施完善西部地区二期农网改造工程，栽种坚果、灯台树、油梨等1 300余株，绿化村内主次干道和农户庭院，改变村民生产生活环境。同时，利用资源优势，因地制宜，发展多种经营，涌现出香蕉种植、养猪、养牛专业户、党员科技示范户，缝纫、小百货商店遍布村头寨尾，多渠道促进农民增收。2009年，农民人均纯收入由上年的3 300余元上升到5 000元，位居全镇前列。村容村貌发生了显著变化，

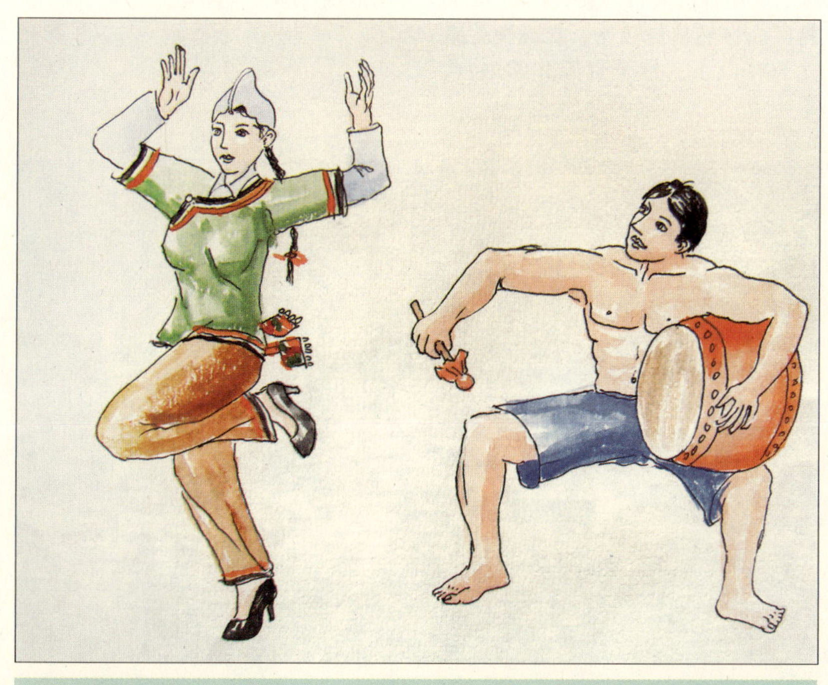

马街村彝族乐作舞　　（红河县志办　提供）

群众的生活水平不断提高，家家盖新房，户户有电视、摩托。昔日低矮破旧的茅草房、坑坑洼洼的黄泥路、扁担挑水喝、煤油灯照明的生活景象一去不复返。

（李林骏）

【和谐新村景坝村】 墨江县景坝村位于通关镇西北部，距镇政府11千米，有26个村民小组、496户、2 115人。景坝村“两委”班子结合本村实际，确立做稳粮食生产，做强畜牧产业，做实烤烟产业，做大茶叶产业的发展思路，走出一条“一个支部一个产业、一个产业一个协会、一个协会一个实体”的发展路子。全村设党总支1个，下设田房茶叶、牛房科技、鱼玩水畜牧、老高家寨烤烟、龙甲个体等5个产业协会，每个产业协会都成立了党支部。2009年，全村有烟农324户，种植面积1 860亩，产值364万元，其中，烤烟万元户就有152户；种植茶叶4 800亩，户均9.6亩，茶叶加工厂8户，总产值170万元；有肥猪养殖示范户115户、销售大户8户，肥猪出栏1 100余头，养殖业总产值130万元。全村建成沼气388口，建盖公厕5个，拥有汽车、拖拉机60辆，摩托车458辆，安装电视接收器427户，安装太阳能热水器198台，家家有手机等通讯工具，全村呈现出一派欣欣向荣的新农村气象。

（王媛）

【全国生态文化村——可邑村】 可邑村地处弥勒县城之北，距县城21千米。全村有203户710人，彝族人口占99.6%，是世界十大名曲“阿细跳月”的发源地，也是阿细创业史诗《阿细先基》最盛行的地方之一。近年来，可邑村努力打造以“狂欢的阿细跳月、神秘的阿细祭火、奇特的阿细婚俗和良好的生态环境”为主题的民族文化生态旅游品牌，先后争取资金1 000余万元用于基础设施建设、村容村貌改善、生态环境保护、村民思想道德建设等工作，实现了道路硬化、卫生净化、造林绿化、住房亮化、环境美化；通电、通路、通水、通电话、通电视；改水、改厨、改厕、改厩；规范粪堆、柴堆、草堆、石堆、土堆；一户一口沼气池，一户一口家庭水窖。2009年累计接待日本、泰国、越南、美国等海内外游客418余人。2009年7月28～31日，完成接待国际人类学与民族学联合会第十六届世界大会学术定点考察工作，接待来自世界各地的专家、学者4批445人，其中外籍人员102人。2009年，可邑村实现社会总产值682.7万元，其中，农业总产值475.02万元，旅游业收入110万元，农民人均纯收入4 627元。可邑村是红河州重点建设的民族文化生态旅游村、第二批特色文明村和民族团结示范村，云南大学“彝族文化旅游产品开发研究”项目定点村，云南省农村消防示范村。2009年10月，被中国生态文化协会命名为首批“全国生态文化村”，成为云南省唯一获此殊荣的自然村。

（薛海）

【特色生态村——狗街镇小哨新村】 宜良县狗街镇小哨村委会新村小组距县城29千米。有60户256人，其中彝族人口占总人口的70%。辖区内自然植被茂密，森林覆盖率达80%以上，林下资源非常丰富，每年6月中下旬到10月中旬林间盛产干巴菌、牛肝菌等野生菌，质优味美。据估算，每年各种野生菌约产50吨，其中干巴菌占三分之一。

小哨新村于2003年8月开展生态旅游后，逐步加强生态环境保护力度，利用本地丰富的自然森林、野生菌、湖泊、果园、彝族民族风情等资源，建设以生态食品、餐饮接待、民俗体验、亲山游水等乡村旅游为特色的新农村，打造生态休闲旅游特色品牌。在新农村建设过程中，该村把旅游服务作为发展支柱，带动村民从事旅游服务业增加收入的效果日益明显。村内已建有完善的游客服务中心、篝火广场、停车场、摔跤场、二星级旅游厕所等旅游服务配套设施；有太阳谷、石板河两个景区；有200亩冬桃基地和300亩山茶园。可提供60个床位住宿、500人餐饮接待，以及导游、歌舞表演等服务。据统计，2009年生态村共接待游客9万余人次，旅游综合收入近700万元，村民们参与餐饮接待、野生菌出售，人年均增加收入近1 000元。近年来，生态村先后荣获昆明市旅游局授予的昆明市市民最喜爱的“最佳乡村旅游景点”、“昆明市乡村旅游示范点”等荣誉称号。

（王颖）

可邑村全景　（弥勒县志办　提供）

昆明市

主　　编　马颖生　袁丽萍
责任编辑　宣　勤　代燕春

【概述】　昆明市位于云南省中部，总面积2.10万平方千米。2009年，辖8县1市5区，乡镇、街道办事处133个，其中，街道办事处53个、乡21个、镇59个。常住人口628万人，户籍人口533.99万人。其中非农业人口224.26万人，占总人口42%。人口密度每平方千米299人，人口自然增长率5.8‰。

2009年，全市实现生产总值1 808.65亿元，比上年增长12.8%。其中，第一产业增加值为114.09亿元、第二产业增加值为824.59亿元、第三产业增加值为869.97亿元，分别增长5.8%、12.9%和13.7%，一、二、三产业增加值比重由上年的6.5：46.1：47.4调整为6.3：45.6：48.1。完成工业增加值623.36亿元，增长9.7%；完成规模以上工业增加值534.74亿元，增长10.1%。全年接待海内外游客3 115.02万人次，增长13.9%；实现旅游总收入226.34亿元，增长14.8%。完成全社会固定资产投资总额1 600.66亿元，增长51.9%。全年实现社会商品零售总额864.61亿元，增长23.4%。居民消费品价格总水平比上年上涨0.8%。全年外贸进出口总额56.30亿美元，比上年减少23.0%。

公路通车总里程1.61万千米。公路运输客运量7 159.09万人，比上年下降11.45%；旅客周转量183.93亿人/千米，增长12.7%；货运量1.16亿吨，增长16.9%；货物周转量217.52亿吨/千米，增长12.4%。

全市完成财政总收入456.15亿元，比上年增收30.96亿元，增长7.3%。非税收入10.11亿元（市本级），比上年减少15.31%。上划中央“四税”收入117.19亿元，增长0.3%。地方一般预算收入完成201.61亿元，增加26.62亿元，增长15.2%。地方预算支出270.45亿元，增加36.96亿元，增长15.7%。

年底，全市共有各类学校1 725所，专任教师6.67万人。其中，普通高等学校38所、普通中学284所、小学1 335所、中等专业68所。在校学生111.33万人。学龄儿童入学率99.84%，普通初中升学率88.7%。高考上线率78.52%，比上年提高2.89个百分点。

各类艺术表演团体14个，文化馆（站）16个，公共图书馆18个，藏书量56.3万册。2009年直播卫星覆盖1 371个村、40.05万户人家，电视综合覆盖率98.92%，广播综合覆盖率达99.18%。昆明地区2 755个卫生医疗机构中，有医院201个（其中，综合医院127个、中医医院11个、中西医结合医院4个、专科医院59个）。社区卫生服务中心（站）176个（不含由乡镇卫生院转型和社会举办），卫生院113个，疗养院7个，门诊部47个，诊所、卫生所、医务室2 135个，专科防治所、站6个，疾病预防控制机构17个，妇幼保健机构17个，卫生监督机构16个，医学科研机构4个，其他卫生事业机构16个。共有病床3.69万张，每千人有病床5.4张（市辖区为7.4张，县为3.4张）；有卫生技术人员3.70万人，其中，执业医师（助理）1.65万人，注册护士1.40万人，药师（士）1 843人，检验师1 465人。

当年在全国各类体育比赛中获得23块金牌，参加省运会预赛和年度赛获得149块奖牌。

2009年，农民人均纯收入5 080元，扣除物价因素，实际增长9.7%。城镇居民可支配收入1.65万元，实际增长13.0%；人均消费性支出1.14万元，实际增长13.6%。农村人口平均住房面积46平方米，增长4.5%。城镇登记失业率2.05%。

中共市委书记　仇和
市人大常委会主任　李培山
市人民政府市长　张祖林
市政协主席　田云翔

【二环快速系统通车】　9月28日，昆明二环快速系统改扩建工程主线举行试通车仪式，11月15日剩余匝道全部建成。二环路全长27.08千

二环快速系统中的小庄立交桥　（谢慧　摄）

米，总投资约84.03亿元，它是昆明主城区快速交通系统重要的枢纽环线，承担着主城区域快速迂回交通和过境交通功能，在昆明交通路网中发挥着至关重要作用。该系统由两层体系组成，高架层为快速系统，双向6车道，设计车速60千米/小时，全线无红灯；地面层为城市慢速系统，东、南、西二环地面层为城市一级主干道，设计车速40千米/小时。整个二环快速包括石虎关、福德、福海、明波、西苑、黄土坡、小屯、金星、小庄、大树营、菊华等16座节点立交桥，这些节点立交桥与地面系统全面互通或半互通。建成后的二环快速系统，除满足快速路交通功能外，还具有“市政园林化、园林市政化、雨水资源化、管理智能化”整体功效。

太和街道办事处在整治居民楼外立面　（杜文蔷　摄）

【临街建筑物立面整治】 10月，昆明市启动临街建筑物立面整治工作，要求机关、事业单位公职人员带头自行拆除外挑式防盗笼、灶台等。截至2010年1月，昆明市各级机关和事业单位1.49万人（户）已经整改外挑式设施，拆除整改总面积为34.36万平方米，整改完成率达到72%。市委组织部、市政府办公厅等27家单位全面完成整改工作，另有34家单位完成率超过95%，占全市规范整治总数的28%。机关、事业单位公职人员外挑设施整改结束后，将对市民外挑式设施进行有偿拆除整改。

【东川区列为国家第二批资源枯竭城市】 为有效应对国际金融危机，促进资源型城市可持续发展和区域经济直辖市发展，3月2日，国家发改委、国土资源部、财政部联合下发通知，公布第二批32个资源枯竭城市名单，昆明市东川区名列其中。

【法国城市照明管理集团管理市公共照明】 1月1日，昆明市的公共照明管理工作正式委托法国城市照明管理集团管理。1月19日，西铁路明（昆明）照明管理有限公司正式揭牌。昆明市政府与法国城市照明管理集团于2008年签约，约定由法方投资8 500万元，对昆明市5.25万个路灯进行改造，并管养15年。管养期间，要求在不降低照明度的前提下，节电必须达35%以上，所节约电费的80%作为法方回报。主城四区的路灯管理人员将在保留全额拨款事业单位人员身份的前提下，由法国公司整合，作为法方员工负责路灯维护工作。15年后，法方把所有路灯设施和管理技术及原有职工无偿交给昆明市政府。

【昆明与万象结为友好城市】 为进一步抓住中国—东盟自由贸易区建设给昆明市与万象市发展带来的机遇和“周边国家是首要，发展中国家是基础”、“与邻为善、与邻为伴”的外交政策，8月21日，昆明市和老挝万象市正式建立友好城市关系。至此，昆明市已经缔结13个国际友好城市。

【昆明市第九届民族运动会】 10月14～20日举办，这是昆明市历史上设置项目最全、人数最多、规模最大的一次民族体育运动会，共有来自全市14个县（市）区15个代表团1 181名体育健儿参赛，参加抢花炮、武术、摔跤、双拐、射弩、蹴球、陀螺、吹枪、秋千、板鞋等11个大项99个小项目的激烈角逐。这次运动会共决出99枚金牌，其中，五华和官渡各夺走21金，并列第一；寻甸赢得14金，名列第二；石林以8金获得第三名。

【文化体制改革】 2009年，昆明市多项措施并进，深入推进文化体制改革。为加快演艺产业发展，打造演艺品牌，拓展演艺市场，提高其影响力和竞争力，按照全面改、彻底改、改彻底的目标，遵循资产重组、资源融合、转企改制原则，将昆明剧院有限责任公司、昆明市春城剧院有限公司、昆明市长春剧院有限公司、昆明市民族歌舞剧院（歌舞团）、昆明新潮娱乐厅资产重组为昆明演艺（集团）有限公司，9月27日正式挂牌成立，性质为国有文化企业。

启动文化事业单位改革。拟定公益性文化事业改革方案，昆明市博物馆、昆明图书馆、昆明市文化馆、云南陆军讲武堂文物管理所、昆明市聂耳墓文物管理所和昆明市升庵祠文物管理所内部机制改革到位，方案上报市委。公益性文化事业单位实行全员聘用制，单位领导采取公推公选、公推直选等办法产生，建立岗位管理制度、绩效工资制度，创新服务方式，拓宽服务领域，提高服务水平，建立健全公共

服务公示制度和评价制度，坚持定点服务与流动服务相结合，推动服务向农村和社区延伸。

（方玉红）

 盘龙区

【概述】 盘龙区位于昆明市主城区东北部。由于区划调整辖区面积扩大到886.9平方千米，农业人口由4.12万人增加到10.89万人，城市化率从93.75%降至85.06%。年平均气温14.7℃，年降雨量900～1 200毫米，全年气候温和，年温差较小，日温差较大，夏秋雨量充沛，冬春雨量不足。2009年末全区常住人口73万人，户籍人口50.94万。其中，非农业人口40.25万人，占户籍人口总数的79%；少数民族人口5.2万人，占户籍人口总数的10.22%。人口密度每平方千米823.06人。人口自然增长率为2.37‰。

2009年，地区生产总值206.77亿元，比上年增长13.17%。其中，第一产业实现增加值1.96亿元，增长4.5%；第二产业实现增加值63.84亿元，增长16.6%；第三产业实现增加值140.97亿元，增长11.6%。一、二、三产业结构比由上年的0.91∶29.78∶69.31调整为0.95∶30.87∶68.18。农林牧渔业总产值3.12亿元，同比增长3.58%。粮食作物总产量8 267吨，比上年增长5.23%。工业总产值完成135.53亿元，增长20.06%。财政总收入完成30.59亿元，增长18.18%；财政一般预算支出15.34亿元，增长22.70%。年底，全区共有农村公路204条668.3千米。

全区有各类学校157所（不包含滇源镇和阿子营镇8所分校），专任教师4 565人，在校学生8.84万人，学龄前儿童入学率100%，普通初中升学率83.25%。有艺术表演团体1个（昆明人民曲剧团）；文化馆1个、文化站12个，区属97个社区、行政村均建有文化室；有公共图书馆1个（昆明少年儿童图书馆）。辖区有卫生机构189个，区属卫生机构171个，病床4 524张，每千人有病床6.45张；卫生技术人员5 875人，其中，执业医师2 582人、执业助理医师147人，每千人有医师4.14名。

全年农民人均纯收入6 495元，扣除物价因素，实际增长8.48%；城镇居民可支配收入1.76万元，实际增长8.61%；人均消费性支出1.14万元，实际增长8.76%。城镇居民平均住房面积37.59平方米，农村人口平均住房面积50.11平方米。城镇登记失业率2.15%。

中共区委书记　刘云明

区人大常委会主任　陈跃林（女）

区人民政府区长　卢彬（～2009.3）

代区长　吴涛（2009.3～）

区政协主席　李如春

【都市经济发展先行区建设】 盘龙区辖区在市4个主城区中面积最大，但发展空间有限，松华坝水源保护区629.8平方千米，占辖区总面积的71%，生态保护和建设任务十分繁重。区委、区政府结合区情变化，科学谋划发展，明确提出要把都市经济作为区域经济发展总目标，重点发展现代服务业，积极发展都市工业，支持发展都市农业，保持经济平稳较快发展。

不断提高现代服务业对经济增长的贡献率。通过以点带线、以线连片、以片成圈、滚动发展，“主城核心区——白塔（东风广场）片区中央商务核心区（CBD）、北部片区、东部片区”三大板块基本形成“一心两翼”增长格局。三大片区的发展，逐渐形成各具特色、功能各异、形态多样、互为补充、相互辐射、梯次发展的现代商圈。

大力发展科技含量和附加值高、效益好、竞争力强、低污染、低耗能的都市工业。2009年昆明白水泥有限公司成为全省第一家提前完成淘汰落后产能的企业。加大对辖区工业企业服务力度，重点支持规模以上工业企业做强做大，扶持中小工业企业。为辖区企业争取资金扶持。积极支持云内动力、奥斯迪、仙都等一批本土品牌企业。

2009年组织推荐市级农业产业化项目19项，区级20项并通过专家评审。项目投入2.9亿元，为实现农民人均纯收入增长打下坚实的基础。年末，区有国家级龙头企业1家，省级龙头企业3家，市级龙头企业12家，区级龙头企业19家。建设科技示范园11个、科技产业孵化器13个、引进新品种49个、农业产业化首席科学家署名示范基地项目9个及一批绿色生态项目。

【城中村改造】 2008年列入改造计划5片6个村已全面进入实质性拆迁，累计拆除各类建筑物20余万平方米，凤凰新村成为全市首家改造城中村。6个村已全面完成拆迁，除廖家庙将回拆安置房建设外，其余5个城中村已启动回迁安置房建设。2009年启动9片10村改造，其中，7个村已完成拆迁，6个村的回迁安置房已开工建设。老李山、任旗营村顺利完成净地交易，其“四最”“四零”改造模式成为全市城中村改造样板。推进昆明纺织厂白塔路片区旧城改造拆迁安置工作，完成吹箫巷片区旧城改造拆迁任务。张官营、大白庙、下河埂、小龙村等城中村改造拆迁工作顺利推进。

【路网建设】 2009年，实施城市交通基础设施三年行动计划路网建设，制定《2009年盘龙区路网建设行动方案》，全面开工区首条以BT模式建设的沣源路改扩建工程。寺瓦路（盘龙段）、次14道路、主3道路、支186道路等二环、三环支撑路及新兴路、九龙湾公路已进场开工，开展北京路延长线征地拆迁；启动2010年路网建设前期工作；金浑公路、龙泉线黑龙潭段大修已全面完工，推进支122道路、小空山公路、箱子庄公路建设前期工作，全面启动轨道交通2号线。

【河道整治】 年内，全区开展13条入滇河道支流综合整治工作。共完成拆迁8.98万平方米，绿化35.28万平方米，河道清淤7 119.6立方米，建成占地7 010平方米的马溺河

庆祝建国60周年暨第二十九届盘龙江文化艺术节龙舟赛 （褚达基 摄）

"河长林"。重点对流经辖区的盘龙江、金汁河进行整治。盘龙江流经辖区境内有17.3千米，年内，完成松华坝水库坝底至小河公路三岔口段西岸2.2万平方米地面附着物拆除，同时在中坝村盘龙路龙川桥开展盘龙江"河长林"建设，完成绿化面积7万平方米。完成占地17公顷的龙川桥公园建设工作。河道绿化3.5千米、绿化面积5.97万平方米、栽种树木1.02万株。

金汁河分别流经区属龙泉、金辰、联盟、青云、东华、拓东等6个街道办事处，完成金汁河下段（北辰大道至王大桥段）6条截污支管建设工程及河道清淤及河堤整治工程。上段（北辰大道至7204公路段）综合整治工程，前期设计工作已完成。年内开展河道清淤、河堤整治工程招投标及建设。完成河道绿化2.25千米，绿化面积1.58万平方米，栽种树木3 354株。建成8 000平方米的金汁河"河长林"，形成自然淳朴的滨河绿色生态景观。

【佳园社区】 佳园社区隶属青云街道办事处。社区推行"一委一站"式服务，形成居委会议事，社区工作站行事的便民服务。积极参与创建幸福社区活动，开展社区民主自治，创新"居民自治"社区管理新机制，引导动员辖区单位和居民参与社区建设，使大量社区管理问题、社情民意、邻里矛盾在社区得到化解和解决，引导居民逐步懂自治，敢自治、会自治，使居民知情权、决策权、参与权、监督权得到有效体现，促进基层民主政治建设不断发展。

发展社区服务，完善社区服务体系，以志愿者服务、社会救助中心、老年人生活援助中心为载体，整合社会资源，建立社会公共救助服务体系，为社区弱势群体解决实际困难。搭建虚拟养老信息平台，为辖区内空巢老人的生活、精神进行动态管理，全面准确了解掌握社区虚拟养老受助对象，实现送家政、送服务。为辖区老人办理"爱心通"呼叫服务，准确统计按时发放高龄老人补贴，为困难老人免费体检并为他们办理助医助养补助，建立了以社区服务为依托、群众互助为途径的"居社养老"新模式。

在创建幸福社区过程中，把"以民为本"落到实处，推荐失业人员参加再就业技术培训，提供就业机会；以"知民、帮民、为民、乐民"四民工程，打造"零距离服务"品牌，让居民真正受益；设立爱心捐助家园，开展法治服务进社区活动等，实现为民、便民、利民、惠民服务。完善志愿服务站、志愿者队伍网络，构建社区志愿者服务平台，社区"零距离服务"，成为党员奉献日、居民义务日、低保公益日。联合共建单位和小区物管开展民情恳谈及各类文体、娱乐和展览活动，为邻里之间增进了解增添感情搭建平台。以守望沟通、守望互助、守望幸福、倡导"敲一扇门，聊一会儿天，解一份心结，帮一个人"，融洽邻里关系。发展社区特色文化，营造"人人学、人人欢、人人乐"，从而推动社区"人情、亲情、邻情"互助氛围；建立社区法治示范点，创建一大批特色楼道、特色家庭，营造家庭和睦、邻里和谐的幸福家园。

荣获2008年盘龙区唯一"十佳环境卫生社区"殊荣、"2008年（首届）昆明市幸福社区"称号。2009年被评为"昆明市农村消费维权组织网络建设先进集体"、被市委组织部评为"五好党建社区"。

（吴焰红）

五华区

【概述】 五华区位于昆明市区西北部，是昆明中心城区之一，全区总面积397.86平方千米，其中建成区面积40.86平方千米。海拔1670～2527米。下辖11个街道办事处，87个社区居民委员会，117个村（居）民小组。区机关驻华山西路1号。2009年末常住人口87.0万人，户籍人口65.68万人。户籍人口中，农业人口30万人，占8.1%；少数民族9.22万人，占14%。常住人口中人口密度每平方千米2 187人，人口自然增长率4.7‰。

2009年，实现地区生产总值487.15亿元，比上年增长11%，占全市GDP比重的27.39%。其中，第一产业1.54亿元，增长0.8%；第二产业279.79亿元，增长10.8%；第三产业205.82亿元，增长11.4%。第一、二、三产业结构的比重由上年的0.34：57.97：41.69调整为0.32：57.43：42.25。实现工业总产值538.25亿元，比上年下降6.5%，其中规模以上工业总产值529.01亿元，同比下降6.7%；实现农林牧渔业总产值2.48亿元，同比增长1.4%。全年粮食总产量

8 160.9吨，同比下降30.1%；肉、禽、蛋、奶总产量9 002.4吨。实现地区财政总收入44.59亿元，比上年增长11.23%，其中地方财政一般预算收入15.77亿元，增长18.19%。全区地方财政一般预算支出17.68亿元，增长19.34%。实现社会消费品零售总额274.35亿元，同比增长26.3%。完成全社会固定资产投资185亿元，同比增长40.3%。

年内共有各类中小学校94所，其他培训机构278个，专职教师6 207人，在校学生7.73万人；幼儿园83所，在园幼儿1.95万人。义务教育阶段入学率100%。全区有各类文艺表演团体46个，区属文化馆、青少年宫各1个，文化站27个，文化室89个，文化信息资源中心1个，分中心6个；公共图书馆1个，分馆3个，农家书屋8个，体育训练基地1个，体育健身点137个。广播电视人口覆盖率100%。全区有医院、卫生院43个，床位6 181张，每千人有病床7张；卫生从业人员8 079人，执业医师及助理医师3 570人，每千人有医师4名。

全区从业人员16.75万人，其中在职职工15.47万人，年平均工资2.96万元，同比增长17%；城镇居民人均可支配收入1.72万元，实际增长31.7%；农村居民人均纯收入6 637.6元，实际增长10.27%。城镇居民人均消费性支出1.15万元，同比增长22.2%。城镇登记失业率1.23%。

中共区委书记　罗建宾（～2009.3）　杨皕（女，2009.3～）

区人大常委会主任　陈昆华

区人民政府区长　杨皕（女～2009.3）

区人民政府代理区长　金幼和（2009.3～）

区政协主席　张加全

【中央商务区建设】　出台《五华区加快发展楼宇经济实施办法》和《五华区发展楼宇经济工作制度》等配套政策，以总部经济、楼宇经济、品牌培育为主要途径，大力发展现代服务业。顺城、昆明老街一期建成投入运营，金鹰天地等项目顺利开工，新增高品质商务、商业设施面积20余万平方米。顺城王府井购物中心、IMAX立体影院、香港百老汇电影院线和南磷集团、分众传媒等项目引进入驻，打造商业核心区、影视文化展示区和总部企业聚集区。在全市率先开展星级楼宇评定，昆明柏联广场和云南信托大厦被评为五华区首批五星级商务楼宇。成功引进云南鼎鑫、云南世信恒通等一批融资担保和投资公司入驻，进一步提升五华区金融服务业水平。

顺城王府井　（五华区志办　提供）

【昆明老街建设】　昆明文明街片区是昆明市中心目前仅存的最后一块能代表昆明风貌的历史街区，区内有正义坊、福林堂、聂耳故居等8处文物保护单位和26处保护建筑。街区占地165亩，总建筑面积36万平方米，其中文物和保护建筑面积近3万平方米。总投资30多亿元，目前已完成投资14亿元。建成“正义坊购物中心”、修缮完工“钱王同庆丰”、“小银柜巷8号”、“福林堂”等保护性建筑。已建成的“正义坊购物中心”，处于昆明老街的商业核心区，建筑面积10.17万平方米，是集文化、旅游、休闲、娱乐、购物为一体的大型购物休闲中心，是丰富昆明“历史文化名城”内涵的重要元素，彰显新昆明文化品质新地标。

【提升城市品位】　2009年，全区实施基本建设项目96个，总投资52.23亿元，比上年增长248%，带动城镇固定资产投资增长40.3%。为提升主城区交通承载能力，创造更好的工作、生活与投资环境，投资26.6亿元，全面完成红园路、莲花池正街、江东花园等19条主、次干道建设，新增道路24.4千米。尤其是3.2千米的海屯路建成后，成为连接二、三环道路的重要通道。而红云路、红锦路等6条干道建成通车，大大地改善了北市区投资环境。引进云南煤化工集团参与城中村改造并在尚家营设立总部，使北市区形成红云红河集团、云南冶金集团和云南煤化工集团三大总部聚集发展格局。进一步完善“城管快车”网络系统，整合力量，实行“全范围、全天候、长时段”网格化管理，覆盖市中心和全郊区。对农贸市场和占道经营进行整顿，实行人性化管理，既保证食品质量与安全，又为经营者提供方便条件。

【保护生态环境】　年内，全区“创卫”攻坚冲刺，“四创两争”

工作全面推进。由机关抽调干部下社区协助“创卫”。实行群众举报奖励制度，严格责任追究，全面实现“创卫”目标。红云社区、凤翥社区被评为昆明市“十佳卫生社区”。投资7.7亿元完成辖区内59.46千米的盘龙江、大观河，新、老运粮河及22条支流沟渠的治理。清理淤泥，封堵排污口，铺设截污管道，增建中水回收利用设施，拆除沿途建筑物18.42万平方米，建成“河长林”、绿化带43.04万平方米。完成河道沿岸200米范围内的畜禽退养，净化水质及环境。投资5.39亿元，将海屯路打造成宜人、宜居、宜业、宜游的精品工程，将江东花园北路率先建成全市首条生态型道路。实施“百米见绿”工程，建成“青年林”“民主林”“劳模林”等景观绿地34块，新增绿地面积170公顷，乔木25万株，面山和五采区绿化造林3 182亩，全区绿化覆盖率达到44.87%，人均公共绿地16.4平方米。

【城中村改造】 全区计划改造城中村51个，总面积8 600亩，搬迁人口11.5万人。2009年投资65.65亿元，与28个城中村签订项目合作协议。赵家堆、棕树营、苏家塘等13个片区16个村子启动拆迁，前所村和上庄村已完成土地交易，龙院、上峰等5个村进入回迁房建设。其中，前所村项目投资22亿元，规划用地223.4亩，拆除面积21万平方米，涉及村民527户、1 200余人。一期工程建回迁安置房15万平方米，主体建筑已完工。二期工程10月启动，建成后由18～34层住宅楼及沿街商铺构成，设备齐全，功能完善，绿化面积40%以上，能容纳住户4 429户，是昆明西部的一大风景。上庄村改造用地370亩，总投资60亿元，1月已启动建设回迁安置房，面积18万平方米。

【安居工程】 2009年，结合城中村改造，10.41万平方米经济适用房及配建1 337套廉租住房项目开工建设。完成95户危房重建和750户地震安居房建设。同时出台优惠政策，降低享受经济适用房和廉租房的条件，使一批特困居民及部分进城务工人员住房条件得到改善。

【城乡一体化建设】 沙朗、厂口撤乡改建街道办事处，完成这两个办事处、7个中心村、61个自然村规划编制。建成蔬菜等农产品示范基地3个，培育云南西南天佑科技有限公司等一批龙头企业，发展专业合作社7个，带动834户农民致富，辐射周边农户4 000余户。投入支农资金1.48亿元，新建小水窖200个，沼气池250个。完成18千米村内道路硬化，建成护林防火通道6.5千米。为25个自然村建设饮用水工程，针对旱情增加投资100多万元实施跨区域调水。沙朗、厂口两个街道办事处的文化站已建成投入使用，城市文化资源不断向农村转移辐射。已完成3所农村中、小学标准化建设，还有5所正在建设之中，使农村中、小学具备与城市相同的设施设备与教学条件。完成规模化土地流转81件，3 512亩。4个行政村整村推进工作通过省级验收，9个省级新农村重点建设工程全面启动。

（杨连国）

 官渡区

【概述】 官渡区位于昆明主城东南、滇池北岸，全区国土面积552.2平方千米（不含滇池部分水域面积），其中建成区面积113平方千米。区人民政府驻地关上镇。全区海拔在1886.6～2731米之间，平坝地区海拔为1900～2000米，属低纬度高海拔地区。辖9个街道办事处、1个空港经济区。97个村（居）民委员会，其中，村委会40个，社区居委会57个，155个自然村。2009年末总人口52.78万人。其中非农业人口35.6万人，占总人口的67.5%；少数民族人口5.53万人，占总人口的10.5%。人口密度每平方千米1 205人（按常住人口计算），人口自然增长率2.16‰。

全区实现生产总值411.16亿元，比上年增长13.8%。其中，第一产业增加值9.25亿元，比上年降低1.7%；第二产业增加值155.86亿元，增长14.7%；第三产业增加值246.05亿元，增长14%。三次产业结构比为2.3∶37.9∶59.8。粮食总产量1.98万吨，减少8.2%；工业总产值353.66亿元，增长11%。年底本地固定电话用户15.62万户，宽带用户10.41万户，比上年增长76.7%。全区财政总收入59.36亿元，比上年增长30.3%；财政总支出30.11亿元，增长34.5%。

年末，全区有各类中小学校139所，专任教师5 145人；在校学生11.01万人；学龄儿童入学率100%。全区共有幼儿园82所，在园幼儿2.32万人。普通初中升学率100%，中考及格率80.5%，高考总上线率79.8%。全区共有文化馆（站）10个，公共图书馆1个，藏书23.56万册。有各类卫生医疗机构590个，床位数4 467张，卫生技术人员5 964人，其中执业医师2 383人。完成官渡社区卫生服务中心等9个“双百”及大板桥中心卫生院国债建设项目。完成官渡、金马等5个社区卫生服务中心及福保、南窑等7个社区卫生服务站的新（改、扩）建工程。年内新增民营医疗机构58家，其中，民营医院18家，个体诊所40家。

全年农民人均纯收入7 718元，比上年增长12.9%；在岗职工年平均工资3万元，增长10.6%；城镇居民人均可支配收入1.8万元，增长13.3%，人均生活消费支出1.3万元，增长17.8%。城镇居民人均住房建筑面积28.2平方米；农村居民人均居住面积91.2平方米。城镇登记失业率2.1%。

中共区委书记　保建彬

区人大常委会主任　毕惠芝（彝，女）

区人民政府区长　刘跃进

区政协主席　梁衡

【昆明空港经济区】 昆明空港经济区位于官渡区大板桥，距昆明主城区约22千米。根据昆明市委、市

火爆的车市　（官渡区志办　提供）

政府属地管理精神，2009年5月，原空港经济区管委会办公场地、资产以及19亿元债务一并移交给官渡区。空港经济区与官渡区委、区政府在同一地点办公。

空港经济区以昆明新机场为中心，以200千米为半径，重点培育和发展航空物流业、机场配套服务业、临空型高科技产业、国际商务会展业、生态康体休闲业和现代都市型农业六大产业，构筑国际化、生态化、现代化的新昆明临空产业新区。空港经济区建成后将为中国面向东南亚、南亚，连通欧亚大陆的国际航空客流、物流中心。

2009年，空港经济区迁建10千伏长水电力线场内段、10千伏兔耳电力线、35千伏电力线、110千伏杨林Ⅰ／Ⅱ回电力线；完成云南金沙矿业有限公司大板桥农业基地及大板桥街道办事处浑水塘、李白冲、小高坡3个村整体搬迁安置；完成昆明新机场征地拆迁安置工作任务，累计搬迁企（事）业单位70余家，拆除地面建（构）筑物74万余平方米，迁建各类管（网）线15项约300千米，新建搬迁安置住房744套21万平方米，集中安置农村群众及下岗职工3 500余人，新机场建设项目22.97平方千米用地已全部移交。建成占地面积2 030平方米的新机场综合服务区；完成金浑公路改线工程（复兴村至阿依村）、老320国道（官渡段）、金浑公路野鸭湖到东骏水泥厂段、李其复兴公路道面修复工程；4条机场西跑道应急排水沟渠投入运行。完成昆明新机场专用高速路沿线、320国道两侧等生态绿化面积60.47万平方米，种植各类乔木3.96万株、灌木14.75万株、攀缘植物6.89万株、竹5 634丛、草皮3.12万平方米。截至2009年10月25日止，昆明新机场建设工程完成建设投资累计77.4亿元。

（加三益）

西山区

【概述】　西山区位于昆明市主城区西南部，全区总面积879.06平方千米，城区建成面积42平方千米。区人民政府驻秀苑路188号。2009年平均气温16.6℃，比历年平均偏高1.7℃。全年日照时数2 210小时。全区降雨量异常偏少，全年降雨量为571毫米，比历年平均减少435毫米。辖10个街道办事处，下辖社区居委会96个、居民小组392个。年末，全区常住人口71.5万人，其中户籍人口49.45万人。在户籍人口中，非农业人口39万人，占78.87%；农业人口10.45万人，占21.13%。少数民族人口7.41万人，占14.98%。人口自然增长率为1.79‰。

2009年，全区实现地区生产总值210.7亿元，比上年增长12.8%。其中，第一产业增加值3.01亿元，增长2.1%；第二产业增加值61.67亿元，增长10.1%；第三产业增加值146.02亿元，增长14.2%。三次产业结构比为1.4∶29.3∶69.3。非公经济完成增加值115.79亿元，增长13.1%，占全区生产总值的55%。全年完成工业总产值152.11亿元。工业完成增加值44.67亿元，增长3.8%。农村经济总收入326.462亿元，增长3.16%。全年粮食作物种植面积6.13万亩，总产量2.13万吨。实现农林牧渔业总产值4.72亿元，增长2.6%。年末，农村公路里程520千米。全区地方财政总收入完成36.92亿元，增长22.8%，其中地方一般预算财政收入完成13亿元，增长19%；地方一般预算财政支出16.38亿元，增长13.3%。

全区共有各级各类学校224所（含3所市属中学）。在职教职工7 042人，在校（园）学生10.59万人。小学入学率99.98%，初中毛入学率102.23%，初中升入普高78.59%，高考上线率82.72%。有群众自发组成的业余文艺队159个5 599人，文化馆1个，文化站10个，公共图书馆1个。广播人口覆盖率99.28%，电视人口覆盖率99.55%。全区有非营利性医疗机构158个，民办医院22个，个体医疗机构486个；医疗机构总床位数6 505张，每千人有病床9张。有卫生技术人员1.06万人，其中，执业医师3 459人，执业助理医师3 745人，每千人有医师5.2名。

农民人均纯收入7 311元，增长9.6%，扣除物价因素后，实际增长9.1%；在岗职工年平均工资2.32万元，增长11.7%；城镇居民人均可支配收入达1.71万元，增长32.3%。城镇居民人均消费性支出1.12万元，增长19.29%。城镇居民人均住房建筑面积29.78平方米，农村人口平均住房面积63.23平方米。城镇登记失业率3.63%。

中共区委书记　柳文炜

区人大常委会主任　李志华

区人民政府区长　蔡德生

区政协主席　徐方

【新农村建设】　年内，全区安排新农村建设资金7 759万元，完成308件建设项目，解决和改善1.73万农村人口饮水安全问题。建成多功能文化室2.43万平方米、农村文化活动戏台4个、农贸市场2个、农村垃圾收集间90个、公厕49座，建成沼气池1 002口，完成节柴改灶3 000眼，安装太阳能及用电路灯756盏。全面完成社区会计账务委托代理服务工作。流转农村土地8 073亩。

【招商引资】　全年引入项目386个，其中，省外项目298个，市外项目88个。100～3 000万元项目242个，3 000万元以上项目98个。引进项目实际到位资金82.05亿元，其中，省外资金54.45亿元，市外省内资金27.6亿元。百集龙钢构、东南亚商城、时代广场、硫酸余热蒸汽发电、云泥原料库等项目已投入运营；太阳能真空管集热器、云南医药物流中心、云石国际中心等项目加紧建设。

【城市建设】　年内，三环闭合、老海埂路等5个项目及环湖南岸截污工程征地拆迁全面完成。投资18.81亿元的8条城市道路正抓紧建设。完成铁路枢纽扩能改造西山段725.95亩土地移交。52个“城中村”改造片区有42个片区已有投资人参与改造，20个片区有实质进展，拆除各类建（构）筑物206.18万平方米，已建或在建安置房面积50.12万平方米。全面启动8.73平方千米的草海片区保护治理和开发建设工作。安装太阳能路灯501盏，在全市率先完成“绿色光亮工程”。

【市政管理】　2009年，拆除699个地块上的临违建筑69万平方米、围墙4 682米。辖区内49棵单立柱广告牌全部拆除，全面完成户外广告牌专项整治工作。整治“七小”行业7 200多家。拆除2 415户6.62万平方米外挑式防盗笼等挤占公共空间的设施。全年完成大观河、新运粮河、王家堆渠、乌龙河等10条主要入滇河道的综合整治。建成环湖生态带2.03万亩，提前实现境内环滇池生态带闭合。

【城乡就业】　全年新增就业人员1.15万人，提供有效就业岗位1.24万个。实行贷免扶补政策，促进创业带动就业。建成6个充分就业社区和1个社会保障事务所，帮助2 956名就业困难人员和1 161名应届高校毕业生就业，组织2 189名各类人员参加职业技能培训，完成农村劳动力转移输出9 120人，新增转移就业收入5 238.16万元。全年为7 024人再就业援助对象和灵活就业人员发放补贴1 719.2万元。为2万人次失业人员发放失业保险金139万元。安置各类下岗失业人员4 249人。

【永昌街道创和谐文明社区】　年内，永昌街道办事处在创建和谐社区活动中，采取多元措施，成效显著。加强社区环境建设，改善人居环境。采取区、街、居、幢（含公共户单位）四级投入，用“以绿化为主，推进社区，面向居民，改造环境”的模式，投入资金对老小区公园、主要道路、居民宅院、文化墙、河道绿化带和“城中村”共57万余平方米，以及“一带、两墙、两村、十路、七十二院”进行以绿化为主的“创园”综合整治，整治面积5.51万平方米。永昌老小区绿化覆盖率由原来的19%提升到25%。对8条交通微循环道路进行综合整治，缓解了交通拥堵。强化社区服务功能，切实为民排忧解难。完成“星光老年之家”项目7个，成立社区服务中心，开展家政、婚介、便民门诊等9个服务项目。把社区残疾人、孤老等弱势群体纳入重点帮扶对象。平均每年为社区失业群体提供岗位550余个。加强社区文体建设，丰富群众文体生活。组织永顺里腰鼓队等10多支业余舞蹈队。通过“万家读书活动”，使各社区图书馆藏书量达到1 500册至3 000多册。辖区内有体育健身路径19条。加强社区卫生建设，提高居民生活质量。把初级卫生保健、健康教育、“红十字会”工作引入社区，建立社区卫生服务中心和社区卫生服务站，基本实现“小病在社区，大病上医院”，并对流动人口实行人性化服务。加强社会保障建设，为劳动就业提供有力保障。共收集有效就业岗位信息1 800条，城

团结街道办事处观赏及加工型花卉万寿菊规模化种植　（邵抚民　摄）

镇新增就业人员1 650人。完成“两后双百”等各类培训373人，450名下岗失业人员实现再就业。

街道办事处永兴路社区在争创文明社区活动中，加强青少年思想道德建设，开展各类知识讲座，组织社区青少年参加社会实践活动6次，培养青少年从小热爱劳动，热心公益事业的优良品质。引导广大社区居民树立社会主义荣辱观。开展法制宣传教育，增强社区居民法制意识，在“四五普法”教育工作中，社区居民普法普及率达85%；流动人口普及率达75%。通过定期不定期矛盾纠纷排查，使社区各种矛盾纠纷排查率达到100%，调解成功率达到95%以上。成立云南省首家社区康复中心，为辖区吸毒人员提供心理慰藉及后勤保障平台。建成永兴路社区“老年星光之家”。共评选出“五好文明楼院”8栋，办事处级“五好文明家庭”52户，“敬老好儿女”2人。成立由社区离退休职工中老年文艺爱好者自发组成的山茶花艺术团，自成立以来，参加省、市、区、办事处各级文艺演出100余场次。组建志愿者队伍9支，开展上街宣传活动、义务清扫活动、家政服务以及送温暖献爱心活动达40余次。社区与永昌派出所共同建立“永兴路社区警务站”，社区民警进社区，维护社区安全，降低发案率。2009年1月，永兴路社区被中央文明委授予“全国文明社区”称号。10月19日，永昌街道办事处被国家民政部授予“全国和谐社区建设示范街道”称号。

（刀培凤）

东川区

【概述】 东川区位于云南省东北部，昆明市北端。辖区总面积1 858.79平方千米，其中，山区面积占97.3%，坝区面积占2.7%。区政府所在地铜都镇，海拔1254米，距省会昆明150千米。2009年，平均气温20.7℃，年日照总数2 359.2小时，年总降雨量428.4毫米。全区辖乡镇8个，其中，乡1个，镇7个，村民委员会135个，社区居民委员会28个。年末全区总人口31.39万人。其中，非农业人口7.33万人，占总人口23.3%。少数民族2.23万人，占总人口7.12%。人口密度每平方千米169人，人口自然增长率2.73‰。

2009年，实现地区生产总值32.7亿元，比上年增长11.6%。其中，第一产业增加值3.1亿元，增长6.3%；第二产业增加值21.4亿元，增长14.8%；第三产业增加值8.1亿元，增长2.3%。三次产业结构为9.6∶65.5∶24.9。农业总产值6.4亿元，增长7.9%；工业总产值86.7亿元，下降5%。年末公路通车总里程为1 592.5千米。地方财政收入4.83亿元，减少48%；地方财政支出14.9亿元，增长15%。

年末，全区共有各类学校204所，专任教师2 921人，在校学生5.3万人，学龄儿童入学率99.24%，普通初中升学率57.83%，高考上线率85.4%。有各种艺术表演团体25个，文化馆（站）9个，公共图书馆1个，广播人口覆盖率和电视人口覆盖率均达98%。有卫生机构（不含诊所等）194个，病床996张，每千人有病床3.17张；有卫生技术人员774人，其中，执业医师212人，执业助理医师122人，每千人有医师1.1名。

全年，城镇居民人均可支配收入1.32万元，增长8%；农民人均纯收入2 695元，增长14.1%。城镇登记失业率16%。

中共区委书记 高德明

区人大常委会主任 李增平

区人民政府区长 田文（～2009.11）

代理区长 王冰（2009.11～）

区政协主席 李旭东

【服务业】 2009年，全区重点发展金融、物流、旅游等产业。推进“万村千乡市场工程”建设，引导城市连锁店和超市等流通企业向农村延伸，发展“农家店”。全年接待游客人数37万人次，旅游收入9 000万元。旅游业有效地带动了餐饮、宾馆、交通运输、商贸、金融等服务业发展。支持金融企业推进改革，银政、银企关系得到进一步改善。玉泰小额贷款有限公司正式挂牌营业。金融企业参与、支持地方经济建设的力度不断加大，区农发行、区农信社、富滇银行等金融企业为地方社会事业发展提供了5.45亿元信贷支持。采取BT、BOT等融资方式，融资1.68亿元投入地方基础设施建设。

【经济转型】 2009年，东川以列为国家第二批资源枯竭城市为契机，抢抓机遇，调整产业结构，优

东川区首届少数民族民歌节 （东川区志办 提供）

化产业布局，促进产业升级，《资源枯竭型城市：昆明东川区可持续发展规划》《资源枯竭城市云南东川转型和可持续发展方案》和《关于加快东川经济转型和可持续发展的若干意见》已编制完成并报上级审批。推进“222”工程实施，即“一山一谷”项目，“一山”：在山区和半山区完成3万亩核桃种植，“一谷”：完成3 000亩葡萄种植基地预整地等基础工作，万头肉牛养殖基地完成土地征用等前期工作；“一厂一园”项目，“一厂”：金水公司10.5万吨粗铜技改项目（富氧熔池熔炼系统）稳步推进，“一园”：碧谷工业园区道路等基础设施建设正积极推进；“一红一灰”项目，“一红”：红土地“红土印象”一期工程已竣工，二期正在建设；“一灰”：“中国蒋家沟泥石流地质公园”和“云南东川国家矿山公园”正在积极地开展规划编制和申报工作。东川矿山采空区塌陷区地质灾害隐患区移民搬迁一期工程正式启动，搬迁规模为538户1 734人。

【文明城市创建】 2009年，区委、区政府重新拟订《东川区创建全国文明城市工作五年规划（2007～2011年）》，制作、印发、转发《东川区创建全国文明城市工作目标责任分解表》《关于印发〈东川区创建全国文明城市工作目标责任分解表〉的通知》《关于印发〈昆明市公共文明指数测评体系（试行）及〈实施办法〉的通知〉的通知》，并在文明单位培训会、精神文明创建培训会上进行学习培训。下发《关于上报东川区创建全国文明城市工作情况的通知》，要求各责任单位对照《东川区创建全国文明城市工作目标责任分解表》进行工作总结，建立文档，以备考核。区文明办根据《昆明市公共文明指数测评体系》，编印《昆明市公共文明指数测评体系中涉及的相关知识》，发送各窗口单位，进行全方位、多角度宣传。按照昆明市“四创两争”要求，加强城市基础设施建设。配套和完善城市路网、水网、电网、通讯、污水处理、垃圾处理、园林绿化、公交等基础设施建设。完善城市现代信息基础设施建设，加快信息化步伐。推进电子政务，发展电子商务，提高办公信息化水平。落实广播电视数字化推广，实施数字电视转换。完善自然灾害预测预报体系，提高防范自然灾害的能力。加强城市管理。明确建委、工商、卫生、公安、文化等部门职责，提高城市综合管理水平。抓好市容市貌、农贸市场、“七小”行业、老旧居民区、城中村、背街小巷等环境卫生整治和环境卫生管理机制建设。

【格勒示范村】 格勒村隶属东川区拖布卡镇，地处东川区最北端，东邻曲靖市会泽县，西与四川省凉山州会东县隔金沙江相望，北与四川省会东县、昭通市巧家县相邻。境内最低海拔695米，年日照2 210小时，年平均降雨量690毫米，属亚湿润大陆性季风型气候，主要适合种植玉米、红薯、稻谷、蔬菜等农作物以及各类热带水果。2009年辖8个村民小组，有农户495户，农业人口2 045人；国土面积16.2平方千米，人均占有耕地0.8亩。农民人均纯收入2 341元。

年内，采取多种措施，强化示范村建设。强化基础设施建设。完成格勒特色旅游示范村总体规划，投资100余万元，成立旅游服务公司1家，购买江上旅游设备游艇2艘，新建100平方米奇石馆1个；引进企业投资300余万元，新建1个占地4 000平方米、功能完善的“望江楼”服务区；投资250多万元，建成渡口2个；投入10万元建成文化室、图书室和卫生室；投资280万元，完成道路硬化6 366平方米，房屋亮化5.5万平方米；投资150万元，建成农贸市场1个，完成村内道路绿化；投资7.8万元，新建厕所2个、垃圾池4个。拓宽群众增收渠道。格勒村利用独特的气候、土壤等方面的优越条件，种植冬早蔬菜和反季节蔬菜面积达3 683亩，平均亩产值达3 000多元。蔬菜种类涉及瓜菜类、块根块茎类、茄果菜类、葱蒜类、菜用豆类、甜脆玉米等20余个品种。种植西瓜面积近4 500亩，年总产值9 000余万元；另外，葡萄、黄果、枇杷等果树种植面积达500多亩，亩产值均在6 000元以上。实现生态与产业有机结合，引进甜脆枣、鲜枣、梨枣、冬枣、金丝小枣、龙须枣、蒙自小蜜枣等多个品种进行种植，打造“东川小枣第一村”。全村小枣种植面积达1 000亩，挂果600余亩，年产值达600余万元。同时，以打造具有一流亚热带山水环境、浓郁小枣文化特色、丰富乡村餐饮美食、便捷旅游服务环境、特色星级民俗接待户为发展定位，选择有实力、条件较好的农户，以房屋改造和文化装饰为主，按照每户补助2.5万元的标准，着力包装突出乡村文化特色的“枣香庭院”民俗示范户。

（高宾）

安宁市

【概述】 安宁市位于昆明市西南，是通往滇西八州市的交通重镇。总面积1 321平方千米。市政府驻地连然镇，距昆明市32千米。2009年，年平均气温16.3℃，比上年上升0.7℃；年最高气温32.1℃，年最低气温零下2.1℃，平均日照时数2 107.1小时，平均降雨量2 077.88毫米。辖2个街道办事处、7镇，有65个村民委员会，353个村民小组，31个社区居民委员会，128个居民小组。常住人口32.2万人，户籍人口26.69万人。户籍人口中，非农业人口14.05万人，占52.7%。少数民族人口3.62万人，占13.5%。人口自然增长率4.9‰。

2009年，实现地区生产总值120.70亿元，比上年增长11.2%。其中，第一产业增加值7.14亿元，增长6.1%；第二产业增加值71.53亿元，增长10.6%；第三产业增加值42.03亿元，增长13.2%。一、二、三产业比为5.9∶59.3∶34.8。农村经济总收入25.52万元。粮食

总产量5.33吨，比上年下降6.9%。工业总产值完成362.16亿元，比上年下降6.9%。年末公路通车总里程1 127.5千米。全年客运量7 954万人次，客运周转量9.30亿人千米；货运量8 806万吨，货运周转量10.28亿吨千米。年底固定电话机总数6.44万部，移动电话用户19.58万户，互联网用户4.2万户，比上年增长23.5%。全年财政总收入22.86亿元，比上年下降0.7%；财政总支出19.67亿元，增长24.0%。

全市共有各类学校113所，专任教师1 823人，在校学生5.47万人，学龄儿童入学率101.75%，普通初中升学率105.67%，高考综合上线率96.87%。有各类文艺表演团体96个，文化馆（中心）10个，公共图书馆2个。广播人口覆盖率和电视人口覆盖率均达100%。卫生机构（不含诊所等）192个，病床2 372张，每千人有病床4.2张，有卫生技术员1 663人。年内有11.2万人参加农村合作医疗，6.19万人参加城镇居民基本医疗保险，人人享有基本医疗保障目标初步实现。

全年农民人均纯收入6 710元，扣除物价因素，实际增长10.9%；在职职工年平均工资3.13万元，增长2.5%；城镇居民可支配收入1.81万元，增长4.1%；城镇居民人均消费性支出1.06万元，增长1.7%。城镇居民平均住房面积33.19平方米，农村人口平均住房面积39平方米。城镇登记失业率2.5%。

中共市委书记　李树勇

市人大常委会主任　王文学

市人民政府市长　王剑辉

市政协主席　李海平

【城镇化率】　2009年，深入实施“环境立市、工业强市、城乡一体化”三大战略，坚持富民为先，环境优先，开放争先，通过财政撬动，投资拉动，项目带动，全速推进工业化，全力提升城市化，全面拓展城乡一体化，推动全市经济社会又好又快发展，加快全面建设小康社会进程。大力实施“两后双百”“三就三百”工程，加大农村劳动力“内转外输”力度，推进农民就业向非农产业转移，向二、三产业集中。建立跨区域安置农民方式，推进被征地农民和先富起来的农民向城镇梯次转移，向安置区集中居住。严格按照规划引领，适度超前，梯度推进，组团发展，积极实现“543”倍增计划和“12345”目标，把安宁建设成为现代新昆明西部新城和休闲养生之城。重点加快推进工业园区运输快速通道（安宁城区至禄脿）、珍泉东路工程建设，实现太平主干道全线贯通、东西环干道主体工程双向闭合，启动西一绕、安县城市干道工程，推进螳川西路向温泉延伸，建立市域快速交通网络，连通城市组团，加速片区开发，构建中等城市发展框架。启动征地拆迁和安置区建设，提升集镇规划和开发水平，不断增强小城镇聚集、辐射和带动能力，确保城镇化率的提高。根据昆明市统计的反馈数据，安宁市2009年城镇化率达64.8%。

【城乡公交一体化建设】　2009年，市委、市政府加大公交基础设施建设，使城乡公交事业得到较快发展。全年公交公司投入1 671万元新增65辆公交车，新开辟8条公交线路。于2008年5月启动，60周岁以上老年人免费乘坐城区公交车，老年人爱心卡持卡量为1.95万份；2009年2月启动安宁市残疾人免费乘坐城区公交车工作，共办残疾爱心卡1 450份。至12月，全市拥有公交车326辆，运营路线63条，85辆公交车服务于农村，路线覆盖65个行政村、370个自然村、总里程700千米，通村覆盖率达98%，并已实现公交“镇镇通”。

【家电汽车下乡】　2009年，全市共有8类家电（彩电、冰箱、手机、洗衣机、电脑、太阳能热水器、电磁炉、微波炉）下乡产品投入市场，共销售4 043台（件），销售金额759.93万元，共计补贴3 577台（件），对购买家电的村民发放补助金额87.21万元，截至10月28日，农村共销售汽车、摩托车1 005台，为购车村民补贴金额257.7万元。

【高龄老年人保健补助发放】　从2008年起，安宁市委、市政府将全市80周岁以上老年人的保健补助列入财政预算。2009年发放80岁以上老年人保健补助3 476人，发放金额430.22万元，温泉、青龙两镇在市政府补助的基础上，对60周岁以上

大屯新区一角　（安宁市志办　提供）

老年人继续发放生活补助，温泉镇每年每人补助240元；60～69岁每人每年补助300元，70岁以上每人每年补助360元。青龙镇对60～69岁老年人每人每月补助90元，70～79岁补助100元，80～89岁补助120元，90～99岁补助150元，100岁以上补助200元。

【五保集中供养】 年内全市共有五保供养对象402人。年初，安宁市及时将农村分散五保、集中供养，五保供养标准每人分别提高为240元/月、420元/月（中央、省和昆明市级财政补110元）。同时，将城乡五保供养对象全部纳入城乡居民医疗救助范围，实施医疗费用全额补助。投资2 446万元建设4所农村敬老院改扩建一期工程（新建、改扩建建筑面积1.37万平方米）并相继投入使用。拟定《安宁市农村五保供养工作实施办法》《安宁市农村敬老院管理暂行办法》。全市集中供养农村五保对象230人，集中供养率57%。年内组织4所敬老院集中供养对象230人进行身体检查，为集中供养对象建立了健康档案。

（马义芳）

呈贡县

【概述】 呈贡县位于滇池盆地东部、省会昆明市主城区东南面滇池东岸。辖区面积461平方千米。其中坝区面积约77平方千米，占总面积的17%；丘陵面积154平方千米，占总面积的34%；山地面积230平方千米，占总面积的49%。托管面积183.31平方千米，实管面积277.69平方千米。县人民政府驻地龙城街道，海拔1906.6米，北距昆明主城区12千米。呈贡是享誉中外的滇中“花乡、菜乡、果乡”和中国花卉第一县。2009年，平均气温16.4℃，比多年平均值偏高1.6℃；年极端最高气温30.3℃，出现在5月27日，极端最低气温－0.7℃，出现在11月21日和12月25日；年降雨量550.9毫米，比历史平均值偏少246.8毫米；年无霜日数321天，比上年少44天。县辖龙城、斗南、吴家营、洛龙、乌龙、雨花、七甸7个街道及已托管的洛羊、大渔、马金铺3个街道，58个社区（含已托管的社区）和7个行政村（属大渔街道）。常住人口24.2万人。户籍总人口18.36万人，其中少数民族人口1.15万人，占户籍人口总数的6.26%。人口密度每平方千米398人，人口自然增长率5.91‰。

2009年，实现地区生产总值61.22亿元，比上年增长11%。其中，第一产业增加值7.46亿元，下降6.0%；第二产业增加值30.31亿元，增长12.6%；第三产业增加值23.46亿元，增长19.5%。一、二、三产业比由15.3∶48.1∶36.6调整为12.2∶49.5∶38.3。全县道路通畅，交通便捷。昆河、南昆铁路，昆洛、昆河2条国道，安石高等级公路，昆玉、昆石高速公路穿境而过，城市一级主干道彩云路连接昆明主城和呈贡新区。年末，全县境内拥有公路（不含已建成和基本建成的城市道路）385.98千米。财政总收入9.5亿元，增长20.54%；一般预算收入5.31亿元，增长16.26%。

全县共有职业高级中学1所、中学6所、乡（街道）中心小学3所、完全小学16所、初级小学7所、幼儿园15所，教职工总数1 072人；幼儿在园（班）3 725人，在校中小学生17 278人，7～12周岁人口入学率99.86%；中等专业学校1所，高等院校1所，在建大学9所，已入住师生5万人。有卫生机构65个，病床总数为405张，共有卫生技术人员649人，其中，执业医师254人、注册护士209人，每千人有医师1.38人。基本建设总投资15.08亿元、总占地418亩、总建设面积约37.73万平方米、编制病床数2 000张的昆明医学院第一附属医院呈贡新区医院已动工建设。

2009年，城镇居民人均可支配收入1.78万元，比上年增长9.18%；农民人均纯收入6 805元，增长9.3%。建设拆迁户安置房2 350套、周转房768套，柏枝营、缪家营、郎家营、前卫营、中庄等新型社区建成投入使用，2 805户拆迁户全部搬进安置房和周转房。新增城镇就业1 136人，开发公益性岗位300个，安置就业困难人员105人。转移农村剩余劳动力3061人。开展鼓励创业“贷免扶补”工作，发放政府贴息贷款616万元。7.14万人纳入城镇居民基本医疗保险，参保率90%以上；1.09万名被征地农民参加了基本养老保险。

中共县委书记　赵德光（彝，～2009.12）　周峰越（主持工作，2009.12～）

县人大常委会主任　陈庆鸿

县人民政府县长　吴庆昆

县政协主席　朱理学

【特色农业】 大力培植名牌产品和优势农业，完成农村劳动力转移培训4 093人，转移就业3 061人。积极扶持2 106户4 268名农民外出租地种植蔬菜、花卉3.4万亩，兑付失地农民外出租地扶持补助资金1 082.3万元。年内，全县完成大春粮食播种面积9 936亩，总产量449.79万千克；小春粮食播种面积1 080亩，总产量12.95万千克。蔬菜播种面积9.1万亩，总产量1.9亿千克，总产值2.7亿元。花卉种植面积9 744万亩，总产量6.3亿枝。水果种植面积2.5万亩，总产量1 200万千克，产值3 400万元。

【新区开发建设】 全年投资30多亿元，新建城市道路36条，建成13条、总长33千米，一、二期路网基本完工，三、四期路网建设全面开工。水、电、气、通信管网等配套设施建设与路网建设同步进行。开工建设轻轨一号线呈贡段。支持配合铁路东南环线、云桂铁路等重点工程建设。云南铝业铝材深加工年产4万吨铝合金圆杆项目正式投产，年产8万吨铝合金板带项目正在进行主体厂房建设和部分设备安装调试。云南白药项目综合厂房等五个单体工程完成主体结构施工。中铝云铜深加工项目全面开工建设。工业园区道路、电力、给排水等基础

配套设施基本建成。完成征地2.4万亩，收储土地6 930亩，出让土地2 365亩，村庄拆迁面积48万平方米。严格执行“十一个零申报”，着力整治违规加层和无序建房，拆除临违建筑6.48万平方米，拆后建绿5.22万平方米，新增绿地323公顷，完成绿化造林6 255亩，种植乔木22万株，城市面山绿化1 500亩，交通沿线面山绿化5 000亩，城市建成区绿地率达37.27%，绿化覆盖率达41.2%，人均公共绿地达27平方米。呈贡新区获全市城乡绿化和生态建设工作一等奖。

新昆明建设中的呈贡大学城一角 （唐荣华　摄）

【高校新区建设】 云南师范大学、昆明理工大学、云南民族大学、昆明医学院、云南中医学院、云南交通职业技术学院等6所高校一期基本建成，云南大学、云南艺术学院、云南广播电视大学、市委党校等4所院校开工建设。9所高校完成投资25.1亿元，开工建设面积221.85万平方米，绿化面积4.3万平方米，栽植胸径5厘米以上乔木5.14万株。累计完成总投资57.3亿元。教职工住宅区一号、二号、三号、四号、五号地块主体工程全部完工，累计完成投资46.26亿元，累计开工建设面积173.8万平方米。云南师范大学等6所高校已入驻师生5万多人。

【改革开放】 全面实施实体制改革，权力下放，重心下移，建立“三部一委”—街道—公司一体化的开发建设机制，赋予“三部一委”对片区开发建设决策权、人事权、财政权，新区所属各级各部门服从服务于“三部一委”，全力支持“三部一委”做好片区开发建设工作。改革投融资体制，做大做强融资平台，完成融资107.95亿元。加大招商引资力度，引进内资项目60个，到位内资51.04亿元人民币；引进外资项目5个，实际利用外资4 142.49万美元。实行严厉问责问效制度、最严格的限时办结制度和最严肃的服务承诺制度，服务承诺办结率99.88%；限时办结率100%；首问首办率100%，投诉回复率100%，软环境建设监督电话接听率100%。以开展“行政效能提升年”为契机，进一步加强软环境的建设，大力倡导“五办”作风，打造“三最四低”的投资环境，荣获“中国民营经济最佳投资县”“中国金融生态县”称号。

【生态环境】 以保护滇池，建设生态新区为目标，重点整治主要入滇河道。捞渔河中上段、洛龙河上段整治工程基本完成，马料河（呈贡新区段）植物生态净化储水池景观改造完成。城南（捞渔河）污水处理厂、城北（洛龙河）污水处理厂、新区垃圾焚烧发电厂项目相继开工建设。完成生态建设任务1 664亩，生态隔离林带建设904亩，种植苗木71万余株，退耕还林补植补造346亩。全面开展“一湖两江”畜禽禁养工作。单位GDP能耗、二氧化硫减排、化学需氧量减排完成目标任务。

（唐荣华）

晋宁县

【概述】 晋宁县位于云南省中部滇池西南岸、昆明市西南部。辖区总面积1 336.37平方千米，其中山区、半山区面积占总面积的70.7%。县人民政府驻地昆阳镇，距省会昆明50千米，海拔1888.5米。2009年平均气温偏高，年降水量特少，常年平均气温为15.8℃，比历年平均值偏高0.9℃，是1957年以来最高的一年。日照时数2 137.6小时，较历年平均值偏少194小时，全年降水量608.3毫米，比历年平均值偏少286.2毫米。年内自然灾害种类多，涉及面广，全县农作物受灾面积1.19万公顷，绝收面积1 722.38公顷，直接经济损失1.16亿元。辖6个镇、2个民族乡。常住人口28.2万人，户籍人口27.89万人。户籍人口中：农业人口23.16万人，占总人口的83.1%；少数民族人口3.08万人，占11.0%。常住人口自然增长率5.00‰。

全县完成生产总值49.11亿元，比上年增长13.3%。其中，第一产业增加值10.84亿元，增长8.5%；第二产业增加值25.15亿元，增长17.3%；第三产业增加值13.12亿元，增长10.6%。三次产业构成22.1∶51.2∶26.7。工业总产值52.94亿元，增长12.0%。农业总产值17.67亿元，增长9.6%；粮食产量6 878.2万千克，比上年减少8.9%。年末硬化公路通车总里程347.06千米。年内实施19条农村公路路面硬化工程，年底全部完成路面主体工程。每百户城镇居民有固定电话22.6部、手机79部、电脑0.88台、彩电88台、摩托车25.3辆、生活用汽车8.1辆。全县完成地方财政总收入7.61亿元，增长19.1%，其中完成地方一般预算收入4.69亿元，增长41.9%；财政总支出8.93亿元，增长27.4%。

全县共有各级各类学校91所，专任教师2 426人，在校学生4.40成人。学龄前儿童入学率100%，普通初中升学率100%，高考上线率93.51%。有各种艺术表演团体7个、文化站8个，农村文化室49个，公共图书馆1个。有线电视用户7.63万户，电视人口覆盖率99%。有卫生机构24个，病床823张，每千人拥有病床2.94张；有卫生技术人员649人，其中，执业医师228人，执业助理医师65人，注册护士213人，每千人拥有卫生技术人员数2.32人。有村卫生所129个，乡村医生260人，新型农村合作医疗参合农民21.35万人，参合率95.89%。

2009年，农民人均纯收入5 062元，增长16.8%；农民人均总支出8 402元，增长9.8%；农民人均生活消费支出4 692元，增长8.0%。在岗职工年平均工资2.34万元，增长8.3%。城镇居民人均家庭总收入1.67万元，增长11.3%，其中可支配收入1.52万元，增长10.2%；人均家庭总支出2.04万元，增长53.2%，其中生活消费支出1.02万元，占人均家庭总支出的50.1%，增长11.1%。城镇居民人均住房建筑面积33.3平方米，农民人均居住面积44.2平方米，年内新建房屋面积11.6万平方米。城镇登记失业率3%以内。

中共县委书记　戚永宏

县人大常委会主任　李国祥

县人民政府县长　吕天云（～2009.11）　岳为民（2009.11～）

县政协主席　李永安

【招商引资】　2009年，引进外资项目8个，实际利用外资762.02万美元；引进国内市外项目117个，实际到位资金24.16亿元，超额完成市、县确定的目标任务。实施项目动态管理，完善县级领导联系重大项目制度等措施，全县各级各部门落实招商引资责任制，改善投资软环境，拓宽招商渠道，以商招商，以商引资，为经济增长固本培元。全县投资3 000万元以上的37个重点招商引资项目，完成投资14.81亿元，云仁轮胎、太阳钢管一期等10个项目投产运营。投资41.43亿元的450浮选、腾晋物流、锦鑫钢构等27个项目正在推进。在引进项目中，从事外贸出口的企业逐年增加。

【新农村建设】　年内，投入财政扶贫资金340万元，完成17个省市级贫困地区自然村整村推进，发放小额信贷扶贫资金911.45万元，受贷农户1 723户。投入8 875.6万元，完成14个新农村建设整村推进，申报21个新农村整村推进项目和省级重点村项目，完成2 356户农村民居抗震安全工程，完成2个IPM示范村和500口沼气池建设，推广节能灶2 700眼。实施1 280件农田水利建设项目，投劳385.13万个，劳均投工28个，完成工程量215.8万平方米。实现新增灌溉面积1 500亩，改善灌溉面积3.28万亩；解决改善2.46万人、8 000头大牲畜饮水问题；河道综合治理68.32千米；新建小水塘5座，小水窖275个，新增蓄水能力4.1万立方；支砌三面光沟渠8条，长8.5千米；建成中低产农田8 400亩。从14个新农村建设整村推进村委会中筛选夕阳彝族乡绿溪、木柞榔2个村委会作为“银杏新农村”试验示范点。“银杏新农村”共投资32.69万元，种植银杏树1 754棵，11个“绿色示范村”共投资200余万元，投工投劳2 000余个，种植榕树等植物8万余株，发展苗圃180余亩。组成9支工作队133名指导员进驻村（居）委会开展工作，争取到派出单位资金20余万元，项目支持36个、科技书籍400册，电脑2台，提出合理化建议234条，被采纳建议92条，办实事283件。实施“绿色光亮”科技工程，安装太阳能路灯216盏，新建公厕31座、垃圾池357个，清运垃圾1.93万吨。

【城市化进程】　年内，完成南城、西城核心区各7平方千米控制性详细规划和昆阳西城东凤路1.6平方千米、西北片区3.93平方千米等一批绿地系统、道路路网、供排水控制性详细规划、专项规划编制。推进昆阳西城基础设施建设，提高城市品位。投资1.01亿元，完成西北环路、金实路、污水配套管网，

花卉生产　（晋宁县志办　提供）

垃圾渗漏液下送管网，北门道路改建工程建设；总投资10.58亿元的普照路一期、东大河生态公园、豪锦源大酒店、南村东侧、南侧道路等21个重点建设项目顺利推进；概算总投资35亿元的13个房地产开发项目，已完成磷都花园二期，蓝色经典、湖景天颐家园二期开发建设；湖畔晋园、荣合金岸、东兴花园等9个房地产项目按时开工建设；启动安企片区开发建设和西南环路前期工作。县城二级客运站、郑和航海纪念馆，“四退三还”安置小区、女子监狱搬迁等重点项目推进。完成环湖南路、环湖截污、环湖景观道，“三环”重点工程和昆明铁路枢纽扩建改造项目开工点的征地拆迁工作，确保项目开工建设。

【滇池治污】 年内，按照“158”工程，采取“三统一加强”措施，投入2.12亿元，对沿河45个村庄生活污水，采用土壤慢速渗透5种模式，完成8条入湖河道综合治理，制定河道管理办法，建立长效机制，巩固治理成果。落实“四退三还一护”和县城环境综合治理工作各项措施，投入5.13亿元，完成“退塘、退田”1.76万亩，“还林、还湿、还湖”1.94万亩。拆除滇池防浪堤2 051.8米，签订退房协议47.76万平方米，退人1.09万人，概算总投资约17亿元的昆阳搬迁户安置点建设工程稳步推进，滇池外海湖滨生态湿地建设共24块1.64万亩。全民义务植树92万株，完成绿化造林3 018亩，苗木基地3 000亩。昆阳西城绿化面积52.08万平方米，绿地率由上年的25.9%增加到35%，绿化覆盖率由29%增加到40.1%。投入205万元，整治“三沿五区”坟墓1.27万冢，平毁活人墓70冢，植树1 676万株，整治率达99.1%。投资1 827.05万元，完成县殡仪馆建设，金岭、白花山等8个农村公益性公墓建成并投入使用。推进拆临拆违建绿透绿工作，拆临拆违9.13万平方米，清理违规建房291户2.88万平方米，城乡生态环境逐年改善。

（王树恩）

富民县

【概述】 富民县位于昆明市西北部。辖区土地总面积993平方千米。其中，山区、半山区占总面积87.9%，坝区占12.1%。县政府驻地永定镇，距省会昆明23千米，海拔1680米。2009年，平均气温16.8℃、年最高气温33.0℃（7月19日）、年最低气温-3.0℃（12月30日）；日照时数2 187.4小时，年降雨量557.8毫米；全年无霜期255天，雨季6月15日开始，9月17日结束。9月17日至12月30日，境内旱灾严重，持续漫延，降水量25.5毫米，比历史同期151.8毫米偏少126.3毫米。全县6乡镇62个村委会256个自然村4.58万人，2.85万头大牲畜出现饮水困难，农作物受旱面积7.03万亩。辖1镇5乡共73个村委会、2个居委会，497个自然村。户籍总人口14.75万人，其中，非农业人口1.90万人，占总人口的12.91%；少数民族2.18人，占总人口的14.75%。人口密度每平方千米153人，人口自然增长率7.27‰。

全县实现生产总值23.82亿元，增长13.1%，其中，第一产业增加值5.30亿元，增长6.1%；第二产业增加值11.16亿元，增长14.3%；第三产业增加值7.36亿元，增长15.7%。一、二、三产业比重为22.3∶46.8∶30.9，农村经济总收入22.98亿万元，增长5.73%。粮食总产达到5.94万吨，增长2.6%。工业总产值完成22.71亿元，增长20.4%。全县公路通车里程1 150.95千米，全县73个村委会村村通公路。年末客货运汽车拥有量1 948辆。年底固定电话机总数1.13部，移动电话用户8.86万户，互联网用户4 047户，比上年增长39.79%。电话普及率68部/百人。全县财政总收入1.99亿万元，增长7.3%；财政总总支出4.51亿万元，下降7.8%。

全县共有各级各类学校89所，专任教师1 403人，在校学生2.32万人。小学适龄儿童入学率99.53%，少数民族学龄儿童入学率99.6%，适龄残疾儿童入学98%，初中阶段学龄人口入学率96.31%。高考上线率86.6%，较上年提高5.6个百分点；三校生上线率76.47%，比上年提高15.25个百分点。建成3个乡级文化站、17个村级文化室。县图书馆藏书2.83万册，电子图书2万余册。组织实施农村电影“2131”工程和校园电影活动，放映故事片825场、科教片825场。小水井苗族农民合唱团代表云南省参加在广州举行的全国农民合唱大会，获得金奖。有卫生机构13个，病床496张，每千人有病床3.26张；有技术人387人，其中，执业医师122人，执业助理医师38人，每千人有医师1.05名。全县新型农村合作医疗参保农民12.17万人，参合率99%。

城乡居民生活水平稳步提高，社会保障体系不断完善，养老、医疗、失业、工伤、生育和农村养老保险等险种参保人数达5.4万人，同比增长22.2%。落实各项支农惠农政策，兑现各类补贴资金1 205万元。城镇居民可支配收入1.47万元，比上年增长10.4%；在岗职工人均年工资2.25万元，比上年增长19.8%；农民人均纯收入4 931元，增长12.9%。城镇居民人均住房面积40.55平方米，农村居民人均住房面积38.83平方米。镇居民人均消费性支出11 362.76元，增长24.26%。全县人均储蓄存款1.06万元，增长18%。城镇登记失业率3.32%。

中共县委书记　郭继先（～2009.11）

中共县委副书记　赵学农（主持工作，2009.11～）

县人大常委会主任　丁克明

县人民政府县长　郭增敏（～2009.11）

县人民政府代理县长　杨相来（2009.11～）

县政协主席　杨超

【钛产业】 富民县钛矿资源丰富，已探明钛精矿储量为1 000万吨，可开采量700万吨，为易开采的砂土矿，原矿品位8%～12%，钛精矿品位50%以上。富民县钛矿开采始于1984年，钛白粉生产始于2001

年。2008年3月，富民工业园区北营钛产业基地被昆明市委、市政府定位为昆明市钛产业基地，该基地规划面积3.53平方千米，布局于县城北部、螳螂川下游，属县域下风口，符合环保优先要求。目前，全县已建成钛白粉生产企业1家，在建钛白粉项目3个，2010年底钛白粉产能规模将达到14万吨（锐钛型11万吨、金红石型3万吨），占全国钛白粉产量120万吨的11.67%，将实现年产值30亿元，上缴税金3亿元以上，钛产业将成为富民经济发展主导产业。

【致富发展村——北邑村】 北邑村委会距镇政府所在地0.5千米，国土面积15平方千米，有7个自然村，9个村民小组，共有村民871户，3 060人，其中劳动力有2 133人。全村耕地1 204亩，山林550亩，人均耕地0.4亩。

北邑村委会以经济林果种植为主，兼之养殖业和劳务输出。全村有果园505亩，人均0.17亩葡萄，大树杨梅、柑橘、桃、梨、甜杏挂果面积520亩，年产量200万千克，产值300万元，农民人均果业收入986元。舍饲养殖户16户，存栏鸡2万余只，生猪存栏870余头，畜牧业产值127万元；农家乐经营户6户，年创经济收入60万元；劳务输出250人，从事三产服务业20户。全村7个自然村水、电、路、电视、电话实现五通，在新农村建设整村推进中列为致富发展村，投入258.8元对村容村貌进行改造，将村中道路进行硬化；绿化、美化村庄，对114户农户住房进行抗震加固，对17户农户危房拆除重建；新建北邑村文化室。

通过一年的建设，北邑村委会村容村貌发生巨大变化，村内道路干净清洁，农户房舍清洁明亮。有安全、整洁的住房农户832户，占95.5%；有生态良好、清洁卫生环境的农户841户，占96.5%；有入户安全饮用水871户，占100%；有沼气和电、燃气、太阳能等清洁能源的农户871户，占100%；有电视机的农户869户，占99.8%；有转移、就业人员827户，占94.9%；有农业科技明白人845户，占97%；有稳定增收生产和经营项目的农户848户，占97.4%；参与新型农村医疗合作的保障农户871户，占100%。实现农户、自然村、行政村“三个九有”，一个生产发展、生活宽裕、乡风文明、村容整洁、管理民主的和谐文明村已经形成。

（李志宝）

特色产业——杨梅 （富民县志办 提供）

宜良县

【概述】 宜良县位于云南省中部、昆明市东南部。辖区总面积1 913.53平方千米。其中，山区面积1 652.57平方千米，占总面积86.36%；坝区面积260.96平方千米，占总面积13.64%。县人民政府驻地匡远镇，海拔1540米，距昆明市政府驻地52千米。2009年，平均气温17.5℃，年最高气温33.7℃（7月19日），年最低气温-0.1℃（12月25日）。平均日照时数5.84小时，年降雨量531.1毫米；无霜期319天。主要气象灾害为干旱。辖乡（镇）8个，其中，乡2个、镇6个，村（居）民委员会137个，自然村906个。年末总人口42.9万人。其中，非农业人口4.32万人，占总人口10.07%；少数民族人口3.77万人，占总人口8.79%。人口密度每平方千米224人，人口自然增长率3.46‰。

全年实现生产总值82.33亿元，比上年增长13.7%。其中，第一产业增加值24.45亿元，增长9.2%；第二产业增加值25.08亿元，增长23.2%；第三产业增加值32.8亿元，增长10.2%。一、二、三产业比重由30.35：27.51：42.14调整为29.70：30.47：39.83。农村经济总收入54.73亿元，比上年增长11.3%。粮食总产量18.38万吨，增长4.2%。工业总产值完成50.89亿元，增长8.3%。年末公路通车总里程1 369千米。全年客运量261万人次，客运周转量1.42亿人/千米；货运量421.76万吨，货运周转量3.41亿吨/千米；年底固定电话用户2.94万户，移动用户近19万户，比上年增长26.7%。联通用户7.5万户，增长25.0%。电话普及率22部/百人。互联网用户9 600户，增长37.2%。全年县财政总收入6.54亿元，增长15.3%；财政总支出11.32亿元。

全县共有各类学校143所，专任教师3 404人，在校学生6.30万人。学龄儿童入学率100%，普通初中毛入学率101.56%，高考上线率

95.79%。各类艺术表演团体16个，文化馆（站）9个，公共图书馆1个。广播人口覆盖率99.5%，电视人口覆盖率98.4%。卫生机构（不含诊所等）32个，病床1 259张，每千人有病床2.93张；有卫生技术人员884人，其中执业医师及执业助理医师409人，每千人有医师及助理医师0.95名。

2009年，全县农民人均纯收入5 240.96元，扣除物价因素后实际增长13.35%；在职职工年平均工资2.29万元，比上年增加3 440元；城镇居民人均可支配收入1.63万元，实际增长9.79%。居民人均储蓄存款1.20万元，增长21.2%。城镇居民平均住房面积34平方米，农村人口平均住房面积37平方米。城镇登记失业率2.46%以内。

中共县委书记　郭子贞

县人大常委会主任　张吉祥

县人民政府县长　刘绍安

县政协主席　姜育文

【农村饮水安全工程建设】　2009年，全县完成国债投资人饮项目352.5万元，解决5个村委会、9个村小组、4 419人、1 644头大牲畜饮水不安全问题。总投资1 869.1万元的第三批中央扩大内需项目及市级贷款饮水项目68件工程全部开工建设，已完成投资381万元。

【绿色光亮工程】　2009年，“绿色光亮示范工程”以科技服务新农村建设为重点，让科技成果惠及人民群众，在汤池镇木希村已安装太阳能照明系统23套。为推广扩大太阳能光伏照明系统示范应用，又优选在匡远镇回辉村、汤池镇黄泥村委会推行太阳能光伏照明系统示范，通过抓点扩面，让科技成果惠及全县广大人民群众。并于2009年9月30日圆满完成太阳能路灯安装工作，共安装太阳能路灯41套，试验示范高杆灯一组4盏，为新农村建设增添亮点。

【农村户用沼气建设】　2009年，全县计划新建农村“一池三改”农村户用沼气池800口，完成节能灶改建1 000眼，新建沼气服务网点8个，推广沼气综合利用1.2万亩，培训农民技工和农户3 000人次。启动50立方米沼气池建设项目。结合省市业务部门要求，根据全县实际情况，以自然村为单位进行整村推进为目标，以“一池三改”为重点，大力推广“曲流布料”技术为主的沼气建池和节能改灶技术。截至2009年11月16日，累计新建沼气800口，完成县级任务800口的100%；累计新改建节能灶1 337眼，完成县级任务1 337眼节能灶的100%，新建沼气服务网点9个，完成计划的100%；推广沼气综合利用1.5万亩，建成50立方米户用沼气池1口。

【绿化造林】　2009年，按照市、县城乡园林绿化及生态建设工作动员会的要求，县采取有力措施狠抓贯彻落实，及时进行安排布置，明确责任、落实任务，并加大指导、督促、检查力度，确保各项任务圆满完成。完成辖区绿化任务5 071亩，完成率202%（其中，“五采区”植被恢复150亩，完成率150%；阳宗海流域造林500亩，完成率100%）；完成珠防工程建设任务8 000亩，完成率100%；完成退耕还林荒山造林任务5 000亩，完成率100%；完成义务植树任务139.6万株，完成率141%；完成市级下达核桃基地建设任务1万亩，完成率100%；完成苗木建设任务7 000亩，完成率175%；实施“五个一”工程银杏基地建设32.5亩，引种美洲黑杨1 300株，插穗2 000株，完成县长样板林任务250亩，完成率125%；完成县城面山1 950亩补植补造，对昆石高速公路宜良段长26千米沿线绿化及2008年430亩城乡园林绿化造林进行全面补植补造。

【城乡一体化建设】　2009年，对2008年实施的15个新农村整村推进建设项目进行验收。新农村整村推进建设项目15个村委会（小康示范村11个，致富发展村4个），涉及68个自然村。时间从2008年6月至2009年6月结束。2009年7月，市政府对宜良县实施新农村整村推进建设项目15个村委会进行考评验收，考核结果为优秀。15个村共计投入建设资金8 434.02万元，比规划增加89.72万元。其中，基础设施建设工程投入4 276.21万元，农田水利建设及烟水工程9 193.37亩，解决17 967人的饮水安全问题，修乡村公路68.64千米，硬化村内道路25.72万平方米，改造安居房36间，粉刷墙面11.28万平方米，建盖标

水利设施条件得到改善　（宜良县志办　提供）

准化烤房50座。产业发展工程投入378.38万元，种植经济林果1.16万亩、经济作物9 720亩，科学饲养大牲畜2.02万头，科技培训5 438人次。生态建设工程投入388.9万元，种树2.62万株，建垃圾池81个，建沼气池4口，改灶20眼，建公厕67座。社会事业发展工程投入3 247.6万元，建卫生室12间362平方米，建多功能文化室762间1.49万平方米，标准化学校4所，农贸市场6个，建小公园4个7 948平方米，安装路灯236盏。其他建设投入107.8万元。

通过以上基础设施建设，使新农村整村推进建设的15个村村容村貌发生明显变化。村内道路基本硬化，群众走上宽敞的水泥路，用上卫生整洁的厕所，生活条件得到改善，村内“脏、乱、差”现象彻底消除。坝区村的进村路进行硬化和新修，山区村进村公路全部用砂石进行铺垫，方便群众出行，1.8万人的饮水安全问题得到解决，9 193.37亩农田地得到有效灌溉，文化室的建盖方便群众办红白喜事，同时为群众过年过节举办文娱活动提供了场所，丰富了群众的精神文化生活。农贸市场的建盖，解决了村民农产品交易难的问题，提高了农民种植经济林果及经济作物积极性，农民人均纯收入大幅度增长。游乐园及小广场建设，为群众提供了休闲娱乐的场所，让村民过上了城里人的生活。

（王颖）

嵩明县

【概述】 嵩明县位于云南省东部、昆明市东北部。辖区总面积1 357.29平方千米。其中坝子面积414.6平方千米，占总面积的30.5%，系云南省第七大坝子。县人民政府驻地嵩阳镇，距昆明市区43千米，县城海拔1920米。2009年平均气温15.6℃，比上年升高1.6℃；年最高气温31.6℃（5月27日）；年最低气温-2.4℃（12月30日）；年日照时数1 930.8小时；总降水量672.2毫米，比上年减少321.7毫米；无霜期233天。辖乡镇7个，其中，乡2个、镇5个，村（居）民委员会106个（其中，居委会9个、村委会97个），自然村651个，村民小组783个。年末总人口36万人。其中，非农业人口3.48万人，占总人口的9.6%；少数民族人口2.55万人，占总人口的7.1%。人口密度每平方千米267人，人口自然增长率6.1‰。

狗街镇小哨村彝族祝酒歌　（宜良县志办　提供）

2009年，全县实现生产总值38亿元，比上年增长13.2%。其中，第一产业增加值9.9亿元，增长7.1%；第二产业增加值17.8亿元，增长15.5%；第三产业增加值10.3亿元，增长13%。一、二、三产业比26∶47∶27。农村总收入97.9亿元；粮食总产12.37万吨，下降9.04%。工业总产值65亿元，增长30%。年末公路通车总里程1 360.56千米。全县财政总收入5.40亿元，增长36.4%；财政总支出9.07亿元，增长27%。

2009年，全县共有各类学校145所，专任老师3 220人，在校学生6.23万人，学龄儿童入学率99.9%，普通初中升学率84.14%，高考录取率85.25%。有艺术表演团体1个，文化馆（站）8个，公共图书馆1个，广播人口覆盖率100%，电视人口覆盖率97%。有卫生机构（不含诊所）77个，有病床1 270张，每千人有病床3.5张，有卫生技术人员973人，其中，执业医师330人，执业助理医师87人，每千人有医师1名。

2009年，全县农民人均纯收入4 686元；职工年工资人均2.33万元，比上年增长21.7%；城镇居民人均可支配收入1.54万元，增长11.4%。开发就业岗位4 043个，新增就业1 797人，发放低保金908.64万元。搬迁地质灾害户148户，补助搬迁经费44.4万元。新建廉租房220套。培训劳动力1.35万人，转移就业1.29万人，实现转移收入1.20亿元。城镇登记失业率2%以内。

中共县委书记　王春燕
县人大常委会主任　余荣明
县人民政府县长　张正平
县政协主席　杨秀松

【扶贫开发】 年内，共投入扶贫开发项目资金1 474.5万元，实施完成6个整村推进村、2个易地扶贫村、1个产业扶贫村等70件扶贫开发项目。建安居住房63户计6 800平方米，解决了2个村228人的住房困难。建养殖小区1个3 100平方米，平整及硬化场地10 085平方米；建

民康园廉租房开工仪式　　（嵩明县志办　提供）

车马人行桥4座；在19个村内硬化路面1.56万米、5.95万平方米，整修砂化进村道路2.75千米，支砌挡墙430立方米，解决4 439户1.61万人的交通困难；在7个村架设引水管31.49千米，建400立方米蓄水池4个、300立方米水池2个、200立方米蓄水池2个，建三面光沟200米，改善270亩农田灌溉条件，解决941人、415头大牲畜饮水困难；安装SO-50KVA变压器1台，架线2 000米，JP柜1个，电表63只；建多功能活动室300平方米。扶持175户，分别养殖大牲畜105头，良种母猪60头，种植生菜100亩。扶持407户完成沼气池23个，节能灶384眼。建公厕3个，改建卫生厩109个，垃圾池3个。安装卫星电视接发设备2套，解决36户收看电视问题。与信用联社合作，在涉及贫困村的40个贫困村委会178个村小组3 004户农户发放小额信贷扶贫贴息资金2 156.06万元，实现100%放贷贴息到户和100%回收贷款。

【生态建设】　2009年，坚持“生态立县”战略，推进生态环境建设。编制《嵩明生态县建设规划》《嵩明县大石头水库水源地环境保护规划》。严控高污染高能耗企业产生，规模以上工业企业万元增加值能耗下降9.5%以上，化学需氧量、二氧化硫指标均控制在总量范围以内。年内，共审批建设项目93个，项目总投资14.32亿元，其中环保投资1.05亿元，核发排污许可证40家，换发排污许可证15家，年检排污许可证58家。开展环境整治专项行动和违法排污“零申报”活动，对牛栏江沿线污染源进行排查，启动大石头水库、上游水库等水源保护治理工作，实现了冷水河、牧羊河绿化“零申报”。实施竹子、芦苇、柳树、经济林果和村庄景观绿化“五大”工程建设，完成面山造林5 880亩、义务植树98万株、封山育林2万亩、人工造林14万亩，种植特色经济林2.2万亩，“五采区”植被恢复120亩。抓好拆临拆违拆迁、建绿透绿补绿和环境卫生整治工作，累计拆临拆违9.5万平方米，拆迁2.06万平方米，建绿透绿3.15万平方米，完成“零申报”目标任务。

（杨加祥）

石林彝族自治县

【概述】　石林彝族自治县位于云南省中东部、昆明市东南部，属昆明市远郊县。辖区总面积1 725平方千米。其中，山区半山区占69%，丘陵占15.20%，坝区占14.70%，河谷占1.10%。县人民政府驻地鹿阜镇，距省会昆明78千米，海拔1679.8米。年平均气温17.5℃，年最高气温32.0℃（4月17日和5月27日），年最低气温0.6℃（12月25日）；年日照时数2 374.1小时，年降雨量569.7毫米。全县辖乡镇7个，其中，乡1个、镇6个，村（居）民委员会92个，村（居）民小组509个。2009年末总人口24.16万人。其中，非农业人口2.80万人，占总人口的11.59%；少数民族人口8.47万人，占总人口的35.04%，其中，彝族人口8.22万人，占总人口的34.04%和少数民族人口的97.16%。人口密度每平方千米140人，人口自然增长率4.83‰。

全年实现地区生产总值31亿元，比上年增长14.1%。其中，第一产业增加值9.30亿元，增长11.9%；第二产业增加值8.33亿元，增长13.2%；第三产业增加值13.37亿元，增长11.6%。一、二、三产业比重由30.2∶28.6∶41.2调整为30.0∶26.9∶43.1。实现农林牧渔业总产值16.76亿元，比上年增长15.2%；粮食总产量12.3万吨，人均505千克。工业总产值完成31亿元，增长21%。年末全县公路总里程966.97千米。公交班线车旅客运送量439.95万人次；火车旅客发送7.51万人次，旅客到达14.87万人次；火车旅客周转量3 945.86万人千米。固定电话用户1.81万部，小灵通用户1 700部，“致富通”（无线座机）在网用户3 601户，CDMA用户10 770户，移动电话用户14.76万户，ADSL（包含LAN）在网用户6 011部，新增3G无线上网卡用户743户。全县地方财政总收入3.88亿元，增长21%；地方财政一般预算总支出7.09亿元，增长27%。

全县共有各类学校129所，在职教职工3 222人（其中专任教师2 714人），在校学生4.81万人。学龄儿童毛入学率114.22%，初中毛入学率114.01%，普通初中毕业生升学率43.65%，高考录取率91.15%。全县有国有文艺演出团队2个，文化馆1个，公共图书馆1个。广播人口覆盖率和电视人口覆盖率均达98.64%。有公立医疗卫生机构68个，病床761张，每千人有病床3.13张；医疗机构卫生技术人员759人，其中，执业医师238人、执业助理医师43人，每千人有医师（含助理执业医师）1.34人。

2009年，全县农民人均纯收入4 789.54元，扣除物价因素，实际增长13.6%；在岗职工年平均工资2.57万元，增长26.4%；城镇居民人均可支配收入1.56万元，增长13.0%；居民人均消费支出1.12万元。城乡居民人均储蓄存款9 130元，比年初增长35.22%。城镇居民人均住房面积38.45平方米，农民人均住房面积42平方米。城镇登记失业率2.10%以内。

中共县委书记　罗朝峰

县人大常委会主任　李绍增

县人民政府县长　毕春华（彝、女）

县政协主席　者培仙（彝，女）

【项目建设】 2009年引进项目137个，实际到位国内市外资金17.62亿元，实际利用外资1 399.73万美元，引进资金与上年相比分别增长25%和118%。年内争取国家和省市项目219个，争取中央和省级资金29 693.88万元。年内全县实施重点项目68个，其中，政府投资38个，企业投资30个，计划总投资131.82亿元，完成21.45亿元。全社会固定资产投资完成27.68亿元，比上年增长76.5%。

【台湾农民创业园建设】 2008年12月，农业部和国务院台湾事务办公室批准成立云南昆明石林台湾农民创业园。2009年3月成立管理委员会，6月16日正式开工建设。全年省市县三级财政累计到位资金6 764.8万元。年内完成总体规划和产业布局规划，完成园区土地流转1.2万亩，进行园区交通、绿化、给水等工程建设，开展3万亩中低产田改造，编制完成880万方地下水库可行性研究报告和地质勘探作业。园区招商引资签订项目投资协议12个，协议投资7.76亿元，其中，落地项目8个，开工项目2个，实际到位资金8 300万元人民币，入住企业11家。

【新农村建设】 年内，石林县下派第三批8个工作队和91个新农村建设指导员，2009年度11个整村推进村完成建设项目156件，投资5 055.59万元。其中，基础设施建设项目54件，投资1 819.99万元；产业发展项目23件，投资1 467.56万元；生态建设项目36件，投资976.18万元；社会事业发展项目43件，投资79.86万元。在台湾农民创业园核心区开展新农村建设，完成高石哨、和摩站、寺背后、石板哨4个村村庄测绘工作。完成高石哨村修建性规划，投资126万元开展村内主干道硬化、村庄绿化、风貌改造等建设。

【扶贫开发】 年内投资547.7万元，在2008年度省市19个扶贫重点村和1个省级易地扶贫开发村开展建设，完成基础设施、产业开发、能源建设、社会事业等4个重点建设项目34个。同时，启动2009年度省市19个扶贫重点村44个项目建设，总投资814万元，预计项目完成后将使农民人均纯收入递增10%以上，减少贫困人口1 000人。在全县7个乡镇发放小额信贷扶贫资金1 160万元，贷款户均纯收入增1 558元，到期贷款回收率100%。省市扶贫重点村举办劳动力培训55期4 260人次，转移输入贫困人口380人。2009年，全县有7 500人脱贫，年末全县还有贫困人口17.38万人，其中人均收入958元以下的2 315人，收入在958～1 196元的1.51万人。

【城乡民生状况调查】 年末，按照户籍统计，城镇居民人均住房面积38.45平方米，人均消费支出1.12万元，使用液化气、饮用纯净水矿泉水并有卫生设备的家庭达98%。每百户拥有摩托车38辆，助力车32辆，家用汽车18辆，洗衣机98台，彩色电视机128台，家用电脑60台，组合音响34套，照相机42部，中高档乐器6件，微波炉52台，淋浴热水器92台，健身器材4套，固定电话58部，移动电话250部。

农民人均住房面积42平方米，

美国北卡罗来纳州农业代表团考察石林烤烟等农业生产　（石林县外宣办　摄）

其中，砖混结构16平方米、砖木结构9平方米。农户炊事中11%使用煤炭，45%使用柴草，14%用电，26%使用沼气，有89.5%的农户饮用自来水。农民人均生活消费支出4 353元。每百户拥有汽车2辆，大中型拖拉机3台，小型和手扶拖拉机23台，动力三轮车5辆，机动脱粒机15台，农业动力机械17台，胶轮大车38架，水泵14台，役畜99头，产品畜143头。每百户农村家庭有洗衣机53台，电冰箱15台，微波炉6台，热水器30台，自行车32辆（其中电动自行车6辆），摩托车46辆，固定电话34部，移动电话151部，彩色电视机94台，黑白电视机5台，影碟机79台，照相机3架。

【农产品获国际农博会奖】 在9月举办的第五届昆明国际农业博览会优质农产品评选中，石林县有8个农特产品参获奖。其中“云林牌”系列卤腐、“春频及图形牌”西兰花分别获得金奖；“石旅牌”系列面条、“野沙玛牌”生态土鸡蛋、“路花牌”人参果分别获得银奖；“路单系列玉米杂交种”7号、12号和“陈香牌”系列卤腐分别获得优质产品奖。

（刘世生　毕晓冬）

禄劝彝族苗族自治县

【概述】 禄劝彝族苗族自治县位于云南省中部、昆明市北部。辖区总面积4 234.78平方千米。其中，山区面积4 167.20平方千米，占总面积的98.40%；坝区面积67.58平方千米，占总面积的1.60%。属国家级贫困县。县人民政府驻地屏山镇，海拔1679米，距省府昆明72千米。2009年，平均气温16.40℃，年极端最高气温32.70℃（7月18日），极端最低气温-0.50℃（1月5日）；全年日照时数1 895.20小时，总降水量621.70毫米。辖10镇6乡，192个村民委员会、2个社区居民委员会，2606个村（居）民小组，2471个自然村。年末总人口47.36万人，其中，非农业人口2.69万人，占总人口5.68%；少数民族人口14.80万人，占总人口的31.26%；主体自治民族人口12.09万人，占总人口的25.54%，占少数民族人口81.71%。人口密度每平方千米111.82人。人口自然增长率7.40‰。

全县实现地区生产总值28.23亿元，比上年增长12.80%。其中，第一产业增加值9.92亿元，增长7.30%；第二产业增加值6.88亿元，增长19.40%；第三产业增加值11.43亿元，增长13.90%。一、二、三产业比由37：22.70：40.30调整为35.10：24.40：40.50。农村经济总收入13.53亿元，增长9.30%。粮食总产量18.28亿千克，增长1.53%。工业总产值完成9.46亿元，增长11.20%。年末公路通车总里程3 630千米。年底固定电话机总数2.14万部（含农村致富通），小灵通用户1 786户，CDMA用户1.20万户，互联网用户4 927户。全县财政总收入3.74亿元，增长19.30%；财政总支出9.95亿元，增长23.40%。

年末，全县有中小学325所，专任教职工4 114人，在校学生7.43万人。小学适龄儿童入学率99.38%，普通初中升学率为86.20%，高考录取率52.30%。有各类艺术表演团体128个，文化馆（站）17个，县级公共图书馆1个。广播人口覆盖率95%，电视覆盖率94%。有乡级以上医疗卫生机构26个，拥有病床1 374张，每千人有病床2.94张；有卫生专业技术人员908人。

全年农民人均纯收入2 707元，增长15.40%；在职职工年均工资2.6万元，增长17.60%；城镇居民人均可支配收入1.32万元。人均消费支出8061.12元。居民人均储蓄存款3 626元，增长15.90%。城镇居民平均住房面积31.74平方米。城镇登记失业率2.33%。

中共县委书记　孔贵华（回）

县人大常委会主任　张光文（苗）

县人民政府县长　毕昆闽（彝）

县政协主席　张庆学

【轿子山晋升为国家级自然保护区】 轿子山自然保护区是1994年经云南省人民政府批准建立的省级自然保护区。保护区地跨东川区和禄劝彝族苗族自治县，是小江河及普渡河支流水源涵养地，总面积24.29万亩。保护区自然资源丰富，景观独特，保存有完整的第四纪冰川遗迹与冰蚀地貌，是乌蒙山系在滇中地区残留的、以急尖长苞冷杉为主的寒温性针叶林生态系统。由于其特殊的地理位置、地形地貌和保存完整的原始寒温性针叶林及丰富的动植物资源，轿子山自然保护区在滇中地区生物多样性保护和生态建设中具有重要科研和保护价值。保护区发现野生植物154科507属1 611种，其中，国家级珍稀保护植物8种，野生动物293种，列入国家重点保护名录的有30余种。2008年4月，正式启动轿子山申报国家级自然保护区工作。2009年2月7日，轿子山晋升国家级自然保护区通过省环保厅、省林业厅组织的评审；2月20日，通过国家林业局组织评审；9月1日，通过国家环保部门预评审；11月21日，国家环保部门在北京举行昆明轿子山晋升国家自然保护区评审会，获得全票通过。

【禄劝认定为“云药之乡”】 为推进中药材现代化科技产业基地建设，促进禄劝中药材种植和中药产业发展，把全县潜在的丰富中药材资源优势转化为区域经济优势。9月，云南省科学技术厅、省食品药品监督管理局认定禄劝为云南省第一批20个“云药之乡”之一，规定草乌、附子、板蓝根为禄劝地道中草药品种，为禄劝中药材种植和中药产业发展奠定了坚实基础。

【开展白内障免费手术】 8月3～10日，中国第一慈善大王——余彭年先生赞助在县医院开展白内障人工晶体免费植入手术；11月11～14日，广东光明狮子会个体私营企业家赞助在禄劝团街乡卫生院开展白内障人工晶体免费植入手术。两次活动共为263名白内障患者实施手术，并为路途遥远的白内障患者发放车旅补助金共7 700元。

【和谐新农村——西村】 西村位于屏山镇南部昆禄（昆明至禄劝）公路旁，距县城14千米，是一个彝族聚居的半山区自然村。有3个村小组112户494人，耕地208亩，人均占有粮食390千克，农民人均纯收入1 334元。年内投入资金195.52万元在西村实施社会主义新农村建设整村推进项目。共完成进村及村内道路硬化6 517平方米，村内晒场硬化182平方米；村庄亮化墙粉2.56万平方米，种植绿化树苗150株；新建多功能村级文化活动室80平方米；项目工程公告公示碑1块。实施“农民素质培训工程”和“农户实用科技培训”1 200人次。西村村容村貌有明显改观，群众形成文明、健康、和谐向上的生产生活方式。

西村远眺 （禄劝县志办 提供）

【烤烟生产】 2009年，全县指导性种植烤烟9.33万亩，收购烟叶1 300万千克（其中出口备货烟90万千克），上等烟比例50.54%，均价15.46元/千克，同比增加1.01元/千克，实现收购总值2.01亿元，比上年增加2 030万元，烟农售烟总收入2.29亿元，烟农增收2 700万元，实现烤烟农特税4 421.56万元。上等烟比例、均价位居全市之首，经济效益和社会效益突破历史最好水平，连续7年被评为市级烤烟生产收购先进县，继2004年后再次获“省级烟叶工作先进县”。

【招商引资】 2009年，全县新引进外来投资项目27个，协议总投资12.49亿元。年末，投资项目到位资金累计人民币达16.33亿元，完成市招商引资考核目标任务的163.30%，外资到位资金达600万美元，完成市招商引资考核目标任务的600%。

【保障民生】 年内，新增城镇就业人员874人，城镇登记失业率为2.33%。各项支农惠农政策落到实处，发放支农补贴3 366万元，争取支农项目36项，投入资金2 241万元。兑现大中型水库移民后期扶持资金341万元，6 023人受益。养老、失业、医疗、工伤、生育社会保险覆盖面持续扩大。发放城镇低保276万元、农村低保1 335万元、春节及一次性专项补贴304万元、救灾资金125万元、创业贷款3 085万元。完成洪门厂村88户村民搬迁。开工建设廉租住房300套，企业经济适用住房138套。

【农村居民收入】 根据100户农村住户抽样调查结果表明：2009年，全县农民人均纯收入为2 707元，同比增加361元，增长15.40%；工资性收入452元，同比增加37元，增长8.90%；农民人均家庭经营收入3 326元，同比增加304元，增长8.60%；财产性收入人均223元，同比增加125元，增长128.50%；人均转移性收入244元，同比增加154元，增长172.10%。

【农村居民生活质量】 2009年，全县每百户农民家庭拥有洗衣机11台、太阳能热水器6台、摩托车21辆、固定电话机9部、移动电话119部、彩色电视机77台、黑白电视机10台。

（张玉宇）

寻甸回族彝族自治县

【概述】 寻甸回族彝族自治县位于云南省东北部、昆明市东部。辖区总面积3 598平方千米。县人民政府驻地仁德镇，距昆明市区90千米。2009年，平均气温16℃，年最高气温31.8℃，年最低气温-0.9℃；年平均日照时数1 916.2小时；年均降雨量814.5毫米；无霜期232天、初霜日2008年11月15日、终霜日2009年3月15日；汛期5月13日至9月16日。主要气象灾害有干旱、霜冻、单点暴雨、冰雹大风等灾害。辖乡镇4个，其中，乡4个、镇10个，村（居）委员会170个，3个社区。年末全县户籍总人口53.70万人。其中，非农业人口3.58万人，占总人口的6.74%；少数民族人口11.81万人，占总人口的22.24%。其中，回族6.43万人，占总人口的12.12%；彝族4.67万人，占总人口的8.8%。人口自然增长率3.66‰。

全年实现生产总值32.47亿元，增长13.2%。其中，第一产业增加值10.80亿元，增长6.9%；第二产

业增加值8.31亿元，增长18.9%；第三产业增加值13.36亿元，增长14.9%。一、二、三次产业结构比重由上年的32.8：28.2：39.0调整为33.3：25.6：41.1。实现农林牧渔总产值18.84亿元，增长8.46%。粮食总产量19.81万吨，增长1.5%。工业总产值完成36.94亿元，增长21.68%。公交车营运线路总长5 044千米，汽车营运线路总长1 238千米。全年客运量479万人次，客运周转量2 871万人千米；货运量867.1万吨，货运周转量5.83亿吨千米。完成171千米路基改造、142千米建制村路面硬化，完成县城二级客运站主体站房和塘子、羊街、联合3个四级客运站建设。全县地方财政总收入4.55亿元，增长20.14%。其中，地方财政收入3.11亿元，增长41.8%；地方财政支出11.48亿元，增长24.32%。

年底，全县共有各类学校294所，专任教师5 804人，在校学生9.97万人。小学适龄儿童入学率99.58%，初中毛入学率106.49%，高中毛入学率63.12%。共有艺术表演团体1个，广播电视工作逐步规范，广播电视人口覆盖率93%，有线电视人口覆盖率24%。文化馆1个，公共图书馆1个，完成县民族文化体育活动中心建设。全县共有卫生机构21个，病床853张；有卫生技术人员629人，其中，执业医师和执业助理医师300人，注册护士196人。新型农村合作医疗参合率99.8%。

2009年，农民人均纯收入3 058元，增长9.4%；农民人均消费支出2 349.65元，下降1.33%。城镇居民人均可支配收入1.4万元，增长8.8%；人均消费支出1.17万元，增长14.45%。

中共县委书记　刘荣

县人大常委会主任　张正良（彝）

县人民政府县长　马慈明（回，～2009.11）

代理县长　唐琪（回，女，2009.11.～）

县政协主席　张国友

【整乡推进试点启动】 六哨乡在2009年被省市确定为省级整乡推进试点乡，项目计划分两年实施完成，2010年12月底全面结束并通过验收。六哨乡整乡推进扶贫开发项目计划总投资8 378.6万元。其中，省、市财政补助资金1 200万元，县级财政补助资金200万元，扶贫内部整合资金1 410万元（整村推进资金400万元、互助资金100万元、安居工程资金120万元、易地开发资金106万元、社会帮扶资金230万元、信贷资金500万元）；外部整合12个部门资金3 887万元，其中，农业130万元，林业47万元，畜牧234万元，交通680万元，卫生210万元，教育1 200万元，民政180万元，城建218万元，水利437万元，文化164万元，发改210万元，政策统筹177万元；群众自筹1 681.6万元。六哨乡整乡推进工作领导小组按照项目实施方案，组织开展项目实施，于2009年7月开工建设，截至10月30日，开工建设7项，总投资2 033.6万元，完成总投资的24.3%。

【社会保障】 全县参加基本养老保险人数1.08万人，其中参保职工人数8 949人。失业保险参保1.41万人。城镇职工基本医疗保险参保1.98万人，城镇居民基本医疗保险参保1.37万人。企业工伤保险参保8 684人，其中农民工参保3 720人。生育保险参保5 715人。农村养老保险参保9 203人，其中失地农民保险参保3 777人。全县共有城市低保对象2 764户4 863人，发放城市低保资金706.34万元；共有农村低保对象2.03万人，人均补助60元，共发放保障金109.14万元。

【市第九届民运会】 10月14～20日，昆明市第九届少数民族传统体育运动会在县举办。民运会设抢花炮、武术、摔跤、双拐、射弩、毽球、陀螺、吹枪、秋千、板鞋10个竞赛项目。昆明市14个县（市）区及市民委各组织一支代表队。参加市第九届民运会的各代表团、裁判员、工作人员、新闻记者、官员、来宾、观摩团成员等共约1 700人。这是寻甸县承办的规模最大、规格最高的一次体育赛事。寻甸代表团参加11个大项、99个小项全部项目比赛，获得16金22银15铜，取得团体总分第二的好成绩。

【政务网开通】 寻甸县政务网从2009年3月份开始施工，5月15日前完成县网络管理服务中心机房到各乡（镇）、县直各单位骨干网络建设和网络核心设备的采购；6月15日前完成与省、市电子政务网互联调试及软件安装培训工作；6月15～30日进行试运行，6月30日后正式启用电子公文系统、OA办公软件、电子签章系统。启用后，将不再收发纸质公文。

【产业扶贫项目】 10月29～30日，寻甸县2008年度省市产业扶贫项目顺利通过市级验收。其中，省级项目3个、市级项目2个，总投资2 935.66万元。

【易地开发扶贫项目】 11月3～4日，寻甸县2008年度省级财政易地开发扶贫项目顺利通过市级验收。项目于2008年10月10日开工，2009年6月30日竣工，实施单项工程7大类41项，总投资520.58万元，涉及功山、柯渡、鸡街3个乡（镇），建设安置点3个，搬迁安置人口126户518人。

【殡葬改革】 2009年以来，县委、县政府采取举措将殡葬改革列入党委、政府重要议事日程。全县火化遗体615具，焚烧282具；搬迁坟墓250冢，拆除“活人墓”54冢，墓地绿化植树33 919株；清理违法、违规殡葬店铺38家（个）；建设农村公益性公墓9个，其中，已建成4个，还有5个在建。

（李巧梅）

昆明市经济社会发展主要指标（表一）

地 区	年末总人口（万人）		城镇人口占总人口比重（%）		单位从业人员（人）		农业总产值（万元）	
	2008年	2009年	2008年	2009年	2008年	2009年	2008年	2009年
昆明市	623.90	628.00	60.12	61.00	927 562	939 611	1 757 375	1 909 556
五华区	87.49	87.00	96.09	96.10	170 865	131 904	24 646	24 798
盘龙区	65.91	73.00	93.75	93.80	130 669	167 650	29 033	31 120
官渡区	75.61	76.50	95.71	95.70	176 342	121 048	151 790	141 963
西山区	70.75	71.50	93.40	93.40	116 571	176 821	45 888	47 228
东川区	29.33	29.50	35.31	35.50	25 282	66 985	60 852	63 885
呈贡县	22.50	23.00	53.00	53.30	11 895	12 411	134 756	128 316
晋宁县	28.04	28.20	25.22	27.10	22 328	13 651	153 334	177 052
富民县	15.07	15.20	21.32	22.40	11 480	23 180	77 463	89 349
宜良县	42.58	42.90	27.47	30.20	27 157	19 835	326 219	371 270
石林县	24.26	24.40	29.00	30.00	13 897	27 038	148 513	167 647
嵩明县	34.94	28.50	20.82	25.30	22 097	13 651	156 121	174 989
禄劝县	44.52	44.80	8.81	10.30	11 934	12 043	168 367	184 973
寻甸县	50.89	51.30	15.29	16.60	18 710	26 927	171 240	188 426
安宁市	32.01	32.20	64.06	64.80	63 008	19 248	109 153	118 540

昆明市经济社会发展主要指标（表二）

单位：万元

地 区	地区生产总值		第一产业		第二产业		第三产业	
	2008年	2009年	2008年	2009年	2008年	2009年	2008年	2009年
昆明市	16 053 993	18 374 605	1 049 020	1 149 246	7 402 640	8 245 790	7 602 333	8 979 569
五华区	4 446 373	4 966 068	15 111	15 384	2 577 651	2 797 888	1 853 611	2 152 796
盘龙区	1 839 046	2 071 510	16 763	19 562	547 617	593 591	1 274 666	1 458 357
官渡区	3 627 968	4 078 349	97 225	95 128	1 389 513	1 576 342	2 141 230	2 406 879
西山区	1 930 357	2 109 728	28 817	30 076	615 684	614 787	1 285 856	1 464 865
东川区	303 699	337 575	29 503	32 047	198 424	214 179	75 772	91 349
呈贡县	533 147	590 731	81 752	74 554	256 231	282 281	195 164	233 896
晋宁县	417 973	491 943	92 350	108 526	206 724	252 648	118 899	130 769
富民县	208 961	238 739	44 847	55 874	101 411	108 487	62 703	74 378
宜良县	705 304	824 513	214 069	244 515	194 030	240 556	297 205	339 442
石林县	272 889	310 047	82 371	93 040	78 132	83 304	112 386	133 703
嵩明县	339 831	384 872	88 929	99 705	157 533	165 740	93 369	119 427
禄劝县	245 682	284 541	90 927	99 242	55 698	68 836	99 057	116 463
寻甸县	299 698	324 689	98 311	107 975	84 611	83 144	116 776	133 570
安宁市	1 140 053	1 211 849	68 565	71 433	699 768	715 278	371 720	425 138

昆明市经济社会发展主要指标（表三）

单位：%

地区	地区生产总值构成		第一产业		第二产业		第三产业	
	2008年	2009年	2008年	2009年	2008年	2009年	2008年	2009年
昆明市	100.00	100.00	6.53	6.25	46.11	44.88	47.35	48.87
五华区	100.00	100.00	0.34	0.31	57.97	56.34	41.69	43.35
盘龙区	100.00	100.00	0.91	0.94	29.78	28.66	69.31	70.40
官渡区	100.00	100.00	2.68	2.33	38.30	38.65	59.02	59.02
西山区	100.00	100.00	1.49	1.43	31.89	29.14	66.61	69.43
东川区	100.00	100.00	9.71	9.49	65.34	63.45	24.95	27.06
呈贡县	100.00	100.00	15.33	12.62	48.06	47.79	36.61	39.59
晋宁县	100.00	100.00	22.09	22.06	49.46	51.36	28.45	26.58
富民县	100.00	100.00	21.46	23.40	48.53	45.44	30.01	31.16
宜良县	100.00	100.00	30.35	29.66	27.51	29.17	42.14	41.17
石林县	100.00	100.00	30.18	30.01	28.63	26.87	41.18	43.12
嵩明县	100.00	100.00	26.17	25.91	46.36	43.06	27.48	31.03
禄劝县	100.00	100.00	37.01	34.88	22.67	24.19	40.32	40.93
寻甸县	100.00	100.00	32.80	33.25	28.23	25.61	38.96	41.14
安宁市	100.00	100.00	6.01	5.90	61.38	59.02	32.61	35.08

昆明市经济社会发展主要指标（表四）

地区	地区生产总值指数（上年＝100）		人均地区生产总值（元）		国有经济固定资产投资（万元）		社会消费品零售总额（万元）	
	2008年	2009年	2008年	2009年	2008年	2009年	2008年	2009年
昆明市	112.00	112.80	25 826	29 355	3 979 044	6 123 570	7 007 415	8 646 103
五华区	110.40	111.00	50 648	56 918	1 058 423	808 984	2 222 932	2 743 469
盘龙区	113.10	113.30	28 062	31 287	575 704	563 388	1 429 910	1 764 423
官渡区	114.20	113.70	48 280	53 620	888 723	1 519 413	1 233 677	1 575 303
西山区	113.10	112.70	27 600	29 660	428 616	632 294	1 108 927	1 330 113
东川区	105.20	111.40	10 392	11 474	49 898	88 756	55 983	67 026
呈贡县	115.00	111.70	23 513	25 966	489 024	895 594	104 094	124 606
晋宁县	113.90	114.20	14 832	17 494	29 747	48 380	85 324	106 026
富民县	115.10	113.10	13 894	15 769	16 591	23 606	48 451	57 468
宜良县	114.10	113.70	16 709	19 291	50 491	82 764	130 090	165 878
石林县	113.70	114.10	11 302	12 743	72 728	120 388	117 575	153 145
嵩明县	114.10	113.20	9 757	11 006	55 565	70 719	116 372	138 424
禄劝县	112.80	112.90	5 541	6 371	44 102	83 725	53 559	64 937
寻甸县	115.00	113.20	5 913	6 355	92 517	66 711	86 522	102 150
安宁市	113.10	111.20	35 761	37 741	126 915	278 935	214 289	253 135

昆明市经济社会发展主要指标（表五）

地　区	地方财政收入（万元）		地方财政支出（万元）		人均地方财政收入（元）		人均地方财政支出（元）	
	2008年	2009年	2008年	2009年	2008年	2009年	2008年	2009年
昆明市	1 749 894	2 016 125	2 334 865	2 707 475	2 815	3 221	3 756	4 325
五华区	133 426	157 692	148 170	176 842	1 520	1 807	1 688	2 027
盘龙区	103 789	124 956	125 023	153 402	1 583	1 799	1 907	2 209
官渡区	160 699	200 917	182 860	227 154	2 138	2 642	2 433	2 987
西山区	109 269	130 046	144 576	163 766	1 563	1 828	2 067	2 303
东川区	40 128	24 066	124 947	141 674	1 373	818	4 276	4 816
呈贡县	54 042	53 078	73 157	74 778	2 381	2 333	3 223	3 287
晋宁县	33 108	46 977	70 105	89 521	1 175	1 671	2 489	3 184
富民县	10 451	12 106	37 919	43 190	695	800	2 521	2 854
宜良县	33 097	38 309	70 737	84 201	784	896	1 677	1 970
石林县	20 090	25 953	55 725	71 161	833	1 067	2 309	2 925
嵩明县	22 907	32 876	72 330	91 066	658	1 036	2 077	2 871
禄劝县	16 078	23 098	72 505	94 887	362	517	1 634	2 125
寻甸县	21 177	27 096	87 258	108 586	418	530	1 721	2 125
安宁市	108 526	128 009	139 330	153 108	3 401	3 987	4366	4 769

昆明市经济社会发展主要指标（表六）

地　区	农民人均纯收入（元）		职工人数（人）		在岗职工年平均工资（元）		人均储蓄存款余额（元）	
	2008年	2009年	2008年	2009年	2008年	2009年	2008年	2009年
昆明市	4 610	5 080	876 746	884 461	26 169	29 889	24 539	30 720
五华区	5 991	6 638	163 475	125 470	25 094	29 617	}	67 382
盘龙区	5 936	6 495	126 449	154 765	24 081	30 071		
官渡区	6 836	7 718	168 035	111 302	26 513	30 004	22 146	33 377
西山区	6 672	7 312	105 166	171 844	19 891	23 227	18 397	31 817
东川区	2 341	2 695	24 311	64 163	18 331	20 730	9 585	10 760
呈贡县	6 225	6 805	11 755	12 127	29 064	34 828	23 002	38 778
晋宁县	4 334	5 062	22 018	13 375	20 845	23 370	10 424	13 204
富民县	4 370	4 931	11 375	22 881	17 957	22 465	8 958	10 585
宜良县	4 600	5 241	27 115	19 787	19 313	22 905	9 974	12 029
石林县	4 216	4 790	13 709	26 994	19 105	25 721	6 754	9 129
嵩明县	4 163	4 686	22 041	13 456	18 169	23 345	7 215	9 139
禄劝县	2 346	2 707	11 928	11 918	21 097	26 039	3 303	3 845
寻甸县	2 795	3 058	16 710	23 790	22 643	30 821	3 485	4 235
安宁市	5 563	6 170	59 887	17 204	30 204	31 315	18 499	22 570

（省统计局）

曲靖市

主　　编　杨光彦　宣　勤
责任编辑　许旭光　侯焕媛

【概述】　曲靖市位于云贵高原中部、云南省东部偏北。总面积2.89万平方千米。其中，山地、丘陵占总面积93.96%；大于2平方千米的坝子68个，占总面积6%。市政府驻麒麟区寥廓街道，距省会昆明135千米。2009年末，曲靖市辖麒麟区、宣威市和沾益、马龙、富源、罗平、师宗、陆良、会泽7县，115个乡（镇、街道办事处），其中镇59个、乡47个、街道办事处9个。年末全市户籍总人口616.2万人。常住人口581.7万人，少数民族人口44.5万人，占总人口7.2%。人口密度每平方千米213人。人口自然增长率6.48‰，

2009年，全市实现生产总值861.8亿元，比上年增长12.9%，按常住人口计算，人均GDP达到1.49万元。其中，第一产业增加值160.9亿元，增长6.9%；第二产业增加值456.0亿元，增长13.6%；第三产业增加值244.9亿元，增15%。一、二、三产业比为19：53：28。工业增加值409.4亿元，增长12.6%。规模以上工业企业实现增加值328.4亿元，增长12.7%。全年共接待海外游客1.6万人（次），增长22%，旅游外汇收入250.2万美元，增长25%；国内游客640万人次，增长14%；旅游总收入37.3亿元，增长35%。全社会固定资产投资555亿元，增长30.6%。社会消费品零售总额190亿元，增长22.4%。居民消费价格总指数100.70，商品零售价格总指数99.80。全年进出口总额1.7亿美元，下降15.7%。

全市公路通车里程2.66万千米，其中高速公路916千米。完成客运量7 891.82万人、客运周转量57.87亿人千米；货运量1.43亿吨、货物周转量129.59亿吨千米。

年末，全市移动电话用户236.1万户，增长40.5%。固定电话用户39.6万户，下降0.7%。互联网用户14.1万户，其中，宽带网用户13.4万户。

2009年，全市财政总收入210亿元，增长8.4%。地方一般预算收入63亿元，增长12.8%，其中税收收入54亿元，增长10.6%。地方一般预算支出140亿元，增长19.9%。市级政府非税收入完成18.95亿元，增长34.96%。

市有各级、各类全日制学校2 704所。其中，师范学院1所、高等医学专科学校1所、职业技术学院1所、中等专业学校7所、中等职业技术学校15所、教师进修学校9所、普通高（完）中59所、初级中学188所（含九年一贯制学校7所）、小学1 776所、特殊教育学校4所、幼儿园655所。另有小学教学点1 813个。有全日制在校学生134.71万人。其中，高校1.88万人、中等职业学校8.04万人、普通高中12.61万人、初中32.05万人、小学66.02万人、在园幼儿14.15万人、特殊教育学校和随班就读残疾学生4 600人。全市有教职工6.82万人。其中，高校1 319人、中等职业学校2 718人、普通中学2.59万人、小学3.30万人、幼儿园5 193人、特殊教育学校97人。小学适龄儿童入学率99.68%，初中毛入学率102.12%。高考上线率82.84%，比上年提高5.1个百分点。

2009年，市组织申报国家和省科技计划项目127项，获准立项55项，争取经费3 651.8万元；申请专利136件，专利授权80件；全市重点产业中有29项专利技术实施转化，转化率达29%。科技进步对工业、农业和国民经济增长贡献率分别达51.4%、50.9%、51.5%。会泽县、陆良县、富源县、师宗县、罗平县、麒麟区通过国家县（市）区科技进步考核。年内，曲靖市政府与加拿大天辰集团共同规划建设的现代农业示范项目——云南（曲靖）国际农业食品科技园开工。

全市有文化艺术表演团体7个，文化馆10个，文化站115个，文物管理所10个，公共图书馆11个，公共图书馆藏书109.2万册。全市电视人口覆盖率96.1%，广播人口覆盖率96.0%。有各类卫生机构601个，其中，医院63个、乡（镇）卫生院106

和谐人居　　（曲靖市志办　提供）

治理后的潇湘河 （曲靖市志办 提供）

个，共有病床1.5万张，卫生技术人员1.2万人。

2月，在云南省“芦柴冲煤矿”杯国际式摔跤比赛中，曲靖、陆良代表队分获团体第一、三名。4月，马龙籍竞走运动员赵成良在江苏无锡举办的国际田联竞走挑战赛上获得男子50千米竞走冠军。6月，马龙县竞走学校和会泽县中长跑运动学校分别被授予“国家竞走奥林匹克高水平后备人才基地”和“国家田径长跑奥林匹克高水平后备人才基地”。6月，在云南省第二届传统武术套路比赛中，麒麟区组队代表曲靖市参赛，夺得集体1个第二名、2个第三名，个人夺得金牌2枚、银牌4枚。10月，在全国第十一届运动会上，曲靖市22名运动员代表云南省参加7个项目比赛，获得金牌1枚、银牌1枚、铜牌1枚。

2009年，全市城镇居民人均可支配收入14 104.5元，比上年实际增长10%；农村居民人均纯收入3 666元，实际增长10%。全市在岗职工年平均工资29 538元，增长13.7%。城镇居民人均消费性支出10 163.64元，实际增14.8%。城镇登记失业率控制在3.8%。

中共市委书记 赵立雄

市人大常委会主任 周云

市人民政府市长 岳跃生

市政协主席 赵建华

【回良玉到曲靖考察】 2009年1月16日，到云南考察灾后恢复重建、扶贫和农村工作的中共中央政治局委员、国务院副总理回良玉在省委书记、省人大常委会主任白恩培，省委副书记、省长秦光荣，省委副书记李纪恒等领导陪同下深入陆良县、麒麟区、马龙县田间地头、产业基地、村庄农户，考察农业产业化、扶贫、地震安全工程建设等农业农村工作，并看望慰问群众。

【贾庆林到曲靖调研】 2009年12月15日，中共中央政治局常委，全国政协主席贾庆林在省委书记、省人大常委会主任白恩培，省委常委、省委秘书长杨应楠等领导陪同下，到曲靖国际农业食品科技园、云南驰宏锌锗股份有限公司、曲靖一中调研。

【入选“中国城市发展代表”】 9月10日，国家统计局中国经济景气监测中心发表《中国城市发展研究报告》以16个指标构成评价体系，对全国286个地级及以上城市进行科学评价，从中遴选出60个新中国成立60周年“中国城市发展代表”，曲靖是云南省唯一入选城市。

【家电下乡】 2009年，曲靖市共销售家电下乡产品7.66万台，销售量居全省第一位，为广大农民带来实惠。其中，家电下乡销售额1.16亿元，居全省第二位；已获补贴的家电下乡产品6.68万台，补贴金额1 343万元，居全省第二位。“汽车、摩托车下乡”销售金额9.68亿元，兑现补贴资金9 610.82万元。

【饮水安全】 2009年，完成扩大内需人饮项目投资1.56亿元（其中中央及省级资金1.41亿元），国债人饮解决31万人饮水安全和困难问题，加上其他项目完成的人饮解困任务，至年底全市已解决48.44万人饮水安全和困难。同时完成曲靖市县级农村饮水安全现状调查和复核工作，至年底全市还有饮水不安全人口238.81万人（其中，101.36万人已列入国家人饮安全规划，137.45万人为新增饮水不安全人口），成果已上报待批复。

【中低产田地改造】 市委、市政府以长远规划和年度规划为龙头，整合各部门项目，实行山、水、林、田、路综合治理。全市中低产田地改造投入资金4.52亿元，改造完成42.28万亩，分别在马龙己沃片区、沾益大坡片区召开2次全省中低产田地改造现场会议，形成以“马龙己沃模式”“沾益大坡模式”为代表的曲靖经验。

【中小学危房改造】 2009年，全面实施中小学危房整体改造暨标准化建设，纳入改造的项目，按照“安全、适用、经济、美观”原则，统一规划设计，抗震设防烈度严格执行国家标准。已开工建设65.54万平方米，主体建设完工62.54万平方米，峻工验收40.33万平方米。

【非物质文化遗产保护】 2009年，会泽县斑铜制作技艺传承人张克康被列为第三批国家级非物质文化遗产保护项目名录代表性传承人。至年底，全市已有会泽县“斑铜制作技艺”、陆良县小百户民间舞蹈“大三弦”、罗平县腊者布依

族文化保护区、富源县古敢下笔冲村水族保护区、会泽县洞经音乐、宣威市火腿制作工艺、马龙县火草纺织技艺、罗平县富乐铜艺制作工艺等8个“非遗”项目被列为省级非物质文化遗产保护项目；金银焕、聂建荣等23人被列为省级非物质文化遗产保护项目名录代表性传承人。宣威市火腿制作工艺、马龙县火草纺织技艺、罗平县富乐铜艺制作工艺3个项目正在申报第三批国家级非物质文化遗产保护名录项目。

【涉诉特殊困难群体救助】 2009年，曲靖市认真推行涉诉特殊困难群体执行救助机制，对“穷尽执行手段，被执行人确实没有履行能力，导致案件不能执行而依法终结的人身损害赔偿、刑事附带民事赔偿、赡养抚养等案件的申请执行人以及特殊困难的刑事被害人”进行救助，对执行不能的案件依法进行终结。年内，继宣威市后，富源县、会泽县、马龙县、师宗县以及麒麟区初步建立执行救助制度并开始运行，共筹集救助资金431.71万元。全年全市共对932件案件1 305名涉诉特困当事人进行救助，发放救助金396.5万元，将239人纳入最低生活保障，223人纳入医保。其中，市本级对157件案件183名涉诉特困当事人进行救助，发放救助金80万元，将48人纳入最低生活保障或医保。

【基本药物零加成改革】 2009年，曲靖市率先推行基本药物零加成改革试点。根据国家公布的基本药物目录，结合曲靖用药特点，经过筛选，确定常用、安全有效、价格合理的100种基本药物，其中，西药70种、中成药30种，在市第一、第二、第三人民医院和市妇幼医院开展试点工作，市财政安排专项资金150万元，用于药品零加成补偿。7月1日起4家试点医院正式实施，100种药物平进平出。截至年底，4家试点医院销售基本药物1 211.3万元，让利患者112.65万元。

【全国民族团结进步表彰】 2009年9月29日，在北京召开的国务院第五次民族团结进步表彰大会上，曲靖市委、富源县后所镇庆云村委会被授予“全国民族团结进步模范集体”；曲靖市委副书记、市长岳跃生和罗平县政协副主席黄礼江被授予“全国民族团结进步模范个人”称号，受到国务院表彰。

（张鑫）

海峰湿地秋色　　（曲靖市志办　提供）

麒麟区

【概述】 麒麟区位于云南省中东部。总面积1 552.83平方千米，其中城市建成区面积52平方千米。城区海拔1820米，为曲靖市府所在地，距省会昆明135千米。2009年年平均气温16.0℃，年日照时数2 204小时，年降雨量679毫米。干旱是2009年最严重的气象灾害，年内先后出现冬旱、初夏旱、夏秋连旱。全区辖5个街道办事处、3镇、3乡，80个村民委员会，29个社区居委会。年末全区总人口71.51万人，其中非农业人口28.44万人。人口自然增长率6.36‰。

2009年，全市实现地区生产总值271.4亿元，比上年增长12.9%。其中，第一产业增加值12亿元，增长7.2%；第二产业增加值168.7亿元，增长13.2%；第三产业增加值90.7亿元，增长12.3%。三次产业结构由上年的4.8：63.1：32.1调整为4.4：62.2：33.4。农村经济总收入54.71亿元，增长10.2%。粮食总产量1.77亿千克，增长5.4%。工业总产值367.1亿元，增长10.6%。全市公路通车总里程1 110.671千米。全年营运性客运量438.5万人，营运性旅客周转量4.65亿人千米；货运量1 413.1万吨，货物周转量10.24亿吨千米。辖区内财政总收入17.56亿元，增长19%。地方财政收入8.64亿元，增长23%；地方财政支出16.56亿元，增长32%。居民储蓄存款余额157.6亿元，增长21.7%。

全区有各类学校281所，在校学生18.05万人。小学入学率100%，初中阶段毛入学率100%，高考上线率85%。有公共图书馆3个，文化馆（站、中心）14个，艺术表演团体2个。有卫生机构83个，床位4 705张，每千人有病床5张；有卫生技术人员4 565人。

2009年，全区农民人均纯收入5 016元，增长10.4%。在岗职工年平均工资收入34 891元，增长14.9%。城镇居民人均可支配收入14 759元，增长11.3%。城镇居民人均消费支出10 910元，增长7.6%。

城镇居民人均居住面积37平方米，农村居民人均住房面积43平方米。城镇登记失业率1.5%。

中共区委书记　贺国飞（～2009.12）　傅学宾（2009.12～）

区人大常委会主任　曾建明

区人民政府区长　傅学宾（～2009.12）

区政协主席　张杰（女）

【十件实事办理完成】 年内，十件实事均办理完成：11个无房（危房）村委会标准化办公用房建成并投入使用；完成71个整村推进扶贫开发项目建设，解决5 700人的温饱问题，返贫率控制在5%以内；开发就业岗位5 318个，实现再就业5 068人，城镇登记失业率1.5%；新建、改扩建中心城区中小学3所；东面山环境综合整治工作取得实效，关闭、搬迁沙石料场5个；农村电影“2131”工程放映1 131场；荷花塘片区旧城改造进展顺利；完成前北农贸市场改造；珠街大桥建成通车；建立80周岁以上老年人保健补助机制，对符合条件的7 648人发放健康（长寿）补助160余万元。

【现代农业蔬菜种植示范基地建成】 2009年，整合资金1 102.4万元，总投资2 000余万元，在越州镇马房村建成规模连片现代供港蔬菜生产基地3 200亩，安装节水喷灌设施2 500亩，建漂盘育苗10亩，大棚300亩，引进蔬菜新品种15个，建成加工厂区6 000余平方米，储藏冷库200平方米，年分级、包装、保鲜等加工能力3亿余千克，是全省目前规模最大、现代化程度较高的节水喷灌蔬菜种植示范基地。

【新型农业社会化服务体系】 至2009年，全区已建成农产品质量检测体系、农业农村信息化服务体系、依法治农体系、农经管理体系、新型农民培训体系、重点农业项目支撑体系、农业科技指导服务体系、抗灾减灾预警体系和农业龙头企业监测体系等九大新型农业社会化服务体系。累计培育农民专业合作组织和协会54个，全区农民专业合作组织成员总数6 800人，带动农户3.12万户；累计转移输出农村劳动力14.3万人，占全区农业人口的32.66%；培育扶持44家重点农业龙头企业，其中，4家省级重点龙头企业，16家市级重点龙头企业；累计建立无公害速冻蔬菜、优质蚕茧、优质梨、优质葡萄、出口鲜切花等11个科技示范园、10个示范基地，建设无公害农产品生产基地10.7万亩，建设设施农业7 250亩、观光农业7 000亩、发展订单农业15万亩，新品种、新技术覆盖率达90%以上；稳定水产养殖面积2.9万亩；累计获得有机产品认证3个、绿色农产品认证9个、无公害农产品认证42个；全区农业产业化率达45%，居曲靖市首位。

【和谐社区建设示范城区】 自2007年开始在全区40个社区中开展“设施完善、经济繁荣、队伍精干、安全稳定、民主自治、洁净园林、祥和文明、管理数字、便民服务”的“九星”社区创建活动，积极构建“六联共建”机制，即：实现党建联抓、共建坚强堡垒；经济联帮、共谋发展大计；治安联防、共保一方平安；卫生联管、共创美好家园；服务联手、共筑民心工程；教育联办、共育时代新人。“九星”和谐社区建设形成强大合力。至2009年10月，共投入资金1 230余万元，新增居委会办公用房、活动用房2 000多平方米，配套办公、文体、安全等设施120多套；引进项目50余个，引进资金5 000余万元，解决1.2万余人就业问题；建立志愿者服务基地4个，建成社区图书馆40个，组建群众文娱队伍80余支。社区人均年可支配收入由2007年的1.07万元提高到1.3万元。2009年10月19日，国家民政部授予麒麟区“全国和谐社区建设示范城区”荣誉称号。

【落实惠老优待政策】 麒麟区结合实际，采取措施落实惠老优待政策：在全区发放80周岁以上高龄老年人保健（长寿）补助。实行60周岁以上老年人免费乘坐城市市内公交车。启动失地农民养老保险工作。施行对参加新型农村合作医疗的70周岁以上老年人，每年门诊减免限额从100元提高到150元，取消住院补偿起付线。城乡困难老年人个人缴纳新农合和城镇居民医疗保险费用，全部纳入困难群体临时补助范围。

（李筠）

韭菜花基地　（雷加和　摄）

宣威市

【概述】 宣威市位于云南省东北部，总面积6 069.88平方千米。市区距省会昆明204千米，距曲靖市102千米。2009年年均气温14.4℃，年均降雨量855.8毫米。辖26个乡（镇、街道），331个村委会，25个居委会。年末总人口145.90万人。其中，非农业人口14.42万人，占总人口9.88%；少数民族人口9.42万人，占总人口7%。人口自然增长率6.48‰。

2009年，全市实现市内生产总值124亿元，比上年增长12.5%。其中，第一产业增加值27.8亿元，增长7%；第二产业增加值55.9亿元，增长13.8%；第三产业增加值40.3亿元，增长14%。三次产业结构比由上年的22.8：47.1：30.1调整为22.4：45.1：32.5。农业总产值49.55亿元，增长7.8%。粮食总产量6亿千克，增长5.26%。工业总产值123亿元，增长12%，其中规模以上工业产值81.5亿元，增长8%。全年客运量943.7万人，客运周转量8.78亿人千米；货运量836.3万吨，货运周转量7.08亿吨千米。邮政业务收入1 335.75万元。完成财政总收入17.27亿元，增长5.09%，其中地方一般预算收入7.94亿元，增长9.16%。财政总支出25.86亿元，增长26.09%，其中地方一般预算支出24.58亿元，增长24.18%。在第九届中国西部县域经济基本竞争力百强县（市）评比中排名第24位，比上年上市2位。

全市有各级各类学校987所，在校生29.39万人。有在职公办教职工1.39万人。年内建成乡（镇、街道）综合文化站10个、村级文化活动室101个、农家书屋36个；“美奂山 大家乐”广场文化活动被评为全国特色广场文化活动。有医疗卫生机构103个，卫生专业技术人员1 293人；有床位3 136张，其中，政府举办的市直医疗卫生单位、乡（镇）卫生院、社区卫生服务中心有床位2 108张。全市新型农村合作医疗参合率93.66%，

2009年，全市农民人均纯收入3 404元，增长9.17%。城镇居民年人均可支配收入13 241元，增长10.01%；年人均支出12 339元，增长4.91%。

中共市委书记 许玉才

市人大常委会主任 高连恒

市人民政府市长 夏新建

市政协主席 肖坤全

【宣威火腿产业】 宣威火腿常称“云腿”。在1915年国际巴拿马博览会上荣获金质奖；1923年孙中山先生品尝宣威火腿，赞赏之余留下了“饮和食德”题词。2001年3月21日，国家质量技术监督局批准宣威市人民政府提出的宣威火腿原产地域保护申请，正式对宣威火腿实施原产地域保护。宣威火腿证明商标被国家工商总局认定为“中国驰名商标”；制作工艺被省政府列为“云南省非物质文化遗产”保护项目。2009年，宣威火腿产量4 100万千克，精加工产值3.20亿元。宣威火腿行业协会有会员企业36家，23家企业获得国家质量技术监督总局“全国工业产品生产许可证”（简称QS认证）。宣威火腿已成为云南省拳头畜牧产品，以猪为主的畜牧业已成为宣威市最具优势的支柱产业。2009年末，全市生猪存栏180.7万头，出栏肥猪286.2万头。畜牧业产值27.6亿元，畜牧业收入16.6亿元。

【宣威土豆产业】 宣威是滇东北重要的马铃薯生产区，也是云南向省外及周边国家销售马铃薯集散地。2004年，宣威注册“宣威土豆”商标，成为宣威市马铃薯品牌的象征，属国家无公害农产品。宣威是马铃薯生产大市，其种植面积和产量分别占云南省的1/8和曲靖市的1/3，是农民增收的一个主导产业。宣威马铃薯深受消费者喜爱，远销广东、上海等20多个省市和老挝、越南、缅甸、泰国等东南亚国家。年内，全市建设优质马铃薯基地6.45万公顷，鲜薯产量102.5万吨，实现产值9.39亿元，比上年增长21.6%，商品率达45%。全市马铃薯产业已初具规模。云南润凯淀粉有限公司是国内大型马铃薯淀粉制造厂，国家重点农副产品加工企业，年产马铃薯食品级淀粉2.50万吨，发酵薯渣饲料2.07万吨，年消耗鲜马铃薯15万吨。宣威文东马铃薯批发配送中心是西南最大的马铃薯批发配送中心，建在326国道及宣威火车站旁，交通便利。该中心马铃薯年交易量达50万吨，交易额达3亿元，带动农户31.8万户，促进农户户均增收230元。

（耿文江）

马龙县

【概述】 马龙县位于云南省东部、曲靖市西部，辖区总面积1 614.15平方千米。县城驻地通泉镇，距省会昆明113千米（沿昆曲高速公路），距曲靖市府驻地22千米。县城海拔2034.2米。2009年，年均气温14.7℃，日照时数2 234.8小时，年降雨量636.2毫米。全县辖3乡5镇，2个社区、1个居委会，64个村委会，431个自然村，521个村民小组。年末总人口20.17万人。其中，非农业人口1.80万人，占总人口的8.94%；少数民族人口1.53万人，占总人口的7.57%。人口密度每平方千米123人。人口自然增长率6.49‰。

2009年，实现县内生产总值19.20亿元，比上年增长13.5%。其中，第一产业增加值4.81亿元，增长7.5%；第二产业增加值8.15亿元，增长15.0%；第三产业增加值6.24亿元，增长16.2%。三次产业结构由上年的26.7：42.0：31.3调整为25.1：42.4：32.5。全县农林牧渔业总产值8.99亿元，增长8.6%。粮食总产量8.02万吨，增长6.61%。工业总产值34.50亿元，增长15.0%。年末全县公路通车里程1 041.42千米。全年客运量250.95万人，旅客周转量6 272.5万人千米；货运量105万吨，货物周转量7 572.32万吨千米。年末固定电话用户6 500户，移动电话用户6.09万

户。互联网宽带用户3 503户。全年财政总收入3.32亿元。一般预算收入2.02亿元，增长20.0%；一般预算支出5.76亿元，增长20.0%。

全县有各类学校233所（含各教学点），在校学生4.19万人；教职工2 542人，其中专任教师2 255人。小学适龄儿童入学率99.76%。初中阶段学龄人口入学率99.26%，初中升学率87.85%，高中上线率91.79%。年末有农村文艺队180支，农村文化户148户，年演出1 400场次。有线电视用户1.04万户，其中数字电视用户4 700户。全县医疗卫生机构31个，拥有床位总数505张，有卫生技术人员307人，其中，执业医师及执业助理医师169人，每千人有医师0.84名。

2009年，全县农民人均纯收入3 152元，同比增长14.6%；在岗职工年平均工资27 855元，增长21.1%。城镇居民人均可支配收入12 077元，增长15.0%；城镇居民人均消费性支出9 937元，增长12.7%。居民人均储蓄存款6 364元，增长16.88%。城镇居民人均居住面积35平方米，农村人口平均住房面积34.8平方米。城镇新增就业人数700人，开发就业岗位1 200个，新增转移农村剩余劳动力3 688人。城镇登记失业率2.8%。

中共县委书记　李微（女）

县人大常委会主任　鲁天龙

县人民政府县长　保明顺（回，2009.1～）

县政协主席　李琼英（女）

【农业产业化】 2009年，全县农业产业化进程加快，农业优势产业快速发展，烤烟、食用菌、万寿菊、核桃、黑山羊、深沟鸡等种植养殖特色产业有新进展。累计引进和培育农业龙头企业15户，各类产业化组织27个。全年建成占地120亩的马过河镇食用菌种植示范基地和马鸣、马过河菌类交易市场，实现食用菌产量7 044吨、产值7 568万元。种植万寿菊3万余亩，实现产值1 276万元。围绕把马龙县打造成为全省知名的蔬菜原料、加工、销售基地，引进昆明晨农企业集团在马龙发展蔬菜种植。在王家庄镇订单种植西兰花1 500亩，在马鸣乡种植甜脆玉米500亩，同时争取到中央财政支持现代农业发展蔬菜产业项目投资250万元，主要用于蔬菜生产基地基础设施和园艺设施建设。建成大庄厚甜黑山羊扩繁基地和旧县现代化生猪养殖场，黑山羊、深沟鸡、生猪养殖规模不断扩大，畜牧业总产值3.67亿元。发展水产养殖1 773.47公顷；有各类果园1 933.33公顷，水果总产量6 960吨。

【万村千乡市场工程】 自2007年工程实施以来，全县已累计完成100个农家店建设任务，每个农家店分三批兑现配套资金1.11万元，共兑现中央、省、市、县配套资金77.48万元。

【城镇建设】 年内，实施县城建设项目29个，项目投资近10亿元，完成投资3.44亿元。实施历史文化广场、水景公园、迎宾大道、龙泉新区、三星级宾馆、马龙剧院、马龙规划馆等一批项目建设，使城市规模快速扩张，城市形象得以改观。年底，县城建成区面积4.6平方千米，县城人口5.4万人，城镇化率27%，比上年提高3.11个百分点。

【社会保障】 年末，全县共有农村敬老院6所，床位560张，收养327人。累计发放最低生活保障金1 145.51万元（农村585.25万元，城镇560.26万元），共有7 200名余农村贫困居民享受农村最低生活保障金，累计有4 147人次城镇贫困居民享受城市最低生活保障金，农村五保老人集中供养率50.08%。

【大庄乡打造产业示范村】 年内，成立产业示范村建设领导小组，制定工作方案，落实扶持政策，严格考核制度，创新机制，探索发展新模式，大力推进产业示范村建设。“10个养殖示范村”加大品种引进与改良力度，提高良种率，积极探索农户6只羊养殖模式，大力推广舍饲半舍饲养殖，扩大养殖规模，做大黑山羊产业。年内，全乡山羊存栏2.47万只，出栏8 340只，同比分别增长63.3%和11.6%。“10个经济林果示范村”共种植1 000亩连片样板1片，村级样板6片，打造核桃种植示范村委会2个，示范村3个。“10个生态文明村”建成沼气村6个，建沼气池2 811口，安装太阳能320余套，推广使用节能灯（灶）具4 500余盏（套）。“10个蔬菜、花卉、苗圃示范村”共种植万寿菊1 200亩，建设苗圃基地5片，蔬菜基地60亩。

（苏正平）

陆良县

【概述】 陆良县位于云南省东部、曲靖市南部。辖区总面积1 989.59平方千米。其中，山区面积1 217.69平方千米，占总面积61%；坝区面积771.9平方千米，占总面积39%。县人民政府驻地中枢镇距省会昆明市129千米，距曲靖市65千米。年内出现严重干旱。年平均气温15.7℃，高于往年0.9℃，年降雨量650.1毫米，少于往年291.8毫米。全县辖10个乡镇，其中，镇8个、乡2个，139个村（居）委会。年末户籍总人口64.44万人，其中少数民族人口1.13万人。人口自然增长率6.42‰。

年内，全县实现生产总值78.90亿元，比上年增长12.6%。其中，第一产业增加值28.29亿元，增长8.1%；第二产业增加值28.98亿元，增长15.0%；第三产业增加值21.63亿元，增长14.6%。一、二、三产业比为35.9∶36.7∶27.4。工农业总产值130.67亿元，增长8.03%。农村经济总收入44.6亿元，增长9.04%。全年完成邮电业务收入1.40亿元。年末拥有固定电话用户2.80万户、宽带网数据用户1.50万户、电信通用户2 000户；移动通信业务收入1.12亿元。县域内完成财政总收入6.52亿元，比上年增长16.44%。其中，上划中央“两税”累计完成1.78亿元，增长

8.68%；地方一般预算收入3.38亿元，增长12.65%。财政支出11.71亿元，增长18.58%。

全县教职工总数8 010人，其中专任教师7 170人。高考上线率82.9%。9个乡（镇）综合文化站、13个行政村“农家书屋”投入使用；有农村文化专业户362户，电影放映队11户，图书馆接待读者10.8万人次，图书流通达9.4万册。全年新增数字电视用户1 043户，广电宽带网总用户958户。有卫生机构144个，国有医疗机构15个，病床892张，有各类卫生技术人员1 341人，其中，执业医师495人，执业助理医师98人。新型农村合作医疗参合率91.2%，减免、补偿157万人次4 693.1万元。

全县农民人均纯收入4 557元，比上年增加514元，扣除物价因素实际增长11.7%；农民人均生活消费支出3 525元，增长5.07%；农民家庭人均拥有居住面积32平方米。全年提供就业岗位3 632个，帮助城镇失业人员再就业3 130人，劳务输出1.35万人。年末城镇登记失业率3.2%。

中共县委书记　尹耀春

县人大常委会主任　赵鸿翔

县人民政府县长　唐宝友（～2009.12）　陈锐（2009.12～）

县政协主席　太云生

【招商引资】 2009年，全县招商选资势头强劲。参加生物产业大会暨昆交会（珠洽会）成果丰硕，年产20万吨磷酸一铵配24万吨硫铁矿制酸、万头奶牛养殖、西桥物流中心等20个重点招商引资项目落户陆良，占全市签约项目的47.6%，合同引进资金60亿元，实际使用国内县外资金11.3亿元，分别增长45.3%、53.6%。

【城镇建设】 年内完成县城南片区1.5平方千米、北片区5平方千米、西门片区、春光路东延、西华路西延控制性详规及修建性详规；新建、续建城镇基础设施、房地产开发项目25个，竣工6个，鑫城国际、污水处理厂、农村民居地震安全工程、农村危房改造等项目进展良好；顺利启动14个村委会的村庄规划编制；以绿化、美化、亮化、净化为主要内容的环境综合整治成效明显，城镇化率、城市绿化率分别达35.1%、5.8%。

（何良兵）

陆良县引进云南龙源风力发电公司投资30亿元建设30万千瓦装机风力发电项目

（陆良县志办　提供）

师宗县

【概述】 师宗县位于云南省东部、曲靖市东南部，地处滇桂两省（区）结合部。全县总面积2 783平方千米。其中，山区面积2 505平方千米，占总面积90%；坝区面积278平方千米，占总面积10%。县城驻地丹凤镇，距省会昆明市178千米，距曲靖市政府驻地120千米。县城海拔1850米。南昆铁路过境52.7千米。2009年，平均气温15.0℃，年最高气温29.5℃（4月17日），年最低气温-2.6℃（11月18日）；年日照时数1 973.1小时，年降雨量628.9毫米。全年无霜期233天。年内旱灾严重，人畜饮水困难，农作物受损严重。全县辖4乡4镇，5个社区，104个村民委员会，792村（居）民小组。年末总人口40.47万人。其中，农业人口36.39万人，占总人口89.92%；非农业人口4.08万人，占总人口10.08%；少数民族人口7.11万人，占总人口17.57%。人口密度每平方千米147.6人。人口自然增长率6.47‰。

年内，全县实现地区生产总值41.12亿元，比上年增长13.4%。其中，第一产业增加值15.17亿元，增长7.8%；第二产业增加值14.67亿元，增长17.6%；第三产业增加值11.29亿元，增长15%。一、二、三产业比由37.3∶36.3∶26.4调整为36.1∶35.1∶28.8。全年农村经济总收入23.99亿元，增长8.2%。粮食总产量16.33万吨，增长3.18%。工业总产值完成33.28亿元，增长17.44%。年末公路通车总里程2 209千米。全年客运量320万人次，客运周转量2.08亿人千米；货运量382.9万吨，货运周转量3.26亿吨千米。年末固定电话机总数1.27万部，移动电话用户10.37万户。互联网用户4 545户，增长1.2%。全年财政总收入4.87亿元，增长10.2%；财政总支出9.03亿元，增长22.8%。

2009年末，全县共有各类学校328所，专任教师4 010人，在校学生8.96万人。学龄儿童入学率99.26%，普通初中升学率98.57%，

彩云镇拔云片区5万亩中低产田改造现场　（李剑辉　摄）

高考录取率89.31%。有文工团1个，业余演出队162支；文化馆1个，公共图书馆1个。广播、电视自开展“直播卫星村村通”工程后，覆盖率达100%。卫生机构151个，病床620张，每千人有病床2.18张；有卫生技术人员655人，其中，执业医师571人，执业助理医师84人，每千人有医师1.94人。

全年农民人均纯收入3 266元，增长14.3%；在职职工年平均工资29 500余元，增长25.5%。城镇居民可支配收入13 268元，增长13.25%。城镇居民储蓄存款余额20.52亿元，增长15.7%。城镇居民平均住房面积36.8平方米，农村人口平均住房面积40平方米。城镇登记失业率控制在3.5%。

中共县委书记　王建忠
县人大常委会主任　殷东青
县人民政府县长　徐宏波
县政协主席　何平华（回）

【中低产田改造】　年内，在资金缺乏的情况下，整合烟草、国土等部门资金，围绕提高农业综合生产能力和农民持续增收，以“山、水、田、林、路配套，节水、节劳、节资、高效，能排能灌，旱涝保收”为实施目的，大投入、大规模，高起点、高质量在拔云片区实施3 333.3公顷中低产田改造。实现田成方、路成网、渠相通、地平坦、树成带、土肥沃的现代农业示范区，长期被水淹没的水渍地变成高产稳产的好地，产量低的薄田变成旱能灌、涝能排的良田。该项目规划建设主机耕路4条，机耕道13条，田间路14条，共38.18千米，渠道32条53.2千米，排洪渠2条2.8千米，渠系建筑物102座，种植行道树7万株。共投资2 186万元。同时实施红土片区3 333.3公顷中低产田地改造工程，年内完工50%。

【小康示范村建设】　全年累计投入资金3 000万元，其中，整合项目资金1 379万元，农民投入720余万元，群众义务投工投劳1.2万个。建设蔬菜基地46.67公顷，发展蔬菜133.3公顷，栽种浅水藕15.3公顷，培植观赏花卉10万盆、兰花30余万盆150余万株，绿化苗木10余万株；建成笔架山野生动物养殖示范园，养殖野猪100余头、山鸡1 000余只，建成海晏鸵鸟养殖基地，养鸵鸟300余只，村委会开挖集体鱼塘7个占地1.67公顷，培育渔业垂钓大户2户。硬化进村及村内主、支干道14千米；投资375万元完成海晏农业综合开发项目建设；投资123万元建成海晏明德小学；投资13.5万元建成海晏综合卫生室，修建村内排水沟渠790米；粉刷房屋9.56万平方米，制作墙体文化876平方米，村庄绿化1 440平方米。投资600万元完成集观光旅游、农业灌溉于一体的子午河应急治理工程和20公顷现代农业示范基地建设，投资400万元占地666.67公顷的“农家乐”已完成主体工程建设。

【社会保障体系建设】　年内，认真抓好“两个确保”和“三条保障线”工作。年末，职工参加养老保险7 763人，工伤保险1.23万人，生育保险4 144人，农民工参加工伤保险8 674人，农村养老保险9 480人，被征地农民参加养老保险555人，1.5万老年人免费乘坐县城公交车，3 858名老年人享受保健补贴或长寿补助，3 524户农户居住条件得到改善，3.4万人饮水问题和1 928户农户用电问题得到妥善解决。城镇职工医疗保险1 680人，城镇居民基本医疗保险1.90万人，失业保险6 629人。城乡贫困居民基本实现“应保尽保”，两个确保得到落实。全年发放城镇低保人员4 350人低保金560.62万元；发放农村低保2.04万人低保金1 624.4万元。

【就业和再就业】　年内，全县新增就业岗位1 917人，其中开发公益性就业岗位400个；失业人员实现再就业1 108人，持《再就业优惠证》就业553人，困难对象再就业201人，“4050”人员再就业165人。全县登记城镇失业人员1 524人；“零

就业”家庭4户。通过政府投资和公益性岗位开发安置，实现“零就业”家庭动态为零，创业成功252人。

【城乡医疗救助】 2009年，实施城市医疗救助4 908人次33.95万元，其中大病医疗救助8人次3.5万元。参加城镇居民医疗保险4 350人30.45万元。农村医疗救助2.32万人次135.83万元。其中，大病医疗救助264人次73.88万元，五保户门诊救助1 505人次19.02万元，新农合补助2.19万人次42.93万元。

（杨定孝）

 罗平县

【概述】 罗平县位于云南省东部，滇桂黔三省（区）结合处。总面积3 018平方千米，其中，山区面积占78%，坝区面积占22%。县城西经石林至昆明市207千米，北距曲靖市政府驻地132千米，东至贵州省兴义市86千米。2009年，年均气温16℃，年均降雨量1 044.5毫米。全县辖6镇6乡，7个居民委员会，153个村民委员会，1 194个自然村，1 723个村民小组。年末总人口59.83万人。其中，非农业人口5.31万人，占8.87%，少数民族人口7.98万人，占13.35%。人口密度每平方千米198.25人。人口自然增长率5.13‰。

2009年，全县实现县内生产总值67.8亿元，增长12.5%。其中，第一产业增加值17.4亿元，增长8.6%；第二产业增加值25.9亿元，增长10.5%；第三产业增加值24.5亿元，增长17.5%。完成农林牧渔业总产值33.3亿元，增长10.9%。粮食总产2.43亿千克，增长9.85%；油菜总产5 626.1万千克，减少6.41%；生姜总产1.29亿千克，增长10.08%。工业总产值54亿元，增长11%。全县公路通车总里程2 999.91千米。全年完成道路客运量265.30万人次，客运周转量1.87亿人千米；道路货运量176.60万吨，货物周转量2.73亿吨千米。至年底，罗平电信分公司用户数3.69万户，实现业务收入1 589万元。移动通信实现运营收入9 000余万元，移动通信网络覆盖达100%。全县地方一般预算收入3.01亿元，增长14.2%；地方一般预算支出10.1亿元，增长19.23%。

全县有高级中学3所，在校学生1.02万人；职业高中1所，在校学生4 796人；初级中学20所，在校学生3.13万人；完全小学208所，教学点227个，在校学生6.79万人。适龄儿童入学率达99.79%。全县高考上线率80.03%。改扩建乡镇综合文体站6个，启动实施群众文化中心、体育中心建设。有各类医疗卫生机构208个，卫生工作人员1 678人，其中卫生专业技术人员1 598人，平均每千人拥有2.71人。病床1 301张，平均每千人拥有2.21张。新型农村合作医疗参合率88.45%。

2009年，全县农民人均纯收入4 042元，比上年增长20%。城镇居民可支配收入11 970元，增长7%。全县职工从业人员年平均工资17 896元。城乡居民储蓄存款余额21亿元，增长21%。全年培训农民工1.98万人，新增转移输出农村劳动力1.17万人，实现转移就业收入14.45亿元。

中共县委书记　高阳

县人大常委会主任　杨黎晖

县人民政府县长　张长英（女，白）

县政协主席　钱彦霖

【城镇建设】 2009年，完成城乡建设投资11.7亿元，完成鲁布革大道东段、镇塘路等市政道路建设工程；改造白腊街南段、文笔路、东屏街、县城部分社区道路6.67千米。“省级园林县城”争创工作全面实施，城市园林绿化率31.8%。县城面积15平方千米，城镇化率36.8%，提高2.6个百分点。

【培训农村实用焊工】 罗平县邀请省工业高级技工学校教师到12个乡（镇）以送技能、送岗位下乡服务方式，分期分批设点办班，为当地1 000名农民工举办为期1个月的免费焊工实用技能培训，经过理论和实作培训后，经考试鉴定为合格者，发给《农村劳动力转移培训焊工合格证》和《中华人民共和国焊工初级职业资格证》，并免费为赴省内外就业学员发送服装一套。

【木星村农家书屋建成】 2009年5月18日，旧屋基乡木星村农家书

省委副书记李纪恒到罗平调研　（罗平县志办　提供）

屋正式对村民开放，该书屋共有图书1 600册，包括医疗保健、农业科技、家庭烹饪等农村实用内容。书屋设施配备齐全、管理制度完善。全部图书进行科学分类、编目上架，并配备了1名图书管理员，每天定时向村民开放8小时。书屋建成后两周内接待群众300余人。

【食品药品安全监管制度】 积极构建“以监管部门为骨干、人民群众为主体、全社会共同参与”的监管格局，凡是群众举报经营假劣药品等违法违规行为，经查属实，根据举报违法案件涉案货值金额的大小，举报者将获得至少50元的资金。凡在罗平县境内，消费者到涉药单位买到假劣药品，经查属实，消费者凭购药票据到罗平县食品药品监管局按照所买药品价格，由县食品药品监管局先行赔付，再由食药监管局按照《药品管理法》相关规定，对企业主进行查处。

【自驾车旅游协作区项目】 由曲靖市政府牵头，昆明市、昭通市和贵州省安顺市、黔西南州共同筹建滇黔五州市无障碍自驾车旅游协作区，借2009年油菜花旅游节举办之机，五州市领导共同签署《滇黔五州市无障碍自驾车旅游合作协议书》，并于1月15日在2009年云南罗平国际油菜花文化旅游节开节仪式上为该协作区揭牌。

【帮助返乡农民工就业】 2009年，受金融危机影响，罗平县有近万余名农民工返乡回流。罗平县采取手机短信等形式，及时为返乡农民工提供就业岗位信息和政策宣传服务，发放宣传资料3万余份，先后与广东、深圳、江苏、昆明、曲靖、县内等地30多家企业联系，组织县内外19家用人单位到现场招聘，提供就业岗位2 000多个，达成用工意向600余人次。

【鲁布革水电站入选新中国60周年精品工程】 2009年10月底，由中国建筑业协会等11家行业协会联合举办的新中国60周年“百项经典暨精品工程”评选活动在北京揭晓，鲁布革水电站作为云南本土唯一代表成功入选。鲁布革水电站是中国第一个无人值班现代化常规水电站、全国第一批工业旅游示范点。

（庞亚萍）

富源县

【概述】 富源县位于云南省东北部、曲靖市东部。总面积3 251平方千米。其中，山区占总面积90%以上，槽坝及缓坡地区不及10%。县人民政府驻地中安镇，距省会昆明198千米，距曲靖市政府驻地麒麟区63千米。2009年，平均气温15.1℃，最高温度30.8℃（7月19日），最低温度-2℃（11月22日）；平均日照数1 381.4小时，平均年降水量783.5毫米，与历年相比偏少27.5%；无霜期252天。干旱是2009年的主要气象灾害，年内先后出现冬旱、初夏旱、夏秋连旱。全县辖11个乡镇，其中，乡1个，镇10个，村（居）民委员会161个（其中7个社区、154个村委会），自然村1782个。年末总人口76.53万人。其中，非农业人口5.88万人，占总人口8%；少数民族人口6.4万人，占总人口9%。人口密度每平方千米235.41人，人口自然增长率6.42‰。

2009年，全县实现生产总值94.68亿元，比上年增长13.5%。其中，第一产业增加值18.3亿元，增长7.0%；第二产业增加值52.13亿元，增长14.2%；第三产业增加值24.25亿元，增长17.0%。一、二、三产业比由20.4：55：24.6调整为19.3：55.1：25.6。农村经济总收入65.26亿元，增长9.4%；粮食总产量29.11万吨，增长3.75%。工业总产值126.98亿元，增长20.4%。年末，公路通车总里程3 005千米。全年，客运量110万人次，客运周转量1.35亿人千米；货运量969万吨，货物周转量8.99亿吨千米。年底固定电话总数3.03万部，移动电话用户20.05万户，电话普及率26.79部/百人。互联网用户1.75万户，增长68.96%。全年财政总收入17.93亿元，增长14.6%，其中，地方财政收入7.45亿元，增长15.7%；财政总支出15.37亿元，增长16.43%。

年末全县有小学547所，在校生9.96万人。小学适龄儿童入学率99.76%。普通初中15所，在校生4.52万人，初中毕业生升学率88.3%。高级中学8所，在校生1.62万人，高中教育入学率75.38%。中等职业教育2所，在校学生3 850人。有文化馆1个，文化站11个，公共图书馆1个，公共图书馆藏书11.5万册。全县电视人口综合覆盖率和广播人口综合覆盖率均达100%。有卫生机构63所（含诊所），各类卫生机构拥有床位1437张，卫生技术人员979人。年末新型农村合作医疗参合率达98.25%。

2009年，农民人均纯收入3 809元，增长15.9%。城镇居民人均可支配收入16 250元，增长15.9%；人均生活消费性支出10 410元，增长2.54%。储蓄存款余额45.35亿元，增长20.67%。农民人均住房面积25.6平方米，城镇居民人均住房建筑面积26.4平方米。富源县被列入全国首批新型农村社会养老保险试点县，从2009年12月1日，全县所有60岁以上农村老年人每人每月均可领到55元的养老金，每年新增中央转移支付4 422万元。城镇登记失业率3.2%。

中共县委书记　宁德刚
县人大常委会主任　王涛
县人民政府县长　顾琨
县政协主席　陇聪明（彝）

【煤炭产业】 煤炭是富源的主要资源，煤炭经济在全县经济中起着主要的支柱作用。2009年，原煤产量1 874万吨，比上年增长6.2%（其中县属1 719万吨，增长6.2%）；焦炭102万吨，下降0.8%；洗精煤150万吨，下降22.6%。煤炭开采和洗选生产总值71.33亿元，同比增长11.1%；炼焦业完成7.22亿元，同比增长50.9%。

【农业特色产业】 2009年，以魔芋、大河乌猪、核桃为主的农业特色产业逐步发展壮大。种植魔芋6 800公顷，产量15.2万吨，产值3.01亿元，比上年增长6.6%。建成生猪养殖小区85个、大河乌猪母猪扩繁场13个、万头猪场11个，育成优质仔猪170.6万头，出栏肉猪116万头，增长20.5%。栽种核桃6 666.67公顷，发展以杉木为主的速生丰产林3 333.33公顷。种植蓝莓100公顷。新增农业龙头企业2户，总户数19户，就地吸纳农村富余劳动力3 000余人。

【家电下乡】 年内发展家电下乡销售网点91个，全年销售各种类型家电下乡产品7 998件，销售金额1 149万元，财政兑现补贴150万元；兑现汽车摩托车下乡补贴产品4 469辆，补贴金额921万元。

【农田水利建设】 全年投入资金1.6亿元，建成农田水利设施377件，新增和改善灌溉面积1 693.34公顷，治理水土流失面积50.5平方千米，解决207个自然村8.37万人饮水安全问题。完成石坝中型水库和大格等6件小（一）型水库除险加固，洞上水库、戈多水库分别完成工程量的70%。投入3 600万元，启动3 553.34公顷中低产田地改造（年内完成1 620公顷）。

【环境保护】 2009年，全县各生产企业单位生产总值能耗降低5.28%，二氧化硫、化学需氧量排放总量分别下降10.9%和46.4%，工业废水排放达标率为90%；工业固体废物综合利用率为59%；工业废气排放达标率为88%。全面完成年度节能减排任务。年内开展后所庆云和老厂舍乌、拖竹共享资源开发成果新机制试点工作，完成全县共享资源开发成果初步规划。取缔县城规划区、响水河汇水区、老厂水库水源地内非法煤场15个，实施县城五条河流及嘉河、丕德河治理。关闭不符合国家产业政策的炼焦企业4户、洗煤厂4座，对全县154家工业企业污水排放实行限期治理。

（樊联奎）

会泽县

【概述】 会泽县位于云南省东北部、曲靖市北部。总面积5 854平方千米。其中，山区面积5 602平方千米，占总面积95.7%；坝区面积255平方千米，占总面积14.92%。县政府驻地金钟镇，距省会昆明210千米，距曲靖市驻地254千米。县城海拔2126米。2009年，平均气温14.1℃，年均降雨量623.4毫米。干旱是2009年最为严重的气象灾害，年内先后出现冬旱、初夏旱、夏秋连旱。全县辖乡镇21个，其中，镇8个、乡13个，15个社区居委会，361个村民委员会。2009年末，全县总人口95.85万人。其中，非农业人口7.82万人，占总人口8.15%；少数民族人口5.04万人，占总人口5.26%。人口密度每平方千米163人，人口自然增长率6.48‰。

2009年，全县实现生产总值82.18亿元，比上年增长13%。其中，第一产业增加值16.48亿元，增长8.5%；第二产业增加值48.88亿元，增长13.3%；第三产业增加值16.81亿元，增长15%。一、二、三产业结构比由20：61：19调整为20：59：21。农业总产值11.61亿元，增长12.55%。粮食总产量36.11万吨，增长5.32%。工业总产值74.09亿元，增长0.38%。全年客运量166万人次，客运周转量1.33亿人千米；货运量816万吨，货运周转量5.64亿吨千米。财政总收入25.67亿元，增长5.21%；财政支出17.45亿元，增长17.4%。

全县有各类学校524所，专任教师8 090人，在校学生16.63万人。学龄儿童入学率99.62%，高考上线率88%。有文化馆（站）22个，公共图书馆1个。广播人口覆盖率91.5%，电视人口覆盖率93%。年内，《历史文化名城——会泽》大型画册出版。卫生机构436个，病床2 047张；卫生技术人员2 725人。

2009年，全县农民人均纯收入2 370元，增长12.15%；在职职工年平均工资3.19万元，增长14.07%；城镇居民人均可支配收入1.2万元，增长7.97%。居民人均储蓄存款0.3万元，增长17.94%。农村人口平均住房面积25.3平方米。年内投入资金120万元，完成农村富余劳动力转移培训6 000人。城镇登记失业率3.95%。

中共县委书记　何汝利

全县首个“文化站、客运站、公园”为一体的田坝乡村文化广场（会泽县志办　提供）

县人大常委会主任　杨文荣
县人民政府县长　陈国宝
县政协主席　马玉聪

【扶贫攻坚】　2009年，全县解决温饱人口1.9万人，巩固温饱人口4万人。待补镇、五星乡被列为全省“整乡推进”试点乡（镇），项目涉及25个贫困村委会351个自然村2.01万户7.6万人，规划建设项目1 788件，规划总投资3.9亿元。截至年末，五星乡完成总工程量的97.9%，待补镇完成工程总量的85.18%。第二批“866”工程涉及20个乡镇51个贫困村委会540个自然村2.62万户10.33万人，规划建设项目5 055件，投资3.5亿元，12月顺利通过市级验收，改善2.14万户8.43万人的居住条件，解决5.7万亩农田灌溉和3.6万人10.5万头（只）牲畜饮水问题。分两批实施省级整村推进重点村140个，总投资4 569.61万元，项目覆盖20个乡镇170个村委会140个村民小组9 916户3.84万人。通过项目实施，实现项目区群众人均有粮400千克、人均纯收入1 350元的目标。

【支农惠农政策】　全年，共兑现农业生产资料综合补贴、良种补贴4 957.14万元，同比增长5.8%。其中，农资综合补贴4 433.29万元，良种补贴523.85万元。各种补贴均以“一折通”形式足额兑现到种粮农民手中，全县22.98万农户87.3万人人均受益56.78元。

【农业产业化调整】　2009年，全县不断促进农业特色优势产业向规模化、标准化、专业化和集约化方向发展。全县马铃薯种植62.9万亩，总产108.63万吨，产值6.69亿元；魔芋种植1万亩，总产1.6万吨，产值0.38亿元；蔬菜种植面积36.84万亩，总产58.26万吨，产值5.14亿元；中药材和花卉种植1.04万亩（中药材种植0.64万亩，花卉种植0.4万亩），产值0.73亿元；水产养殖面积6.13万亩，总产0.52万吨，产值0.7亿元；水果种植面积5.6万亩，实现产值0.63亿元，因霜冻灾害影响，同比减10.96%。

【央视《寻宝》走进会泽】　央视《〈寻宝〉走进会泽》活动12月5～6日在会泽江西会馆完成节目录制。专家组现场对会泽民间616件藏品进行海选，68件藏品入围，分为青铜、陶瓷组、杂项组、书画组四组。经过专家组复选，12件藏品参加节目录制。最终，清早期鉴真和尚铜坐像当选会泽民间国宝。

【拍摄《南铜北运》电视系列片】　12月6日，由曲靖市委、市政府主办，会泽县委、县政府承办，以反映会泽南铜北运历史、传播铜商会馆文化为题材的电视系列片《探索·发现——〈湮没的中国秘闻：南铜北运〉》在会泽开机。2009年，《国家人文地理》《人民画报》《中华遗产》《中国科学探险》等全国性刊物重点推介了会泽曾经辉煌的铜商会馆文化。该片沿着“南铜北运”这一历史脉络，以采铜、炼铜、运铜、铸钱为主要内容，选景全部取材于会泽，重点是会泽古城、娜姑古镇、张氏斑铜工艺、运铜古驿道等。预计2010年6月前在央视十套播出。

【《读解会泽》乡土教材出版】　9月，由会泽县委宣传部组织编写的乡土教材《读解会泽》正式出版，印刷2万册，作为学生补充教材于秋季开学时免费发放到全县七年级学生手中。《读解会泽》分地理会泽、历史会泽、文化会泽、锦绣会泽、发展会泽5个单元，共10余万字，150余幅插图，全面介绍了会泽地理、历史、文化、风景、经济等方面，凸显地方乡土特色。该书是会泽县首次出版的乡土教材。

（田德粉）

沾益县

【概述】　沾益县位于云南省东北部、曲靖市中部。全县总面积2 801.1平方千米，其中山地面积占84.03%、平地占15.97%。县人民政府驻西平镇，海拔1884米。距省会昆明151千米，距市政府驻地13千米。2009年年平均气温15.4℃，年总降水量758毫米，日照时数2 321.9小时。干旱是2009年最为严重的气象灾害，年内先后出现冬旱、初夏旱、夏秋冬连旱。全县辖乡镇8个，其中乡5个，镇3个，村（居）民委员会122个，自然村1 208个。年末总人口40.84万人（常住人口41.03万人）。其中，非农业人口5.13万人，占总人口12.55%。人口自然增长率4.93‰。

2009年，全县实现生产总值70亿元，比上年增长12%。其中，第一产业增加值18亿元，增长7%；第二产业增加值38亿元，增长12.5%；第三产业增加值14亿元，增长16.7%。一、二、三产业比由26∶58∶16调整为25∶55∶20，经济结构趋向二产带动、三个产业共同发展的良好局面。农业总产值30.39元，增长7.2%。粮食总产量2.38亿千克，增长6.7%。辖区内工业总产值134亿元，增长17.1%。年末公路通车总里程2 689千米。全年客运量139.87万人，旅客周转量1.33亿人千米；货运量394.44万吨，货运周转量2.29亿吨千米。年末有固定电话用户1.98万户，移动电话用户8.6万户，电话普及率25部／百人。互联网用户6 527户，增长11.57%。全县财政总收入9.39亿元，下降2.1%。上划中央“两税”3.58亿元，下降10.54%；地方财政一般预算收入4.72亿元，增长5.93%；地方财政一般预算支出9.45亿元，增长21.25%。

年末，全县有各类学校185所，专任教师4 262人，在校学生8.36万人。适龄儿童入学率100%，高中阶段毛入学率88%，高考上线率87.83%。全县有各种艺术表演团体36个，其中20人以上的农民文艺演出队8支；文化馆（站）9个，公共图书馆1个。广播电视综合覆盖率98.6%。卫生机构（不含诊所等）136个，病床570张，每千人有病床1.4张；卫生技术人员507人，其

2009年云南沾益珠江源山地自行车越野挑战赛　　（沾益县志办　提供）

成，县城建成区面积达7.18平方千米；垃圾发电厂、城市污水处理厂等项目顺利推进，城镇垃圾处理率提高17.5%，城镇污水处理率提高40%。城镇化率达35.86%。城市管理不断加强，连续四年被评为“云南省甲级卫生县城”。

【改善民生】　2009年，全力推进就业再就业工作，开发公益性岗位500个，全县新增转移输出劳动力5 619人，完成任务数的102%，就业再就业工作成效显著，1 096名失业人员实现再就业，“4 050”特殊困难群体人员就业397人。失地少地农民养老保险和城镇居民医疗保险参保人数分别达4 433人、2.73万人，农村养老保险参保人数达1.17万人。纳入低保救助对象的城乡居民户数分别为3 477户和6 130户，人数分别为5 922人和1.08万人，发放城乡低保金1 588万元。新建廉租住房4.2万平方米，首批城市低收入住房困难家庭顺利入住，发放住房租赁补贴66.39万元。核定登记大中型水库移民1.19万人，兑现后期扶持资金329.06万元。

（管晓方）

中，执业医师329人，执业助理医师183人，每千人有医师1.3名。

2009年，农民人均纯收入4 310元，增长10.03%。在职职工年平均工资29 069元，增长8.91%。城镇居民人均可支配收入13 540元，增长13.5%；人均消费性支出8 137元，增长4.59%。居民储蓄存款余额22.73亿元，增长15.17%。城镇居民平均住房面积22.54平方米，农村人口平均住房面积30.67平方米。城镇登记失业率3.1%。

中共县委书记　聂祖良
县人大常委会主任　张崇书
县人民政府县长　毕尚鹏
县政协主席　刘吉平

【“866”扶贫项目建设】　2009年，沾益县组织实施第二批“866”工程，分别为盘江芹菜沟，白水尖山，炎方麦地，播乐沙高，菱角块所，大坡石仁、妥乐，德泽热水、老官营、棠梨树等10个贫困村，项目覆盖72个自然村5 109户2.40万人。总投资6 620万元，其中，市级财政投入1 000万元，县级财政投入1 000万元，部门整合资金1 361万元，挂钩帮扶资金500万元，群众投工、投料、投资2 759万元。项目在年内全部通过市级验收，并被评为优良工程。

【山水园林城市建设】　2009年，完成龙华大道延长线、龙华大道北段、南片区城市基础设施等项目建设，玉林小区、九龙新苑二期、珠江源三期、玉林山水三期、龙华苑、廉租房等一批住宅小区相继建

万寿菊种植　　（沾益县志办　提供）

曲靖市经济社会发展主要指标（表一）

地　区	年末总人口（万人）		城镇人口占总人口比重（%）		单位从业人员（人）		农业总产值（万元）	
	2008年	2009年	2008年	2009年	2008年	2009年	2008年	2009年
曲靖市	578.20	581.80	32.60	34.00	303 129	318 712	2 598 812	2 835 455
麒麟区	69.48	70.10	57.10	64.20	65 394	65 905	221 285	235 593
马龙县	19.16	19.50	23.90	25.90	10 413	10 470	82 754	89 880
陆良县	61.82	62.00	33.10	35.30	33 836	33 310	500 015	528 667
师宗县	38.06	38.20	25.90	28.00	22 156	23 727	221 554	239 819
罗平县	54.50	54.70	31.90	34.10	20 953	19 295	300 009	332 847
富源县	70.41	70.50	24.50	26.60	26 517	47 076	248 216	281 866
会泽县	90.93	91.60	24.10	26.20	37 640	33 634	281 806	327 374
沾益县	40.56	41.00	30.60	35.70	26 638	25 175	283 493	303 868
宣威市	133.28	134.20	33.20	35.40	59 582	60 120	459 680	495 541

曲靖市经济社会发展主要指标（表二）

单位：万元

地　区	地区生产总值		第一产业		第二产业		第三产业	
	2008年	2009年	2008年	2009年	2008年	2009年	2008年	2009年
曲靖市	7 875 678	8 709 446	1 514 995	1 600 564	4 237 221	4 515 169	2 123 462	2 593 713
麒麟区	2 446 850	2 715 210	117 609	119 417	1 545 140	1 695 480	784 101	9 003 13
马龙县	168 936	195 836	45 000	48 116	71 000	87 542	52 936	60 178
陆良县	720 508	798 715	270 091	282 889	261 853	291 573	188 564	224 253
师宗县	386 788	422 569	144 321	157 978	140 548	149 241	101 919	115 350
罗平县	606 026	669 197	160 166	171 002	240 611	269 748	205 249	228 447
富源县	839 430	954 000	171 000	183 296	462 090	523 184	206 340	247 520
会泽县	769 365	833 004	152 175	164 804	471 003	486 529	146 187	181 671
沾益县	673 266	813 322	176 550	194 229	389 285	421 697	107 431	197 396
宣威市	1 145 194	1261 783	260 742	282 063	539 386	562 877	345 066	416 843

曲靖市经济社会发展主要指标（表三）

单位：%

地 区	地区生产总值构成		第一产业		第二产业		第三产业	
	2008年	2009年	2008年	2009年	2008年	2009年	2008年	2009年
曲靖市	100.00	100.00	19.24	18.38	53.80	51.84	26.96	29.78
麒麟区	100.00	100.00	4.81	4.40	63.15	62.44	32.05	33.16
马龙县	100.00	100.00	26.64	24.57	42.03	44.70	31.33	30.73
陆良县	100.00	100.00	37.49	35.42	36.34	36.51	26.17	28.07
师宗县	100.00	100.00	37.31	37.38	36.34	35.32	26.35	27.30
罗平县	100.00	100.00	26.43	25.55	39.70	40.31	33.87	34.14
富源县	100.00	100.00	20.37	19.21	55.05	54.84	24.58	25.95
会泽县	100.00	100.00	19.78	19.78	61.22	58.41	19.00	21.81
沾益县	100.00	100.00	26.22	23.88	57.82	51.85	15.96	24.27
宣威市	100.00	100.00	22.77	22.35	47.10	44.61	30.13	33.04

曲靖市经济社会发展主要指标（表四）

地 区	地区生产总值指数（上年＝100）		人均地区生产总值（元）		国有经济固定资产投资（万元）		社会消费品零售总额（万元）	
	2008年	2009年	2008年	2009年	2008年	2009年	2008年	2009年
曲靖市	112.40	112.80	13 684	14 970	1 370 907	2 018 887	1 552 507	1 900 429
麒麟区	113.60	112.90	35 293	38 900	287 674	373 539	408 877	491 061
马龙县	114.00	113.50	8 819	10 131	2 878	45 747	38 326	46 600
陆良县	114.10	113.00	11 684	12 901	78 052	111 360	144 117	175 447
师宗县	115.00	113.30	10 167	11 082	91 378	91 307	72 411	85 649
罗平县	112.90	108.40	11 126	12 256	65 293	116 267	138 657	172 018
富源县	112.80	113.50	11 925	13540	358 379	413 517	132 962	163 613
会泽县	109.00	113.00	8 613	9 128	102 772	127 005	109 919	135 400
沾益县	115.10	112.00	16 673	19 934	38 597	156 728	107 989	133 806
宣威市	113.00	112.60	8 624	9 435	345 884	557 795	399 249	496 835

曲靖市经济社会发展主要指标（表五）

地 区	地方财政收入（万元）		地方财政支出（万元）		人均地方财政收入（元）		人均地方财政支出（元）	
	2008年	2009年	2008年	2009年	2008年	2009年	2008年	2009年
曲靖市	560 137	631 875	1 169 321	1 401 667	973	1 089	2 032	2 417
麒麟区	63 296	76 108	115 480	151 542	913	1 091	1 665	2 171
马龙县	16 807	20 176	46 449	57 604	876	1 044	2 422	2 980
陆良县	30 006	33 802	98 766	117 119	487	546	1 602	1 892
师宗县	22 128	25 113	73 552	90 323	582	659	1 934	2 369
罗平县	26 329	30 068	84 768	101 067	484	551	1 557	1 851
富源县	64 164	71 802	131 264	149 670	911	1 019	1 864	2 124
会泽县	50 037	55 116	148 618	174 474	560	604	1 664	1 912
沾益县	44 521	47 162	77 932	94 491	1 103	1 156	1 930	2 317
宣威市	72 716	79 377	197 941	245 812	548	594	1 491	1 838

曲靖市经济社会发展主要指标（表六）

地 区	农民人均纯收入（元）		职工人数（人）		在岗职工年平均工资（元）		人均储蓄存款余额（元）	
	2008年	2009年	2008年	2009年	2008年	2009年	2008年	2009年
曲靖市	3 166	3 666	291 342	309 178	25 982	29 238	6 124	7 258
麒麟区	4 540	5 017	63 807	64 776	30 364	34 891	18 688	22 588
马龙县	2 750	3 152	10 247	10 133	23 000	27 855	5 446	6 420
陆良县	3 937	4 557	30 994	30 806	21 828	27 199	4 586	5 450
师宗县	2 857	3 266	21 790	23 318	21 972	24 726	4 662	5 382
罗平县	3 513	4 042	18 402	17 339	27 497	30 688	3 637	4 385
富源县	3 287	3 809	26 318	47 027	25 576	26 960	5 339	6 437
会泽县	2 113	2 370	37 607	33 592	27 926	31 855	3 197	3 577
沾益县	3 917	4 310	25 528	24 704	26 692	29 069	4 887	5 574
宣威市	3 118	3 404	56 649	57 483	23 544	26 182	4 574	5 381

（省统计局）

玉溪市

主　　编　李亚平　李红菊
责任编辑　张　春　赵　芳

【概述】　玉溪市位于云南省中部。总面积1.53万平方千米。全市辖8县1区。其中，红塔、江川、澄江、通海4个县（区）是坝区县，面积3 348平方千米，占总面积21.9%；华宁、易门2个县是半山区县，面积2 888平方千米，占总面积18.9%；峨山彝族自治县、新平彝族傣族自治县、元江哈尼族彝族傣族自治县3个县是山区县，面积9 053平方千米，占总面积59.2%。市委、市政府驻红塔区州城，距省会昆明市88千米。辖45个镇（其中1个民族镇）、3个城区办事处、27个乡（其中10个民族乡）。2009年底，全市总人口214万人。其中，非农业人口38.33万人，占总人口17.88%；少数民族人口70.77万人，占总人口33.02%。人口自然增长率5.48‰。

2009年，全市完成生产总值644.4亿元，比上年增长11.8%，增速比上年回落1.2个百分点。其中，第一产业增加值67.1亿元，增长6.0%；第二产业增加值393.2亿元，增长11.7%；第三产业增加值184.1亿元，增长14.0%。一、二、三产业比由10.8：62.1：27.1调整为10.4：61.0：28.6。全市人均生产总值2.82万元，达到人均4 035美元。卷烟生产和销售实现增加值245.5亿元，增长10.8%，占全市GDP的比重为38.2%。

全市农业总产值106.5亿元，增长6.7%。粮食总产量5.13亿千克，增长2.2%。烤烟产量1.04亿千克，下降3.3%。蔬菜产量13.17亿千克，增长3.7%。肉类产量24.67万吨，增长8%。

全市工业增加值373.8亿元，增长11.7%，增速比上年回落4个百分点。其中，卷烟及配套产业完成增加值247.5亿元，增长11.9%。完成规模以上工业增加值341.4亿元，增长11.5%，增速比上年回落5.1个百分点。完成工业总产值911.8亿元。其中，规模以上工业企业完成总产值746.1亿元，产销率达98.1%。红塔集团生产卷烟339.5万箱，比上年增加7.1万箱，增长2.1%；实现销售收入278亿元，增长12.6%；实现利税总额203.7亿元，增长14.8%。

全年固定资产投资240.2亿元，增长32%，增速比上年加快11.4个百分点。全年社会消费品零售总额115.4亿元，增长21.6%。外贸自营进出口总额1.57亿美元，下降26.6%。其中，出口1.39亿美元，下降30.9%；进口1 725万美元，增长47.1%。

2009年，实施农村公路通畅、通达工程，新建改造农村公路639.4千米。年底全市公路通车总里程达到1.64万千米。其中高速公路232.7千米。全市公路运输客运量完成2 676万人，比上年增长13.8%；旅客周转量16.3亿人千米，减少3.0%。公路货运量4 078万吨，减少30.4%；货物周转量69.4亿吨千米，增长8.1%。年底全市固定电话用户29.2万户，移动电话用户139.6万户；电话普及率每百人73.8部，比上年增加11.5部。互联网宽带网用户11.9万户，增长33.7%。

全市财政总收入完成260.1亿元，增长10%。地方财政收入63.6亿元，增长14.4%。8县1区地方财政收入过亿元的成果得到巩固。其中，红塔区完成7.9亿元，增长25.4%；新平县4.4亿元，增长14.3%；通海县2.7亿元，增长14.3%；澄江县2.7亿元，增长28.6%；峨山县2.5亿元，增长6.4%；易门县2.4亿元，增长14.4%；江川县2.3亿元，增长10.1%；华宁县2.1亿元，增长17.9%；元江县1.6亿元，增长14.2%。地方财政支出99.3亿元，增长31.1%。重点支出得到保障：教育支出16.2亿元，增长29.9%；社会保障和就业支出12.5亿元，增长14.5%；医疗卫生支出7.7亿元，增长33.9%。

2009年，全市有大专院校2所，在校学生1.12万人；普通中专学校3所，在校学生1.05万人；职业高中9所，在校学生1.56万人；普通高中22所，在校学生3.46万人；初中99

6月12~18日，玉溪市举办首届中国聂耳音乐（合唱）周，图为闭幕式文艺晚会会场（潘泉　摄）

所，在校学生9.47万人；普通小学607所，在校学生19.75万人。学龄儿童入学率99.8%。“三免一补”政策进一步得到巩固。全年共投入“三免一补”资金1.66亿元，全市小学生和绝大部分初中生共28万人享受补助，小学寄宿制学生补助标准每人每年500元，初中学生每人每年750元。

2009年，实施国家和省各类科技计划项目65项，获市奖励的科技成果49项目，获省奖励的科技成果15项目。争取科技经费4 361万元，比上年增加近1倍。市级科技项目投入1 058万元，比上年增长2倍多。申报专利350件，批准（授权）专利205件。评出2008年度市科学技术奖励项目49项，其中，一等奖4项、二等奖7项、三等奖38项。

全市有艺术表演团体7个，艺术表演502场；公共图书馆10个，藏书110万册；群艺馆、文化馆10个；乡级文化站（中心）76个；村级文化室465个。全市广播覆盖率和电视覆盖率分别达到98.5%和98.0%。

全市有卫生机构668个，医院64个；卫生机构拥有床位数9 002张；卫生技术人员8 638人，其中医生3 870人。疾病预防控制机构10个，卫生技术人员400人；妇幼保健院（所、站）10个，卫生技术人员395人。2009年，新农合补助标准每人每年80元，新型农村合作医疗参合率95.0%。全年310.5万人次享受新农合减免补偿，减免补偿金1.79亿元。实施农民体育健身工程，共投入中央、省、市建设资金163.6万元，补助全市122个行政村体育设施建设。成功举办玉溪抚仙湖国际名校赛艇挑战赛和中国瓦腾·云南玉溪环抚仙湖国际公路自行车赛两项国际赛事。在第十一届全国运动会上，云南代表团夺得1枚银牌、2枚铜牌，获团体总分112.5分。

2009年，全市农民人均纯收入5 119元，比上年增长7.5%。全市在岗职工平均工资27 674元，比上年增长9.4%；城市居民（红塔区）人均可支配收入15 866元，增长12.1%；全市城镇居民人均可支配收入14 741元，增长11.1%；全市城镇居民家庭每100户拥有汽车17.5辆，比上年增加3.3辆。年内城镇失业人员再就业人数达1.25万人，5 776名特殊困难人员实现再就业。年末全市城镇登记失业率2.8%。

中共市委书记　孔祥庚

市人大常委会主任　董诗强

市人民政府市长　高劲松

市政协主席　冷明德

玉溪亚太国际汽车城开业典礼　（红塔区志办提供，蒯学庆摄）

【农村劳动力培训转移】 2009年，市政府提出“全市培训农村劳动力2万人，转移1.8万人”的目标任务。全市有7县（区）共争取到中央“阳光工程”项目和省级农村劳动力转移培训项目资金403.4万元。其中，中央项目培训任务7 700人，资金323.4万元；省级项目培训任务4 000人，资金80万元。通过公开招标由24个培训基地承担培训任务。全市培训2.29万人，完成市级安排培训任务的114.7%；转移就业2.16万人，完成转移任务的120.1%，转移就业率达94.3%。其中，中央“阳光工程”项目实际培训7 765人，完成任务数7 700人的100.8%，转移就业7 477人；省级项目实际培训4 093人，完成任务数4 000人的102.3%，转移就业3 848人。在中央和省级两个项目实施中，共开展技能培训1.13万人，占项目培训人数的95.6%，引导性培训人数522人，占4.4%；取得职业技能等级证7 463人，占62.9%。年末，全市农村劳动力转移就业实际人员达28.83万人，其中有组织转移就业11.95万人。外出务工人员从事第一产业2.02万人、第二产业12.43万人、第三产业14.38万人。据测算，全年实现劳务总收入21亿元，首次突破20亿元大关。

【农民收入稳步增加】 年内，全市农村经济可分配净收入总额100.89亿元，扣除上交国家税金14.60亿元、上交国家有关部门2 972万元等，农民所得总额为80.84亿元。农民人均所得达4 485元，比上年增加313元，增长7.5%。农民增产、增收主要是支农、惠农政策带来的农民增收。一系列免征农业税、推行农村合作医疗制度、实现粮食直补、良种补贴及购置农机具补贴等强农惠农政策落实到位，促进农民增收。年内，全市投入“三农”资金30.9亿元，同比增加5.2亿元，改善农业生产及农民生活条件。还有优化产业结构调整。油菜，蔬菜、甘蔗、花卉、生物药原料等产业得到进一步巩固，加上较好的农产品价格，也使农业经济效益明显提高。劳务经济健康发展是重要因素。年内，全

市农民外出务工劳动力达19.75万人，比上年增长10.9%。全市农民人均工资性收入达1 183元，增长13.1%。劳务经济已成为玉溪市继烤烟产业之后又一增加农民收入新途径。也得利于中低产农田改造。年内，全市中低产农田改造共完成投资2.77亿元，完成改造项目105个，改造面积24.1万亩，新增生产能力2 189万千克、总产值4 173万元，节约劳动成本3 154万元，增加农民收入6 644万元。

【平安建设】 2009年，市委、市政府下发《关于在全市开展新一轮先进平安县区创建活动的实施意见》，提出“平安、和谐、宽松、舒畅”创建目标。建立健全各种切合实际的平安建设工作模式，将“无邪教县（区）”“无毒县（区）”“消防安全县（区）”创建活动纳入平安创建工作，全面推进新一轮平安玉溪建设。54家市综合治理维护稳定委员会成员单位加强挂钩联系工作，在多个部门挂钩联系一个县（区）的同时，每个成员单位负责联系一个乡镇，将成员单位开展系统创安工作纳入单位年终考核范围。成员单位组织开展系统平安创建活动，如卫生系统“平安医院”、教育系统“平安学校”、妇联系统“平安家庭”、交警部门“平安出行”活动。2009年公众安全感调查显示，全市公众安全感率为93.2%，比上年提高0.3个百分点。

【玉溪市荣膺“中国十佳休闲宜居生态城市”】 2009年，对已经建好并初具规模的约2平方千米的聂耳文化广场片区景观提升改造，启动玉溪大河以北YTC地块前期开发整治工程。同时，把聂耳文化广场景区延伸至东风水库，启动东风水库路坝合一工程。在完成七星街、珊瑚路等街道改造工程后，又全面启动棋阳路拓宽改造一期工程、九龙片区五伟路一期工程、九龙片区四经路工程、抚仙路改造、明珠路延长线建设等工程。2009年9月，玉溪市荣膺“中国十佳休闲宜居生态城市”，位列全国第二位，在地级市中排列第一，是云南省唯一获此殊荣的州市。

（刘仕荣　李晓媛）

红塔区

【概述】 红塔区位于云南省中部、玉溪市西北部。辖区总面积1 004平方千米。区政府驻地州城，距省会昆明88千米，海拔1630米，是玉溪市政治、经济、文化中心。2009年，平均气温16.9℃，年最高气温31.3℃（7月19日），年最低气温-0.3℃（12月25日），无霜期233天，年降雨量628.4毫米。全区辖3个街道办事处和6个镇及2个彝族乡，81个村（居）民委员会、871个村（居）民小级，436个自然村。年末，全区总人口42.06万人。其中，非农业人口14.14万人，占总人口33.61%；少数民族人口6.09万人，占总人口14.5%。人口密度每平方千米419人，人口自然增长率4.99‰。

2009年，全区实现生产总值372.91亿元，比上年增长13.8%。人均实现生产总值78 442元。其中，第一产业增加值10亿元，第二产业增加值283.73亿元，第三产业增加值79.18亿元。一、二、三产业结构比重由上年的2.4：76.3：21.5调整为2.7：76.1：21.2。完成农业产值10亿元，工业产值553.24亿元。农村经济总收入431.4亿元，增长9.27%。全年粮食总产量7 329.71万千克。年内，红塔烟草（集团）有限责任公司内外生产规模487.78万箱，同比增长2.26%；集团本部及省内四厂实现税利300.54亿元，同比增长10.21%。年末全区公路通车里程1 377千米，自然村通车率达100%。全年完成客运量618.71万人次，客运周转量4.08亿人次千米；货运量796万吨，货运周转量36.99亿吨千米。年末本地电话交换机总容量22.54万门，移动电话用户45.45万户，电话普及率134.7部/百人，互联网用户6.33万户。全区财政总收入15.43亿元，增长7.6%，其中上划中央“两税”收入完成5.2亿元，下降0.5%。地方财政收入7.91亿元，增长25.4%；全区地方财政支出12.87亿元，增长22.9%。年内，玉溪（中心城区）荣获“中国十佳休闲宜居生态城市”和“中国十佳和谐发展城市”，被命名为“国家园林城市”。

年末，辖区有学校109所，在校学生9.36万人，专任教师4 964人。

农家书屋　（蒯学庆　摄）

全区小学适龄人口入学率99.99%，初中适龄少年入学率99.60%，高中阶段教育毛入学率89.65%，实现普及高中阶段教育的目标。有文艺表演团体3个，群众艺术馆2个，博物馆1个，文物管理所2个，公共图书馆2个，乡镇文化站11个，农家书屋90个，提前5年在西部省份县（区）中率先实现村村有“农家书屋”目标。有各级各类医疗卫生机构316个，卫生技术人员4 651人，开设病床3 460张，平均每千人拥有卫生技术人员11人、病床8.23张。

2009年，全区农村居民家庭人均纯收入6 373元，比上年增长6.1%；区属在岗职工平均工资32 038元，增长8.9%。城市居民全年人均可支配收入15 866元，增长12.1%。人均消费性支出11 389元，增长11.4%。城乡居民人均存款余额3.63万元。城市居民人均住房面积41平方米，农村居民人均生活住房面积68平方米。城镇登记失业率2.9%。

中共区委书记　黄宪庭

区人大常委会主任　毕继芬（女）

区人民政府区长　杨兴荣

区政协主席　杨德运

【太标太阳能产销两旺】　2009年6月，太标太阳能成为全国“太阳能家电下乡”中标产品，是云南省唯一全系列中标品牌。年内，该公司完成营业收入1.42亿元；生产太阳能产品40万平方米，其中完成推广太阳能36万平方米（其中“太阳能家电下乡”推广29万平方米）。“太标”系列产品除在省内各地销售外，还销往广东、广西等地，并出口东南亚地区。至年末，太标太阳能热水器家电下乡产品销量名列全省第一、全国第四，荣获品牌中国总评榜“金谱奖”。

【玉溪凤凰生态食品公司】　该公司是以肉类加工为主的大型食品集团，是云南省唯一一家出口分割冻猪肉的加工企业。企业通过ISO9001和HACCP管理体系认证，并取得出口食品生产企业卫生注册登记。年内，公司被商务部批准成为中央储备肉代储单位。截至年末，公司储备生猪活体5 205头，比上年增长3.77%；储备冻肉4 655吨，增长181.78%。其中，除中央储备冻肉3 000吨外，提前超额完成省下达的生猪活体5 000头、冻肉1 350吨储备任务。全年收购生猪64万头，屠宰加工生猪64万头，完成生猪产品销售额8.76亿元，出口冻品猪肉5 981吨，创汇1 851万美元，上缴税费66.8万元。

【聂耳荣膺为新中国成立作出突出贡献的英雄模范人物】　聂耳，男，1912年生，云南省玉溪县（今红塔区）人，中共党员。1928年加入中国共产主义青年团。1930年到上海，参加反帝大同盟，并积极投身中国共产党领导的革命文艺活动。1933年初加入中国共产党。1935年7月，在日本不幸溺水身亡。聂耳所谱写的《金蛇狂舞》《翠湖春晓》等乐曲，深受人们喜爱。他为歌剧、话剧和电影谱写了《新女性》《开路先锋》《大路歌》《前进歌》《毕业歌》等主题歌曲，在全国广为传唱，对激发民众投入抗日救亡运动起了积极作用。1935年，聂耳为电影《风云儿女》所作主题歌《义勇军进行曲》，1949年9月，中国人民政治协商会议第一届全体会议确定为代国歌。1982年12月，中华人民共和国第五届全国人民代表大会第五次全体会议确定《义勇军进行曲》为中华人民共和国国歌。2009年9月10日，聂耳被评为“100位为新中国成立作出突出贡献的英雄模范人物”。

【现代烟草农业合作社——黄官社区】　黄官社区自2008年被确定为省级“现代烟草农业建设核心试点”以来，建立了以烟草公司为基础、合作社为载体、烟农为主体的烤烟专业合作社，实行“公司+合作社+烟农”的新型烤烟生产组织管理模式。合作社以五年为一个周期，将全社区962户农户97.79公顷土地流转集中到合作社，统一生产经营管理。合作社按照每亩每年1 300元保底标准支付农户入股的同时，积极吸纳村民参与烟叶生产专业化服务。截至2009年，黄官试验区投资253.55万元建设烟田沟渠、管网、提灌工程和机耕路等基础设施，配套建设育苗、烘烤和收购一体化工场，新建育苗大棚和密集烤房。全年统一种植津巴布韦烤烟“KRK26”新品种66.67公顷，交售烟叶21.94万千克，交售收入354.11万元，单产238.4千克/亩（比红塔区平均数亩增加78.63千克），产值4 200.35元/亩（增加1 385元/亩），均价17.62元/千克（增加1.48元），上等烟比例81.23%（提高20.51个百分点）。初步形成现代烟草农业生产格局，成功创造出“两头工场化、中间专业化”的烟叶生产组织模式——黄官模式，体现出专业化分工、社会化服务、市场化运作特点。同时，创造出在老烟区和经济相对发达地区发展田烟的成功经验。“黄官模式”还引起国际社会关注，美国、法国、印度等国家专业人士也前来观摩学习。

（邹瑾）

江川县

【概述】　江川县位于云南省中部、玉溪市中部。总面积850平方千米。其中，山区、半山区占71.67%，坝区占15.69%，湖泊水面占12.37%。境内有星云湖面积34.7平方千米，拥有抚仙湖及孤山岛面积68.9平方千米，形成“七山二水一分田”。县人民政府驻大街镇，海拔1730米，距省会昆明102千米，距玉溪市市政府驻地35千米。2009年平均气温17.0℃，极端最高气温32.1℃，极端最低气温为−0.1℃（12月25日）。全年日照时数2 329.9小时，无霜期240天，降雨量721.4毫米。全县辖5镇2乡，72个村（居）民委员会，434个村民小组，350个自然村。年末全县户籍总人口27.32万人，其中非农

业人口3.24万人。人口自然增长率5.33‰。

2009年，全县实现生产总值31.50亿元，比上年下降13.1%。其中，第一产业增加值9.83亿元，增长4.3%；第二产业增加值7.80亿元，减少45.4%；第三产业增加值13.88亿元，增长11.4%。农业总产值14.13亿元，增长1.2%；工业总产值23.17亿元，减少45.1%。全年地方财政收入2.32亿元，增长10.1%；财政支出6.53亿元，增长20.9%。

全县有公立学校84所，教学班1 296个，在校学生5.42万人，教职工人数2 376人。小学生毛入学率107.68%，小学学龄儿童入学率99.53%，小学毕业升学率98.87%，初中生毛入学率109.09%，高考上线率87.09%。有文化厅室91个，文艺队348支，县图书室馆藏图书8.22万册。年内，完成全县广播电视"村村通"工程。8月，江川被2009世界文化旅游论坛组委会授予"中国著名文化旅游县"荣誉称号。有卫生机构12个，卫生技术人员531人，其中，执业医师和执业助理医师252人，医院和卫生院床位631张。全县新型农村合作医疗参合率98.73%。

2009年，全县农民人均纯收入5 020元，增长7.5%；城镇居民人均可支配收入14 926元，增长11.1%。人均储蓄9 742元，增长17.8%。

中共县委书记　张延明（2009.1～）

县人大常委会主任　赵少春

县人民政府县长　张延明（～2009.1）　葛勇（2009.2～）

县政协主席　黄文柱

【第五届开渔节暨高原湖泊水产品交易会】　2009年12月24日开幕。期间，举行一系列文艺演出活动。来自约旦、伊拉克、俄罗斯、英国等21国外国使节给予江川"最值得驻华大使馆向世界推荐的中国高原水产第一县"评价，并由外交官代表向江川县颁授牌匾。开渔节24～27日共接待游客40.7万人，实现旅游收入6 400.9万元。

"红歌经典，唱响江川"合唱比赛　（江川县志办　提供）

【农村人畜饮水工程】　2009年共实施人畜饮水工程16件，总投资1 002万元。其中，2009年市级所列农村人饮安全工程6件，总投资59.1万元；2008年第一批中央预算内专项资金农村饮水安全项目工程4件，总投资202.7万元；2009年第三批扩大内需中央预算内资金农村饮水安全项目5件，总投资487.8万元；九龙国际会议中心供水管道安装工程1件，总投资242.4万元。上述工程解决改善2.66万人和900头大牲畜饮水困难。

【抗旱保春耕】　2009年，春旱和初夏干旱现象突出。据统计，全县大、小春农作物受旱面积达6.96万亩，经估算，因旱减收粮食3 066.77吨，经济损失2 783.1万元。持续高温干旱天气，致使全县山区、半山区1万余人和1 283头大牲畜饮水受到严重影响。全县及时采取措施投入抗旱保春耕生产。据不完全统计，全县日最高投入抗旱人数3.43万人次；投入泵站提水设备63台，机动抗旱设备4 567台（套），装机容量达1.02万千瓦；投入各类机动运水车辆887辆，非机动车辆2 112辆；投入抗旱资金130.69万元，其中，市县财政拨款44万元、群众自筹86.69万元，确保17.81万亩大春作物适时栽种。

【贷免扶补】　7月28日，县总工会举行2009年"贷免扶补"小额贷款发放仪式。此次"贷免扶补"共收到申请29份，经审核后，符合政策规定条件的有16人（其中，失业人员5人、农民工7人、大学生3人、复转军人1人）。7月29日，对符合条件的16名创业者给予5万元/人的贷款发放。

【扶贫开发】　2009年向省市扶贫办上报整村推进项目规划19家，得到上级支持给予扶持6个乡镇13个村委会14个村民小组整村推进项目建设。总投资281.7万元，其中，省级扶持8个村民小组，扶持资金120万元；市级扶持6个村民小组，扶持资金91.8万元；县财政配套资金9万元，整合部门资金15.5万元；群众投工投劳及自筹资金45.4万元。14个项目村完成建设硬化村庄道路14件14.92千米3.45万平方米，建水池2个280立方米，安装人畜饮水水管1.5千米，修建沟渠1.82千米，修建科技文化活动室14所2 131平方米，建公厕15座885平方米，支砌挡墙935立方米，铺筑场地1 965平方米，建垃圾池4个，安装无线电视显示屏14块，进行农田建设坡改梯177亩，发展经济作物2 320亩，实施养殖200头，进行科技培训14期1 250人次。整村推进项目建设全部完工并通过验收。

【易地搬迁扶贫】 2009年大街镇天井凹、雄关乡爬地、路居镇黑山脚三个搬迁点搬迁工作顺利进行。争取市级扶贫投资18万元，其中，黑山脚小组10万元，天井凹小组4万元，爬地小组4万元；安居、水电路等工作已基本完工并通过县市验收。为发展特色产业，增加困难农户收入，为江川宏斌食品厂争取到1 000万元贴息贷款；帮助云南江川丰达冬桃基地争取到产业扶贫资金100万元，计划在全县7个乡镇发展冬桃上万亩，发展山区和困难地区优势特色产业。

（余立言）

澄江县

【概述】 澄江县位于云南省中部、玉溪市西北部。总面积773平方千米。其中，山区面积567.6平方千米，占总面积73.43%；坝区面积61.6平方千米，占总面积7.97%。县人民政府驻地凤麓镇，海拔1755米，距省会昆明52千米，距玉溪市驻地红塔区93千米。2009年平均气温17.2℃，年最高气温31.4℃（7月19日），最低气温1.0℃（11月21日），平均日照时数2 210.4小时，平均降雨量691.3毫米。全县辖6个镇，35个村（居）民委员会，366个自然村。年末总人口16.5万人。其中，非农业人口2.05万人，占总人口12.46%；少数民族人口1.03万人，占总人口6.26%。人口自然增长率2.78‰。

2009年，全县实现生产总值27.62亿元。其中，第一产业增加值5.74亿元，增长5.2%；第二产业增加值11.87亿元，增长20.4%；第三产业增加值10.02亿元，增长17.2%。一、二、三产业结构比由上年的20.7：43.9：35.4调整为20.8：42.9：36.3。农村经济总收入8.52亿元，增长5.2%。粮食总产量3.71万吨，增长11.3%。工业总产值32.75亿元，减少1.9%。年末公路通车总里程895.39千米。固定电话1.65万部，移动电话用户7.10万户，互联网用户5 955户。全县财政总收入4.60亿元，增长1.3%；财政总支出6.30亿元，增长41.9%。

年底，全县有各类学校52所，专任教师1 522人，在校学生2.66万人。学龄儿童入学率99.68%，普通初中升学率95.27%。有艺术表演团体1个，农村文艺队90余个，文化馆1个，文化站6个；公共图书馆1个，图书室6个，广播人口覆盖率99%，电视人口覆盖率98%。有卫生机构（不含诊所等）45个，病床441张，卫生技术人员518人，其中，执业医师203人，执业助理医师34人。

2009年，全县农民人均纯收入5 601元，扣除物价因素，实际增长11.8%；在职职工年平均工资25 133元，增长7.6%，城镇居民人均可支配收入14 907元，实际增长11.5%。人均消费性支出9 158元。居民人均储蓄存款11 378元，增长17%。

中共县委书记　崔明

县人大常委会主任　许绍锦

县人民政府县长　苏绍华

县政协主席　张同安

【抚仙湖专项整治】 2009年，县抚仙湖管理局开展为期两个月的专项整治行动，共责令停止违章偷捕银鱼50余起，制止在湖中洗衣、洗刷生产生活用具30余起，责令拆除在湖中围堰养鱼，网箱养鱼、虾笼养鱼5处，当场拆除违章建筑3处，责令自行拆除5处，当场罚款处罚在湖中洗车2起，口头教育2起。发挥综合执法联动组职能作用，积极配合龙街、右所两镇在禁控区范围内，实施强制拆除违法违规建筑物53宗，恢复原状面积2 540平方米，取缔渔沟、渔洞、湖岸、滩地经营点7个，取缔围堰、网箱养殖户8户，没收电鱼工具设备7套和电鱼导线300余米。

【联合国官员考察申遗工作】 5月31日至6月1日，联合国教科文组织北京代表处文化遗产专员杜晓帆先生一行5人到澄江县考察并听取澄江动物化石群申报世界自然遗产工作情况汇报。杜晓帆高度评价玉溪市为申遗所做的工作，认为澄江动物化石群是珍稀的自然遗产类型，是目前中国国内缺少的遗产类型，也是联合国教科文组织鼓励申报的项

澄江县申遗文本评审会　（澄江县志办　提供）

目，具有明显的申报优势。建议深入挖掘澄江动物群的内涵，扩大向公众的展示和教育力度，希望玉溪市加强与中国建设部和相关部门的联系，加快申遗步伐。此次考察是联合国教科文组织遗产官员首次听取澄江动物化石群申遗工作汇报。

【集体林权制度改革】 澄江县集体林权制度改革已全面完成主体改革任务，通过省、市检查验收。为切实做好主体改革整改工作，严格把好质量关，各镇按主体改革整改方案进行整改，同时为确保2009年底前建立完成林权交易服务中心，抓紧制订各项配套改革政策措施，完善配套改革实施意见。全县40个村委会、320个村小组外业确权勘查和发证工作已完成。已有320个村小组完成输机工作，输机1.50万宗，确权1.12万户，确权面积达51.08万亩，确权宗地数为1.50万宗（包括退耕7 140宗、国有林场2宗）；核发林权证3 694本，发证宗地1.44万宗，发证户数1.07万户，发证面积49.05万亩，发证率达96%。

【新加坡悦榕集团入驻澄江湖畔圣水】 澄江湖畔圣水项目位于澄江县右所镇矣旧村委会，占地449.9亩，由昆明城建股份房地产开发有限公司投资兴建，总投资10亿元，建设周期5年，集商务会所、产权酒店式住宅、别墅、高标准接待客房、污水处理系统为一体。截至2009年6月，累计投入资金5亿元，一期工程基本完工，二期工程于年底开工建设。2009年7月，昆明城建股份与新加坡悦榕集团签署全方位战略协议，悦椿度假村首先进驻澄江，携手湖畔圣水，共同打造精品旅游休闲度假项目。

【《阳宗海砷污染源综合治理工程可行性研究报告》通过评审】 11月4日，省发改委、省环保厅在昆明共同主持召开该可行性研究报告评审会并原则通过评审。阳宗海砷污染源综合治理工程是阳宗海砷污染治理的治本措施，为实现治理目标，按照方案合理、技术可行的要求，结合污染区域实际情况，合理应用先进实用的砷污染治理技术。项目在收集阳宗海砷污染前期资料和现场调查基础上，分阶段分步骤实施控源、截流和砷污染物最终处理处置等工程措施。项目建设将基本清除阳宗海砷污染源，通过专业化处置技术，提高处置水平、降低处理成本，加快阳宗海综合治理，保障环境安全，促进社会经济可持续发展。

（王基宇）

通海县

【概述】 通海县地处云南省中部偏南、玉溪市东南部。总面积721平方千米。其中，山区面积560.75平方千米，占总面积77.77%；坝区面积160.25平方千米，占总面积22.23%。县人民政府驻地秀山镇，距省会昆明125千米，距玉溪市红塔区47千米，海拔1830米。2009年，平均气温16.5℃，年最高气温30.6℃（7月19日），年最低气温0.9℃（1月17日）；平均日照时数2 557.3小时，降雨量590.7毫米，无霜期233天。辖乡镇9个，其中，乡3个、镇6个，村（居）民委员会69个，533个村（居）民小组，自然村360个。年末总人口30.5万人。其中，非农业人口3.81万人，占总人口13.7%；少数民族人口4.31万人，占总人口15.4%。人口密度每平方千米423人，人口自然增长率3.71‰。

2009年，全县实现生产总值41.86亿元，比上年增长10.1%。一、二、三产业增加值分别为8.64亿元、17.26亿元、15.97亿元，分别比上年增长7.3%、9.7%、12.0%；一、二、三产业增加值占全县生产总值的比重分别为20.6%、41.2%、38.2%。农业总产值14.20亿元，增长8.8%。工业总产值103.60亿元，增长27.97%。年末公路通车总里程1 006.6千米。全年客运量493.02万人次，客运周转量1.07亿人千米；货运量429.24万吨，实现公路货物运输周转量1.74亿吨千米。年底固定电话机总数3.13万部，普及率10.26部/百人；移动电话用户19.6万户，普及率64.26部/百人。互联网用户1.24万户，增长13.7%。全县财政总收入4.37亿元，增长6.0%；其中，地方财政收入2.72亿元，增长14.3%；财政总支出6.45亿元，增27.5%。

全县有各类学校71所，专任教师2 661人，在校学生4.53万人。学龄儿童入学率99.98%，小学升学率97.85%，普通初中升学率43.09%，高考上线率77.34%。有文化馆1个，乡镇文化站9个，文化室50个、图书室42个，公共图书馆1个。广播人口覆盖率100%，电视人口覆盖率92.0%。有卫生机构206个，卫生部门所属机构卫生技术人员499人，其他机构及个体诊所卫生技术人员459人；执业医师318人，执业助理医师111人。每千人有卫生技术人员3.43人。病床1 059张，每千人有病床3.79张。

全年农民人均纯收入5 762元，扣除物价因素，实际增长6.7%；在职职工年平均工资24 585元，比上年增加2 064元。城镇居民可支配收入14 598元，实际增长13.7%；人均消费性支出7 875元，实际增长14.76%。城乡居民人均储蓄存款1.31万元，增长21.3%。城镇居民平均住房面积54.3平方米，农村人口平均住房面积48.6平方米。城镇登记失业率3.0%。

中共县委书记　马文龙
县人大常委会主任　刘广聪
县人民政府县长　资武
县政协主席　周艳芬（女）

【古城村“民族团结示范村”建设】 2009年纳古镇古城村被省、市列为“民族团结示范村”建设。项目于2009年5月开工，至10月竣工并投入使用。项目为：多功能用房326.4平方米，场地及街道硬化1 353.6平方米，建公厕1个，科技培训3期600人次。共投资74.67万元，其中，省级补助30万元，自筹及投工投劳44.67万元。项目建设取

通海金山蔬菜批发市场 （通海县志办 提供）

得明显的社会、经济效益。

【县城南北街改造工程】 县城南北街道改造工程是通海古城风貌恢复的重要内容之一。南北街位于县城中轴线上，是通海传统商业文化主街，道路全长491.85米，宽13米。从2008年9月开始施工到2009年4月，先后完成给排水、照明、路基处理、路面青石板铺筑、三线入地等工程，改造供水管网983.7米，铺筑青石板8 044.25平方米，增设绿化树木46株、景观型路灯26盏，共完成投资465万元。于2009年5月通过通海县相关单位验收组验收。

【廉租住房建设】 2009年，为解决城镇低收入住房困难家庭的住房问题，组织在县城东苑小区东侧建设2.6万平方米528套廉租住房。每套建筑面积49.7平方米，按照一梯四户设计，建设用地1.15万平方米，计划总投资3 640万元（不含征地费、三通一平、勘察设计、图纸审查、招标代理等费用）。项目于2009年4月30日完成招投标工作，5月5日正式开工建设。至12月31日，已进行6层施工，室外附属工程招投标工作已经完成。截至2009年12月31日，完成投资2 536万元。

【外贸进出口列全市第一】 在全市外贸出口额下滑的情况下，通海县充分发挥产业优势，超额完成外贸出口目标任务，名列全市第一。2009年实现进出口总额3 979万美元，完成市目标任务的122.4%，比上年同期增长58.7%。其中出口3 949万美元，比上年同期增长80.6%。通海县进出口贸易工作被市政府评为先进单位。全县18家“三外”企业共完成生产总值12亿元，实现利税3 303.72万元，从业人员2 772人，为全县经济社会发展作出积极贡献。年内云南通海宋威农产品进出口有限公司被认定为第四批农业产业化经营省级重点龙头企业。全县外贸主要特点是农副产品出口增幅较大，解决了高档农产品销售问题，增加了农民收入。

【东绿公司出口额大突破】 东绿食品有限公司成立于1998年，位于通海县秀山镇东村。2004年牵头成立玉溪市花椰菜专业合作社；2005年被评为省级农业产业化优秀龙头企业，注册“东绿”牌商标；2006年被农业部评为全国乡镇企业创名牌重点企业；2008年被评为市级农业产业化龙头企业。2009年实现外贸出口额1 199万美元，占通海县外贸进出口总额的30.13%，成为通海第一家外贸进出口额超1 000万美元大关的外贸企业。

【全国“双百市场工程”——金山蔬菜批发市场】 2009年2月，通海县按照市有关文件要求，向上级申报金山蔬菜批发市场为“双百市场工程”，经市政府和省商务厅逐级上报商务部审批，通海金山蔬菜批发市场被列为全国“双百市场工程”，国家首次拨补改造提升资金200万元。

【环境保护】 2009年，通海县严把建设项目审批关，严格新建项目环境准入证管理。禁止在杞麓湖径流区新上污染严重的工业及畜禽养殖项目，对国家明令禁止淘汰的项目及工艺落后、污染严重不符合国家产业政策的项目坚决予以否决。全年共审批建设项目55件，没有一件对水体和大气造成污染的项目。

【通海中心客运站落成】 通海中心客运站按照二级站标准建设，自2007年5月开工，2009年8月完工，同月经省、县联合检查验收。新建成的客运站功能齐备，占地21.85亩，建筑面积8 236平方米，总投资1 700万元。12月19日，将208辆长途客车全部纳入新客运站，完成客运站搬迁。

【乡镇客运站建成】 年内，通海县建成河西、四街两个乡镇客运站（四级站）。河西客运站于2008年5月开工，2009年7月完工，占地8.7亩，建筑面积1 493.3平方米，控制性投资60万元。四街客运站于2008年6月开工，2009年12月主体完工，占地7亩，控制性投资100万元。

（张亚伟）

华宁县

【概述】 华宁县地处滇中偏东南、玉溪市东部。总面积1 313平方千米。其中，山区面积1 241.86平方千米，占总面积94.58%；坝

区面积71.14平方千米，占总面积5.42%。县政府驻地宁州镇，海拔1620米。距省会昆明148千米，距市府驻地53千米。2009年，平均气温17.5℃，最高气温32℃（5月10日、7月19日），最低气温－0.4℃（12月25日）。平均日照时数2 296.1小时，平均降雨量838.1毫米。无霜期233天。全县辖乡镇5个，其中，乡1个、镇4个，村（居）民委员会77个，自然村670个。年末总人口20.93万人。其中，非农业人口2.22万人，占总人口10.6%；少数民族人口5.97万人，占总人口28.5%。人口密度每平方千米159.4人，人口自然增长率3.9‰。

2009年，全县实现生产总值28.3亿元，比上年增长10%。其中，第一产业增加值8.50亿元，增长7.1%；第二产业增加值8.71亿元，增长7.6%；第三产业增加值11.11亿元，增长14%。一、二、三产业比由上年的30.2∶33.0∶36.8调整为30.0∶30.8∶39.2。农村经济总收入13.29亿元，下降5.9%。粮食总产量6.36万吨，下降3.7%。工农业总产值38.21亿元，增长2%；其中工业总产值26.03亿元，增长0.1%。年末公路通车总里程1 740.2千米。全年客运量83.73万人次，客运周转量4 185.61万人千米；货运量141.34万吨，货物周转量1.89亿吨千米。年内新增20辆公交车开通4条线路运营。年末，拥有各种电话12.17万部，电话普及率58部/百人。互联网用户7 832户，增长53%。全县财政总收入2.94亿元，增长5.2%。地方财政支出5.67亿元，增长29.1%。

全县有各类学校107所，教职工2 367人，在校学生3.63万人。学龄儿童入学率99.87%，普通初中升学率77.1%，高考上线率70.42%。年内，华宁县青少年学生校外活动中心成立；由中欧国际工商学院EMBA2007级三、四班学员捐资修建的华宁县海关合爱希望小学落成。各类艺术表演团体（业余）528个，文化馆（站）6个，公共图书馆1个。广播、电视人口覆盖率均达99%。海境村委会农民音乐人姚宝奇作词作曲的《海镜，秀美的家园》在“激情新农村，幸福新农民”首届全国村歌大赛中，荣获“中国优秀村歌”称号，并入围“中国村歌十大金曲”。有卫生机构11个，病床621张，每千人有病床3张；有卫生技术人员536人，其中，执业医师207人，执业助理医师38人，每千人有医师1.2名。

金鹿农机产业园开工仪式　　（华宁县志办　提供）

2009年，农民人均纯收入4 768元，增长7.1%。在职职工年平均工资27 872万元，增长3 137元。城镇居民可支配收入14 384元，增长11.8%；人均消费性支出9 844元，实际增长13.6%。居民储蓄存款15.27亿元，增长20.9%。城镇居民平均住房面积34.63平方米，农村人口平均住房面积33.5平方米。城镇登记失业率2.8%。

中共县委书记　解仕清

县人大常委会主任　李世聪

县人民政府县长　吴伯平

县政协主席　汪子新

【家电下乡】 3月21日，县商务局在百信购物广场举行家电下乡启动仪式。家电下乡起止时间为2009年2月1日至2013年1月31日，为期4年。家电下乡产品为彩电、冰箱（含冰柜）、手机、洗衣机四类产品，每台（件）最高限价分别为2 000元、2 500元、1 000元、2 000元。

【出口蔬菜基地建设及产业化开发项目】 4月26日，由县科学技术局组织申报，盛泉果蔬实业有限公司实施的该项目通过专家评审。项目申请单位经过4年发展，已建成蔬菜保鲜库及附属设施2 500平方米，并购置蔬菜分拣、消毒、保鲜、包装等仪器设备。项目采取“公司+基地+农户”的产业化经营模式，有较好的经济、社会和生态效益。

【宁州牲畜定点屠宰有限公司投产】 9月22日竣工投产，原城区生猪定点屠宰场于9月23日关闭。项目位于宁州镇新庄工业园区，2009年初开工建设，占地面积13亩，设计日屠宰能力1 500头，总投资400万元。设有生猪屠宰区、牛羊屠宰区、冷库和办公区。

【省级互助资金试点项目】 11月2日通过评审。该项目计划无偿投入国家级财政扶贫资金100万元。该项目选定在通红甸彝族苗族乡和盘溪镇两个革命老区8个村民小组进行试点。项目覆盖853户农户，主导扶持发展柑橘、核桃、冬早蔬菜、中药材和大牲畜等种养业。该项目的实施结束了华宁县没有单项产业扶贫项目状况。

【中央投资农网工程项目】 12月4日，全县历时4个多月的中央投资农网10千伏及以下工程项目完工。工程于2009年7月15日开工建设，共3批18个项目，总投资1 600万元，改造完善宁州、盘溪、青龙、通红甸4个乡镇、37个村委会、91个村民小组生活照明、生产及排涝抗旱用电线路及设施，新建和改造10千伏线路63.189千米、0.4千伏线路103.32千米，更换和改造配电变压器102台，改造户表2 947户。

【农家书屋建设】 华宁县把农家书屋建设列入政府主要工作和督办的十件实事之一，因地制宜在各村委会和社区建设农家书屋。全县78个村居委会均建立了农家书屋，共有图书15.2万册，光碟8 000碟，杂志近2万册，在全省率先实现农家书屋全覆盖目标。甫甸村委会农家书屋面积120平方米，是一个集"远程教育、多媒体、党员活动"等为一体的多功能书屋，有18类图书2 600多册。城关社区农家书屋在原"城关社区图书室"基础上建成，藏图书、杂志3 700册，每周开屋时间27.5小时。12月15日，在玉溪市出席全国农家书屋工程建设（中西部地区）经验交流会的国家新闻出版总署署长柳斌杰深入县华溪镇甫甸村委会、宁州镇城关社区视察农家书屋工程建设情况。

【华宁职中改革教学模式】 华宁职中有68名教职工，24个教学班，在校学生1 138人。该校大胆改革传统职教模式，以"毕业生多元化就业"为目标，以"加强基础课学习，注重学生能力培养，强化专业技能训练"为指导思想，合理设置专业，体现以学生为主体的教学思想。2007年以来，学生就业率保持在90%以上。该校坚持开门办学，积极开展对外交流与合作，推出"校校""校企"联合办学模式，实现"校厂并举，产学一体"有机结合。在广东、江苏等地建立校外实习基地，形成培养、使用、输出一条龙的办学机制，与全国100多家企业签订人才培养订单。

【华溪橘农引进新品种】 2005至2009年，由科技特派员杨志伟等6位橘农自费到四川、湖南等地，引进大分早生一号、红心柚10多个柑橘新品种，在华溪河谷进行高枝嫁接或试验种植，把原来的老化品种改接改种其他新品种。杨志伟带头在自家果园里高枝嫁接2 600多株特早熟柑橘新品种，现在大浦已经改为大分早生一号，新嫁接的2 600株大分早生一号已有600株开始挂果。由于果形好、上市早、价钱高，市场价每千克3.5元左右，带来了较好经济效益。

【首家陶质劈开砖生产企业落户华宁】 华宁县陶瓷生产历史已达600余年，现有陶瓷生产企业10户，产品涵盖生活陶、建筑陶、园林陶、工艺陶、东巴文化陶五大系列共700多个品种，但生产工艺、管理方式落后。2009年，由云南省中泰鼎越陶瓷有限公司投资1 860万元、年产360万立方米的首家陶质劈开砖生产项目落户莲花塘轻工业片区。该公司采用现代化工艺流程和企业管理，发展华宁陶瓷生产。

（李云翔　向仕学）

易门县

【概述】 易门县位于云南省中部、玉溪市西北部。辖区总面积1 571平方千米。其中，山区面积1 524平方千米，占总面积97%；盆地及河谷面积47平方千米，占总面积3%。县人民政府驻地龙泉镇，距省会昆明86千米，距市府驻地玉溪146千米。海拔1570米。2009年，平均气温17.4%，年最高气温33.5℃（5月27日）、年最低气温－1.6℃（12月25日）；年日照时数2 212小时；全年降雨量564.7毫米；平均无霜期233天、初霜日1月24日、终霜日3月14日；汛期5月28日至9月26日。全县辖乡镇7个，其中，乡1个、民族乡3个、镇3个，村（居）民委员会56个，村（居）民小组746个，自然村771个。年末总人口17.02万人。其中，非农业人口3.43万人，占总人口20.15%；少数民族人口5.45万人，占总人口32%。人口密度每平方千米108.37人；人口自然增长率3.12‰。

2009年，全县实现生产总值28.75亿元，比上年增长8.4%；其中，第一产业增加值5.87亿元，增长6.4%；第二产业增加值13.21亿元，增长3.7%；第三产业增加值9.67亿元，增长15.6%。一、二、三产业结构比由19：53：28调整为20：46：34。粮食总产量5.53万吨，增长6.6%。全县工业总产值42.17亿元，下降12%。年末公路通车总里程1 651千米。全年客运量86万人次，旅客运输量6 020万人千米；货运量800万吨，货物周转量4.73亿吨千米。年底固定电话机总数2.23万部，移动电话用户8.43万部，电话63部／百人。互联网用户8 964户，增长45.9%。全县地方财政总收入2.36亿元，增长14.4%；财政总支出5.89亿元，增长30.2%。

年底，全县有各类学校80所，专任教师1 665人，在校学生2.88万人。学龄儿童入学率99.82%，普通初中升学率86.16%，高考上线率96.13%。有艺术表演团体1个，文化馆（站）8个，公共图书馆1个。广播人口覆盖率98.5%，电视人口覆盖率99.5%。有卫生机构105个，病床928张，每千人有病床5.4张；医疗卫生专业技术人员392人，每千人有医技人员4人。

2009年，农民人均纯收入4 630元，增长8.5%；职工年平均工资22 050元，增长2.7%；城镇居民人均可支配收入14 291元，增长10.5%。农村人口人均消费性支出4 144元，实际增长17.1%；城镇居民人均消费性支出9 035元，实际增长12.5%。居民人均储蓄存款余额

1.01万元，增长17%。城镇居民平均住房面积35平方米，农村人口平均住房面积38平方米。城镇登记失业率2.9%。

中共县委书记　方志鸣（女）

县人大常委会主任　侯绍兴（彝）

县人民政府县长　周映海

县政协主席　马军有

【野生食用菌交易会】　该交易会由省商务厅、玉溪市政府主办，易门县委、县政府、玉溪市商务局承办，省食用菌协会等单位协办，至2009年已举办五届。第一届于2005年8月6～8日举办，参展商121户，县内食用菌营销大户42户、散户1 200户，食用菌成交量360余吨，成交金额700多万元。第五届于2009年8月1～10日举办，参展交易商共1.18万户（次），食用菌交易量1 064.9吨，成交金额3 035.1万元；签订招商引资项目2个，项目协议投资总额4.5亿元，签订贸易项目内贸4个1 880万元、外贸出口2个224万美元。在菌类拍卖活动中拍卖成交5件，仅一朵虎掌菌就重13.5千克，标的价1万元。还举行野生食用菌美食烹饪大赛，设野生食用菌特色长街宴供游客品尝。同时举办野生食用菌学术论坛、野生食用菌科普展、书画摄影集邮展、文艺演出等活动。

【云南野生食用菌交易中心】　经省商务厅批准，易门县城为“云南野生食用菌交易中心”。易门县有丰富的野生食用菌等林下资源，野生菌种类达260多种，目前已知可食用的有37种，年产量5 000余吨。20世纪80年代初，易门在全省率先实现野生食用菌长期保存和市场化，野生食用菌产品畅销全国各地，出口日本、俄罗斯、意大利、香港等国家和地区，易门县城成为云南省野生食用菌集散地。

【烤烟生产】　2009年，易门县卧式密集烤房建设成本节约、耗能降低和鲜烟叶商品化烘烤三项烤烟生产基础性工作全省领先。全县大力试验、推广、建设土舂墙卧式密集烤房，累计建成96群980座。与砖混卧式密集烤房相比，每座土舂墙卧式密集烤房可节约建设成本4 313元，共节约建设成本422万元，卧式密集烤房建设成本全省最低。与砖混卧式密集烤房相比，使用土舂墙卧式密集烤房烘烤烤出干烟叶每千克均价可提高0.15元，每千克干烟叶耗煤量可节省0.5千克，节约成本0.34元，每千克干烟叶耗电量可节约0.01千瓦时，创卧式密集烤房耗能全省最低。积极探索“两头商品化、中间专业化”的烤烟生产组织管理模式，在育苗环节推行工场化育苗、商品化供苗，在生产环节推行专业化管理、社会化服务，在烘烤环节推行商品化烘烤、集约化收购。全县共组建烤烟生产专业合作社4个，组织22群220座卧式烤房推广鲜烟叶商品化烘烤，交易鲜烟叶1 548.6吨，烤出干烟叶215.3吨，在全省最具影响力。

【易门—正大合作养殖】　从2003年开始引进正大公司畜禽一条龙作业项目，通过龙头企业带动合作养殖。经多年努力，易门—正大合作养殖实现“三大突破”：出栏畜禽突破800万只，产值突破2亿元，养殖户报酬突破1 000万元，成为全县农村经济发展和农民增收新亮点。全县建成正大合作养殖小区12个、规模养殖户79户，年出栏肉禽300万只、肉猪1万头。截至2009年末，累计出栏畜禽846.7万只，产值2.13亿元，养殖户报酬1 295万元。合作养殖促进了传统畜牧业向现代畜牧业飞跃，已成为云南省现代畜牧业发展的成功范例，得到农业部专家和省市领导肯定，省内14个州（市）47个县（区）及贵州省部分市县领导和业务部门有关人员相继到县参观学习。

（矣德忠）

野生菌火锅　（易门县志办　提供）

峨山彝族自治县

【概述】　峨山彝族自治县位于云南省和玉溪市中部。总面积1 972平方千米，其中，山区面积占96%，坝区面积占4%。县人民政府驻地双江镇，距省会昆明市118千米，距玉溪市政府驻地24千米，县城海拔1538米。2009年，平均气温17.1℃，年最高气温31.4℃（7月19日），年最低气温-1.2℃（12月25日）。年日照时数2 120.9小时，年均降雨量608.8毫米。平均无霜期337天。全县辖5镇3乡，76个村（居）民委员会，568个村（居）民小组，533个自然村。年末全县总人口15.19万人，其中，非农业

大龙潭乡攀枝花村村民小组修整路面 （李海峰 摄）

人口3.02万人，占总人口19.9%；少数民族人口10.36万人，占总人口68.2%；主体自治民族彝族人口8.64万人，占总人口56.9%和少数民族人口83.5%。人口自然增长率4.5‰。

2009年，全年实现生产总值28.28亿元，比上年增长10.3%，增幅比上年下降2.1个百分点。其中，第一产业增加值4.92亿元，第二产业增加值13.01亿元，第三产业增加值10.35亿元，分别增长4.0%、10.9%和12.5%。一、二、三产业增加值占全县GDP比重分别为17.4%、46.0%、36.6%。完成农业生产总值7.46亿元，增长0.7%。粮食总产量5.31万吨，增长0.1%。工业总产值41.4亿元，下降10.6%。年末公路通车总里程2 160千米。全年完成客运量175.41万人次，客运周转量6 437.83万人千米；完成货运量385.64万吨，货运周转量2.04亿吨千米。年底全县固定电话总用户1.9万户，移动电话总用户8.9万户，电话普及率每百人70.7部。互联网用户5 170户。全县财政总收入5.31亿元，增长7.3%；中央“两税”收入1.65亿元，减少7.9%。完成地方财政收入2.45亿元，增长6.4%；地方财政支出6.01亿元，增长21.2%。

全县有普通中学13所，小学89所，专任教师1 925人，在校中小学生及在园幼儿2.93万人。学龄儿童入学率99.55%，小学辍学率0.46%，初中辍学率1.31%。高考上线率85.22%。有县级歌舞团1个，文化馆（站）9个，县级图书馆1个。广播人口覆盖率93.7%，电视人口覆盖率97.8%，有线电视入户率49.2%。有医疗卫生机构126个，病床550张，每千人有病床3.6张；卫生技术人员446人，其中，执业医师192人，执业助理医师46人，每千人有医师1.57名。

全年农民人均纯收入4 532元，扣除物价因素实际增长6.7%；在职职工年平均工资23 416元，增长4.9%。城镇居民人均可支配收入14 743元，增长10.4%。城乡居民人均储蓄存款1.05万元，增加1 108元。城镇居民人均住房面积42.1平方米，农村居民人均住房面积41.5平方米。城镇登记失业率2.7%。

中共县委书记 叶本功

县人大常委会主任 陈爱军（彝）

县人民政府县长 方正春（彝）

县政协主席 马穆生（回）

【万村千乡市场工程建设】 至2009年，全县共建成万村千乡市场农家（资）店103个。其中，农家店97个，农资店6个，共投入工程项目资金270万元，营业面积4 378平方米，实现乡镇、村级和人口在1 000人以上自然村全覆盖。带动社会就业212人，农家店占农村网点比重为4.8%，年均经营总额7 850万元，年均利润总额230万元，年均代邮政业务销售额、电信业务销售额、药品业务销售额76.4万元。

【家电下乡】 截至2009年12月底，全县共备案登记销售网点30家，录入电脑销售的彩电810台、电冰箱（含冰柜）2 582台、洗衣机855台、手机6部、计算机71台、热水器1 053台、微波炉9台、电磁炉53台。已兑付农民购买“家电下乡”产品后的财政补贴114.6万元。

【易峨高二级公路建设】 玉溪市易门—峨山—高仓公路是连接易门县、峨山县、红塔区的主要公路，也是云南省一条重要的经济干线。改建工程全长106.379千米，其中峨山段69.2千米，投资约17.37亿元，2009年11月开工，2010年12月路基工程竣工。

【玉林泉酒晋升国字号】 2009年9月19日在昆明举行的“中国白酒小曲香型代表授牌仪式暨玉林泉大经典上市发布会”上，峨山生产的云南名酒玉林泉荣获“中国白酒小曲香型代表”称号，标志着玉林泉酒跻身中国“国”字白酒品牌阵列，改变了“云南无好酒”的历史。

【首届彝族祖先铜像开光暨祭祖大典】 2009年11月26日，在峨山县阿普笃慕文化园隆重举行首届中国彝族祖先阿普笃慕文化节彝族祖先铜像开光暨祭祖大典。来自云南、四川、贵州、广西等地领导、彝学专家学者、彝族群众与峨山县上万名彝族同胞一起祭祀祖先阿普笃慕。举行该项活动，是峨山县打造“祖先文化、火文化、花鼓文化”三大彝族文化品牌的一个重要举措，为全国彝族同胞提供一个寻根溯源的平台，增强民族荣誉感，同

时也展示了峨山经济建设和改革开放新成就。

（罗兴武）

新平彝族傣族自治县

【概述】 新平彝族傣族自治县位于云南省中部偏西南、玉溪市西部。总面积4 223平方千米。其中，山区面积4 138平方千米，占总面积98%；坝区面积84平方千米，占总面积2%。县政府驻地桂山镇，海拔1480米，距省会昆明180千米，距市府驻地红塔区90千米。2009年，平均气温18.1℃，年最高气温32.2℃（4月24日），最低气温0.7℃（12月25日）；总日照数2 588小时，总降雨量735.7毫米。全县辖6乡6镇，120个村委会（社区），1 459个村民小组。年末总人口27.29万人。其中，非农业人口3.69万人，占总人口13.5%；少数民族人口19.64万人，占总人口71.95%。主体自治民族彝族、傣族人口17.68万人，占总人口的64.78%和少数民族人口的90.02%。人口密度每平方千米64.63人，人口自然增长率5.0‰。

2009年，全县实现生产总值39.56亿元，比上年增长14.1%。其中，第一产业增加值7.61亿元，增长8.9%；第二产业增加值20.54亿元，增长10.4%；第三产业增加值11.4亿元，增长24.9%。一、二、三产业比为19.3：51.9：28.8。实现农业总产值13.63亿元，增长10.2%。粮食总产量9 573万千克，增长11.0%。工业总产值71.83亿元，下降15.5%。年末公路通车总里程4642千米。全年客运量103万人，客运周转量1.01亿人千米。年底固定电话机总数1.96万部，移动电话14.16万部，电话普及率59.1部/百人。年内，全县乡村两级农家店覆盖率均达到100%，居全市首位；新平县经省科技厅和省食品药品监督管理局批准为“云药之乡”。全县财政总收入9.33亿元，增长4.2%；地方财政收入4.42亿元，增长14.3%。财政总支出11.46亿元，增长36.8%。

年底，全县共有各类学校162所，专任教师2 738人，在校学生4.23万人。学龄儿童入学率99.72%，初中升学率87.8%，高中升学率82.5%。有文化馆（站）13个，云南花腰傣民族文化艺术团1个，民族图书馆1个。广播、电视人口覆盖率分别为99.0%和99.2%。有卫生机构（不含诊所等）21个，床位651张，每千人拥有2.39张；有卫生技术人员673人，其中，执业医师275人，执业助理医师94人，每千人拥有医师1人。

2009年，农民人均纯收入4 335元，增长8.2%；在职职工年平均工资2.94万元，增长15.8%。城镇居民人均可支配收入1.47万元，增长8.5%。城乡居民储蓄存款19.22亿元，增长23.5%。城镇登记失业率3.2%。

中共县委书记　周继武

县人大常委会主任　刘振华

县人民政府县长　普昌文（彝）

县政协主席　史亚新

【县城至三江口二级公路】 2009年10月，该公路改扩建工程建设项目启动。工程是全省52条重点二级公路建设项目之一，是云南省2005～2020年公路网规划干线公路双柏至天宝口岸的重要路段，是S306线与S218线的交汇路段，东经新平县城连接国道213线进入玉溪、昆明，西连镇沅县通往滇西，北上可直达楚雄与国道320线相连，南下经元江、墨江可达普洱、景洪。公路建设总里程92.67千米，起于县城太平桥，途经桂山、腰街、戛洒等7个乡镇，止于三江口。设计速度60千米/小时。项目投资预计14.6亿元，计划2011年6月底前完工并投入使用。这是新平建县以来投资最大、建设规模最大、受益人口最多的一项工程。

【大红山铁矿扩产工程】 2009年9月28日，昆钢集团大红山铁矿扩产工程年产700万吨三选厂项目开工建设。三选厂位于新平县戛洒镇曼岗河北岸，是大红山铁矿年产800万吨扩产工程的主体选矿工程，概算投资5.52亿元。

【彝族文化长廊】 2009年，新平县在平甸河县城段两岸建成“彝族文化长廊”，总长4 200米，通过浮雕图案和文字形式展示中国彝族经典文化和新平彝族经典文化。长廊每组长2.0米、高1.15米、柱高1.52

花腰傣原生态歌舞表演　（普思元　摄）

米，图案长2米、高0.6米，共有大小浮雕2 000余幅，展现中国彝族和新平彝族概况、历史渊源、创世史诗、神话传说、故事、天文历法、宗教祭祀、彝族支系及服饰、风物风俗等文化经典，具有独特的艺术风格和浓郁的地方特色，成为新平县城独具魅力的一道风景线。

【全国首批新型农村社会养老保险试点县】 2009年，新平县被列入全国首批新型农村社会养老保险试点县，为全省16个试点县（市）之一。新型农村养老保险采取个人缴费、集体补助和政府补贴结合的方式参保，全县每个60周岁以上农村老年人每月可获得由财政全额支付的55元基础养老金。未满60周岁的可根据自身实际选择缴费参保，缴费标准为每人每年100、200元、300元、400元、500元等5个档次，最低缴费年限15年，参保人一年可领到的养老金至少可以增加660元。

【漠沙镇现代农业示范区】 2009年，新平县加快以苦瓜为主的漠沙镇现代农业示范区建设。结合漠沙镇优势，围绕特色农业、外向型农业、高效生态农业重点建设，投入1 700万元启动1万亩中低产田改造；投资250万元完成现代农业蔬菜建设项目，新发展大棚1 243亩；投资170万元完成农产品物流配送中心一期工程建设，共交易秋苦瓜4 120吨，交易额1.03亿元；引进昆明鼎高生物科技有限公司投资80万元建设苦瓜组培苗生产工厂等。全镇形成以甘蔗、苦瓜为主，水稻、荔枝、香蕉等产业为辅，水、路、科技作支撑的农业产业格局。

【大槟榔园村参选全国旅游示范名村】 大槟榔园村位于戛洒江畔，生态环境优美，距县城76千米，是新平县的一个花腰傣民族文化生态旅游村，兼具典型的热带河谷生态自然景观和花腰傣历史人文景观的特点。大槟榔园村景区分民居民俗、农耕文化、原始宗教（神树林）、田园观赏区等展示区。2008年12月，被列为云南省旅游特色村。2009年11月，被列为云南省5个推荐参加评选的“全国特色景观旅游示范名村”之一。

【十件实事惠民生】 2009年，县本级财政安排4 000万元专项资金并整合各类资金，完成10件直接惠及民生的实事：投资500万元，完成58件人饮工程、68件水毁修复工程，解决人畜饮水问题，改善灌溉条件；投资1 597万元，实施农网改造工程，解决7个乡镇21个村委会59个自然村群众用电难问题；投资300万元，修缮村组公路1 364.34千米，解决573个小组群众出行难问题；投资2 567万元，实施村庄道路硬化和村容村貌整治，改善114个自然村人居环境；投资2 000万元，实施地质灾害搬迁，改善11个乡镇30个村委会群众的居住条件；投资108万元，为1万户农户实施节柴改灶，推进农村生态建设；投资179万元，改善59所农村中小学办学条件；投资200万元，实施10个村委会办公用房和村卫生所修缮改造，改善农村基层医疗卫生条件；投资355万元，实施县城老城区道路和灯光亮化工程；鼓励和扶持农民进城镇建房购房定居创业，推进城乡一体化建设，对84户发放鼓励扶持资金129万元。

【县产云南名牌农产品】 新平县引导和促进各农业生产企业创建品牌，不断提升优质农产品知名度和市场竞争力。2009年，新平县云新糖业有限责任公司的“云新”牌单晶冰糖、高原甜橙园艺有限责任公司的“高原王子”牌冰糖橙、南恩糖纸有限责任公司的“南恩”牌白砂糖通过认定，荣获“云南名牌农产品”称号。

（刘凤琼）

元江哈尼族彝族傣族自治县

【概述】 元江哈尼族彝族傣族自治县位于云南省中南部、玉溪市西南部。辖区总面积2 858平方千米。其中，山区面积2 766.5平方千米，占96.8%；坝区面积91.5平方千米，占3.2%。县人民政府驻地澧江镇，距省会昆明220千米，距市政府驻地玉溪132千米；海拔380米。年平均气温24.6℃，极端最高气温41.4℃（5月10日），极端最低气温5.7℃（12月25日）；年日照时数2 625.5小时，年降雨量677.4毫米。3月31日下午至4月1日凌晨，境内羊岔街、因远、东峨、羊街、咪哩五个乡镇遭受冰雹袭击。全县辖6乡4镇1农场（不含省属元江农场），79个村（居）民委员会，776个村（居）民小组，688个自然村。年末总人口20.19万人。其中，农业人口17.44万人，占总人口86.38%；少数民族人口16.20万人，占总人口80.24%，其中，哈尼族、彝族、傣族三个主体自治民族人口15.32万人，占总人口75.88%和少数民族人口94.57%。人口密度每平方千米71人；人口自然增长率2.5‰。

年内，全县实现生产总值25.33亿元，比上年增长11.59%。其中，第一产业增加值8.63亿元，增长5.63%；第二产业增加值6.72亿元，增长5.49%；第三产业增加值9.98亿元，增长22.45%。一、二、三产业比由36.00：28.07：35.92调整为34.07：26.52：39.41。农业总产值12.97亿元，增长6.99%。粮食总产量5.96万吨，增长11.19%。工业总产值16.51亿元，增长8.17%。年末全县公路通车里程2 392千米。年内元江至红河二级公路元江段开工。全年完成客运量63.30万人次，客运周转量949.5万人千米；完成货运量25.33万吨，货运周转量2 508.79万吨千米。年底全县有固定电话用户2.3万户，固定电话普及率10.55部/百人；移动电话用户8.85万户，移动电话普及率40.62部/百人。有互联网用户7 179户，比上年增长63.57%。全县财政总收入2.45亿元，减少1.32%；地方财政收入1.59亿元，增长14.22%；地方财政支出7.12亿元，增长51.02%，

年底，全县有中学14所、小

学60所、幼儿园8所，有专任教师2 288人；在校学生3.25万人，在园幼儿2 140人。学龄儿童入学率99.63%，小学升学率99.14%，初中升学率64.1%，高考录取率59.2%。有各种艺术表演团体15个，文化馆（站）11个，公共图书馆1个。广播人口覆盖率98%，电视人口覆盖率90%。年内，“元江傣族蒙面情歌花街节”被评选为云南省十大民族狂欢节之一；开展新型农村合作医疗免费健康体检工作。

2009年，全县农民人均纯收入4 299元，增长7.31%；在岗职工年平均工资27 149元，增长12.72%；县城居民人均可支配收入14 016元，增长11.20%。城乡居民人均储蓄存款5 808元，增长26.04%。城镇登记失业率2.20%。

中共县委书记　贺光明

县人大常委会主任　车德才（哈尼）

县人民政府县长　王志新（哈尼）

县政协主席　谢光亚（傣）

【金芒果文化旅游节】　元江县于2009年6月19～21日，继续举办“2009·中国·元江红河谷金芒果文化旅游节”。节日期间，举行开幕式暨文艺演出、民族风情展演、篝火晚会、广场联欢等文化活动；进行水果一条街、商贸一条街、长街宴、商贸洽谈等经贸活动；开展千人共嬉竹竿舞、万人泼水狂欢、吃芒果比赛等活动。共接待游客8.3万人次，旅游社会收入1 020.64万元，分别比上年增长11%和8%。

【新农村建设】　2009年，元江县结合农村基础设施、农村公共服务、农村社会保障等重点，切实抓好典型示范村和重点建设村等新农村建设项目工作。年内共下派新农村建设指导员70名，指导各乡镇、村委会做好新农村建设工作。通过整合各项新农村建设项目，加大新农村建设资金投入力度，全年共争取到新农村建设项目29项，预算投入资金1 363.92万元。其中，省级重点村8项120万元，市级试点村11项110万元，市级典型示范村2项和重点建设村8项计110万元；县级投入市级典型示范村和重点建设村配套资金110万元；新农村建设指导员派出单位及指导员协调投入新农村建设资金420.4万元；乡镇、村组自筹和群众“一事一议”筹资投劳493.52万元。

【农产品经纪人培训班】　2009年6月26～28日，举办首期农产品经纪人培训班，各乡镇分管农业的领导、部分村委会主任、种养大户、专业合作社社员、农产品流通大户等共102人参加培训。培训结束后，有94人参加农产品经纪人初级理论知识考试，考试合格者由中华全国供销合作总社、国家人力资源和社会保障部颁发《农产品经纪人从业资格（初级）证书》。

【华侨农场改革】　元江县红河华侨农场和甘庄华侨农场是上世纪60年代为安置来自印尼、越南等16个国家的归侨而创建，总人口达8 196人，其中归侨、侨眷占31.82%。按照中央和省委、省政府统一安排部署，元江县于2008年10月开始组织实施第三次华侨农场改革发展工作。两个华侨农场改革按照“就近并入周边乡镇，保留华侨农场牌子”改革模式进行，红河华侨农场并入澧江镇、甘庄华侨农场并入青龙厂镇，并保留华侨农场牌子。2009年3月10日和13日，红河华侨农场和甘庄华侨农场分别举行撤并移交仪式，标志着两个华侨农场主体改革任务圆满完成，在全省13个华侨农（林）场中率先实现体制融入地方的目标。

【兑现惠农扶农补贴】　2009年，认真落实好能繁母猪补贴和能繁母猪保险惠农、扶农政策。全县共有能繁母猪7 606头，涉及能繁母猪养殖户4 199户，按照每头能繁母猪补贴100元的标准，共兑现资金76.09万元，兑现率达100%。

【竹胶模板生产】　竹胶模板项目是国家“九五”星火项目，是建设部推广的绿色环保新产品。该产品可代替钢模和木模板，广泛应用于高层建筑、桥梁等建设领域。元江县强力竹木胶合板厂自2007年4月投产以来，已生产竹胶模板5 000立方米，是云南省唯一一家能生产建筑竹胶模板的专业企业，产品占据昆明二环路、螺蛳湾等省内重点工程建设80%的竹胶模板市场，并远销缅甸、老挝等地。

（张正新）

新农村建设试点村——红星林村远景　（吕和义　摄）

玉溪市经济社会发展主要指标（表一）

地　区	年末总人口（万人）		城镇人口占总人口比重（%）		全社会就业人员（万人）		农业总产值（万元）	
	2008年	2009年	2008年	2009年	2008年	2009年	2008年	2009年
玉溪市	227.60	228.70	35.50	37.00	177 396	181 553	1 020 092	1 081 379
红塔区	47.39	47.70	54.70	56.20	65 966	68 042	150 272	152 235
江川县	27.89	28.00	31.00	32.50	11 084	11 408	139 680	141 319
澄江县	16.40	16.50	31.50	32.50	10 426	10 024	75 273	85 173
通海县	30.36	30.50	37.00	39.00	18 377	19 773	129 364	142 047
华宁县	21.35	21.50	30.90	32.50	10 550	10 891	114 537	121 833
易门县	17.96	18.00	29.40	30.40	13 678	13 808	91 656	98 272
峨山县	16.15	16.20	34.00	35.00	17 124	16 104	74 099	74 582
新平县	28.42	28.50	25.40	27.00	17 541	18 205	123 646	136 259
元江县	21.68	21.80	24.80	25.80	12 650	13 298	121 565	129 659

玉溪市经济社会发展主要指标（表二）

单位：万元

地　区	地区生产总值		第一产业		第二产业		第三产业	
	2008年	2009年	2008年	2009年	2008年	2009年	2008年	2009年
玉溪市	5 960 973	6 444 042	645 481	665 943	3 702 932	3 847 214	1 612 560	1 930 885
红塔区	3 409 939	3 818 111	83 329	100 024	2 607 733	2 911 826	718 877	806 261
江川县	368 100	314 985	96 786	98 273	146 375	77 984	124 939	138 728
澄江县	242 002	305 183	50 020	57 370	106 452	118 654	85 530	129 159
通海县	392 099	422 707	79 000	86 373	170 830	170 263	142 269	166 071
华宁县	264 415	284 213	79 928	81 973	87 249	90 592	97 238	111 648
易门县	301 209	287 458	56 870	58 663	160 933	132 110	83 406	96 685
峨山县	267 408	282 806	49 115	49 231	127 035	130 075	91 258	103 500
新平县	417 635	410 435	68 154	76 147	259 086	205 328	90 395	128 960
元江县	226 852	269 674	81 674	86 291	63 683	64 638	81 495	118 745

玉溪市经济社会发展主要指标（表三）

单位：%

地　区	地区生产总值构成		第一产业		第二产业		第三产业	
	2008年	2009年	2008年	2009年	2008年	2009年	2008年	2009年
玉溪市	100.00	100.00	10.83	10.34	62.12	59.70	27.05	29.96
红塔区	100.00	100.00	2.44	2.62	76.47	76.26	21.08	21.12
江川县	100.00	100.00	26.29	31.20	39.77	24.76	33.94	44.04
澄江县	100.00	100.00	20.67	18.80	43.99	38.88	35.34	42.32
通海县	100.00	100.00	20.15	20.43	43.57	40.28	36.28	39.29
华宁县	100.00	100.00	30.23	28.84	33.00	31.87	36.77	39.29
易门县	100.00	100.00	18.88	20.41	53.43	45.96	27.69	33.63
峨山县	100.00	100.00	18.37	17.41	47.51	45.99	34.13	36.60
新平县	100.00	100.00	16.32	18.55	62.04	50.03	21.64	31.42
元江县	100.00	100.00	36.00	32.00	28.07	23.97	35.92	44.03

玉溪市经济社会发展主要指标（表四）

地　区	地区生产总值指数（上年＝100）		人均地区生产总值（元）		国有经济固定资产投资（万元）		社会消费品零售总额（万元）	
	2008年	2009年	2008年	2009年	2008年	2009年	2008年	2009年
玉溪市	113.00	11.80	26 260	28 245	517 354	914 698	949 073	1 154 467
红塔区	113.80	14.10	72 176	80 297	184 113	324 196	440 153	530 351
江川县	113.10	−12.20	13 229	11 272	24 876	34 306	70 800	85 192
澄江县	113.90	16.50	14 801	18 552	15 919	53 882	56 324	70 371
通海县	110.10	10.10	12 951	13 891	18 798	30 068	88 917	108 923
华宁县	111.30	10.20	12 420	13 265	37 433	78 633	54 617	65 980
易门县	115.70	8.40	16 804	15 988	55 444	85 429	55 973	67 733
峨山县	112.40	10.20	16 594	17 484	28 144	71 067	46 543	57 061
新平县	112.40	14.10	14 731	14 421	90 353	180 265	63 965	78 166
元江县	111.70	11.10	10 490	12 405	20 174	56 852	71 781	90 690

玉溪市经济社会发展主要指标（表五）

地　区	地方财政收入（万元）		地方财政支出（万元）		人均地方财政收入（元）		人均地方财政支出（元）	
	2008年	2009年	2008年	2009年	2008年	2009年	2008年	2009年
玉溪市	501 621	541 595	725 275	898 224	2 210	2 374	3 195	3 937
红塔区	59 433	70 136	99 607	118 797	1 258	1 475	2 108	2 499
江川县	20 130	20 899	52 414	62 379	723	748	1 882	2 232
澄江县	18 341	24 195	40 218	59 163	1 122	1 471	2 460	3 597
通海县	21 695	24 136	47 994	60 106	716	793	1 585	1 975
华宁县	17 279	17 889	43 220	53 810	812	835	2 031	2 512
易门县	19 781	21 311	42 496	56 057	1 103	1 185	2 370	3 118
峨山县	21 220	21 833	47 334	57 070	1 316	1 350	2 935	3 528
新平县	38 224	42 523	82 462	109 168	1 348	1 494	2 908	3 836
元江县	13 863	14 297	46 717	68 897	641	658	2 159	3 169

玉溪市经济社会发展主要指标（表六）

地　区	农民人均纯收入（元）		职工人数（人）		在岗职工年平均工资（元）		人均储蓄存款余额（元）	
	2008年	2009年	2008年	2009年	2008年	2009年	2008年	2009年
玉溪市	4 761	5 119	169 705	175 498	25 286	27 674	11 725	13 967
红塔区	6 006	6 373	63 338	66 341	29 419	32 038	26 980	32 077
江川县	4 670	5 020	10 818	11 224	22 844	23 596	8 031	9 458
澄江县	5 009	5 601	10 017	9 794	22 626	25 133	9 641	11 307
通海县	5 401	5 762	17 725	19 224	21 962	24 352	10 797	13 099
华宁县	4 453	4 768	10 020	10 402	23 168	25 444	5 930	7 127
易门县	4 267	4 630	12 608	12 714	21 465	22 351	8 193	9 561
峨山县	4 248	4 532	16 157	15 828	22 330	23 416	9 348	10 454
新平县	4 005	4 335	16 448	16 711	25 387	29 410	5 486	6 753
元江县	4 006	4 299	12 574	13 260	24 086	27 149	4 609	5 823

（省统计局）

保山市

主　编　蒋国安　李红菊
责任编辑　赵　芳　杨　静

【概述】　保山市位于云南省西部，总面积1.91万平方千米。其中，山区、半山区面积1.75万平方千米，占总面积的91.79%；坝区面积1 565.09平方千米，占总面积的8.21%。国境线长167.78千米。市府所在地隆阳区，距省会昆明492千米，空中航程350千米，距中缅边界国家级口岸猴桥221千米，距缅北最大城市密支那395千米。辖施甸、腾冲、龙陵、昌宁4县和隆阳区；乡（镇、街道办事处）72个，其中，乡46个、镇24个、办事处2个。2009年末，户籍总人口250.2万人。其中，非农业人口27.76万人，占总人口的11.1%；少数民族人口25.79万人，占总人口的10.3%。人口密度每平方千米127.4人，人口自然增长率5.77‰。

全年全市实现生产总值217.21亿元，比上年增长12.9%。其中，第一产业增加值67.2亿元、第二产业增加值64.5亿元、第三产业增加值85.6亿元，分别增长7.5%、22.2%和10.3%，一、二、三产业增加值比由31.8∶28.5∶39.7调整为30.9∶29.7∶39.4。完成工业增加值47.1亿元，比上年增长14.63%；完成规模以上工业增加值31.82亿元，增长25.84%。全年接待海内外游客560万人次，比上年增长11%；实现旅游总收入23.5亿元，增长13.25%。全年实现社会商品零售总额69.67亿元，比上年增长19.4%。居民消费品价格总水平比上年上涨2.4%，其中商品零售价格总水平上升2.5%。全年外贸进出口总额1.04亿美元，比上年下降14.9%。

年末，境内公路通车里程1.16万千米，其中高速公路134.77千米。公路运输客运量1 450万人，比上年增长38.1%；旅客周转量12.4亿人/千米，增长21.6%。货运量1 350万吨，下降10%；货物周转量28亿吨千米，增长27.3%。有固定电话25.07万部，比上年增加1.45万部；移动电话用户114.45万户，增加26.0万户；移动电话普及率45部/百人，增加10部。

2009年，完成财政总收入25.69亿元，比上年增收3.2亿元，增长14.2%。全市地方一般预算支出61.79亿元，增加14.91亿元，增长31.8%。

全市有各类学校1731所，其中，普通高校2所、成人高校1所、中职7所、教师进修学校5所、成人中专1所、初中97所、小学1440所、职业中学7所。在校学生47.56万人。学龄儿童毛入学率102.17%，普通初中升学率64.26%，高考上线率87.87%。实施国家、省科技计划项目45项，其中，国家级2项、省级43项。全市有51项获保山科学技术奖，其中有1项获省科技奖。

全市有各类艺术表演团体6个，文化馆（站）6个，公共图书馆7个，藏书量51.6万册。有乡（镇、街道办事处）广播站72个，广播人口覆盖率94.88%。有卫生机构115个，其中，综合医院26个、卫生院83个、疾病预防控制中心6个。年末有病床5 542张，每千人有病床2.21张；有卫生技术人员6 520人，其中，执业医师2 105人、助理执业

腾冲北海湿地

（保山市志办　提供）

医师451人、注册护士1 673人，每千人有医师1.02名。各项体育比赛中，保山市获省级以上奖牌130枚，其中，金牌59枚、银牌41枚、铜牌30枚。

2009年，保山市农民人均纯收入3 119元，比上年增长14.8%；在职职工年平均工资21 405元，增长10.49%。城镇居民可支配收入13 630元，增长8.99%。城镇家庭人均消费性支出8 821元，增长4.91%。居民人均储蓄存款6 213元。城镇居民人均住房面积36.91平方米，农村人口人均住房面积27.4平方米。城镇登记失业率3.82%。

中共市委书记　熊清华（～2009.12）　李正阳（2009.12～）

市人大常委会主任　杨建洪

市人民政府市长　李正阳（～2009.12）　吴松（2009.12～）

市政协主席　张静（女）

【城市居民最低生活保障】　年底，全市有2.73万户4.24万人享受城市居民最低生活保障（其中，隆阳区1.85万人，施甸县7 580人，腾冲县5 941人，龙陵县4 409人，昌宁县5 921人），月发放保障金603万元，年发放47.17万人次，累计发放低保金6 739.3万元，人均月补助143元。元旦、春节期间向城市低保对象一次性发放每人200元慰问费，全市发放698.75万元。

【农村居民最低生活保障】　2009年，保山市新增农村低保对象3.71万人，从2009年7月起按月人均补助60元标准执行。全年发放农村低保金1.23亿元。2009年全市有农村低保对象19.42万人，其中，隆阳区3.42万人、施甸县2.20万人、腾冲县6.54万人、龙陵县5.01万人、昌宁县2.25万人。农村原低保对象15.71万人的月人均补助从50元提至60元，从2009年1月起。春节期间，向农村低保对象一次性发放每人100元慰问费，全市发放994.53万元。

【城镇居民经济收支】　据城镇居民家庭经济抽样调查资料显示，2009年，保山市城镇家庭人均总收入14 555元，比上年增长11.62%；人均可支配收入13 630元，增长8.99%。城镇家庭人均总支出12 179元，比上年增长14.87%，其中消费支出8 821元，增长4.91%。人均消费支出的构成中，食品支出45.74%，衣着类支出10.28%，家庭设备用品及服务支出2.26%，医疗保健支出4.42%，交通和通讯支出15.02%，教育文化娱乐服务支出7.41%，居住支出14.01%，其他商品和服务支出1.12%。

【农村居民经济收支】　据2009年农村经济调查资料显示，保山市农村人均收入5 087元，比上年增长9.91%。其中，隆阳区5 349元，施甸县4 521元，腾冲县4 540元，龙陵县4 475元，昌宁县6 186元。全市农民人均纯收入3 119元，比上年增长14.81%。其中，隆阳区3 528元，施甸县2 686元，腾冲县3 482元，龙陵县2 895元，昌宁县3 143元。全市农民人均支出5 056元，比上年增长3.16%。其中，隆阳区4 664元，施甸县4 721元，腾冲县4 123元，龙陵县4 868元，昌宁县6 374元。总支出构成中，家庭经营费用支出占35.50%，税费支出占0.10%，生活消费支出占58.98%，财产性支出占0.19%，转移性支出占2.91%。

保龙高速公路上的怒江大桥　（保山市志办　提供）

【新农村试点建设】 2009年，保山市组织实施各类新农村建设试点512个，涉及66个乡（镇）321个村委会911个村民小组4.45万户18.64万人，其中，市级试点30个、省级重点建设村87个。全年新农村建设整合资金投入8.25亿元，其中，地方各级财政4 000万元，整合项目资金4.4亿元（省级补助1 305万元），吸纳社会资金7 000万元，群众自筹（含折资）投入2.75亿元。开展新型农民培训2 816期36万人次。试点村新型农村合作医疗参合率99.4%。

【贫困村扶贫开发】 保山市以贫困自然村（组）为扶贫单元，采取连片开发和兼顾边远分散地区相结合的工作措施，实施贫困村整村推进扶贫开发，投入市级以上财政扶贫资金实施整村推进扶贫开发261个自然村（组），其中，中央、省财政扶贫专项资金每村补助17万元建设171个村，兴边富民工程专项资金每村补助50万元建设62个村，市级财政资金每村补助15万元建设28个村，共投入资金2.23亿元，其中，财政扶贫资金补助6 125万元、整合部门支农资金5 695.52万元、信贷扶贫资金1 516.3万元、其他扶贫资金32.29万元、群众自筹和投工投料折资8 918.81万元。项目覆盖87个乡（镇）258个村委会，受益群众1.57万户6.68万人。项目突出产业开发、基础建设、生态能源建设、社会事业、劳务输出及科技培训。

【扶贫产业开发】 2009年，保山市投入贫困地区产业开发专项扶贫资金2.69亿元，其中，入户财政贴息贷款1.70亿元（财政贴息880万元）、产业项目贷款9 500万元、财政扶持科技产业资金356万元。扶持产业开发项目16项，项目覆盖62个乡（镇）864个村民委员会，受益群众18万户；入户贷款覆盖全市56个乡（镇）1 022个村民委员会，扶持贫困农户25万户，发展种植粮食和经济作物28.6万亩，养殖大牲畜和家禽20万头（只），加工业2 500户。扶贫产业开发项目由昌宁县恒盛糖业公司、龙陵云河石斛公司、保山利根丝绸有限公司、隆阳区凤溪茶叶公司、施甸县绿森牧业科技有限公司、施甸万兴茶叶公司、施甸姚关康汇食品公司、腾冲县制药厂、昌宁县树根地茶厂、昌宁县民生公司、昌宁县雪兰茶厂、昌宁县云馨茶厂承贷实施，种植甘蔗16万亩（改造11万亩，新植5万亩）；扶持养殖美洲大蠊8万箱，生猪2万头；新建石斛基地1 168亩，其中，种苗基地30亩，栽培基地1 125亩。财政扶持科技产业：施甸、腾冲两县各新植早实泡核桃示范基地3 200亩，龙陵县建设高产优质茶园3 000亩；腾冲县建设保山市首个肉鸡规模化养殖扶贫小区，扶持新建鸡舍7幢面积8 512平方米，组建养殖小组7个，扶持小区养殖户48户，年出栏商品肉鸡35万只。

（杨立鑫）

隆阳区

【概述】 隆阳区位于云南省西部、保山市北部。总面积5 011平方千米，其中，山区、半山区占总面积的92.4%，坝区占7.6%。区政府所在地海拔1670米，距省会昆明492千米（高速路），距中缅边境口岸腾冲猴桥225千米。全区平均气温17℃，年降雨量663.3毫米。辖18个乡镇（街道办事处）。2009年末，全区总人口89.4万人。其中，非农业人口13.04万人，占总人口的14.64%；少数民族人口12.8万人，占总人口的14.39%。人口自然增长率为5.81‰。

2009年，全区实现生产总值91.78亿元，比上年增长13.6%。其中，第一产业增加值26.96亿元，增长8.8%；第二产业增加值28.09亿元，增长18.7%，其中工业增加值19.69亿元，增长17.7%，建筑业增加值8.40亿元，增长20.9%；第三产业增加值36.73亿元，增长13.3%。一、二、三产业结构比为29.4∶30.6∶40.0。全区工业总产值54.84亿元，比上年增长23.7%，其中区属工业完成42.06亿元，增长22.6%。实现农林牧渔业总产值43.25亿元，比上年增长9.9%。全年粮食种植面积84.13万亩，比上年增加0.96万亩；粮食产量3.75亿千克。公路货物运输总量2 038万吨，公路货物运输周转量11.99亿吨千米；公路旅客运输总量1 360万人，公路旅客运输周转量10.77亿人千米。完成邮电业务总量3.13亿元。全社会消费品零售总额35.17亿元。有固定电话10.5万户，移动用户43.46万户，互联网用户5.3万户。接待海内外游客145.27万人次，实现旅游总收入5.68亿元。全年财政收入7.49亿元，增长12.06%，财政支出21.41亿元，增长72.91%。

有各级各类学校585所，中小学在校学生13.84万人，学龄儿童入学率103.48%，高考上线率87.23%，初中毕业生升学率55.03%。艺术表演团体1个，文化馆站18个，公共图书馆1个，广播人口覆盖率87.5%，电视人口覆盖率86.81%。有各类医疗卫生机构452个，病床1 311张，每千人有病床1.37张，卫生技术人员2 245人，其中，执业医师577人，助理执业医师223人，每千人有医师0.89人。

2009年，农村居民人均纯收入3 528元，比上年增长14.9%。全部单位在岗职工年人均工资11 639元，增长1.73%，城镇居民人均可支配收入13 629元，比上年增长9%。百户城乡居民人均住房面积城镇46.3平方米，农村24.7平方米，城镇登记失业率3.9%。

中共区委书记　董礼书（2009.4～）

区人大常委会主任　李贵荣

区人民政府区长　杨耀程（彝，～2009.2）　胡飚（2009.3～）

区政协主席　杨兆亮

【春荒灾民救助】 2008年以来，全区遭受低温雨雪冰冻、洪涝、滑坡、风暴、地震和持续干旱等多种自然灾害，3月，区政府及时安排下拨春荒救助款130万元，专项用于购

买粮食，解决灾民和困难群众吃饭问题，确保灾民和困难群众安全度春荒。

【粮农直补工作完成】 3月底，完成2009年对种粮农民农资综合直补工作。共发放综合直补资金4 240万元，补助面积86.04万亩，补助乡镇（街道）18个，受益农户17.33万户71.08万人。补贴资金实行“一折通”发放。

【新客运站投入试营运】 4月26日，投资7 600万元，占地4万平方米的新保山客运站建成投入试营运。新保山客运站是保山交通运输集团有限责任公司于2006年在原站址以东大保高速公路口保山收费站旁建设，是以客货运输为核心，集酒店、修理、驾驶、石油、车辆检测等为一体的大型客货中心。

【保障对象入住新房】 7月底，第一批廉租住房建设项目全面完工，共建成廉租房102套，建筑面积5 674平方米，完成投资1 023万元。第一批廉租住房保障对象，优先照顾烈属、市级以上劳动模范、特级、一级伤残军人以及孤老、残疾和急需救助的特困家庭，依次排序进行实物配租分配。102户居民于国庆、中秋节前全部入住新房。

【农村民居地震安全工程】 2009年，在18个乡镇（街道）83个村委会（社区）211个自然村（组）实施农村民居地震安全工程建设2 050户，其中，加固改造1 200户、拆除重建850户；85户农村贫困残疾人户危房改造纳入农村民居地震安全工程，中央、省区补助资金1 107万元。完成抗震加固和拆除重建30.75万平方米，整合项目资金720.4万元，完成固定资产投资8 200万元，占计划的102.5%，带动群众自筹资金7 093万元，群众投工投劳18.97万个，受益群众9 475人。

【德昂族走上致富路】 芒颜、石梯2个德昂族聚居村实现“四通五有三达到”目标，218户888名群众走上增收致富路。建成通乡砂石路20.1千米；实现户户通水电；开通26套有线电视和5套广播节目网络，实现“户户通”广播电视；开通程控电话，移动、联通通讯信号实现全覆盖；安居工程建设项目使67户困难户喜迁新居，危房住户全部消除；建有村卫生室2个，建成村级文化活动室2个，藏书2 500余册、报刊3种。人均年占有粮食524千克，人均年纯收入2 950元。

农村居民地震安全工程建设技术培训现场会 （隆阳区志办 提供）

【扶贫开发】 2009年，全区共投入各级各类扶贫资金1 471万元，实施扶贫整村推进项目84个，整乡推进试点项目1个，易地扶贫搬迁项目3个，金鸡革命老区扶贫项目1个。完成固定资产投资8 770万元，超计划完成4 250万元，贫困地区农民人均纯收入由上年的1 861元增长到2 050元，解决2.2万贫困人口温饱问题，提高2.78万低收入人口收入水平；贫困人口由上年的17.1万人下降到14.52万人。

（吴美菊）

 施甸县

【概述】 施甸县位于云南省西部、保山市南部。辖区总面积2009平方千米。其中，山区面积1 912.57平方千米，占总面积95.2%；坝区面积96.43平方千米，占总面积4.8%。县人民政府驻地甸阳镇，距省府昆明571千米，距市府保山市62千米。海拔1470米。2009年，平均气温18.3℃，年最高气温33.5℃（8月16日），年最低气温1.5℃（1月16日）；平均日照时数2 341.6小时，平均降雨量720毫米，其中，最多点1 020毫米（酒房乡），最少点928.6毫米（旧城乡）；平均无霜期289天，初霜日11月20日，终霜日2月16日；汛期5月19日。主要气象灾害：干旱：1月至3月，8月至12月一直干旱无雨，5月至7月，洪涝与地质灾害：受灾人口10.4万人，经济损失1 896.6万元；4月、6月、8月，大风冰雹：经济损失328.4万元。辖13个乡镇，其中，8个乡，5个镇，137个村（居）民委员会，1 601个自然村。年末总人口33.45万人。其中，非农业人口2.95万人，占总人口的9%；少数民族2.67万人，占总人口8%。人口密度每平方千米166.5人，人口自然增长率4.54‰。

2009年，全县实现生产总值19.26亿元，比上年增长13.2%。其中，第一产业增加值6.92亿元，增长6.5%；第二产业增加值3.79亿元，增长26.6%；第三产业增加值

8.55亿元，增长13.4%。一、二、三产业结构比由上年的40：16：44调整为38：18：44。农村经济总收入14.02亿元，增长7%。粮食总产量13.27万吨，增长11.5%。工业总产值完成7.82亿元，增长40.7%。年末公路通车总里程1 652千米。全年客运量142.42万人次，客运周转量1.05亿人千米；货运量112万吨，货运周转量2.53亿吨千米。年底固定电话机总数1.27万部，移动电话用户3.68万部，电话普及率14.8部/百人。互联网用户2 971户，比上年增加4.03%。全县财政总收入1.74亿元，增长17.58%，财政总支出8.49亿元，增长47.2%。

2009年，全县共有各类学校224所，专任教师3 112人，在校学生5.72万人。学龄儿童入学率93.28%，普通初中升学率99%，高考录取率91.35%。有艺术表演团体1个，文化馆（站）14个，公共图书馆1个。广播人口覆盖率100%，电视人口覆盖率95%。有卫生机构（不含诊所等）30个，病床443张，每千人有病床1.3张；有卫生技术人员531人，其中，执业医师104人，每千人有医师0.87名。

全年农民人均纯收入2 686元，扣除物价因素，实际增长12.5%；在职职工年平均工资24 138.2元，比上年增长20.7%。城镇居民人均可支配收入10 703元，实际增长13.2%；人均消费性支出4 647元，实际增长75.9%。居民人均储蓄存款0.24万元，增长14.5%。城镇居民人均住房面积42.2平方米，农村人口平均住房面积16.91平方米。城镇登记失业率3.85%。

中共县委书记　李元标

县人大常委会主任　杨启发

县人民政府县长　徐鹏声

县政协主席　蒋汉雄

【贫困人口减少】　全年投入各类扶贫资金3 616万元，其中，财政无偿扶贫资金1 716万元，小额扶贫贷款1 000万元，专项扶贫贷款900万元，开展整村推进、安居温饱、易地扶贫、劳务输出、社会帮扶5项重点工程，完成57个整村推进200户安居工程175户异地转移安置等重点项目。解决6 240人绝对贫困人口温饱问题，巩固提高8 498人低收入贫困人口收入水平。

【小康文明示范村——水头寨子村】　太平镇莽林村水头寨子村民小组是一个典型的山区小村寨，海拔1890米，村子土地肥沃，水源丰富，光热资源充足。有2个村民小组，98户444人。耕地面积499亩，2009年被列为保山市小康文明村建设示范点。建设工程总投资538.7万元，通过项目实施，完成房屋改造2.8万平方米，水泥路面硬化26.4万平方米；发展烤烟120亩、核桃200亩及生猪养殖。2009年农民人均纯收入1 941元，比上年增长10.1%。适龄儿童入学率100%，新型农村合作医疗参合率、计划生育率100%。新农村建设中，对茅草房、杈杈房进行改造，村民都住进宽敞明亮的砖瓦房，实现通路、通水、通电、通电视、通电话、家家有卫生厕、卫生厩，90%以上农户使用沼气池，并大力开展植树造林、行道树绿化，保护生态平衡，改变生活习惯，治理脏、乱、差现象。水头村容村貌大变样，正从封闭走向开放，在开放中走向富裕。

【水长工业园区建设】　水长工业园区以招商引资为突破口，狠抓基础设施建设，完善园区规划，提升服务质量，以大项目带动大发展。至年底，共引进11户企业落户园区。引进项目协议资金4.84亿元，其中，云维保山有机化工有限公司一期投资建设5万吨/年醋酸乙烯（配套20万吨/年电石）工程，完成投资2.37亿元，占计划总投资9.74亿元的24.3%；在配套的“三通”工程中，工业园区基础设施建设共完成6 311万元。入园企业共完成工业总产值3.99亿元，占全县工业总产值的51.2%。

【姚关生态旅游乡镇】　古镇姚关是全省20个生态旅游乡镇之一。位于县城南部，距县城20千米、保山市83千米、省会昆明674千米。姚关历史悠久，山川秀丽，人杰地灵。这里藏有明代万历十一年（1583年）邓子龙题书《烹象处》碑，十四年（1586）萧芾撰《姚关偃草坡记》碑，十五年（1587年）关西信亭李士达撰、南昌春宇书丹、余姚云屏胡维新篆额《恤忠祠记》碑，南明永历五年（1648年），都

县城新貌　　（施甸县志办　提供）

督施其贤立《姚关清平洞常住寺记》碑，民国年间，郡人李根源题书《邓子龙烹象处》碑。有17处邓子龙奉诏援滇，平叛御敌驻兵遗迹遗址和许多珍贵的文化遗产。1983年，被列为云南省人民政府重点文物保护单位。1998年，被列为革命传统和爱国主义教育基地。

姚关是一块富饶的土地，生物资源种类多，物产丰富，特色食品多。肉类有火腿、香肠、小干肠、鲊肉、“杨氏”牛扒烀等；鱼类有鳝鱼、黄壳鱼、马碎鱼等；山珍有菌类，尤以青头菌、沉香菌、云彩菌（牛肝菌）为佼佼者；香椿、椿头苞、老头儿拐棍等，清淡素雅，乃餐桌上的佳品；果品有核桃、松子、乌肚梨；饮品有里畿茶。还有姚关芋头、山邑红莲，闻名遐迩。千家万户有冬季杀年猪过大年的习俗，姚关年猪饭誉满全滇。

姚关旅游小镇启动以来，现已初具规模，乾元广场、步行街、荷花亭落成，入夜华灯四射。天河桥牌坊可与昆明金马碧鸡坊相媲美。黑龙河上拱桥横越，双河两岸垂柳依依，桃花灼灼，可观可赏。山邑湿地，莲荷盈盈，可泛舟可垂钓。是集观光、旅游、休闲、娱乐的好处所。

【经济林果生态村——梅子箐村】 酒房乡梅子箐村委会是一个典型的山区村寨，距县城约51千米。全村有702户2 819人，有耕地3 790亩。主要种植甘蔗、芒果、香蕉、茶叶等经济作物。近年来，该村依托项目扶持政策和新农村建设，充分利用得天独厚的自然资源优势，调整林果种植，合理利用荒山荒坡，房前屋后闲地，大力发展经济林果——核桃，成为远近闻名的核桃种植大村。全村家家种植核桃，面积已达6 000亩。自2006年起实施社会主义新农村建设示范后，交通道路明显改观，村容村貌、居住条件大为改善，群众生产生活水平有了很大提高。2009年农民人均纯收入达到2 509.12元，比实施新农村建设前增长19.6%。

【农业经济】 年内，全县农业总产值完成10.73亿元，比“十五”末增加2.99亿元，增长38.63%，年递增17.7%；农村经济总收入9.03亿元，比“十五”末增1.36亿元，增长18%，年递增8.5%；农民人均纯收入2 686元。粮经比由67.5∶32.5调整为65.6∶34.4，调优1.9个百分点。全县粮食播种面积47.54万亩，其中，秋粮26.98万亩，夏粮20.56万亩，油料1.84万亩，甘蔗10.64万亩，烤烟8.1万亩，蔬菜4.06万亩，蚕园2.3万亩，茶园3.4万亩，水果2.42万亩，食用菌500万筒，水产品产量3 002吨。玉米良种覆盖率达93%，水稻良种覆盖率达98%。建立农业信息网络1 007个乡村“农信通”发布平台，农业产业化经营组织达44个，实现“一村一品”专业村89个，专业乡3个，拥有绿证的新型农民达1.13万人。

（杨光启）

腾冲县

【概述】 腾冲县位于云南西部边陲，保山市西北部，辖区总面积5 845平方千米。其中，山区面积4 069平方千米，占总面积的84%；坝区面积776平方千米，占总面积的16%，国境线长148.075千米。县人民政府驻地腾越镇，距昆明640千米，距保山168千米，海拔1650米。2009年，年平均气温16.1℃，年极端最高气温31.0℃（7月13日），年极端最低气温－0.5℃（12月24日），年日照时数2 475.2小时，年降水量1 185.1毫米；平均无霜期274天，雨季开始于5月29日，结束于10月12日。主要气象灾害有旱灾、冰雹、低温冻害。辖乡镇18个，其中，乡13个，镇5个，村民委员会213个，村民小组2 668个；社区8个，小区95个。年末总人口64.76万人。其中，非农业人口5.9万人，占总人口的9%；少数民族人口4.92万人，占总人口的7.7%。人口密度每平方千米110人，人口自然增长率6.96‰。

2009年，全县实现生产总值56.7亿元，比上年增长13.5%；其中，第一产业增加值15.6亿元，增长9%，第二产业增加值16.5亿元，增长21%，第三产业增加值24.6亿元，增长11.5%。一、二、三产业结构比由上年的28.4∶28.2∶43.4调整为27.5∶29.1∶43.4。农村经济总收入26.15亿元，增长16.7%。粮食总产量31.2万吨，增长6%。工业总产值完成31.2亿元，增长26%。年末公路通车总里程3 258千米。全年客运量345万人次，客运周转量3.83亿人千米；货运量1 098万吨，货物周转量11.99亿吨千米。年底固定电话机总数4.26万部，移动电话用户28.5万户；互联网用户1.29万户，比上年增长80%，电信通用户3 570户，减少43.6%。全县财政总收入7.35亿元，增长10.4%；财政总支出17.2万元，增长28.7%。

全县共有各类学校472所，专任教师6 024人，在校学生13.19万人。学龄儿童入学率100%，普通初中升学率57.6%，高考录取率94.23%。有艺术表演团体3个，文化馆（站）19个，公共图书馆2个。广播人口覆盖率95%，电视人口覆盖率92%。有卫生机构341个，病床1 515张，每千人有病床2.4张；有卫生技术人员1 605人，其中，执业医师556人，执业助理医师159人，平均每千人拥有医师1.1名。

2009年，农民人均纯收入3 482元，扣除物价因素，实际增长16%；在职职工年平均工资20 393元，增长11.6%。城镇居民可支配收入12 834元，实际增长9.8%，人均消费性支出8 897元，实际增长14.4%。居民人均储蓄存款8 271元，增长27.4%。城镇居民平均住房面积59.17平方米，农村人口平均住房面积37平方米。城镇登记失业率3.68%。

中共县委书记　王彩春（～2009.3）　余柄武（彝，2009.3～）

县人大常委会主任　张明

县人民政府县长　张惟建（～2009.5）　杨正晓（代理县长，

陈家村村民加工草帽豆腐　（腾冲县志办　提供）

2009.5～）

县政协主席　方宇正

【小豆腐促进大发展】　“草帽豆腐”，鲜嫩味美，在腾冲小有名气，深为食客青睐。“草帽豆腐”产地——陈家村，有着悠久的豆腐加工历史。

陈家村地处腾冲县城坝区东南3千米，辖2个村民小组，有耕地408亩。有160户668人，劳动力245人。豆腐加工和生猪养殖是陈家村主要传统优势产业，有豆腐生产加工户96户，年加工原料豆730吨，生产豆腐1 300吨，豆腐产值657万元。就地转移农村富余劳动力180人。带动生猪养殖130户，生猪存栏780头，年出栏肥猪400头，产值达48万元。2009年陈家村被列为县新农村建设典型示范村之一，以基础设施建设为切入点，大力整治村庄环境。铺筑长486米，面积2 916平方米的村庄主干道水泥路面；实施1 820米的排污沟道治理，支砌石方2 730立方米；整修岔沟14条，总长2 170米，支砌石方2 715立方米；整改村庄主干道路上电杆电线；农家新居新建11户，改造82户；新建占地面积500平方米，建筑面积420平方米，附属设施完善的老年协会；在村东建成占地面积156平方米的群众健身场所，安装健身器材，丰富了群众文化生活。

借农家新居建设之机，对陈旧落后的豆腐加工作坊进行改造，并实施人畜分离，使卫生条件、生产加工环境得到有效改善，以确保生产食品的卫生和安全，提升产品质量，扩大规模，促进产业发展。年底，全村共实施改造33户，成立陈家村豆腐专业合作社，规范行业内部管理，壮大传统豆腐产业。年可加工原料豆1 000吨左右，生产销售鲜豆腐2 000吨左右，同时加工臭豆腐730吨，年产值达到800万元以上。同时，生猪养殖产业得到进一步发展，可年出栏生猪600头。“草帽豆腐”产业不断发展壮大，群众生活越来越有滋味。

【和谐新村——玉璧村】　腾越镇玉璧村位于县城东4千米，是古官道进入腾冲城的最后驿站，商贸往来曾兴盛一时，国土面积10.22平方千米，辖玉璧、芹菜塘2个自然村，8个村民小组，有耕地1 540亩，人均0.5亩，有林地9 720亩。2009年末，有783户3 060人，农村经济总收入1 392万元，农民人均纯收入3 884元。2007年5月被评为“省级文明村”。

2009年，玉璧村被列为县级新农村建设典型示范村，村两委结合玉璧村实际制定“一区、二树、三产业、四工程、五培训”发展思路。一区：投资310万元，在玉璧自然村建成一个规模化生猪养殖小区，占地面积56亩，建筑面积1.58万平方米。实现人畜分离，集中养殖，组织19户养殖大户入驻小区养殖，年末生猪存栏数2 000头。二树：大力发展泡核桃和红花油茶，在玉璧后山和芹菜塘种植泡核桃1 200亩，红花油茶4 000亩。三产业：着力扶持大棚蔬菜、酿酒加工和劳务输出产业。结合养殖小区建设，大力推广沼气池建设，推动建设百亩大棚蔬菜示范区，带动蔬菜产业发展，以“猪—沼—菜”循环模式，发展高效生态农业；巩固提升传统酿酒加工业，改良了18个酿酒加工户的生产工艺，达到年生产白酒680吨，常年输出劳动力750人以上。四工程：搞好道路、灯光、饮水、文体、卫生等基础建设。将原4米道的环村路扩建为6米道，实施古丝绸路、村组道路及机耕路建设，主干道配套亮化工程建设，安装路灯86盏。人畜饮水改造工程修建蓄水池1个，架设管道6 000米。占地2 700平方米的文化活动中心，主体工程已完成招投标，正在施工建设中。实施农家新居工程，新建40户，局部新建和加固改造170户。通过实施这一工程，农家建了卫生厕所、卫生厩，实现人畜分离，有条件的配套建设沼气池、太阳能等，庭院得到硬化、绿化、美化，统一房屋外墙色调，崭新、气派的农家新居错落有致地分布于村寨之中，群众家居环境得到美化，生活质量大幅提高。五培训：紧扣农民群众在生产生活各方面的迫切需要，找准切入点，大力开展科学技术、文化知识、党员教育、劳务知识、道德与法制等培训，努力提高农民综合素质，造就新型农民。

【腾冲机场建成通航】 腾冲机场工程于2007年2月1日动工，2008年12月5日全面完工，10日通过竣工验收。12月完成校飞，2009年1月16日试飞，1月20日顺利通过行业验收，并获得民航西南地区管理局批准，2月16日正式通航。

机场位于县城南面约12千米的清水乡驼峰村。机场按照4C级标准建设，可起降A319、A320和B737-700等机型，总投资4.7亿元。截至2009年12月，机场已有4家航空公司执飞，航班每天达到12个，开通昆明—腾冲，成都—腾冲，重庆—腾冲，还有广州经停昆明—腾冲，丽江—腾冲、版纳—腾冲六条航线。自2009年1月23日机场通航以来，累计完成航班运输起降3 016架次，保障专机4起、重要飞行4起，货邮133.6吨，吞吐量25.77万人次，已成为云南最繁忙和最具发展潜力的支线机场之一。

（许振娣）

龙陵县

【概述】 龙陵县位于云南省西部边陲，保山市西南，介于龙川江和怒江之间。国土面积2 884平方千米。其中，山地面积2 826.32平方千米，占总面积的98%。与缅甸相邻，国境线长19.71千米。县人民政府驻地龙山镇，距省会昆明631千米，距市府驻地隆阳区131千米。海拔1540米。2009年，年均气温15.1℃。年最高气温31.0℃（7月13日），年最低气温-2.0℃（12月30日）；年日照总数2 040.1小时；年降雨量1 623.3毫米，为历史上降雨量倒数第二位，比1969年的1 571.9毫米多51.4毫米，全年无霜期253天，初霜日为2008年11月14日，终霜日为2009年3月19日；汛期5月1日至10月31日。县辖10个乡镇，其中，乡7个、镇3个，116个村民委员会、5个社区，1 637个村民小组。年末户籍总人口28.31万人。其中，非农业人口2.63万人，占总人口的9.29%；少数民族人口1.52万人，占总人口的5.35%。人口密度每平方千米98.12人，人口自然增长率6.59‰。

全年，完成县内生产总值23.02亿元，比上年增长12.6%。其中，第一产业增加值7.34亿元、第二产业增加值9.32亿元、第三产业增加值6.36亿元，分别增长7.2%、17%和12.6%。一、二、三产业结构比由上年的32：40.7：27.3调整为31.9：40.5：27.6。完成农业产值5.68亿元、粮食总产10.6万吨，增长2.6%；工业总产值23.5亿元，增长39.8%。县内公路通车里程1 747.5千米。完成客运量76.5万人次，客运周转量9 872万人/千米，货运量27.6万吨，货运周转量1.65亿吨千米。通乡、通村公路硬化率分别达100%和62%。完成邮电业务总量6 913万元；有固定电话1.86万户，移动电话13.38万户。互联网用户3 931户，增长28%。完成财政总收入2.73亿元，增长0.03%；财政总支出8.09亿元，增长34.14%。

全县共有中小学159所，其中，中学17所（完中5所），小学142所（教学点）。小学在校生2.44万人，中学在校生1.64万人。中小学教职工3 004人，其中专任教师2 807人。学龄儿童入学率99.8%，普通初中升学率100%，高考升学率73.5%。有公共图书馆、文化馆、综合档案馆各1个，文化站10个。广播覆盖率87.4%；卫视收视覆盖率88.7%。有卫生机构16个，病床434张，每万人有病床15.3张；卫生技术人员521人，每万人拥有卫生技术人员18.4人。

2009年，农民人均纯收入2 895元，比上年增长15.6%；在职职工年平均工资22 848元，增长5.54%。城镇居民人均可支配收入12 240元，增长9.2%。城乡居民年末储蓄存款余额15.76亿元，人均存款5 724元，比上年增长26.1%。城镇居民人均住房面积51.39平方米，农村人口人均住房面积31.64平方米。城镇登记失业率3.6%。

中共县委书记　王多邦（～2009.3）　杜春强（2009.4～）

县人大常委会主任　王多邦（～2009.2）　李永纯（2009.2～）

县人民政府县长　左光虎

县政协主席　郭自来

碧寨乡新银自然村　（龙陵县志办　提供）

【开发邦腊掌温泉项目签约】 2月10日，云南省投资控股集团有限公司和龙陵县政府在昆明签订合作开发邦腊掌温泉的框架协议。被誉为“中国第一奇水”的邦腊掌温泉占地面积194.4公顷，具有全国一流的热矿温泉群。在2006年9月召开的滇西边境旅游现场办公会上，省委、省政府把邦腊掌温泉旅游景点确定为全省重点旅游建设项目。开发主体将根据科研报告3年内估算新增项目投资总额约4亿元，其中2009年投入不低于1亿元。

【创立网上博物馆】 4月2日，由龙陵县文体局主办，文管所承办，电子政务网络管理中心设计制作的“龙陵县网上博物馆”网在龙陵县政府网站开通。“龙陵县网上博物馆”通过大量的图片展示了县文管所收藏的远古文物、历史文物、抗战文物，同时图文并茂地详细介绍了龙陵县的抗战历史、民族文化、历史名人和文物保护单位。“龙陵县网上博物馆”在互联网上集中展示地方的历史文化，这在全省尚属首家。

【森林覆盖率大幅提高】 多年来，龙陵县始终坚持“谁经营、谁受益、谁破坏、谁恢复”原则，围绕加快生态建设、促进可持续发展，依托林改、退耕还林、生态公益林等林业重点工程，大力开展人工造林、荒山造林、低产林改造等造林工作，使林农走过了从以往靠山吃山的“木头经济”向“靠山育林、靠山养人”新经营理念逐步转变，建立权、责、利相统一的科学管理制度，加快“三防”体系和农村能源建设，做到“树有人护、责有人担”。30年来，全县累计完成人工造林155万亩、义务植树1 470万株，林地面积由1978年的112.8万亩发展到2009年的263.7万亩，增长1.34倍；活立木总蓄积由449.37万立方米发展到1 298.79万立方米，增长1.89倍，森林覆盖率由1978年的26.9%提高到2008年的67.85%，提高40.95个百分点。

【黄龙玉首次公盘交易会】 12月20日，第二届龙陵县黄龙玉（原料）首次公盘交易会开标仪式在黄龙玉交易大厅隆重举行。出席第二届中国黄龙玉高峰论坛的千余名领导、嘉宾、买家参加开标仪式。公盘交易会共展出683个标，每一个均有近百人参与投标。开标仪式成功举行标志着龙陵县黄龙玉产业开始由资源优势向经济优势转变，是黄龙玉资源走向市场的崭新一页。开标活动持续至25日。

【林产业发展提速】 2009年，坚持把“兴林富民”作为林业发展的根本目标。全年共投入林业建设资金3 503万元，完成新植石斛集约化栽培面积23.34万平方米，占计划的155.6%，全县集约化栽培石斛面积累计达44.74万平方米，全年石斛鲜条产量达184吨，实现产值3 317万元；完成新植草果1.5万亩，占计划的150%，全县草果种植面积累计达3.5万亩，草果产量达485吨，产值1 456万元；完成新植核桃7.01万亩，占计划的120.9%，全县核桃种植面积累计达27万亩，实现农业人口人均1亩，全年核桃产量达767吨，产值1 842万元；在龙新黄草坝修建红花油茶苗木培育温室大棚2 736平方米，培育扦插容器苗42万株；在镇安镇建设油茶良种繁育基地47亩，移栽油茶母树种275株，投资41万余元建成温室大棚5 925平方米，计划每年培育油茶良种壮苗150万株。2009年，全县共实现林业产值2.22亿元，同比增长9%，为山区广大群众增收致富和农村经济持续健康发展作出积极贡献。

【机动车拥有量创历史新高】 随着城乡居民收入大幅提高，国家“家电下乡”补贴政策出台，龙陵县机动车拥有量创历史新高。2009年末，全县拥有机动车3.56万辆，比上年同期增长20.7%，百人拥有机动车12.6辆。其中，摩托车2.52万辆，增长27.9%；私人小汽车863辆，增长15.8%。

（廖立）

昌宁县

【概述】 昌宁县位于云南省西部，居大理、临沧、保山三州市结合部。辖区总面积3 888平方千米。其中，山区面积3 755平方千米，占总面积97.1%；坝区面积113平方千米，占总面积2.9%。县人民政府驻地田园镇，位于县境中部右甸坝西侧，海拔1670米。东距省会昆明591千米，西距市府驻地隆阳区93千米。2009年，平均气温15.6℃，年极端最高气温30.7℃（6月），年极端最低气温－4.0℃（12月）；日照时数2 565.7小时，年降雨量1 017.1毫米；无霜期235天。县辖5镇8乡，126个村（居）民委员会，2 285个自然村。年末总人口34.6万人。其中，非农业人口3.15万人，占总人口9.0%；少数民族人口3.87万人，占总人口11.1%；人口密度每平方千米89人，人口自然增长率4.1‰。

2009年，全县实现生产总值28.6亿元，比上年增长13%。其中，第一产业增加值11.6亿元，增长9%；第二产业增加值7.3亿元，增长18%；第三产业增加值9.7亿元，增长13.7%。一、二、三产业结构比由40.8∶25.6∶33.6调整为40.7∶25.5∶33.8。粮食总产量15.6万吨，增长2.44%。工业总产值16.43亿元，增长33.97%。年末公路通车总里程5 571千米。全年客运量51万人次，客运周转量2 643万人千米；货运量187万吨，货物周转量9 296万吨千米。年底固定电话总数2.1万部，移动电话16.5万户，电话普及率53部/百人。互联网用户0.48万户。全县财政总收入2.3亿元，增长23.2%；财政总支出8.90亿元，增长47.30%。

年底，全县共有各类学校250所，专任教师0.29万人，在校学生6.1万人。学龄儿童入学率99.33%，普通初中升学率65.97%，高考录取率77.2%。有各种艺术表演团体3个，文化馆（站）14个，公共图书馆1个。广播人口覆盖率92%，电视人口覆盖率95%。有卫生机构152个，病床655张，每千人有病床1.9张；有卫生技术人员850人，其中，执业医师192人，执业助理医师50人，每千人有医师0.7人。

2009年，农民人均纯收入3 143元，扣除物价因素，实际增长15.8%，在职职工年平均工资21 946元，比上年增加2 447元。城镇居民可支配收入11 840元，比上年实际增长9.1%。居民人均储蓄存款0.38万元，增长22.95%，农村人口平均住房面积30.7平方米。城镇登记失业率3.9%。

中共县委书记　苏正平（～2009.4）　普建辉（2009.4～）

县人大常委会主任　杨树然

县人民政府县长　耿梅（女）

县政协主席　谢国钧（彝）

【昌宁核桃获全国金银奖】 10月10～11日，第二届中国核桃大会暨首届商洛核桃节在陕西省商洛市召开，大会从各地选送的三大类154个参评产品中评选出金奖产品10个，银奖产品10个，优秀产品40个。昌宁县笑果果食品有限公司选送参评产品细香核桃以优良品质获得核桃产品金奖，是云南省唯一金奖；核桃炒果荣获两个银奖，是云南三个银奖中的两个。

【茶乡商贸文化节】 10月16～19日，在县城举办2009中国昌宁千年茶乡商贸文化节。商贸文化节围绕"对外宣传上水平、经贸合作上台阶、文化活动创品牌、城市品位得提升"的目标，商品交易活跃，文化活动精彩纷呈。活动期间，以政府为主体组织举办新闻通报会、迎宾晚宴、开幕式暨文艺演出、招商引资洽谈签约、农产品物资交易会、闭幕式及文艺晚会6项主体活动；由部门牵头，企业、民间组织、干部群众参与举办第三次全国文物普查成果图片展、《昌宁县文化体育志》首发式、茶乡歌手唱昌宁比赛、有奖征文和美术书法作品展5项活动。此次活动共接待各界嘉宾500多人，招商引资签约项目7项，签约资金10.7亿元，搭建物资展销展位798个，商品成交额超过3 900万元。

【大城水库工程通过验收】 11月30日，大城水库工程顺利通过省级验收。验收会议由省发改委和省水利厅主持，市县有关单位负责人参加，验收委员会实地察看大城水库枢纽工程建设情况，听取工程参建各方汇报，查阅工程档案资料，对工程进行认真分析评价，评定工程施工质量为优良，工程项目合格，准予验收。大城水库为"十五"期间全省50件润滇工程之一，于2003年5月30日开工，水库以农业灌溉为主，兼具防洪功能，水库坝高45.3米，总库容1 085万立方米，渠道总长26.8千米，灌溉面积4.36万亩，总投资8 373.35万元。

【习谦至县城二级公路开工】 12月20日上午，习谦至昌宁县城二级公路建设工程在田园镇九甲坝尾举行开工仪式。该路段属省道312线云（县）至（保）山公路，也是保山通往临沧的主要通道。起于凤庆县与昌宁县两县交界处，止于昌宁县城北部。全长29.3千米，采用双向两车道二级公路标准，路基宽度为10～12米，估算总投资2.29亿元，计划2011年6月竣工交付使用。

【新农村建设】 2009年，全县确定新农村建设试点103个，其中，市级试点6个，县级13个，乡镇级85个，试点覆盖13乡镇68个村委会，103个自然村128个村民小组，5 740户农户2.45万人。全县共组建15支新农村建设工作队，下派指导员211名，分别派驻到25个建制村（社区）。全年完成新农村试点建设投资7 660万元，完成改水1 872户197.4千米，改电714户77.1千米，改路309条250千米，改厕692户，改厩572户，改厨改灶610户，建家570户1 240间，墙体粉刷3 440户86万平方米，庭院地板硬化1 435户8.61万平方米，建沼气池447口、垃圾池29口、消防池10口，修缮建设校舍2所，建活动室18个5 400平方米，新建卫生室6个900平方米；发展果蔬586亩、甘蔗9 029亩、烤烟5 702亩、香料烟860亩、泡核桃8 281亩、蚕桑2 220亩，新植及改造茶园3 473亩；完成劳务输出586人，新开办农家乐4个，举办科技培训346期，4.15万人次。

【县城至耈街（四季利河）二级公路开工】 12月26日，县城至耈街（四季利河）二级公路改建工程在田园镇达丙村举行开工仪式。该二级公路起于云保线K110＋738.8米处，止于四季利河，全长82.93千米，全线按二级路标准建设，项目估算总投资8.03亿元，分为五个标段建设。公路设计速度40千米/小时。该公路是保山市"三纵三横"干线公路网络中的一段，属大理、保山两州市和昌宁、永平、巍山三县的重要经济干线，对改善全市路网结构，促进地方经济快速发展具有重要意义。

【扶贫开发】 2009年，共争取到各项扶贫资金9 548万元，通过各级各类扶贫资金投入，共解决贫困人口0.95万人的温饱问题。全年完成扶贫项目固定资产投资1 329万元；开展"千村推进万户脱贫"工程，实施以自然村为单位的整村推进57个，完成总投资3 135.8万元；发放小额到户贷款4 000万元，支持烤烟、香料烟、甘蔗、核桃、茶叶、蚕桑等产业发展；采取"公司+基地+农户"的信贷模式发放项目贴息贷款4 550万元，扶持甘蔗种植16万亩，改造茶园1.8万亩产、新建茶园4 000亩，泡核桃干果加工1 100吨，核桃仁加工495吨，项目辐射11个乡镇、123个行政村983个村民小组，受益农户5.15万户17.85万人。开展劳动转移培训共举办培训班126期，培训贫困地区劳动力7 819人，向昆明及省外输出3 604人；实施易地扶贫开发项目，完成投资582.14万元，转移安置111户484人。

（吴秋银）

保山市经济社会发展主要指标（表一）

地　区	年末总人口（万人）		城镇人口占总人口比重（%）		全社会就业人员（万人）		农业总产值（万元）	
	2008年	2009年	2008年	2009年	2008年	2009年	2008年	2009年
保山市	246.40	247.70	24.00	25.00	123 446	136 597	1 023 444	1 140 798
隆阳区	88.70	89.40	27.85	29.20	59 497	70 437	397 505	432 449
施甸县	32.50	32.50	17.72	19.10	9 529	9 978	123 383	140 204
腾冲县	63.30	63.80	25.71	26.40	29 186	30 503	216 625	240 120
龙陵县	27.50	27.55	15.76	16.10	11 686	11 952	105 335	115 686
昌宁县	34.40	86.23	23.43	24.00	13 548	13 727	180 596	212 339

保山市经济社会发展主要指标（表二）

单位：万元

地　区	地区生产总值		第一产业		第二产业		第三产业	
	2008年	2009年	2008年	2009年	2008年	2009年	2008年	2009年
保山市	1 940 496	2 216 595	617 229	722 938	553 736	632 872	769 531	860 785
隆阳区	824 312	940 719	246 617	269 649	254 075	271 522	323 620	399 548
施甸县	171 697	194 983	66 000	76 010	30 656	37 198	75 041	81 775
腾冲县	503 456	574 667	142 725	158 540	142 122	164 547	218 609	251 580
龙陵县	206 100	236 600	66 000	81 000	83 800	91 690	56 300	63 910
昌宁县	252 357	292 840	103 000	137 879	64 652	72 532	84 705	82 429

保山市经济社会发展主要指标（表三）

单位：%

地　区	地区生产总值构成		第一产业		第二产业		第三产业	
	2008年	2009年	2008年	2009年	2008年	2009年	2008年	2009年
保山市	100.00	100.00	31.81	32.62	28.54	28.55	39.66	38.83
隆阳区	100.00	100.00	29.92	28.67	30.82	28.86	39.26	42.47
施甸县	100.00	100.00	38.44	38.98	17.85	19.08	43.71	41.94
腾冲县	100.00	100.00	28.35	27.59	28.23	28.63	43.42	43.78
龙陵县	100.00	100.00	32.02	34.24	40.66	38.75	27.32	27.01
昌宁县	100.00	100.00	40.82	47.08	25.62	24.77	33.57	28.15

保山市经济社会发展主要指标（表四）

地区	地区生产总值指数（上年＝100）		人均地区生产总值（元）		国有经济固定资产投资（万元）		社会消费品零售总额（万元）	
	2008年	2009年	2008年	2009年	2008年	2009年	2008年	2009年
保山市	113.10	113.10	7 898	8 972	396 503	674 603	583 513	696 679
隆阳区	113.50	113.60	9 313	10 523	176 146	196 656	294 684	351 690
施甸县	113.50	113.50	5 307	5 999	49 002	80 439	51 864	60 733
腾冲县	114.10	113.50	7 979	9 057	34 597	98 503	127 775	153 458
龙陵县	113.50	112.60	7 522	8 604	52 398	101 487	47 860	57 393
昌宁县	113.50	113.00	7 347	8 507	84 360	115 950	61 330	73 405

保山市经济社会发展主要指标（表五）

地区	地方财政收入（万元）		地方财政支出（万元）		人均地方财政收入（元）		人均地方财政支出（元）	
	2008年	2009年	2008年	2009年	2008年	2009年	2008年	2009年
保山市	124 566	158 071	468 808	620 180	507	640	1 908	2 510
隆阳区	38 185	50 742	120 241	155 582	431	570	1 359	1 747
施甸县	7 482	8 294	53 123	80 782	231	255	1 642	2 486
腾冲县	39 327	50 081	129 502	163 910	623	788	2 052	2 579
龙陵县	12 111	14 031	56 253	77 328	442	510	2 053	2 809
昌宁县	10 496	14 516	57 008	80 816	306	422	1 660	2 348

保山市经济社会发展主要指标（表六）

地区	农民人均纯收入（元）		职工人数（人）		在岗职工年平均工资（元）		人均储蓄存款余额（元）	
	2008年	2009年	2008年	2009年	2008年	2009年	2008年	2009年
保山市	2 717	3 120	123 031	136 091	19 372	21 405	5 172	6 293
隆阳区	3 069	3 528	59 385	70 307	19 324	20 954	5 879	6 920
施甸县	2 389	2 686	9 455	9 893	21 170	25 215	3 118	3 692
腾冲县	3 002	3 482	29 115	30 457	18 272	20 393	6 610	8 304
龙陵县	2 504	2 895	11 677	11 939	20 802	22 843	4 540	5 726
昌宁县	2 714	3 143	13 399	13 495	19 499	21 946	3 150	3 872

（省统计局）

昭通市

主　　编　范孝懿　杨　洪
责任编辑　侯焕媛　方爱琴

【概述】　昭通市地处云南省东北部，总面积2.24万平方千米。市府所在地昭阳区，距省会昆明344千米，距成都679千米，距贵阳462千米。辖昭阳区、鲁甸、巧家、盐津、大关、永善、绥江、镇雄、彝良、威信、水富1区10县，143个乡镇，其中，乡86个、镇54个、办事处3个。年末户籍人口561.04万人，常住人口534.3万人。其中，非农业人口46.37万人，农业人口514.67万人；少数民族人口56.1万人，占总人口的10%，其中，回族18.49万人、彝族17.98万人、苗族17.82万人。人口自然增长率8.45‰。

2009年，全市完成生产总值302.43亿元，比上年增长12.7%。其中，第一产业增加值72.18亿元，增长6.6%；第二产业增加值129.74亿元，增长15.1%；第三产业增加值100.51亿元，增长13.3%。一、二、三产业比由24.5：42.9：32.6调整为23.9：42.9：33.2。实现农业总产值109.08亿元，增长7.4%；种植业、林业、畜牧业、渔业、农业服务业产值分别为49.13亿元、5.06亿元、52.07亿元、0.34亿元和2.47亿元。粮食总产量164.3万吨。完成工业总产值198.68亿元，增长18%；实现工业增加值96亿元，增长13.6%。规模以上工业总产值157.92亿元、利税51.85亿元。完成建筑业增加值33.72亿元。

2009年，旅游业接待海内外游客475.37万人次，增长27.2%，其中海外旅游者661人次；旅游业综合收入14.99亿元，其中外汇收入22.52万美元。

年末，全市拥有公路里程1.54万千米，其中，高速公路135.58千米、二级公路372千米、三级公路210千米。全市货运企业189家，货运车辆1.32万辆；客运企业8家，客运车辆3 342辆；开通71条省际线路，22条市际线路，70条县际线路；农村客运开通140个乡镇560个行政村，农村客运车辆增加到2 885辆，乡镇、行政村通班车率分别达到97.9%和43.8%。道路运输客运量1 888万人，旅客周转量17.05亿人千米；货运量1 968万吨，货运周转量1.51亿吨千米。完成水运货运量118万吨，货运周转量4.12亿吨千米，货物吞吐量129万吨。邮政业务收入6 780.24万元，业务支出7 810.96万元。电信公司业务收入2.06亿元。

财政地方一般预算收入20.79亿元，一般预算支出111.5亿元。全社会固定资产投资251.88亿元，社会消费品零售总额87.85亿元。年末金融机构各项存款余额386.18亿元，其中，城乡居民储蓄存款余额187.1亿元；各项贷款余额213.34亿元。居民消费价格指数100.3%。

年末，全市有各级各类学校2 458所，专任教师4.6万人。其中，普通高校1所、普通中等专业学校7所、普通中学216所（普通高中4所、完全中学32所、普通初中171所、九年一贯制学校9所）、职业中学14所、小学2 128所、特殊教育学校2所、成人中等专业学校11所、幼儿园79所；另有小学教学点1 354个。各级各类学校在校生120.02万人，小学学龄儿童入学率99.12%；初中毛入学率97.48%；高中毛入学率29.05%。高考上线率76.91%。全年扫除文盲1.25万人。

年底，有公共图书馆12个，文化馆12个。广播、电视综合人口覆盖率分别为87.66%和89.36%。全市有医疗卫生机构411个，实有病床9 028张，专业卫生技术人员7 045人。有体育场馆4个。昭通运动员参加全国比赛，获金牌5枚、银牌1枚；参加全省年度赛及省第十三届运动会，获得金牌36枚、银牌48枚、铜牌35枚。

2009年，全市在岗职工年平均工资26 714元，比上年增长13.2%。城镇居民人均可支配收入11 158元，增长11.5%；人均生活消费支出7 616元，增长3.7%。农民人均纯收入2 445元，增长15.5%；农民人均生活消费支出2 048元，增长5.2%。城镇居民人均住房建筑面积31.77平方米，农村居民人均住房居

建设中的向家坝水电站工程　（王连生　摄）

住面积23.17平方米。城镇居民家庭恩格尔系数46.3%，农村居民家庭恩格尔系数52.2%。转移农村富余劳动力112.87万人。城镇登记失业率4.5%。

中共市委书记　夜礼斌（彝）
市人大常委会主任　陈林章
市人民政府市长　王敏正
市政协主席　熊启怀（苗）

【县县通二级公路建设】　8月，省政府决定将昭通市8条二级公路纳入国家逐步有序取消政府收费还贷建设项目，总投资92亿元，总里程559千米，分布于10个县区。计划2011年6月30日前建成通车，实现全市县县通二级路，为昭通扩大对外开放、加速经济又好又快发展、提高人民生活水平提供方便、快捷的交通。到12月，8条二级路全面开工建设。8条二级路是：柿—凤路，盐津县柿子乡柿子坝到镇雄县凤翥，全长62千米，设计时速60千米/小时；昭—彝路，昭阳区徐家营到彝良县城，全长57.54千米，设计时速60千米/小时；彝—岔路，起于昭—彝二级路彝良县城西红石岩，止于国道主干线GZ40水麻高速公路麻柳湾立交，全长40.5千米，设计时速60千米/小时；镇—凤路，起于镇雄松林村（与镇雄至威信二级相接），止于镇雄凤翥（与柿子至凤翥二级路相接），全长44千米，行车速度40千米/小时；凤—威路，起于镇雄凤翥，止于威信县城，全长60千米，车速40千米/小时；昭—巧路，起于昭阳区昭通烟厂西侧，止于巧家县蒙姑（与巧蒙二级路相接），全长134千米，设计时速40千米（局部高于40千米）；水—绥路，起于水富县高滩村国道主干线GZ40水麻高速水富立交，止于绥江县南岸镇林家坝村（与拟新建的四川省屏山县新市镇金沙江大桥相接），全长81.5千米，设计时速60千米；镇—威路，起于镇雄与贵州赫章交界处中屯煤灰包，止于威信柏香（与凤翥至威信二级路相接），全长79.67千米，计算行车速度40千米/小时。

大山包黑颈鹤　（范孝懿　摄）

【做大做强旅游产业】　2009年，昭通交通基础设施建设加快。置身云南旅游六大片区的滇东北旅游区，以“一轴（昆渝高速路中的百里峡谷为中轴）两翼（东翼红色旅游，西翼高峡平湖）”为基本架构，以“三坝（小草坝、铜锣坝、罗汉坝）、两山（大药山、大山包）、一峡谷（西部千里大峡谷）”为基本载体，以东西南北“六条旅游专线（东线为乌蒙回旋旅游线，东北线为红色旅游线，北线为千里大峡谷精品线，西北线为高峡平湖线，西线为仙山仙鹤仙境线，西南线为大江漂流线）”为基本网络，围绕三大主题（红色、绿色、文化），立足三大优势（区位、人文、自然），借助三大力量（新闻媒体、专家名流、旅行社团），树立三张品牌（大气昭通、山水昭通、人文昭通），跨越式地迈过发现昭通、走进昭通两个阶段。加快推动旅游产业科学发展，最终实现旅游昭通的宏伟目标，高标准高起点做好全市旅游规划工作。随着2009年1月永善、4月镇雄、6月绥江县域旅游规划评审通过，全市全面完成县域旅游规划。加强重点景区景点规划，完成《大山包生态旅游集镇修建性详细规划》和《大山包鸡公山旅游亚区修建性详细规划》。《大山包鸡公山旅游亚区景观概念性设计》在昆明通过专家组评审。《大山包国家公园总体规划》编制工作进入尾声。

【特色旅游小镇建设】　年内，省批准彝良小草坝、昭阳区永丰镇、威信庄子上为特色旅游小镇。豆沙旅游小镇，基本实现省委、省政府对豆沙古镇提出“一年打基础、两年求发展、三年树品牌”的目标。盐津县就进一步打造和培育豆沙古镇旅游产业，认真调研和专题研究，提出新的工作思路。完善旅游小镇接待设施，针对旅游市场单一性和零乱性以及旅游产品匮乏等问题，把“吃、住、行、娱、游、购”旅游六要素配套设施建设细化落实到政府各部门，充实豆沙古镇餐饮、名特小吃、农特产品、酒类、旅游文化工艺产品、娱乐等经营项目。制作豆沙景区旅游手册，安装景区指示牌（路标）、景区示意图、景区公共休息座凳。成立豆沙景区管理服务中心，落实景区讲解员。进一步推动豆沙古镇旅游产业发展，提升豆沙古镇文化旅游知名度和吸引力。4月和10月先后举办“中华情‘情满盐津’”“相约豆沙　挑战极限暨盐津豆沙第二届美食节”等大型文艺演出活动。

【大山包国家公园】　年初，大山包被省列为2009年重点建设的10个国家公园之一进行建设。云南省将用3年左右的时间，将黑颈鹤主要栖息地之一昭通市大山包国家公园打造成5A级风景区。大山包景区2003年被批准为“黑颈鹤国家级自然保护区”，2004年被国际湿地公约组织列入“国际重要湿地”名录。每年10月底至次年4月初，都会有黑颈鹤迁徙到昭通4县区19个栖息点越冬；大山包为主要栖息点，常年在1 400只左右。4月16日，大山包国家公园总体规划座谈会在昭通举行，标志着云南大山包国家公园项目建设进入实质阶段。12月14～15日，副省长刘平率领省政府研究室、省旅游局、省发改委、省林业厅等省直部门负责人赴昭通市专题研究、部署大山包国家公园保护与开发建设事宜。刘平要求：昭通旅游要紧紧抓住云南旅游“二次创业”和国家林业部将云南省列为国家公园建设试点省等机遇，高起点、高标准、高质量将大山包国家公园建设成昭通旅游“二次创业”标志性工程。通过2～3年建设，将大山包国家公园打造成具有较高知名度的国家5A级景区，推动昭通旅游产业大发展。

【城乡建设步伐加快】 2009年，昭通城乡建设步伐加快，全市市政基础设施建设完成投资20.07亿元。中心城市建设进展顺利。按照“一山两河三片区”规划布局，中心城市围绕加快新区开发、拓展城市空间，强化古城恢复、彰显历史文化和突出旧城改造、完善城市功能三大重点，强势推进新区建设，通过新区建设带动古城恢复和旧城改造。县城建设稳步推进。鲁甸县以县城二期开发和整乡推进建设为载体，积极推进县城新区二期湖滨小区道路、文屏山森林公园建设，完成投资3 570万元。巧家县过境路改扩建、丝厂小区道路等建设项目有序进行，完成投资4 507.4万元。镇雄县在全力推进新区开发的同时，旧城改造有序展开。继续推进中山路、建设街等市政道路建设，加快龙腾锦程、时代广场等项目建设进程，完成投资1.43亿元。彝良县继续完善市政道路建设，加大旧城改造力度，推进农贸市场建设、东西正街改造等工程，完成投资9 833万元。威信县继续加大新区建设力度，实施旧城区改造和市政基础设施建设，启动滨河大道和后山森林公园建设，完成投资7 779万元。盐津县实施新老城区连接线绿化、城区垃圾收集箱池建设等市政基础设施建设，完成投资4 232.73万元。大关县加大南城新区开发力度，继续实施穿衣戴帽和绿化工程，推进五尺道步行街、商业步行街等建设项目，完成投资1 100万元。永善县以推进四大片区开发、四个重点工程建设为重点，进一步加大市政基础设施建设和管护力度，完成投资1.10亿元。绥江县随着移民迁建工程不断启动，进一步加大县城基础设施建设力度，县城及集镇基础设施建设稳步发展，完成投资2.12亿元。水富县强力推进新区开发建设，加大旧城改造力度，继续完善市政公用设施建设，实施高滩新区道路、供水、电力通信和临江路景观改造等建设项目，完成投资1.32亿元。坚持把各县特色乡镇所在地的城镇化发展作为全市小城镇建设重点，着力抓好小城镇建设，带动旅游业发展。编制鲁甸县小寨乡、巧家县蒙姑乡、盐津县中和镇、大关县天星镇、永善县黄华镇、镇雄县五德镇、彝良县小草坝乡、威信县水田乡、绥江县会议镇，水富县向家坝镇等10个特色小城镇建设实施方案；拟订沿路、沿江、沿边40个重点集镇建设规划方案。

（马才国）

云天化天然气化工厂 （昭通市志办 提供）

 昭阳区

【概述】 昭阳区位于云南省东北部，昭通市中部。辖区总面积2 167平方千米，海拔2000米以下的757平方千米，占35%；2000～2400米的898.2平方千米，占41.5%；2400～2800米的306.6平方千米，占14.1%；2800米以上的203.46平方千米，占9.4%。距昆明330千米。2009年总降雨量557.2毫米，年平均气温12.7℃，年平均日照时数1 739.2小时，无霜期227天，最高气温32.4℃（5月27日），最低气温－8.5℃（11月22日）。辖乡14个、镇3个，办事处3个，村委会129个，居委会49个。年末总人口81.69万人。其中，非农业人口12.21万人，占总人口14.9%；少数民族人口13.36万人，占总人口16.35%。人口自然增长率低于8.6‰。

2009年，区属生产总值44.79亿元，比上年增长15.9%。其中，第一产业增加值11.57亿元，增长8.1%；第二产业增加值10.31亿元，增长32.5%；第三产业增加值22.9亿元，增长13.5%。粮食总产量26.08万吨，增长9.15%。工业总产值完成20.13亿元，增长20.3%。辖区内公路里程达1 658千米。年货运量432万吨，货物周转量1.83亿吨千米；客运量527万人次，客运周转量2.24亿人千米。辖区内邮电业务总量1.98亿元，年末固定电话机6.32万部，电信业务总量3 921万元。地方财政一般预算收入完成4.07亿元，增长35.3%；地方一般预算支出完成14.85亿元，增长32.6%。

辖区内有普通高等专科学校1所，在校学生4 950人，专任教师312人；中等专业在校生7 149人，专任教师372人；职业中学在校生2 345人，专任教师142人；普通中学在校生5.12万人，专任教师2 400人；净入学率91.41%，毛入学率98.03%；小学在校生10.15万人，专任教师4 138人，净入学率99.51%，毛入学率109.31%；在园幼儿1.95万人。有艺术表演团体2个，文化馆（站）2个，公共图书馆2个。广播人口覆盖率93.92%，电视人口覆盖率94.25%。有卫生机构42个，病床2 334张；专业卫生技术人员1 973人，其中执业医师及执业助理医师859人。新型农村合作医疗参合率达95.84%。

辖区内职工平均工资3.08万元。城镇居民人均可支配收入1.2万元，增长12.73%；农民人均纯收入2 927元，增长17.3%。全年2.63万人享受城市低保，4.67万人享受农村低保，3 556人五保供养对象基本生活得到有效保障。城镇登记失业率4.3%以内。

中共区委书记　马吉林（回）
区人大常委会主任　党兴阳
区人民政府区长　曹阜忠
区政协主席　龙位

【李学举到昭阳区调研】　4月25日，国家民政部部长李学举，省委副书记、省长秦光荣等领导，在昭通市、区领导的陪同下，前往凤霞路昭通中心城市廉租住房雨露小区进行视察，看望慰问左下肢残疾的低保户杨昆，向杨昆夫妇送上大米、被子和慰问金，叮嘱他们好好生活。李学举指示：各级党委、政府和民政部门一定要深怀“爱民之情，为民之责”，进一步建设好抗震保安这一民心工程，为困难群众提供帮扶，让老百姓日子一天比一天好。秦光荣要求：各级领导干部，要坚持实际、实效原则，做好安居工程后续工作，要从实际出发，科学谋划，确保建房质量，让灾民得到实惠。

【白恩培到昭阳区视察】　6月27日，省委书记白恩培与随行的省委常委、省委秘书长杨应楠，副省长孔垂柱及省委政策研究室等有关部门负责人，在市、区领导陪同下，深入北闸镇邓子村高产示范样板地块，对省级生物多样性优化种植高产示范样板1 521亩核心区3 016亩展示区及2万亩示范区农作物生长情况进行视察。

【旅游建设工程竣工通过验收】　8月20日，昭阳区大山包乡鸡公山旅游道路建设和大海子黑颈鹤行为研究隧道、黑颈鹤检测台工程通过昭通市市级验收，对游客开放。鸡公山旅游道路由云南省旅游局和昭通市旅游局投资380万元，建筑面积约5 200平方米，游道包括观景台、走廊、亭子、厕所。大海子黑颈鹤行为研究隧道、黑颈鹤检测台工程由昭阳区政府和昭通市林业局投资60万元，隧道全长200余米，宽1.8米，高2米，隧道设有观鹤窗口，上面种草。隧道至少可容纳160人同时观鹤。黑颈鹤检测台与观鹤隧道连成一体，和周边环境协调一致。

【昭通苹果在重庆拍出天价】　9月26日，昭通苹果重庆展销会在重庆市渝中区朝天门广场隆重开幕，昭通“苹果王”拍卖从3 000元起价，经过24轮举牌竞争，直径约15厘米，重达800克的昭通“苹果王”被重庆一市民以8 800元的价格拍得。这是目前为止，西南地区拍出的最高苹果价格。其他10篮优质苹果起价200元一篮，最终以400到600不等的价格陆续买走，拍卖活动获得圆满成功。

【李纪恒到区指导城建工作】　11月29日，省委副书记李纪恒一行在市、区领导陪同下，深入北部新区、昭通师专新校区、昭阳工业园区、南片区、望海文化公园等地，了解其规划、建设情况。李纪恒要求昭阳区要按照科学发展观要求来开展好各项工作，在城市开发建设中，要考虑好群众利益，不能损害老百姓的利益来搞城市开发，要让群众在城市开发建设中得到实实在在的实惠；要认真规划建设好农民安置小区，真正做到让失地农民“搬得出，稳得住，能发展”。

【粮食生产先进县（区）】　12月24日，昭阳区被评为2009年全国粮食生产300个先进县（区）之一。昭阳区在玉米、马铃薯、水稻三大粮食作物上完成部省、市、区、乡、村五级粮食作物高产示范样板44.26万亩，占全区粮食作物种植面积的38.48%。9月10日，省农业厅组织专家在北闸样板现场测产，样板核心区玉米产量814.2千克/亩，玉米、马铃薯复合亩产1 023.7千克/亩；样板展示区玉米产量761.2千克/亩，复合亩产942.4千克/亩；样板示范区玉米产量590.6千克/亩，复合亩产754.9千克/亩。

（王长海）

鲁甸县

【概述】　鲁甸县位于云南省东北部，昭通市西南部，牛栏江北岸。国土面积1 487平方千米。县城海拔1917米，距省会昆明市310千米，距昭通市所在地昭阳区27千米。2009年总降水量856.1毫米，年平均气温12.8℃。辖3镇9乡，84个村（居）民委员会，1 636个村民小组。总人口41.86万人。其中，非农业人口2.71万人；少数民族人口8.3万人，占总人口的20.1%。人口密度每平方千米282人；人口自然增长率8.5‰。

全年完成国内生产总值18.86亿元，比上年增长16.8%。其中，第一产业增加值6.04亿元，占32%；第二产业增加值8亿元，占42.4%；第三产业增加值4.81亿元，占25.6%。工农业总产值23.76亿元，

增长24.9%。农业总产值8.15亿元。粮食总产13.73万吨。工业总产值15.61亿元，增长34.8%，增幅居全市第二。年末，境内有公路1 136千米，其中，国道19千米，省道108千米，县道258千米，乡道427千米，村道324千米，实现村村通公路和通电话。全年完成上划中央两税7 603万元，一般预算收入首次突破亿元大关，完成1.09亿元，比上年增收1 468万元，增长15.6%；地方财政支出8.79亿元，增支32.7%。

全县有各级各类学校129所，在校生8.85万人。有教职工4 177人。其中，小学专任教师2 578人，初中专任教师1 200人。高考上线率由上年的58.09%上升为67.50%。中考成绩名列全市第三名，中考升学率由上年的63.81%上升到68.92%。有艺术表演团体1个，文化馆站8个，图书馆1个，广播、电视覆盖率分别为99.4%、84.1%。有医疗机构19个，医疗卫生技术人员480人，每千人拥有卫生技术人员1.18人；有病床459张，每千人拥有病床1.12张。新型农村合作医疗参合34.5万人，参合率90.36%。

全年，农民人均纯收入2 336元，人均有粮360千克。城镇居民人均可支配收入11 328元。城镇新增就业1 789人，城镇登记失业率4.5%以内。

中共县委书记　江先奎

县人大常委会主任　雷选忠

县人民政府县长　保剑（回，2009.3～）

县政协主席　保明康（回）

【湖滨小区开工建设】 5月21日，县城湖滨小区建设举行开工典礼。小区占地20余公顷，规划设计1 000余套具有江南民居建筑风格房屋。

【现代烟草农业示范区工程通过验收】 5月25～26日，市现代烟草农业示范区鲁甸片区项目工程通过市级验收，总投资4 255.97万元，其中，烟草行业投入资金3 113.11万元，地方政府及烟农投劳折资1 142.86万元。涉及茨院、小寨、龙头山3乡镇，耕地面积6 793公顷。2008年5月开工，到2009年3月竣工通水。5月21日，正式确定小寨乡赵家海白草坪至龙头山光明延伸工程项目。延伸工程全长32千米，总投资8 400余万元，其中烟草补贴资金5 000万元。受益群众近7 000户，辐射基本农田3 400公顷，受益基本烟田2 787公顷。计划2010年6月竣工投入使用。

【太阳湖核心商业区开发】 8月30日，县城太阳湖核心商业区建设奠基仪式在太阳湖举行。是昭通市委、市政府在广西“泛珠”洽谈会上唯一签约招商项目。由高端商业街、休闲娱乐广场、美食城、高档住宅区及湖面娱乐5个部分组成，项目概算投资3亿元，占地6公顷，设计范围用地面积9.85万平方米，分商业、住宅区，总建筑面积14.71万平方米。工程建设工期14个月。

【“红烛工程”捐赠仪式举行】 9月5日，省委宣传部、省文明办、省教育厅、鲁甸县委、县人民政府、省民族文化发展基金会主办的“红烛工程”昭通行鲁甸站捐赠仪式在县城世纪大道举行，全县200多位贫困、病困教师学生获得省民族文化发展基金会10万元资助，昭通行第一站鲁甸活动中，200名学生每人获得资助300元，15名教师分别获得1 000～4 000元资助，农民作家万国超获得4 000元资助。

【昭巧二级公路开工建设】 12月17日，昭巧二级公路工程开工仪式在文屏镇柳树闸村三角花园举行。昭巧二级公路起于昭通南通道经龙山寨、鲁甸西门垭口、月亮湾等地至巧家金塘，全长132千米，其中昭通至鲁甸县城19千米，设计时速为60千米，设计为双向四车道+景观河道+人行道高规格路面；西门垭口至巧家金塘113千米，设计时速为40千米。设计大中桥梁76座，隧洞29座，工程概算投资21.9亿元。公路建设涉及昭阳、鲁甸、巧家3县区10乡镇20余村。鲁甸境内44千米，其中昭鲁快捷通道总长19千米，鲁甸县城至昭阳区边界段长11.39千米，工程概算4.74亿元。重庆建工集团有限公司投资承建。计划2011年6月建设竣工。

【龙树特色小集镇改造建设】 12月22日，龙树特色小集镇改造建设启动。由重庆仁豪城市园林勘测设计院设计，投资1 546.18万元，主要对原有1.8千米老集镇不同类型的房屋因地制宜改造建设，计划2010年5月底完成。改造后，分为文教生活段、行政商业段、特色居住段3个部分。

【文屏山森林公园开工】 12月28日，鲁甸县城文屏山森林公园开工。计划总投资6 000万元，通过2～3年建设，把文屏山森林公园打造成集观光休闲、度假娱乐为一体的森林公园，在山顶后侧建设百亩优质桃园、百亩优质梨园。一期工程重点打造建设上山人行石梯路网、休息室、环山公路和生态公园等设施，投资700万元，工期1年。

【小寨整乡推进成效显著】 2009年，小寨乡被列为昭通市整乡推进试点乡。全面实施“资源大整合、社会大参与、群众大发动、连片大开发”战略，突出瞄准最贫困群众，走产业化扶贫之路，以“五基”为重点，以“八通八有”为抓手，强势推进整乡推进工作。按照“统一规划，捆绑使用，渠道不乱，各负其责，各记其功，对口验收”原则，着力强化基础设施建设，改善发展条件。在省级补助600万元，市级补助400万元基础上，县财政安排200万元，整合项目资金4 900万元，共6 100万元，其中2009年投入4 800万元。基本实现所有村委会通公路、通水、通电、通广播电视、通移动电话，100%自然村通简易公路，60%自然村通安全卫生饮用水，100%自然村农户通电；村委会有安全实用的办公房、支部活动室、卫生室、文化室，80%农户住上安全实用安居房，60%农户户均有1口沼气池或节能灶，80%农户有1个小水窖或小水池，人均有0.05公顷高稳产农田地，人均有0.3公顷经济林果或经济作物，年人均有1.5头商品畜出售，户均有1个以上劳动力输出的目标。全乡农民人均纯收入达3 204元，增长29.98%，高出全县平均水平868元，高出全市平均水平749元。

【省级生物多样性优化种植高产示范样板】 2009年，鲁甸举办云南省级生物多样性优化种植高产示范区样板。样板由昭通市政府、省农业厅、云南农业大学、省农业科技院主办，鲁甸县人民政府、昭通市农业局、省农业技术推广站具体实施。以文屏镇砚池山村长山寨为中心，有核心区15公顷，展示区164公顷，示范区1 640公顷，辐射带动区1.36万公顷。主要进行玉米套大豆和玉米套马铃薯种植。

（晏权）

 巧家县

【概述】 巧家县位于云南省东北部，昭通市西南部，国土面积3 245平方千米，均为山区。白鹤滩镇为县人民政府驻地，海拔830米，距省会昆明市292千米，距昭通市经鲁甸为219千米，经巧家蒙姑为232千米。2009年，县城平均气温21.5℃，年最高气温41.0℃（5月27日），年最低气温5.3℃（11月21日）。总日照数2 069.7小时，总降雨量764.2毫米，无霜期365天。全县辖乡镇16个，其中，乡10个、镇6个，179个村委会、4个社区，3 557个村民小组。年末总人口55.9万人。其中，非农业人口2.76万人，占总人口的4.9%；少数民族人口2.52万人，占总人口的4.5%。人口密度每平方千米172人，人口自然增长率6.14‰。

全年实现生产总值23.52亿元，同比增长12.8%。其中，第一产业增加值10.21亿元，增长8.4%；第二产业增加值6.74亿元，增长20.4%；第三产业增加值6.56亿万元，增长12.3%。一、二、三产业结构比为43.4∶28.7∶27.9。农村经济总收入17.19亿元。粮食产量17.63万吨，同比增长8.16%。工业总产值6.4亿元，增长25.7%。全县公路通车里程2 493千米，有客车196辆，完成客运量40.53万人；客运周转量3 242.69万人千米。全县有CDMA手机3 200部，固话7 060部，小灵通1 600部，致富通7 690部。宽带5 300户。实现财政总收入1.23亿元，同比增长13.3%。地方财政收入9 226万元，增长26.8%。

全县有学校430所，专任教师4 080人，在校学生9.35万人。学龄儿童入学率99.4%，普通初中升学率95.3%，高考上线率58%。有文化馆（站）17个，公共图书馆1个。广播人口覆盖率86.2%，电视人口覆盖率91.36%。有全民所有制医疗卫生单位24个，其中，乡镇卫生院19个，民族卫生所1个，县直医疗卫生单位4个；民营医疗机构6个；村卫生所187个。有病床549张（其中民营医院120张），每千人口拥有床位1.01张。卫生专业技术人员330人，每千人拥有卫生技术人员0.61人。

农民人均纯收入2 470元，同比增长12.26%；农民人均生活消费支出2 054元，同比下降5.1%。城镇居民人均可支配收入11 275元，同比增长8.25%；人均消费性支出6 805元，同比增长10%。

中共县委书记　田荣屏

县人大常委会主任　陈顺德（彝）

县人民政府县长　方宗辉

县政协主席　陈堂洲

【堂琅大道改扩建工程竣工】 5月27日，县城过境路城区段（堂琅大道）改扩建工程通过验收。工程投资2 100余万元，道路长2 041.83米，主路面宽度30米，人行道宽（单侧）6米，中间设绿化带3米，人行道（单侧）双排行道树。

【炉房水库枢纽工程竣工】 6月10～11日，由省发展和改革委员会等联合组成的验收委员会对巧家炉房水库枢纽工程进行验收。认为炉房水库枢纽工程已按批准的设计内容全部完成，能够投入使用，工程建设中投资控制较好，资金使用合理，工程档案资料齐全，整理规范，整个工程质量合格。该工程原原设计概算1.3090亿元，2008年7月8日经省水利水电厅技术咨询管理中心调整为1.6281亿元，其中，枢纽工程概算6 637.67万元，灌区渠道工程概算9 643.47万元。

【野鸭小康文明村】 白鹤滩镇野鸭村距县城12千米，交通便捷。属典型的金沙江干热河谷地区。辖12个村民小组，468户1 836人。海拔640～1500米，国土面积1.48万亩，耕地2 355亩，人均1.1亩。2009年主要经济作物及产业发展膏桐300亩，米枣1 000亩，蚕桑1 000亩，甘蔗900亩，养殖大户2户，养畜400头，人均纯收入3 000元。2000～2005年，村两委多次获得县级先进基层党支部、基层树形象先进集体、创“五好”先进村党支部、文明单位、“云岭先锋”流动红旗村等荣誉称号；2005年获市级文明村称号。2006年被市委授予先进基层党组织称号。2007年被省妇联授予云南省新农村建设巾帼示范村称号，被命名为省级文明村；2009年1月，中央精神文明建设指导委员会办公室授予野鸭村第四届全国创建文明村镇先进工作村镇。

野鸭塘（七组）是村委会驻地，为县级小康文明村。2006年有村民50户203人，耕地152亩，人均0.75亩，荒坡500余亩，人均纯收入1 680元。启动小康文明示范建设项目投资220余万元，共硬化户间道路3 000米、村组主干道200米，建成饮水管网3 000米，水池200立方米；建成文化活动室一间40平方米、活动场所100平方米；新建住房4户，住房改造46户，改厩980平方米；新建沼气池40口，新安装太阳能热水器21台。在巩固蚕桑、甘蔗等产业基础上，引进冬枣6 000株，种植300亩。预计5年后，可实现产值100万元，户均达2万元。2006年

培训乡土建设人才64名，科技种植养殖能手51名。2007年外出务工46人，月人均收入1 000元以上，全年人均增收300元以上。开展农村实用技术培训及法律法规教育，提高村民整体素质；“一事一议”“两推一选”“村务公开”“卫生文明公约”等制度全面推行，村民自治规范化建设稳步推进。实现村庄文明、环境优美、路面宽敞、产业发展、农民增收等建设目标。

（张孝和）

盐津县

【概述】 盐津县位于云南省东北部、昭通市北部。辖区总面积2 092平方千米。全县高山区占总面积的23.5%，二半山区占45.5%，矮山河谷区占31%。县人民政府驻地盐井镇海拔480米，距昭通市政府驻地138千米，距省会昆明市469.5千米。2009年，年平均气温18.0℃，年最高气温38.8℃（9月9日），年最低气温3.2℃（11月22日）。年总降雨量971.4毫米，年日照时数715.4小时，全年无霜。辖乡镇10个，其中，乡6个、镇4个，有村（居）民委员会88个、村（居）民小组2 630个、自然村321个。年末全县常住人口37.82万人。总人口38.43万人。其中，非农业人口3.52万人，占总人口9.16%；少数民族人口1.29万人，占总人口3.36%。人口密度每平方千米184人，人口自然增长率8.2‰。

全年实现生产总值18.13亿元，比上年增长13.0%。其中，第一产业增加值5.39亿元，增长7.8%；第二产业增加值7.05亿元，增长20.1%；第三产业增加值5.69亿元，增长9.0%。一、二、三产业结构比由30.7∶37.8∶31.5调整为29.7∶38.9∶31.4。实现农林牧渔服务业总产值7.69亿元，增长9.5%。粮食总产量11.82万吨，增长10.58%。工业总产值完成14.21亿元，增长21.83%。年末公路通车总里程1 434.15千米。全年客运量171万人次，客运周转量1.33亿人千米（未包括铁路运输，下同）；完成货运量176万吨，货物周转量1.46亿吨千米。年末固定电话机用户1万部，移动电话用户11.35万部。电话普及率33部/百人。互联网用户4 359户，比上年增长34.21%。实现财政总收入1.51亿元，增长10.69%。地方财政支出7.22亿元（其中含上级下达专款2.74亿元），同比增长21.3%。其中地方财政一般预算支出7.03亿元，同比增长22.2%。

全县共有各类学校337所，专任教师3 489名，在校学生7.89万名。学龄儿童入学率99.03%，普通初中升学率34.60%。全县有艺术表演团体、文化（馆）站、公共图书馆各1个。电视人口覆盖率98%。卫生机构（不含诊所）140个，病床708张，每千人有病床1.8张；有卫生技术人员314名，其中，执业医师162名，执业助理医师64名，每千人有医师0.59名。

据县城50户居民和农村100户农民调查监测资料显示：2009年城镇居民人均可支配收入12 308元，比上年增长7.2%；农民人均可支配收入2 361元，增长17.87%；农民人均纯收入2 395元，增长16.26%。城镇居民人均消费性支出7 888元，增长1.82%；农民人均生活消费支出2 295元，增长13.67%；农民人均生产消费支出916元，减少0.76%；城镇居民平均住房面积36.54平方米，农村人口平均住房面29平方米。城乡居民储蓄存款11.66亿元，增长19.17%；城镇登记失业率4.4%。

中共县委书记　成联远

县人大常委会主任　熊洪贵（苗）

县人民政府县长　李疆

县政协主席　尚丽明

【优化种植高产省级示范区】 年内，中和镇共发展666.67公顷包谷套红薯省级示范样板和66.67公顷水稻混栽县级示范样板。经市、县农技专家单打验收后，核心区每亩单产606.8千克，复合亩产1 074.8千克，大面样板每亩单产556.2千克，复合亩产935.2千克，全面实现“良种化、良法化、玉米套红薯三个百分之百”的目标。

【家电下乡活动】 4月9日，家电下乡启动仪式在新区文化广场举行。截至11月30日，全县对符合补贴政策的4 182台（件、辆）家电、汽车、摩托车进行补贴，兑现财政补贴资金163.58万元。其中，2～8月购买家电、汽车、摩托车1 760台（件、辆），兑现财政补贴资金

豆沙镇第二届美食节　（盐津县志办　提供）

59.34万元；9～11月购买家电、汽车、摩托车2 422台（件、辆），兑现财政补贴资金104.23万元。

【国际狮子会援建项目】　4月8日，中和镇苦竹坝国际狮子会援建项目奠基仪式举行。项目计划投资1.26亿元，其中，国际狮子会援建投资800万元，政府投资1.18亿元。共24项项目，分两期进行。工程总工期18个月。10月30日，完成规划建设区内房屋拆迁工作。经招标，项目由四川亚泰建设有限公司承建。年内，完成项目投资317万元。

【“农家书屋”送书下乡】　4月25日，为解决农村农民群众看书难、借书难、看报难、音像电子产品缺乏等问题，县文体局联合县新华书店启动“农家书屋”送书下乡活动。年内，共向豆沙石岗、中和赵溪、普洱黄坪、牛寨河口、柿子岔河、庙坝民政、盐井镇花苞、滩头箐排送书1.23万册，音像期刊2 085种，价值16.75万元。

【城镇居民医保正式启动】　6月18日，盐津城镇居民基本医疗保险正式启动。城镇居民基本医疗保险对象包括无职业城镇居民、个体劳动者、自由职业者、灵活就业人员、失业人员、各类学校在校学生及无能力参加城镇职工基本医疗保险的其他人员，参保费用实行个人缴费和政府补助相结合。年内，全县共8 762人参保，收缴参保费共212.72万元，其中，个人缴费27.74万元、中央补助62.88万元、省级64.33万元、市级23.11万元、县级34.66万元；获补偿48人，发放补偿款共26.45万元。

【农技推广与建设示范县】　9月，盐津被列为农业部2009年基层农技推广体系改革与建设项目示范县，建设期限为2009年9月至2010年9月。项目围绕主导产业，加强对示范县主导品种和主推技术的筛选与推广，加大农业科技示范户培育力度，加强农业科技示范基地建设及农技人员培训。年内，盐津选出示范产业5项，即玉米、水稻、油菜、生猪、蔬菜；建立示范基地10个，其中，玉米示范基地4个，水稻、生猪示范基地各2个，油菜、蔬菜示范基地各1个；选出科技示范户1 000个、每个基地100户，选出科技指导员100名。

【盐津获中国最佳投资环境县称号】　12月22日，在海南博鳌举行的“亚洲博鳌·中国品牌年度盛典”大型活动上，盐津县以独具的区位优势、巨大的投资潜力、良好的投资环境获得由联合国人居环境发展研究会、亚洲城市品牌研究会、中国城市投资发展协会颁发的“亚洲博鳌·中国最佳投资环境县”称号。

【县城垃圾处理场建设项目启动】　12月23日，县城生活垃圾处理场建设项目正式启动。项目选址在盐井镇高桥村瓦房社，设计规模为日处理垃圾70吨，服务年限12年，垃圾处理工艺为卫生填埋，设计库容44.88万立方米，预算总投资2 761.28万元（不含征地拆迁和青苗补偿938万元）。项目由中国十四冶中标承建。

（吴珊　谭纪芳）

大关县

【概述】　大关县位于云南省东北部，地处昭通市腹心地带。辖区总面积1 692平方千米。其中，山区面积1 641.24平方千米，占总面积的97%；坝区面积仅50.76平方千米，占总面积的3%。县人民政府驻地翠华镇，海拔1120米，距省会昆明440余千米，距市府驻地昭阳区50千米。2009年，平均气温15.2℃，年最高气温37.9℃（7月16日），年最低气温-1.5℃（1月27日）。年日照时数1 135.5小时，年总降雨量779.7毫米。无霜期252天。辖乡镇9个，其中，乡3个（含1个民族乡）、镇6个，村（居）民委员会78个，自然村1 391个。年末总人口27.77万人。其中，非农业人口2.03万人，占总人口的7.32%；少数民族人口2.2万人，占总人口的7.9%。人口密度每平方千米164人，人口自然增长率8‰。

全年实现生产总值10.47亿元，比上年增长10.9%。其中，第一产业增加值4.24亿元，增长9.0%；第二产业增加值2.62亿元，增长10.7%；第三产业增加值3.61亿元，增长13.0%。一、二、三产业结构比由上年的40.7：26.2：33.1调整为40.5：25.0：34.5。农村经济总收入8.81亿元，增长6.1%。粮食总产量8.45万吨，增长8.7%。工业总产值完成5.31亿元，增长11.8%。年末公路通车总里程1 544千米。全年县财政总收入8 274万元（未含上级拨入），增长7.4%；财政总支出5.83亿元，增长16.7%。

全县共有各类学校265所，专任教师0.24万人，在校学生5.29万人。学龄儿童入学率99.46%，普通初中升学率72.97%，高考录取率57.82%。有文化馆（站）10个，公共图书馆1个。广播人口覆盖率83%，电视人口覆盖率94.5%。卫生机构（不含诊所等）100个，病床215张，每千人有病床0.83张；有卫生技术人员265人，其中，执业医师144人，执业助理医师47人，每千人有医师0.77名。

全年农民人均纯收入2 266元，扣除物价因素，实际增长15.5%；在职职工年平均工资30 104元，增5 155元。城镇居民人均可支配收入9 369元，实际增长9.9%。农民人均消费性支出2 117元，实际增长10.1%。城镇居民平均住房面积26平方米，农村人口平均住房面积22平方米。城镇登记失业率4.6%。

中共县委书记　赵海仙（女）

县人大常委会主任　陈元章

县人民政府县长　王宏（2009.3～）

县政协主席　钟友勤

【发放旅游消费券】　为积极应对金融危机，拉动旅游经济、刺激旅游消费，“五一”前夕，大关县旅

大关县首次楼市开盘 （大关县史志办　提供）

游局与昭投大关黄连河旅游开发有限公司联合向社会公开发放总价值达4 000万元的黄连河旅游消费券。该券单张面值20元，通过黄连河风景区主要客源地云南、四川、重庆等地的主流报纸在5至8月陆续刊发，进行针对性宣传促销。游客自行剪下并持旅游消费券购买黄连河景区门票及在黄连河宾馆住宿时，可等值抵用，不足部分自付现金，每人每次限用旅游消费券一张，不兑现，不找零，复印无效，使用有效期一个月。此举使黄连河风景区门票优惠近70%，真正把实惠让给游客。

【5万人饮上安全卫生水】 2006年以来，着力实施民生水利工程，狠抓农村饮水安全项目建设。截至2009年6月，累计投入农村饮水安全建设资金2 422万元，组织群众投工129.6万个，新建管（饮水管网）、池（蓄水池）、窖（水窖）等饮水工程1 154件，解决了全县9个乡镇5.3万人和1万多头大牲畜饮水安全问题，占全县农村饮水不安全人口的60.3%。

【五保老人喜迁敬老院】 5月25日，县委、县政府举行大关县中心敬老院一期工程竣工剪彩暨五保老人入院仪式。市、县领导及有关部门负责人，县中心敬老院即将入院的五保老人及社会各界人士参加仪式。来自翠华、吉利、玉碗等乡镇的160余名五保老人们正式搬进新居。该敬老院位于大关县城近郊1千米处，总投资430万元，规划占地面积4 000平方米，覆盖4个乡镇11万余人。共设有床位182床，同时配套建设有花圃、草坪以及多功能数码娱乐室、玻璃顶阳光棋牌室、洗浴室等。

【县城居民迎来首次楼市开盘】 7月25日上午，大关县城居民迎来首次楼市开盘。在简单的剪彩仪式结束后，购买房屋的市民拿到了属于自己的号牌，买到了称心如意的房子。尽管这次所售房每平方米达1 700元左右，创大关房价新高，但丝毫不影响大家购房的积极性，60余套房子很快被认购一空。

【武钢捐资建设希望学校】 9月18日，由武汉钢铁集团公司和昆明钢铁集团公司捐资1 000万元修建的大关县翠华镇武钢希望中学和玉碗镇武钢希望小学正式开工建设。其中，翠华武钢希望中学分两期建设，第一期建设教学楼、学生宿舍、餐厅、厕所和运动场，总建筑面积1.34万多平方米，首期建设项目将于2010年春完成，学校在校生人数可由现在的1 530余人增至2 000人以上；玉碗镇武钢希望小学将修建教学综合楼、学生宿舍、食堂、教师周转房，新建校舍3 900余平方米，改建教学楼1 650余平方米，解决900余名师生教学和住宿问题。

【打造“四强”新村】 2009年，大关县共整合资金1 090万元，着力打造“支柱产业强、基础设施强、民主管理强和文明意识强”“四强”新村。其中，投入389万元，实施中低产田改造642亩，新建大棚320亩，田间作业路3.9千米；投入40万元，改造公路9千米，新修公路2.2千米；投入471万元，新建50、30、10立方米蓄水池各1个，维修50立方米蓄水池1个，安装管道15千米，沟渠除险加固20.5千米，新建40米；投入30万元，种植枇杷1 000亩；投入160万元，实施房屋亮化297户7.16万平方米，屋脊1.28万米，檐口8 012米。

（马仲全）

永善县

【概述】 永善县位于云南省东北部、昭通市北部。辖区总面积2 778平方千米。县人民政府驻地溪洛渡镇，海拔820米，距省会昆明580千米，距市府驻地180千米。2009年，平均气温17.4℃，年最高气温36.7℃（7月17日），年最低气温1℃（1月27日）。日照时数1 094.8小时，降雨量583.4毫米，无霜期252天。辖乡镇15个，其中，乡9个、镇6个，村（居）民委员会137个，自然村2 069个。年末总人口44.39万人。其中，非农业人口2.66万人，占总人口5.86%；少数民族人口3.45万人，占总人口7.77%。人口密度每平方千米160人，人口自然增长率10.02‰。

全年实现生产总值24.45亿元，比上年增长12.4%。其中，第一产业增加值7.80亿元，增长7.8%；第二产业增加值8.54亿元，增长14.5%；第三产业增加值8.10亿元。农村经济总收入12.89亿元，增长15.8%。粮食总产量14.61万吨，增长7.22%。工业总产值完成

4.86亿元，增长25.8%。年末公路通车总里程1736.13千米。全年客运量211.68万人次，客运周转量9 886.68万人千米；货运量92.16万吨，货物周转量7 547.28万吨千米。年底固定电话机总数0.81万部，小灵通0.19万部，移动电话用户10.84万户，电话普及率24部／百人。互联网用户0.71万户，比上年增长5.2%。全年财政总收入1.04亿元，增长22.4%；财政总支出8.91亿元，增长24.2%。

全县共有各类学校395所，专任教师0.42万人，在校学生8.26万人。学龄儿童入学率99.47%，普通初中升学率62.4%，高考录取率82.99%。各类艺术表演团体2个，文化馆（站）16个，公共图书馆1个。广播人口覆盖率77%，电视人口覆盖率91%。卫生机构（不含诊所等）23个，病床675张，每千人有病床1.52张；有卫生技术人员525人，其中，执业医师、执业助理医师共300人，每千人有医师0.68名。

2009年，农村居民人均纯收达2 421元，比上年增加405元，增长20.1%，增幅居全市11县区之首。在职职工年平均工资25 885元，增加3 408元。城镇居民可支配收入11 124.04元，实际增长8.2%；人均消费性支出8 605.89元，实际增长6.4%。居民人均储蓄存款0.38万元，增长26.2%。城镇登记失业率4.52%。

中共县委书记　肖本敏

县人大常委会主任　刘向荣（2009.4.～）

县人民政府县长　田渊

县政协主席　吴文富

【首批廉租房投入使用】 1月21日，首批48套廉租房投入使用。按公开、公平原则，以两轮抽签方式，从133户享受廉租房的困难群众中抽出48户，余下85户以现金补贴方式享受廉租房政策。

【首座生活垃圾处理场开工】 2月27日，县首座城市生活垃圾处理场开工。工程位于溪洛渡镇干河村陈家湾，距县城7.5千米，占地5.5公顷，工程主要采用卫生填埋工艺，日处理垃圾80吨，总库容40万立方米，总投资2 713.43万元，一期服务年限12年。

【溪洛渡施工区移民安置】 4月28日，省移民局出台《金沙江溪洛渡水电站（云南部分）施工区移民安置调整方案》，对施工区移民安置进行方向性调整。溪洛渡水电站（云南部分）施工区移民搬迁安置从2003年8月启动，实行“以外迁农业集中安置为主，自行安置为辅”的安置原则，至2006年9月基本结束。但随经济社会发展变化，部分外迁移民强烈要求改变安置方式，省、市、县党委政府高度重视，2008年底开始，历经多次调研后，决定对已安置或未安置完的移民，给予自主选择式的重新安置。市成立以市长王敏正为组长的工作协调指导组，永善成立以县长任组长的领导组。安置实行一天督查通报、宣传快报、工作信息快报，及10天一次移民安置推进会的工作制，县处级领导至少2人以上联系一个村民小组，全县98个部门均实行包户责任制。7月2日，县委、政府召开动员培训会议，移民安置调整政策开始实施，从7月1日开始至9月20日安置结束。

【县城过境公路建设启动】 4月，县城过境公路建设启动。过境公路全长10.86千米，前6千米设计宽17米，后4.86千米设计宽12米，批准总投资为1.3亿元。省交通部门配套资金2 275万元，县政府贷款1亿元。年内完成土石开挖81.5万立方米，完成投资6 307万元。

【县城二级客运站竣工】 12月26日竣工验收，投入运营。客运站于2006年9月1日动工，计划总投资1 568万元，占地面积2.92万平方米，已完成投资1 538万元，主要建设售票区、候车厅、停车区、修理厂、安检台和门卫室，停车场占地面积1.3万平方米，门卫值班室38平方米，候车大厅、售票厅、厕所共计2 286平方米。

（周训安）

绥江县

【概述】 绥江县位于云南省东北角金沙江下游南岸、昭通市北部。国土面积761平方千米。县城驻地中城镇海拔330米，距昭通市府驻地昭阳区254千米，距省会昆明市635千米。年平均气温18.4℃，年降水量717.3毫米，年日照时数919.1小时。县辖4镇1乡，32个村，3个社区，785个村民小组，112个居民小

溪洛渡电站夜间施工场景　　（夏廷安　摄）

组（含集镇5个）。2009年末总人口16.46万人。其中，非农业人口2.39万人，占人口的14.52%；少数民族人口790人，占总人口的0.48%。人口密度每平方千米213.78人。人口自然增长率6.8‰。

2009年，实现生产总值10.17亿元，比上年增长18.5%。其中，第一产业增加值2.26亿元，增长8.1%；第二产业增加值3.54亿元，增长25.1%；第三产业增加值4.38亿元，增长18.5%。第一、二、三产业结构比为22：35：43。全县工业总产值完成5.07亿元，比上年增长30.67%。实现农林牧渔业总产值3.52亿元，增长8.2%。粮食总产量达3.94万吨，增长8%。

全县公路通车里程497.96千米。全年货运周转量1.16亿吨千米，下降3.42%；客运周转量2 795万人千米，增长2.83%。固定电话用户1.22万户。移动电话用户6.59万户，移动电话普及率40部/百人，比上年增加10部/百人。互联网用户4 182户，新增1 386户。全年完成地方财政总收入6 607万元，比上年增长36.09%。其中，一般预算收入6 426万元，增长35.34%。地方财政总支出4.25亿元，比上年增长36.2%。其中，一般预算支出4.17亿元，增长34.32%。

全县有幼儿园6所，专任教师61人，在园幼儿1 539人。普通小学56所，专任教师861人，在校生1.56万人。普通初中学8所，专任教师391人，在校生8 005人。完中1所，专任教师102人，在校生1 517人。职业高中1所，专任教师61人，在校生1 355人。高考上线率为87.62%。有文化活动中心22个，共建立起24支文艺表演队伍，有流动图书室和阅览室14个，农家书屋7个。有线电视用户入户率为45.46%。县直医疗卫生机构5个，乡级卫生院5个，村卫生室35个。各类卫生机构拥有病床370张。卫生技术人员287人，村医108人。其中，执业医师89人、助理医师21人，护士82人。

城镇居民人均可支配收入达11 483元，比上年增长9.54%；人均生活消费支出8 897.59元，其中，食品支出占人均生活消费支出比重的45.22%。农村居民人均纯收入达2 579元，比上年增长16.01%；人均生活消费支出1 834.43元，其中，食品支出占人均生活消费支出比重的34.9%。城镇登记失业率4.5%。

中共县委书记　卢云峰

县人大常委会主任　杨光成

县人民政府县长　张先华

县政协主席　赵明

【兑现家电下乡补贴资金】 2月1日起，开始实施家电下乡工作。全县共销售家电下乡产品2 319台（件），销售金额390.14万元，兑现补贴2 271台，兑现资金50.25万元，兑现率97.93%。其中，冰箱966台，彩电397台，洗衣机774台，电脑67台，空调4台，热水器41台，微波炉1台，电磁炉21台。

【参展第五届国际农博会】 9月19日，县组织各部门、各乡镇分管领导和相关企业共36人参加在昆明国际会展中心举办的2009年第五届昆明国际农业博览会。绥江代表团3个展位，以全方位展示绥江农业和农村经济发展成果，展出半边红李子、中村茶叶系列产品、民生葛粉、绥江特产五件套、绥江面条、瓶芋等农业产品。展团共交易成功4.17万余元，达成意向性协议13份958万元。

【林权改革】 通过各级各部门和广大干部群众3年努力，基本完成全县深化集体林权制度主体改革任务。全县应纳入林改范围的集体林地53.36万亩。已勘界确权52.31万亩，林地确权率100%；确权到户2.86万户，涉及11.79万人，确权宗地17.05万宗，平均宗地面积3.07亩，确权到户率99.95%、群众满意率99.2%、宗地勘测合格率97%。在已确权的集体林中，均山到户面积43.08万亩，均山到户率82.34%。

【水土治理】 年内，利用中央扩大内需项目，完成水土治理15平方千米，治理程度59%。其中，完成坡改梯20平方千米，水保林12.41平方千米，经济林20平方千米，保土耕作135平方千米，封禁治理412.59平方千米，均占规划数的100%；作业便道2千米，占规划数的133%；蓄水塘池22口，蓄水1 100立方米，占规划数的110%；沉沙池10方；小塘坝改造1座；沟渠1.9千米；完成总工程量4.85万方，累计投工14.8万个，完成总投资245万元。

【整村推进项目】 年内，整村推进项目计划2批。省级整村推进项目点37个，市级整村推进项目点1个。项目主要分为基础设施、经济发展和科技培训3大类。37个省级点项目总投资694.57万元，项目覆盖全县115个村民小组4 844户1.93万人贫困人口，少数民族36人，残疾人口248人。市级点项目总投资11.46万元，项目覆盖3个村民小组163户628人，少数民族1人，残疾人口4人。

【移民妇女发展项目】 年内，围绕移民妇女发展项目开展工作：以移民妇女发展项目为契机，开展"库区移民妇女援助工程"。在5个乡镇实施的巾帼示范项目，初见成效。建母猪养殖基地3个，饲养母猪80头，年内出栏仔猪300头，实现收入14.4万元；建"巾帼李子园"示范基地1个，带动65户妇女发展。以省鼓励创业"贷免扶补"妇女小额贷款政策为依托，开展库区移民妇女"创业帮扶工程"。在全县范围内，选择有一定发展基础和创业意愿的女大学生、返乡农民工和城镇失业下岗妇女，给予"免担保、免利息"的小额贷款和项目资金支持，帮助她们走出困境，增强创业就业能力。全县获取贷款的妇女有5名，贷款金额25万元，创业项目有种植、养殖和小百货零售等。县妇联支持农民女工王宗会创办的县内首家"诚信家政服务搬家公司"于5月31日正式挂牌营业，该公司设置长工、点工、月嫂、保姆、宴席、搬家等服务项目，有100余名城镇下岗妇女、女大学生、移民妇女报名加入公司，经过培训合格的有70名，该公司带动了30余名妇女实现就业。

【挂钩结对扶贫】 年内，全县参与结对挂钩的县直部门72个，干部职工3 462名，其中，县处级干部33名、科级315名、一般干部职工3 114名，结对帮扶贫困农户2 292户、3 843人。党员结对帮扶贫困农户1 219户、4 976人；干部职工到村开展挂钩帮扶工作1 797人次，4.16万天。全县共建立扶贫基金129.67万元，支出扶贫基金115万余元。春节送温暖活动干部职工捐款33.55万元（其中捐物折价5.58万元）；产业扶贫捐款54.10万元，动员社会各界捐款47.6万元；帮助广大群众开展春耕生产捐款31.52万元，其中物资折价23.84万元。

（杨坤）

镇雄县

【概述】 镇雄县位于云南省东北部、云贵川三省结合部，面积3 696平方千米。县城所在地乌峰镇距市政府所在地昭阳区265千米，距省会昆明598千米，县城海拔1640米。辖16个镇，12个乡，234个村民委员会，10个社区居委会，5 143个村民小组。年末总人口142.96万人。人口自然增长率10.05‰。

2009年，全县国内生产总值40.61亿元，比上年增长12.2%。第一、二、三产业分别实现增加值14.20亿元、12.44亿元和13.98亿元，分别比上年增长4.5%、27.3%和11.1%。一、二、三产业结构比由上年的37.2∶24.5∶38.3调整为35.0∶30.6∶34.4。农林牧渔业总产值完成21.24亿元，比上年增长4.5%。其中，农业产值完成9.49亿元，下降2.3%；粮食总产量35.69万吨，增长10.5%。工业总产值完成21.26亿元，增长32.1%。年末，全县公路通车里程达2 329千米。货运量198.1万吨，货运周转量2.23亿吨千米；客运量547.9万人次，客运周转量5.98亿人千米。邮电业务总量完成1.52亿元，增长14.0%。全县共有固定电话3.47万部，每万人拥有电话243部；移动电话用户26.61万户，每万人拥有移动电话1 862部。财政总收入3.39亿元，增长29.4%。地方财政一般预算收入完成2.01亿元，增长32.3%。地方财政一般预算支出完成19.99亿元，增长31.3%。

全县有各级各类学校874所，在校学生33.54万人，中小学教职工1.31万人。小学学龄人口入学率98.8%，小学毕业生升学率95.0%。有艺术表演团体1个，公共图书馆1个，文化馆1个，文化站28个。电视人口覆盖率87.8%，广播人口覆盖率82.8%。有县直医疗卫生单位5个，乡镇卫生院29个，村卫生所244个，个体诊所19个。全县卫生机构床位数1 505张，卫生人员1 733人，每千人拥有医院床位数1.0张，每千人拥有专业卫生技术人员0.6人。

城镇居民人均可支配收入9 666元，比上年增长10.4%；农民人均纯收入2 208元，增长19.2%。职工年平均工资29 020元，增长23.8%。

中共县委书记 马晓红（～2009.9） 冯学兰（2009.9～）

县人大常委会主任 李升翔

县人民政府县长 张进

县政协主席 朱启田

【科技富民强县专项试点县】 经科技部、财政部审核批准，2009年，镇雄被列为全国科技富民强县专项行动计划试点县，获国家支持科技经费165万元。该项目以加工型优质马铃薯脱毒、无公害种植、系列产品加工为实施技术核心，通过选育和示范推广，提高马铃薯产量和质量，实行产供销一体化农业产业化经营。

【高稳产农田建设项目启动】 中屯乡柳林村5 000亩高稳产农田建设项目已启动建设。项目总投资149万元，其中，省级补助100万元，县级配套39万元，农户投劳及自筹10万元。建设内容包括新建引水沟渠2.5千米，排涝沟渠1千米，机耕路2千米，推广秸秆还田1 000亩，种植绿肥1 000亩，测土配方施肥3 000亩，增肥有机施肥3 000亩。

【昆交会县交易团成果丰硕】 6月6～10日在昆明举行的第17届进出口商品交易会上，县与投资商签订3个建设项目，协议引资6.3亿元。与广州市富都管道燃气有限公司签订总投资1.16亿元人民币的投资协约，在县建一家为城区居民提供管道燃气的“云南西部燃气公司”；与县昕旺房地产开发有限公司签订合同，以500万元价款把县粮食局11.9亩土地出让给该公司进行集贸市场房地产开发；与云南斯泰城生态环境科技有限公司签订协议，引资5.1亿元实施城市供水、污水处理、日处理垃圾量300吨的垃圾填埋场3个项目。

【发贡寨大桥建成】 6月10日，果珠乡拉埃村发贡寨大桥建成通车。桥长53米，宽5.7米，高11.2米，钢筋混凝土结构，总投资50余万元。

【以坡国防公路竣工】 7月4日，总投资4 384.6万元，全长39.86千米的以勒至坡头国防公路改建工程通过省公路局有关部门单位竣工验收，正式实现通车。

【华电镇雄电厂开工建设】 7月27日，云南华电镇雄发电有限公司2×600兆瓦机组工程正式开工建设。云南华电镇雄2×600兆瓦机组工程，既是云南第一个开工建设的“上大压小”项目，又是滇东北煤电基地内正式开工建设的第一个大型火电项目。

【饮水安全项目】 县第三批农村饮水安全项目建设工作全面启动，工程总投资9 839.31万元。其中，中央资金7 870.67万元，地方配套资金1 968.64万元，项目惠及24个乡镇19.53万名群众。

【云投集团在县投资】 10月21日，云投集团到县就投资开发煤电

煤化工建设项目进行磋商，达成一致，并于9月29日签署投资协议。云投集团投资8亿元、县筹资4 400万元，2010年6月30日前建成长67.4千米，途经场坝、以古、坪上的“县城—牛场”二级公路；在坪上至以古片区投资420亿元，建年生产能力为1 000万吨的7对供煤矿井，建装机容量为4×100万千瓦的火电厂。建年产烯烃60万吨的煤化工厂。整个煤电煤化工项目分三期完成，其中，一期工程到2012年，三期工程到2020年，全面完成煤电煤化工一体化建设任务。

【泼机中心敬老院落成】 10月26日，由原亨地乡政府办公用房改建而成的全县第一家农村集中供养五保老人敬老院——泼机中心敬老院举行五保老人入住仪式，来自泼机、鱼洞、黑树、母享4个乡镇60名五保老人入住敬老院。该院由政府总投资168万元，集生活、健身、医疗、娱乐为一体，设有办公室、会议室、娱乐室、医务室和食堂等，总建筑面积4 346平方米，能容纳250人居住。

【石化气项目签约】 12月22日，县年产44万吨石化气项目签约。县长张进、常务副县长陶毅及投资方云南财利投资开发有限公司总经理李昌荣等出席签约仪式。该项目是在昆交会上引入的工业项目，主要产品石化气属清洁能源，符合国家产业政策，为国家鼓励支持项目。项目总投资6亿元，项目规模为年产44万吨石化气，项目地址初步定在县煤电煤化工特色工业园区五德大火地片区，建设工期24个月。

（陈文举　王俊）

彝良县

【概述】 彝良县位于云南省东北部、昭通市中部。辖区总面积2 804平方千米。其中，山区面积2 691.84平方千米，占总面积的96%；坝区面积112.16平方千米，占总面积的4%。县人民政府驻地角奎镇，海拔800米，距省会昆明471千米，距市府驻地71千米。2009年，平均气温17.7℃，年最高气温39.9℃（9月13日），年最低气温−0.2℃（1月17日、11月22日）；年日照总时数1 192.4小时，年降雨量535.4毫米，无霜期252天。辖乡镇15个，其中，乡12个、镇3个，村民委员会133个，居民委员会4个，村民小组2 921个。年末总人口56.96万人。其中，非农业人口3.07万人，占总人口5.4%；少数民族人口7.6万人，占总人口13.35%，人口密度每平方千米203.14人，人口自然增长率7.31‰。

2009年，全县实现生产总值23.3亿元，比上年增长14.9%。其中，第一产业增加值3.69亿元，增长8.4%；第二产业增加值7.72亿元，增长21.8%；第三产业增加值6.30亿元，增长12.5%。一、二、三产业比由34.4∶38.8∶26.8调整为33.5∶39.5∶27。实现农业总产值10.9亿元，增长7.74%。粮食总产量15.75万吨，增长8%。工业总产值15.5亿元，增长15.4%。年末公路通车总里程2 383千米。全年客运周转量1.19亿人千米，完成货运量54.38万吨，货物周转量3 890.3万吨千米。年底固定电话机总数2.28万部，移动电话用户8.4万户，电话普及率19.01部/百人。互联网用户0.33万户，与上年持平。全年地方财政一般预算收入1.16亿元，增长15.43%；一般预算支出10.44亿元，增长38.23%。

全县有各类学校378所，专任教师5 005人，在校学生11.44万人。学龄儿童入学率99.01%，普通初中入学率98.11%、升学率68%，高考录取率74.87%。有艺术表演团体1个，文化馆（站）16个，公共图书馆1个。广播人口覆盖率89.5%，电视人口覆盖率91.8%。卫生机构（不含诊所等）22个，病床553张，每千人有病床0.88张；有卫生技术人员451人，其中，执业医师128人，执业助理医师42人，每千人有医师0.3名。新型农村合作医疗，参合率95.15%。

全年农民人均纯收入2 310元，扣除物价因素，实际增长15.44%；在职职工年平均工资21 382元，增加5 227元（含参公管理人员补发工资）。城镇居民人均可支配收入11 131元，实际增长11.43%。人均消费性支出7 117元，实际增长6.75%。城镇居民平均住房面积28.46平方米，农村人口平均住房面积27.3平方米。城镇登记失业率4.5%以内。

中共县委书记　冯学兰（～2009.8）

中共县委副书记　石邦方（苗，主持工作，2009.9～）

县人大常委会主任　李堂发（彝）

县人民政府县长　石邦云（苗）

县政协主席　铁盛友

【基础设施建设】 2009年，县政府投入2 000多万元重大项目前期工作经费，谋划编报了303个投资总额达222亿元的重点项目，启动实施项目105个，其中，500万元以上的重大投资项目65个，在建亿元项目9个，投资总额达7.8亿元，创近年来争取国家项目和资金之最，极大地改善了全县基础设施条件，为彝良更好、更快、更长远的发展打下坚实基础。先后实现猫谢油路建成通车；龙街烟水提灌站、龙安烟水管网工程建成投入使用，彝海油路正在扫尾；昭彝、柿凤、彝岔3条二级公路彝良段和双河中型水库、220千伏变电站、县一中改扩建、示范小学整体搬迁、堰坝塘新区开发等重大工程项目全面动工。2009年，完成工业和基本建设用地征收3 300多亩，在彝良历史上前所未有。

【改善民生】 坚持实施积极的就业政策，新增城镇就业岗位1 300个，就业困难人员实现再就业367人；发放“贷免扶补”贷款804万元，扶持268名青年成功创业；累计转移输出农村富余劳力11.25万人，实现务工工资性收入11亿元，务工净收入6.4亿元，增长20.9%。社会

广场健身活动 （彝良县志办 提供）

保障覆盖面不断扩大，2.5万余人参加各种社会保险；公职人员住房公积金配套比例由6%提高到10%，发放城镇低收入家庭住房租赁补贴422万元。扶贫济困工作成效明显，投入各类扶贫项目资金达5 141万元、帮扶资金1 575.27万元，3.14万贫困人口实现脱贫，困难群众基本生活得到有效保障。

【李纪恒到县调研】 11月30日，省委副书记李纪恒一行到彝良就社会治安综合治理及维护社会稳定工作进行调研。李纪恒一行深入驰宏、天力公司视察企业生产运营情况。调研中，李纪恒充分肯定了县工业经济发展成效，并就地方经济社会今后的发展提出要求。

【彝岔公路开工建设】 11月25日，昭彝二级彝岔公路建设工程管理处在大关县天星镇挂牌成立。彝岔二级公路是云南省“8619干线”公路网规划中的组成部分，是市“两纵三横五联络线”的重要路段，是彝良、大关两县连接国道主干线GZ40高速公路的重要通道。公路全长40.57千米，经彝良县城和大关县的青龙、天星、翠华至岔河麻柳湾高速公路接线，总投资9.9亿元。彝岔二级公路的建设，将为彝良、大关两县打通出川通道形成快捷便利的交通枢纽，把两县与长江经济带连成一片，对加快两县的经济社会发展起着重要推动作用，是两县入川的黄金通道。

（付状明）

威信县

【概述】 威信县位于云南省东北部、昭通市东北部、云贵川三省结合部。总面积1 397.64平方千米，县城扎西镇距省会昆明市680千米，距市府所在地昭阳区275千米。海拔1172.5米。全县辖10个乡镇，83个村民委员会，4个城市社区，12个居民小组，1 621个村民小组。2009年末总人口41.07万人，其中，农业人口37.49万人。人口自然增长率8.80‰。

2009年，全县国内生产总值17.66亿元，比上年增长14.3%。其中，第一产业增加值4.42亿元，增长9.5%；第二产业增加值6.15亿元，增长11.2%；第三产业增加值7.09亿元，增长18.7%。农林牧渔业总产值6.97亿元，增长14.1%，其中，农业产值3.32亿元，增长15.3%；粮食总产量14.54万吨，增长10.1%。工业总产总产值11.18亿元。实现工业增加值4.72亿元，增长20.0%。公路通车里程1 248千米，完成货物运输周转量6 710万吨千米，完成旅客运输周转量5 470万人千米。年末有固定电话1.11万部，移动用户7.02万户，邮电业务总量5 210万元。财政总收入1.65亿元，增长36.9%，其中，地方财政一般预算收入1.01亿元，增长32.9%。地方财政一般预算支出7.43亿元，增长16.4%。

全县有学校285所，其中，普通中学15所，小学269所，教师进修学校1所。幼儿园4所（含民办幼儿园2所）。在校生9.85万人，教职工人数4 010人，其中专任教师3 677人。高考上线率74.5%。学龄儿童入学率99.46%，初中毛入学率102.02%，高中毛入学率35%。广播电视覆盖率93%。有医疗卫生机构18个，病床799张，卫生专业技术人员453人，其中专职医生269人。有乡村卫生室87个，村级卫生所覆盖率为100%。新型农村合作医疗参合率92.45%。

2009年，城镇居民家庭人均可支配收入10 888元，增长13.5%。农民人均纯收入2 446元，增长15.2%。有3 138户6 389人享受低保，发放低保金1 847.06万元。转移输出农村劳动力8.85万人，劳务收入4.80亿元。城镇登记失业率4.2%。

中共县委书记　龙进

县人大常委会主任　吴必田

县人民政府县长　张顺民

县政协主席　陶军秀（女，苗）

【深化林权制度改革】 全县林改工作自2007年3月启动以来，按照“先行试点、逐步推开、积极稳妥、分步推进”的工作思路，共投入林改经费382.8万元，共确权户数7.49万户，确权到户率达95%，确权宗地21.12万宗，确权面积90.24万亩；全县共排查林权林界纠纷318起，已调处261起，调处率为82%。7月12日，由市林业局、市森林公安局有关领导带领的市林改检查验收组到威信对林改工作进行为期7天的

检查验收。7月17日，召开县林改市级验收反馈会，市检查验收组对县林改工作给予高度评价，林改综合评分为96.48分，评定为优秀等级。8月20～23日，省林改检查验收组对县检查验收集体林权制度主体改革工作。

【成贵铁路威信段路线图出笼】 3月底，成贵铁路威信段初步参考路线图出笼。初步设计参考路线是，从四川兴文进入旧城镇、高田乡、罗布乡、扎西镇4乡镇，从扎西镇院子范阁梁子进入镇雄。5月8日，中铁二院在成都举行新闻发布会，首次正式公布成贵铁路开工时间、线路走向。成贵铁路将建成客运专线，全长485.89千米，按双线标准设计，设计时速350千米，总工期4.5年，预计投资总额676.47亿元，每千米造价1.4亿元。

【筹建后山公园】 4月18日，县人民政府召开后山公园规划设计评审会，原则通过同济大学所作的《威信县后山公园规划设计方案》。后山公园位于县城扎西北部，设计核心区域为一碗水梁子南向延伸的花石埂山包及两侧山谷谷底，绝对高差160米。该区域为一带状山体，是县城扎西的一个天然绿色长廊。公园是县“十一五”规划中城镇基础设施建设重要项目。会议同时对《威信县扎西河滨绿地景观规划设计方案（增加段朝阳南路——环城北路）》进行评审并通过。

【斑鸠沟至大塘公路开工】 5月20日，斑鸠沟至大塘二级公路建设开工仪式在麟凤乡斑鸠沟举行。该公路是威信进入昭通、通往昆明的大通道，也是昭阳中心城市连接威信、通往四川的交通要道。公路全长17.15千米，改造公路工程总投资3 508万元，工期为7个月。

【首期农产品经纪人培训班】 7月11～12日，由县委组织部、县委党校和县供销合作社共同举办的全县首期“农产品经纪人培训班”在县委党校开班，从事农产品生产和经营的大户或专业人员共80余人参加培训学习。学员系统地学习市场信息收集、经纪人技能、农产品市场营销、相关法律法规等方面知识。通过培训，提高县农产品经纪人整体素质，规范农村经纪合作组织，培训结束后学员获得国家劳动和社会保障部、全国供销合作总社联合颁发的《农产品经纪人职业技能资格证书》。

【县城主街道油路改造】 8月初，县政府投资580万元，对县城主街道进行柏油路面改造。油路改造工程建设30天，涉及主城区长征路、建设街、朝阳路、兴威路、爱民路（长征路至政府车库）、后街、扎西街、南向街等街道，改造总面积4 300平方米。

【光明使者光明行】 8月17日到9月初，由中国天诺慈善基金会捐资，国内著名眼科专家、昆明市光明眼科医院吕玉建等专家到威信县免费为白内障患者实施复明手术。在威期间，光明医院眼科专家为33名白内障患者实话复明手术，年龄最大的有83岁的老人，最小的有5岁儿童。

【第四届红色文化旅游节】 10月25～27日，由县委、县人民政府主办的威信县第四届红色文化旅游节在扎西举行。25日晚，举行“红色扎西．畅想未来”为主题的大型文艺演出。整场演出分为“扎西会议”“辉煌60年”“畅想未来”三个篇章。26～27日，在扎西广场举行旅游产品创作推荐活动，展销具有地方特色的芦笙、蜡染书画、蜡染服装、书画作品等旅游产品、民族民间文化商品、旅游商品。26日，开展第四届红色文化旅游节红色经典体验一日游活动。

【扎西陈列馆重建】 12月中旬，扎西会议纪念馆陈列馆重建工作全面展开。扎西陈列馆重建工程设计建筑面积3 520平方米，建筑主体工程计划造价704万元，装饰工程250万元，声光电等配套设施250万元，主体工程2010年5月完工，由苏州市凤凰建筑工程有限公司承建，8月底对游人开放。

（杨军）

水富县

【概述】 水富县位于云南省东北部最北端、昭通市北部。辖区总面积439.97平方千米。县城坐落在金沙江与横江汇合处的向家坝镇，南距昭通市政府246千米，距省会昆明640千米，东北距四川省宜宾市32千米，成都市310千米，东距重庆市320千米。2009年，极端最高气温37.2℃（6月6日），极端最低气温2.5℃（1月11日），年平均气温19.2℃，年降雨量723.1毫米，年日照时数991小时。辖2乡1镇，20个村民委员会，7个城市社区，2个农村社区，481个村民小组。年末总人口9.65万人。其中，非农业人口2.63万人，占总人口的27%；少数民族0.35万人，占总人口的3.6%。人口密度每平方千米219人，人口自然增长率5.86‰。

2009年，全县实现生产总值22.97亿元，比上年增长2.7%。其中，第一产业增加值1.3亿元，增长4.1%；第二产业增加值16.16亿元，增长1.6%；第三产业增加值5.5亿元，增长5.8%。一、二、三产业比由上年的5.4∶72.7∶21.9调整为5.7∶70.3∶24。农村经济总收入1.84亿元，增长4.07%。粮食总产量2.1万吨，增长5.03%。工业总产值完成23.77亿元，下降7.2%。年客运量246万人，营运性旅客周转量1.47亿人千米；货运量143万吨，货物周转量8 650万吨千米。年底固定电话机总数0.9万户，移动电话用户6.2万户，电话普及率74部/百人。互联网用户6 800户，比上年增长13.33%。全年地方财政收入1.65亿元，增长8.25%。地方财政支出4.33亿元，增长3.25%。

全县共有各类学校67所，专任教师970人，在校学生2.1万人，学龄儿童净入学率99.51%，初中学龄人口净入学率98.21%，高考入学率88.24%。有文化馆站3个，公共图书馆1个。广播人口覆盖率和电视人口覆盖率均达100%。有卫生机构63个，床位251张，每千人有病床2.6张；有卫生技术人员171人。其中，执业医师和执业助理医师158人，每千人有医师1.6名。

2009年，农民人均纯收入3 003元，增长7.84%；在职职工年平均工资2.77万元。城镇居民人均可支配收入13 515元，实际增长7.84%；人均消费性支出8 558元，实际下降19.86%。城市居民人均住宅建筑面积30平方米，农村居民人均居住面积30平方米。城镇登记失业率4.6%。

中共县委书记　郎学超

县人大常委会主任　樊勇

县人民政府县长　安治强（彝）

县政协主席　邝维

【铜锣坝水库大坝基础处理通过验收】 3月14～15日，省水利厅验收组到水富县铜锣坝水库施工现场检查验收水库大坝基础处理工程。验收组通过实地察看和听取参建各方对工程建设的情况汇报后，一致同意验收铜锣坝水库大坝基础处理工程。铜锣坝水库位于金沙江二级支流中滩溪上，距水富县城70千米，水库总库容量1 188万立方米，设计灌溉面积4.59万亩，为中型水库。铜锣坝水库枢纽工程主要由三大建筑物组成，即大坝、溢洪道、输水隧洞。大坝为黏土心墙风化料坝，最大坝高35.3米，坝顶高度1 476.3米。工程于2008年10月正式开工建设，施工时间预计2年半，建成后将解决2.95万人灌溉饮水问题。

【首批五保老人入住敬老院】 5月10日，县中心敬老院举行入院剪彩仪式，123名五保老人在当天入住。水富县五保对象供养由原来的分散供养转变为集中型供养，这是水富县社会保障事业发展史上的又一个里程碑。县中心敬老院于2008年8月1日动工，总投资1 336.26万元，占地32.4亩，建筑面积5 100平方米，绿化面积2 400平方米，住宿楼2幢112间，可入住五保对象224人，实现全县集中供养率达62%。敬老院还配备了可容纳350人同时就餐的餐厅、体育活动场所等设施设备，是一所集生活、健身、娱乐、医疗于一体的高标准敬老院。

【启动城镇居民基本医疗保险】 5月31日，县政府召开城镇居民基本医疗保险工作启动会议。城镇居民基本医疗保险是实行政府主导，部门协同，政府补助和居民缴费相结合，筹资和保障水平相一致的医疗保险制度。筹资标准为：成年人中普通居民每人每年220元，中央、省、市、县财政分别补助40元、50元、24元、36元，个人缴费70元；成年人中的特殊群体（城市低保对象、丧失劳动能力的重度残疾人、低收入家庭60周岁以上的老年人）不缴费；未成年人每人每年100元，中央、省、市、县财政分别补助40元、30元、8元、12元，个人缴费10元；低保对象家庭和重度残疾儿童、少年不缴费。参保人住院医疗费用统筹基金起付标准是，三级医院500元，二级医院300元，一级医院200元；符合城镇居民基本医疗保险规定的一次性住院医疗费用，分医院级别按比例支付，其中，三级医院50%，二级医院65%，一级医院75%；在一个自然年度内，最高支付限额为每人2万元。

【电站库区经济社会发展规划听证会】 6月11日，市政府组织的金沙江下游梯级电站库区经济社会发展规划听证会在云水宾馆召开。由市直相关部门和昭阳、鲁甸、巧家、永善、绥江、水富6县（区）分管副县长、发改局、移民局相关人员和库区公众代表组成的听证代表参加会议。与会人员在依托金沙江水电开发，打破县级行政区划、综合资源、区位、经济基础和文化传承等有利条件，推进区域合作，努力形成资源互用、市场互通、产业互补、体制互融、政策互联的库区一体化发展格局，加强资源综合开发和最优化利用、加快能源基地建设、加强水利交通电力等基础设施建设、加快立体生态农业开发、推进工业化进程、发展旅游业和商贸物流业、加大移民安置力度、加大生态环境保护力度，促进区域经济社会协调快速发展等方面形成广泛共识。

【国家重点流域水污染防治规划检查组到县检查】 7月1日，国家环保部等有关专家组成的国家重点流域水污染防治规划检查组到县检查云天化股份有限公司工业废水处理设施运行情况。专家先后察看了该公司展览陈列室、合成氨主控室，听取公司负责人关于公司生产经营、节能降耗和“3·23”事故处置情况的介绍，到水富城区下游采取金沙江水样。检查组对公司注重环保、坚持走节能降耗路子的办厂思路和紧急启动应急预案，妥善处置“3·23”事故，没有对城区造成污染的做法表示充分肯定。希望云天化股份有限公司始终把节能管理作为企业的一项重要工作来抓，秉承好的办厂经验，以科学发展观为指引，加快建设资源节约型、环境友好型企业，坚持节约发展、清洁发展、安全发展，从而实现企业自身持续、健康、协调发展。

【农业综合开发项目通过省级验收】 8月18～19日，省级农业综合开发项目验收组，对水富县2008年度农业综合开发项目进行验收。验收组在实地查看、走访群众、查阅资料、观看专题片和听取情况汇报后认为，项目区选址好，作物布局、引进新品种、新技术科学合理；监管到位，严格落实项目招投标制、监理制、项目资金公示制、县级报账制，工程质量合格、项目资金安全、内业资料规范完善。验收组成员一致同意水富县2008年度农业综合开发项目通过省级验收。

（何承荣）

昭通市经济社会发展主要指标（表一）

地　区	年末总人口（万人）		城镇人口占总人口比重（%）		全社会就业人员（万人）		农业总产值（万元）	
	2008年	2009年	2008年	2009年	2008年	2009年	2008年	2009年
昭通市	529.50	534.30	18.70	20.00	167 371	176 306	1 005 471	1 090 782
昭阳区	80.06	80.76	27.00	28.90	49 000	55 783	180 869	195 384
鲁甸县	37.97	38.29	15.00	16.00	15 339	17 241	72 550	81 538
巧家县	53.37	52.95	11.90	12.70	11 771	11 934	135 431	154 577
盐津县	37.51	37.82	12.70	13.50	11 341	10 438	70 207	76 898
大关县	25.85	26.05	19.70	21.00	7 283	7 537	49 844	55 020
永善县	39.80	40.20	21.80	23.30	11 454	11 142	83 278	87 692
绥江县	15.83	15.96	17.90	20.10	6 672	6 890	31 069	33 905
镇雄县	136.95	139.19	17.60	18.80	21 644	22 849	202 093	212 433
彝良县	54.57	55.11	12.90	13.70	14 083	12 835	101 332	109 044
威信县	37.99	38.32	14.50	15.50	8 978	8 799	61 091	65 864
水富县	9.60	9.65	28.70	30.70	9 806	10 858	17 707	18 427

昭通市经济社会发展主要指标（表二）

单位：万元

地　区	地区生产总值							
			第一产业		第二产业		第三产业	
	2008年	2009年	2008年	2009年	2008年	2009年	2008年	2009年
昭通市	2 722 801	3 204 517	667 755	728 869	1 168 207	1 302 154	886 839	1 173 494
昭阳区	884 656	1 020 458	123 899	126 790	382 445	489 116	378 312	404 552
鲁甸县	169 096	198 004	55 838	57 388	69 682	81 375	43 576	59 241
巧家县	201 555	232 011	91 371	102 579	53 109	53 316	57 075	76 116
盐津县	166 001	186 696	50 875	50 759	62 793	71 193	52 333	64 744
大关县	96 155	109 765	39 140	39 031	25 168	25 268	31 847	45 466
永善县	214 116	236 188	65 280	63 168	77 564	85 437	71 272	87 583
绥江县	84 489	101 353	20 450	22 600	27 047	35 356	36 992	43 397
镇雄县	319 764	417 524	118 915	142 330	78 191	119 045	122 658	156 149
彝良县	209 758	239 053	72 078	73 383	81 815	92 206	55 865	73 464
威信县	151 000	170 003	40 227	38 957	53 077	58 111	57 696	72 935
水富县	234 731	222 782	12 589	11 884	170 608	145 462	51 534	65 436

昭通市经济社会发展主要指标（表三）

单位：%

地 区	地区生产总值构成		第一产业		第二产业		第三产业	
	2008年	2009年	2008年	2009年	2008年	2009年	2008年	2009年
昭通市	100.00	100.00	24.52	22.75	42.90	40.63	32.57	36.62
昭阳区	100.00	100.00	14.01	12.43	43.23	47.93	42.76	39.64
鲁甸县	100.00	100.00	33.02	28.98	41.21	41.10	25.77	29.92
巧家县	100.00	100.00	45.33	44.21	26.35	22.98	28.32	32.81
盐津县	100.00	100.00	30.65	27.19	37.83	38.13	31.53	34.68
大关县	100.00	100.00	40.71	35.56	26.17	23.02	33.12	41.42
永善县	100.00	100.00	30.49	26.75	36.23	36.17	33.29	37.08
绥江县	100.00	100.00	24.20	22.30	32.01	34.88	43.78	42.82
镇雄县	100.00	100.00	37.19	34.09	24.45	28.51	38.36	37.40
彝良县	100.00	100.00	34.36	30.70	39.00	38.57	26.63	30.73
威信县	100.00	100.00	26.64	22.92	35.15	34.18	38.21	42.90
水富县	100.00	100.00	5.36	5.34	72.68	65.29	21.95	29.37

昭通市经济社会发展主要指标（表四）

地 区	地区生产总值指数（上年＝100）		人均地区生产总值（元）		国有经济固定资产投资（万元）		社会消费品零售总额（万元）	
	2008年	2009年	2008年	2009年	2008年	2009年	2008年	2009年
昭通市	111.10	112.70	5 163	6 025	787 275	81 568	718 664	878 468
昭阳区	110.50	114.30	11 103	12 691	127 532	137 394	299 245	361 727
鲁甸县	107.00	116.60	4 477	5 194	40 130	50 137	30 956	37 625
巧家县	111.20	112.80	3 741	4 365	16 855	15 186	45 788	56 325
盐津县	107.70	113.00	4 449	4 956	20 204	30 884	28 920	35 571
大关县	102.70	110.90	3 744	4 230	27 858	27 637	22 610	27 747
永善县	113.00	112.40	5 440	5 905	157 367	223 038	41 411	49 750
绥江县	121.10	118.60	5 359	6 374	53 268	82 540	19 126	26 192
镇雄县	111.50	112.20	2 348	3 024	24 235	76 292	103 318	134 107
彝良县	115.50	114.90	3 860	4 359	49 896	48 607	55 436	67 666
威信县	114.40	116.50	3 995	4 436	30 409	32 775	35 078	42 212
水富县	105.50	102.80	24 515	23 134	189 055	326 949	36 776	39 545

昭通市经济社会发展主要指标（表五）

地　区	地方财政收入（万元）		地方财政支出（万元）		人均地方财政收入（元）		人均地方财政支出（元）	
	2008年	2009年	2008年	2009年	2008年	2009年	2008年	2009年
昭通市	171 286	207 906	882 950	1 114 971	325	391	1 674	2 096
昭阳区	30 096	40 711	111 959	148 513	378	506	1 405	1 847
鲁甸县	9 418	10 886	66 271	87 938	249	285	1 754	2 306
巧家县	6 917	8 560	75 035	93 411	128	161	1 392	1 757
盐津县	6 998	8 668	57 518	70 299	188	230	1 542	1 866
大关县	4 024	4 656	49 908	58 262	157	179	1 943	2 245
永善县	8 528	10 442	71 751	89 106	217	261	1 823	2 228
绥江县	4 748	6 426	31 010	41 654	301	404	1 966	2 621
镇雄县	15 188	20 090	152 299	199 966	111	146	1 118	1 448
彝良县	10 028	11 575	75 501	104 363	185	211	1 389	1 903
威信县	7 589	10 089	63 828	74 266	201	264	1 689	1 946
水富县	12 106	12 776	38 300	38 194	1 261	1 327	3 990	3 968

昭通市经济社会发展主要指标（表六）

地　区	农民人均纯收入（元）		职工人数（人）		在岗职工年平均工资（元）		人均储蓄存款余额（元）	
	2008年	2009年	2008年	2009年	2008年	2009年	2008年	2009年
昭通市	2 116	2 445	165 202	174 729	23 592	26 714	2 845	3 518
昭阳区	2 495	2 927	48 960	55 769	26 850	29 019	5 785	7 115
鲁甸县	1 990	2 336	15 337	17 241	19 245	21 390	1 595	1 956
巧家县	2 143	2 465	11 749	11 834	22 358	26 007	1 633	2 054
盐津县	2 060	2 395	11 341	10 438	22 432	24 143	2 623	3 096
大关县	1 962	2 258	7 283	7 537	22 292	26 573	2 621	3 098
永善县	2 016	2 362	10 070	9 986	22 477	25 885	3 360	4 173
绥江县	2 224	2 579	6 577	6 885	24 394	26 424	5 175	6 644
镇雄县	1 852	2 153	21 644	22 849	23 595	29 048	1 370	1 770
彝良县	2 001	2 310	14 083	12 835	16 155	21 382	2 079	2 671
威信县	2 123	2 446	8 380	8 500	22 667	26 729	2 732	3 323
水富县	2 656	3 003	9 778	10 855	29 753	29 281	11 383	13 288

（省统计局）

丽江市

主　　编　杨树高　宣　勤
责任编辑　郭　刚　方爱琴

【概述】　丽江市位于云南省西北部，金沙江中游，面积2.05万平方千米，其中，坝区河谷区1685平方千米，山区1.89万平方千米。市政府驻地古城区，距省会昆明580千米。辖古城区、玉龙纳西族自治县、永胜县、华坪县、宁蒗彝族自治县。共72个乡（镇、街道办事处），其中，4个街道办事处、13个镇、33个乡、22个民族乡。2009年末，全市常住人口122.6万人，其中，非农业人口17.68万人，少数民族人口84.96万人。人口自然增长率4.5‰。

2009年，全市生产总值117.44亿元，比上年增长13.0%，分别比全国、全省平均增幅高4.3和0.9个百分点，位居全省第五位。第一产业增加值22.13亿元，增长6.0%；第二产业增加值44.14亿元，增长16.7%；第三产业增加值51.17亿元，增长13.2%。按常住人口计算，全市人均生产总值达到9 599元，增长12.5%。一、二、三产业结构比由20.6∶34.8∶44.6调整为18.8∶37.6∶43.6，三二一结构得到进一步巩固和发展。非公有制经济增加值56.14亿元，占GDP比重47.8%，提高0.1个百分点。

2009年完成农业总产值40.53亿元，比上年增长8.0%。完成工业总产值66.52亿元，增长13.9%，其中规模以上工业总产值51.48亿元，增长18.5%。全社会固定资产投资完成150.22亿元，增长30.2%。社会消费品零售总额36.61亿元，增长25.8%，增幅位居全省第二位。全年进出口总额8 544万美元，增长85.9%。其中，出口8 518万美元，增长87%；进口26万美元，下降39.5%。全年共批准利用外资项目6个，外商投资项目到位资金25万美元。

全年公路货运量完成728.65万吨，增长7.07%；公路货物周转量11.1亿吨千米，下降11.8%。公路客运量1485.36万人次，增长111.24%；公路旅客周转量9.98亿人千米，增长30.04%。民航货邮运输量完成0.17万吨，增长33%，运输旅客229.54万人次，增长22%，运输航班2.21万架次，增长14%。完成邮电业务总量4.53亿元，全年订销报刊累计数1 316.15万份，增长18.22%；函件209.02万件，增长28.3%；特快专递40.65万件，增长51.58%。电话交换机总容量达到27.7万门；年末固定电话用户15.47万户，下降6.75%，固定电话普及率达到13.11部/百人；移动电话用户66.48万户。

全市有星级宾馆195家，其中，五星级1家，四星级12家，三星级52家。旅行社27家，其中，国际旅行社9家，国内旅行社18家。A级旅游景点15处，其中，5A级1处，4A级5处。红色旅游基地5个。旅游人数持续增长，全年共接待海内外游客758.14万人次，比上年同期增长21.21%。其中，海外游客52.59万人次，增长12.89%；国内游客705.55万人次，增长21.88%；旅游业总收入88.66亿元，比上年同期增长27.49%。

全年财政总收入（含上划中央两税收入、上划所得税收入）19.04亿元，增长21.9%。地方一般预算收入达到11.66亿元，增长22.4%，高于全省平均增幅8.7个百分点，增幅排名全省第三。非税收入成为财政增收新亮点，全年非税收入完成2.41亿元，增长50.4%。市本级实现地方财政一般预算收入1.81亿元，增长10.3%。地方财政一般预算支出47.45亿元，增长29.3%。

年末，全市共有各类学校666所，专任教师1.17万人；幼儿园在园幼儿2.16万人，幼儿园专任教师684人。在校残疾儿童453人，残疾儿童入学率86.29%。小学入学率99.49%，初中升学率63.9%，比上年提高3.4个百分点，普通高中录取率达到82.6%，比上年提高3.9个百分点。全年财政预算安排科技支出3 405万元，比上年增长8.9%，实施国家和省各类科技计划项目23项，申报专利25件。

2009年新建18个乡镇综合文化站，年末共有文化馆6个、博物馆2个、公共图书馆6个。广播综合人口

天籁之音——纳西古乐　　（丽江市志办　提供）

覆盖率80.03%；电视综合人口覆盖率88.22%。有全民所有制卫生机构100个，其中，市和区县级综合医院8个、卫生监督所6个、疾病预防控制中心6个、妇幼保健院6个、中医医院3个、中心血站1个、医鉴办1个、血防站1个、皮防站1个、乡镇卫生院60个，公立医院病床数2 841张，全民所有制卫生机构卫生技术员3 016人。个体诊所139个，卫生技术人员312人。全市共建立416个村卫生室，有乡村医生和卫生员1 075人。全市共举办市级综合性运动会4次、县（区）级综合性运动会17次、乡镇（办事处）级综合性运动会87次、行业系统综合性运动会51次。市运动员在各项目比赛中获金牌6枚，银牌8枚，铜牌4枚。

全市新增转移农村劳动力达7 000人。城镇登记失业率3.8%。

中共市委书记　和自兴（纳西）

市人大常委会主任　王洪富

市人民政府市长　王君正

市政协主席　杨文彬（彝）

【农村饮水安全项目完工】　丽江市争取饮水安全项目共三批，计划解决5万人，投资2 520万元。2009年12月底，项目全部完工。其中，2008年第二批项目涉及玉龙县、永胜县，项目于2008年12月开工，2009年2月底完工，共解决1万人饮水安全问题，完成投资504万元；2009年第二批项目涉及玉龙县、永胜县，于5月中旬开工，7月初完工，共解决1万人饮水安全问题，完成投资504万元；2009年第三批项目涉及古城区、玉龙县、永胜县、华坪县、宁蒗县，项目于9月初开工，12月上旬完工，共解决4万人饮水不安全人口，完成投资1 615.61万元。农村饮水安全项目及扩大内需项目全面完工。市政府向全市人民承诺的解决5万人的农村饮水安全工程全部实现，全市共解决9.17万农村人口饮水不安全问题。

【十件实事暖民心】　在2月23日市二届人大二次会议上，市长王君正代表市人民政府承诺2009年继续为人民群众办好10件实事。这10件实事是：推进15个社会主义新农村试点建设；抓好市医院第二住院大楼建设，实施好1个县级医院、11个乡镇卫生院、6个社区卫生服务中心（站）提升改造；新建农村沼气池7 200口、农村节柴改灶4 000户，解决5万人饮水安全问题；实施乡（镇）通油路工程90千米，农村公路通达工程580千米，建设5个农村客运站；通过在高校毕业生中招考公务员100人、事业人员400人等方式，为大中专毕业生提供1 000个工作岗位；改造3.5万平方米中小学危房，进一步扩大“两免一补”范围，补助17万名学生，安排2万套服装救助贫困学生，启动市特殊教育学校建设工程；全面启动城镇居民基本医疗保险工作，确保六类保险参保人数达到32万人；完成18个乡（镇）综合文化站建设，启动东巴文化研究院和市博物院二期工程；建设廉租住房5万平方米；实施5 000户农村居民地震安全工程。

至年末，除市医院第二住院大楼正在建设中，其余9件全部落实，深得人民群众好评。

【人大代表视察拉市海调蓄水工程】　拉市海调蓄水工程是一项集高原湿地生态环境保护、水资源开发和防洪减灾为一体的综合性水利工程。6月4日，全国、省、市人大代表到拉市海调蓄水工程隧洞进口闸室、围堤泄洪闸工程进行实地视察，并召开座谈会。拉市海调蓄水工程完成2 305米围堤加高改造，550米清水河加高，520米落水洞河道防护衬砌工程和泄洪闸、隧洞进口闸门、明渠段改建以及水库房屋建筑等工程。

【大丽高速公路开工建设】　12月22日，连接大理和丽江两大文化旅游名城的大丽高速公路开工仪式在大理举行。大丽高速公路起于大理市凤仪镇，止于丽江黄山垭口西，公路全长259.18千米，初步设计概算188亿元，建设工期为4年。大丽高速公路是云南公路建设史上建设里程最长、投资规模最大的高速公路项目。

【丽江机场高速公路开工建设】　12月23日，丽江机场高速公路开工动员大会在大丽公路关坡收费站旁举行。丽江机场高速公路是丽江市境内建设的第一条高速公路，机场高速公路起于鹤庆县城，经新华村岔口、丽江机场、七河岔口，止于关坡收费站，主线全长27.7千米，其中包括四车道高速公路8.5千米、四车道一级公路19.2千米，另设双车道二级公路联络线2千米、四级公路辅道10.4千米，设计行车速度为60千米/小时。目前，丽江机场至关坡段工程勘察设计招标已完成，《丽江机场高速公路补充可行性研究报告》和《丽江机场高速公路丽江机场至关坡段初步设计》已获省发改委批复。截至12月21日，丽江机场至关坡段各施工、监理单位已按要求进场。

【城乡救助体系不断完善】　2008年以来，全市城市低保规范有序，农村低保不断完善，农村五保及农村敬老院供养水平不断提高，建立城乡医疗救助制度，城镇廉租住房工作接近尾声，加大临时救助力度，城乡救助体系不断完善。

按照应保尽保、按标施保和动态管理要求，使所有符合条件的困难群众得到及时有效救助。截至11月底，全市有城市低保对象4.06万人，向上级争取资金4 956万元，1～11月共安排城市低保资金5 441.11万元，月人均发放低保资金140.8元。有农村低保对象9.59万人，向上级争取资金6 122万元，人均补助60元/月。春节前夕，为确保城乡低保对象、农村五保对象、享受国家抚恤补助的优抚对象、新中国成立前老党员等困难群众过好春节，除正常生活补助外，还发放一次性过节补贴1 805.5万元。

全市有应供养的农村五保老人1.43万人，占全市农业人口的1.39%，从2009年1月起，全市农村

丽江雪桃　（丽江市志办　提供）

五保户每月补助80元。

建立健全城乡医疗救助制度，1～9月，全市城乡医疗救助资金累计支出829.33万元，其中，农村670.66万元、城市158.67万元。2009年各县区新建成的廉租住房，也在2010年春节前夕入住，城镇低收入家庭的住房困难得到缓解。加大临时救助力度，1～9月，全市共救助2 476人，共支出临时救助资金121.97万元。

【丽江雪桃高产高效益】 2009年市生物创新办通过加大投入，加强宣传培训，开展规范化、标准化建设，促进雪桃产业健康发展，丽江雪桃初步实现产业化、品牌化发展目标。截至11月底，全市共种植丽江雪桃1.3万多亩，2009年雪桃产量2 300余吨，产值2 960万元，其中，精品雪桃700吨，产值1 400万元；精品示范园区优质果（单果500克以上）达到60%，按精品果平均价11元/500克、一般果7元/500克计算，平均亩产值达到1.65万元，比同类普通果园平均亩产值高出4 000～5 000元。实现“高投入、高产量、高效率”的产业发展目标。

【大丽铁路开通运营】 9月28日，大理至丽江铁路正式通车运营。大理至丽江铁路位于云南省西北部，南起大理东站，向北经西邑、鹤庆至丽江古城，线路全长162.4千米，设计时速120千米，为国家Ⅰ级单线电气化铁路。2004年12月20日动工开建，在100多千米的线路上，分布着47座隧道、76座桥梁，隧桥比达62%。大丽铁路的开通填补了滇西北地区铁路网的空白，对于完善全省的路网布局，改善沿线各族群众的出行条件，促进民族团结、边疆稳定和区域经济的全面协调可持续发展具有重大意义。

（张雪英）

古城区

【概述】 古城区位于云南省西北部、丽江市中偏西部。面积1 255.4平方千米，区人民政府驻福慧路，海拔2400米，距省会昆明市502千米。年平均气温13.9℃，年降雨量821.8毫米，年日照时数2 491小时。辖5个乡及4个街道，共58个村（居）民委员会。2009年末户籍总人口15.33万人，其中，非农业人口6.84万人；少数民族人口12.02万人，其中纳西族人口9.05万人，人口自然增长率为4.46‰。

全区地方生产总值完成40.22亿元，比上年增长13.6%。其中，第一产业增加值2.81亿元，增长4.2%；第二产业增加值13.69亿元，增长17.1%；第三产业增加值23.71亿元，增长12.4%。三次产业比例调整为7∶34∶59。农林牧渔业总产值5.22亿元，同比增长6.6%。其中农业产值2.28亿元，增长6.6%。全年粮食播种面积18.05万亩，产量4.16万吨，同比增长4.0%。工业总产值完成13.93亿元，同比增长32.4%。接待海内外游客510万人（次），同比增长9.6%。其中，海外游客45.38万人（次），增长13.2%；国内游客464.62万人（次），增长9.2%。旅游综合收入58.1亿元，增长8.4%。全年公路营运性客运量284.7万人，公路货运量268万吨。全年邮政函件（发次）178.66万件，特快专递40.65万件，报刊期发数6.8万份。固定电话用户6.02万户，普及率34.9%，移动电话用户15.92万户，普及率92.5%。互联网用户3.41万户，普及率19.80%。全区地方财政一般预算收入完成3.67亿元，同比增长20.2%；地方财政一般预算支出6.33亿元，同比增长16.0%。

年末，有各级各类学校142所，在校学生3.41万人，专任教师2 003人。有艺术表演团体10个，全年活动113场（次）；有文化馆1个，公共图书馆1个，藏书6万册，文物管理所1个，博物馆1个，乡镇文化站9个，全年放映电影513场，电视覆盖率94.17%，广播覆盖率89%。卫生机构9个，207张床位，疾病预防控制中心1个，妇幼保健院1个，卫生院5个，专业卫生技术人员293人。

农民人均纯收入4 433元，同比增长14.1%，村民家庭恩格尔系数为51%；城镇居民人均可支配收入14 457元，增长8.7%，居民家庭恩格尔系数为46%。

中共区委书记　周鸿（纳西）

区人大常委会主任　陈先富

区人民政府区长　金光闪（纳西）

区政协主席　和志华（纳西）

【扶贫帮困】 2009年实施整村推进扶贫项目省级4个，市级2个，区级11个。整村推进项目共投资575

万元。完成内容包括村道硬化20.21千米；发展种植业2 310亩；铺设人畜饮水钢管41.7千米，新建蓄水池51个；农田建设坡改梯80亩；修建总长7千米三面光水渠；科技培训2 028人。10月，省市区三级所有整村推进项目均通过验收。2009年易地扶贫开发项目定点安置33户136人，插花安置15户64人，总投资135万元，全年收到扶贫“献爱心”捐款资金61.41万元。年内资助在校贫困高中生及新考上大学的贫困生每人600～2 000元，共74人9.84万元。因病致贫困难补助55人3.67万元，基础设施建设补助2.2万元，房屋建设补助0.88万元，产业建设补助0.6万元。争取到1 600万元扶贫到户贷款指标，分别为金山乡340万元，七河乡330万元，金江乡330万元，金安乡210万元，大东乡190万元，束河办事处150万元，联社营业部50万元。

【为民办好十件实事】 2009年，区政府实施承诺为人民群众办好的10件实事：安排高校毕业生创业基金60万元，引导和鼓励大学生自主创业；是投资2 000万元实施区人民医院改扩建工程；实施中小学校危房改造8 000平方米；投资2 400万元实施丽鹤路祥和段改造；投资1 600万元实施1万平方米廉租房建设和棚户区改造；投资300万元实施1 000户农村民居地震安全工程；投资2 000万元实施北郊排污管网建设工程；投资280万元解决农村6 000人饮水安全问题；投资200万元实施2 000户“一池三改”工程；实施“田间120”行动，为农民群众提供全方位农业科技服务。

【丽江古城获“特色魅力城市”奖】 10月23日，在由香港《文汇报》、香港中华总商会、香港中华厂商联合会、香港中国企业联合协会、香港专业联盟等为庆祝新中国60华诞而联合举办的“影响中国”大型系列评选活动中，丽江古城荣获特色魅力城市奖，是全省唯一获此殊荣的历史文化名城和遗产地。

【发展中药材产业】 依托良好的自然资源和市场需求，全面发展特色优势产业，成立古城区中药材产业发展领导小组指导全区中药材产业发展，科技部门举办多期药材种植培训班，并对重点户给予扶持指导。2006年，成立古城区药用植物经济技术协会，至2009年发展会员120多人，先后培训人员2 500多人，在协会牵线搭桥和协调指导下，农户的药材销售到福建、安徽、浙江等地，建立了稳定的客户和市场。科技局与云南省农业科学院高山经济植物研究所签订3年的中药材研究开发合作协议，双方就中药材研发体系及中药材基地建设、种子研发、科技实验示范、科技培训等方面进行合作，为区发展药材产业提供技术支撑。至2009年，全区中药材种植面积达到1万多亩，销售收入超过5 000万元。

【七河乡带领农民致富】 七河乡狠抓特色经济，加大科技扶持，在全乡实施“五万三千”工程：建设万亩优质稻、万亩经济林果、万担优质烟叶、万头商品畜、万亩药材基地和千亩雪桃、千亩稻田养鱼、千亩蔬菜。稻产区发展水稻和稻田养鱼，“七河精米”品牌在周边市场打响；东山发展青食蚕豆；西山发展秋油菜、白芸豆；共和新民发展花卉；羊见发展柑橘；五峰、七河发展雪桃；后山发展当归，被丽江康源生物有限责任公司确定为优质当归基地；通过养猪协会带动农户规模化、集约化养殖，年出栏生猪4.8万头以上；烤烟种植在2 500亩以上。群众走上增收致富道路。

【启动国家基本公共卫生服务项目】 12月3日，古城区疾病预防控制中心启动9项国家基本公共卫生服务项目。按人群和疾病划分，9个服务项目主要分为三大类：一是针对全体人群的公共卫生服务任务，包括建立常住人口健康档案；向城乡居民提供健康教育宣传信息和咨询服务。二是针对重点人群的公共卫生服务，包括建立0～36月婴幼儿保健手册，开展新生儿访视及儿童保健系统管理；为孕产妇开展至少5次孕期保健服务和2次产后访视；对65岁以上老年人进行健康指导服务。三是针对疾病预防控制的公共卫生服务，包括为为适龄儿童接种国家免疫规划疫苗；发现、登记和报告辖区内发现的传染病和疑是病例，参与疫点处理开展传染病防治知识宣传和咨询服务；对高血压、糖尿病等慢性病高危人群进行指导，登记管理确诊患者，定期随访；登记管理重性精神疾病患者，对在家居住的重性精神疾病患者进行治疗随

丽江市首届国家级非物质文化遗产东巴画展 （唐新荣 摄）

访和康复指导。

【雪山路建成通车】 12月29日，古城区又一城市主干道雪山路建成通车。雪山路北起象山西路丽江监狱西侧，接长水路，全长2 556米，与福慧路连接处设计为下穿福慧路280米，工程总规划用地152亩，总投资1.8亿元，为城市二级主干道，双向4车道，配套电力、电信、电视、燃气、供排水管网、路灯、交通安全标志，公共汽车站台等设施，道路绿化面积3.68万平方米，种植香樟、滇朴、雪松等大树近600株。在丽江交通史上首次实现绿化及配套设施与主体工程同步施工，同步完成。

（张永香）

永胜县

【概述】 永胜县位于云南省西北部、丽江市中部，辖区总面积4 950平方千米，最高海拔3953.3米，最低海拔1056米。县人民政府驻地永北镇，距省府昆明514千米，距丽江市大研镇102千米。2009年平均气温14.3℃，年最高气温29.99℃（4月17日），年最低气温-4.3℃（12月30日）。平均日照时数2 361.3小时，平均降雨量863.8毫米。无霜期213天。主要气象灾害为干旱。全县辖乡镇15个，其中，乡10个、镇5个，共有147个村（居）民委员会，1 453个村民小组。年末总人口40.15万人。其中，非农业人口3.63万人，占总人口9.05%；少数民族人口13.30万人，占总人口33.1%。人口自然增长率3.23‰。

全年实现生产总值23.96亿元，比上年增长12.40%。其中，第一产业增加值7.69亿元，增长5.4%；第二产业增加值8.5亿元，增长18.60%；第三产业增加值7.81亿元，增长13.7%。一、二、三产业比由34.8：32.5：32.7调整为32.1：35.3：32.6。农村经济总收入13. 20亿元，比上年增长12.34%。粮食总产量15.11万吨，增长0.24%。工业总产值完成13.80亿元，增长17.01%。年末公路通车总里程1 640千米。全年客运量168.88万人次，周转量1.02亿人千米；完成货运量89.07万吨，货物周转量1.33亿吨/千米。年底固定电话机总数2.56万部，普及率6部/百人。互联网用户0.53万户，比上年增长16%。全年县财政总收入2.72亿元，增长49%。地方财政总支出10.57亿元，增长35.4%。

全县共有各类学校340所，专任教师3 813人，在校学生6.43万人。学龄儿童入学率99.7%，普通初中录取率63%，高考上线率87.2%。有文化馆（站）15个，图书馆1个。广播人口覆盖率86.6%，电视人口覆盖率96.6%。有卫生机构35个，病床708张，每千人有病床1.76张；有卫生技术人员664人，其中，执业医师542人，执业助理医师274人，每千人有医师1.35名。

全年农民人均收入2 804元，比上年增加489元，增长21.12%；在职职工年平均工资26 504元，比上年增加3 041元。城镇登记失业率3.9%。

中共县委书记　陈星元

县人大常委会主任　关鼎武

县人民政府县长　木崇根（纳西）

县政协主席　和耀福（纳西）

【农业产业】 年内，完成2.1万亩中低产田改造、总投资3 318万元的三川镇2万亩农田整理项目和农村沼气建设、节水灌溉示范等项目的年度投资计划；落实强农惠农支农政策，兑现农资综合补贴共3 374.68万元，农民人均补贴金额92.4元，比上年增加15.6元；投入涉农信贷资金11.54亿元，支持农村经济发展；投入科技资金715万元，实施各类科技计划项目128个；投入抗旱救灾资金900余万元，减轻高温干旱对农业生产的严重影响。全县农业农村经济实现“六个增长”：农业总产值达13.31亿元，比上年增长5.62%；粮食产量达15.11万吨，增长0.24%；畜牧业产值达4.56亿元，增长6.34%；收购烟叶14.97万担，实现烟农收入1.03亿元，增长18.41%，烟叶税收达2 268.9万元；冬早蔬菜产业产值达8 620万元，增长21.89%；新增转移输出农村富余劳动力1.15万人（次），其中，有组织转移输出1 612人次，带动和自发转移9 894人（次），新增劳务收入6 245万元。

【招商引资】 全年在建、待建及正在洽谈的招商引资项目35个，概算总投资28.91亿元，年内完成投资2.04亿元。总投资2亿元、一期工程投资7 200万元的永胜木材交易市场及木材深加工项目建成运营。鼓励、支持民间资金参与建设。

【农村市场】 实施“万村千乡市场工程”，累计投入资金224.83万元，发展农家连锁店104家，乡镇覆盖率达100%，受益农民近30万人，销售总额达2 010万元。实施家电下乡、汽车下乡工程，销售产品10 658台（件），兑现农民补贴240万元。

【扶贫开发】 加大扶贫开发工作力度，投入扶贫资金2 843.8万元，信贷资金4 360万元，整合部门资金2 316.5万元，各级挂钩单位争取和协调资金625万元，群众投工投劳2.7万个，完成整村推进、民族发展基金、以工代赈、易地扶贫搬迁、产业扶贫项目90个，项目覆盖贫困自然村218个，受益群众9 167户35 210人，年度减少贫困人口1.1万人。总投资7 422.8万元的松坪乡整乡推进扶贫开发项目规划已通过省级评审。

【劳动就业】 招录公务员、事业单位工作人员和工勤人员286名，选聘108名高校毕业生到村任职，并在县直相关部门和部分企业建立高校毕业生见习基地。举办各种职业技能培训班，免费培训农村富余劳力2 157人（次）和失业职工509名。抓好鼓励创业“贷免扶补”工作，发放贷款467万元，95名创业人员全部实现成功创业。下岗失业人员

再就业330人，城镇新增就业1 342人，顺利实现“千人就业计划”。

【发展教育事业】 全面落实“两免一补”政策，为5.54万名学生免除学杂费和免费提供教科书，减轻学生家庭负担2 251.56万元。资助寄宿制学生1.65万人生活补助费1 102.1万元。全面落实职业教育惠民政策，资助面达100%。成立教育救助协会，共筹集教育救助基金81.49万元。争取省级专项资金452万元，解决“两基”历史欠债问题。实行教师岗位绩效工资制，发放教师绩效工资4 735万元，人均每月增资719元。巩固“两基”成果，推进素质教育，全面提高教育教学质量，2009年全县高考上线率达87%，名列全市第二。

【文化建设】 完成9 597套总投资345.49万元的广播电视“村村通”设备发放安装工作和投资102万元的县级支中心以及三川、顺州基层站文化信息资源共享工程。实施片角、松坪、顺州文化站建设项目和投资100万元的灵源箐整体修缮工程。争取大安、六德、东风综合文化站和20个农家书屋建设项目以及文化部、财政部送书下乡工程。按时完成第三次文物普查第二阶段工作。签订“永胜—韶山友好县市”合作协议，加强与韶山毛氏文化交流与合作。

（金桂桂）

华坪县

【概述】 华坪县位于云南省西北部、丽江市东南部、金沙江中段北岸。总面积2 200平方千米，山区半山区占97%。最高海拔3198米，最低海拔1015米。县城距省会昆明420千米，距市府所在地220千米，是滇西入川必经之地。县城海拔1160米，年平均气温19.8°C，全县无霜期303天，年均降雨1 060.7毫米。辖3镇5乡（其中5个少数民族乡），55个村民委员会，5个社区居民委员会，904个村（居）民小组。2009年末，常住总人口16.49万人。其中少数民族人口5.49万人，占总人口的33.3%。人口自然增长率2.89‰。

全年实现生产总值22.35亿元，比上年增长14.4%，增速高于全省2.3个百分点，高于全市1.4个百分点，位居全市前列。其中，第一产业增加值3.3亿元，增长5.1%；第二产业增加值12.70亿元，增长18.8%；第三产业增加值6.34亿元，增长11.9%。一、二、三产业增加值占生产总值比重由上年的16.9%、53.3%、29.8%调整为14.8%、56.9%、28.3%，第二产业比重提高3.6个百分点。工业增加值占GDP比重达到50.3%。非公经济完成增加值12.63亿元，增长14.6%，占全县生产总值的56.5%。完成农林牧渔业总产值6.66亿元，增长5.3%。粮食播种面积25.76万亩，粮食总产量达6.47万吨，增长1.0%。完成工业总产值29.75亿元，增长20.2%。公路通车里程1 186千米。全年公路货运量完成472.44万吨，货物周转量6.96亿吨千米；客运量76.02万人次，旅客周转量5 479.13万人千米。完成邮电业务总量5 916.6万元，比上年增长21.2%。年末固定电话用户1.18万户，移动电话用户9.28万户，电话普及率63.4部/百人。全年地方财政收入2.68亿元，比上年增长25%；地方财政支出8.01亿元，增长23.7%。

全县共有各类学校165所，专任教师1 751人，在校学生2.52万人。小学入学率99.9%，升学率100%；初中升学率42.64%。有各类艺术表演团体3个，文化馆（站）9个，公共图书馆1个，广播人口覆盖率80%，电视人口覆盖率91.7%。医疗卫生机构（非营利性）13个，床位629床，卫生专业技术人员488人，其中医生172人。

在岗职工年平均工资27 613元，同比增长8.3%。农村居民人均纯收入3 352元，增长17.9%。城镇居民人均可支配收入10 987元，

腊菇河墙体彩绘 （胡明春 摄）

增长10.2%。城镇登记失业率为2.3%。

中共县委书记　张培

县人大常委会主任　周建波

县人民政府县长　曹金明（纳西族摩梭人）

县政协主席　雷玉菊（女）

【消费品市场销售】 全年社会消费品零售总额5.62亿元，比上年增长25.2%。分行业看，批发零售贸易业4.44亿元，增长25.3%；住宿和餐饮业1.03亿元，增长28.3%；其他行业1 519万元，增长4.4%。从经济成分看：公有经济零售额4 965万元，下降17.2%；非公有经济零售额5.13亿元，增长31.7%。

【招商引资】 全县形成石龙坝（煤化工、冶金、电力产业）片区和兴泉（建材产业）片区两块工业园区。年末，工业园有企业45户，总投资规模30亿元，从业人员4 300人，完成固定资产投资27亿元。全年洽谈项目87个，跟踪项目69个；续建招商项目34个，其中，外资项目2个，总投资23.24亿元；新签约项目15个，其中，外资项目1个，开工项目15个；共引进县外实际到位资金5.2亿元，同比增长12%。

【整村推进扶贫】 全年投入财政扶贫资金540万元实施36个整村推进。其中，省级23个，市级6个，县级7个。通过实施，效益突出，通电工程受益508户2 203人；通路工程受益485户2 070人；水利工程受益1 704户8 000人，改善灌溉面积450亩，解决4 660人和7 130头牲畜饮水困难。

【新农村示范建设】 2009年，确定19个县级新农村建设示范村，其中，6个为省级重点村，涉及4个乡镇6个行政村（社区）1 161户4 626人。投入专项资金500万元；整合项目资金391.4万元；各挂钩部门投入资金35万元；农户自筹并投入资金3 074万元。其中，投资136万元，完成重点村和示范村进村公路水泥硬化3.2千米；投资38万元，对其他村组公路进行维修；投资90万元，新建村组文化活动室2个，改造村组文化活动场所1个；投资45万元，完成重点村内90户农户房屋改造；投资228万元，完成228户农户危房拆除重建；投资270万元，完成900户农户房屋“穿衣戴帽”改造；投资163.4万元，完成817户农户局部危房加固。同时，大力发展特色优势农产业，重点村和示范村共发展种植芒果2 886亩，核桃1 120万亩，冬早瓜菜1540亩，其中，6个省级重点村发展冬早瓜菜286亩，优质畜禽养殖户25户，种植优质芒果677亩，技术改良原种植芒果1265亩，种植优质核桃560亩。通过新农村示范建设，文明、健康的生活习惯在各示范点形成。

（刘朝兰）

玉龙纳西族自治县

【概述】 玉龙纳西族自治县位于云南省西北部、丽江市西部。辖区总面积6 392.6平方千米。其中，山区和半山区面积6 072.97平方千米，占总面积95%；坝区面积319.63平方千米，占总面积5%。县政府所在地黄山镇，海拔2400米，距省会昆明市502千米。2009年，年均气温13.9℃，年最高气温29.6℃（5月27日），年最低气温−5.8℃（分别为12月25日、12月30日）。平均日照时数2 491.0小时，平均降雨量821.8毫米，平均无霜期230天。年内主要气象灾难害表现为入夏以后气温偏高，降水量偏少，秋季以后有干旱现象。辖乡镇16个，其中，乡13个、镇3个，村（居）委会102个，自然村1 162个。年末总人口21.94万人。其中，非农业人口1.40万人，占总人口6.38%；少数民族人口18.78万人，占总人口85.59%。主体自治民族纳西族人口12.31万人，占总人口56.09%和少数民族人口65.53%。人口密度每平方千米34.32人，人口自然增长率1.67‰。

全年实现生产总值17.19亿元，增长14.0%。其中，第一产业增加值5.41亿元，增长9.9%；第二产业增加值5.31亿元，增长19.7%；第三产业增加值6.48亿元，增长13.0%。一、二、三产业结构比由上年的32.7∶29.1∶38.2调整为31.5∶30.8∶37.7。农村经济总收入9.74亿元，增长9.56%。粮食总产量10.25万吨，增长0.49%。工业总产值完成4.95亿元，增长25.2%。年末，公路通车总里程524.56千米。其中，通柏油路32.58千米，完成奉科乡改扩建工路路基21.68千米，完成阿海电站进场公

玉龙县群众载歌载舞欢度“三·八”妇女节　（和寿林　摄）

路49千米、奉科乡梨园电站87.8千米，农村公路20条，333.5千米。年底固定电话机总数2.17万部；互联网用户2 718户，比上年增长106.7%。全年县财政收入1.66亿元，增长18.2%；财政总支出7.5亿元，增长39%。

全县共有各类学校180所，专任老师2 523人，在校学生3.23万人。学龄儿童入学率99.68%，普通初中升学率82.23%，高考录取率90.1%。各类艺术表演团体8个，县文化馆1个，乡镇文化站16个，公共图书馆1个。广播人口覆盖率66%，电视人口覆盖率78%。卫生机构（不含诊所等）20个，病床532张，医师230人，每千人有医师1.05名。

全年农民人均纯收入2 996.91元，扣除物价因素，实际增长19.5%；在职职工年平均工资27 794元，增2 073元。居民人均储蓄存款5 924.12元，增长37.68%。农村人口平均住房面积26.8平方米。城镇登记失业率3%。

中共县委书记　孙文忠

县人大常委会主任　和家伟（纳西）

县人民政府县长　和慧军（纳西）

县政协主席　和秀琼（女，纳西）

【推进农业综合开发】 2009年，在农业综合开发项目的内容和治理措施上，始终坚持先易后难原则，以中低产田改造为重点，围绕优势农产品开发，加强农业基础设施建设；以扶持龙头企业为重点，积极促进农业产业化经营；以提高农产品质量为重点，充分发挥科技在农业综合开发的先导作用；以水利、道路等农业基础建设为重点，突出骨干工程建设，本着科学性、整体性、实用性的原则，因地制宜，抓好项目规划设计，着力解决影响农业、农村发展的主要因素，提高农田抗旱、防洪、除涝能力。全年全县农业综合开发项目总投资2 352万元，其中，中央财政资金622万元，省级财政资金280万元，市级财政资金32万元，自筹资金818万元，银行贷款600万元。

【绿旺生猪养殖专业合作社成立】 1月8日，玉龙县绿旺生猪养殖专业合作社挂牌成立，玉龙县10个乡镇68个养猪户率先成为该合作社第一批成员。养猪一直是玉龙县发展畜牧业的传统项目，分布在玉龙县的养殖户很多，经营分散，不但信息不灵、资金不足，而且品种落后、效益不好，抵御市场风险能力低。成立专业合作社，让养猪业户相互联合，分工合作，资源、信息、技术共享，规模化生产和销售，可以有效地增强抵御市场风险能力，降低生产成本，提升市场竞争力。合作社制定章程、健全机构，得到市农业局及县畜牧局等有关部门大力支持和帮助。

【开展“沐浴书香　关爱成长”行动】 2009年6月，县妇联在石鼓拉巴支小学举行捐赠图书仪式，向该小学赠送402册价值6 000多元的图书。至此，玉龙县“沐浴书香　关爱成长”第一家图书室正式建立，标志着由县妇联组织开展的“沐浴书香　关爱成长”行动拉开序幕。该活动由县妇联组织，县妇儿工委以及其成员单位联合开展，旨在通过捐赠图书，帮助贫困地区的学校建立图书室，营造“爱读书、读好书、读书立志、读书成才”的良好氛围，为玉龙县贫困地区儿童的健康成长创造有利条件。该行动购书款由妇儿工委成员单位自愿筹集。

【西湖村“妇女之家”】 2009年6月，拉市乡均良西湖自然村“妇女之家”荣获“2007～2008年度省级优秀妇女之家（妇女学校）”，成为省妇联表彰的149个优秀“妇女之家”中唯一一个由自然村创办的“妇女之家”。拉市乡均良西湖自然村“妇女之家”位于拉市海湿地西岸，有2个村民小组，72户共352人。全村妇女人数134人，占全村总人口的39.1%。自省妇联组织开展“妇女之家”创建以来，西湖村根据创建要求，明确专门场所、并做到有设备，有牌子，有制度，有活动，有专人负责管理；及时购置部分体育器材、娱乐设备、图书资料供妇女群众共享，给村里的男女老少提供乒乓球、羽毛球比赛以及读书看报的机会，使劳作之余的农民群众有个健康文明的休闲场所；创建最具特色的宣传展示栏，展示西湖村妇女与村民们一起筹划项目、实施项目以及参加培训和开展娱乐活动的工作纪实。开展环境保护、医疗保健知识等多种培训会，并组织妇女种植120亩混农林、参与西湖村小流域治理、沼气建设等工作，使西湖村在扶贫攻坚、产业结构调整、农业科技推广、环境保护等方面取得明显成效。同时，进一步调动了农村妇女发展经济的积极性，以西湖村独特的“小气候”发展黄皮梨、海棠果、山药、小蔬菜等种植业，取得了良好的经济社会效益，加快了妇女脱贫致富奔小康的步伐。

【农民专业合作社发展良好】 截至7月，全县共有农民专业合作社34户，农民合作社成员达到666人，成员出资总额达4 225万元。行业呈多元化发展，其中以种养殖业和旅游业者居多，尤其是旅游专业合作社在全国全省都具有典型的特色。至此，全县农业合作社的生产经营范围已覆盖种植、养殖、林果、中药材等农产业各个方面，并逐渐扩大到农产品加工、生产、销售等各个环节，促进了农民增收。

（和云凤）

宁蒗彝族自治县

【概述】 宁蒗彝族自治县位于云南省西北部、丽江市东北部小凉山。辖区总面积6 025平方千米。县人民政府驻地大兴镇，距省会昆明628千米，距丽江市政府驻地129千米。2009年，平均气温13.1℃，年最高气温32.5℃（7月19日），年最低气温–8.2℃（12月26日）。年总日照时数2 467.6小时，年总降雨量810.5毫米，无霜期236天。辖乡（镇）15个，其中，乡14个、镇1个，村民委员会91个。年末总人口25.83万人。其中，非农业人口2.6万人，占总人口10.07%；少数民族人口21.2万人，占总人口82.08%，其中彝族人口16.59万人，占总人口64.23%，占少数民族人口28.25%。人口自然增长率4.18‰。

全年生产总值13.38亿元，比上年增长13%。其中，第一产业增加值4亿元，增长7.5%；第二产业增加值3.8亿元。增长6%；第三产业增加值5.58亿元，增长19%。一、二、三产业比由30.7∶27.7∶41.6调整为30.2∶25.9∶43.9。全年完成农作物播种面积55.03万亩，粮食总产量7.3万吨，增长2.6%。工业总产值完成4.8亿元，增长2.1%。全年共接待海内外游客52万人次，旅游综合收入1.82亿元，比上年增长7%。年末公路通车总里程2 239.5千米。完成财政总收入1.31亿元，增长40.3%；地方财政一般预算支出8.73亿元，增长23.8%。

全县共有各类学校372所，专任教师2 441人，在校学生5.39万人，学龄儿童入学率99.23%，普通初中升学率48.49%，高考录取率97.35%。艺术表演团体1个，文化馆1个，公共图书馆65个，广播人口覆盖率75%，电视人口覆盖率95%。有卫生机构（不含诊所等）24个，病床393张，卫生技术人员135人，其中，执业医师135人，执业助理医师45人，每千人有医师1.45名，注册护士192名。

农民人均纯收入1 938元，增长17%。在职职工年平均工资27 800元，增加4 829元。城镇居民人均可支配收入8 624元，实际增长10%。城镇登记失业率控制在3.7%。

中共县委书记　张卫国（彝）

县人大常委会主任　苏海荣（彝）

县人民政府县长　杨光银（彝）

县政协主席　和建华（纳西族摩梭人）

【首期廉租房建设工程开工】 12月22日，宁蒗县举行首期廉租房建设开工庆典仪式。此次开工建设的首期廉租房工程总建筑面积3 000平方米，为砖混结构，每户建筑面积为50平方米，共建60套，总投资300万元。

【招商引资三个亿元项目】 6月21日，宁蒗成功签约民族文化生态旅游公园建设，县城五星级酒店建设及水泥厂建设三个招商引资项目，这也是2009年宁蒗首批签订的计划总投资近10亿元的项目，副市长、宁蒗县委书记张卫国，县委副书记、县长杨光银等领导参加了签约仪式。

【农村公路通达工程通过验收】 9月，2008年度全县农村公路通达工程项目共20个已全部竣工并通过验收，总里程2.27万千米，完成投资2 259万元，建设范围覆盖11个乡，20个村民委员会。

【普米族文化保护协会成立】 10月14日，宁蒗县普米族文化保护协会正式成立。县四套班子等领导出席成立仪式，并共同为协会揭牌。

【省林区棚户区改造工作会议在宁蒗召开】 11月16～27日，全省国有林区棚户改造工作现场会议在宁蒗召开，来自省林业厅、发改委、住户城乡建设厅及15个州市森工局的领导在宁蒗汇聚一堂，看现场、听座谈，总结交流各地棚户区改造的成功经验和做法。

【泸沽湖机场专用公路破土动工】 6月3日，云南省机场集团有限公司在宁蒗举行泸沽湖机场专用公路开工典礼。泸沽湖机场专用公路全长14.52千米，为二级油路，总投资2亿元。

（李莹）

静谧的泸沽湖　（蒲建生　摄）

丽江市经济社会发展主要指标（表一）

地 区	年末总人口（万人）		城镇人口占总人口比重（%）		全社会就业人员（万人）		农业总产值（万元）	
	2008年	2009年	2008年	2009年	2008年	2009年	2008年	2009年
丽江市	122.10	122.60	26.70	27.20	75 393	82 924	378 652	405 350
古城区	17.15	17.22	61.70	62.40	28 858	31 941	48 953	52 171
玉龙县	23.06	23.15	9.80	9.90	11 370	12 407	88 919	97 417
永胜县	39.88	40.04	24.80	25.10	11 949	11 998	126 888	133 112
华坪县	16.45	16.51	36.80	37.20	14 322	16 063	64 358	66 628
宁蒗县	25.56	25.66	14.90	15.10	8 894	10 515	49 534	56 022

丽江市经济社会发展主要指标（表二）

单位：万元

地 区	地区生产总值		第一产业		第二产业		第三产业	
	2008年	2009年	2008年	2009年	2008年	2009年	2008年	2009年
丽江市	1 011 490	1 206 746	208 702	230 015	352 157	441 400	450 631	535 331
古城区	352 861	420 702	26 824	28 521	116 440	136 964	209 597	255 217
玉龙县	149 882	190 763	49 055	54 064	43 558	53 054	57 269	83 645
永胜县	209 757	241 358	73 042	76 900	68 135	84 632	68 580	79 826
华坪县	189 234	222 003	31 948	33 387	100 789	126 367	56 497	62 249
宁蒗县	111 460	125 096	34 248	37 096	30 859	31 884	46 353	56 116

丽江市经济社会发展主要指标（表三）

单位：%

地 区	地区生产总值构成		第一产业		第二产业		第三产业	
	2008年	2009年	2008年	2009年	2008年	2009年	2008年	2009年
丽江市	100.00	100.00	20.63	19.06	34.82	36.58	44.55	44.36
古城区	100.00	100.00	7.60	6.78	33.00	32.56	59.40	60.66
玉龙县	100.00	100.00	32.73	28.34	29.06	27.81	38.21	43.85
永胜县	100.00	100.00	34.82	31.86	32.48	35.07	32.69	33.07
华坪县	100.00	100.00	16.88	15.04	53.26	56.92	29.86	28.04
宁蒗县	100.00	100.00	30.73	29.65	27.69	25.49	41.59	44.86

丽江市经济社会发展主要指标（表四）

地　区	地区生产总值指数（上年＝100）		人均地区生产总值（元）		国有经济固定资产投资（万元）		社会消费品零售总额（万元）	
	2008年	2009年	2008年	2009年	2008年	2009年	2008年	2009年
丽江市	113.10	113.00	8 301	8 577	406 333	772 951	290 921	366 090
古城区	113.40	113.60	20 617	21 509	101 353	153 990	137 835	172 294
玉龙县	113.50	114.00	6 511	7 732	50 777	111 849	32 492	40 445
永胜县	112.30	112.40	5 271	5 309	22 323	38 293	47 081	60 739
华坪县	113.80	114.40	11 528	11 420	58 748	78 462	44 912	56 231
宁蒗县	112.50	113.20	4 370	4 436	23 734	38 803	28 600	36 380

丽江市经济社会发展主要指标（表五）

地　区	地方财政收入（万元）		地方财政支出（万元）		人均地方财政收入（元）		人均地方财政支出（元）	
	2008年	2009年	2008年	2009年	2008年	2009年	2008年	2009年
丽江市	95 235	116 584	367 047	474 537	782	953	3 012	3 879
古城区	30 546	36 743	54 788	63 295	1 783	2 138	3 198	3 683
玉龙县	11 549	14 129	54 105	75 006	501	612	2 349	3 246
永胜县	10 222	13 741	73 588	102 332	257	344	1 849	2 561
华坪县	21 209	26 516	63 331	75 916	1 291	1 609	3 855	4 607
宁蒗县	5 271	7 316	70 520	87 281	206	286	2 762	3 408

丽江市经济社会发展主要指标（表六）

地　区	农民人均纯收入（元）		职工人数（人）		在岗职工年平均工资（元）		人均储蓄存款余额（元）	
	2008年	2009年	2008年	2009年	2008年	2009年	2008年	2009年
丽江市	2 374	2 845	70 221	76 588	24 296	26 786	7 719	9 578
古城区	3 885	4 434	25 442	28 416	24 185	26 181	29 301	32 371
玉龙县	2 507	2 997	9 739	10 959	25 721	27 794		3 692
永胜县	2 315	2 804	11 949	11 998	23 463	26 504	4 467	5 325
华坪县	2 842	3 352	14 200	15 904	25 493	27 613	12 214	14 709
宁蒗县	1 614	1 938	8 891	9 311	22 366	26 524	2 386	2 932

（省统计局）

普洱市

主　　编　付旭东　姜定忠
责任编辑　刘建军　赵　芳

【概述】　普洱市位于云南省西南部，总面积4.54万平方千米，是云南省土地面积最大的民族边疆市。具有“一市连三国、一江通五邻”的区位优势，国境线长486.29千米。市政府驻地思茅区思茅镇，距省会昆明市公路里程420千米。

2009年，普洱市辖思茅区和宁洱哈尼族彝族自治县、墨江哈尼族自治县、景东彝族自治县、景谷傣族彝族自治县、镇沅彝族哈尼族拉祜族自治县、江城哈尼族彝族自治县、孟连傣族拉祜族佤族自治县、澜沧拉祜族自治县、西盟佤族自治县共9县1区。除思茅区外，其余9县均为少数民族自治县。其中，墨江是全国唯一的哈尼族自治县，澜沧是全国唯一的拉祜族自治县，西盟是全国两个佤族自治县之一；江城、孟连、澜沧、西盟4县为边境县。全市共103个乡镇（其中，镇30个，乡61个，民族乡12个），居民委员会36个，村民委员会993个。居住着26个民族，其中世居民族14个。常住总人口258.7万人。其中城镇人口77.61万人，占人口总数的30.0%，比上年提高1个百分点；少数民族人口153.92万人。全市人口自然增长率5.66‰。

2009年，全市生产总值202.09亿元，比上年增长13.6%。其中，第一产业增加值64.14亿元，增长6.6%；第二产业增加值64.08亿元，增长19.2%；第三产业增加值73.87亿元，增长13.8%。三次产业结构比由上年的31.9∶32.0∶36.1调整为31.7∶31.7∶36.6。工业总产值101.9亿元，增长19.4%；规模以上工业增加值33.1亿元，增长18.2%，是全面完成省政府工业考核指标的两个州市之一。全年接待国内游客304.13万人次，增长26.4%；接待海外游客10.99万人次，口岸入境一日游8.37万人次，旅游外汇收入1 032.86万美元，增长7.2%。全年旅游业总收入13.44亿元，增长17.7%。全市完成固定资产投资总额172.29亿元，增长30.5%。社会消费品零售总额61.16亿元，增长17.7%。居民消费价格总水平从上年的105.8%回落到99.9%，商品零售价格下降0.5个百分点。全市完成进出口总额1.14亿美元，首次突破亿美元大关，增长48.3%。其中，出口3 995万美元，增长52.4%；进口7 454万美元，增长46.2%。

年末，全市公路通车里程1.91万千米。全年各种运输方式完成货物周转量27.87亿吨千米，增长17.4%；旅客周转量22亿人千米，增长12.4%。机场旅客吞吐量21.10万人次，增长54.9%。年末全市固定电话用户35.11万户，新增0.51万户，固定电话普及率13.6部/百人；移动电话用户125.68万户，移动电话普及率48.6部/百人，增加8.9部。互联网用户达8.20万户，增加1.74万户。

全市完成财政总收入26.77亿元，增长12.4%。完成地方一般预算收入16.60亿元，增长21.2%；上划中央增值税、消费税6.88亿元，增长8.5%；上划所得税2.96亿元，下降15.5%。非税收入4.45亿元，增长17.9%。全年财政一般预算总支出85.37亿元，增长44.0%。

年末全市有高等教育学校2所、中等专业学校4所、职业中学13所、普通中学135所、小学833所、幼儿园103所。思茅师范高等专科学校招生1 646人，在校生4 800人；云南热带职业学院招生1 124人，在校生2 830人；各类中等专业学校招生3 473人，在校生8 002人；职业中学招生7 676人，在校生1.24万人；普通中学招生4.02万人，在校生11.73万人；小学招生3.05万人，在校生18.84万人；幼儿园招生2.51万人，在园幼儿3.37万人。小学毛入学率107.2%，小学毕业生升学率98.0%；初中毛入学率99.9%，高中阶段毛入学率45.0%；适龄儿童入学率99.6%，高考上线率73.2%。

实施国家和省科技项目53项、市级科技项目26项，投入经费470万元，增长67.9%。专利申请45项，获准专利授权31项。开展科技培训7 162期、52.9万人次，举办首届科学普洱专家论坛。科技进步对经济增长的贡献率46.0%。

全市有各类放映单位47个，艺

东方水上狂欢节——孟连娜允神鱼节　（孟连县志办提供，梁军摄）

术表演团体7个，文化馆11个，乡镇文化站103个，博物馆2个，图书馆10个，藏书62.8万册。《普洱日报》年发行680.4万份，《普洱》杂志出版6期，发行12.6万份。全市广播综合人口覆盖率94.4%，电视综合人口覆盖率95.7%。年内解决30余万人听广播看电视问题。

年末有各类医疗卫生机构399个，其中，县及县以上医院27个、乡镇卫生院103个。卫生技术人员6 519人，其中，执业医师2 357人，执业助理医师506人。医院病床5 641张。新型农村合作医疗参合率达92%。年内参加全国体育比赛获得金牌2枚，省级比赛获得金牌9枚、银牌11枚、铜牌8枚。

国家级口岸——思茅港 （普洱市志办 提供）

全年农民人均纯收入2 954元，比上年增长16.5%；农村居民人均生活消费支出2 330元，增长0.1%；城镇居民人均可支配收入12 240元，增长10.0%；城镇居民人均生活消费支出8 547元，增长7.78%。在岗职工平均工资24 782元，增长7.5%。城镇居民人均住房建筑面积31.96平方米，农村居民人均住房面积22.08平方米。全年城镇新增就业人数9 539人，其中，下岗再就业3 803人，零就业家庭就业安置率达100%，农村劳动力转移就业3.07万人。城镇登记失业率4.39%。

中共市委书记　高旭升（～2009.12）　沈培平（2009.12～）

市人大常委会主任　魏红（女，佤，～2009.3）　丁艳波（女，2009.3～）

市人民政府市长　沈培平（～2009.12）

市政协主席　王正昌（彝，～2009.3.）　白文彬（哈尼，2009.3～）

【基础设施建设快速推进】 2009年，全市实施新增中央投资项目395个，竣工164个，列入省级“三个一百”的14个重点建设项目顺利推进。交通建设完成投资33.4亿元。磨思高速公路建设加快，澜沧至惠民二级公路建成试通车，思茅至澜沧三期、宁洱至景谷等7条二级公路开工建设，无量山、哀牢山经济干线进入路面铺筑阶段，新增通乡油路795千米、通达工程2 324千米，思茅港码头改造顺利完工。电力建设完成投资59.8亿元。糯扎渡电站筹建工作进展顺利，李仙江、阿墨江、威远江等流域水电开发步伐加快。水利建设完成投资6亿元。建成墨江常林河、江城营盘山等4座中型水库，镇沅五一水库基本完工，景谷曼转河水库开工建设，实施病险水库除险加固工程9件，完成“五小水利”工程建设2 500件，解决16.1万人饮水安全问题，启动国际界河及中小河流治理工程。城镇建设完成投资28.9亿元。城乡规划体系不断完善，中心城市、县城和特色集镇建设步伐加快。新建成主城区路网7条，市行政中心主体工程验收，市文化中心建成美术馆、博物馆、档案馆、图书馆和健身馆。实施县城垃圾、污水处理项目10个。城镇化率提高到30%。

【三农工作再上新台阶】 2009年，全市实现农业总产值98亿元，增长8.3%；农业增加值64.1亿元，增长6.6%。粮食总产量88.1万吨，增长3.9%，连续6年实现增产。茶叶、烤烟、蚕桑、咖啡、橡胶等特色产业持续发展。完成冬农开发148.5万亩，实现产值6.8亿元，增长4.1%。畜牧水产业平稳发展，实现产值26.3亿元。农业生产条件不断改善，新增节水灌溉面积4.5万亩，改造中低产田地15万亩。加快“乡村流通工程”和“万村千乡工程”建设，农家店和农资店乡村覆盖率提高到68%。实施省级村容村貌整治工程24项、市级新农村试点村44个。农民专业合作社等新型农村经济组织加快发展。落实粮食直补、家电下乡等惠农政策，发放涉农补贴3.8亿元。多渠道促进农民增收，全年人均增加收入418元。“兴边富民工程”快速推进，完成投资8.7亿元。投入各类扶贫资金6.4亿元，实施665个贫困村整村推进，转移贫困地区农村劳动力2.4万人，易地转移安置贫困人口5 700人，新解决8万农村绝对贫困人口温饱问题。与上海、宝钢和省级有关部门对口帮扶合作得到加强。动员社会力量进行扶贫开发。全面完成“6·3”地震恢复重建工作。

【特色产业持续发展】 打造普洱工业园区、景谷特色工业园区等工业发展平台，启动建设天士力帝泊洱生物茶谷，稳步推进主城区工业企业迁建，普洱茶加工科技园区入园企业60户，建成投产27户，实现工业产值1.2亿元。加快产业培植步伐，茶、林、电、矿四大支柱产业实现工业产值77.9亿元，占全市工业总产值的76.4%。以“科学普

洱”促进茶产业提质增效，普洱茶降血脂、降血糖、抗肿瘤等功效研究取得新突破，开发“帝泊洱”普洱茶深加工系列产品，为普洱茶走向世界提供了重要的科技支撑、产业支撑和品牌支撑。实现茶产业产值13.7亿元，负增长3.7%，基本遏制了大幅下滑势头。加快林产业发展，完成中低产林改造15.5万亩，建成景东力奥年产6万立方米高纤板、4万吨松香深加工项目，启动云景林纸年产9万吨纸浆技改项目。实现林产业产值49.1亿元，增长10.8%，其中林产工业产值24亿元，增长19%。推进水电开发，龙马、土卡河、戈兰滩、居甫渡、泗南江5座中型电站所有机组投产发电。实现电力产值20.6亿元，增长53.4%。扩大矿业生产规模，建成镇沅金矿日处理2 000吨生产线，加快推进建峰水泥厂年产120万吨、天壁水泥厂年产120万吨、大平掌铜矿日处理4 000吨改扩建项目，澜沧铅矿老厂探矿工作取得重大突破。实现矿业产值25.9亿元，负增长6.7%，逐步企稳回升。

【对外开放成效显著】 实施各类经济合作项目111项，到位市外资金69.3亿元，实际利用外资313万美元。加强与市外金融机构合作，引入银行贷款45.3亿元，其中国外贷款11亿元。积极参加中国东西部合作投资贸易洽谈会、第七届东盟华商会、珠洽会，合作协议资金达40多亿元。成功举办第九届中国普洱茶节暨第二届云南民族服装服饰文化节、中老越三国边交会及经贸洽谈会。孟连口岸移址通关通过省级验收，勐康口岸联检楼基本建成，通关便利化程度提高。扩大咖啡、松香、茶叶等优势产品出口及木材、矿产品进口规模，对外贸易逆势增长。加强对外合作交流，在老挝琅勃拉邦省设立“技术转移服务中心”，4户企业在老挝开发矿产资源和兴办华文教育，45户企业在老挝和缅甸北部开展罂粟替代发展项目，新增替代种植面积20.7万亩。

（余文琴）

思茅区

【概述】 思茅区位于云南省南部，总面积3 928平方千米。其中，山区面积3 582平方千米，占总面积的91.19%；坝区面积346平方千米，占总面积的8.81%。区人民政府驻地思茅镇，是普洱市委、市政府所在地，海拔1302米，距昆明410千米。年平均气温19.6℃，最高气温32.2℃（5月11日），最低气温5.2℃（12月30日），降雨量1 516.6毫米，无霜期357天。全区辖乡镇7个，其中，乡3个、镇4个，村（居）民委员会70个，自然村709个。总人口25.89万人。其中，非农业人口11.05万人，占总人口42.7%；少数民族人口9.01万人，占总人口34.8%。人口密度每平方千米66人，人口自然增长率5.79‰。

2009年，全区实现生产总值44.12亿元，比上年增长14.0%。其中，第一产业增加值5.61亿元，增长5.8%；第二产业增加值18.03亿元，增长19.1%；第三产业增加值20.48亿元，增长11.7%。一、二、三产业比由12.8：40.8：46.4调整为12.7：40.9：46.4。农村经济总收入9.10亿元，增长6.58%。粮食总产量5.08万吨，增长0.21%。工业总产值24.31亿元，增长12.8%。年末公路通车总里程2 081千米。全年客运量1 063万人次，客运周转量11.85亿人千米；货运量572万吨，货物周转量12.50亿吨千米。年底固定电话机总数12.7万部，电话普及率49部/百人。互联网用户2.58万户，增长18.69%。全区财政总收入5.37亿元，增长8.65%；财政总支出7.74亿元，增长28.4%。

全区有各类学校89所，专任教师0.27万人，在校学生5.86万人。学龄儿童入学率111.6%，高考录取率92%。有艺术表演团体1个，文化馆（站）7个，公共图书馆1个。广播人口覆盖率100%，电视人口覆盖率98.6%。卫生机构（不含诊所等）25个，病床1 055张，每千人有病床4张；卫生技术人员1 599人，其中，执业医师773人，执业助理医师826人，每千人有医师6名。农村新型合作医疗参合率92.49%。

2009年，全区农民人均纯收入3 472元，扣除物价因素，实际增长13.8%；在职职工年平均工资26 665元，增加2 693元。城镇居民可支配收入12 474元，实际增长9.3%；人均消费性支出9 377元，实际增长10.1%。居民人均储蓄存款1.89万元，增长23.1%。城镇居民平均住房面积26.39平方米，农村人口平均住房面积29.87平方米。城镇登记失业率4.4%。

中共区委书记　张善强

区人大常委会主任　周宏

茶乡公路　（曾俊　提供）

区人民政府区长　毛保祥
区政协主席　慕长春

【发展农业经济】　2009年，全区完成农业总产值9.1亿元，比上年增长6.58%。农业产业结构进一步优化，茶叶、橡胶、咖啡、烤烟产量分别增长6.83%、18.06%、18.01%、2.18%。新植桑园1 281亩，完成无公害蔬菜基地建设701亩。冬农开发面积10.46万亩，其中订单农业1.07万亩。

【农业基础设施建设】　全区加强农业基础设施建设。泡猫河水库建成并投入使用。修建各类水利设施1 388件，新增灌溉面积1 000亩，改善灌溉面积4 000亩，治理水土流失面积1.5平方千米，解决人畜饮水困难1.32万人、8 800头。实施农网完善工程，农村无电人口用电问题全面解决。实施团山公路等152.6千米通达工程，腰带公路、龙麻公路、炮掌山公路油路建设基本完工，大车树公路油路建设稳步推进，倚永公路油路项目开工建设，改造修复那棵落公路、大地山公路及101公路等一批乡村公路。完成泡猫河水库灌区土地开发整理项目。中低产林改造项目有序推进，完成年度改造任务1.5万亩。

【工业园区建设】　全年完成投资1.8亿元，新增入驻企业30户，新增投产企业12户。主城区企业搬迁入园工作稳步推进，森盛林化、玉龙茶业、古普洱茶业、兴洋茶业等4户搬迁企业已建成投产。

【城镇建设】　年内建成北部区6号路、8号路、师专2号路等一批城市路网，实施行政中心、文化中心、职教集团、思茅师专新校区和学苑花园等一批中心城区建设项目，提升宾馆、超市等服务设施档次和服务水平，完善城市发展功能，加快中心城区建设步伐，实施“点、线、面”的增绿补绿，绿化覆盖率达15%，人均公共绿地面积3.1平方米。城市生活垃圾处理率98.88%，工业废水排放达标率98.27%。实施小集镇建设“六个一”工程，城镇综合承载能力明显增强。

【基础设施建设】　年内争取扩大内需项目25个，投资1.1亿元。糯扎渡电站建设项目库区实物指标复核细化工作全面完成，景洪电站移民安置工作稳步推进。完成220千伏唐胜线路工程思茅区段、木乃河工业园区110千伏茶园输变电工程和城市配网建设。磨思高速公路、思江二级公路建设加快推进，征地拆迁任务基本完成。思景公路云仙至小黑江油路项目开工建设。普洱二中二期工程全面完工，区人民医院一期工程、茶马古镇、箐门口水库移民安置区等项目建设全面推进。

（林荣汉）

宁洱哈尼族彝族自治县

【概述】　宁洱哈尼族彝族自治县位于云南省南部、普洱市中部。总面积3 670平方千米，其中，山区面积占总面积96.77%，坝区面积占总面积3.23%。县人民政府驻地宁洱镇，海拔1320米，距省会昆明379千米，距普洱市政府所在地41千米。2009年，年平均气温19.1℃，年最高气温32.7℃（5月11日），最低气温3.1℃（12月30日）。年均日照时数2 563.6小时，年均降雨量1 344.4毫米。无霜期365天。辖2镇7乡，85个村民委员会，4个社区居民委员会。年末总人口19.5万人。其中，非农业人口3.38万人，占总人口17.44%；少数民族人口10.4万人，占总人口53.7%。主体自治民族人口5万人，占总人口25.8%、占少数民族人口54%。人口密度每平方千米53人，人口自然增长率5.05‰。

2009年，全县实现生产总值18.12亿元，比上年增长12.8%。其中，第一产业增加值5.99亿元，增长8.0%；第二产业增加值4.49亿元，增长22.1%；第三产业增加值7.63亿元，增长11.7%。一、二、三产业比由33.0：23.7：43.3调整为33.1：24.8：42.1。农村经济总收入8.74亿元，增长8.3%。粮食总产量7万吨，增长1.5%。工业总产值12.11亿元，增长14.5%。年末公路通车总里程1 431千米。全年客运量381万人次，客运周转量2.58亿人千米，货运量153万吨，货物周转量2.53亿吨千米。年底固定电话机总数2.7万部，移动电话用户7.8万户，互联网用户0.37万户。全年财政总收入1.19亿元，增长10.1%；财政总支出6.06亿元，增长37%。

全县有各类学校71所，专任教师2 077人，在校学生2.33万人。学

茶马古道推介活动　（白马辛荣　摄）

龄儿童入学率94.56%，普通初中升学率88.52%，高考录取率81.8%。有各类艺术演团体3个，文化馆（站）10个，公共图书馆1个。广播人口覆盖率93.5%，电视人口覆盖率94.5%。有卫生机构16个，病床439张，每千人有病床2.8张；有卫生技术人员584人，其中，执业医师和执业助理医师242人，每千人有医师1.5名。

2009年，全县农民人均纯收入2 920元，比上年实际增长15%；在职职工年平均工资24 626元，增长2 581元。城镇居民人均可支配收入14 111元，实际增长5.4%；人均消费性支出9 631元，实际增长3.0%。农村人口平均住房面积24.03平方米。城镇登记失业率4.3%。

中共县委书记　师跃

县人大常委会主任　黄健

县人民政府县长　饶明勇

县政协主席　杨发春

【弘扬普洱茶文化】　2月9～23日在北京举行的“中国非物质文化遗产传统技艺大展”中，宁洱县普洱茶（贡茶）制作技艺被选入，成为普洱市唯一参展代表。其技艺完整展示了普洱茶（贡茶）制作技艺，展示了普洱贡茶由青枝绿叶演变成皇宫金枝玉叶的过程。11月，10名国际旅游小姐到宁洱县参加“向世界激情推介茶马古道”活动，宣传和推介世界茶源、普洱茶都、茶马古道的源头宁洱。

【历史文化名镇——磨黑】　9月，宁洱县磨黑镇顺利通过云南省历史文化名镇评审。磨黑古镇是茶马古道上的重要驿站，以盐而得名，因盐而发展，具有浓厚的盐文化和马帮文化特色。磨黑镇同时也是思普地区革命的摇篮、著名演员杨丽坤的故乡。其“滇南盐都、茶马古镇、革命老区、丽人故里”的定位，杨丽坤故居的恢复及昆曼国际大通道陆路穿境而过带来的交通便利，为磨黑古镇的开发提供了广阔前景。

（唐芳）

墨江哈尼族自治县

【概述】　墨江哈尼族自治县位于云南省南部、普洱市东部。总面积5 312平方千米，其中山区面积占99.98%。县人民政府驻地联珠镇，海拔1300米，距省会昆明273千米，距普洱市人民政府驻地176千米。2009年，平均气温18.4℃，年最高气温32.4℃（5月27日），年最低气温1.2℃（12月25日）。日照总时数2 244小时，平均降雨量1 271.5毫米，平均无霜期287天。全县辖乡镇15个，其中，乡13个、镇2个，村民委员会163个，社区居民委员会5个，村（居）民小组2 284个。年末总人口38万人。其中，非农业人口3.44万人，占总人口9.05%；少数民族人口29.06万人，占总人口76.48%，主体自治民族哈尼族人口23.13万人，占总人口的60.86%和少数民族人口的79.57%。人口密度每平方千米71.54人，人口自然增长率2.4‰。

2009年，全县实现生产总值20.6亿元，比上年增长13.6%。其中，第一产业增加值5.71亿元，增长7.5%；第二产业增加值7.88亿元，增长25.1%；第三产业增加值6.98亿元，增长8.2%。一、二、三产业比由上年的30.6∶34.5∶34.9调整为27.8∶38.3∶33.9。农村经济总收入4.74亿元，增长12%。粮食总产量11.7万吨，增长2.1%。工业总产值9.42亿元，增长25.5%。年末公路通车总里程2 343.47千米。全年客运量69.4万人次，客运周转量6 246万人千米；货运量59万吨，货物周转量4 425万吨千米。年底固定电话机总数1.70万部，移动电话用户6万余户，电话普及率20.3部/百人。互联网用户3 000户，比上年增加594户。全县财政总收入2.71亿元，增长37.7%；财政总支出9.87亿元，增长57.7%。

2009年底，全县有各级各类学校74所，专任教师2 952人，在校学生4.23万人。学龄儿童入学率99.83%，高考录取率64.7%。有县民族歌舞团1个，文化馆（站）16个，公共图书馆1个。广播人口覆盖率96%，电视人口覆盖率达96%。有卫生机构（不含诊所等）20个，病床519张，每千人有病床1.37张；有卫生技术人员578人，其中，执业医师252人，执业助理医师197人，每千人有医师1.18名。

2009年，全县农民人均纯收入2 216元，扣除物价因素，实际增长17.4%；在职职工年平均工资26 032元，增加2 711元。居民储蓄存款总额13.63亿元。城镇居民平均住房面积39.07平方米，农村人口平均住房面积23.5平方米。城镇登记失业率4.43%。

中共县委书记　曹卫东（哈

墨江哈尼族自治县成立30周年庆典　（墨江县志办　提供）

尼）

县人大常委会主任　杞乔华（彝）

县人民政府县长　杜益学（哈尼，2009.2～）

县政协主席　薛光海

【自治县成立三十周年庆典】　11月28日，墨江哈尼族自治县庆祝自治县成立30周年典礼暨大型文艺演出在县体育场隆重举行。国家、省、市相关领导率团出席庆祝大会。省委、省人大常委会、省政府、省政协向墨江县赠送"共同团结奋斗、共同繁荣发展"贺匾。县庆期间还举行民族民间文艺演出、自治县成就展、文博展、花车巡游等活动。

【农村社会养老保险试点】　2009年12月，墨江被国务院列为全国开展第一批新型农村社会养老保险试点县之一。墨江县随即出台《墨江哈尼族自治县新型农村社会养老保险试点工作实施方案》及相关配套政策，农村60周岁以上老年人一年至少可以领取养老保险金660元。

【城市污水处理厂开工】　12月26日举行项目开工仪式。项目概算总投资5 460.4万元。污水处理厂设计规模为近期（2015年）日处理污水1万立方米；远期（2025年）日处理污水2万立方米。该项目的建设、营运采取BOT模式，由云南省水务产业投资有限公司建设，工程计划于2010年底建成投入使用。

【联珠镇三项产业大发展】　联珠镇党委、政府重点扶持发展烟叶、茶叶、蚕桑三项产业，为哈尼山乡筑就致富增收路。2009年，全镇有17个村92个村民小组1 179户农户种烟，种植面积6 000亩。镇党委、政府积极向烟草部门争取烟水配套项目，投入资金83万元年实施5件烟区水利管网工程，新建管网22千米，修建水池10个，容量2 000立方米，有效解决300户烟农1 869亩烟地灌溉难问题。全年新建卧式密集烤房128座，标准化烤房145座。年末共收购烟叶1.51万担，实现烟农总收入1 150万元。联珠镇有茶叶面积3.14万亩，投产面积2万亩，茶叶加工厂62个，茶农1.15万户3.44万人。镇党委、政府围绕"稳定面积、提高单产、调整结构、打造品牌"思路，以癸能村百亩低老茶园改造示范园为辐射点，加强低产茶园改造技术指导。同时加强技术培训，全年共组织现场技术培训12期，受训人员1 100人次。截至12月底，全镇毛茶总产量544吨，产值1 500万元。年内镇党委、政府积极和农村信用社协调，为593户桑农发放贴息贷款311.75万元。从年初狠抓蚕农技术培训，全年共开展养蚕技术培训68次，参加培训人员1 023人次。截至2009年12月，联珠镇共有桑园1 910亩，涉及13个村54个村民小组670户，建盖蚕房448间，当年产鲜茧32.5吨，产值65万元。

（王媛）

景东彝族自治县

【概述】　景东彝族自治县位于云南省西南中部、普洱市北端。总面积4 532平方千米，其中，山区占95%以上，河谷坝区不足5%。县城所在地锦屏镇，海拔1171.3米，距省会昆明480千米，距普洱市政府所在地270千米。年均气温18.5℃，年降雨量1 086.7毫米，年日照时数2 133.3小时。2009年末，全县辖乡镇13个，其中，乡9个、镇4个，166个村民委员会，3个社区，2 339个村民小组，2 440个自然村。全县户籍总人口36.31万人。其中，农业人口33.35万人，占总人口92%；少数民族人口17.73万人，占总人口49%，其中，彝族人口15.12万人，占总人口的42%。人口密度每平方千米80人，人口自然增长率4.3‰。

2009年，全县实现生产总值25.02亿元，比上年增长13.9%。其中，第一产业增加值11.62亿元，增长12.6%；第二产业增加值5.1亿元，增长19.0%；第三产业增加值8.3亿元，增长12.3%。一、二、三产业比由上年的45.8：21.2：33.0调整为46.4：20.4：33.2。农村经济总收入13.9亿元，增长20.6%。粮食产量13.3万吨，增长2.9%。工业总产值6.41亿元，增长36.0%。全县通车公路里程2 947千米。全年客运量96万人次，客运周转量1.04亿人千米；货运量158万吨，货物周转量1.60亿吨千米。年末固定电话用户1.26万部，移动电话用户12.3万户；互联网用户3 680户，增长14.6%。全年完成地方财政一般预算收入1.80亿元，增长13.6%。地方财政一般预算支出9.29亿元，增长57.4%。

2009年底，全县有各级各类学校205所，其中，普通中学21所，小学163所（含教学点3个），专任教师2 887人，在校学生4.80万人。学龄儿童入学率98.9%，巩固率98.8%。全县有文化馆、图书馆、博物馆和体育馆各1个，文化站13个。广播电视覆盖率分别达95.6%和96.6%。有卫生机构18个，病床639张，卫生技术人员493人，其中医师、助理医师336人。

2009年，农民人均纯收入3 063元，增长19.8%。城镇居民人均可支配收入11 538元，增长10.8%。在职职工年平均工资22 800元，同比下降1.7%。城镇登记失业率4.3%。

中共县委书记　张世清

县人大常委会主任　赵昌德

县人民政府县长　白兆林（彝）

县政协主席　李树荣（彝）

【松香技改项目完成】　2006年，力奥集团成功重组原景东南国莹银林产集团有限责任公司，成立景东力奥林产集团有限公司，并着手规划建设年产4万吨松香、2万吨歧化松香、2万吨松香树脂林化深加工生产线，年产6万立方米高密度纤维板生产线和年产1万立方米集成材生产线异地技改项目，项目于2008年8月8日开工建设。该项目占地35亩，总投资9 800万元。经过一年多努力，项目建设进展顺利，其中，年产4万吨松香、2万吨歧化松香、2万吨松

烟农喜获丰收　　（景东县志办　提供）

香树脂林化深加项目于2009年6月开工建设，于11月28日建成投产。

【烤烟产业】　2009年，全县烤烟生产以加强基础设施和现代烟草农业示范区建设为重点，走规模、质量、效益协调统一的发展路子，实现烟叶生产规模化、生产技术规范化、种植管理科学化，全县烟叶收购总量、收购均价、烟叶税收、烟农收入等各项指标再上新台阶。全县种植烤烟6.96万亩；收购烟叶1.08万吨，增长30.4%；产值1.63亿元，增长33.2%。

【蚕桑产业】　2009年，通过加强桑园管理，抓重点村组和示范户，加大培训力度，实行统防统消，推广小蚕共育等措施，促进蚕桑产业稳步健康发展。全县有12个乡（镇）、134个村、1 274个组、1.01万户农户养蚕，全年养殖蚕种5.24万张，产鲜茧2120吨，实现桑农鲜茧收入4 412万元。

【扶贫攻坚】　全年投入扶贫资金4 267.5万元。有9个新农村示范点建设通过市级验收，实施上海对口帮扶项目14个，整村推进68个，易地转移安置341人，解决和巩固1.8万贫困人口温饱问题，解决5.37万人农村饮水困难，完成1 700户农村民居地震安全工程，启动实施850户危旧房修缮和拆除重建，落实种粮直补、农资综合补贴和政策性农业保险等各项强农惠农政策，兑现补贴4 093万元。新增小额担保贷款2 197户，贷款金额9 993万元。

【“云麦53”示范种植成功】　小麦品种“云麦53”为云南省农科院粮作所选育的优良品种，是云南省第一个通过国家审定的麦类新品种，适宜海拔700～2100米区域种种植。景东农技推广部门在文井镇文华村小碗铺村民小组进行300亩试验示范种植。面对持续旱情，全县种植的小春粮豆普遍遭受严重灾害，产量大幅下降，造成山区、半山区基本绝收；而示范种植的“云麦53”却一枝独秀，田间综合性状表现良好，抗旱、抗病、抗倒伏，喜获丰收，每亩最高产量409.6千克。

【大街乡发展杂交牛生产】　大街乡采取切实有效措施，推广肉牛冻精改良技术，促进全乡肉牛生产发展。畜牧站与技术人员签订责任书，规定站上每人完成牛冻精改良6头，各村兽医员完成3头，做到冻改工作层层有人管、环环有人抓。全乡共完成牛冻精改良配种320头，其中，黄牛127头，水牛193头。累计受胎黄牛72头，水牛115头，已产犊17头。

【杀戏被批准为省第二批非物质文化遗产】　杀戏起源于景东，是一种古老而稀有的剧种，只在景东县花山乡、大街乡和镇沅县九甲乡一带流传，迄今已有200多年历史。由于戏中多是武打动作，故称“杀戏”。杀戏结构完整、情节简单，融唱、白、舞于一炉，古朴典雅，引人入胜，是一种不可多得的民间艺术剧种。年内，杀戏被云南省人民政府批准为云南省第二批非物质文化遗产，进一步彰显银生古城——景东的文化魅力。

（陶明贵　苏文芳）

景谷傣族彝族自治县

【概述】　景谷傣族彝族自治县位于云南省西南部、普洱市中部偏西。总面积7 550平方千米。县城驻地威远镇，海拔913米。距省会昆明市485千米，距普洱市驻地思茅区130千米。2009年平均气温21.0℃，极端最高气温36.5℃，极端最低气温3.4℃，降雨量1 056.7毫米。全县辖6乡4镇，132个村民委员会，4个社区居民委员会，1 938个村民小组。2009年末，全县总人口30.28万人。其中农业人口26.80万人，占总人口88.5%。少数民族人口14.14万人，占总人口46.7%。其中，傣族人口5.99万人，占总人口19.8%，彝族人口6.00万人，占总人口19.8%。人口自然增长率4.28‰，人口密度每平方千米39人。

2009年，全县实现生产总值32.6亿元，比上年增长15.2%。其中，第一产业实现增加值13.15亿元，第二产业实现增加值12.2亿元，第三产业实现增加值7.25亿元。工业总产值24.6亿元，增长21.5%。农业总产值19.79亿元，增长14.1%；粮食总产量12.75万吨，增长6.7%。

2009年，全县有各级各类学校137所（点），有公办在职教职工2 676人，在校学生4.10万人，小学适龄儿童入学率99.8%，初中阶段毛入学率99.6%，高中阶段毛入学率48.6%，高考上线率83.17%。

2009年，全县农民人均纯收入3 342元，比上年增长16.8%；城镇居民人均可支配收入12 232元，增长13.3%。城镇人均居住面积33.55平方米。城镇新增就业700人；农村劳动力转移就业3 519人。城镇人口登记失业率4.4%。

中共县委书记　李忠民

县人大常委会主任　段群民（彝）

县人民政府县长　李富林（彝）

县政协主席　刀映良（傣）

【林业生产】 林业以“生态建设产业化，产业发展生态化”思路引领林业发展方向。生态公益林补偿有序开展。年内，完成林业总产值18.5亿元，完成营林造林13.94万亩，全民义务植树39.5万株，完成天然林管护207.4万亩。实施中央森林生态效益补偿23.03万亩，兑现退耕还林资金1 257.1万元。实现连续25年无重特大森林火灾发生。集体林权制度主体改革产权明晰率均达90%以上。

【市政建设】 2009年，全县完成市政建设投资2.45亿元，县城建成区面积达6.85平方千米，县城亮化、绿化率达36%。城镇化水平达32.4%。投入市政建设资金1 800万元，建成城市生活垃圾处理场1个。开工建设污水处理厂及配套管网工程。完成江东新区、工业园区、响水路西侧片区控制性详细规划，开发建设有序推进。小城镇、小集镇建设加快实施。出台住房二级市场管理办法，全县城乡规划建设管理日渐规范，

【扶贫攻坚】 全年累计投入扶贫资金8 692万元，实施整村推进项目49个，易地搬迁安置45户210人，实施革命老区开发试点2个，解决7 136名贫困人口的温饱问题。组织实施1 700户农村民居地震安全工程及700户农村危房改造工程。年底，全县贫困人口9.39万人。

【交通建设】 2009年，县乡公路路基改造和路面硬化工程全面启动，完成交通基础设施建设投资4.1亿元，其中，二级公路建设投资1.95亿元，其他投资2.15亿元。景宁、永临二级公路建设速度加快，推进无量山经济干线景谷段和县乡油路建设。完成云海—民乐、景谷乡—民乐、三级站—振太油路建设工程；完成威远江电站岔路口—益智公路、碧安—云仙公路路基改造工程；永平—勐班油路建设有序推进。累计实施通达工程336千米，完成建设里程104千米。

【改善民生】 年末，全县农村参加新型农村合作医疗保险参保率达92.6%，参合农民获住院补偿资金2 355万元。完成城镇廉租房建设60套3 000平方米，开工建设1.6万平方米。落实“万村千乡”“家电下乡”等扩大消费政策，社会消费品零售总额比上年增加1.33亿元。全年安排各种救灾救济款2 697.76万元。发放80周岁以上高龄老人补助经费72.64万元，发放临时生活救助资金53.85万元，救助4 500多人次。救助受艾滋病影响家庭16户31人。办理《云南省老年人优待证》1 030人。

（吴应忠）

镇沅彝族哈尼族拉祜族自治县

【概述】 镇沅彝族哈尼族拉祜族自治县位于云南省西南部、普洱市东北部。总面积4 136.81平方千米，其中，山区面积占97.7%，坝区面积占2.3%。县城恩乐镇海拔1080米，距省会昆明市448千米，距普洱市人民政府驻地思茅区189千米。2009年，年平均气温19.9℃，年降水量979.4毫米。全县辖4镇5乡，109个村民委员会，2个城镇居民委员会，1664个村民小组。年末全县总人口21.15万人。其中，非农业人口2.34万人，占总人口11.07%；少数民族人口11.44万人，占总人口54.11%。人口密度每平方千米51.1人。人口自然增长率5.97‰。

2009年，全县完成生产总值13.42亿元，比上年增长13.9%。其中，第一产业增加值5.95亿元，增长9.4%；第二产业增加值3.16亿

正在建设中的威远江水电站　（景谷县志办　提供）

元，增长28.1%；第三产业增加值4.31亿元，增长10.4%。一、二、三产业比由45.7∶20.7∶33.6调整为44.4∶23.5∶32.1。五大支柱产业（林产业、矿产业、畜牧业、热区农业资源开发和烟草产业）实现总产值12亿元，增长15.2%，实现增加值7亿元，增长15.8%。完成工业总产值4.89亿元，增长14.7%。农业总产值9.25亿元，增长9.4%。粮食总产8 261.7万千克，增长4.9%。全年完成客运量82.76万人次，货运量110.89万吨，货物周转量1.62亿吨千米，客运周转量1.10亿人千米。年底固定电话用户1.82万户，移动电话用户8.15万户。全年财政收入1.02亿元，增长23.4%。其中，一般预算收入7 203万元，增长9.3%，增速居全市第一位。全年财政支出6.85亿元，增长56.4%。

2009年，全县有各类学校106所，在校学生2.59万人，专任教师2 155人，全县小学适龄儿童入学率99.86%，初中阶段毛入学率98.07%，初中三年完学率94.7%，高考上线率81.1%。镇沅一中应届毕业生曾文韬以理科653分获普洱市理科状元，被清华大学录取。文化馆1个、图书馆1个、乡（镇）文化站9个。电视综合人口覆盖率94%，无线广播覆盖率91%。有医疗卫生院、所18个，病床199张；卫生技术人员478人，其中，执业医师和助理执业医师等专业技术人员425人。

2009年，全县农民人均纯收入2 677元，增长18.3%。在岗职工年平均工资25 369元，增长7.2%。城镇居民人均可支配收入10 770元，增长9.2%；城镇居民人均生活消费支出8 420元，增长7.1%。城乡居民储蓄存款余额10.53亿元，增长19.9%。城镇登记失业率4.5%。

中共县委书记　郑颖松
县人大常委会主任　王兴
县人民政府县长　李荣（彝）
县政协主席　周若涛（哈尼）

【文化建设】　年内，建设乡（镇）综合文化站4个，乡（镇）信息资源共享工程2个，村级“农家书屋”4个。深化文化体制改革，实施民族文化精品工程，打造民族文化品牌。参加首届云南少数民族酒歌大赛，拉祜族酒歌《苦聪人祝酒歌》获最佳创意奖，《哪点有酒哪点醉》获优秀歌手奖；挖掘民族服饰51件和1套苦聪人蜘蛛衣、2套树皮衣，参加第二届云南省民族服装服饰创新大赛，苦聪人系列服饰获创新一等奖，彝族系列服饰获一等奖。加大非物质文化遗产挖掘和保护力度，九甲杀戏、黑古陶生产传统手工技艺被列入省级非物质文化遗产保护名录。

【城乡建设】　2009年，全县城乡建设力度加大。完成县城和者东镇、和平乡集镇规划修编；实施体育综合训练馆、县计生局综合服务楼等5个项目；开工建设县城垃圾处理场，完成污水处理厂项目前期工作；通过招商引资，采用BT建设模式推进哀牢小镇部分基础设施建设；争取农业发展银行政策性贷款支持4 000万元，启动哀牢小镇“一期精品”工程建设。按照“做旅游文化，造哀牢水城”总体思路，以九甲千家寨旅游景点开发为背景，充分挖掘和提升以彝族、哈尼族、拉祜族（苦聪人）为主的民族文化，以镇沅府为主的历史文化，以按板井、盐马古道为主的盐井文化，以茶马古道、世界野生茶树王为主的茶文化，丰富文化内涵，提高文化品位，着力把“哀牢小镇”建设成一个集文化、旅游、休闲、康体为一体的旅游服务“精品小镇”。全县城镇化水平达22.8%。

【特有品质种禽——瓢鸡】　瓢鸡因无尾椎骨、尾棕骨、尾羽、镰羽、尾脂腺，而尾部形状似瓢，故名瓢鸡。瓢鸡肉质细腻，适应性强，生长发育快，是妇女产期及中老年人滋补身体的佳品。瓢鸡数量较少，主要分布在田坝、按板、者东等乡镇，以田坝居多，全乡共饲养成年瓢鸡3 230羽。2009年9月，国家畜禽遗传资源委员会专家深入田坝乡部分农户家中，实地查看瓢鸡养殖情况。年底，镇沅瓢鸡被国家农业部认定为中国瓢鸡特有品质种禽。

（毛锐锋）

江城哈尼族彝族自治县

【概述】　江城哈尼族彝族自治县位于云南省南部、普洱市东南部。县人民政府驻地勐烈镇，海拔1120米，距省会昆明市422千米，距普洱市府驻地145千米。辖区总面积3 544.38平方千米。其中，山区占总面积99.63%；坝区面积占总面积0.37%。国境线长183千米（其中，中越段长67千米，中老段长116千米）。2009年，平均气温19.4℃，年最高气温33.1℃（4月23日），年最低气温6.4℃（12月31日）；平均日照数共1 767.9小时，平均降雨量1 916.7毫米，较历年平均偏少25%；全年无霜。主要气象灾害为1～3月的干旱和7月洪涝灾害。年末全县总人口12.09万人。其中，非农业人口2.13万人，占总人口17.6%；少数民族人口9.83万人，占人口81.3%。人口密度平均每平方千米34人，人口自然增长率5.73‰。

2009年，全县实现生产总值11.06亿元，比上年增长13%。其中，第一产业增加值3.49亿元，增长0.1%；第二产业增加值4.66亿元，增长36.4%；第三产业增加值2.91亿元，增长1.6%。一、二、三产业比由35.9∶34.6∶29.5调整为31.6∶42.1∶26.3。粮食总产量3.59万吨，增长3.6%。工业总产值6.26亿元，增长51.2%。年末公路通车里程1791千米。全年客运量34万人次，客运周转量3 510万人千米；货运量35万吨，货物周转量5 310万吨千米。年底固定电话机总数1.59万部，移动电话用户5.6万户。互联网用户2 659户，增长22.0%。全县财政一般预算收入5 108万元，增长21.2%；财政一般预算支出4.40亿元，增长62.9%。

规模最大丢包活动启动仪式　（江城县志办　提供）

2009年底，全县有各类学校51所，专任教师990人，在校学生1.72万人。学龄儿童入学率99.74%，高考上线率95.2%。有各种艺术表演团体1个，文化馆（站）8个，公共图书馆1个。广播人口覆盖率95.0%，电视人口覆盖率96.5%。有卫生防疫机构（不含诊所）13个，病床202张，每千人有病床1.67张；卫生技术人员357人，其中，执业医师97人，执业助理医师15人，每千人有医师0.93名。年内县人民医院新建医技楼和新进CT及DR设备投入使用。

全年农民人均纯收入2 257元，增长24.2%。在职职工年平均工资23 024元，增加1 350元。城镇居民人均可支配收入6 826元，增长8.5%。居民人均储蓄存款4 259元，增长13.7%。城镇居民平均住房面积21.9平方米，农村人口平均住房面积18.7平方米。城镇登记失业率4.4%。

中共县委书记　胡良波

县人大常委会主任　白富生（哈尼）

县人民政府县长　金文胜（哈尼，2009.6～）

县政协主席　白乔发（傣）

【首届中老越丢包狂欢节】　节日由云南省文化厅、云南省旅游局和普洱市人民政府共同主办，江城县委承办，于2009年10月2～4日在江城县举办。老挝、越南分别组织团队270人、160人参加各种比赛活动。期间开展了开幕式暨大型原生态民族歌舞《原色江城》展演、国际牛体彩绘大赛、规模最大的丢包活动启动仪式、丢包狂欢活动、三国丢包团体赛、三国陀螺团体赛、三国文艺展演、三国风情展演、三国风味团拢古宴、三国民歌会等20多项文体活动。举行中老越边境三角区域经贸洽谈会，三国商品交易会、三国风情摄影展览等活动。现场创立的“规模最大的丢包活动”和“最大的丢包”两项世界纪录由上海大世界基尼斯理事会当场认证授牌。东南亚5个国家287户商家参与商品展销活动，26个国内外企业参与经贸洽谈会，招商引资签约3个项目，签约资金7亿元，旅游综合收入420万元。

【打造特色村庄】　2009年，江城县成功打造勐烈镇麻栗树村民小组和康平乡上坝卡村民小组两个新农村建设点。麻栗树村14户农户已有13户完成房屋建设，11户开起农家乐从事餐饮服务，部分村民月收入由从前的500元增加到三四千元。上坝卡村民小组50户农户住上宽敞明亮的新房。2009年底江城县整合资金7 400万元，把沿思江二级公路和边境沿线29个村庄作为新一轮新农村建设对象，参与建设农户每户给予2万元资金扶持，新建民居突出具有本地民族和老挝、越南异域风情造型的特点。

【草山种植促黄牛养殖】　自2009年5月起，县整合资金，进行草山种植项目，全力打造江城黄牛品牌。在勐烈镇黄姜岭村民小组和大竹棚村民小组进行试点培育，以明确土地权、完善管理机制为前提，政府每亩补助农户开发资金200元，选用生存力、繁殖力、成活率较强，营养丰富的草种进行移植，完成草山种植1 000亩，2010年7月实现黄牛集中放牧，相关技术部门将对草山承载量和青草生长周期进行详细计算，为村民制定长期合理的科学放牧方案，以形成育草养牛可持续发展的良性循环。

【边境“村村通”工程】　大寨、江边、牛倮河3个村委会与老挝接壤，有1 082户4 578人，广播电视收看效果不佳。猛烈镇认真开展20户以上50户以下已通电自然村村村通广播电视工程建设项目，6月，完成3个边境村委会304户农户卫星直播接受设备安装工作，广大村民可收听收看到40套以上画面清晰、音质清楚的卫星广播和电视节目。

【农村扶贫互助社】　6月，在县委、县政府、县扶贫办关心和支持下，猛烈镇朵把村成立农村扶贫互助社。农村扶贫互助社是在政府出钱、农户自愿入股、农户年终分红前提条件下成立的农村“银行”。政府出资30万元做底金，农户自愿入股，实股500元、全额股1 000元，每户最多能入三股（实股或全额股），截至互助社成立时，已入74户共132股，农户自筹资金37万元。农户如要贷款只需写一个简单的申请，说明贷款用途就可从互助社贷到最多1万元小额贷款。互助社在上级有关部门和村“两委”班子严格监督下，由农户自主投票选举产生主任、副主任兼出纳、会计3人进行管理。

【首家农村人口文化大院】　11月13日在国庆乡田房村成立。大院设施完善，有阅览室、新家庭文化屋、娱乐室、宣传公示栏和阅报栏

等，组建农村人口学校和文艺宣传队，为农民传播先进的人口文化，推动农村人口与计划生育工作，引领农民致富增收。按照创建标准，县人口和计划生育局多次实地调查研究，并为大院购买价值3万余元的视听设备、体育用品等设施。

（罗贤）

孟连傣族拉祜族佤族自治县

【概述】 孟连傣族拉祜族佤族自治县位于云南省西南部、普洱市西南部。全县总面积1 894.14平方千米。县城驻娜允镇，距省会昆明市657千米，距普洱市政府驻地230千米，海拔960米。2009年，平均气温20.2℃，年最高气温32.9℃（5月1日），年最低气温3.8℃（12月31日），日照时数1 915小时，降雨量1 345.5毫米。全县辖3镇3乡、3个社区居民委员会、39个村民委员会、618个村民小组。年末，全县常住人口13.41万人。其中，农业人口10.67万人，占总人口85.38%；少数民族人口10.76万人，占总人口86.12%。人口自然增长率6.73‰。

2009年，全县实现生产总值8.88亿元，比上年增长11.4%。其中，第一产业增加值3.50亿元，增长12.1%；第二产业增加值1.92亿元，增长8.9%；第三产业增加值3.46亿元，增长12.4%。一、二、三产业比由上年的40∶22∶38调整为39∶22∶39。全年实现农业总产值5.88亿元，增长12.3%。粮食总产量4 772万千克，与上年基本持平。工业总产值2.93亿元，增长6.94%。全年客运量73.18万人次，客运周转量7 063万人千米；货运量78万吨，货物周转量8 750万吨千米。年底固定电话用户1.23万户，固定电话普及率9部/百人；移动电话用户8.65万户，移动电话普及率64部/百人。全县财政总收入4 062万元，增长12.9%；财政总支出4.36亿元，增长37.9%。

年底，全县有各类学校64所，专任教师1 169人，在校学生2.16万人。学龄儿童入学率99.29%，学生巩固率99.32%，完学率98.67，毕业率98.07%。有各种艺术表演团体4个，文化馆（站）7个，公共图书馆1个。广播人口覆盖率96%，电视人口覆盖率98.1%。有卫生机构21个，病床191张，每千人有病床1.4张；有卫生技术人员339人，其中，执业医师72人，执业助理医师34人，药剂师15人。年内共有9.28万人参加新型农村合作医疗，参合率达92.8%。

2009年，农民人均纯收入2 300元，比上年增长16.2%；全年解决2 620贫困人口温饱问题。在职职工年平均工资23 791元，增长5.34%。城镇居民可支配收入8 766元，增长11.8%。居民储蓄存款余额14.05亿元，增长45.2%。城镇登记失业率4.3%。

中共县委书记　吴朝武

县人大常委会主任　刀东明（傣）

县人民政府县长　刀锋（傣，2009.2～）

县政协主席　岩飘（佤）

【农业基础设施建设】 全年农田水利建设投入资金2 488万元，全县已建成水库10座，其中，中型水库1座、小型水库9座，坝塘6座，设计总库容5 138万立方米；引水工程1 315件；水利工程年供水量8 834万立方米，其中向农业供水7 486万立方米；新增有效灌溉面积3 900亩，累计13.34万亩；水利化程度达42.2%。

【孟连农场队队有电脑】 从2006年开始，孟连农场在机关本部配备电脑办公设施，机关重要部门实现微机辅助办公。2008年，分公司又为所辖西盟作业区，10个生产队会计购买电脑，同时聘请专家老师教授电脑常规使用方法和知识。至2009年，孟连农场、分公司所属22个生产队、5个直属单位机关均全部配备电脑，机关重要部门基本上实现电脑辅助办公，机关单位有11个部门实现宽带联网。

【崛起的孟连林业】 改革开放前，孟连县由于落后的生产方式以及对森林资源无限度采伐等原因，导致森林资源遭受严重破坏，1978年全县森林覆盖率只有17%。改革开放后，县委、县政府认真贯彻落实中央和省、市关于加快林业发展的一系列决策部署，大力实施“生态产业，兴林富民”战略，扎实推进林业建设和改革，促进林业由小变大、由弱到强，逐步成长为推动孟连经济社会协调发展的重要支柱。近30年来，全县未发生过重大火灾。“十五”期间，孟连县政府被云南省政府评为森林防火先进集体。“十一五”以来，连年实现上级下达的森林防火各项控制指标，取得优异成绩。通过不断加大森林资源保护工作力度，森林资源得到

勐啊国门　（曾国德　摄）

有效保护。至2009年，全县林业用地面积达178.05万亩，占全县土地面积的62.7%。其中，公益林90.05万亩，占林业用地面积的51%；商品林88万亩，占林业用地面积的49%；全县森林覆盖率60.76%，活立木总蓄积量775.4万立方米。

（侯佳艳）

澜沧拉祜族自治县

【概述】 澜沧拉祜族自治县是全国唯一的拉祜族自治县，位于云南省西南部、普洱市西部。辖区总面积8 807平方千米，其中，山区、半山区占总面积的98.8%，坝区占总面积的1.2%。国境线长80.56千米。县人民政府驻地勐朗镇，距省会昆明594千米，距市政府驻地173千米，海拔1054米。2009年，年均气温20.2℃，年最高气温34.4℃（4月25日），年最低气温3.7℃（12月30日）；平均日照时数2 407.4小时，年降雨量1 482.9毫米。辖17乡3镇，155个村民委员会、3个社区居民委员会。年末总人口49.97万人。其中，少数民族人口39.50万人，拉祜族人口21.64万人，分别占总人口的79.04%、43.3%；农业人口45.78万人，占总人口的91.62%。人口自然增长率6.87‰。

2009年，全县实现生产总值23.19亿元，比上年增长11.2%。其中，第一产业增加值8.01亿元，增长4.5%；第二产业增加值7.50亿元，增长17.2%；第三产业增加值7.69亿元，增长12.4%。一、二、三产业结构比由上年的35∶33∶32调整为34.5∶32.3∶33.2。工业总产值11.07亿元，同比增长9.9%。农村经济总收入10.20亿元；全年粮食总产量18.28万吨，增长6.9%。年末公路通车里程3 239.8千米。年末固定电话用户3.69万户，移动电话用户15万余户。全县完成财政总收入2.24亿元，增长10%，其中完成地方财政一般预算收入1.24亿元，增长17%；支出12.99亿元，增长42.6%。

年底，全县共有各类学校244所，在校学生6.05万人，适龄儿童入学率99.34%。有艺术表演团体1个，文化馆1个，公共图书馆1个。广播综合人口覆盖率92%，电视综合人口覆盖率93%。有卫生机构24个，病床789张；卫生专业技术人员719名，其中执业医师267名。

全县农民人均纯收入1 737元，增长22.2%；在岗职工月平均工资1 976.75元；城镇居民人均可支配收入11 208元，增长12.4%。城镇居民平均住房面积22.4平方米，农村人口平均住房面积16.76平方米。城镇登记失业率4.49%。

第九届中国普洱茶节闭幕式　　（澜沧县志办　提供）

中共县委书记　段志坚

县人大常委会主任　魏志华（佤）

县人民政府县长　石春云（拉祜）

县政协主席　张志荣（拉祜）

【城乡建设】 年内完成拉祜文化展示中心、拉祜风情园修建性详细规划和“四乡镇十村庄”规划测绘工作。启动拉祜文化展示中心一期工程建设。城区道路新建3.14万平方米，改扩建2.14万平方米。县城二水厂输水管道改线4 500米，安装县城供水主管道8 470米。城镇建设投资2.36亿元，比上年增长191%。

【扶贫开发】 年内实施各类投资整村推进项目140个，完成重点村建设83个、安居工程250户、中低产林改造2万亩。实施4个易地扶贫搬迁项目，搬迁安置贫困移民313户1 422人。发放农村信贷扶贫资金2 300万元。转移培训农村富余劳动力6 596人。投入各类扶贫开发资金9 839.5万元，解决2.5万贫困人口温饱问题。

【民族文化旅游产业】 惠民旅游小镇、景迈芒景景区等旅游大项目建设加快推进。积极推介民族文化，在昆明成功举办2009年“葫芦节”，圆满完成第九届中国普洱茶节分会场各项活动。全年接待国内外游客76万人次，实现旅游综合收入8 140万元，增长5.6%。

（田芳）

西盟佤族自治县

【概述】 西盟佤族自治县位于云南省和普洱市西南部，县城驻勐梭镇，海拔1150米，距省会昆明675千米，距普洱市政府驻地260千米。辖区总面积1 353.57平方千米，全为山区。国境线长89.33千米。2009年，平均气温19.7℃，年最高气温32.3℃（5月11日），年最低气温6.1℃（12月30日），平均日照时数2 007小时，平均降雨量1 815.6毫

米，汛期5月19日～10月下旬。全县辖5乡2镇，38个村（居）民委员会，362个自然村。年末总人口8.98万人。其中，非农业人口1.69万人，占总人口19%；少数民族人口8.34万人，占总人口93%；主体自治民族佤族人口6.29万人，占总人口70.04%和少数民族人口75%。人口密度每平方千米66人，人口自然增长率3.9‰。

2009年，全县实现生产总产值3.89亿元，比上年增长11.1%；其中，第一产业增加值1.20亿元，增长9.1%；第二产业增加值7 223万元，增长6.0%；第三产业增加值1.97亿万元，增长14.1%。一、二、三产业比由29.4∶20.2∶50.4调整为30.9∶18.6∶50.5。农村经济总收入1.29亿元，增长11.13%；粮食总产量3.33万吨，增长2%。工业总产值8 953万元，增长7.6%。年末公路通车旅程1 224千米。全年客运量33.5万人次，客运周转量1 804万人千米；货运量77万吨，货物周转量2 050万吨千米。年末固定电话7 981部，移动电话用户2万户，互联网用户2 416户，增长15%。全县地方财政收入2 119万元，财政总支出4.58亿元，增长58.9%。

年底，全县共有各类学校59所，专任教师1 054人，在校学生1.53万人。学龄儿童入学率99.8%，普通初中升学率98.53%，高考录取率61.33%。有各种艺术表演团4个，文化馆（站）8个，公共图书馆1个。广播人口覆盖率96%，电视人口覆盖率96.5%。年内，中国第一个佤族博物馆建成开馆；佤族神话史诗《司岗里》被省政府列入云南省非物质文化遗产名录扩展项目。有卫生机构（不含诊所）14个，病床199张，每千人有病床2.24张；卫生技术人员184人，其中，执业医师48人，执业助理医师22人，每千人有医师1.28人。新型农村合作医疗参合率94.79%。

2009年，农民人均纯收入1 578元，实际增长16%。在职职工年平均工资27 114元，增加2 308元。城镇居民人均可支配收入6 829元，实际增长5%。城镇居民平均住房面积24.3平方米，农村人口平均住房面积17.6平方米。城镇登记失业控制率4.5%。

中共县委书记　高建林

县人大常委会主任　鲁斌

县人民政府县长　魏艺红（女，佤，～2009.4）

代理县长　赵振华（佤，2009.6～）

县政协主席　魏岩本（佤）

【农业基础建设】　年内，完成中低产田地改造0.86万亩，高稳产农田地4.38万亩。完成勐梭镇勐梭村、力所乡力所村和图地村土地整理开发项目建设，完成2009～2020年9万亩“兴地睦边”农田整治工程项目规划。实施水利工程39件，改善灌溉面积0.4万亩，新增灌溉面积842亩。富母乃小（一）型水库建设完成投资2 500万元。

【发展特色支柱产业】　开展“板块推进、连片开发”试点，加强种植业板块、养殖小区建设，全县80%以上的重点贫困村均有一个主导产业。年内兑现茶产业发展补助资金103.3万元。新植甘蔗0.17万亩，种植面积1.8万亩，入榨11.39万吨（县内4.5万吨），产值3 723.6万元。新植橡胶1.31万亩，累计21.5万亩，开割5.28万亩，产值3 876万元。新植现代茶0.2万亩，种植面积5.2万亩，采摘2.35万亩，产值1 059万元。桑园面积0.9万亩，产值109万元。种植西盟米荞2.9万亩，产值397万元。改良畜禽品种，全县生猪良种覆盖率65%。全年肉类总产量2 400吨，产值4 308万元。

【改善民生】　年内开发公益性岗位40个，城镇新增就业320人，实现“零就业”家庭至少有1人就业；农村劳动力转移就业1 221人。落实失业人员小额担保贷款和“贷免扶补”就业创业扶持政策，发放贷款969万元，受益199人。使用失业保险基金41.72万元帮助7户困难企业稳定就业325人。发放下岗失业人员困难救助金52.81万元。推进社会保险扩面工作，征缴各项社会保险金1 840万元，支出1 338万元，做到应保尽保。争取并落实资金237.04万元，解决535名关闭破产企业退休人员参加城镇职工基本医疗保险问题。实施城乡居民二次医疗救助3 188人次，支出救助金313.7万元；实施城乡临时救助1 747人次，支出救助金25万元；以实物形式向800户沿边定居群众发放补助80万元。全年投入救灾救济资金76.9万元，发放救济粮77吨、衣被3750件，受灾群众基本生活得到保障。

拉祜族大妈用上了手机

（西盟县志办　提供）

【扶贫攻坚】　2009年，以整村推进为重点，抓好产业化扶贫，实施“雨露计划”、社会扶贫等重点工作。全县财政投入支农资金1 672.42万元，增长37.1%，对农民的直接补贴资金1 471.45万元。争取各类扶贫资金4 024.88万元，组织实施整村推进和重点村建设，年内完成投资746.21万元，累计完成投资3 777.7万元。有50个单位实施定点扶贫工作，投入帮扶资金134.49万元。举办各类培训班60期，培训实用技术人员2 976人次，劳务输出27人，资助学生459人。启动实施省、市新农村试点村项目。整合涉农项目资金2 109万元，对生产生活条件较差的罗列、细节等村民小组实施扶贫综合开发，通过落实各项扶贫措施，解决了5 920人温饱和48个村民小组2 177户9 700人安全饮水问题。

（李士昌）

普洱市经济社会发展主要指标（表一）

地 区	年末总人口（万人）		城镇人口占总人口比重（%）		全社会就业人员（万人）		农业总产值（万元）	
	2008年	2009年	2008年	2009年	2008年	2009年	2008年	2009年
普洱市	258.10	258.70	29.00	30.00	136 213	142 911	877 635	984 862
思茅区	25.68	25.89	58.20	59.70	44 913	47 550	82 765	91 045
宁洱县	19.49	19.53	27.80	28.80	10 401	10 323	79 698	87 405
墨江县	37.96	37.99	15.40	16.40	10 968	10 834	85 801	92 938
景东县	37.93	37.98	27.60	28.60	10 437	14 442	148 938	168 697
景谷县	31.03	31.08	32.40	33.40	13 829	14 688	165 170	197 944
镇源县	21.46	21.49	22.60	23.60	8 705	8 260	83 428	92 507
江城县	12.03	12.09	27.00	28.00	6 252	6 138	53 335	53 905
孟连县	13.38	13.41	39.50	40.50	9 539	9 211	53 245	58 842
澜沧县	49.89	49.97	17.70	18.70	13 699	13 540	107 508	121 609
西盟县	9.25	9.27	19.00	20.00	7 470	7 925	17 747	19 970

普洱市经济社会发展主要指标（表二）

单位：万元

地 区	地区生产总值							
			第一产业		第二产业		第三产业	
	2008年	2009年	2008年	2009年	2008年	2009年	2008年	2009年
普洱市	1 798 569	2 116 987	573 526	643 708	575 236	689 048	649 807	784 231
思茅区	394 356	458 796	50 435	56 125	160 803	180 289	183 118	222 382
宁洱县	165 701	190 301	57 828	60 021	39 261	49 760	68 612	80 520
墨江县	182 904	212 356	55 946	58 623	63 028	79 015	63 930	74 718
景东县	223 164	250 869	102 313	116 177	47 216	51 044	73 635	83 648
景谷县	276 896	335 261	109 302	131 576	101 693	121 950	65 901	81 735
镇源县	116 866	144 341	53 393	59 550	24 168	31 552	39 305	53 239
江城县	97 037	110 618	34 879	34 918	33 536	46 624	28 622	29 076
孟连县	80 267	89 210	31 746	35 036	17 880	19 167	30 641	35 007
澜沧县	206 078	237 869	72 414	80 108	67 963	74 977	65 701	82 784
西盟县	34 153	39 797	10 043	12 165	6 895	7 223	17 215	20 409

普洱市经济社会发展主要指标（表三）

单位：%

地　区	地区生产总值构成		第一产业		第二产业		第三产业	
	2008年	2009年	2008年	2009年	2008年	2009年	2008年	2009年
普洱市	100.00	100.00	31.89	30.41	31.98	32.55	36.13	37.04
思茅区	100.00	100.00	12.79	12.23	40.78	39.30	46.43	48.47
宁洱县	100.00	100.00	34.90	31.54	23.69	26.15	41.41	42.31
墨江县	100.00	100.00	30.59	27.61	34.46	37.21	34.95	35.18
景东县	100.00	100.00	45.85	46.31	21.16	20.35	33.00	33.34
景谷县	100.00	100.00	39.47	39.25	36.73	36.37	23.80	24.38
镇源县	100.00	100.00	45.69	41.26	20.68	21.86	33.63	36.88
江城县	100.00	100.00	35.94	31.57	34.56	42.15	29.50	26.28
孟连县	100.00	100.00	39.55	39.27	22.28	21.49	38.17	39.24
澜沧县	100.00	100.00	35.14	33.68	32.98	31.52	31.88	34.80
西盟县	100.00	100.00	29.41	30.57	20.19	18.15	50.41	51.28

普洱市经济社会发展主要指标（表四）

地　区	地区生产总值指数（上年＝100）		人均地区生产总值（元）		国有经济固定资产投资（万元）		社会消费品零售总额（万元）	
	2008年	2009年	2008年	2009年	2008年	2009年	2008年	2009年
普洱市	112.00	113.70	6 975	8 193	374 034	680 616	519 804	611 583
思茅区	113.50	113.60	15 375	17 810	95 911	156 934	164 316	194 266
宁洱县	110.10	110.80	8 508	9 754	31 049	39 666	39 742	46 180
墨江县	110.00	114.40	4 822	5 591	9 989	67 062	41 254	46 712
景东县	111.00	113.90	5 886	6 611	20 023	30 637	48 822	58 217
景谷县	113.20	116.00	8 932	10 794	32 441	90 703	66 211	79 321
镇源县	112.80	113.90	5 448	6 720	5 730	43 217	35 096	41 837
江城县	113.00	113.40	8 120	9 172	14 513	23 970	22 156	26 366
孟连县	109.00	112.30	6 004	6 657	4 738	1 3 612	31 172	36 221
澜沧县	109.90	111.20	4 132	4 764	45 786	66 632	61 407	71 514
西盟县	109.80	110.40	3 694	4 298	10 564	13 824	9 628	10 950

普洱市经济社会发展主要指标（表五）

地 区	地方财政收入（万元）		地方财政支出（万元）		人均地方财政收入（元）		人均地方财政支出（元）	
	2008年	2009年	2008年	2009年	2008年	2009年	2008年	2009年
普洱市	136 974	166 000	593 010	854 788	531	642	2 300	3 308
思茅区	28 775	33 100	60 157	77 274	1 122	1 284	2 346	2 997
宁洱县	10 828	11 926	44 218	60 750	555	611	2 268	3 114
墨江县	10 008	12 166	61 036	91 269	264	320	1 609	2 403
景东县	15 800	18 000	59 005	92 890	417	474	1 556	2 447
景谷县	15 868	18 406	52 755	75 277	512	593	1 701	2 424
镇源县	5 530	7 203	42 088	63 284	258	335	1 964	2 947
江城县	4 216	5 108	26 983	43 936	352	424	2 254	3 643
孟连县	3 598	4 062	31 811	43 632	269	303	2 376	3 257
澜沧县	10 556	12 359	91 152	130 367	212	248	1 827	2 611
西盟县	1 629	2 119	28 813	45 789	176	229	3 122	4 945

普洱市经济社会发展主要指标（表六）

地 区	农民人均纯收入（元）		职工人数（人）		在岗职工年平均工资（元）		人均储蓄存款余额（元）	
	2008年	2009年	2008年	2009年	2008年	2009年	2008年	2009年
普洱市	2 536	2 954	109 911	115 855	23 056	24 782	4 624	5 707
思茅区	3 050	3 472	28 965	30 939	23 972	26 665	15 424	19 050
宁洱县	2 539	2 920	9 880	9 897	22 047	24 626	6 149	6 807
墨江县	1 888	2 216	10 319	9 878	23 321	26 410	2 801	3 589
景东县	2 556	3 063	10 321	14 217	23 190	22 800	2 737	3 420
景谷县	2 862	3 342	12 992	13 892	21 602	22 948	3 841	4 315
镇源县	2 262	2 677	7 489	7 165	23 667	25 369	4 095	4 903
江城县	1 818	2 258	5 765	5 634	21 674	23 024	3 747	4 262
孟连县	1 980	2 300	7 678	7 386	22 585	23 791	7 235	10 482
澜沧县	1 421	1 737	12 777	12 712	22 972	23 721	1 995	2 592
西盟县	1 326	1 578	3 725	4 135	24 745	27 114	2 062	2 603

（省统计局）

临沧市

主　编　庞　云　温益群
责任编辑　郑灵琳　张　春

【概述】　临沧市位于云南省西南部。总面积2.45万平方千米，其中，山区面积占总面积的98%，坝区仅占总面积的2%。国境线长290.79千米。市府驻临翔区，距省会昆明598千米。辖临翔区、云县、凤庆县、永德县、镇康县、双江拉祜族佤族布朗族傣族自治县、耿马傣族佤族自治县、沧源佤族自治县；乡镇77个，其中，乡45个、镇32个。2009年末，常住人口239.6万人。其中，非农业人口24.76万人，占总人口10.33%；少数民族人口91.76万人，占总人口40.5%。人口密度每平方千米97.92人，人口自然增长率6.02‰。

2009年，全市实现生产总值177.1亿元，比上年增长11.4%。其中，第一产业增加值62.2亿元、第二产业增加值58.6亿元、第三产业增加值56.3亿元，分别增长6.6%、12%和15.8%。一、二、三产业比由上年的36.3∶32.8∶30.9调整为35.1∶33.1∶31.8。完成工业增加值41亿元，比上年增长7.6%；完成规模以上工业增加值34.4亿元，增长6.9%。全年接待海内外游客257.9万人次，比上年增长9.7%；实现旅游业总收入10.99亿元，增长7.4%。完成全社会固定资产投资114.5亿元，增长34.7%。全年实现社会商品零售总额59.4亿元，增长26.4%。居民消费品价格总水平比上年下降1%，其中商品零售价格总水平下降2.6%。全年外贸进出口总额8.3亿元，增长28.33%。

年末，公路通车里程1.38万千米，其中高等级公路436千米。公路运输客运量650万人，比上年增长4%；旅客周转量8.29亿人千米，增长11%；货运量1 460万吨，增长9.4%；货物周转量11.97亿吨千米，增长18.2%。固定电话机总数22.9万部（含小灵通），比上年末下降5.6%；移动电话用户85.51万户，增加17.78万户；移动电话普及率35.7部/百人。互联网用户5.17万户，增长49%。

2009年，全市完成财政总收入16.8亿元，比上年增收1.37亿元，增长8.9%，其中地方一般预算收入10.1亿元，增长18.5%。全市地方一般预算支出69.3亿元，增加20.16亿元，增长41%。

年底，全市共有各类学校2 425所，专任教师2.18万人。其中，高等学校1所、中等职业教育学校22所、普通高中17所、初中104所、小学2 220所、特殊学校1所。在校学生40.1万人。

全市安排科技三项费用227万元，共实施科技项目51个，创建农村科普示范基地19个，全国科普示范县区3个。截至2009年底，成立市县级学会（协会、研究会）137个，农村产业协会829个，全年举办科普讲座160次，听讲人数3.3万人次，举办科普展览169场次，参观人数16.4万人；实用技术培训8万人次，招收“农函”大学员2.12万人。

有艺术表演团队9个，文化馆9个，图书馆9个，馆藏图书68万册。发行《临沧日报》380万份。有调频转播发射台40座，电视转播发射台10座；卫星收转站15.79万座，广播覆盖率95.03%，比上年提高2.15个百分点；电视覆盖率95.28%，比上年提高0.71个百分点。

全市拥有卫生机构370个，其中医院23所。年末共有病床4 562张，其中医院病床2 761张；有卫生技术人员4 369人，其中执业医师和执业助理医师2 114人。新型农村合作医疗参合农民181.1万人，参合率91.66%。

在云南省第十三届运动会预赛和第三届特殊奥林匹克运动会比赛中，共获金牌16枚、银牌8枚、铜牌15枚。

2009年，农民人均纯收入2 730元，比上年增长15.5%；在岗职工年均工资23 256元，比上年增加2 562元。城镇居民人均可支配收入11 360元，增长10.6%。城镇居民消费支出8 382元，增长8.8%；农民人均生活消费支出1 684元，增长5.45%；城乡居民人均储蓄存款3 931元，增长25.59%。城市居民人均住房使用面积27.95平方米，农村居民人均住房面积18平方米。城镇

国门南伞口岸　　（临沧市志办　提供）

登记失业率4.03%。

中共市委书记　李国伟

市人大常委会主任　查映伟（彝）

市人民政府市长　何剑文（白）

市政协主席　刘世胤（～2009.4）　李建昌（2009.4～）

【农业基础设施建设】　全市在建重点水源工程加快推进，重点水利工程建设项目累计完成投资6.57亿元。17件在建重点小（一）型水库除险加固工程全面完工。建成自流引水工程636件，解决农村17.6万人饮水安全问题。完成农田水利基本建设工程2.3万件，改善灌溉面积1.2万亩。全市按照“小班制规划、井田制建设”和“九个有”标准，完成投资1.47亿元，完成中低产田地改造11.04万亩。坡改梯2 100亩，完成配套沟渠建设293千米、机耕道路建设66千米。全市累计建成农村沼气池11.5万口，建成农村沼气化村105个，累计建成农村沼气服务网点239个。

【交通基础设施建设】　2009年，交通基础设施建设取得新突破。全市共争取交通项目133个，总投资78.26亿元，完成投资15亿元。耿马（振兴桥）至清水河，耿马至沧源，国道323线永平至临沧，国道214线博尚至双江（小黑江桥）等6条（段）二级路和262千米通畅工程、1 400千米通达工程开工建设。凤庆至习谦二级路基本完成路基土石方工程，南伞至班幸二级路基本完成主体工程，续建的600千米通畅和1 660千米通达工程全面完成。

【口岸建设】　2009年，编报口岸建设项目24个，争取补助资金2 986万元。孟定清水河口岸相继启动供水工程、亮光工程、绿化工程、道路建设等项工程，部分工程已完工。南伞口岸联检楼主体工程于1月1日开始试运行，4月14日通过省级验收；查验货场完成规划、可研、初设等工作，通过省级专家评审。沧源口岸芒卡查验货场建设项目进展顺利。沧源永和联检楼、查验货场建设选址于2月获省政府同意，可行性研究报告通过省级专家评审，工程于12月25日开工建设。年内，全市3个口岸进出口额1.26亿美元，增长23.5%；进出口货运量50.4万吨，增长0.4%；出入境人员120万人次，增长12.1%；报关报检出入境车辆21.8万辆次，增长17.6%。

【境外罂粟替代种植】　2009年，新增境外罂粟替代种植企业4户，替代种植企业累计19户，新增替代种植面积3.8万亩，为目标任务2万亩的190%。全市实施替代种植总面积近37万亩，主要替代种植作物有甘蔗、橡胶、茶叶、木薯等。

【绿色经济建设步伐加快】　全市各级各部门按照“围绕龙头建基础、建好基地促龙头、依托龙头拓市场、突出特色创品牌”思路，大力调整和优化产业结构，把优势特色产业培育和发展作为促进农村经济发展、加快农民增收的关键措施来抓。着力推进以泡核桃为主的1 000万亩高优产品基地建设，出台相应政策和建设实施意见，核桃“三率”（成活率、成长率、挂果率）建设深入实施，重点抚育管护核桃面积401.74万亩。2009年，新增核桃种植面积100万亩，全市累计核桃种植面积达621万亩。大力推进新烟区建设。临翔区勐托、云县爱华、耿马县勐撒3个山区现代烟草农业核心示范区种植烤烟1.5万亩，完成烟叶收购4.8万担，中上等烟达86.46%，支付收购资金3 543万元，亩均产值2 359元。实现烟农总收入3.2亿元，烤烟产业成为农民增收新亮点。凤庆县、云县在全省率先实行政策性甘蔗保险，农民种蔗积极性提高。全市甘蔗累计面积达143万亩，累计建成高优蔗园88万亩。种植面积和产量占全省总量三分之一；实现茶叶面积产量销量“三增”。到年底，全市累计茶园种植面积达126.3万亩，比2008年增长3.5%，累计建成高优生态茶园45.1万亩。完成产量4.8万吨，增长8.3%，销售茶叶4.6万吨，增长8.4%。甘蔗、茶叶产业成为全市企业创收和农民增收的主渠道之一。新建橡胶园2.89万亩，橡胶累计种植面积达64.9万亩，实现产量1.94万吨。建成0.96万亩香蕉种植示范基地和国内第一家年产2 000吨香蕉粉、2.4万吨香蕉浆的龙头企业云南耿马凯雄香蕉有限公司，成功

沧源佤族村寨　（刘建明　摄）

向农业部申报“凯雄香蕉绿色食品认证”。2009年，全市香蕉种植面积达8万亩，鲜香蕉产量21万吨。园林水果园面积达41.5万亩。完成木薯种植面积4.9万亩，产干薯片1.6万吨。咖啡种植面积1.6万亩。确保城乡居民“菜篮子”和特色外销蔬菜基地发展到8.84万亩，产量13.26万吨；澜沧江电站库区“增值放流”，网箱养鱼全面启动，水产高产高效健康养殖技术推广步伐加快。2009年，全市水产养殖面积达4.65万亩。

【森林覆盖率提前达标】 2009年9月，省林业厅组织西南林学院、省林科院、省林业职业技术学院、省森林资源技术服务中心、临沧市林业局等单位的专家以及省林业厅有关处室领导，对临沧市8县（区）森林资源规划设计调查成果进行评审验收，8县（区）森林资源规划设计调查报告通过评审验收。根据评审验收结果，全市森林覆盖率达60%，活立木总蓄积8 437万立方米，增加1 310万立方米，荒山面积91万亩，减少233万亩。全市提前11年完成《中共临沧地委、临沧地区行政公署关于实施青山绿水工程建设的决定》提出的到2020年森林覆盖率达到55%的目标。

【民生问题逐步改善】 全年，发放城乡低保金2.9亿元，37万人享受最低生活保障。发放养老、医疗、失业、工伤、生育保险等保险资金2.87亿元，比上年增加2 537万元。投入救灾救济资金700万元，救济灾民16万人次。城镇居民基本医疗保险参保7.39万人，参保率62%。耿马县新型农村社会养老保险试点工作启动实施。开工建设27.53万平方米5 506套保障性住房，完成投资2.11亿元。完成住房租赁补贴1 743万元，解决1.04万户城镇低保家庭住房困难问题。住房公积金缴存归集2.4亿元。投入就业保障资金2 920万元。城镇新增就业1.11万人，城镇下岗失业人员再就业3 511人，就业困难人员再就业3 160人，稳定困难企业就业岗位2 636人，开发公益性岗位801个，2 362名大中专毕业生实现就业。争取扶贫资金4.03亿元，组织实施整村推进项目626个，实施易地扶贫搬迁5 884人，发放扶贫小额贷款2.05亿元，发放企业专项贴息贷款4 000万元，转移农村富余劳动力5.1万人。临翔区博尚镇“整乡推进”扶贫开发试点工作进展顺利。5个人口较少民族聚居村获中央657万元资金扶持。全市贫困人口比上年减少5.78万人。新三年“兴边富民工程”完成投资10.41亿元。完成小湾电站凤庆库区移民搬迁安置4 310人。

【城镇建设稳步推进】 2009年，全市组织实施96项园林化城市建设工程，城镇建设累计完成投资17.88亿元，其中，市政基础设施建设完成投资4.2亿元，房地产开发完成投资13.68亿元，城镇建成区面积68.4平方千米。全市城镇化率提高1个百分点，达29%。

【“摸你黑狂欢节”获“中国十大魅力节庆活动”荣誉】 2009年8月，在第五届中国国际会展文化节上，由中共云南省委、云南省人民政府、云南省旅游局主办，沧源佤族自治县委、沧源县人民政府、临沧市旅游局承办的“中国佤族司岗里摸你黑狂欢节”获得“2008年至2009年度中国十大魅力节庆活动”荣誉，同时还荣获中国会展界最高奖“金海豚奖”。“中国佤族司岗里摸你黑狂欢节”是此次获奖的唯一一个县级政府举办的活动。

【临沧市民中心开工建设】 2009年4月15日，位于临沧城沧江园北侧，集复合功能、高效率、最具人气的城市公共设施和城市公共空间综合体的临沧市民中心工程建设项目开工建设。中心由主体功能区和周边商务区组成，主体功能区主要建筑有会议展览演艺中心、知识馆、综合活动中心，规划设计突出集约性、兼容性、地域性等特点。

（王邱华）

临翔区

【概述】 临翔区位于云南省西南部、临沧市中东部，是临沧市党政机关驻地，辖区总面积2 652平方千米。距省会昆明598千米。2009年，平均气温18.4℃，最高气温32.5℃（6月4日），最低气温10.0℃（12月30日）。年日照时数2 330小时，年降水量919毫米。无霜期290天。全年气温偏高，降雨量偏少，干季旱情较重，雨季降水分布不均。辖2个街道1个镇7个乡，93个村民委员会，9个社区居民委员会。年末总人口30.69万人。其中，非农业人口5.81万人，占总人口19%；少数民族人口6.12万人，占总人口20.79%。人口密度每平方千米115.4人，人口自然增长率5.43‰。

全年实现生产总值26.03亿元，比上年增长11.9%。其中，第一产业增加值6.83亿元，增长6.5%；第二产业增加值7.06亿元，增长15.4%；第三产业增加值12.13亿元，增长12.8%。一、二、三产业结构比由上年的28.0∶26.0∶46.0调整为26.3∶27.1∶46.6。农村经济总收入9.97亿元，增长13%。粮食总产量8万吨，下降0.51%。工业总产值完成8.1亿元，增长6.9%。年末公路通车总里程1 451.7千米。财政总收入2.53亿元，增长12.56%；财政总支出8.05亿元，增长41.72%。

全区共有中小学幼儿园245所，其中，幼儿园10所，小学213所（包括一师一校），中学22所，专任教师3 290人，在校学生5.11万人（其中幼儿8 060人）。学龄儿童入学率99.7%，普通初中升学率74.51%，高考上线率81.35%。全区有各种文化体育表演队180支，文化馆（站）11个，公共图书馆1个。广播人口覆盖率95%，电视人口覆盖率95%。卫生机构（不含诊所等）17个，病床487张，每千人有病床1.59张；有卫生技术人员517人，其中，执业医师142人，执业助理医师250人，每千人有医师1.28名。

全年农民人均纯收入2 770元，

增长15.3%；在职职工年平均工资27 425元，增加3 048元。城镇居民可支配收入11 725元，实际增长10.95%。人均消费性支出8 394元，实际增长11.0%。城镇居民平均住房面积25.05平方米，农村人口平均住房面积21.49平方米。城镇登记失业率4.29%。

中共区委书记　张涛
区人大常委会主任　唐永恒
区人民政府县区长　李明昌
区政协主席　黄丽

【新农村建设】　2009年度市确定临翔区30个新农村建设重点村，共涉及10个乡（镇、街道）28个村（社区）30个自然村。年内，共投入资金6 423.75万元，其中，上级补助1 505.86万元，群众自筹4 917.89万元。共种植核桃231.07公顷、茶叶184公顷、早熟油菜100公顷、大棚蔬菜2.53公顷；建水泥硬板路42条36.7千米，弹石路1条1千米，砂石路3条12千米；新建民居房174户，改造98户；建饮水工程7件，铺设管道31.5千米，水池21个；建活动场地11个，沼气池133口，垃圾坑4个；开展科技培训168场次6 720人次。经测算，2009年30个重点村经济总收入达7 113.48万元，农民人均纯收入3 303元，同比增长21.66%。

【客运站点建设】　做好山区道路的路、站、运、管、安一体化建设，切实解决山区群众出行问题。抽调专人组成调研组，对全区各乡（镇、街道）、行政村人口分布、客运车辆数、运力情况、道路状况、客流量流向，特别是农村赶集日、周末学生往返等情况进行调研。结合实际，编制《临翔区农村客运发展规划》。结合省、市农村客运发展的有关政策，拟订临翔区推广“丘北经验”加快农村客运发展实施方案。《方案》在统筹城乡客运网络基础上，按照“不同区域、不同时段、不同运行方式”的发展模式，将蚂蚁堆乡、忙畔街道作为农村客运发展试点，推行农村客运发展的多种经营模式，年内，试点工作已全面铺开，新开通农村客运线路7条，建设招呼站16个。

【野茶花鸡养殖】　离主城区60千米的圈内乡官山芒果园，是云南野茶花鸡开发有限责任公司总部所在地，该地属热带、亚热带季风气候，常年温和，农作物品种繁多，是天然野茶花鸡养殖场，适合野茶花鸡（原鸡）生长繁殖。公司始建于2004年，现已建成投产厂房面积8 000平方米，公司占地面积318亩，拥有6万羽投产种鸡，年产1 000万羽雏鸡，生产能力和规模目前居于全国同行列前列。主导产品有：野茶花鸡雏鸡（鸡苗）、肉用生态商品活鸡、观赏型红色原鸡、阉鸡、腌制风味胴鸡等（茶花两朵）、生态野茶花鸡蛋、生物饲料等系列生态食品。产品供不应求。

公司拥有“茶花两朵”商标及其先进的繁育技术，走产业化发展的“公司+基地+合作社+农户”产业化、规模化、标准化生产道路，在生产实践中，不断将科研成果转化为适合规模生产需要的共性技术、关键技术，为生产优质野茶花鸡提供了可靠的技术保障，也为农户带来可观的经济收入。

飞舞的茶花鸡　（临翔区志办　提供）

【文明社区——塘平】　凤翔街道塘平社区紧紧围绕实现“自治好、管理好、服务好、治安好、环境好、风尚好”的“六好”目标，认真贯彻落实科学发展观，不断推进和谐社区建设，不断整合社区资源、健全服务网络、创新服务方式、拓宽服务领域、强化服务功能，社区政治、经济、文化、环境协调发展，居民生活水平和质量得到较大改善。塘平社区高标准建设了社区综合办公楼，公益性服务设施，建成社区便民服务中心及综合活动室300多平方米，建成集篮球场、地掷球场、门球场、室外休闲广场3 000多平方米活动中心，多方筹集资金25万元实施亮化工程，共安装背街小巷路灯78盏，修建社区村寨道路2条，投资40万元安装社区治安防范监控网络；大力推进社区就业和救助服务，不断推进社区社会保障服务，社区卫生和计划生育服务，社区文化、教育、科技、体育服务，社区安全服务，完善组织网络和规章制度。2005年被省老龄委授予“敬老先进社区”；2006年被全国老龄委授予“敬老先进社区”；2006年被临翔区委评为“五好”党组织、被团区委评为“五四

红旗团组织”；2007年被临沧市委评为“临沧市文明社区”；2008年被省委表彰为“云南省先进基层党组织”、被团省委评为“云南省五四红旗团组织”，被临沧市司法局、民政局确定为“临沧市民主法制示范社区”。2009年，塘平社区申报省级文明社区并已进行考评。

【新农村建设的榜样——新村旧寨村民小组】 凤翔街道新村旧寨村民小组紧紧围绕“提高人均富裕度、改善人的居住质量、优化人的创业环境”三个核心指标和“对拥有的资源状况做到心中有底，对发展目标做到心中有数，对未来的村容村貌状况做到心中有形，对如何实现这些目标做到心中有路”的目标要求，认真编制完成自然村产业发展规划、社会事业发展规划和村容村貌整治规划。文明村创建期间，在产业发展上，已种植高优茶园40亩、泡核桃15亩。在民居房建设上，已完成民居房建设9户，其中，新建8户，改造1户。在基础设施建设上，先行改造电路线网，移栽影响车辆通行的电线杆2根，理顺入户电线；修建20立方米蓄水池1个，5立方米过滤池1个；铺设输水管道2.5千米；新建道路250米；修建一个3立方米的垃圾坑。在村寨绿化上，一方面是道路绿化，主道路两侧种植乔木和三角梅；另一方面是家庭美化，由农户根据自家情况对庭院进行美化，要求绿地面积不少于10平方米。在村寨入口处建成一个集停车、文体娱乐为一体的中心广场，相关配套设施正在逐步完善。通过努力，新村旧寨现已成为214国道旁一个和谐、文明的村寨亮点，并于2008年被临沧市委评为“市级文明村”、临沧市“十大优美村寨”。2009年，新村旧寨正在申报“省级文明村”。

（唐永润）

凤庆县

【概述】 凤庆县位于云南省西南部、临沧市北部。辖区总面积3 451平方千米。其中山区面积占总面积的98%。县人民政府驻地凤山镇，海拔1578.8米，距省会昆明580千米，距市府驻地123千米。2009年，平均气温17.5℃，年最高气温31.9℃（7月19日），年最低气温1.0℃（12月30日）；平均日照时数5.88小时，年总降雨量984.4毫米，无霜期304天，主要气象灾害有：干旱、洪涝和雷电。辖乡镇13个，其中，乡5个，镇8个，村（居）民委员会187个，自然村2 773个。年末常住人口45.69万人。其中，非农业人口3.31万人，占总人口7.2%；少数民族人口13.35万人，占总人口29.2%。人口密度每平方千米132人，人口自然增长率5.04‰。

全年实现生产总值26.18亿元，比上年增长12.4%。其中，第一产业增加值11.62亿元，增长6.7%；第二产业增加值6.55亿元，增长20.1%；第三产业增加值8.01亿元，增长13.4%。一、二、三产业结构比由上年的45.5∶24.2∶30.3调整为44.4∶25∶30.6。农村经济总收入16.1亿元，增长20%。粮食总产量14.2万吨，增长1.4%。实现工业增加值3.25亿元，同比增加5 254万元。年末公路通车总里程5 620千米。全年客运量40.56万人次，客运周转量5 840.64万人千米；货运量77.4万吨，货物周转量1.74亿吨千米。全年县财政总收入2.0亿元，增长24.5%；财政总支出10.25亿元，增长51.3%。

全县共有各类学校448所，专任教师3 258人，在校学生6.59万人。学龄儿童入学率99.62%，普通初中升学率96.01%，高考上线率93.37%。有各种艺术表演团体16个，文化馆（站）14个，公共图书馆1个。广播人口覆盖率94.98%，电视人口覆盖率95.49%。有卫生机构（不含诊所等）16个，病床645张，每千人有病床1.4张；有卫生技术人员418人，其中，执业医师162人，执业助理医师60人，每千人有医师1.7名。

农民人均纯收入2 926元，扣除物价因素，实际增长16.99%；在职职工年平均工资24 612元，增长19.87%。城镇居民可支配收入11 610元，实际增长10.9%。城镇居民人均消费性支出7 980元，实际增长9.84%。城市居民人均储蓄存款2 839元，增长20.4%，人均住房面积28平方米。城镇登记失业率4.5%。

中共县委书记　李华松（～2009.6）　段春旭（2009.6～）

县人大常委会主任　杨昭

县人民政府县长　段春旭（～2009.6）　杨文章（代理县长，2009.6～）

县政协主席　字清华（彝）

【新农村建设】 2009年，全县累计完成新农村建设投入2.5亿元，建成特色民居房681户，项目涉及13个乡镇、60个行政村，184个自然村，做到乡镇全覆盖、云保路和凤小路沿线全覆盖。建成党员电教室（文化活动室）51个，农村卫生室86个、兽医室41个；累计建成沼气池4.5万口，建成沼气化乡镇5个，沼气化村65个；完成农村电网改造408千米；实施“一事一议”建设项目168个，建成硬板路158条225千米，村民文化活动场所32个。创建县级以上文明村38个，创建省级“民主法治示范村”1个，市级“民主法治示范村”3个，有力推动了农村基层民主政治建设。

【保障性住房建设】 二期廉租住房建设累计完成投资330万元，建成住房60套3 000平方米，共有居住在凤山镇所辖的文明、东城、龙泉、凤山社区并符合标准达到要求的60户住房困难户家庭入住；三期廉租住房暨保障性住房建设顺利启动：2009年上级共下达凤庆县保障性住房636套3.18万平方米，项目总占地面积21.01亩。住房租赁补贴发放面向13个乡镇：在2008年凤山镇所辖4个社区试点取得成功的基础上，2009年住房租赁补贴发放工作向全县13个乡镇符合标准达到要求的住房困难人群推广，全年分4次发放住房租赁补贴179.18万元，受益人群

3 811户次1.22万人次。

【小湾电站建设】 小湾水电站位于澜沧江与黑惠江交汇后下游1.5千米处，是澜沧江中下游梯级电站中的第二级，是云南省西部大开发的标志性工程，云南省“西电东送”“云电外送”战略重点工程。

小湾水电站以发电为主兼有防洪、灌溉、拦沙及航运等综合利用效益，水库具有多年调节能力，为澜沧江中下游梯级电站的“龙头水库”。水库总库容约149.14亿立方米，水库调节库容近100亿立方米。小湾水电站坝高294.5米，是世界上已建、在建的首座最高的双曲拱坝，坝顶弧长892.2米，坝体混凝土总量884万立方米，成功解决了300米级坝体混凝土温控浇筑的世界级难题，为全国乃至世界高坝建设提供了借鉴。

小湾电站 （凤庆县志办 提供）

电站地下引水发电系统规模宏大，其中，主厂房30.6米大跨度、深埋500多米，犹如30层楼高的地下宫殿，且中间没有一根柱子，相当于挖出100万立方米的地下空间。在不到0.3平方千米的山体里，布置了88条地下洞室群，属世界之最。成功处理右岸700米复杂高边坡，在国内外水电建设乃至其他行业工程都尚属罕见。

地下厂房装有6台混流式机组，单机容量70万千瓦，总装机规模420万千瓦，机组保证出力177.8万千瓦，平均发电量189.9亿千瓦时，可满足云南电力系统2010～2015年负荷增长需求。小湾水电站首台机组于2009年9月25日投产发电，年内完成发电量16.66亿千瓦时。

电站正常运行后，使下游漫湾、大朝山、景洪3座电站保证出力增加约110万千瓦；总发电量增加41亿千瓦时，将使云南省具有多年调节能力的水电装机容量由15%上升到70%，仅此一项，相当于不花一分钱就建成一座百万千瓦级大电站。有专家曾经做过测算，电站每年发电量与燃煤电站比较，每年可节约近1 000万吨标准煤，相当于减排2 000万吨二氧化碳，40万吨二氧化硫等有害气体，对防止酸雨和温室效应将发挥积极作用。

电站从开始建设就亮出“绿色”主题，这代表中国从政府到民众对环保的重视。整个工程建设中充分利用现代化冷却技术和污水处理，17个弃渣场也正在建设，施工现场微生物水循环环保厕所发挥重大功效，现已投运的永久营地污水处理及回用工程，使永久营地污水处理率达100%。树立水保、环保理念，被小湾水电站开发者华能澜沧江有限公司放在与工程建设同等重要的位置。在政府有关部门支持下，多家环境监理单位入驻，在工程区及澜沧江出境处设立水文环境检测网站等，电站建设项目工地被人们称为“花园式”“旅游式”工地。为做好流域水电开发中的环境保护工作，华能澜沧江有限公司在2007年全面启动环境保护永久工程，签订金光寺自然保护区、绿孔雀自然保护区、猕猴保护点建设和管理协议，还进行了珍稀植物移植保护，建立人工鱼类增殖放流站。走进小湾，水流云走，鸟鸣山幽，“绿色”的小湾水电站正与环境和谐共处于山水间。

小湾水库在坝址以上平均每年拦蓄悬移质泥沙4 800万吨和推移质150万吨，解决下游漫湾和大朝山电站的泥沙问题。小湾水库可提供与兴利库容结合的调洪库容为13.18亿立方米，为保障大坝安全进行的调洪可削减洪峰12%。小湾水电站所处河段目前不通航，水库建成后可形成干流库区深水航道178千米，支流黑惠江库区深水航道123千米，为发展库区航运创造了条件；经水库调节后使澜沧江下游河道的枯水期流量增加，改善了航运条件。

（杨映兰）

 云 县

【概述】 云县位于云南省西南部、临沧市东北部。总面积3 760平方千米。县城所在地爱华镇地处漫湾、大朝山和小湾三大电站中心腹地。国道214线由北向南纵贯全境，与省道云（县）保（山）线交汇于县城爱华镇，与大朝山对外公路和羊（头岩）镇（康）公路在县境内交汇贯通。县城距省会昆明514千米，距临沧市政府驻地74千米。2009年，平均气温20.8℃，年最高气温36.4℃，年最低气温3.1℃，平均日照时数2 181.1小时，平均降雨

量619.8毫米。辖12乡镇，其中，镇7个，乡5个，190个村委会，4个社区，2 229个村民小组。年末总人口43.41万人。其中，非农业人口3.25万人，占总人口的7.5%；少数民族人口21.81万人，占总人口的50.2%，人口自然增长率5.21‰。

全年实现生产总值41.99亿元，比上年增长10.7%。其中，第一产业增加值13.72亿元，增长8.3%；第二产业增加值18.37亿元，增长9.3%；第三产业增加值9.90亿元，增长16.6%。一、二、三产业比由上年的33.2∶44.1∶22.7调整为32.7∶43.7∶23.6。实现农业总产值21.87亿元，比上年增长10.1%。粮食总产量15.96万吨，增长5.12%。实现工业总产值25.03亿元（含漫湾电厂9.27亿元），比上年增长6.4%。完成客运量78.27万人次，客运周转量1 158万人千米，货运量77.63万吨，货运周转量2.74亿吨千米。财政总收入4.03亿元，比上年下降3.8%。财政总支出9.48亿元，增长53.3%。

有普通中学16所，在校学生2.03万人，初中阶段入学率99.33%，巩固率98.56%；高中阶段入学率达43.8%；中等职业学校1所（职成教育中心），在校学生5 055人；小学224所，教学点142个，在校学生3.65万人，小学入学率99.42%，巩固率99.26%。有教职工3 899人，其中专任教师3 834人。拥有公共图书馆1个，有文化馆（站）1个、歌舞团1个。共有卫生机构16个，床位数484张；卫生技术人员486人。

全县农民人均纯收入3 235元，增长17.3%；农民人均生活消费支出1 341元。城镇居民人均可支配收入11 787元，增长11.0%；人均生活消费支出8 664元，增长10.2%。

中共县委书记　余炳武（～2009.6）　宋红临（2009.7～）

县人大常委会主任　刘灿

县人民政府县长　宋红临（～2009.7）　杨仕吉（代理县长，2009.7～）

县政协主席　何春华

【云药之乡——云县】　云县是云南生物多样性最丰富的地区之一，是省中药材滇龙胆草人工种植时间最早、种植面积最大的地区。根据云南省科技厅于2009年4月24日颁布的《云南省云药之乡认定管理暂行办法》，云县积极组织做好以滇龙胆为主的“云药之乡”认定申报工作，并先后两次邀请云南省农科院药物植物研究所、云南省科技发展研究院领导和专家到云县调研滇龙胆发展情况。9月24日，省科技厅举行全省第一批20个“云药之乡”授牌仪式，云县被认定为以滇龙胆草为主要品种的“云药之乡”，并得到25万元奖励补助。

云县是云南省中药材滇龙胆草人工种植时间最早、种植面积最大的地区
（云县志办　提供）

【马铃薯成果评比表彰】　4月24日，由爱华镇人民政府、县农业局共同举办的水磨村科学种植马铃薯成果表彰会暨洋芋王评比会在爱华镇水磨村召开。

水磨村辖7个村民小组，3个自然村，391户农户，1 542人，耕地面积1 230亩。在镇人民政府及县农业局等相关技术部门指导帮助下，大力发展马铃薯产业，2009年喜获丰收。最高单产达4.5吨，平均亩产3吨，单个最大1.35千克。为表彰先进，树立典型，由相关技术人员组成的专家评委对广大农户种植的马铃薯，分别从产品的薯形、块茎、红皮、黄肉、芽眼浅少、表皮光滑、无裂缝等方面进行综合评比，最后共有19户农户进入决赛，评选出一等奖1名，二等奖2名，三等奖3名，单个特大奖1名，鼓励奖11名，最佳种植能手奖1名。爱华镇、县农业局、县土地局等领导分别对获奖者颁发奖金。

【滇缅铁路遗址园一期工程完成】　2008年，在纪念滇缅铁路建设70周年纪念会上，云县被指定为“滇缅铁路遗址纪念园”建设地。云县充分利用抗日战争时期在云县遗留的战地后方医院、撒马坝备用机场、忙怀隧道遗址、官庄河土方堆等历史古迹，再现临沧人民修建滇缅铁路艰难悲壮的场景，留下永久性纪念景观，以此鼓舞人心、激励精神，弘扬拼搏奋进、生生不息的临沧精神，并推动临沧国际大通道建设，促进临沧经济社会发展。经过1年认真、扎实工作，滇缅铁路遗址纪念园项目建设规划设计方案经过全省招投标后通过市级专家评审，项目立项获批准，建设用地许可等相关手续全面完成。“滇缅铁路遗址纪念园”项目总投资1 000万元，一期工程500万元，2009年启动并完成一期工程。

【干部职工学习布朗语】 忙怀彝族布朗族乡是一个以彝族布朗族为主的少数民族乡，全乡彝族布朗族人口占总人口的85%以上。2009年2月3日上午，忙怀彝族布朗族乡政府干部职工学习布朗族语言活动拉开了序幕。讲授工作由忙怀彝族布朗族乡代理乡长何光进（布朗族）担任，每周1次学习，学习中采取教授、领读、抽读方式进行，每次学习时间不少于2个课时。

【龙胆草助农致富】 涌宝镇南茂河村杨国廷原来靠种植粮食和茶叶，家庭经济困难，他通过反复考察、深入思考和多次研究，根据当地土壤、气候适合种植龙胆草这一实际，2006年开始种植龙胆草100亩，通过两年多精心种植和科学管理，2009采收龙胆草根3 000千克，经济收入8万元，每亩比种粮食收入高出10倍多。

（钟履山）

永德县

【概述】 永德县位于云南省西南部、临沧市西部。辖区总面积3 208平方千米。其中，山区面积3 048平方千米，占总面积95%；坝区面积160平方千米，占总面积5%。县人民政府驻地德党镇，海拔1580米，距省会昆明789千米，距市府驻地225千米。2009年，平均气温18.3℃、最高气温30.2℃（7月19日）、最低气温4.5℃（12月30日）；平均日照时数2 235.8小时，年降雨量922.6毫米；无霜期333天。主要气象灾害有旱灾、风雹灾、洪涝灾。全县干旱粮食作物受灾41万亩，造成饮水困难人口3.4万人，经济损失2 395.60万元；风雹农作物受灾4 755亩，成灾4 305亩，绝收480亩，损坏房屋169间，经济损失计95万元；洪涝农作物受灾4.71万亩，成灾1.28万亩，绝收6 345亩，房屋受损109间、倒塌84间，水毁公路190.71千米，毁坏沟渠30条，受灾人口3.40万人，紧急转移安置人口152人，经济损失计836.91万元。辖乡镇10个，其中，乡7个、镇3个，村（居）民委员会118个，自然村1 087个。年末总人口33.73万人。其中，非农业人口2.78万人，占总人口8.24%；少数民族人口7.37万人，占总人口21.85%。人口密度每平方千米110人，人口自然增长率4.85‰。

全县实现生产总值18.51亿元，比上年增长11.9%。其中，第一产业增加值7.55亿元，增长7.5%；第二产业增加值5.30亿元，增长12.4%；第三产业增加值5.67亿元，增长16.8%。一、二、三产业比由上年的42.9∶27.5∶29.6调整为42.9∶27.5∶29.6。农村经济总收入11.42亿元，增长17.44%。粮食总产量12.92万吨，增长4.17%。工业总产值完成7.82亿元。年末公路通车总里程3 859千米。全年客运量19.04万人次，客运周转量3 277.49万人千米；完成货运量94.20万吨，货物周转量3.49亿吨千米。年底固定电话机总数1.16万部，移动电话用户8.42万户，电话普及率3.42部/百人。互联网用户3 367万户，比上年增长23.15%。全县财政总收入1.22亿元，增长10.7%；财政总支出7.11亿元，增长35.67%。

全县共有各类学校204所，专任教师2 684人，在校学生5.55万人。学龄儿童入学率99.56%，普通初中升学率23.16%，高考录取率47.81%。各类艺术表演团体2个，文化馆1个，公共图书馆1个。广播人口覆盖率95%，电视人口覆盖率95.2%。卫生机构16个，病床472张，每千人有病床1.39张；有卫生技术人员360人，其中，执业医师109人，执业助理医师65人，每千人有医师0.52名。

全年农民人均纯收入2 647元，扣除物价因素，实际增长16%；在职职工年平均工资22 384元，增加2 786元。城镇居民可支配收入11 434元，实际增长9.97%；人均消费性支出8 282.89元，实际增长7.24%。居民人均储蓄存款2 456.28元，增长20.57%。

中共县委书记 丁华云

县人大常委会主任 杨建荣

县人民政府县长 杨世吉（～2009.6） 杨毅（代理县长，2009.6～）

县政协主席 何国清

【特色芒果产业】 永德是云南最大的芒果生产基地，栽培历史上百年。海拔1500米以下低热河谷地带均适宜生长，永康、送吐、端德、忙腊、忙捞、勐底、勐旨、永甸8个行政村，是县内芒果主产区。1981年，开始引进马切苏、大青蜜、缅二、缅三等9个优良品种进行规模种植。根据市场需求，不断进行品种优化，先后引进留香、吕宋、红云、红桃、大白玉、鹦鹉、生吃、香蕉、珊瑚、五彩等品种。引进品经过多年种植，生产的“大白玉”芒果，1990年被评为云南优质产品。至2009年，全县有芒果品种53个，其中，引进品种38个、芽变品种12个、本地品种3个，有自主知识产权2个品种。种植面积4.3万亩。

从1998年起，把每年7月10～15日定为永德芒果节，并每年召开盛大节日庆典和促销活动，活动中有“吃芒果”比赛、年度“芒果王”评比、芒果“一条街”等芒果专项内容，同时从1988年起，先后兴办了永兴果品加工厂、安宁珍果饮料厂、云南玉丹食品饮料有限责任公司，生产品种有玉丹饮料系列，以及芒果酱、芒果脯、糖水芒果、梨脯、菠萝罐头、冬瓜脯、酸木瓜脯、糖水四方果、四方果脯、番木瓜脯、橄榄脯等11个品种。并充分借助云南省举办的各种交易会，开展宣传推介展销等活动。

【烤烟名乡——大山乡】 大山乡位于县城东南部，离县城47千米，面积167平方千米。辖大山、忙角、

永德县是云南最大的芒果生产基地　（永德县志办　提供）

笼楂、纸厂、玉华、麻栎寨、忙兑、税房8个村委会，共68个自然村116个村民小组。全乡总人口2.12万人，有劳动力1.19万人。农村经济总收入9 052万元，农民人均纯收入2 790元。

大山乡是县内有名的烤烟之乡，1991年开始试种烤烟，经历试种期、低迷期、回升期，到蓬勃发展、突破性发展、跨越式发展几个时期。通过不断实践探索，烤烟产业在大山乡逐步得到巩固、发展、壮大，并被确立为大山乡的经济支柱、产业之首的地位，为大山乡财政增长，农民增收，经济和社会事业发展夯实了基础。2009年，全乡生产烟叶2.45万担，实现产值1 677万元，平均亩产3担2 095元。与历史水平比较，取得8项突破：平均亩产量突破，达3担。烟叶收购单价突破，达14.37元。收入过万元农户突破，达745户。单户种烟收入突破，达37万元。平均亩产值突破，达2 095元。烟叶总产值突破，达1 677万元。种烟户平均收入突破，达10 840元。平均单产实现全面突破：单产超3担的村4个、村民小组29个；单产超4担的村民小组2个；单产最高的村民小组达4.32担。烤烟产业突破性发展，让全乡人均收入增加170多元。

【送吐村新农村建设】 送吐行政村位于永康镇西北部，距镇政府驻地2千米，距县城22千米，海拔最低800米、最高1300米，辖区总面积11.19平方千米，年平均气温20.6℃，年降雨量867.2毫米，全村下辖5个自然村、9个村民小组。2009年，全村有526户2 198人，其中傣族人口占总人口的17.4%；耕地总面积2 389亩，农民人均耕地面积1.03亩；粮食总产量770吨，农民人均占有粮食346千克；农村经济总收入1 173万元，农民人均纯收入3 354元。

2009年，投资190万元，新建水泥路18条9 500米，平均宽3.5米，总面积3.33万平方米，群众自筹投资220.5万元，新建民居房55户，完成18户2 700平方米。完成村庄道路两边绿化带建设全长9 500米。架通自来水，实现一户一表。新建公共卫生厕所2个，建设垃圾中转站1个，篮球场1个。经4年组织实施，以傣族特色饮食服务业为主的个体私营经济发展有新突破，农民群众生活水平和质量有较大幅度提高。村组道路基本实现硬板化，村内有固定的垃圾处理场所，有通畅的排污沟渠措施，人居房与畜禽圈舍分离，饮水卫生达标，村庄周围植有绿化树、行道树，居民院内植有花木、广播电视，通讯覆盖率有较大提高，群众文化生活水平有很大改善，教育、医疗卫生服务网络进一步健全，群众看病难问题得到基本解决，村民之间团结和睦，相互帮助，维护共同利益的各项规章制度进一步健全和完善。

【扶贫整村推进项目实施】 2009年整村推进扶贫项目，内容包含科技培训与推广、基础设施、社会事业、生态能源建设、产业发展，实施的主要对象为人均纯收入在693元的绝对贫困人口4 115人，人均收入在693～958元的低收入人口1 899人。项目覆盖10个乡（镇）、27个村委会、58个自然村，受益群众3 649户1.56万人。完成总投资9 167.13万元，占计划的104%。

总投资中，产业发展投资806.98万元，基础设施投资8 079.2万元，社会事业投资60.55万元，科技培训与推广完成中央和省级财政补助资金72万元。

（金文明）

镇康县

【概述】 镇康县位于云南省西南部、临沧市西部，南汀河和怒江下游南北两水之间。辖区总面积2 642平方千米。其中，山区面积2 589平方千米，占总面积98%；坝区53平方千米，占总面积的2%。是云南省25个边境县之一，96.36千米的国境线上，分布着国家二类口岸南伞和6个边民互市点。新县城南伞海拔890米，距省会昆明891千米，距临沧331千米，距缅甸果敢县城老街9千米，是中缅交往的重要通道和滇西南、临沧西部进入东南亚的陆上捷径和重要口岸之一，被誉为“万里边疆第一县”。2009年，平均气温20.0℃，年最高气温33.7℃（5月23日），年最低气温2.7℃（12月30日）。平均日照时数2 111.5小时，平均降雨量1 472.6毫米，无霜期363天。主要气象灾害：旱灾和洪涝灾害。辖3镇4乡，74个村（居）民委员会，550个自然村。年末总人口17.2万人。其中，非农业人口1.4万人，占总人口的8.1%；少数民族人口5.5万人，占总人口的32%。人口密度每平方千米65人，人口自然增长率6.41‰。

全年实现生产总值12.8亿元，增长11%。其中，第一产业增加值3.89亿元，增长6.5%；第二产业增加值5.05亿元，增长10.3%；第三产业增加值3.86亿元，增长16.3%。一、二、三产业结构比由上年的30.4∶42.0∶27.6调整为30.4∶39.4∶30.2。农村经济总收入5.23亿元，增长11.31%。粮食总产量6.32万吨，增长11.65%。工业总产值完成8.92亿元，增长1.12%。年末公路通车总里程1 357.1千米。全年客运量138万人次，客运周转量4 181万人千米；货运量81万吨，货物周转量2 405万吨千米。年底固定电话机总数1.32万部（含小灵通），移动电话用户7.29万户。固定电话普及率7.66部/百人，移动电话普及率42.42部/百人。互联网用户2 383户。全年县财政总收入1.16亿元，下降1.26%。财政总支出6.47亿元，增长46.07%。

全县共有各类学校217所，专任教师1 551人，在校学生3.09万人。学龄儿童入学率99.4%，普通初中升学率97.98%，高考录取率77.04%。有艺术表演团队1个，文化馆站1个，公共图书馆1个，广播人口覆盖率95.2%，电视人口覆盖率96.47%。卫生机构（不含诊所等）11个，病床388张，每千人有病床2.28张；有卫生技术人员244人，其中，执业医师76人，执业助理医师46人，每千人有医师1.97名。

全年农民人均纯收入2 360元，扣除物价因素，实际增长18.4%；在职职工年平均工资28 104元，增长11.91%。城镇居民可支配收入10 970元，实际增长10.22%；人均消费性支出8 790.95元，实际增长7.44%。居民人均储蓄存款0.96万元，增长43%。城镇居民平均住房面积38.52平方米，农村人口平均住房面积16平方米。城镇登记失业率4.22%。

中共县委书记　郑建奇

县人大常委会主任　段忠祥

县人民政府县长　尚东红（女）

县政协主席　徐淑娟

【“8·08”边民救助行动】 8月8日，缅甸政府军与果敢同盟军发生冲突，境外边民大量涌入境内，严重影响了边境线人民群众生产生活秩序和社会安定。党中央、国务院以及省委、省政府、市委、市政府在第一时间作出重要批示，镇康县委、政府迅速行动，出手快、措施实，全县机关干部、军警部队、人民群众，以高度的政治责任感积极参与事件处置工作，使境外难民得到妥善安置、中国返乡公民得到及时疏散，有效控制了事件对镇康县的不利影响，切实维护了边境稳定，得到中央、省、市充分肯定，为国家树立良好形象作出积极贡献。实施“8.08”事件临时救助过程中，共调救灾帐篷1 800顶、棉被6 800床、衣服4 860套、救灾大米4万千克、凉席1 500张、花彩袋130捆、编织袋10 000只。登记安置境外涌入缅甸籍边民3.18万人，救助大米2.85万千克、资金50.3万元。

【兴边富民工程】 2009年，全县兴边富民工程投资任务3.57亿元，实施项目54个，完成投资3.74亿元。“3+1”红云红河集团帮扶项目实施16项，完成8项，累计到位资金1 500万元，完成投资2 284.74万元。基础设施建设。沿边公路网建设完成投资7 323万元；水利建设完成投资1 665万元；电力建设完成投资1 798万元；口岸建设完成投资168万元；两污工程建设完成投资1 331万元；“兴边富民工程”片区开发建设完成投资726万元。扶贫安居工程建设。人口较少民族专项资金建设项目完成投资218万元；兴边富民工程专项资金整村推进项目建设完成投资1 348万元；县民委系统“兴边富民行动”建设，完成投资25万元；边民安居工程建设，完成投资3 086万元。产业培育工程建设。特色产业种植项目完成投资4 580万元；特色养殖业建设项目，完成投资35万元。素质提高工程建设。中央转移支付资金农村义务教育阶段“两免一补”项目，共获得中央和省免费提供教科书、寄宿制学生补助、公用经费资金1 863万元。享受公用经费学生2.68万人；

边民救助安置区　（杨艳　摄）

生活补助享受1.29万人；订购教科书2.68万套；中职教育在校生助学金补助项目，补助学生1 512人，补助资金187万元；学校建设项目完成投资2 709万元；农村劳动力转移就业培训完成投资231万元。社会保障和社会稳定工程。兴边富民工程中央转移支付资金项目建设，共完成投资1 339万元。农村最低生活保障完成投资4 572万元；农村社区、村委会基础设施建设完成投资460万元；广播电视村村通工程完成投资577万元；边境地区公安指挥通信体系建设完成投资17万元。生态保护与建设工程。沼气池建设完成投资1 940万元；界河治理工程完成投资986万元；森林防火基础设施建设完成投资4万元。

（字凌）

双江拉祜族佤族布朗族傣族自治县

【概述】 双江拉祜族佤族布朗族傣族自治县位于云南省西南部、临沧市南部。辖区总面积2 165.3平方千米。其中，山区面积2 083.62平方千米，占总面积96.24%；坝区面积81.62平方千米，占总面积3.76%。县人民政府驻地勐勐镇，距省会昆明755千米，距市府驻地临沧104千米。2009年平均气温20.1℃，年最高气温35.2℃（4月5日），年最低气温1.5℃（12月30日）；平均日照时数2 403小时，年降雨量873.8毫米；无霜期348天。辖4乡2镇，72个村民委员会，3个社区居民委员会。年末总人口16.67万人。其中，非农业人口1.98万人，占总人口11.88%；少数民族人口7.32万人，占总人口43.9%。人口密度每平方千米77人，人口自然增长率4.33‰。

全县实现生产总值11.2亿元，比上年增长11.4%；一、二、三产业比由上年的38.8：29.4：31.8调整为41：24：35。其中，第一产业增加值4.55亿元，增长7.1%；第二产业增加值3.21亿元，增长12.3%；第三产业增加值3.51亿元，增长15.5%。农村经济总收入7.49亿元，增长10%；粮食总产量5.72万吨，增长0.9%。工业总产值8.14亿元，增长6.9%。年末公路通车总里程3 537.38千米。全年客运量16.3万人次，客运周转量3.03亿人千米。年底固定电话机总数0.9万部，移动电话用户5万户。互联网用户0.28万户，比上年增长1%。全县财政总收入7 699万元，增长1.05%；财政总支出5.82亿元，增长32.05%。

年底，全县有各类学校215所，专任教师1 646人，在校学生2.87万人。学龄儿童入学率99.18%，普通初中升学率96.27%，高考录取率96.2%。有1支民族歌舞团，文化馆（站）7个，公共图书馆1个。广播覆盖率95%，电视覆盖率95%。有卫生机构（不含诊所等）10个，病床277张，每千人有病床1.68张；有卫生技术人员335人，其中，执业医师101人，执业助理医师30人，每千人有医师0.79名。新型农村合作医疗参合率96.7%。

2009年，农民人均纯收入2 404元，增长19.7%；在职职工年平均工资17 865元，比上年增加121元。城镇居民可支配收入10 627元，实际增长10.8%；人均消费性支出8 499元，增长8.6%。城镇登记失业率4.5%。

中共县委书记　张玲芳（女，白）

县人大常委会主任　叶自平（布朗，～2009.02）　李国荣（布朗，2009.02～）

县人民政府县长　金华（佤）

县政协主席　刀力（傣）

【茶叶产业】 全县有茶园12.3万亩，茶叶产量4 272吨，实现农业总产值4 018万元，茶农人均收入326.7元。生产精制茶叶2 287吨，实现工业总产值1.5亿元，企业实现利润898.7万元。共有茶叶初、精制加工企业237户，其中获QS认证25户。“勐库”“勐康”等系列普洱茶产品，在国内外茶叶评比中获得金奖。

2009年，县委、政府制定出台《关于进一步加快茶叶产业发展的意见》，制定茶叶基地建设管理办法和企业生产管理办法，加大绿色食品和有机茶园建设，建立茶农合作机制，组建茶叶商会。制作开通《双江公众信息网》和《勐库茶网》等网页、网站，挖掘和利用勐库大叶种茶资源优势，提升勐库大叶种茶品牌形象及双江茶的影响力和市场占有率。4月8～12日，县委、政府和云南双江勐库茶叶有限责任公司借助公司成立10周年之际，举办“全国茶友勐库茶乡行”活动，以提升勐库大叶种茶影响力。三次组织QS认证企业参加第四届中国云南普洱茶国际博览交易会、大连国际茶叶博览交易会和2009中国（广州）国际茶叶博览会，带动全县茶叶经济恢复性增长。

【农业经济】 年内实现冬季农业开发产值4 564.55万元。肉类总产量1.19万吨，畜牧业总产值2.3亿元。新植泡核桃8.62万亩，累计种植52.52万亩。新植甘蔗2 300亩，累计种植11.04万亩；甘蔗产量47.85万吨，增长3.2%。新植茶叶1万亩，累计建设茶园12.15万亩，毛茶产量4473吨。新植竹子80.5万丛，累计种植5.24万亩。完成烤烟种植9 963亩，收购烟叶3.03万担，支付收购款2 082万元。实施1.2万亩中低产田地改造。转移农村富余劳动力6 215人。

【重点工程建设】 年内，行政服务中心规划片区拆迁和市民活动中心建设全面启动。县城供水管网改造工程一、二期建设基本完成。县城垃圾处理场建设接近尾声。县城污水处理场、勐库城镇供水工程开工建设。农村民居地震安全工程拆除重建673户，加固改造864户。投资8 930.9万元，建设702套教师周转房和政府廉租房。完成勐库华侨管理区796户归难侨危房改造，196户非归难侨危房改造启动实施，完成投资8 186.5万元。推进林勐线、勐忙线、勐黄线（大文段）通畅工

茶文化博览会 （江洪峰 摄）

程和4条97.8千米通达工程建设。完成忙大公路建设。城北二号桥和忙袜河桥交工验收，忙黑桥竣工通车；临沧（博尚）至双江（小黑江）段二级公路建设工程启动。南等水库枢纽工程建设顺利实施。大浪坝、青平、大棚子、湾河等4座病险水库除险加固工程全部完工。

（邱开乾）

耿马傣族佤族自治县

【概述】 耿马傣族佤族自治县位于云南省西南边陲、临沧市西南部。国土面积3 837平方千米。县城耿马镇距临沧市146千米，距省会昆明719千米。县城海拔1104.9米，年平均气温19.9℃，年降雨量990.8毫米，最高气温34.1℃，最低气温0.9℃。辖4镇5乡，82个村委会、3个社区、955个村民小组。驻有耿马华侨农场、国营勐撒农场、国营孟定农场3个农场。2009年末总人口27.01万人。其中，非农业人口3.94万人；少数民族人口14.81万人，占总人口的54.8%。人口自然增长率1.57‰。

2009年，完成地方生产总值26.8亿元，比上年增长12%。其中，第一产业增加值11.8亿元，增长6.4%；第二产业增加值6.65亿元，增长16.8%；第三产业增加值8.3亿元，增长15.3%。非公经济实现增加值9.06亿元，比上年增长34.27%，占全县生产总值33.8%。完成农业总产值18.1亿元，增长9.2%。乡镇企业营业收入12.8亿元，增长26.7%，完成工业增加值3.13亿元，增长17.6%。完成进出口总额4.2亿元（不含边民互市），比上年增长5.66%。全县招商引资在建项目39个，实际到位资金5.69亿元，比上年增长20.4%。接待国内旅游人数24.92万人次，增长7.55%，实现旅游收入8 946.13万元，同比增长2.92%；接待海外旅游者1.27万人次，同比下降26.89%。全县实现旅游业总收入1.65亿元，比上年下降13.17%。年末全县有公路3 296千米，其中省道326千米（均为沥青路面）；县乡公路176千米；乡村公路817千米，村组公路913千米；专用公路1 064千米。全县拥有民用汽车1 238辆。完成货运量89.3万吨，增长7.9%；货物周转量1.26亿吨千米，增长7.6%；客运量70.4万人次，增长10.7%；旅客周转量7 154万人千米，增长8.8%。全年完成邮电业务收入7 954万元，增长13.6%，固定电话2.75万部（含小灵通），增长22.2%，手机用户达8.7万户，固定电话普及率10部/百人，互联网用户数达3.65万户。全年财政收入1.53亿元，增长8.65%，其中地方一般预算收入8 507万元，增长16.39%。财政支出7.96亿元，增长48.9%。

全县有各类学校337所，在校学生5.09万人，初中阶段毛入学率为83.61%，小学适龄儿童净入学率为99.2%，辍学率为0.74%；教职工2 762人，代课教师270人。有综合档案馆1个，图书馆1个，馆藏图书3.1万册；艺术表演团队1个，表演场所1个，电影队5个，有电视转播发射台一座；卫星地面接收站达2.07万座；广播覆盖率和电视覆盖率均达到95%。全县有卫生机构66个，病床597张，有卫生技术人员661人，其中，执业医师和执业助理医师313人，注册护士193人；建立农村卫生室83个，有乡村医生143人，卫生员144人。县参加2009年云南省残疾人运动会1人，获金牌1枚，银牌2枚。

中共县委书记 段佳美（彝）

县人大常委会主任 田志高（佤）

县人民政府县长 俸贵忠（傣）

县政协主席 赵运平

（全跃前）

沧源佤族自治县

【概述】 沧源佤族自治县位于云南省及临沧市西南部，辖区总面积2 445平方千米。其中，山区面积2 425.44平方千米，占总面积99.2%；坝区面积19.56平方千米，占总面积0.8%。国境线长147.08千米。县人民政府驻地勐董镇，海拔1240米，距省会昆明811千米，距市府驻地222千米。2009年，平均气温18.2℃，年最高气温31.8℃（5月12日），年最低气温1.7℃（12月30日）。日照时数1 881.4小时，降雨量1 660毫米。无霜期309天。辖乡镇10个，其中，乡6个、镇4个，村（居）民委员会93个，自然村591个。年末总人口17.59万人。

其中，非农业人口2.28万人，占总人口12.97%；少数民族人口16.49万人，占总人口93.78%；佤族人口14.32万人，占总人口81.41%和少数民族人口86.82%。人口密度每平方千米72人，人口自然增长率6.6‰。

全年，实现生产总值11.04亿元，增长9%。其中，第一产业增加值3.71亿元，增长6.9%；第二产业增加值2.82亿元，增长2.4%；第三产业增加值4.51亿元，增长15.4%。一、二、三产业结构比由上年的33.3：26.9：39.8调整为33.6：25.5：40.9。农村经济总收入7.93亿元，增长10.9%。粮食总产量5.34万吨，增长0.2%。工业总产值完成4.85亿元，增长17.1%。年末公路通车总里程1 885.9千米。全年客运量12.15万人次，客运周转量3 347万人千米。年底固定电话机总数0.73万部，移动电话用户3.51万部，电话普及率24部／百人。互联网用户0.43万户，比上年增长81.02%。全县财政总收入7 668万元，比上年减少9.2%；财政总支出6.90亿元，增长50%。

全县共有各类学校169所，专任教师0.19万人，在校学生2.88万人。学龄儿童入学率98.92%，普通初中升学率96.71%，高考上线率61.5%。各类艺术表演团体11个，文化馆（站）11个，公共图书馆1个。广播人口覆盖率95%，电视人口覆盖率95%。卫生机构（不含诊所等）17个，病床308张，每千人有病床1.75张；有卫生技术人员257人，其中，执业医师80人，执业助理医师40人，其他专技人员137人，每千人有医师0.68名。

全年农民人均纯收入2 328元，实际增长16.5%；人均生活消费支出1 601元，增长34.9%。在职职工年平均工资21 383元，增长17.2%。城镇居民人均可支配收入10 971元，实际增长10.6%；人均消费性支出7 766元，增长8.6%。居民人均储蓄存款0.39万元，增长44%。城镇居民平均住房面积29.6平方米，农村人口平均住房面积15.92平方米。城镇登记失业率4.06%。

中共县委书记　祁腾武

县人大常委会主任　胡德扬（佤）

县人民政府县长　徐向东（佤）

县政协主席　姜永星

60名佤族妇女同织60米长卷献北京庆祖国60华诞　（沧源县志办　提供）

【建立省首家自然保护区生态补偿基金】　针对自然保护区野生动物肇事逐年增多，而国家现行对野生动物肇事补偿过低，群众生产生活与生态保护矛盾日益突出的实际，沧源县决定每年由县财政安排10万元，并从重点生态公益林配套经费和接受环保人士、社会各界捐款等款项中筹集资金，建立全省首家县级生态（野生动物肇事）补偿资金，将补偿标准由原来每头黄牛160元提高到1 500元，每头水牛200元提高到2 000元，每千克水稻0.3元提高到1元，每千克玉米0.2元提高到0.8元。年内，发放2008年保护区周边社区野生动物肇事补偿412户，补偿54.27万元。其中，谷子9.25吨，补偿13.95万元；玉米18.61吨，补偿1.93万元；橡胶定植桩1.26株，补偿28.76万元；牛30头，补偿5.3万元；黑熊伤人1人，补偿4.33万元。据统计，2009年南滚河自然保护区周边受损376户，其中，稻谷受损67.93吨，玉米受损18.02

吨，橡胶定植桩受损1.32万株，水牛受损15头，黄牛受损23头，损失折合人民币125.89万元。

【惠农政策农民受惠】 2009年，落实中央各项惠农政策，按时足额兑现各项惠农补贴资金，兑现农民各项补贴资金7 297.01万元。其中，种粮直接补贴、良种补贴、农机具购置补贴、农资综合直接补贴等农业四项补贴1 509.39万元；退耕还林（还草）补贴1 685.2万元；贫困学生补贴、农村低保、家电下乡补贴等其他补贴4 102.42万元。

【节庆旅游升温】 2009年5月2～3日，举办2009年中国佤族司岗里摸你黑狂欢节。主要活动有大型开幕式佤族歌舞《重彩·佤山》、游客参与的民族艺术游演、数万人激情狂欢摸你黑、万人祭拜古崖画、千歌万曲唱佤山、摸你黑激情大通关、篝火狂欢夜、走进“司岗里”佤族歌曲演唱会、佤族传统乐器挖掘制作演奏大赛、祭牛魂、斗牛、佤王宴等精彩丰富的系列民俗活动以及大型商业展销活动。中国佤族司岗里摸你黑狂欢节盛况在国内知名媒体上广为传播，美、英、法、新加坡、马来西亚、缅甸及香港、昆明、广东、上海、北京等国内外游客慕名而来。狂欢节期间接待游客3.47万人次，比上年同期增长9.2%；旅游总收入581万元，比上年同期增长8.9%。县外自驾车入沧源旅游车辆528辆，比上年增加210辆。此外，在佤族文化和摸你黑狂欢节品牌带动下，国庆、春节等节假日，自驾车和组团入沧源旅游者增多。2009年，全年接待国内外游客42.96万人次，比上年增22%；旅游总收入1.95亿元，增长30%。

【发展特色农产业】 2009年，围绕省委、省政府建设“绿色经济强省”部署，按照“生态立县、农业稳县、工业强县、文化名县、开放活县、人才兴县”战略思路，狠抓矿电、核桃、茶叶、橡胶、畜牧、蔗糖、竹木、建材、文化旅游、生物资源开发十大产业，培育烤烟等新型产业，实施产业攻坚年，大力发展特色农产业，奠定小康基础。至年底，累计种植核桃50万亩，成活率、成长率、挂果率管护30.4万亩；种植成活竹子26万亩；种植茶叶12.35万亩，产量3 507吨，产值4 203万元；种植甘蔗12.42万亩，产量49.6万吨，产值1.26亿元；种植橡胶12.23万亩，产量720吨，产值1 223万元；种植烤烟1.5万亩，产量2 275吨，产值2 889.71万元；种植木薯2.45万亩，产值812.4万元；建成杉木、西南桦等其他经济林和用材林近50万亩。

《重彩·佤山》剧照，获2009年第七届全国舞蹈荷花奖舞剧舞蹈史诗铜奖

（沧源县志办 提供）

【二级油路开工建设】 耿马至沧源（永和）口岸二级公路，是临沧市重点经济干线公路。公路经耿马和沧源两个县，耿马至勐省段属县道X264线，勐省至沧源段属省道S314线。路线起点耿马县城北，即羊耿线二级公路K118+800处，经耿马县城、南碧桥、勐省、南撒、糯良、坝尾、沧源，止于沧源永和口岸（中缅167号界桩）。路线全长97.17千米（主线长96.34千米，耿马连接线0.83千米），其中，新建17.37千米，改建79.8千米。耿马县境内25.52千米，沧源县境内71.65千米。总投资11.02亿元，平均每千米造价1 134万元。工程于2009年10月31日开工，预计2011年6月30日竣工。建成后将有效改善路网功能和结构，提高通行能力，促进边疆稳定和地方经济发展。

【新型农民培训新举措】 针对沧源县农村人口比重大，人均受教育年限仅为4.9年，农村劳动者科技文化素质整体偏低，严重制约经济社会发展的实际，年内，沧源县制定出台《关于加强新型农民科技培训的实施意见》。坚持以产业发展为导向，本着“实际、实用、实效”原则，从2009年开始，沧源县利用流动党校、农民夜校等培训形式，采取集中培训和现场指导相结合方式，开展形式多样的农民科技培训。预计用5年左右时间，把全县农村劳动力（18～50岁）以“至少掌握一门农业产业技术”为标准轮训一遍。培训内容包括种植技术、养殖技术、农机及农产品加工技术、基本政策和法律法规及其他实用技术等。截至2009年底，完成培训1.2万人。

（沧源县地方志办公室）

临沧市经济社会发展主要指标（表一）

地 区	年末总人口（万人）		城镇人口占总人口比重（%）		全社会就业人员（万人）		农业总产值（万元）	
	2008年	2009年	2008年	2009年	2008年	2009年	2008年	2009年
临沧市	238.20	239.60	28.00	29.00	97 480	96 467	942 652	1 042 205
临翔区	30.53	30.69	38.70	40.40	21 582	22 381	105 350	112 775
凤庆县	45.46	45.69	28.80	29.80	10 781	10 781	152 000	175 617
云 县	44.59	44.82	27.20	28.40	16 530	14 694	198 576	218 693
永德县	36.67	36.91	22.60	23.10	12 930	14 336	112 153	123 568
镇康县	17.17	17.30	21.80	22.60	6 780	6 872	68 741	75 870
双江县	17.98	18.08	22.60	23.40	6 411	6 057	68 103	74 995
耿马县	28.38	28.59	31.90	33.00	13 844	13 109	166 273	181 399
沧源县	17.42	17.55	26.00	26.40	8 620	8 237	71 456	79 288

临沧市经济社会发展主要指标（表二）

单位：万元

地 区	地区生产总值		第一产业		第二产业		第三产业	
	2008年	2009年	2008年	2009年	2008年	2009年	2008年	2009年
临沧市	1 568 740	1 813 326	569 738	631 879	514 037	585 982	484 965	595 465
临翔区	235 783	286 162	65 543	68 336	61 520	68 334	108 720	149 492
凤庆县	223 076	272 551	101 400	116 200	54 176	64 718	67 500	91 633
云 县	378 768	416 816	125 894	137 227	166 808	177 409	86 066	102 180
永德县	159 700	184 330	68 413	75 462	44 115	42 241	47 172	66 627
镇康县	118 078	145 801	35 997	38 876	49 534	56 933	32 547	49 992
双江县	99 171	123 005	38 481	47 258	29 185	37 756	31 505	37 991
耿马县	230 133	260 581	104 525	118 444	54 140	57 685	71 468	84 452
沧源县	100 147	112 628	33 393	34 907	26 858	28 189	39 896	49 532

临沧市经济社会发展主要指标（表三）

单位：%

地 区	地区生产总值构成		第一产业		第二产业		第三产业	
	2008年	2009年	2008年	2009年	2008年	2009年	2008年	2009年
临沧市	100.00	100.00	36.32	34.85	32.77	32.31	30.91	32.84
临翔区	100.00	100.00	27.80	23.88	26.09	23.88	46.11	52.24
凤庆县	100.00	100.00	45.46	42.63	24.29	23.75	30.26	33.62
云 县	100.00	100.00	33.24	32.92	44.04	42.56	22.72	24.52
永德县	100.00	100.00	42.84	40.94	27.62	22.92	29.54	36.14
镇康县	100.00	100.00	30.49	26.66	41.95	39.05	27.56	34.29
双江县	100.00	100.00	38.80	38.42	29.43	30.69	31.77	30.89
耿马县	100.00	100.00	45.42	45.45	23.53	22.14	31.06	32.41
沧源县	100.00	100.00	33.34	30.99	26.82	25.03	39.84	43.98

临沧市经济社会发展主要指标（表四）

地　区	地区生产总值指数（上年＝100）		人均地区生产总值（元）		国有经济固定资产投资（万元）		社会消费品零售总额（万元）	
	2008年	2009年	2008年	2009年	2008年	2009年	2008年	2009年
临沧市	111.10	111.40	6 605	7 590	308 701	531 496	469 923	594 016
临翔区	112.10	111.90	7 745	9 349	72 983	68 424	128 222	159 264
凤庆县	112.10	112.40	4 921	5 980	51 894	98 097	72 224	98 006
云　县	110.70	110.40	8 517	9 323	25 455	77 075	76 351	98 205
永德县	113.10	112.10	4 366	5 010	49 989	76 281	52 082	66 610
镇康县	111.50	111.00	6 901	8 506	22 491	62 514	24 154	31 210
双江县	110.50	111.50	5 534	6 803	40 875	51 473	25 820	31 004
耿马县	111.00	111.20	8 135	9 114	19 404	50 229	57 243	70 126
沧源县	112.70	108.80	5 769	6 418	25 610	47 403	33 827	39 593

临沧市经济社会发展主要指标（表五）

地　区	地方财政收入（万元）		地方财政支出（万元）		人均地方财政收入（元）		人均地方财政支出（元）	
	2008年	2009年	2008年	2009年	2008年	2009年	2008年	2009年
临沧市	84 865	100 543	491 610	695 355	357	421	2 070	2 911
临翔区	11 983	14 298	56 818	80 524	393	467	1 865	2 631
凤庆县	10 845	14 338	67 777	102 524	239	315	1 495	2 250
云　县	18 158	19 505	59 124	88 765	408	436	1 329	1 986
永德县	5 900	7 312	54 618	74 430	161	199	1 493	2 023
镇康县	5 626	6 489	44 269	64 822	328	377	2 583	3 761
双江县	3 347	4 078	44 079	58 208	187	226	2 457	3 228
耿马县	7 309	8 507	53 479	79 654	258	299	1 890	2 796
沧源县	4 680	4 359	45 998	69 012	270	249	2 650	3 947

临沧市经济社会发展主要指标（表六）

地　区	农民人均纯收入（元）		职工人数（人）		在岗职工年平均工资（元）		人均储蓄存款余额（元）	
	2008年	2009年	2008年	2009年	2008年	2009年	2008年	2009年
临沧市	2 363	2 730	90 333	89 128	21 726	24 634	3 130	3 931
临翔区	2 402	2 770	21 544	22 298	26 869	29 748	6 442	7 994
凤庆县	2 501	2 926	9 977	9 977	22 212	23 671	2 357	2 839
云　县	2 758	3 122	13 596	13 771	19 851	22 212	2 544	3 116
永德县	2 282	2 647	11 372	11 359	19 598	22 384	1 873	2 251
镇康县	1 993	2 314	5 466	5 588	25 114	28 104	3 470	5 396
双江县	2 009	2 369	6 933	5 982	17 094	17 865	2 414	3 012
耿马县	2 586	2 964	12 906	11 922	19 619	24 583	3 901	4 473
沧源县	1 998	2 328	8 539	8 231	18 865	21 469	2 633	3 895

（省统计局）

楚雄彝族自治州

主　　编　郭孟贤　代燕春
责任编辑　杨　静　宣　勤

【概述】 楚雄彝族自治州位于云南省中部偏北，有“滇中走廊、川滇通道”之称。全州总面积2.93万平方千米。其中，山区面积2.63万平方千米，占总面积90%；坝区面积2 925平方千米，占总面积10%。州政府驻楚雄市城区鹿城镇，东距省会昆明市区138千米。全州辖楚雄市和双柏、牟定、南华、姚安、大姚、永仁、元谋、武定、禄丰9县，103个乡（镇），其中，乡49个（含民族乡3个）、镇54个，1 092个村（居）委会，其中，村委会1 046个、社区31个、居委会15个。

2009年末，按公安户籍人口统计，全州总人口261.96万人。其中，农业人口222.11万人，非农业人口39.85万人。少数民族人口88.66万人，占总人口33.8%，其中，彝族人口71.79万人，占总人口27.4%，占少数民族人口81.0%。全州常住人口270.1万人，人口自然增长率4.10‰。

2009年，全州生产总值342.35亿元，比上年增长12.2%。其中，第一产业增加值80.78亿元，增长5.8%；第二产业增加值142.54亿元，增长14.1%；第三产业增加值119.06亿元，增长14.2%。一、二、三产业比为23.6∶41.6∶34.8。烟草产业、天然药业、冶金化工业、绿色食品业、文化旅游业五大重点产业实现增加值166.17亿元，占GDP的48.5%。全年全社会固定资产投资207.95亿元，增长45.3%。全年新增固定资产64.79亿元，增长61.9%。社会消费品零售总额109.7亿元，增长21.8%。外贸进出口总额6 933万美元，增长31.0%。其中，出口额6 042万美元，增长1.4倍；进口额891万美元，下降68.2%。

全年规模以上工业完成产值237.11亿元，增长3.9%；实现增加值90.77亿元，增长10.1%；实现利税总额60.64亿元，增长14.1%。全年实现农业总产值137.99亿元，增长7.2%。全年粮食种植面积313.73万亩，增长0.04%。经济作物种植面积168.27万亩，增长3.5%。粮食产量102.2万吨，增长2.0%。

红塔集团楚雄卷烟厂　　（楚雄州志办　提供）

年末，州内公路通车里程1.69万千米（含村道）。其中，高速公路304.37千米，一级公路13千米。全年完成客运量2 297.66万人，增长15.6%；旅客周转量14.73亿人千米，增长13.4%；货运量1 231.25万吨，下降23.4%；货运周转量12.78亿吨千米，下降26.6%。固定电话和移动电话124.99万部，增长10.7%。电话普及率为47.9部/百人。互联网用户21.85万户，增长26.0%。

全年接待国内游客812.21万人次，国际游客1.67万人次，分别比上年增长31.0%和4.4倍。实现旅游总收入21.58亿元，增长31.5%。其中，国内旅游收入21.33亿元，增长30.4%；旅游外汇收入2 488.45万元，增长4.8倍。

全年完成财政总收入73.30亿元，增长11.8%。其中，上划中央“两税”收入39.73亿元，增长15.1%；上划中央和省级所得税收入7.20亿元，下降8.1%；上划省级耕地占用税和卷烟教育费附加收入0.79亿元，增长56.1%。地方一般预算收入25.58亿元，增长12.7%。地方一般预算支出90.82亿元，增长29.7%。金融机构年末城乡居民储蓄存款189.98亿元，增长20.7%。

2009年末，全州有普通高校3所，专任教师625人，年内招生3 483人，在校学生1.09万人，毕业学生2 091人；普通中专学校27所（含成人中专学校9所和技工学校1所），专任教师1 094人，招生1.11万人，在校学生2.91万人，毕业学生5 425人；高中21所，专任教师2 801人，招生1.31万人，在校学生3.77万人，毕业学生1.32万人；初中131所，专任教师6 863人，招生3.50万人，在校学生10.42万人，毕业学生3.20万人；小学960所，专任教师1.27万人，招生3.33万人，在校学生21.05万人，毕业学生3.53万人。特殊教育学校1所，专任教师48人，招生39人，在校学生302人。全州学龄儿童净入学率99.60%，小学毕业生升学率99.29%，初中毕业生升学率77.48%。初中学龄人口净入学率97.99%，高中学龄人口毛入学率70.36%。教育部门主管录取的大学生1.09万人，比上年增长19.1%。

全年列入州级以上科技计划项目44项。其中，国家级1项，省级27项，州级16项。全年获省部级科学技术进步奖2项，获地厅级科学技术进步奖41项。科技对国民经济增长贡献率47.2%，比上年提高0.8个百分点。

年末全州有专业艺术表演团体10个，公共图书馆11个，藏书105.6万册；文化馆11个（含群众艺术馆1个），博物馆4个，文管所10个，乡镇文化站103个。电视覆盖率96.9%，广播覆盖率96.5%。全年出版报纸312期，846.6万份。

全州有医院61所（含妇幼保健院），乡镇卫生院126所（含社区卫生服务中心），卫生监督所11个，疾病预防控制中心11个，诊所340个，其他卫生机构8个。有卫生技术人员8 580人。其中，执业医师3 179人，执业助理医师596人，注册护士2 826人。医院和卫生院床位9 218张，其中医院床位6 731张。全州体育健儿参加省级及以上体育竞技比赛获得奖牌124枚，其中，金牌43枚、银牌41枚、铜牌40枚。

2009年，农村居民人均纯收入3 511元，扣除物价上涨因素，实际增长12.0%；城镇居民人均可支配收入14 319元，实际增长9.3%。全州城镇居民人均住房建筑面积34.41平方米，农村人均住房使用面积35.07平方米。

中共州委书记　邓先培

州人大常委会主任　卢显林

州人民政府州长　杨红卫（彝）

州政协主席　张怀德（彝）

【胡锦涛到楚雄州视察】　2009年7月26～28日，中共中央总书记、国家主席、中央军委主席胡锦涛到楚雄，就经济社会发展、民族工作、党的建设进行调研，并前往姚安地震灾区看望慰问受灾群众和救灾部队官兵。7月26日，胡锦涛深入楚雄市苍岭镇马石铺村，了解该村民族团结和党建工作情况，并到村民李凤祥家中看望。7月27日，胡锦涛前往姚安县官屯乡官屯村，视察村委会、村卫生所和灾民安置点，看望慰问受灾群众和救灾部队官兵。在楚雄市，胡锦涛会见了云南省各少数民族代表、民族工作者代表和民族团结进步模范代表。考察期间，胡锦涛视察了成都军区某团。考察结束时，胡锦涛听取了云南省委和省政府工作汇报。他希望云南各族干部群众牢牢抓住国家加大西部大开发力度的宝贵机遇，尤其要充分发挥云南作为我国通往东南亚、南亚重要陆上通道的优势，深化同东南亚、南亚和大湄公河次区域的交流合作，不断提高升沿边开放质量和水平，使云南成为我国向西南开放的重要桥头堡；统一意志、凝聚力量，开拓进取、扎实奋斗，进一步做好保增长、保民生、保稳定各项工作，不断开创云南改革开放和社会主义现代化建设新局面。

【回良玉到楚雄州视察】　2009年1月15日，中共中央政治局委员、国务院副总理回良玉深入楚雄州永仁县永定镇乍石村委会乍石村民小组视察地震恢复重建工作，看望慰问干部群众。回良玉强调，灾区广大干部群众要以对人民群众高度负责的精神，抓紧完成“8·30”地震灾区恢复重建任务，切实安排好困难群众基本生活，扎实推进抗震安居工程建设，积极谋划好生产发展，努力培植适合区域发展的主导产业，为农民增收和新农村建设奠定基础，促进灾区经济社会长远发展，使灾区群众住上新房子，过上好日子。

【省第24届青少年科技创新大赛】　该赛以“体验、创新、成长”为主题，2009年4月10～13日在楚雄举行。全省16个州（市）、省级科普教育示范学校的18支代表队共476名青少年和94名获奖优秀科技教师参加大赛。泰国、越南、老挝、缅甸等国家青少年和科技教师应邀参加大赛项目展示和观摩大赛。全省共有206项优秀科技创新成果项目、299幅优秀少年儿童科学幻想绘画作品、16项优秀科技教师方案、17项优秀科技实践活动、32项科技教师创新成果研究项目参与大赛展示和交流。楚雄州10县（市）2万余名师生参加大赛，参赛作品共计1 246件，有25件参加终评答辩。在大赛中，楚雄州共荣获107个省级奖，成为除昆明以外获奖最多的州（市）。有11个师生项目报送参加全国第24届青少年科技创新大赛。

【楚雄州荣获“长安杯”】　2009年5月18日在北京召开的全国社会治安综合治理先进集体先进工作者表彰电视电话会议上，楚雄州被中央综治委表彰为全国社会治安综合治理先进州（市），这是楚雄州连续12年三届被评为全国社会治安综合治理先进州（市），并以此荣获全国社会治安综合治理工作最高荣誉奖“长安杯”。

【姚安县“7·09”地震抗震救灾】　7月9日19时19分13秒，姚安县官屯乡发生里氏6.0级地震，地震造成姚安、大姚、牟定、南华、永仁、元谋、武定7县55个乡镇404个村委会3 547个村民小组31.42万户118.32万人受灾，因灾死亡1人、重伤31人、轻伤322人，民房、学校、医院、机关事业单位及道路、桥涵、水库、坝塘、沟渠、电力、通信等基础设施严重受损，统计上报直接经济损失约29.6亿元。姚安“7·09”地震发生后，党中央、国务院和省、州党委、政府极为重视，国务院总理温家宝、副总理回良玉及时询问灾情，对灾区群众表示亲切慰问。省委书记白恩培，省委副书记、省长秦光荣，省委副书记李纪恒，副省长曹建方对抗震救灾工作作出批示，秦光荣和国家地

震局副局长刘玉辰，省委常委、常务副省长罗正富及副省长曹建方带领省级有关部门负责人连夜赶赴灾区，察看灾情，看望受灾群众，指导抗震救灾工作。10日1时30分，省政府在姚安县召开“7·09”地震抗震救灾现场工作会。秦光荣在会上要求，楚雄州和省级相关部门要把姚安地震抗震救灾工作作为当前一项重要任务，切实加强领导，妥善安置灾民生活，夺取抗震救灾全面胜利。楚雄州委、州政府迅速成立抗震救灾指挥部，召开紧急会议，安排部署抗震救灾工作，并启动《楚雄彝族自治州地震应急预案》，武警、公安、消防官兵近千人及时赶到灾区，调集4 500顶帐篷、3 000床棉被、1 000件彩条布紧急运往灾区，全力以赴做好抗震救灾工作。

元谋土林风光 （郑建民 摄）

【新农村建设指导员】 2009年，全州共下派新农村建设指导员1 055名，其中，省级选派50名，州级选派165名，县（市）选派527名，乡镇选派313名。据统计，年内全州指导员共提出新农村建设意见建议2 726多条，为农村党员讲党课6 343多场（次），协助村委会培训农民2 134期，组织群众参观学习571次，广泛深入地宣传贯彻落实党在农村的各项方针政策；为所驻村争取项目资金2 696万元，慰问贫困老党员和贫困户4 932户，扶持困难家庭学生1 045人，参与调处矛盾纠纷7 577起，帮助制定新农村管理制度1 374项，引进推广新品种、新技术245项，有力助推了农业发展、农民增收和农村稳定。各派出单位帮助研究解决工作中的困难和问题1 287件，为所驻村协调解决工作经费512.82万元。

【中国彝族文化大观园北片区总体规划通过评审】 2009年3月22日，州人民政府在开发区管委会举行中国彝族文化大观园北片区总体规划评审会。中国彝族文化大观园是州委、州政府确定的全州三大重点文化旅游项目之一，2008年7月6日，借全省旅游产业发展大会在楚雄召开之机，楚雄经济开发区管委会与兴杰（香港）国际投资集团正式签订总投资50亿元的中国彝族文化大观园北片区合作开发合同。开发区管委会委托楚雄市规划设计院编制完成总体规划（评审稿）。经过与会领导和专家们的讨论和评审，一致同意《中国彝族文化大观园北片区总体规划》通过评审。

【秋冬干旱】 2009年，全州累计平均降雨614毫米，较上年同期减少396毫米，为多年平均降雨量的72.2%，是有气象记录以来的最小值，按全州多年平均降雨频率测算相当于50年一遇。从2009年10月5日至12月31日全州有效降雨日数小于5毫米的已达88天，按照干旱等级划分已属于特大干旱。全州库塘蓄水仅6.27亿立方米，较上年同期少2.47亿立方米。受持续高温少雨天气影响，2009年11月以来，发生了历史上罕见的秋冬干旱。据统计，截至12月28日，全州小春作物受旱面积达到64.31万亩，占播种面积的28.6%，其中，重旱42.73万亩；有19.7万人、11.61万头大牲畜饮水困难。州委、政府高度重视，发出关于做好抗旱工作确保供用水安全的紧急通知，要求全州上下千方百计做好城乡供水和抗旱保民生、保生产工作，确保全州经济发展和社会稳定。

【百名留学博士云南行】 2009年4月20日，由云南省委、省政府组织的“推动云南生物产业发展——百名留学博士云南行”活动楚雄站启动。来自清华大学、北京大学、美国利威尔国际公司等高校、研究机构、生物科技公司的40位留学博士莅临楚雄，参观考察楚雄老拨云堂、云南广泰生物科技开发有限公司、云南盘龙云海药业有限公司等生物制药产业。专家学者们献计献策，对解决生物产业技术难题、制约企业发展的技术瓶颈问题方面提出意见建议。

（安孟勤）

 楚雄市

【概述】 楚雄市位于云南省中部，是楚雄彝族自治州州府所在地。辖区总面积4 433平方千米。其中，山区面积2 249平方千米，占总面积的50.7%；坝区面积2 184平方千米，占49.3%。市人民政府所在地鹿城镇，距省会昆明152千米，海拔1770米，2009年平均气温17.2℃，年最高气温31.4℃（5月27日），年最低气温-0.5℃（12月30日）。年日照时数2 309.2小时，

年平均降雨量619.6毫米。平均无霜期233天。主要气象灾害为60年不遇的旱灾。全市辖11镇4乡，村（居）民委员会150个，自然村2 832个。2009年，全市总人口55.59万人。其中，非农业人口15.51万人，占总人口的30.4%；少数民族人口11.97万人，占总人口23.5%；彝族10.22万人，占总人口20.1%和少数民族人口85.4%。人口密度每平方千米125人，人口自然增长率3.92‰。

2009年，全市实现生产总值140.49亿元，比上年增长12.2%。其中，第一产业增加值14.22万元，增长6.2%；第二产业增加值79.57亿元，增长12%；第三产业增加值46.7亿元，增长14.5%。一、二、三产业比由10.0：56.9：32.9调整为10.1：56.6：33.3。年内在第九届中国西部百强县（市）排名中，楚雄市列第28位。农村经济总收入36.43亿元，增长13.4%。粮食总产量18.79万吨，增长2.8%。辖区工业总产值完成141.14亿元，增长14%。年末公路通车总里程5 512.3千米。全年客运量942.68万人（包括铁路，同下），旅客周转量5.96亿人千米；货运量619.64万吨，货物周转量5.67亿吨千米。年底固定电话机总数11.43万部，移动电话拥有33.83万部，移动电话普及率66.39部/百人。互联网用户8.62万户，增长26.5%。全市财政总收入17.86亿元，增长16.6%。全市地方一般预算支出14.6亿元，增长18.1%。

年末，全市辖区有各类学校250所，专任教师5 920人，在校学生12.38万人。学龄儿童入学率99.99%，初中毕业高中升学率64.6%，高考综合上线率95%。有专业艺术表演团体2个，文化馆（站）17个，公共图书馆2个。广播人口覆盖97%，电视人口覆盖率96%。有医院39个，病床3 545张，每千人有病床1.57张；卫生技术人员4 155人，其中，执业医师人1 564人，每千人有医师3.07名。

2009年，全市农民人均纯收入4 029元，增长14.2%，农民人均增收501元；城镇国有及集体在职职工年平均工资28 545元，增加17.2元。城镇居民可支配收入15 501元，增长8.3%。全市人均储蓄存款金额1.42万元，增加2 471元。城镇居民平均住房面积29.87平方米，农村人口平均住房面积40.1平方米。城镇登记失业率3.5%。

中共市委书记　张之政（彝）

市人大常务会主任　李丕良（彝）

市人民政府市长　袁鹏

市政协主席　段云

【胡锦涛考察马石铺村】 2009年7月26日，胡锦涛总书记和随行的中共中央书记处书记、中央办公厅主任令计划，中共中央书记处书记、中央政策研究室主任王沪宁，在中共云南省委书记、省人大常委会主任白恩培，云南省人民政府省长秦光荣、常务副省长罗正富，中共云南省委秘书长杨应楠一行陪同下，从昆明驱车抵达楚雄。总书记刚到楚雄，不顾路途劳顿，于当天下午5点半左右便风尘仆仆地来到楚雄市苍岭镇马石铺村。在中共楚雄州委书记邓先培、楚雄州州长杨红卫、中共楚雄市委书记张之政和马石铺村党小组长李凤柱、村民小组长田会荣、村妇女小组长钱丽芬陪同下，胡锦涛考察了基层党组织建设情况，并走进彝族村民李凤祥家的院落，同回族、彝族群众坐在一起拉家常。胡锦涛对大家说，中央对少数民族和民族地区的发展特别重视和关心，制定实施了一系列政策措施。中央不仅要把现有的这些政策措施落实好，而且今后还要继续加大对少数民族和民族地区的扶持力度。有党和政府的大力扶持和帮助，有乡亲们共同努力，马石铺村一定会发展得更快更好，乡亲们今后的日子会越来越红火。

乡村道路硬化　（楚雄市志办　提供）

【青山嘴水库下闸蓄水】 2009年8月1日，青山嘴水库正式蓄水。该水库是国家于2006年批准西部地区新开工建设的12项重点工程之一，是云南省“润滇工程”和楚雄州“十一五”期间重点建设项目，是一项以解决防洪、农田灌溉为主，兼顾城市工业供水的骨干水利工程。2007年1月经国家批准开工建设，概算总投资7.26亿元，施工期3年。枢纽工程于2007年2月13日正式动工。

【龙头企业助农致富】 2009年，楚雄市培育发展农业龙头企业26家，其中，省级4家，州级22家。实现年产值7.39亿元，上缴税金

3 388.49万元，带动27.02万农户，吸纳农民工4 030名，农户增收4.92亿元，户均增收1 821元。年内5家农业龙头企业取得出口经营权，出口量达56吨，出口创汇608万美元。

【新农村建设】 2009年，采取市财政投入、争取上级支持、企业融资和村民“一事一议”奖补政策等筹资方式，分类推进新农村建设。投资650万元实施37个新农村试点建设，新建沼气池1 144口，节柴改灶800眼，太阳能130户。投资77万元完成15个“乡风文明示范带”建设村容村貌整治项目，惠及农户254户1 023人。

【新型农村合作医疗】 新型农村合作医疗自2003年实施以来，已惠及全市30余万农民群众，年均参合率已达90%。2009年，新农合门诊减免比例由30%提高到40%，当日当次封顶线由10元提高到15元；住院减免比例乡级由70%提高到75%，市级由60%提高到65%。全年已到位资金3 306.72万元，共为参合农民减免资金3 983.98万元，惠及55.43万人次（其中，门诊减免539.09万元，惠及52.44万人次；住院减免3 444.89万元，惠及2.99万人次），享受减免门诊人次和住院人次较去年分别增长9.82%和50.83%。

【扶贫投入】 2009年，全市共争取各级扶贫资金5 062.74万元。其中，投入810万元实施扶贫整村推进项目54个，投入200万元实施易地扶贫搬迁400人，投入70万元实施中央财政扶贫救灾项目，投入60万元实施扶贫安居工程100户，投入30万元实施革命老区建设试点项目2个，投入37万元实施市级扶贫项目21件，争取上级扶贫信贷资金3 700万元（含扶贫贴息贷款项目1 800万元、财政差额贴息扶贫到户小额贷款1 900万元），投入18.1万元实施香港乐施会扶贫种子项目，投入14万元实施州级单位挂钩扶贫项目14件，各级挂钩帮扶单位及个人捐资116.64万元。

【家电下乡】 家电下乡工作自3月正式启动以来推进顺利。截至12月25日，已有85户在市商务局通过审核备案。已销售冰箱（冰柜）、彩电、手机、洗衣机、电脑、热水器、空调、微波炉、电磁炉九类家电下乡产品5 703台（部），销售金额1 088万元。通过财政审核，已兑付补贴4 017台（件），兑付补贴资金100.4万元。同时，按照市政府要求，落实汽车摩托车下乡政策，截至12月20日，已有13户在市商务局通过审核备案。销售摩托车、汽车下乡产品3 282辆，销售金额4 875.4万元，已兑付补贴3 282辆，兑付补贴资金460.7万元。

【人工食用菌产业】 2009年，全市共发展人工食用菌种植户563户，种植面积86.82万平方米，种植品种有双孢菇、巴西菇、茶树菇、花菇、平菇、金针菇、银耳、杏鲍菇、鸡腿菇、木耳等，总产值9 694万元，农民收入5 566万元。

【受灾和失地农民安置】 2009年，积极推进受灾群众和失地农民妥善安置工作。“11·02”灾后，投资2 510.5万元的民房恢复重建各项工作任务如期完成，全市1 084户搬迁重建户和1 381户修复户于2009年4月30日全部搬入新居。投资2 000万元，为灾区开发、复垦、整理耕地1.2万亩，已按期交由受灾户耕种。青山嘴水库移民搬迁共安置移民1 830户7 229人。失地农民安置工作稳步开展，东南新城5个安置点选址方案审定，李家庵、荷花村安置小区规划通过初审；东瓜、车坪、桃园3个片区7个安置小区建设有序推进。

（海成强）

双柏县

【概述】 双柏县位于云南中部、楚雄彝族自治州南部，总面积4 045平方千米，全为山区。县城妥甸镇海拔1964米，距省会昆明225千米，距州府楚雄鹿城60千米。辖5镇3乡，84个村（居）民委员会，1 545个村（居）民小组。2009年末，全县常住人口15.97万人，人口自然增长率2.8‰。据公安部门统计，年末户籍人口15.63万人，其中，非农业人口17 138人；少数民族人口7.65万人，占总人口49.0%。

2009年，全县实现生产总值11.15亿元，比上年增长11.1%。其中，第一产业增加值4.50亿元，增长6.8%；第二产业增加值2.33亿元，增长16.6%，其中工业增加值1.73亿元，增长13.4%；第三产业增加值3.83亿元，增长13.2%。三次产业结构由46.4∶19.2∶34.4调整为48.8∶20.9∶34.3。全年实现农林牧渔业产值8.87亿元，增长6.8%。粮食总产量5.71万吨，增长0.3%。工业总产值6.14亿元，增长31.9%，完成货物周转量9 586万吨千米，旅客周转量5 261万人千米。邮政业务总量275万元，增长1.4%。信息传输服务业实现营业收入3 537万元，年末固定电话、移动电话用户5.51万部，电话普及率35部/百人。财政总收入1.10亿元，增长16.6%，其中，地方一般预算收入7 930万元，增长22.3%；地方财政支出5.65亿元，增长37.8%。

全县有普通高中1所、职业中学1所、初中10所、小学78所。年内普通高中在校生1 475人，职业中学在校生530人，初中在校生5 469人，小学在校生1.20万人。学龄儿童入学率、初中学生毛入学率、高中学生毛入学率分别为99.7%、99%、61.7%。全县有专任教师1 358人，代课教师121人。有艺术表演团体1个，公共图书馆1个，图书馆藏书3.4万册；广播、电视人口覆盖率分别为98.7%和98.1%。全县有卫生机构25个，卫生机构床位415张，有卫生技术人员415人。

2009年，全县农村居民人均纯收入2 805元，比上年增长13.2%；在岗职工年平均工资25 740元，增长10.2%。城镇居民人均可支配收入12 822元，增长8.4%。城镇居民

省委书记白恩培到双柏县妥甸镇中山村委会调研 （双柏县志办 提供）

人均住房建筑面积29.5平方米，农村居民人均住房面积39.8平方米。年末居民储蓄存款余额7.59亿元，增长24.8%。城镇登记失业率3%。

中共县委书记　李家龙（～2009.8）　任学全（2009.8～）

县人大常委会主任　李维龙（～2009.11）

县人民政府县长　高翔

县政协主席　杞光明

【城镇建设】　2009年，累计完成投资9 910万元，特色城镇建设步伐明显加快。实施查姆湖沿湖环境综合整治工程，项目区拆迁、商务楼和回迁安置房开发建设进展顺利。东和苑小区、东兴湖片区开发加紧推进。县城西北片区土地征用基本完成，基础设施建设项目启动。实施县城供水管网改造、县城生活垃圾处理厂、县城截污管网及污水处理厂建设项目，县城农贸市场提升改造、县城网球场建设如期完成，城镇功能进一步完善。大麦地镇政府驻地实现主体搬迁，集镇建设初具规模。全县城镇化水平达23.7%，比上年提高1.2个百分点。

【交通建设】　2009年，累计完成投资7 600万元，交通建设呈现快速发展局面。元双公路（双柏段）建设征地拆迁任务全面完成，路基、桥梁、排水等土建工程顺利推进。妥鸡油路全线贯通，农村公路通达工程、爱尼山客运站建设全面完成并投入使用。妥海油路、县城客运站一期工程等建设项目加快推进。白竹山至安龙堡、里海至大麦地、大岔路至独田、碍嘉至茶叶、河门口至普龙5条油路建设项目通过省级评审。哀牢山公路改造、元双公路延长线妥甸至水塘二级公路、独田至碍嘉公路新建项目正在积极争取。

【农业基础设施建设】　2009年，累计完成投资3.36亿元，农业农村发展基础全面提升。兴建山区“五小水利”136件，完成农村饮水安全工程143件，解决2.28万人的饮水安全问题。英雄、小赖坡、狮子口3件病险水库除险加固工程全面完成，木老虎小（一）型水库建设、平河场水库除险加固主体工程完工。库容718万立方米，投资9 780万元的河口河水库开工。栗树埂、草坝子、团结水库除险加固工程加快施工，螃蟹冲小（一）型水库新建和李芳村、小石桥病险水库除险加固项目正在争取。完成基本烟田、基本农田、高稳产农田等中低产田地改造1.79万亩。完成大麦地底土土地整理3 002亩、安龙堡青香树土地开发2 872亩、“11·02”灾毁复垦整理耕地1.09万亩。

【灾后恢复重建】　“11·02”特大自然灾害恢复重建累计争取投入资金5 025万元，开展以民房建设为重点，以道路、供水、电力、通信、学校、卫生室、村委会办公楼等为主要建设内容的恢复重建工作。4月30日，全县1 010户恢复重建户按州委、州政府要求全部搬入新居，“11·02”特大自然灾害恢复重建工作圆满完成。

【改善民生】　2009年，全县农业劳动力转移就业7 365人，新增城镇就业1 002人，下岗失业人员再就业311人，发放再就业补贴135万元。五大社会保险覆盖范围不断扩大，新增扩面1 767人。城乡医保稳步发展，城镇居民基本医疗保险参保率97.8%，新型农村合作医疗参合率93.2%。新增农村社会养老保险扩面450人，发放城乡低保金1 326万元、城乡医疗救助63万元。投资1 876万元新建、续建廉租住房268套1.34万平方米，发放廉租住房租赁补贴45万元。筹措资金85万元实施妥甸镇东兴居民小区道路、排水、路灯等基础设施改造，实现177户、696人期盼10年的夙愿。筹措资金410万元实施爱尼山乡39千米乡村公路改造，解决6 000多群众出行难问题。关注困难户、残疾人等弱势群体，安排救灾救济金100万元。累计兑现发放农村义务教育“两免一补”、退耕还林补贴、粮食直补、能繁母猪保险、“家电下乡”补贴等各类惠农资金2 990万元。

（张存冺）

牟定县

【概述】　牟定县地处云南省中北部、楚雄州中部，总面积1 464平方千米，其中，山区面积占91%，坝区面积占9%。县城驻地共和镇距州

府驻地鹿城镇56千米，距省会昆明221千米，县城平均海拔1758米。全县年均气温17.4℃，年均降雨量874毫米，日照2 118小时。2009年，全县总降水量660.5毫米，较常年偏少223.2毫米，比上年偏少367.6毫米。到12月30日，因旱造成全县7个乡镇农作物受灾5.56万亩，共2.99万人和1.55万头大牲畜饮水困难。年末，辖4镇3乡，89个村（居）委会，778个自然村，1 206个村（居）民小组。总人口20.46万人。其中，城镇人口5.24万人，占总人口25.60%；乡村人口15.23万人，占74.4%；非农业人口1.85万人，占9%；少数民族人口4.35万人，占21.3%。人口自然增长率0.35‰。

2009年，全县实现生产总值17.71亿元，比上年增长11.2%。其中，第一产业增加值6.29亿元，增长4.6%；第二产业增加值5.27亿元，增长16%；第三产业增加值6.15亿元，增长14%。一、二、三产业比由上年的37.7∶29.5∶32.8调整为35.5∶29.8∶34.7。全县农、林、牧、渔业总产值9.13亿元，增长6.2%。粮食总产量8.52万吨，增长1.9%。全县客运量214万人次，客运周转量7 042万人次千米；货运量197万吨，货物周转量1.24亿吨千米。年末电话用户11.22万部。

全县农民人均纯收入3 016元，增长12.2%。在岗职工年人均工资23 522元，增长16%；城镇居民人均可支配收入13 940元，增长10.1%。城乡居民人均储蓄存款余款5 181元，增长25.7%。城镇居民人均住房面积39.2平方米；农村居民人均住房面积36.92平方米。

中共县委书记　姜扬

县人大常委会主任　周雷

县人民政府县长　任学全（～2009.8）

代理县长　彭宪琪（2009.9～）

县政协主协　李光彪

【城镇建设】 2009年，启动县城竖向规划，东南片区、“彝人天堂”建设项目控制性规划编制工作加快推进。积极争取项目资金，加大融资力度，加快县城建设，化湖、左脚舞广场、化湖南路中段及元双公路县城连接线60米大街建成使用，启动实施新南路南段和县城老西街路面修复工程。发动机关企事业单位、干部职工捐资133.5万元，对县城进行绿化、美化。全县城镇化率达30.5%。房地产业健康发展，化湖人家专项普通商品住房交付使用，投资6 000万元的“化湖印象”商业城主体工程全面完工。推进市政工程建设，县城供水管网改扩建二期工程完工，县城生活垃圾处理厂建设加快推进，污水处理厂配套管网工程启动实施。支持乡镇加快小集镇建设，投资1 334万元的飒马场集镇供水和街道建设工程基本完工，江坡、安乐等集镇建设稳步推进。

【“万人左脚舞”获世界吉尼斯纪录】 2009年4月22日，由县人民政府主办，县旅游局承办的“吉尼斯世界纪录”申请项目“最大型的原生态舞蹈——万人左脚舞”在县中园东路举行，在长1 200米，宽20米，面积为2.40万平方米的大街上，1.72万人随歌起舞，创造了吉尼斯世界纪录——最大型的舞蹈“万人左脚舞”。

【“7·09”地震】 2009年7月9日19时19分13秒，与牟定县相邻的姚安官屯乡发生里氏6.0级地震，震中距牟定县城直线距离53.33千米，牟定县境内震感强烈。全县各乡镇不同程度受灾，共和镇、凤屯镇、蟠猫乡受灾较为严重，部分乡镇民房、学校、公路、水利设施、通讯线路等遭受破坏。7月11日省地震局地震灾害损失评估专家到牟定县各重灾乡镇和县城进行实地踏看后，评估这次地震灾害给牟定造成直接经济损失1.64亿元。

【就业和再就业】 2009年，牟定县全力做好就业再就业工作。落实“保企救岗”政策措施。协调县财政、县经委等部门，按照困难企业认定条件和程序，对华湛铝业、星宇、滕宇工贸等11户困难企业进行调查核实，报经州劳动和社会保障局公示审批，全年共支出再就业资金273.55万元；落实创业贴息贷款

万人同跳左脚舞申报世界吉尼斯纪录　（李兴顺　摄）

扶持政策。由劳动保障部门牵头，联合县妇联、团县委、工会等6家单位，对符合贷款条件的自主创业对象由农村信用社发放创业贷款36户175万元，带动就业68人，配备创业指导师6人。协调配合县农业银行对68户小额担保贷款申请人承贷户均不超过5万元的自主创业小额担保贷款270万元，带动就业145人。组织申报并兑现劳动密集型小企业小额担保贷款贴息95万元；开展就业优质服务工作。发布省内外企业用工信息100余条，提供就业岗位1 000余个。举办返乡农民工暨下岗失业人员招聘会1场，提供就业岗位410个，现场签订就业协议34人。协调联系县医院、县中医院、县职业中学和县迎世艺术幼儿园等单位，安排20名2008年以来未就业大学毕业生进行1年的就业见习，落实大学生就业见习生活补助3.2万元。新开发公益性岗位25个，全县共安置公益性岗位人员192名。举办社会保障政策培训班1期180人、创业培训4期192人、城镇失业人员培训4期263人、农业富余劳动力技能培训21期1 700人；用好再就业资金。全年共支出再就业资金273.55万元。其中，社会保险补贴108.71万元，公益性岗位补贴76.8万元，职业技能培训补贴83.37万元，职业技能鉴定补助4.67万元。

【新型党组织建设】 2009年，按照“支部建协会、协会联产业、产业带民富”工作思路，推行“支部+协会+产业”新型党组织设置模式，大力推广“余新模式”，全县84个村党支部共优化设置为村党总支，党小组优化设置为党支部266个，就近就地组建党支部210个，保留党小组29个，成立协会党支部17个。通过协会党支部作用的发挥，增加村级集体经济收入，逐步缓解部分村级党组织“无钱办事”问题。全县89个村（居）委会中，集体经济收入在1万元以上的有11个，1万元以下的有9个，迈出从无到有的第一步。

（李世奎）

南华县

【概述】 南华县地处滇中高原西部、楚雄州西南部。辖区总面积2 343平方千米。其中，山区面积2 249.28平方千米，占总面积96%；坝区面积93.72平方千米，占总面积4%。县人民政府驻地龙川镇，海拔1857米，距省会昆明市197千米，距州府楚雄市37千米。2009年县城年平均气温15℃，年最高气温30.7℃，年最低气温－5.5℃；年日照时数2 574.9小时，平均无霜期213天。年降雨量518.8毫米，比上年减少470毫米，出现历史上罕见秋冬连旱灾害。全县辖6镇4乡，128个村（居）民委员会，1 488个村民小组。年末总人口23.69万人。其中，非农业人口2.48万人，占总人口10.48%；少数民族人口9.26万人，占总人口39.06%。人口密度每平方千米101.13人，人口自然增长率3.48‰。

年内，全县实现地区生产总值17.72亿元，比上年增长11.3%。其中，第一产业增加值6.89亿元，增长6.8%；第二产业增加值5.31亿元，增长16.1%；第三产业增加值5.52亿元，增长12.6%。一、二、三产业比由39.7：28.1：32.2调整为38.9：29.9：31.2。农村经济总收入14.43亿元，增长10.66%。粮食总产量10.26万吨，增长2.25%。工业总产值11.56亿元，增长32.21%。年末全县公路通车里程2 587千米，10个乡镇128个村（居）委会全部通公路。全年客运量63.05万人，客运周转量5 264.5万人千米；货运量41.42万吨，货物周转量4 687.2万吨千米。年底固定电话机总数2.44万部，移动电话用户6.39万部，电话普及率37.27部/百人。互联网用户1.3万户，增长213.96%。全年地方财政总收入1.51亿元，增长7.5%，其中，地方一般预算收入9 779万元，增长15.8%；地方一般预算支出6.42亿元，增长51%。

全县有各类学校258所，专任教师1 946人，在校学生（含幼儿园）3.82万人。适龄儿童入学率103%，初中阶段毛入学率111.48%，高考录取率78.08%。有各种艺术表演团体50个，文化馆（站）11个，公共图书馆1个，乡镇文化站所（室）130个。广播综合人口覆盖率98.2%，电视综合人口覆盖率97.7%。有卫生机构18个（不含个体、私营诊所），病床484张，专业卫生技术人员401人，执业医师196

整洁的沙桥麻地冲新村　　（南华县志办　提供）

人、执业助理医师60人，每千人有医师1.08名。全县新型农村合作医疗参合率达93%。

全年农民人均纯收入3 207元，比上年实际增长6.99%；在岗职工人均年工资23 613元，增长4.4%。城镇居民人均可支配收入13 804元，增长8.1%；城镇居民人均消费支出9 290元，增长2.3%。镇居民人均居住面积34.62平方米，农村居民人均居住面积36.22平方米。年内新增城镇就业人员3 120人，城镇登记失业率2.81%。全县实现农村劳动转移就业2.30万人次。年内南华被列为全国第一批实施新型农村社会养老保险试点县。

中共县委书记　纳云德（傈僳，～2009.8）　陆积峰（彝，2009.8.～）

县人大常委会主任　叶忠华

县人民政府县长　周兴国（～2009.3）　冯毅（2009.3～）

县政协主席　阿明仙（女，彝）

【整村推进扶贫项目】　2009年，积极争取和组织实施整村推进项目。共筛选和储备扶贫整村推进项目130个，组织实施省级扶贫整村推进项目57个，省州共投入财政扶贫资金855万元。扶贫整村推进项目突出片区开发，实施红土坡镇法郎片区、雨露乡镇模河片区、一街乡田房片区、五街镇大村坡片区4个项目群建设，实施项目36个，其他21个项目布及其他乡镇。其中，第一批省级项目10个已实施完毕并经过县级初验，完成总投资393万元，项目涉及4个乡镇、5个村委会，受益10个村民小组371户农户；第二批省级项目27个，规划总投资1 341.64万元，12月底前已完成建设任务，项目涉及4个乡镇、7个村委会，受益27个村民小组824户农户；第三批州级项目20个，规划总投资696.53万元，项目分布在9个乡镇16个村委会20个村民小组。

【农村土地流转】　2009年，全县流转耕地9 334亩，占同期家庭承包耕地面积的5.4%；涉及农户4 025户，占总农户的7.5%。在流转面积中，转包占10.2%，出租占78.9%，互换占9.5%，转让占1.4%。流转期限1～3年。有7 943亩流入农户，占85%；有1 582亩流入龙头企业，占16.9%。其中，最大的一片970亩租给外地老板种植西瓜，合同期1年，每亩租金1 000元。

【抗震救灾】　2009年7月9日，姚安县发生里氏6.0级地震，南华县10乡镇均震感强烈。地震共造成南华县10个乡镇、128个村（居）委会、1 489个村民小组、1.35万户、17.44万人不同程度受灾，共造成经济损失4.74亿元。各级党委、政府采取有力措施抗震救灾，发放救灾帐篷、粮食、衣被等，帮助受灾群众克服生产生活困难。

【野生菌助农增收】　2009年，坚持“封山育林”与“封山育菌”相结合，切实抓好野生菌资源管护。全县在野生菌主产区实施封山育菌23万亩，累计封山育菌面积达140万亩，全县野生菌累计集散交易量达7 642吨，交易额3.09亿元，其中县内产量5 300吨，产值2.16亿元。年内，南华野生食用菌主产区16.32万群众人均野生菌收入达1 050元，全县从事野生食用菌餐饮企业达60多户。14户野生食用菌加工企业实现加工产值2.54亿元，提供就业岗位1.42万个。

【生物资源开发创新】　2009年，南华县重点开发人工食用菌、松花粉、夏秋高山反季蔬菜等生物资源开发创新产业。通过与县内外绿华公司、宏怡野生菌开发公司等出口企业合作，发展人工食用菌10.29万平方米，实现产量417.8吨，总产值755.33万元，带动农民增收440.2万元。制定产业政策和措施，调动各方积极性，推动松花粉开发。南华新世纪生物工程有限公司扩建的年产180吨松花粉系列产品生产线建设项目得到省级财政专项资金扶持。年内，公司与云南省农科院合作，完成松花粉系列产品开发，已投入生产和进入市场。以优质无公害蔬菜标准化基地建设为重点，在龙川、沙桥、雨露、红土坡等乡镇种植大白菜、马铃薯、甜椒等夏秋高山反季蔬菜1.19万亩，产量2.09万吨，产值1 399万元，带动农民增收1 324万元。此外，大力发展魔芋种植、加工，实现魔芋产量340吨，产值95万元。

【新农村省级重点建设村】　2009年，9个村民小组被省委农办列入全省1 500个社会主义新农村省级重点村建设，布局在龙川镇和沙桥镇，受益农户540户、2 188人。规划总投资441.91万元，其中，申请省级补助135万元，整合相关部门资金41.53万元，群众自筹及投工投劳折资265.38万元。至12月31日，全县涉及135户危旧房改造已完成103户，硬化道路3 430米，支砌村内排水沟216米，科技培训140人次，发展核桃150亩、母猪养殖户15户。

（窦正旺）

姚安县

【概述】　姚安县位于云南省中部偏北、楚雄州西北部，总面积1 803平方千米。县人民政府驻地栋川镇，海拔1870米，距省会昆明243千米，距州府楚雄鹿城78千米。辖5镇4乡，77个村（居）民委员会，1 205个村（居）民小组。据公安部门统计，2009年末户籍人口20.83万人。其中，少数民族人口5.58万人，占总人口26.8%。人口自然增长率5.04‰。

2009年，全县实现生产总值17.21亿元，比上年增长11.5%，其中，第一产业增加值6.24亿元，增长6.0%；第二产业增加值5.08亿元，增长17.0%；第三产业增加值5.88亿元，增长12.2%。三次产业结构为36.3∶29.5∶34.2。实现农林牧渔业产值11.97亿元，增长7.26%。粮食总产量8.45万吨，增长2.43%。工业总产值15.74亿元，增长26.5%。全县公路通车里程

1 172千米。全年完成客运量73.65万人，旅客周转量5 744.7万人千米；货运量22.12万吨，货运周转量2 040.21万吨千米。年末全县拥有固定电话1.88万部，移动电话用户5.29万户，互联网上网用户8 618户。全县财政总收入9 025万元，增长14.08%。地方财政总收入7 796万元，增长5.31%，其中，地方一般预算收入6197万元，增长11%。全年财政总支出8.19亿元，增长84.76%，其中，一般预算支出7.67亿元，增长96.4%。

年末，全县有国民教育系列学校150所。高中在校学生2 487人，专任教师196人；初中在校学生9 119人，初中阶段学龄人口毛入学率98.38%，专任教师571人；小学在校学生1.55万人，适龄儿童入学率99.99%，专任教师926人。有艺术表演团体1个、图书馆1个、博物馆1个、乡（镇）文化站9个；广播、电视覆盖率分别为100%和98.5%。有各类卫生机构17个，卫生技术人员441人，其中，执业医师129人，执业助理医师38人，注册护士136人。有病床495张，其中医院床位360张。

2009年，农民人均纯收入3 344元，增长13.01%；城镇居民人均可支配收入13 887元，增长8.74%。城乡居民储蓄存款10.93亿元，增长25.71%。城镇居民人均住房面积42平方米，农村居民人均住房面积30.4平方米。年末城镇登记失业率3.2%。

中共县委书记　李自云（彝）

县人大常委会主任　胡雄

县人民政府县长　李建波（彝）

县政协主席　华成

【社会保障】　年内，全县有6 876户1.57万人领到最低生活保障金，全年发放低保金1 243.9万元。社会救济对象2.54万人，发放救济金118万元。全县有敬老院11所，供养102人；有福利院1所，供养8人。年内全县城镇职工医疗保险参保6 002人，城镇居民医疗保险参保5 981人，城镇职工基本养老保险参保3 500人，农村社会养老保险参保2.82万人，生育保险参保1 788人，工伤保险参保2 940人，失业保险参保5 116人。

【“7·09”地震】　2009年7月9日19时19分13秒，县发生里氏6.0级地震，震中位于东经25.6度，北纬101.1度。地震造成全县9个乡（镇）、77个村（居）委会、1 205个村民小组5.17万户20.68万人受灾，紧急转移安置人口2.87万户11.47万人。因灾死亡1人，重伤38人，轻伤316人；全县9个乡镇房屋受损和倒塌，水利、交通、电力、通信等基础设施受到不同程度破坏，直接经济损失达17.36亿元。

【胡锦涛视察地震灾区】　2009年7月27日，胡锦涛总书记一行翻山越岭，前往姚安县地震灾区官屯乡看望慰问受灾群众和救灾部队官兵，代表党中央、国务院、中央军委，向受灾群众和救灾部队官兵表示崇高敬意和亲切慰问。胡锦涛总书记勉励灾区群众，有党和政府的亲切关怀，有社会各界大力支持，有灾区群众共同努力，一定能渡过眼前难关，重建美好家园。

【草海工业园区建设】　草海工业园区位于姚安坝子东北部，距县城8千米。园区土地平整连片，南永二级公路从园区贯穿南北，交通便利。水利、电力等基础设施基本配套。园区控制面积为8 100亩，规划总面积为5 955亩（3.97平方千米）。园区总体布局规划为两条发展轴、两条景观带、四个功能区。

（张晓俊）

大姚县

【概述】　大姚县位于云南省北部偏西、楚雄彝族自治州西北部。总面积4 146平方千米。其中，山区面积3 921平方千米，占总面积81.7%；坝区面积225平方千米，占总面积18.3%。县人民政府驻金碧镇，距省会昆明208千米，距州府楚雄107千米。2009年，平均气温16.4℃，年最高气温31.9℃（5月21～27日），年最低气温－3.9℃（12月30日），全年日照时数2 797.5小时，年降雨476.5毫米，平均无霜期248天。全县辖乡镇12个，其中，乡9个、镇3个，村（居）民委员会129个，1 534个村（居）民小组，1 905个自然村。年末总人口28.28万人。其中，农业人口26.5万人，少数民族人口占总人口33%。

2009年，全县实现生产总值23.97亿元。其中，第一产业增加值7.89亿元，增长6%；第二产业增加值8.07亿元，增长10%；第三产业次增加值8.01亿元，增长10.4%。三产业结构比由30：39：31调整为32：34：34。农业总产值14.4万元，增长6.5%。粮食总产量10.96万吨，增长0.6%。工业总产值19.2亿元，完成年初计划的137%。年末公路通车总里程2 990千米。全年客运周转量1.16亿人千米，货运周转量5 405万吨千米。年底固定电话机总数1.09万部，移动电话用户12.19万部。全县地方财政总收入1.80亿元，超过年初预算数19.9%；完成地方一般预算收入1.08亿元，超过年初预算数19.4%。

全县有各类学校163所，专任教师2 593人，在校学生4.04万人。学龄儿童入学率99.9%，普通初中升学率101.1%，高考录取率94.38%。有艺术表演团体1个，文化馆（站）14个，公共图书馆1个。广播人口覆盖率95%，电视人口覆盖率96%。卫生机构（不含诊所等）18个，病床665张，每千人有病床2.37张；各类专业技术人员537人，其中，卫生专业技术人员518人，每千人拥有卫生技术人员1.8人。

全年农民人均纯收入3 267元，增长12%。城镇居民家庭人均可支配收入14 223元，增长8%。城镇登记失业率2.8%。

中共县委书记　盛高举

县人大常委会主任　杨继周（彝）

县人民政府县长　盛高举（～

大姚彝族种植核桃奔小康　（大姚县志办　提供）

2009.3）　张晓鸣（彝，2009.3～）

县政协主席　温连勇

【城镇建设】　年内大力实施城镇带动战略，城镇建设投资达1.4亿元。县城建成区面积5.6平方千米，城镇化率达27.1%。完成县城东片区、东北片区控制（修建）性详规和县城路网规划、特色景观规划及县城绿地系统规划等编制工作；县城校场路、百草岭大街部分路段和县城一级客运站主体工程建设完工；城区小南河、白塔湖改造，东南短途客运站，垃圾处理场及污水处理厂建设有序推进；启动核桃文化产业园建设，实施西河改造、金碧路、白塔路维修工程；开展国家卫生县城、省级文明县城、省级园林县城等创建工作，实施绿化、亮化、美化工程，城镇面貌改观。

【农业基础设施建设】　全年整合资金1.4亿元，完成7.3万亩中低产田地改造；实施里长园等5件小㈠型水库除险加固、妙峰干渠改造、西河节制闸建设工程，启动利皮乍等5件小㈠型水库除险加固工程，红豆树水库、大坡水库建设前期工作顺利推进，解决3.97万人饮水安全问题，农业固定资产投资2.1亿元。

【交通建设】　年内，县城至元谋新华、新街碧拉乍至昙华油路建成通车。昙华至桂花油路和三岔河渔泡江大桥建设进展顺利，实施农村公路通达工程216千米，修通村组公路389千米，启动县城至祥云米甸二级公路项目前期工作，完成交通固定资产投资1.4亿元。

【工业园区建设】　工业园区建设取得重大突破。通过信用合作贷款、BT模式融资4 400万元，金碧工业片区新征建设用地800亩，启动2.6千米园区道路等基础设施建设，新入园企业8户；新规划建设南山坝工业片区，完成3 500亩林地流转及园区道路，已有5户企业入园发展。全县工业园区形成“一园四片区”的发展新格局。

【旅游业发展】　大姚县抓住“云南旅游二次创业”机遇，坚持“以节促旅，以旅促商，以商促活”，带动第三产业快速发展，实现增加值8.2亿元，增长10.6%。成功举办“中国大姚石羊·祭孔大典暨核桃美食节”；完成石羊香河酒店建设，基础设施更加完善，旅游人数增多。全年接待游客17.67万人，实现旅游收入6 315万元。

【改善民生】　社会保障体系进一步健全，“五大保险”参保人数新增3 900人，总人数达8.3万人；全年发放低保金1 901万元，覆盖低收入群体2万余人。城乡高龄老人和长寿老人享受到生活补贴，“五保”集中供养率上升到18.6%，被表彰为“云南省老龄工作模范县”。城乡居民住房条件进一步改善。新建廉租住房2.04万平方米，兑现廉租住房租赁补贴526户158万元，完成2 160户农村危旧房改造和农村民居地震安全工程建设。

【核桃产业持续发展】　年内新植核桃14万亩，累计种植面积76万亩，产量达9 179吨，产值2.57亿元，农民人均核桃收入突破千元大关。全县核桃收入在万元以上的农户有8 739户。其中，1～2万元5 868户，2～3万元1 667户，3～4万元754户，4～5万元244户，5万元以上206户。

【社会事业发展】　社会事业投资力度加大。加快推进中小学校舍安全工程建设，投资6 312万元，完成D级危房改造2.2万平方米，新建校舍6.3万平方米，实验中学、李湾中学改扩建项目快速推进，金龙小学、金碧幼儿园启动建设；投资1 469万元新建和改扩建一批乡镇卫生院、计生服务所及文化站，县文化馆、县图书馆主体工程完工，实施197个自然村广播电视“村村通”工程。

（李祥）

永仁县

【概述】　永仁县位于云南省中北部、楚雄彝族自治州北部。辖区总面积2 189平方千米。其中，山区面积2 123平方千米，占97%；坝区面积66平方千米，占；3%。县人民政府驻地永定镇，海拔1536米，距省会昆明226千米，距州府驻地180

千米。2009年，平均气温17.9℃，年最高气温36.5℃（5月27日），年最低气温-2.2℃（12月25日）。日照时数2 638.8小时，平均降雨量635.4毫米，平均无霜期253天。主要气象灾害是干旱、冰雹、洪涝。辖4乡3镇，63个村（居）民委员会，652个自然村。年末总人口10.67万人。其中，非农业人口1.49万人，占总人口13.95%；少数民族人口6.63万人，占总人口62.2%。人口自然增长率2.96‰。

2009年，全县实现生产总值10.25亿元，比上年增长11.8%。其中，第一产业增加值392亿元，增长6.6%；第二产业增加值2.40亿元，增长24.3%；第三产业增加值3.95亿元，增长29.9%。一、二、三产业比由39.7：23.2：37.1调整为38.1：23.4：38.5。农村经济总收入6.47亿元，增长6.01%。粮食总产量4.35万吨，增长2.4%。年末公路通车总里程（含村道）1 218.24千米。全年客运量84.7万人次，客运周转量7 621万人千米；货运量37.43万吨，货物周转量3 700万吨千米。年底固定电话总数0.33万部，移动电话0.96万户，电话普及率12部/百人。全县财政总收入9 178万元，增长23%；财政总支出5.50亿元，增长53%。

全县共有各级各类学校53所，专任教师1 033人，在校学生1.51万人。学龄儿童入学率99.9%，普通初中升学率59.82%，高考上线率76.34%。有文化馆1个、文化站7个、图书馆1个，广播人口覆盖率96.5%，电视人口覆盖率92%。卫生机构80个，病床298张，每千人有病床2.79张；卫生技术人员257人，其中，执业医师106人、执业助理医师25人，每千人有医师1.23人。

2009年，全县农民人均纯收入2 935元，扣除物价因素，实际增长14%；在职职工年平均工资收入26 673元，实际增长11%。城镇居民人均消费性支出13 509万元，增长7.8%，城乡居民人均储蓄存款0.53万元，增长25.77%。城镇居民平均住房面积38.24平方米，农村人口平均住房面积24.5平方米。城镇登记失业率3%。

中共县委书记　李志勇（～2009.3）　赵克义（2009.3～）

县人大常委会主任　吴玉斌

县人民政府县长　赵克义（～2009.3）　严云净（2009.3～）

县政协主席　殷加林

【工业主导地位显现】 2009年，工业经济“一园四区”开发建设取得阶段性成效。工业循环经济示范区投入资金1 100万元，完成二期土地收储492亩，入住企业11户；生物产业园区完成总体规划，水、电、路、通信及污水管网等基础设施不断完善；苴却石艺加工园区建设有序推进；机械加工园区可研规划已完成，已建成6.6千米10千伏电力专线。十大工业项目扎实推进。直苴矿冶日处理600吨矿石浮造厂、众合钒钛公司一期、钒钛技术公司一期、钧鼎工贸公司一期、金风冶铸造机械制造公司一期、隆丰工贸公司新迁炉和球团建设、磊泰矿业型煤生产线等项目建成投产，格瑞甫园艺有限公司葡萄醋厂建设正抓紧实施，丽石石材加工、油橄榄加工厂建设项目正在进行前期工作。工业企业快速发展。铸造厂、众合钒钛、钒钛技术、钧鼎工贸、一石天、永丰木业、隆丰工贸、通缘绿色食品公司逐步做大做强；力鑫钒钛低铬合金球、精密铸钢厂、绿舟天然食品、永丰物资、金鑫耐磨材料、软木制品实业有限公司提升改造正抓紧实施；共创锌业、永仁浩鑫金属制造有限公司投入生产。

【改善民生】 认真落实各项惠农政策，直接兑现各种惠农补贴1 707万元，“以县为主、整合资金、连片开发、整村推进”使12个村委会124个村组群众受益，全县减少贫困人口2 700人。投资1 865万元，完成21个村组彝州乡风文明示范带、乍石新农村示范点、7个省级重点村和2 980户农村居民地震安置工程建设。新建农村沼气池2 650口。全年累计发放城镇居民最低生活保障金、农村最低生活保障金、城市医疗救助金、农村医疗救助金、农村五保户供养金、优抚安置金1 037.5万元，困难户、残疾人等群体生活保障得到基本解决。投入274.3万元建设廉租房建设，一期90套投入使用，二期360套完成主体工程。就业政策得到全面落实，新增就业岗位1 022个。投入财政资金859万元，将城镇职工住房公积金缴存比例提到12%。全县新型农村合作医疗参合率90%，享受门诊及住院减免23.4万人次。

（杨世禄）

元谋县

【概述】 元谋县位于云南省和楚雄州北部。辖区总面积1 803平方千米，其中，坝区面积占17.93%，山区面积占82.07%。县人民政府驻地元马镇，海拔1078米，距省会昆明180千米，距州府楚雄168千米。2009年，平均气温22℃，年最高气温40.3℃（5月27日），年最低气温2.4℃（12月30日）；全年日照总时数2 654.4小时，年降雨量599.4毫米。平均无霜期363天。干旱为主要气象灾害。全县辖3镇7乡，73个村民委员会（社区），637个村（居）民小组，624个自然村。年末总人口21.58万人。其中，非农业人口2.45万人，占总人口11.39%；少数民族人口8.29万人，占总人口38.41%。人口密度每平方千米119.69人，人口自然增长率3.67‰。

年内，全县实现生产总值17.79亿元，比上年增长11.6%。其中，第一产业增加值7.87亿元，增长6.2%；第二产业增加值3.52亿元，增长21.9%；第三产业增加值6.40亿元，增长11.6%。一、二、三产业增加值比由41.1：20.0：38.9调整为44.2：19.8：36.0。农村经济总收入13.12万元，增长6.75%。粮食总产量7.33万吨，增长3.5%。工业总产值16.86亿元，增长26.2%。年末公路通车总里程1 036千米。全年客运量497万人次，客运周转量9 610万人千米；货运量96万吨，货

物周转量1.12亿吨千米。年底固定电话机总数2.27万部，固定和移动电话用户11.47万户，电话普及率53.62部／百人。互联网用户5 995户，增长38.30%。全年县财政总收入1.15亿元，增长1.9%；财政总支出5.68亿元，增长5.2%。

全县有各类学校180所，专任教师1 901人，在校学生3.19万人。学龄儿童入学率100%，普通初中升学率79.6%，高考录取率74.12%。各类艺术表演团体122个，文化馆（站）11个，公共图书馆1个。广播人口覆盖率97%，电视人口覆盖率97%。卫生机构（不含诊所等）138个，病床765张，每千人有病床3张；有卫生技术人员713人，其中，执业医师及执业助理医师269人，每千人有医师0.8名。

全年农民人均纯收入4 333元，扣除物价因素，实际增长1.9%；在职职工年平均工资22 516元，增加2 446元。城镇居民可支配收入1.48万元，实际增长8%；人均消费性支出8 400.26元，实际增长7.66%。居民人均储蓄存款5 610元，增长25.4%。城镇居民平均住房面积38.15平方米，农村人口平均住房面积29.31平方米。城镇登记失业率3.1%。

中共县委书记　普云（彝，～2009.5）　袁丽娟（女，2009.7～）

县人大常委会主任　鲁维生

县人民政府代县长　李洪亮（彝，2009.9～）

县政协主席　兰松

【绿色产业稳步提升】　绿色蔬菜（A级）生产示范基地县建设扎实推进，建成蔬菜产业项目示范基地2 855亩。2008年冬至2009年春菜季外销蔬菜22.01万吨，农民卖菜收入达4.69亿元。无公害、绿色农产品质量认证和产地认定取得新成绩，农产品质量明显提升。取得绿色食品认证15个、有机食品认证1个、涉农注册商标18个，各类农民专业合作组织达231个。现代农业建设成效明显，设施农业发展步伐加快，节水灌溉、大棚栽培、集成技术等农业示范推广项目顺利实施。

【工业经济逆势增长】　特色农产品加工园区、工业聚集区基础设施建设逐步完善，46户农产品加工企业、2户矿冶企业分别入驻园区发展。对企业扶持和服务工作不断加强，龙川江生物开发有限公司、大远矿业有限公司、新科特经贸有限公司等一批企业技改、新建、扩建项目有序推进。全年规模以上工业企业增加值完成8.53亿元，同比增长25.6%；规模以上工业企业主营业务收入完成4.58亿元，利税总额完成2 612万元，同比分别增长33.7%和48.9%。

【城镇建设】　编制完成县域村镇体系规划，县城特色规划方案和道路、给排水、绿地系统等专业规划及县城东片区2.9平方千米控规，县城“两馆”片区、能禹蔬菜批发市场二期等片区修建性详规。建成普通专项商品住房280套、廉租住房240套；县城供水管网改扩建工程顺利推进。完成龙川街路面改造，实施黄瓜园集镇供水工程，城市生活垃圾处理工程和城市污水处理及配套管网工程完成投资800万元。元谋新城、泷淇、光华等城镇房地产综合开发项目加快实施。城区市容市貌、环境卫生、交通秩序、人居环境得到明显改善，城镇化率达31%，“省甲级卫生县城”成果得到巩固。

【农业农村发展显著】　落实强农惠农政策，全县财政支农资金达1.03亿元，比上年增长28.5%；对农民的直接补贴资金达3 059万元，增长202.6%。实施扶贫整村推进项目47个，发放小额信贷扶贫资金1 000万元。实施46个自然村“乡风文明示范带”建设，完成1 800户农村民居地震安全工程建设，在78个自然村实施农村公益事业建设“一事一议”财政奖补工作，村容村貌明显改观。

（张红梅）

新建的元谋体育馆　（元谋县志办　提供）

武定县

【概述】　武定县位于云南省中部、楚雄彝族自治州东北部，总面积3 322平方千米。县人民政府驻狮山镇，海拔1740米，距省会昆明78千米，距州府鹿城160千米。2009

年，平均气温15.7℃，年最高气温32.7℃（7月18日），年最低气温-4.1℃（12月30日）。平均日照时数2 443.5小时，平均降雨量715.7毫米，平均无霜期256天。全县辖乡镇11个，其中，乡8个、镇3个，村（居）民委员会130个，村民小组1 570个。年末总人口27.28万人。其中，非农业人口2.96万人，占总人口10.86%；少数民族人口14.67万人，占总人口53.78%。人口自然增长率3.4‰。

2009年，全县实现生产总值20.07亿元，比上年增长12%。其中，第一产业增加值6.77亿元，增长6.3%；第二产业增加值6.59亿元，增长18%；第三产业增加值6.71亿元，增长13.3%。一、二、三产业比由35.7∶31.1∶33.2调整为33.7∶32.8∶33.5。粮食总产量9.43万吨，增长2.46%。工业总产值16.78亿元，增长20.15%。年内，云冶集团新立公司武定高钛渣厂成功点火烘炉试运行；《武定县工业园区总体规划》及《可行性研究报告》通过州级评审。年末公路通车里程1 676.92千米。全年客运周转量8 313人千米，货物周转量6 177万吨千米。年内，全长29.3千米的田心至东坡公路混凝土预制块路面铺筑工程开工；狮子山晋升为国家4A级旅游景区。全年县财政总收入2.37亿元，增长15.13%；财政总支出7.62亿元，增长40.61%。地方财政收入1.42亿元，增长18.5%。

全县有各类学校197所，专任教师2 525人，在校学生4.04万人。学龄儿童净入学率98.93%，普通初中净入学率96.17%，高中阶段入学率66.9%。有艺术表演团体1个，公共图书馆1个。广播人口覆盖率96%，电视人口覆盖率98%。年内，武定县《彝族酒歌》被国务院公布为第二批国家级非物质文化遗产名录；白路乡被文化部公布为“中国民间文化艺术之乡”。有卫生机构（不含诊所等）16个，病床820张；有卫生技术人员540人。年内，忠爱集团武定县中医院搬迁重建改革重组顺利实施。

牡丹争妍 （蒲建生 摄）

全年农民人均纯收入2 858元，增长14.64%；在职职工年平均工资24 475元，增长12.98%。城镇居民可支配收入13 739元，实际增长8.51%。居民储蓄存款余额13.39亿元，增长15.7%。城镇登记失业率3.17%。

中共县委书记　李怡（女）
县人大常委会主任　宋文权
县人民政府县长　黄云雁
县政协主席　刘绍明（～2009.2）　李思恒（2009.3～）

【廉租房竣工入住】 1月16日，县委、县政府举行首批廉租房竣工暨入住仪式，为入住的108户城镇低收入住房困难户发放钥匙。于2008年5月启动的第一批廉租房建设工程，建筑面积5 400平方米，建设标准为单套户型，以二室一厅一厨一卫为标准户型的砖混结构。

【禄武经济走廊区域合作框架协议签字】 签字仪式11月20日武定县城举行。武定县县长黄云雁和禄劝县县长毕昆闽共同签署该协议。根据协议，两县将在城市建设、交通路网、矿产资源、经贸物流、文化旅游、生态环保6个领域展开全面合作。两县将打破行政区划障碍，建立两县联席会议制度、两办主任协调会议制度、职能部门衔接落实制度、民间自由合作制度4项合作机制，以确保合作顺利推进，实现两县经济社会大发展、大繁荣。

【安宁化工厂武定分厂搬迁项目奠基】 奠基仪式1月16日在狮山镇羊旧村委会大平地举行。该项目占地面积385亩，概算总投资9 000万元，建成后，企业年生产能力将由现在的1.2万吨增加到3万吨，实现产值1.5亿元。

【水城河旅游区总体规划】 该规划由县旅游局委托云南省城乡规划设计院进行编制，10月17日通过省州专家评审。水城河系掌鸠河源头，距县城58千米，规划总面积约35平方千米，是武定县倾力打造彝州文化节旅游强县确定的“一轴两翼”旅游格局的重要组成部分。景区内植被茂密，山水旖旎迷人，是一块典型的未被开发的处女地。

【城市基础设施建设】 6月23日，武定县深隆污水处理厂奠基。该项目计划总投资5 460万元，占地30亩，近期日污水处理能力1万立方

米，远期日污水处理能力2万立方米，计划2010年底基本完工投入试运行。7月17日，云南润阳节能科技有限公司武定县润阳城市生活垃圾处理项目奠基。该项目计划总投资2 928万元，占地69亩，垃圾处理量近期每日不低于45吨，远期每日不低于80吨。建设工期为18个月，其中垃圾填埋场将于2010年上半年建成投入使用。

【己衣大裂谷旅游区规划】 该规划由县旅游局委托云南省城乡规划设计院进行编制，10月17日通过省州专家评审。己衣大裂谷旅游区距县城119千米，有柏油路相通。景区面积约30平方千米，有景点10余个。长约12千米的大裂谷，最宽处约200米，最窄处约6米，裂谷两侧悬崖峙立，风光秀丽，是开展探险、漂流、康体、热区农业观光、自助旅游的好去处。

【分洲水库建设工程开工】 12月14日工程开工。分洲水库位于狮山镇北部西和村委会分洲小河上，距县城3.61千米，水库坝高37.04米，总投资2 164.62万元。分洲水库建成后，能够解决西和、白邑2个村委会2 516亩农田灌溉和下游800多人饮水问题，承担1.37万人、5 000亩农田防洪保障任务。

【武昆高速公路建设】 12月23日，武定至昆明高速公路征地拆迁暨施工环境保障工作动员会召开。该路是国家西部大开发通道兰州至磨憨公路云南境内的一段，起点位于武定县境内接已经建成的永武高速公路止点上，经富民县，止于昆明市西二环和北二环小屯立交桥相接。线路全长64.58千米，在武定县境内14.6千米。

（唐建梅）

禄丰县

【概述】 禄丰县位于云南省中部、楚雄州东部。总面积3 536平方千米。其中，山区面积3 247平方米，占总面积91.9%；坝区面积289平方千米，占总面积8.1%。县人民政府驻地金山镇，海拔1565米。距省会昆明97千米，距州府楚雄83千米。全县辖乡镇14个，其中，乡4个、镇10个，村（居）民委员会163个，自然村1 261个。2009年末总人口42.58万人。其中，非农业人口7.03万人，占总人口16.5%；少数民族人口10.59万人，占总人口24.87%。人口自然增长率5.26‰。

2009年，全县实现生产总值74.01亿元，比上年增长12.4%；其中，第一产业增加值15.25亿元，增长5.8%；第二产业增加值28.31亿元，增长13.9%；第三产业增加值30.46亿元，增长14%。一、二、三产业比由19.8∶40.5∶39.7调整为20.6∶38.2∶41.2。粮食总产量18.37万吨，增长1%。工业总产值104.86亿元，增长0.3%。年末公路通车总里程4 135千米。全年客运量293万人次，客运周转量2.31亿人千米；货运量782万吨，货物周转量6.9亿吨千米。年底固定电话机总数3.08万部，移动电话用户9.02万户，互联网用户1.53万户。全年财政总收入9.54亿元，增长10.9%；财政总支出12.66亿元，增长41.5%。

年底，全县国民教育系列学校256所，专任教师3 695人，在校学生6.69万人。学龄儿童入学率99.86%，普通初中升学率65.86%，高考录取率73.2%。有艺术表演团体1个，文化馆1个，公共图书馆1个。广播人口覆盖率100%，电视人口覆盖率97%。有卫生机构（不含诊所等）75个，病床1 238张，有卫生技术人员1 170人，其中，执业医师440人，执业助理医师106人。

2009年，全县农民人均纯收入4 071元，比上年实际增长12.4%；城镇居民可支配收入15 413元，增长7.8%。城镇居民平均住房面积20.6平方米，农村人口平均住房面积36.16平方米。

中共县委书记　王玉玺

县人大常委会主任　杨军

县人民政府县长　陆积峰（彝，～2009.9）　赵晓明（彝，2009.9～）

县政协主席　杨天贵

【滇粤特高压直流输电工程投产】 12月28日，世界首个±800千伏特高压直流输电工程——云南至广东特高压直流输电工程在终点站广东增城的穗东换流站成功实现单极投产，当天该工程输送电力容量达260万千瓦，相当于半个广州市中心用电水平。该工程由中国南方电网公司于2006年12月19日在禄丰县和平镇开工建设，线路全长1 373千米。该工程将云南小湾、金安桥等水电站电源通过特高压直流输电线路输送到广东，按照替换燃煤电厂测算，每年减少二氧化碳排放1 760万吨，大幅降低输电损耗，节约走廊土地约8 300公顷，节约换流站占地超过600公顷。

【中低产田地改造】 2008年冬季以来全县共完成中低产田地改造建设项目41个，项目覆盖面积11.64万亩，完成工程总投资1.32亿元，其中，县烟草公司完成烟田建设项目7.97万亩，完成工程投资8 614.68万元。2009年度该项工作受到省委、省政府表彰奖励。

【现代烟草农业建设】 2009年禄丰县作为国家局整县推进现代烟草农业建设的试点取得明显成效。通过实施土地整治、烟水、烟路、育苗设施、烤房、信息系统“六大工程”，改革组织管理机制，创新生产组织形式，健全管理服务体系等措施，全县现代烟草农业建设迈上新台阶。禄丰作为现代烟草农业示范县建设做到了高水平谋划、高标准实施、高质量推进，全面反映了现代烟草农业建设“一基四化”的基本要求，体现了现代烟草农业建设发展方向。现代烟草农业建设先后承接国家烟草部门、省内外烟叶主产县368批2万多人次现场观摩。“禄丰模式”的现代烟草农业建设在全国推广。

（曹永萍）

楚雄州经济社会发展主要指标（表一）

地　区	年末总人口（万人）		城镇人口占总人口比重（%）		全社会就业人员（万人）		农业总产值（万元）	
	2008年	2009年	2008年	2009年	2008年	2009年	2008年	2009年
楚雄州	269.00	270.10	29.60	31.00	151 531	158 709	1 233 890	1 379 894
楚雄市	54.93	55.30	43.70	44.50	51 824	53 932	208 533	231 834
双柏县	15.93	16.00	21.50	22.70	7 070	7 847	80 261	88 659
牟定县	20.50	20.60	19.60	25.60	8 864	8 633	82 857	91 263
南华县	23.95	24.00	27.00	28.60	10 010	11 333	109 134	120 743
姚安县	20.84	20.90	22.80	24.00	7 415	8 164	107 157	119 738
大姚县	28.97	29.10	25.40	26.60	15 727	15 997	127 718	143 737
永仁县	10.87	10.90	24.30	25.30	5 141	5 659	58 324	64 664
元谋县	21.29	21.40	29.70	31.00	9 416	10 050	112 197	131 213
武定县	27.78	27.90	19.50	20.50	9 368	10 603	132 879	145 825
禄丰县	43.94	44.10	34.00	35.20	26 696	26 491	214 830	242 218

楚雄州经济社会发展主要指标（表二）

单位：万元

地　区	地区生产总值		第一产业		第二产业		第三产业	
	2008年	2009年	2008年	2009年	2008年	2009年	2008年	2009年
楚雄州	3 060 166	3 439 465	742 841	816 613	1 277 775	1 386 004	1 039 550	1 236 848
楚雄市	1 229 870	1 404 879	125 140	148 731	699 425	795 697	405 305	460 451
双柏县	96 343	111 495	44 740	49 933	18 471	23 072	33 132	38 490
牟定县	155 046	178 692	59 320	54 680	44 828	54 579	50 898	69 433
南华县	158 671	177 172	62 972	68 910	44 638	53 100	51 061	55 162
姚安县	159 273	173 322	58 898	65 303	45 315	47 898	55 060	60 121
大姚县	234 930	240 919	67 603	78 893	95 469	80 433	71 858	81 593
永仁县	90 301	102 763	35 814	39 177	20 943	24 046	33 544	39 540
元谋县	147 347	177 902	60 609	77 191	29 391	35 211	57 347	65 500
武定县	178 914	211 752	63 874	80 762	55 667	61 118	59 373	69 872
禄丰县	663 378	740 123	131 000	152 967	268 673	283 055	263 705	304 101

楚雄州经济社会发展主要指标（表三）

单位：%

地　区	地区生产总值构成		第一产业		第二产业		第三产业	
	2008年	2009年	2008年	2009年	2008年	2009年	2008年	2009年
楚雄州	100.00	100.00	24.27	23.74	41.76	40.30	33.97	35.96
楚雄市	100.00	100.00	10.18	10.59	56.87	56.64	32.96	32.77
双柏县	100.00	100.00	46.44	44.79	19.17	20.69	34.39	34.52
牟定县	100.00	100.00	38.26	30.60	28.91	30.54	32.83	38.86
南华县	100.00	100.00	39.69	38.89	28.13	29.97	32.18	31.14
姚安县	100.00	100.00	36.98	37.68	28.45	27.63	34.57	34.69
大姚县	100.00	100.00	28.78	32.75	40.64	33.38	30.59	33.87
永仁县	100.00	100.00	39.66	38.12	23.19	23.40	37.15	38.48
元谋县	100.00	100.00	41.13	43.39	19.95	19.79	38.92	36.82
武定县	100.00	100.00	35.70	38.14	31.11	28.86	33.19	33.00
禄丰县	100.00	100.00	19.75	20.67	40.50	38.24	39.75	41.09

楚雄州经济社会发展主要指标（表四）

地　区	地区生产总值指数（上年＝100）		人均地区生产总值（元）		国有经济固定资产投资（万元）		社会消费品零售总额（万元）	
	2008年	2009年	2008年	2009年	2008年	2009年	2008年	2009年
楚雄州	111.50	112.20	11 389	12 758	708 547	1 197 983	904 152	1 097 377
楚雄市	114.20	112.20	22 414	25 492	151 765	265 427	414 289	499 523
双柏县	111.10	111.10	6 052	6 990	32 814	65 624	20 028	24 298
牟定县	112.30	112.90	7 565	8 700	49 741	80 183	39 445	48 083
南华县	112.90	111.30	6 628	7 385	26 200	36 113	62 145	75 196
姚安县	112.40	111.90	7 644	8 305	29 977	41 798	42 323	51705
大姚县	105.70	104.90	8 118	8 305	61 522	77 143	56 730	69 139
永仁县	112.00	111.80	8 315	9 436	29 627	41 090	15 701	19 039
元谋县	112.30	111.60	6 924	8 337	23 279	48 026	38 507	47 576
武定县	112.50	112.00	6 461	7 601	33 050	64 992	40 717	49 756
禄丰县	113.60	112.40	15 121	16 817	227 500	385 953	176 067	213 062

楚雄州经济社会发展主要指标（表五）

地 区	地方财政收入（万元）		地方财政支出（万元）		人均地方财政收入（元）		人均地方财政支出（元）	
	2008年	2009年	2008年	2009年	2008年	2009年	2008年	2009年
楚雄州	227 012	255 832	700 427	910 569	845	949	2 607	3 378
楚雄市	73 584	83 054	123 664	146 386	1 341	1 507	2 254	2 656
双柏县	6 485	7 930	38 337	54 227	407	497	2 408	3 400
牟定县	6 479	7 370	38 240	56 894	316	359	1 865	2 770
南华县	8 448	9 779	42 553	64 464	353	408	1 778	2 689
姚安县	5 583	6 197	39 057	76 914	268	297	1 876	3 685
大姚县	11 156	10 840	54 184	78 636	385	374	1 872	2 711
永仁县	5 201	6 758	35 858	55 113	478	621	3 293	5 061
元谋县	8 548	8 476	53 987	56 990	401	397	2 535	2 671
武定县	12 008	14 229	54 158	76 150	434	511	1 956	2 734
禄丰县	32 520	40 175	81 675	116 114	741	913	1 862	2 638

楚雄州经济社会发展主要指标（表六）

地 区	农民人均纯收入（元）		职工人数（人）		在岗职工年平均工资（元）		人均储蓄存款余额（元）	
	2008年	2009年	2008年	2009年	2008年	2009年	2008年	2009年
楚雄州	3 110	3 511	142 068	143 898	23 268	26 414	5 861	7 048
楚雄市	3 528	4 029	51 503	52 932	24 360	28 545	10 802	13 071
双柏县	2 479	2 805	6 190	6 678	23 364	25 740	3 820	4 759
牟定县	2 674	3 016	7 812	7 591	20 284	23 522	4 094	5 139
南华县	2 956	3 207	9 225	9 516	22 614	23 614	3 609	4 513
姚安县	2 959	3 344	7 302	7 906	21 354	25 260	4 175	5 238
大姚县	2 908	3 267	14 789	12 948	25 338	26 260	3 981	4 873
永仁县	2 575	2 935	4 437	4 557	24 020	26 673	4 148	5 211
元谋县	4 019	4 333	8 409	8 796	20 070	22 516	4 474	5 610
武定县	2 356	2 858	8 659	9 522	21 664	24 475	4 176	4 806
禄丰县	3 597	4 071	23 742	23 452	23 004	26 516	6 677	7 471

（省统计局）

红河哈尼族彝族自治州

主　　编　冯　云　刘建军
责任编辑　许旭光　张　春

【概述】　红河哈尼族彝族自治州位于云南省南部，总面积3.29万平方千米。其中，山区面积2.80万平方千米，占总面积85%；坝区面积4 940平方千米，占总面积25%。国境线长848千米。州政府驻地蒙自县文澜镇，距省会昆明289千米。2009年，全州辖蒙自县、个旧市、开远市、建水县、石屏县、弥勒县、泸西县、屏边苗族自治县、金平苗族瑶族傣族自治县、河口瑶族自治县、元阳县、红河县、绿春县13个县市，132个乡镇，其中，街道办事处3个，乡72个，镇57个。

全州总人口444.2万人。其中，非农业人口74.88万人，占总人口16.9%；少数民族人口252.8万人，占总人口56.9%；两个主体自治民族中，哈尼族人口77.39万人、彝族人口105.53万人，分别占少数民族人口30.6%和47.8%。人口密度每平方千米131.18人，人口自然增长率6.36‰。

2009年，全州实现生产总值560.88亿元，比上年增长9.1%。其中，第一产业增加值104.6亿元，增长9.8%；第二产业增加值286.63亿元，增长11.1%；第三产业增加值169.65亿元，增长6.7%。一、二、三产业比由17.8∶53.2∶28.1调整为18.7∶51.1∶30.2。实现工业总产值720亿元，增长9.1%。完成工业增加值247.47亿元，增长11.9%。完成规模以上工业增加值218.11亿元，增长10%。实现各种利税收入128.14亿元，增长7.3%。全年接待国内外游客1 199.35万人次，增长14.3%。实现旅游总收入57.99亿元，旅游外汇收入1.07亿美元，分别比上年增长31%、16%。完成固定资产投资404.53亿元，增长30.6%。全年实现社会消费品零售总额127.25亿元，增长21.3%。居民消费价格指数与上年持平。全年外贸进出口总额9.24亿美元，下降9.1%。其中，出口总额6.59亿美元，下降8.8%；进口总额2.65亿美元，下降9.8%。

年末，全州公路通车总里程1.93万千米，其中高速公路332.35千米。公路运输客运量3 533万人，增长29.1%；旅客周转24.26亿人千米，增长11.5%；货运量4 613万吨，增长2.6%；货物周转量56.73亿吨千米，增长35.1%。年内，红河蒙自大郭西机场场址通过省发改委组织专家进行的初审。

全州有固定电话47.66万部，减少7%；移动电话用户214.87万户，增长21.9%；固定电话普及率10.7部/百人，移动电话普及率48.35部/百人。互联网用户16.46万户，增长1.9%。

2009年，全州完成财政总收入140.29亿元，比上年增收10.93亿元，增长8.5%。全州一般地方财政收入52.04亿元，比上年增加6.9亿元，增长15.3%。全州一般预算支出137.25亿元，比上年增加29.91亿元，增长27.9%。

年底，全州有各级各类学校2 071所，专任教师4.23万人。其中，大学1所、中专6所、普通高中40所、初中163所、小学1 516所、职业中学17所，特殊教育学校1所。招收各类学生17.15万人，毕业学生15.76万人，在校学生82.38万人。学龄儿童入学率99.75%，普通初中升学率56.69%。大学本专科上线率78.3%，比上年提高7.49个百分点。年内，投资3 957万元资金建设边境国门学校。为金平、河口、绿春县3个边境县各新建小学1所，改扩建中小学4所。

年内，红河州组织申报国家和省级各类科技项目98项。其中，科技部项目30项、上海科委扶持科技计划项目1项、云南省科技厅科技计划项目67项。已批准实施科技计划项目47项，经费3 076万元。其中，国家级科技计划项目立项16项，经费1 030万元；上海科委立项1项，经费50万元；省级立项30项，经费1 996万元。全年州级财政安排科技经费563万元，其中，各类科技计划和专项经费500万元、科技进步奖63万元。

全州有各种艺术团体8个，文化馆（站）133个，公共图书馆15个，藏书量149万册，群艺馆14个。广播人口覆盖率96.05%，卫星电视地面接收站27.37万座，电视人口覆盖率

中国河口口岸　　（红河州志办　提供）

95.05%。

有医疗卫生院、所378个。其中，县级以上医院70个，乡镇卫生院138个，疾病预防控制中心14个。年末有床位1.52万张，每千人有病床3张；有卫生技术人员1.22万人，其中，医生9 728人，护师、护士4 469人，每千人有医生2.19名。

2009年，在省第九届残疾人运动会暨省第三届特殊奥林匹克运动会上，红河州运动员获金牌30枚，银牌8枚，铜牌12枚，金牌总数名列全省第二名，团体总分名列全省第四名。

2009年，全州农民人均纯收3 446元，比上年增长14.1%；在岗职工年平均工资24 389元，比上年增加2 366元。城镇居民储蓄存款余额378.76亿元，增长19.5%；城市人均住宅建筑面积29.88平方米，农村人口平均住房面积27平方米。城镇登记失业率3.6%。

中共州委书记　刘一平（白）

州人大常委会主任　陈霖（彝）

州人民政府州长　杨福生（哈尼）

州政协主席　李保文

【畜禽品种通过国家鉴定】 2009年6月，经云南省农业厅组织专家评审论证，红河州石屏青绵羊、弥勒红骨山羊、屏边大围山微型鸡、建水黄褐鸭、屏边矮马5个地方畜禽品种被列为云南省畜禽遗传资源保护品种。同时作为新畜禽遗传资源报国家畜禽品种审定委员会鉴定。11月，红河州上报的5个畜禽遗传资源品种通过农业部国家遗传资源管理委员会评审，列入《国家畜禽遗传资源目录》。

【发展农村经纪人】 2009年，州工商部门出台新举措，促进农村经济组织和经纪人队伍发展。在支持发展运销经纪人、贮藏加工经纪人、信息经纪人的同时，加大培训力度，提高农村经纪人素质，鼓励农村经纪人向跨度更大、范围更广方向发展；为农村经纪人登记注册设立“快速通道”，对申请办理注册登记的经纪人，除国家法律法规明令禁止的行业外均可进入，符合经纪人条件的，工商部门免费为其办理证照；建立面向农村经纪人的信息服务平台，为农村经纪人提供法律政策咨询及执业备案查询和交易信息服务；引导具备条件的农村经纪人积极开展订单农业，增强市场驾驭能力。截至年底，全州有经纪人981户，其中，农村经纪人580户，经纪业务量2.5亿元。

【边疆解五难惠民工程】 2009年，州实施“云南边疆解‘五难’（学科技难）惠民工程”，项目投入1 491.91万元，其中，省科技厅专项补助573万元，州级科技专项资金配套140万元，金平、绿春、河口边境3个县自筹778.91万元。2007～2009年，金平、绿春、河口边境3个县累计建设和完善科技活动室212个，累计组织农民开展香蕉、橡胶、茶叶、蔬菜、养猪、种桑养蚕、稻田养鱼等农村适用技术培训27.81万人次，选派乡镇科技特派员28人，培训村级科技辅导员229人，成立农村专业技术协会32个，超额完成2007～2009年边境3个县农民增收15%的目标。

【小额担保贷款】 截至年底，全州累计发放下岗失业人员小额担保贷款及“贷免扶补”资金3 631笔，金额1.73亿元（其中，发放下岗失业人员小额担保贷款1 484笔，金额6 765.5万元；“贷免扶补”2 147笔，金额1.05亿元），财政对经办银行实际贴息322.17万元。

【特色产品上海推介会】 2009年10月15日在上海光大会展中心举行签约仪式，签订旅游合作协议3个，特色产品供货协议7个，协议涉及金额2.4亿元。州政府与上海市旅游局签订《上海—红河旅游合作框架协议》，州旅游局与上海徐汇区旅游局签订《徐汇区旅游局—红河州旅游局旅游精品线路开发合作框架协议》，昆明国际旅行社建水分社与上海徐汇区旅行社签订合作营销协议；特色产品供货协议分别由红河州蒙生石榴专业合作社、红河和源贸易有限公司、红河唐人生物发展有限公司、云南力量生物公司与上海华联超市股份有限公司、上海欣融实业发展有限公司、杭州娃哈哈集团有限公司等7家企业签订。

【家电下乡】 2009年，贯彻国家有关家电下乡政策，在各县市设立家电下乡产品销售网点，制定方便快捷补贴和便民措施，使群众当场购买、当场享受补贴。至年底，全州有577个“家电下乡”产品销售网点，销售9类家电产品6.94万台，销售总额1.2亿元，兑付财政补贴1 479.48万元。“家电下乡”使农民群众直接受惠1 479.48万元，经销商获得税后利润约360万元，国家约获得600万元税收。全州“家电下乡”销售总量排名全省第一位，财政补贴兑付排名第四位。

【中越红河公路大桥通车】 2009年9月1日，由中越双方联合设计建造的中越红河公路大桥竣工并试通车。该大桥于2006年6月开工建设，北接河口北山开发区东端，南连越南老街省老街市金城商贸区，总投资达6 440万元人民币，全桥总长295米，为双向4车道。建成后，将与已建成通车的新河高速、蒙新高速相连接，从昆明到越南河内，汽车行程仅需13个小时；与先前建成的南溪河上中越河口铁路大桥、中越南溪河公路大桥形成循环路网状，使河口口岸在不到5千米范围内就拥有3座能连通两国的大桥，成为中国连接越南的国际大通道。

【乡村流通工程】 2009年6月，州和13个县市党委政府制定出台关于深化改革推进供销合作社“二次创业”实施意见，全方位支持供销合作社开展“乡村流通工程”建设。截至11月，全州投入“乡村流通工程”建设资金1 788万元，建设完成乡村流通网点427个。其中，建设农村便民超市320个，建设红河农资

彝族民间文艺演出　（刘建明　摄）

连锁经营网点107个；举办农产品经纪人职业资格证培训班18期，培训持证农产品经纪人1 300人；建设红河农产品信息网站基层信息站点36个；引领发展“两社一会”等新型农村合作经济组织383个，其中，农民专业合作社200个、农村专业协会30个、农村综合服务社153个。

【上海加大对州扶贫力度】 2009年，上海市不断加大对红河州的帮扶力度，促进了红河州贫困地区经济社会的发展。全年共投入资金3 830万元，比上年增长28.5%。实施援助项目67个。其中，新农村建设项目54个，援助资金2 820万元；产业发展项目10个，援助资金460万元；社会事业项目3个，援助资金550万元。

【滇南中心城市建设】 自滇南中心城市建设以来，打破了个旧—开远—蒙自行政区域界线，重点实施市政基础设施建设、旧城改造、房地产开发等建设项目。跨蒙自、个旧两个县市行政区划的红河大道已建成通车；红河大道供水主干管、个旧市城市供水管网改造和大屯供水工程、大屯海截污排水隧道工程等正在建设中；开远市强弱电网改造开工建设；开远市污水处理厂二期配套及配套管网工程正在建设中，个旧市污水处理厂三期配套管网工程开工建设，蒙自滇南中心城市污水处理厂完成前期工作，正在招商引资；一批文化基础设施建设项目正在实施中，红河剧院、新闻中心、艺术馆、老年宫、青少年宫主体结构及外立面装饰已完成，五大建筑外立面灯光工程、地下基础设施以及40米大道、中心水广场、绿化等景观环境工程已基本形成；完成开远市泸江河一、二期综合治理工程和启动第三期综合治理工程，完成蒙自县南湖周边景观工程等；红河工业园区修建全长20千米的9条园区道路，新招商引资审批入园项目13个，协议总投资7.9亿元，在建项目17个，预计总投资55.8亿元。到2009年，滇南中心城市建成区面积67平方千米，城镇化水平64.1%，比全州平均水平高29.9个百分点。

（常娅玲）

蒙自县

【概述】 蒙自县位于云南省东南部、红河州东部。全县总面积2 228平方千米。其中，山区面积1 683.8平方千米，占总面积75.6%；坝区面积544.2平方千米，占总面积24.4%。县城是红河州州府驻地，距省会昆明289千米，海拔1307米；城区面积27.37平方千米，城市人口16万人，城镇化水平46%。全年平均气温20.1℃。全县辖7镇4乡，86个村民委员会，691个自然村，991个村民小组。年末全县总人口35.59万人。其中，农业人口28.02万人；少数民族人口20.96万人，占总人口58.9%。人口密度每平方千米160人。人口自然增长率6.92‰。

2009年，全县实现生产总值60.67亿元，同比增长13.8%。其中，第一产业增加值10.70亿元，增长7.1%；第二产业增加值30.93亿元，增长15.2%；第三产业增加值19.04亿元，增长15.1%。三次产业之比为17.6∶51.0∶31.4。工业总产值94.94亿元，增长15.11%。农林牧渔业总产值17.16亿元，增长8.8%。粮食总产量13.22万吨，增长6.1%。全县县乡公路通车里程1 542.7千米。乡镇通班车率达100%，村（居）民委员会通班车率达84%。完成客运量782万人次，旅客周转量3.47亿人千米；货运量238万吨，货物周转量2.27亿吨千米。年末固定电话用户4万余户，互联网宽带用户2万余户。全县财政总收入9.39亿元，增长17.0%。其中，地方财政一般预算收入5.81亿元，增长19.0%；地方财政一般预算支出11.33亿元，增长24.6%。

全县有高级中学3所，在校学生4 959人；职业高级中学1所，在校学生5 295人；农机学校1所，在校学生295人；初级中学17所，在校学生1.74万人；小学153所，在校学生3.61万人；小学适龄儿童入学率99.97%，初中毛入学率100.27%，高中毛入学率67%，高考上线率87.41%。全县中小学校、幼儿园在职教职工总数3 998人。

全县有文艺演出队伍739支，遍布全县11个乡镇。11个乡镇文化站通过达标考核。有卫生事业机构40个，有卫生专业技术人员1 965人，平均每千人有卫生技术人员5.61人、有病床4.94张。年内，蒙自分别荣获“全国文明县城”和“全国平安建设先进县”称号。“国家卫生县城”通过全国爱卫会专家考核组复审被重新确认；新安所小红寨、龙潭、大沙地3个自然村经省爱卫会考核组考核鉴定，被命名为云南省卫生村。

2009年，全县农民人均纯收入3 612元，增长14.2%。在岗职工年人均工资24 637元，增长9.4%。年内，出台老年人保健长寿补助优惠政策。城镇登记失业率3.8%。

中共县委书记　张涛

县人大常委会主任　陆继高

县人民政府县长　苏畅

县政协主席　钟麟

【举办“中国蒙自过桥米线美食文化旅游节”和“中国蒙自世界华文广告节”】 上述两节于2009年10月17～20日在蒙自县举办。期间，举行了命名“中国过桥米线之乡”授牌仪式，现场制作并成功申报中国最长的米线，举办《天下第一碗》等10多个大型文体活动。累计接待来宾及游客6.14万人次，实现旅游总收入1 580.21万元，商贸街及汽车展活动实现交易1 000余万元，招商引资洽谈会共签约经济合作项目6个4.7亿元。

【扩大就业】 年内，全县城镇新增就业岗位4 252个，转移农村富余劳动力5 934人，就业困难人员实现再就业858人，为1 381名灵活就业人员发放补贴291万元。开发公益性岗位523个。以创业带动就业，共发放就业和再就业小额担保贷款1 890万元，帮助366人成功创业，带动1 000余人实现就业。

【新农村建设】 2009年，县选派第三批社会主义新农村建设工作队指导员86名，按照一村一名指导员、一乡（镇）一支工作队原则，于2月15日组成11支工作队分别入驻全县86个村委会，推进全县新农村建设。全年共实施省级重点示范村建设12个，州级示范村22个，县级示范村11个。累计投入新农村建设经费7 201.57万元，其中，国家补助1 663万元，整合其他资金1 682.17万元，群众自筹3 856.4万元。建设内容包括村内道路硬化、灯光亮化、村内绿化，外墙立面改造、安全饮水工程、科技培训等。

【医疗卫生建设】 年内，投资2 500万元新建县医院新区总院和投资700万元新建县疾病预防中心新区竣工并投入使用。投资近550万元新建和改建14家乡镇卫生院。投资200多万元新建86个规范村卫生室。增加乡村医生编制152名，乡村医生报酬从每人每月20元增加到150元。投资近200万元为各乡镇卫生院配备B超、X光机等医疗设备。

【重点扶持村项目建设】 2009年，坚持开发式扶贫方针，实施整村推进重点扶持村项目53个，其中，中央级重点村12个，省级重点村27个，州级重点村9个，县级重点村5个。项目完成总投资2 953.27万元。项目建设内容为：新建村内卫生路92.19千米，乡村公路4.58千米，农田地改造3 125亩，水窖158口，路灯58盏，种植经济作物3 592亩，经济林果6 299亩，养猪870头，建沼气池850口，新建文化活动室11间，科技培训195期2.97万人次。项目受益11个乡镇53个村4 327户1.85万人。

【蒙自被命名为“中国过桥米线之乡”】 蒙自是过桥米线的发源地，至今已有300多年历史。经过几百年发展，逐渐形成菊花过桥米线、肠旺过桥米线、土鸡过桥米线等一批特色产品，品种繁多，风味独特，从而跻身于“中华名小吃”之列，成为中国饮食文化系列中一颗璀璨的明珠。蒙自县2007年成立云南省过桥米线协会，2009年8月26日，过桥米线被列为云南省非物质文化遗产之一。2009年10月17日，在“中国蒙自过桥米线美食文化旅游节”上，蒙自被命名为“中国过桥米线之乡”，同时，云南蒙自过桥米线企业标准正式发布并实施。

【首家小额贷款公司成立】 2009年7月28日，蒙自县康达小额贷款有限公司暨云南省高校毕业生就业见习基地成立。该公司注册资本2 000万元，经省金融管理部门批准成立。公司按照小额、分散、市场化原则，为农村和以红河州川渝商会会员单位为主体的中小企业服务。

【畜牧业实现五个突破】 2009年，以“力争全县年出栏肥猪60万头以上，挤进全省肥猪调出大县行列”为奋斗目标，推动畜牧业跨越式发展，全县畜牧业发展实现五个突破。一是生猪年末存栏首次突破30万头，达33.14万头；二是能繁母猪存栏首次突破6万头，达6.62万头；三是生猪出栏首次突破60万

农机作业推广　　（蒙自县志办　提供）

头，达61.29万头；四是全县畜禽肉类总产首次突破5万吨，达5.56万吨；五是畜牧业产值首次突破5亿元，达5.25亿元。

【亿元产业助农致富】 通过政府扶持、科技带动、典型示范等措施，把烤烟、石榴、反季节蔬菜培植成为三个亿元产业，成为群众增收致富主渠道。巩固烤烟基础地位。加大基础设施建设力度，落实科技兴烟措施，提高烟叶质量。2009年，全县种植烤烟5.3万亩，收购烤烟16.68万担，实现烟农收入1.35亿元。做强石榴产业。积极推广石榴标准化种植技术，全县11.09万亩石榴实现标准化生产。2009年，全县种植石榴12万亩，产量17万吨，产值3.6亿元。培植壮大反季节蔬菜产业。充分发挥草坝丰富的土地资源和光热优势，大力发展以大棚甜辣椒、番茄等为主的反季节蔬菜产业。2009年，全镇种植反季节大棚蔬菜2.79万亩，为农民增加收入2亿多元。

（王熹　程红春）

个旧市

【概述】 个旧市位于滇东南红河北岸，全市总面积1 587平方千米，辖6镇2乡和沙甸区、城区办事处，共79个村民委员会和34个城镇社区。市区距州府蒙自县约30千米，距昆明市280千米。2009年，平均气温16.9℃，比历年平均值高0.6℃；年降雨量828.6毫米，比历年平均值少286.5毫米。个旧荣获“全国十佳绿色城市”称号。全市年末常住人口45.67万人，城镇化率70.2%。户籍人口39.11万人，其中，农业人口17.47万人，占44.68%；少数民族11.97万人，占30.61%。人口自然增长率3.65‰。

2009年，全市实现地区生产总值105.42亿元，同比增长9.5%。其中，第一产业增加值6.61亿元，增长6.5%；第二产业增加值65.84亿元，增长7.9%；第三产业增加值32.97亿元，增长14.6%。第一、二、三产业比为6.3∶62.5∶31.2。农村经济总收入55.16亿元，增长1.50%。粮食产量6.16万吨。工业总产值261.3亿元，增长8.1%。各种运输方式完成货物周转量2.69亿吨千米，下降31.6%；旅客周转量3.41亿人千米，增长0.9%。全年财政总收入18.14亿元，增长2.4%；完成地方一般预算收入7.73亿元，增长2.4%。地方一般预算支出15.21亿元，增长17.2%。2009年7月发布的《第九届全国县域经济基本竞争力与科学发展评价报告》中，个旧市名列西部百强县市第20位、全国县域经济基本竞争力评价第140位。

全市有幼儿园38所，在园幼儿1.16万人；小学199所，在校学生3.20万人，15周岁初等教育完成率98.98%；初级中学17所，17周岁初级中等教育完成率98.74%、升学率72.99%；高级中学2所、完全中学4所，在校学生5 749人，高中阶段毛入学率73.50%，高考上线率70.2%。是年，个旧荣获“省教育先进市”称号。有艺术表演团体、群众艺术馆、文物管理所、公共图书馆各1个，高标准的市博物馆、图书馆已建成开馆。恢复重建个旧人民广播电台，全市广播覆盖率99.23%，电视覆盖率96.55%。全市共有25个市属医疗单位、77个村卫生所，实有病床1 510张，每千人有病床3.86张；有专业卫生技术人员1 298人，每千人有专业卫生技术人员3.32人。

2009年，全市农村居民人均纯收入5 335元，增长14.1%；农村居民人均消费支出4 125元，增长7.8%。全市在岗职工年平均工资24 306元，增长4.10%。根据抽样调查，全年城镇居民人均可支配收入12 767元，增长13.8%；城镇居民人均消费性支出10 237元，增长27.5%。城乡居民储蓄存款余额87.48亿元，增长9.5%。

中共市委书记　赵刚（彝）
市人大常委会主任　卢雨能
市人民政府市长　王忠（彝）
市政协主席　杨树文

【木棉产业】 2007年上海攀大集团公司落户个旧，投资5 000万元实施木棉育苗、科研基地和木棉纺织企业建设。2009年3月20～21日，首届中国木棉产业发展研讨会在个旧市举行，21日，世界首家木棉纺织企业——建在个旧市的云南红河攀大木棉纺织有限公司举行揭牌仪式。至年末，在个旧市建成3万亩木棉苗木培育基地和年产3 000吨木棉纺纱厂。12月18日，“红河攀大”设在个旧市的全球第一家木棉精品店开业。发展木棉产业是资源型老工矿城市个旧市经济转型和治理荒漠化的有益探索，并将带动周边市县木棉种植业发展。

【民生保障】 全年稳定就业岗位1.5万个，落实零就业家庭就业扶持政策，帮助1 826名就业困难人员就业再就业，城镇新增就业人员6 842人。共向1.07万名灵活就业人员发放社会保险补贴1 654.54万元，向26户困难企业1.08万名职工发放最低工资差额补贴2 233万元。各种社会保险覆盖面不断扩大，基本医疗保险参保人数由上年11.36万人增至21.64万人。城镇居民最低生活保障继续执行“应保尽保、应保才保”方针，从10月起每户增发30元，全年共保障4.3万人，累计发放最低生活保障金6 149.12元。向城市低收入家庭发放住房租赁补贴165万元，向80周岁以上高龄老人发放保健补助41.59万元。发放医疗救助金438.82万元，共救助7 559人次。全年培训农村富余劳动力6 822人，累计转移农村富余劳动力4.14万人，农民人均工资性收入1 986.6元，占人均纯收入的37.2%。农村居民最低生活保障金月人均补助标准从上年的50元增至60元，全年累计发放保障金472万元，共保障6 000人。

【家电下乡】 2009年3月，启动“家电下乡”活动。经市商务局审查备案，共核准70家中标企业参加“家电下乡”销售活动，并设立市、乡、村三级销售网点，方便农民购买所需家电产品。至年末，共销售家电产品5 359台（件），其中，电冰箱2 169台、彩电1 096台、洗衣机992台、手机227部、热水器563台、电磁炉48台，向4 364户农户兑现政策性补贴103.32万元，实现销售收入954万元。

【整村推进重点村建设】 2009年，按照“抓示范、促产业、树亮点、集中连片开发”原则，在8个乡镇17个村委会19个贫困村开展整村推进重点村建设。全年共投入资金747.96万元，完成27个项目。其中，硬化村内道路19条20.2千米，架设人畜饮水管道1条4 500米，修建6 000立方米大牲畜饮水塘1个，新建生产生活水窖、水池45个总容积1 190立方米，改造4万立方米农田灌溉坝塘1个，建设三配套沼气池15口，建成文化活动室12间1 470平方米、村内卫生垃圾池4个，种植经济作物4 170亩，办科技培训班59期共培训5 310人。通过项目实施，为贫困农户增加收入995.5万元，共有1 643户6 743人直接受益，解决了2 058名绝对贫困人口的温饱，巩固2 320名低收入贫困人口的温饱。

（李绍贤）

开远市

【概述】 开远市位于云南省东南部、红河州中东部。总面积1 950平方千米。其中，山区面积1 405平方千米，占总面积72%；坝区面积545平方千米，占总面积28%。市人民政府驻地乐白道办事处，海拔1100米。距昆明210千米，距州府蒙自48千米。年平均气温20.7℃，最高气温35.6℃（7月19日），最低气温3.9℃（12月25日）；年日照时数2 314.3小时，年降雨量586毫米，全年无霜。全市辖3个办事处、3个乡、1个镇，21个社区居民委员会，52个村民委员会，460个自然村，596个村民小组。年末总人口31.42万人。其中，非农业人口19.64万人，占总人口62.5%。人口密度每平方千米198人，人口自然增长率3.6‰。

开远市泸江公园　（张怀寿　摄）

年内，全市国民生产总值76.2亿元，比上年增长10.9%。一、二、三产业比由14.6∶51.2∶34.2调整为13∶46.2∶40.8。年末公路通车总里程1 459.54千米。全年各种运输方式完成货运量945万吨，货物周转量19.05亿吨千米；公路客运量690万人，旅客周转量3.02亿人千米。邮电业务总量1.76亿元，增长15.7%。年末固定电话用户4.5万户，移动电话用户20.9万户，每百人有固定电话16部、移动电话77部；宽带网用户1.5万户，下降46%。财政总收入9.5亿元，增长12.3%；财政一般预算支出8.9亿元，增长6.7%。

年内，全市有中小学校123所，其中，小学116所，普通中学17所，在校学生4.63万人；学龄儿童入学率99.91%，毛入学率100.06%，小学毕业生升学率91.99%，初中学龄人口入学率99.31%，初中毕业生升学率88.71%，高考上线率81.4%。有文化事业机构13个，影剧院2个；各种表演团体803个（其中，厂矿25个，乡村778个）；有文化馆1个，文化站7个，公共图书馆1个，图书馆藏书13.9万册。年内完成广播电视“村村通”工程，广播、电视综合人口覆盖率分别为96.9%和96.4%，有线电视入户率78%。有医疗卫生机构81个，病床2 130张，每千人有病床数6.87张；卫生技术人员2 068人，其中，执业医师815人，每千人有医生3人。

2009年，全市农民人均纯收入4 665元，扣除物价上涨因素，实际增长16.4%；全市在岗职工年平均工资29 859元，实际增长7.9%；城镇居民家庭人均可支配收入11 297元。城乡居民人均储蓄存款余额1.55万元。农村居民人均住房面积37.1平方米，城市居民人均居住面积36.22平方米。城镇登记失业率3.4%。

中共市委书记　陈米杰（～2009.12）　李存贵（2009.12～）

市人大常委会主任　刘建宝

市人民政府市长　李存贵（～2009.12）

代理市长　庞俊（2009.12～）

市政协主席　廖福云

【社会保障】 2009年，全市养老保险参保人数3.88万人，比上年增长2%；全年基本养老保险收入1.10亿元，增长10.2%；支付基本养老保险金11.71亿元，增长14.6%。农村养老保险参保人数1.37万人，增长1.2%。基金收入120万元，增长2

倍；基金支出22万元，减少12%。全年医疗保险参保人数10.87万人，医疗保险基金收入1.10亿元，增长20%，支付医疗保险金9 265万元，增长3.4%。新型农村合作医疗参合人数15.99万人，参合率99.25%；农村住院报销比例与城镇医保实现同等待遇，新农合门诊报销比例从50%提高到80%。全年新型农村合作医疗累计补偿18.23万人次，补偿金额2 963万元。失业保险参保人数2.96万人，增长1.7%。

【新农村建设】 2009年，全市按照新农村建设总体要求，在7个乡镇（办事处）、52个村委会、442个自然村广泛开展社会主义新农村建设。全市共派出60名指导员深入农村基层指导新农村建设。指导员驻村期间，共协调资金187万元，实施各类项目8个，为民办实事、办好事290多件，参与调处各类矛盾纠纷184起，调处成功率87.5%。年内，全市共投入资金9.7亿元、水泥1.18万吨，实施省级社会主义新农村建设14个、州级示范村建设3个。全市补助道路硬化沙石料款236.5万元，补助水泥1.18万吨，带动社会各界投入资金800多万元，带动农民投工投劳43万个，硬化村内道路365千米。至年末，全市442个自然村累计硬化村内道路1 028.57千米。全市除少数计划搬迁和不具备硬化条件的山区自然村外，其余自然村村内道路全部硬化，农村道路通行条件大为改善。

【整村推进】 2009年，全市争取到省、州整村推进重点村19个，其中，省级10个、州级9个，市委、市政府安排市级重点村5个。累计投入资金975万元，其中，省级财政扶贫资金360万元、州级财政扶贫资金135万元、市级财政资金120万元。新建校舍1间352平方米，建科技文化室11间，建舞台1 200平方米，建垃圾池6个，新建和改造饮水工程5件，铺垫管道3千米，修沟渠4条2.2千米，建蓄水池、水窖130口，产业培植、蔬菜连片开发3 000亩，发展养猪600头、养牛130头，农村危旧房改造320户，建沼气池58口，举办科技培训班35期，培训3 530人次。

【城乡一体化建设】 年内，编制完成《开远市南洞河片区绿化景观规划》。《开远市乡村旅游总体发展规划》和《开远小坝心—南洞河流域片区乡村旅游总体筹划和总体规划》通过州级专家评审；城市生活垃圾处理填埋场、天禾路建设工程、东新路排水改造工程竣工投入使用；泸江河综合治理三期工程、泸江公园提升改造二期工程、泸江路建设工程、河滨南路建设工程、城市排水管网工程、凤凰山片区基础设施建设项目进展顺利；金方商场二期扩建暨金方商业步行街建设项目、泸江河综合治理四期工程完成规划设计和可研工作；完成市行政中心休闲生态公园建设二期绿化工程；实施灯光梦幻工程，重点打造沿街楼房、主干道、河流和景观区梦幻夜景，使开远城郊白天如诗如画，夜晚如梦如幻。

（张怀寿）

建水县

【概述】 建水县位于云南省南部、红河州中部偏西。总面积3 759平方千米。其中，山区面积占89%，坝区面积占11%。县城北距省会昆明200千米，东距红河州府蒙自78千米。全年降雨量547.7毫米，最高气温33.6℃（7月19日），最低气温2.9℃（12月11日）。全县辖14个乡镇，142个村委会，1 562个村民小组。年末总人口52.07万人。其中，非农业人口7.23万人；少数民族人口20.18万人，占总人口38.76%。人口密度每平方千米138.5人。人口自然增长率9.6‰。

2009年，全县实现生产总值55.71亿元，比上年增长11.2%。其中，第一产业增加值13.5亿元，增长5.3%；第二产业增加值20.12亿元，增长11.2%；第三产业增加值22.09亿元，增长14.1%。三次产业比重24.2∶36.1∶39.7。农林牧渔业总产值23.12亿元，增长12.06%。粮食产量17.41万吨，增长5.21%。工业总产值44.45亿元，增长2.2%。年末全县公路通车里程2 546千米，其中高速公路96千米。全县公路运输完成货运量1 092万吨，货物周转量16.42亿吨千米；客运量438万人，旅客周转量4.13亿人千米。全县财政总收入6.18亿元，增长10.5%。地方财政一般预算收入3.78亿元，增长14.0%。全县地方财政一般预算支出完成11.38亿元，增长32.5%。

年末，全县有各级各类学校239所，在校学生9.92万人，专任教师5 373人。学龄儿童入学率99.78%，小学升学率97.2%，初中生毛入学率102.27%，初中生升学率79.92%，高考录取1 852人。有艺术表演团体1个，博物馆1个，公共图书馆1个，共藏书10.8万册。全县广播人口覆盖率99.05%，电视人口覆盖率96.31%。有医院29个，床位1 704张，医院卫生技术人员1 466人。新型农村合作医疗参合率达91.06%。

2009年，全县农民人均纯收入3 645元，增长14%。在岗职工年平均工资22 387元，增长16.4%。城镇登记失业率4.43%。

中共县委书记　李烨
县人大常委会主任　包俊生
县人民政府县长　赵云华
县政协主席　赵晓凌（女）

【文化建设】 2009年，在李浩寨乡小旷野村建成建水第一所烟农文化学校，在普雄乡塔瓦开工建设村级文化活动室，拉开村级文化活动阵地建设的序幕。实施文化惠农工程，依托全国文化信息资源共享工程，在官厅镇、坡头乡、甸尾乡、岔科镇、青龙镇、面甸镇、普雄乡、南庄镇、李浩寨乡9个乡镇建成基层文化服务网点。启动农家书屋建设，年内完成甸尾乡马黄田村、岔科镇岔科村、南庄镇干龙潭村、临安镇马军村、普雄乡塔瓦村5个农家书屋和李浩寨乡小旷野“烟农学校”农家书屋建设。官厅、坡头和甸尾3个乡镇的文化站安装了全套音响设备。

【科技示范园区建设】 年内，科技示范园区发展到4 890余亩。已获出境水果生产基地备案登记的有石榴、脐橙；蔬菜生产基地备案登记的有洋葱、大蒜、蒜薹。同时取得出口卫生登记证的有洋葱、大蒜、莲藕、香芋、葵花子、马铃薯、小米辣等产品。与云南农业大学共同开发完成园区农产品质量安全追溯管理。经省科技厅批准，将示范园提升为云南红河国家农业科技园区和现代农业科技示范园进行管理。

【老年舞蹈队获奖】 5月，建水县老年大学舞蹈队健身交谊舞“请到天涯海角来”，荣获由省文联、省国标舞协会主办的“2009年国际标准舞全国城市公开赛暨云南省首届国际标准舞锦标赛”团体组一等奖，建水县老年大学同时还获得组织奖。

(孙向阳)

石屏县

【概述】 石屏县地处云南省南部、红河州西北部。总面积3 037平方千米。其中，山区面积2 875平方千米，占总面积94.65%；坝区面积162平方千米，占总面积5.35%。县人民政府驻地异龙镇，海拔1420米，距省会昆明237千米，距州府驻地蒙自144千米。2009年，平均气温18.5℃，年最高气温32.8℃（7月19日），年最低气温3.4℃（11月21日），年日照时数2 283.1小时，年降雨量651.3毫米。全县辖乡镇9个，其中，乡2个、镇9个，村（居）民委员会115个，自然村1 426个。年末总人口30.28万人。其中，非农业人口3.57万人，占总人口11.79%；少数民族人口17.98万人，占总人口59.38%。人口密度每平方千米99.69人，人口自然增长率5.06‰。

2009年，全县实现生产总值23.64亿元，比上年增长9.86%。其中，第一产业增加值10.51亿元，增长9.78%；第二产业增加值5.93亿元，增长10.52%；第三产业增加值7.19亿元，增长9.43%。一、二、三产业比由44.5：25.0：30.5调整为44.5：25.1：30.4。农村经济总收入21.28亿元，增长10.8%。粮食总产量10.02万吨，增长3.96%。年末公路通车总里程2 409千米。全年客运量274万人次，客运周转量6 576万人千米；货运量930万吨，货运周转量13.95亿吨千米。年底固定电话机总数2.4万部，移动电话用户11.65万部。全县财政总收入2.63亿元，增长9.37%；财政总支出8.91亿元，增长38.32%。

2009年，全县有各类学校286所，专任教师2 742人，在校学生4.34万人。学龄儿童入学率99.97%，普通初中升学率59.60%，高考录取率65.49%。有艺术表演团体1个，文化馆（站）9个，公共图书馆1个。广播人口覆盖率98.25%，电视人口覆盖率98.70%。卫生机构（不含诊所）15个，病床743张，每千人有病床2.5张；有卫生技术人员455人，每千人有卫生技术人员1.5人。

全县农民人均纯收入3 315元；在职职工年平均工资21 630元，增长19.12%。城镇居民人均可支配收入8 048元。居民人均储蓄存款8 354元，增长17.86%。农村人口平均住房面积35平方米。城镇登记失业率3.79%。

中共县委书记　李建阳（彝）

县人大常委会主任　王亚林

县人民政府县长　祁金华（彝，～2009.12）

代理县长　李红芬（女，2009.12～）

县政协主席　普炳生（彝）

【国家级历史文化名村郑营】 郑营是一个依山傍水的村庄，位于石屏县城西10千米宝秀镇赤瑞湖畔。郑营山清水秀，文化底蕴深厚，古建筑民居众多，是云南省目前唯一保存完好的明清时期到民国年间的园林式村落，该村村民现在所居住的房屋，大都是很有价值的古代民居建筑，距今已有400多年历史。全村有房屋403座，都是清一色坐南朝北的木结构青瓦铺顶四合院，大多属于明清时代古代民居建筑，建筑装饰艺术中以木雕最为精美，雕刻、书画均具有较高水平，许多还载入中国艺术和民族建筑史册。其中比较著名的古建筑有陈氏宗祠、郑氏宗祠、武氏宗祠、陈氏民居、

新农村建设　（石屏县志办　提供）

郑氏民居、武氏民居、司马第、郑营小学等。宗祠是村中各个姓氏、各个家族兴衰的见证。1993年11月，陈氏宗祠被列为云南省级文物保护单位；1999年初，郑营村被列为云南省第一个、也是唯一的省级历史文化名村，被誉为“云南第一村”；2008年10月，郑营被列为国家级历史文化名村，成为赤瑞湖畔一颗璀璨的明珠。到此游览参观的游客络绎不绝。

【整村推进建设】 2009年，全县实施整村推进项目40个，其中，省级整村推进项目34个、州级整村推进项目6个。项目总投资1 486.1万元，其中，省级投入510万元，州级财政90万元，县、镇（乡）及群众投资560.77万元（含群众投工投劳折资），其他资金352.33万元。修缮15个自然村的入村公路6.97千米，硬化32个自然村卫生街道18.16千米，使2 010户8 094人受益；新修农业生产用路3条9千米；完成人畜饮水管网9件27.03千米，建水池3个79立方米，解决2 533人和423头大牲畜饮水困难；对360户房屋外墙进行粉刷，新建安居房80间；发展经济作物4 205亩、经济林果1 250亩；养猪200头、养鸡350只、养肉鹅300只；举办科技培训69期5 531人次；新建沼气池90口；建设科技文化活动室11间5 320平方米；建公厕27个，户内卫生厕29个739平方米；新建村民活动中心3个。项目覆盖9个乡镇40个自然村，2 831户1.09万人。项目实施后，贫困群众净增收1 026.6万元，人均净增纯收入806.4元，使8 913人摆脱贫困。

【新型农村合作医疗】 2009年，参加合作医疗总人数23.74万人，参合率91.69%。根据中央部署和安排，2009年新农合筹资标准为人均100元，其中，农民个人缴费20元、中央财政补助40元、省级财政补助40元。当年全县筹集新农合资金2 373.57万元。全县得到新农合减免补偿的参合人员共36.48万人次，受益率153.68%；医疗总费用6 382.43万元，支付减免补偿资金2 561.09万元。

【社会主义新农村建设】 2009年，县按照“一水二路三产业四人居环境五民主法制”思路和新农村建设五年规划总体要求，以村内道路硬化和村容村貌整治为切入点，采取补助水泥的方式推进第四批村内道路硬化建设。年内，全县累计完成自然村村内道路硬化项目57个，道路硬化总长68千米，总投资599.5万元；建成卫生公厕1 060个。同时，加大对异龙湖沿湖及鸡石高速公路石屏段沿线自然村村庄综合整治力度，着力打造“青瓦白墙”人文风光。全县共投入资金634.75万元，完成62个自然村4 076户4 088间房屋立面改造，村容村貌有较大改观。

（张纯）

弥勒县

【概述】 弥勒县位于云南省东南部、红河州北部。坝区面积600.5平方千米，占15%。县人民政府驻地弥阳镇，海拔1460米，距省会昆明132千米，距州府蒙自126千米。辖区总面积4 004平方千米。其中，山区面积3 403.5平方千米，占85%；2009年，平均气温18℃，年最高气温33.5℃（7月19日），年最低气温−1.1℃（12月25日）。全县平均日照时数1 820小时，降雨量617.5毫米，无霜期296天。辖乡镇12个，其中，乡2个、镇10个，村（居）民委员会139个，自然村1 025个。年末总人口51.95万人。其中，非农业人口6.2万人，占总人口11.9%；少数民族人口22.44万人，占总人口43.2%。人口密度每平方千米129.8人，人口自然增长率3.69‰。

2009年，全县实现生产总值122.52亿元，比上年增长9.2%。其中，第一产业增加值10.96亿元，增长6.7%；第二产业增加值95.14亿元，增长8%；第三产业增加值16.41亿元，增长18.8%。一、二、三产业比由8.8∶78.6∶12.6调整为8.9∶77.7∶13.4。农村经济总收入66.99亿元，增长24.8%。粮食总产量18.75万吨，增长3.7%。工业总产值162.80亿元，增长10.5%。年末公路通车总里程1 774千米。全年客运量196万人，客运周转量1.85亿人千米；货运量460万吨，货运周转量5.66亿吨千米。年底固定电话总数4.4万部，移动电话用户21.29万户。互联网用户1.27万户，其中，

阿细人民的新生活 （弥勒县志办 提供）

有线用户1.21万户、3G无线用户632户。全年县财政总收入10.64亿元，增长12%；财政总支出16.44亿元，增长8.3%。

全县有各类学校354所，专任教师4 336人，在校学生9.25万人。学龄儿童入学率98.77%，普通初中升学率63.44%，高考录取率83.6%。有民间文艺队600支，文化馆（站）13个，公共图书馆1个。广播人口覆盖率95.3%，电视人口覆盖率95.5%。有卫生机构（不含诊所等）26个，病床1 679张，每千人有病床3.2张；有卫生技术人员1 081人，其中，执业医师393人、执业助理医师63人，每千人有医师2.1名。

全县农民人均纯收入3 606元，扣除物价因素，实际增长14.1%；在职职工年平均工资25 735元，增加2 026元。城镇居民人均可支配收入14 156元，人均消费性支出7 380.29元。居民人均储蓄存款6.91万元，增长32%。城镇居民平均住房面积42.41平方米，农民人口平均住房面积28.36平方米。城镇登记失业率4%。

中共县委书记　孔令清

县人大常委会主任　刘卫民

县人民政府县长　王家林

县政协主席　王丽华（女）

【首届阿细跳月节】 由县委、县政府举办的、以“彩云之南、福地弥勒”为主题的弥勒首届阿细跳月节于8月7～9日举行。期间，在县城文体中心足球场举办首届“阿细跳月节”开幕式文艺演出，演出以彝族阿细跳月为主线，融入当地大黑彝祝酒歌、阿哲铓鼓舞等民间优秀的风情节目，1 000名演员与5 500余名观众同场互动，气势壮观；在国营东风农场举办了入园摘葡萄、文艺演出、酒歌比赛和酿酒仪式等活动。在西三镇西部摔跤斗牛场举办了盛大的摔跤和斗牛比赛；举行大型民俗诗画歌舞《火欲·阿细跳月》演出活动。新华社、旅游卫视、中国新闻图片社、人民网等20余家中央和省州新闻媒体进行采访报道。

【旅游二次创业】 弥勒是世界上唯一与佛同名的县，被誉为“南滇福地”。近年来，弥勒县以“彩云之南、福地弥勒”为主题，塑造宜居、宜游、宜商的休闲福地、快乐家园和度假乐土的新形象，把弥勒建设成为具有国际化标准并与现代消费相对接的“中国休闲度假城”。先后建成锦屏山风景区、庆来公园、湖泉生态园、可邑民族文化生态旅游村等旅游景区，红河烟厂、云南红酒庄被授予“全国工业旅游示范点、全国农业旅游示范点”。2009年，全县接待游客167.39万人次，实现旅游业总收入5.82亿元。被评为“中国最佳文化生态旅游目的地”、“中国生态旅游百强县”“国际旅游名县”“建设创新型国家百强县”“中国著名文化旅游县”“中华旅游文化名县”“中国最佳旅游度假胜地”“云南省县域经济发展先进县”，首批云南省旅游强县创建工作通过省级验收。

【新型农村养老保险试点】 2009年，弥勒被批准为全省13个国家级新型农村养老保险（简称“新农保”）试点县之一。据调查统计，全县符合新农保参保缴费条件的适龄参保人员30.12万人，农村重度残疾人2 255人（持证人员），不用缴费就可以直接享受待遇的60岁以上农村老人5.62万人。12月17日正式启动试点工作，发放12月基础养老保险金4.93万人271.08万元。

【石蒙高速公路弥勒段征地拆迁】 石蒙高速公路弥勒段共有正线94.1千米及联络线21千米，建设用地涉及国营东风农场、6个乡镇、31个村委会、99个村民小组。2009年末，全线完成各类用地丈量1.11万亩，涉及房屋拆迁195户，迁改电力铁塔19座、电线杆2 244棵、电力线3.39万米、架空通信光缆18.96万米、地下管道75米、坟地1 195冢。征地拆迁补偿费到位3亿元，兑付资金3亿元。

（薛海）

泸西县

【概述】 泸西县位于云南省东南部、红河州北部。总面积1 674平方千米。其中，山区面积占总面积83%；坝区面积占总面积17%。县人民政府驻地中枢镇，海拔1710米，距省会昆明178千米，距州府蒙自县189千米。2009年县境平均气温15.7℃，年内最高气温31.5℃（4月17日），年内最低气温-1.6℃（12月25日）。平均日照数1 970.7小时，无霜期232天。平均降雨量582.1毫米，为泸西县1958年有气象记录以来年降雨量之最少，导致严重旱灾，8个乡镇112个自然村受灾，全县13.13万人、3.1万头大牲畜饮水困难，23.8万亩农作物受旱。全县辖5镇3乡，81个村民委员会，5个居民委员会，477个村民小组。年末，全县户籍总人口40.86万人。其中，非农业人口4.14万人，占总人口10.14%；少数民族人口5.74万人，占总人口14%。人口密度每平方千米244人，人口自然增长率7.2‰。

2009年，全县实现生产总值27.89亿元，比上年增长11.2%。其中，第一产业增加值7.75亿元，增长6.4%；第二产业增加值9.5亿元，增长13.5%；第三产业增加值10.64亿元，增长12.3%。一、二、三产业比由28.6∶33.5∶37.9调整为27.8∶34.1∶38.1。农村经济总收入21.86亿元，增长14.5%。粮食总产量1.47亿千克，增长8.1%。实现工业总产值27.5亿元，增长32.8%。年内大为焦化公司年产95万吨焦化项目1号焦炉正式投产。全县公路通车里程1 377千米。货运量286万吨，货运周转量2.0亿吨千米；客运量228万人次，客运周转量1.14亿人千米。固定电话总数1.20万户，移动、联通电话用户15.06万户，电话普及率36.86部/百人，互联网用户4 560户。县财政总收入4.95亿元，增长20.5%；地方财政总支出6.95亿元，增长48%。

全县有各级各类学校416所，中小学在校学生7.05万人，专任

阿庐文化广场奥体中心　（泸西县志办　提供）

教师3 950人。小学适龄儿童入学率99.27%，初中适龄人口入学率98.9%。艺术表演团体1个，图书馆1个，文化馆（站）9个。年内整理出版泸西县著名民间诗人陈王庭（1622～1703年）《菊谱新诗》。全县广播人口覆盖率96.2%，电视人口覆盖率96.07%。有卫生机构18个（不含个体私营医院），床位数1 078张；有卫生技术人员697人，其中执业医师及执业助理医师347人。年内，泸西县被国家科学技术部认定为国家科技富民强县专项行动示范县，被省科学技术厅认定为“云药之乡”。

全年，农民人均纯收入2 988元，增长14%。在岗职工年平均工资22 564元，增长20.8%。城镇居民人均可支配收入9 160元，增长13.8%。城镇居民平均住房面积38平方米，农村人口平均住房面积29.5平方米。城镇登记失业率4%。

中共县委书记　黄兆坤（彝）

县人大常委会主任　段锦良

县人民政府县长　刀剑（傣，～2009.4）

代理县长　张智俊（2009.4～）

县政协主席　汪云

【风力发电项目建设】　李子箐风力发电项目是红河州首个开发绿色能源的标志性项目。风电场场址面积约63平方千米，山顶高程2 190～2 460米，总装机容量16.8万千瓦，总投资18亿元，由云南泸西东山风电开发有限公司投资建设。该项目工程分三期进行建设，李子箐风电场（一期工程）2009年11月开工建设，2010年底完工并网运行；二期、三期工程将分别在2010年开工建设，2011年建成并网运行。

【现代烟草示范区建设】　泸西县优越的自然条件非常适宜优质烟叶生产，1984～2009年期间累计种植烤烟300.24万亩，收购烟叶811.6万担，烟农收入35.93亿元，上缴农特税及附加税达7.9亿元，为原红河烟厂、玉溪烟厂、昆明烟厂和现在的红云红河、红塔两大集团提供大量优质原料，但落后的生产方式和技术严重制约烟草业发展。2009年，泸西县成为国家首批30个整县推进现代烟草农业建设县之一、云南省首个一次性建设10万亩以上的现代烟草示范区。2009年7月，泸西县12万亩的现代烟草农业示范区建设项目被列为红河州2010年最大整县推进现代烟草农业建设核心示范区。该项目将把泸西县打造为全国最具影响力的现代烟草农业综合示范区和全省最具影响力的中低产田改造示范区。

【中低产田改造】　从2009年开始至2020年12年间，开展以治水改土为中心、以建设地力为基础的中低产田改造，采取工程、生物、农艺相结合的措施，实行山、水、林、田、路统筹规划与综合治理相结合，计划投资11.56亿元，涉及7个片区，36.6万亩。2009年中低产田改造实施项目8件，涉及中枢、白水两大片区和向阳乡小规模建设区，规划预算投资1.67亿元，改造中低产田面积8.8万亩。

【农村客运规范化管理】　近几年，泸西县加快交通基础设施建设步伐，县城到乡镇通达率100%、硬化率100%，乡镇到村委会通达率100%、硬化率91.4%，乡镇到村通达率96.5%、硬化率42.8%，农村公路建设处于全省领先水平。同时完成所有乡镇客运站点建设工作，对全县从事城乡客运的微型面包车车身颜色进行统一，以白水镇为试点，成立乡村客运公司，并在白水镇辖区内建设9个农村客运招呼站，打造“县、乡、村”客运网络服务体系。11月26日，泸西县以白水镇为试点的农村客运规范化管理工作正式启动。

（赖俊芬）

 元阳县

【概述】　元阳县位于云南省南部、红河州南部。辖区总面积2189.88平方千米，境内山地连绵，无一平川。县人民政府驻地南沙镇，海拔232米，距省会昆明284千米，距州府蒙自71千米。2009年，县城南沙年平均气温24.8℃，最高气温41.8℃（7月19日），最低气温7.5℃（1月17日）；年日照总时数1 823.6小时，年总降水量649.6毫米，比常年偏少30%，是1998年以来最低值。全年无霜。全县辖乡镇14个，其中，乡12个，镇2个，村（居）民委员会137个，自然村992个。年末总人口41.31万人。

其中，非农业人口2.10万人，占总人口5.08%；少数民族人口36.53万人，占总人口88.43%；主体自治民族（哈尼族、彝族）人口31.90万人，占总人口77.22%和少数民族人口87.32%。人口密度每平方千米188.64人。人口自然增长率8‰。

2009年，全县实现地区生产总值17.49亿元，比上年增长12.1%。其中，第一产业增加值6.31亿元，增长5.2%；第二产业增加值4.32亿元，增长25.6%；第三产业增加值6.86亿元，增长10%。一、二、三产业比由37.81∶22.63∶39.56调整为36.09∶24.70∶39.21。农业总产值9.02亿元，增长11.03%。畜牧业总产值4亿元。粮食总产量13.7万吨，增长3.97%。工业总产值完成49 867万元，同比增长31.71%。年末公路通车总里程1 853千米。全年公路客运量59万人次，客运周转量4 857万人千米；公路货运量25.14万吨，货运周转量2 268万吨千米。全年财政总收入1.70亿元，增长57.57%。地方一般预算收入首次突破1亿元，完成1.05亿元，同比增长70.47%。财政总支出8.19亿元，增长50.59%。

全县共有幼儿园及中、小学校157所，专任教师3 423人，在校学生62 413人，学龄儿童入学率99.58%，普通初中升学率71.5%，高考录取率64.28%。有文艺表演团体1个，文化馆（站）15个，公共图书馆1个。广播人口覆盖率94.03%，电视人口覆盖率92.86%。有卫生机构（不含个体诊所）20个，病床479张，每千人有病床1.2张；有卫生技术人员338人，其中，执业医师164人，执业助理医师22人，每千人有医师0.82名。

全年农民人均纯收入2 156元，增长12%。在职职工年平均工资25 903元，增加4 050元。城镇居民人均可支配收入6 869元，人均消费性支出3 389元。

中共县委书记　姜仁斌

县人大常委会主任　段兴亮（白）

县人民政府县长　张宏（哈尼）

县政协主席　李万明（哈尼）

【扶贫开发见实效】　2009年，县投入各类扶贫资金4 179万元，解决1.32万贫困人口温饱和增收问题。实施自然村整村推进75个，集中连片开发25个自然村向哈尼梯田核心区村寨延伸。重点实施产业扶贫、劳务输出、易地扶贫等项目。共投入小额信贷资金1 500万元，使342户1 539人受益，户均增收200元以上；安排200万元财政扶贫资金，发展草果产业和建设生猪基地，增强贫困群众自我发展能力。投入136万元培训资金，培训农民工8 850人，完成培训转移6 678人，产生“输出一人，致富一家，带动一片”的扶贫效果。投入易地扶贫资金550万元，计划在南沙镇大沙坝、黄茅岭乡迁喜村和宝龙村、黄草岭乡兴旺村、俄扎乡多脚伙天共安置277户900人，年内152户600人搬至新居。上海市长宁区和青浦区投入570万元，帮扶项目13个；中信集团公司投入238万元，实施项目9个。

【草果产值突破2000万元】　结合退耕还林工程，县政府大力扶持农户在适宜种植草果的退耕还林区进行林果并植，先后投资880余万元，派出技术员加强对草果籽种选购、育苗、栽培、管理、烘烤等方面的技术指导，使全县林下草果产业得到快速发展。2009年，全县草果面积9.4万亩，挂果6.2万亩，草果产量1 100吨，产值2 200万元。

【哈尼梯田景区管理模式】　元阳县转变观念，创新机制，积极探索管理模式，实现哈尼梯田景区农民增收致富。3月12日，元阳县人民政府和云南世博集团公司与梯田核心区6个自然村8个村民小组共800余农户签订《元阳哈尼梯田景区保护、开发、发展协作协议书》，明确政府、公司、群众三方权利和义务，形成“政府引导、公司运作、群众参与”的运营机制，为更好地开发和保护哈尼梯田奠定基础。在群众利益方面，每年对梯田核心区每个村民小组给予2 500元卫生保洁费和户均100元补助；对梯田核心区村寨，政府征用土地，按0.5平方米/户免费提供经营场所，由村民小组统一管理、自主经营；对恢复哈尼传统民居改造，给予4 000元/户补助，并给予100元/年修缮费；招聘员工主要以元阳籍为主，当地哈尼族、彝族占到70%以上；每年分批组织每个村民小组5名群众、每次40名到先进地区考察学习。

【供水及配套管网改造】　1月，元阳县城市供水及配套管网改造工程开工。该工程预计总投资5 310.33万元，建设按满足远期2万立方米/日供水规模统一实施。新建DN400输水管24.14千米，改造和更换部分输水管2千米，扩建一组7 000立方米/日的水处理设施及改造加药、加氯系统，改造和新建DN100～DN400输水管19.64千米及相应管网配套设施。

【红河哈尼梯田文化旅游节】　2月28日至3月1日举办。期间，分耕、种、收三个篇章，进行大型稻作农耕表演——元阳梯田，向中外游客展示哈尼族从耕田到播种再到收获的梯田稻作农耕史。数千名旅客观看表演，欣赏神奇秀丽的哈尼梯田风光，还品尝了具有浓郁哈尼文化特色的民族饮食——哈尼长街宴。

【污水处理管网改造】　8月29日，县污水处理及配套管网改造工程开工。工程总投资5 960.15万元，占地面积22.38亩，建设规模为近期日处理1万立方米，远期日处理2万立方米。年内投资600万元，完成场地平整、进场道路修筑等建设。

【两条二级公路开工】　9月26日、29日，元阳至绿春、红河至南沙两条二级公路相继开工。全长125千米的元绿二级公路预计总投资30亿元，全长60千米的红南二级公路预计总投资6亿元，两条公路预计2011年6月底实现通车。这两条公路是

红河州公路骨干路网规划“三纵三横”重要组成部分，建成后将结束红河南岸红河州内无高等级公路的历史。

【劳务输出助农增收】 出台《元阳县劳务输出带头人奖励办法》，创新劳务输出模式，鼓励农村富余劳动力有序输出。全年培训劳动力8 850人，转移6 678人。其中，向富贵鸟集团公司、深圳市东煜鞋业有限公司有序输出538人，省内有序输出2 528人，自发输出3 612人。全县保持近5万人常年在外务工，实现农民劳务收入5亿元。

（卢跃德）

红河县

【概述】 红河县位于云南省南部、红河州西南部。总面积2 057平方千米。其中，山区面积1 974.7平方千米，占总面积96%；坝区面积82.3平方千米，占总面积4%。县人民政府驻地迤萨镇，海拔1 034米，距省会昆明318千米，距州府蒙自150千米。2009年，平均气温21.3℃，年最高气温36.7℃（7月19日），年最低气温6.1℃（1月26日）；平均日照时数6.6小时，年降雨量542.7毫米，全年无霜。年内全县出现不同程度旱灾。全县辖乡镇13个，其中，乡12个、镇1个，村（居）民委员会91个，自然村823个。年末总人口29.11万人。其中，非农业人口1.68万人，占总人口5.8%；少数民族人口27.78万人，占总人口95.4%。人口密度每平方千米144人，人口自然增长率6.12‰。

2009年，全县实现生产总值12.01亿元，比上年增长11.2%。其中，第一产业增加值5.46亿元，增长3.0%；第二产业增加值2.13亿元，增长28.7%；第三产业增加值4.42亿元，增长13.5%。一、二、三产业比由49.8：15.1：35.1调整为45.5：17.7：36.8。农村经济总收入8.52亿元，增长14.8%。粮食总产量9.1万吨，增长3.5%。工业总产值2.94亿元，增长25.0%。年末全县公路通车总里程1 220.3千米。全年客运量41.37万人次，客运周转量3 971.5万人千米；完成货运量61.16万吨，货物周转量2 262.9万吨千米。年底固定电话机总数1.21万部，移动电话用户4.71万部。互联网用户2 600户，同比增长44.4%。全年县财政总收入5 558万元，增长19.0%；财政总支出6.57亿元，增长56.2%。

全县有各类学校117所，专任教师0.27万人，在校学生6.1万人。学龄儿童入学率99.66%，普通初中毛入学率101.09%，高考录取率64.88%。有专业艺术表演团体1个，文化（馆）站14个，公共图书馆1个。广播人口覆盖率94.07%，电视人口覆盖率91.16%。有卫生机构18个，病床290张，每千人有病床1张；有卫生技术人员262人，其中，执业医师77人，执行助理医师48人，每千人有医师0.9人。

2009年，全县农民人均纯收入1 676元，比上年增长12%；在职职工年平均工资19 861元，增长2.0%。农村人口平均住房面积23.3平方米。城镇登记失业率3.5%。

中共县委书记　邹进

县人大常委会主任　孙志磊（彝）

县人民政府县长　王洪兴（哈尼）

县政协主席　李勒然（哈尼）

【李纪恒到县调研】 3月20～21日，省委副书记李纪恒、省人大常委会副主任杨建甲、副省长孔垂柱、省军区政治部主任李炳军等领导在州、县领导陪同下，到省州农业产业化经营重点龙头企业云南红河红枫农业开发有限公司调研，要求各地州市借鉴“木薯—淀粉—木薯渣—养殖—动物粪便—沼气发电—种植灌溉”生态循环经济模式和“公司+基地+农户+科技+养殖”的现代农业产业发展模式，在各州市推广。

【非物质文化遗产名录】 2009年，完成第二批国家级非物质文化遗产保护项目申报：哈尼族服饰“奕车服饰”、哈尼族传统民间舞蹈“地鼓舞”、哈尼族节庆“仰阿

烟盒舞　（红河县志办　提供）

娜”。已有2个国家级非物质文化遗产保护项目：哈尼族多声部民歌“栽秧山歌”和“乐作舞”。有国家级民族民间文化传承人2人、省级民族民间文化传承人2人、州级民族民间文化传承人13人。

【村级公益事业建设】 2009年，红河县村级公益事业建设一事一议财政奖补项目76个，总投资1 787万元。涉及76个自然村，5 168户、2.43万人受益。共硬化村内道路203条98千米，修建挡墙3 386立方，水池2个144立方，架设水管2条6.2千米，建成村内活动场所6个2 241平方米。村民生产生活条件及村容村貌得到明显改善。

【农资综合补贴发放】 2009年，中央财政安排红河县种粮农民农业生产资料增支综合补贴资金1 129万元，3月10日，通过“一折通”全部兑付，惠及5.18万户农户。使党的惠农政策落实到实处，对全县农业抗旱保春，促进粮食增产，农民增收起到积极作用。

【地质灾害隐患治理】 红河县因受地形地貌条件、软弱的岩体、复杂的断裂等影响，属地质灾害高发区，是云南省遭受地质灾害威胁而存在安全隐患最严重的地区之一。已查明各类地质灾害点569个，其中，滑坡429个、泥石流16条、崩塌4个、不稳定斜坡120处，涉及全县13个乡镇，73个村委会，179个自然村，每年造成的损失均在2 000万元以上。年内开始实施工程治理。

【整村推进扶贫开发】 2009年，投入资金915万元，组织实施完成61个省级整村推进扶贫项目，分布于全县13个乡（镇）。共完成了新建乡村公路12条24千米，新建卫生路61条97千米，架设饮水管道29件57千米；坡改梯700亩，低产田改造760亩，发展种植业2 800亩；畜牧养殖2 770头，经济林果种植1 900亩；科技培训82期3 280人次；新建文化活动室4间294平方米，卫生公厕54间1 688平方米，猪厩1 371个，牛厩96个。

（郭武）

绿春县

【概述】 绿春县位于云南省南部、红河州西南部。辖区总面积3 096.86平方千米。境内无平坝，均为山区。国境线长153千米。县人民政府驻地大兴镇，距省会昆明446千米，距州府驻地蒙自252千米。县城驻地海拔1640米。2009年，平均气温17.6℃，年最高气温29.8℃（9月25日），年最低气温3.4℃（11月21日），年均日照时数1 740.5小时，年均降雨量1 717.7毫米，全年无霜。全县辖乡镇9个，其中，乡8个、镇1个，村民委员会81个，社区6个，村民小组740个，自然村761个。年末总人口22.33万人。其中，非农业人口1.84万人，占总人口的8.24%；少数民族人口22.02万人，占总人口的98.6%；哈尼族人口19.6万人，占总人口的87.8%和少数民族人口89.03%。人口密度每平方千米72人，人口自然增长率8.15‰。

2009年，全县实现生产总值9.07亿元，比上年增长12.3%。其中，第一产业增加值3.24亿元，增长7%；第二产业增加值2.90亿元，增长15.1%；第三产业增加值2.92亿元，增长14.7%。一、二、三产业结构比由上年的32：32：34调整为36：32：32。农村经济总收入4.49亿元，增长16.12%。粮食总产量7.94万吨，增长3.2%。工业总产值完成3.63亿元，增长118.8%。年末公路通车总里程1 609千米，全年客运量21.5万人次，客运周转量4 615人千米；货运量7.9万吨，货物周转量1 366万吨千米。年底固定电话机总数1.06万部，移动电话用户1.06万户，电话普及率36部/百人。全县财政总收入1.11亿元，增长32.94%；财政总支出6.92亿元，增长43.53%。

全县有各类学校246所，专任教师1 101人，在校学生2.38万人。学龄儿童入学率99.24%，高考录取率43.52%。有艺术表演团1个，文化馆（站）9个，公共图书馆1个。广播人口覆盖率93.53%，电视人口覆盖率93.26%。卫生机构（不含诊所）18个，病床465张，每千人有病床2.31张；有卫生技术人员272人，其中，执业医生136人，执业助理医生136人，每千人有医师0.61名。全县农村新型合作医疗参合率达90.85%。

全年农民人均纯收入1 866元，扣除物价因素，实际增长16.12%；在职职工年平均工资17 245元，增加3 612元。城镇居民人均可支配收入7 170元。人均消费性支出5 123元。城乡居民储蓄存款4.79亿元元，增长39.92%。城镇居民平均住房面积21.17平方米，农村人口平均住房面积15平方米。城镇登记失业控制率4.6%。

中共县委书记　吕兵（土）

县人大常委会主任　王海者（哈尼）

县人民政府县长　张明良（哈尼，～2009.11）

代理县长　朱布红（哈尼，2009.11～）

县政协主席　陈球保（哈尼）

【产业培植】 2009年，坚持以工业经济结构战略性调整为主线，加强和提升第二产业，积极发展第三产业。加大电矿开发力度。戈兰滩和土卡河水电站投产发电，骑马坝一级电站复工建设，与广州东送集团签约开发李仙江下游河段、小黑江等8座水电站25.4万千瓦建设项目，与红交集团签约的涂玛河等10座小水电站6.8万千瓦，开发条件基本成熟；做好第二轮矿产资源规划，加强矿政管理，实地核查注册25个矿业权，实现矿冶总产值1.3亿元。发展生物产业。巩固提升100万亩生物产业基地，新植茶叶、胡椒、核桃等7.5万亩，完成补植补种5 080亩；生物产品加工园区建设进展顺利，已引进3家企业入园建厂；提升旅游产业。初步建立旅游资源项目库，成功举办2009年中国·绿

春哈尼长街古宴活动。全年实现旅游收入4 230万元。

【城镇建设】 年内，编制县城控制性详规、规洞河新区总规、新区地质灾害治理规划。县城区地质灾害防治工作稳步推进，完成县职中、气象局片区等5个应急抢险项目，东仰大酒店、工人新村等6个滑坡治理应急项目破土动工。“双拥”文化广场、誉达建材市场投入使用。综合集贸市场、诺玛阿美项目、县人民医院业务用房等工程建设稳步推进。投资4.98亿元的绿东新区“削峰填谷”项目通过省级评审。完成牛孔、大水沟等7个乡集镇总体规划和修建性详规工作，启动实施牛孔乡集镇建设项目。

【交通建设】 2009年，全县交通基础设施完成投资1.85亿元，改建、新建农村公路139.3千米。元阳至绿春二级公路全面开工建设，县城过境公路项目建设进展顺利。推进戈奎油路、骑马坝油路、坝牛弹石路、21条通达工程和2个农村客运站建设，戈兰滩电站库区淹没还建公路通过州级验收。完成大风丫口至二十班等5条四级油路工程可研、环评等工作。平河丫口水塘至越南乌马独洪实现通车。县城客运站投入营运。

【生态建设】 2009年，广泛开展“七彩云南·生态绿春”保护行动。黄连山国家级自然保护区功能区划调整通过国家环保部审查。重视产业培植、资源保护工作，新增国家重点公益林和省级公益林3万亩，实现连续23年无重大森林火灾，森林覆盖率达60.10%。进一步完善《土地利用总体规划》修编大纲，第一批总面积15.4公顷的集体土地转为城镇建设用地项目待省级批复，15个土地整理项目已上报省级待批，新增占补平衡耕地面积5 652公顷。治理水土流失面积21.3平方千米。开展李仙江、小黑江流域水污染整治和违法排污企业整治等专项行动，第一次污染源普查工作全面完成。县城垃圾处理场和污水处理厂建设项目可研和环评已审批。单位GDP能耗下降4.10%。

【社会保障】 2009年，积极探索建立新型农村社会养老保险制度，受益农村低保对象2.35万户6.59万人、城市低保对象1 128户3 151人、五保供养对象731人。新增就业人员211人，转移农村富余劳动力就业2.02万人。县敬老院投入使用，已集中供养五保老人48人。新建城镇廉租住房4 900平方米。实施农村民居地震安全工程，完成加固改造1 200户、拆除重建400户。

（李忠文）

屏边苗族自治县

【概述】 屏边苗族自治县地处云南省南部、红河州东南部。辖区总面积1 906平方千米。其中，山区面积1 886.94平方千米，占总面积99%；坝区面积39.06平方千米，占总面积1%。县城驻玉屏镇，海拔1380米，距省会昆明市341千米，距州府蒙自县77千米。平均气温16.9℃，极端最高气温31.7℃（7月19日），极端最低气温2.5℃（1月12日），年日照时数1 401.2小时，年降水量1 344.8毫米，当年无霜期347天，初霜日12月1日，终霜日1月18日。全县辖乡镇7个，其中，乡6个、镇1个，村（居）民委员会80个，自然村694个。2009年末总人口15.44万人。其中，非农业人口1.83万人，占总人口11.8%；主体自治民族苗族人口6.61万人，占总人口42.8%。全县人口自然增长率4‰。

2009年，全县实现生产总值10.82亿元，比上年增长10.8%；一、二、三产业比由32∶35∶33调整为31∶30∶39。完成工业总产值5.46亿元，下降12%。年末公路通车总里程1 774千米。全年客运量65.2万人次，客运周转量7 982万人千米。全县财政总收入4 691万元，增长12%；财政总支出4.4亿元，增长32.8%。

年末，全县有各类学校82所，专任教师1 311人，在校学生2.05万人。学龄儿童入学率98.04%，普通初中升学率99.27%，高考录取率74.55%。有艺术表演团体1个，文化馆（站）7个，公共图书馆1个。广播人口覆盖率94.2%，电视人口覆盖率90.65%。有卫生机构（不含诊所等）11个，病床254张，每千人有病床1.69张；卫生技术人员200人，其中，执业医师77人，执业助理医师40人。

全年农民人均纯收入1 680元，扣除物价因素，实际增长11.6%；在职职工年平均工资21 725元，增长14.9%元。城镇居民人均可支配收入7 020元。城镇居民平均住房面积26平方米，农村人口平均住房20.64平方米。城镇登记失业率4.28%。

中共县委书记　马跃光（回）

县人大常委会主任　汪应林（苗）

县人民政府县长　杨国椿（苗）

县政协主席　尚明珠

【首届“妃子笑”荔枝节】 2009年5月30日至6月6日，屏边县举办民族文化旅游节暨首届“妃子笑”荔枝节，期间举办“大围山下妃子笑”为主题的开幕式暨大型情景歌舞晚会，开展篝火晚会广场文化活动。荔枝园接待游客350人，自驾游客人960人，吸引四川、重庆、贵州等地水果批发商前来进货，销量比上年大幅增长。大围山景区接待旅游团队210余个2 500余名游客，接待县外游客1 568人次，县内游客1.68万人次。

【广场数字电影放映】 2009年4月18日，启动广场数字电影放映工程，改善放映条件和放映质量。年内，放映队在全县76个村民委员会和4个社区放映电影1 348场，其中，科教片800余场，广场放映100余场，少数民族语专场电影4场，广场数字电影60余场，观众达46万余人次，全县乡村电影覆盖率达100%，“2131”工程达标率100%。

【旅游业转型发展】 2009年，围绕“生态旅游活县”及“中国最南端的春城”城市名片，形成“娱乐休闲在玉屏，度假体验在大围山”格局，致力于“观光旅游”向“休闲体验旅游”转型，加大旅游产业开发。11月10～13日，百名中外摄影家（记者）到大围山、人字桥、睡佛等地开展寻梦探秘原生态屏边摄影采风活动，宣传屏边生态品牌“名片”。全年，发放《大围山原始森林景区宣传画册》1 500余份，《屏边县招商引资宣传画册》和《屏边县旅游形象宣传专题片》300余套，宣传册2万余份。全年接待游客29万人次，比上年增长11.6%；实现旅游总收入1.49亿元，增长14.97%。

（岳丽萍）

 金平苗族瑶族傣族自治县

【概述】 金平苗族瑶族傣族自治县位于云南省南部、红河州南部。全县总面积3 685.69平方千米。其中，山区面积3 675.69平方千米，占99.7%；坝区面积10平方千米，占0.3%。国境线长502千米。县人民政府驻地金河镇，海拔1260米，距省会昆明市477千米、距州府蒙自县城137千米。2009年，平均气温18.6℃，日照时数1 786.1小时，降雨量2 071.4毫米。辖13个乡镇，其中，乡11个、镇2个，村（居）民委员会98个，村民小组1 098个。年末总人口36.91万人。其中，非农业人口2.59万人，占7%；少数民族人口31.99万人，占86.7%。苗族、瑶族、傣族为主体自治民族，人口16.24万人，占总人口44%，占少数民族人口50.76%。人口密度每平方千米99人。人口自然增长率8.05‰。

2009年，全县实现生产总值17.40亿元，比上年增长12.2%。其中，第一产业增加值4.69亿元，增长24%；第二产业增加值8.38亿元，增长0.7%；第三产业增加值4.33亿元，增长27.2%。一、二、三产业比由24.4：53.6：22调整为27：48.1：24.9。农村经济总收入7.45亿元，增长18.94%。粮食总产量11.6万吨，增长4.9%。工业产值完成14.03亿元，减少10.6%。年末公路里程4 255千米。全年客运量44.55万人，客运周转量6 682.5万人千米；货运量50.89万吨，货运周转量6 361.3万吨千米。年底固定电话机总数1.07万部，移动电话用户10.46万户，电话普及率31.6部/百人。互联网用户3 788户，减少12.9%。全年财政总收入2.70亿元，减少3.8%；财政总支出8.93亿元，增长39.3%。

全县有专任教师2 874人，在校学校5.62万人。学龄儿童入学率98.72%，普通初中升学率31.1%，高考上线率89.24%。各类艺术表演团体228个，文化馆（站）14个，公共图书馆1个。广播人口覆盖率93.5%，电视人口覆盖率93.21%。有卫生医疗机构（不含诊所等）18个，卫生机构病床413张，每千人有病床1.13张；卫生技术人员494人，其中，执业医师和执业助理医师157人，每千人有医师0.43名。

全年农民人均纯收入1 809元，增长20.4%；在职职工年平均工资25 215元，增长4 463元。城镇居民人均可支配收入7 562元，城镇居民人均消费性支出4 746元。城镇居民平均住房面积24平方米，农村居民人均住房面积9平方米。城镇登记失业率控制在2.4%。

中共县委书记　牛兴发

人大常委会主任　白建华（哈尼）

县人民政府县长　马宁（苗）

县政协主席　官朝甲

【表彰新农村建设先进单位和个人】 1月15日，召开2008年度新农村建设工作队总结表彰大会。会议总结金平第二批新农村建设指导员指导全县新农村建设工作情况，表彰指导员派出先进单位11个和27名省、州、县、乡下派的优秀指导员、4名优秀工作队队长、副队长。

【界河河堤治理】 2月，金平国际界河——藤条江河堤治理那发上段工程开工建设，工程总长631米，投资600万元，于3月底前完工。

【金平莽人正式归属布朗族】 为使莽人与其他民族同步发展，实现共同致富奔小康目标，根据红河州

莽人传统乐器——楞弄　（李自明　摄）

人民政府《关于同意将莽人归属为布朗族的批复》，6月15日，金平县人民政府正式发布关于将莽人归为布朗族的《公告》，金平莽人正式归为布朗族，从此金平县的世居民族共9个，平均每400平方千米地域面积就有一个世居民族，这在中国县级行政区域内是绝无仅有的。

【“两污”工程开工建设】 8月，城市污水处理厂和垃圾处理场工程开工。“两污”工程规划投资近1.03亿元，其中，污水处理厂及配套管网工程项目规划投资7 592万元，设计污水处理能力365万立方米/年，建设工期15个月；垃圾处理场项目工程建设规划投资2 661万元，总库容约30万立方米，建设工期18个月，该场建成后具日均处理50吨垃圾的能力，服务年限15年。

（罗文福）

信贷扶贫发展生猪养殖 （李自明 摄）

河口瑶族自治县

【概述】 河口瑶族自治县位于云南省东南部、红河州东南部。总面积1 332平方米。其中，山区占总面积97.76%，河谷平坝占总面积2.24%。县境南部与越南社会主义共和国相邻，国境线长193千米。县城河口镇，海拔76.4米，距省会昆明469千米，距州府蒙自168千米，距越南首都河内295千米。2009年，平均气温23.9℃，较历年平均值高0.9℃。极端最高气温39.1℃（8月9日），极端最低气温7.8℃（1月12日）。年总降雨量1 572.7毫米，较历年平均值偏少11%。年总日照时数1 614.1小时。辖4乡2镇，27个村民委员会，282个自然村，3个社区。年末总人口8.83万人。其中，非农业人口3.76万人，占总人口42.6%；少数民族人口5.94万人，占总人口67.2%。主体自治民族瑶族人口2.42万人，占总人口27.4%和占少数民族人口40.8%。人口密度每平方千米66人，人口自然增长率1.66‰。

2009年，全县实现生产总值14.87亿元，同比增长14.5%。其中，第一产业增加值2.96亿元，增长6.7%；第二产业增加值3.53亿元，增长14.9%；第三产业增加值8.38亿元，增长16.9%。农村经济总收入1.05亿元，增长11.8%。粮食总产量1 716万千克，增长4.1%。工业总产值3.33亿元，增长82.2%。全县财政总收入1.47亿元，同比下降1.2%。其中，地方财政一般预算收入8 970万元，同比增长16%；地方财政一般预算支出5.23亿元，同比增长43.3%。

全县有各类学校113所，专任教师1 149人，在校学生1.60万人。学龄儿童入学率97.97%，普通中学升学率53.50%，高考上线率51.22%。有艺术表演团体1个，文化馆（站）6个，公共图书馆1个。广播人口覆盖率95.27%，电视人口覆盖率93.53%。有县属医疗卫生机构8个，在职职工290人，其中卫生技术人员225人；有病床460张，每千人拥有病床4.8张。

2009年，全县农民人均纯收入2 998元，同比增长11.1%；县属在岗职工年人均工资27 339元，同比增长22.9%。城镇居民可支配收入11 267元。居民人均储蓄存款1.32万元，比年初增长17.36%。农村人口平均住房面积16.4平方米。城镇登记失业率控制在2.7%以内。

中共县委书记 叶翠萍（女，～2009.3） 刀剑（傣，2009.4～）

县人大常委会主任 沈建明

县人民政府县长 邓永和（瑶）

县政协主席 王家明（壮）

【“三农”工作成效显著】 2009年，加强农业农村基础设施建设。硬化农村公路56.4千米，新建农村公路19.4千米；新建农村沼气池260口；投资1 186万元，完成中低产田地改造面积8 350亩；完成五小水利建设72件，修复水毁工程268处，受益人口1.06万人，改善灌溉面积7 213亩，新增灌溉面积720.5亩；解决42个村民小组1 304户5 382人、2 851头（匹）大牲畜饮水安全问题；投入1 200多万元，实施桥头乡4个村“兴边富民”项目；完成38个整村推进项目和45户200人的易地搬迁工程。加快产业调整步伐。累计种植香蕉16.8万亩，发展民营橡胶4.8万亩。加大种桑养蚕、咖啡等新兴产业培植力度，共种植桑树1 100亩、咖啡1 820亩。全面落实各项惠农政策，共拨付兑现各类补助补贴资金800多万元。大力开发冬季农业。完成开发面积1.72万亩，实现产值850万元。

（罗美英）

红河州经济社会发展主要指标（表一）

地 区	年末总人口（万人）		城镇人口占总人口比重（%）		全社会就业人员（万人）		农业总产值（万元）	
	2008年	2009年	2008年	2009年	2008年	2009年	2008年	2009年
红河州	441.20	444.20	34.00	35.00	266 249	268 842	1 495 192	1 656 832
个旧市	45.50	45.67	55.10	70.20	60 218	31 176	104 042	110 297
开远市	31.30	31.42	69.10	63.00	30 980	37 350	128 986	142 000
蒙自县	40.10	40.34	61.80	57.00	34 200	62 438	161 553	171 564
屏边县	14.87	14.79	14.20	14.20	5 691	6 480	47 007	52 456
建水县	52.61	52.91	30.70	34.10	23 712	24 215	206 280	231 150
石屏县	29.58	29.77	29.10	30.90	17 227	16 980	176 010	211 210
弥勒县	53.10	53.47	38.10	39.20	29 403	27 915	193 052	214 076
泸西县	39.18	39.47	23.60	24.70	23 583	20 704	124 355	137 488
元阳县	39.06	39.38	5.70	9.00	7 590	7 510	81 210	90 168
红河县	28.84	29.07	7.80	9.30	6 923	6 950	82 658	87 626
金平县	34.61	35.21	14.80	16.40	9 584	9 874	73 091	80 031
绿春县	22.10	22.29	8.90	9.80	7 023	7 202	58 489	66 508
河口县	10.36	10.41	27.10	28.60	10 115	10 048	58 459	62 258

红河州经济社会发展主要指标（表二）

单位：万元

地 区	地区生产总值		第一产业		第二产业		第三产业	
	2008年	2009年	2008年	2009年	2008年	2009年	2008年	2009年
红河州	5 146 961	5 608 799	963 611	1 046 043	2 739 881	2 835 561	1 443 469	1 727 195
个旧市	1 048 387	1 054 224	60 760	66 113	733 999	658 426	253 628	329 685
开远市	663 207	747 777	96 599	98 833	339 884	352 621	226 724	296 323
蒙自县	503 843	614 642	100 174	111 011	240 898	309 316	162 771	194 315
屏边县	91 7 15	105 922	28 620	33 616	29 324	31 637	33 771	40 669
建水县	490 844	557 092	122 550	134 992	180 303	201 228	187 991	220 872
石屏县	215 148	242 564	95 735	105 094	53 669	59 315	65 744	78 155
弥勒县	1 122 585	1 225 163	98 826	109 590	882 759	951 426	141 000	164 147
泸西县	252 919	294 230	72 250	84 065	84 728	94 688	95 941	115 477
元阳县	151 022	174 853	57 094	63 113	34 175	43 186	59 753	68 554
红河县	105 665	120 400	52 670	54 600	15 990	20 590	37 005	45 210
金平县	155 111	178 986	37 837	46 912	83 218	85 083	34 056	46 991
绿春县	78 177	91 320	26 912	32 440	25 166	29 244	26 099	29 636
河口县	137 723	148 673	28 672	29 553	32 415	35 281	7 6 636	83 839

红河州经济社会发展主要指标（表三）

单位：%

地　区	地区生产总值构成		第一产业		第二产业		第三产业	
	2008年	2009年	2008年	2009年	2008年	2009年	2008年	2009年
红河州	100.00	100.00	18.72	18.65	53.23	50.56	28.05	30.79
个旧市	100.00	100.00	5.80	6.27	70.01	62.46	24.19	31.27
开远市	100.00	100.00	14.57	13.22	51.25	47.15	34.19	39.63
蒙自县	100.00	100.00	19.88	18.06	47.81	50.33	32.31	31.61
屏边县	100.00	100.00	31.21	31.73	31.97	29.87	36.82	38.40
建水县	100.00	100.00	24.97	24.23	36.73	36.12	38.30	39.65
石屏县	100.00	100.00	44.50	43.33	24.95	24.45	30.56	32.22
弥勒县	100.00	100.00	8.80	8.94	78.64	77.66	12.56	13.40
泸西县	100.00	100.00	28.57	28.57	33.50	32.18	37.93	39.25
元阳县	100.00	100.00	37.81	36.09	22.63	24.70	39.57	39.21
红河县	100.00	100.00	49.85	45.35	15.13	17.10	35.02	37.55
金平县	100.00	100.00	24.39	26.21	53.65	47.54	21.96	26.25
绿春县	100.00	100.00	34.42	35.52	32.19	32.03	33.38	32.45
河口县	100.00	100.00	20.82	19.88	23.54	23.73	55.65	56.39

红河州经济社会发展主要指标（表四）

地　区	地区生产总值指数（上年＝100）		人均地区生产总值（元）		国有经济固定资产投资（万元）		社会消费品零售总额（万元）	
	2008年	2009年	2008年	2009年	2008年	2009年	2008年	2009年
红河州	110.00	111.10	11 718	12 769	1 349 971	1 680 165	1 048 787	1 272 460
个旧市	108.80	109.50	23 011	23 134	188 185	229 190	213 832	257 920
开远市	110.30	107.70	21 212	23 837	114 556	201 621	129 802	159 870
蒙自县	115.00	113.90	12 591	15 278	146 779	122 964	135 040	163 451
屏边县	110.80	106.80	6 162	7 157	24 170	23 139	31 414	37 730
建水县	110.60	111.20	9 353	10 559	99 544	142 710	113 287	137 627
石屏县	110.40	110.20	7 298	8 148	30 485	62 066	70 696	87 252
弥勒县	111.00	108.40	21 279	22 990	125 767	158 237	116 200	140 880
泸西县	110.80	111.10	6 473	7 481	76 976	137 478	94 821	115 247
元阳县	110.50	112.10	3 901	4 458	62 478	70 682	39 584	48 140
红河县	110.10	111.10	3 679	4 157	21 378	42 993	27 490	33 639
金平县	110.00	110.00	4 529	5 127	19 894	42 178	31 575	37 542
绿春县	114.70	112.50	3 598	4 114	105 270	78 800	27 766	32 000
河口县	118.90	111.70	13 326	14 309	46 806	72 968	17 280	21 162

红河州经济社会发展主要指标（表五）

地 区	地方财政收入（万元）		地方财政支出（万元）		人均地方财政收入（元）		人均地方财政支出（元）	
	2008年	2009年	2008年	2009年	2008年	2009年	2008年	2009年
红河州	451 396	520 397	1 073 458	1 376 466	1 028	1 176	2 444	3 109
个旧市	75 500	77 271	129 773	152 063	1 656	1 695	2 847	3 336
开远市	45 018	50 125	83 438	89 053	1 440	1 598	2 670	2 840
蒙自县	48 857	58 129	89 311	111 607	1 221	1 445	2 232	2 775
屏边县	4 188	4 691	33 417	44 517	281	316	2 244	3 002
建水县	33 186	37 841	85 871	114 346	632	717	1 635	2 167
石屏县	14 373	16 977	55 632	81 228	487	572	1 886	2 737
弥勒县	46 192	56 022	103 203	131 022	876	1 051	1 956	2 459
泸西县	20 138	26 141	69 503	91 463	515	665	1 778	2 326
元阳县	6 166	10 511	51 924	81 049	159	268	1 341	2 067
红河县	2 808	3 353	42 065	65 689	98	116	1 465	2 269
金平县	11 366	13 971	61 988	86 663	332	400	1 809	2 482
绿春县	6 060	7 181	47 499	68 548	279	324	2 184	3 088
河口县	7 736	8 970	36 524	52 381	749	864	3 536	5 044

红河州经济社会发展主要指标（表六）

地 区	农民人均纯收入（元）		职工人数（人）		在岗职工年平均工资（元）		人均储蓄存款余额（元）	
	2008年	2009年	2008年	2009年	2008年	2009年	2008年	2009年
红河州	3 023	3 446	254 233	255 702	22 023	24 389	7 217	8 556
个旧市	4 676	5 335	59 186	31 066	23 339	24 306	17 531	19 190
开远市	4 241	4 839	30 862	35 959	27 617	29 859	13 420	15 508
蒙自县	3 163	3 612	32 887	60 924	22 511	24 643	9 220	11 548
屏边县	1 667	1 860	5 435	5 814	18 915	21 669	3 259	4 132
建水县	3 196	3 645	22 935	23 265	19 237	22 387	8 109	9 396
石屏县	3 009	3 315	15 522	15 913	18 158	21 630	7 202	8 488
弥勒县	3 160	3 606	26 257	24 356	23 709	25 735	6 097	8 040
泸西县	2 621	2 988	22 956	20 075	18 680	22 564	5 583	7 189
元阳县	1 925	2 156	7 219	6 960	21 851	25 903	2 076	2 609
红河县	1 748	1 923	6 914	6 657	19 472	19 472	1 856	2 165
金平县	1 502	1 809	8 954	9 336	21 541	26 382	2 119	2 555
绿春县	1 618	1 866	5 885	6 072	13 633	17 245	1 575	2 157
河口县	2 698	2 998	9 221	9 305	18 966	22 115	11 240	13 191

（省统计局）

文山壮族苗族自治州

主　　编　冉向阳　许旭光
责任编辑　姜定忠　方爱琴

【概述】　文山壮族苗族自治州位于云南省东南部。土地总面积3.15万平方千米，其中山区和半山区占总面积的97.0%。国境线长438千米。州府所在地文山县开化镇，距省会昆明325千米。辖文山、砚山、西畴、麻栗坡、马关、丘北、广南、富宁8个县，102个乡（镇），其中，16个民族乡，947个村（居）委会，1.60万个村民小组（队）。2009年末，全州常住总人口345.40万人。户籍总人口345.58万人。其中，农业人口310.71万人，少数民族人口195.76万人，城镇人口93.26万人。人口自然增长率6.70‰。

2009年，全州实现生产总值273.06亿元，比上年增长12.6%。其中，第一产业增加值73.14亿元，增长6.8%；第二产业增加值94.01亿元，增长16.8%。其中，工业增加值68.71亿元，增长16.6%；建筑业增加值25.30亿元，增长17.4%；第三产业增加值105.91亿元，增长12.7%。全年非公有制经济创造增加值132.36亿元，占全州生产总值的48.5%，比上年提高1.1个百分点。按常住人口计算，全州人均生产总值7933元，比上年增加782元，增长12.4%。全年接待国内外游客435.08万人次，增长11.8%。旅游总收入30.40亿元，增长30.9%。全社会固定资产投资完成216.48亿元，增长30.6%。全州社会消费品零售额达118.76亿元，比上年增长23.9%。完成外贸进出口总额1.15万美元，下降10.1%。其中，进口3 111万美元，下降38.9%；出口8 373美元，增长9.0%。全年居民消费价格指数100.2%、商品零售价格指数100.2%、农业生产资料价格指数98.2%。

年末，全州公路通车里程达1.32万千米，比上年增加2.9%。全年货运周转量15.80亿吨千米，增长3.1%；旅客周转量36.39亿人千米，增长2.8%。全州固定电话用户33.7万户，移动、联通和电信通信用户139.3万户。城镇居民每百人拥有手机68.2部（城镇居民住户调查数）。

全年实现财政总收入29.35亿元，增长7.9%。完成地方财政收入17.29亿元，增长12.0%。财政支出89.42亿元，增长34.1%。上划中央“两税”收入完成7.49亿元，下降3%；上划中央、省企业所得税和个人所得税4.45亿元，增长14%。

全州有普通高等学校2所，在校生5 064人，专任教师301人；普通中等专业学校5所，在校生1.21万人，专任教师471人；普通中学159所，在校生20.38万人，专任教师1.30万人；小学1 672所，在校生36.79万人，专任教师2.19万人；职业高中16所，在校生2.03万人，专任教师803人。学龄儿童入学率94.88%，初中入学率83.70%。

全年共组织评价科技成果52项，其中，农业科技成果21项、工业科技成果8项、教育科技成果2项，医药卫生科技成果21项，有一等奖5项、二等奖10项、三等奖20项。全年专利申请155件，增长19.2%。

全州有各种艺术表演团体9个，文化馆（站）104个，公共图书馆9个，藏书量56.9万册；出版《文山日报》（包括晚刊、周末）1 223万份。出版杂志1.8万份。建成广播电视卫星收转站23.58万座，广播电视综合覆盖率分别达90.52%和91.30%。

年末全州卫生机构377个（含诊所、卫生所及医务室），其中，医院22个，卫生院112个。年末卫生机构共有病床7 363张。卫生技术人员7 497人，其中，执业医师2 263人，执业助理医师755人。

文山州先后组队参加田径、举重等14个项目年度比赛暨省运会预赛。参加武术和摔跤两个项目年度比赛中，分获5枚金牌。省运会预赛参加14个项目比赛，共获40枚金牌、24枚银牌、24枚铜牌以及2个团体第一和1个团体第二的好成绩。

2009年，农民人均纯收入2 379元，增长17.4%。在岗职工年平均工资24 811元，比上年增加2 194元，增长9.7%。全州城镇居民人均可支配收入13 113元，增长9.8%。开工建设廉租住房52万平方米、农村民居地震安全工程9 300户、农村

普者黑　　　　（文山州志办　提供）

危房改造8 930户。城镇登记失业率3.48%。

中共州委书记　李培

州人大常委会主任　付加兴

州人民政府州长　黄文武(壮)

州政协主席　王云凌

【服务三农】　全年投入财政支农资金13.80亿元，同比增长21%，着力解决农村最薄弱和农民群众最关心、最急需解决的问题。全面落实惠农直补政策。兑现种粮农民补贴、退耕还林补助、农资综合直补、油菜补贴、能繁母猪补贴、森林生态效益补偿、农机具购置补贴等各项补贴资金4.64亿元，兑付石油价格补助资金690.5万元；争取中央和省投入资金1 910万元，扶持4个县发展生猪或蔬菜产业，支持28个农民专业合作组织发展农业产业化经营；投入5 444万元，支持山区“五小水利”工程建设、防汛抗旱，中低产田地改造、沼气池建设、农村改灶、饮水安全和村容村貌整治等；投入资金5 362万元，推进天保工程，巩固退耕还林成果，实施森林生态效益补偿，扶持油茶、核桃、红豆杉、草果等林产业；安排财政扶贫资金2.29亿元，用于整村推进、产业扶贫、易地搬迁、贫困地区劳动力转移培训、茅草房改造、扶贫贷款贴息和“村民互助”扶贫试点等，加大对边境民族地区、革命老区以及彝族“僰人”支系和瑶族“山瑶”支系的扶持力度；争取省级安排农村集体经济发展资金140万元；争取省财政批复文山州实施农业综合开发项目16个，投入财政资金3 922万元，主要用于优质稻、蔬菜、茶叶、辣椒、马铃薯、水果加工和基地建设；安排农村一事一议财政奖补资金1.06亿元，完成2008年批复的2 876个农村一事一议财政奖补项目，受益群众15.17万户66.44万人。

【整村推进扶贫开发】　年内，共启动实施建设1 067个村。其中，完成省级重点村373个，边三县整村推进项目229个，州委农办重点村项目115个，州发改委以工代赈项目97个，州民委35个，上海白玉兰重点村85个，自筹资金建设完成133个。投入资金6.30亿元。完成安居房改造8 052户，建成沼气池1.18万口，建成小水窖1 446口，架设人畜饮水管道313.2千米，村间道路硬化5 785.2千米、209.62万平方米，建设基本农田1.03万亩，经济作物种植7.44万亩，经济林果种植9.80万亩，完成贫困劳动力转移培训及输出0.46万人，完成科技培训143期5.30万人。

【上海对口帮扶】　2009年上海援建文山州对口帮扶协议项目共101个，计划投入帮扶资金4 170万元，其中，新农村建设项目85个，产业发展项目完成13个，项目重点在文山、砚山、西畴、丘北4个县实施。社会事业项目完成文山州动物疾病预防控制中心、富宁县田蓬镇中心卫生院、麻栗坡县杨万乡中心小学3个州级实施项目。双方组织人事部门实施“上海对口支援展望计划”。培训干部10期98人次，培训教师、医生、农业科技人才等12期1 253人次。文山州93名经营管理人才得到上海有关单位组织培训；上海派出18名优秀教师在麻栗坡、广南和富宁县开展支教工作，派出5名医生到文山县开展医务工作。为文山输出劳务人员1 521人，举办劳务培训班16期，培训人数1 632人。上海有5名县处级领导到文山挂职，同时文山州有21位干部到上海挂职锻炼。年内，虹口、松江、闸北、浦东新区等四区党政代表团分别到文山开展调查研究，检查指导工作，签署对口帮扶协议；文山州及八县党政代表团也分别赴上海考察学习，双方互访交流达258人次。10月在上海举行的云南（上海）生物产业合作项目推介洽谈会上，文山州与上海实施签约项目7个，签约金额达3.96亿元，占本次会议签约总额的33.28%，其中，上海方投资额2.15亿元，占本次会议引进上海资金总额的23.12%。年内，通过上海驻州联络员积极协调，共争取协议外资金276.3万元，协调项目14个。实施麻栗坡县天保小学、广南县那朵村钱力光彩希望小学、西畴县牛场坝希望小学，修缮完小2所以及购置电脑教育教学设备和资助贫困学生、培训教师、科技人员等项目；完成上海松江区援建的丘北县树皮乡矣能菁村、腻脚乡飞尺角村2个整村推进项目。

文山土戏　（文山州志办　提供）

【农民科学素质行动】　开展以农函大办学为主要载体的新型农民培训，农函大办学取得历史性突破，

全年共开办涵盖39个专业的一年制农函大教学班465个，招收学员2.07万人。在全州组织开展农村实用人才骨干培训，对获得农职称的人员、农村科普带头人、科普宣传员、部分基层党员干部、农技协会长进行专题培训共2384人。全年共评定农职称人员1 150人，其中，初级1 111人，中级36人，高级3人。

9月28日，省州合作建设文山二级公路进场动员大会 （文山州志办　提供）

【政府还贷二级公路建设】　7、8月，文山州先后与省公路局签订文（文山）天（天保）、文山至马关至都龙、珠街至广南至广西西林界3条政府还贷二级公路合作建设协议。9月28日，召开省州合作建设文山二级公路进场动员大会。公路全长393.7千米，涉及5个县18个乡镇，概算总投资43.4亿元。

【自然生态保护】　积极探索依托村民自治为核心的农村环境管理新模式。以马关桐子园苗族村为试点，开展农村环境综合整治示范工作。整合扶贫、环保等部门资金110万元，通过建立村民自治环境管理制度、成立环保协会、建立专项环保基金机制、实施生态湿地处理系统、建立多元化投入机制等方式，把马关桐子园村建设成一个民族文化繁荣、饮用水源合格、污水排放达标、垃圾处理规范、农田地有机质含量逐年上升、生态环境保护完整的少数民族生态示范村。目前，马关桐子园生态示范村建设已竣工，待验收。并开展丘北日者镇青松村、砚山阿猛镇空心山村等环保示范村建设项目。全年，在全州4个乡镇、6个村、29所学校、1个社区、4个饭店、34户家庭开展绿色创建活动。参照生态州建设基本条件和20项建设指标要求，对申报生态州建设开展摸底调查，为创建生态州积极创造条件。

【三七产业开发】　2009年，实现三七产业平稳较快发展。全州三七产业实现总产值24.02亿元，销售收入34.21亿元，税利6.14亿元，分别比上年增11.63%、43.87%和53.23%。全州共推广三七标准化种植面积达5.6万亩（其中，GAP种植面积5万亩，有机三七种植面积6 000亩），占总面积的81.51%，比上年增4个百分点。全州有6 843户农户10 515人种植三七，三七种植面积6.87万亩。

【科技扶贫】　认真组织3个边境县（富宁、麻栗坡、马关）13个乡（镇）133个村实施农村解“五难”惠民工程，加快“六个一”建设目标步伐。同时整合科技资源，积极参与与“僰人”“山瑶”和边疆和谐文化村寨整村推进项目建设。为边境县共选派科技特派员13名，选培村级科技辅导员133名，开展实用技术培训1 210期6.59万人（次），发放农村实用技术资料、手册（书籍）7.67万份，展出科技展板784块，建设科技宣传栏18块，新建村级科技活动室116个，完成科技活动室配套158个，配套桌椅3 825套，办农函大教学班142个，招收学员5 899名，开展各类技术咨询服务5.67万人（次），建设农村专业技术协会12个，建立和培育一批科技示范基地和科技示范户，发展科技示范户600户，完成核桃、烤烟、油茶等农作物高产示范种植7 083亩，带动推广7.57万亩。

【万村千乡市场工程】　全州新建和改造商品配送中心5个，建设农家店386个，共争取到上级补助建设资金552.5万元，带动社会投资8 280万元，带动社会就业人数420人。年末，全州共有11户承办企业，实现销售收入2.7亿元，同比增长24.6%。商品配送中心21个，其中，农资配送中心7个，日用品配送中心14个。农家店1147个，其中验收合格971个，使全州农家店乡

三七产业药物园区远景 （文山州志办　提供）

镇覆盖率达100%，行政村覆盖率达76.5%。

【扶持僰人山瑶脱贫】 2008年9月启动扶持丘北县彝族“僰人”和富宁县瑶族“山瑶”脱贫发展工作。至年底，全州共实施扶持“僰人”33个村组，累计完成项目总投资5 356万元。修通18条进村公路78.9千米；完成村内道路硬化1.8万米，8.03万平方米；建成科技活动室17间，建成活动场地2 600平方米；实施整体搬迁118户，完成安居房新建及改造1 068户；完成基本农田建设1 900亩；完成厨房改造571间；厩舍改造和新建552间；完成厕所改造和新建575间；完成小水窖1 160口，管引3件，打井135口；“村村通”广播电视安装1 424户；完成电网改造11个村组；完成杂交玉米推广和扶持种植3.06万亩，种植核桃3 620亩，种植花椒1 210亩，扶持生猪、山羊养殖3 500头（只），完成科技培训70期4 500人（次）。全年共救助“僰人”生活1 728人次，粮食8.67万千克，寒衣救助5 983人1.17万套，被子2 027人1 348床，对符合“农保”条件的困难群众，纳入农村最低生活保障对象418户924人，人均月补助50元，五保供养45户50人，每人每月补助80元，共扶持投入“山瑶”脱贫发展资金7 164.35万元，共实施27个“山瑶”村寨整村推进项目，受益群众411户1 892人；17个易地搬迁安置点，受益群众421户2 000人；完成实施安居房建设217户，人畜饮水管道112.88千米，小水窖628口，村内道路硬化4.01万平方米，基本农田地建设20亩，沟渠建设7.6千米，沼气池192口，厩舍改造90间，科技文化活动室7间，厕所改造75间；完成归朝镇龙绍至旧寨、百油至龙门2条乡村公路扩建20千米；完成改造龙门等涉及“山瑶”子女就读校舍10所，面积5 462平方米，在县一小开办“山瑶”小学班，招录五年级山瑶学生50人；“村村通”广播电视安装43个村组1 100户；开展科技培训25期2 368人（次）；将全县1 828户8 429人山瑶群众纳入农村最低生活保障体系，已发放农村低保、五保户补助资金376.69万元。

【兴边富民行动】 2008年度，富宁、麻栗坡、马关边3县被国家民委列为“兴边富民行动”重点县，每县各安排项目资金250万元，共33项750万元。2009年，又将富宁县、麻栗坡县、和马关县的18个村小组列为“兴边富民示范村”和一些特殊困难村寨15个小项目建设。群众自筹、整合及投工投劳折合约280余万元。至年底，完成道路硬化2.89万平方米，解决群众出行难和改变脏、乱、差现象；厩厕改造5 935平方米，改变农村传统的人畜混居落后现象；安居房新建或改造169间；建科技文化活动室17间1 610平方米，新建或维修公路8千米，建文化活动场地625平方米，解决群众开展文体活动，新修或修缮沼气池500口。人畜饮水工程：铺设饮水管道39.5千米，新建或维修蓄水池10余个990余立方米，解决部分群众人畜饮水困难问题。种植核桃和樱桃3 050亩，群众逐步实现增收。新修三面光水沟1.5千米，解决群众农田灌溉难问题。开展科技培训等25期2 000余人，增强群众科技意识。3个县项目建设涉及21个乡（镇）32个村小组，受益群众1 575户9 480人，各项目点基础设施建设得到加强，改善了群众生产生活条件。

（李万辉）

 文山县

【概述】 文山县位于云南省东南部、文山壮族苗族自治州西部偏南，全县国土面积2 972平方千米，丘陵半山区、山区占总面积的80%，坝区、高山区各占10%。县城开化镇为州府驻地。距省会昆明325千米。2009年，年平均气温19.4℃。年日极端最高气温33.9℃（7月19日），日极端最低气温3.3℃（11月21日）。总日照时数2 207.5小时。年总降水量684.7毫米。主要气象灾害：干旱。1月起文山县仍然干旱少雨。10月起旱情严重，全县15个乡镇137个村委会1 046个自然村7.16万户群众32.2万人不同程度受灾。因干旱尚未耕种的地块共有2万公顷；在地作物因旱受灾6 613.3公顷，成灾2 240公顷，绝收600.7公顷，共造成直接经济损失1 500万元。霜冻。3月连续两天大范围出现霜冻，致使部分农作物受灾严重。造成13个乡（镇）67个村委会521个自然村2.20万户农户受灾。农作物受灾5 745.2公顷，成灾2 893.7公顷，绝收435.7公顷。县辖8镇7乡，121个村民委员会，16个社区，233个居民小组，1 379个村民小组。2009年末全县总人口45.49万人。其中，农业人口34.08万人，非农业人口11.41万人；少数民族人口24.47万人。人口自然增长率6.47‰。

全县生产总值完成84.2亿元，比上年增长14.8%。其中，第一产业增加值9.7亿元，增长5.7%；第二产业增加值38.8亿元，增长18.5%；第三产业增加值35.7亿元，增长13.5%。一、二、三次产业结构由上年的12.0：45.6：42.4调整为11.5：46.1：42.4。农业总产值实现15.2亿元，比上年增长5.6%。实现工业总产值67.1亿元，比上年增长14.2%。粮食总产量达14.86万吨，增长7.7%。年末全县固定电话用户7万户，移动电话30.49万户。全县财政总收入9.33亿元，比上年增长23.8%。财政总支出12.47亿元，增长28.5%。

全县有各类学校317所，专任教师5 353人（不含幼儿园教师数），在校生10.99万人。学龄儿童入学率99.95%，初中阶段学生升学率76.75%。各种艺术表演团体406个，其中，专业表演团体1个；文化馆1个，公共图书馆1个。广播、电视人口覆盖率分别达到96%和92%。有线电视用户6.57万户，有线电视入户率62%。卫生机构25个，床位数1 010张，卫生院床位数338张；专业卫生技术人员1 030人，其中，执业医师及执业助理医师495人；村

新农村建设 （文山县志办 提供）

卫生所130个，卫生员306人。

全年农民人均纯收入2 945元，比上年增长18.9%。全县在职职工年平均工资26 534元，增长8%。城镇居民人均可支配收入14 015元，增长10%；城镇居民人均消费性支出8 790元，增长7.8%。城镇登记失业率3.15%。

中共县委书记　黎家松（壮）

县人大常委会主任　何海波（壮）

县人民政府县长　李洁（女，瑶）

县政协主席　柏应明（彝）

【整乡推进试点追栗街镇】 围绕新农村建设“二十字”方针，按照“一挂三帮四整合、五强八有九提高”工作思路，一次规划，整体推进，实行资源大整合、社会大参与、群众大发动、产业大发展，强势推进全镇新农村建设工作，使全镇群众发展达到“近期增收有保证、远期增收有潜力”的目标。计划用两年时间投入资金1.1亿元，对全镇36个自然村66个村小组实施整乡连片扶贫开发。2009年实施33个村小组，完成危房改造270户，抗震民居342间，沼气池及改厩、改厨、改厕等四配套1 891户，中低产农田地改造530亩，实施封山育林4 880亩，改造乡村公路2条、村公路4条，新建教学楼3幢、科技活动室20间，培养致富带头人30名，发展新党员56名、入党积极分子17名，开展科技培训94期4 762人（次），国家强农惠农政策实现全覆盖，新型农村合作医疗参合率达92%以上，建成塘子边、松树坪等一批典型示范村。

（王文）

砚山县

【概述】 砚山县位于云南省东南部、文山壮族苗族自治州中偏西北部。县城距州府所在地文山县开化镇35千米，距省会昆明市326千米。辖区总面积3 822平方千米。其中，山区2 154.53平方千米，占总面积的56.37%；坝区面积709.93平方千米，占总面积的18.5%；其他地貌类型957.54平方千米，占总面积的25.05%。县城海拔1540米。2009年平均气温16.9℃，属偏高年份。日极端最高气温30.6℃，日极端气温最低0.7℃，平均日照时数1 934.9小时，无霜期233天。全年总降雨量705.5毫米。主要气象灾害：2008年12月至2009年2月，县境内出现长时间的少雨干旱，小春作物受灾34.68万亩，成灾90%。3月13日夜至14日凌晨，出现低温霜冻天气，农作物受灾面积2.58万亩，绝收812亩，造成直接经济损失768万元。3月25日，由于受南支槽影响，受冰雹灾害有7个乡镇14个村民委148个村小组6 448户19 323人受灾，造成农作物受灾6 235亩，绝收2 491亩，房屋倒损928户2 810间，共造成农业经济损失2 928.44万元。辖8个乡镇，其中，乡4个、镇4个，平远、稼依2个华侨管理区，93个村委会，7个社区，1 016个自然村，1 241个村民小组。年末总人口46.36万人。其中，少数民族人口29.87万人，占总人口64.4%；农业人口42.25万人，非农业人口4.12万人。人口密度每平方千米121人，人口自然增长率6.88‰。

全年实现地区生产总值43.5亿元，比上年增长13.5%。一、二、三产业分别实现增加值9.3亿元、18.4亿元和15.8亿元，比上年增长6%、18.9%和11.9%。一、二、三产业比为21.38：42.20：36.42。粮食总产量19 515.7万千克，增长6.2%。工业总产值45.14亿元，增长17%。年末公路通车总里程2 859千米。客运周转量2.03亿人千米，货物周转量9.33亿吨千米。年底固定电话机总数2.4万部，宽带用户7 910户，小灵通用户6 528户，致富通放号1.87万户，公用电话300户。全县财政总收入2.37亿元，增长15%；财政总支出9.6亿元，增长24%。

全年全县有各类学校287所，专任教师5 334人，在校学生9.29万人。学龄儿童入学率94.3%，初中阶段学龄人口入学率82.6%。有艺术表演团体1个，文化馆（站）12个，乡镇广播站12个，公共图书馆1个。乡镇广播站12个，广播人口覆盖率97.71%，电视人口覆盖率96.5%。有国家医疗卫生机构20个，社区卫生服务站4个，93个村卫生所，病床799张，每千人有病床1.72张；有卫生技术人员905人，其中，高级职称25人，中级职称175人；每千人口拥有卫生技术人员1.69名。

全年农民人均纯收入2 305元，扣除物价因素，实际增长7.2%；在职职工年平均工资23 800元，比上年增加2 977元。城镇居民可支配收入13 187元，实际增长13%。农民人均现金支出2 099元，增长1.9%。城区居民平均住房面积40.21平方米。城镇登记失业率4%。

中共县委书记　马志山（回）

县人大常委会主任　赵砚生

县人民政府县长　李云龙（彝）

县政协主席　陈光祥

【农村党员干部远程教育】　全面落实党组织“村居联建”“村村联建”“村企联建”措施，选聘64名大学生“村官”充实到村级组织，完成159个村级组织活动场所建设，建成远程教育站点533个，开展农村干部党员培训48期9 441人次，在全县实现农村党员干部现代远程教育网络全覆盖。

【“一村一品”示范项目】　继续以辣椒、蔬菜、花生等产业为重点，积极开展“一村一品”示范项目建设。年内全县建立“一村一品”示范村42个，涉及种植面积2.96万亩，其中，辣椒村26个，蔬菜村10个，水果村1个，花生村3个，优质稻村2个。通过开展“一村一品”示范项目建设，因地制宜，发挥村位优势，引导农村产业逐步向专业化、特色化方向发展。

【现代烟草农业开发示范项目建设】　2009年，严格执行国家烤烟生产和“双控”政策，继续在平远镇回龙小舍姑地区全面实施新烟区开发示范创建工作。全年完成二期现代烟草农业建设示范种植4.67万亩，生产烟叶15.23万担，其中上等烟叶达50.05%。实现烟农收入1.1亿元，烟税收入2 493.3万元，烟农户均收入1.8万元。实现国家、企业、烟农三满意。

【住房保障】　全县累计投入资金1.13亿元，新建和回购廉租住房1 908套9.54万平方米，改造农村危房1 070户，实施农村民居地震安全工程建设1 850户，发放住房租赁补贴334.35万元，城乡低收入家庭和困难户的住房问题逐步得到解决。

【整村推进新农村建设】　年内实施整村推进新农村建设81个，其中，省重点扶持56个，上海对口帮扶9个，州、县自筹16个；总投资6 074.22万元，其中，省投资840万元，上海对口帮扶330万元，州、县自筹160万元，部门整合1 641.06万元，群众自筹和以劳抵资3 103.16万元。项目覆盖11个乡（镇）38个村民委（社区）81个村小组。全年选派132名新农村建设指导员驻村开展工作。至年底，有68个村建项目已全部完工，完成小水窖建设100口，沼气池1 234口，厩舍改造和卫生厕所建设1 370间，危房改造980间，节能改灶709眼。

【易地开发】　实施易地开发项目3个，涉及87户436人，总投资327.86万元，其中，省投资118万元，地方债券资金100万元，群众自筹和以劳抵资109.86万元。截至11月30日，建成安居房40间3 200平方米；架设10千伏输电线路2千米；新建沼气池20口；建科技活动室1间80平方米；开展各类科技培训4期1 200人次。

【产业化扶贫】　实施产业化扶贫项目4个。其中，省财政扶持2个项目，投资106万元；上海对口帮扶2个项目，投资80万元；企业及群众自筹195万元。年内已完成规模化养殖鸡舍4栋，种植小粒花生2 500亩，辣椒示范种植7 100亩。全年发放生产性补贴资金5 532万元，发放小额支农信贷资金7 956万元，覆盖11个乡（镇）157个村民委1 232个村小组，2.15万户农户得到扶持。其中，种植业1 880万元，养殖业1 406万元，加工业1 263万元，其他行业3 407万元。全年划拨县级支农专项资金2 024万元，有效促进种植、养殖、加工等产业发展。

（高保元）

2.5万亩连片种植的平远回龙现代烟草农业核心示范区　（王国礼　摄）

西畴县

【概述】　西畴县位于云南省东南部、文山壮族苗族自治州中部偏南。面积1 506平方千米，其中岩溶山区半山区面积占75.4%。县人民政府驻地西洒镇，距省会昆明420千米，距州府驻地文山85千米，海拔1473米。2009年，年平均气温16.5℃。日照总时数1 668.4小时。主要气象灾害：干旱。至2月25日止，共有6个乡47个村委会741个村民小组69 281人受灾。受灾面积2 142.7公顷，成灾1 057.7公顷，绝收342.7公顷，因灾减产粮食295万千克，造成饮水困难7 300人，造成饮水困难大牲畜3 100头，造成农业直接经济损失633.8万元。3月14～15日凌晨突发严重霜冻灾害，共造成经济损失1 646.6万元。春夏收农作物、经济林木受灾9乡镇35个村民委688个村民小组42 263户160万人，受灾面积4 581公顷，成灾2 712公顷，绝收1 002公顷，因灾减产粮食604.5万千克。3月25日遭受风雹袭击，造成经济损失45万元；6月12日西洒、新马街、法斗、兴街、

柏林等5乡（镇）普降大雨夹杂冰雹，致使部分农作物受灾，民房受损，造成经济损失200.6万元。6月26～27日县境内连降大雨，共造成直接经济损失250.4万元，其中农业直接经济损失245.7万元。辖7乡2镇72个行政村，总人口25.26万人。其中，非农业人口4.38万人，占总人口17.34%；少数民族人口4.74万人，占总人口8.76%。人口密度每平方千米167.72人，人口自然增长率6‰。

全年完成地区生产总值11.9亿元，比上年增长9.2%。其中，第一产业增加值4.5亿元，增长6.8%；第二产业增加值1.4亿元，增长23.9%；第三产业增加值6亿元，增长7.8%。工业总产值4.9亿元，增长4.2%。年末公路通车总里程2 189.48千米。全年完成班线客运量35万人次，客运周转量10.98万人千米；货运量87万吨，货运周转量5 980万吨千米。7乡2镇72个行政村已有66个通客车，通车率92%。移动通讯信号村民小组覆盖率达95%。电信信号村民小组覆盖率达97%。完成财政总收入8 291万元，增长25.2%；财政一般预算支出6.50亿元。

全县有各类学校246所，在校学生4.25万人。学龄儿童入学率99.8%，普通初中升学率100%，高考上线率71.96%。有各种艺术表演团体104个（专业性1个，农村业余性103个），有文化馆1个，乡（镇）文化站9个，公共图书馆1个。广播、电视覆盖率分别达91.3%和92.5%。有卫生机构97个，病床715张，每千人有病床1.9张；有卫生专业技术人员405人。全县设村卫生室69个，有乡村医生226人。

城镇居民人均可支配收入1.22万元，增长9.3%；农民人均纯收入2 063元，增长17.9%。城镇登记失业率4%以内。

中共县委书记　马忠俊（苗）

县人大常委会主任　陆永明（壮）

县人民政府县长　杨秀文

县政协主席　王俊（壮）

【基础设施建设】 全年建成各类水利工程8 134件，治理水土流失面积13.3平方千米，改造中低产田地1万亩，新增和改善灌溉面积2.34万亩，解决3.54万人、1.50万头大牲畜饮水困难和安全问题。全年累计新建和改造公路744.93千米，完成“通达工程”建设148.3千米、“通畅工程”建设60.6千米、其他项目15.9千米。

【农村劳动力培训转移】 有组织输出劳务5 016人，培训民工5 250人，带动1.7万余人自发外出务工，全县外出务工人员达4.6万人，创造劳务收入近2亿元。

【特色产业增收】 全县粮食总产8 994万千克，增产472万千克，比上年增长5.5%；集体林权制度主体改革基本完成，森林采伐管理改革试点工作稳步推进，逐步构建了可持续经营的林业新体系。完成5万亩核桃打塘任务，定植核桃2万亩，全县经济林果总面积达18.67万亩，实现林业产值3 139万元，增长4.7%。烤烟生产综合效益明显提高，完成烤烟种植1.9万亩，收购烟叶5.7万担，实现烟农收入4 071万元，完成烟叶税895.6万元。发放小额信贷资金8 613万元扶持畜牧业发展，年末生猪出栏31万头，增长7%；大牲畜出栏2.7万头，增长6.7%；家禽出栏180万羽，增长5.3%；实现畜牧业产值4.09亿元，增长5.9%。

【重点行业企业优惠政策】 2008年下半年停业的6户重点冶炼企业全部恢复生产。铝土矿开发顺利启动，已完成矿区土地征用，洗选厂及配套公共设施建设稳步推进。福鑫铸造厂完成设备安装调试，免烧砖、页岩砖等新型节能材料广泛应用，工业经济综合效能明显提高。实现工业总产值4.90亿元，增长4.2%；工业增加值8 387万元，增长9.6%。共实施各类经济合作项目19个，合同投资总额3.9亿元，实际到位资金1.70亿元，分别增长93.1%、11.8%。

【扶贫开发】 投入专项资金1445万元，建设社会主义新农村83个（整村推进扶贫重点村54个、省重点建设村15个，上海对口帮扶援建新农村建设8个、龙坪片区新农村建设6个），村容村貌整治183个村。2008～2009年，省批准实施115户511人易地搬迁任务，项目总投资555.45万元，其中财政专项资金255.5万元，分布在3个乡（镇）4个村委会4个村民小组。规划项目全部完工，搬迁户已全部迁入新居。完成项目总投资560.8万元，其中，补助资金255.5万元，群众自筹和投工投劳折价305.3万元，新建安居房115间，沼气池115口，开展科技培训15期1 500人（次）。

（唐明磊）

麻栗坡县

【概述】 麻栗坡县位于云南省东南部、文山壮族苗族自治州南部。全县总面积2 334平方千米，其中山区面积占99.9%。边境线长277千米。最高海拔2579.3米（省级自然保护区老君山），最低海拔107米（国家级口岸天保）。县城距省会昆明450千米，距州府文山城80千米，海拔1094米。年平均气温18.4℃，年降雨量875.3毫米。辖4镇7乡，96个村（居）民委员会，1 936个自然村。2009年末总人口27.66万人.其中，非农业人口2.34万人；少数民族人口11.19人，占总人口的40.45%。人口自然增长率6‰。

全县生产总值实现20.66亿元，同比增长12%。其中，第一产业增加值5.59亿元，增长6%；第二产业增加值8.51亿元，增长16%；第三产业增加值6.56亿元，增长11%。三次产业比为27∶41∶32。实现工业总产值16.30亿元，同比增长8.4%。农村经济总收入8.24亿元，增长13.5%。粮食总产量9 578万千克，同比增长1%。年末全县公路通车里程2 851千米。全年客运量96.68万人次，客运周转量1.16亿人千米；货运量307.6万吨，货运

1月9日，外交部副部长李辉（中）到麻栗坡县考察扶贫工作　（刘宏泽　摄）

周转量1.85亿吨千米。年内新增固定电话、致富通、小灵通及移动电话用户2.08万户，年末达到11.98万户，电话普及率43部/百人，比上年增加7部。互联网用户数达6 062户，比上年增加1 203户。全年全县完成财政总收入2.47亿元，比上年下降1%。完成地方财政一般预算收入1.36亿元，增长11.6%；地方财政一般预算支出8.74亿元，增长45%。

全县有各级各类学校265所，专任教师3 905人，在校生4.59万人。学龄儿童净入学率99.86%，初中学龄人口毛入学率98.71%，普通高考上线率81.77%。有公共图书馆1个，藏书4.2万册，艺术表演团体1个，文化馆1个，口岸文化中心站1个，乡镇文化广播电视站11个，边境广播电视转播台3座，船头边境广播电视站1个。全县广播电视人口综合覆盖率达95%，有线电视入户率21%。有医疗机构21个（不含诊所），病床795张，专业卫生技术人员574人，每千人拥有卫生技术人员2.1人。

全县农民人均纯收入2 205元，增长17.3%。城镇居民人均可支配收入11 241元，增长18.2%。在岗职工年平均工资22 738元，增长9.5%。

中共县委书记　彭辉（回）

县人大常委会主任　冉忠平

县人民政府县长　彭正兴（2009～）

县政协主席　项廷超（苗）

【边境贸易】　全县完成边贸进出口总额19.18亿元，比上年下降8.2%。其中，进口额6.19亿元，下降23.8%；出口额12.99亿元，增长1.6%。在边贸进出口总额中：一般贸易和小额贸易完成10.16亿元，下降3.3%；边民互市贸易完成9.02亿元，下降13.2%。

【社会救助和低保】　年内按时兑现2 362户2 495名五保对象供养金300万元。投入城乡困难群众大病医疗救助经费575万元，救助城乡困难群众13.04万人。投入救灾救济资金146万元；安排春荒救助口粮12.02万千克，救助困难缺粮群众1 124户4 008人。全年累计投入低保资金4 766万元，解决了2 848户6 308名城镇居民和2.52万户5.96万名农村特困群众最低生活保障问题。

【新型农村合作医疗】　2009年全县参加新型农村合作医疗的农业人口23.71万人，农业人口参合率达94.17%，比上年提高3.77个百分点；参加新农合农民受益资金达2 679万元，比上年增长58.3%。

【扶贫开发】　2009年，全县共投入各类扶贫资金1.02亿元。启动整村推进建设项目127个，共建成砂石路125.63千米，道路硬化167千米，建成沟渠35千米，架设人畜饮水管道75.3千米，建成沼气池2 746口，改造危房1 479户、圈舍5 346间、厨房5 275间、厕所5 346间，建成村民活动中心91间、活动场地1.29万平方米，建成卫生室58间，亮化房屋2 020户，建成卫生公厕127间，种植经济作物1.12万亩、经济林果1.03万亩，建设广播电视1 364户，建成标志牌及展板188块，建成基本农田1 590亩，发展养牛6 111头、养猪2.35万头，封山育林、植树造林1.25万亩，节柴改灶3 548户，开展科技培训5 555人次。产业扶贫项目涉及8个村寨1 190户4 760人。发展稻鱼工程1 001.7亩；扶持发展咖啡2 300亩；启动杨万乡、八布乡、铁厂乡扶贫易地搬迁工程共5个安置点106户570人的贫困人口扶贫易地搬迁安置项目。年末，按农村居民人均收入1 196元标准计算，全县农村贫困人口由2008年末的14.56万人下降到12.81万人，年内新增脱贫人口1.75万人，其中稳定解决温饱人口6 798人。

（刘光权）

马关县

【概述】　马关县位于云南东南部、文山壮族苗族自治州南部。辖区总面积2 676平方千米。其中，山区面积2 031平方千米，占总面积的76%；坝区面积645平方千米，占24%。国境线长138千米。县城驻地马白镇距省会昆明442千米，距州府驻地文山城73千米。2009年全年平均气温17.8℃，年极端最高气温为32.1℃（7月19日），年极端最低气温为1.0℃（1月17日），全年降雨量734.5毫米。辖4个乡9个镇，

120个行政村和4个社区1 992个村小组。年末总人口36.67万人。其中，农业人口32.67万人，占总人口的89.16%；少数民族人口占总人口的49.10%。人口密度每平方千米137人，人口自然增长率6.8‰。

全年实现生产总值28.67亿元，比上年增长7.90%。其中，第一产业增加值7.38亿元，增长7%；第二产业增加值11.84亿元，增长5.7%；第三产业增加值9.44亿元，增长3.54%。三次产业结构比由上年的25.4∶45.1∶29.5调整为25.76∶41.31∶32.93。农业总产值12.33亿元，增长13.31%。粮食总产13.81万吨，增长6.1%。工业总产值29.96亿元，减少10.93%。全年客运量566.56万人次，客运周转量1.48亿人千米；货运量552.48万吨，货物周转量达1.10亿吨千米。年底固定电话机总数3.09万部，移动电话用户13.10万户，电话普及率44部/百人。互联网用户6 638户，比上年增加2 338户。全县财政总收入完成38 223万元，增长1%；地方财政总支出99 201万元，增长35.7%。

全县共有各级各类学校287所，在校学生5.36万人，小学适龄儿童入学率99.77%，辍学率0.05%，初中阶段在校生毛入学率97.39%，普通高中高考上线率70%。各种艺术表演团体2个，文化馆（站）14个，公共图书馆1个。广播人口覆盖率98%，电视人口覆盖率94%。卫生机构（不含诊所等）22个。病床795张，每千人有病床2.17张；有卫生技术人员578人，其中，执业医师144人，执业助理医师89人，每千人有医师0.64名。

全年城镇居民人均可支配收入达13 346元，农民人均纯入2 588元。年末城乡居民储蓄余额19.07亿元。城镇居民人均消费支出8 314元。全县职工年平均工资25 917元。城镇登记失业率4.6%。

中共县委书记　兰朝明（彝）

县人大常委会主任　马朝洪（苗）

县人民政府县长　李献文

县政协主席　沈章华（壮）

【项目建设】 年内，文山至都龙二级公路开工建设；董亮至南捞、八寨至底泥、都龙至金厂通畅工程全面推进，通乡公路油路率达76.9%；完成农村公路通达工程26条234千米，通村等级公路率达55.7%；完成通自然村公路41条160千米，全县已有1 489个自然村通公路，自然村通公路率达96.6%；农村客运站建设稳步推进，新建成乡镇客运站3个。达号水库工程建设有序推进，灿可、绿差塘水库除险加固工程全面完工；花坝子二级电站、鱼塘暗河电站建成投产发电，全县电力装机总容量达25.3万千瓦；田头110千伏变电站项目建设进展顺利；完成农村“一户一表”改造工程8 344户。年产10万吨锌60吨铟冶炼技改项目一期工程、年产5万吨燃料乙醇技改项目一期工程、年产20万吨过磷酸钙技改项目建成投产，210万吨/年采矿、8 000吨/日选矿两个省级重点项目开工建设，年产7.2万吨锰铁合金冶炼技改项目一期工程、年产60万吨水泥粉磨站项目一期工程进展顺利。县城总体规划第二轮修编工作全面完成，县城新区控制性详细规划工作扎实推进；文都二级路县城过境线项目开工建设，“两污”工程建设稳步推进。全年累计实施各类项目125个，完成固定资产投资20.04亿元，同比增长28.5%。其中，争取扩大内需项目21个，争取扩大内需资金8 188万元。项目投资有力地拉动了全县经济增长。

【农业农村经济稳步发展】 进一步加大“三农”投入，全年投入“三农”资金5.52亿元，增长35%，其中，发放各项涉农补贴5 624万元，增长13.1%。农民发展生产的积极性不断提高，农业农村经济稳步发展。实现农业总产值12.33亿元，增长16.3%。完成粮食总产量1.38亿千克，增长6.1%，农民人均有粮359千克。农业产业化发展进程进一步加快，建立烤烟自然灾害风险保障基金，发展烤烟种植面积2.7万亩，收购烟叶9.26万担，实现烟农收入6 468万元，完成烟叶税1 423万元；实现畜牧业总产值5.1亿元，增长15.7%，实现农民人均畜牧业纯收入635元，增长4.1%；新植核桃8万亩，草果、八角、三七、蔬菜等特色产业稳步发展。农业基础设施条件不断改善，马鞍山现代烟草农业建设暨中低产田地改造项目启动实施，全年完成中低产田地改造3万亩，新建和修复小型水利工程395件，新增和改善有效灌溉面积1.2万亩，解决了1.86万人饮水安全问题。新农村建设累计投入各类扶贫开发资金9 810万元，“县为单位、整合资金、整村推进、连片开发”试点项目顺利完工，建成整村推进项目99个，实施易地转移搬迁257户1 117人，13个省级重点建设村顺利推进，新解决了0.95万贫困人口温饱问题。

【扶贫开发】 年内，全县共投入扶贫资金2.90亿元。其中，财政扶贫资金8 802.87万元，信贷扶贫资金525万元，群众自筹和投劳折资1.09亿元。年内共建成99个整村推进项目，实施2个易地搬迁项目，转移安置农户107户500人。有效解决5.93万贫困人口、3.95万低收入人口温饱问题和5 648人、2 513头（匹）大牲畜饮水困难问题。

【民生工程建设】 全县累计开发就业岗位1 295个，城镇新增就业人员1 138人，下岗失业人员再就业251人；发放创业小额担保贷款438万元、“贷免扶补”贷款685万元，实现创业带动就业620人。全年培训农村劳动力7 614人，转移就业1.6万人，实现劳务收入1.88亿元。参加各类社会保险人数达4万人，比上年增加6 000人。被征地少地农民养老保障制度初步建立。城镇居民医疗保险制度启动实施。新农合惠民效应得到充分体现，兑现新农合补偿金3 225万元，受益群众达36.4万人次。城乡低保对象扩大到7.65万人，比上年增加2.2万人，发放城乡低保金5 682万元。全年投入各类救灾救济资金1 140万元，救助人数达7.6万人，困难群众基本生活得到保障。建成廉租房808套4.04万平方米，发放住房租赁补贴114万元，农村民居地震安全工程、农村危房改造工程进展顺利，保障性住房建设工作有序推进，城乡居民住房困难问题进一步缓解。

【和谐、小康、文明村镇——坡脚镇】 坡脚镇通过不断提高医疗护理质量，完善农村一村一室卫生室建设和管理，解决群众看病难等困难，将农村符合新型农村合作医疗人员纳入医疗保障体系建设，符合合作医疗报销条件的，按照相关手续给予群众办理报销。全镇参合农业户口群众1.97万人，参合率85.5%，全年共报销医药费60.4万元。认真开展文明学校、绿色学校创建活动，加强教师队伍建设，全镇小学适龄儿童入学率达100%，高中升学率达87%；减免中小学生书费、杂费93万元，补助中小学生生活费94.3万元。不断加大社会保障体系建设力度，落实一系列民政政策，确保贫困群众安心生产，共支付、支出救灾救济经费11.67万元，支付五保供养金4.17万元，发放优抚金10.27万元，发放城市最低生活保障金24.42万元，发放农村低保金191.22万元，全镇累计3 307户4 591人纳入农村低保，消除了广大农民因病致贫、因病返贫的后顾之忧。坡脚镇农村社会事业建设让农民得到实惠，为全镇农民致富奔小康提供了有力保障。

（资云华）

 丘北县

【概述】 丘北县位于云南省东南部、文山壮族苗族自治州西北部，辖区总面积4 997平方千米。县人民政府驻地锦屏镇，距省会昆明市280千米，距州府文山114千米。2009年，年平均气温17.5℃，年最高气温32.1℃（5月10日），年最低气温0.5℃（11月19日），最冷是2月；年平均日照时数1 847.5小时，平均降雨量1 302.1毫米，其中，最多点舍得乡1 405.3毫米，最少点树皮乡780.5毫米；无霜期233天；汛期5月19日。辖乡（镇）12个，其中，乡9个镇3个，村（居）民委员会99个，自然村1 264个。年末总人口46.51万人。其中，非农业人口3.11万人，占总人口的6.68%；少数民族人口29.15万人，占总人口的62.67%。人口密度每平方千米93.1人，人口自然增长率6.7‰。

全县实现生产总值22.1亿元，比上年增长12%。其中，第一产业增加值9.8亿元，增长7.4%；第二产业增加值3.8亿元，增长18.3%；第三产业增加值8.5亿元，增长14.2%。农村经济总收入16.53亿元，增长15.5%。粮食总产量18万吨，增长6%。工业总产值完成10.22亿元，增长20.1%。年末公路通车总里程2 401千米。全年客运周转量1.59亿人千米，货物周转量3.05亿吨千米。年底固定电话机总数3.16万部，移动电话用户13.63万户，电话普及率36.1部/百人。互联网用户1.09万户，比上年增长23%。全县财政总收入1.93亿元，增长26.1%；财政总支出9.66亿元，增长31.7%。

全县共有各类学校666所，专任教师4 809人，在校学生9.87万人。学龄儿童入学率99.7%，普通初中升学率54.44%，高考录取率61.6%。艺术表演团体1个，文化馆（站）12个，公共图书馆1个。广播人口覆盖率90.0%，电视人口覆盖率91.5%。卫生机构（不含门诊所等）20个，病床726张，每千人有病床1.6张；有卫生技术人员720人，其中，执业医师287人，执业助理医师133人，每千人有医师0.9名。

全年农民人均纯收入2 208元，扣除物价因素，实际增长16.5%；在职职工年平均工资22 184元，比上年增加2 732元。城镇居民可支配收入12 737元，比上年增长12.1%。人均消费性支出城镇7 102元；农村1 934元。城镇居民平均住房面积57.5平方米，农村人口平均住房面积27.95平方米。城镇登记失业率3%以内。

中共县委书记　余波
县人大常委会主任　朱建春
县人民政府县长　李华富
县政协主席　戚守存

【花脸节获吉尼斯认证】 8月14日至9月14日举办。8月14日晚，普者黑“花脸节”开幕式暨普者黑国家AAAA级旅游景区授牌仪式在丘北普者黑举行。15日下午，英国吉尼斯总部派遣中国认证官吴晓红在丘北县新城区椒莲广场正式宣布丘北普者黑“千人跳弦子，万人抹花脸”挑战世界之最成功，并当场颁发吉尼斯世界纪录证书。当天，1.34万名群众在认证人宣布开始后，根据当地民族习惯，用黑色颜料涂抹每个人面部。仅仅10分钟，所有人面部都被黑色颜料完全覆盖，公证人员检查并仔细清点人数后经认证官确认合格数量无误并达到挑战标准，宣布挑战成功。大型水上田园实景演出《欢乐普者黑》及多台民族歌舞表演在普者黑景区及丘北县城椒莲广场举行。

【尹剑龙自强不息致富路】 1973年出生在丘北县曰者镇，现任丘北县盲人协会主席的尹剑龙，1984年进入昆明市聋哑学校就读按摩专业，1993年职高毕业后，先后在广东陆丰、深圳、珠海、云南丽江、昆明、丘北等地从事盲人按摩工作，1999年经过省级考试，获“中级按摩师”职称，2003年通过云南省残联、省卫生厅、省人事厅等有关部门考核，获“盲人按摩师”资格。2003年1月，尹剑龙用外出打工积攒下为数不多的钱，在丘北县城租了间房子，开办“永生盲人按摩诊所”，还在文山州府所在地也开起一家分店，生意红火。同时热心帮助更多的残疾人就业，给数名眼睛有残疾的人提供就业机会，走出自己的自强之路、创业之路、光明之路。从先天性的视力残疾，到远离家乡学习按摩技术，再到打工挣钱开办自己的盲人按摩店，不但可

8月15日，丘北花脸节申报世界吉尼斯成功　（文山州志办　提供）

以自食其力，同时还帮助别人。对于现在取得的成就，尹剑龙感慨地说，“要做成一件事情不容易，特别是残疾人就更不容易，要付出十倍、百倍的努力才能成功。但是，人最大的挑战就是战胜自己，在困难面前战胜自己，离成功也就不远了。”

【赵俊援建太平村】　2009年，身为曲靖市公安消防支队队长的赵俊，不忘家乡父老的养育之恩，多方联系筹集资金百余万元，在曲靖市政府和文山州政府有关领导的陪同下，将百万元筹款捐给丘北县双龙营镇太平村建设新农村。赵俊，1992年毕业于山东大学法律专业，当年应征入伍，经过不懈的努力和磨炼，后成为曲靖市公安消防支队队长。已在曲靖市工作和定居的他，始终没有忘记自己的家乡，没有忘记少年时在丘北县双龙营镇太平村生活的快乐时光和父老乡亲。近年来，当赵俊了解到家乡太平村经济发展仍然缓慢，群众收入较低，急需资金发展农村经济建设时，他积极想办法多方联系，并在曲靖市和文山州政府大力支持下，于2009年12月19日，赵俊到太平村进行考察，将筹集到的145万元资金捐出，作为该村新农村建设资金。还把自己带来的8套电脑设备捐给了学校。

（陈兴年）

广南县

【概述】　广南县位于云南省东南部、文山壮族苗族自治州东北部。辖区总面积7 810平方千米。其中，山区、半山区面积7 396.07平方千米，占94.7%；坝区413.93平方千米，占5.3%。县人民政府驻地莲城镇，海拔1213米，距省会昆明市458千米，距州府驻地文山167千米。2009年，平均气温17.9℃，年最高气温33.8℃（6月19日），年最低气温0.8℃（1月10日）。平均日照时数3.40小时，平均降雨量760.8毫米。平均无霜期为255天。主要气象灾害为低温冷冻，雷雨、大风、冰雹、暴雨等。年内各种自然灾害造成农作物受灾2.41万公顷，成灾1.08万公顷，绝收2 179.1公顷，受灾65.75万人（次），受伤10人，死亡5人，紧急转移安置受灾人员320人，大牲畜死亡96头，家禽死亡4 010只，民房倒塌95户202间，损坏2 031户3 484间，8.6万人和3.8万头（匹）大牲畜饮水困难，直接经济损失1.54亿元。辖乡镇18个，其中，乡11个，镇7个，村（居）民委员会174个，自然村2 714个。年末总人口77.47万人。其中，非农业人口4.53万人，占总人口的5.84%；少数民族人口47.78万人，占总人口的61.68%。人口密度每平方千米99.19人，人口自然增长率6.67‰。

全年生产总值完成35亿元，同比增长11.6%。其中，第一产业增加值15.3亿元，增长7.0%；第二产业增加值7.16亿元，增长20.7%；第三产业增加值12.55亿元，增长12.2%。一、二、三产业结构比由45：20：35调整为44：21：35。农村经济总收入19.54亿元，增长18.83%。粮食总产量2.5亿千克，增长6.5%。工业总产值15.6亿元，增长6.6%。年末公路通车总里程4 330.76千米。全年客运量48.18万人次，客运周转量8 889.45万人千米；货运量197.14万吨，货运周转量25.45亿吨千米。年底固定电话机总数5.29万部，移动电话用户17.87万户，电话普及率55.7部/百人。互联网用户2 335户，比上年增长44.14%。县财政总收入2.21亿元，增长7.8%，其中，地方一般预算收入1.35亿元，增长12.2%；财政总支出13.07亿元，增长31.6%。

全县有各级各类学校（园）575所，教职工7 759人，在校学生13.39万人，适龄儿童入学率99.65%，初中阶段入学率97.63%，高中阶段入学率38.56%，高考上线率77.51%。艺术表演团体246个，文化馆（站）19个，公共图书馆1个。新建广播电视“村村通”21座，累计建成887座，光纤杆路1 110千米，有线电视用户2.8万户，有线电视入网率14%，完成数字电视转换1.16万户，广播电视人口覆盖率90%。卫生机构（不含诊所等）47个，病床966张，每千人有病床1.25张；卫生技术人员882人，其中，执业医师233人，执业助理医师126人，每千人有医师0.46名。

全年农民人均纯收入2 200元，扣除物价因素，实际增长14.52%；在职职工年平均工资23 717元，增长10.31%。城镇居民可支配收入12 283元，实际增长12.02%；人均消费性支出7 910元，实际增长300.51%。居民人均储蓄存款2 279元，增长13.9%。城镇居民平均住房面积21.62平方米，农村人口平均住房面积16.10平方米。城镇登记失业率3.12%。

中共县委书记　任安

县人大常委会主任　王荣昌（壮）

县人民政府县长　张如黎（壮）

县政协主席　赵世翔（彝）

【整村推进扶贫】　全年完成整村推进项目村（组）146个，总投资5 704.54万元（其中，国家补助2 025万元，上海帮扶480万元，中烟工业公司帮扶84万元，群众自筹3 017.24万元，部门整合98.3万元），涉及18个乡（镇）47个村委会，4 971户2.30万人受益。项目建成后，农村基础设施建设进一步强化，村容村貌美化，农民群众生活环境改善。

【易地开发扶贫】　组织实施莲城坡匡、那洒坝奎和者太林场3个安置点，完成投资260万元，搬迁群众103户520人。新建成安居房103套，建设基本农田地520亩，安装饮水主管道4 000米，建40立方米、60立方米蓄水池各1个，入户安装103户，新建进村道路4千米，改扩建道路1.5千米，架设输电线路3.7千米，安装30千伏安、50千伏安变压器各1台及入户安装103户，建8立方米沼气池103口，60平方米科技活动室1间，新增学校建设项目1个，新增防洪沟1条130.8米。

【社会帮扶】　上海浦东新区对口帮扶：援建完成珠街镇尼录村委会尼录、新么普上寨、新么普下寨、里忙、小乃腊、田湾、小吉果上寨、小吉果下寨、龙盆、白石岩10个新农村建设，项目总投资1 239.49万元（其中，浦东新区援助450万元，群众自筹789.49万元）。另外，上海市闵行区光彩事业促进会援助资金30万元，建设莲城镇那朵钱力光彩希望小学。定点挂钩帮扶：有3个省级单位、30个州级单位、120个县级单位、2个企业，对全县97个村委会进行定点挂钩帮扶，投入帮扶资金814.96万元，捐物折资93.66万元，引进资金451.55万元，企业资金185万元。建成希望小学1所，沼气池55口，小水窨383口，修路189.35千米，改造安居房243户，救助贫困学生1 552人，开展各类实用技术培训95期5 224人（次），帮助劳务输出4 897人（次），帮扶项目受益人数4.03万人。

【小额信贷扶贫】　省、州批准指标规模5 500万元，实际到位3 500万元，发放6 753.65万元。其中，种植业2 756.45万元，养殖业2 094.20万元，加工业282万元，其他产业1 621万元。项目覆盖全县18个乡（镇）716个村小组3 648户农户。

【劳务输出培训】　突出培训渠道多元化、层次合理化、内容实用化，以需定培和以培供需相结合"培训+就业"模式，大力推广"订单"培训，提高职业培训针对性和实效性，适应劳务市场现实需求。年内，实施劳动力转移引导性培训6 000人，其中，省外输出3 994人，省内输出2 006人，外出务工稳定率85%，实现劳务经济工资收入1 419万元。实施示范基地技能培训8期400人，投入资金20万元。培训内容有电工、焊工、缝纫工、汽修、农艺工、计算机等专业，培训时间为30天，培训合格率100%，转移就业400人，其中，省外就业256人，省内就业144人，就业率100%，实现劳务经济工资收入102.1万元。

【劳务输出】　树立大劳务、大协作、大市场观念，形成合作式、定单式、带动式等多种输出方式，搭建全方位、多渠道、多层次劳务输出网络；强化维护权益、营造环境、跟踪管理，提出"输出一人、脱贫一户、致富一村、造福一方"的响亮口号，在全县营造出"走出广南天地宽，劳务输出致富快"良好氛围，在外出务工党员相对集中的昆明、"两广"等，建立"异地农民工党支部"15个，把外出务工党员纳入组织管理，增强务工人员凝聚力、战斗力。年内，向外转移农村劳动力4.64万人，占返乡农民工总数4.56万人的101.8%。其中，省外就业3.68万人，县外就业4 758人，县内就业4 866人。实现新增转移农村劳动力1.33万人，新增劳务经济收入2.91亿元。

【城镇居民基本医疗保险】　4月，全县城镇居民基本医疗保险启动，年末完成参保登记1.34万人，其中，正常参保缴费人群6 584人，不缴费人群6 808人（城市低保对象6 551人，丧失劳动能力的重度残疾人187人，低收入家庭60岁以上老年人70人）；成年人参保7 948人，中小学生、儿童参保5 444人。完成缴费28.85万元，医疗保险IC卡费18.55万元。有108人发生住院治疗，享受医疗保险待遇24.4万元。

（新锡祥）

 富宁县

【概述】　富宁县位于云南省东南部、文山壮族苗族自治州东部。辖区总面积5 352平方千米，其中，山区面积5 138平方千米，坝区面积214平方千米。国境线长90千米。县政府驻地新华镇海拔684米，距省会昆明394千米，距州府文山179千米。2009年，平均气温为20.7℃，最高气温37.1℃，最低气温2.5℃，平均日照数为4.2小时，平均降雨量为2毫米，无霜期258天。主要气候灾害有冬春连旱、秋季干旱、霜冻、冰雹、雷击、暴雨等，造成农作物受灾面积7.26万亩，成灾面积4.94万亩，直接经济损失2 761.95万元。辖7乡6镇145个村（居）委员会2 568个自然村。年末总人口40.17万人。其中，非农业人口9.95

万人，占24.77%；少数民族人口30.59万人，占76.15%。人口密度每平方千米76.48人，人口自然增长率5.29‰，

全县实现地区生产总值30.45亿元，比上年增长10.5%。其中，第一产业增加值8.41亿元，增长6.8%；第二产业增加值10.2亿元，增长10.6%；第三产业增加值11.84亿元，增长13.1%。一、二、三产业比由上年的27.7∶33.7∶36.6调整为27.6∶33.5∶38.9。农村经济总收入13亿元，增长13.2%。粮食总产量1.29亿千克，增长5.5%。工业总产值完成18.7亿元，增长15.2%。年末公路通路里程3 800千米。全年客运周转量9.4亿人千米，货物周转量1.15亿吨千米。年底，有固定电话机1.49万部，移动电话用户达13.43万部。互联网用户7 314户，增长20.4%。全县财政总收入2.7亿元，增长14.2%。财政总支出10.93亿元，增长44.3%。其中地方财政一般预算支出10.76亿元，增长43.9%。

全县有各类学校486所，教职工4 534人，其中，专任教师3 982人，在校学生7.29万人。学龄儿童入学率98.3%，初中学龄人口毛入学率97.5%，高中毕业生升学率80.53%（含三校生），高考上线率81.94%。有艺术表演团体1个，文化馆（站）14个，公共图书馆1个。广播人口覆盖率87.5%，电视人口覆盖率92.5%，城区数字电视用户覆盖率达95%。全县有卫生机构20个，病床481张，每千人口有病床1.19张；有卫生技术人员516人，其中执业医师及执业助理医师201人。33.17万农民参加新型农村合作医疗，参合率89.94%，累计报销合作医疗费4 522万元，受益26.3万余人（次）。

全年农民人均纯收入2 337元，增长15.5%。在职职工年平均工资2.6万元，增长8.6%。城镇居民家庭人均总支出1.01万元，增长8.5%；人均消费性支出7 899元，增长8.3%。居民人均储蓄存款3 206元，增长11.4%。城镇居民人均住宅建筑面积39.95平方米。城镇登记失业率3.1%。

坡芽歌书传承人农凤妹作歌书书写演示　（富宁县志办　提供）

中共县委书记　罗家祥（壮）
县人大常委会主任　郭跃进
县人民政府县长　王毅
县政协主席　李广生（瑶）

【表彰奖励种植养殖大户】　2月14日，举行2008年度种植养殖大户颁奖典礼，对12名种植养殖大户进行表彰奖励。2008年6月，县委、县政府出台《富宁县种植养殖大户以奖代补扶持办法（试行）》，每年安排资金200万元，设3个奖项，对12名种植养殖大户进行表彰奖励。最高奖金额20万元，最低奖金额为6万元。经过评选，2008年度有周正忠、农光乐、廖先旺、梁岳松、杨贵义、鲁光亮、向家宝、梁刚、黄清明、刘元周、李美金、黄银申12户种养大户获得奖励。其中周正忠、农光乐分别获得奖金20万元。

【总书记关注云南山瑶】　12月2日，胡锦涛总书记在新华社《国内动态》第4840期“山瑶群众的‘五难’生活——云南瑶族支系山瑶群众生活状态见闻”上作出“请发改委、民委、扶贫办、云南省继续给予扶持和帮助”的重要批示。这是富宁县历史上首次获得党和国家最高领导人批示。11月8～9日，半月谈杂志社总编室副主任马书平和新华通讯社云南站记者关桂峰先后深入新华、归朝、者桑、谷拉、剥隘等乡（镇），就革命老区建设、扶持山瑶发展、通道经济建设、富宁港建设、油茶基地建设等进行采访，并对县委书记罗家祥进行专题采访。关桂峰撰写的《山瑶群众的‘五难’生活——云南瑶族支系山瑶群众生活状态见闻》，在新华社《国内动态》第4840期上刊出，文中详细介绍了富宁县瑶族山瑶群众饮水难、出行难、住房难、用电难、就医难的“五难”现状。

【富宁县荣膺中国最具民俗文化特色旅游目的地】　12月18日，由人民网旅游频道主办的“最具民俗文化特色旅游目的地评选”活动落下帷幕，富宁县榜上有名，成为“20个中国最具民俗文化特色旅游目的地”之一。这次评选活动共有190个参选景点，有近370万人参与网上投票，最后经业界专家、媒体代表等专业人士进行专业投票后，评选出20个最具民俗文化特色旅游目的地。云南省有德宏州、大理州、怒江州和元阳县、富宁县、建水县、沧源县获此殊荣。

（黄志高）

文山州经济社会发展主要指标（表一）

地　区	年末总人口（万人）		城镇人口占总人口比重（%）		全社会就业人员（万人）		农业总产值（万元）	
	2008年	2009年	2008年	2009年	2008年	2009年	2008年	2009年
文山州	343.01	345.40	25.70	27.00	137 112	139 572	972 777	1 116 290
文山县	45.10	45.77	48.50	50.50	45 306	46 488	135 046	151 990
砚山县	45.59	46.01	32.60	33.30	18 460	18 504	127 612	146 608
西畴县	25.21	25.26	16.30	17.30	7 397	7 545	64 557	73 556
麻栗坡县	27.58	27.67	21.80	23.70	12 648	12 791	80 910	92 228
马关县	36.41	36.64	26.60	29.80	13 421	13 478	106 036	123 316
邱北县	46.21	46.49	16.40	17.20	12 883	12 991	143 118	165 300
广南县	77.08	77.42	18.30	19.50	16 394	16 834	200 629	233 283
富宁县	39.83	40.14	22.90	24.80	10 603	10 941	114 869	130 009

文山州经济社会发展主要指标（表二）

单位：万元

地　区	地区生产总值		第一产业		第二产业		第三产业	
	2008年	2009年	2008年	2009年	2008年	2009年	2008年	2009年
文山州	2 445 148	2 848 997	641 993	706 936	864 737	948 273	938 418	1 193 788
文山县	743 162	842 960	89 140	96 524	338 538	387 674	315 484	358 762
砚山县	378 180	442 617	84 529	93 015	167 863	182 644	125 788	166 958
西畴县	108 756	121 149	39 918	45 397	11 905	12 768	56 933	62 984
麻栗坡县	190 635	211 070	54 423	58 002	77 235	77 988	58 977	75 080
马关县	284 785	303 504	72 340	77 078	128 512	118 408	83 933	108 018
邱北县	193 188	230 511	85 123	99 698	33 402	37 546	74 663	93 267
广南县	319 403	365 785	143 633	153 000	64 319	71 564	111 451	141 221
富宁县	270 438	305 033	74 840	84 222	91 252	99 128	104 346	121 683

文山州经济社会发展主要指标（表三）

单位：%

地　区	地区生产总值构成		第一产业		第二产业		第三产业	
	2008年	2009年	2008年	2009年	2008年	2009年	2008年	2009年
文山州	100.00	100.00	26.26	24.81	35.37	33.29	38.38	41.90
文山县	100.00	100.00	11.99	11.45	45.55	45.99	42.45	42.56
砚山县	100.00	100.00	22.35	21.01	44.39	41.26	33.26	37.73
西畴县	100.00	100.00	36.70	37.47	10.95	10.54	52.35	51.99
麻栗坡县	100.00	100.00	28.55	27.48	40.51	36.95	30.94	35.57
马关县	100.00	100.00	25.40	25.40	45.13	39.01	29.47	35.59
邱北县	100.00	100.00	44.06	43.25	17.29	16.29	38.65	40.46
广南县	100.00	100.00	44.97	41.83	20.14	19.56	34.89	38.61
富宁县	100.00	100.00	27.67	27.61	33.74	32.50	38.58	39.89

文山州经济社会发展主要指标（表四）

地　区	地区生产总值指数（上年＝100）		人均地区生产总值（元）		国有经济固定资产投资（万元）		社会消费品零售总额（万元）	
	2008年	2009年	2008年	2009年	2008年	2009年	2008年	2009年
文山州	112.60	112.60	7 151	8 277	577 311	875 273	958 572	1 187 598
文山县	114.60	114.80	16 574	18 567	66 543	185 179	303 169	372 897
砚山县	114.00	113.50	8 317	9 664	176 146	208 694	126 522	149 540
西畴县	110.40	109.20	4 317	4 808	18 055	34 823	34 808	42 034
麻栗坡县	112.30	112.10	6 918	7 639	27 041	50 409	62 555	76 317
马关县	111.60	107.40	7 868	8 333	17 102	85 282	101 095	121 895
邱北县	112.30	112.00	4 184	4 973	33 358	69 722	61 116	75 233
广南县	112.20	111.60	4 157	4 735	173 877	129 442	135 174	183 026
富宁县	110.40	110.50	6 816	7 628	65 189	111 722	134 133	166 656

文山州经济社会发展主要指标（表五）

地　区	地方财政收入（万元）		地方财政支出（万元）		人均地方财政收入（元）		人均地方财政支出（元）	
	2008年	2009年	2008年	2009年	2008年	2009年	2008年	2009年
文山州	154 388	172 888	667 080	899 434	451	502	1 951	2 613
文山县	44 008	53 608	90 201	116 801	981	1 180	2 011	2 571
砚山县	20 593	23 688	77 334	95 932	453	517	1 700	2 095
西畴县	3 508	5 080	49 301	65 274	139	201	1 956	2 587
麻栗坡县	12 190	13 600	60 278	87 424	443	492	2 189	3 165
马关县	17 966	19 666	70 069	91 676	496	538	1 935	2 510
邱北县	9 816	13 168	73 330	96 566	213	284	1 589	2 083
广南县	12 000	13 460	93 164	126 673	156	174	1 212	1 640
富宁县	13 386	15 008	74 722	107 954	337	375	1 884	2 700

文山州经济社会发展主要指标（表六）

地　区	农民人均纯收入（元）		职工人数（人）		在岗职工年平均工资（元）		人均储蓄存款余额（元）	
	2008年	2009年	2008年	2009年	2008年	2009年	2008年	2009年
文山州	2 027	2 379	130 464	131 927	22 617	24 811	4 027	4 721
文山县	2 476	2 954	40 828	41 311	24 574	26 534	10 371	13 054
砚山县	2 149	2 510	18 210	18 234	20 823	23 800	3 702	4 037
西畴县	1 750	2 063	7 354	7 460	21 980	24 318	2 872	3 356
麻栗坡县	1 879	2 205	12 253	12 168	20 774	22 738	4 958	5 368
马关县	2 102	2 588	12 753	12 826	23 895	25 917	4 677	5 221
邱北县	1 896	2 208	12 619	12 614	19 452	22 184	2 171	2 572
广南县	1 921	2 202	15 844	16 382	22 110	23 717	1 966	2 272
富宁县	2 023	2 337	10 603	10 932	23 875	25 966	2 878	3 219

（省统计局）

西双版纳傣族自治州

主　　编　何志伟　赵　芳
责任编辑　刘建军　杨　静

【概述】　西双版纳傣族自治州位于云南省西南部，总面积1.91万平方千米。其中，山区面积1.82万平方千米，占95.1%；坝区面积937.1平方千米，占4.9%。国境线长966.29千米。州府驻景洪市，距省会昆明582千米。辖景洪市、勐海县、勐腊县，共13乡18镇。2009年末总人口107.6万人。其中，非农业人口27.9万人，占30.5%；少数民族人口72.21万人，占77.3%。主体自治民族傣族31.9万人，分别占总人口的34.1%和少数民族人口的44.2%。人口密度每平方千米47.3人，人口自然增长率6.5‰。

2009年，全州实现生产总值138.6亿元，比上年增长12.8%。其中，第一产业增加值40.7亿元，增长8.2%；第二产业增加值41亿元，增长14.6%；第三产业增加值56.9亿元，增长14.8%。一、二、三产业比由上年的30∶30∶40调整为29.4∶29.6∶41。完成工业增加值28.1亿元，增长12.1%。规模以上工业增加值26.9亿元，增长12.2%；主营业务收入31.4亿元，增长12.2%；实现利润4.7亿元，增长4.5%。接待海内外游客732万人次，增长17.3%；旅游综合总收入50.34亿元，增长22.3%。全社会固定资产投资88.86亿元，增长33%；社会商品零售总额41.5亿元，增长19%。居民消费品价格总指数101.1%，其中商品零售价格指数100.8%。外贸进出口总额6.7亿美元，增长52.6%。

年末公路通车里程6 270千米。机场航班起降1.8万架次，增长15%。年末固定电话用户23.95万部，下降12.2%，普及率每百人22.32部；移动电话用户74.19万户，增长9.8%，每百人69.14部；互联网宽带用户5.88万户。

2009年，全州财政总收入23.2亿元，增长54.4%。地方一般预算收入8.6亿元，增长19.4%；支出35.2亿元，增长37.2%。

年末有各类学校293所。高等教育（专科）招生1 054人，在校生2 728人，毕业生544人；高中招生5 862人，在校生1.50万人，毕业生3 770人；初中招生1.4万人，在校生4.2万人，毕业1.37万人；小学招生1.5万人，在校8.98万人，毕业1.3万人。学龄儿童入学率99.43%。高考录取率72.97%。

年内州本级财政投入科技经费450万元，实施科技项目41项，专利申请47件（发明专利20件）、授权32件。科技对国民经济、农业、工业贡献率分别达47%、48.5%、45%。

全州有各类艺术表演团体4个，文化馆4个，公共图书馆4个，藏书25.07万册。出版报刊3.5万份，年末广播、电视人口综合覆盖率98.01%。卫生机构68个，其中，综合医院19个、疾病预防控制中心4个，年末病床数4 575张，卫生技术人员4 294人，其中，执业医师1 696人，每千人拥有床位数4.3张。妇幼保健机构4个184人。年内开展“万名医师支援农村卫生工程”。全州新农合参合率达95.2%，高于全省2.2个百分点。各级财政为6.64万困难群众、13.3万沿边居民、4.8万农村计划生育家庭代缴个人参合金。州运动员获省第十三届运动会预选赛6金、4银、7铜，获省第九届残疾人暨第三届特殊奥林匹克运动会5金、3银、5铜，获省首届健身气功赛2个集体第二名。

2009年，全州农民人均纯收入3 750元，增长16.7%（扣除物价因素）。在职职工平均工资20 173元，比上年增加1 422元。城镇居民可支配收入12 225元，实际增长10.9%。人均消费支出9 560元，增长19.3%。居民储蓄存款117.66亿元，增长23.3%。城镇居民人均住房面积28.9平方米，农村居民人均住房面积30.2平方米。城镇登记失业率3.4%。

中共州委书记　江普生

州人大常委会主任　杨建明（傣）

州人民政府州长　刀林荫（女，傣）

西双版纳·曼飞龙白塔　（刘建明　摄）

傣族泼水节 （蒲建生 摄）

州政协主席 杨志祥（拉祜）

【生态立州】 2009年，州委、州政府把“生态立州”列为全州经济社会发展六大战略之一，提出力争在2015年前实现生态州建设目标。年内完成人工造林9.75万亩，封山育林11万亩。严厉打击破坏森林资源违法犯罪行为，依法铲除侵占在国有林地的非法植胶1.05万亩。实施2.5万亩环境友好型生态胶园建设和“布龙”州级自然保护区建设，建立西双版纳尚勇—老挝南塔南木哈联合保护区域，开创国内与周边国家联合保护自然资源新模式。建立热带雨林保护基金会，全球首个亚洲象公众责任保险在州签订实施。启动省级公益林和新增国家重点公益林生态效益补偿，兑现森林生态效益补偿817万元。全州集体天然林、农地天然林全部纳入公益林管理，实施生态补偿。新建农村沼气池3 528口，农村节柴改灶2 147户，绿化美化村寨68个。创建省级生态乡（镇）9个，全州省级生态乡（镇）达22个，森林覆盖率达78.3%。

【七彩云南西双版纳保护行动】 年内，全州加快环保基础设施建设。勐海县垃圾处理场建成投入使用，景洪市江南污水处理工程进展至二期及排水管网建设，勐腊县城市生活垃圾处理场、州医疗废物集中处置中心开工。落实节能减排各项措施。47户企业通过清洁生产验收，依法关闭10户高污染、高耗能企业，化学需氧量和二氧化硫减排完成省下达指标。完成3.29万亩土地开发整理，治理水土流失42.3平方千米。

【改善民生】 年内，全州城镇新增就业6 154人，农村劳动力转移就业6 282人。农村信用社发放“贷免扶补”和小额担保贷款4 312万元，扶持893人创业，带动2 443人就业。开发公益性岗位，1 646名特殊困难人员就业。高校毕业生就业率达80.1%。发放国有企业下岗离岗失业人员社会保险补助1 411名、再就业补助4 515名，稳定就业岗位3 599个。筹资2.1亿元，解决关闭、破产和困难企业退休职工医保2.93万人，比上年提高养老、失业救济、工伤保险金10%，提高城镇职工医疗保险3万元。城镇居民基本医疗保险、新型农村社会养老保险和被征地农民基本养老保障试点起步，各类社会保险人数比上年增加16.9万人次，达45.2万人次。建成5所农村敬老院、30个老年活动场所。州社会福利院开工，救助1 377名残疾人。农村贫困残疾人危房改造202户，五保对象应保尽保。纳入城乡低保6.65万农村贫困人口、2.75万城镇低收入人群。城乡医疗救助703万元、3 739人次。建立涉诉特殊困难群体执行救助机制，发放救助金199.3万元。建设保障性住房，建廉租住房5 114套25.5万平方米，发放廉租住房租赁补贴1 083万元。通过以上措施，保障了边疆繁荣稳定。

【民族教育】 全年支出达6.42亿元，比上年增长37.75%。“两基”成果得到巩固，小学、初中辍学率分别下降0.9%和1.41%，适龄幼儿入园率达到67.7%。全面开设农村综合初中班，职业学校毕业生就业率达87%。高中毛入学率38.5%，比上年提高4.5%。青壮年文盲下降0.49%。景洪市获省政府“教育工作先进县市”称号；州职业技术学院获“省级示范性高等职业建设院校”。

【扩内需保增长】 年内，争取中央、省扩大内需项目资金为历年之最，达7.48亿元。实施重大建设项目20项，带动地方经济大发展。完成地方交通建设投资6亿元，增长38%；水利建设投资2.65亿元，增长55.9%；城镇基础设施投资6.2亿元，增长9.7%。三个市县县城、磨憨经济开发区、西双版纳旅游度假区建设加快，景洪市被国家住房和城乡建设部命名为2009年“国家园林城市”。再建大渡岗茶园度假基地、大沙坝湿地康体中心、曼兴湖度假基地等一批旅游休闲度假项目，恢复景洪至曼谷航线，引进喜来登、洲际、安塔纳等酒店管理公司。培育住房、汽车等消费热点，实施万村千乡市场工程，扩大城乡消费。

【改革开放】 年内，全面启动政府机构改革，基本完成集体林权制度主体改革，农村土地承包经营权证补换发进展顺利，供销社改革发展、事业单位岗位设置管理和工资制度改革、医药卫生体制改革推进。成功举办联合国粮农组织“2009中国天然纤维论坛”、中国工程院院士西双版纳行、中国云南—老挝北部合作特别会议暨工作组第四次会议、第十二届西双版纳边境贸易旅游交易会、湄公河次区域合作内部工作协调会、西南经济区第十八届市长联席会议等。建成磨憨、打洛口岸联检楼。开展中泰货物跨境对流运输（蔬菜换石油、花卉换水果、冷果换热果），对外经济贸易总额达7.67亿美元，增长44.4%。富滇银行入州设分行；中国—老挝边境贸易网银结算合作业务在磨憨口岸开通；引进云南白药、上海光明食品集团等知名企业，招商引资项目达42项，实际到位资金27.5亿元，实际利用外资302万美元。

（段怡敏）

景洪市

【概述】 景洪市位于云南省南部、西双版纳州中部。总面积6 959平方千米。其中，山区面积6 610.1平方千米，占95%；坝区面积348.9平方千米，占5%。市区距省会昆明市560千米，为州府所在地。年降雨量1 200～1 700毫米，平均气温22℃～25℃。全市辖5乡5镇和1个街道办事处，97个村民委员会，753个村民小组。2009年末户籍总人口39.63万人。其中，非农业人口15.90万人，占总人口40.12%；少数民族人口27.72万人，占总人口69.95%。人口自然增长率3.11‰。

2009年，全市生产总值74.89亿元，比上年增长16.2%。其中，第一产业增加值17.59亿元，增长11.2%；第二产业增加值24.76亿元，增长30.3%；第三产业增加值32.54亿元，增长11.0%。三次产业之比由上年的26.7∶27∶46.3调整为23.5∶33.1∶43.4。农业总产值29.50亿元，增长11.3%。粮食总产量12.97万吨，增长9.0%。工业总产值22.80亿元，增长45.3%。年末公路里程3 338千米。客运量1 653万人，客运周转量13.39亿人千米；货运量729万吨，货运周转量6.46亿吨千米。年末固定电话机数12.07万部，移动电话户数36.84万户。全年累计接待国内外游客498.04万人次，增长15.8%；旅游总收入37.61亿元，增长21.8%。全市财政总收入15.40亿元，增长84.1%；地方财政收入10.23亿元，增长123.7%；地方财政支出19.00亿元，增长79.9%。

年末，全市有各类学校141所，专任教师3 516人，在校学生5.84万人。学龄儿童入学率99.48%，普通初中毛入学率104.09%，高考上线率54.59%。有公共图书馆2个。广播人口覆盖率和电视人口覆盖率均达98%。年内由景洪市选送的《基诺大鼓舞》参加中央电视台第五届舞蹈大赛获铜奖。有各类医疗卫生机构18个，卫生技术人员485人，每千人有卫技人员1.24人；有病床628张（乡级418张），每千人口有病床1.61张。

2009年，全市农民人均纯收入4 218元，增长16.8%；在职职工平均工资21 635元，增长9.3%；城镇居民可支配收入12 983元，增长12.3%；城镇居民人均消费性支出11 295元，增长24.5%%。居民人均储蓄存款1.86万元，增长21.3%。城镇居民平均住房建筑面积30.35平方米，农村人口平均住房面积31平方米。城镇登记失业率3.1%。

中共市委书记　陈学刚

市人大常委会主任　欧阳春

市人民政府市长　岩温才（傣）

市政协主席　张淳（2009.3～）

【扶贫攻坚】 2009年，市组织实施重点扶持村整村推进、易地搬迁扶贫、信贷扶贫和产业扶贫、克木人扶贫安居工程及互助资金试点等措施，共投入各类扶贫资金2 424万元，其中，财政扶贫资金985万元，信贷扶贫资金1 000万元，部门整合资金266万元，群众投工投劳折资173万元。全市扶贫项目有29个村1 283户5 155人受益，解决贫困人口1 600人温饱。重点扶持村整村涉及4个乡（镇），6个村委会，10个村小组，有838户3 363人受益。

【克木人村寨公路工程】 克木人散居在嘎洒镇的3个行政村、7个自然村，有238户1 017人，7个自然村

“特懋克”节庆祝大会　（许永杰　摄）

修通的简易公路都是晴通雨阻的等外级便道。在州、市政府扶持克木人发展政策指导下，市交通局负责扶持克木人发展交通项目，对7个克木人居住的村寨公路进行改造，计划2008～2010年分3年完成，共改建进村公路全长33.5千米，为混凝土路面，计划总投资1 005万元。2009年完成一期工程4个村寨公路，投资387.21万元。二期工程3个村寨公路全长21.24千米，计划投资844.11万元，2009年12月开工。

【人口较少民族交通建设】 2008～2009年扶持人口较少民族发展交通建设项目为：昆格村委会曼坝老至曼蚌汤公路、跳坝河村委会新山至跳坝河公路、跳坝河村委会芹菜塘至新田坝公路，累计完成投资250万元，2009年12月完工验收。

【城市建设新面貌】 2009年，市土地利用总体规划大纲通过省级评审，编制完成景洪市公共设施规划和3个乡镇集镇规划。围绕创建国家园林城市目标，投入3.15亿元资金，大力开展绿化、美化、亮化、特色化改造和滨江绿带建设，新增公共绿地面积7.92万平方米，城市绿化覆盖率42%、绿地率37%，人均公园绿地16.5平方米。国家园林城市通过住房和城乡建设部考评，已处于拟命名公示期。

【生态建设】 以贯彻落实“生态立州”战略为着眼点，完成520万亩天然林保护和50.35万亩公益林建设，实施退耕还林6.3万亩。积极参与“生物廊道”国际合作项目和“布龙”州级自然保护区建设，完成思小高速公路面山景观第二阶段生态修复设计规划。加强动植物资源保护，做好野生动物肇事补偿工作，兑付野生动物肇事补偿资金259.5万元。认真落实省、州下达的节能减排目标责任，规模以上企业单位工业增加值能耗比上年同期下降5%。全国第一次污染源普查通过省级验收，机场及城市周边胶厂搬迁重组工作基本完成。10个乡镇荣获全省生态乡镇荣誉称号，完成20个生态村建设，勐罕镇创建全国环境优美乡镇通过国家环保部批准。

【改善民生】 2009年，城镇新增就业1 825人，农村劳动力转移就业1 285人，下岗离岗失业人员实现再就业1 213人。启动城镇居民医疗保险、新型农村社会养老保险和失地农民保险试点工作，社会保险覆盖面进一步扩大，享有各类社会保险人员达11.3万人。将1.33万名农村贫困人口、1.58万名城镇低收入人群纳入保障范围，农村“五保”对象实现应保尽保。对1 152名城乡困难群众进行医疗救助，城乡医疗救助支出326万元。加快保障性住房建设，完成1 650户农村民居地震安全工程建设，带动社会投资1.7亿元，建设廉租住房65 350平方米，经济适用住房36 561平方米，发放廉租住房租赁补贴193万元，998户住房困难家庭受益。启动9个地质灾害自然村搬迁安置工作，有效保障受灾群众生产生活。

【西双版纳金星啤酒有限公司开工】 2009年2月17日，由全国啤酒生产企业四强之一的金星啤酒集团在西双版纳州投资兴建的花园式啤酒生产基地——西双版纳金星啤酒有限公司开工庆典在景洪工业园区举行。该项目总投资2.45亿元，年生产能力20万吨，建成后将成为西双版纳第一家大型啤酒生产企业。项目一期投资1.45亿元，规划占地110亩，年生产能力10万吨。

（罗焕仙）

勐海县

【概述】 勐海县位于云南省西南部、西双版纳州西部，与缅甸接壤，国境线长146.556千米。全县总面积5 511平方千米。其中，山区面积5 150平方千米，占总面积93.45%；坝区面积361平方千米，占总面积6.55%。县人民政府驻地勐海镇，海拔1176米，距省会昆明580千米，距州府景洪45千米。2009年，平均气温19.7℃，年极端最高气温33.5℃（5月11日），年极端最低气温2.6℃（12月30日），有轻霜2天，日照时数2 031.4小时，年降雨量1 108.8毫米。辖11个乡镇，其中，5个乡、6个镇，89个村（居）委会，932个村民小组，913个自然村。年末全县户籍总人口31.7万人。其中，非农业人口6.92万人；少数民族人口27.9万人，占总人口88%；傣族12.03万人，占总人口37.95%，占少数民族人口43.12%。人口自然增长率5.34‰。

2009年，全县实现生产总值34亿元，比上年增长10.4%。其中，第一产业增加值7.7亿元，增长10%；第二产业增加值13.1亿元，增长7.2%；第三产业增加值13.2亿元，增长14.3%。一、二、三产业结构比由上年的23∶39∶38调整为23∶38∶39。农业总产值13.2亿元，增长9.9%。粮食总产量15.66万吨，增长14.66%。工业总产值19.1亿元，减少11.9%。全县公路里程2 485.7千米。客运量163万人次，客运周转量9 503万人千米；货运周转量2 254万吨千米。全县农村用户拥有固定电话机3.52万台，减少2.7%；农村用户拥有手机（含小灵通）6.99万台，增长25.96%。全县地方财政收入1.58亿元，增长74%；财政支出8.42亿元，增长27.3%。

全县有各类学校93所，专任教师2 290人，在校学生4.15万人。学龄儿童入学率99.61%，高考录取率51.26%。有县属艺术表演团体1个，文化馆1个，公共图书馆1个。广播、电视人口覆盖率均为98%。有卫生机构（不含诊所等）17个，病床773张，每千人有病床2张；有卫生技术人员510人，其中，执业医师147人，执业助理医师43人，每千人有医师1人。

全县农民人均纯收入3 309元，扣除物价因素，实际增长12.6%。城镇居民人均可支配收入1.19万元，实际增长8.2%；人均消费性支

傣寨新貌 （勐海县志办 提供）

出8 069元，实际增长1.1%。居民储蓄存款25.3亿元，增长85.89长%。城镇居民平均住房面积27.26平方米，农村人口平均住房面积26平方米。城镇登记失业率2.21%。

中共县委书记 张兴

县人大常委会主任 岩尖（傣）

县人民政府县长 吴江玲（女）

县政协主席 岩温（傣）

【新农合惠民】 2003年8月，勐海县率先在西双版纳州开展新型农村合作医疗试点工作。县委、县政府坚持以人为本，加大投资力度，精心组织，积极推进，规范运作，初步建立政府主导、群众配合、多方筹资、运转有效的工作机制，新农合得到迅速发展和普及，呈现出“农民得实惠、政府得民心、卫生机构健康发展”局面。2003年，全县参加新农合农民19.44万人，参合率77.98%。2008年5月1日，合作医疗正式实行“药品统一竞价、统一采购、统一配送”，降低药品价格，减轻患者医疗费用负担，实现县、乡、村药品同质同价。2009年，全县有24.56万人参加新农合，参合率95.77%，比2003年提高17.79个百分点，比上年提高3.02个百分点。减免补偿36.53万人次，减免补偿新农合基金2 550.89万元。广大农民群众享受到国家优惠政策，有效缓解农民看病难、看病贵问题。

【土地流转承包经营】 勐遮镇曼根村委会曼南村民小组地处勐遮坝，有人口48户240余人，耕地面积620亩，林地面积376亩。水稻种植得天独厚，是“滇屯502”优质稻产地。长期以来，曼南小组一直沿袭着一家一户的种植和经营，农业产业化、规模化格局难以形成，制约了优质米效益的发挥。2008年，在县农业局的指导下，曼南村民小组村民岩罕嫩、岩应以每亩600元的承包费与本村49户农户签订承包期5年（2008年3月1日至2013年3月31日）、面积分别为300亩和200亩的水田承包合同，先支付当年500亩的承包费30万元，土地转包的49户农户被承包户“返聘”参与生产劳作，规模种植优质稻“滇屯502”，首开西双版纳州农民由一家一户土地承包向土地集中连片“大承包”先河，大面积种植优质稻，形成竞争优势，吸引了粮食收购企业和粮食商贩关注。勐海粮食购销公司主动与岩罕嫩、岩应签订粮食收购订单合同，预付粮食预购定金25万元。500亩“滇屯502”水稻总产量25.49万千克，平均亩产509.85千克，总收入58.92万元，纯收入9.11万元，每亩纯收益182.25元。2009年，全村经济总收入94万元，农民人均纯收入3 000余元。

（李林骏）

勐腊县

【概述】 勐腊县位于云南省最南端、西双版纳州东南部。总面积7 081.2平方千米。其中，山区面积6 771.75平方千米，占总面积95.63%；坝区总面积309.45平方千米，占总面积4.37%。国境线长740.8千米（其中中老线677.80千米）。县人民政府驻地勐腊镇，距省会昆明631千米，距州府驻地136千米。2009年，平均气温22.2℃，年最高气温35.5℃（5月8～9日），年最低气温7.4℃（1月16日）；年日照时数1 681小时，年降雨量1 224.5毫米；全年无霜。全县辖3乡7镇，52个村委会，529个自然村。年末总人口22.05万人。其中，非农业人口7.34万人，占总人口33.29%；少数民族人口16.56万人，占总人口75.10%；傣族人口5.91万人，占总人口26.80%；哈尼族人口5.39万人，占总人口24.44%，彝族人口2.31万人，占总人口10.48%。人口自然增长率5.6‰。

2009年，全县实现生产总值34.24亿元，比上年增长10.5%；其中，第一产业增加值14.32亿元，增长12.8%；第二产业增加值7.36亿元，增长1.6%；第三产业增加值12.57亿元，增长13.1%。一、二、三产业结构比由42：21：37调整为41：20：39。粮食总产量7 906万千克，增长1.33%。工业总产值7.33亿元，减少13.4%。全年客运量250万人次，客运周转量1.73亿人千米；货运量1 900万吨，货物周转量9.1亿吨千米。全年邮电业务总量4 000万元。全县地方财政总收入

1.57亿元，增长22.7%；地方财政总支出7.23亿元，增长42.4%。

年底，全县共有各级各类学校93所，专任教师2372人，在校学生3.79万人。学龄儿童入学率99.7%，普通初中毛入学率达102.6%，高中阶段毛入学率37%，高考上线率38.5%。有艺术表演团体1个、文化馆1个、文化站10个、公共图书馆1个。易武"七子饼"普洱茶被列为云南省第二批非物质文化遗产。广播、电视人口覆盖率均为98%。有卫生机构（不含诊所等）19个，病床1 151张，每千人有病床1.63张；卫生技术人员765人，其中，执业医师305人，执业助理医师109人。

2009年，农民人均纯收入3 236元，扣除物价因素，实际增长11.1%；在职职工平均工资17 040元，增长7.3%。城镇居民年人均可支配收入10 264元，增长8.2%；消费性支出5 987元，减少2.2%。居民年末储蓄存款25.92亿元，增长15.9%。农村人口平均住房面积24.73平方米。城镇登记失业率3.3%。

中共县委书记　李洪武（哈尼）

县人大常委会主任　杨岩英（女）

县人民政府县长　吕永和（傣）

县政协主席　段开德

【热带植物园建园50周年】　1月1日，中科院西双版纳热带植物园举行建园50周年庆祝大会。该园通过实施"万种植物园"项目，现园内收集保存的植物物种数量由4 600种增加到1.17万种，成为世界上陆地保存植物数量最多的种物园之一。建成专类园区35个，成为世界上收集保存棕榈植物、姜科植物、天南星植物和榕属植物数量最多的植物园之一，并逐步成为世界上这些类群的研究和保藏中心。

【首家农民专业合作社成立】　1月7日，勐腊县工商局向曼龙代村民岩矿颁发《勐腊县金土地蔬菜种植专业合作社》营业执照，这是自《农民专业合作社法》颁布实施后，勐腊县成立的首家农民专业合作社。

【老挝籍驾驶员交通知识培训班】　8月20日，西双版纳公安局交警支队在磨憨口岸举办老挝籍驾驶员交通知识培训班，向来自老挝南塔、乌多姆塞、川圹、琅勃拉邦等省的81名机动车驾驶员及交通参与者宣传中国交通法律、法规，发放中老文对照的中国道路交通安全管理法律、法规知识宣传单。

【勐远仙境试营业】　5月9日，西双版纳热带雨林公园勐远仙境举行首期试营业庆典仪式。勐远仙境是依托溶洞景观、石灰山季雨林、喀斯特岩溶地貌等资源，以南传上座部佛教文化、福寿文化、雨林民族文化、康体保健文化等为要素，按照国家5A级旅游景区标准，建设成为集山、水、石、雨林、溶洞群落和傣族、瑶族风情、福寿文化及康体休闲为一体的一个大型多功能、综合性生态旅游新景区。景区内众多的石峰、石森林、石笋、石芽、溶洞和地下暗河与周围热带雨林有机结合，构成勐远仙境景区独特的自然景观。

【旅游二次创业】　2009年，加大旅游宣传促销力度，组织景区景点及旅游企业参加上海豫园旅交会、昆明国际旅交会，借助"今日旅游"平台，推介"东线"旅游产品，提升勐腊知名度。热带雨林国家公园勐远片区、勐腊景兰商务酒店正式营业；孔明山生态旅游、热带雨林国家公园曼旦景区等项目建设进展顺利。全年共接待国内外旅游人数178.3万人次，增长16%；旅游综合收入9.4亿元，增长19.5%；旅游从业人员净增106人；边境经济贸易总收入5.62亿美元，增长62.4%。

【亚洲象公众责任保险】　12月15日，西双版纳国家级自然保护区管理局与中国太平洋财产保险股份有限公司西双版纳中心支公司在勐腊县举行亚洲象公众责任保险宣传培训会。根据签订的保险协议，从2010年1月1日起，亚洲象在西双版纳境内造成的人、财、物的损害，都可以赔偿，最高赔偿3 000万元。

（依旺进）

亚洲象　（刘建明　摄）

西双版纳州经济社会发展主要指标（表一）

地　区	年末总人口（万人）		城镇人口占总人口比重（%）		全社会就业人员（万人）		农业总产值（万元）	
	2008年	2009年	2008年	2009年	2008年	2009年	2008年	2009年
西双版纳州	107.00	107.60	36.00	36.00	98 574	102 447	588 676	656 308
景洪市	47.94	48.20	41.90	41.90	56 228	57 730	263 909	295 022
勐海县	33.25	33.42	28.00	28.00	15 864	17 155	119 627	131 493
勐腊县	25.81	25.98	34.10	34.10	26 482	27 562	205 140	229 793

西双版纳州经济社会发展主要指标（表二）

单位：万元

地　区	地区生产总值		第一产业		第二产业		第三产业	
	2008年	2009年	2008年	2009年	2008年	2009年	2008年	2009年
西双版纳州	1 227 785	1 386 353	368 183	406 911	364 002	410 109	495 600	569 333
景洪市	628 024	753 778	167 490	184 962	169 422	243 950	291 112	324 866
勐海县	310 063	340 038	71 090	77 469	120 357	127 144	118 616	135 425
勐腊县	309 750	346 529	130 400	143 207	64 809	74 428	114 541	128 894

西双版纳州经济社会发展主要指标（表三）

单位：%

地　区	地区生产总值构成		第一产业		第二产业		第三产业	
	2008年	2009年	2008年	2009年	2008年	2009年	2008年	2009年
西双版纳州	100.00	100.00	29.99	29.35	29.65	29.58	40.37	41.07
景洪市	100.00	100.00	26.67	24.54	26.98	32.36	46.35	43.10
勐海县	100.00	100.00	22.93	22.78	38.82	37.39	38.26	39.83
勐腊县	100.00	100.00	42.10	41.33	20.92	21.48	36.98	37.19

西双版纳州经济社会发展主要指标（表四）

地　区	地区生产总值指数（上年＝100）		人均地区生产总值（元）		国有经济固定资产投资（万元）		社会消费品零售总额（万元）	
	2008年	2009年	2008年	2009年	2008年	2009年	2008年	2009年
西双版纳州	110.10	112.80	11 504	12 920	164 548	289 099	348 933	415 401
景洪市	110.50	116.40	13 136	15 704	92 420	169 382	205 482	248 144
勐海县	110.00	110.50	9 348	10 211	24 337	60 006	65 556	76 051
勐腊县	108.10	111.00	12 031	13 379	47 791	59 711	77 895	91 206

西双版纳州经济社会发展主要指标（表五）

地　区	地方财政收入（万元）		地方财政支出（万元）		人均地方财政收入（元）		人均地方财政支出（元）	
	2008年	2009年	2008年	2009年	2008年	2009年	2008年	2009年
西双版纳州	72 011	85 990	256 780	352 445	675	801	2 405	3 285
景洪市	32 243	36 206	84 007	122 393	674	753	1 757	2 546
勐海县	8 776	11 292	60 102	77 557	264	339	1 811	2 327
勐腊县	12 798	15 704	50 792	72 453	497	606	1 972	2 798

西双版纳州经济社会发展主要指标（表六）

地　区	农民人均纯收入（元）		职工人数（人）		在岗职工年平均工资（元）		人均储蓄存款余额（元）	
	2008年	2009年	2008年	2009年	2008年	2009年	2008年	2009年
西双版纳州	3 213	3 750	98 245	100 574	18 751	20 275	8 945	10 966
景洪市	3 611	4 218	56 046	55 941	19 778	21 660	12 445	15 247
勐海县	2 977	3 346	15 730	17 081	19 897	21 016	4 100	5 535
勐腊县	2 915	3 236	26 469	27 552	15 875	17 040	8 687	10 009

（省统计局）

大理白族自治州

主　编　赵秀元　赵　芳
责任编辑　姜定忠　许旭光

【概述】　大理白族自治州位于云南省西部，辖区总面积2.95万平方千米。州府驻地大理市下关，距省会昆明338千米。全州辖大理市、永平县、云龙县、弥渡县、祥云县、宾川县、鹤庆县、剑川县、洱源县、巍山彝族回族自治县、南涧彝族自治县、漾濞彝族自治县等12县市，110个乡镇，其中，乡44个、镇66个。2009年末总人口350.8万人，人口自然增长率控制在4.8‰以内。

2009年，全州完成生产总值406.76亿元，比上年增长12.3%。其中，第一产业增加值104.01亿元，增长6%；第二产业增加值145.48亿元，增长15%；第三产业增加值157.27亿元，增长13.8%。三次产业结构从26.1∶36.7∶37.2调整为25.6∶35.8∶38.6。农林牧渔业总产值完成176.6亿元，比上年增长12.2%。粮食总产量139.18万吨，增长3%。完成工业总产值374.26亿元，增长13.2%。实现工业增加值117.39亿元，增长15%。规模以上工业企业累计实现利税总额41.41亿元，增长6.3%。旅游业接待国内游客1 105.92万人次，海外游客35.3万人次，分别增长20%和11.5%；实现旅游社会总收入92.26亿元，增长26.1%。旅游创汇9 984万美元，增长14.5%。交通运输、仓储和邮政业增加值20.64亿元，增长7.10%。年末全州民用车辆拥有量达45.46万辆，增长18.8%，其中，载客汽车6.92万辆，载货汽车4.04万辆。全年货物运输总量6 637万吨，增长2.30%；货物运输周转量67.41亿吨千米，增长2.0%；旅客运输总量8 720万人，增长1.3%；旅客运输周转量78.50亿人千米，减少2.50%。全年完成邮电业务总量48.59亿元，比上年增长26.3%。固定电话年末用户49.44万户，移动电话用户173.90万户。

财政总收入67.62亿元，比上年增长12.6%。其中，地方一般预算收入31.55亿元，增长14.4%；地方一般财政支出102.07亿元，增长36.1%。完成全社会固定资产投资217.32亿元，增长33%。社会消费品零售总额120.43亿元，增长16.3%。实现外贸进出口1.44亿美元，增长58.1%。金融机构年末各项存贷款余额达469.98亿元和317.64亿元，分别比上年增长23.6%和27.7%。

2009年，全州拥有各类学校1 829所。其中，高等教育1所，中等专业教育4所，普通中学215所，职业中学14所，小学1 082所，幼儿园513所。在校学生61.03万人。其中，高等教育1.47万人，中等教育1.21万人，普通中学18.74万人，职业中学1.94万人，小学29.89万人，幼儿园7.78万人。小学适龄儿童入学率99.46%，小学毕业生升学率100.53%。全州各种艺术表演团体6个，文化馆14个，公共图书馆13个。广播、电视人口覆盖率分别达到95%和98%。广播发射台13座，电视发射台13座，有线电视用户45.12万户，数字电视用户22.23万户。全州卫生机构740个；卫生机构拥有床位数10 163张；卫生技术人员8 922人。全州参加省级以上体育比赛分别获得金牌43枚、银牌40枚、铜牌47枚。全州拥有县及县以上独立自然科研机构8个，人员289人。

2009年末，全州城镇居民人均可支配收入14 180元，比上年增长10.21%；农村居民人均纯收入达3 482元，增长13.10%。城镇居民人均生活消费支出11 394元，增长14.35%；农村居民人均生活消费支出2 966元，增长12.31%。新型农村合作医疗参合率93.3%。享受城市最低生活保障居民7.42万人；享受农村最低生活保障居民21.88万人。全州共有各类收养性社会福利单位34个，床位1 658张，全年收养1 322人。城镇新增就业2.15万人，下岗失业人员再就业0.67万人，开发公益性岗位0.31万个，农村劳动力转移就业3.56万人，分别完成年计划的102%、134%、109%、103%和102%，城镇登记失业率4.2%。

中共州委书记　刘明

州人大常委会主任　字国顺（彝）

州人民政府州长　何金平（白）

州政协主席　袁爱光（回）

【两保护两开发】　2009年，“两保护两开发”取得新进展。洱海流域36个农村环境综合整治项目全面启动。上关、喜洲、双廊等重点集镇污水处理工程开工建设。启动实施乡村清洁工程，新建30个村落污水处理系统和7 378户庭院污水处理设施，建成10座中温沼气站。恢复建设2 100亩湿地。国家专项洱海项目顺利启动。海西“百村整治”首批41个村、三塔景观核心区整治和“空心村”改造试点进展顺利。海东1、2号城市主干道一期和环洱海生态公路完成路基工程，大理滇西技师学院一期开工建设，石房子至下和段截污干渠建成。凤仪工业园区、物流园区建设稳步推进，力帆骏马年产2万辆重卡等一批重大工业项目投产，5户大型仓储企业入驻园区。

【生态文明建设成效明显】　“七彩云南保护”稳步推进，生态州建设规划编制完成，滇西北生物多样性保护6县市生态建设规划编制顺利进行。洱源生态文明试点县建设步伐加快，洱海水质总体保持稳定。洱源西湖被命名为国家湿地公园，剑川剑湖、鹤庆草海湿地保护取得成效。完成小流域治理145.4平方千米。完成荒山荒地造林2万亩，巩固退耕还林成果19万亩。实施天保工程森林管护2 102万亩，公益林

建设42万亩。完成义务植树900万株。实施国家、省公益林生态效益补偿702万亩，兑现补偿资金3 508万元。新建户用沼气池2.9万户、节柴改灶2.5万户。开展以饮用水水源地保护、生活垃圾污水处理、畜禽养殖污染防治等为重点的农村环境整治。淘汰落后产能和节能减排力度加大，组织实施省级重点节能示范项目4个。单位生产总值能耗下降5%，年度减排目标基本完成。

【新农村建设阶段性成果】 全州以“六村”为载体、“七好”为主要任务的示范村建设工作取得新成效。到2009年底，全州2007年开始实施的13个小康示范村建设共完成项目建设投资2.46亿元，占计划数的133.49%。基础设施及社会公益事业项目建设：完成进村公路3.19万米、村内主干道14.49万米、村内巷道15.04万平方米；完善机耕路2.89万米、沟渠5.57万米、水管道15.58万米、水窖1 432口；沼气池1 619口、太阳能2 022户；新建住宅1 058户、住宅改造7 386户、实施青瓦白墙5 457户、墙体粉刷65.86万平方米、改厕改厩4 874间；校舍危房改造1 605平方米、新建教学办公用房5 359.4平方米；新建垃圾池73个、公厕50座、活动场所45个、集贸市场9个、村委会及五室建设4 727.86平方米、种植树木44 963棵；抽水站1座、45米交通桥1座、农网改造220户。经济发展项目：完成高效农田2.16万亩、茶园3 587亩、泡核桃8 033亩、冬桃932亩、黄金梨120亩、蚕桑4 171亩、甜柿578亩、葡萄2 530亩、烤烟4 280亩、辣椒640亩、热作1 800亩、蔬菜5 410亩；养殖牛7 071头、生猪养殖3.58万头；建设茶厂4个、核桃烤房10座、畜牧业示范区2个、农家乐3户、农家店1户。劳动力转移培训输出7 308人。全州2007年度开始实施的13个小康示范村在2009年底均已通过州级考核验收。2008度开始实施的12个社会主义新农村建设示范村各项工作进展顺利，投资实际到位1.08亿元，占计划的58%，完成投资1.09亿万元，占计划投资的59.46%。

【整体推进造福农民】 2009年，以农户实现“8个有”、自然村和行政村实现“6个有”为目标，以整合各类资金为突破口，上下统一，齐心协力，真抓实干，经过不懈努力，全州第三批百村整体推进工作于年底顺利结束，第四批工作进入最后冲刺阶段。

第三批百村整体推进工作涉及12县市100个行政村616个30户以上的自然村，共4.95万户、20多万人。据测算，100个行政村农民人均纯收入达1 902元，人均占有粮439千克；农民人均纯收入1 000元以上的人口比例达到94.95%，人均纯收入1 500元以上的人口比例达到69.61%。农户“8有”项目超计划完成，群众生活条件发生质的飞跃，第三批100个行政村新建和改造安居房30 240多幢，新增泡核桃、茶叶、优质梨、蚕桑等经济林果21.08万亩，使特色经济林面积达到62.02万亩，人均3.06亩。人均出售商品畜1.29头（匹），基本形成“近期增收有保障，长远发展有潜力”的格局；稳产田地累计增加到21.58万亩，人均达到1.06亩。社会事业全面进步，完成新建村“两委”办公用房1.4万多平方米、改造5 570多平方米，100个行政村均有宽敞明亮的“两委”办公用房，并配备相应办公设备。解决村小学危房，健全和改善村卫生室、兽医室、文化室和党员电教室，同时，村民小组新建或改造了议事、活动场所。

第四批百村整体推进工作启动后，全州各级各部门协调配合，群策群力，狠抓落实，项目进展顺利，工作局面良好。100个行政村筹集到位各类资金4.45亿元，占计划的128%；累计完成投资3.97亿元，占计划的115%。

【扶贫开发六十年】 新中国成立初期，大理州经济、社会发展缓慢，贫困面大、贫困人口多。自治州成立后，围绕解决贫困人口温饱问题和巩固温饱成果这个中心任务，为缓解贫困、彻底改变一穷二白的面貌进行不懈努力，全州扶贫开发成果丰硕。1986年至1993年，扶贫开发工作主要对象是4个贫困县、6个新增重点扶持县、11个革命老区乡镇和478个贫特困村。累计投入扶贫资金3.6亿多元。到1993年，全州贫困人口由82.13万人下降到60.95万人。1994年至2000年，扶贫开发主要对象是10个贫困县和50个扶贫攻坚乡。1996年，全州实现乡乡通公路、通电。到2000年末，行

8月1日，第八届中国摄影艺术节暨2009首届大理国际影会在三塔旅游文化广场开幕
（张家坤　摄）

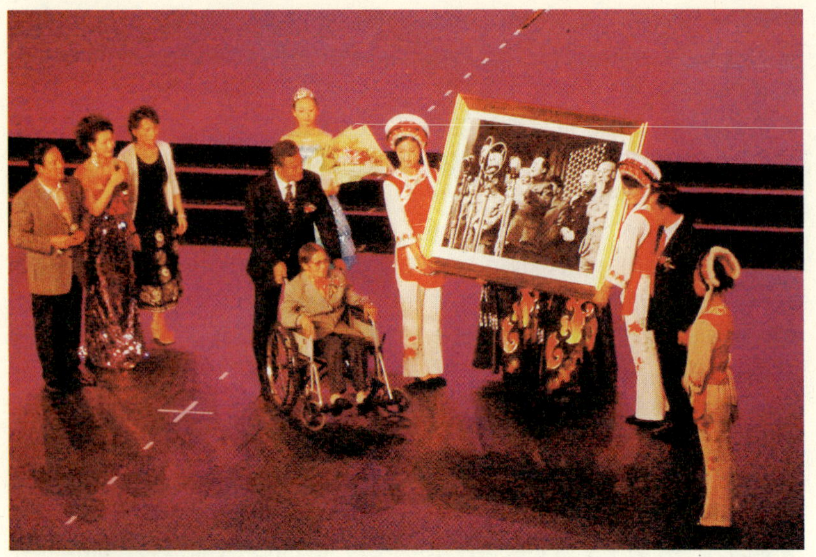
全国著名摄影艺术家侯波向大理州赠送代表作《开国大典》 （赵秀元　摄）

政村通公路894个、通电893个，农户通电率达到93%；有892个行政村通程控电话，实现基本解决贫困群众温饱问题的目标。2001年至2005年，重点实施400个村扶贫村级规划，500个安居温饱村综合开发项目。到2005年，完成110个重点行政村、328个温饱村（自然村）、222个重点扶持自然村和3个特困民族乡综合开发建设项目。未解决温饱人口由57.5万人下降到41.57万人。2006至2008年，完成300个行政村整村扶贫开发，共筹集就位各类资金13.12亿元，项目惠及14.19万户、58.56万人，扶贫开发投入水平达到村均437.39万元、户均9 244元、人均2 241元。300个行政村基本实现"学有所教、劳有所得、病有所医、老有所养、住有所居"的要求，累计解决23.59万人温饱问题，300个村基本实现整体脱贫。到2008年底，累计完成4 130户1.76万人易地扶贫转移安置任务。2009年底，全州实施小额信贷范围已经达到101个乡镇（农场），共组建6 702个中心、5.04万个小组，累计发放小额信贷资金5.78亿元，共有25.29万户、113.79万人受益。1996年至2000年，省、州共派出5批173名科技副乡镇长到攻坚乡帮助工作。2006年以来，州级挂乡包村部门由93个增加到100个以上。随着社会扶贫声势的不断扩大，扶贫攻坚力量也在不断壮大，形成全党重视，全社会关心扶贫的良好氛围。

【扶持返乡农民工创业】　截至2009年2月底，全州农民工返乡人数达4.12万人。为妥善安置好返乡农民工，州有关部门结合"春风行动"专项活动的开展，以"求职就业有门路，岗位信息送到家"为主题，以返乡农民工为服务对象，多渠道多措施为返乡农民工搭建创业就业平台。全州发放"春风卡"1.5万张，各类宣传资料2万多份，为农民工提供维权服务2 202人次，接受政策咨询1.20万多人次。举办农民工专场劳务招聘会25场次，进场求职人员达9 000多人次。落实各种优惠政策，鼓励返乡农民工自主创业，带动就业。年内，共有1 110名农民工享受"贷免扶补"小额贷款政策。通过各种措施，全州共扶持农民工返乡创业1 158人，带动5 177人就业。

【大丽铁路通车】　2009年10月1日，大理至丽江电气化铁路正式通车，客货运同步开行。铁路设计行车速度120千米／小时，仅需1个半小时就可实现大理、丽江两城市空间的快速转换。大丽铁路是云南省首条建成通车即投入客货运营的铁路，同时也是云南省境内拥有最先进技术装备的首条新线铁路。大丽铁路全长162.42千米，其中，大理境内有139.2千米，占总长的85.7%，沿线途径大理市、洱源县、鹤庆县、海东新区，即"一市两县一个开发区"、11个乡镇、51个村。

【大丽高速公路开工建设】　2009年12月22日，大理至丽江高速公路建设正式拉开序幕。大理至丽江高速公路是省委、省政府确定的年内开工建设的20项重点工程项目之一，是《国家高速公路网规划》中杭州至瑞丽高速公路的联络线，是国家均衡国土开发，改善路网布局的一个重要路段。该项目起于大理市凤仪镇接楚大高速公路，沿洱海东经大理市华营、海东、双廊和邓川、洱源、剑川等县，止于丽江市黄山垭口西，全长259.18千米，初步设计概算188亿元，建设工期4年，设计车速每小时80千米。

（赵秀元）

大理市

【概述】　大理市位于云南省西部、大理白族自治州中部。辖区总面积1 815平方千米。其中，山区面积1 270平方千米，占总面积的70%；坝区面积272平方千米，占总面积15%。下关是大理白族自治州和大理市人民政府所在地，距省会昆明338千米，海拔1976米。2009年，平均气温16.1℃，年最高气温30.5℃（6月19日），年极端最低气温-0.3℃（12月27、28日）；平均日照时数2 396.9小时，降雨量1 049毫米，平均无霜期233天。主要气象灾害是雨季结束后，大风频发、高温趋势明显，导致工、农业生产生活用水困难，部分山区和常年少雨地区缺水严重，森林火险形势严峻。汛期大雨暴雨次数频繁，给农田水利、道路等基础设施和山区农户生产生活造成不同程度的影响。

辖10镇1乡2区，村（居）民委员会109个。年末总人口61.57万人。其中，非农业人口23.63万人，占总人口38%；少数民族人口45.40万人，占总人口74%；主体自治民族白族人口41.38万人，占总人口67%和少数民族人口91%。人口密度每平方千米339.24人，人口自然增长率2.86‰。

全市实现生产总值159.63亿元，比上年增长11.5%。其中，第一产业增加值12.62亿元，增长5%；第二产业增加值78.75亿元，增长13.33%；第三产业增加值67.27亿元，增长10.68%。一、二、三产业结构比由9∶48∶43调整为8∶49∶42。农村经济总收入177.66亿元，增长10.6%。粮食总产量14.67万吨，增长0.24%。辖区工业总产值完成170.03亿元，增长15.67%。年末公路通车总里程1 134千米。全年客运量5 524万人，客运周转量60.18亿人千米，货物周转量71.17亿吨千米。年底固定电话机用户19.16万户，移动电话用户46.07万户，电话普及率102部/百人。互联网用户19.41万户，增长8.43%。全市财政总收入19.19亿元，增长15.67%；财政总支出19.42亿元，增长34.92%。

年底，全市共有各类学校245所，专任教师6 603人，在校学生（含成人教育）14.87万人。学龄儿童入学率100%，普通初中升学率78.53%，高考上线率92.72%。有艺术表演团体2个，公共图书馆2个。广播人口覆盖率，电视人口覆盖率均达100%。卫生机构（不含诊所等）42个，病床3 815张，每千人有病床6.21张；有卫生技术人员5.63人，每千人有医师2.18人.

农民人均纯收入4 872元，同比增长21.5%；在职职工年平均工资24 977元，比上年增加2 118元。城镇居民可支配收入14 180元，比上年实际增长10.21%。城镇居民人均消费性支出11 394元，实际增长14.35%。居民人均储蓄存款1.98万元。城镇居民平均住房建筑面积34.95平方米，农村人口平均住房面积43.43平方米。城镇登记失业率4.2%。

中共市委书记　段玠

市人大常委会主任　张志寿（白）

市人民政府市长　段力（白）

市政协主席　杨跃光

【扩内需政策显成效】 年内，消费支出八大项呈六升二降的特点。在消费支出构成中，食品、衣着、家庭设备用品及服务、医疗保健、交通和通讯、其他商品和服务六项呈增长，居住和教育文化娱乐服务支出下降。2009年，食品消费人均支出3 976.45元，比上年同期增长1.65%；人均衣着支出1 059.40元，增长2.21%。城镇居民100%的家庭独用自来水，独用厨房，87%的家庭有厕所和浴室，10%的家庭有厕所无浴室，97%的家庭拥有属于自己的住房。在农村大多数居民都拥有单独独幢住房，居住面积高于城市。家庭设备用品及服务人均支出450.09元，比上年增长34.81%。医疗保健人均支出596.27元，增长35.85%。百户城镇居民家庭人均住院费支出210.65元，增长121%。滋补保健品人均花费46.99元，人均增加32.57元。交通和通讯年均支出2 979.91元，同比增长78.68%。年末，城镇居民百户拥有私人汽车19辆，比上年增加5辆；拥有移动电话197部。受国家出台“汽车下乡政策”的刺激，农民踊跃购买交通运输工具等农业生产资料，人均购买固定资产支出205元，比上年增加139元，增长209.98%。教育文化娱乐服务人均支出1 145.90元，比上年下降0.14%。文化娱乐服务下降10%，主要是由于参观游览及团体旅游支出下降；文化娱乐用品支出增长47.5%。百户拥有家用彩色电视机132台，比上年增加5台；电脑67台，增加13台。2009年，农业税费已全部免除。农民衣、食、住、行等生活费支出4 196元，比上年增加196元，增长4.89%。农村居民食品、衣着消费比上年下降6.68%和40.28%；而居住、家庭设备和用品、医疗保健、文化教育和娱乐消费、其他商品和服务支出分别增长15.84%、59.27%、20.93%、43.55%和60.81%。城镇居民人均用于享受型消费支出为5 543.8元，比上年增加1 688.63元，增长43.8%；而用于基本生存型消费支出为5 850.61元，比上年少支出258.67元，下降4.2%。城镇居民用于享受型消费比生存型消费增速快，进一步推动社会消费品市场发展。社会消费品零售总额47.67亿元，比上年增长15.12%。

【夯实农村基础设施】 2009年，全市111个村委会除金梭岛村委会不宜通公路以外，其余村委会已经全面实现村村通公路的目标。全市533个自然村中有107个自然村通水泥或柏油路，有134个自然村通弹石路，有273个自然村通土路，还有19个自然村不通公路。全市农村耕地有效灌溉面积17.08万亩，水利化程度（有效灌溉率）达90.3%。建成农村人畜饮水工程220件，解决农村27.32万人、10.65万头大牲畜饮水困难。全市累计建成吨粮田13.2万亩，占总面积的80.5%；建设机耕路309条，长14.8万米；沟渠370条，长19.8万米。实行山、水、田、林、路、电综合治理，全市基本农田土壤有机质含量增加2个百分点，耕地生产能力提高10%，水资源节约15%，降低农业生产成本20%，农业生产条件明显改善，现代农业加快发展，农民收入稳步提高。全市累计建成农产品综合及专业批发市场31座，建设面积约70万平方米，冷库10座，库容约3 700吨，为大理市发展特色农业产业、促进无公害蔬菜销售及推进建设现代农业奠定了坚实基础。全市自然村通电率达到100%；通电农户9.48万户，占99.8%。有460个自然村通固定电话，占86%；自然村移动电话信号覆盖率达到100%；农户拥有电话机（固定电话和移动电话）总数7.06万台，占农户总数的74%。自然村广播覆盖率达100%；电视覆盖农户8.20万户；农户拥有电视机总数9.08万台，拥有率达到96%。

【城市公交】 2009年市公交公司营运车辆291辆，线路20条，线网总长237千米，全年完成营运里程1 860万千米，运送乘客7 200万人次（不含免费乘车人数），平均每天发车1 300班次，实现营业收入6 000万元，实现利润30万元，完成税收及附加330万元；办理60岁以上老年人免费乘车卡4万多张，残疾人免费乘车卡600多张，销售IC卡11.3万张，学生卡5.7万张，爱心卡1 300多张；在多路公交车上安装多媒体视频系统，增加社会公益性和精神文明建设方面内容的宣传；新建10路车终点站，6月份正式投入使用。至9月22日已开通23路公交线。

【阳光政府四项制度建设】 认真贯彻实施省政府重大决策听证、重要事项公示、重点工作通报和政务信息查询阳光政府四项制度，2009年全市共组织实施重大决策听证8项，重要事项公示82项，重点工作通报153项，全面开通92 168政务信息查询专线，为公众提供6 000余件次政务信息查询服务，集中召开全市重点工作通报会3次，编印《大理市实施重大决策听证重要事项公示重点工作通报政务信息查询阳光政府四项制度工作手册》一书，以便于全市各级国家行政机关学习参考、指导工作和督促检查。

（杨艳）

祥云县

【概述】 祥云县位于云南省中部偏西北、大理白族自治州东部边缘。辖区总面积2 425平方千米。其中，山区面积2 093.5平方千米，占总面积86.33%；坝区面积331.5平方千米，占总面积13.67%。县人民政府驻地祥城镇，海拔1996米，东距省会昆明298千米，西距州府驻地大理45千米。2009年，平均气温15.9℃，比历年平均高1.3℃，创历史最高年份，年最高气温29.7℃（5月，共3天），年最低气温-2.4℃（12月25日）。平均日照时数2 471.5小时，平均降雨量653.0毫米，属1988年以来的最干旱年份。主要气象灾害：严重冬春干旱和秋冬连旱。辖乡镇10个，其中，乡2个、镇8个，村（居）民委员会136个，自然村969个。年末总人口46.09万人。其中，非农业人口3.79万人，占总人口的8.22%；少数民族人口8.13万人，占总人口17.63%。主体自治民族白族人口4.48万人，占总人口9.72%和少数民族人口55.11%。人口密度平方千米190.1人，人口自然增长率3.66‰。

年内，全县实现生产总值50.84亿元，比上年增长12.97%。其中，第一产业增加值14.95亿元，增长10.52%；第二产业增加值23.19亿元，增长13.27%；第三产业增加值12.69亿元，增长14.89%。一、二、三产业比由30.2∶45.9∶23.9调整为29.4∶45.6∶25.0。农村经济总收入34.37亿元，增长9.61%。粮食总产量16.75万吨，增长2.19%。工业总产值完成68.95亿元，增长14.79%。年末公路通车总里程2 369千米。全年客运量16.9万人次，客运周转量1.59亿人千米；货运量145.5万吨，货物周转量1.71亿吨千米。年底固定电话机总数9.27万部，移动电话用户16.98万户，电话普及率57部/百人。互联网用户0.78万户，比上年增长38.43%。全年县财政总收入5.22亿元，增长6.22%；财政总支出9.93亿元，增长46.12%。

全县共有各类学校（不包括幼儿园）176所，专任教师0.30万人，在校学生7.4万人。学龄儿童入学率99.91%，普通中学升学率74.1%，高考录取率97.28%。文化馆（站）11个，公共图书馆1个。广播人口覆盖率100%，电视人口覆盖率95%。卫生机构（不含诊所等）26个，病床1 164张，每千人有病床2.5张；有卫生技术人员1 074人，其中，执业医师271人，执业助理医师360人，每千人有医师1.4名。

2009年，全县农民人均纯收入3 359元；在职职工年平均工资23 500元，增1 942元。城镇登记失业率2.4%。

中共县委书记　杨建华（白）
县人大常委会主任　普新中
县人民政府县长　赵基（白）
县政协主席　杨以红

【农田整理项目】 2009年4月，云南驿镇、下庄镇基本农田整理项目完工。项目区总面积2 620.94公顷，投资3 153.36万元。项目实施后，新增耕地66.39公顷，新增率3.7%；4月7日，土地归还给农户栽种大春。

【白恩培到县调研】 2009年10月23日，省委书记白恩培在州委书记刘明、州长何金平等领导陪同下，到祥云县米甸镇低效林改造示范基

新建后的禾甸镇醒狮邑自然村一角　（祥云县志办　提供）

地、刘厂镇青坡村等地调研中低产林改造及农业产业发展情况。

【实行阳光政府四项制度】 2009年，县级以上行政机关实施重大决策听证、重要事项公示、重点工作通报、政务信息查询阳光政府四项制度，县人民政府成立实施阳光政府四项制度领导组和办公室，开展专项检查4次。制作电视访谈15期，对全县30个部门，70个重大基础设施和基础产业项目，30个重点工业经济发展项目实施情况进行通报。对《祥云县法律援助实施管理办法（试行）》、《祥云县娱乐场所行政许可听证》等8项重大决策组织听证，网上发布听证信息19条。对252件重要事项进行公示，对351项重点工作进行通报。县公共服务在线咨询系统共受理咨询114件，办结率及回复率100%。“96128”政务服务热线专线接听率96.15%。

【进出口贸易连续三年居全州首位】 2009年，全县实现进出口总额8 625.43万美元，同比增长85.21%，占全州进出口总额的59.88%，连续三年位居大理州12县市首位。其中，进口6 946.32万美元，出口1 679.11万美元。

【现代烟草农业示范镇】 2009年，祥城镇被确定为省现代烟草农业示范镇之一。示范镇规划建设15个村，种植面积1.2万亩，按照区域化、生产专业化、经营一体化、服务社会化的现代化农业模式分布实施，成为旱能灌、涝能排、田成方、渠相通、沟路笔直、排灌自如，形成高产、优质、高效良性循环的农业体系，3月20日建设工程完工。年内祥城镇烤烟生产种植面积比2008年减少1 300亩，减9.77%；但单产增加53.7千克，增长35.65%；总产增加443.17千克，增加21.50%；亩产值增加773.34元，增长33.36%；总产值增长20.33%；烤烟产品税增加137.87元，增长20.33%；实现面积减，产值产量效益增的目标。

【15个工业项目建成投产】 2009年，飞龙公司2 000吨氧化锌矿选矿、天邦公司年产5万吨桶（瓶）装饮用水、水电四局水电金属构件、辰宇公司技改扩建年产1.2万吨野生食用菌加工、绍为公司年产3万吨有机肥、大林砖厂年产8 000万片免烧砖、元丰公司年加工1.5万吨咸菜系列产品、大理恒星饲料有限公司新建年产5万吨饲料、复烤公司技改扩建6 000千克/小时打叶复烤、银龙公司技改扩建年产2万床蚕丝被、汇鑫公司年产6 000吨铝棒等15个工业项目竣工投产。

【四个企业荣获国家及省荣誉称号】 2009年，飞龙公司难处理复杂氧化锌矿两项专利技术分别荣获“中国有色金属工业科学技术一等奖”、“云南省科学技术一等奖”，飞龙公司荣获“中国有色行业先进集体”、“云南省创新型非公有制企业”称号；原闻公司“元生牌”PE管材通过国际质量体系认证，扬帆公司沼气发生器被农业部评为“农村能源优秀产品奖”；建材（集团）公司荣获“全国化学分析大对比全优单位”；飞龙公司董事长杨龙荣获全国“关爱员工优秀民营企业家”、“第八届全国优秀创业企业家”，银龙公司董事长钱体辉荣获“云南省第十一届优秀企业家”称号。

【招商引资成效显著】 2009年，引进中天公司新建锑产品生产线、清华洞景区保护开发建设等内外资项目22个，其中，上亿元以上资金项目4个，协议资金32.86亿元，到位资金加往年项目结转资金达6.46亿元，比上年增长60.7%。

（廖严）

宾川县

【概述】 宾川县位于云南省西部、大理白族自治州东北部。辖区总面积2 562.67平方千米。其中，山区面积2 135.63平方千米，占总面积的83.3%；坝区面积427.04平方千米，占总面积的16.7%。县人民政府驻地金牛镇，距省会昆明340千米，距州府驻地大理市（下关）56千米。海拔1430米。2009年，平均气温18.9℃，比历年高0.7℃。年内最高气温35.2℃（5月27日）、最低气温－3.0℃（12月25日）；日照时数2 666.3小时，降雨量464.5毫米，较常年少91.5毫米，较上年少223.8毫米。其中，最多点鸡足山镇886.9毫米，最少点州城镇390.7毫米；无霜期270天，较常年多24天。初霜日12月10日，终霜日3月14日，辖乡镇10个，其中，乡2个、镇8个，华侨管理区3个。年末总人口35.10万人。其中，非农业人口2.38万人，占总人口6.77%；少数民族人口8.05万人，占总人口22.9%。人口密度每平方千米137人，人口自然增长率3.2‰。

全县实现生产总值39.81亿元，比上年增长10.2%；其中，第一产业增加值19.28亿元，增长5.1%；第二产业增加值8.65亿元，增长19.3%；第三产业增加值11.88亿元，增长11.5%。一、二、三产业结构比由上年的49∶21∶30调整到48∶22∶30。农村经济总收入22.39亿元，比上年增长14.54%。粮食总产量14.61万吨，增长4.53%。工业总产值12.36亿元，增长33.61%。年末公路通车总里程1 640千米。全年客运量61.02万人，客运周转量4 577万人千米；货运量351.12万吨，货物周转量3.51亿吨千米。年底固定电话机总数3.9万部，移动电话11.61万户，电话普及率46.14部/百人。互联网用户0.39万户，增长27.98%。全县财政总收入2.39亿元，增长15.20%；财政总支出9.50亿元，增长46%。

年底，全县共有各类学校282所，专任教师2 919人，在校学生5.66万人。学龄儿童入学率99.46%，普通初中升学率50%，高考上线率96.36%。有各种艺术表演团体2个，文化馆（站）11个，公共图书馆1个。广播覆盖率96%，电视覆盖率98.6%。有卫生机构（不含诊所等）129个，病床864张，每千人有病床2.6张；执业医师214人，每千人拥有卫生专业技术人员1.7人。

2009年，农民人均纯收入3 501元，扣除物价因素，实际增长15.24%。城镇居民平均住房25平方米，农村人口平均住房30平方米。城镇登记失业率2.98%。

中共县委书记　陈继谷

县人大常委会主任　李建业

县人民政府县长　朱建斌

县政协主席　曹建康

自和村委会乌龙位村新修的进村路　　（宾川县志办　提供）

【重点项目建设】　2009年，争取到建设项目40项，项目总投资2.17亿元，国家、省、州补助资金1.23亿元。其中，扩大内需项目34项，项目总投资2.13亿元，实施投资50万元以上项目104项，完成投资18.04亿元，全年全社会固定资产投资完成19.41亿元、同比增长35.27%。概算投资156亿元的鲁地拉电站累计完成投资31亿元；投资9 871万元的平川盘口箐一级、二级电站完成投资2 600万元；投资3.18亿元的渔泡江铁川桥电站完成投资9 131万元；投资3 862万元的拉乌清水河新田电站完成投资1 600万元；投资2 437万元的农村电网改造已全面完成；概算投资1.58亿元、全长72千米的平川线公路完成投资6 800万元，路基改造工程完工。概算投资10.9亿元、总投资2 182万元的海稍水库输水南干渠改造工程完成投资1 670万元；总投资2 015.28万元的花桥水库输水乌稍干渠防渗工程完成投资2 015万元，工程全面完工。概算投资1 825.82万元的杨公箐水库除险加固工程完成投资500万元；概算投资789万元的崔家箐水库除险加固工程完成投资500万元；投资1 500万元的大型灌区第二期新增项目完成投资1 502万元，工程全面完工；投资1 658.1万元的农村人饮安全工程建设全面完工。

中小学危改完成投资714万元；宾川职中实训楼完成投资667万元；投资4 888万元的县中医院整体搬迁项目住院综合楼完成投资1 282万元；投资50万元的拉乌卫生院、投资100万元的金牛中心卫生院建设完工；投资353万元的县计生服务站、州城、平川中心计生服务站建设项目完成投资311万元；投资167万元的金牛、州城、力角、大营、钟英五个综合文化站完成投资153万元；投资2 092万元的看守所整体搬迁建设项目开工建设；投资1.77亿元、1 899户的三个华侨管理区的归难侨危房改造完成投资1.57亿元，危房改造工程完成。

【鸡足山旅游公路建设】　2009年7月14日，鸡足山旅游公路第一期工程（主线工程）正式开工，12月6日第二期工程（支线工程，自县城至花桥）开工。鸡足山旅游公路是大理州“十一五”规划中一条经济干线公路，由一条主线和两条支线组成，分两期实施，全长84.89千米，估算总投资10.89亿元。主线起点大理机场，经排营、宝丰寺、白荡坪、江股、花桥水库，止于盒子孔桥，长51.3千米，为二级路面。花椒箐支线，起于宝丰寺，止于花椒箐，与拟建的大丽高速公路相接，长7.73千米，为二级路面。县城至花桥支线，起点分两岔，第一岔起于凤太路K45+400处，第二岔起点宾祥路K54+500处，两岔在县城西面相接后，经彩凤、二号工地、莲花庄，在花桥水库与主线相接，长25.87千米，县城规划区域内的路段为一级公路，出县城后至花桥段为二级公路。

【农业科技入户服务】　州经济作物研究所完成科技入户576户，培养科技骨干户620户，带动农户1.01万户。科技入户1 011天，平均每位科技人员入户36天。组织科技培训1.13万人，发放科技资料13 087份，示范带动面积2.83万亩，经济效益较前三年平均增6.84%，服务作物涉及糖料、水果、蔬菜、药材、油料、脱毒红薯、水稻7大类22种。

【村级科技活动室建设】　2009年，对列入村级科技活动室建设项目的金甸、拉乌、新田、海稍、东升、朱苦拉、西山、大营、乌龙坝、海良等10个行政村，配备了一批科技图书和农村技术教学光盘，让每个行政村有1个科技书架和图书，有1套电教设备，有1块宣传专栏。此项目共向上级主管部门争取资金支持1.9万元。

【乡村绿化】　年内，全县完成义务植树106.5万株，建成样板林11片、800余亩，在宾居清河、鸡足山

新川、上沧、平川石岩等地开展绿化示范村创建活动。全县森林植被进一步增加，林地面积达16.64万公顷，占全县总土地面积的65.2%，活立木蓄积567.2万立方米。

【通电工程】 2009年，顺利完成无电人口通电工程。新建10千伏线路66.6千米，低压线路94千米，安装配电变压器32台，容量1 390千伏安，解决了平川、拉乌、钟英、鸡足山等4个乡镇13个行政村32个自然村847户农户生产生活用电问题。

【拉乌乡整村推进显成效】 2009年3月9日，由财政、扶贫等部门组成的大理州整村推进工作验收组，检查验收了拉乌乡新田、拉乌村委会2008年度整村推进项目。2008年，该乡的两个村委会列入全州扶贫开发整村推进项目，全年完成投资750万元，投工投劳1.2万人次，受益800户3 168人，完成泡核桃种植9 000亩，养殖乌骨鸡、拉乌山鸡8 000只；新建小水窖155口，节柴改灶120口、清洁能源安装480套；完成"青瓦白墙"工程664户8.85万平方米，新建卫生厕120座、公厕5座；新修村组公路25.3千米，村间道路硬化15条5 000米；开展核桃烘烤、畜禽养殖、中草药栽培等实用技术培训11场次3 611人。项目实施后，基本生产生活条件改善，村容村貌不断变化，村民素质提高，贫困农民增收，发展形成合力。

（贺礼）

弥渡县

【概述】 弥渡县位于云南省西部、大理白族自治州东南部。辖区总面积1 523.43平方千米。其中，山区1 391.43平方千米，占总面积的91.34%；坝区132平方千米，占总面积的8.66%。县人民政府驻地弥城镇，海拔1670米，距省会昆明市332千米，距州府下关61千米。2009年，平均气温17.7℃，年最高气温32.2℃（5月12日）、年最低气温-2.8℃（12月25日）；平均日照时数7.8小时，平均降雨量571.2毫米。无霜期255天。主要气象灾害有大风灾害、低温霜冻、干旱等。辖乡镇8个，其中，乡3个、镇5个，村（居）民委员会89，自然村986个。年末总人口32.29万人。其中，非农业人口2.32万人，占总人口的7.21%；少数民族人口3.19万人，占总人口的9.87%，人口密度每平方千米212人，人口自然增长率2.55‰。

全年实现生产总值19.79亿元，比上年增长12.37%。其中，第一产业增加值6.41亿元，增长10%；第二产业增加值5.46亿元，增长6.4%；第三产业增加值7.93亿元，增长13.8%。一、二、三产业结构比由34.3∶28.7∶37调整为32.3∶27.6∶40.1。人均生产总值6217元，增长10%。农村经济总收入24.57亿元，增长10.08%。粮食总产量13.86万吨，增长2.04%。工业总产量值完成9.60亿元，增长19.8%。年末公路通车总里程1 573.53千米。全年客运量43.35万人，客运周转量3 479.72万人千米；货运量110.7万吨，货物周转量1.09亿吨千米。年底固定电话机总数3.32万部，移动电话用户8.71万户，电话普及率38.2部/百人。互联网用户0.59万户，比上年增长59%。全县财政总收入1.63亿元，增长20.7%；财政总支出6.87亿元，增长42.83%。

年底，全县共有各类学校106所，专任教师2 368人，在校学生4.44万人。学龄儿童入学率99.95%，普通初中升学率70.26%，高考上线率93.63%。有艺术表演团体1个，文化馆（站）9个，公共图书馆1个。广播人口覆盖率97%，电视人口覆盖率98.5%。有卫生机构15个，病床573张，每千人有病床

东方小夜曲《小河淌水》发源地——密祉 （弥渡县志办 提供）

1.77张；有卫生技术人员395人，执业医生158人，执业助理医生35人，每千人有医生0.59名。

2009年，农民人均纯收入2 594.85元，扣除物价因素，实际增长9.6%；在职职工年平均工资27 941元，增长10.24%。城镇居民可支配收入5 638元，实际增长7.68%。居民人均储蓄存款0.48万元，增长50%。城镇居民平均住房面积38.61平方米，农村人口平均住房面积24.55平方米。城镇登记失业率3.6%。

中共县委书记　邹子卿

县人大常委会主任　李光美

县人民政府县长　沙伟风

县政协主席　李正能

【打造密祉旅游小镇】　近年来，密祉乡不断深化乡情认识，在县委、县政府重视下，提出“弥渡旅游业发展从密祉起步，密祉旅游从旅游小镇建设开始”的思路和旅游小镇建设重点工作，按照“农业稳乡、生态兴乡、文化活乡、旅游强乡”总体发展思路，充分发挥和挖掘文化资源、生物旅游资源，遵循“规划先行、分步实施、发挥优势、突出特色、政府引导、市场运作”原则，稳步实施旅游小镇建设。密祉乡把文化旅游业作为富民强乡的措施重点抓落实，针对不同时期，确定不同工作目标，成立相应领导组，明确专人负责，形成强有力的组织保障。乡党委、政府积极联系媒体，配合媒体，抓实宣传。举办好“密祉花灯节”，密祉乡对每年正月十五“密祉花灯节”精心策划、周密部署、严密组织，让“密祉花灯节”成为外界了解密祉花灯文化、自然景观和风土人情的载体，通过媒体等有力宣传，不断提升密祉知名度。收集、整理密祉花灯文化、马帮文化和小河淌水文化资料，大力支持民间艺术活动，让民间艺术文化不断发扬光大。强化基础设施、配套设施建设。多方筹资对文盛街古建筑进行修缮；投资200多万元完成文盛街古驿道恢复性重建，建成小河淌水景区、完成世界名曲《小河淌水》整理者尹宜公故居和密祉原国民政府办公旧址修复布展；投资155万元完成太极山游步道建设；投资739万元的太极山公路正在建设中；建设亚溪河河堤景观、小河淌水景区等田园风光景点，引导支持群众办好特色农家乐。同时对太极山的水电、通讯、标志性建筑、怪树林、桂花箐人行步道、太极山哨所、太极山游客服务中心、太极山山门、苴密路口、密祉大寺等进行超前规划，精心建设。

通过几年积极努力、精心打造，密祉乡基础设施建设不断完善，文化氛围日趋浓厚，文化旅游事业成效显著，密祉被列为省级旅游小镇、省级生态乡；太极山被列为省级风景名胜区；文盛街被列为省级历史文化名村。旅游小镇建设带动地方经济健康发展，成为富民强乡的有力举措。

（曾海平）

永平县

【概述】　永平县位于云南省西部、大理白族自治州西部，全县土地总面积2 884平方千米。县城所在地博南镇，东距省会昆明市430千米，距州府驻地大理市90千米，地处昆畹公路和大保高速公路中间地段，海拔1620米，年均气温15.8℃，年均降雨量1 033毫米。县辖3镇4乡有3个民族乡，下设73个村（居）民委员会、1 230个村民小组、1 543个自然村。全县总人口18.27万人。其中，农业人口16.28万人，非农业人口1.99万人；少数民族人口占全县总人口的41.98%。人口密度每平方千米63人，人口自然增长率3.3‰。

全县完成生产总值14.73亿元，比上年增长10.84%；全年社会消费品零售总额完成3.8亿元，增长18.75%；农村经济总收入完成10.16亿元，增长14.54%，农民人均纯收入2 467元，增长19.47%。粮食总产量7.5万吨，增长4.17%。封山育林5 867公顷，森林覆盖率达70.6%；全年客运量44.73万人，货运量96.6万吨，客运周转量3 995万人千米，货运周转量1.51亿吨千米。全县有线电视用户1.36万户，固定电话2.62万户，移动电话（含小灵通）用户4 305户，电话普及率17部/百人，互联网用户2 765户。电信业务总量1 096.46万元，邮政业务总量585.11万元。财政总收入完成1.4亿元，同比增长18.9%；地方财政收入9 596万元，增长19.92%。财政总支出5.2亿元，增长46.89%。

全县在校中小学生2.47万人，其中，普通中学在校生9 391人，职业中学在校生759人，小学在校生1.46万人；有小学专任教师1 085人，普通中学专任教师653人，职业中学专任教师37人；小学适龄儿童入学率99.69%，初中入学率99%，高中入学率60.82%。全县有卫生医疗机构12个，拥有医疗病床454张，有专业医务人员305人；有村卫生室73个，乡村医生147人；新农合参合人数14.8万人，参合率92.2%。

年内，城镇居民参加各种保险人数达到1.61万人，其中参加职工基本医疗保险7 823人。全县人均住房面积29平方米，在岗职工年平均工资26 260元；县内居民消费价格总指数102.1%。共投入扶贫资金6 649.3万元，完成9个千村扶贫开发项目。安置下岗人员再就业93人，发放养老保险金1 208.88万元。城镇登记失业率2%以内。

中共县委书记　程永标

县人大常委会主任　李伟龙

县人民政府县长　张剑萍（女，白）

县政协主席　字绍军（彝）

【永保桥被爆破】　为支持国家重点工程小湾电站建设，2009年7月1日，通行38年的永保桥被成功爆破。该桥于1971年5月建成通车，是320国道上跨越澜沧江、连接永平与保山两地的重要桥梁。

【李江副省长到永平调研】　7月15～16日，省委常委、副省长李江在中共大理州委书记刘明、省直机

关工委副书记程猛等省州领导陪同下，深入永平县调研指导工作。

（张焕明）

云龙县

【概述】 云龙县位于云南省西部澜沧江纵谷区，大理白族自治州、保山市、怒江傈僳族自治州结合部。辖区总面积4 400.95平方千米，属山区地形。县人民政府驻地诺邓镇，东距州府所在地大理市158千米，距省会昆明市518千米。县城海拔（腾龙广场）1640米。2009年，平均气温16.9℃，为历史次高年，比历史最高年（1999年）低0.1℃。年降水为549毫米，比多年平均值减少234.9毫米，为历史次少年，春旱明显；雨季从6月22日开始，属偏晚；汛期从6月22日至9月28日，雨季结束后，降水持续偏少，秋冬干旱明显。县辖4镇7乡，共86个村民委员会（含石门社区）、1478个村民小组。年末总人口20.65万人。其中，农业人口18.71万人，占90.64%；非农业人口1.93万人，占9.36%；少数民族人口18.05万人，占87.43%。人口密度每平方千米46.65人，人口自然增长率2.82‰。

全县生产总值16.24亿元，人均7 888元。其中，第一产业增加值5.39亿元，第二产业增加值5.97亿元，第三产业增加值4.89亿元。工农业总产值19.74亿元，其中，工业总产值9.01亿元，农业总产值10.73亿元。拥有公路总里程3 499.1千米。年完成客运量31.26万人次，客运周转量4 688.5万人千米；全社会货运量40.07万吨，货物周转量515万吨千米。全年邮政业务收入349万元，同比增长19%。宽带入网和移动电话、固定电话用户分别从2008年的2 695户、6.43万部和1.34万部增加到4 071户、8.34万部和2.12万部，分别增长51.1%、29.7%和56.8%。全县财政总收入1.46亿元，增长8.9%，其中，地方一般预算收入8 923万元，增长8.2%；一般预算支出5.9亿元，增长39.6%。

年底，全县有各级各类学校124所，专任教师2 244人，在校学生2.83万人。适龄儿童入学率99.97%，初中毛入学率103%，初中毕业生升学率70.19%；高考上线率91.13%，高中毛入学68.5%。有白族吹吹腔艺术剧团1个，农村业余剧团5个，公共图书馆、文化馆、文物管理所各1个，文化站11个。广播、电视覆盖率分别达93%和93.8%。有全民所有制医疗卫生机构15个，其中，县级5个，乡镇10个，病床403张，职工408人，其中卫生技术人员338人。86个村卫生室，乡村医生200人。

2009年，农民人均纯收入2 100元，增长19.7%。职工工资总额1.86亿元，其中，国有单位1.51亿元，比上年增长22.08%；职工年平均工资2.79万元，其中，国有单位2.89万元，增长17.97%。农民人均生活消费支出2 743元，增长36.33%。居民储蓄存款余额7.72亿元。农村人均住房面积16.3平方米。城镇登记失业率4.2%。

中共县委书记　徐会良

县人大常委会主任　杨立章（白）

县人民政府县长　徐思锦

县政协主席　字剑梅（女）

【《福源》在诺邓村开拍】 由美国摄影师博文理担任导演，并由卧虎藏龙国际文化传媒（北京）有限公司协助香港路易莎电影制作公司摄制，以云南大理自然风光为背景，主要表现中国西南古老山村儿童努力奋斗，敢于与邪恶斗争，为获得和平自由的生活而努力的童话故事片《福源》，经过两年多的前期采景后于2月26日在云龙诺邓古村开机拍摄。

【徐定城获全国书法绘画大赛铜奖】 6月，云龙县残疾人徐定城的油画《稻谷的传说（系列）》在庆祝建国60周年的全国残疾人书法绘画大赛中获铜奖，这是近年来云龙县残疾人在同类大赛中获得的最好成绩。

【虎头山灯光亮化工程竣工】 总投资120万元的虎头山灯光亮化工程于3月30日开工，总建筑面积4万平方米，共安装灯具422盏，工程于6月30日竣工并投入使用。

【庆祝建国60周年书画展】 9月16～24日，为庆祝建国60周年暨人民政协成立60周年书画摄影展在县

天然地貌奇观——云龙太极　（云龙县志办　提供）

城开展，共有书法69幅、绘画37幅和摄影作品82件，是云龙历史上参展作品最多，面最广的一次展览。

【字许英被评为省孝老爱亲道德模范】 12月10在昆明举行的“德厚流光——云南省第二届道德模范颁奖典礼”上，关坪乡关坪村石桥村民小组村民字许英荣获云南省第二届道德模范之孝老爱亲模范称号，是大理州唯一一位获此殊荣的人。

【包罗水库开工建设】 9月14日，包罗水库建设工程奠基典礼在新塘村举行。包罗水库是省政府安排2009年开工的全省重点水利工程建设项目之一，项目总投资估算2.67亿元，总库容1 200万立方米，计划总工期46个月，是一座以灌溉为主，兼防洪、水产养殖、人畜饮水等综合效益的中型水库，水库年供水量1 237万立方米。水库的建成可有效解决沘江沿线2.6万人生产生活用水和2.8万亩基本农田农业用水。

【跃龙二级公路开工建设】 12月1日，总投资18.9亿元的跃龙二级公路开工典礼在漾濞县顺濞乡举行。工程全长110.556千米，计划施工18个月，路线起于漾濞县跃进大保高速公路立交桥，途经漾濞、永平、云龙3个县11个乡镇，止于云龙县县城北果郎，直接受益人口达20万人，辐射人口60万人。

（杨茂川　王文松　张礼彬）

洱源县

【概述】 洱源县位于云南省西北部、大理白族自治州北部。辖区总面积2 614平方千米。县人民政府驻地茈碧湖镇，海拔2060米，距省会昆明389千米，距州府驻地下关69千米。2009年，平均气温14.9℃，较2008年偏高0.9℃，较历年平均偏高0.7℃，为偏高年份，年内极端最高气温30.0℃（5月27日）、极端最低气温－5.3℃（12月25日）；日照时数2 631.4小时，比上年偏多266小时；年降雨量576.5毫米，比上年偏少421.6毫米，与历年平均相比偏少142.7毫米，属偏少年份。2009年主要气象灾害是：3月份出现低温霜冻天气；7月底至8月初部分乡镇多点、多次发生洪涝、滑坡、泥石流等灾害。辖乡镇9个，其中，乡3个、镇6个，村（居）民委员会90个，自然村840个，村民小组1 235个。年末总人口28.49万人。其中，非农业人口2.17万人，占总人口7.6%；少数民族人口19.72万人，占总人口69.2%；白族17.78万人，占总人口62.4%，占少数民族人口90.2%。人口密度每平方千米109人，人口自然增长率3.32‰。

全年实现生产总值21.78亿元，比上年增长10%。其中，第一产业增加值7.97亿元，增长6.5%；第二产业增加值6.18亿元，增长7.6%；第三产业增加值7.63亿元，增长15.8%。一、二、三产业结构比由上年的37.5：29.2：33.3调整为36.6：28.4：35。农村经济总收入14.58亿元，增长11%；粮食总产量14.94万吨，增长5.36%。工业总产值完成25.61亿元，增长11%。年末公路通车总里程2 026千米。全年客运量205万人次，客运周转量1.17亿人千米；货运量280.6万吨，货物周转量1.78亿吨千米。全县固定及移动电话用户14.14万户。年内，电信洱源分公司固定电话及移动用户3.32万户，业务收入1 157.6万元；移动通信用户9.67万户，联通用户1.16万户。互联网3 848户。全县电视入网总用户2.37万户。全县财政总收入1.56亿万元，增长−8%；财政一般预算支出完成6.38亿万元，增长37%。

全县共有各类学校291所，专任教师1 968人，在校学生4.04万人。学龄儿童入学99.45%，初中升学率70.14%，高考上线率93.7%。有各种艺术表演团体417个，文化馆（站）10个，公共图书馆1个。广电网络光纤化改造工程全面完工，广播人口覆盖率88.2%，电视人口覆盖率98%。年末，有卫生机构17个（含民营医院2个），病床584张，每千人有病床2.0张；有卫生技术人员497人，其中，执业医师194人，执业助理医师64人，每千人有医师9.1名。有护理人员132人，每千人有护理人员4.6人。新型农村合作医疗参合人数24.39万人，参合率95%，共有75.3万人次从新农合中受益，减免补偿资金2 591.76万元。城镇职工基本医疗保险参保人员1.06万人，城镇居民医疗保险参保人员7 132人。

洱源利用太阳能技术建成太阳能中温沼气站　（洱源县志办　提供）

2009年，农民人均纯收入3049元，同比增长13.4%；在职职工年平均工资24 889元，比上年增加769元。城镇登记失业率3.42%。

中共县委书记　许云川

县人大常委会主任　宋传璧

县人民政府县长　杨作云（白）

县政协主席　尹作方（白）

【国家级生态文明试点县建设】　6月，洱源被列为云南省唯一的国家级生态文明建设试点县。县委、县政府将每年1月份确定为“保护洱海——洁净·绿化家园”活动月，开展多种形式的宣传活动，使“洱源净、洱海清、大理兴”理念深入人心。年内，县下派50个生态文明示范村干部，88个新农村指导员，指导开展生态文明示范村建设和新农村建设。投资769万元建成下山口、凤翔村污水处理工程及洱源一中污水处理工程投入使用，投入资金826万元完成永安江、罗时江河道综合治理工程，投资8 000多万元实施东湖西湖等七大湿地恢复建设，西湖湿地生态修复项目完成种植芦苇9 500平方米，东湖湿地生态修复项目完成邓北桥湿地建设任务；扎实推进生态文明示范村建设，在50个自然村新建堆粪池3 652口共计1.62万立方米，建生猪养殖场生物发酵床1 650平方米，完成村落污水收集处理设施1 554个，建成7座垃圾焚烧处理站；投资2 450万元的邓川污水处理厂及配套管网工程启动进厂道路建设，投资450万元的右所镇集镇污水处理设施全面开工，完成县城老城区截污改造、洱海流域内20家宾馆饭店废水排放等整治工程；建成无公害农产品基地14.73万亩，完成测土配方施肥推广面积40万亩，建成卫生厩3.25万平方米、畜禽粪便发酵池3 562个；完成镇乡绿化示范带10千米，在县城海尾河、凤羽河及永安江、罗时江河道两侧栽插柳树1.2万株，全年完成营造林13.86万亩；新建太阳能中温沼气站5座，沼气池103口，推广高效节能灯7 000多只。年内，全县万元生产总值能耗下降5.09%，化学需氧量和二氧化硫排放量分别削减1.5万千克和3.5万千克。

【风电资源开发】　9月29日，总装机容量200兆瓦，总投资28亿元的罗坪山风电场举行一期工程开工仪式暨奠基典礼。罗坪山风电开发为大理州目前最大的风电开发项目，由大唐集团公司云南分公司投资；10月29日，华能集团投资的马鞍山风电场建设工程启动，该项工程总投资14亿元，规划马鞍山、黄草坝、观音山3个风电场，总装机容量为139.5兆瓦，其中，首期开工建设的马鞍山风电项目工程总投资5.79亿元，总装机容量4.95万千瓦。这标志着洱源的风电资源开发进入实施阶段。

【廉租房建设】　年初，洱源县首批廉租房建成并投入使用。首批廉租房位于县城文康路以北、凤羽河东岸，共有60套，建筑面积共计3 000平方米。年内，启动第二批廉租房建设工程，总投资4 200万元，建筑面积3万平方米，第二批廉租房分布情况为县城502套、炼铁105套，至年底已完成投资3 710万元。

（李志诚　杨国培　杨树星）

剑川县

【概述】　剑川县位于云南省西北部、大理白族自治州北部，总面积2 250平方千米，山区面积占90%以上，盆地占7%，其余为湖泊、河流，属高寒山区农业县。县城金华镇海拔2195米（十字街口），滇藏公路穿城而过，距省会昆明460千米，距大理州政府驻地下关126千米。2009年，平均气温13.2℃，年平均最高气温21.9℃，年平均最低气温6.8℃；年日照时数2 485.8小时，年降雨量652.6毫米，无霜期193天，初霜10月22日，终霜日4月12日，汛期5～10月。主要气象灾害：洪涝、泥石流、滑坡、连阴雨（烂豆雨）。全县辖5镇3乡93个村（居）民委员会、569个村（居）民小组、391个自然村。年末总人口17.65万人。其中，非农业人口1.75万人，占总人口9.86%；少数民族人口17.02万人，占总人口96.43%。人口密度每平方千米78人，人口自然增长率3.96‰。

2009年，全县实现生产总值11.07亿元，比上年增长1.86%。其中，第一产业增加值3亿元，增长17.7%；第二产业增加值4.77亿元，下降10.9%；第三产业增加值3.3亿元，增长12.6%。农村经济总收入6.42亿元，增长12.26%。粮食总产量7.13万吨，增长2.55%。工业总产值完成10.95亿元，下降35.64%。年末公路通车总里程1 218.79千米。全年客运量61.83万人次，客运周转量7 984.2万人千米；货运量107.24万吨，货物周转量1.77亿吨千米。年底固定电话机总数2.13万部，移动电话用户4.03万户，电话普及率35.78部/百人。互联网用户2 927户，比上年增长38.9%。全县财政总收入1.43亿元，下降10.14%；财政总支出4.96亿元，增长32.25%。

年末，全县共有各类学校97所，专任教师1811人，在校学生2.84万人。学龄儿童入学率99.2%，普通初中升学率61.35%，高考录取率89.3%。有各种艺术表演团体226个，其中，骨干队伍25个，文化馆站9个，公共图书馆1个。广播人口覆盖率98.6%，电视人口覆盖率95.07%。有卫生机构（不含诊所等）16个，病床327张，每千人有病床1.85张；有卫生技术人员375人，其中，执业医师150人，执业助理医师55人，每千人有医师2.12名。

2009年，农民人均纯收入2 045元，同比增长15.21%；在职职工年平均工资26 091元，比上年增加4 913元。城镇登记失业率2.65%。

中共县委书记　刘平

县人大常委会主任　陈耀全（白）

县人民政府县长　李立钧（白）

县政协主席　尹福舟（白）

【首家村级工会成立】 羊岑乡金坪村是全县典型的劳务输出村，全村常年外出务工人数达298人，占全村劳动力780人的38.2%。为增强外出农民的维权意识，维护农民工合法权益，于2009年率先在全县成立首家村级工会组织并召开工会代表大会，至年底共吸收305名会员。

【千村扶贫整村推进】 剑川县从2006年开始启动千村扶贫整村推进项目，先后在36个村开展扶贫开发整村推进工作。几年来，累计投入资金1.31亿元，并坚持标准，认真组织实施。至2009年，36个贫困村村容村貌得到有效改善，也相应培植了致富产业，提升了农民素质，加强了基层组织建设。千村扶贫整村推进项目的首批实施，使5 956户2.69万人实现脱贫。

【沙溪镇创立“农民夜校”】 为满足农民求知、致富和文化生活需求，提高农民科技水平，丰富农民文化生活，培育懂文化、用科技、能致富的新型农民，沙溪镇于2009年7月在辖区内的寺登、甸头、长乐、东南、红星等5个村创立农民夜校。农民夜校集科技培训、文体娱乐、法律普及和民主议事于一身，校长由村党支部书记兼任，利用视频和远程教育设备开展教学，把集中办班与农民专业协会活动、专家授课与当地致富能人现身说教、教育培训与文体活动紧密结合，教学内容和时间根据农事进行科学安排，每月集中学习不少于1次，每次时间不少于2小时。

【人民调解促和谐社会建设】 年内，全县各级司法调解组织充分发挥出“第一道防线”的职能作用，坚持早预防、主动介入、有效化解和定期回访制度，排查调处和化解了大量婚姻家庭、收养继承、房屋租赁、人身伤害、医患纠纷、劳动争议、邻里关系、财产债务等矛盾纠纷。全年共受理各类纠纷756件，成功调解687件，调解成功率91%；受理专项治理37件，制止群众性械斗13件，有效化解群体性上访8件1 987人次，防止民间纠纷引起自杀7件8人，未发生因调处工作不力而导致事态进一步扩大和“民转刑”案件。通过推行人民调解，有效地促进了和谐社会建设。

【农村民居地震安全工程】 2009年，结合扶贫开发整村推进项目的实施，认真扎实地抓好农村民居地震安全工程建设。在实施当中，坚持突出特别贫困、特别简陋、特别危险的农村民居给予照顾的特点；体现了对农村优抚对象、残疾人住房的优先安排、重点扶持的原则。年内计划实施1 400户，涉及6个乡镇9个村，其中，拆除重建200户，加固改造1 200户。补助标准：拆除重建6 000元/户，加固改造2 000元/户。各级相关部门做到宣传发动及时、调查摸底扎实、组织实施工作到位，年内已全面完成各项工作任务，使党和政府的这项惠民政策落到实处。

【农村实用技术人才培养】 2009年，继续围绕全县农业产业结构调整，四个基地建设，扶贫开发整村推进重点村建设，加强农村实用技术人才培养。年内全县以农村致富函授技术大学招生办学为重点，共招收学员642名，以核桃、养牛、养羊、烤烟、生猪、沼气、兽医等专业培训为主，设置辅导教师18人，工作人员9人，共开办14个教学班、35个专业。

【大桥头村小康建设】 大桥头村是金华镇金龙村民委员会所辖的一个自然村，位于县城东1千米处，毗邻剑鹤公路，交通便利、土地肥沃，全村117户、451人。该村具有“处在坝区、城乡结合部、公路沿线、有较好基础性资源”等“中间村”特点，2009年被列为全县两个扶持发展的“中间村”之一。因与过去驻剑部队营地相连，在部队影响带动下，有长期种植蔬菜的传统历史，曾尝到过种植蔬菜的甜头，也因蔬菜种植而闻名于十里八乡。但那时，受计划经济制约，效益毕竟有限，所蕴藏的潜力也就没有得到更大更好的发挥。自走上致富奔小康的大道后，实践逐渐使他们认识到自己的优势和潜在的能力，从而选准“走农工贸一体化的发展路子”。并进一步地意识到做好蔬菜生产这篇文章的重要性，对此，全村形成共识：只有把基础性、全局性、整体性、富裕一方的产业发展

大桥头村蔬菜生产　　（剑川县志办　提供）

了，其他各业方能振兴，小康目标才有指望。于是，几年来，他们一直咬住蔬菜发展不动摇，形成家家户户都种植蔬菜。就连村里拥有的那5台大货车、4辆微型车、16台农用运货车，都基本上运输蔬菜，还有10多人常年在外跑营销，收入逐年增多，村容村貌和群众生产生活，每年都有新起色，新变化。

2009年列为“中间村”扶持后，发展的步子更迈出一大步。年内，全村连片种植蔬菜250亩，加上零星地块，总计种植300亩，基本实现年产4季，全年生产总值达600万元，平均亩产值2万元。1万元以上收入的有60户，最低收入也在5 000元以上。产品除部分供应当地市场外，主要销往兰坪、下关、昆明等地及呈贡冷库，最远的销到西藏芒康。同年3月在大桥头村成立“剑川县蔬菜生产技术协会”，至今已发展会员207户，884人（部分含邻村入会户）。为打开眼界，提升技术，协会还组织会员前往楚雄州永仁、元谋县进行实地考察学习。年内他们靠15万元扶持资金和30万元自筹资金，对全村道路、沟渠进行整容改造，全村面貌焕然一新。人的精神面貌更今非昔比，白天，田边地头呈现出你追我赶、大干快上的一派新景象；傍晚时分，村子里灯火通明，业余文艺活动陆续上场，处处听到了欢声笑语。老百姓说，我们这个“中间村”，一年一变样，几年大变样，与小康的距离拉近了。

（李玉生）

雪后的鹤庆县城　（鹤庆县志办　提供）

 鹤庆县

【概述】 鹤庆县位于云南省西北部、大理州北部。全县国土面积2 395平方千米。其中，平坝区面积389.6平方千米，占总面积16.2%；低热河谷区面积849.4平方千米，占总面积35.5%；山区半山区面积887.6平方千米，占总面积37.1%；高寒山区面积268.4平方千米，占总面积11.2%。县人民政府驻地云鹤镇，海拔2196米，距省会昆明476千米，距州府驻地136千米，距丽江机场14千米。年平均气温14.7℃，年最高气温30.1℃（5月27日），年最低气温-4.7℃（12月30日）；年日照时数2 547.3小时，年降雨量924.7毫米，无霜期205天，初霜日是上年11月7日，终霜日4月3日；汛期5月1日至10月31日。主要气象灾害有冰雹、大风、雷击、洪涝、泥石流、山体滑坡大小共12次，造成9个乡镇2 275.7公顷农作物受灾，直接经济损失1 395.3万元。县辖2乡7镇，115个村（居）民委员会。2009年末总人口27.49万人。其中，非农业人口2.38万人，占总人口8.65%；少数民族人口18.48万人，占总人口67.22%。人口密度每平方千米114.79人，人口自然增长率4.26‰。

全县实现生产总值20.74亿元，比上年增长13.4%。其中，第一产业增加值5.71亿元，增长10.4%；第二产业增加值9.33亿元，增长16.1%；第三产业增加值5.69亿元，增长12%。一、二、三产业比由上年的29.5：43.8：26.7调整为27.6：45：27.4。农村经济总收入18.30亿元，增长13.91%。粮食总产量11.80万吨，增长4.97%。工业总产值完成23.57亿元，增长23.97%。年末公路总里程958千米。全年客运量67.04万人次，客运周转量7 704.1万人千米；货运量413万吨，货物周转量1.86亿吨千米。年底固定电话机总数1.66万部，移动电话用户12.74万户，电话普及率52部/百人。互联网用户4 947户，比上年增长48.74%。全县财政总收入2.82亿元，增长18.21%；财政总支出7.26亿元，增长28.42%。

全县共有学校130所，专任教师1948人，在校学生4.32万人，学龄儿童入学率99.97%，普通初中毛入学率112.22%，高考上线率99.69%，职业中学毕业生推荐就业率达98%。全县有文化馆（站）11个，公共图书馆1个。广播人口覆盖率100%，电视人口覆盖率98.7%。有卫生机构（不含诊所）20个，病床580张，每千人有病床2张；有卫生技术人员775人，其中，执业医师258人，执业助理医师64人，每千人有医师1.1名。

全年农民人均纯收入2 986元，扣除物价因素，实际增长27.06%；在职职工年平均工资24 401元，增加2 132元。城镇居民可支配收入10 879元，实际增加989元。人均储蓄存款6 826元。城镇居民平均住房面积30.91平方米，农村人口平均住房面积29平方米。城镇登记失业率4.5%。

中共县委书记　单进园（白，女）

县人大常委会主任　李汝林

县人民政府县长　段智深（白）

县政协主席　李玉梅

【土地开发整理】　2009年，全县相继在辛屯、草海、金墩和黄坪等4个乡镇启动实施土地整理项目，其中，黄坪财丰和围子田一期土地开发整理项目分别投资1 713万元和2 713万元，辛屯、草海、金墩土地开发整理项目总投资1 396.85万元。全年新增耕地1.69万亩，全县耕地面积实现占补平衡、尚有节余和总量不减、质量不降的目标。

【优化农业生态环境】　2009年，全县共投入农田水利建设资金6 711万元，累计完成水利工程建设2 084件，新增灌溉面积2 200亩，改善灌溉面积1.82万亩。完成西龙潭水库一、二期和松桂水库、大龙潭水库除险加固工程，实施漾弓江河道治理一期4.6千米和西甸大沟3.8千米防渗改造等水利工程；完成《鹤庆县2009年—2020年中低产田地改造规划》编制工作，投入625万元完成中低产田地改造6 636亩。集体林权制度改革全面完成，巩固退耕还林成果2.1万亩，完成泡核桃种植18.25万亩，完成天保公益林建设7 000亩，实施森林管护203.2万亩。金墩映虹河一期小流域治理工程全面完成，治理水土流失面积15平方千米。投资900万元的草海农业湿地保护管护区工程顺利实施，生态建设有新发展。

【改善农村生活条件】　依托党中央国务院近年来各项支农惠农政策，发展农业支柱产业，不断增加农民收入，改善农村生活条件。2009年，烟农收入7 387.85万元，蔗农收入3 636万元，蚕农收入3 617万元。全年完成畜牧业产值5.62亿元，同比增长4.37%。全年兑现农资综合补贴1 570万元，良种及种粮直补477.8万元，农机具购置补贴420万元，家电、汽车和摩托车下乡补贴383万元，能繁母猪补贴302.41万元。社会主义新农村建设累计投入资金5 577.9万元，完成9个行政村千村扶贫开发百村整体推进项目，新建安居工程606户、改造803户，建成沼气池316口、节能灶1 555眼。投资740万元，完成1 700户农村民居地震安全工程。农村公益事业“一事一议”财政奖补共筹集资金1 993.48万元，实施小型农田水利工程20项，硬化村间道路406条10.83千米。投资1 909万元，解决了2.19万人安全饮水困难。

【提高城镇化水平】　为实施小城镇战略，提高城镇化水平，2009年政府做了许多实事。完成《鹤庆县城至新华片区控制性详细规划》和《鹤阳东路延长段片区控制性详细规划》编制工作。投资2 127.3万元组织实施县城道路、公厕、停车场、绿化、亮化等市政工程建设。推动房地产业健康发展，全年建成商品房6 600平方米。投资1.2亿元，建筑面积10万平方米的廉住房建设完成8 616万元，竣工面积5.71万平方米。县城垃圾处理场建设完成投资2 331万元，兴鹤路南延段拆迁和县城至火车站连接线拆迁改造工程进展顺利。创新体制、强化管理。成立城市管理局和城市管理综合执法局，县城管理水平有新的提高。县城规划区面积达11平方千米，人均公共绿地面积达7.1平方米，绿化率达6.3%。以辛屯、松桂、黄坪、龙开口镇为重点的小城镇建设有新发展，城镇化水平有新提升，全县城镇化率达23.33%。

【发展第三产业】　鹤庆县近年来农村经济和工业经济的快速发展，为第三产业发展提供了较大的空间和较好的支撑作用。以银都水乡新华村4A级景区建设为重点，旅游基础设施建设进一步加强，银都水乡新华村4A级景区建设项目已经国家验收。市场建设和市场管理全面加强，全县城乡市场进一步稳定和繁荣，“万村千乡市场工程”建设顺利推进，全县行政村农家店覆盖率达90%。全县非公企业176户，个体工商户5 383户，从业人员1.22万人，注册资本金5.98亿元，社会消费品零售总额达4.98亿元，同比增长17%。全年共接待中外游客218.11万人次，同比增长4.61%；旅游业总收入12.94亿元，同比增长24.42%。

【母屯小康示范村建设】　母屯行政村地处鹤庆坝子中心，距县城4千米。村委会辖母屯、波南河两个自然村12个农业生产合作社，总户数786户，总人口3 454人。2006年12月，鹤庆县根据《大理州小康示范村建设实施方案》要求，制定《母屯小康示范村建设实施方案》，明确了项目建设计划和资金投入计划，母屯村三年内计划投入1 570.98万元，实施9大工程45个子项目的建设任务。母屯小康示范村建设充分调动了群众积极性，群众主动集资，投工投劳，2009年底，完成投资1 617万元，在计划外完成老年活动中心的建设任务。通过三年的建设，母屯村旧貌换新颜，基本实现“生产发展、生活宽裕、乡风文明、村容整洁、管理民主”的小康目标。

（夏光柱）

漾濞彝族自治县

【概述】　漾濞彝族自治县位于云南省西部、大理白族自治州中部、点苍山之西。辖区总面积1 957平方千米。其中，山区面积1 926平方千米，占总面积98.41%；坝区面积31平方千米，占总面积1.59%。县人民政府驻地苍山西镇，海拔1600米，距省会昆明356千米，距州府驻地（下关）29千米。2009年，平均气温17℃，年最高气温32.7℃（5月22日、28日），最低气温−1.9℃（12月25日）；平均日照时数2417.3小时；平均降雨量898.6

2009中国·大理漾濞核桃节开幕式在光明核桃林中举行　（漾濞县志办　提供）

毫米；无霜期253天。辖3镇6乡，1个社区、65个村民委员会，648个村（居）民小组。年末总人口10.28万人。其中，非农业人口1.17万人，占总人口11.34%；少数民族人口6.74万人，占总人口65.54%；彝族人口4.83万人，占总人口46.95%和少数民族人口71.63%。人口密度每平方千米52人，人口自然增长率6.37‰。

全年实现生产总值8.93亿元，比上年增长12.9%。其中，第一产业增加值2.63亿元，增长10.4%；第二产业增加值4.55亿元，增长13.6%；第三产业增加值1.76亿元，增长14.2%。一、二、三产业结构比由上年的31∶49∶20调整为29∶51∶20。农业总产值4.15亿元，增长15.11%。粮食总产量5万吨，增长2.88%。工业总产值16.42亿元，增长21.55%。年末公路通车总里程1 114千米。全年客运量72.9万人次，货运量108万吨。年末固定电话机总数1.12万部，移动电话用户4.12万户，电话普及率51部/百人；互联网用户0.21万户，增长10.53%。全县财政总收入1.14亿元，增长10.28%；财政总支出3.58亿元，增长17.53%。

全县共有各类学校59所（不含60个小学教学点），专任教师0.11万人，在校学生1.29万人。适龄儿童入学率99.99%，普通初中升学率52.23%，高考录取率88.79%。有各种民间艺术表演团体9个，文化馆、站10个，公共图书馆1个。广播人口覆盖率90.41%，电视人口覆盖率96.02%。有卫生机构（不含诊所等）16个，病床319张，每千人有病床3.10张；有卫生技术人员227人，其中，执业医师90人，执业助理医师19人，每千人有医师1.06名。

全年农民人均纯收入2 810元，扣除物价上涨因素，实际增长15.27%；在职职工年平均工资27 524元，增加3 746元。城镇居民可支配收入5 214元，实际增长15.92%；人均消费性支出3 236元，实际增加512元。居民人均储蓄存款0.41万元，增长15.30%。城镇居民平均住房面积26平方米，农村人口平均住房面积37平方米。城镇登记失业率3.8%。

中共县委书记　张郭宏（彝，2009.1～）

县人大常委会主任　李华荣

县人民政府县长　毕才伟（彝）

县政协主席　代罗新

【新农村建设】 2009年，投入资金5 944万元，完成9个村扶贫开发整村推进工作；投入1 550万元，实施平坡村新农村建设示范村项目；投入376万元，1 050户民房得到重建和加固改造，被省人民政府评为“农村民居地震安全工程建设先进单位”。发放小额信贷扶贫资金800万元，扶持农户363户。易地扶贫搬迁人口218人。解决1 900名贫困人口的温饱问题。完成农村农田水利建设投入3 900多万元、农村公路建设投入6 800多万元、农村电网建设投入2 700多万元。安装广播电视卫星接收设施4 780套。建成乡镇客运站4个、村级农家店102个、村级卫生室59个、村级文化室32个。年末，各村民小组均通摩托车路、均通照明电、均有移动电话信号覆盖，其中，99.8%农户通照明电、98%农户通电话、61%农户通公路、93%农户有电视机、84%农户有摩托车、79%农户有影碟机、73%农户有洗衣机、41%农户有电冰箱、24%农户有太阳能热水器。

【富恒乡创新实践“农民服务站”工作】 为了在社会主义新农村建设中，搭建服务平台，创新服务理念，为农民提供便捷高效服务，2008年6月，富恒乡党委在乡政府驻地成立村级便民服务中心。服务中心以便民办事、便利工作为出发点，以“服务方式零距离、服务过程零障碍、服务事项零积压、服务质量零差错”为目标，在不打乱正常工作秩序、不设定限制范围的前提下，利用每周的赶集日，集中乡村干部，按照“申报提出、受理登记、归口办理、限时办结、反馈归档”五个环节，现场为群众提供政策咨询、申请办理和纠纷调处等服务。经过1年多实践，服务中心共为3 263人次提供服务，受理申请1 456件次，其中，成功调处各类纠纷286起、出具证照办理审批相关证明406份，办复落实率97.32%，申请人满意率95.05%。取得“五无”

实效，即无群体性事件、无越级上访事件、无重大刑事案件、无安全责任事故、无党员违纪案件。2009年8月，服务中心更名为“农民服务站”，创新实践经验得到上级党委充分肯定，被县内其他8个乡镇学习借鉴和推广。

【农民山上干活进城生活】 近年来，漾濞县不断推进农村改革发展，立足优势壮大核桃产业，部分山区农民将每年大笔核桃收入积蓄起来，在县城和乡镇集镇购房置业，农闲时在县城和乡镇集镇居住生活，农忙时又回到山上经营管理核桃林地；有的直接将核桃林地租赁、承包给他人经营，在巩固发展好原居住地核桃产业的同时，在城镇从事核桃加工、核桃贸易、餐饮服务、建筑、交通运输、车辆维修等行业。据统计，2009年，全县共有368户农户1 456人进入县城和乡镇集镇居住、经商，近6 000人长期在县城和集镇从事核桃加工服务等工作。

（朱应旭）

南涧彝族自治县

【概述】 南涧彝族自治县位于云南省西部、大理白族自治州南端。辖区总面积1 731.63平方千米。其中，山区面积1 719.51平方千米，占总面积的99.3%；坝区面积12.12平方千米，占总面积的0.7%。县人民政府驻地南涧镇，县城平均海拔1370米，距省会昆明356千米，距州府大理103千米。2009年，年平均气温19.4℃，最高气温34.4℃（7月18日和8月12日），最低气温1.2℃（12月24日）。平均日照时数2 232.2小时，县城地区年平均降雨量555毫米。平均无霜期361天。辖乡镇8个，其中，乡4个、镇4个，村（居）民委员会80个，自然村1 181个。年末总人口22.08万人。其中，非农业人口1.48万人，占总人口的6.72%；少数民族人口11.11万人，占总人口的50.33%。主体自治民族彝族人口10.4万人，占总人口的47.13%和少数民族人口的93.61%。人口密度每平方千米127人，人口自然增长率3.96‰。

全县实现生产总值15亿元，比上年增长12.59%。其中，第一产业增加值6.06亿元，增长8.7%；第二产业增加值2.08亿元，增长16.66%；第三产业增加值6.86亿元，增长13.84%。一、二、三产业比重由41.4：13.6：45.0调整到41.0：13.3：45.7。农村经济总收入1.01亿元，增长12.98%。粮食总产量9.42万吨，增长6.06%。人均有粮457千克。工业总产值完成6.01亿元，增长48.4%。年末公路通车总里程2 777.57千米。全年旅客运输量38.64万人次，客运周转量5 000.74万人千米；货物运输量133.8万吨，货物周转量1.79亿吨千米。年底固定电话机总数3.29万部，移动电话用户7.8万户，电话普及率50.2部/百人。互联网用户3 397户，比上年增长17.54%。全年县财政总收入1.78亿元，增长13.29%%；财政总支出5.03亿元，增长36.3%。

共有各类学校122所，专任教师1 684人，在校学生3.44万人。学龄儿童入学率99.51%，普通初中升学率72.37%，高考上线率89.55%。有艺术表演团体1个，文化馆（站）9个，公共图书馆1个，广播人口覆盖率65%，电视人口覆盖率98%。卫生机构（不含诊所等）127个，病床396张，每千人有病床1.8张；有卫生技术人员331人。

全年农民人均纯收入2 242元，扣除物价因素，实际增长8.8%；在职职工年平均工资28 421元。居民人均储蓄存款3 603元，增长23.14%。城镇登记失业率1.9%。

中共县委书记　苏发吉

县人大常委会主任　石含铭

县人民政府县长　莽绍标（彝）

县政协主席　李德忠（彝）

【城镇建设】 年内，概算投资5亿元的县城东片区开发完成土地出让，民族商贸城累计完成投资1.35亿元。清理县城闲置土地1.7万平方米，拉动县城居民建房投资近1亿元。投资7 800万元的县城污水处理厂和垃圾处理场建设全面推进。启动投资2 500万元的金龙路改扩建工程，实施投资1 900万元的富民街三期和绿化改造工程，实施宝华镇集镇改造工程，全县城镇建成区面积达4.43平方千米，城镇化率达23.01%。

【新农村建设】 围绕“五新”建设目标，投资4 405万元完成9个村“866”建设项目，培育云华等一批新农村建设示范点，打造了县城至宝华山区综合开发示范带。猪街新农村示范村累计完成投资972万元。发放扶贫到户贷款2 500万元。投资990万元的农村“一事一议”财政奖补项目正抓紧实施。易地扶贫开发、民族团结示范村、村容村貌整治等项目顺利推进。

【基础设施明显改善】 强化项目资金争取，全年储备项目255个，争取各类资金3.16亿元，比上年增长48.68%。交通建设完成投资6 983万元，建成拥翠、公民公路，实施文启油路，沙乐、古德、神舟等14条农村公路通达通畅工程开工建设。水利工程建设完成投资2 557万元，新建和修复各类水利工程2 660件，解决1.94万人安全饮水问题。烟草基础设施建设完成投资6 000万元，完成宝华等山区现代烟草农业示范镇建设任务，启动投资4.48亿元山区现代烟草农业示范县建设，改造中低产田地713.33公顷。完成孔雀村、母子垦水库扩建移民安置及中华四级公路、孔雀轮渡码头等移民安置，完成投资移民安置1.62亿元。完成县城中心敬老院和8个村委会办公用房及活动场所建设。电力建设完成投资1 556万元，完成宝华变电站和完善西部农网工程。

【环境保护成效明显】 年内，实施天然林管护8.33万公顷，巩固退耕还林产业培植1.65万亩，完成退耕还林补植补造1.27万亩。启动自

然保护区二期工程建设。实施国道、省道和县乡公路绿色走廊及绿色产业带建设，全县森林覆盖率达57.5%。深入推进“七彩云南保护行动”，实施农村环境综合治理。完成公郎底么、宝华新街小流域治理。规范矿产资源开发秩序，森林防火、野生动植物保护、水土保持等工作成效明显。完成公共机构柴改煤电气工作，稳步推进企业煤电气工作，启动农村居民柴改煤电气工作。建成沼气池2 110口，节柴改灶3 400户，推广烤烟用煤3.2万吨、节能灯10万只，被列为“全省节能产品推广示范县”。推进公共机构节能降耗工作，公共机构节约水电费、耗材费等公务经费238万元。全面落实企业节能减排责任制，万元GDP能耗下降4.76%。

【民生保障】 2009年，全面落实拉动内需政策，补助家电下乡产品3 804件，补助汽车、摩托车下乡产品3 116辆。实施农村危房改造和民居抗震安全工程1 450户。落实廉租住房补贴政策，累计建成廉租住房9 000平方米。全县2.68万城乡居民享受最低生活保障，发放保障金2 141万元。全县基本养老、医疗、失业、工伤、生育保险参保人数逐年上升，城镇居民医疗保险制度深入推进。认真做好鼓励创业“贷免扶补”工作，发放创业贷款875万元。全县完成职业技能培训6 210人次，农村富余劳动力转移就业3 567人，实现零就业家庭至少有1人就业。全年共受理群众来信来访554件次，来信办结率达92%；接待来访365批次1 071人次。办理省州转交办件18件，办结率100%。全年接收县委书记、县长信箱邮件104件，办结100件，办结率达96%。

【小湾水电站首台机组投产】 小湾水电站位于南涧、凤庆两县交界的澜沧江中游河段，属澜沧江中下游河段“两库八级”梯级开发中的第二级，总装机容量420万千瓦，每年保证发电190亿千瓦时。电站以发电为主，兼有灌溉、航运等综合利用功能。电站1999年6月开始筹建，2002年1月正式开工，坝高294.5米，是世界首座300米级混凝土双曲拱坝，建设规模宏大，技术、施工难度均属世界之最。2009年9月25日，电站首台机组正式投产发电。

【跳菜艺术团赴央视录制节目】 5月14～17日，南涧跳菜艺术团一行26人前往中央电视台进行《民歌·中国》“南涧跳菜无量情”节目录制工作。南涧此次赴中央电视台录制的《民歌·中国》专栏节目有彝族舞蹈《鲁度嘞》《命肝心》《黑色恋歌》《三跺脚》《喜庆丰年》《山里人》《跳酒》《跳菜》以及小闷笛、小三弦独奏，无膜笛、芦笙、树叶合奏，酒歌、古歌等，录制节目时长约180分钟，分别安排在中央电视台《民歌·中国》专栏的《民歌·经典》《民歌·发现》《民歌·故事》《民歌·版图》《民歌·博物馆》和《新民歌》中播出，以此展现南涧深厚、独特的彝族“跳菜文化”，让更多的人认识、了解南涧。

（潘建祥　付忠学）

巍山彝族回族自治县

【概述】 巍山彝族回族自治县位于云南省西部、大理白族自治州南部。辖区总面积2 200平方千米。其中，山区面积2 052平方千米，占总面积的93.27%；坝区面积148平方千米，占总面积的6.73%。县人民政府驻地南诏镇，海拔1725米，距省会昆明市453千米，距州府驻地大理市53千米。2009年，全年平均气温16.7℃，年最高气温为32.3℃（5月22日），年最低气温为−2.4℃（12月25日）。全年日照时数为2 309.2小时，年降雨量为582.3毫米。平均无霜期261天，汛期116天。年内主要气象灾害是出现气温特高，降雨量特少。辖乡（镇）10个，其中，乡6个、镇4个，村（居）民委员会83个，自然村1 368个。年末全县总人口30.97万人。其中，非农业人口2.3万人，占总人口的7.40%；少数民族人口13.70万人，占总人口的44.23%；民族自治地区主体自治民族彝族10.57万人、回族2.21万人。人口密度每平方千米141人，人口自然增长率为2.44‰。

全年实现生产总值19.38亿元，比上年增长10.5%。其中，第一产业增加值7.61亿元，增长6%；第二产业增加值4.54亿元，增长13.6%；第三产业增加值7.23亿元，增长13.1%。三次产业比重由40∶24∶36调整为39∶24∶37。全县农村经济总收入12.46亿元，比上年增长12.3%；粮食总产量13.24万吨，增长1.5%。工业总产值12.01亿元，增长19.50%。年末全县公路通车里程2 672千米。全年完成客运量394万人次，客运周转量1.15亿人千米；货运量62万吨，货运周转量2 528万吨千米。年末固定电话机总数5.84万部，移动电话用户10.25万户，电话普及率52部/百人。互联网用户4 223户，比上年增长37.29%。全县财政总收入1.55亿元，增长11.05%；财政总支出6.08亿元，增长31.85%。

全县共有各类学校177所，专任教师2 416人，在校学生5.42万人。小学适龄儿童入学率99.64%，普通初中升学率69.66%，高考录取率91%。有文化馆（站）、图书馆14个。全县436个20户以上自然村广播电视村村通和省级广播电视无线覆盖工程全面竣工，全县电视覆盖率达98.5%，无线广播覆盖率达91.5%。全县共有全民所有制卫生单位17个，有集体所有制医疗卫生单位1个，病床实有数727张，每千人有病床2.4张；有各类卫生技术人员433人，其中，执业医师171人，执业助理医师31人，每千人有医师0.65名。

2009年，全县农民人均纯收入2 166元，扣除物价因素，实际增长10.48%；在职职工年平均工资1.96万元，比上年增长6.1%。城镇居民平均住房面积29.2平方米，农村人口平均住房面积19.8平方米。全县劳动力转移培训7 342人，转移输出

5 395人，全年劳务经济收入9 500万元。城镇登记失业率2.8%。

中共县委书记　张继霖

县人大常委会主任　字绍华（彝）

县人民政府县长　常耀辉（彝）

县政协主席　马克伟（彝，2009.1～）

【招商引资新突破】　2009年，全县与县外客商签订的项目合作协议15个，协议总投资32.5亿元，年内进入正常生产经营3个；正在实施9个；进入可研和项目审批1个，已完成项目评审和环评工作。上年结转3个，18个项目年末实际到位资金2.8亿元，同比增加1.64亿元，增长140%，招商引资实际到位资金首次突破2亿元大关。这些项目资金的引进，缓解了全县资金短缺问题，加快了资源开发利用步伐。

【扶贫开发整村推进项目】　2009年，全县投资3 744万元完成9个项目村扶贫开发整村推进“866”建设任务，项目建设包括：农户“八有”建设。完成安居工程1 340户，其中，拆除重建295户、局部加固及改造1 045户、进行墙体粉刷4 418户、院心硬化3 998户、新建节能灶3 269口，建沼气池10口、完成人饮工程23件、卫生厕建设1 906户、卫生畜厩建设1 976户2.7万平方米，种植经济林果1.56万亩，肉牛冻精改良1 350头，完成科技培训1.35万人次。自然村“六有”建设。完成村组公路建设51.2千米、公路维修改造104千米、浇筑村内水泥路1.37万平方米、改造村内弹石路6.72万平方米，建造桥涵3座、三面光沟渠建设51千米、建设水窖（池）200口、进行库塘坝维修14件、低压线改造2千米。行政村“六有”建设。完成校点危房改造500平方米、新建文化室550平方米、新建村卫生室80平方米、新建村兽医室160平方米，购置村兽医室设备2套，设立整村推进标志碑9座，省级重点扶持村标志碑39座。

【城镇化建设步伐加快】　年内，城镇建设投融资渠道有效拓宽，年内收储土地33公顷。城镇市政管理、环卫保洁及绿化美化工作继续加强，农村集市、建制镇基础设施配套水平不断提高，全县城镇化水平达23%。全面完成《巍山县土地利用总体规划》编制并上报，《巍山县城总体规划》调整和《巍山县城镇体系规划》编制通过州级评审。总投资为1 320万元的古街改造项目开工建设，蒙阳公园改造提升完成投资120万元。县城供水改扩建二期建设净水厂工程投入试运行。投资8 670万元的“两污”建设项目扎实推进，垃圾处理场进场公路已开工建设，污水处理厂项目通过省级评审。北隅小区二期工程进入扫尾，建成7 400平方米的廉租住房。南诏新苑开发项目启动实施，文献新区、凤巢酒店开发建设前期工作扎实推进。

【启动“家电下乡”惠农政策】　3月25日巍山县正式启动“家电下乡”惠农政策，凡辖区内具有农业户口并购买下乡类家电产品，财政按销售价格给予13%补贴。至年底，全县已备案家电下乡销售网点28个，遍布全县坝区乡（镇）。补贴类产品由4类增至9类，即冰箱（含冷柜）、彩电、洗衣机、手机、热水器、空调、微波炉、电磁炉、计算机。全年累计销售下乡类家电2 699台（件），累计销售金额457.52万元；财政累计办理补贴2 857台（件），累计发放补贴资金64.17万元。

【马鞍山乡发展特色产业】　马鞍山乡位于县境西北部，主要居住着汉、彝、白、苗、傈僳等11个民族，全乡总人口1.61万人，总户数4 120户，其中，农业人口3 799户，占92%；少数民族人口1.31万人，占总人口的81%。辖6个村民委员会、59个自然村、78个村民小组。全乡地处高山河谷地区，地形复杂，气候差异大，具有发展林果特色产业得天独厚的自然条件。马鞍山乡立足自身优势，在抓好泡核桃、红雪梨标准化种植示范基地建设的同时，突出抓好林果大户，发展林果大户10余户，户均种植红雪梨、核桃200亩以上。为大力发展全乡特色产业，县委、县政府出台多项措施和优惠政策，通过“基地+协会+农户”发展模式，做大做强核桃和红雪梨等特色产业，取得可喜的经济效益和生态效益，进一步巩固了核桃和红雪梨作为全乡农民增收致富支柱产业的地位。全乡在新成立的核桃协会的带动下，建成100亩核桃示范基地和5座核桃智能烤房。2009年底，全乡共有红雪梨种植面积0.9万亩，总产值突破800万元；完成8 200亩泡核桃种植任务，全乡累计发展核桃达6.52万亩，核桃产量1 925吨，产值840万元。全乡农民人均纯收入1 965元，比上年增加168元，增长9.35%。

（侯建华）

世界第一高之古山茶——巍宝山灵官殿内明代古山茶，树高18.88米，2008年2月国际茶花学会认定

（巍山县志办　提供）

大理州经济社会发展主要指标（表一）

地　区	年末总人口（万人）		城镇人口占总人口比重（%）		全社会就业人员（万人）		农业总产值（万元）	
	2008年	2009年	2008年	2009年	2008年	2009年	2008年	2009年
大理州	349.30	350.80	29.1	31.0	220 773	221 957	1 573 679	1 765 977
大理市	63.12	64.05	51.6	56.8	111 463	110 016	199 503	219 500
漾濞县	10.30	10.24	14.5	27.8	4 341	4 389	36 070	41 520
祥云县	45.55	45.78	31.9	30.7	24 077	26 380	208 609	240 347
宾川县	34.20	34.42	33.0	33.3	12 025	12 218	302 827	335 372
弥渡县	31.79	31.90	19.8	20.1	8 353	9 019	127 422	140 220
南涧县	22.29	22.35	22.8	23.0	6 495	6 371	95 966	105 725
巍山县	31.08	30.98	7.5	22.5	13 021	11 488	119 831	132 070
永平县	18.24	18.25	25.2	25.4	6 419	6 534	79 960	94 996
云龙县	20.77	20.65	4.2	22.8	6 393	6 727	89 400	107 280
洱源县	27.71	27.80	21.5	21.5	9 686	10 238	154 188	172 170
剑川县	17.59	17.64	9.8	22.6	7 370	7 058	55 404	60 945
鹤庆县	26.66	26.74	23.0	23.3	11 193	11 521	104 499	115 832

大理州经济社会发展主要指标（表二）

单位：万元

地　区	地区生产总值		第一产业		第一产业		第一产业	
	2008年	2009年	2008年	2009年	2008年	2009年	2008年	2009年
大理州	3 716 977	4 044 965	970 033	1 040 078	1 365 367	1 454 773	1 381 577	1 550 114
大理市	1 455 033	1 596 433	124 811	126 236	695 727	767 270	634 495	702 927
漾濞县	76 800	92 380	23 749	26 250	37 912	45 475	15 139	20 655
祥云县	450 029	509 248	136 132	157 794	206 421	248 487	107 476	102 967
宾川县	356 643	407 100	174 645	192 504	76 082	89 756	105 916	124 840
弥渡县	176 176	197 990	60 359	64 048	50 650	54 629	65 167	79 313
南涧县	133 250	150 126	55 050	60 580	18 230	20 888	59 970	68 656
巍山县	178 292	193 795	70 750	76 058	42 207	44 070	65 335	73 667
永平县	132 890	147 260	55 750	61 232	29 540	34 490	47 600	51 538
云龙县	144 210	161 172	49 970	53 854	50 974	58 701	43 266	48 617
洱源县	195 868	213 284	75 652	79 695	56 189	58 693	64 027	74 896
剑川县	113 733	111 571	26 473	30 052	57 763	47 649	29 497	33 870
鹤庆县	176 058	203 538	51 889	57 191	77 118	88 314	47 051	58 033

大理州经济社会发展主要指标（表三）

单位：%

地区	地区生产总值构成		第一产业		第二产业		第三产业	
	2008年	2009年	2008年	2009年	2008年	2009年	2008年	2009年
大理州	100.00	100.00	26.10	25.71	36.73	35.97	37.17	38.32
大理市	100.00	100.00	8.58	7.91	47.82	48.06	43.61	44.03
漾濞县	100.00	100.00	30.92	28.41	49.36	49.23	19.71	22.36
祥云县	100.00	100.00	30.25	30.99	45.87	48.79	23.88	20.22
宾川县	100.00	100.00	48.97	47.29	21.33	22.05	29.70	30.66
弥渡县	100.00	100.00	34.26	32.35	28.75	27.59	36.99	40.06
南涧县	100.00	100.00	41.31	40.35	13.68	13.92	45.01	45.73
巍山县	100.00	100.00	39.68	39.25	23.67	22.74	36.64	38.01
永平县	100.00	100.00	41.95	41.58	22.23	23.42	35.82	35.00
云龙县	100.00	100.00	34.65	33.41	35.35	36.42	30.00	30.17
洱源县	100.00	100.00	38.62	37.37	28.69	27.52	32.69	35.11
剑川县	100.00	100.00	23.28	26.93	50.79	42.71	25.94	30.36
鹤庆县	100.00	100.00	29.47	28.10	43.80	43.39	26.72	28.51

大理州经济社会发展主要指标（表四）

地区	地区生产总值指数（上年＝100）		人均地区生产总值（元）		国有经济固定资产投资（万元）		社会消费品零售总额（万元）	
	2008年	2009年	2008年	2009年	2008年	2009年	2008年	2009年
大理州	112.00	112.00	10 661	11 555	375 543	735 304	1 035 272	1 204 265
大理市	112.00	111.10	23 160	25 109	218 649	351 812	414 062	476 659
漾濞县	113.90	113.40	7 328	8 995	12 350	22 147	20 250	23 290
祥云县	112.10	112.90	9 970	11 080	8 326	53 326	115 174	138 509
宾川县	112.30	110.20	10 433	11 852	7 788	32 705	71 008	85 300
弥渡县	112.40	110.40	5 552	6 216	3 733	21 270	66 871	79 309
南涧县	112.40	112.20	5 987	6 808	15 560	17 676	44 068	52 001
巍山县	112.00	110.20	5 734	6 288	33 742	53 330	55 090	61 725
永平县	112.10	111.50	7 254	8 069	23 549	32 365	32 020	38 007
云龙县	114.60	113.20	6 948	7 775	5 623	37 564	36 371	42 260
洱源县	112.00	110.00	7 081	7 683	21 873	52 561	51 447	59 405
剑川县	112.10	100.40	6 464	6 401	16 861	22 444	30 076	35 013
鹤庆县	115.00	114.40	6 616	7 623	7 489	38 104	42 522	49 754

大理州经济社会发展主要指标（表五）

地 区	地方财政收入（万元）		地方财政支出（万元）		人均地方财政收入（元）		人均地方财政支出（元）	
	2008年	2009年	2008年	2009年	2008年	2009年	2008年	2009年
大理州	275 715	315 480	750 219	1 023 923	791	901	2 152	2 925
大理市	103 995	122 855	143 945	194 215	1 656	1 932	2 292	3 054
漾濞县	5 722	6 826	29 901	35 226	545	665	2 848	3 430
祥云县	24 693	28 503	67 986	99 683	547	624	1 506	2 183
宾川县	14 594	16 058	62 478	91 867	427	468	1 827	2 678
弥渡县	8 796	10 855	48 120	68 647	277	341	1 516	2 156
南涧县	11 129	12 119	36 916	50 541	500	543	1 659	2 264
巍山县	7 680	9 692	46 087	61 044	247	312	1 482	1 967
永平县	8 002	9 596	35 432	52 173	437	526	1 934	2 860
云龙县	8 247	8 923	42 232	59 225	398	431	2 036	2 860
洱源县	10 408	10 068	46 519	64 028	376	363	1 682	2 307
剑川县	7 611	9 362	37 548	49 828	432	531	2 133	2 829
鹤庆县	13 875	14 988	56 542	72 868	521	561	2 123	2 729

大理州经济社会发展主要指标（表六）

地 区	农民人均纯收入（元）		职工人数（人）		在岗职工年平均工资（元）		人均储蓄存款余额（元）	
	2008年	2009年	2008年	2009年	2008年	2009年	2008年	2009年
大理州	3 078	3 483	201 993	198 840	22 973	25 706	6 200	7 498
大理市	4 416	4 872	102 653	96 900	22 859	24 977	16 325	19 148
漾濞县	2 383	2 810	4 081	4 063	24 775	29 095	3 998	5 015
祥云县	2 909	3 359	23 733	26 305	21 558	24 193	4 910	5 944
宾川县	3 038	3 501	11 135	11 081	22 797	25 994	3 810	5 112
弥渡县	2 398	2 595	7 474	8 093	25 066	27 941	4 060	4 820
南涧县	2 046	2 228	5 663	5 408	24 236	30 767	2 896	3 562
巍山县	1 960	2 166	9 820	8 998	22 136	26 905	3 405	4 070
永平县	2 065	2 467	5 524	6 009	24 103	26 256	3 322	4 209
云龙县	1 767	2 102	6 128	6 464	23 710	28 587	2 970	3 728
洱源县	2 684	3 039	9 518	9 638	24 120	24 889	3 459	4 284
剑川县	1 795	2 069	7 126	6 690	21 586	27 016	4 257	5 047
鹤庆县	2 350	2 986	9 138	9 191	24 266	26 973	5 637	7 030

（省统计局）

德宏傣族景颇族自治州

主　编　陈德寿　侯焕媛
责任编辑　郑灵琳　刘建军

【概述】　德宏傣族景颇族自治州位于云南省西部、高黎贡山南麓。总面积1.15万平方千米，除梁河县外均有国境线，国境线长503.8千米。州府驻潞西市芒市镇，距省会昆明649千米，空距427千米。年平均雨量1 400～1 700毫米，平均气温18.4～20℃。辖潞西市、瑞丽市、梁河县、盈江县、陇川县2市3县，50个乡镇，1个街道办事处，373个村（居）委会，3 803个村民小组。2009年末，有31.1万户119.40万人。其中，非农业人口39.46万人，占总人口的33%；少数民族人口59.44万人，占总人口的49.8%。傣族人口35.55万人，景颇族人口13.66万人，傈僳族人口3.15万人，阿昌族人口3.09万人，德昂族人口1.43万人。人口密度每平方千米103.82人，人口自然增长率7.3‰。

2009年，实现生产总值115.2亿元，比上年增长15%。其中，第一产业增加值32.19亿元、第二产业增加值35.44亿元、第三产业增加值47.57亿元，分别增长6.4%、27.9%和13.2%。非公经济占GDP比重43.7%。一、二、三次产业结构由上年的29.6∶28.2∶42.2调整为27.9∶30.8∶41.3。完成工业总产值72.54亿元，增长13%；完成全社会固定资产投资总额100.92亿元，增长31.5%。实现社会商品零售总额46.01亿元，增长20.5%。居民消费品价格总指数水平比上年下降7.3%，其中商品零售价格指数下降7.4%。外贸进出口总额7.63亿美元，增长0.2%。接待国内外游客413.3万人次，比上年增长14.2%。其中，国内游客405.08万人次，海外游客8.22万人次，旅游业总收入38.53亿元，增长13.1%。

年末，公路通车里程达6 976千米，比上年增长2.1%。公路运输客运量1 544万人次，增长1%；旅客周转量11.77亿人／千米，下降8.1%；货运量2 378万吨，增长7%；货物周转量18.41亿吨千米，增长3%。全年邮电业务总收入6.58亿元，增长5.6%。其中，邮政业务收入0.35亿元，增长2.9%；电信业务收入6.23亿元，增长5.8%。拥有城市固定电话10.65万户，增长28.4%；乡村固定电话13.73万户，增长6.7%；年末移动电话用户达到74.04万户，增长22.1%；互联网用户达到5.35万户，增长42.7%。

财政总收入17.23亿元，增长17.3%。地方一般预算收入完成9.83亿元，增长10.9%。完成财政支出48.87亿元，增长33.5%。

年末，全州有各级各类学校740所，专任教师1.19万人。其中，大专2所、普通高中8所、初中59所、小学563所、职业中学7所、特殊教育学校1所。招收各类学生6.56万人，毕业学生5.62万人，在校学生20.79万人（不含师专）。小学学龄儿童入学率99.23%，初中学龄少年入学率84.92%。有卫生机构102个（不含诊所、村卫生室），比上年增长3%；病床4 379张，卫生技术人员3 645人，其中，执业医师1 194人，助理执业医师257人，注册护士1 290人，其他卫生技术人员544人。每千人口拥有病床3.7张、卫技人员3.1人。全年诊疗247.27万人次，比上年增长16.3%。

实施科技项目74项，科技经费1 764万元。其中，国家、省科技计划项目23项，科技经费1 704万元；州级科技计划项目立项51项，安排科技经费60万元。获州级科学技术奖41项，其中，一等奖2项，二等奖4项，三等奖35项。有艺术表演团体5个，艺术研究所1个，文化馆7个，公共图书馆7个。有广播电台1座，广播人口覆盖率93.3%；电视台1座，有线电视用户8.38万户，电视人口覆盖率93.5%；出版各类报纸298.64万份，各类书籍128种、共22.3万册。参加省级以上运动会比赛3次，获得金牌26枚，银牌17枚，铜牌12枚。

2009年，农民人均纯收入2 831元，增长16.1%。在岗职工工资总额19.82亿元，比上年增加14.1%。

芒市体育馆　（陈子鸥　摄）

城镇居民可支配收入12 558元，比上年实际增加9.7%；人均消费性支出9 561元，实际增长8.8%。城乡居民储蓄存款余额137.12亿元，比上年增加29.1%。城镇居民人均住房面积36.2平方米，农村居民人均住房面积24.4平方米。城镇登记失业率4.0%。

中共州委书记　赵金（彝）

州人大常委会主任　余麻约（景颇）

州人民政府州长　孟必光（傣）

州政协主席　龚敬政（傣）

【加大“三农”工作力度】 坚持围绕稳粮食、促增收、强基础、重民生，认真落实强农惠农政策，加大对“三农”的投入力度，农业和农村经济稳步发展。开展百亩核心区、千亩示范园、万亩辐射带粮食作物“百千万”高产示范区建设，带动全州粮食大面积平衡增产，全年粮食总产量54.83万吨，同比增长19.2%，创历史最高水平。完成中低产田地改造1.07万亩、中低产林地改造26.1万亩。冬季农业开发效益显著。甘蔗生产运行平稳。现代烟草农业快速发展。畜牧业不断壮大。农村沼气清洁能源进一步得到推广和使用。认真落实各项支农惠农政策，共兑付涉农补贴1.5亿元，农民人均所得补贴167元。新农村建设取得新成效，全年实施省、州、县三级试点村建设223个，共投入建设资金2.8亿元。农村群众生产生活条件和乡村文明程度进一步改善，农业农村好形势得到巩固和发展。

【开展学习实践科学发展观】 按照中央和省委的要求，结合德宏实际，提出“实现一个目标、开展两项活动、抓好三个结合、强化四个着力、突出五个重点”的工作思路，认真组织实施，形成了一级抓一级、层层推进学习实践活动的良好局面。全州第二批学习实践活动共有410个参学单位1.97万名党员参加并圆满完成；正在开展的第三批学习实践活动共有759个参学单位3.06万名党员参加

在开展学习实践活动中，强化理论武装头脑，着重抓了两方面工作：要求县处级领导干部“在学习原著上下工夫，在领会精神上求实效；在结合实际上下工夫，在运用操作上求实效”。针对全州各族干部群众在工作和生产生活中普遍使用民族语言进行交流的实际，采取“五用”措施，使科学发展观的深刻内涵和精神实质深入全州各族干部群众心中，成为指导实践的思想武器和推动发展的强大动力。通过开展学习实践活动，进一步深化了对州情的认识，全州经济社会发展和党的建设思路更加清晰，重点更加突出，目标更加明确，措施更加有力，成效更加明显，有力地促进了经济社会又好又快的发展。经实践证明，州委确定的思路体现了科学发展观，符合中央和省委的要求，符合德宏的实际，符合全州各族人民的根本利益，得到了广泛认同，形成了全州各族人民的共识和自觉行动。

【全力推进重大项目建设】 2009年，坚持一手抓项目争取，一手抓项目落地，抢前期、抢立项、抢开工、抢进度，切实做到思路项目化、项目工程化、工程操作化、操作数字化。全州共争取到中央新增投资项目279个，项目开工率达100%。共有施工项目1 236个，其中，5 000万元以上94个，同比增加24个；亿元以上44个，同比增加9个。芒市机场扩建完工，腾陇、潞梁二级公路开工建设，大瑞铁路、龙瑞高速公路前期工作进展顺利。瑞丽口岸查验货场工程即将竣工，国家投资的省第一个口岸通道建设项目—章凤口岸建设完工并投入使用。实施农村公路基础建设项目206个，预计完成投资3.9亿元。麻栗坝水库、龙江水利枢纽、大盈江梯级电站等重大水利水电工程项目以及教育、卫生、文化、环保、危房改造、城市供水管网等一批民生工程建设项目进展顺利。加大农田水利基础设施建设力度，共完成农田水利建设投资3.03亿元。

【实施“五个百亿元工程”】 按照发挥优势，科学规划，把握重点，突出特色，打造亮点的思路，坚持有所为有所不为的原则，集中人力、物力、财力，全力推进特色产业加快发展。大力实施生物特色产业百亿元工程。在整合巩固提升粮食、蔗糖、茶叶、橡胶、畜牧等传统产业的基础上，认真筛选，确定并大力发展具有德宏特色和比较优势的竹子、咖啡、坚果、柠檬、油茶、核桃“六棵树”和番麻“一棵草”，全州新增生物特色产业种植面积46.06万亩，已建和在建加工生产线10条。大力实施水能电冶工业百亿元工程。完成水电投资36.2亿元，大盈江四级电站等17座水电站建成并投产发电，全州新增装机容量94.91万千瓦，年发电量达76.1亿千瓦小时，同比增长93.3%。发展水电矿结合的清洁载能工业，德宏东方硅谷年产8 000吨的一号炉点火生产。大力实施旅游文化产业百亿元工程。加大全州旅游资源整合力度，组建了德宏旅游集团，新编制了全州旅游规划，成功举办了第九届中缅胞波狂欢节。孔雀湖民族文化体育康乐谷、景成地海温泉度假村等一批旅游项目顺利推进。全年完成旅游业总收入37.8亿元，同比增长11%。大力实施珠宝玉石产业百亿元工程。成功举办2009′中国（昆明）东盟石博会德宏珠宝文化宣传周活动，盈江、瑞丽两个翡翠玉石毛料公盘相继开盘运营，芒市珠宝小镇项目开工建设。全州已建成八大珠宝玉石交易市场，全年进口玉石毛料达2 000余吨，珠宝玉石年贸易额超过56亿元。大力实施对外贸易百亿元工程。积极采取促进对外贸易的有效措施，拓展国外市场。加大农机、摩托车等机电产品和珠宝玉石、农副产品、木材等进出口力度。积极实施“走出去”战略，执行对外承包工程项目合同总额达8 396万美元，完成境外罂粟替代种植面积43.16万亩。成功举办了第九届中缅边交会，规模和影响

进一步扩大。全州对外贸易出口自5月开始实现扭降为升，进出口总额基本与上年持平。

【举行第九届中缅边境贸易交易会】 12月3～6日，2009年第九届中缅边交会在瑞丽市举行。边交会期间共有290余家国内外企业（其中缅甸参展企业达42户），近2 000余人参与了本届边交会的商品交易和商务洽谈，完成进出口现货贸易3.0亿元（其中，进口3 148.19万元；出口2.69亿元）。共签约项目30个。其中，进出口贸易合同22个，金额12.32亿元（其中，进口5.66亿元、出口6.66亿元）；招商引资项目8个，金额7.65亿元人民币。此次签约项目内容涉及广泛，包括木材加工业、饮食业、冶炼业、旅游业等；外贸合同涉及进口天然胶项目，出口锌锭、五钠等项目。

【中央电视台——《寻宝—走进芒市》大型电视活动】 为进一步加大对德宏人文历史和民族风情的宣传，提升德宏知名度，2009年4月11～12日，在芒市勐巴娜西珍奇园内举办CCTV—《寻宝—走进芒市》大型电视活动。《寻宝》栏目是中央电视台经济信息（CCTV-2）频道的一档大型文化活动类节目。程序为藏品报名、藏品海选、藏品50进12及选出“芒市民间国宝”，共有600多件藏品报名参加了活动。按陶瓷类、青铜佛像类（偏向民俗宗教方面）、翡翠玉石类、杂项类（书画及难于分类的藏品）四个类别，国家级知名陶瓷类专家毛晓沪、青铜类专家金申、翡翠玉石类专家欧阳秋眉、杂项类专家蔡国声及4名本地专家经过层层筛选，将清代傣族土司刀具、青铜九柱大锉、黄龙玉雕《清明上河图》、黑釉堆塑纹小罐等12件定为优秀藏品。通过专家辩论、推选，精品黄龙玉雕《清明上河图》以独特材质、精湛工艺及巧妙构思达到完美意境，让专家和观众折服，最终获得“芒市民间国宝”称号。

（线智林）

潞西市

【概述】 潞西市位于云南省西部、德宏傣族景颇族自治州东南部，南部与缅甸交界，国境线长68.23千米。辖区总面积2 987平方千米。其中，山区面积2 209平方千米，占总面积74%；坝区面积778平方千米，占总面积26%。州、市府所在地芒市镇，距省会昆明679千米，320国道从中贯穿。年平均气温20.4℃，年最高气温34.4℃（7月），年最低气温3.7℃（12月）。平均日照时数2 102.5小时，全年降雨量1 331.4毫米。辖11个乡镇，1个街道办事处，其中，乡6个，镇5个，有80个村委会，13个居民委员会，自然村719个。2009年末总人口38.2万人。其中，非农业人口8.5万人，占总人口22.2%；少数民族人口18.9万人，占总人口49.4%。其中，傣族13.2万人，占总人口的34.5%；景颇族3.0万人，占总人口的7.7%；德昂族1万人，占总人口的2.6%；阿昌族2 085人，占总人口的0.5%；傈僳族4 305人，占总人口的1.1%。人口密度每平方千米128人，人口自然增长率7.44‰。

2009年，实现生产总值36.4亿元，比上年增长15%。其中，第一产业增加值9.8亿元，增长4.9%；第二产业增加值10.3亿元，增长29.4%；第三产业增加值16.2亿元，增长13.1%。一、二、三产业结构比由上年的30：25：45调整为27：28：45。粮食总产量18.2万吨，增长17.7%。工业总产值完成24.2亿元，增长20.1%。年末公路通车总里程2 323千米。全年客运量70万人，旅客周转量7 125万人千米；货运量65万吨，货物周转量4 430万吨千米。年底固定电话机总数6.0万部，移动电话用户20.1万户，电话普及率15.7部/百人。互联网用户2.1万户，比上年增长37.5%。全市财政总收入4.2亿元，增长12.5%；财政总支出10.8亿元。

年底，全市共有各类学校173所，专任教师3 795人，在校学生6.8万人。学龄儿童净入学率99.8%，普通初中升学率41.2%，高考录取率62.6%。有艺术表演团体1个，文化馆（站）13个，公共图书馆1个。广播人口覆盖率96%，电视人口覆盖率86.5%。卫生机构（不含诊所等）29个，病床1 839张，每千人有病床4.8张；有卫生技术人员1 642人，其中，执业医师及执业助理医师622人，每千人有卫生技术人员4.3名。新型农村合作医疗参合率达98.9%，提高2.02个百分点。

2009年，农民人均纯收入3 106元，扣除物价因素，实际增长13.6%；职工年平均工资25 519元，

中央电视台《寻宝》——走进芒市 （陈子鸥 摄）

芒市宾馆 （陈子鸥 摄）

增加4 368元。城镇居民可支配收入13 197元，增长10%；城镇居民人均消费支出10 422元，增长3.7%；农村居民人均生活消费支出2 610元，下降0.5%。城镇居民平均住房建筑面积41.3平方米，农村人口平均住房面积19.3平方米。城镇登记失业率3.6%。

中共市委书记 赵镇康（回，～2009.9） 蔡四宏（傣，2009.9～）

市人大常委会主任 张勒干（景颇）

市人民政府市长 蔡四宏（傣，～2009.10）

副市长、代理市长 沙玉庄（傣，2009.10～）

市政协主席 李茂文

【新农村试点示范村建设】 2009年，全市累计实施新农村试点示范村建设项目33个，其中，省级重点建设村9个，州级试点村11个，市级试点村13个，编制完成50个村组的新农村建设规划。累计投入资金5 348.78万元，其中，省级财政补助135万元，州级财政下拨110万元，市级财政安排500万元，群众自筹和投工投劳4 603.78万元。至年底，9个省级重点建设村已完成各项准备工作；11个州级试点村已竣工验收3个，13个市级试点村中已竣工验收4个，50个村组的新农村建设规划完成外业勘测工作。

（王娅敏）

瑞丽市

【概述】 瑞丽位于云南省西部、德宏傣族景颇族自治州西南部。辖区总面积1 020平方千米。山区面积占80%，坝区面积占20%。国境线长169.8千米。市人民政府驻地勐卯镇，距昆明752千米，距州府芒市103千米。平均气温21.2℃，与上年相比高0.4℃，与历年平均值高0.9℃。全区辖姐告边境贸易区、畹町经济开发区2区，畹町、勐卯、弄岛三镇，户育、姐相、勐秀3乡29个村委会，212个村民小组，274个自然村，11个居民委员会。年末常住人口16.99万人，户籍人口12.37万人。其中，非农业人口4.72万人。少数民族人口7.83万人，占总人口46.1%。傣族5.61万人，景颇族1.39万人，德昂族1 821人，傈僳族938人，阿昌族251人。人口密度平方千米167人。人口自然增长率7.47‰。

2009年，实现生产总值24.81亿元，比上年增长12%。其中，第一产业增加值5.14亿元，增长9.0%；第二产业增加值5.53亿元，增长10.4%；第三产业增加值14.14亿元，增长13%。一、二、三次产业结构比由上年的20.9∶23.7∶55.4调整为20.7∶22.3∶57.0。三次产业对经济增长的贡献率为16.2%、16.7%和67.1%，分别拉动经济增长2.0、2.0和8.0个百分点。非公经济创造增加值12.5亿元，占全市生产总值的比重达50.4%，比上年提高1.0个百分点。人均生产总值达1.47万元，比上年增长11.0%。完成农林牧渔业总产值7.4亿元，增长9%。粮食总产量6.93万吨，增长37.8%；完成工业总产值10.74亿元，比上年下降2.2%。完成货物运输量545.6万吨，增长20.2%；货运周转量3.82亿吨千米，增长20.3%。完成客运量388万人，增长0.6%；旅客周转量2.83亿人千米，下降8.2%。全年财政总收入3.39亿元（不含上级各项补助收入），下降7.5%；财政总支出8.14亿元，增长24.6%。财政一般预算收入2.21亿元，与上年持平；财政一般预算支出7.12亿元，增长27.5%。

全市拥有小学33所，教学点21个，在校生1.51万人，毕业生2 358人。普通中学8所，在校生7 722人，其中，初中1 756人，高中1 305人；毕业生2 099人。职业中学一所，在校生555人。小学学龄儿童入学率99.81%；初中阶段学龄入学率98.59%。有艺术表演团1个，电影院1座，文化馆2个，图书馆2个，藏书8.7万册。中波台1座，电视差转台3座，地面卫星收转站6 108座，有线电视用户2.38万户，电视人口覆盖率94%。有卫生机构22个，病床725张，卫生技术人员611人，其中，执业医师181人，执业助理医师42人，注册护士213人，药师25人。每万人拥有病床43张；每万人拥有卫生技术人员36人。全市参加新农合7.91万人，参合率98.66%。

2009年，城镇居民人均可支配收入13 544元，增长10.2%；农村居民人均纯收入3 766元，增长11.7%。城镇居民人均消费支出11 167元，增长18.3%。农村居民人均消费支出3 118元，增长31.2%。城镇居民人均住房使用面积37.4平方米，增加1.7平方米；农村居民人均住房面积28.6平方米，增加

中缅胞波狂欢节牛车选美　（瑞丽市志办　提供）

0.7平方米。城镇居民每百户有家用汽车17辆，摩托车95辆，家用电脑63台；农村居民百户有摩托车100辆，手机84部，电冰箱16台。城镇新增就业747人，城镇登记失业率2.9%。

中共市委书记　杨跃国

市人大常委会主任　排生（景颇）

市人民政府市长　刀晓瑞（傣）

市政协主席　岩板　（傣）

【商业服务大幅增长】 2009年，瑞丽市消费品零售总额10.9亿元，比上年增长22.3%。分城乡看：城市实现消费品零售总额7.64亿元，增长17.4%；农村实现消费品零售总额3.26亿元，增长35.7%。分行业看：批发零售额1.06亿元，增长13.9%；零售业实现8.12亿元，增长23.7%；住宿业0.21亿元，增长16.9%；餐饮业1.48亿元，增长22.4%；其他行业0.03亿元，增长5.6%。分经济类型看：公有经济实现零售额1.27亿元，增长8.3%；非公经济实现零售额9.63亿元，增长31.7%。

【口岸贸易】 瑞丽口岸全年完成进出口贸易总额60.16亿元，比上年下降2.4%。其中，进口总额15.4亿元，下降11.0%；出口总额44.76亿元，增长0.9%。瑞丽口岸对缅甸贸易占全州对缅贸易总额的79.6%，占全省对缅贸易的73.16%。实现口岸年过货量99.96万吨，出入境人流量844.77万人次。

【旅游业】 2009年，全市共接待国内外旅客134.97万人次，比上年增长6.3%。其中，海外游客7.91万人次，增长18.1%；国内游客127.05万人次，增长5.7%。实现旅游总收入11.67亿元，比上年增长8.9%。1990～2009年全市累计接待旅游总人数2 500多万人次，平均年接待130万人次，累计旅游总收入72亿元，年均3.6亿元。

【直补惠农】 全年，兑付粮直补、综合直补、良种补贴、退耕还林补助等补贴资金8 020万元，受益群众20.83万人次。

【扶贫攻坚】 年内，6个易地搬迁工程和15个整村推进项目顺利实施，7 400余名群众生产生活条件得到改善，400余名贫困人口实现脱贫。“兴滇富民”“整村推进”“边疆行”“五难”惠民工程扎实推进，扶持人口较少民族成绩明显。新农村建设稳步推进，全年共投入资金329.77万元，集中建设10个试点村。

【集体林权制度改革】 2009年，135个村民小组完成主体改革任务。林改期间共排查出林权纠纷138起，成功调处135起，调解率达97.83%。确权11 386宗，面积23.66万亩，确权率达95.85%。发放股权证4 200本，签订均利协议书4 345份，发证率达100%。6月，全市集体林权制度改革通过验收。

【禁毒防艾】 年内，全市共侦破毒品案件622件，缴获毒品264千克，抓获犯罪嫌疑人186名，收戒吸毒人员1 438人，全市无新增吸毒人员，戒毒成功率15%以上，创建了39个“无毒社区”。认真落实各项防艾措施，“四免一关怀”政策得到进一步落实，财政收入投入禁防专项经费300余万元，艾滋病检测、管理力度不断加大，宣传知晓率达100%。毒品和艾滋病危害的势头得到进一步遏制。

（何文忠）

梁河县

【概述】 梁河县位于云南省西部、德宏傣族景颇族自治州东北部。辖区总面积1 159平方千米。其中，山区、半山区面积1 015平方千米，占总面积87.58%；坝区面积144平方千米，占总面积12.42%。县城驻地遮岛镇海拔1020米，距省会昆明690千米，距德宏州首府芒市114千米。全年平均气温18.6℃，年最高气温35.5℃（7月13日），年最低气温零下0.4℃（12月25日）；年日照时数2 175小时，年降雨量1 002.7毫米。无霜期290天，初霜日12月28日，终霜日2月23日。年内多次发生气象灾害，5月22日，受局地强对流天气影响，勐养镇3个村出现大风、冰雹灾害天气；7月13日，勐养镇再次出现局地强对流天气，8个村遭遇大风、雷暴和强降雨天气；9月13日，大厂中学发生雷击灾害。全县辖乡镇9个，其中，乡6个（含2个阿昌族乡）、镇3个，村（居）民委员会66个（其中社区居委会4个），自然村396个，674

个村民小组。年末总人口16.15万人（常住人口）。其中，非农业人口3.76万人，占总人口的23.3%；少数民族人口5.47万人，占总人口33.96%。人口密度每平方千米139.4人，人口自然增长率5.53‰。

2009年，完成生产总产值8.84亿元，比上年增长15.7%；人均生产总值5 485元，增长15.2%。其中，第一产业增加值2.35亿元，增长7.5%；第二产业增加值2.78亿元，增长34.7%；第三产业增加值3.71亿元，增长10%。一、二、三产业比由上年的26.7：27.6：45.7调整为26.6：31.4：42。农村经济总收入4.89亿元，比上年增长11.4%。粮食总产量5万吨，增长17.3%。工业总产值完成5亿元，增长37.2%。年末公路通车总里程959千米。全年客运量184万人次，客运周转量1.36亿人千米；货运量182万吨，货物周转量1.99亿吨千米。全年县财政总收入完成1.1亿元，增长18.8%；财政总支出5.52亿元，增支41.8%。

年末，全县共有各类学校140所，其中，中小学128所（含职业中学1所）。专任教师1 781人（含民办78人），在校学生2.54万人。九年义务教育小学段入学率、巩固率、辍学率分别为99.78%、99.08%和0.93%；初中段入学率、巩固率、辍学率分别为96.68%、97.68%和2.28%。普通初中升学率68.53%，高考录取率78.67%。有文化馆（站）9个，公共图书馆1个。广播人口覆盖率90%，电视人口覆盖率94.5%。有卫生机构（非营利性）12个，病床335张，卫生技术人员333人，每千人口拥有卫生技术人员1.81名；有7个个体诊所；设有62个村卫生室，有乡村医生158人，农村卫生室覆盖率达100%。

2009年，农民人均纯收入2016元，比上年增长27%。城镇居民可支配收入11 303元，增长9.5%。城镇居民人均消费性支出7 209元，增长11.3%。城乡居民储蓄存款7.84亿元，增长28.11%；人均储蓄存款4 853元。城镇居民平均住房面积35.4平方米，农村人口平均住房面积27.3平方米。全年商品零售物价指数与上年持平。城镇登记失业率4%。

中共县委书记　杨向宏（白）

县人大常委会主任　杨天明（傣）

县人民政府县长　方文信（傣）

县政协主席　孙定发（景颇）

【白恩培到梁河调研】 2009年5月24日，省委书记白恩培在省委常委、省委秘书长杨应楠，德宏州委书记赵金的陪同下，轻车简从，深入梁河县的灾区重建点、阿昌族养猪户、特色产业基地等进行视察，走访群众，考察产业发展，与县、乡、村干部和群众代表进行座谈。白书记指出："梁河在各方面所取得的成绩，是有目共睹的，尽管梁河虽然是一个贫困的地方，但也是一个具有潜力和充满希望的地方，在这种艰苦的条件下，全县各级干部的精神状态都很好，思路非常清晰，都有一个怎样使群众能够尽快增加收入的办法，有加快发展的信心"。白书记强调："恢复重建一定要尽力而为、量力而行，既盖好新房，又立足实际抓好产业发展。发展优势特色产业，必须坚持全州统筹，县乡作为作战单位。只有坚持区域统筹，才能科学规划、合理开发、整体推进，才能上规模、上水平、出效益，才能培育形成促进农民增收、推进经济增长的支柱产业。要推动经济发展，促进社会和谐，基层干部担负着重要的责任。党群关系、干群关系如何，关键在于基层干部的形象和作风。党的富民政策能否真正惠及百姓，全面建设小康社会的目标能否实现，关键取决于基层干部的能力。各级干部，在培育优势特色产业中，不要怕失败，要勇敢地闯，大胆地试，看准了的事情要一抓到底，以坚韧不拔的精神加快产业发展"。白书记要求："广大基层干部在深入学习实践科学发展观活动中，要按照'一面旗、一团火、一盘棋'的要求，转变作风，学会做好群众工作，把上边的精神传达贯彻下去，把下边的情况报告上去，在自己职责范围之内做好群众的组织、学习、引导、调解工作，进一步密切党群、干群关系，带领人民群众勤劳致富奔小康"。

【奥环水泥粉磨生产线通过环保验收】 2009年10月23日，梁河县奥

2009年内实施的省道腾陇二级公路过境线重点桥梁——曩宋大桥建设工地现场

（李同文　摄）

环水泥粉磨生产有限公司的一期60万吨／年生产线通过州级环保验收。公司占地2.32万平方米，工程总投资2 300万元，其中，环保投资300万元，建设规模为新建一条60万吨／年干法回旋转窑水泥粉磨生产线，分两期进行建设。一期工程建设30万吨／年，主要生产普通硅酸盐水泥42.5等级和复合硅酸盐水泥32.5等级两个规格的水泥，工程于1月全面竣工投入试生产。参加验收的州县专家及相关单位的代表，对建设项目的环境保护设施及其他环境保护措施进行了现场检查，仔细听取了汇报，并进行了认真的讨论和审议。专家和代表认为该公司在工程建设和运行过程中，认真执行《建设项目环境保护条例》，在较好执行环保“三同时”要求的基础上，对环境保护进行严格管理，整个工程在建设和运营后基本落实了环评报告及批复要求，建立了严格的环境管理制度，制订了事故风险防范组织系统和环境突发事件应急预案，一致同意通过环保验收。

【家电下乡成效明显】 年内，县各级各部门共同努力，重点抓好政策宣传、网点备案、健全销售网络、规范销售行为等多项工作，使销售量和补贴进度逐月加快，工作成效十分明显。全县累计兑付家电下乡补贴37.65万元，销售家电产品1 778台（件）。其中，冰箱（冰柜）533台，洗衣机220台，电视机778台，电脑38台，热水器204台，空调3台，微波炉2台。兑付汽车、摩托车下乡补贴资金178.81万元，销售车辆1 987辆，其中，客车94辆，货车115辆，摩托车1 778辆。

【固定资产投资获重大突破】 固定资产投资持续增长，重点工程进展顺利。争取到中央扩大内需项目32个，资金9 564万元。全年实施项目112个，比上年增加49个，其中，新开工项目95个，续建项目17个；所实施的项目，亿元项目5个；已竣工项目54个。累计完成固定资产投资总额7.17亿元，占年计划的103.9%，比上年增加35.8%。其中，城镇固定资产投资4.74亿元，增长12.7%；房地产投资2 425万元，增长5.5倍；农村固定资产投资7 194万元，增长68.2%；农村私人投资1.47亿元，增长1.4倍。

（李同文）

盈江县

【概述】 盈江县位于云南省西部、德宏傣族景颇族自治州西北部。辖区总面积4 429平方千米。其中，山区面积3 790.6平方千米，占总面积的85.6%；坝区面积638.4平方千米，占总面积的14.4%。国境线长214.6千米。县人民政府驻地平原镇，距省会昆明735千米，距州府驻地芒市153千米。县城海拔830米。2009年平均气温20.6℃，年最高34.2气温℃（10月2日），年最低气温2.9℃（12月25日）；年日照时数2 238.2小时，年降雨量1 199.8毫米。主要气象灾害为大风，冰雹、洪涝、泥石流滑坡和霜冻。辖15个乡镇（7乡8镇），103个村（居）民委员会，869个自然村，1个国营农场。年末总人口29.97万人。其中，非农业人口8.50万人，占总人口28.36%；少数民族人口17.30万人，占总人口57.73%。人口密度每平方千米66.7人，人口自然增长率8.06‰。

2009年，实现生产总值30.69亿元，比上年增长21.1%。其中，第一产业增加值9.02亿元，增长11.5%；第二产业增加值13.14亿元，增长41.91%；第三产业增加值8.52亿元，增长10.2%。一、二、三产业比由31.7∶37.0∶31.3调整为29.4∶42.8∶27.8。农村经济总收入10.73亿元，增长17.2%。粮食总产量14.79万吨，增长12.1%。工业总产值24.88亿元，增长58.4%。全县公路通车里程1 396千米，比上年增长5.7%，其中等级公路592千米，增长29.5%。客运量230万人次，客运周转量1.92亿人千米；货运量550万吨，货运周转量5.09亿吨千米。年末，固定电话用户5.28万户，移动电话用户15.06万户。全县财政总收入5.18亿元，增长52.1%；财政总支出9.84亿元，增长12.1%。

年末，有各类学校242所，专任教师2 989人，在校学生5.16万人。学龄儿童入学率99.34%，普通初中升学率53.45%，高考录取率83.5%。有艺术表演团体1个，文化馆（站）16个，公共图书馆1个。完成直播卫星村村通工程380座1.72万套；有线电视入户2.64万户，广播电视综合覆盖率93%。有卫生机构（不含诊所等）23个，病床870张，有卫生技术人员516人，其中，医师及助理医师252人，护士158人；乡镇卫生院16个，床位251张，卫生技术人员132人；疾控中心1个，卫生技术人员51个；妇幼保健站1个，卫生技术人员21个。农村卫生厕所普及率达24.6%，比上年提高3.1个百分点。全县23.26万名农民参加农村合作医疗，参合率99.65%。

2009年，农民人均纯收入3 122元，扣除物价因素，实际增长17%；农民人均消费性支出2 597元，增长12.2%；在职职工年平均工资21 528元，比上年增加441元。城镇居民可支配收入13 188元，实际增长10.0%；人均消费性支出10 125元，实际增长1.8%。居民人均储蓄存款6 116元。城镇居民平均住房面积40.5平方米，农村人口平均住房面积26.2平方米。城镇登记失业率4.0%。

中共县委书记　杨赛光（～2009.7）　王明山（2009.7～）

县人大常委会主任　排正忠（景颇，～2009.11）　孟成武（傣，2009.11～代理主任）

县人民政府县长　俄吞（傣，～2009.10）　卫岗（傣，2009.10～代理县长）

县政协主席　王振泽

【农业农村基础设施建设】 2009年，投资1 600万元建设盈江大型灌区续建配套与节水改造工程。投资7 806.9万元完成回龙河水库占地征用补偿及部分工程建设。利用省级

转移支付资金1 000万元和中央扩大内需资金500万元，治理那邦国际河界12.16千米，恢复国土1.05平方千米。投资631.77万元，建设农村人畜饮水工程，解决10个乡（镇）59个村民小组1.33万人饮水安全问题。投资329万元，实施山区“五小”水利工程，7个乡镇10万人受益，改善20万亩农田灌溉条件。投资429万元，开工建设平原镇、昔马镇、太平镇及铜壁关乡、卡场镇、那邦镇3个村委会“兴边富民”增量部分的交通、文化基础设施。完成沼气池建设329口，节柴灶100口。

【新农村建设】 年内，全县有州县级新农村建设试点41个，投入资金7 178.8万元。其中，州级资金270万元，县级资金1 878.16万元，部门整合资金2 743.4万元，乡镇自筹7.6万元，群众自筹2 030.88万元，其他资金248.76万元。铺设水泥路38条，柏油路4条，长72千米，面积30.57万平方米；支砌排水沟及道路双肩27.64千米；安装人行道盖板1.06万块，建桥87座；建盖文化活动室19栋，面积2 802.1平方米，铺设活动场地10块，面积7 304.8平方米；架设自来水6件，长3.09万米，修建饮水池3座，面积120平方米；安装太阳能30台，建沼气池255座，节柴灶100口；建户厕223间，公厕4座；建垃圾池11个，面积66平方米。新农村建设试点项目惠及全县15个乡镇，43个村委会，55个自然村，93个村民小组，5 543户，2.59万人。

【灾后重建】 全县完成恢复重建民房2.08万户。其中，规划统建点40个2 688户，（重点统建点11个1 379户，一般建设点和地质灾害隐患搬迁点建设29个1 309户）；分散自行建设1.81万户（重建和搬迁972户，修复加固1.71万户）。

【水电站建设】 2009年，电站建设完成投资13.24亿元。全县运行电站59座，总装机184.5万千瓦，电力生产达80亿千瓦时。新投产电站9座，完成技改1座，新增装机85.5万千瓦。计划投资69.17亿元，新开工电站4座，在建水电站2座，设计总装机141.7万千瓦。投入500万元，实施西部农网工程。投入2 450万元，解决3 999户无电户用电。

【城镇建设】 年内，投入资金180万元，完成盈江县垃圾处理场项目前期工作。投资25万元，完成污水处理厂可研、环评等工作，实施地勘、征地等工作。完成城市供水工程建设及供水管网改造项目。建设南部新区开发路网、三号地块项目和风情雅苑小区等项目。完成175套廉租房地勘、环评、可研、招标。

【扶贫攻坚】 年内，争取整村推进项目69个，投入资金1 366.38万元，受益4 573户2.09万人。发放扶贫小额信贷资金1 800万元，受益994户4 850人。争取易地开发项目11个，资金612.8万元，转移安置479户1 548人。争取安居工程100户，资金51.6万元，完工86户。完成“兴边富民”整村推进项目和州县重点村科技培训53期5 440人；完成农村富余劳动力转移培训800人。

【集体林权制度改革】 全县涉及集体林权改革96个村委会，1 027个村民小组，面积296.95万亩，完成勾图宗地12.01万宗，外业完成勾图面积293.99万亩，其中内业完成面积293.52万亩。确权面积293.17万亩，确权到户面积270.98万亩。发证793个村民小组，发证面积242.35万亩。全县林地确权率98.73%，确权到户率98.62%，勘界准确率95%，发证率98%，纠纷调解率98.1%。

【生态文明建设】 2009年完成人工造林6 108公顷，比上年增长31.6%。森林覆盖率达73.9%。城市公共场所绿地85公顷，增长1.2%。关闭芒桑水泥厂湿法旋窑生产线，榕全公司获省工信委日产2 000吨新型干法水泥生产线项目批文，投产1条4 500万块免烧砖生产线。剑雄水泥厂投资500万元，投产1条30万吨水泥粉磨生产线。工业废气处理率达90%，与上年持平；工业废水排放达标率90%，比上年提高12.9个百分点；工业固体废物综合利用率100%，与上年持平。

（李加强）

盈江榕树王 （盈江县史志办 提供）

陇川县

【概述】 陇川，傣语称勐宛，意为太阳照耀的地方。位于云南省

德宏州经济社会发展主要指标（表四）

地　区	地区生产总值指数（上年=100）		人均地区生产总值（元）		国有经济固定资产投资（万元）		社会消费品零售总额（万元）	
	2008年	2009年	2008年	2009年	2008年	2009年	2008年	2009年
德宏州	111.50	115.10	8 439	9 728	152 054	304 196	381 959	460 131
瑞丽市	112.10	111.90	13 410	14 618	24 234	70 050	89 097	108 979
潞西市	112.10	115.20	8 502	9 811	64 637	97 690	142 368	173 688
梁河县	111.90	116.00	4 604	5 597	10 841	13 604	26 434	30 465
盈江县	112.70	121.10	8 318	10 250	32 348	98 659	93 861	112 728
陇川县	108.10	111.00	7 262	7 963	19 994	24 193	30 199	34 271

德宏州经济社会发展主要指标（表五）

地　区	地方财政收入（万元）		地方财政支出（万元）		人均地方财政收入（元）		人均地方财政支出（元）	
	2008年	2009年	2008年	2009年	2008年	2009年	2008年	2009年
德宏州	88 679	98 345	365 934	488 697	751	827	3 099	4 108
瑞丽市	22 103	22 092	55 866	71 237	1 318	1 308	3 331	4 216
潞西市	21 704	25 521	71 256	103 507	576	671	1 892	2 721
梁河县	4 985	5 720	37 077	53 230	311	355	2 310	3 301
盈江县	18 739	21 724	87 785	98 394	630	727	2 951	3 292
陇川县	6 136	6 933	47 398	65 037	342	385	2 644	3 608

德宏州经济社会发展主要指标（表六）

地　区	农民人均纯收入（元）		职工人数（人）		在岗职工年平均工资（元）		人均储蓄存款余额（元）	
	2008年	2009年	2008年	2009年	2008年	2009年	2008年	2009年
德宏州	2 439	2 831	86 112	87 362	19 956	22 287	8 990	11 538
瑞丽市	3 372	3 766	17 395	19 394	18 138	19 244	28 022	37 703
潞西市	2 734	3 106	34 101	31 708	21 151	25 519	7 951	9 857
梁河县	1 586	2 016	7 181	7 041	22 144	24 840	3 810	4 862
盈江县	2 669	3 122	15 184	16 653	21 087	21 528	4 842	6 134
陇川县	1 853	2 186	12 251	12 566	16 728	17 925	4 886	5 492

（省统计局）

怒江傈僳族自治州

主　　编　司忠诚　张　春
责任编辑　温益群　杨　洪

【概述】　怒江傈僳族自治州地处云南省西北部的横断山脉，为云南省西部边陲的重要边防屏障。总面积14 703平方千米。边境线长449.47千米。境内有云岭山、碧罗雪山、高黎贡山、担当力卡山和澜沧江、怒江、独龙江自北向南纵贯全境，形成四山夹三江的三大峡谷地貌。可耕地面积少，垦殖数不足4%。可耕地中高山地占28.91%，山区半山区占63.47%，河谷地占7.62%，76.6%的耕地坡度均在25°以上，全州58.3%的区域面积纳入国家自然保护区范围。州府驻泸水县六库镇，距省会昆明581千米。2009年，辖泸水县、福贡县、贡山独龙族怒族自治县、兰坪白族普米族自治县，乡镇29个，其中，乡20个（含民族乡3个）、镇9个。常住人口53.6万人。其中，非农业人口7.62万人，占总人口14.69%；少数民族人口48.29万人，占总人口93.5%；主体自治民族傈僳族人口26.9万人，占总人口52.1%。是怒族、独龙族、普米族的主要聚居地。白族人口14.2万人，普米族人口1.74万人，怒族人口3.19万人，独龙族0.62万人。其中，独龙族、怒族、普米族为全国的较少民族。人口密度每平方千米33人，人口自然增长率6.1‰。

2009年，全州实现生产总值48.41亿元，比上年增长13.1%。其中，第一产业增加值6.21亿元，增长4.5%；第二产业增加值20.35亿元，增长7.8%；第三产业增加值21.48亿元，增长22.7%。三次产业比由上年的13.25：46.77：39.97调整为12.9：42.4：44.7。按常住人口计算，全州人均生产总值9 368元，增长13.7%。全年接待海内外游客141.37万人次，增长13.55%。实现旅游总收入4.64亿元，下降9.8%。年内怒江被评为全国20个最具民俗文化特色旅游目的地之一。完成固定资产投资总额40.4亿元，增长32%。实现社会商品零售总额12.58亿元，增长16.7%。完成外贸进出口总额2.77亿元，增长39%。全州招商引资实际到位25.2亿元，增长10%。

年末，公路通车里程3 816千米。公路运输客运量214.96万人，旅客周转量3亿人千米；货物周转量65.21万吨千米。拥有固定电话4.89万户，比上年下降1.2%；电信小灵通用户8 751户，增长55.5%；互联网用户1.75万户，增长19.7%。移动电话用户19.6万户，增长24.1%；移动业务收入1.35亿元，增长5%。

全州完成财政总收入8.56亿元，下降4.8%；一般预算收入4.67亿元，下降8.8%。财政一般预算支出27.54亿元，增支6.5亿元，增长30.7%。全州金融机构各项存款余额71.6亿元，增长34.9%；贷款余额43.5亿元，增长18.8%。

年末，全州共有各级各类全日制学校584所，专任教师3 567人。其中，中专1所、普通高级完中9所（含民办高中2所）、初级中学18所、九年制一贯制学校3所、小学529所（含一师一校）、教师进修学校2所、职业中学2所、职教中心2个、特殊学校1所。全日制在校学生8.78万人，小学适龄年龄儿童入学率98.96%，初中毛入学率97.37%，高中阶段毛入学率37.1%；高考总上线率77.7%，同比增长15个百分点。全州人均受教育年限从6.6年提高到6.8年。

2009年，争取到省科技计划项目15项，科技经费1 214万元，州级科技计划项目立项48项，安排科技经费130万元。全州共组织开展各类科技培训1 149场，受训农民11.5万人次。

年末，全州有文化馆5个，公共图书馆5个。完成了10个乡（镇）文化站，50个村文化活动室建设，新建农村书屋43个。有艺术表演团体4个，艺术研究所1个。大型剧目《傈僳人》获第七届中国舞蹈“荷花奖”铜奖和第八届全国舞蹈大赛“文华奖”优秀奖；怒江大峡谷网站建设积极推进；出版各类报纸书籍53种。举办“边疆—北京心连心”系列纪念活动。全州有广播电台5座，广播人口覆盖率88.8%；电视台5座，有线电视用户2.79万户，电视人口覆盖率93.23%。

丙中洛怒族妇女织布　　（怒江州志办　提供）

傈僳族群众溜索过江 （刘建明 摄）

全州有卫生机构51个，病床1 476张，每千人口拥有2.95张病床。卫生技术人员有1 702人，每千人口拥有卫生技术人员3.53名。新农合参合率达94.4%。

举办各类形式体育运动会、体育活动160次。州级运动会5次。参加省级以上运动会4次，获得金牌6枚、银牌6枚、铜牌7枚。

2009年，职工年平均工资28 297元，增长19.4%；城镇居民人均可支配收入9 619.7元，增长19.6%。农村居民人均纯收入1 752元，增长21%。全州地区居民消费总水平102.1%，下降4.2个百分点；商品零售价格100.3%，上涨6.3%；农业生产资料价格95.5%，下降21个百分点。

中共州委书记　段跃庆

州人大常委会主任　和六中（白）

州人民政府州长　侯新华（傈僳）

州政协主席　刘泉（白）

【省政府加快怒江发展专题工作会议】 8月6～7日，省政府在怒江州召开专题工作会议，以“加强生态环保、关注民情民生、加快经济发展、促进社会和谐”为主题，研究推进新时期、新阶段加快怒江州发展的工作。省长秦光荣在会上作了重要讲话，副省长曹建方主持会议。副省长顾朝曦、和段琪，省政府秘书长丁绍祥出席会议，省有关部门及中央驻滇有关单位负责同志参加会议。怒江州委、州人大、州政府、州政协，州属有关部门及各县党政主要负责同志参加会议。

会议听取了怒江州委副书记、州长侯新华关于怒江州经济社会发展情况的汇报，并对有关问题进行了研究讨论。会议期间，秦光荣省长率队对怒江州金六二级公路、怒江木蜡厂、泸水工业园区、泸水县老窝乡中元村整村推进等建设和发展情况进行了实地调研。会议提出全面加快怒江州发展的步伐。当前和今后一段时期，要突出“抓生态、重民生、促发展、保稳定”四个方面的工作重点。会议研究决定由省财政安排1亿元资金支持怒江州发展，其中，3 500万元用于六库怒江第二大桥项目建设，其余资金由州人民政府结合怒江发展的实际，统筹安排到相关的重大建设项目。

【环境保护】 2009年，继续实施“山顶封和禁、半山移和退、河谷建和育”三大生态功能建设，建立“怒江开发与保护立体建设模式”。进一步加强怒江、澜沧江水土流失及生态恢复等重点工作，完成水土流失治理面积40.7万平方千米。完成人工造林33.33万亩，增长15%。全州森林覆盖率达72%。自然保护区4个，保护面积达599.37万亩。义务植树94.7万株，森林管护面积1 286.3万亩。完成《怒江州生态规划》编制工作，实施兰坪县沘江河流域综合治理工作，依法取缔、关闭江河流域沿岸违法排污企业14家。年内总计获得环境监测原始数据6 166家，完成4个农村环境保护综合整治项目申请。实施《怒江州第二轮矿产资源规划（2008～2015）》和《怒江州土地利用总体规划》编制。

【精神文明建设成效显著】 2009年国务院授予怒江州民族事务委员会“全国民族团结进步模范集体”，侯新华、王勇德、李友祥3人“全国民族团结进步模范个人”。全州有全国文明单位1个、全国文明村1个、全国精神建设工作先进单位2个、全国创建文明村镇工作先进村镇1个、1个单位1人（次）获“全国交通运输企业文化建设优秀单位”和先进个人；“全国教育系统先进集体”1个、全国模范教师1名、全国优秀教师4名。贡山县文化局为“全国文化系统先进集体”。还有省“民族团结进步模范集体”4个、模范个人4名、省级文明单位45个、省级文明村18个、省级文明小城镇、省级文明社区各1个。

【首届云南少数民族酒歌大赛】 12月22～24日，由省文化厅、省商务厅、省旅游局、中共怒江州委、怒江州政府联合举办的以“传承民族文化，共建和谐家园”为主题的2009怒江“阔时”文化旅游节暨首届云南少数民族酒歌大赛在六库举行。来自全省十六个州市，由22个少数民族组成的17支代表队身着绚丽多彩的民族服饰，在怒江边唱响了承载着少数民族激情豪迈性格的酒歌。

大赛期间，以“酒的天籁”为主题的首届云南少数民族酒歌大赛，以“酒的和谐”为主题的晚会，以“酒的激情”为主题的大峡谷浪漫之夜——同心酒狂欢夜，以“酒的符号”为主题的酒产品、酒具展销会，以“酒的神韵”为主题的酒文化、书画、摄影、奇石展，以“酒的记忆”为主题的传统酿酒工艺民俗展演，让人们享受了一场绽放激情、别开生面的云南民族文化盛宴。

【编制独龙族发展规划】 2009年胡锦涛总书记在云南考察时明确指出“进一步加快少数民族脱贫致富的步伐”；温家宝总理就解决好独龙族群众出行难问题作了重要批示。10月，省委副书记李纪恒率队深入独龙江调研并在独龙江乡召开专题会议，研究部署了独龙江整乡推进、独龙族整族帮扶综合发

展工作，形成了省委《专题会议纪要》，明确要求通过3到5年努力，使独龙江乡和独龙族经济社会实现跨越式、可持续发展。按照省委《专题会议纪要》要求，省发展改革委、省扶贫办牵头，省财政厅、省民委等省直有关部门参加，以及怒江州、贡山县、独龙江乡密切配合，结合独龙江乡实际，编制了《云南省贡山县独龙江乡整乡推进、独龙族帮扶综合发展规划》并即将实施，独龙江乡的经济社会发展和独龙族群众将插上腾飞的翅膀。

《规划》着力实施安居温饱、基础设施、产业发展、社会事业、素质提高、生态环境保护与建设“六大工程”，从根本上建立独龙族长期可持续脱贫致富长效机制，为重点帮扶人口较少民族跨越式、可持续发展综合新模式、新途径，力争通过3年的努力，全面完成“六大工程”建设任务。

【扶贫开发】 2009年共投入各类扶贫资金1.23亿元。其中，边境县整村推进52个村，2 600万元；整村推进74个村，1 110万元；安居工程400户，240万元；易地扶贫4 000人，2 000万元；劳动力培训转移5 100人，228万元；革命老区建设项目1个，20万元；大兴地乡整村推进扶贫资金300万元；村民互助资金70万元；溜索改造项目资金300万元；产业扶贫项目资金300万元；扶贫项目贴息贷款规模900万元、贴息资金200万元。州委州政府带领全州各族干部群众，认真按照项目计划组织实施，确保年度工作目标任务完成，确保扶贫开发继续取得新的成效。

【领导考察调研】 10月11～15日，中共云南省委副书记李纪恒率领省有关机关部门和上海市委市政府对外合作交流办的负责人，顶风冒雨，翻山越岭，深入独龙江乡，宣传贯彻党的十七届四中全会、国务院第五次全国民族团结进步表彰大会和胡锦涛总书记考察云南时的重要讲话精神，与独龙族群众共商边境民族地区经济社会发展大计。

【生态产业建设】 州围绕恢复生态、保持生态、建设生态，再现怒江的青山绿水，坚持“保护优先、开发有序”的原则，结合怒江实际，全面开发生物多样性保护工作，着力解决群众脱贫增收与生态建设的关系。全州大力实施“四个百万”生态产业建设，即建设百万亩林果基地、百万株庭院经济林、百万亩中药材基地、百万头商品畜基地。到年末全州已完成百万亩林果基地建103.93万亩，种植庭院经济林152.56万株，中药材面积发展至53.7万亩，大小牲畜存栏达115.8万头（只），特色畜牧业生态养殖独龙牛达3 350头，兰坪乌骨羊3 100只，独龙牛、兰坪乌骨羊已经列入国家畜禽遗传品种资源名录，贡山县独龙牛保种场被确定为国家级保种场。截至2009年底，全州已完成退耕还林投资3.18亿元。

（马义民）

泸水县

【概述】 泸水县位于云南省西北部、怒江傈僳族自治州南部。国土面积3 203.04平方千米，其中山区面积占99.96%。国境线长136.24千米，是中国西南边陲的重要边防屏障。县城及州府驻地六库海拔885米，距昆明569千米。2009年，县城六库平均气温21.1℃，最高气温37.6℃（5月21日和22日），最低气温5.3℃（1月8日和12月24日）。年降水量622.4毫米，日照时数2 000小时。地形大势以“一江两山”为主体，西为高黎贡山，东为碧罗雪山，怒江由北向南纵贯全境，境内最高海拔4161.6米，最低海拔738米，相对高差达3 423.6米，形成了典型的“V”字形高山峡谷地貌景观。境内雄奇险秀的峡谷山川，是“三江并流”世界自然遗产、中国香格里拉生态旅游区的重要组成部分。县辖3镇6乡、71个村民委员会、4个居民委员会、833个自然村。年末全县总人口17.06万人，其中，非农业人口6.76万人，占总人口的39%。人口密度每平方千米53.24人，人口自然增长率为2.07‰。

全县实现生产总值16.09亿元，比上年增长11.79%。其中，第一产业增加值2.04亿元，增长5.6%；第二产业增加值5.93亿元，增长19%；第三产业增加值8.12亿元，增长9%。一、二、三产业结构比为13：37：50。农村经济总收入3.13亿元，增长15%。粮食总产量5.69万吨，增长3%。工业总产值12.29亿元，增长30%。年末公路通车总里程1 068.51千米，其中，省道公路268千米，县乡村公路800.51千米。全县财政总收入1.08亿元，增长21.28%；财政总支出6.87亿元，增长47.15%。

年末，全县有各类学校107所，专任教师2 209人，在校学生2.76万人。学龄儿童入学率99.42%，高考录取率68.68%。有各种艺术表演团体36个，文化馆（站）10个，公共图书馆1个。广播人口覆盖率86.11%，电视人口覆盖率89.96%。有卫生机构（不含诊所等）13个，病床298张，每千人有病床1.69张；有卫生技术人员333人，其中，执业医师71人，执业助理医师69人，每千人有医师0.82名。

农民人均纯收入1 968元，同比增长19.2%；在职职工年平均工资26 289元，比上年增加2 378元。城镇居民可支配收入9 681元。城镇登记失业率4.6%。

中共县委书记　张何仁（白）

县人大常委会主任　安南才（傈僳）

县人民政府县长　王秀文（傈僳）

县政协主席　陈江华

【小砍刀砍出致富路】 大兴地乡从2003年兴起了砍核桃，老百姓砍出铁核桃里的核桃仁后出售。砍一斤核桃的利润近1元，好的核桃100斤里能有100多元利润，差的也有七八十元。大兴地乡维拉坝是一个不足2平方千米的小集镇，每个街天有近30吨核桃、8吨核桃仁成交，成交易额达47万余元。大兴地乡是泸水县的扶贫攻坚乡之一，在这个出门即是山、抬头便是天的地方，产业发展举步维艰，铁核桃加工产业在这里悄然起后，砍铁核桃逐渐成为当地群众增收的主要途径。按照每5千克核桃加工1千克核桃仁，每个星期加工200吨核桃果，每年按7个月计算，一年就有5 600吨来自大理、漾濞等外地的铁核桃果进入怒江，1 000多吨核桃仁运往上海、广州和成都等地。大兴地乡的砍核桃业已辐射到周边乡镇乃至邻近州市，这里也因此成为云南省的核桃集散地之一。2009年，全乡1.6万多农村人口中超过6 000人在砍核桃，仅此一项，该乡人均增收600多元。

【民歌之乡——新建村】 上江乡新建村位于怒江西岸，距上江乡政府17千米，距六库5千米，是上世纪五六十年代原碧江县等丧失生存条件的群众根据州内移民政策，陆续搬迁来而建成的多民族混居村，以傈僳、彝、怒、普米等民族为主。这里多民族文化相融交汇，文化源远流长，是“摆时、木刮、迪哩吐”等民间文化精品荟萃之地。2003年6月，在相关部门支持下，新建村民族艺术团成立，逐步形成了“摆时、无伴奏多声部合唱”等经典品牌，演员们能用傈僳语演唱《友谊地久天长》等世界名曲。新建村的无伴奏多声部合唱被誉为“天籁之音”。泸水县茂源艺术团的200多名成员也均为新建村人。艺术团定期不定期排练节目，游客来了就在村里展演。曾赴北京、昆明、德宏、玉溪等地参加大型文化活动演出。日、美、俄等国民族文化专家、学者也慕名来新建村考察。何贵志和他的团队逐步走向文化市场，在村里打造集饮食、服饰、民间艺术、风情为一体的民族文化展示平台。艺术团无论是排练还是演出，每名演员每天有20至30元的收入，村里部分家庭老少都是艺术团演员，参加演出收入每月最多可达上千元，成为家庭主要经济来源。靠唱歌富起来，对新建村而言已不是梦想，年轻人崇尚传统民族文化艺术在新建村蔚然成风。新建村也因此被命名为国家级“民歌之乡”。

【和谐之村——中元村】 老窝乡中元村坐落在世界遗产“三江并流”腹地、怒江东岸碧罗雪山半山腰上，距老窝乡政府6千米，距六库30千米，全村共有14个村民小组、640户、2 651人，以白族为主，与汉、傈僳等民族杂居。中元村森林茂密，气候湿润，土地肥沃，物产丰富。多年来，由于农业基础设施落后，产业单一，信息闭塞，村民一直在温饱线上苦苦挣扎。2004年起在新当选的村主任何军的带领下，以整村推进项目为契机，利用国家扶持资金15万元作为启动资金，群众自备石料，以投工投劳和集资的方式，开始了村间道路硬化、农田水利等基础设施建设和村容村貌整治、美化亮化家园的建设。2009年末，全村14个小组都通公路，3个小组实现户户通公路，7个小组实现村间道路硬化，中元村“雨天一路泥，晴天一身灰”的状况彻底变样；全村所有田沟水渠实现“三面光”改造；旧房改造顺利实施，村民瓦房入住率100%；农网改造覆盖率100%，电视入户率95%以上，自来水和水电入户率100%，通讯网络覆盖率100%；村里建起了780平方米的公共活动场所和老人活动凉亭、篮球场、乒乓球台；随着“一池三改”（建造一个沼气池，改造猪圈、厕所和厨房）高效能源沼气模式的推广，往日中元村畜禽满村窜的状况没有了；为美化村容村貌，各户洁白的墙体上，都绘就了具有白族特色的新壁画。

中元村文教事业历史悠久，村民重视文化教育氛围很浓。村委会班子把教育摆在优先发展的地位，先后筹集34万元为中元完小和丹公地完小修建学生食堂、教学楼、厕所，购买电脑、电视机、投影设备、幻灯器材，开通远程教育网络，设立助学金，救助贫困生，奖励优秀生，2009年村党支部书记何军自己出资9 000多元为两个完小237名学生买了保险。年末，全村适龄儿童入学率100%，有高中毕业生143人，基本实现人均掌握2门以上农业实用技术，农业科技在农业增产、增收中的贡献率超过50%，新型农村合作医疗参合率达97%，计划生育率100%，老、弱、病、残家庭全部实现免费医疗。

中元村按“山上、田里、庭院、市场”的发展规划，全村分为三个产业发展区：丹公地片区山多林密，山野地多，发展林下产业和经济林果；河西片区水源丰富，土

秦光荣省长到中元村看望老百姓　（泸水县志办　提供）

地肥沃，发展种植业和庭院经济；喇哈片区交通发达，人员集中，发展商贸业和运输业。同时利用中元村靠近泸水工业园区的优势，积极发展劳务经济。村里先后建成了丽江雪桃、麦地湾梨、脱毒马铃薯种植基地，以“公司+农户”的模式建立了“魔芋加工厂”，带动中元村和周边300多户种植了800多亩魔芋，拓宽群众增收渠道。本着生态立村、持续发展理念，中元村经济林果种植面积逐年扩大，收益逐年增加。全村建成192口沼气池、135眼节能灶，完成退耕还林3 000多亩，荒山荒地造林1.8万亩，封山育林3.2万亩，种庭院林果1.2万株，森林覆盖率为78%。全村泡核桃、花椒、木瓜等经济林果种植面积5 100亩，人均1.8亩，挂果的有1 000多亩，年产值上百万元，成为农民增收的新亮点；猪、羊、鸡和大牲畜等养殖业稳步发展，存栏3 850头（只），年产值193万元，成为村民主要经济来源；先后实现劳动力转移280人，占全村劳动力的18%，为群众增收56万元；有几十个日用品经营店，大小车子100多辆，拖拉机20多辆，运输业成为村民的又一收入来源。

在新农村建设中，中元村先后获得省、州、县、乡党委“五好村党支部”“社会主义新农村试点村”“文明村”“先进党支部”等表彰。村主任、党支部书记何军2007年被省委评为“优秀共产党员”，2009年被省委评为“优秀党支部书记”。

（何春城）

福贡县

【概述】 福贡县位于云南省西北部、怒江傈僳族自治州中部，辖区总面积2 756.44平方千米，国境线长142.22千米。县人民政府驻地上帕镇，海拔1100米，距省会昆明770千米，距州府六库135千米。2009年，平均气温18.1℃，平均日照时数1 547.7小时，平均降雨量858.1毫米。辖7个乡镇，57个村委会613个村民小组和1个社区。年末总人口10.1万人。其中，非农业人口1.01万人，占总人口的10.89%；少数民族人口9.5万人，占总人的94%，人口自然增长率4.28‰。

全年实现生产总值4.71亿元，比上年增长11.9%。其中，第一产业增加值9 642万元，增长4.5%；第二产业增加值1.82亿元，增长13.5%；第三产业增加值1.93亿元，增长14.3%。一、二、三产业比由上年的21.21：40.03：38.76调整为20.23：37.92：41.85。农村经济收入1.15亿元，增长14.5%。粮食总产量3.09万吨，增长1.5%。工业产值完成1.21亿元，减少20.9%。年末公路通车总里程605千米。全年客运量33.59万人次，客运周转量4 712万人千米；货运量17万吨，货物周转量2 015万吨千米。年底固定电话机总数0.46万部，移动电话用户2.62万户。全县财政收入4 079万元，增长0.8%；财政总支出4.72亿元，增长44.8%。

全县共有各类学校156所，专任教师0.1万人，在校学生1.7万人。学龄儿童入学率99.13%，初中阶段入学率98.12%，高考录取率51.6%。艺术团体1个，文化馆1个，文化站7个，公共图书馆1个，广播人口覆盖率86%，电视人口覆盖率86%。卫生机构12个，病床325张。有卫生技术人员233人，其中，执业医师40人，执业助理医师26人，每千人有医师0.6名。

全年农民人均纯收入1 248元，扣除物价因素，实际增加17.4%；在职职工年平均工资17 358元，增加1 386元。城镇登记失业率3.92%。

中共县委书记　和丽川（傈僳）

县人大常委会主任　王勇德（怒）

县人民政府县长　胡荣才（傈僳）

县政协主席　娜阿塔（傈僳）

【民生得到改善】 年内新型农村合作医疗制度深入实施，城镇职工、城镇居民基本医疗保障扩面工作全面开展，覆盖城乡的医疗保障体系初步形成；认真落实就业优惠政策，切实抓好“贷免扶补”贷款发放工作，城镇新增就业331人，城镇登记失业率3.92%。社会保险工作不断加强。将3.74万人农业人口纳入农村低保对象，发放农村低保2 629.08万元；2 773人城镇居民被纳入城镇低保对象，发放城镇低保512.29万元；发放救灾救济金327.42万元、粮食92千克，救济受灾和困难群众4.91万人次；对305人实施城乡医疗救助，支出医疗救助资金60.21万元。为8.49万农业人口代缴新农合资金170万元，

小学生在认真学习电脑操作技能　（福贡县志办　提供）

参合率95%。子里甲乡中心敬老院建成投入使用并有38名孤寡老人入住，实现农村贫困孤寡老人由分散供养转为集中供养的新突破；完成职工廉租住房建设3 056平方米，购买24套1 410平方米闲置房作为职工廉租房，廉租住房供给能力进一步提高；发放住房租赁补贴137.16万元，受益1 000户1 858人；2008安排的900户农村民居地震安全工作全面完成，2009年1 950户农村居民地震安全工程顺利实施。

【新农村建设新进展】 年内共改造中低产田地2 846亩，整理土地3 294亩，修复和新建饮水工程52件，解决1.36万人的安全饮水问题。优化品种结构，提高单产水平，粮食喜获丰收，粮食总产量达3.09万吨，增长1.5%，农业产业结构调整取得新进展，“四个百万”工程建设不断推进。2009年整合投入资金959.94万元，共种植各类林果8.17万亩，其中，核桃7.5万亩，漆树4 360亩，喜树2 300亩；种植中药材10.99万亩，其中，草果10.45万亩，云黄连4 000亩，党参1 500亩。扶贫攻坚扎实推进。2009年完成整村推进49个村、扶贫安居工程100户，易地开发扶贫工程864户，解决3 000人的温饱问题，农村居民地震安全工程建设稳步推进，新三年“兴边富民”工程顺利实施，新农村建设取得新进展。

【教育事业不断发展进步】 “两基”水平进一步巩固提高。中小学校点布局调整工作有序推进，教育资源整合步伐加快，学校基础设施得到加强，办学条件不断改善。年内共收缩校点47个，70名教师和940名学生并入寄宿制学校，全县学校数量由上年的204所收缩为147所，更多的农村学生享受到优质教育资源和良好的学习环境；完成校舍楼危房改造工程1 273平方米；建筑面积8 496平方米的教师小区投入使用，1.07万平方米的教师周转房工程即将竣工。落实并完善教师绩效工资制度和教育质量奖惩制度，教育教学质量不断提高，职业教育进一步加强，幼儿教育、成人教育有了新发展。

（胡四开）

 贡山独龙族怒族自治县

【概述】 贡山独龙族怒族自治县位于云南省西北部、怒江傈僳族自治州北部。辖区总面积4 506平方千米。国境线长172.01千米。县人民政府驻地茨开镇，距省会昆明807千米，距州府驻地247千米。平均气温15.7℃，年最高气温32.5℃（8月30日），年最低气温11.4℃（12月26日）。平均降雨量115.6毫米。辖乡镇5个，其中，乡4个，镇1个，村（居）民委员会28个，自然村238个。2009年末总人口3.65万人。其中，非农业人口6 282人，占总人口17.2%；少数民族人口3.52万人，占总人口96.44%。人口密度每平方千米8.10人，人口自然增长率－1.23‰。

全年实现生产总值3亿元，比上年增长15.7%。其中，第一产业增加值7 763万元，增长3%；第二产业增加值1.13亿元，增长26.2%；第三产业增加值1.25亿元，增长12.8%。一、二、三产业结构比由25∶34∶41调整为25∶35∶40。农村经济总收入5 182万元，增长21.5%。粮食总产量1.01万吨，增长3.2%。工业总产值7 052万元，增长1.8%。年末公路通车总里程560千米。全年客运量8.46万人次，完成货运量9.28万吨。年底固定电话机总数2 812部；互联网用户1 220户，比上年增长131.94%。全年县财政总收入2 302万元，增长45.5%；财政总支出2.79亿元，增长9.1%。

年内，全县有各类学校19所，专任教师437人，在校学生5 096人；学龄儿童入学率98.98%。艺术表演团体1个，文化馆1个，公共图书馆1个，广播人口覆盖率86.79%，电视人口覆盖率87.14%。卫生机构（不含诊所等）10个，病床101张，每千人有病床2.86张；有卫生技术人员181人，其中，执业医师36人，执业助理医师23人，每千人有医师1.67名。

全年农民人均纯收入1 321元。在职职工年平均工资28 007元，增5.2%。城镇居民可支配收入8 542元，实际增长11.3%。城镇登记失业率3.47%。

中共县委书记　李红文（白）

县人大常委会主任　和国晓（怒）

县人民政府县长　李坤珍（女，怒）

县政协主席　李友祥（独龙）

【文明和谐发展的甲生村】 甲生村位于贡山县丙中洛乡北部，辖9个村民小组，335户，1 216人，党员38名，是独龙族、怒族、傈僳族、藏族等多种民族共居的边疆近藏地区。近年来，甲生村抓住西部大开发和国家对少数民族地区实行优惠政策等历史机遇，借助得天独厚的资源优势和良好的人文环境，紧紧围绕发展主题，发扬自力更生、艰苦奋斗的优良传统，加强农村基础设施建设，调整产业结构，发展农村经济，增加农民收入，在提高农民物质生活质量的同时，注重农村的精神文化生活水平的提高，使“三个文明”建设取得了长足发展。

甲生村投工投劳修通了全长10千米的丙甲公路和全长4千米的普化寺公路。修建了甲生健力宝希望小学、四季桶云南中医学院希望小学以及同心民族希望小学；维修了东风、赤科当村民小组水利工程；新建了18千米田间渠道；新建了东风、重丁、赤科当、甲生、四季桶等村民小组的人畜饮水工程。搬迁安置了形它和念瓦洛两个村民小组的38户118人，为他们新建了标准化的住房，实施了通电、通水、通路、通广播电视的“四通”工程，并实施了土地开发项目，分配了耕地。同时，积极贯彻落实农村“三免”教育，确保适龄儿童的入学率；认真落实农村独生子女“奖优

免补”政策，加强计划生育政策，实现连续14年无超生。另外，积极参与新型农村合作医疗试点工作，杜绝因病致贫、因病返贫的现象，较好地解决了农村上学难、看病难、吃药难的问题。甲生村以科技推广为动力，努力推广农村实用科技，每年推广玉米良种1 800亩、水稻良种900亩、小麦良种1 200亩、油菜良种300亩、玉米拉线条栽1 600亩、水稻拉线条栽850亩。每年举办农业科技培训15期，参训人数900多人次。同时，还开办农函大班，努力增强村民科技意识，提高村民学科技、用科技致富的能力。建立了板栗种植、水稻种植协会等民间科技组织。大力发展养猪、牛、羊、鸡等养殖业，切实增加群众的经济收入。

省委副书记李纪恒视察丙中洛乡时与甲生村民合影留念　（贡山县志办　提供）

甲生村民族民间文化底蕴十分深厚，各族群众热爱生活，乐观豁达，“会说话就会唱歌，会走路就会跳舞”，自娱自乐，尽情欢乐。在村党支部和村民委员会的引导下，村民不但成立了贡山县第二个村级老年人协会，还自发组建了“嘎瓦嘎普”农民文艺队，自编、自导、自演，多次在县乡组织的重大文艺活动中演出，深受各级领导和中外游客的好评。文艺队还积极参与农家乐的演出接待，切实增加了文艺队员的收入。修建了民族文化演艺中心，为群众的文化活动提供了一个优良的活动场所。

全村认真贯彻党的民族政策，这里没有民族歧视、民族纠纷，各民族平等互助、和睦相处、共同团结进步、共同繁荣发展，共同创造了甲生村的“人神共居”的和谐发展的人间天堂。在这里，有的一家就有三种以上民族，例如上了互联网的著名的“丁大妈”家共17口人，有怒族、藏族、白族、傈僳族、汉族等5个民族，真是一个多民族和睦相处的大家庭，而类似“丁大妈”家这样的家庭在甲生村还有很多。甲生村各民族之间，彼此尊重各自的民族风俗习惯，互谅互让，相互包容，水乳交融，各民族语言、服饰、生活习俗等相互渗透，形成了自己独特的地方文化。各民族共同居住生活在甲生，但都各自保留着独特的建筑风格，有干栏式建筑、木楞房、土墙房，有半干栏半土垒综合型和石片顶房。虽然建筑风格各不相同，但有一个共同点：独特的石板屋顶、石板盖。所用的石片质软，能削能钉、既薄又平，是修房盖顶的好材料。

甲生村还是一个“三教”并存、东西方文化荟萃的地方。这里不仅有藏传佛教、天主教、基督教，还有信仰图腾为主的原始宗教以及原始宗教与藏传佛教融为一体的民间宗教，信教人口占全村总人口的63%。其中，藏传佛教约占总人口36%，天主教占总人口的15%，基督教占9%，其他宗教占3%。这里有始建于18世纪中叶的滇西名刹普化寺，有始建于19世纪末的天主教堂，还有最近修建的基督教堂。在这里，各族群众认真贯彻党的宗教政策，信教群众与不信教群众之间、各种宗教人士之间、同种宗教不同派教派之间，互相尊重各自的信仰，互不干涉，和谐相处。比如藏传佛教举行重大活动，其他各教群众也积极帮助，而其他各教需要帮助时，藏传佛教信教群众也积极响应。有的一家之中有信仰两种宗教以上的情况。全村积极开展了创建文明村、“四学四有一创建”、评选“十星级”文明户、“五好家庭”等活动，参加“十星级”文明户评选的户数达158户，其中，“十星级”65户，“九星级”32户，“八星级”27户，“七星级”以下34户。通过这一活动，农民的精神面貌更好，村寨更美，农村发展的希望更大。

（叶泽峰）

兰坪白族普米族自治县

【概述】　兰坪白族普米族自治县位于云南省西北部、怒江傈僳族自治州东南部。总面积4 386.3平方千米，其中，山地面积占95%以上，盆地面积占2%，属高寒山区农业县。县城金顶镇（江头河），海拔2400米，距州府六库207千米，距省会昆明589千米。年平均气温12℃，年降雨量719.5毫米。全县辖4镇4乡、102个村民委员会、5个社区、914个村民小组。2009年末总人口20.86万人。其中，非农业人口2.84万人，占总人口13.6%；少数民族19.76万人，占总人口94.9%。有白、普米、傈僳、彝、汉、怒6个世居民族。人口自然增长率7.2‰。

2009年，完成地区生产总值20.1亿元，比上年增长13.2%。其中，第一产业增加值2.1亿元，增长4.3%；第二产业增加值11.8亿元，增长13.9%；第三产业增加值6.2亿元，增长16%。农村经济总收入5.7亿元，增长11.5%。全年粮食总产量7 659万千克，增长1%，人均有粮436千克；畜牧业总产值1.01亿元，增长5.3%。工业增加值10.7亿元，同比增长10.5%。全社会货运量346.5万吨，客运量77.7万人；货运周转量3.10亿吨千米，客运周转量3 709万人千米。邮电业务总量6 855万元，移动用户7.48万户，固定电话（含无线市话小灵通）1.11万户，国际互联网用户3 638户。地方财政总收入4.8亿元，完成年度任务的107%；地方财政一般预算收入2.1亿元，完成年度任务的106%。

全县共有各级各类学校290所，在校学生3.58万人。“两基”成果得到巩固，“两免一补”政策全面落实，2.76万中小学生全免教科书和杂费，1.44万中小学生享受生活补助。小学入学率99%，初中毛入学率97.8%，中考成绩名列全州第一，高考上线率73.%。年末，有文化馆1个、图书馆1个、文化站8个、农村文化室104个、农村电影放映点86个，完成160个“村村通”广播电视工程，全县数字电视整体转换工程有序进行，广播、电视覆盖率分别为87%和93.5%。医院、卫生院12个，卫生室107个，床位443床。

农民人均纯收入1 973元，增长15.4%。城乡居民储蓄存款11.97亿万元，同比增长10.8%。全社会消费品零售总额4.4亿元，增长15%。全面开展新型农村医疗合作医疗工作，共有16.6万人口参加新型农村合作医疗，参合率95%以上，基本医疗保障制度全面覆盖城乡居民；共有4.8万农村贫困群众纳入农村低保，累计发放保障金4.1万元。

中共县委书记　乔国新（傈僳）

县人大常委会主任　羊明（白）

县人民政府县长　李永平（白）

县政协主席　和玉根（普米）

【黄登水电站开工建设】　黄登水电站是澜沧江上游河段古水（含库区）至苗尾水电规划梯级开发方案一库（古水）七级（古水→乌弄龙→里底→托巴→黄登→大华桥→苗尾）的第五个梯级。电站开发任务为发电，并兼有发展旅游、库区航运等其他综合利用效益。坝址位于营盘镇境内，坝址左岸为黄梅村，右岸为岩头村，距营盘镇政府驻地公路里程约14千米，距兰坪县政府驻地公路里程约70千米。上游与托巴水电站相衔接。电站初选装机容量190万千瓦，正常蓄水位1 619米，正常蓄水位相应库容14.18亿立方米，多年平均发电量85.62亿千瓦时（古水投入后），回水至托巴水电站坝址，回水长度约86千米。

澜沧江黄登水电站被列为国家“十一五”期间规划建设的重点项目之一，是怒江实现“二次跨越”和矿电强州的重要战略之一，是兰坪县贯彻落实可持续发展和科学发展观的重要标志。水电站的建成对当地政府的财政的贡献大约每年5亿元，对推动地方经济社会的发展起到举足轻重的作用。

电站由云南华能澜沧江有限公司开发建设。动态投资162亿元，静态投资142亿元，工期81个月。2008年5月始进行施工区实物指标调查工作，9月签订移民搬迁补偿协议和实物补偿。12月18日黄登电站兰坪筹建处揭牌，库区移民和进场公路相继启动。2009年，电站建设全面开工。

【农业农村经济】　全年完成农村经济总收入5.7亿元，增长11.5%。完成水利建设投资3 738万元，改善灌溉面积4 677亩，解决5万人的饮水安全问题，完成中低产田地改造1.61万亩；发展规模养殖场57个、养殖户4 240户，出栏商品畜20.7万头（只），畜牧业产值首次突破亿元大关，增长5.3%；乌骨绵羊和绒毛鸡被列入《国家畜禽遗传资源名录》，特色畜牧养殖有新发展。新增生物药材种植面积2.68万亩、木本油料3.67万亩，优势特色产业发展势头强劲，被省政府认定为“云药之乡”。成立专业合作社15个。认真落实农业综合直补、家电下乡直接补贴政策，兑现补贴资金4 778万元，农民人均获得补贴281元。实施9个新农村示范点建设；投资1 050万元完成整村推进项目70个点；争取小额扶贫信贷1 800万元，完成扶贫项目贷款400万元；争取易地扶贫搬迁项目资金619万元，转移安置246户1 200人；投入资金120万元，完成茅草房改造工程200户；投入村民互助试点资金70万元，受益群众1 131人；投入扶持人口较少民族聚居村发展资金2 947万元。转移就业农村劳动力4 546人。

（李松发）

玉屏公园　（李松发　摄）

怒江州经济社会发展主要指标（表一）

地　区	年末总人口（万人）		城镇人口占总人口比重（%）		全社会就业人员（万人）		农业总产值（万元）	
	2008年	2009年	2008年	2009年	2008年	2009年	2008年	2009年
怒江州	53.30	53.60	20.00	21.10	33 585	33 255	87 565	95 437
泸水县	18.68	18.79	20.00	21.00	13 567	13 952	31 760	34 462
福贡县	9.53	9.58	20.00	21.00	4 180	4 220	12 430	14 058
贡山县	3.73	3.75	20.20	21.10	2 527	2 639	11 227	12 808
兰坪县	21.36	21.48	20.00	21.00	13 266	12 444	32 148	34 109

怒江州经济社会发展主要指标（表二）

单位：万元

地　区	地区生产总值		第一产业		第二产业		第三产业	
	2008年	2009年	2008年	2009年	2008年	2009年	2008年	2009年
怒江州	436 661	480 471	57 882	59 231	204 236	203 544	174 543	217 696
泸水县	134 979	161 035	18 935	20 503	42 728	59 308	73 316	81 224
福贡县	43 497	47 680	9 226	9 642	17 411	18 163	16 860	19 875
贡山县	27 048	31 579	6 778	7 763	9 271	11 277	10 999	12 539
兰坪县	216 423	208 641	20 117	21 320	142 786	124 093	53 520	63 228

怒江州经济社会发展主要指标（表三）

单位：%

地　区	地区生产总值构成		第一产业		第二产业		第三产业	
	2008年	2009年	2008年	2009年	2008年	2009年	2008年	2009年
怒江州	100.00	100.00	13.26	12.33	46.77	42.36	39.97	45.31
泸水县	100.00	100.00	14.03	12.73	31.66	36.83	54.32	50.44
福贡县	100.00	100.00	21.21	20.23	40.03	38.09	38.76	41.68
贡山县	100.00	100.00	25.06	24.58	34.28	35.71	40.66	39.71
兰坪县	100.00	100.00	9.30	10.22	65.98	59.48	24.73	30.30

怒江州经济社会发展主要指标（表四）

地　区	地区生产总值指数（上年＝100）		人均地区生产总值（元）		国有经济固定资产投资（万元）		社会消费品零售总额（万元）	
	2008年	2009年	2008年	2009年	2008年	2009年	2008年	2009年
怒江州	103.80	113.10	8 221	8 989	163 382	141 744	107 800	125 815
泸水县	114.60	111.80	7 251	9 540	66 932	66 539	47 999	56 221
福贡县	114.60	111.70	4 581	4 987	23 408	30 318	12 280	16 594
贡山县	114.80	116.00	7 271	8 444	17 834	15 242	9 182	10 690
兰坪县	102.50	110.20	10 168	10 060	33 768	29 645	38 339	43 934

怒江州经济社会发展主要指标（表五）

地　区	地方财政收入（万元）		地方财政支出（万元）		人均地方财政收入（元）		人均地方财政支出（元）	
	2008年	2009年	2008年	2009年	2008年	2009年	2008年	2009年
怒江州	51 178	46 666	210 626	275 430	964	506	3 967	5 153
泸水县	8 927	10 827	46 680	68 823	479	506	2 504	3 673
福贡县	2 023	2 321	32 619	47 222	213	506	3 426	4 942
贡山县	1 582	2 302	25 571	27 936	425	506	6 874	7 470
兰坪县	29 002	21 018	63 542	77 742	1 363	506	2 986	3 629

怒江州经济社会发展主要指标（表六）

地　区	农民人均纯收入（元）		职工人数（人）		在岗职工年平均工资（元）		人均储蓄存款余额（元）	
	2008年	2009年	2008年	2009年	2008年	2009年	2008年	2009年
怒江州	1 448	1 709	30 255	30 089	26 342	28 297	4 448	5 138
泸水县	1 745	1 972	13 144	13 445	23 911	26 289	5 191	6 192
福贡县	1 075	1 248	3 548	3 640	22 007	23 939	1 939	2 397
贡山县	1 037	1 257	2 415	2 346	26 614	28 007	3 523	4 251
兰坪县	1 877	1 903	11 148	10 658	30 632	32 363	5 079	5 593

（省统计局）

迪庆藏族自治州

主　　编　周国星　郑灵琳
责任编辑　杨　静　张　春

【概述】　迪庆藏族自治州位于云南省西北部。总面积2.39万平方千米。其中，山区面积2.1万平方千米，占总面积89.12%；坝区面积2 597平方千米，占总面积10.88%。州府驻香格里拉县建塘镇，距省会昆明584千米。全州辖香格里拉县、德钦县和维西傈僳族自治县，有乡镇29个，其中，乡20个、镇9个。2009年末，全州总人口37.9万人。其中，户籍管理人口35.8万人，占总人口94.5%；少数民族人口32万人，占总人口85.3%；主体自治民族藏族13万人，占总人口34.3%，占少数民族人口40.6%。人口密度每平方千米14.5人，人口自然增长率5.02‰。

2009年，全州实现生产总值62.26亿元，比上年增长18.3%。其中，第一产业增加值6.87亿元、第二产业增加值23.93亿元、第三产业增加值31.46亿元，分别增长5.8%、20.3%和19.4%；一、二、三产业增加值占GDP比重由上年的11.69∶40.99∶47.32调整为11.04∶38.43∶50.53。完成工业增加值13.8亿元，增长13.4%；完成规模以上工业增加值、销售、利润分别为19.28亿元、16.6亿元、2 246万元，分别下降0.24%、6.1%、83.2%。全年接待海内外游客526.11万人次，增长44.9%；实现旅游总收入54.45亿元，增长62.4%。完成全社会固定资产投资总额93.58亿元，增长36.3%。全年实现社会商品零售总额16.95亿元，增长19.4%。居民消费品价格总水平比上年下降0.1%，其中商品零售价格下降0.5%。

年末，全州公路通车总里程4 628千米，其中等级公路3 573千米。公路运输客运量482.82万人，增长32.9%；旅客周转量7.85亿人千米，下降2.7%；货运量389.89万吨，下降27.5%；货物周转量22.92亿吨千米，增长47.5%。年末，固定电话机总数3.99万户，下降2.5%；移动电话用户21.04万户，增长24.9%；移动电话普及率每百人66部，增加10.5部。

2009年，全州完成财政一般预算收入4.36亿元，增长36.1%。地方一般预算支出30.09亿元，增长27.8%。

2009年底，全州有小学518所。其中，一师一校教学点292个，小学在校学生3.21万人，小学适龄儿童入学率97.74%，小学辍学率1.83%。中学22所，其中，完全中学7所，初高中在校学生2.13万人，初中辍学率1.76%。职业中学2所，在校学生642人。中等专业学校1所，在校学生1 485人。全州义务教育普及程度各项指标均达到国家“两基”指标。年内实施科技计划项目39项，其中，国家及省级22项，州级17项。

年末全州有文化、文物事业机构共51个，其中，艺术表演团体3个，艺术表演场馆2个，文化馆4个，公共图书馆3个，乡镇文化站29个，文化文物行政主管部门4个，文物保护管理机构4个，博物馆2个。全州广播、电视人口覆盖率均为95.12%。《迪庆报》出版发行336期416.6万份。年内参加省及省以上运动会比赛，获得奖牌17枚，其中，金牌10枚，银牌7枚。

全州拥有卫生机构93个，卫生机构床位710张，其中医院床位353张；专业卫生技术人员1 305人，其中执业（助理）医生677人。全州有28.58万人参加新型农村合作医疗，参合率达94.29%。

2009年全州在岗职工年平均工资35 301元，增长11.4%。农民人均纯收入2 936元，增长13.1%。城镇居民人均可支配收入14 599元，增长9.2%，城乡居民人均储蓄存款7 627元，增长20.9%。城镇登记失业率3.8%。

中共州委书记　齐扎拉（藏）

州人大常委会主任　唐世华（傈僳）

州人民政府州长　陈建国（藏，～2009.12）

州政协主席　马向东（藏）

【农村妇女增补叶酸项目】　2009年底，州计生委已将全州增补叶酸

傈僳族原生态村落——同乐村　（维西县志办　提供）

3月8日，省委书记白恩培到德钦视察　　（迪庆州志办　提供）

预防神经管缺陷项目第一批共6 000人份的叶酸按计划分发到各县，并针对目标人群完成第一季度的叶酸发放工作。各县已相应成立项目工作领导小组及出生缺陷干预技术指导小组，具体负责项目的组织领导和实施工作。

【启动涉诉特殊困难群体执行救助机制】　年内，经州集中清理执行积案活动领导小组办公室及中院执行局与州民政局商议，州启动涉诉特殊困难群体执行救助机制。州民政局在银行设立执行救助金专户，注入首批9万元的执行救助资金，将给予集中清理执行积案活动2009年度100个低保名额，把执行不能的特殊困难群体列入低保。

【送法进村（寺）促和谐】　2009年，按州级20%、县级40%、乡级40%的比例，抽调1 200多名政治素质好、工作能力强、作风踏实、身体健康的干部组成工作队，从2月25日起至4月5日，进村入寺开展以“反对分裂、维护稳定、促进发展”为主题的谋发展、促和谐活动。确保每个乡镇有1名厅级领导，每个建制行政村有1名处级领导。全州约15.7万人在活动中受到教育。

【老年人保健和长寿补助】　从2009年1月起全省80周岁以上老年人发放“保健补助”，100周岁以上老年人发放“长寿补助”，补助标准为80～99岁的老人每人每月30元，100周岁以上的老人每人每月200元，其中80～99岁的补助按1：1：1配套，即省配套10元，地方两级财政各配套10元，100周岁以上的补助由省直接配套。州在做好这项工作的同时，还将全州60岁以上的农村及城镇老人（享受国家退离休工资老人除外）全部纳入低保。全州80岁以上老人在享受低保的同时还可享受保健补助和高龄补助，即农村80岁以上老人在享受每人每月50元低保金的同时，还享受每人每月30元的保健补助。

【高原农牧民子女免费入学】　自2008年起，迪庆州已全面实施“两免一补”政策和《迪庆藏族自治州高原农牧民子女学生生活补助实施方案》，达到了全部免除农村义务教育阶段学生的生活费用，并禁止各中小学向农村义务教育阶段学生收取任何费用，实现了真正意义上的免费入学。2009年春季学期，享受高原农牧民子女学生生活补助的中小学生人数为4.67万人，全州共有5.20万名中小学生享受州政府统购的学生平安保险。

【僧尼享受低保】　2009年，全州将835名僧尼纳入低保，1～8月共计发放保障金49.12万元。其中，香格里拉县131名僧人纳入城镇低保，发放保障金20.96万元；德钦县609名僧尼纳入农村低保，发放保障金24.36万元；维西县95名僧人纳入农村低保，发放保障金3.80万元。

【广播电视“村村通”工程】　迪庆州20户以上通电自然村广播电视“村村通”直播卫星覆盖工程建设总数为2 430个村民小组、6.68万户农户，项目总投资3 000万元。项目于2009年2月下旬启动，5月10日全面结束，提前50天完成建设任务，使全州广播电视综合覆盖率达95%。9月初，顺利通过省广播电视“村村通”工程建设考核验收组的考核验收。

【首家小额贷款公司成立】　年内，迪庆州首家直接面向中小企业和“三农”经济的小额贷款公司——香格里拉县红欣小额贷款公司成立。该公司以服务中小企业、“三农”为己任，充分发挥小额贷款业务“数额小、周期短、审批快”的优势，铺就中小企业小额贷款业务的“高速公路”。

【困难职工帮扶救助制度】　2009年州总工会制定下发《迪庆州总工会困难职工帮扶救助制度》，对帮扶资金管理、帮扶范围及对象、困难职工的调查与管理、救助标准与救助金的发放、回访制度等作了统一规定。从8月开始，在全州500多个基层工会中全面开展困难职工摸底调查工作，通过基层上报、个别走访、对比筛选，从700多户困难职工中，确定473户为重点帮扶对象，建立困难职工档案，录入全国工会帮扶网，并实行动态管理，为帮扶救助送温暖做准备。

（周国星）

香格里拉县

【概述】 香格里拉县位于云南省西北部、青藏高原东南缘横断山脉腹地、迪庆州东部。辖区总面积1.16万平方千米，其中山地占总面积的93.5%，是云南省129个县（市、区）国土面积最大和山地面积最大的县。县城驻地建塘镇，距省会昆明706千米，为迪庆州府驻地，海拔3300米。2009年平均气温7.5℃，年最高气温25.7℃（7月20日），年最低气温-13.9℃（12月26日）；年日照时数2 198.3小时，年降水量606.6毫米，无霜期143天，初霜日本年度10月13日，终霜日上年度5月22日。全县辖乡镇11个，其中，乡7个、镇4个，村（居）民委员会63个，688个村民小组。全县总人口16.25万人。其中，非农业人口2.65万人，占总人口16.3%；少数民族人口12.24万人，占总人口75.3%。人口密度每平方千米14人，人口自然增长率5.96‰。

2009年，全县实现县域生产总值42.22亿元，比上年增长21.2%。其中，第一产业增加值3.10亿元，增长5.0%；第二产业增加值18.04亿元，增长12.0%；第三产业增加值21.08亿元，增长33.9%。一、二、三产业比由8.4∶47.3∶44.3调整为7.3∶42.7∶50.0。农林牧渔业总产值4.43亿元，增长3.4%。农村经济总收入4.14亿元，增长24.6%。粮食总产量6.33万吨，增长6.0%。全年县域工业总产值15.86亿元，下降6.9%。年末全县公路里程1 865千米。全年公路运输客运量48.63万人次，旅客周转量1.07亿人千米。年底固定电话用户2.09万户，下降19.0%；互联网宽带接入用户6 628户，增长67%。全县地方财政收入1.66亿元，增长25.3%；地方财政支出7.60亿元，增长19.1%。

2009年底，全县有小学90所，教学点92个，在校学生1.30万人，教职工数1 129人，其中专任教师1 066人。中学7所，在校学生7 063人，其中，初中在校生5 821人，高中在校生1 242人；中学教职工611人，其中专任教师437人。小学学龄儿童入学率99.1%，初中毛入学率101.1%，初中升学率54.6%。

全县有群众艺术馆、文化馆从业人员8人，文化站11个，从业人员11人，藏书50 171册；广播电视综合覆盖率93.86%。有卫生机构15个，从业人员350人，其中，卫生技术人员289人，执业医师120人，执业助师30人；有病床125张。新型农村合作医疗参合率96.63%。

2009年，全县农民人均纯收入3 026元，增长12.2%。县域全部单位在岗职工年平均工资34 668元，增长12.0%。城镇居民人均可支配收入16 040元，增长9.6%。城镇登记失业率控制在3.5%以内。

中共县委书记　彭耀文

县人大常委会主任　杨学明（纳西）

县人民政府县长　肖徐（藏）

县政协主席　汪国忠（藏）

【城镇建设】 2009年，市政建设完成投资6.76亿元。其中，城市垃圾处理厂改扩建1 400万元，县城供排水管网改扩建563万元，县城集中供热2.1亿元，县城环境综合治理2亿元，廉租房建设1 100万元，香巴拉旅游小镇开发7 800万元，小龟山片区开发5 500万元。年内香格里拉县被省人民政府授予“云南省甲级卫生县城”称号。

【招商引资和区域合作】 通过参加昆明进出口商品交易会、泛珠三角区域合作经贸洽谈会和延边州龙井市松茸节等活动，不断加大项目推介和宣传促销活动。全年共实施招商引资项目43项，完成招商引资27.2亿元，增长22%。滇沪合作、昆迪合作项目有序推进。先后与土耳其的凯末利耶市、深圳腾讯公司、广东省云南商会和吉林省延边朝鲜族自治州龙井市达成友好合作协议，并缔结了友好关系。在深圳腾讯公司的帮助下，以教育、扶贫开发为重点的“腾讯新乡村行动”项目在尼西乡启动。

【旅游业快速发展】 年内旅游开发完成投资4.11亿元，景区设施不断完善，普达措国家公园、虎跳峡景区、松赞林寺景区、巴拉格宗景区和石卡雪山景区顺利通过国家旅游局4A级景区终评；《迪庆藏族自治州香格里拉大峡谷旅游区总体规划》通过评审。围绕“一个集散中心，三大国家公园，两个重要景区，一条精品线路”的总体布

藏族锅庄　（香格里拉县志办　提供）

口占总人口86.2%，傈僳族人口占56.49%。人口自然增长率4.11‰。

年内，全县地区生产总值16.09亿元，比上年增长21.93%。其中，第一产业增加值3.14亿元，增长6.51%；第二产业增加值5.87亿元，增长29.54%；第三产业增加值7.08亿元，增长23.34%。一、二、三产业比由22.61∶33.98∶43.41调整为19.51∶36.49∶44.00。年内粮豆总产量5.97万吨，增长2.89%。工业总产值2.69亿元，下降4.58%。全年货物周转量2.84亿吨千米，旅客运输周转量1.23亿人千米。全县固定电话用户4 175户，电信宽带用户1 591户，移动电话用户5.60万户，小灵通用户1 632户。全县地方财政一般预算收入5 820万元，增长61.13%；地方财政一般预算支出6.66亿元，增长31.10%。

2009年，全县有各级各类学校238所，在校高中生1 282人、初中生7 355人、小学生1.38万人，小学毛入学率达111.80%。有艺术表演团体1个、图书馆1个、文化馆1个、文化站10个，艺术表演场馆1个。广播人口覆盖率95%，电视人口覆盖率96%。有卫生机构14个，床位205张，专业卫生技术人员364人。

2009年，农民人均纯收入2 835元，增长14.87%。单位从业人员年人均劳动报酬27 359元，增长12.17%。城镇居民人均可支配收入12 628元，增长8.22%。城镇登记失业率控制在4%。

中共县委书记　农布七林（藏）

县人大常委会主任　彭明华（傈僳）

县人民政府县长　蔡武成（傈僳）

县政协主席　朱孟光（白）

【家电下乡】 2009年2月开展家电下乡，并成立家电下乡工作领导小组，制定出台维西县家电下乡工作实施方案，推动工作开展。年内全县备案登记销售网点20户，累计销售电冰箱750台，彩电344台，洗衣机389台，手机8部，计算机11台，电磁炉33台，摩托车、小汽车406台（辆），销售金额除摩托车、小车外已达236万元，财政兑付补贴资金92万元。

【公路建设】 德维塔二级公路于2009年11月21日开工建设，公路全长约270.5千米，总投资57亿元，其中，维西境内约190千米，投资约40亿元，是近20年来维西公路桥梁建设总投资的6倍多，至2009年底共完成投资3亿元。澜沧江江西公路、永春河河西公路、丽江至维西公路项目前期工作有序开展，维西至福贡公路前期工作基本完成。维福公路起点维西县白济汛乡洛吉古，止点福贡县石月亮（省道228线），路线全长63.2千米，估算投资6.18亿元。其中，维西段长29千米，估算投资2.85亿元，拟按三级公路标准建设，路面为沥青混凝土。该项目建成后，将打通维西西面的出口通道，缩短维西与福贡和周边国家的距离。

【维西新城建设】 维西新城项目总用地面积10.96万平方米，有住房800套，商铺400间，计划总投资2.5亿元。新城布列6个功能区，建成一个经营业态互补互动、功能完善、布局合理的集居住、休闲、购物为一体的综合性新城区。工程于2008年8月开工，到2009年年底已完成投资1.84亿元。

【惠民工程】 2009年，全面完成县人民政府在十五届人大二次会议上承诺的十件惠民工程。年内，实施12个行政村整村推进项目；完成农民工进城务工人员培训3 610人次，转移输出农村劳动力1.4万人；建设农村安全饮水工程147件，解决109个村民小组的饮水安全问题；改造中低产农田3 500亩；投入资金1 036万元改造和新建校舍6 247平方米，改扩建和修缮校舍11校3 144平方米；建成并投入使用首期廉租房80套，二期327套正抓紧实施；实施农村民居抗震安全工程1 800户；完成1 000户游牧民定居工程；全面完成20户以上通电自然村广播电视村村通工程，覆盖率达96%；城镇居民医疗保险覆盖面达95%。

【滇金丝猴国家公园开业】 香格里拉滇金丝猴国家公园是迪庆州政府确定的三大国家公园之一。总投资4 800万元，于2008年4月开工建设，2009年9月下旬建设完成，并于9月30日召开庆典大会，10月1日正式对外营业。年内门票收入12万元，使维西县实现了旅游门票收入零的突破。由于香格里拉滇金丝猴国家公园的试营业，2009年全县接待游客量相对增加，共接待游客53.12万人次，比上年增长21.31%，其中，海外游客6.85万人次，增长24.55%；旅游业总收入达5.53亿元，增长34.11%。

【举办云南民族学会傈僳族研究会三届三次理事会】 会议于2009年10月20～24日在维西举办，共有中国和缅甸两国，云南、四川两省和12个代表团参加，参加的外团总人数达327人。会议期间进行了论文交流并举行了傈僳族历史上的首次歌舞乐展演活动，观众达万人；开展了傈僳族原生态歌、舞、乐、传统体育和绝技上刀山、下火海、衔烧红透的犁头等活动展演。云南省电台、云南日报、春城晚报、迪庆电台、迪庆日报等多家宣传媒体对会议进行了多角度的宣传报道。

【发展核桃产业】 2009年，通过整合项目资金，高质量、高标准实施核桃产业建设。全县举办“核桃优质高效种植技术培训班”29期，培训学员2 791人；举办“核桃科学种植技术培训班”9期，培训学员1 450人；与县团委、妇联联合开展“核桃致富带头人培训班”7期，培训技术员572人。全年全县共种植核桃116.4万株3.6万亩，按照州林业局以株数折面积计算，全县完成9.7万亩，超额完成3.7万亩。全县共调运新疆核桃苗11.4万株、大姚三台核桃苗29.76万株、漾濞核桃苗75.26万株。对种植地块按照不同品种、生产商分片挂牌。采用土壤消毒、生根粉蘸根等科学技术措施，提高了造林成活率。经州核桃产业领导小组办公室检查，2009年全县核桃种植平均成活率为79%。

【“农民服务流动站”成立】 年内，在白济汛乡、康普乡成立并启动首批农民服务站，服务站利用街天、节假日，在村寨集中的区域，为农民提供农技、兽医、计生、法律等各方面的流动性便民服务，以解决过去群众办事往返跑、花时间等困难。

（向丽波）

傈僳族射弩比赛　（维西县志办　提供）

迪庆州经济社会发展主要指标（表一）

地　区	年末总人口（万人）		城镇人口占总人口比重（%）		全社会就业人员（万人）		农业总产值（万元）	
	2008年	2009年	2008年	2009年	2008年	2009年	2008年	2009年
迪庆州	37.70	37.90	22.90	24.00	26 623	29 366	98 971	109 781
香格里拉县	16.02	16.25	28.40	28.70	16 839	19 207	42 864	44 305
德钦县	6.32	6.28	16.00	16.00	3 962	4 152	12 701	14 680
维西县	15.36	15.37	13.00	12.50	5 822	6 007	43 406	50 796

迪庆州经济社会发展主要指标（表二）

单位：万元

地　区	地区生产总值		第一产业		第一产业		第一产业	
	2008年	2009年	2008年	2009年	2008年	2009年	2008年	2009年
迪庆州	556 760	636 560	65 068	69 091	228 233	239 273	263 459	328 196
香格里拉县	362 356	422 175	30 590	29 984	171 400	175 121	160 366	217 070
德钦县	78 819	94 668	9 315	9 555	39 969	51 351	29 535	33 762
维西县	130 372	152 351	29 478	29 014	44 300	45 974	56 594	77 363

迪庆州经济社会发展主要指标（表三）

单位：%

地　区	地区生产总值构成		第一产业		第二产业		第三产业	
	2008年	2009年	2008年	2009年	2008年	2009年	2008年	2009年
迪庆州	100.00	100.00	11.69	10.85	40.99	37.59	47.32	51.56
香格里拉县	100.00	100.00	8.44	7.10	47.30	41.48	44.26	51.42
德钦县	100.00	100.00	11.82	10.09	50.71	54.24	37.47	35.67
维西县	100.00	100.00	22.61	19.04	33.98	30.18	43.41	50.78

迪庆州经济社会发展主要指标（表四）

地　区	地区生产总值指数（上年＝100）		人均地区生产总值（元）		国有经济固定资产投资（万元）		社会消费品零售总额（万元）	
	2008年	2009年	2008年	2009年	2008年	2009年	2008年	2009年
迪庆州	118.50	118.30	14 817	16 480	298 295	485 591	141 998	169 496
香格里拉县	122.20	121.20	22 775	26 168	149 732	284 158	99 956	121 017
德钦县	125.20	128.70	12 481	15 027	89 764	120 356	19 340	22 423
维西县	120.90	122.10	8 493	9 912	44 799	81 077	22 702	26 056

迪庆州经济社会发展主要指标（表五）

地　区	地方财政收入（万元）		地方财政支出（万元）		人均地方财政收入（元）		人均地方财政支出（元）	
	2008年	2009年	2008年	2009年	2008年	2009年	2008年	2009年
迪庆州	32 026	43 578	235 493	300 894	852	1 153	6 263	7 960
香格里拉县	13 248	16 606	63 819	76 150	833	1 029	4 011	4 720
德钦县	2 788	4 470	44 575	63 781	442	710	7 064	10 124
维西县	3 612	5 820	50 821	66 215	236	379	3 315	4 309

迪庆州经济社会发展主要指标（表六）

地　区	农民人均纯收入（元）		职工人数（人）		在岗职工年平均工资（元）		人均储蓄存款余额（元）	
	2008年	2009年	2008年	2009年	2008年	2009年	2008年	2009年
迪庆州	2 595	2 936	23 552	26 105	31 723	35 276	6 305	7 624
香格里拉县	2 696	3 026	15 168	17 276	30 963	34 668	10 305	7 784
德钦县	2 616	2 944	3 962	4 169	37 764	38 716	4 072	5 206
维西县	2 468	2 835	4 422	4 660	29 007	32 725	3 078	3 846

（省统计局）

附　录

主　　编　杨　洪
责任编辑　郭　刚

云南省花卉产业发展条例

云南省人民代表大会常务委员会公告
（第 13 号）

《云南省花卉产业发展条例》已由云南省第十一届人民代表大会常务委员会第十二次会议于 2009 年 7 月 30 日审议通过，现予公布，自 2009 年 9 月 1 日起施行。

云南省人民代表大会常务委员会
2009 年 7 月 31 日

第一章　总则

第一条　为促进花卉产业健康、有序和可持续发展，建立现代花卉产业，根据有关法律、法规，结合本省实际，制定本条例。

第二条　在本省行政区域内从事花卉产业及其相关活动，适用本条例。

第三条　本条例所称花卉产业包括花卉的研究开发、生产加工、贮运、营销、售后服务以及与花卉产业配套的设施建设、物资供应、技术服务等。

第四条　花卉产业遵循开放式发展、市场导向、科技促进、突出特色、引进与创新并重的原则，增强核心竞争力，实现经济效益、社会效益和生态效益的统一。

第五条　省人民政府应当加强对花卉产业发展工作的领导，将花卉产业发展纳入国民经济和社会发展规划，制定发展措施，完善协调机制，改善发展环境，促进花卉产业的发展。

按省花卉产业发展总体规划重点发展花卉产业的州（市）、县（市、区）人民政府（以下简称有关州市县人民政府）应当加强对花卉产业发展工作的领导，明确花卉产业管理机构，因地制宜，采取措施，促进花卉产业的发展。

第六条　省人民政府花卉产业行业管理的机构（以下简称省花卉产业管理机构），履行下列职责：

（一）宣传贯彻有关花卉产业的法律、法规；

（二）组织编制省花卉产业发展总体规划，并组织实施；

（三）制定提出有关花卉产业发展的政策措施；

（四）协助有关部门制定花卉行业技术标准；

（五）分析全省花卉产业发展态势和市场趋势，发布产业发展信息，受理登录、发布地方特色花卉品种，提供咨询及相关服务；

（六）组织、指导花卉交易市场建设、花卉科研、技术推广、技能培训、标准化种植、培育和开拓花卉市场；

（七）负责省级花卉产业发展专项资金的管理和使用；

（八）指导州（市）、县（市、区）花卉产业发展工作和有关花卉组织的业务工作；

（九）协助处理花卉产业涉外事务，参与国际交流与合作；

（十）省人民政府规定的其他职责。

第七条　有关州市县人民政府花卉产业行业管理的机构（以下简称有关州市县花卉产业管理机构），根据本级人民政府规定的职责，做好花卉产业发展工作。

农业、林业、科技等有关行政主管部门按照各自职责，做好花卉产业发展的相关工作。

第二章　发展规划

第八条　省花卉产业管理机构在组织编制省花卉产业发展总体规划时，应当综合考虑气候、地理、资源、文化、市场及运输条件等因素，根据发展现状和条件，明确发展思路和目标、发展重点和布局、发展对策和措施，并与城乡总体规划和土地利用总体规划相衔接。

省花卉产业发展总体规划应当征求州（市）人民政府和省级有关部门的意见后，报省人民政府批准实施。

第九条　省花卉产业管理机构应当根据省花卉产业发展总体规划，组织编制花卉产业区域规划、专项规划，并组织实施。

第十条　有关州市县花卉产业管理机构应当根据省花卉产业发展总体规划，组织编制本地区花卉产业发展规划，报本级人民政府批准实施，并报上一级花卉产业管理机构备案。

第十一条　经省、有关州市县人民政府批准的花卉产业发展规划不得擅自变更。确需变更的，应当报原批准机关批准。

第三章　科研与开发

第十二条　省、有关州市县人民政府应当安排资金扶持花卉产业的基础性研究和花卉科技创新体系建设，推进花卉科技成果转化，提升花卉产品市场竞争力和产业综合实力，支持建立技术创新联盟，培育创新型花卉企业。

第十三条　省农业、林业行政主管部门应当建立花卉种质资源库，定期公布本省重点保护和可供利用的花卉种质资源目录，做好花卉种质资源的收集、鉴定、登记、保存和推荐使用工作。

农业、林业等行政主管部门应当帮助和指导科研机构、企业建立花卉种质资源库。

省花卉产业管理机构应当协助农业、林业行政主管部门开展花卉种质资源普查、重点考察和收集工作，组织评选、推荐优异花卉品种。

第十四条　鼓励企业、院校、科研机构驯化、培育、示范和推广花卉新品种，开展花卉生产技术以及产品标准、土壤治理、病虫害防治、采后处理、贮藏运输等技术的研究和推广应用。

支持引进和开发花卉环保生产技术及其推广应用，实现花卉环保生产。

第三章　引导与扶持

第十五条　省、有关州市县人民政府应当加强花卉主产区、花卉产业园区建设，引导企业、专业合作组织和农民进入花卉主产区、花卉产业园区聚集发展；加强花卉生产设施、物流体系和交易、信息平台建设，改善花卉运输、交易条件；加强花卉文化建设，提高花卉产业的附加值。

第十六条　省、有关州市县花卉产业管理机构应当根据花卉产业发展规划和市场需求，引导花卉产业结构调整，发展优势、特色花卉生产；引导企业、专业合作组织和农民按照花卉生产标准规范化生产，提高抵御市场风险的能力。

第十七条　省、有关州市县人民政府应当安排专项资金扶持花卉产业的发展，并随着财政收入的增长逐步加大投入。

第十八条　省、有关州市县人民政府应当利用农业产业化资金、科技发展资金、农业综合开发资金及项目贷款贴息资金等，对花卉企业、专业合作组织和农民在基础设施建设、科研、生产、运输、销售等方面予以扶持。

第十九条　有关州市县人民政府应当引导花卉生产者通过土地承包经营权流转等方式，实现规模化生产、集约化经营。

在花卉种植用地内可以兴建花卉温室、大棚及其配套附属设施，但不得破坏耕地的耕作层，实现土地的可持续利用。涉及农用地转用的，依照土地管理的法律、法规办理。

花卉种植用地使用权期限届满，需要恢复为原用途的，由花卉种植用地使用权人负责恢复。

第二十条　进口用于科研和种植的花卉种子由省农业、林业、财政部门及昆明海关、云南出入境检验检疫局根据国家有关规定，办理许可和免税审批手续。

农业生产者销售自产的花卉产品，按照国家规定享受免征增值税的优惠政策。

第二十一条　鼓励金融机构为花卉产业发展提供资金支持，开发适合花卉企业的信贷产品，增加信贷投入。

鼓励花卉企业上市融资。引导花卉企业通过多种渠道依法融资。

第二十二条　鼓励花卉企业通过联合、兼并、重组、股份制改造等方式增强企业综合实力，带动专业合作组织和农民实现规模化生产、集约化经营，创建名优花卉品牌。

支持国外、省外企业投资云南花卉产业，鼓励省内花卉企业开拓国内外市场。

第五章　新品种保护

第二十三条　省、有关州市县花卉产业管理机构应当扶持企业、院校、科研机构和个人培育花卉新品种，鼓励与国外育种者联合育种。

鼓励依法引进、出口和使用花

卉新品种，花卉新品种及其相关权利人的合法权益受法律保护。

合作培育的花卉新品种，合作方按照合同的约定享有品种权的占有、使用、收益、处分的权利。

第二十四条　省农业、林业行政主管部门对符合引进或者出口花卉新品种条件的，按照国家有关规定及时办理有关手续。

第二十五条　培育花卉新品种的单位和个人，可以依照《中华人民共和国植物新品种保护条例》向国务院农业、林业行政主管部门申请品种权，也可以依照《云南省园艺植物新品种注册保护条例》的有关规定，申请花卉新品种注册登记。

第二十六条　经我省注册登记的花卉新品种，保护期限自登记之日起，草本花卉为5年，木本花卉为10年。

我国加入的国际植物新品种保护公约的成员国已经授予品种权的品种，在我国尚未取得品种权，但已在我省注册登记的花卉新品种，保护期限参照该国相关规定予以确认。

第二十七条　花卉生产者和经营者需要使用花卉新品种的，应当经花卉品种权人、注册登记人授权或者许可，并按照协议约定使用。

花卉生产者和经营者获得授权或者许可使用花卉新品种时，不得侵犯品种权人、注册登记人的合法权益。品种权人、注册登记人在提供花卉新品种时，不得损害花卉生产者、经营者和其他使用者的合法权益。

第二十八条　转让花卉品种权的，依照国家有关规定办理。转让注册登记的花卉新品种，当事人应当订立书面合同，并向登记机关办理变更登记手续，由登记机关予以公告。

第二十九条　在本省培育花卉新品种取得品种权的单位或者个人，由省人民政府给予一次性奖励。

奖励的具体申报、审核工作由省花卉产业管理机构按照有关规定办理。

第三章　服务与保障

第三十条　省、有关州市县花卉产业管理机构以及农业、林业、科技等有关行政主管部门应当为花卉从业者提供创业培训、项目策划、市场营销、生产技术、产品标准、生产保险、知识产权代理、商务代理等方面的服务。

花卉技术推广机构应当以花卉试验示范基地为依托，向花卉生产者提供花卉种植技术培训、良种推广、病虫害防治技术等无偿服务。

第三十一条　单位和个人因科研和育种需要利用花卉种质资源的，农业、林业行政主管部门、花卉管理机构应当提供服务和帮助。对符合条件的，花卉种质资源保护区（地）、花卉种质资源库应当及时提供种质资源材料。

第三十二条　教育行政主管部门应当支持有条件的大专院校开设花卉专业，加强对花卉产业人才的培养。

人力资源和社会保障、科技等有关行政主管部门应当发展花卉园艺职业教育，支持花卉企业、专业合作组织及其他有关机构对花卉从业人员进行培训。

第三十三条　花卉交易市场管理机构应当完善市场交易设施，建立健全市场管理制度，规范交易行为，及时搜集、整理、发布花卉产品产销信息。

第三十四条　省、有关州市县人民政府应当推进花卉企业信用制度建设，建立企业信用评价体系和失信惩戒机制，实现花卉企业信用信息的查询、交流和共享。

第三十五条　省、有关州市县人民政府应当建立和完善花卉市场风险的防范机制，加强风险预测和风险提示。

发生重大自然灾害等突发事件，对花卉生产造成重大损失的，省、有关州市县人民政府应当依照国家有关规定采取应急处理措施。财政、民政、农业、林业等有关部门应当对受灾企业、专业合作组织和农民依法给予补助。对参加农业保险的，保险人应当及时履行赔偿或者给付保险金义务。

第三十六条　除主要林木的商品花卉种子外，从事花卉种子生产的，应当符合有关法律、法规规定的要求，并具备下列条件：

（一）具有繁殖的隔离和培育条件；

（二）具有无检疫性病虫害的生产地点；

（三）具有与生产相适应的资金和生产、检验、仓储设施；

（四）具有相应的专业生产和检验技术人员。

花卉种子的生产、加工、包装、检验、贮藏等应当符合国家质量管理规定和行业标准。

花卉种子质量的检验由具备相应资质的检验机构承担。

第三十七条　省、有关州市县花卉产业管理机构根据当事人自愿的原则，可以对品种权侵权纠纷和其他有关花卉的民事纠纷进行调解，达成协议的，当事人应当履行；未达成协议或者不履行协议的，当事人可以通过法律途径解决。

第七章　法律责任

第三十八条　国家工作人员在花卉产业管理工作中有下列行为之一的，依法给予处分；构成犯罪的，依法追究刑事责任：

（一）不履行保护花卉品种权及其相关权利人合法权益职责的；

（二）非法干预花卉生产经营活动自主权的；

（三）其他徇私舞弊、滥用职权、玩忽职守的。

D

E

F

G

H

J

K

L